Politik als Kultur

Günter Barudio

Politik als Kultur

Ein Lexikon
von Abendland bis Zukunft

Verlag J.B. Metzler
Stuttgart · Weimar

Die Deutsche Bibliothek -
CIP-Einheitsaufnahme

Barudio, Günter:
Politik als Kultur: ein Lexikon von Abendland
bis Zukunft / Günter Barudio. -Stuttgart;
Weimar: Metzler, 1994
ISBN 3-476-00993-9
NE: HST

Gedruckt auf säure- und chlorfreiem,
alterungsbeständigem Papier.

ISBN 3-476-00993 9

Einbandgestaltung: Willy Löffelhardt
Satz: Cornelius Wittke, Kusterdingen
Druck: Franz Spiegel Buch GmbH, Ulm
Printed in Germany

Verlag J.B. Metzler Stuttgart · Weimar

EIN VERLAG DER SPEKTRUM FACHVERLAGE GMBH

Inhalt

Vorwort: Geschichte im Wort

Geschichte und Politik bestehen nicht nur aus »nackten Tatsachen«. Denn ihre Personen, Ereignisse, Strukturen und Mentalitäten können in bestimmte Begriffe gekleidet werden und dabei Bedeutungsveränderungen erfahren, die ihrem ursprünglichen Wesen, Werden und Wirken nicht immer entsprechen: Das Wort ist ein Ort, an dem selten Eindeutigkeit und Klarheit herrschen.

Wer demnach die historische und zeitgenössische Welt in ihren Begriffen verstehen will, der muß sich davor hüten, »überall unbekümmert im Sinne der Konvention« (Erich Bayer) zu verfahren und dem herkömmlichen Sprachgebrauch ebenso unkritisch zu vertrauen wie alten Sichtweisen.

Nicht wenige Termini haben schließlich im langen Lauf der Geschichte seit der Antike oder nur während einer Generation zwar die äußere Wortform beibehalten, aber ihre ursprünglichen Inhalte geradezu ins Gegenteil verkehrt. So würde heute niemand mehr im deutschen Sprachraum für den Spießbürger eine Lanze brechen wollen. Denn er gilt als Inbegriff unaufgeklärter Beharrung, der Abwehr jeden Fortschritts und der politischen Entmündigung. Vor den Diktaturen des Absolutismus jedoch verstand man darunter den waffentragenden, vertragsfähigen und freien Bürger – im Sinne des »Cittadino«, »Citoyen« oder »Citizen«.

Solche und andere Inhaltsverschiebungen bedürfen von Zeit zu Zeit einer Überprüfung, zumal nach revolutinären Umbrüchen mit ihren Überanstrengungen, Verzerrungen und Umpolungen von Sachverhalten.

Trägheiten in den Akademien, Vorgaben ideologischer Natur und auch politische Hörigkeit haben jedoch europaweit dazu geführt, daß die vorhandenen Verzerrungen und Verfälschungen der Sprache in Politik, Wirtschaft und Recht nur unzureichend durch Auskünfte der Geschichte selbst korrigiert werden. Darüber hinaus hat das Streben nach der »reinen Wissenschaft« mit dem Postulat einer angeblichen »Wertfreiheit« (Max Weber) dazu geführt, die notwendige Arbeit am Begriff von den bisherigen Bindungen an eine universell wirkende Ethik zu lösen und sich mit Eigen-Definitionen von jeder Interdependenz abzuschotten. Vertreter der Historiographie, Philosophie, Jurisprudenz, Politologie, Soziologie, Medizin oder auch der Technik haben sich in dieser akademischen Tradition eines verbreiteten »Schubladendenkens« nur wenige Gedanken zu den Gemeinsamkeiten ihrer Themen gemacht oder gar das leisten wollen, was Aristoteles einmal aus politischer Erfahrung die lebenswichtige »Erziehung zur Verfassung« genannt hat.

Die Folgen dieser Unfähigkeit sowie des öffentlichen und universitären Unwillens, vor allem die jüngeren Bürger im Geiste der vertraglichen Menschenrechte zu bilden, können im deutschen Bereich an vier Kriegen in nur zwei Generationen (1866, 1870, 1914, 1939) nachgewiesen werden: Dabei ging der barbarischen Tat stets das böse Wort voraus!

Trotz der schlimmen Erfahrungen und Demütigungen der Sprache, wie sie vor allem das Dritte Reich den Deutschen in Gestalt der »Lingua Tertii Imperii« (Viktor von Klemperer) zugemutet hat, ist das fehlerhafte Bezeichnen und damit auch das oft falsche Einschätzen wichtiger Sachverhalte fast auf jeder Ebene des öffentlichen wie des privaten Gebrauchs zu spüren.

Da können Bundesverfassungsrichter beim Stichwort »Demokratie« nicht zwischen Regierungs- und Staatsform unterscheiden; Politiker reden vom »Frieden«, obwohl meist nur ein »Waffenstillstand« herrscht; Publzisten erkennen nicht die grundlegende Differenz von zentralistischer »Einheit« und föderativ gerichteter »Einigkeit«; Juristen bemerken nicht, daß nach dem vertraglichen Staatsverständnis des Bonner Grundgesetzes der »Staatsanwalt« aus den Zeiten der Bismarckschen Justizreform von 1877 »Rechtsanwalt« heißen müßte; Historiker sind in der Abwehr aller Ethik- und Rechtsbezüge oft nicht in der Lage, einen »Gegner« vom »Feind« zu unterscheiden; bestimmte Politologen verwechseln immer wieder das Vertragswesen einer »Administration« oder öffentlichen Verwaltung mit den ganz anders gearteten Bindungen einer »BÜrokratie«; Philosophen können in der Geschichte keine vermittelbaren »Gegensätze« mehr sehen, sondern stellen nur noch unversöhnlich wirkende »Widersprüche« fest und verwirren damit auch Gewerkschafter im richtigen Verständnis der tariflichen Vertragsbeziehungen zwischen »Arbeit« und »Kapital«; Soziologen haben mitunter erhebliche Schwierigkeiten, eine »Bevölkerung« als »Volk« zu verstehen; Journalisten wie Innenminister und beamtete Verfassungsschützer schreiben von »Kontrahenten« und meinen »Gegner«, obgleich es sich dabei um »Vertragspartner« handelt, die einen Kontrakt eingehen; hohe Militärs, die auf den demokratischen Republikanismus des Grundgesetzes einen Fahneneid geschworen haben, tun sich trotz der entwürdigenden Erfahrung mit der Nazi-Tyrannis oder mit dem Stasi-System schwer, den »gerechten Gehorsam« eines »Bürgers in Uniform« (Graf Baudissin), dem das Widerstandsrecht zusteht, vom »blinden Gehorsam« einer politisch entmündigten Machtkreatur abzugrenzen, und versteifen sich auf die gefährliche Ausrede: »Befehl ist Befehl«.

Die Kette der Begriffsverwirrungen und des Etikettenschwindels könnte auch im Hinblick auf die sprachlichen Verwilderungen zur Zeit des »real existierenden Sozialismus« beliebig fortgeführt werden. Schon deshalb bedarf es eines Wörterbuches, das sich vornehmlich anhand der Quellen den Spannungen von Gehalt wie Gestalt der Begriffe aussetzt und dabei neben den notwendigen Korrekturen auch ein ziemlich verschüttetes Freiheitserbe neu erschließt.

Die Erwartungen der Benutzer und Benutzerinnen sollten sich daher nicht in einem mechanischen Nachschlagen erschöpfen. Ihr Leseinteresse anzuregen, gehört auch zu den Hoffnungen dieses »Stationenbuches« (Jacob Buckhardt), das den Wert der Worte erhellen will, das verständlich machen will, daß sie gleichsam ein Bürge für Rechte wie Pflichten sind und bei Gefährdungen zuverlässig zur Hand gehen.

Das ist aber nur dann möglich, wenn die Geschichte selbst befragt wird. Denn das Vergangene allein bietet die notwendige Handreichung, Begegnungen des Menschen mit der Macht und dem Recht zuprüfen, Veränderungen im Wort zu »orten« sowie die politischen Sinne für die Wirkung eines Fundamentalsatzes zu schärfen, der zum Gedeihen eines freiheitlichen Gemeinwesenes und seiner politischen Kultur unabdingbar ist: »Ohne Vertrag kein Recht.«

Mit dieser Mahnung an alle Verfechter des vertragsverneinenden Rechtspositivismus und an die Vergötzer des Machtstaates (Etatisten) pochte Nietzsche auf eine Grundforderung jeder Freiheits-Ordnung: Das Verlangen der Bürger nach Aufklärung anhand von Kenntnissen aus der Vergangenheit. Gelingt das Vorhaben, Geschichte am Wort zu erläutern, dann läutert sich auch das Wort selbst und vermittelt uns Sicherheiten im Verstehen.

Unter diesen Bedingungen faßt sich das Wörterbuch als eine Art *Lese-Lexikon* auf, das seinen Beitrag zur Festigung des demokratischen Bewußtseins in einem föderativ geeinten Deutschland leisten möchte. Dessen Bürger sind schon im Hinblick auf das zusammenwachsende Europa in hohem Maße gehalten, den republikanischen Reichtum der eigenen Geschichte und Sprache täglich neu zu erwerben, um ihn als Friedenskunst dauerhaft zu nutzen – nach innen gegen den Radikalismus wie nach außen zur Festigung der Freiheit.

Während der Analyse hat sich mehrfach gezeigt, daß nicht nur überkommene Begriffe, Schlagworte, Losungen oder bildliche Symbole kritsch befragt, sondern auch neue Syntheseformeln gebildet werden müssen, um verschiedene Ausdrucksformen eines gleichen Sachverhaltes übergreifend erfassen zu können. So wurde etwa für die vertraglichen Treuhand-Tradition vor 1806 (Ende des Heiligen Reiches), die bisher in keinem Lexikon gebührend erörtert worden sind, der quellenbezogene Ausdruck »Depotismus« gefunden – als Gegenbegriff zu den Diktaturen des »Despotismus« oder Absolutismus.

Wie hoch der materielle Wert eines Wortes oder einer Vertragsformel in treuhänderischen Ordnungen auf Gegenseitigkeit einzustufen ist, zeigte 1985 der Gerichtsprozeß um einen spektakulären Aktienkauf des amerikanischen Ölkonzerns Texaco. Dabei war die Formel »agreement in principle« zwischen Rechtsanwälten in New York und in Houston/Texas so strittig, daß für ihre inkorrekte Anwendung sage und schreibe 10,6 Milliarden Dollar Schadensersatz zu leisten waren: mit Sicherheit der höchste Preis, der jemals in der Geschichte dafür entrichtet werden mußte, daß eine vordergründig eindeutige Vertragsformel inhaltlich ausgehöhlt und betrügerisch ins Gegenteil verkehrt werden sollte.

Im Streben nach dem genauen Verständnis von Wort und Wert wird hier trotz des »deutschen« Schwerpunktes ein europäisches Wörterbuch vorgelegt, das sich der Verbindungen mit den Nachbarn, anderen Kulturen und auch Kontinenten bewußt bleibt. Aus zahlreichen Grundbegriffen von *Abendland* bis *Zukunft* ist ein Kompendium der Kontinuität und ein Versich nicht auf das Anhäufen von Akzidentien konzentriert, sondern im Sichern der Substanz seine Hauptaufgabe sieht. Vollständigkeit wurde demnach nicht angestrebt, aber für sinnvolle Ergänzungen und berechtigte Korrekturen hält sich das gewählte Konzept der kritischen Annäherung immer offen.

Dieses Lese-Lexikon wurde durchgehend von jenem Leitbegriff geprägt, in dem der Mathematiker, Philosoph und Erfinder Gottfried Wilhelm Leibniz (1646-1716) die Grundlage einer politischen Ordnung sah. Er wurde allerdings von Rottecks »Staatslexikon« (1842) bis zu Furets »Kritischem Wörterbuch der Französischen Revolution« (1989) nie einer Analyse und Darstellung für wert befunden, obgleich er seit der Antike ein Inbegriff des Politischen war und ist. In den Worten eines Leipziger Bürgers während der Sanften Revolution von 1989, der sich wohl bei François René de Chateaubriand (1768-1848) rückversichert hate: »*Gerechtigkeit* ist das Brot des Volkes.«

Abkürzungen

AHR - American Historical Review
AfK - Archiv für Kulturgeschichte
AHRF - Annales Historiques de la Revolution Françaises
APH - Acta Poloniae Historica
ARG - Archiv für Reformationsgeschichte
Art. - Artikel
Bde. - Bände
DCRF - Dictionnaire Critique de la Revolution Française (Furet/Ozouf)
dt. - deutsch
DVjLG - Deutsche Vierteljahrsschrift für Literaturwissenschaft und Geistesgeschichte
EHR - English Historical Review
FA - Foreign Affairs
FBPG - Forschungen zur brandenburgischen und preußischen Geschichte
FWG - Fischer Weltgeschichte
GG - Grundgesetz
GGB - Geschichtliche Grundbegriffe
gr. - griechisch
GuG - Geschichte und Gesellschaft
GuS - Gesellschaft und Staat (Drechsler/Hilligen/F. Neumann)
GWU - Geschichte in Wissenschaft und Unterricht
HA - Historiskt Arkiv
HbEG - Handbuch der Europäischen Geschichte
HJ - Historical Journal
HJb - Historisches Jahrbuch der Görres-Gesellschaft
HRG - Handbuch der Rechtsgeschichte
HTd - Historisk Tidsskrift (dänisch)
HTs - Historisk Tidsskrift (schwedisch)
HZ - Historische Zeitschrift
JbGOE - Jahrbuch für Geschichte Osteuropas
KA - Kanonistische Abteilung (ZRG)
KFÅ - Karolinska Förbundets Årsbok
lat. - lateinisch
MEGA - Marx, Karl und Friedrich Engels: Gesamtausgabe
MgM - Militärgeschichtliche Mitteilungen
MIÖG - Mitteilungen des Instituts für österreichische Geschichtsforschung
MKL - Meyer´s Kleines Lexikon (Taschenbuch)
ND - Nachdruck oder Neudruck
NH - Der Neue Herder
NJW - Neue Juristische Wochenschrift
NWB - Neue Wissenschaftliche Bibliothek
P&P - Past and Present
PhJb - Philosophisches Jahrbuch
PHPI - Pipers Handbuch der Politischen Ideen
PPH - Politisch-Pädagogisches Handwörterbuch (Gutjahr-Löser/Hornung)
RH - Revue Historique
PVj - Politische Vierteljahresschrift
SBAG - Schweizer Beiträge zur allgemeinen Geschichte
SR - Slavic Review
StvT - Statsvetenskaplig Tidsskrift
SuP - Staat und Politik (Fischer-Lexikon)
UB - Universitätsbibliothek
UUÅ - Uppsala universitets Årsskrift
VjSWG - Vierteljahresschrift für Sozial- und Wirtschaftsgeschichte
vol. - volume
ZfP - Zeitschrift für Politik
ZfSW - Zeitschrift für Sozialwissenschaft
ZHF - Zeitschrift für Historische Forschung
ZKGPS - Zeitschrift des Vereins für Kirchengeschichte der Provinz Sachsen und des Freistaates Anhalt
ZRG - Zeitschrift der Savigny-Stiftung für Rechtsgeschichte (ZSRG)
ZfGS - Zeitschrift für die gesamte Staatswissenschaft
ZSHG - Zeitschrift der Gesellschaft für Schleswig-Holsteinische Geschichte (ZGfSHG)

»Wo Freiheit ist und Recht,
dort ist das Vaterland ...«

Daniel von Czepcko, 1632

»La justice establit
l'ordre politique.«

Leibniz, 1672

Abendland

Nach Maßgabe des antiken und ptolemäischen Weltverständnisses umfaßt das Abendland alle Länder und Völker im Bereich der »niedergehenden Sonne«. Im Gegensatz dazu werden die Gegenden der »aufgehenden Sonne« seit Luther (1483-1546) im deutschen Sprachraum als Morgenland bezeichnet. Die lateinisch-römisch geprägten Kulturen und Sprachen Europas bestätigen diese Zweiteilung durch die Formeln Okzident (occidens = untergehend) und Orient (oriens = aufgehend).

Geographisch werden mit den Begriffen Abendland oder Okzident zunächst das Einzugsgebiet des Mittelmeeres und Teile Kleinasiens bezeichnet. Mit der Ausdehnung des Römischen Reiches und des Christentums erweiterte sich die Vorstellung vom Abendland über Mitteleuropa hinaus bis nach Skandinavien und zu den Britischen Inseln.

In kultureller Hinsicht bildete das Abendland bis in die heutige Zeit eine Wert- und Wehrordnung. Dabei wechselten sowohl die ethnischen wie die geistigen Hauptträger. Obgleich es eine reiche Vielfalt an Völkern, Sprachen und politischen Daseinsformen umfaßte, fand es trotz lokaler, regionaler und nationaler Sonderinteressen immer wieder zu ähnlichen Wertvorstellungen und gemeinsamen Zielsetzungen: vor allem bei militärischen Bedrohungen aus dem afrikanischen oder asiatischen Raum.

Geschichte

Eine Vorform des Abendlandes läßt sich schon während der 4. Dynastie im Ägypten der Pharaonen (nach 2500 v.Chr.) erkennen. Dort diente der Lauf der Sonne von Ost nach West einer geographischen wie geistigen Ortsbestimmung. So wurde die Sphinx in Gizeh als »Wächterin der Stätten des Westens« empfunden und drückte in dieser Funktion ein Sonderbewußtsein gegenüber Ländern und Völkern östlich des Nils aus.

Der Abwehrkampf gegen verschiedene Großkönige aus Persien seit 525 v.Chr. verstärkte lange gepflegte Kultur- und Wirtschaftsbeziehungen zwischen Ägypten und der griechischen Welt gegen den gemeinsamen Feind aus dem Morgenland. Mit dem Zurückdrängen der Perser durch Alexander den Großen (356-323 v.Chr.) und dessen unmittelbare Bindungen an Ägypten – Krönung als Pharao, Gründung der Metropole Alexandria – steigerten sich die Gemeinsamkeiten zu einer ägyptisch-griechischen Symbiose – als frühes Kernstück abendländischer → Kultur.

Die Ausdehnung des republikanischen Rom gegen das afrikanische Karthago (264-146 v.Chr.) über Griechenland und selbst Ägypten führte nicht nur zur Bildung des Römischen Weltreichs (*Imperium Romanum*). Es gelang dabei auch im Geiste einer »pénétration pacifique« die Gestaltung einer besonderen Identität im gesamten Mittelmeerraum. Deren universales Erkennungszeichen kann in den Worten des Apostels Paulus gesehen werden: »Civis Romanus sum« – »Ich bin ein römischer Bürger«.

In diesem Anspruch fand die Vorstellung ihren Ausdruck, einem universal angelegten Ordo anzugehören, der sich im Zeichen von Recht und Freiheit als zivilisatorische Eigenwelt verstand. Darin wirkte eine vertraglich strukturierte Friedensordnung (*Pax Romana*) mit dem Bestreben, sich von der Gegenwelt der Barbaren als Wesensfremden abzugrenzen: Der Limes als befestigter Grenzwall längs des Rheins und der Donau gegenüber germanischen Stämmen oder der Hadrians-Wall in England zur Abwehr der Schotten und Pikten bestätigte das Bedürfnis nach Sicherungen eines Reichs, das weite Gebiete des Morgen- und Abendlandes umfaßte.

Im Universalsegen »Urbi et Orbi« (Für die Stadt Rom und den ganzen Erdkreis) des Papstes drückt sich noch heute diese angestrebte Einheit aus. Sie wurde im Jahre 324 n.Chr. durchbrochen, als mit Konstantinopel eine zweite und griechisch geprägte Hauptstadt gegründet wurde. Schon im Jahre 476 betrachtete sich dieses Zentrum an der Meerenge des Bosporus als das »Neue Rom« und bestätigte die vom Cäsaren Diokletian (243-313) verfügte Teilung des Römischen Reiches in einen ost- und weströmischen Raum – mit einer historisch folgenreichen Grenzziehung quer durch den Balkan.

Der Aufstieg des Christentums zu einer Art Staatsreligion seit dem Konzil von Nicäa im Jahre 325 war durch diese Abgrenzung allerdings nicht gefährdet. Die Einheit im Glauben an den Dreifaltigen Gott (Vater, Sohn, Geist) blieb trotz verschiedener Ketzer-Bewegungen über das Morgen- und Abendland hin weitgehend erhalten: Erst im Jahre 1054 erfolgte das

Schisma (Kirchentrennung), auch als Folge politischer Sonderwege.

Hatte sich mit der Eroberung des Ersten Rom 410 durch die Goten der Schwerpunkt des Römischen Reiches nach Osten ins Zweite Rom (später Byzanz und Istanbul) verlagert, so erholte sich das Abendland wieder mit der Christianisierung Galliens, der Britischen Inseln und großer Teile Germaniens jenseits des ehemaligen Limes. Mit der Krönung des Franken-Königs Karl im Jahre 800 zum Kaiser übernahmen die Franken die neue Trägerschaft des weströmischen Universalanspruchs (*translatio imperii*). Damit verband sich auch eine abendländisch gerichtete Identität als christliche Wertordnung und »westliche« Wehrgemeinschaft.

Die Abwehr der heidnischen und asiatischen Hunnen 451 hat diese Gemeinsamkeit ebenso bewußt werden lassen wie die Verteidigung gegen den expandierenden Islam 711 oder das Bekämpfen der Vikinger, die fast gleichzeitig die nördlichen Gebiete der Christenheit heimsuchten. Das erfolgreiche Zurückschlagen der Ungarn 955 auf dem Lechfeld bei Augsburg und das Erlebnis der Kreuzzüge ins Morgenland von 1096 bis 1270 bekräftigten das Bewußtsein, das Abendland zu verteidigen und damit den Hort des wahren Glaubens. Das Abdrängen der Mongolen 1241 bei Liegnitz in Schlesien hielt die Vorstellung wach, vom Morgenland her fortdauernd bedroht zu sein.

Der Fall Konstantinopels 1453 in die Hände der Türken konnte zwar durch die Vertreibung der islamischen Mauren aus Spanien 1492 leidlich kompensiert werden, doch die Gefährdungen blieben bestehen. Das zeigte sich in zahlreichen Kämpfen mit den Türken zwischen 1526 und 1683, als sie zum letzten Male in Mitteleuropa bis Wien vordrangen.

Besonders die Auseinandersetzungen mit den islamischen Türken vornehmlich in den alten Grenzländern des Balkan reicherten immer wieder die Vorstellung an, das Abendland mit seinen antik-christlichen Werten als eine Hochkultur und Ganzheit verteidigen zu müssen – gleichsam als Christliches Gemeinwesen (*Respublica Christiana*).

Obgleich seine innere Einheit durch die Glaubensspaltung seit 1517 (→ Reformation) politisch oft schwer belastet wurde und Frankreich wie die Niederlande zeitweise mit den Türken paktierten, festigte sich auch durch diese Herausforderung die Qualität abendländischen Denkens und Handelns. Dazu gehörte das vertragliche → Treuhandwesen in Kirche, Gesellschaft, Wirtschaft und Staat; das allseitige Streben nach → Gerechtigkeit im Sinne der Nikomachischen Ethik des Aristoteles (384-322 v.Chr.) wie der Bergpredigt; Rechtsordnung und Freiheitsgeist nach Maßgabe der Gegenseitigkeit; Sozialbindungen des → Eigentums; Individualisierung des Lebens im Rahmen übergreifenden Gemeinsinns; Wohlfahrtstendenzen; Garantien der Menschenrechte aufgrund von → Verfassungen; Lebensgestaltung nach antik-christlicher Auffassung.

Folgen

In deutlicher Gegenhaltung zur angenommenen »Türkischen Tyrannei« als Macht-System der Unfreiheit prägten die erwähnten Normen und Verhaltensformen das Abendland als »Wertegemeinschaft«. Deren Wesen und Wirken brachten aber nicht nur positive Leistungen hervor, sondern zeitigten auch eine ganze Reihe negativer Folgen. Zu ihnen müssen zahlreiche Versuche gerechnet werden, eine Hegemonie oder Vorherrschaft über das Morgenland zu erringen. Kreuzzüge im Mittelalter kennzeichneten diesen Weg der Gewalt ebenso wie Kolonialisierungen während der Neuzeit oder Rohstoffausbeutung in der Moderne. Überlegenheitsdünkel aus religiösen und rassistischen Gründen bestärkten diese Haltung und förderten Intoleranz, Fremdenhaß sowie ein Vernichtungsdenken aus Erwerbssucht.

Trotz dieser Belastungen haben Länder und Völker des Abendlandes einen regen Austausch mit dem Morgenland gepflegt, um auch auf friedliche Weise an dessen Reichtum teilzunehmen. Das galt für Änderungen der Ernährungsgewohnheiten (Gewürzhandel), in der Baukunst, auf den Gebieten der Medizin, Mathematik und Astronomie sowie in fast allen Bereichen der Geisteskultur. Das Motto »Aus dem Osten kommt das Licht« (*Ex oriente lux*) hat zeitweise zu einer Art Orientalismus in Europa geführt und eine Kultursymbiose getragen: gegen die Vorstellung, daß der »Erbfeind« oder »Anti-Christ« stets aus dem Morgenland komme oder ein »Drang nach Osten« Lebensraum schaffen müsse.

Eine weitreichende Folge dieser Annäherungen und gewinnbringenden Begegnungen mit den muslimischen Türken und Arabern war nach 1453 die Verlagerung des herkömmlichen »Feindbildes«. Denn mit der Eroberung von Byzanz oder Ost-Rom durch den Islam meldete das aufstrebende Moskau den universalen Anpruch an, das »Dritte Rom« zu sein. Bisherige Aversionen gegen das muslimische Morgenland richteten sich nun zunehmend auf die Orthodoxie in Rußland als Ketzerkirche. Gleichzeitig wurde das Moskauer Zartum als freiheitsvernichtende Despotie gewertet, welche das Abendland in seinem Rechtsbestand gefährden konnte: Diese Fixierung blieb bis 1917 erhalten und wurde mit der Etablierung des Bolschewismus in Rußland (Sowjetunion) als »Rote Gefahr« wiederbelebt.

So berief sich die Nazi-Propaganda vor und während des Zweiten Weltkrieges (1939-45) wiederholt auf die »Rettung des Abendlandes« vor dem Zugriff des kommunistisch gewordenen Ostens. Damit meinten führende Nationalsozialisten ein Europa, das aus Hellenentum, Rom-Traditionen und Germanentum entstanden sei. Trotz zugestandener Differenzierung in seiner »Völkerfamilie« erscheint Hitler (1889-1945) denn auch das Abendland »im Gesamtbild« als eine »blutmäßig und kulturell teils gleiche, teils sich ergänzende Einheit« (Rede am 11. Dezember 1941).

Aus dieser rassistischen Sicht entwickelte sich auch die von der SS verfochtene Vorstellung einer »germanisch« dominierten »Nation Europa«. Dabei konnte auf Vorstellungen der Konservativen zurückgegriffen werden, die mittels der universalen Kaiser-Idee seit 800 und Karl dem Großen den Kern des eigentlichen Abendlandes im Heiligen Römischen Reich Teutscher Nation sahen. Nach dessen Ende im Jahre 1806 grenzten sie das Abendland als Wertordnung und Kulturraum vom französisch und angelsächsisch geprägten »Westen« ab, weil dieser nur Träger einer angeblich minderwertigen »Zivilisation« war (→ Kultur).

Der Mißbrauch des Begriffs durch Konservative und Nazis zeigte sich vornehmlich dort, wo die Freiheitstraditionen und Menschenrechte in ihrem Wertbestand als universale Idee geleugnet, verdrängt und bekämpft wurden. Tatsächlich hatte sich die Auffassung vom Abendland als Hort der Freiheit auf die Demokratien des Westens verlagert: vor allem auf die Westmächte Frankreich, England, USA im Verbund mit den Benelux-Staaten und Skandinavien.

Im kriegerischen Griff nach der Weltherrschaft und im Kampf gegen den Bolschewismus (Sowjetunion) wie gegen den → Liberalismus der abendländisch ausgerichteten Demokratien behaupteten die Nazis noch im Jahre 1943: »Es gibt keinen Westen mehr« (Alfred Baeumler).

Damit wurden die Traditionen griechischer Philosophie, des Römischen Rechts, christlicher Ethik und des Gerechtigkeitsdenkens im Zeichen der → Aufklärung als Inbegriff des Abendlandes geleugnet. Diese Errungenschaften haben aber nicht nur Europa geprägt, sondern auch auf Nord-Amerika eingewirkt – im Negativen durch den Genozid an den Ureinwohnern – und es zu einem Teil des Abendlandes gemacht. Die Intervention (→ Krieg) der USA an der Seite Frankreichs und Englands im Jahre 1917 sowie 1944 als »Kreuzzug in Europa« (Eisenhower) wurde auch dadurch ideologisch abgesichert, daß die USA die abendländische Identität als Freiheitskultur und Marktsystem dem alten Kontinent zurückgeben wollten.

Hauptfolge der Landung von »Westen« her war dann auch im August 1945 die Gründung der Vereinten Nationen (UNO), als Nachfolgerin des 1920 gebildeten Völkerbundes, zur dauerhaften Kontrolle der militärisch und politisch niedergerungenen »Feindstaaten« Deutsches Reich, Italien, Japan, Rumänien (ehemalige Achsen-Mächte). Der wesentliche Geburtsfehler dieser neuen Weltorganisation zur Erhaltung des Friedens und des amerikanisch-europäischen Abendlandes war allerdings nicht zu übersehen: Die Diktatur der Sowjetunion blieb im Sicherheitsrat der UNO ebenso vertreten wie jene National-Chinas.

Eine vergleichbare politische Schieflage nahmen die demokratischen Staatsmänner des Westens in Kauf, als sie im Zeichen des Kalten Krieges mit der Sowjetunion und dem Ostblock (→ Ost-West-Konflikt) 1949 die NATO ins Leben riefen. Dieser nordatlantische Verteidigungspakt sollte die Sowjetunion als Führungsmacht des Kommunismus eindämmen und den »freien Westen« nach Osten hin umfassend sichern. Dabei störte es die demokratischen Gründungsmitglieder offenbar nicht, daß das faschistische Portugal unter dem Diktator Salazar vollwertig beteiligt wurde. Die Obristen-Diktatur in Griechenland von 1967 fand ebenso Duldung wie die Machtübernahme des Militärs in der Türkei (1982), die sich mit den Strukturreformen Kemal Atatürks (1881-1938) europäisiert und »verwestlicht« hatte (Schrift, Rechtssystem, politische Ordnung).

Es spricht aber für die sich stets erneuernde innere Kraft des Abendlandes, daß diese Diktaturen auf freiheitliche Weise überwunden werden konnten. Das gilt auch für die kommunistischen Gewaltregime im Ostblock, der sich 1956 als Warschauer Pakt organisiert hatte, um ein Gegengewicht zur Mitgliedschaft der Bundesrepublik Deutschland in der NATO und gegen diese selbst zu bilden. Nach den Frontstellungen im Kalten Krieg mit Eisernem Vorhang und Berliner Mauer besann sich vor allem der Radikalreformer Michail Gorbatschow auf die Errungenschaften des Abendlandes. Er wollte mit einer »Revolution von oben« in Gestalt der »Perestroika« die schlimmen Folgen der stalinistischen Destruktion in der Sowjetunion beheben, um Einzug ins »Europäische Haus« halten zu können – auf dem Weg zum »Einen Europa«.

Ausblick

Die Aufhebung der politischen Teilung des Kontinents seit den → Revolutionen von 1989 rückt die Eigenwerte des Abendlandes wieder verstärkt ins allgemeine Bewußtsein, zumal auf globaler Ebene jene Gefahr gebannt scheint, die Bundeskanzler Konrad Adenauer (1876-1967) aufgrund der Teilung Deutschlands beschworen hat: »Wir stehen vor der Wahl zwischen Sklaverei und Freiheit«.

Angesichts des Krieges auf dem Balkan, als Schnittstelle und Brücke zwischen Morgen- und Abendland, bleiben allerdings die Länder und Völker Europas aufgerufen, die überkommene Wertordnung gegen jeden Feind der Freiheit zu verteidigen. Ob das einer »Festung Europa« gelingen kann, ist aber mehr als fraglich. Denn die andringenden Herausforderungen im Inneren durch einen wachsenden Nationalismus und Fremdenhaß (→ Xenophobie) sowie durch den → Fundamentalismus des Islam lassen sich nicht durch verstärkte Abschottungen bewältigen, sondern nur durch jene Offenheit, die das Abendland bereichert hat und sein Wesen ausmacht: »Wer sich selbst und andre kennt/ Wird auch hier erkennen:/ Orient und Okzident/ Sind nicht mehr zu trennen« (Goethe, »West-östlicher Divan«).

Literatur

C.H. Becker, Das Erbe der Antike in Orient und Okzident, 1931 ✦ *Braudel/ Duby/Afmard*, Die Welt des Mittelmeeres. Zur Geschichte und Geographie kultureller Lebensformen, 1987 ✦ *Caboga*, Der Orient und sein Einfluß auf den mittelalterlichen Wehrbau des Abendlandes, 1953 ✦ *A. Castro*, Spanien, Vision und Wirklichkeit, 1957 ✦ *Hellmann*, Das Mittelalter bis zum Ausgang der Kreuzzüge, 1920 ✦ *Hunke*, Allahs Sonne über dem Abendland. Unser arabisches Erbe, 1960/1990 ✦ *Jacob*, Der Einfluß des Morgenlandes auf das Abendland, 1924 ✦ *Littmann*, Abendland und Morgenland, 1930 ✦ *Paret*, Der Einbruch der Araber in die Mittelmeerwelt, 1946 ✦ *Pirenne*, Die Geburt des Abendlandes – Mohammed und Karl der Große, 1939 ✦ *Rostovtzeff*, The Social and Economic History of the Hellenistic World, 1941 ✦ *Schaeder*, Moskau, das Dritte Rom, 1928 ✦ *Schmidt-Häuer/Huber*, Russlands zweite Revolution. Chancen und Risiken der Reformpolitik Gorbatschows, 1987 ✦ *Schrötter/Forst*, Das europäische Haus. Europa-Lexikon, 1990 ✦ *Sigerist*, Die Geburt der abendländischen Medizin, 1924 ✦ *Spengler*, Der Untergang des Abendlandes, 1923 ✦ *Spies*, Orientalische Kultureinflüsse im Abendland, 1949 ✦ *Sporry*, Das Weltreich der Pharaonen, 1977 ✦ *Strzygowski*, Antike, Islam und Occident, 1909 ✦ *Waas*, Geschichte der Kreuzzüge, 1956 ✦ *Windelband*, Geschichte der abendländischen Philosophie im Altertum, 4. Aufl. 1923 ✦ *Wittfogel*, Die Orientalische Despotie. Eine vergleichende Untersuchung totaler Macht, 1977 (1963).

Abgeordnete

Dem Gerichtswesen gemäß repräsentierten in den libertären Ordnungen Alteuropas die Delegierten oder Deputierten alle Vorrechte (Prärogative) ihres jeweiligen Standes (Status). Diese wurden entweder auf kurzen Tagfahrten oder während einer längeren Zusammenkunft bei Land- und Reichstagen wahrgenommen. Die Ständevertreter waren demnach in erster Linie abgesandte Treuhänder, die zeitlich befristet auf das Eigenwohl ihres Standes zu achten und dem Gemeinwohl ihrer Länder zu dienen hatten.

Dem verfassungsbezogenen Doppelauftrag genügten die Delegierten der Stände vor allem dadurch, daß sie mit besonderen Beschwerden (*gravamina, doléances*) gegenüber der Regierung und öffentlichen Verwaltung eine gezielte Rechtskontrolle ausübten, um »Ungerechtigkeiten« abzustellen. Außerdem konnten sie im Bereich der Steuerbewilligung, der Fundamentalgesetze (→ Verfassung) und der zugestandenen Ratifikationskompetenz bei Verträgen (Krieg und Frieden) darauf hinwirken, daß der Hauptauftrag des Politischen erfüllt wurde: »Gerechtigkeit ist die Grundlage aller Königreiche« (*Justitia fundamentum regnorum*).

Qualifikation

Aus der Vertragslage von Ständen und Regierungen entstand das parlamentarische Verhältnis von Regierung und → Opposition sowie das Rechtsinstitut des Abgeordneten als Vertreter von Parteien und letztlich »des ganzen Volkes«.

Analog zur Rechtsqualität der Stände-Delegierten bedurften auch die Partei-Abgeordneten, wie sie sich seit der Neuzeit in England, Polen und Schweden entwickelt haben, außer der vollen Vertragsfähigkeit keiner besonderen Qualifikation. Obgleich die Abgeordneten in den → Parlamenten liberaler Ordnungen mitunter bei der Gesetzgebung oder in Untersuchungsausschüssen wie Richter tätig sind, brauchen sie keine fachlich erworbene »Befähigung zum Richteramt«. Dieser Mangel und andere Schwächen bei der Kandidatenaufstellung für die Wahl der Abgeordneten haben der parlamentarischen → Demokratie oft den Vorwurf eingebracht, sie wolle eine »Herrschaft der Minderwertigen« (Edgar Jung) etablieren und festigen.

Tatsächlich ist kein Parlament dagegen gefeit, daß in seinen Fraktionen weniger die geistige Elite eines → Volkes die Politik und das Verfassungsleben gestaltet als vielmehr eine Schar mittelmäßiger Berufspolitiker, die in vielen Sachfragen überfordert sind. In der Bundesrepublik Deutschland kommt die Besonderheit hinzu, daß über die Hälfte aller Abgeordneten in Kreis-, Bezirks-, Landtagen und im Bundestag selbst aus dem öffentlichen Dienst (Beamte auf Lebenszeit wie z.B. Lehrer) für die Abgeordnetenzeit freigestellt werden, demnach keinerlei Berufsrisiko wie Selbständige oder Arbeiter eingehen, wenn sie ihre Wiederwahl verpassen.

Eine weitere Gefährdung des Abgeordneten-Status liegt im Auswahlverfahren der politischen Parteien, in denen Interessenverbände (Arbeitgeber, Gewerkschaften, Kirchen) wirksam sind und mittels eines indirekten »imperativen → Mandates« die Arbeit eines Abgeordneten im Rahmen seines »freien Mandates« behindern oder gar verhindern – durch parteiinternen Druck (Fraktionszwang), öffentliche Belästigung oder materielle Erpressung. Darüber hinaus können aber auch Kandidaten für ein Abgeordneten-Mandat untereinander zu unerlaubten Mitteln greifen, um den Wahlausgang zu beeinflussen.

Die Qualität eines Abgeordneten, ob Mann oder Frau, hängt demnach weniger von seiner beruflichen Qualifikation ab als von seiner individuellen Fähigkeit, ein Treuhänder des »öffentlichen Vertrauens« (*fides publica*) zu sein. Allein diese Erwartung macht die Artikel 38 und 48 des Bonner Grundgesetzes verständlich, die zum Rechtsstatus eines Abgeordneten feststellen, daß er wie ein Richter an »Aufträge und Weisungen nicht gebunden« ist, also nur seinem »Gewissen« unterworfen bleibt. In diesem Sinne vergegenwärtigt ein Abgeordneter nicht irgendwelche Interessen von Verbänden oder gar den Partei- und Fraktionswillen, sondern sein Wahlmandat: Er gilt demnach als Volksvertreter und Repräsentant der Volkssouveränität.

Kennzeichen

Die rechtlichen Sicherungen eines frei gewählten Abgeordneten im System des Parlamentarismus entsprechen weitgehend jenen Garantien, die auch Richtern als Vertretern der Dritten Gewalt zugestanden werden.

Trotz der Einhaltung einer gewissen Fraktionsdisziplin zur effektiven Gestaltung der Parlamentsarbeit behält jeder Abgeordnete seine grundrechtlich zugestandene »Gewissensfreiheit«: Ein Fraktionszwang wäre demnach verfassungswidrig.

Für die gesamte Dauer einer Legislaturperiode des Parlaments genießt jeder Abgeordnete die »Unabsetzbarkeit«, selbst wenn er die Fraktion oder seine Partei verlassen sollte.

Während der Geltungsdauer ihres »freien Mandates« werden alle Abgeordneten von der Strafverfolgung ausgenommen; sie dürfen diese Immunität so lange in Anspruch nehmen, bis das Parlament als rechtsschützende Korporation ihre umfassende Absicherung aufhebt und sie zu Privatpersonen erklärt.

Kein Abgeordneter kann nach Ablauf seiner Auftragszeit dafür materiell oder gerichtlich belangt werden, daß er im Parlament oder in dessen Ausschüssen an Entscheidungen beteiligt war, die Dritten zum Nachteil gereicht haben: Ihm gebührt auf Lebenszeit und für sämtliche Erben eine vollkommene »Indemnität«.

Jeder Abgeordnete ist als Mitglied des Parlamentes gehalten, seine Kontrollrechte gegenüber der Regierung und Verwaltung als Exekutive zu wahren, selbst wenn deren Minister und Beamte der eigenen Partei oder Fraktion angehören: Als Vertragspartner hat er auf die Gültigkeit der Gegenseitigkeit zu achten.

Als fundamentale Ergänzung dieser Garantien gilt auch das volle Zeugnisverweigerungsrecht, um auf diese Weise wichtige Informanten zu schützen.

Besonders bei der Tätigkeit als »Gesetzgeber« erscheint der Abgeordnete als Quasi-Richter, der nur von den Geboten der Gerechtigkeit, der Instanz des Gewissens sowie den Bindungen von → Recht und → Verfassung abhängig ist: Entsprechend der Wirkung eines Gerichtsurteils unterwirft sich auch der Abgeordnete den vom Parlament beschlossenen Gesetzen, selbst wenn er bei der Abstimmung dagegen votiert hat.

Für seine Parlamentsarbeit auf allen Ebenen und in den zugehörigen Gremien (Ausschüssen, Kommissionen, Delegationen) erhält jeder Abgeordnete »ohne Ansehen der Person« oder Partei besondere Tagungsgelder in Gestalt von Diäten. Sie kommen einer Kompensation für das sonst im Zivilberuf erworbene Einkommen gleich. Aufwandsentschädigungen sowie Übergangsgelder bei einem Verlust des Abgeordnetenmandats sowie eine Altersversorgung runden die materielle Sicherheit ab – ganz im Sinne einer Voll-Alimentation.

Gefährdungen

Alle rechtlichen Garantien und ihre materielle Abgeltung wurden von den demokratischen Parteien auch deshalb erkämpft, um die ideelle wie wirtschaftliche → Unabhängigkeit aller Volksvertreter zu gewährleisten.

Von der hohen moralischen Qualität der Abgeordneten überzeugt, hat denn auch der Deutsche Bundestag 1953 den Straftatbestand der Bestechung eines Abgeordneten aufgehoben. Nach einer Reihe von Korruptionsskandalen bei einzelnen Abgeordneten, die sich »kaufen« ließen, und selbst bei Parteien im Rahmen ihrer »Geldwasch«-Tätigkeiten zur Eigenfinanzierung wird seit 1993 wieder ernsthaft erwogen, die Bestechung von Abgeordneten unter Strafe zu stellen.

Auch die Forderung nach dem »gläsernen Abgeordneten« verstummt nicht, der genaue Angaben über seine Einkünfte machen soll. Abgeordnete des Bundestages dürfen außerhalb ihrer Parlamentsarbeit einer »Nebenerwerbstätigkeit« nachgehen. Übersteigen die Einnahmen daraus im Jahr die Summe von 10 000 DM, dann sind die Abgeordneten gehalten, dieses »Zubrot« dem Parlament mitzuteilen. Aus Gründen des Datenschutzes unterbleibt aber eine Kontrolle durch die Öffentlichkeit: Das gute Beispiel des MdB Norbert Gansel (SPD), der seine sämtlichen Einkünfte und Ausgaben jedes Jahr vorbehaltlos offenlegt, hat bisher im deutschen Bereich keine Nachahmer gefunden.

Die wachsende Ausdehnung der Tätigkeitsbereiche des Parlamentes und seine Gestaltung als »Gesetzesmaschine« haben in den demokratischen Parteien zu einer Abgeordneten-Verdrossenheit geführt. Tatsächlich müssen Abgeordnete als Mitglieder des Bundestages (MdB) wesentlich mehr Arbeitszeit aufwenden, als es in der Gesellschaft sonst üblich ist. Auch die sachlichen Anforderungen erschweren neben den Reden und Debatten im Plenum, der Medienarbeit und den politischen Grabenkämpfen in den eigenen Reihen (Seilschaften), mit Vertretern der Interessenverbände (Lobby) wie mit dem Parteigegner das Mandat jedes Abgeordneten, neben sachgerechter Repräsentanz in der Innen- wie Außenpolitik auch noch persönliches Vorbild zu sein.

Angesichts solcher Belastungen, die noch durch Auseinandersetzungen im eigenen Wahlkreis erhöht werden können, gerät der Parlamentarismus in Gestalt seiner Abgeordneten an eine Grenze demokratischer Effizienz und Kontrollierbarkeit. Der Versuch, über besondere »Listen« im Wahlsystem vor allem Fachleute als Abgeordnete ins Parlament zu bringen, hat zwar eine gewisse Abhilfe geschaffen, aber nicht das Grundproblem gelöst: Massengesellschaften durch Einzelpersonen »gerecht« zu repräsentieren, ohne sie zu nötigen, das Wahlvolk und die Öffentlichkeit immer wieder belügen zu müssen.

Nietzsches Beobachtungen an »Notlügen« in der → Politik seit Platons Zeiten treffen sich mit der ernüchternden Feststellung Hannah Arendts: »Lügen scheint zum Handwerk nicht nur des Demagogen, sondern auch des Politikers und sogar des Staatsmannes zu gehören«. Gäbe es nicht genügend Gegenbeispiele über den Wert der Wahrhaftigkeit in der Politik, dann wäre die Pflege ihrer Kultur sinnlos. Die Worte eines polnischen Sejm-Abgeordneten des 17. Jahrhunderts lassen jedoch auch in modernen Zeiten darauf hoffen, daß der Mut zu Wahrheit und Recht erhalten bleiben kann: »Ich erlaube es nicht« (Nie pozwalam)!

Literatur

Arendt, Wahrheit und Lüge in der Politik. Zwei Essays, 2.Aufl. 1987 ✦ *Aretz* (Hrsg.), Volksvertretungen. Wahlen, Gremien, Aufgaben, Funktionen, 1993 ✦ *v. Arnim*, Die Partei, der Abgeordnete und das Geld, 1991 ✦ *Borgs-Maciejewski/Drescher*, Parlamentsorganisation. Institutionen des Bundestages und ihre Aufgaben, 4.Aufl. 1993 ✦ *Czapliński*, ›Polish Seym in the light of recent Research‹, in: APH, XXII, 1970 ✦ *Fleuter*, Mandat und Status des Abgeordneten im Europäischen Parlament, 1993 ✦ *Grosser*, Die Bonner Demokratie, 1958 ✦ *Hamm-Brücher*, Der freie Volksvertreter – eine Legende? Erfahrungen mit parlamentarischer Macht und Ohnmacht, 1993 ✦ *dies.*, Der Politiker und sein Gewissen. Eine Streitschrift für mehr parlamentarische Demokratie, 2.Aufl. 1987 ✦ *Hartmann/Thaysen* (Hrsg.), Pluralismus und Parlamentarismus in Theorie und Praxis, 1993 ✦ *Hauff*, Global denken – lokal handeln. Ein politisches Fazit, 1992 ✦ *Herles/Rose*, Vom runden Tisch zum Parlament, 1993 ✦ *D. Herzog/Rebenstorf/Wessels* (Hrsg.), Parlament und Gesellschaft, 1993 ✦ *Horx*, Das Wörterbuch der 90er Jahre, 1991 ✦ *P. Hubert*, Uniformierter Reichstag. Die Geschichte der Pseudo-Volksvertretung 1933-1945, 1993 ✦ *Jann*, Parlamente und Gesetzgebung, 1993 ✦ *D. Keller/Scholz* (Hrsg.), Volkskammerspiele. Der Demokratie schuldig – die Schuld der Demokratie. Eine Dokumentation aus der Arbeit des letzten Parlaments der DDR, 1993 ✦ *Kemper* (Hrsg.), Opfer der Macht. Müssen Politiker ehrlich sein?, 1993 ✦ *Kluxen*, Geschichte und Problematik des Parlamentarismus, 1983 ✦ *Konopczyński*, Le liberum veto, 1930 ✦ *Kremer*, Kandidatur zum Bundestag. Der Weg ins Parlament, 4.Aufl. 1993 ✦ *Lagerroth*, Frihetstidens Författning, 1915 ✦ *Legendre*, Le Désir politique de Dieu. Études sur les montages de l'état et du droit, 1988 ✦ *Lipmann/Plaut* (Hrsg.), Die Lüge in psychologischer, philosophischer, juristischer, pädagogischer, historischer, soziologischer, sprach- und literaturwissenschaftlicher und entwicklungsgeschichtlicher Betrachtung, 1927 ✦ *Luhmann*, Vertrauen. Ein Mechanismus der Reduktion sozialer Komplexität, 2.Aufl. 1973 ✦ *Raaflaub*, ›Des freien Bürgers Recht der freien Rede‹, in: Festschrift für F. Vittinghoff, 1980 ✦ *W. Richter*, Privatpersonen im parlamentarischen Untersuchungsausschuß. Das Spannungsverhältnis zwischen dem Untersuchungsrecht des Parlaments und den Grundrechten, 1993 ✦ *Schneider/Zeh* (Hrsg.), Parlamentsrecht und Parlamentspraxis in der Bundesrepublik Deutschland. Ein Handbuch, 1993 ✦ *Schumacher* (Hrsg.), MdR. Die Reichstagsabgeordneten der Weimarer Republik in der Zeit des Nationalsozialismus. Politische Verfolgung, Emigration und Ausbürgerung 1933-1945, 1993 ✦ *Süssmuth* (Hrsg.), Der deutsche Bundestag. Parlament der deutschen Einheit, 1993 ✦ *Ullmann*, Verfassung und Parlament. Ein Beitrag zur Verfassungsdiskussion, 1993 ✦ *Umbach*, Parlamentsauflösung in Deutschland. Verfassungsgeschichte und Verfassungsprozeß, 1993 ✦ *Westphalen* (Hrsg.), Parlamentslehre. Das parlamentarische Regierungssystem im technischen Zeitalter, 1993.

Abhängigkeit

Kaum ein Zustand im privaten wie öffentlichen Leben (→ Politik) wird so abwertend beurteilt wie die Tatsache, daß Einzelpersonen, Familien, Clans, Gruppen, Parteien, Unternehmen oder auch → Staaten »abhängig« sind.

Die durchgehend negative Besetzung dieses Begriffes stammt aus den Rechtfertigungslehren des → Absolutismus seit dem 16. Jahrhundert. Darin steht die Auffassung im Mittelpunkt, daß jeder Fürst als absoluter »Herr im eigenen Haus« zu gelten hat und mit seiner Politik danach streben soll, ein »Selbsterhalter« oder »Autokrator« zu werden (→ Cäsarismus), der keine Abhängigkeit oder Dependenz von den Ständen duldet. Die Abwehr jeden »Dependierens«, wie es in der Neuzeit hieß, gehört zur Mentalität des patrimonialen → Erbwesens und ist gleichzeitig Teil eines Utopismus, der eine insulare Selbstgenügsamkeit preist, wobei das Prinzip der Individuation verabsolutiert wird (→ Menschenbild).

Das Bemühen um vollkommene → Unabhängigkeit im persönlichen Lebensbereich, in der Politik (→ Souveränität) oder auch in der Wirtschaft mit ihrem Drang zu Monopolen widerspricht jedoch den Ordnungsvorstellungen seit der Antike. Denn das Gebot der Gegenseitigkeit (*obligatio mutua*) aufgrund einer Vertragslage prägte das Römische Recht wie die Goldene Regel der Bergpredigt im Neuen Testament. Eine wesentliche Voraussetzung für das Gedeihen der politischen → Kultur nach Maßgabe dieser Wechselwirkung von Geben und Nehmen (*Do, ut des*) lag in der Erfahrung, daß kein Mensch für sich selbst »autark«, d.h. in jeder Hinsicht selbstversorgend sein kann, sondern ein »abhängiges Wesen« (*animal sociale*) bleibt, zumal in einer politischen → Ordnung.

Erst die positive Einstellung zur Wechselseitigkeit menschlicher Vermittlung (*mediante homine*) besonders im Vertragswesen befähigt den Einzelmenschen zur Kultur und damit zur → Toleranz als Ausdruck von Abhängigkeiten. Deshalb sprechen auch öffentlich-rechtliche Quellen von der Antike bis zur Neuzeit stets von den »Omnes et singuli«. Sie meinen damit die Gesamtheit »aller vertragsfähigen Bürger als Einzelwesen«, die trotz individueller → Interessen das Gemeinwohl mitdenken müssen, weil sie voneinander abhängig sind.

Dieses Zusammenwirken erklärt auch, warum die ständisch-libertäre Bewilligungsformel auf Land- und Reichstagen (→ Parlament) in ganz Europa lautete: »Quod omnes tangit, ab omnibus debet approbari« oder »Was alle betrifft, das muß von allen angenommen werden«.

Die Pflege dieser wechselseitigen Abhängigkeiten besonders zwischen Fürsten und Ständen im Sinne eines Herrschaftsvertrages erlaubte es demnach nicht, »egozentrische Formen der Weltgestaltung« (Keller) ohne Einschränkung gewähren zu lassen. Deshalb waren auch die Verfechter und Vertreter des Absolutismus bestrebt, alles, was vom reziprok angelegten Lehnsrecht »dependieret, gänzlich aufzuheben« (Friedrich Wilhelm I. von Preußen, 1717), um eine → Diktatur zu errichten – menschlichen Verträgen entzogen und unmittelbar auf Gott (*immediate deo*) bezogen.

Besitz-Individualismus

Folgte man der Ich-Lehre Descartes' (1596-1650), der eine Wechselwirkung von Körper, Geist und Seele auszuschalten suchte, dann konnte der Mensch als solitäres, völlig eigenbestimmtes und als selbstsetzendes Individuum aufgefaßt werden, das sich in seiner Verabsolutierung sogar der Abhängigkeit von Gott entledigte: »Der Begriff Gott wird aus meinem Gesetzbuch verbannt« (Diderot).

Der Besitz am eigenen Ich als Inbegriff materiellen wie geistigen Eigentums prägte denn auch in Gestalt des »selbsteignenden Mannes« die Bewegung jener, die in der Garantie der Menschenrechte als Individualansprüche die höchste Form kultureller Entwicklung sahen. Die Idee der umfassenden Selbstverwirklichung und der persönlichen Authentizität leitete demnach nicht allein die »absoluten Herren« im Absolutismus, sondern auch zahlreiche Vertreter des → Liberalismus.

Vor allem in den USA, deren Verfassungsleben ähnlich demjenigen Englands seit 1688 (→ Revolution) auf die Sicherung von »Eigentum und Freiheit« (Property and Liberty) gerichtet wurde, kam eine besondere Form des Besitz-Individualismus auf.

Vor allem jene Unternehmer in Handel, Landwirtschaft und Industrie, die sich als Selbständige oder Independenten fühlten, huldigten der → Ideologie, ihre Tätigkeiten nach eigenem Gutdünken und nur zum eigenen Profit oder »Glück« zu verrichten. Im Vordergrund dieser Auffassung stand und steht noch immer der »Selfmademan« als Erfüller des »Amerikanischen Traums«, geistig wie materiell »unabhängig« das eigene Lebensziel zu erreichen.

Ungeachtet all der Abhängigkeiten von Bankkrediten, Patentschutz, Besteuerung, Minderheitsrechten oder von Staatsaufträgen vor allem in der Rüstungsindustrie konnte noch der Ökonom John R. Wikse von seinem persönlichen Werdegang behaupten: »Ich wurde erzogen, authentisch zu sein, ein eigenständiger Mensch. Man sagte mir, der Weg zum Erfolg sei Selbstbeherrschung, die Vorliebe für Schwierigkeiten und Einsamkeit, Unabhängigkeit und Auf-sich-selbst-gestellt-Sein, als Stärke, weil man niemand anderen braucht.«

Obgleich diese Einstellung noch heute das Wirtschaftsleben in den USA wie in Europa in hohem Maße prägt, verdrängen ihre Vertreter die Abhängigkeiten von bestimmten Rohstoffen, Techniken und Verwertungswissen. Dabei zeigt die Erschließung von Erdöl seit 1859 beispielhaft, daß auch forciertes Autarkiestreben und Besitz-Individualismus nur eine scheinbare Unabhängigkeit zulassen. Der Rechtsanwalt und US-Innenminister Harold L. Ickes hat dies im Jahre 1935, mitten in der »Großen Depression«, so realistisch eingeschätzt, daß sein Urteil auch heute noch gültig ist: »Es gibt keinen Zweifel darüber, daß wir absolut und vollständig vom Öl *abhängig* sind. Wir haben uns aus der Steinzeit über die Bronze- und Eisenzeit bis hin ins industrielle Zeitalter entwickelt, und nun leben wir im Zeitalter des Öls. Ohne Öl könnte die amerikanische Kultur, wie wir sie kennen, nicht existieren.«

Vernetzungen

Die Trennung von Körper, Geist und Seele als Ausdruck einer Eigen-Substanz seit Descartes hat zwar die Ideologie der »Eigenliebe« (*amour propre*) gestärkt, damit aber auch den Egoismus gefördert und dadurch fundamentale Abhängigkeiten gestört, ohne die es keinen »Gemeinsinn« in einem Gemeinwesen geben kann.

Kritiker des isolierenden Selbstbestimmungskultes als Inbegriff einer Ellbogen-Gesellschaft haben vor allem aus den Erfahrungen der Frauenbewegungen gelernt, daß das Beherrschen von Abhängigkeiten lebensnotwendig ist. Demnach brauchen die Menschen der Postmoderne eine verstärkte Einsicht in das Wirken von elementaren »Gegenseitigkeiten« und zugehörigen Drittwirkungen.

Im Zeichen der »Grenzen des Wachstums« kommt es nicht allein auf die Kenntnis von materiellen und ökonomischen Interdependenzen an, ohne die ein regionaler, nationaler und selbst globaler → Umweltschutz gar nicht mehr möglich ist. Vielmehr wird eine soziale Vernetzung erforderlich sein, um eine »Himmelfahrt ins Nichts« (Herbert Gruhl) vermeiden zu können: Es wird also eine Rückbesinnung nötig sein, die sich an einer Ganzheit des Menschen und an der »Einen Welt« orientiert, ja mit der Sicherung des Individualismus auch die Sinne für dessen Abhängigkeiten schärft – vom → Recht, der → Gesellschaft und von der Natur.

Literatur

Al Gore, Wege zum Gleichgewicht. Ein Marshallplan für die Erde, dt. 1992 ✦ *Bloom*, The Closing of the American Mind. How Higher education has failed Democracy and impoverished the souls of today's students, 1987 ✦ *Freud*, Massenpsychologie und Ich-Analyse, Werke, Bd.13, 1968 ✦ *C. Keller*, Der Ich-Wahn. Abkehr von einem lebensfeindlichen Ideal, 1986, dt. 1989 ✦ *Kohut*, The Analysis of the Self, 1971 ✦ *Morgan*, Die Anatomie der Freiheit, dt. 1985 ✦ *McPherson*, Die politische Theorie des Besitzindividualismus, 1962, dt. 1973 ✦ *G. Post*, ›A Romano-Canonical Maxim »quod omnes tangit« in Bracton‹, in: Traditio 1946 ✦ *Sartre*, Die Transzendenz des Ego, dt. 1964 ✦ *Schivelbusch*, Das Paradies, der Geschmack und die Vernunft. Eine Geschichte der Genußmittel, 1980 ✦ *G. Steiner*, In Bluebeard's Castle: Some Notes towards the Redefinition of Culture, 1971 ✦ *M. Stürmer*, Dissonanzen des Fortschritts. Essays über Geschichte und Politik in Deutschland, 1986 ✦ *Wikse*, About Possession: The Self as Private Property, 1977 ✦ *Yergin*, Der Preis. Die Jagd nach Öl, Geld und Macht, 1991, dt. 1991.

Absolutismus

Nach dem Ende der nazistischen Gewaltherrschaft und angesichts der Herausforderungen durch die stalinistischen Diktaturen wurde 1948 der historischen Forschung dringend empfohlen, der »Geschichte des Absolutismus ... immer von neuem denkend nachzugehen« (Reinhard Wittram).

Diese Anregung wurde jedoch bis heute nur selten aufgegriffen. Ein Grund für die auffallende Abstinenz lag wohl auch darin, daß trotz gebotener Verfassungstreue zum Bonner Grundgesetz von 1949 die akademische Lehrmeinung bei einer Grundposition des überkommenen Borussismus weitgehend stehenblieb. Danach sei der »moderne Staat« seit dem 16. Jahrhundert allein unter den Bedingungen des Absolutismus entstanden, zuerst in Frankreich und dann nach 1648 auch in Hohenzollern-Preußen.

Obgleich die internationale Forschung diese verbreitete Auffassung in zahlreichen Studien widerlegt hat, bildet sie noch immer den Kern des Neo-Borussismus (Kunisch, Duchardt, Klueting), der sich nur graduell geändert hat und davon überzeugt bleibt, daß der Absolutismus eine fundamentale Kraft des »Fortschritts« im Bereich der »Staatswerdung« war (→ Staat).

In einem ähnlichen Sinne haben sich auch marxistische Historiker und Politologen meist positiv zu den Wirkungen des Absolutismus verhalten und dieses Machtsystem gar als »geschichtsnotwendige« Stufe bewertet – zwischen dem niedergehenden → Feudalismus und dem aufkommenden → Kapitalismus.

Die Positionen der Etatisten (moderner Staat) wie der Marxisten (moderne Gesellschaft) entsprechen trotz ideologischer Unterschiede im Grunde den Bewertungen der »puren Machthistorie« (Otto Brunner), die stets den Gewaltcharakter des Absolutismus in Kauf nahm und damit sein oft brutales »Niederschlagen aller freieren Geistesregungen« (Goethe, 1830).

Ohne genaue Kenntnis der inneren Struktur des Absolutismus aber wird die europäische Freiheits- und Staatsgeschichte in libertären (Stände) wie in liberalen Formen (Parteien) nur verzerrt bewertet werden können: Die Analyse und Einschätzung des Absolutismus wird demnach stets auf das Wesen zerstörter Freiheitsstaaten Bezug nehmen müssen.

Geschichte

Vorformen des Absolutismus als Ausdruck einer gezielten Deformation oder Destruktion bestehender Verfassungen finden sich bereits in der Antike (Tyrannen in griechischen Stadtstaaten) sowie am Ende der Römischen Republik, als Cäsar seine »ewige Diktatur« errichtete (→ Cäsarismus). Auch im Mittelalter gab es absolutistische Tendenzen, so etwa beim Staufer-Kaiser Friedrich II. (1194-1250), der sich kirchlicher Mitsprache wie ständischer Mitwirkung an der Herrschaft entledigen wollte.

Zu kurzen oder dauerhaften Etablierungen der »absoluten Potestät«, des »absoluten Dominats« und einer »illimitierten Regierung« ist es im Zeichen des »Dominium absolutum« (patrimoniale Verfügung über Land und Leute) aber erst während des 16. Jahrhunderts in einigen Stadtstaaten Italiens gekommen (Haus Medici in Florenz). Dabei half die Doppelbedeutung des lateinischen Begriffes »absolutus« nicht wenig, dynastische Machtansprüche zu begründen: Denn darunter wurde einmal die »vollständige« Inhabe aller vertraglich überlassenen Herrschaftsrechte verstanden, dann aber auch deren »uneingeschränkte« Handhabe.

Vertreter des Machiavellismus als Verfechter des Despotismus, wie das Machtsystem bis etwa 1830 auch genannt wurde, nutzten diese Doppeldeutigkeit aus, um mit dem Begriff »absolut« besonders die Vertragsorgane der Stände systematisch auszuschalten: Dieses Vorgehen fand in den libertär gesinnten »Monarchomachen« des 16. Jahrhunderts die schärfsten Widersacher und Bekämpfer.

Angesteckt von der »Florentinischen Krankheit« (Axel Oxenstierna) versuchte der spanische Zweig des katholischen Hauses Habsburg, in den calvinistisch gewordenen Niederlanden (Generalstaaten) von 1555 an mit militärischer Gewalt eine »absolute Macht« einzurichten und diese durch das Erzwingen einer patrimonialen Erbfolge im Herrscheramt zu festigen. Dieses Bestreben dauerte mit Unterbrechungen (Waffenstillstände) bis zum Abschluß des Teutschen Friedens 1648, als die libertär strukturierten Generalstaaten eine »souveräne Republik« wurden.

In ähnlicher Weise versuchte das gleiche Haus als Dynastie, die Verfassungen und Vertragsordnungen in der Wenzelskrone Böhmen/Mähren zu verändern. Dynastische Geheimabsprachen (1617) wollten über dieses libertäre Gemeinwesen verfügen, als seien Land und Leute nichts anderes als privater Erbbesitz, der nach Maßgabe des »Dominium absolutum« jede Mitwirkung der Stände an der politischen Macht und materiellen Verfügung über das öffentliche Eigentum (*res publica*) ausschloß.

Dieses Vorgehen des Hauses Habsburg wurde von den meist protestantischen Ständen Böhmens und Mährens nicht widerstandslos hingenommen. Der »Fenstersturz zu Prag« (1618) weitete dann auch die bereits lange schwelende Verfassungskrise zu einem Krieg in ganz Mitteleuropa aus, der dreißig Jahre lang geführt wurde, um das angemaßte »absolute Dominat« oder »spanische Servitut« wieder abzuschaffen: Eine Anstrengung halb Europas, die nur teilweise erfolgreich sein sollte. Denn es war dem Kaiser Ferdinand II. (1578-1637) als »natürlichem Erbherrn« über Böhmen und Mähren gelungen, das ehemalige Erbwahlreich in ein patrimonial angelegtes »Erbkönigreich« zu verwandeln. Die »Verneuerte Landesordnung« von 1627 für Böhmen und ein Jahr später für Mähren verschaffte diesem gegenreformatorisch und absolutistisch gesinnten Habsburger eine Position, die anderen Potentaten zur Nachahmung diente. In diesem Dokument der Demütigung des politischen Ständewesens muß die erste Manifestation des Absolutismus in Europa gesehen werden: Sie leitete für die libertären und vertriebenen Böhmen »die Zeit der Finsternis« (Temno) ein, die bis zum Sturz der Habsburger 1918 dauern sollte.

Der zweite Versuch dieses machtbewußten Habsburgers ist allerdings gescheitert. Sein Vorhaben, auch das Heilige Römische Reich Teutscher Nation den Bedingungen eines »Dominium absolutum« zu unterwerfen, weckte den Widerstand selbst katholischer Reichsstände (Maximilian von Bayern). Vor allem aber die militärische und politische Intervention Gustav II. Adolf (1594-1632) von Schweden verhinderte von 1630 an, »daß der Stände Freiheit in Teutschland in eine Knechtschaft und in des Hauses Österreich absolutes Dominat verwandelt« wurde (Schwedens Reichsregierung, 1636).

Frankreichs Eingreifen von 1635 verstärkte die europaweite Abwehrfront gegen die Pläne Habsburgs, nach der Diktatur über Böhmen das Heilige Reich ebenfalls in eine Militär- und Erbdiktatur umzuformen, um dann von dieser

Basis aus die Vorherrschaft über ganz Europa anzustreben, letztlich gar eine Weltherrschaft als »Universalmonarchie« (→ Universalismus).

Wohin das geführt hätte, war lange zuvor schon augenfällig: Ferdinand II. ließ nach der Schlacht am Weißen Berg (1620) nicht nur ein blutiges Strafgericht über die gefangenen Widerständler halten, sondern betrieb auch die Zwangskatholisierung und vor allem eine systematische Enteignung von Haus und Hof, Hab und Gut all jener, die sich seiner von General Wallenstein (1583-1634) militärisch gesicherten Erbgewalt widersetzten.

Die politisch-rechtliche Entmündigung einst freier Bürger aller Stände brachte denn auch den »Erbsklaven« hervor, der im Rahmen einer umfassenden »Sozialdisziplinierung« (Gerhard Oestreich) an den »blinden Gehorsam« gewöhnt wurde und damit aufhören mußte, sich seines eigenen politischen Verstandes zu bedienen (→ Aufklärung).

Die gemeinsame Anstrengung von Schweden und Frankreich (Kardinal-Premiers Richelieu und Mazarin), die von Dänemark und den Niederlanden sowie der Schweizer Eidgenossenschaft unterstützt wurde, verstand es, mit dem Friedenswerk von 1648 die »Teutsche Libertät« der Stände gegen das »absolute Dominat« Habsburgs zu sichern und damit eine politische Kultur des Vertrages, der → Toleranz und des Kompromisses (→ Frieden) gedeihen zu lassen.

Allerdings konnte das den Reichsständen international garantierte Widerstandsrecht gegen einen absolutistisch agierenden Kaiser (*jus foederum et armorum*) zur Errichtung eines Territorial-Absolutismus gegen die Landstände mißbraucht werden. Das ist in Einzelfällen (Haus Hohenzollern) nach 1648 vorgekommen. Besonders mit dem Ende des libertären Heiligen Reiches 1806 wandelten sich nach dem Wegfall des Lehns- und Vertragsvorbehaltes in der »Reichsverfassung« (*Constitution gérmanique*, Napoleon) einige Reichsstände zu patrimonialen Erbsystemen in Gestalt absolutistischer Königreiche (Bayern, Sachsen, Württemberg): Sie blieben es trotz Schein-Konstitutionen bis zum Sturz der Dynastien 1918 (→ Revolution).

Gesetzmäßigkeiten

Die oft dramatischen und rohen Umpolungen vom vertraglichen Wahlprinzip einer politischen → Ordnung auf ein patrimoniales Erbsystem zeigen in der Regel stets das gleiche Muster: Ein volljähriger und geeigneter Fürst oder König erhält nach dem Tod des Throninhabers oder nach der Absetzung eines Tyrannen (*rex injustus*, → Gerechtigkeit) die treuhänderische und damit vertraglich geregelte Regierungsgewalt auf Lebenszeit. Die näheren Bestimmungen dazu werden in beschworenen Wahl-Kapitulationen (Heiliges Reich), Handfesten (Dänemark), Pacta conventa (Adelsrepublik Polen) oder in besonderen Königs-Versicherungen (Schweden) festgelegt und garantiert.

Mit dem Abschluß solcher Übereinkünfte zwischen Fürst, Räten und Ständen wurde dem feierlich vereidigten Träger der Landes- oder Reichskrone ein Nutz- und Nießrecht (*dominium utile*) am öffentlichen Eigentum (*res publica*) zugestanden – jedoch nur an den Tafel-, Kammer- oder Krongütern.

Benötigte der Fürst für den jährlichen Bedarf der von ihm verwalteten Öffentlichen Hand mehr Geld, als diese Güter abwarfen, dann war er gehalten, für eine Mehrbelastung der Stände deren Bewilligung auf Land- oder Reichstagen einzuholen. Dieses Zustimmungsrecht wurde nach den Bedingungen der Gegenseitigkeit geregelt, für die es besondere Rechtsformeln gab: »Treu Herr – treu Knecht«, »Einer für alle, alle für einen«, »Quod omnes tangit, ab omnibus debet approbari«, »Car tel est nostre plaisir«.

Diese institutionellen Sicherungen betrafen aber nicht nur den Fürsten und die Stände, sondern wurden auch auf die Räte oder Senate (*consilium magnum*) bezogen, die gleichsam die Drittwirkung eines Herrschaftsvertrages verkörperten und als »Hüter der Verfassung«, »Defensoren« (Böhmen) oder »Gesetzeswächter« (Frankreich) galten. Die Fürsten waren aufgrund dieser inneren Bindung an → Recht und → Verfassungen gehalten, »mit dem Rat des Rates« zu regieren und dabei jede wichtige Maßnahme, Anordnung oder Gesetz einer Rechtsprüfung (Vor- und Nachberatung) zu unterwerfen. Denn nach diesem treuhänderischen Verständnis hatte → Politik die »Kunst des Gleichen und Guten« (*ars aequi et boni*) zu sein, also in erster Linie Verfassungsvollzug im Geist der → Gerechtigkeit und nicht das Durchsetzen einseitiger → Interessen des Herrscher-Hauses (→ Haus).

War allerdings »Gefahr im Verzug« (*periculum in mora*), ein Notstand ausgebrochen (*ca-*

sus necessitatis) oder gar der Kriegsfall eingetreten, dann durfte ein regierender Fürst (*persona publica*) in Anlehnung an die altrömische → Diktatur ein außerordentliches Eingriffsrecht in das steuerfähige Eigentum der Stände und sonstigen Untertanen wahrnehmen – ohne institutionelle Zustimmung der Betroffenen, aber mit dem Zugeständnis einer Entschädigung als Akt ausgleichender → Gerechtigkeit.

Diese zeitlich begrenzten Sondervollmachten hoben das sonst übliche Nutz- und Nießrecht auf und setzten an die Stelle des »Dominium utile« ein sogenanntes »Dominium eminens« als ein besonderes Notrecht, um ungebührlichen Schaden abzuwehren. Mit der Begründung »Not kennt kein Gebot« wurden in solchen Situationen Kompetenzen gestattet, die es sogar erlaubten, zeitweilig von der Einhaltung bestimmter »Gesetze gelöst« (*legibus solutus*) zu sein (→ Souveränität).

Nur in diesem Sinn der schnellen Bewältigung von Not, Schadenslagen und Krieg (Ausnahmezustände) hat Jean Bodin in seinem epochemachenden Werk »Six livres de la République« (1576) die Anwendung »höchster Amtsgewalt« als Souveränität aufgefaßt. Die damit verbundene Zuständigkeit sollte aber kein Freibrief dafür sein, das Göttliche Recht (*Jus divinum*), das Natürliche Recht (*Jus naturale*), das Völkerrecht (*Jus gentium*) oder bestehende Fundamentalgesetze vollständig oder »absolut« außer Kraft zu setzen.

Diese Kultur der rechtsgebundenen Souveränität war nur möglich, weil Staat (*état*) und Regierung (*gouvernement*) ebenso abgegrenzt wurden wie Verfassung (Konstitution) und Verwaltung (Administration). Ihren Vertragsbindungen gemäß war denn auch vorgesehen, daß mit dem Beheben von Not, Schaden und Krieg der Fürst oder König zum früheren Verfassungsstand zurückkehren mußte. Friedensschlüsse im Rahmen des Völkerrechts waren deshalb auch stets verfassungsgerichtete Verträge und Garantien dafür, daß Notstands-Diktaturen nicht mehr benötigt wurden.

Mit Hilfe ergebener Militärs, korrumpierter Ständevertreter und »neuer Staatsmänner« (Claes Rålamb, 1682), die für Fürsten und Könige gezielte Staatsstreiche absicherten, gelang es jedoch einzelnen »Erbherren«, das Vertragssystem der »Doppelten Souveränität« aufzuheben und sich »absolut« zu machen: Statt des »Dominium utile« wurde jetzt das »Dominium eminens« einer Kriegszeit genutzt, um das patrimoniale »Dominium absolutum« uneingeschränkt und vollständig in die Hand zu bekommen.

Neben dem Erreichen dieser »Erb-Souveränität und Absolutesse« (Claes Rålamb), nach der ein Thron ohne Herrschaftsvertrag mit den Räten und Ständen per Testament »vererbt« werden konnte, erreichten Fürsten in protestantischen Ländern (Dänemark, Schweden, Preußen) auch die oberste und absolute Leitung der Landes- oder Reichskirche (*summus episcopus*); außerdem stand den »absoluten Herren« nach der Beseitigung aller Verfassungsgrenzen das Gewaltmonopol überall dort zu, wo Räte und Stände einst mitbestimmen durften: bei der Gesetzgebung und Besteuerung, im Kriegsfall, bei Friedensschluß und im Bildungswesen.

Erst dieser strukturelle Zusammenhang erklärt, warum sich nach dem Frieden von Oliva (1660) im einst libertären Preußen das »Dominium supremum« mit einer »illimitierten Regierung« einrichten ließ: Das Haus Hohenzollern unter dem »Großen Kurfürsten« nutzte das Kriegsnotrecht im Verbund mit seinem Erbanspruch, um die »absolute Diktatur« zu festigen.

Fast gleichzeitig glückte nach dem Frieden von Kopenhagen (1660) dem Haus Oldenburg der Coup, das ehemalige Wahlreich Dänemark in ein patrimoniales Erbkönigtum zu verwandeln. Darin gehörten »Erbrecht, Souveränität und absolute Regierung« untrennbar zusammen und bildeten das hermetische System der »Enevaelde« als absolutistische »Eingewalt« oder Monokratie, die eine vertragliche »Handfeste« für künftige Könige nicht mehr dulden wollte: Ein »absoluter, souverainer Erbherr« brauchte keinen Herrschaftsvertrag.

Nach dem Frieden von Nijmwegen (1679) schaffte es auch das Pfälzische Haus Zweibrükken, in Schweden stufenweise eine ähnliche »Envälde« wie in Dänemark einzuführen: Dabei wurde 1680 der libertäre Reichsrat als »Mediator« beseitigt, dann 1682 der Reichstag weitgehend entmachtet, 1686 die Staatskirche unterworfen, 1689 mittels eines »Kassationsaktes« bestimmte Vertragsbegriffe wie »Reich« und »Krone« offiziell »getötet« und 1693 die »Souveränitäts-Erklärung« verkündet: Sie gestattete ohne jeden »Königseid« dem Throninhaber die »absolute und vollkommene Gewalt über sein Erbreich und Untertanen«.

Der Werdegang von einer libertären Verfassung zur nezessitären Kriegslage und dann ins arbiträre Stadium der »Erb-Souveränität« bildet eine Art Strukturgesetz des Absolutismus. Es wird noch dadurch ergänzt, daß die oft terroristische Stoßrichtung der machtversessenen und meist bankerotten Erbherren ähnlich destruktiv gewirkt hat. Erst wurden die mediatorischen Räte entrechtet und dann die Land- oder Reichstage sowie das gesamte Gerichtswesen gleichgeschaltet: Aus Landes- und Reichsämtern auf Gegenseitigkeit formten sich jetzt Hausbehörden nach Maßgabe allein dynastischer → Interessen.

Folgen

Der systematische Abbau persönlicher Freiheit und korporativer Libertät führte im Absolutismus zu einer Mentalität des »blinden Gehorsams«, wie sie auch die → Diktaturen späterer Zeiten erzwungen haben.

Die zugehörige Gesinnung der kritiklosen Bewunderung des jeweiligen Erbhauses, das mit härtesten Strafen gegen »Majestätsbeleidigungen« vorgehen konnte, war Ausdruck eines Royalismus mit allen Kennzeichen des Personenkultes. Ein hoher Grad an Personalismus, subjektiver Willkür und → Korruption ließ sich auch dort erkennen, wo die »absoluten Erbherren« pompöse Eigenkrönungen vornahmen und ihre Selbstinthronisierung feierten.

Dafür wurden sogar in Dänemark und in Preußen (1701) neue Krönungs-Insignien angefertigt, um jede Verbindung mit den früheren Freiheitsverfassungen zu vermeiden. Spektakulär war hier die Selbstkrönung Karls XII. (1682-1718) von Schweden im Jahre 1697, der mit diesem Traditionsbruch als »Gott auf Erden« verehrt wurde und fortan sein Erbkönigtum wie eine »Festung« (*dominium eminens*) und als Privatbesitz (*dominium absolutum*) auffaßte.

Seinem Vorbild gemäß krönte sich Friedrich I. aus dem Hause Hohenzollern am 18. Januar 1701 als »König in Preußen« selbst, ohne vorher einen Herrschaftsvertrag beeidigt zu haben. Diese Inszenierung patrimonialer Erbmacht wurde von Napoleon I. als »Erbkaiser« 1804 wiederholt. In beiden Fällen segneten klerikale Befürworter des Absolutismus diesen Erb- und Personenkult mit der Behauptung ab, daß eine »menschliche Vermittlung« (*mediante homine*) nicht mehr nötig sei, weil nach Maßgabe von Römer 13 alle Obrigkeit »unmittelbar durch Gott« (*immediate deo*) eingesetzt werde (Juredivino-Königtum).

Ein solches Machtsystem will keine vertraglichen Rechtskontrollen oder ständische Bewilligungen ertragen und schottet sich vor allem nach innen hermetisch ab. Geheimpolitik auf allen Ebenen des Behördenapparates verschließt sich parlamentarischer Kontrolle und schafft »vollendete Tatsachen« besonders in Kriegssituationen (→ Außenpolitik). Bezeichnend für die seit 1648 schrittweise veränderte Lage in der hohen Politik ist die Anweisung Friedrichs II. zum Überfall auf Schlesien im Jahre 1740: »Die Rechtsfrage ist Sache der Minister, also die Ihre (Podewils); es ist Zeit, daß Sie heimlich daran arbeiten, denn die Befehle an die Truppen sind gegeben.«

Dieser Arkanhaltung als Ausdruck absoluten Erbbesitzes entspricht auch die innere Militarisierung der politisch entrechteten Ständegesellschaft. Neben dem buchstäblichen Einprügeln des »blinden Gehorsams« behandelten die absoluten Herren ihre meist adligen Offiziere wie privates Eigentum. Vor allem in Hohenzollern-Preußen war jeder Offizier der dynastisch gebundenen Armee verpflichtet, sich sogar die Heiratserlaubnis beim »höchsten Kriegsherrn« und Erbkönig zu holen. Die Offiziere wiederum faßten in der Regel ihre untergebenen Soldaten fast wie leibeigenen Besitz auf, der in jeder Befehlslage »gehorsamst« zu funktionieren hatte und Zwangsrekrutierungen unterlag.

Bedenkt man diese Mentalität einseitiger Abhängigkeit als Wesensmerkmal des Absolutismus, dann wird verständlich, warum ein Stehendes Heer den dynastischen Haus-Staaten so unentbehrlich schien: Es machte nicht nur Kriege nach außen als Völkerrechtsbruch möglich, sondern sicherte auch die Erbdiktatur nach innen. Diese machtstabilisierende Qualität der »Ständigen Soldatenhaltung« (*miles perpetuus*) unterscheidet sich fundamental von den Stehenden Heeren in Libertäts-Zeiten und im Zeichen des → Liberalismus: Denn diese waren und sind auf Recht und Verfassung vereidigt, werden auf das Gegenseitigkeitsgebot bezogen und pflegen den »gerechten Gehorsam«.

Das »Einteilungswerk« Karls XI. (Schweden) seit 1682, die »Landmiliz« Friedrichs IV. (Dänemark) seit 1701 oder das »Kantonsystem« Friedrich Wilhelms I. (Brandenburg-Preußen) nach 1713 belegen zur Genüge, daß das Stehende

Heer im Absolutismus besonderen Bedingungen unterworfen blieb, die in Österreich und Preußen erst 1918 grundlegende Änderungen erfahren sollten.

Zum monokratischen Kommandieren der gesamten »Staatsmaschine« gehörte es auch, in der meist stagnierenden und defizitären Wirtschaft ähnliche Befehlsstrukturen wirken zu lassen. Darüber hinaus verlangte das absolutistische Erbdenken von der Ökonomie weniger das materielle Wohl des Einzelmenschen. Vielmehr sollte sie die Luxusbedürfnisse des dynastischen Hofes stillen und die Versorgung des Stehenden Heeres samt Flotte (Dänemark, Schweden) sichern. Nicht umsonst lehnt einer der führenden Cameralisten des 17. Jahrhunderts, der Freiherr von Schröder, jede »Mitregierung« der Stände am fürstlichen Wirtschaften ab und besteht darauf, daß er unumschränkter »Haus-Vater« bleibt: Will er »von seinen Untertanen independent und für sich selbst absolut sein, so achte er darauf ..., daß er das Heft in den Händen und Geld im Kasten habe«.

Verschiedene Reformen im Geist der → Aufklärung bewirkten im Heerwesen wie bei den Haus-Behörden oder an den neu gegründeten Erziehungsanstalten (Universitäten, Akademien und Kadetten-Anstalten für die nicht erbberechtigten Söhne der Aristokratie) oft nur akzidentielle Veränderungen. Denn das Heranbilden eines autonomen, freien und selbstbestimmten Menschen hätte das gesamte Gewaltsystem des Absolutismus in Frage gestellt. Verbesserungen für ein menschengerechtes Leben, etwa durch Humanisierung des Strafvollzugs, gab es selten. Erweiterungen der religiösen → Toleranz förderten eher den Zynismus (Lessings harte Kritik am Phantom der »Berlinischen Freiheit«). Lockerungen in der protektionistisch geführten Wirtschaft konnten weder den Schwarzhandel noch den Schmuggel unterbinden. Bauernbefreiungen aus Leibeigenschaft und Patrimonialgerichtsbarkeit (→ Adel) wurden nur widerwillig erlaubt und blieben im Grund unpolitische Maßnahmen.

Die häufig gebrauchte Formel vom »Aufgeklärten Absolutismus« ist deshalb irreführend. Auch der Vorschlag, künftig von »Reform-Absolutismus« (Günter Birtsch) zu sprechen, verdrängt den entscheidenden Befund: Der Absolutismus als patrimoniales Erbsystem war im Sinne der politischen → Aufklärung mit ihrem Vertragsdenken nicht reformierbar. Das haben die Vertreter des »Zivilismus« in Dänemark (Bernstorff, Kanzler von Moltke, General Numsen) ebenso erfahren müssen wie nach 1806 die »Reformer« in Preußen (Freiherr vom Stein, Kanzler Hardenberg, General Gneisenau, Professor Wilhelm von Humboldt) – sie alle sind mit ihren Projekten gescheitert!

Entgegen der »Preußen-Legende« (Franz Mehring), wie sie vor allem Dilthey gegen die Quellenlage verbreitet hat, und anderen Verklärungen des Absolutismus zum Trotz, stellte der Habsburger Monokrat Leopold II. (Herzog der Toscana und ab 1790 Wahl-Kaiser im Heiligen Reich) ohne jede Beschönigung fest, der patrimonial strukturierte Hausstaat sei im Kern ein »bankerottes Geschäft«. Selbst der Freiherr vom Stein, der an manchen Seiten des »Sultanismus«, wie er noch den Absolutismus nannte, in Österreich und Preußen einiges Gefallen finden konnte, fällte bereits 1807 ein vernichtendes Urteil über ein Machtexperiment, das sich in der Geschichte als hochwirksam erweisen sollte – bis in die Mentalität der Diktaturen des 20. Jahrhunderts und sogar in die Bereiche des Privatrechts. Stein hielt bei seiner Analyse die Beobachtung fest: »Alles war auf Selbstregierung berechnet, keine ständische Verfassung, kein als Vereinigungspunkt dienender, tätiger Staatsrat, keine Einrichtungen, wo sich Gemeingeist, Übersicht des Ganzen bilden, gewisse feste Verwaltungsmaximen sich entwickeln konnten; alle Tätigkeit erwartete den Anstoß von oben, nirgends Selbständigkeit und Selbstgefühl.«

Frankreich als Sonderfall

Etatisten als Vertreter der »Staatsvergötzung Preußens« wie Marxisten sind aus unterschiedlichen Gründen der Meinung, daß Frankreich das »klassische Land« des Absolutismus sei. Hervorgehoben wird vor allem die Tatsache, daß die Generalstände zwischen 1614 und 1789 nicht mehr einberufen worden sind. Außerdem wird angenommen, daß das Königtum in dieser Zeit stetig an Stärke zugenommen hat, wobei die berühmte Parole »L'État c'est moi« den Gipfelpunkt markierte. Dieser Satz wird in allen Handbüchern und Lexika der Welt Ludwig XIV. (1638-1715) zugeschrieben und gilt seit Generationen als Inbegriff des Absolutismus.

Im Licht der Quellen wirken auch hier akademische Legenden nach. Denn dem Hause

Bourbon ist es zu keiner Zeit gelungen, das Notrecht (*dominium eminens*) nach einem Krieg mit einer Erb-Diktatur (*dominium absolutum*) zu verbinden und dafür eine ständische »Anerkennung« zu finden. Deshalb war es auch einem »Allerchristlichsten König« (der Titel wurde vom Heiligen Stuhl verliehen!) nicht erlaubt, eine Eigenkrönung vorzunehmen. Jeder Nachfolger im Königsamt blieb verpflichtet, vor seiner Krönung einen Verfassungseid (*serment*) auf die bestehenden Fundamentalgesetze Frankreichs zu leisten.

Bei diesem feierlichen Herrschafts- und Rechtsakt (*translatio imperii*) erhielt der neue König neben den üblichen Reichsregalien auch noch die »Gerechtigkeitshand« (*main de justice*) als besondere Erinnerung daran, daß er als »Roi juste« (*rex justus*, → Gerechtigkeit) die Qualität eines Treuhänders (*dépositaire*) über Land und Leute bekam (→ Treuhandwesen), nicht aber ein absoluter Erb-Eigentümer (*possesseur*) des gesamten Reiches sein durfte.

Werden diese weitreichenden Rechtsbindungen der Könige im Ancien Régime berücksichtigt, dann wird die Tätigkeit des Parlement de Paris als »souveräner Gerichtshof« und »Hüter der Verfassung« bis 1771 verständlich. Entgegen den Behauptungen Voltaires hat dieses Gremium als Vertragsorgan oder Zwischengewalt (*pouvoir intermédiaire*) weitgehend seine Aufgabe erfüllt, jedes Gesetz der Bourbonen-Könige auf seine Rechtskonformität hin zu überprüfen und als Vertrag gegenzuzeichnen.

Wie stark noch am Ende der langen Regierungszeit Ludwigs XIV. dieses Gericht war, zeigte sich beim Protest der »Prinzen von Geblüt« (*Princes du sang*) gegen das »Testament« des Sonnenkönigs. Nach dessen Ableben 1715 hob denn auch das Parlement de Paris die letztwillige Verfügung des Königs als verfassungswidrig auf. Derartige Rechtskontrollen wären zu dieser Zeit im absolutistischen Preußen, Dänemark, Schweden oder gar im autokratischen Rußland Peters I. nicht möglich gewesen.

Außerdem waren die depositären Könige von Frankreich gehalten, nach Maßgabe der »Katholizität« als wichtigstem Fundamentalgesetz (→ Verfassung) päpstliche Bullen nach Prüfung durch das Parlement de Paris als geltendes Kirchenrecht im eigenen Land durchzusetzen. Es war ihnen trotz hoher Kompetenzen im Kirchenleben (Bischofswahl) auch nicht erlaubt, die Position eines absoluten Kirchenoberhauptes einzunehmen, wie es in den protestantischen Ländern Preußen, Dänemark und Schweden als Ausdruck von Absolutismus üblich war.

Erst als Ludwig XV. 1771 das Parlement de Paris wegen dessen Rechtswiderstand unter Bruch seines Verfassungseides »ins Exil« schickte, wuchs die Gefahr, daß auch die Krone Frankreichs in den Zustand eines patrimonialen Absolutismus geriet. Doch mit dem Tod des Königs im Jahre 1774 wurde das vertriebene Gericht wieder in seine Fundamentalrechte eingesetzt. Mit der gleichzeitigen Abschaffung des »Secret du Roi« (→ Außenpolitik) achtete der Gerichtshof auch als Treuhänder der Generalstände verstärkt darauf, daß die Politik verrechtlicht wurde: Es war ebenso ein Verdienst des Parlement de Paris, bis 1789 immer wieder darauf zu drängen, endlich die Generalstände einzuberufen.

Das angeführte Motto des Absolutismus – »Der Staat, das bin ich« – hat Ludwig XIV. nie geäußert. In seinen authentischen Worten »Je m'en vais, mais l'État demeurera toujours« (Ich werde vergehen, doch der Staat wird immer bestehen) drückte sich die Kenntnis überzeitlichen Rechts aus (*respublica aeterna*), das alle Machtfülle nicht aufheben konnte. Auch die von ihm benutzte Sonnenmetapher, die das Wort vom »Sonnenkönig« (*Roi Soleil*) prägte, war keine Kennzeichnung des Absolutismus, sondern ein Hinweis auf die »gleichmäßige Gerechtigkeit«, der sich ein König stets befleißigen sollte.

Mit gutem Recht hat die meist kirchliche → Opposition um den Bischof Fénelon (1651-1715) Übergriffe und Ungesetzlichkeiten der königlichen Verwaltung gegeißelt. Andere Kritiker wie Bougainvillier wurden ebenfalls nicht müde, den »anonymen Despotismus« anzugreifen, wie ihn das Arkanverhalten in Versailles verursachte und der das Vertrauen in das gerechte Königtum erschütterte. Zahlreiche Vorwürfe der Revolutionäre von 1789 gegenüber dem Ancien Régime beruhten außerdem auf Unkenntnis. So war das Wesen der »absoluten Monarchie« nicht auf eine zentralistisch gesteuerte Rechtlosigkeit von Ständen und Untertanen gerichtet, sondern darauf abgestellt, Eingriffe einer auswärtigen Jurisdiktion abzuwehren. Frankreichs Könige wollten keine »Lehnsträger« des Kaisers oder des Papstes sein und beanspruchten ihre eigene Gerichtshoheit (*authorité royale*) auch nach innen. Bekanntlich hatte der Adel in seiner Duellsucht die Kompetenz der Dritten Gewalt immer wieder unterlaufen und damit den König in seiner Zuständigkeit ausgeschaltet. Genau diesen fortgesetzten Verfassungsbruch in den Reihen des Adels wollte der Kardinal-Premier Richelieu (1585-1642) mit seinen Reformen abstellen: Dabei ging es also nicht um die Einrichtung des Absolutismus, sondern um die Festigung des libertären Rechtsstaates gegen die »feudale Anarchie« (Anacharsis Cloots).

Was demnach als Wesenszüge des Absolutismus in Frankreich ausgegeben wird, erweist sich bei genauem und vergleichendem Hinsehen als Ausdruck einer depositären Rechtskultur, deren Bedingungen und Bindungen vor allem nach 1789 »verdunkelt« (Alexis de Tocqueville) worden sind. Dennoch muß festgehalten werden, daß der im 17. Jahrhundert verstärkt aufkommende »Erbwahn« (Immanuel Kant) auch auf die Außen- und Sicherheitspolitik Frankreichs übergegriffen hatte und in hohem Maße geschichtswirksam wurde.

Bereits in der Jülicher Erbsache von 1609 wollte Heinrich IV. militärisch eingreifen. Seine Ermordung 1610 durch Ravaillac, der ihn nicht als »guten König« empfand, sondern als »Tyrann«, verhinderte eine Intervention, die dann erst 1635 an der Seite Schwedens erfolgte. Vor allem die sogenannte Reunionspolitik Ludwigs XIV. ab 1661 arbeitete mit echten oder vermeintlichen Erbansprüchen: So wurde der Devolutionskrieg gegen die Niederlande 1667 ebenso mit einem anfechtbaren Erbrecht begründet wie der Pfälzische Erbfolgekrieg von 1688 oder der Spanische Erbfolgekrieg seit 1701.

Die Erfolge in diesen Kriegen waren bescheiden genug, blieben doch die Nachbarn mit Unterstützung des libertären wie parlamentarischen England und Schweden wachsam und zwangen Frankreich in Friedensschlüssen, seine vermeintlichen Ansprüche zurückzudrehen.

Kritik

Aus den bitteren Erfahrungen mit der Erbtyrannis Eriks XIV. entstand in Schweden um 1580 der wohl beste Traktat zum politischen → Treuhandwesen. Der Senator und Vizekanzler Erik Sparre hatte ihn unter dem Titel »Pro lege, rege et grege« (Für das Gesetz, den König und das Volk) verfaßt und darin begründet, daß die Einhaltung von Herrschaftsverträgen lebensnotwendig ist: Ein »absoluter König« wie eine »souveräne Krone« waren lediglich der Gerichtshoheit von Kaiser und Papst entzogen, aber gleichwohl nach innen dem → Recht unterworfen.

Im gleichen Geist der Monarchomachen als Bekämpfern des absolutistischen Royalismus erschien 1640 die wegweisende Streitschrift »Dissertatio de ratione status in imperio nostro Romano-Germanico«. Als Autor firmierte ein gewisser Hippolithus a Lapide. Tatsächlich aber wurde dieses Kampfbuch gegen den Habsburg-Absolutismus im Umkreis von Schwedens Reichkanzler Axel Oxenstierna gefertigt – mit einem klaren Bekenntnis zur politischen Kultur des Depotismus und Drittrechtes.

Dieses aufklärende Kompendium wurde von Wien aus umgehend verboten. In Schweden selbst wartet die beste Analyse des Envälde-Absolutismus noch immer auf ihre Veröffentlichung. Um das Jahr 1682 schrieb der Senator und Jurist Claes Rålamb, den Leibniz einmal einen »unbestechlichen Mann« nannte, seine »Deduktion angäende reduktion« und entwickelte darin die Ungerechtigkeiten der königlichen Politik hinsichtlich der »grausamen Reduktion« (Achenwall) von Krongütern aus Adelshand in die patrimoniale Verfügung der herrschenden Dynastie.

Ähnlich Rålamb kritisierte auch Robert Molesworth als Gesandter Englands in Kopenhagen »Dänemarks gegenwärtigen Staat« (dt. 1695). In dieser Schrift ließ er an der »absoluten erblichen Herrschaft des Königs« kein gutes Haar, weil dieses Machtsystem der »Enevaelde« vor allem einen Krieg gegen die eigenen Leute führte und dabei dem »Irrtum des unbeschränkten Gehorsams« erlag: Den aber forderte nur die »Türkische Tyrannei«, das »Spanische Servitut« oder die »Zaristische Selbstherrschaft«.

Die zeitgenössische Kritik am Absolutismus nahm jene Einsicht vorweg, die Generationen später das Destruktive am fürstlichen Erbverhalten bloßlegte und es für die »systematische Zerstörung allen individuellen, korporativen und regionalen Denkens« verantwortlich machte (Pierre-Joseph Proudhon).

Von Vertretern der »Deutschen Staatslehre« werden der Franzose Jean Bodin und der Engländer Thomas Hobbes als »Väter des Absolutismus« ausgegeben. In Wirklichkeit aber unterschieden beide Staatsdenker »Recht und Gesetz«, erlaubten den Königen eine »Absolutesse« nur im Rahmen des → Rechts und richteten die Politik an der → Goldenen Regel der Bergpredigt aus, also am unabdingbaren Gebot von Gegenseitigkeit und Gerechtigkeit.

Angesichts dessen können diese Autoren nicht zu den Befürwortern des Erb-Absolutismus gezählt werden. Dagegen hat der Philosoph und Jurist Leibniz in seinem »Tractatus de jure suprematus ac legationis« von 1679 eine Rechtfertigung des Territorial-Absolutismus und dessen Militärdiktatur gegen die libertären Landstände verfaßt. Dieses Gutachten war eine Auftragsarbeit des »Großen Kurfürsten«, der sich seinen Status als »freyer und souveräner« Stand für den Friedenskongreß in Nijmwegen bestätigen lassen wollte. Leibniz reduzierte darin die → Souveränität auf die Handhabe eines »persönlichen Regimentes«, das vor allem in der Dynastie selbst das Erb- und Gewaltmonopol ungehindert besitzen und wahrnehmen darf.

Von Leibniz führte diese Argumentation über den Dänen Holberg zu Hegel, der auch das Erbprinzip wesentlich höher bewertete als jeden vertraglichen Wahlmodus, und schließlich zu Friedrich J. Stahl. Dieser nahm 1845 in seiner Abhandlung »Das monarchische Prinzip« all jene Tendenzen auf, die seit dem 16. Jahrhundert die Staatlichkeit vornehmlich an den Status eines »absoluten Hauses« (*maison souveraine*) banden und nicht an dessen depositäre Beziehungen zu den Ständen.

Diese absolutistischen Überhöhungen erklären auch die oft in akademischen Kreisen beschworene »Andacht zum Staate« (Otto Hintze) bis 1918, in deren Zeichen die politische Kultur von Vertrag und Parlamentarismus wenig Anklang finden konnte.

Erklärmodelle

Seit Wilhelm Roschers »Geschichte der Nationalökonomie« von 1874 hat sein Drei-Stufen-Modell zur Entwicklung des »modernen Staates« weite Anerkennung gefunden. Danach begann sie nicht mit dem libertären Spanien Alfons des Weisen und seinem Rechtsstaatsmotto »Pro lege et grege«, sondern mit dem »Konfessionellen Absolutismus« Philipps II. (1527-1598). Dieser soll durch den »Höfischen Absolutismus« Ludwigs XIV. fortgeführt und gar gesteigert worden sein, um dann im Laufe des 18. Jahrhunderts in den »Aufgeklärten Absolutismus« Friedrichs II. von Preußen, Josephs II. von Österreich, Gustavs III. von Schweden und Katharinas II. von Rußland zu münden.

Dieses Modell, das die extreme Erbgebundenheit des Absolutismus und dessen Gewaltenergie kaum wahrnimmt, wird noch durch die akademische Konstruktion ergänzt, daß der angebliche → Dualismus zwischen Fürsten und Ständen überwunden werden mußte, damit all das entstehen konnte, »was wir Staat nennen« (Wilhelm Mommsen). Denn die Geschichte dränge angeblich immer zu einem Monismus oder Zentralismus und nicht zu drittwirkenden Vertragslagen (→ Staat).

Eine Variante dieses Erklärmusters bildet die These, daß der Absolutismus die organisatorische Antwort auf den »konfessionellen Bürgerkrieg« gewesen sei (Reinhart Koselleck). Außer in Böhmen, wo die Konfessionsfrage im Zeichen der Gegenreformation eine erhebliche Rolle spielte, wurden die Bürgerkriege im Europa der Neuzeit nicht mit der Errichtung eines absolutistischen Erbregimes beendet: gerade nicht in England, das Koselleck als Vorbild dient. Denn dort bemühte sich Cromwell (1599-1658) als Lord-Protektor um libertär geordnete Verhältnisse. So wie er die »New Model Army« nach dem erfolgreichen Schweden-Modell organisierte, so ließ er auch das »Instrument of Government« nach dem Vertragsmuster der schwedischen »Regierungs-Form« von 1634 verfassen; und nach dem kurzen Absolutismus-Experiment Jakobs II. endete die innere Krise Englands unter den Rechtsgeboten von »liberty and property« 1688 in der Festigung des depositären Verfassungsstaates.

Auch die Niederlande, Dänemark und Schweden suchten nach dem Ende ihrer konfessionell durchwirkten Bürgerkriege im Zuge von → Reformation und Gegenreformation den inneren Frieden nicht im Absolutismus, sondern im umfassenden Ausbau libertärer Ordnungen. Nimmt man noch die Adelsrepublik Polen bis 1795 hinzu, wo die Szlachta ihre »Goldene Freiheit« gegen alle absolutistischen Versuche verteidigt hat, dann erweist sich der Absolutismus eher als Ausnahme denn als Regel, zumal auch noch am Ende des Teutschen Bürgerkrieges 1648 die Libertät gesiegt hatte (→ Frieden).

Vom linearen Fortschrittsdenken geleitet, koppeln Marxisten die Entstehung des Absolutismus an »das Aufkommen bürgerlicher Verhältnisse, der Warenproduktion und der Geldwirtschaft« (Peter Hoffmann, 1970). Allein die Tatsache, daß diese drei Grundbedingungen in libertären Gemeinwesen auszumachen sind, ohne daß es dort zu einem absolutistischen Regime auf Dauer gekommen ist, widerlegt auch dieses Erklärmodell.

Obwohl die Marxisten den offenkundig diktatorischen Charakter des Absolutismus erkennen, beziehen sie diesen auf den gesamten Adel als Klasse und weniger auf die herrschende Erbdynastie. Deshalb wird ihnen auch das Phänomen des Neu-Adels nicht bewußt (bürgerliche Aufsteiger als geadelte, aber entpolitisierte Stützen des Absolutismus). Auch die wichtige Rolle des Klerus als ökonomischer (Kirchengut), politischer (Land- oder Reichstagsstand) und ideologischer Faktor bei der Sicherung des Despotismus wird hier weitgehend ausgeblendet: Obgleich dieser Stand doch die Erhöhung des Königtums in die Gottunmittelbarkeit aller weltlichen Macht aus der Bibel begründet hat (Buch Samuel).

Auswirkungen

Als besondere Leistung für die europäische Rechtskultur wurde immer wieder das Streben des Absolutismus nach Vereinheitlichung angeführt, vor allem in Gestalt von umfassenden Rechtskodifikationen (Helmut Coing).

Unter Berücksichtigung der dynastischen Erb- und Machtansprüche zeigt sich aber, daß dieser angebliche »Fortschritt« in Wirklichkeit ein Instrument dafür war, die diktatorische Gleichschaltung und politische Entmachtung der Stände abzusichern. Im Dänischen Recht von 1683 (Danske Lov) fällt die gezielte Entmündigung der Untertanen ebenso auf wie in den Vorarbeiten zu einer fundamentalen Änderung von »Schwedens Gesetz« (Sveriges Lag), die 1686 begonnen wurden, aber unter libertären Bedingungen 1734 abgeschlossen werden konnten: Dieses Gesetzbuch bildet noch heute eine Grundlage des Privatrechts.

Eine ähnlich lange Lebensdauer war auch dem Allgemeinen Preußischen Landrecht (ALR) beschieden. Es löste 1794 das überkommene Landrecht von 1620 in Preußen ab und wurde unter Abwandlungen die Grundlage des Bürgerlichen Gesetzbuches (BGB) von 1900 im Deutschen Reich. Trotz zahlreicher Änderungen hat es im Prinzip bis heute alle Umpolungen im Öffentlichen Recht überdauert (→ Recht).

In diesen Bereich der Langzeitwirkungen gehört auch der »Code Napoléon« von 1804. Frankreich, das bis zur Revolution von 1789 in zwei besondere Rechtskreise geteilt war (Länder des geschriebenen Römischen Rechts im Süden und Regionen des Gewohnheitsrechtes im Norden), erhielt damit ein zentralistisches System, das auf den »Corpus Juris« des Kaisers Justinian aus dem Jahre 535 zurückging und mit diesem Rückgriff vor allem die Rechte der Frau als Mensch und Bürger auf ein Minimum reduzierte (→ Frauenstatus). Gleichwohl hat dieser Codex mehrere Kaiser, Könige und Republiken »überlebt« und gilt selbst in der V. Republik seit 1958 als Basis des Privatrechts.

Vom Machtstreben einiger Vertreter des → Sozialismus irritiert, rechnete Friedrich Nietzsche (1844-1900) angesichts der Forderungen nach einer »Vergesellschaftung der Produktionsmittel« die neue → Ideologie mit ihren Absolutheitsansprüchen zu den späten Auswirkungen des Absolutismus: »Der Sozialismus ist der phantastische jüngere Bruder des fast abgelebten Despotismus, den er beerben will; seine Bestrebungen sind im tiefsten Verständnis reaktionär. Denn er begehrt die Fülle der Staatsgewalt, wie sie nur je der Despotismus gehabt hat, ja er überbietet alles Vergangene dadurch, daß er die förmliche Vernichtung des Individuums anstrebt« («Ein Blick auf den Staat«).

Die Realität dieser Gefahr, kollektive Besitzansprüche gegen die → Menschenrechte des Individuums zu erzwingen, betraf weniger die aufstrebende → Sozialdemokratie als den späteren Nationalsozialismus. Mit seinem Anspruch auf die Unfehlbarkeit der Partei und mit seiner pseudo-religiösen Überhöhung der »Bewegung« wurde nur in anderen Formen erneuert, was vor 1918 die Verbindung von »Thron und Altar« erwartete – blinde Gefolgschaft.

Ähnlich wie bei den Staatsstreichen absolutistisch gesinnter Fürsten gelang es der NSDAP als Reichstagspartei unter ihrem »Führer«, die Weimarer Verfassung auszuhebeln: Mit dem »Ermächtigungsgesetz« von 1933, das der Würzburger Staatsrechtler Wolgast mit der absolutistischen »Lex Regia« von 1661 in Dänemark vergleichen sollte!

Mit Hilfe eines vorgeblichen Staatsnotstandes wurde die gesamte politische Kultur des Parlamentarismus mit seinem speziellen → Parteiwesen, Gerichtsordnungen und »institutionellen Garantien« des Individuums ins Gegenteil verkehrt. Auf Hitlers Stellung als »Führer« wurde sogar die Formel »Princeps legibus solutus« angewandt und vom Finanzministerium so gedeutet, daß Hitler persönlich keine Steuern mehr zu zahlen brauchte – jeder kontrollierbaren Treuhandschaft entzogen.

Die Eingriffe in die bestehende Eigentumsordnung mit ihren »Arisierungen« vornehmlich jüdischen Besitzes, die Aufhebung des Rechtsstaatsgebotes für alle öffentlichen Ämter sowie die innere Militarisierung der Gesellschaft nach Maßgabe des »blinden Gehorsams« waren den dynastischen Diktaturen zwischen 1627 und 1918 gleichsam abgeschaut.

Die brutale und terroristische Handhabe des Staatsnotrechtes (*dominium eminens*) wurde bald von jenem »Erbwahn« ergänzt, der in vielfältigen Formen Europa seit dem 16. Jahrhundert nachhaltig geprägt hatte. So wurden in rassistischem Sinne »Erbkrankheiten« bekämpft und dabei Kastrierungen, Sterilisierungen, ja die Euthanasie erzwungen. Gleichzeitig förderte die NSDAP das »Erbhof«-Wesen und setzte eine gewisse Patrimonialisierung durch, die den Bauern zum entpolitisierten »Eigenherr« machte. In der ideologisierten Pflege des »Ahnenerbes« mit dem Ziel, »erbgesunde« Herrenmenschen heranzuzüchten, näherte sich die NSDAP jenem »Heiratsverbot«, das absolutistische Fürsten aus anderen Gründen handhabten. Die bewußt gesteuerte Verehrung für »Friedrich den Großen« von Preußen, der als der »erste Nationalsozialist« ausgegeben wurde, zeigt überdies die Nachwirkungen des Absolutismus als Zwang zum Personenkult.

War die »förmliche Vernichtung des Individuums« als politisches Vertragswesen ein Hauptziel des Absolutismus, so findet sich diese Tendenz nicht nur im Nationalsozialismus, sondern auch bei Vertretern des → Sozialismus kommunistischer Parteien: Dabei traten die Bolschewiki unter Lenin, Trotzki und Stalin 1917 das »Erbe« des Zarismus (→ Cäsarismus) an.

Verweigerte die Zaristische Selbstherrschaft (Samoderžavie) jede Eigenbestimmung oder gar vertragliche Repräsentation seit 1613 («Wahl« des Hauses Romanow auf einem »Reichstag« oder Sobor), so ließ auch das System des »Demokratischen Zentralismus« (Lenin) keine Autonomie des Einzelmenschen zu. Im Zarismus wie im Bolschewismus galten die Menschen als absolutes Eigentum der Herrschenden, die sich so verhalten durften, wie es Friedrich Wilhelm I. von Preußen einmal zur Begründung seines »Grobianismus« (Hubatsch) verkündete: »Exemplarisch und auf gut russisch«.

Fazit

Neben dem menschengerechten Wirken der Libertät hat kein anderes Herrschaftssystem und Machtprinzip so nachhaltig auf einzelne Regionen und Reiche eingewirkt wie der Absolutismus. Seine Tendenz zum Totalitären löst eine gewisse Faszination selbst dort aus, wo freiheitliche Vertragsordnungen eine gänzlich andere Einstellung erwarten lassen.

Selbst Kommunisten, die doch alle bisherigen Gesellschaftsformen und Produktionsweisen »überwinden« wollen, können sich dem Bann dieses Royalismus nicht entziehen. In Nord-Korea vollzog sich im Zeichen eines poststalinistischen Personenkultes die erste »Erbfolge«: Der Parteiführer Kim Il Sung installierte die Nachfolge seines ältesten Sohnes in Partei und Staat.

Despoten der Neuzeit und heutige Diktatoren haben immer Mittel und Wege gefunden, die Ordnungen bestehender Freiheit zu zerstören, und doch ist es ihnen trotz ihrer Machtapparate nie gelungen, die Freiheit selbst als Gerechtigkeits-Idee vollständig auszulöschen.

Literatur

Amburger, Geschichte der Behördenorganisationen Rußlands von Peter dem Großen bis 1917, 1966 ✦ *Anderson*, Die Entstehung des absolutistischen Staates, 1979 ✦ *Aretin* (Hrsg.), ›Der Aufgeklärte Absolutismus‹, in: NWB, 1974 ✦ *Avrech*, Russkij absoljutizm i ego rol' v utverždenij kapitalizma v Rossij, 1968 ✦ *G. Barudio*, Absolutismus – Zerstörung der »libertären Verfassung«, 1976 ✦ *ders.*, Das Zeitalter des Absolutismus und der Aufklärung 1648-1779, FWG 25, 1981 ✦ *P. Baumgart*, ›Epochen der preußischen Monarchie im 18. Jahrhundert‹, in: ZHF 6, 1979 ✦ *Bazzoli*, Il pensiero politico dell'assolutismo illuminato, 1986 ✦ *Benecke*, Society and Politics in Germany 1500-1750, 1974 ✦ *Birtsch*, ›Gesetzgebung und Repräsentation im späten Absolutismus. Die Mitwirkung der preußischen Provinzialstände bei der Entstehung des Allgemeinen Landrechts‹, in: HZ, 1969 ✦ *ders.* (Hrsg.),

Grund- und Freiheitsrechte im Wandel von Gesellschaft und Geschichte. Beiträge zur Geschichte der Grund- und Freiheitsrechte vom Ausgang des Mittelalters bis zur Revolution von 1848, 1981 ✦ *Blaich*, Die Epoche des Merkantilismus, 1973 ✦ *Blickle*, ›Untertanen in der Frühzeit. Zur Rekonstruktion der politischen Kultur und der sozialen Wirklichkeit Deutschlands im 17. Jhd.‹, in: VjSW 70, 1983 ✦ *Bluche*, L'origine des magistrats du Parlement de Paris au XVIIIe siècle, 1972 ✦ *Boldt*, ›Der Ausnahmezustand in historischer Perspektive‹, in: Der Staat, 1967 ✦ *Boutant*, L'Europe au grand tournant des années 1680: La succession palatine, 1985 ✦ *Bowle*, Hobbes and his critics. A study in seventeenth century constitutionalism, 1951 ✦ *Braconier*, ›Suveränitets begreppets betydelse till det Karolinska enväldets uppkomst‹, in: Festkrift till A. Nevstén, 1951 ✦ *O. Brunner*, ›Moderner Verfassungsbegriff und mittelalterliche Verfassungsgeschichte‹, in: MIÖG, 1939 ✦ *Buchholtz*, Staat und Ständegesellschaft in Schweden zur Zeit des Übergangs vom Absolutismus zum Ständeparlamentarismus 1718-1720, 1979 ✦ *Buck* (Hrsg.), Europäische Hofkultur im 16. und 17. Jhd., 3 Bde., 1981 ✦ *Büsch*, Militärsystem und Sozialleben im alten Preußen 1713-1807. Die Anfänge der sozialen Militarisierung der preußisch-deutschen Gesellschaft, 1962 ✦ *Coing*, Epochen der Rechtsgeschichte in Deutschland, 3. Aufl. 1976 ✦ *Corvisier*, La France de Louis XIV. 1643-1715. Ordre interieur et place en Europe, 1979 ✦ *Daly*, ›The idea of absolute monarchy in seventeenth century England‹, in: HJ, 21:2, 1978 ✦ *Duchardt*, Das Zeitalter des Absolutismus. Grundriß der Geschichte, 1989 ✦ *Erbe*, Deutsche Geschichte 1713-1790. Dualismus und Aufgeklärter Absolutismus, 1985 ✦ *Evjen*, Die Staatsumwälzung in Dänemark im Jahre 1660, 1903 ✦ *Fabricius*, Kongeloven. Dens tillblivelse og ... arveretlige udvikling, 1920 ✦ *Fridericia*, ›Frederik III og Enevaeldens Indførelse‹, in: HTd, 1886-87 ✦ *Friis*, Die Bernstorffs und Dänemark, 2 Bde., 1970 ✦ *Gerhard*, ›Probleme des dänischen Frühabsolutismus‹, in: Festgabe K.v.Raumer, 1966 ✦ *Gerschenkron*, ›Soviet Marxism and Absolutism‹, in: SR, December 1971 ✦ *Geyer*, ›Der Aufgeklärte Absolutismus in Rußland. Bemerkungen zur Forschungslage‹, in: JbGOE 30, 1982 ✦ *Haintz*, König Karl XII. von Schweden, 3 Bde., 1936, 1958 ✦ *Hartung*, ›Die Epochen der absoluten Monarchie in der neueren Geschichte‹, in: HZ 145, 1932 ✦ *ders.*, ›L'état c'est moi‹, in: HZ 169, 1949 ✦ *Hasselberg*, De Karolinska kassationsakterna, 1968 ✦ *Heitz*, ›Der Zusammenhang zwischen den Bauernbewegungen und der Entwicklung des Absolutismus in Mitteleuropa‹, in: ZfG, Sonderheft, 1965 ✦ *E. Hinrichs* (Hrsg.), Absolutismus, 1986 ✦ *Hintze*, ›Die schwedische Verfassung und das Problem der konstitutionellen Regierung‹, in: ZfP, 1913 ✦ *ders.*, Staat und Verfassung. Gesammelte Abhandlungen zur allgemeinen Verfassungsgeschichte, 2.erw.Aufl. 1962 ✦ *Hömig*, ›Absolutismus und Demokratie. Das Reformprogramm des Marquis d'Argenson (1737)‹, in: HZ 226, 1978 ✦ *Hubatsch*, Das Zeitalter des Absolutismus 1600-1789, 4.Aufl. 1974 ✦ *Jones*, The Revolution of 1688 in England, 1972 ✦ *Just*, ›Stufen und Formen des Absolutismus. Ein Überblick‹, in: HJb, 80/1, 1935 ✦ *Kassem*, Décadence et absolutisme dans l'œuvre de Montesquieu. Études d'histoire économique, politique et sociale, 1960 ✦ *Koselleck*, Kritik und Krise, 1959 ✦ *Koser*, ›Die Epoche der absoluten Monarchie in der neueren Geschichte‹, in: HZ 61, 1889 ✦ *K. Krüger*, ›Absolutismus in Dänemark – ein Modell für Begriffsbildung und Typologie‹, in: ZGfSHG 104, 1979 ✦ *Kunisch*, Absolutismus. Europäische Geschichte vom Westfälischen Frieden bis zur Krise des Ancien Régime, 1986 ✦ *ders.* (Hrsg.), Der dynastische Fürstenstaat. Zur Bedeutung von Sukzessionsordnungen für die Entstehung des frühmodernen Staates, 1982 ✦ *H. Lehmann*, Das Zeitalter des Absolutismus. Gottesgnadentum und Kriegsnot, 1980 ✦ *Leontovitsch*, Die Rechtsumwälzung unter Iwan dem Schrecklichen und die Ideologie der russischen Selbstherrschaft, 1947, 1965 ✦ *Malettke*, ›Fragestellungen und Aufgaben der neuen Absolutismusforschung in Frankreich und Deutschland‹, in: GWU 30, 1979 ✦ *Mandt*, Tyrannislehre und Widerstandsrecht, 1974 ✦ *G. Mann*, Wallenstein, 1971 ✦ *W. Mommsen*, ›Zur Beurteilung des Absolutismus‹, in: HZ 158, 1938 ✦ *Mousnier*, Les institutions de la France sous la monarchie absolue, 2 Bde., 1974-80 ✦ *M.G. Müller*, Staatskrise und politische Reform in Polen unter der Regierung Augusts III., 1980 ✦ *Normann*, Prästerskapet och det Karolinska enväldet, 1948 ✦ *Oestreich*, Strukturprobleme des europäischen Absolutismus. Geist und Gestalt des frühmodernen Staates, 1969 ✦ *Parker*, The Making of French Absolutism, 1983 ✦ *Pavlenko*, ›K voprosu o genezise absoljutizma v Rossij‹, in: Istorija SSSR 4, 1970 ✦ *Peterson*, Peter the Great's Administrativ and Judicial Reforms. Swedish Antecedents and the Process of Reception, 1979 ✦ *Rasmussen*, ›Landmilitsen og Stavnsbaandet‹, in: HTd, 1886-87 ✦ *v. Raumer*, ›Absoluter Staat, korporative Libertät, persönliche Freiheit‹, in: NWB 17, 1967 ✦ *G.A. Ritter*, Parlament und Demokratie in Großbritannien. Studien zur Entwicklung und Struktur des politischen Systems, 1972 ✦ *Roos*, ›Polen von 1668 bis 1795‹, in: HbEG 4, 1968 ✦ *Secher/Støchel*, Forarbejderne til kong Kristian V.s Danske Lov, I-II, 1891-94 ✦ *Scharf*, ›Strategien marxistischer Absolutismusforschung. Der Absolutismus in Rußland und die Sowjethistoriker‹, in: AISIG in Trento 5, 1979 ✦ *Skalweit*, ›Das Zeitalter des Absolutismus als Forschungsproblem‹, in: DVjLG 35, 1961 ✦ *Stolleis* (Hrsg.), Staatsdenker im 17. und 18. Jahrhundert, 1977 ✦ *Strömberg-Back*, Lagen, rätten, läran. Politisk och kyrklig idédebatt i Sverige under Johan III:s tid, 1963 ✦ *Tanner*, English Constitutional Conflicts of the Seventeenth Century, 1603-1689, 1928 ✦ *Thanner*, ›1680 års statsrättsförklaring‹, in: HA 11, 1961 ✦ *ders.*, ›Suveränitetsförklaringår 1693‹, in: KFA 1954 ✦ *Torke*, ›Autokratie und Absolutismus in Rußland. Begriffserklärung und Periodisierung‹, in: Geschichte Altrußlands in der Begriffswelt ihrer Quellen, Festschrift G. Stökl, 1986 ✦ *K. Vetter*, ›Die Stände im absolutistischen Preußen. Ein Beitrag zur Absolutismus-Diskussion‹, in: ZfG 24, 1976 ✦ *Vierhaus* (Hrsg.), Herrschaftsverträge, Wahlkapitulationen, Fundamentalgesetze, 1977 ✦ *Wittram*, ›Formen und Wandlungen des europäischen Absolutismus‹, in: Festschrift für Fr. Gogarten, 1948 ✦ *Wyduckel*, ›Princeps legibus solutus. Eine Untersuchung zur frühmodernen Rechts- und Staatslehre‹, in: Schriften zur Verfassungsgeschichte 30, 1979 ✦ *Zernack*, ›Die skandinavischen Reiche von 1654 bis 1772‹, in: HbEG 4, 1968 ✦ *Ågren*, Karl XI:s indelningsverk för armén. Bidrag till dess historia åren 1679-1697, 1922.

Adel

Die seit dem Großen Bauernkrieg von 1524/25 oft verwendete Gleichheits- und Widerstandsparole »Als Adam pflügte und Eva spann / Wo war da der Adelsmann?« verdrängte, wie konstruktiv der Adel die Geschichte und politische Kultur des → Abendlandes mitgestaltet hatte. Diese Feststellung gilt für die Stadtstaaten der griechischen Antike, die Römische Republik, das Rittertum im Mittelalter und für zahlreiche Monarchien der Neuzeit. Selbst heute noch spielen nicht wenige Vertreter dieses politisch entmachteten Standes in Diplomatie, Wirtschaft, Kultur und Wissenschaft eine häufig bedeutende Rolle.

«Noblesse oblige«

Auch wenn die Auffassung von einem »magischen Vorrang« (v.d. Gablentz) zur Mythenbildung adliger oder dynastischer Geschlechter gehörte (→ Haus), so gründete sich die Erhebung in den Adelsstand als »Nobilitierung« zunächst auf besondere Leistungen eines Einzelbürgers («Stammvater«). Die Zuerkennung der »Nobilitas« in der Qualität einer Standschaft war demnach von herausragenden Verdiensten (*merita*) abhängig. Sie mußten von einem Fürsten, König, Kaiser oder Papst gewürdigt werden, um in einem Akt der Gegenseitigkeit (*homagium*) mit bestimmten Belohnungen (*praemia*) entgolten zu werden (Lehnsgüter, Sinekuren, Ehrentitel, Hofämter, Mitgliedschaft in Orden).

Somit erscheint das Adeln oder Nobilitieren als höchster Ausdruck der »zuteilenden Gerechtigkeit« (*Justitia distributiva*). Dieser Erhöhungsakt sollte in der Regel »more geometrico« erfolgen, um die Statusverbesserung des Ausgezeichneten in ein gerechtes Verhältnis zu den schon vorhandenen Adligen zu bringen. Schließlich gehörte es zur »Kunst des Gleichen und Guten« (→ Politik), die Beziehungen zwischen dem einfachen unbetitelten Adel, den Freiherren oder Baronen, Grafen, Herzögen, Fürsten und selbst Kurfürsten im Heiligen Reich so zu tarieren, daß der »Erste Stand« in einer Monarchie von innerer Symmetrie geprägt blieb und seine Vorrechte (Privilegien) gegenüber den unadligen Ständen legitimieren konnte.

Die Bildung einer solchen Leistungs- und Verdienstelite ging demnach vom »guten Mann« aus (*aner agathos* im Griechischen, *vir bonus* im Lateinischen). Seine individuellen Qualitäten in Krieg und Frieden, Wissenschaft und Kunst machten es möglich, in den Stand der »Besten« (*aristoi* oder *optimi*) aufzusteigen: Diese fanden schon Plato und Aristoteles für befähigt, ein Gemeinwesen zu regieren.

Wird in einer solchen Ständeordnung von *Aristokratie* gesprochen, dann ist damit nicht eine »Staatsform« gemeint, sondern eine »Herrschaft der Besten«, die eine ganz bestimmte Regierungsweise pflegen sollen. Diese hat einer mathematisch begründeten Ethikregel zu folgen und geht dabei »nach Maßgabe der geometrischen Proportion oder aristokratisch« vor (Bodin, 1576). Dieses Politikmodell soll leistungsgerechte Verhältnisse dort schaffen, wo es um die Verteilung von öffentlichen Ämtern, Rängen, Gütern und sonstigen Auszeichnungen geht; außerdem werden nach diesem Verfahren auch die Abgabenquoten (Steuern, Kontributionen, Sonderbelastungen) zum Nutzen des Gemeinwohls festgelegt.

Das Vorgehen »nach geometrischer Art« erscheint somit als ein adliges Grundverhalten, dem Fürsten wie Parlamente entsprochen haben: In Gestalt einer »Proportion der Meriten« prägte es die Güter- und Steuerpolitik in entscheidendem Maße.

Eine solch substantielle Bindung zeigt in einem Gemeinwesen nicht nur an, daß sich individuelle Leistung lohnt und zum sozialen Aufstieg führen kann, sie fordert auch besondere Verpflichtungen ein. So wird seit der Antike von jedem Adligen erwartet, daß er sich den Ansprüchen der »Besten« gemäß aller Tugenden (*virtutes*) befleißigt, sich in der Regel als »Ehrenmann« erweist und Mitbürgern wie eigenen Nachkommen ein Vorbild bleibt.

Die französische Formel vom »Homme honnête« wie die britische Bezeichnung »Gentleman« für einen Adligen jeden Ranges und heute selbst für einen »rechtschaffenen Mann« verweist mit Nachdruck auf die fundamentale Beziehung zwischen Leistung, Ethik und Politik. Sie zielt letztlich auf eine *soziale Auslese* und führt zur Bildung von Eliten (lat. *eligere* = auslesen), die unter den übrigen guten Bürgern (*multi boni viri*) wegen ihrer Kenntnisse und Fertigkeiten im zivilen, militärischen, ökonomischen oder religiösen Bereich anerkannt werden, sofern jeder »freie Mann« aufgrund von Eigenleistungen seine »Adelsfähigkeit« beweist.

Wie verpflichtend diese ethische Bindung an den »rechten Manneswert« war, zeigte sich bereits in den griechischen Städten, als die »guten« Bürger (*agathoi*) gegen Tyrannen vorgehen mußten, die im Verbund mit »schlechten« und »ungerechten« Adligen (*kakoi*) nach absoluter diktatorischer Macht strebten. Die meist von Adligen getragene Parteiung der »Patrioten« als entschiedene Gegner der »Royalisten« oder Verfechter des → Absolutismus drückt in der Neuzeit diese Grundbefindlichkeit aus (→ Patriotismus). Sie bestätigt sich auch in der Wahrnehmung eines Widerstandsrechtes: Caesars blutiges Ende im Jahre 44 v. Chr. bezeugt diesen Zusammenhang ebenso wie die Adelsverschwörung gegen Gustav III. von Schweden 1792 oder das mißglückte Attentat auf Hitler am 20. Juli 1944.

Der Standesauftrag »Adel verpflichtet« bezog sich aber nicht allein auf die persönliche, familiäre und politische Lebensführung in einem »Wohlproportionierten Regiment«. Er galt auch hinsichtlich einer geregelten Treuhandschaft, die mit der Verlehnung eines Adelsgutes verbunden war. Die vertragliche Überlassung eines Lehnsgutes aus dem vorhandenen Krongut (→ Feudalismus) stellte zwar eine Belohnung für erbrachte Leistungen um »König und Vaterland« dar. Gleichzeitig aber mußte die künftige Bewirtschaftung mit ihren Erträgen im Dienste des Gemeinwohls stehen. Obgleich der Adelsstand überall im christlichen Europa weitgehend Steuerfreiheit genoß und darin gar als Abgrenzung zu den unadligen steuerzahlenden Ständen sein Selbstverständnis sah, hatte er doch für den Kriegsfall das »Adelsaufgebot« persönlich zu stellen und materiell zu unterhalten – die Kerntruppen eines Heeres (→ Krieg).

In der Doppelfunktion des privaten Nießers (*usufructuarius*) und des publiken Nutzers sahen sich die Adligen immer wieder gehalten, sich zu guten Hausvätern, Unternehmern und Treuhändern auszubilden, zumal sie noch öffentliche Ämter zu bekleiden hatten und auch dort den Pflichten des Depotismus genügen mußten (→ Arbeit).

Diese Qualität, die zur Ausbildung und Bewahrung einer politischen Vertragskultur unabdingbar war, verschob sich allerdings, als sich mit dem ausgehenden Mittelalter Erb- und Patrimonialtendenzen im Adel regten. Die individuell gewährte Erhebung in den Adelsstand wurde auf die »legitimen Erben« übertragen, die alle garantierten Statusrechte («Erb-Gerechtigkeiten«) übernehmen durften. Neben der Einzel-Nobilitierung bestimmte auch die soziale Zugehörigkeit über den Adelsstatus: Das Geburts- oder Erbprinzip äußerte sich in den Standesformeln »Wohlgeboren« und »Hochwohlgeboren« für die »Guten« und »Besten« innerhalb des Adels als Korporation.

Diese Entwicklung zur standesgemäßen Besitzstandswahrung führte zu Abschottungen und besonderen Rangordnungen. Sie machten es Angehörigen des Neu-Adels schwer, sich im auffächernden Gefüge des »Ersten Standes« zurechtzufinden, zumal sich noch das Prinzip »Amt vor Stand« in die Rangmentalität mischte und Neu-Nobilitierte als »Emporkömmlinge« (*homines novi*) angesehen wurden, wenn sie nicht »sechzehn Ahnen« nachweisen konnten (Ahnenprobe).

Unter diesen Bedingungen verstärkte sich seit dem 17. Jahrhundert eine Reihe von Dekadenzerscheinungen. Gegen das individuelle Leistungs- und Arbeitsethos im Adel wurde das »adlige Landleben« (O. Brunner) zunehmend als Müßiggang gepflegt. Statt selbst eine meist juristische Ausbildung an Akademien und Universitäten zu absolvieren, wurden bürgerliche Rechtskundige in Dienst genommen. Die Aussichten auf eine *Patrimonialisierung der Lehnsgüter* veranlaßte nicht wenige Adlige, dem Drängen absolutistisch gestimmter Fürsten nachzugeben und sich aus Besitzinteressen politisch entmachten sowie rechtlich entmündigen zu lassen (→ Feudalismus). Selbst das Heiratsverhalten wurde vom »Erbherrn« abhängig gemacht. Die Situation komplizierte sich noch, wenn zwischen »vorgestellten« und »nicht-vorgestellten« Geschlechtern unterschieden wurde: Damit meinte man in Frankreich Adelssippen, deren Mitglieder dem jeweiligen König persönlich bekannt oder unbekannt waren. Gab es wie in Schweden seit 1626 noch eine Adelsrepräsentation wie das *Ritterhaus* mit drei besonderen »Klassen«, dann bedurfte es einer frühen und langen Übung, um Rangstreitigkeiten aller Art zu vermeiden und die festgefügte Hierarchisierung genau einzuhalten.

Die Umpolungen des Lehnswesens auf Patrimonialverhältnisse bis hin zur »Patrimonial-Gerichtsbarkeit« des Adels über eigene Bauern, Gesinde und Arbeiter bedingten eine wachsende Erosion der überkommenen libertären Verfassungen, deren Vorkämpfer und Sachwalter einst der Gutsadel war. Aber auch die Angehörigen des *Amts-Adels* (*noblesse de robe*) fügten sich in hoher Zahl den Machtansprüchen der »absoluten Herren«, als die libertären Ämter auf Gegenseitigkeit in einseitig funktionierende Hausbehörden der Dynastien verwandelt wurden. Nur selten leisteten sie jenen Rechtswiderstand, der Schwedens Reichsrat Claes Rålamb von 1680 bis 1682 eine aristokratische Verpflichtung war: Bei Verlust von Amt und Würden in der Envälde-Diktatur Karls XI., aber in der Haltung eines »Homme incorruptible« (Leibniz).

Aristokratismus

Das Streben nach Anerkennung individueller und familiärer Besonderheiten, Leistungen oder Vorzüge ist allen Gesellschaften eigen, die eine »gerechte Ordnung« nach distributiven und kommutativen Bedingungen aufbauen oder bewahren wollen (→ Gerechtigkeit). Seinen qualitativen Ansprüchen gemäß kann dieses Verhalten »Aristokratismus« genannt werden und gilt als Gegenbewegung zur quantitativ verstandenen »Gleichmacherei« (→ Sozialismus).

Das mit dieser Haltung verbundene »aristokratische Lebensgefühl« hat mit dem Patrimonialbewußtsein die Tendenz gemein, »sich von außen kein Maß setzen« zu lassen (Patrick Bahners), sondern selbst Maßstäbe aufzustellen, vorzuleben und einzufordern. Dabei kann es in den Kreisen des Guts-, Geld- und Geistesadels und selbst im Bürgertum zu bizarren Ausformungen kommen, die als »Snobismus« und »Dandytum« vor allem seit dem 19. Jahrhundert Attitüden des Aristokratismus auf die Spitze trieben.

Eine spezifische Form dieser Lebenshaltung läßt sich vornehmlich dort feststellen, wo sich Adlige nach der politischen Entmachtung ihres Standes den aufkommenden Parteien der Arbeiterbewegung angeschlossen haben. Das Phänomen der »Roten Barone« in der → Sozialdemokratie wie in den Reihen der Kommunisten erklärt sich wohl aus der innerweltlichen Heilserwartung, daß das aufstrebende Proletariat der künftige »Adel der Menschheit« (Karl Marx) sei. Die Vorstellung von einem »Neuen Menschen«, soziales Gerechtigkeitsempfinden und schließlich auch die Hoffnung auf persönliches Fortkommen haben nicht wenige Adlige dazu veranlaßt, die eigene Klasse zu verlassen.

Besonders stark vertreten war und ist der Adel in der Sozialdemokratie Schwedens. Ihr legendärer erster Vorsitzender Hjalmar Branting stammte mütterlicherseits ebenso vom Adel ab wie sein späterer Nachfolger Olof Palme (1930-86), der in den dänischen Hochadel eingeheiratet hat und dessen Vater zum Geld-Adel des nordischen Königreichs gerechnet wurde. Nach eigenem Bekunden hatte sich der hochadlige Tony Benn auch deshalb in der Labour Party Englands so radikal gebärdet, weil ihn ein besonderes »Gerechtigkeitsbedürfnis« umtrieb. Dazu gehörte auch die »aristokratische Lust zu mißfallen« (Nietzsche) und der Wille, das Geburts-, Erb- und Rangprinzip in der »Closed-shop-Society« des Vereinigten Königreiches zu durchbrechen – gegen die korporativen Strukturen des aristokratischen »Ober-Hauses« mit seinen »Lords« als angeblich »Besten«.

Abwandlungen des Aristokratismus fanden sich auch in der »Roten Armee« der Bolschewiken. Wollte dieses Macht- und Kriegsinstrument der sowjetischen Kommunisten bei seiner Gründung 1917 außer dem »Politkommissar« keinerlei Rang zulassen, so änderte sich die Situation sehr schnell und führte zu einer besonderen »Meritokratie«. Auszeichnungen aller Art in Gestalt von Verdienst-Medaillen entsprachen im Prinzip jenen Vorrechten, die sich der aufkommende Parteiadel als »Nomenklatura« auf Kosten des arbeitenden Volkes genehmigte. Ganz im Sinne der Auffassung Stalins: »Jeder Leninist weiß ..., daß die Egalisierung im Bereich der persönlichen Bedürfnisse und des Privatlebens ein schäbiges, reaktionäres und absurdes Relikt der Bourgeoisie ist ...« (1934, → Sozialismus).

Ganz ähnlich, aber unter rassistischen Vorzeichen wollte die 1933 zur Macht gekommene NSDAP im deutschen Bereich eine »nationalsozialistische Aristokratie« aufbauen. Sie sollte als Ergebnis einer totalitären Erziehungsdiktatur dem »Muster der hellenischen Stadtstaaten« und einer »aristokratisch gelenkten Demokratie« entsprechen. Dafür bemühte man sich um die angeblich »beste Auslese der Bevölkerung« als Führungsschicht und »Herrenmenschen«, während »der Rest zu arbeiten und zu gehorchen hat« (Äußerung eines SS-Führers der Ordensburg Vogelsang, 1937).

Dieser abschottende Aristokratismus im Zeichen eines vorgeblichen Klassen- wie Rassenkampfes widersprach völlig den Vorstellungen des französischen Aristokraten Pierre de Coubertin (1863-1937), der 1896 die Olympische Idee reaktivierte: Als Abwehr gegen eine zunehmende »Vermassung« und »Nivellierung«. Der Auftrag »Höher, weiter, schneller« (*altius, fortius, citius*) sollte die individuelle und mannschaftliche Leistungsfähigkeit steigern, die Sportler zu unverwechselbaren Persönlichkeiten heranbilden (→ Menschenbild) und den → Frieden unter allen Völkern befördern. Ein Ideal des Treuhanddenkens, das angesichts des ideologischen Mißbrauchs des Sports (Sowjetunion, Drittes Reich, DDR), seiner fortschreitenden Kommerzialisierung und der hohen Manipulationsfähigkeit (Doping) nur noch in Ausnahmefällen erreichbar scheint.

In ähnlichem Sinne bemühte sich Schwedens »Dynamitkönig« Alfred Nobel (1833-96), als er 1895 aus seinem riesigen Vermögen die Nobel-Stiftung ins Leben rief, um Höchstleistungen in Wissenschaft und Literatur ebenso auszuzeichnen wie das engagierte Bemühen um den → Frieden. Auch in diesem Fall ist die Würdigung und Förderung von »Geistes-Aristokraten« längst von einer anderen Wirklichkeit eingeholt worden. Denn politische Interessen und akademische Seilschaften nehmen bei der Vergabe des jährlich zuerkannten »Nobelpreises« mehr Rücksicht auf korporative Rituale als auf individuelle Hochleistungen: Der »alternative Nobelpreis« des Adligen von Üxküll gilt als Antwort auf diese Entwicklung.

Von der »Notwendigkeit einer Aristokratie« ebenso überzeugt wie der Spanier Ortega y Gasset (1883-1956) oder Stefan George (1868-1933) notierte der engagierte Sozialist, Demokrat und Autor Albert Camus 1955 zur Verteidigung der Gegenseitigkeit von Rechten und Pflichten als Inbegriff wahren Adels: »Jede Gesellschaft gründet auf der Aristokratie, denn die echte Aristokratie ist Forderung an sich selbst, und ohne diese Forderung stirbt jede Gesellschaft.«

Literatur

›Adelige Sachkultur des Mittelalters‹, in: Veröffentlichungen des Instituts für mittelalterliche Realienkunde Österreichs 5, 1982 ✦ *Arnheim*, Aristocracy in Greek Society, 1977 ✦ *Bosl*, Frühformen menschlicher Gesellschaft im mittelalterlichen Europa, 1964 ✦ *O. Brunner*, Adliges Landleben und europäischer Geist, 1949 ✦ *v. Bülow*, Geschichte des Adels, 1903 ✦ *Carr*, Die Dame und der Dandy/Die Erbin und der Lord, dt. 1990 ✦ *Dannebauer*, Grundlagen der mittelalterlichen Welt, 1959/62 ✦ *Domhoff*, Who rules America?, 1967 ✦ *Ehlers*, ›Technik und Moral einer Verschwörung. Der Aufstand am 20. Juli 1944‹, in: Schriftenreihe der Bundeszentrale für politische Bildung, Heft 62, 2.Aufl. 1965 ✦ *Elias*, Die höfische Gesellschaft. Untersuchungen zur Soziologie des Königtums und des Adels, 1981 ✦ *Endres*, Adel in der Frühzeit, 1991 ✦ *Fatheuer*, Ehre und Gerechtigkeit, 1988 ✦ *v.d. Gablentz*, ›Aristokratie‹, in: SuP, 1957 ✦ *Gollwitzer*, Die Standesherren, 2.Aufl. 1964 ✦ *Hallendorff*, ›Lantmarskalken‹, in: Sveriges Riddarhus, 1926 ✦ *Hauck*, Geblütsheiligkeit, 1951 ✦ *Higonnet*, Class, Ideology and the Rights of Nobles during the French Revolution, 1981 ✦ *Heller/Nekrich*, Geschichte der Sowjetunion, 2 Bde., dt. 1982 ✦ *Hofer* (Hrsg.), Der Nationalsozialismus. Dokumente 1933-1945, 1957 ✦ *Jägerskiöld*, ›Tyrannmord och motståndsrätt 1792-1809. En studie kring J.J. Anckarström‹, in: Scandia 1962 ✦ *Ihrig*, Literarische Avantgarde und Dandysmus, 1988 ✦ *G. Jonsson*, Att bryta det sociala arvet, 1973 ✦ *Kerblay*, La Société soviétique contemporaine, 1977 ✦ *Kogon*, Der SS-Staat, 1947 ✦ *Kullenberg*, Överklassen i Sverige, 1974 ✦ *Lohmeier* (Hrsg.), Arte et Marte. Studien zur Adelskultur des Barockzeitalters in Schweden, Dänemark und Schleswig-Holstein, 1978 ✦ *Th. Mayer*, Adel und Bauern im deutschen Staat des Mittelalters, 1943, 1980 ✦ *J. Meyer*, La Noblesse bretonne au XVIIIe siècle, 2 vol., 1966, 1972 ✦ *Mitford*, Noblesse oblige, 1956 ✦ *Montesquieu*, L'Esprit des lois, 1748 ✦ *Reden-Dohna* (Hrsg.), Der Adel an der Schwelle des bürgerlichen Zeitalters 1780-1860, 1988 ✦ *Rief*, Sozialgeschichte des deutschen Adels, 1986 ✦ *Roos*, ›Königtum und Adel in Polen‹, in: PHPI 3, 1985 ✦ *Rostworowski*, Historia Powszechna, 1977 ✦ *G. Schramm*, Der polnische Adel und die Reformation. 1548-1607, 1965 ✦ *H. Smith*, Die Russen, 1976, dt. o.J. (Kapitel I: Die privilegierte Klasse) ✦ *Schulte*, Der Adel und die deutsche Kirche im Mittelalter, 3.Aufl. 1958 ✦ *Stählin*, Der Dandy, 1986 ✦ *Strohecker*, Der senatorische Adel im spätantiken Gallien, 1948, 1970 ✦ *Tawney*, ›The Rise of Gentry, 1558-1640‹, in: EHR 1941 ✦ *Trevor-Roper*, ›The Elizabethan Aristocracy‹, in: EHR 1950/51 ✦ *Vierhaus* (Hrsg.), Der Adel vor der Revolution. Zur sozialen und politischen Funktion des Adels im vorrevolutionären Europa, 1971 ✦ *M. Weber*, Wirtschaft und Gesellschaft, 5.Aufl. 1972 ✦ *Wehler* (Hrsg.), Europäischer Adel 1750-1950, 1990 ✦ *Wyczanski*, Polskarzeczą pospolitą szlachecką, 1454-1764, 1965.

Arbeit

Dem Menschenbild des Judentums, Christentums und des Islam ist die Vorstellung gemeinsam, daß seit dem Sündenfall und mit der Vertreibung aus dem »Paradies« das menschliche Dasein an verschiedene Formen der Arbeit gebunden bleibt: Mann und Frau sollen im »Schweiße ihres Angesichtes« das tägliche Brot verdienen.

Bei dieser Tätigkeit gilt die zeitliche Regel aus dem Schöpfungsbericht der Bibel. Danach hatte Gott sechs Tage lang zu »arbeiten«, um dann am siebten Tag »ruhen« zu können. Dieses Muster der Arbeitswoche hat bis in die Mitte des 20. Jahrhunderts all jene Erwerbsgesellschaften geprägt, die von den drei Abraham-Religionen neben dem Gottesglauben auch fundamentale Lebensregeln übernommen haben.

Die positive Einstellung zur Arbeit als einem »gottgefälligen Werk« bedeutete in diesem religiösen Rahmen stets eine Gegenwelt zu Müßiggang, »nutzlosem Spiel« und dem Laster des Nichtstuns auf Kosten Dritter. Eine ähnliche Abgrenzung, die das deutsche Sprichwort »Erst die Arbeit, dann das Spiel« benennt, kannte auch die heidnische Antike. Sie findet sich bereits bei dem Griechen Hesiod im 8. Jahrhundert v.Chr. In seinem Lobpreis der bäuerlichen Landarbeit stellte er gegen manch eine Abwertung aus städtischer Sicht fest: »Arbeit schändet nicht«.

Arbeitsethos

Dem Wahlspruch »Bete und arbeite« (*ora et labora*) des im 6. Jahrhundert gegründeten und noch heute tätigen Benediktiner-Ordens ging eine lange Tradition im Ur-Christentum voraus. Sie wurde besonders durch die Arbeitsauffassung des Apostels Paulus beeinflußt. In seiner »Warnung vor Faulheit und Unordnung« fand er im 2. Brief an die Thessalonicher (3,10) eine Lebensmaxime, die den spezifischen Bindungen von Handwerkern, Sklaven und Händlern entsprach. In der industrialisierten Moderne sollte sie sogar in den Rang eines »sozialistischen Grundsatzes« erhoben und als Ordnungsprinzip festgeschrieben werden: »Wer nicht arbeitet, der soll auch nicht essen«.

Das Verhältnis von Erwerb, Entlohnung und Ernährung blieb im christlichen und ständisch strukturierten → Abendland in erster Linie auf die Arbeitskraft des »Nährstandes« bezogen. Darunter wurden vornehmlich die Bauern, dann auch Handwerker und Kaufleute verstanden, denen Gesinde, Gesellen oder Gehilfen zur Verfügung standen. Deren Arbeitszeit reichte zwar in der Regel vom Tagesanbruch bis in die Abendstunden, sie wurde aber in katholischen Ländern bis weit ins 18. Jahrhundert von zahlreichen kirchlichen Feiertagen während eines Kalenderjahres nicht unwesentlich begrenzt: Der Gottesdienst und Tätigkeiten für die Kirche schienen wichtiger zu sein als das materielle Tagwerk im Erwerbsleben.

Unter dem Einfluß der antirömischen → Reformation wie der antikirchlichen → Aufklärung wurde eine ganze Reihe religiös begründeter Feiertage abgeschafft und in Arbeitstage umgewandelt. Die überkommene Auffassung der Arbeit änderte sich vor allem in protestantischen Gemeinwesen grundlegend: Aus einer dem kirchlichen Leben nachgeordneten Tätigkeit gestaltete sich seit dem 16. Jahrhundert ein innerweltliches Lebensideal.

Es wurde seit der Reformation vornehmlich von Aristokraten vertreten und auch praktisch vorgelebt. Das galt in hohem Maße für die protestantisch gewordenen Länder und Reiche Mittel-, West- und Nord-Europas. Denn dort verdrängten gelehrte Adlige den seit der Christianisierung dominierenden Klerus oder »Lehrstand« aus den wichtigsten öffentlichen Ämtern. Mit dieser sozialen, politischen und rechtlichen Verlagerung ergab sich innerhalb des Adelsstandes eine steigende Doppelbelastung zunächst für das Eigenwohl bei der Bewirtschaftung von Haus- und Lehnsgütern (*oeconomia*) und dann im Dienst am Gemeinwohl während der Wahrnehmung eines Amtes. Arbeitsleistungen von täglich 18 Stunden – und das ein Leben lang – waren in der Neuzeit keineswegs selten. Das Lebensmotto »Arbeiten,

arbeiten, arbeiten« war demnach keine Erfindung des Industrialismus in der Moderne, sondern von Aristokraten des 17. Jahrhunderts: Dänemarks Kanzler Hannibal Sehestedt gestaltete sein Leben ebenso nach diesem Ethos wie Schwedens Reichskanzler Axel Oxenstierna.

Arbeit als »Zierde«

Arbeitsamen Adligen, die zuweilen eine hohe politische, rechtliche und ökonomische → Verantwortung zu tragen hatten, standen nicht wenige Müßiggänger gegenüber. Sie gaben sich an den Höfen der Fürsten und Könige oder gar auf eigenen Schlössern lieber dem oft beklagten »Lotterleben« (*oisiveté*) hin oder pflegten das »adelige Werk«. Im Gegensatz zur »bürgerlichen Nahrung« wurde darunter das Reiten, Fechten und Tanzen verstanden: Die körperliche und militärisch noch wichtige Ertüchtigung ersetzte die Arbeit als Nahrungssicherung und Gelderwerb, zumal der → Adel in der Regel Steuerfreiheit genoß.

Trotz dieser Gegenwelt innerhalb der Aristokratie blieb in adligen und fürstlichen Häusern die »protestantische Ethik« (Max Weber) des Vorsorgens und Versorgens weitgehend erhalten. Diese Haltung wurde dann zu einer Notwendigkeit, wenn Adelssippen oder fürstliche Dynastien als Großunternehmer familiärer Art tätig sein mußten, um ihr »Erbe und Eigen« zu sichern und zu mehren. Die Einschätzung des »Soldatenkönigs« Friedrich Wilhelm I. (1688-1740), der seinen Hausstaat Preußen wie ein Familienunternehmen führte, drückt diese Anforderung auf drastische Weise aus: »Parol auf dieser Welt ist nichts als Mühe und Arbeit, und wo man nit selber ... die Nase in allen Dreck stecket, so gehen die Sachen nit, wie es gehen soll, denn auf die meisten Bedienten sich nit zu verlassen (ist).«

Die Arbeit für die Dynastie und im Zeichen des → Absolutismus diente allein der politischen Machterhaltung, der patrimonialen Besitzstandswahrung sowie der materiellen Erwerbstätigkeit für die eigene Haus- und Staatskasse. Noch erschien es nicht als Ehre, »für den König von Preußen zu arbeiten«, und dennoch hatte sich der calvinistisch bestimmte Tatendrang dieses preußischen Machthabers vielen Berufstätigen im politisch entmündigten → Bürgertum mitgeteilt und sie veranlaßt, ähnlich wie der Fürst aktiv zu werden.

Als Friedrich Schiller im Jahre 1800 die Summe dessen zog, was das Bürgertum in den Städten als Handels- und Handwerksstand auszeichnete, da wertete er die Arbeit als eine gewinnbringende »Zierde«. Ihr materieller Ertrag kam einem sichtbaren Zeichen für individuelle und korporative Tüchtigkeit gleich. Er wollte mit diesem Selbstverständnis der als verlottert geltenden Adelswelt eine Alternative entgegensetzen, die nicht ererbt, sondern erworben wurde; obgleich es im Bergbau, Hüttenwesen oder im aufkommenden Manufakturbereich seit dem 18. Jahrhundert nicht wenige erfolgreiche Unternehmer und kreative Erfinder aus dem Adel gab – und dies in fast allen Gesellschaften Alteuropas.

Arbeit als Quelle aller Kultur

Im Sinne des Hesiod konnte selbst in einer Stände- und Klassengesellschaft die Ansicht vertreten werden: »Arbeit adelt«. Diese Auffassung wurde im 19. Jahrhundert besonders von Leuten verfochten, die selbst keine »Knochenarbeit« leisten mußten, weder in stickigen Bergwerken, noch in lärmenden Erzhütten, auf zugigen Bohrtürmen, in Wind und Wetter beim Landbau oder in der Forstwirtschaft.

So prangerte der deutsche Rechtsanwalt Karl Marx (1818-83) in seinem Epochenbuch »Das Kapital« von 1867 die schwere Kinder- und Frauenarbeit in den Kohlegruben Englands an und forderte grundlegende Veränderungen der entwürdigenden Arbeitsverhältnisse »vor Ort«. Aber den gesellschaftlichen Wert der Arbeit an sich betrachtete er weitgehend von der Warte eines Geistesaristokraten, der körperlich nicht zum Broterwerb tätig sein mußte. Die Arbeit als Sinnganzes sollte die durch Arbeitsteilung verursachte innere Entfremdung des Menschen dadurch aufheben, daß das Privateigentum an Produktionsmitteln abgeschafft wurde – seiner Auffassung nach die Hauptursache der Ausbeutung.

Nicht umsonst faßte Marx das Proletariat und damit die städtisch geprägte Arbeiterschaft als künftige Vollender der Geschichte auf. Bei dieser Vision hatte er aber keineswegs ungelernte Handlanger, Hausknechte, Tagelöhner oder analphabetische Landarbeiter vor Augen, die er wie der Fabrikant Friedrich Engels (1820-95) als »Lumpenproletariat« abwertete. Er setzte vielmehr seine Hoffnung auf die aus dem ständischen und vorindustriellen

Zunftwesen kommenden Gesellen, gelernten Facharbeiter, Vorarbeiter, Meister, Techniker und Ingenieure, kurz: auf die »Arbeiter-Aristokratie« in vorwiegend urbanen Handwerksbetrieben, Fabriken und Industrieunternehmen.

Angeleitet vom linearen Fortschrittsdenken haben Marx und Engels der Arbeit eine historische und strukturverändernde Kraft zugesprochen. Deren proletarische Träger sollten das Bewußtsein des herkömmlichen und vom »Kapital« abhängigen »Arbeiterstandes« in einem revolutionären Prozeß überwinden. Aus dem »Vierten Stand« (neben Adel, Klerus und Bürgertum) sollte sich mit zunehmender Entwicklung aller Produktivkräfte die Arbeiterklasse formen, um nach bestandenem »Klassenkampf« mit dem »kapitalistischen« Bürgertum ein neues Stadium der Menschheitsgeschichte einzuleiten und zu beherrschen: eigenbestimmt, von den → Abhängigkeiten des Privateigentums gelöst und nicht mehr von sich selbst entfremdet (→ Sozialismus).

Über die bisherige Erwerbstätigkeit für den materiellen Lebensunterhalt hinaus wurde jetzt die Vorstellung von Arbeit dazu benutzt, ein neues Geschichtsverständnis zu begründen. Es setzte eine historisch »notwendige« → Revolution voraus, um die privaten Eigentumsverhältnisse im Produktionsbereich radikal zugunsten der Arbeiterschaft zu verändern. Gegen diese Position der Marxisten bemühten sich die Anhänger einer stufenweise wirkenden Reform darum, die mit der Industrialisierung aufkommende »Arbeiterfrage« als Teil der anstehenden »sozialen Frage« auf friedliche Weise zu lösen – ähnlich der katholischen Kolping-Bewegung seit 1846 oder der Position christlicher Gewerkschaften. Unter den Reformern war vor allem der Rechtsanwalt Ferdinand Lassalle (1825-64) bestrebt, mit Annäherungen an die Kirche (Bischof Ketteler) und den preußischen Staat (Bismarck) den Kampf um einen »gerechten Lohn« vornehmlich für die Industriearbeiter zu führen. Als organisatorisches Mittel diente ihm dazu der 1863 gegründete Allgemeine Deutsche Arbeiterverein, aus dem 1890 die Sozialdemokratische Partei Deutschlands (SPD) als politisch-parlamentarisches Instrument der Arbeiterbewegung hervorging (→ Sozialdemokratie).

Trotz der demütigenden Restriktionen des von Bismarck erzwungenen »Sozialistengesetzes« von 1878 verstärkte sich der von Lassalle begründete Reformismus unter der Führung August Bebels und Wilhelm Liebknechts. Die Reformkräfte innerhalb der SPD konnten aber nicht verhindern, daß Marx und Engels mit ihrer Revolutions- und Geschichtsauffassung weiterhin großen Einfluß auf Geistesaristokraten wie den »Baron Kautsky« gewannen und behielten. Die ideologischen Bindungen an Grundpositionen des »wissenschaftlichen Sozialismus«, wie Marx und Engels ihr Denkgebäude nannten, machen auch verständlich, warum sich die SPD und die erst 1906 in England gegründete Labour Party programmatisch als »Arbeiterpartei« auffaßten: Sie sollte die »bürgerliche Welt« ablösen und Trägerin einer neuen Zeit werden, in der das »Reich der Gerechtigkeit« seiner Verwirklichung entgegenging.

Der verändernde Wert der Arbeit reichte demnach über den Alltagskampf um höhere Löhne und die Verbesserung der Arbeitsbedingungen hinaus. Im stark marxistisch geprägten Erfurter Programm von 1891 wurde denn auch die Arbeit so hoch eingestuft, daß in ihrem Wesen »die Quelle aller Kultur« gesehen werden konnte.

Bebel, der Geselle und Drechsler-Meister war, auch »Kaiser der Arbeiter« genannt wurde und sein Leben als Multi-Millionär beschloß (1913), hatte den Begriff der Arbeit mit dieser Zielsetzung so stark aufgeladen, daß er weit über die erkämpften Verbesserungen (Schutz im Krankheitsfall und bei Unfällen, Sozialversicherung, Altersversorgung, Urlaubsregelungen, Koalitionsrecht, politisches Wahlrecht zum Reichstag) hinausreichte: Arbeit wurde nun als Inbegriff einer gerechten Lebenskultur empfunden – ähnlich wie in der christlichen Soziallehre.

Mißbräuche

Die Freisetzung leibeigener Bauern oder »Erbsklaven« aus der Erb-Untertänigkeit meist adeliger Grundherrn seit dem Ende des 18. Jahrhunderts bildete den Schlußpunkt in einem fortgesetzten Mißbrauch von Arbeit: denn die Einseitigkeit des Verhältnisses von »Herr und Knecht« blockierte jede gerechte Arbeit und damit die vertraglich geregelte Gegenseitigkeit von Leistung und Lohn.

Ähnliche Zustände kannte auch das »freie Amerika«, dessen Wirtschaftssystem vor allem in den »Südstaaten« den Neger-Sklaven als entrechtete und billige Arbeitskraft ausbeutete – auf Plantagen, in Manufakturen oder im Transportwesen bis zum Ende des Bürgerkrieges 1865.

In beiden Fällen führte die Aufhebung der einseitigen Abhängigkeit aber nicht zu einer frei bestimmten Selbständigkeit, sondern zu einer Vermehrung der Arbeitskräfte ohne genügende Beschäftigung. Abwanderungen in die wachsenden Industriestädte verstärkten die vorhandene Landflucht und die Pauperisierung (Verarmung) vieler Freigelassener. In dieser Situation wurde besonders der aufkommenden Arbeiterbewegung bewußt, daß die gegenseitige Abhängigkeit von Unternehmern und Arbeitnehmern auf Vertragsbasis geregelt werden mußte: Sogenannte Tarifverträge sollten zunächst ein Mindesteinkommen sichern und Arbeiter wie Arbeiterinnen von der dringendsten materiellen Not »befreien«.

Zu diesem Kampf vornehmlich der christlichen wie sozialdemokratischen Gewerkschaften gehörte es auch, die in ganz Europa und Amerika geübte Praxis abzustellen, Arbeiter statt mit Geld mit Alkohol und anderen Naturalien zu entlohnen. In Zusammenarbeit mit den parlamentarisch tätigen Arbeiterparteien gelang es, diesen Mißbrauch weitgehend aufzuheben und die Geldentlohnung gesetzlich zu sichern. Die heute noch strenge Alkoholkontrolle in einzelnen skandinavischen Ländern geht auf diese Grunderfahrung des Arbeiterkampfes um ein menschenwürdiges Dasein zurück.

Trotz zahlreicher Errungenschaften von der Arbeitshygiene über den Arbeitsschutz (Lehrlingsausbildung, Frauenarbeit, Nachtarbeitsverbot) bis zur Garantie der Arbeitslosenversicherung (16.7.1927) oder zur vertraglichen Betriebsverfassung hat es die Arbeiterbewegung aber nicht geschafft, wichtige politische Ziele zu verwirklichen. So konnte sie trotz ihrer parlamentarischen Vertretung nicht den Ersten Weltkrieg (1914-18) verhindern. Im deutschen Bereich war es ihr auch versagt, die Weimarer Republik im Umfeld von »Kapital und Arbeit« so nachhaltig zu stabilisieren, daß diese in ihrem demokratischen Grundbestand nicht vom Rechts- und Linksradikalismus gefährdet werden konnte.

Die politische Schwächung der Arbeiterbewegung hing insgesamt auch damit zusammen, daß sich bereits 1914 die »unabhängigen« Sozialdemokraten als USPD und »Friedenspartei« von der SPD trennten. Im Laufe der Novemberrevolution von 1918 fanden sich dann noch radikale Kräfte um Rosa Luxemburg und Karl Liebknecht zur Kommunistischen Partei Deutschlands (KPD) zusammen, die sich als revolutionäre Arbeiterpartei definierte. Das → Mandat der Arbeiter für die Arbeiterparteien wurde demnach weniger zu ihrer politischen Stärkung in den Parlamenten genutzt, als vielmehr zu Kämpfen um den »rechten Weg« (→ Sozialismus) ideologisch mißbraucht. Diese Zersplitterung schritt weiter voran, als 1919 auf der äußersten Rechten die in München gegründete Deutsche Arbeiterpartei tätig wurde. Aus ihr ging 1920 die Nationalsozialistische Deutsche Arbeiterpartei (NSDAP) hervor, deren »absoluter Führer« der österreichische Kunstmaler Adolf Hitler (1889-1945) wurde und mit ihr den Kampf gegen die Weimarer Republik führte.

Zu den wichtigsten Ergebnissen der »Machtergreifung« durch diese Partei und Massenbewegung im Jahre 1933, die auch vom Mittelstand, zahlreichen Beamten sowie einer großen Zahl von Industriellen gestützt und gewählt worden war, gehörte die Errichtung einer »Deutschen Arbeitsfront«. Unter Mißbrauch des Gegenseitigkeitsprinzips der Weimarer Verfassung wurden in dieser Organisation alle bestehenden Vertragslagen zwischen Arbeit und Kapital aufgehoben und an ihre Stelle das einseitig wirkende Führerprinzip gesetzt (→ Diktatur). Arbeiter, Angestellte und Unternehmer waren fortan genötigt, sich der ideologischen und institutionellen Gleichschaltung mit der NSDAP zu beugen: Es wurde ihnen dabei unmöglich gemacht, im Zeichen der einst erkämpften Tarifautonomie ohne Einmischung des → Staates Löhne und Gehälter auszuhandeln oder »gerechte Preise« zu verlangen.

Vertrags-, Gewerbe- wie Versammlungsfreiheit, Streikrecht oder die freie Wahl des Arbeitsplatzes waren von 1933 an ebenso eingeschränkt oder ganz unterbunden, wie das bisherige Selbstverständnis eines »freien Arbeiters« umgepolt und mißbraucht wurde: Die NS-Ideologie sprach nun vom »Arbeiter der Faust« (Handwerk, Industrie, Gewerbe, Land- und Forstwirtschaft) und vom »Arbeiter der Stirn« (Akademiker, Beamte, Künstler, Kirchenleute, Unternehmer).

Nach Aufhebung des »Sozialistengesetzes« 1890 galt der leidlich geregelte Umgang der Unternehmen mit den Gewerkschaften und Arbeiterparteien als eine wesentliche Errungenschaft politischer Vertragskultur, die von der Weimarer Verfassung bestätigt und gestärkt wurde. Die Nationalsozialisten hingegen sahen darin ein Hindernis ihrer Parteidiktatur und verstanden alle ihre Destruktionsmaßnahmen als eine Art »nationaler Befreiung« vom → Kapitalismus: Arbeiter, Angestellte und Unternehmer wurden als Vertragspartner entmündigt.

In der gezielten »Umwertung« bisheriger Werte ging die NS-Diktatur sogar so weit, die Auffassung der Arbeit als Ausdruck individueller »Freiheit, Erfindungsgabe und Kraft« (NH) trotz der eigenen Arbeitsideologie zu verhöhnen. Am Eingang von Konzentrations- und Vernichtungslagern mußten Regimegegner von sozialdemokratischer Seite bis zu Kirchenleuten und vor allem Juden und Zigeuner bei der Ankunft den Satz lesen: »Arbeit macht frei«.

Recht auf Arbeit

Verstand es die NS-Diktatur, einen Großteil ihrer Lagergefangenen mit Hilfe ausbeuterischer Arbeit systematisch zu vernichten, so hatte auch der Sozialismus besonders während der Stalin-Zeit (1924-53) die Tendenz, Arbeit als zerstörenden Selbstzweck einzusetzen.

Die Abschaffung des Privateigentums an sämtlichen Produktionsmitteln, die seit 1917 betrieben wurde, führte nicht zur erhofften Selbstverwirklichung und Eigenbestimmung des vom Kapitalismus »befreiten« Sowjet-Menschen. Stattdessen wurde die Arbeitsteilung durch die Einführung des amerikanischen Systems der Fließbandarbeit wie des Taylor-Modells verschärft (Akkordarbeit mit genauer Überwachung der mechanischen Arbeitsvorgänge sowie der Mensch-Maschine-Relation).

Das immer wieder propagierte Stachanov-System der individuellen wie kollektiven Höchstleistung vor allem in der Schwerindustrie (Kohle und Stahl) degradierte den Arbeiter zu einem Teil der Maschinerie und setzte ihn einem unmäßigen körperlichen wie geistigen Verschleiß aus: Der Titel »Held der Arbeit« konnte deshalb nur wie blanker Hohn wirken, hob doch diese Form der Arbeit nicht die »Entfremdung« auf, sondern verstärkte die Selbstzerstörung.

Das vom Nationalsozialismus wie Bolschewismus durch Zwang gesicherte Prinzip der »Arbeitspflicht« wie des »Arbeitsdienstes« reduzierte den ethischen Wert der Arbeit auf eine bloße Beschäftigung – ohne die Grundrechte der Tarifautonomie, des Streiks und der Sicherungen durch Arbeitsgerichte oder die International Labor Organisation (ILO).

Aufgrund des diktatorischen Mißbrauchs haben gerade Vertreter der Gewerkschaften und der Sozialdemokratie im Parlamentarischen Rat 1948 davon abgeraten, das »Recht auf Arbeit« in den Menschenrechtsbestand des Bonner Grundgesetzes von 1949 aufzunehmen. Denn ein solches Grundrecht könnte von jedem Einzelbürger zu jeder Zeit vor Gericht eingeklagt werden und würde damit eine Regierung zwingen, eine dauernde Vollbeschäftigung aller Arbeitsberechtigten zu garantieren – sie würden dabei den Status von Staatsbediensteten erhalten und das Grundrecht auf Streik gefährden.

Nach den schlimmen Erfahrungen mit der Deutschen Arbeitsfront und der überstandenen Zwangswirtschaft wollte man nach 1945 bei der demokratischen Neuordnung nicht auf das Prinzip der individuellen Freiwilligkeit verzichten: Die Mitgliedschaft in einer Gewerkschaft oder im Arbeitgeber-Verband blieb deshalb auch der individuellen Entscheidung überlassen.

Als Ausgleich für den Verzicht eines »Rechtes auf Arbeit« wurde das *Sozialstaatsgebot* erheblich gestärkt. Länder- und Bundesregierungen sollten moralisch wie wirtschaftspolitisch auf eine Vollbeschäftigung hinwirken, ohne in die freie Wahl des Arbeitsplatzes oder in die Niederlassungsfreiheit für Gewerbe und Unternehmen einzugreifen: Diese grundgesetzliche Verpflichtung erklärt auch, warum der Einzeletat für »Arbeit und Soziales« im gesamten Bundeshaushalt jährlich den größten Umfang aller Budgetanteile hat.

Probleme

Solange das »Wirtschaftswunder« der Aufbauzeit nach der Währungsreform von 1948 anhielt und die jährlichen Zuwachsraten den materiellen Wohlstand auch unterer Bevölkerungsgruppen mehrten sowie ihre Kaufkraft erhöhten, wirkte sich eine konjunkturelle Arbeitslosigkeit nicht als Bedrohung der demokratischen Ordnung aus. Der gesetzlich garantierte Versicherungsschutz mit Arbeitslosengeld, Arbeitslosenhilfe, Sozialhilfe, öffentliche Arbeitsbeschaffungsmaßnahmen (ABM), gezielten Umschulungen und vorfinanzierten Weiterbildungen waren und sind Steuerungsinstrumente, die zeitweise Arbeitslosen innerhalb einer bestimmten Frist wieder in »Arbeit und Brot« zu bringen.

Weiten sich aber Konjunkturflauten zu Strukturkrisen aus, die eine Freisetzung von Arbeitskräften in großer Zahl verursachen, dann ergeben sich ganz andere Probleme. Dieser Vorgang war bereits in den 1950er Jahren im Kohlebergbau zu beobachten. Aufgrund der international billig angebotenen Kohle wirkte der freie Weltmarkt auf den bundesdeutschen Markt ein, schwächte die Rentabilität der einheimischen Kohle und veranlaßte die Stillegung von Zechen. Mit der Ansiedlung von Ersatzindustrien wie Automobilbau (Opel in Bochum) konnten vor allem Facharbeiter aus geschlossenen Zechen »umgesetzt« werden.

Solche Verlagerungen auf dem Arbeitsmarkt erwiesen sich bald als eine Scheinlösung. Denn im Gefolge der Kohle- und Stahlkrise ist nach dem Ölpreisschock von 1973 und mit der Sättigung des Marktes auch die herkömmliche Autoindustrie (Verbrennungsmotoren seit 1867) an Grenzen ihres Wachstums gestoßen. Zukunftstechniken im Informations- und Kommunikationsbereich (→ Medien) können schon aufgrund der Automation in Entwicklung, Fertigung und Betrieb kaum die arbeitslos gewordenen Automobilwerker als Arbeitskräfte übernehmen.

Die Kapazitäten des öffentlichen Dienstes scheinen wegen der »kommunalen Verschuldung« unzureichend zu sein, die Massenarbeitslosigkeit aufzufangen. Neue Lösungsversuche müssen aber erst erprobt werden. Dazu gehört das Gewerkschaftsmodell einer 35-Stunden-Woche bei vollem Lohnausgleich, die 4-Tage-Woche ohne Lohnausgleich von Arbeitgeberseite (wird seit 1994 von VW ausprobiert), »Job-Sharing« als Halbtags-Beschäftigung oder staatliche Subventionspolitik wie der »Kohle-Pfennig« zur künstlichen Sicherung von Arbeitsplätzen im Bergbau.

Die weltweite Rezession seit Mitte der 1980er Jahre hat bisher gezeigt, daß alle diese Instrumente zur Bewältigung der Arbeitslosigkeit das Grundproblem der Zukunft nicht lösen können: Eine dauerhafte Vermittlung bezahlbarer Arbeit auf dem hohen Niveau bisheriger Wachstumsraten.

Die Verlagerung von kostenintensiven Arbeitsplätzen aus den traditionellen Industrieländern in Billiglohnländer Asiens oder Lateinamerikas verschärft noch die Lage und erzwingt die Diskussion über die künftige Qualität eines Industrie-Standortes. Die anhaltende Strukturkrise der »westlichen« Industrieländer wurde seit 1989 noch dadurch kompliziert, daß sich die Kommandowirtschaften des Ostblocks umstrukturierten und mit Billigangeboten (Kohle, Stahl) die Märkte »störten«. Die oft beschworenen »Selbstheilungskräfte des Marktes« reichen angesichts dieser Herausforderungen möglicherweise nicht aus, um die hohe Arbeitslosigkeit wieder in eine annähernde Vollbeschäftigung zu wandeln.

Ausblick

Die Reduzierung der Arbeit auf eine materielle Erwerbstätigkeit, die gleichzeitig versicherungsfähig ist (Arbeitnehmer als Beitragszahler), hat seit dem 19. Jahrhundert den christlich vermittelten Grundgedanken verdrängt, in der Arbeit auch eine ideelle Identität, Sinnstiftung und Daseinsberechtigung zu finden: So wird noch immer die Hausarbeit von Frauen, die Kinderbetreuung oder die Kranken- und Altenpflege wesentlich geringer eingestuft als die Erwerbsarbeit im Öffentlichen Dienst und in der freien Wirtschaft. (→ Frauenstatus)

Spezialisierungen, die das Risiko mit sich bringen, durch neue technische Erfindungen »überflüssig« zu werden, verstärken die Tendenz einer zunehmenden Entleerung der Arbeit als menschliche Sinngebung. Nicht anders wirken sich Dequalifizierungen aus, d.h. individuelles Fachkönnen verengt sich auf Überwachungstätigkeiten und prägt nicht mehr den eigentlichen Arbeitsvorgang.

Diese und andere Auswirkungen betreffen in den postmodernen Erwerbsgesellschaften nicht nur die Sicherheit des Arbeitsplatzes, sondern auch die Beziehung des Menschen zur Arbeit als einer körperlich-geistigen Herausforderung. Die steigende Anzahl arbeitsbedingter Krankheiten wie Allergien, Bandscheibenschäden, Streßbelastungen oder psychosomatische Störungen läßt erkennen, welche dramatischen Veränderungen im Hinblick auf die künftige Arbeitswelt bereits erfolgt sind und uns noch bevorstehen, wenn Umweltbelastungen und Streß am Arbeitsplatz weiter zunehmen.

Ohne ein Umdenken hinsichtlich des *Arbeitsbegriffes* werden die Probleme der Zukunft kaum zu bewältigen sein. Sie betreffen nicht allein die Technik, Industrie und Wirtschaft, sondern auch den vertraglichen Bestand unserer politischen Kultur. Sie wird nur bewahrt werden können, wenn die Arbeit sich ideell wie materiell lohnt, und unweigerlich zerbrechen, wenn Heere von Arbeitslosen an ihrem Dasein verzweifeln und das Vertrauen in die Gegenseitigkeit als Ausdruck von Gerechtigkeit verlieren: Der seit 1986 schwelende und dann offen ausgebrochene Bürgerkrieg im ehemaligen Jugoslawien hat auch darin eine Ursache.

Literatur

Abendroth, Aufstieg und Krise der deutschen Sozialdemokratie, 1964 ✦ *Aitken*, Scientific Management in Action: Taylorism at Watertown Arsenal, 1908-1915, 1985 ✦ *Ambrosius*, Die Durchsetzung der sozialen Marktwirtschaft in Westdeutschland 1945-1949, 1977 ✦ *Antoni*, Sozialdemokratie und Grundgesetz, 2 Bde., 1991 ✦ *Baruzzi*, Mensch und Maschine, 1973 ✦ *ders.*, Recht auf Arbeit und Beruf? Sieben philosophisch-politische Thesen, 1983 ✦ *Beniger*, The Control Revolution: Technological and Economic Origins of the Information Society, 1986 ✦ *Bering*, Die Intellektuellen. Geschichte eines Schimpfwortes, 1978 ✦ *Bieber*, Gewerkschaften in Krieg und Revolution. Arbeiterbewegung, Industrie, Staat und Militär in Deutschland 1914-1920, 2 Bde., 1981 ✦ *Bley*, Bebel und die Strategie der Kriegsverhütung 1904-1913. Eine Studie über Bebels Geheimkontakte mit der britischen Regierung und Edition der Dokumente, 1975 ✦ *Bolte u.a.*, Mitteilungen aus der Arbeitsmarkt- und Berufsforschung, 1978 ✦ *Bracher*, Die Auflösung der Weimarer Republik, 5.Aufl. 1971 ✦ *Brandis*, Die deutsche Sozialdemokratie bis zum Fall des Sozialistengesetzes, 1931 ✦ *W. Brandt*, Arbeiter und Nation, 1954 ✦ *Brües*, Artikulation und Repräsentation politischer Verbandsinteressen, 1972 ✦ *Bøggild-Andersen*, Hannibal Sehestedt. En dansk Statsmand, 2 Bde., 1946-70 ✦ *Carr/Davies*, History of Soviet Russia: Foundations of a Planned Economy, 1926-1929, 1969 ✦ *Carter/Corlett*, Shiftwork and Accidents. Report to the European Foundation for the Improvement of Living and Working Conditions, 1981 ✦ *Chandler*, Scale and Scope: International Comparison of the Dynamics of Managerial Capitalism, 1990 ✦ *Christmann u.a.* (Hrsg.), Sozialpolitik – Ziele und Wege, 1974 ✦ *Cooper*, ›The stress of work: an overview‹, in: Aviation, Space and Environmental Medicine, July 1985 ✦ *Dickson*, Alternative Technology and the Politics of Technical Change, 1974 ✦ *Domann*, Sozialdemokratie und Kaisertum unter Wilhelm II., 1974 ✦ *Dowe/Klotzbach* (Hrsg.), Programmatische Dokumente der deutschen Sozialdemokratie, 1973 ✦ *Eisner*, Wilhelm Liebknecht, 2.Aufl. 1906 ✦ *Engels*, Die Lage der arbeitenden Klasse in England, 1885 ✦ *Ernst*, Polizeispitzeleien und Ausnahmegesetze, 1878-1910, 1911 ✦ *Eysenck*, Smoking, Health and Personality, 1965 ✦ *Feldman*, Armee, Industrie und Arbeiterschaft in Deutschland 1914-1918, 1985 ✦ *Galbraith*, The New Industrial State, 1971 ✦ *Georgi*, Theorie und Praxis des Generalstreiks in der modernen Arbeiterbewegung, 1908 ✦ *Gilcher-Holtey*, Das Mandat des Intellektuellen. Karl Kautsky und die Sozialdemokratie, 1986 ✦ *Groh*, ›Die »marxistische« deutsche Arbeiterbewegung – ein wirkungsgeschichtliches Mißverständnis?‹, in: Veelzijdig Marxisme, 1988 ✦ *Hegar*, Der Sozialismus und die Kopfarbeiter, 1919 ✦ *Hellfaier*, Die deutsche Sozialdemokratie während des Sozialistengesetzes, 1958 ✦ *U. Herbert*, ›Arbeiterschaft im »Dritten Reich«. Zwischenbilanz und offene Fragen‹, in: GuG 15, 1989 ✦ *Himmelmann*, Arbeitswert, Mehrwert und Verteilung. Zur Problematik von Theorie und Praxis in der Marxschen Lehre, 1974 ✦ *Hughes*, Die Erfindung Amerikas. Der technologische Aufstieg der USA seit 1870, dt. 1991 ✦ *Ivancevich*, Stress at Work, 1980 ✦ *Jardim*, The First Henry Ford: A Study in Personality and Business Leadership, 1970 ✦ *Jemnitz*, The Danger of War and the Second International (1911), 1972 ✦ *M. Kelly/Cooper*, ›Stress among blue collar workers. A case study of the steel industry‹, in: Employee Relations, 3:2, 1981 ✦ *Kirchheimer*, Politik und Verfassung, 1964 ✦ *Könke*, Organisierter Kapitalismus. Sozialdemokratie und Staat. Eine Studie zur Ideologie der sozialdemokratischen Arbeiterbewegung in der Weimarer Republik (1924-1932), 1987 ✦ *Kosiol*, ›Organisation für die theoretische Bildung der Arbeiterklasse‹, in: Die Neue Zeit, 24:2, 1905/06 ✦ *D. Kramer*, Internationalismus in den deutschen Arbeiterkultur-Organisationen, 1988 ✦ *H. Krause*, USPD. Zur Geschichte der Unabhängigen Sozialdemokratischen Partei Deutschlands, 1975 ✦ *Kocka*, Arbeiter und Bürger im 19. Jhd. Varianten ihres Verhältnisses im europäischen Vergleich, 1986 ✦ *Kutsch/Vilmar* (Hrsg.), Arbeitszeitverkürzung – Ein Weg zur Vollbeschäftigung?, 1983 ✦ *Leber u.a.*, Arbeitslosigkeit – Ursachen und Auswege, 1984 ✦ *Marr* (Hrsg.), Arbeitszeitmanagement, 1987 ✦ *Mogge/Schmidt/Weiser*, Arbeitsethik und Arbeitswirklichkeit, 1984 ✦ *G. Müller* (Hrsg.), Das Arbeitsrecht der Gegenwart, Bd.1-28, (1963-90) ✦ *Nicklisch u.a.*, Arbeitsschutz und Arbeitssicherheit, 1983 ✦ *Rehbinder* (Hrsg.), Arbeitsrecht, 1983 ✦ *Reimer*, Arbeitslosigkeit. Strategien zur Überwindung, 1984 ✦ *Sievering* (Hrsg.), Arbeitsmigrantenforschung in der Bundesrepublik Deutschland, 1985 ✦ *Sutherland/Cooper*, Stress and Accidents in the Offshore Oil and Gas Industry, 1991 ✦ *Tenfelde* (Hrsg.), Arbeiter und Arbeiterbewegung im Vergleich, 1986 ✦ *Thornieport* (Hrsg.), Arbeitsplatz Haushalt. Zur Theorie und Ökologie der Hausarbeit, 2.Aufl. 1989 ✦ *Valentin u.a.*, Arbeitsmedizin, 2 Bde., 3.Aufl. 1985 ✦ *Weyand/Behning*, Arbeitsrecht für Frauen, 1991 ✦ *Wolff u.a.*,

Arbeitssituation in der öffentlichen Verwaltung, 1979 ✦ *Zoll* (Hrsg.), Arbeiterbewußtsein in der Wirtschaftskrise, 1981 ✦ *Zink* (Hrsg.), Arbeitswissenschaft und neue Technologien, 1988 ✦ *Zurkel*, Industrie und Staatssozialismus. Der Kampf um die Wirtschaftsordnung in Deutschland 1914-1918, 1974.

Aufklärung

In seiner Schrift »Was ist Aufklärung?« von 1784 definierte Immanuel Kant (1724-1804) das Wesen und Wirken der Aufklärung als »Ausgang des Menschen aus seiner selbstverschuldeten Unmündigkeit«. Dabei empfahl der Philosoph aus Königsberg dem nach Wissen und Erkenntnis strebenden Menschen, sich ohne Anleitung eines anderen des »eigenen Verstandes« zu bedienen: ganz im Sinne des aristotelischen Auftrages »Wage es, weise zu sein« (Sapere aude).

Von der »Autonomie des Willens« überzeugt, griff Kant gewisse Denktraditionen auf, deren Vertreter keineswegs erst »seit etwa 1750« (Erich Bayer) den geistigen Kampf aufgenommen hatten: gegen den »Aberglauben« im Volk, die Dogmatik in den christlichen Kirchen sowie gegen Bevormundungen durch autoritär angelegte Staaten. Denn im Gefolge der → Reformation und des Humanismus verstärkte sich schon zu Beginn des 17. Jahrhunderts in ganz Europa eine *geistige Suchbewegung*, die mit neuen Methoden ungewöhnliche Wege zur Erkenntnis einschlug: in Gestalt des Experimentes (Bacon), genauer Naturbeobachtung (Kepler, Galilei) oder im systematischen Zweifel an den Lehrgebäuden der Scholastik (Bruno, Grotius, Descartes).

All diesen Verfechtern der Aufklärung war das Bestreben eigen, »das Wahre und Falsche immer und überall unterscheiden zu können«. Ein Auftrag, den Christoph Martin Wieland (1733-1813) Generationen später neu formuliert hatte, um Zeitgenossen und Nachkommende in diesem Bemühen zu bestärken.

»Licht der Vernunft«

Nach dem Vorbild der Mathematik als zielgerichtetes Denkvermögen begreift sich die Aufklärung als ein rationales Erhellen jedes denkbaren Sachverhaltes. Formeln wie »Lumières«, »Enlightenment«, »Upplysning« oder »Illuminati« drücken das vornehmlich intellektuelle Bedürfnis aus, durch sachbezogene Analysen einstmals verborgene Zusammenhänge zu erkennen und »Licht« oder Klarheit ins Dunkel zu bringen.

Aufklärung als methodisch angelegter Erkenntnisvorgang läßt sich demnach nicht auf einen bestimmten Zeitraum in der Geschichte verengen oder festschreiben. Auch wenn sie von Descartes bis Kant radikale, ja revolutionäre Ergebnisse gezeitigt hat, so ist das »Licht der Vernunft« als Ausdruck göttlicher Erleuchtung kein Vorrecht der Neuzeit. Deshalb erscheint auch die akademische Begriffskonvention »Zeitalter der Aufklärung« irreführend, zumal in politischer Hinsicht mit dem Aufkommen des → Absolutismus gleichzeitig eine »Zeit der Finsternis« (Temno) anbrach, die mit Täuschungen und Terror rechtliche Entmündigungen erzwang: Im Falle Böhmens dauerte dieser Zustand von 1627 bis 1918.

Gleichwohl haben Gelehrte und Staatsmänner während der Neuzeit eine Reihe von Errungenschaften gesichert, die noch heute in der Substanz Bestand haben. Das gilt vor allem für die *Kopernikanische Wende* vom geo- zum heliozentrischen Weltbild. Dabei wurden alle Ordo-Vorstellungen von der Erde als Mittelpunkt des Kosmos grundlegend verändert – gegen den Widerstand der Kirchen. Giordano Bruno (†1600), Johannes Kepler (†1630), Galilei († 1642) oder Baruch Spinoza († 1677) haben auf unterschiedliche Weise erlebt, wie sie mit Bannflüchen, Exkommunikation und Berufsverbot belegt wurden, weil ihre aufgeklärten Theorien nicht dem kanonisierten Wissen und der herrschenden Lehrmeinung entsprachen.

Die Ablösung des ptolemäischen Weltverständnisses als angeblich »gottgewollter Ordnung« vollzog sich vor allem dort, wo der erkenntnisfähige Mensch mit Hilfe des systematischen Zweifels (Descartes) zu einer neuen Selbstbestimmung gelangte. Diese Herausforderung ließ nicht nur überkommene Denkgebäude (Scholastik) zerbrechen. Sie stärkte auch das wachsende Bestreben »souveräner Staaten«, sich aus den Bevormundungen des Heiligen Stuhls zu lösen und Konflikte mit anderen Staaten eigenverantwortlich nach Verträgen und Maßgaben des Völkerrechts zu bewältigen.

Noch zu Beginn des 17. Jahrhunderts faßten sich die Päpste als universal wirkende Schiedsrichter auf, sobald zwischen christlichen Fürsten und Ständen Streitigkeiten oder gar Kriege ausgebrochen waren. Ihre Kunst des Schlichtens in Gestalt einer »Interposition« wurde im Lauf des Friedenskongresses zu Münster und Osnabrück nur noch am Rande bemüht. Es verwundert deshalb auch nicht, daß der Heilige Stuhl gegen den Abschluß des Teutschen Friedens von 1648 Protest eingelegt hat. Tatsächlich war dieses »universale« Friedenswerk ein konzentrierter Ausdruck der *Grotianischen Wende* und damit das Ergebnis einer Aufklärung, die das Naturrecht an Grundregeln der Mathematik band.

Was der niederländische Jurist Hugo Grotius (1583-1645) in seinem Epochenwerk über das Kriegs- und Friedensrecht von 1625 (»De jure belli ac pacis«) gedanklich aus dem kommutativen Vertragswesen entwickelt hatte, wurde von Staatsmännern wie Oxenstierna (Schweden) und Mazarin (Frankreich) nach dreißig Jahren Krieg verwirklicht. Zum ersten Male in der Geschichte Europas schlossen »souveräne Staaten« ohne römische Vermittlung einen »Ewigen Frieden« auf der Grundlage eines säkularisierten Völkerrechts. Er befriedete nicht nur das Heilige Römische Reich Teutscher Nation, sondern sicherte auch das »gerechte Gleichgewicht« (*justum aequilibrium*) in Europa – bis zum Hegemonieversuch des »Erb-Kaisers« Napoleon im Jahre 1806.

Mit der Mathematisierung des Rechts und der → Gerechtigkeit, wie sie schon Plato (427-347 v.Chr.) und sein Schüler Aristoteles erprobt hatten, erwies sich auch in der Neuzeit die »Ratio« als das »rechte Maß« zwischen vernunftbegabten Menschen – nach Maßgabe der Arithmetik (Kommutation) und der Geometrie (Distribution).

Aufgeklärter Verstand

Ehe sich bestimmte Vertreter der Aufklärung von der kirchlichen Dogmatik und Welterklärung lösten, wurde das Erlösungswerk Christi als Überwindung der Erbsünde so verstanden, daß es nur ein »aufgeklärter Verstand« begreifen konnte: Der gläubige Christ stieg demnach aus dem Dunkel der Sünde und Unwissenheit zum wahren Licht christlicher Offenbarung.

Auch dieses Grunderlebnis wurde oft auf die »Vernunft« als Emanation Gottes bezogen, eingedenk des Plato-Wortes »Gott geometrisiert immer«. Die »Geometrischen Gedanken« Blaise Pascals (1623-62) sind noch von dem Versuch geprägt, »Ratio« (Vernunft und Verstand) und »Emotio« (Gefühle des »Herzens«) in Einklang zu bringen. Der französische Physiker, Mathematiker (Pascal'sches Dreieck) und praktische Erfinder (Zwei-Species-Maschine: Addition und Subtraktion) lebte aus dem Streben nach einer Wechselwirkung von Körper, Geist und Seele: Im Gegensatz zu Descartes glaubte er noch an eine Ganzheit des Menschen, ähnlich dem Arzt und Philosophen Paracelsus oder dem »Gottsucher« Jakob Böhme (1575-1624).

Deshalb gehörte es auch zum »aufgeklärten Verstand« Pascals als einem vernunftgelenkten Verstehen von Gott und Welt, dem »himmlischen« Heilsplan in der Geschichte zu vertrauen. So sah er während einer Erkenntnisvision von 1654 in den Juden nicht mehr die »Christus-Mörder«, sondern Vorläufer und Brüder, die nicht gedemütigt, sondern geehrt werden sollten. Verglichen mit dem Anti-Judaismus bei den Aufklärern Voltaire (1694-1778) und Rousseau (1712-78) erscheint Pascal wirklich als »aufgeklärt«: Er nimmt vorweg, was erst die → Revolution von 1789 in der »Juden-Frage« leisten sollte – deren Anerkennung als Menschen (→ Menschenbild).

Die Vorstellung von einem Menschen mit »aufgeklärtem Verstand«, der mit seinen Mitbürgern im rechten Maß, zureichenden Gründen und vertragsfähig zusammenlebt, beschäftigte auch die neue Pädagogik des Franzosen Pierre Ramus wie jene des Böhmen Jan Comenius (1592-1670). Gegen den überkommenen Paukbetrieb mit seiner mechanischen Wissensvermittlung an Schulen und Universitäten zogen diese Reformer das »spielerische Lernen« nach der Ganzheitsmethode vor. Beide Aufklärer haben neben anderen den grundlegenden Grammatik- und Lexikon-Werken in der Folgezeit vorgearbeitet, deren Höhepunkt die »Encyklopädie« Diderots (1713-84) werden sollte.

Diese und andere Errungenschaften der Aufklärung waren nicht nur gegen den traditionellen Wissenskanon der Universitäten und der Amtskirchen gerichtet, sondern auch gegen Bevormundungen durch einen Staat, der zwischen 1648 und 1789 in manchen Ländern fundamentale Veränderungen erfahren hatte. Doch konnte der Begriff der Aufklärung auch mißbraucht werden. So lobte Karl XI. von Schweden (1656-97) seinen Kanzler Bengt Oxenstierna für dessen »aufgeklärten Verstand« (upplyst förstånd), weil dieser die Berechtigung des Erb-Königtums aus dem vorgegebenen Naturprinzip des Patrimonialerbes herleitete – ein bewußtes Mißverstehen der Aufklärung zur Begründung »absoluter Gewalt«.

Galt die Einführung einer »absoluten Diktatur« (Otto Hintze) den Verfechtern des Absolutismus als Ausdruck eines »aufgeklärten« Werkes im Sinne der Einheit von Gottunmittelbarkeit (*immediate deo*), Erbprinzip und uneingeschränkter Machtfülle, so erkannten andere Zeitgenossen darin eher ein terroristisches Teufelswerk. Der Begriff des »Aufgeklärten« konnte demnach im 17. und 18. Jahrhundert für diametral entgegengesetzte Zustände, Bewußtseinslagen oder Erwartungen verwendet werden. Er diente Christen wie Agnostikern, Verfassungskämpfern wie Machtmenschen, Erfindern wie Naturverehrern als Mittel, die jeweilige Position zu legitimieren – als Ausdruck einer »göttlichen Ordnung«.

Politische Aufklärung

Gegen die Verfechter des Machiavellismus, die jede Verbindlichkeit von Vertragslagen im Öffentlichen Recht (→ Staat) ablehnten, haben sich die Vertreter von Freiheits-Verfassungen immer wieder gewehrt, um die Fundamente einer politischen Kultur auf Gegenseitigkeit bewahren zu können.

Unter dem prägenden Einfluß der Rechtsschule von Salamanca führte die politische Aufklärung bis in die Reihen der teutschen »Reichs-Publicistik« (Lünig, Möser, Pütter) ihren Kampf gegen die rechtliche Entmündigung und politische Bevormundung der Stände wie der Einzelbürger durch die Regimes der »absoluten Herren«. Noch Gottlieb Fichte (1762-1814) stellte wie die Monarchomachen des 16. Jahrhunderts die entscheidende Frage aller Aufklärung an den Fürsten, »mit welchem Recht er herrsche«. Er gab sich selbst die Antwort im Geiste vertraglicher Freiheit und verwies auf ein Grundproblem, das die Forschung zur Aufklärung bisher kaum beachtet hat: »Durch Erbrecht sagen wohl einige Söldner des Despotismus ...«

Das »Freiheitsideal der Aufklärer« war demnach nicht ein »zutiefst bürgerliches Ideal« (Aretin), sondern in erster Linie ein vertraglicher Anspruch zur Sicherung von »Eigentum und Freiheit«, die vor allem dem → Adel angelegen war. Dabei kam es darauf an, wie Grotius, Locke, Montesquieu oder Hume stets auf die institutionelle Wirkung des → Drittwesens zu achten und eine Gewaltenteilung zu sichern: ein Strukturprinzip, das von Gelehrten, Denkern und Publizisten aller Stände verfochten werden konnte.

So erscheint die bis heute in der Geschichtswissenschaft und Jurisprudenz gebräuchliche Erklärformel vom »aufgeklärten Absolutismus« als Irreführung. Denn die absolutistischen »Erbherren« ließen Aufklärung im Sinne technischer Neuerungen, besserer Erwerbsmethoden in Handel und Wandel oder als Erziehungsprogramm nur dort zu, wo diese Errungenschaften die eigene Haus-Diktatur bestätigten und stützten: »Auch der aufgeklärteste Monarch blieb absoluter Herrscher« (Aretin).

Was immer auch mittels »aufgeklärter« Reformen in den Haus-Staaten des → Absolutismus geleistet wurde, diente lediglich der Erhaltung ihrer Dynastien, nicht aber der Förderung politischer Mündigkeit bei den Ständen und Untertanen. Werden die → Revolutionen von 1688 in England, 1718 in Schweden, 1776 in Amerika und 1789 in Frankreich als Ergebnis einer »allgemeinen Aufklärung« betrachtet, dann zeigt sich, daß die Aufklärung eine geistige Suchbewegung nach dem »besten Staat« (*optimus status*) war und schon deshalb in Opposition zu den dynastischen Diktaturen geraten mußte – letztlich in eine Situation, in der es galt, »den Despotismus zu stürzen und die Menschheit in die ihr geraubten Rechte um so viel schneller und gewisser einzusetzen« (Campe, 1789).

Ausblick

Die von deutschen Gelehrten häufig getroffene Unterscheidung von Vernunft und Verstand, um auf diese Weise die Aufklärung seit der Neuzeit als Verstandeslehre abwerten zu können, erscheint ziemlich gekünstelt. Denn beide Begriffe gehen in ihrer Substanz auf das griechische »kata logon«, das römische »secundum rationem« und das französische »par raison« zurück. In all diesen Fällen bedeutet die Fundamentalformel zwar »nach Vernunft«, aber gleichzeitig wird damit auch das Berechenbare »nach Verhältnis« oder »nach Proporz« benannt: die Grundvoraussetzungen für eine gerechte Gesellschaft als Ziel des »aufgeklärten Verstandes«.

Dieses rationale Denken und Handeln vor allem im Gerichtswesen umfaßte auch das

Streben nach einer Perfektionierung des Menschen durch eine bewußte Erziehung im Geist der → Goldenen Regel. Von Thomas Hobbes (1588-1679) über Voltaire bis zu dem Mathematiker und Verfassungsreformer Antoine de Condorcet (1743-94) hat diese Regel aus der Bergpredigt das politische Ordnungsdenken der Aufklärung in der Substanz bestimmt – ausgerichtet auf die »königliche Kunst« der Mathematik, die Leibniz und Newton, Klingenstjerna und Gauß erheblich weiterentwickelt haben.

In diesen Traditionen einer rational bestimmten Aneignung und Beherrschung von Natur und Welt standen die Verfassungsbewegungen der Neuzeit, die vom »neuen Aristoteles« Rousseau und anderen Aufklärern nur modifiziert wurden, um das »Reich der Gerechtigkeit« (Madame Roland, 1789) zu verwirklichen. Aus diesem Bestand des freiheitlichen Rationalismus nährte sich die Revolution von 1789 ebenso wie die Reformbewegung des Vormärz und die Revolution von 1848. Kein Wunder auch, daß sich die aufkommende Arbeiterbewegung und Sozialdemokratie den humanistischen Zielen der Aufklärung verpflichtet fühlten. Nicht umsonst berief man sich bei der Begründung der *Arbeiterbildung* im 19. Jahrhundert auf ein angebliches Wort des Staatsmannes und Empirikers Francis Bacon (1561-1626): »Wissen ist Macht«.

Bei allen positiven Leistungen der Aufklärung, in der die Grundlegung der »modernen Welt« zwischen 1600 und 1800 mit dem linearen *Fortschrittsglauben* verbunden wurde, sollten jedoch auch ihre Defizite nicht übersehen werden. So hat der verstärkte Prozeß der Individuation im privaten wie öffentlichen Leben zwar zur Garantie der individuellen Menschenrechte geführt und Sippenhaft wie Klassenjustiz abgedrängt. Aber gleichzeitig wurde auch die »Vereinzelung« des Individuums als »Selbstbestimmung« gefördert, die zu einem Unabhängigkeitskult führte und Tendenzen zu einem zerstörerischen Egoismus vorarbeitete (→ Menschenbild, → Gesellschaft).

Diese Kehrseite der Aufklärung wird auch dort sichtbar, wo es zu scharfen Abgrenzungen von Natur- und Geisteswissenschaften gekommen ist. Auch die oft gestörten Beziehungen der Schul- und Apparatemedizin zur Psychologie und Psychiatrie gehen auf Vorstellungen einer radikalen Eigenbestimmung zurück. Besonders destruktiv hat die von den Aufklärern geförderte *Entzauberung der Natur* gewirkt. Denn mit der »Vertreibung Gottes«, der Götter und Geister aus allen Bereichen der Natur ging ein Tabubruch einher: Die gesamte Natur schien nun einer schrankenlosen, amoralischen Ausbeutung verfügbar – gegen jede gebotene Treuhänderschaft und mit verheerenden Folgen für die Lebenswelt künftiger Generationen.

Literatur

Altmann, Von der mittelalterlichen zur modernen Aufklärung. Studien zur jüdischen Geistesgeschichte, 1987 ✦ *Adorno/Horkheimer*, Dialektik der Aufklärung, 1949 ✦ *Angermann*, ›Religion, Politik, Gesellschaft im 17. und 18. Jhd.‹, in: HZ 214, 1972 ✦ *v. Aretin* (Hrsg.), Der aufgeklärte Absolutismus, 1974 ✦ *Baczko* (Hrsg.), Une éducation pour la démocratie. Textes et projets de l'époque révolutionnaire, 1982 ✦ *Baier*, Soziologie als Aufklärung – oder die Vertreibung der Transzendenz aus der Gesellschaft. Niklas Luhmann zum 60. Geburtstag, 1989 ✦ *Barthel*, Medizinische Polizey und medizinische Aufklärung. Aspekte des öffentlichen Gesundheitsdiskurses im 18. Jhd., 1989 ✦ *Barudio*, Das Zeitalter des Absolutismus und der Aufklärung 1648-1779, FWG 25, 1981 ✦ *B. Bauer*, Geschichte der Politik, Kultur und Aufklärung des 18. Jhds., 2 Bde., 1843-45, ND 1965 ✦ *O. Becker*, Die Grundlagen der Mathematik in geschichtlicher Entwicklung, 1975 ✦ *Beguin*, Pascal in Selbstzeugnissen und Bilddokumenten, 1959 ✦ *Belin*, La Logique d'une idée-force. L'idée d'utilité sociale pendant la Révolution française, 1789-1792, 1939 ✦ *Bergfleth u.a.*, Zur Kritik der palavernden Aufklärung, 1984 ✦ *Berlin*, The Age of enlightenment. The 18. century philosophers, 1958 ✦ *ders.*, Two Concepts of Liberty, 1958 ✦ *Blumenberg*, Die Genesis der kopernikanischen Welt, 1975 ✦ *ders.*, Arbeit am Mythos, 1979 ✦ *ders.*, Die Legitimität der Neuzeit, 1987 ✦ *Bödeker u.a.* (Hrsg.), Aufklärung und Geschichte. Studien zur deutschen Geschichtswissenschaft im 18.Jhd., 1987 ✦ *v.d. Boom*, Die Bedienten und das Herr-Diener-Verhältnis in der deutschen Komödie der Aufklärung (1724-1767), 1979 ✦ *Brockmeier* (Hrsg.), Voltaire und Deutschland. Quellen und Untersuchungen zur Rezeption frz. Aufklärung, 1979 ✦ *Cassirer*, Die Philosophie der Aufklärung, 3.Aufl. 1973 ✦ *ders.*, Der Mythos des Staates. Philosophische Grundlagen politischen Verhaltens, 2.Aufl. 1988 ✦ *Clostermeyer*, Zwei Gesichter der Aufklärung, 1983 ✦ *Cobban*, Rousseau and the Modern State, 1934 ✦ *Constant*, Ecrits et discours politiques, 1964 ✦ *Csáky*, Von der Aufklärung zum Liberalismus. Studien zum Frühliberalismus in Ungarn, 1981 ✦ *Dérathée*, Jean-Jacques Rousseau et la science politique de son temps, 1950 ✦ *Dieckmann* (Hrsg.), Diderot und die Aufklärung, 1980 ✦ *Dieudonné*, Geschichte der Mathematik 1700-1900, 1985 ✦

Dod, Die Vernünftigkeit der Imagination in Aufklärung und Romantik, 1985 ✦ *Dubiel*, Populismus und Aufklärung, 1986 ✦ *Eichberg*, ›Geometrie als barocke Verhaltensform‹, in: ZHF, 1, 1977 ✦ *Engel-Janosi/Klingenstein/Lutz* (Hrsg.), Formen der europäischen Aufklärung. Untersuchungen zur Situation von Christentum, Bildung und Wissenschaft im 18. Jhd., 1976 ✦ *Fischbach*, Krieg und Frieden in der frz. Aufklärung, 1990 ✦ *Flasch*, Aufklärung im Mittelalter? Die Verurteilung von 1277, 1989 ✦ *Freyer*, Preußentum und Aufklärung. Und andere Studien zu Ethik und Politik, 1986 ✦ *Gawlik/Kreimendahl*, Hume in der deutschen Aufklärung. Umrisse einer Rezeptionsgeschichte, 1987 ✦ *M. Gottlob*, Geschichtsschreibung zwischen Aufklärung und Historismus, 1989 ✦ *Groethuysen*, Philosophie de la Révolution française, 1956 ✦ *Grolle*, Verteidigte Aufklärung. Plädoyers zu Erziehung und Politik, 1988 ✦ *Hammerstein*, Aufklärung und katholisches Reich, 1977 ✦ *Harth* (Hrsg.), Denis Diderot oder die Ambivalenz der Aufklärung, 1984 ✦ *v. Hayek*, Mißbrauch und Verfall der Vernunft, 2.Aufl. 1979 ✦ *Heidrich*, Fest und Aufklärung. Der Diskurs über die Volksvergnügungen in bayerischen Zeitschriften (1765-1815), 1984 ✦ *W. Hennies*, Die politische Theorie August Ludwig von Schlözers zwischen Aufklärung und Liberalismus, 1985 ✦ *Hohrath*, Die Bildung des Offiziers in der Aufklärung (1730-1814), 1990 ✦ *Irrgang*, Skepsis in der Aufklärung, 1982 ✦ *Kanz*, Bildungsanalyse in der ersten europäischen Aufklärung. Der humane Realismus Justus Mösers, 1971 ✦ *Kedrovskij*, Wechselbeziehungen von Philosophie und Mathematik im geschichtlichen Entwicklungsprozeß, dt. 1984 ✦ *Kimpel*, Der Roman der Aufklärung (1670-1774), 2.Aufl. 1977 ✦ *Kocka*, Geschichte der Aufklärung. Aufsätze, 1989 ✦ *Kopper*, Ethik der Aufklärung, 1983 ✦ *W. Krauss*, Zur Anthropologie des 18. Jhds. Die Frühgeschichte der Menschheit im Blickpunkt der Aufklärung, 1987 ✦ *B.M. Kremer*, Der Westfälische Friede in der Deutung der Aufklärung. Zur Entwicklung des Verfassungsverständnisses im Heiligen Römischen Reich Teutscher Nation vom Konfessionellen Zeitalter bis ins späte 18. Jhd., 1989 ✦ *D. Kremer*, Wezel. Über die Nachtseite der Aufklärung. Skeptische Lebensphilosophie zwischen Spätaufklärung und Frühromantik, 1985 ✦ *Kriele*, Recht und praktische Vernunft, 1979 ✦ *Kügel*, Besitzdenken in der Frühzeit der deutschen Aufklärung, 1980 ✦ *Künzli*, Aufklärung und Dialektik. Politische Philosophie von Hobbes bis Adorno, 1971 ✦ *Lesky u.a.* (Hrsg.), Die Aufklärung in Ost- und Südosteuropa, 1972 ✦ *Ley*, Geschichte der Aufklärung und des Atheismus, 9 Bde., 1980-1989 ✦ *Lottes*, Politische Aufklärung und plebejisches Publikum. Zur Theorie und Praxis des englischen Radikalismus im späten 18. Jhd., 1979 ✦ *Lübbe*, Religion nach der Aufklärung, 2.Aufl. 1990 ✦ *Luhmann*, Soziologische Aufklärung, 4 Teile, mehrere Aufl.,1991 ✦ *Manent*, Histoire intellectuelle du libéralisme. Dix leçons, 1987 ✦ *Martin*, The Rise of French Liberal Thought: A Study of Political Ideas from Bayle to Condorcet, 1954 ✦ *Mittelstrass*, Neuzeit und Aufklärung. Studien zur Entstehung der neuzeitlichen Wissenschaft und Philosophie, 1970 ✦ *ders.*, Die Modernität der Antike, 1986 ✦ *Mornet*, Les Origines intellectuelles de la Révolution française, 1956 ✦ *Muhlack*, Geschichtswissenschaft im Humanismus und in der Aufklärung. Die Vorgeschichte des Historismus, 1991 ✦ *Reinalter*, Aufgeklärter Absolutismus und Revolution, 1980 ✦ *ders.*, Aufklärung, Vormärz, Revolution, 1986 ✦ *ders.*, Freiheit, Gleichheit, Brüderlichkeit. Reform, Umbruch und Modernisierung in Aufklärung und Französischer Revolution, 1989 ✦ *Rohbeck*, Die Fortschrittstheorie der Aufklärung, 1987 ✦ *Salamun*, Ideologie und Aufklärung. Weltanschauungstheorie und Politik, 1988 ✦ *Schrader*, Ethik und Enthropologie in der englischen Aufklärung, 1984 ✦ *Stach*, Schulreform der Aufklärung. Zur Geschichte des Philanthropismus, 1984 ✦ *Starobinski*, 1789. Les emblèmes de la raison, 1973, 1988 ✦ *Strasser*, Die verspielte Aufklärung, 1985 ✦ *Stuke*, ›Aufklärung‹, in: GGB, I, 1972 ✦ *Toellner* (Hrsg.), Aufklärung und Humanismus, 1980 ✦ *H. Thoma*, Aufklärung und nachrevolutionäres Bürgertum in Frankreich (1794-1914), 1976 ✦ *Trossbach*, Der Schatten der Aufklärung. Bauern, Bürger und Illuminaten in der Grafschaft Wied-Neuwied, 1991 ✦ *Trunz/Lehmann/Lohmeier* (Hrsg.), Aufklärung und Pietismus im dänischen Gesamtstaat 1770-1820, 1983 ✦ *Valjavec*, Geschichte der abendländischen Aufklärung, 1961 ✦ *Vierhaus* (Hrsg.), Aufklärung als Prozeß, 1988 ✦ *Weyer-Menkhoff*, Aufklärung und Offenbarung, 1988 ✦ *Zöller* (Hrsg.), Aufklärung heute, 1980.

Außenpolitik

Im Zeichen eines vorgegebenen »Primates der Außenpolitik« großer Mächte (Ranke) hat sich im deutschen Bereich die Vorstellung entwikkelt, daß die äußere Politik eines Gemeinwesens eine Art Gegenwelt zur Innenpolitik sei. Denn die zuständigen Ministerien, das Gesandtschaftswesen, die Diplomatie und die oft geheim geführten Verhandlungen zu internationalen Abkommen unterliegen in zahlreichen Fällen Bedingungen, die nicht innenpolitischen Gepflogenheiten entsprechen und die Tendenz haben, sich in »dunklen Kanälen« der Öffentlichkeit zu entziehen. Deshalb hat sich auch seit dem frühen 18. Jahrhundert die Auffassung verbreitet, daß »die Außenpolitik nicht durch innenpolitische Kontroversen belastet, sondern im Gegenteil, möglichst isoliert von ihnen betrieben werden solle« (Geiling).

Allein die Tatsache aber, daß sowohl die Außenpolitik im Rahmen des Völkerrechts als auch die Innenpolitik mit allen Verfassungsbindungen in ihrem Wesen auf Verträgen beruhen, vermittelt das hohe Maß an Gegenseitigkeit, die beide Bereiche aufeinander bezieht. Das gilt in erster Linie für parlamentarische Monarchien und Republiken als Rechtsstaaten, die auf das fundamentale → Drittwesen verpflichtet sind und somit das Wahlvolk gebührend unterrichten sollen. Aufgrund innerer Bindungen an ein frei gewähltes → Parlament muß sich Außenpolitik schon wegen dessen Ratifikationskompetenz grundlegend anders gestalten als in absolutistischen Hausstaaten der Neuzeit oder in → Diktaturen der Moderne.

Anleihen des ehemaligen amerikanischen Außenministers Henry Kissinger bei seinen historischen Vorbildern Metternich (Österreich) und Bismarck (Preußen, seit 1871 Deutsches Reich) verweisen nachdrücklich auf die Gefahr, die äußere Politik eines Landes von den inneren Verhältnissen abzukoppeln und sie gleichsam in einem rechtsfernen Raum zu betreiben – über die Köpfe des Wahlvolkes und der Steuerzahler hinweg.

Außenpolitik als Vollzug und treuhänderische Pflege des Völkerrechts bedeutet stets auch Sicherheitspolitik, soweit sie die Verhältnisse gegenüber unmittelbaren oder mittelbaren Nachbarn zu regeln hat. Schon aus diesem Grund darf sie in ihrem Vertragswesen nicht von der Innenpolitik abgeschottet werden. Die Geschichte seit dem Mittelalter zeigt, daß diese reziproke Bindung erfolgreicher und beständiger ist als die Isolierungstendenz, wie sie Verfechter des Machiavellismus und → Absolutismus als Arkanpolitik betrieben haben.

Historische Grundlagen

Mit der Christianisierung des → Abendlandes, die im 13. Jahrhundert bis auf Nord-Skandinavien abgeschlossen wurde, gestaltete sich die Außenpolitik in Europa zu einer kirchlich ausgerichteten Innenpolitik des gesamten Kontinents. Denn in Streitfragen oder Kriegslagen beanspruchte der Heilige Stuhl in Rom ein gewisses Schiedsamt als »höchsten Auftrag« (*summum munus*), das die Päpste als Friedensrichter tätig werden ließ. Mit einer Reihe von Zwangsmaßnahmen bis hin zum Kirchenbann (zeitweilige Exkommunikation) von Kaisern, Königen und anderen christlichen Fürsten vermochte es die Römische Universalkirche, unmittelbar auch die Innenpolitik der involvierten Länder zu beeinflussen – von Portugal bis Polen, von Sizilien bis Schweden.

Die Eingriffsmöglichkeiten (Interposition und Intervention) der Römischen Kurie verstärkten sich noch dadurch, daß die Kanzler der Einzelländer über die lateinisch geprägte Christenheit hin bis zur → Reformation in der Regel aus dem Klerus oder »Lehrstand« berufen werden mußten: Meist hatten sie sogar die Bischofsweihe wie in Schweden oder im Heiligen Römischen Reich Teutscher Nation, wo der Erzbischof von Mainz bis 1802 das Amt des Reichs-Erzkanzlers wahrnahm.

Dieses Ineinandergreifen von kirchlichem und weltlichem Amt macht deutlich, daß »äußere Angelegenheiten« (*res externae*) nicht von »inneren Verhältnissen« (*res internae*) gelöst werden konnten. Auch die Amtspflichten eines Reichs- oder Groß-Kanzlers bestätigen diesen Befund. Denn als vereidigter Treuhänder des »Großen Siegels«, das bei wichtigen Verträgen nach innen und außen benutzt wurde, war er gehalten, trotz Macht- und Interessenpolitik auf die Rechtsbindungen mit ihrem Drittwesen zu achten: Jede Ratifikation von Abkommen oder Bündnissen (Allianzen) verlangte nach institutionellen Rückversicherungen.

Selbst Geheimverhandlungen standen einer Rechtsbezogenheit (*communicatio juris*) der Außenpolitik nicht im Wege, sofern die zuständigen Verfassungsorgane (Regierung, Senat, Höchstes Gericht, Geheimer Ausschuß der Stände auf Reichstagen) darüber gebührend unterrichtet wurden. Das Kronamt eines Kanzlers hatte seinem Wesen als »Mediator« oder »Vermittler« gemäß nach innen wie nach außen ein Hüter der Verträge zu sein: Nicht umsonst trug Pierre Séguier (1588-1672) als Kanzler der Krone Frankreich unter den Königen Ludwig XIII. und Ludwig XIV. den Ehrentitel »Nomophylax« - »Gesetzeswächter«.

Aus dieser strukturellen und historisch gewachsenen Substanz des Kanzleramtes ergibt sich, daß Außenpolitik ihrem Wesen nach als Völkerrechts- und Verfassungspolitik aufgefaßt wurde. Diesen Befund belegen auch die Hauptfelder der äußeren Angelegenheiten eines Gemeinwesens, das der »Libertät« als ständischer »Freiheit« verpflichtet war. Dazu zählte die vertraglich geregelte Heirat eines Königs oder Fürsten ebenso wie die Wahrnehmung von Erbrechten einer herrschenden Dynastie. Handelsabkommen, Sicherheitsbündnisse, Militärallianzen, Kriegserklärungen, Friedensschlüsse, Staatsbesuche sowie Gesandtschaften erforderten außerdem juristischen Sachverstand und politisches Geschick als Ausdruck einer »Wisdom of government« (Whitelocke, 1653).

Axel Oxenstierna (1583-1654), ein Senator und Kanzler der Krone Schweden, entsprach in 42 Regierungsjahren und im Dienst von vier Königen genau diesen Anforderungen. Er kann mit guten Gründen der erfolgreichste Außen- und Innenpolitiker Alteuropas genannt werden. Drei säkulare Friedensschlüsse (1617 in Stolbova mit dem Moskauer Zartum, 1645 in Brömsebro mit Dänemark/Norwegen und 1648 in Münster/Osnabrück mit dem Heiligen Reich) bestätigen dies ebenso wie die Herrschaftsverträge mit drei Königen (Gustav II. Adolf 1611, Christine 1644, Karl X. Gustav 1654), die Gerichtsverfassung (1614), die Reichstagsordnung (1617), die Ritterhaus-Ordnung (1626) oder die »Regierungs-Form« (1634) als erste Gesamt-Verfassung Europas.

Die von Oxenstierna stets angestrebte *Regierung des Rechts*, die im Vertragsgeist des Völkerrechtlers Hugo Grotius (1583-1645) ihre Politik betrieb, erklärt auch, warum das Friedenswerk von 1648 mit seiner außen- und sicherheitspolitischen Dimension für das »gerechte Gleichgewicht« in Europa auch als »Fundamentalgesetz des Reiches« (*lex imperii fundamentalis*) aufgefaßt wurde: Außen- und Sicherheitspolitik galt als vertragliche Fortsetzung verfassungsgebundener Innenpolitik.

Dieses Grundmodell der Interdependenz wurde noch dadurch bekräftigt, daß die Krone Schweden als Garantiemacht des Teutschen Friedens mittels des Herzogtums Pommern und des Niedersächsischen Kreises die Reichsstandschaft erhielt und in dieser Rechtsqualität auf dem Immerwährenden Reichstag zu Regensburg vertreten war – bis zum Ende des Heiligen Reiches im Jahre 1806.

Besonders die Reaktivierung des Reichstages als Kontrollorgan des Kaisers belegt, wie abhängig die Politik der »auswärtigen Angelegenheiten« von der »Reichs-Verfassung« (*constitution de l'Empire*) war und blieb, so lange das »Teutsche System« der vertraglich gesicherten Libertät die Friedensordnung in Mitteleuropa bestimmte. Erst die dynastisch ausgerichtete Patrimonialpolitik der »absoluten Herren« änderte nach 1648 bis zum Wiener Kongreß von 1814 das Wesen und Wirken der Außenpolitik.

Arkanpolitik

Wurde der »Gerechte Reichsfrieden« von 1648 zum ersten Mal ohne die Interposition des Heiligen Stuhls zwischen »souveränen Staaten« ausgehandelt und von ihnen garantiert (Frankreich und Schweden), so sah sich dieses »universelle« Verfassungswerk in der Folgezeit immer wieder der Gefahr ausgesetzt, von absolutistisch gesinnten Machtpolitikern unterlaufen zu werden. Sie verstanden Außenpolitik nicht als fundamentalen Vermittlungsakt zwischen gleichberechtigten Nachbarn oder friedensgestimmten Gegnern, sondern vielmehr als Instrument einer dynastischen Haus- und Erbpolitik, die ohne Kontrolle durch Land- oder Reichstage im Geheimen betrieben wurde – als Arkanpolitik (von lat. *arcanum* = Geheimnis) antilibertärer Erbfürsten.

Vor allem dort, wo Land- und Reichsräte (Senate) sowie Land- und Reichstage (Parlamente) als intermediäre Vertragsorgane durch »absolute Diktaturen« (→ Absolutismus) ersetzt wurden, entwickelte sich die herkömmliche Außenpolitik zu einer Hausangelegenheit der herrschenden Dynastie. Mit der Berufung »Geheimer Räte«, die nur noch dem Fürsten persönlich, aber nicht mehr den Ständen in gleicher Weise verantwortlich waren, rückte die Geheimdiplomatie ins Zentrum der Außenpolitik – damit auch die Tätigkeit von Geheimdiensten und Spitzelsystemen.

Bedeutete die äußere Politik im Zeichen der Forderung »Verträge müssen eingehalten werden« (*pacta sunt servanda*) ein stetiges Bemühen um das »gute Vertrauen« zu Nachbarn und anderen Partnern, so erwuchs die Arkanpolitik aus einem ständigen Mißtrauen und nach dem Prinzip des »Geheimen Vorbehaltes« (Kant) ohne Gegenkontrolle.

Ganz auf den dynastischen Haus-Egoismus mit seinen oft nur vermeintlichen Erbrechten zugeschnitten, hat diese Art von Außenpolitik überaus destruktiv gewirkt und der »hohen Politik« den Ruf eingebracht, ein ziemlich »schmutziges Geschäft« zu sein. Die berüchtigten Oñate-Absprachen (1617) innerhalb des Hauses Habsburg haben in der libertären Ordnung

Böhmens den schweren Verfassungskonflikt verursacht, der dann nach dem Prager Fenstersturz (1618) zum Teutschen Krieg führte: Ein patrimonialer Erbanspruch zerstörte systematisch die bestehende Vertragslage in der Krone Böhmen.

Nicht wesentlich anders verfuhren die absolutistischen Regimes in Dänemark von 1661 bis 1852, in Schweden zwischen 1680 und 1718 oder in Spanien von 1683 bis 1898. Ein weiteres Beispiel für dynastische Alleingänge als fortgesetzter Verfassungsbruch war die Tätigkeit des »Secret du Roi« in Frankreich zwischen 1739 und 1774.

Mit diesem Geheimgremium verfolgte Ludwig XV. an allen Verfassungsorganen (Staatsrat und Parlement de Paris als höchster Gerichtshof) vorbei eine private Außenpolitik aus dynastischem Interesse. Sie wurde durchweg von allen Finessen des Machiavellismus geprägt und arbeitete in der Regel mit gezieltem Betrug. An ihrem Ende stand die Erste Teilung Polens (1772) und der absolutistische Staatsstreich Gustavs III. in Schweden, der von Versailles aus finanziert wurde – als bewußter Bruch der Verfassung von 1720.

Obgleich dieses Gremium beim Regierungsantritt Ludwigs XVI. (1774) aufgelöst wurde, um die Außenpolitik wieder dem Primat des Rechts zu unterwerfen, waren die Schäden nach innen wie nach außen für Frankreich kaum gutzumachen. Vor allem der Vertrauensbruch wirkte in der politischen Klasse des Adels wie des Klerus nach. Seine verheerenden Folgen haben wesentlich dazu beigetragen, daß sich ab 1789 die → Revolution vollziehen konnte – in einem außen- und sicherheitspolitisch völlig isolierten Land!

Bedenkt man das innere Gestaltungsgesetz des patrimonialen → Absolutismus, wie es Friedrich II. von Preußen in seinem »Politischen Testament« von 1752 formuliert hat (»Ich verschließe mein Geheimnis in mir selbst«), dann wird verständlich, daß sich mit der antilibertären Innenpolitik auch die Außenpolitik grundlegend ändern mußte: Eine »Geheime Hof- und Staatskanzlei« suchte nicht mehr die libertäre Öffentlichkeit mit ihren Völkerrechtsbindungen, sondern verfolgte nur noch dynastische Macht- und Erbinteressen.

Ein Perfektionist der Arkanpolitik als Ersatz für den Primat des Rechts und der Gerechtigkeit gerade in der Außenpolitik war der Staatskanzler Metternich (1773-1859) im Dienste des »Erbkaisers« Franz I. von Österreich. Dieser Machtpolitiker, der in der »Mißkennung des wahren Sinnes der Worte eins der Grundübel der Zeit« sah, betrieb ab 1809 bis zu seiner Absetzung im Revolutionsjahr 1848 eine Außenpolitik, die sich um eine Rückversicherung in »landständischen Verfassungen« nicht mehr kümmern wollte. Nach der Niederschlagung des »Erbkaisers« Napoleon I. ging es ihm lediglich um die militärische und polizeistaatliche Sicherung der dynastischen Diktaturen. Sein Zeitgenosse Adam Müller, der sich als der »deutsche Burke« auffaßte, stellte denn auch zur Grundposition des Staatskanzlers fest: »Dem Grafen Metternich ... sind die inneren Angelegenheiten so fremd wie odios (verhaßt). Er liebt die große politische Intrige und übt sie, soweit sie mit einem gewissen Grad von Leichtsinn und Sorglosigkeit bestehen will ...«

Dennoch unterhielt er neben dem bestens organisierten Geheimdienst des Erbkaisers ein privates Spitzelsystem, das ihn genau über die inneren Verhältnisse im Habsburgerreich unterrichtete. Mißtrauen war die Triebkraft auch des von Metternich beherrschten Wiener Kongresses 1814/15, der als diametraler Gegenkongreß zu Münster/Osnabrück von 1648 betrachtet werden muß. Festigte sich mit dem »Universalfrieden« von 1648 die innere Vertrags-Trichotomie zwischen Kaiser, Kurfüsten und Kurien-Reichstag als Fundament des → Friedens auf Gegenseitigkeit, so beschränkte sich der Wiener Kongreß auf die machtstaatliche Festigung der »Legitimität« als patrimoniales und absolutistisches Erbprinzip (→ Erbwesen) einzelner Dynastien und Fürstenhäuser: Gegen die »landständischen Verfassungen«, die bis zur → Revolution von 1848 nur noch als scheinkonstitutionelle Fassade des dynastischen Machtstaats gelten durften.

Bismarck nannte einmal die »Legitimität« als Erbbegriff das »Zauberwort«, mit dem seit 1815 die gesamte Außen- und Sicherheitspolitik der großen und kleinen Mächte gesteuert werden konnte – vorausgesetzt, die Politiker und Diplomaten kannten sich in den Fürsten-Genealogien aus. Selbst der Krieg Hohenzollern-Preußens von 1870/71 gegen das Frankreich Napoleons III. war vom Durchsetzen des »dynastischen Staatsgedankens« (Gall) abhängig gemacht worden – als Abwehr der Thronansprüche des Hauses Bourbon auf Spanien.

Das Arkanverhalten der europäischen Kabinette, wie es selbst zeitweise im parlamentarischen England üblich war, prägte noch bis zum Ausbruch des Ersten Weltkrieges 1914 eine Außenpolitik, die das nicht mehr anstreben wollte, was die Universalordnung von 1648 zu verwirklichen suchte – den »Rechtsgedanken« (Franz Schnabel).

Realpolitik

Die Auswirkungen des Metternichsystems mit seiner scheinhaften äußeren Stabilität hat einflußreiche Vertreter der »puren Machthistorie« wie Heinrich von Treitschke oder Leopold von Ranke veranlaßt, die »äußere Politik« nur als Ausdruck machtpolitischen Statusdenkens aufzufassen. Aus diesem Grunde ließ ihre akademische Ideologie vom »Primat der Außenpolitik« vertragliche Rückversicherungen bei Parlamenten, im Völkerrecht oder gar bei einer universell ausgerichteten → Ethik nicht zu. Gerade der kalkulierte und am Ende materiell erfolgreiche Bruch des → Rechts, wie ihn Friedrich II. 1740 beim Überfall auf Schlesien und 1756 beim Überfall auf Sachsen als souveränen Machtakt vorgeführt hatte, galt als Inbegriff einer »Realpolitik«, die Macht vor Recht gehen ließ, »vollendete Tatsachen« schuf und dann den Status quo anerkannt sehen wollte.

Es verwundert daher nicht, daß 1913 die Behauptung aufgestellt werden konnte, Preußen und das Deutsche Reich hätten sich den »Luxus freiheitlicher Institutionen« (Hintze) nicht leisten können, weil sie als Großmächte einem starken Druck von außen zu begegnen hatten. Diese »Notlüge« im Sinne Nietzsches bezieht sich auf die im Borussismus verbreitete Ansicht, daß Großmächte ihrem inneren Gefüge nach keine Rechts- und Verfassungsstaaten sein dürfen, sondern ihr strukturelles Rückgrat in der »Kriegsverfassung« sehen müssen: demnach in einer vollständigen Machtkonzentration und auf die »normative Kraft des Faktischen« (Georg Jellinek) gerichtet.

Dabei zeigt die Geschichte, daß zumindest in Europa freiheitliche Gemeinwesen oft zu Großmächten aufgestiegen sind und diese Position erst verloren haben, als sie im Inneren diktatorisch pervertierten: Die Römische Republik bis zur Diktatur Caesars ist dafür ebenso ein Beispiel wie das libertäre Spanien bis 1492, die freie Krone Schweden bis 1680, die Adelsrepublik Polen bis 1795 und selbst das Heilige Römische Reich Teutscher Nation, das 1806 von inneren und äußeren Diktatoren zerstört wurde.

Der »brutale Zynismus«, den der Metternich- und Bismarck-Bewunderer Henry Kissinger bei diesen »Realpolitikern« festgestellt hat, geht vor allem darauf zurück, daß die äußere Politik vom »inneren Staatsrecht« (Hegel) gelöst worden ist. Diese Trennung vom → Recht erklärt auch, warum Kaiser Wilhelm II. im Jahre 1914 den Bruch des Völkerrechts gegenüber dem neutralen Königreich Belgien bewußt in Kauf nahm: Der Krieg sollte eine neue Realität schaffen und das »Recht des Stärkeren« durchsetzen.

Entsprach dieser Machtakt dem absolutistischen Arkanverhalten, so bestätigte der Hitler-Stalin-Pakt von 1939 nicht minder, wohin es führt, wenn Diktatoren ohne jede Kontrolle Außenpolitik betreiben – in Krieg und Menschenverderben.

Doktrinen

Wie immer sich die äußere Politik seit Beginn der Neuzeit praktisch gestaltet hat, so ist sie stets von theoretischen Vorgaben oder Erwägungen begleitet worden, die mitunter den Charakter bestimmender Doktrinen als Verhaltensmuster annehmen konnten.

Vor allem die Anhänger von Herrschaftsverträgen nach innen befürworteten eine Außenpolitik, die einem *gerechten Gleichgewicht* (*justum aequilibrium*) entsprach. Dessen Vertreter suchten → Sicherheit mit den Nachbarn und bekämpften als Befürworter einer »Balance of power« jeden Versuch, eine → Diktatur im Inneren und eine Hegemonie nach außen zu errichten. Diese Doktrin des *Aequilibrismus* auf Gegenseitigkeit setzte sich im Teutschen Frieden von 1648 gegen jene Kräfte durch, die wie das Haus Habsburg eine Erbdiktatur zu verwirklichen suchten, nach einer »Universalmonarchie« über Europa strebten und dabei den *Hegemonialismus* pflegten.

Aus diesen beiden Grundmodellen außenpolitischer Doktrinen haben sich eine Reihe Varianten herausgebildet, die heute noch von Fall zu Fall außenpolitische Positionen begründen können. So erzwingt die Lehre vom → Gleichgewicht in letzter Konsequenz eine Treuhänderschaft, die sich auf der Grundlage der eigenen Verfassung auch auf die innere Ordnung der Nachbarn bezieht. Angeleitet von der universellen Geltung des Völkerrechts und der Vertragsethik kann diese Haltung zum diplomatischen, politischen, wirtschaftlichen (Embargo) und sogar zum militärischen Eingreifen führen: Schweden verhielt sich in diesem Sinn, um ab 1630 Habsburg zu bekämpfen und die mehrfach gebrochene Reichsverfassung gegen die Hegemonialisten wieder herzustellen; ähnlich wurde 1688 von den Niederlanden aus eine Intervention unternommen, um die in England vom Absolutismus Jakobs II. bedrohte Freiheits-Verfassung zu retten; auch die Revolutionskriege seit 1792 wurden von der Ersten Republik in Frankreich geführt, um den unmittelbaren Nachbarn die Segnungen von »Freiheit, Gleichheit, Brüderlichkeit« zu bringen – gegen die »absoluten Herren«, die in Frankreich militärisch interveniert hatten.

Selbst die welthistorischen Interventionen der Freiheitsmacht USA zugunsten der demokratischen Westmächte England und Frankreich im Jahre 1917 und dann noch einmal 1944 erfolgten neben wirtschaftlichen Gründen zur Wiederaufrichtung von »Recht und Ordnung« nach Maßgabe des kontrollierenden Parlamentarismus. Nicht umsonst drückte die *Truman-Doktrin* von 1947 den gleichen Grundgedanken aus, der die Außen- und Sicherheitspolitik Axel Oxenstiernas vor 1648 leitete: »Es muß die Politik der Vereinigten Staaten sein, freie Völker zu unterstützen, die sich gegen den Versuch einer Unterjochung durch bewaffnete Minderheiten oder durch Druck von außen wehren.«

Das treuhänderische Wesen dieses Interventionismus kann bei aller Bereitschaft zur Freiheitssicherung aber auch mißbraucht werden, wenn es von Hegemonialisten gehandhabt wird. Die Interventionspolitik der USA kennt nicht wenige Fälle, in denen die Verpflichtung auf das Völkerrecht durch die Wahrnehmung eines vorgegebenen »nationalen Interesses« systematisch untergraben wurde. So diente der Korea-Krieg 1950 weniger einer Festigung der Demokratie als einer Eindämmung (*containment*) der kommunistischen Großmächte China und Sowjetunion. Im Zeichen dieses Antikommunismus, der auch die Festigung von Diktaturen in Kauf nahm, wurde sogar das Engagement in Vietnam bis 1974 fast machiavellistisch betrieben – weitgehend am Senat und Kongreß vorbei!

Auf der anderen Seite haben sich die USA nach ihrem gewonnenen »Kreuzzug« gegen die diktatorischen Achsenmächte Deutsches Reich, Italien und Japan nach 1945 dort nicht eingemischt, wo wirklich um Demokratie und Rechtsstaat gekämpft wurde: 1948 in der Tschechoslowakei, 1953 in der DDR, 1956 in Ungarn, 1961 beim Bau der Mauer in Berlin oder 1968 wiederum in der Tschechoslowakei, als zur Zeit des »Prager Frühlings« das Experiment gewagt wurde, Demokratie und → Sozialismus zu verbinden.

Bei diesen Konflikten hielten sich die USA auch deshalb zurück, weil sie während der Konferenzen von Jalta und Potsdam 1945 der Bildung von zwei Interessensphären zugestimmt hatten: jener der Sowjetunion mit ihrem Vorfeld vom Baltikum bis zum Balkan und der eigenen, die mit dem Nordatlantik-Pakt (NATO) im Jahre 1949 gesichert wurde – mit den USA als atomarer Führungsmacht.

Eine ähnliche *Teilung der Welt* ist von West- und Ost-Rom bekannt (→ Abendland), dann auch aus dem Jahr 1493, als der Heilige Stuhl das neuentdeckte Amerika in eine spanische und portugiesische Interessensphäre teilte. Diese vom Papst getroffene Entscheidung wurde nach der Glaubensspaltung von 1517 heftig bekämpft, vor allem vom anglikanischen England und den calvinistischen Niederlanden – den neuen Seemächten. Ihre erfolgreiche Opposition fand 1823 eine Bestätigung, als US-Präsident Monroe im Geist der Selbstbestimmung verkündete, daß »Amerika den Amerikanern« gehören soll und nicht europäischen Mächten.

Mit der *Monroe-Doktrin* sollte das Interventionsrecht Spaniens, Portugals, Englands, der Niederlande und auch Frankreichs unterbunden werden, um deren Kolonien den Weg zur nationalen Unabhängigkeit zu sichern und gleichzeitig die USA als Vormacht auf dem amerikanischen Kontinent zu stärken. Bedeutete die Truman-Doktrin eine »Öffnung zur Welt« und zum Prinzip des Freihandels (Grotius, »Mare liberum«, 1609), so konnte die Monroe-Doktrin als Aufforderung zur Abschottung aufgefaßt und außenpolitisch eingesetzt werden: ganz im Sinne des englischen Bestrebens (Seldon, »Mare clausum«, 1635) zwischen 1651 (Navigationsakte) und 1849, die Britischen Inseln weitgehend von Einflüssen des Kontinents fernzuhalten – im Sinne einer »splendid isolation«.

Beide Doktrinen haben die Außen- und Sicherheitspolitik der USA als Groß- und Weltmacht bis heute geprägt und seit 1917 auch die Geschichte Europas entscheidend beeinflußt. Denn mit dem Eintritt der USA in den Ersten Weltkrieg verband sich die Forderung des US-Präsidenten Wilson, die künftige Friedens- und Weltordnung auf das »Selbstbestimmungsrecht der Völker« zu gründen. Dieses Zukunftsmodell einer parlamentarischen Neuordnung der ehemals diktatorischen Länder vor allem in Mitteleuropa hatte aber nur teilweise jenen Erfolg, den sich der Präsident erhofft hatte. Denn das Versailler Friedenswerk von 1919 stützte zwar die Demokratisierung des Deutschen Reiches und damit auch die parlamentarische Kontrolle seiner Außenpolitik. Aber das Fernbleiben der USA bei der Gründung des Völkerbundes 1920 schwächte die demokratischen Kräfte in ihrem Versuch, aufkommende → Diktaturen zu verhindern oder doch einzudämmen.

Dennoch hat die *Wilson-Doktrin* dafür die Sinne geschärft, daß auch in der Außenpolitik der Vertragsgeist des »Rule of Law« bestimmend sein muß, wenn die Welt in Verträgen verträglich bleiben soll. Im Verbund mit der Truman-Doktrin hat sie außerdem dazu beigetragen, den Kolonien der europäischen Mächte in Afrika, Asien und Lateinamerika den Weg in die eigene Staatlichkeit und nationale Unabhängigkeit zu bereiten. Als Langzeitwirkung beider Doktrinen kann auch der KSZE-Prozeß seit 1975 mit der Helsinki-Charta eingestuft werden. Denn die Verpflichtung der Sowjetunion und der anderen kommunistischen Diktaturen des Warschauer Paktes auf die Anerkennung der Menschenrechte hat die Bürgerrechtsbewegungen in diesen Ländern gestärkt und zugleich die quasi-absolutistischen Machtsysteme mental so sehr geschwächt, daß sie ab 1989 ihre eigene Umwandlung in demokratische Gemeinwesen betrieben (→ Sozialismus, → Revolution) – und zwar weitgehend friedlich.

Mit dem Ende der Sowjet-Diktatur durch den »Umbau« (Perestroika) unter Michael Gorbatschow wurde auch die *Breschnew-Doktrin* hinfällig. Sie hat in den Nachwirkungen des Stalinismus und dessen ständiger Kontrolle der kommunistischen Parteien außerhalb der Sowjetunion den außenpolitischen Grundsatz durchgesetzt, den Verbündeten im europäischen Vorfeld nur eine »beschränkte Souveränität« zu erlauben. Jeder Versuch einer inneren Veränderung der kommunistischen Diktatur in Richtung »Sozialdemokratismus« oder »bürgerliche« Demokratie hatte dieser Doktrin gemäß eine mittelbare oder unmittelbare Intervention der Moskauer Zentrale zur Folge – auch mit militärischer Gewalt.

Erst der Verzicht Gorbatschows auf die Anwendung der Breschnew-Doktrin hat jene Kräfte entscheidend gestärkt, die in den Mitgliedsländern des Warschauer Paktes demokratische Verhältnisse nach innen wie nach außen herstellen wollten. Dabei zeigte sich, daß der Kommunismus mit dem Absolutismus eine strukturelle Gemeinsamkeit besaß: Die Außenpolitik wurde nicht parlamentarisch kontrolliert, sondern galt als Außenstelle des Geheimdienstes und als Machtinstrument des jeweiligen Generalsekretärs (→ Sozialismus).

Eine bedeutsame außenpolitische Frage im Rahmen des → Ost-West-Konfliktes war die einer völkerrechtlichen Anerkennung der DDR als »souveräner Staat« durch die Bundesrepublik Deutschland und deren Verbündete. Jede Bundesregierung setzte seit 1949 diesem Streben einen besonderen Rechtswiderstand entgegen. Er war schon deshalb geboten, weil das Bonner Grundgesetz alle Bundespolitiker an den Verfassungsauftrag band, auf eine friedliche Wiedervereinigung in Freiheit hinzuwirken. In diesem Bestreben spielte die *Hallstein-Doktrin* eine wesentliche Rolle. Sie forderte gleichsam einen außenpolitischen Automatismus: Abbruch der diplomatischen Beziehungen zwischen der Bundesrepublik Deutschland und einem anderen Staat, der die DDR völkerrechtlich anerkannte. Gegenüber Ägypten unter General Nasser, das in starker wirtschaftlicher Abhängigkeit (Assuan-Staudamm) von der Sowjetunion stand, wurde diese theoretische Position dann auch praktisch umgesetzt. Die Hallstein-Doktrin nahm von dieser Regelung nur die Sowjetunion selbst als Siegermacht des Zweiten Weltkrieges aus, mit der die Bundesrepublik 1955 volle diplomatische Beziehungen aufgenommen hatte. Erst die *Bahr-Doktrin* mit ihrer Grundformel »Wandel durch Annäherung« lockerte die starre außenpolitische Haltung und brachte mit der neuen »Ostpolitik« der sozialliberalen Koalition seit 1969 Bewegung in die Fronten. Bald führte sie auf dem Weg praktischer Teillösungen auch zu einer Reihe wichtiger Abkommen zwischen Bonn, Moskau, Prag und Warschau, ohne jedoch die DDR als »souveränen Staat« anzuerkennen.

Mit dem Fall der Mauer 1989 und dem Wandel der kommunistischen Parteidiktaturen zu parlamentarischen Demokratien konnte sich die Bahr-Doktrin bestätigt fühlen, aber auch die Hallstein-Doktrin. Denn beide Positionen banden die Außenpolitik an den »Primat der Innenpolitik« (Wehler) und damit unmittelbar an eine parlamentarische Rückversicherung als Ausdruck der Gegenseitigkeit.

Welt-Innenpolitik

Die Trennung von Macht und Moral, Völkerrecht und Ethik hat seit der Neuzeit im Zeichen des Machiavellismus und dynastischer Staatsräson die Außenpolitik oft zur Geheimniskrämerei verkommen lassen. Seit dem Wiener Kongreß von 1814 wurde sie sogar zu einem Tätigkeitsfeld der Geheimdiplomatie und bestimmter Handelsinteressen.

Die enge Verflechtung von Wirtschaft und Außenpolitik läßt sich schon zur Zeit der Hanse (→ Multis) nachweisen. Auch im Wirkungsbereich der großen Handelskompagnien Englands oder der Niederlande im 16. Jahrhundert zeigt sich der ökonomische Einfluß: So wurde der »ewige Friede« von Stolbova zwischen Schweden und dem Moskauer Zartum von niederländischen und englischen Kaufleuten vermittelt (1617).

Vor allem jedoch mit dem Aufkommen *multinationaler Unternehmen* seit dem 19. Jahrhundert verstärkten sich die Beziehungen zwischen Wirtschaft, Handel, Technologietransfer, Rüstung und Außenpolitik. Hier haben in hohem Maße verschiedene Ölkonzerne ihre Spuren hinterlassen. Allein die Außen- und Sicherheitspolitik Englands ist ohne die Tätigkeit des Regierungskonzerns »British Petroleum« (BP) seit 1912 (Umstellung der englischen Flotte von Kohle- auf Ölfeuerung) bis heute kaum denkbar. Einen ähnlichen Einfluß übten auch US-amerikanische Ölkonzerne aus: So kamen fast alle Außenminister der demokratischen USA nach dem Ende des Zweiten Weltkrieges (1945) aus dem inneren Managerkreis der Rokkefeller-Stiftung und damit des größten Ölunternehmens der Wirtschaftsgeschichte, der ESSO – auch Henry Kissinger.

Als Sicherheitsberater für Präsident Nixon war er anfänglich nur in Teilbereichen der Außenpolitik tätig (Vorbereitungen der Anerkennung Rot-Chinas). Mit der Ernennung zum US-Außenminister (1973) wurde er mit voller Verantwortung auf das Verfassungssystem der USA vereidigt und sogleich mit den engen Beziehungen von Außen- und Innenpolitik konfrontiert. Denn der Watergate-Skandal brachte Präsident Nixon in schwere Bedrängnis, so daß sich Kissinger veranlaßt sah, »die Außenpolitik möglichst gegen die innenpolitische Katastrophe abzuschirmen«.

Kissinger folgte hier dem »klassischen« Muster seiner Vorbilder Metternich, Castlereagh oder Bismarck und verdrängte dabei, daß gerade die Verfassung der USA in der Außenpolitik fundamentale Rechtsbindungen einforderte – auch im Zeichen der Atombombe und einer hochsubventionierten Rüstungsindustrie.

Aus diesen gegenseitigen Beziehungen leitete sich auch jene »moralische Verpflichtung« (L.B. Johnson) ab, die US-Präsidenten wahrnehmen sollen, wenn sie mittels des State Department (Außenministerium) Außenpolitik treiben. Das Engagement des Präsidenten Carter, im Rahmen des KSZE-Prozesses die Demokratie-Bewegungen im Ostblock zu stärken, geht auf diese Bindung zurück, überall auf der Welt die »Herrschaft des Rechts« zu sichern. Daran dachte auch noch US-Präsident Bush, der selbst im texanischen Ölgeschäft tätig war, als er im Krieg um das absolutistische Kuwait der Shabah-Dynastie (1990/91) neben der Wahrnehmung von Ölinteressen den Diktator Saddam Hussein bekämpfen ließ und für eine neue Weltordnung in Gerechtigkeit eintrat.

Nach der militärischen Vertreibung der irakischen Invasionstruppen aus Kuwait durch eine konzertierte Aktion der Vereinten Nationen (UNO) zeigte sich jedoch, wie schwierig es sein kann, eine Diktatur durch Rechtsstaat und Demokratie zu ersetzen: Der Shabah-Absolutismus in Kuwait hat sich nur zum Schein »reformiert« und der kostenträchtige Golfkrieg hat nicht zum Sturz der Hussein-Diktatur im Irak geführt.

Auch der Bürgerkrieg auf dem Balkan als Folgewirkung der zusammengebrochenen Diktatur im ehemaligen Jugoslawien vermittelt, wie problematisch eine Außenpolitik werden kann, wenn ihre Rechtsforderungen, Verfassungsnormen und Kulturregeln auf diktatorische Macht, »nationale Interessen« oder gegensätzliche Wirtschaftsziele treffen.

Gleichwohl wird an diesen und anderen Konfliktfällen überdeutlich: Die ökonomischen Verflechtungen der »Einen Welt« sind mittlerweile so eng geworden, daß Außenpolitik oft einer Außenhandelspolitik (GATT) ähnelt; gleichzeitig verlangen sie nach rechtlichen Vernetzungen, wenn die Vereinten Nationen (UNO) als weltweite Friedensordnung erhalten bleiben sollen – mit dem Recht der Intervention zugunsten der Menschenrechte.

Auch zunehmende Flüchtlingsströme, Asylproblematik, Hungersnöte und steigende Umweltschäden, die an nationalen Grenzen nicht Halt machen, erinnern daran, daß sich die herkömmliche Außenpolitik »souveräner Staaten« in einem grundlegenden Wandel befindet. Sie ist auf dem Weg, integraler Teil einer interdependenten Welt-Innenpolitik zu werden. Nicht in einem religiösen Rahmen wie im Mittelalter des christlichen Europa, wohl aber in einer Rechtsordnung auf Gegenseitigkeit nach Verträgen. Sie allein kann den Völkern die Zukunft sichern, wenn die Empfehlung der freiheitsgerichteten Naturrechtslehre ernstgenommen wird: »Lux gentium lex«.

Literatur

Barudio, Der Teutsche Krieg 1618-1648, 2.Aufl. 1985 ✦ *P. Bender*, Neue Ostpolitik. Vom Mauerbau bis zum Moskauer Vertrag, 1986 ✦ *Besson*, Die Außenpolitik der Bundesrepublik Deutschland. Erfahrungen und Maßstäbe, 1970 ✦ *Bracher*, Die Krise Europas 1917-1975, 1976 ✦ *W. Brandt*, Begegnungen und Einsichten. Die Jahre 1960-1975, 1976 ✦ *Buchheim*, Deutschlandpolitik 1949-1972. Der politisch-diplomatische Prozeß, 1984 ✦ *Bridge/Bullen*, The Great Powers and the European States System, 1815-1914, 1980 ✦ *M. Busch*, Bismarck. Some Secret Pages of his History, 2 Bde., 1989 ✦ *Calder*, Britain and the Origins of the New Europe, 1976 ✦ *Cecil*, The German Diplomatic Service 1871-1914, 1976 ✦ *Collins*, Aspects of British Politics, 1904-1919, 1965 ✦ *Crankshaw*, The Fall of the House of Habsburg, 1963 ✦ *Czempiel*, Amerikanische Außenpolitik, 1979 ✦ *Dehio*, Gleichgewicht oder Hegemonie. Betrachtungen über ein Grundproblem der neuen Staatengeschichte, 1948 ✦ *Deuerlein*, Deklaration oder Ersatzfrieden? Die Konferenz von Potsdam 1945, 1970 ✦ *Doehring-Manteuffel*, Vom Wiener Kongreß zur Pariser Konferenz. England, die deutsche Frage und das Mächtesystem 1815-1856, 1991 ✦ *Doß*, Das Auswärtige Amt im Übergang vom Kaiserreich zur Weimarer Republik. Die Schülersche Reform, 1977 ✦ *Duchardt*, Altes Reich und europäische Staatenwelt 1648-1806, 1990 ✦ *Fehrenbach*, Vom Ancien Régime zum Wiener Kongreß, 2.Aufl. 1986 ✦ *F. Fischer*, Griff nach der Weltmacht. Die Kriegszielpolitik des Kaiserlichen Deutschlands 1914/18, 3.Aufl. 1964 ✦ *Gall*, Bismarck, 1980 ✦ *I. Geiss* (Hrsg.), Julikrise und Kriegsausbruch 1914. Eine Dokumentation, 2 Bde., 1963/64 ✦ *Gillard*, The Struggle for Asia, 1828-1914, 1977 ✦ *Gollwitzer*, Geschichte des weltpolitischen Denkens, 1972/82 ✦ *Griewank*, Der Wiener Kongreß und die europäische Restauration 1814/15, 1942, 2.Aufl. 1954 ✦ *Haftendorn*, Sicherheit und Stabilität. Außenbeziehungen der Bundesrepublik zwischen Ölkrise und NATO-Doppelbeschluß, 1986 ✦ *Hartau*, Metternich, 1984 ✦ *Hildebrand*, Deutsche Außenpolitik 1871-1918, 1989 ✦ *Hillgruber*, Kontinuität und Diskontinuität in der deutschen Außenpolitik von Bismarck bis Hitler, 3.Aufl. 1971 ✦ *Hütter*, Einführung in die Internationale Politik, 1976 ✦ *Jacobsen*, Der Weg zur Teilung der Welt. Politik und Strategie 1939-1945, 1977 ✦ *Kennan*, The Decline of Bismarck's European Order. Franco-Russian Relations 1875-1890, 1979 ✦ *P. Kennedy*, Aufstieg und Fall der großen Mächte. Ökonomischer Wandel und militärischer Konflikt von 1500 bis 2000, dt. 1989 ✦ *Kissinger*, Das Gleichgewicht der Großmächte. Metternich, Castlereagh und die Neu-Ordnung Europas 1812-1822, 1962, dt. 1986 ✦ *Kraehe*, Metternich's German Policy, 1799-1814, 1963 ✦ *P. Krüger*, Die Außenpolitik der Republik von Weimar, 1985 ✦ *Langer*, The Diplomacy of Imperialism, rev. Aufl. 1951 ✦ *Ley*, Alexandre I et sa Sainte Alliance, 1975 ✦ *Loth*, Die Teilung der Welt 1941-1955. Geschichte des Kalten Krieges, 7.Aufl. 1989 ✦ *Macartney*, The Habsburg Empire, 1760-1918, 1968 ✦ *Marder*, British Naval Policy 1880-1905, 1940 ✦ *Marzari*, Italian Foreign Policy, 1870-1940, 1975 ✦ *Mayr*, Geschichte der Österreichischen Staatskanzlei im Zeitalter des Fürsten Metternich, 1935 ✦ *ders.*, Metternichs Geheimer Briefdienst, Postlogen und Postkurse, 1935 ✦ *Meissner* (Hrsg.), Moskau-Bonn. Die Beziehungen zwischen der Sowjetunion und der Bundesrepublik Deutschland 1955-1973. Dokumentation, 2 Bde., 1975 ✦ *Michalka* (Hrsg.), Nationalsozialistische Außenpolitik, 1978 ✦ *Militärgeschichtliches Forschungsamt* (Hrsg.), Das Deutsche Reich und der Zweite Weltkrieg, 6 Bde., 1979-1990 ✦ *Monger*, The End of Isolation, 1963 ✦ *Münkler*, Machiavelli. Die Begründung des politischen Denkens der Neuzeit aus der Krise der Republik Florenz, 1982 ✦ *Nicolson*, The Congress of Vienna, a study in allied unity 1812 to 1822, 1946 ✦ *Palmer*, Glanz und Niedergang der Diplomatie. Die Geheimpolitik der europäischen Kanzleien vom Wiener Kongreß bis zum Ausbruch des Ersten Weltkrieges, 1983, dt. 1986 ✦ *Pirenne*, La Sainte Alliance. Organisation européenne de la paix mondiale 1: Les traités de paix 1814/15, 1946 ✦ *Platt*, Finance, Trade and Politics in British Foreign Policy, 1968 ✦ *Renouvin*, Histoire des relations internationales, 1954 ✦ *G. Ritter*, Staatskunst und Kriegshandwerk, 1954 ✦ *Röhl*, Zwei deutsche Fürsten zur Kriegsschuldfrage, 1971 ✦ *Rohe* (Hrsg.), Die Westmächte und das Dritte Reich 1933-1939. Klassische Großmachtrivalität oder Kampf zwischen Demokratie und

Diktatur?, 1982 ✦ *Rothfels*, ›Vom Primat der Außenpolitik‹, in: Außenpolitik I/4, 1950, und VI/5, 1955 ✦ *Sauvigny*, Metternich et la France après le Congrès de Vienne, 1968 ✦ *Sampson*, Die Sieben Schwestern. Die Ölkonzerne und die Verwandlung der Welt, 1975, dt. 1976 ✦ *Sbrik*, Quellen zur deutschen Politik Österreichs, 1859-1866, 1938 ✦ *Schefer*, La Grande Pensée de Napoleon III, 1939 ✦ *Schöllgen*, Die Macht in der Mitte Europas. Stationen deutscher Außenpolitik von Friedrich dem Großen bis zur Gegenwart, 1992 ✦ *H.-P. Schwarz* (Hrsg.), Handbuch der deutschen Außenpolitik, 2.Aufl. 1976 ✦ *Seton-Watson*, The Russian Empire, 1801-1917, 1967 ✦ *Steel*, Pax Americana, 1967 ✦ *Steiner*, The Foreign Office and Foreign Policy, 1898-1914, 1969 ✦ *Stiegung*, Ludvig XV:s hemliga diplomati och Sverige 1752-1774, 1961 ✦ *Tham*, Den svenska utrikespolitiska historia, 1560-1648, 1960 ✦ *Wehler*, Bismarck und der Imperialismus, 1969 ✦ *Whitelocke*, A journal of the Swedish ambassy in the years MDCLIII (1653) and MDCLIV (1654), 2 vol., 1772 ✦ *Willkie*, One World, 1944 ✦ *Windelband*, Bismarck und die europäischen Großmächte, 1942 ✦ *Woyke* (Hrsg.), Handwörterbuch Internationale Politik, 1980 ✦ *Ziebura* (Hrsg.), Grundfragen der deutschen Außenpolitik seit 1871, 1975.

Blut

Kein materieller Stoff wurde in der Geschichte ideell so stark aufgeladen wie das Blut. Seit der Antike wird angenommen, daß dieser Lebensstoff allein der fundamentale Träger und Vermittler menschlicher Qualitäten, Tugenden und Laster sei. Beim → Adel und den Dynasten wird heute noch vom »blauen Blut« gesprochen, um darauf hinzuweisen, daß es einen besonderen Wert und angeblich auch bestimmte Standesfähigkeiten überträgt.

Dieser tradierte Stellenwert für die qualitative Zuordnung von Einzelpersonen, Familien, Sippen, Ständen, Stämmen, Völkern und selbst Rassen hat trotz aller Einreden der Medizin und Wissenschaft kaum an mentalitätsbildenden Wirkungen verloren. Selbst der Aufklärer Voltaire berief sich noch bei seinen Betrachtungen zum Wesen der → Toleranz auf Vorstellungen, welche die Bedeutung des Blutes überschätzten: »Gott schließt keinen Vertrag mit Bäumen und Steinen und empfindungslosen Dingen. Aber er hat einen Bund mit den Tieren geschlossen und sie mit einer Empfindung begabt ... Deswegen will er nicht, daß man so barbarisch sein soll, sich von ihrem Blute zu nähren, weil das Blut wirklich der Grund des Lebens ist. Man beraube ein Tier seines Blutes und alle Organe stehen still. Mit Recht sagt daher die Heilige Schrift an hundert Stellen, daß die Seele, das heißt das fühlende Wesen, im Blute sei. Alle Völker haben diese so natürliche Meinung gehabt« (1763-65).

Die Entdeckung des Blutkreislaufes durch den Engländer William Harvey (1628), die Unterscheidung in vier Blutgruppen (0, A, B, AB) oder die eindeutige Feststellung, daß nicht das Blut, sondern die Chromosomen von Frau und Mann bestimmte Erbanlagen weitergeben, haben neben anderen Enttabuisierungen noch immer nicht die vorwissenschaftliche Blut-Idee ganz zu überwinden vermocht. Aus dieser → Ideologie können Besitzansprüche, Volkszugehörigkeit und sogar die Staatsbürgerschaft abgeleitet werden, ohne anderslautende Ergebnisse der wissenschaftlichen Forschung berücksichtigen zu müssen.

Ansprüche

In der antiken Einschätzung des Blutes als gleichsam absolutem Daseinsstoff stellt der Anspruch des Christentums einen Höhepunkt dar, daß Jesus als »wahrer Gott und Mensch« mit dem Opfer seines »kostbaren Blutes« die ganze Menschheit von der Erbsünde erlöst hätte – für alle Zeiten bis zum Jüngsten Gericht. Im Ritual der »Heiligen Messe« feiert vor allem die römisch-katholische Kirche (1 Milliarde Mitglieder) die Einsetzung des Altarsakramentes mit den angeblichen Worten Jesu: »Das ist mein Blut ... des Neuen Bundes«.

Die Theologie des Katholizismus setzt besonders seit dem Tridentinischen Konzil (1545/63) die Wesensverwandlung (Transsubstantiation) von Wein in »Blut« und Brot in »Fleisch« voraus und sieht dabei die Realpräsenz Gottes am Werk. Die Theologen des Protestantismus verstehen diese Worte aber nur als Anleitung zu einem symbolischen Akt der Erinnerung an das Erlösungswerk Jesu (→ Reformation).

Eine Variante dieses Opfers findet sich bei Bekennern des christlichen Glaubens, die für ihre Religion den Märtyrertod erlitten haben und deshalb als »Blutzeugen« gelten. Zu diesem Traditionsbereich gehört auch das »Königsopfer«. Es wurde im christlichen → Abendland dann als vollbracht empfunden, wenn ein König oder Heerführer in der »Nachfolge Christi« (Thomas v. Kempen, »Imitatio Christi«, 1451) sein Leben für eine »gerechte Sache«, das Gemeinwohl oder gar den Glauben eingesetzt hatte.

Über diesen religiös-politischen Bereich hinaus führte eine vorgebliche Blutzugehörigkeit zu Ansprüchen, die in hohem Maße geschichtswirksam geworden sind. Vor allem das sogenannte »Geblütsrecht« (*jus sanguinis*), wie es bei den in Spanien herrschenden West-Goten zur Anwendung kam, bevorrechtigte alle Angehörigen »gleichen Blutes« innerhalb eines bestimmten Geburtskreises, ob nun als Familie, Sippe, Stamm oder → Nation. So durfte bis ins hohe Mittelalter eine Königssippe oder Dynastie das alleinige Recht wahrnehmen, aus ihren Reihen einen Thronfolger zu »wählen« oder in vertraglichen Formen »erben« zu lassen (→ Erbwesen): Aus diesem Grund bezeichneten sich auch die Thronberechtigten in Frankreich als »Prinzen von Geblüt« (*Princes du sang*).

Diese Rechtsregel wirkte in hohem Maße exklusiv und gleichzeitig rangbildend (→ Adel). Wurde sie besonders bei Heiratsbeziehungen eng ausgelegt, dann fand eine »Stand-Zirkulation« (S. Carlsson) als »Blutmischung« sogar innerhalb eines Adelsstandes kaum noch statt, weil das Heiraten in rangtiefere »Klassen« als Statusverlust galt und somit der Reputation schadete.

Das Prinzip des exklusiven Geblütsrechtes erlangte besonders im Bereich der Staatsbürgerschaft eine hohe Bedeutung. Denn die »blutmäßige Abstammung« mit dem Nachweis eines »Stammbaumes« oder »Stammbuches« (Genealogie) nahm auf andere Zugehörigkeitsbindungen wie das »Bodenrecht« (*jus soli*) keine oder nur eine ziemlich eingeschränkte Rücksicht. Spezifische »Blutsbande«, die allein über die volle Rechtsstellung eines Bürgers im Gemeinwesen entscheiden, haben denn auch weitgehend das Gesetz zur Bestimmung der Zugehörigkeit zum Deutschen Reich im Jahre 1913 geprägt.

Trotz radikaler Änderungen im öffentlichen Recht (→ Staat) nach der Revolution von 1918, während der nazistischen Gewaltherrschaft (1933-45) und selbst mit der Wiedererrichtung des demokratischen Rechtsstaates im Jahre 1949 blieb dieses Gesetz ohne substantielle Änderung in Kraft. Das festgeschriebene »Geblütsrecht« (neben der Schweiz gilt es nur in Deutschland) erleichtert zwar heute die Rückführung und Eingliederung zahlreicher Auslands- oder Volksdeutscher, es erschwert aber auch die Integration von Einwanderern oder eingeheirateter Ausländer, die nicht »deutschen Blutes« sind.

Diesen Effekt des Exklusiven hatte schon die »Gotische Monarchie« Spaniens im Jahre 1492 genutzt, um Millionen alteingesessener Juden und Morisken zu vertreiben. Denn neben religiösen Gründen spielte bei diesem gewaltsam erzwungenen Exodus auch die Erhaltung der »Geblüts-Reinheit« (span. *limpezza de sangre*) eine wichtige Rolle: Katholische und »gotische« Reinheit schlossen ein Bleiberecht auf spanischem Boden aus (→ Toleranz).

Noch konsequenter gingen die Nationalsozialisten vor, als sie zum angeblichen Schutz der »Reinheit des deutschen Blutes« im Jahre 1935 die »Nürnberger Rassegesetze« erließen, welche die »Blutschande« unter Strafe stellten. Dabei entschied nicht der völlig entmachtete Reichstag über die weitere Behandlung von »Artfremden« (Juden und Zigeuner), sondern ein Parteitag in Erfüllung eines absoluten Führerwillens und dessen → Diktatur. Als weitere Steigerung dieses Geblütsprinzips (→ Rassismus) konnte der SS-Führer Heinrich Himmler 1940 die Forderung aufstellen, »einen Orden guten Blutes zu schaffen, der Deutschland dienen kann«: Er sollte dabei erst »alles nordische Blut« und dann das »germanische Blut« unter die Führung des Nationalsozialismus bringen.

Blutspuren

Der oft bemühte »rote Faden« der Geschichte erscheint bei allen Völkern blutgetränkt. Neben den Kriegen mit ihren Zerstörungen und dem damit verbundenen Blutvergießen finden sich zahlreiche Beispiele von »Blutbädern«, mit denen eine innere politische oder religiöse Opposition gewaltsam erstickt werden sollte.

So bildete das berüchtigte »Blutbad« von Stockholm im Jahre 1520 den gewalttätigen Auftakt der → Reformation in ganz Skandinavien, als der Unions-König (Kalmarer Union seit 1397 zwischen Dänemark, Norwegen und Schweden-Finnland) »Christian Tyrann« mit Waffengewalt gegen eine Adels-Opposition vorging. Im »Blutbad« von Wiener-Neustadt 1522 verging sich das Haus Habsburg gegen alles Recht und ließ Wiens Bürgermeister, den Richter Siebenbürger, mit anderen verfassungstreuen Patrioten hinrichten. Die schreckliche »Bluthochzeit« von 1572 in Frankreich war ein ähnlicher Ausdruck angemaßter Macht, abertausend Menschen (calvinistische Hugenotten) ohne Gerichtsprozeß in einer einzigen Nacht hinmorden zu lassen.

Solche Blutspuren des religiösen wie politischen Fanatismus sind auch in modernen Zeit auszumachen. Das Massaker von Mexiko 1968 auf dem »Platz der drei Kulturen« zeugt davon ebenso wie das Massaker auf dem »Platz des Himmlischen Friedens« in Peking 1989 gegen unbewaffnete Demokraten.

Es gehört zu den Leistungen der Medizin und Wissenschaft seit der → Aufklärung, das Blut weitgehend »entzaubert« zu haben und es im Rahmen seiner biologischen Funktionen zu bewerten. Wie stark jedoch der Umgang mit diesem Lebensstoff an Emotionen gebunden bleibt, hat seit Jahren die Diskussion um die Immunschwäche AIDS gezeigt. Besonders die »Blut-Affäre« 1992 in Frankreich und dann 1993 in Deutschland hat die Wogen der Erregung hochgehen lassen: Wurden doch Transfusionen mit Blut durchgeführt, das vom AIDS-Virus verseucht war.

Auch in anderen Zusammenhängen scheint die Verbindung von Blut und Gefühlen immer wieder jeden rationalen Umgang mit diesem Stoff zu überlagern. Winston Churchill besann sich 1940 auf diese fast archaische Beziehung, als er alle Demokraten aufrief, dem aggressiven Nationalsozialismus energisch Widerstand zu leisten. Dessen Ideologie von »Blut und Boden« (→ Eigentum) setzte er die dreifache Aufforderung entgegen: »Blut, Schweiß und Tränen«.

Literatur

Amira, Grundriß des germanischen Rechts, 3.Aufl. 1913, 1960 ✦ *Bayertz*, GenEthik. Probleme der Technisierung menschlicher Fortpflanzung, 1987 ✦ *Bernard*, Das Blut und die Geschichte, dt. 1987 ✦ *Birkner/Hoffmann*, Das Blut – Steckbrief unserer Gesundheit, 1991 ✦ *Carlsson*, Svensk ståndscirkulation 1680-1950, 1950 ✦ *Christ*, Blutvergießen im Alten Testament, 1977 ✦ *Claude*, Adel, Kirche und Königtum im Westgotenreich, 1971 ✦ *Frauenstädt*, Blutrache und Totschlagsühne im Deutschen Mittelalter, 1881, ND 1980 ✦ *Gollwitzer*, ›Zum politischen Germanismus des neunzehnten Jahrhunderts‹, in: Festschrift für Hermann Heimpel, 1971 ✦ *Gruchmann*, Justiz im dritten Reich 1933-1940, 2. Aufl. 1990 ✦ *Hauck*, Geblütsheiligkeit, 1951 ✦ *Hofer (Hrsg.)*, Der Nationalsozialismus. Dokumente 1933-1945, 1957 ✦ *Marcu*, Die Vertreibung der Juden aus Spanien, 1991 ✦ *Mercier*, Les theories politiques des Calvinistes en France au cours des guerres de religion, 1934 ✦ *Messmer*, Hispania-Idee und Gotenmythos, 1960 ✦ *Novotny*, ›Ein Ringen um ständische Autonomie zur Zeit des erstarkenden Absolutismus (1519-1522)‹, in: MIÖG, 71, 1973 ✦ *Skym-Nielsen*, ›Blodbadet. Proces og kilder‹, in: Scandia, 35, 1969 ✦ *Strack*, Das Blut im Glauben und Aberglauben der Menschheit, 1979 ✦ *Streck/Zitelmann*, Die Herrschaft der Blutsbande, 1979 ✦ *Svennung*, Zur Geschichte des Goticismus, 1967 ✦ *Thorndike*, A history of magic and experimental science, 1941, 1958 ✦ *Voltaire*, ›Recht und Politik‹, in: Schriften, 1, dt. 1978 ✦ *M. Waldner*, AIDS im Blut, 1990 ✦ *C. Weibull*, ›Christian Gyllenstierna och Stockholms blodbad‹, in: Scandia, 35, 1969 ✦ *Weingart* u.a., Rasse, Blut und Gene, 1988 ✦ *Wolfram*, Geschichte der Goten, 2.Aufl. 1980.

Brüderlichkeit

In seinem berühmten Brief an die Römer, der in Herrschaftsfragen, Eigentumsethik und Steuermoral für das christliche → Abendland in hohem Maße bestimmend geworden ist, ermahnt der Apostel Paulus die junge Christengemeinde, »in der Bruderliebe einander herzlich zugetan zu sein« (12,10).

Mit diesem Hinweis auf ein friedliches Zusammenleben forderte er nicht nur das Gebot der Feindesliebe und der → Goldenen Regel ein. Er nahm dabei auch Rücksicht auf die Traditionen, die im römischen »Frater« (Bruder) oder in der »Fraternitas« (Brüderlichkeit) schon vorhanden waren: die Anerkennung einer menschlichen Gleichwertigkeit im Familienverband oder in einem gesellschaftlichen Stand.

Die christliche Formel vom »Bruder in Christo« hob allerdings die abstammungsbedingte Brüderlichkeit auf und wandelte sie in eine geistige Herkunft um: Durch die Taufe war jeder Christ »ohne Ansehen der Person« gleichwertig vor Gott geworden.

Trotz dieser neuen Form des → Menschenbildes, die selbst den schwarzen Sklaven einem weißen Kaiser gleichstellte und vor allem die Geistlichen Orden als Orte gelebter Brüderlichkeit steuerte, konnte innerhalb der Kirche eine stark abgestufte Rangordnung der Ämter so wenig verhindert werden wie in den weltlichen Gesellschaften.

Diese Hierarchisierung war von der Arbeitsteilung und den damit verbundenen Funktionen abhängig (→ Ordnung). Außerdem hatte vor allem die Wirkung des Erstgeburtsrechtes in Gestalt einer Primogenitur (→ Erbwesen) so prägend ihren Einfluß geltend gemacht, daß eine völlige Gleichstellung aller Brüder und Schwestern im Erbfall nicht zugestanden wurde. Mit dem absoluten Vorrang der Erstgeburt stellte sich das Problem der »Nachgeborenen« oder »Kadetten« (von lat. *cadere* = fallen). Denn sie waren genötigt, statt gleichwertig am elterlichen Erbe teilzuhaben, ihre materielle Versorgung im Dienst der Kirche, der öffentlichen Verwaltung, des Heeres oder der Diplomatie und des Bildungswesens zu suchen (Kadettenanstalten, Ritterakademien).

Die hierbei entstandene Rangordnung mit ihrem oft starken sozialen Gefälle selbst innerhalb eines bevorrechtigten Standes wie des → Adels hat neben anderen Gründen dazu geführt, seit der → Revolution von 1789 das Erbsystem der »Realteilung« durchzusetzen. In ihm verbindet sich die Forderung nach Gleichheit (*égalité*) mit der Brüderlichkeit (*fraternité*) im Sinne der Kommutation. »Brüderlich geteilt« bedeutete demnach, ohne Ansehen der Erstgeburt jedem »legitimen« Erben den gleichen materiellen Anteil zu garantieren – auch ohne Rücksicht auf das Geschlecht (→ Frauenstatus).

Gilt die Brüderlichkeit als »Erbe des Christentums« (M. Ozouf), so geht sie doch in ihrem Wesen auf ältere Strukturen zurück und wird seit der Antike besonders in Korporationen, Orden, Ständen und selbst in → Parteien gepflegt. Vor allem die frühe Arbeiterbewegung des 19. Jahrhunderts hat im Rückgriff auf urchristliche Assoziationen von Gleichen eine Form der Brüderlichkeit unter ihren Mitgliedern angestrebt, die noch heute in Skandinavien als »Bruderschaftsbewegung« (Broderskapsrörelse) das Gespräch mit den Kirchen als Sozialverbänden pflegen.

Ähnliche Annäherungen finden sich bei Juden und Christen, die sich um gegenseitiges Verständnis und Versöhnung bemühen und dafür im deutschen Bereich jährlich eine »Woche der Brüderlichkeit« veranstalten.

Literatur

Amit, ›Concordia. Idéal politique et instrument de propagande‹, in: Jura, 13, 1962 ✦ *Antoine*, Liberté, égalité, fraternité ou les fluctuations d'une devise, 1981 ✦ *R. Appel*, Ein brüderlicher Mensch (Lew Kopelew), 1983 ✦ *Aulard*, La devise »Liberté, Égalité, Fraternité«. Études et leçons sur la Révolution française, 6, 1910 ✦ *R.N. v. Coudenhove-Kalergi*, Für die Revolution der Brüderlichkeit, 1968 ✦ *M. David*, Fraternité et Révolution française, 1987 ✦ *Demmer*, Ius Caritatis. Zur christologischen Grundlegung der augustinischen Naturrechtslehre, 1961 ✦ *W. Engels*, Über Freiheit, Gleichheit und Brüderlichkeit. Kritik des Wohlfahrtsstaates, Theorie der Sozialordnung und Utopie der sozialen Marktwirtschaft, 1985 ✦ *Giers*, Gerechtigkeit und Liebe, 1941 ✦ *Marböck* (Hrsg.), Brüderlichkeit (Ringvorlesung), 1981 ✦ *Nygren*, Den kristna kärlekstanken genom tiderna. Eros och agape, 2 Bde., 1930/36 ✦ *Oppermann* (Hrsg.), Römische Wertbegriffe, 1983 ✦ *Ozouf*, ›Fraternité‹, in: DCRF, 1988 ✦ *J.M. Roberts*, ›Liberté, égalité, fraternité: Sources and Development of a Slogan‹, in: Tijdschrift voor de studie van de verlichting, 3-4, 1976.

Bürgertum

Im weltweiten Nachwirken der »Bürgerrechtsbewegung« in den USA ist seit den 1960er Jahren eine zunehmende Aufwertung des Bürger-Begriffs zu beobachten. Ein wesentlicher Grund für diese positive Veränderung liegt in dem politischen Bestreben, den Einzelbürger für die Stärkung der »inneren Demokratie« zu aktivieren. Diese Tendenz im »Westen« setzte sich auch im ehemaligen Ostblock fort, wo einzelne Oppositionelle oder »Dissidenten« (Abweichler) besondere Bürgerrechts-Gruppen stützten: z.B. Vaclav Havel in der vormaligen Tschechoslowakei (Charta 77) und Andrej Sacharow in der Sowjetunion.

Im deutschen Sprachraum hat sich nach Jahrzehnten der Abwertung (Schildbürger als Dummkopf, Spießbürger als Ewiggestriger, Kleinbürger als Fortschrittsfeind) seit der demokratischen Neuordnung von 1949 die Bezeichnung »Mitbürger« gleichsam eingebürgert. Sie geht auf das skandinavische Wort »Medborgare« zurück und wurde von deutschen Exilanten (Willy Brandt) vermittelt. Damit sollte gesagt werden, daß Frontstellungen aus dem überkommenen Klassenkampf in Kreisen der Arbeiterbewegung überwunden werden müssen, um im Adligen, Kleriker, Unternehmer, Beamten oder Bauern einen gleichberechtigten Bürger und Mitmenschen zu sehen.

Mit dieser klassen- und schichtenübergreifenden Perspektive war auch die Aufforderung verbunden, den vertragsfähigen Einzelmenschen nicht mehr als bevormundeten Untertan zu behandeln, sondern als »mündigen Bürger« ernstzunehmen: Der Bürger hat als Souverän zu gelten, in dessen Auftrag die öffentlichen Ämter tätig werden dürfen.

Diese Rückbindung des Bürgerstatus an kommutativ angelegte Fundamentalrechte und Pflichten entsprach sowohl der universellen → Ethik des Naturrechts wie der ursprünglichen Bedeutung einer »Bürgerschaft« (*civitas*) im Römischen Reich. Denn nach den vertraglichen Bedingungen der römischen Municipalverfassung gehörten all jene zum städtischen Bürgertum, die das »Bürgerrecht« (*jus civitatis*) besaßen: Auch Angehörige des → Adels waren somit wie in der griechischen Polis »Bürger« (gr. *polites* oder *patriotes*, lat. *civis*).

Wird dieser elementare Rechts- und Ordnungsbezug hinreichend berücksichtigt, dann erweist es sich als Verkürzung historischer Tatsachen, wenn »das Bürgertum und die bürgerliche Gesellschaft« auf die »Entwicklung von Handel und Industrie« verengt werden und ihr Entstehen auf die Zeit »vor ungefähr zweihundert Jahren« datiert wird (Lothar Döhn).

Diese vom linearen Fortschrittsdenken des Marxismus vorgenommene Zuordnung sieht im Bürgertum einen ökonomisch definierten »Block«, der den Adel und damit auch den → Feudalismus im ausgehenden 18. Jahrhundert abgelöst haben soll. In Wirklichkeit war das rechtlich verfaßte Bürgertum der Städte in Gestalt des »Dritten Standes« (Tiers État) eine hochdifferenzierte Standesorganisation. Allein das »Patriziat« in den mittelalterlichen Städten formte eine eigene Oberschicht, die neben Kaufmannsgilden, Handwerkerzünften, kirchlichen Orden und sonstigen Korporationen tätig war und oft wie in der Hansestadt Lübeck die Gruppe der »Erbgesessenen« bildete – als Bevorrechtigte bei der Besetzung öffentlicher Ämter.

Lange vor den sogenannten »bürgerlichen Revolutionen« des 18. Jahrhunderts gestalteten sich in dieser städtischen Struktur nach Maßgabe des römischen »Municipium« die wesentlichen Bindungen unserer heutigen politischen Kultur. Denn das »Munus capere« war Ausdruck einer vertraglichen Verantwortung oder Treuhandschaft und bedeutete nicht nur, eine öffentliche »Aufgabe erfüllen«, sondern auch einen »Dienst erweisen« und selbst eine »Abgabe auferlegen«.

Bürgerlichkeit

Auftrag und Vertragsgeist der antiken Municipalverfassung prägten im Mittelalter wie in der Neuzeit und der Moderne (seit 1789) den Bestand städtischer Bürgerrechte und forderten, daß bei ihrer Wahrnehmung trotz Privatinteresses stets das Gemeinwohl berücksichtigt wurde: In diesem Sinne der Gegenseitigkeit bedeutete Bürgerlichkeit (gr. *politike*, lat. *civilitas*) nichts anderes als die Kunst, das Gedeihen des eigenen Besitzstandes an materiellen wie geistigen Gütern in Abhängigkeit zum Gemeinwesen zu sehen.

In dieser Wechselwirkung bestätigte sich die Selbstverwaltung oder kommunale Autonomie von Städten und auch Dörfern im gesamten lateinisch-kirchlich geprägten → Abendland: sogar in den »Stadtrechten« Skandinaviens, die stark vom Römischen Recht und den Vertrags-Traditionen in der Teutschen Hanse (1161-1669) beeinflußt worden sind.

Die auf Gegenseitigkeit verfaßte »Bürgerschaft« gestaltete somit in der Gesamtheit aller Stände, Korporationen (Gilden, Zünfte) und Orden in Anerkennung der geltenden Rechtsordnung eine »bürgerliche Gesellschaft« oder »Societas civilis«. Dabei herrschte der Grundgedanke vor, den Bürger (*civis*) als Genossen (*socius*) aufzufassen und damit als vertragsfähiges Einzelglied (*membrum*) des öffentlichen Ganzen (*corpus*).

Diese strukturelle und auch mentale Bindung muß beachtet werden, wenn der deutsche Begriff »Bürger« historisch und funktionsbezogen abgeleitet wird. Ähnlich dem italienischen »Borghese«, dem englischen »Burgess«, dem französischen »Bourgeois« und dem skandinavischen »Borgare« dürfte er sich vom Rechtsbezirk einer Burg als Schutzmacht in Stadt und Land herleiten. Gleichwohl deutet das Wort aber auch auf einen anderen wesentlichen Zusammenhang. Denn in der Regel war es nur demjenigen im Wirtschaftsleben gestattet, »Bürge« bei einem Rechtsgeschäft zu sein, der Besitz (Fest- oder Fahrhabe) als Sicherheit einsetzen konnte.

Der Bürger als Bürge gibt damit den Eigentumsbezug der Bürgerlichkeit zu erkennen. Er ist heute dort noch festzustellen, wo im Deutschen scharf zwischen einem »Wirtschaftsbürger« (Bourgeois) und einem »Staatsbürger« unterschieden wird. Diese Distinktion findet sich ebenso in Italien, Frankreich oder England, wenn vom »Cittadino«, »Citoyen« oder »Citizen« die Rede ist. Mit dieser Abgrenzung soll in der Hauptsache der jeweilige Rechtsstatus bezeichnet werden, dem alle Mitglieder einer bürgerlichen Gesellschaft zugeordnet werden. So gehören Saison- und Gastarbeiter zu den »Wirtschaftsbürgern«, die der geltenden Rechtsordnung unterliegen und Steuern wie Sozialabgaben zu leisten haben. Es wird ihnen jedoch nicht gestattet, in ihren Aufenthaltsländern oder an ihren Arbeitsorten die Rechte eines »Staatsbürgers« wahrzunehmen, sofern sie nicht die »Staatsbürgerschaft« erwerben. Das in den Niederlanden und Schweden gewährte kommunale Wahlrecht für auswärtige Arbeitnehmer bestätigt nur diesen geteilten Status. Willy Brandt betonte noch in seiner Regierungserklärung als Bundeskanzler 1969, daß ihm der »Citoyen« näherstehe als der »Bourgeois«, den nur das materielle Eigenwohl interessiert.

Beide Ausdrucksformen des Bürgertums können sich natürlich in einer einzigen Person vereinigen, zumal die meisten Staatsbürger gleichzeitig auch Wirtschaftsbürger sind. An diese Doppelqualität wurde besonders in den USA erinnert, als unter der Führung protestantischer Kirchenleute wie Martin Luther King (1929-68) die volle Garantie und Wahrnehmung der 1787 in der US-Verfassung zugestandenen »Bürgerrechte« (*civil rights*) auch für die Nachfahren der ehemaligen Negersklaven angemahnt und eingeklagt wurde. Denn trotz der Abschaffung aller Sklaverei nach dem Bürgerkrieg (1861-65) und der nominellen Gleichstellung von schwarzen und weißen US-Amerikanern waren die Defizite und Ungerechtigkeiten nach hundert Jahren »Bürgerlicher Gesellschaft« (*civil society*) nicht zu übersehen. Es gab kaum schwarze Bürgermeister in Dörfern und Städten oder Gouverneure in den Einzelstaaten: Ein Zustand, der für das Bildungswesen ebenso galt wie für die Hohe Politik, die Diplomatie und das Management der Wirtschaft; nur in der US-Army besaß die schwarze Bevölkerung einen hohen Anteil in den unteren Befehlsrängen.

Die enge Verbindung von Eigentum, Wohlstand und gehobener Bürgerlichkeit kommt in den deutschen Bezeichnungen Besitz- und Bildungsbürgertum offen zum Ausdruck. Dennoch wäre es eine Verkürzung der »Bürgerlichen Gesellschaft« als Ordnung ständisch vermittelten Gemeinsinns , wenn sie auf »Fabrikanten, Kaufleute, Bankiers und andere selbständige Gewerbetreibende« reduziert würde (L. Döhn). Schließlich waren über Jahrhunderte hin zahlreiche Juden im Geld- und Bankgewerbe tätig, ja auch als Kaufleute, Unternehmer, Ärzte, Juristen und Gelehrte hatten sie sich in ganz Europa nützlich gemacht und gehörten dennoch nicht als vollwertige oder gleichberechtigte Mitglieder zur »Bürgerlichen Gesellschaft«: Es fehlte ihnen der notwendige Rechtsstatus als »Bürger«, nachdem sie bis 1791 in Frankreich nicht einmal als »Menschen« anerkannt worden waren – trotz ökonomischer Tätigkeit.

Wird die Bürgerlichkeit als stände- und klassenübergreifende Vertragsfähigkeit aufgefaßt, dann erklärt sich auch das im Jahre 1789 so spektakuläre Zusammentreten und politische Agieren der drei »Generalstände« (Adel, Klerus, Stadt-Stand). Denn die treibenden Kräfte im »Dritten Stand« stammten aus dem Adel (Graf Mirabeau) und aus dem Klerus (Abbé Sieyès). Außerdem waren die Städte-Bürger in der Hauptsache von Juristen (Creuzé-Latouche) in Versailles und beim König vertreten worden, die sich am 17. Juni 1789 sogar mit Adels- und Klerus-Abgeordneten »verbrüderten«, um als Repräsentanten der → Nation zu gelten: Nach Maßgabe kommutativer Gleichheit (→ Demokratie) brauchte der künftige »Staatsbürger« als »Citoyen« seinen Rechtsstatus als Wähler und Abgeordneter nicht mehr aus dem sozialen Herkunftsstand abzuleiten!

Mit der gezielten Reaktivierung der römischen Municipalverfassung wollten die Revolutionäre auch deutlich machen, daß die Bürgerlichkeit trotz Einzelkompetenz ein Gemeingut aller Mitglieder der »Société politique« zu sein hat und das Erb- oder Geburtsprinzip nicht mehr gelten lassen will. 1789 kam nicht *das* Bürgertum als geschlossener »Block« an die Macht und auch nicht *der* Kapitalismus als Wirtschaftssystem in alleingültige Funktion, vielmehr mußten nur die Vorrechte des Adels und des Klerus einer durchgehenden Gleichberechtigung aller »Genossenschaftler« (*sociétaires*) weichen.

Diese weitreichenden Angleichungen im Rechtsstatus von oben nach unten drückten sich auch dort aus, wo in der Folgezeit »Bürgerliche Gesetzbücher« kodifiziert wurden. Der Code Napoléon von 1804 war demnach nicht ein »bürgerliches Recht«, mit dem »sich das Bürgertum die entsprechenden Normen schuf« (L. Döhn), sondern bestimmte Normen (→ Gerechtigkeit) aus vorindustrieller Zeit (»Corpus juris« des Kaisers Justinian aus dem Jahre 535) hatten nun für alle anerkannten Bürger ohne Ausnahme zu gelten. Auch das »Bürgerliche Gesetzbuch« (BGB) von 1900 für das Deutsche Reich verstand die Bürgerlichkeit nicht schichten- oder klassenspezifisch, sondern individuell, ging es doch im wesentlichen auf das Allgemeine Preußische Landrecht (ALR) von 1794/97 zurück: Nicht anders verfuhr man beim Privatrecht Schwedens aus dem Jahre 1734 (→ Recht).

Bürger-Gesellschaft

War einst die »bürgerliche Nahrung« als Erwerbstätigkeit des Bürgertums in Stadt und Land vom »adeligen Werk« der Aristokraten und dem »Gottesdienst« der Kleriker klaren Abgrenzungen unterworfen, so wurde doch von jedem einzelnen Standesgenossen und Familienmitglied ein »zivilisiertes« Benehmen oder Verhalten im Umgang mit anderen Ständen verlangt.

Bei Konflikten und Streitigkeiten sollte nicht mit Brachialgewalt und Faustrecht vorgegangen werden. In der genauen Einhaltung des vorgeschriebenen Rechts- und Gerichtsweges äußerte sich die Bürgerlichkeit als Wahrnehmung »gerechter« Lebensregeln und Anerkennung institutionell bestimmter → Abhängigkeiten. Der hohe Grad dieses Bewußtseins, als Bürger dem → Recht unterworfen zu sein (»The law rules«), macht das Wesen der »westlichen Zivilisation« aus. Deren Bestreben richtet sich demnach nicht so sehr auf Sicherungen des technologischen Fortschritts, sondern auf die »Erziehung des Menschengeschlechts« (Lessing, 1780), das trotz aller Konflikte, Aggressionen und selbst → Kriege verträglich gehalten werden soll.

Bedeutete die »Bürgerliche Gesellschaft« in ihrem Herkommen aus der römischen »societas civilis« eine korporative Gesamtordnung (Verfassungsstaat, Rechtssystem, Wirtschaftsstruktur), so zielt die heutige »Bürger-Gesellschaft« auf das Streben und Bemühen des Einzelbürgers, sich um öffentliche Belange in seinem Gemeinwesen zu kümmern – in den Kommunen, auf Länderebene und im nationalen Rahmen.

Zahlreiche »Bürgerinitiativen« und »Bürgerbewegungen« seit den 1950er Jahren beweisen, daß politisch, sozial und kulturell bewußte Bürger die Gestaltung ihres Wohnortes, des Arbeitsplatzes und der übrigen Lebenswelt nicht mehr nur den Politikern der → Parteien oder Beamten in der öffentlichen Verwaltung wie den Managern in der Industrie überlassen wollen: Als »mündige Bürger« treten sie im Geist der Treuhandschaft und des römischen »Municipium« an, um Eigenverantwortung zu übernehmen.

Das Mobilisieren von Sachverstand, Gerechtigkeitssinn und die Pflege einer damit verbundenen Streitkultur hat von den »Ostermärschen« mit ihrem »Kampf dem Atomtod« über Umwelt-Engagements bis hin zu Selbsthilfegruppen für Alkoholiker oder Arbeitslose auch ein Stück »Graswurzel-Demokratie« aktiviert. In einzelnen Ländern des ehemaligen Ostblocks wurde gegen die zugemuteten Entmündigungen durch die kommunistischen → Diktaturen Stück für Stück die Substanz von Bürgerlichkeit und »Bürgerlicher Gesellschaft« zurückgewonnen: die Anerkennung als vertragsfähiger und friedensgerichteter Bürger und Mensch (→ Revolution).

Gelingt es in einem Gemeinwesen nicht mehr, im Familien-, Geschäfts- und öffentlichen Leben einen zivilisierten Umgang zu üben, dann ist das gegenseitige Vertrauen (*confidence*) verschwunden und damit die »öffentliche Treuhandschaft« (*fides publica*), die das »einzigste Band ist, das die Societatem civilem zusammenhält und verbindet« (C. Rålamb, 1682).

Am Ende eines derartigen Erosionsprozesses vertraglicher → Ethik steht nicht selten ein blutiger »Bürgerkrieg«, der oft durch sprachliche Aggressionen (»War of Words«) und als »geistiger Bürgerkrieg« (H. Wehner) vorbereitet wird. Europa und die USA haben neben anderen Ländern auf allen Kontinenten damit ihre historische Erfahrung. Daraus ergibt sich, daß die Mißachtung aller Bürgerlichkeit auch als Ausdruck kommutativer Gerechtigkeit ganze Völker ins Elend stürzen kann. Dies zu verhindern, gelingt dem Bürger aber nur dann, wenn er dem Toleranzgebot folgt: »Den Anderen als Anderen gelten lassen ... Da anerkennen, wo man nicht lieben kann« (J. Pieper).

Literatur
Aron, Plädoyer für das dekadente Europa, 1977, dt. 1978 ✦ *Brand* u.a., Aufbruch in eine andere Gesellschaft. Neue soziale Bewegungen in der Bundesrepublik, 1986 ✦ *Braudel*, Die Geschichte der Zivilisation, dt. 1979 ✦ *Blauner*, Alienation and Freedom: The Factory and Industry, 1967 ✦ *Boulton*, The Language of Politics, 1963 ✦ *O. Brunner*, Sozialgeschichte im Mittelalter, 2.Aufl. 1984 ✦ *Chevalier*, Classes laborieuses et classes dangereuses, 1978 ✦ *T.J. Clark*, The Absolute Bourgeois, 1973 ✦ *Döhn*, Bürgertum. In: GuS, 1992 ✦ *Dollinger*, Die Hanse, 1966 ✦ *Gabriel*, Bürgerbeteiligung und kommunale Demokratie, 1983 ✦ *Garin*, La cultura filosofica del rinascimento italiano, 1961 ✦ *Grego*, A History of Parliamentary Elections and Electioneering from the Stuarts to Queen Victoria, 1892 ✦ *Gall*, Bürgertum in Deutschland, 1989 ✦ *Guggenberger/Kempf* (Hrsg.), Bürgerinitiativen in der Parteiendemokratie, 1980 ✦ *D. Herzog* u.a., Abgeordnete und Bürger, 1990 ✦ *Jarchow*, Bauern und Bürger, 1989 ✦ *Kofler*, Zur Geschichte der bürgerlichen Gesellschaft, 1948, 5.Aufl. 1974 ✦ *Kreß/Nikolai*, Bürgerinitiativen. Zum Verhältnis von Betroffenheit und politischer Beteiligung der Bürger, 1985 ✦ *Lewis/Maude*, The English Middle Classes, 1949 ✦ *Lichtblau*, Theorie der bürgerlichen Gesellschaft, 1978 ✦ *B. Meier*, Herren – Bürger – Untertanen, 1991 ✦ *Meyer-Tasch*, Die Bürgerinitiativbewegung. Der aktive Bürger als rechts- und politikwissenschaftliches Problem, 1985 ✦ *Missenharter*, Herzöge, Bürger, Könige, 2.Aufl. 1987 ✦ *Mörke*, Rat und Bürger in der Reformation, 1983 ✦ *Moynihan*, Report on the American Negro Family, 1965 ✦ *Müller-Ensberg*, Von der Illegalität ins Parlament. Werdegang und Konzepte der neuen Bürgerbewegungen, 1991 ✦ *Niethammer* u.a., Bürgerliche Gesellschaft in Deutschland. Historische Einblicke, Fragen, Perspektiven, 1990 ✦ *Plumb*, The Origins of Political Stability: England 1675-1725, 1967 ✦ *Polanyi*, The Great Transformation. Politische und ökonomische Ursprünge von Gesellschaften und Wirtschaftssystemen, dt. 1977 ✦ *Palmade*, Das bürgerliche Zeitalter, 1980 ✦ *Rolke*, Protestbewegungen in der Bundesrepublik, 1987 ✦ *Rålamb*, Observationes juris practici, 1674 ✦ *Sarasin*, Stadt der Bürger, 1990 ✦ *Schmidt/Jortzig*, ›Bürgerschaftliches Aufbegehren. Zur verfassungstheoretischen Einordnung von Bürgerinitiativen.‹ In: Aus Politik und Zeitgeschichte, 39, 1979 ✦ *Schüttemeyer*, Bundestag und Bürger im Spiegel der Demoskopie, 1986 ✦ *Sennett*, Verfall und Ende des öffentlichen Lebens. Die Tyrannei der Intimität, 1977, dt. 1983 ✦ *Solneman* u.a., Mündige Bürger. Der Einzelne und sein Eigentum. Wider das Komplott von Geld und Politik, 1984 ✦ *W. Sombart*, Der Bourgeois. Zur Geistesgeschichte des modernen Wirtschaftsmenschen, 1988 ✦ *ders.*, Vom Menschen. Versuch einer geisteswissenschaftlichen Anthropologie, 2.Aufl. 1956 ✦ *Waterfeld*, Der mündige Bürger, 1989 ✦ *R. Williams*, Culture and Society, 1780-1950, 1966 ✦ *Wittfogel*, Geschichte der bürgerlichen Gesellschaft, 1924 ✦ *Zucker*, Town an Square. From the Agora to Village Green, 1959.

Cäsarismus

Der Rhetoriker und Politiker Cicero schätzte einmal den Charakter Caesars (100-44 v.Chr.) so ein, daß in diesem Machthaber »eine solche Lust zum Unrechttun gewesen sei, ja daß eben dies selbst ihn ergötzte, Unrecht zu tun, auch wenn er keinen Grund dazu hatte«.

Mit diesem Urteil deckte Cicero, der zeitweise selbst ein Anhänger Caesars war, den destruktiven Kern des Cäsarismus auf: absolutes Machtstreben und schrankenloser Machtmißbrauch. Dieser Einschätzung entsprach Caesar dadurch, daß er im Zeichen des Bürgerkrieges gegen Pompejus ein System des Gewaltmonopols schuf, das auf drei Wegen eingerichtet wurde: 1. Aufgrund der Sondervollmachten, welche die altrömische → Diktatur während einer Notzeit gestattete, 2. im zielgerichteten Zerschlagen der republikanischen Einrichtungen, 3. durch das Herleiten der angemaßten Allmacht im Römischen Reich aus einem göttlichen Ursprung und Auftrag.

Auch wenn das Mittelalter Caesar dafür verehrte, daß von seinem Namen der Begriff »Kaiser« als übernationaler Herrschertitel abgeleitet wurde, so war er doch nicht »der Gründer der Monarchie« (Chr. Meier). Denn diese galt seit altersher in ihrem depositären und rechtsbezogenen Wesen als »Einherrschaft nach Gesetz« (→ Staat). Gerade diese Nomos-Bindung aber wollte Caesar schon während seines Konsulats im Jahre 59 v.Chr. nicht immer wahrnehmen. Deshalb strengte auch der Senat als »Hüter der Verfassung« einen Prozeß gegen ihn an, weil man die vorgekommenen Rechtsbrüche und Gesetzesverletzungen nicht ungesühnt hinnehmen wollte.

In seiner Diskussion mit Gerlach über verschiedene Grundprobleme des Politischen verkürzte Bismarck den »Cäsarismus« (A. Romieu, 1855) in der Projektion auf Napoleon I. und Napoleon III. (1808-73) und fand Verständnis dafür, daß aus offenkundigem Unrecht nach einer gewissen Zeit Recht werden könne: »Der Cäsarismus ist die Anmaßung eines Imperiums in einer rechtmäßigen Republik und rechtfertigt sich durch den Notstand ...«

Ein vollwertiges »Imperium« als vertraglich gesicherte höchste »Amtsgewalt« im Rahmen geltender Verfassungen besaß aber Caesar so wenig wie der General Bonaparte (1769-1821) nach seinem geglückten Putsch im Jahre 1799. Unter fortgesetztem Mißbrauch des republikanischen Titels »Konsul« zerstörte er wie sein großes Vorbild Caesar als Diktator die Verfassungs- und Lebensordnung der I. Republik (seit 1792) und krönte sich im Beisein des Papstes selbst zum »Erbkaiser« im patrimonialen Sinn: unter bewußter Demütigung der Katholischen Kirche, mit der Berufung auf die göttliche Vorsehung und als Erfüllung eines geschichtlichen Auftrags (→ Erbwesen, → Gottesgnadentum).

Der Cäsarismus verkörperte mit seinem hypertrophen Personenkult ein Zerrbild der wahren Monarchie als Nomarchie oder Gesetzesherrschaft. Auch in der Variante des »Bonapartismus« mit dessen pseudochristlichen Anleihen bleibt das Wesentliche dieses angemaßten Gewaltmonopols deutlich sichtbar. Es muß nämlich alle Errungenschaften und Einrichtungen einer politischen Kultur des Vertrages und dessen Drittwirkungen systematisch zerschlagen, um sich selbst im Anspruch auf Allmacht zu begründen.

Bismarck, der selbst nicht frei von cäsaristischen Allüren war, schrieb dazu im Jahre 1857: »Das Bonapartistische Regiment im Innern mit seiner rohen Centralisation, seiner Vernichtung der Selbständigkeiten, seiner Nichtachtung von Recht und Freiheit, seiner offiziellen Lüge, seiner Corruption in Staat und Börse, seinen gefügigen und überzeugungslosen Schreibern blüht in dem von Ihnen (Gerlach) mit unverdienter Vorliebe betrachteten Oestreich ebenso wie in Frankreich ... Es wird an der Donau aus freier Machtvollkommenheit mit Bewußtsein ins Leben gerufen, während Louis Napoleon (III.) es in Frankreich als vorhandenes, ihm selbst willkommenes, aber leicht zu änderndes Resultat der Geschichte vorfand.«

Diese Seiten des Machtmißbrauchs und der Rechtsverachtung aus dynastischem Eigennutz geißelte fast zur gleichen Zeit auch der französische Sozialist Proudhon als Inbegriff des Cäsarismus. Dabei verwies er auf die destruktiven Wirkungen einer »allumfassenden Zentralisation« mit einer »inquisitorischen Polizei«, welche die anhaltende Unterdrückung zu sichern hatte.

Die → Ideologie des Cäsarismus geht von der zu allen Zeiten aufkommenden Illusion und Sehnsucht aus, »daß ein wirklich überragender Mann durch Macht, Einsicht und Organisationsfähigkeit jede Krise zu jedem beliebigen Zeitpunkt meistern könne« (Chr. Meier).

Der Ruf nach einem »starken Mann« und die Beschwörung einer »charismatischen Führerpersönlichkeit« (M. Weber) hängen eng mit der Vorstellung zusammen, die bereits im Mythos Alexanders des Großen (356-323 v.Chr.) angelegt ist: Dieser soll mit einem einfachen Schwerthieb das Problem des Gordischen Knotens gelöst haben.

Die Bewunderung für den »kurzen Prozeß« anstelle geduldigen Verhandelns, für den energischen »Befreiungsschlag« anstelle der Suche nach dem fairen Kompromiß (→ Demokratie) übertrug sich auch unter dem Eindruck der Napoleonischen Kriegserfolge zwischen 1799 und 1812 auf das Caesar-Bild. Vor allem in deutschen Historikerkreisen steigerten Bewunderer des Cäsarismus das Lob der »großen Tat« wie der »großen Politik«: Ja, er avancierte sogar zur absoluten Geisteshaltung und historischen Bewertungsnorm.

Eine wesentliche und prägende Vorgabe für diese einflußreiche Geschichtsideologie hat der Philosoph und Napoleon-Bewunderer Hegel (1770-1831) verfaßt. Er sah in Caesar eine Inkarnation des »Weltgeistes« und begründete diese Einschätzung mit einer angeblich historischen Notwendigkeit: Was Caesar »die Ausführung seines zunächst negativen Zwecks erwarb, die Alleinherrschaft Roms, war ... zugleich an sich notwendige Bestimmung in Roms und der Welt Geschichte, so daß sie nicht nur sein partikulärer Gewinn, sondern seine Arbeit ein Instinkt war, der das vollbrachte, was an und für sich an der Zeit war«.

Ganz in diesem Sinn Hegelschen Fortschrittsdenkens legitimierte der Basler Gelehrte Jacob Burckhardt (1818-97) den Cäsarismus in seinen Geschichtsvorlesungen, als er den »Wettkampf großer Persönlichkeiten« von Maßstäben der Moral und Ethik ausnahm. Dabei verkündete er programmatisch und wegweisend: »Alles Große aber sammelt sich in der wunderbaren Gestalt Caesars.«

Selbst dort, wo Caesar »zerstörend auftrat«, habe er »den ausgefällten Spruch der geschichtlichen Entwicklung vollzogen«. Mit diesem Alibi, das jede Art von Gewaltherrschaft oder → Diktatur rechtfertigen kann, verhinderte der liberal gesinnte Historiker Theodor

Mommsen (1817-1903) eine kritische Auseinandersetzung mit dem größten Zerstörer politischer Kultur in der Antike. Ähnlich Burckhardt betrieb er eine Verherrlichung des Machtmenschen Caesar, die an stilisierender Emphase nichts ausließ: »Menschlich wie geschichtlich steht Caesar in dem Gleichungspunkt, in welchem die großen Gegensätze des Daseins sich ineinander aufheben. Von gewaltiger Schöpferkraft und doch zugleich von durchdringendem Verstande; ... von höchstem Wollen und vom höchsten Vollbringen; erfüllt von republikanischen Idealen und zugleich geboren zum König; ein Römer im tiefsten Kern seines Wesens und wieder berufen, die römische und die hellenische Entwicklung in sich wie nach außen hin zu versöhnen und zu vermählen, ist Caesar der ganze und vollständige Mann.«

Werden Gestalten der Geschichte in dieser Weise überhöht und idealisiert, dann muß der Republikanismus mit seiner Einstimmung auf rechtsstaatliche Institutionen und das Gerechtigkeitsgebot selbst dem geringsten → Bürger gegenüber einen schweren Stand haben. Der hybrid angelegte Personenkult kann menschliche Größe im Kleinen nicht gelten lassen und konzentriert sich fast ausschließlich auf »personale Beziehungen. Wie Person sich zu Person verhält, das zählt. Institutionen ..., eine Bemühung um Versöhnung ..., administrative Probleme, der Aufbau einer Herrschaftsstruktur – von all dem ist nicht die Rede« (Chr. Meier).

Diese Analyse des Cäsarismus trifft im wesentlichen auch auf das »Persönliche Regiment« zur Zeit des → Absolutismus zu und macht bewußt, welch abgrundtiefer Haß jene verfolgen kann, die das → Recht und die Republik über die Person stellen. Einen konzentrierten Einblick in die Mentalität des Destruktiven und der eifernden Sehnsucht nach »Größe« gab 1924 der Heidelberger Professor Friedrich Gundolf (1880-1931) in einer harten Kritik am parlamentarischen System der Weimarer Republik: »Heute, da das Bedürfnis nach dem starken Mann laut wird, da man, der Mäkler und Schwätzer müd', sich mit Feldwebeln begnügt statt der Führer, da man zumal in Deutschland jedem auffallenden militärischen, wirtschaftlichen, beamtlichen oder schriftstellerischen Sondertalent die Lenkung des Volkes zutraut und bald soziale Pfarrer, bald unsoziale Generäle, bald Erwerbs- und Betriebsriesen, bald rabiate Kleinbürger für Staatsmänner hält, möchten wir die Voreiligen an den großen Menschen erinnern, dem die oberste Macht ihren Namen und Jahrhunderte hindurch ihre Ideen verdankt: Caesar.«

Im Zusammenwirken mit anderen antirepublikanischen Kräften öffnete diese Art des ideologischen Cäsarismus einem neuerlichen Personenkult Tür und Tor. Hitler galt weiten Kreisen auch außerhalb der NSDAP als der ersehnte »starke Mann«. Er hebelte wie Caesar unter scheinlegalen Bedingungen die parlamentarische Republik aus, machte sich mittels eines angeblichen »Notstandes« 1933 zum Diktator und ließ sich von kirchlicher Seite gar als »Gottes Wundermann« (prot. Reichsbischof Müller) feiern: von der göttlichen »Vorsehung« zur Erfüllung der Geschichte »auserwählt«.

In der Sowjetunion war der gleichzeitig grassierende Personenkult um den »roten Zaren« Stalin eine Variante des Zarismus. Dieser wiederum machte aus den Anleihen beim antiken Vorbild keinen Hehl. So begriff sich nach 1453 Moskau als das »Dritte Rom«, und der Titel »Zar« leitete sich von »Caesar« her, wobei eine universelle Geltung über das eigene Machtgebiet hinaus beansprucht wurde: »Rom als die ganze Welt.«

Gleichzeitig faßte sich der Zar in strikter Ablehnung feudalrechtlicher oder gar libertärer Herrschaftsverträge als »Autokrator«, »Samoderžec« oder »Selbsterhalter« auf. Diese patrimoniale Erbposition wurde ideologisch durch die Gottunmittelbarkeit (*immediate deo*) der Zarenmacht begründet und mit dem »Terrorsystem« (Leontovitsch) der 1556 gegründeten »Opričnina« (Geheimpolizei) zentralistisch gesichert – in einer Art Dauerkrieg gegen den enteigneten »Erbadel« (Bojaren).

Alle Kennzeichen des Cäsarismus als Gewaltsystem eines »ewigen Diktators« liegen auch beim Zarismus vor, dessen Erbe die Bolschewiki 1917 unter Lenin, Trotzki und Stalin angetreten haben, um es nach ihren Machtbedürfnissen zu variieren: in Ablehnung eines → Parlamentes, des vertraglichen Rechtsstaates und jeder → Treuhandschaft, dafür aber mit der allmächtigen Geheimpolizei Tscheka, dem »demokratischen Zentralismus« (Lenin) und dem Anspruch der kommunistischen Partei auf gottähnliche »Unfehlbarkeit«.

Dieses System konnte Stalin dreißig Jahre lang seinen totalitären Machtlaunen gefügig machen – als Fortsetzung einer »Tradition«, die schon Nikolaj Karamsin (1766-1826) heftig beklagt hat: »Die Russen haben genau das verherrlicht, was die Ausländer schon immer an ihnen kritisiert haben: die blinde und grenzenlose Unterwerfung unter den Willen des Herrschers, selbst wenn er in Augenblicken höchsten Wahnsinns alle Gesetze und Menschenrechte mit Füßen getreten hat.«

Literatur:

Bainville, Napoléon, 1931 ✦ *Bergeron*, L'Épisode napoléonien. Aspects intérieurs, 1799-1815, 1972✦ *R. Bernhardt*, Polis und römische Herrschaft in der späten Republik (149-31 v.Chr.), 1984 ✦ *Binner*, ›Zur Datierung des Samoderžec‹, in: Saeculum, 20:1, 1969 ✦ *Bismarck*, Gedanken und Erinnerungen, Bd. 1, 1898 ✦ *Bruhns, Caesar* und die römische Oberschicht in den Jahren 49-44 v.Chr., 1978 ✦ *Burckhardt*, Weltgeschichtliche Betrachtungen, 1959 ✦ *Carcopino*, Cicero – The Secrets of his Correspondence, 2 Bde., 2. Aufl. 1969 ✦ *Drumann*, Geschichte Roms in seinem Übergange von der republikanischen zur monarchischen Verfassung, 1964 (ND der 2. Aufl. von 1919) ✦ *Faure, Napoléon*, 1921 ✦ *Gelzer*, Caesar. Der Politiker und Staatsmann, 6. Aufl. 1960 ✦ *ders.*, Cicero. Ein biographischer Versuch, 1969 ✦ *Gundolf*, Caesar. Geschichte seines Ruhms, 1924 ✦ *Lefebvre*, Napoléon, 1947 ✦ *Leontovitsch*, Die Rechtsumwälzung unter Iwan dem Schrecklichen und die Ideologie der russischen Selbstherrschaft, 1947 (1965) ✦ *Masson*, Napoléon et sa famille, 9 Bde., 1897-1907 ✦ *Chr. Meier*, ›Ciceros Konsulat‹, in: Cicero – ein Mensch seiner Zeit (hrsg. v. G. Radke), 1968 ✦ *ders.*, Res publica amissa. Eine Studie zu Verfassung und Geschichte der späten Republik, 1980 ✦ *ders.*, Caesar, 1982 ✦ *Th. Mommsen*, Römische Geschichte, 1895 ✦ *Neubauer*, Zar und Selbstherrscher, 1964 ✦ *Perlwitz*, Titus Pomponius Atticus. Untersuchungen zur Person eines einflußreichen Ritters in der ausgehenden römischen Republik, 1992 ✦ *Philipp*, Die gedankliche Begründung der Moskauer Autokratie, 1970 ✦ *Platonov*, Ivan Groznij, 1924 ✦ *Proudhon*, Oeuvres Posthumes, VI, 1865 ✦ *v. Rauch*, Die Grundlegung des Sowjetsystems, 1957 ✦ *Rason*, ›The Ciceronian Aristocracy and Its Properties‹, in: Studies in Roman Properties (hrsg. v. Finley/Kenney/Owen), 1976 ✦ *Schaeder*, Moskau, das Dritte Rom, 1928 ✦ *H. Smith*, Die Russen, dt. 1976, ✦ *Sorel*, L'Europe et la Révolution française, 8 Bde., 1885-1904 ✦ *P. Stein*, Die Senatssitzungen der Ciceronischen Zeit, 1930 ✦ *Tarlé*, Napoleon in Rußland 1812, 1944 ✦ *Torke*, Die staatsbedingte Gesellschaft im Moskauer Reich. Car und Zemlja, 1974 ✦ *Veith*, Geschichte der Feldzüge Julius Caesars, 1906 ✦ *Wiseman*, New Man in the Roman Senate, 1971.

Demokratie

Kaum ein Begriff unserer politischen Kultur unterliegt so vielen Mißverständnissen wie der Begriff der »Demokratie«. Im deutschen Bereich verstehen selbst ehemalige Bundeskanzler (Helmut Schmidt), ehemalige Verfassungsrichter (Roman Herzog) und sogar ausbildende Hochschullehrer (Fraenkel, Bracher) die Demokratie als »Staatsform«.

Die Berücksichtigung der klassischen Lehre, daß es nur zwei Staatsformen gibt, nämlich die Monarchie und die Republik, hätte hier Klarheit geschaffen. Statt dessen liest man in einem Handbuch: »In der europäischen Neuzeit ist ... die Demokratie ein Gegenbegriff zum Gottesgnadentum der Monarchie« (M. Hättich).

Dieser akademischen Position zufolge dürfte es in den Monarchien Europas (Belgien, Dänemark, England, Liechtenstein, Luxemburg, Monaco, Niederlanden, Norwegen, Schweden oder Spanien) keine Demokratie geben. Denn in diesen parlamentarisch strukturierten und demokratisch regierten Ländern fassen die Könige und Fürsten ihren Status als »von Gottes Gnaden« auf und erkennen damit an, daß sie von den feierlich beschworenen Bedingungen eines Herrschaftsvertrages abhängig sind (→ Gottesgnadentum).

Es ist das erheblich gestörte Verhältnis zahlreicher Politiker, Juristen und Akademiker zum strukturbildenden Vertragswesen, das derartige Fehldeutungen begründet und übersehen läßt, daß → Staat und Regierung wie → Recht und Gesetz unterschieden werden müssen, wenn sie zum Gedeihen eines Gemeinwesens beitragen sollen.

Regierungsform

Die mechanische Ableitung der Demokratie aus den griechischen Wörtern »demos« (Volk) und »kratein« (herrschen) hat in der Moderne dazu geführt, darunter eine »Volksherrschaft« zu verstehen (E. Stein).

Fehlt hier wie in den meisten Definitionsversuchen der fundamentale Hinweis, daß die Formel »kratein« in Abgrenzung zum »archein« ursprünglich ein »Herrschen nach Willen« bedeutet hat, dann sorgt das für weitere Verwirrung: Denn eine Volksherrschaft nach Willen als absolut genommenes Prinzip wäre Ausdruck einer Willkür, die tatsächlich nicht gemeint ist.

Die überkommenen Begriffe wie »Volkswille« (*populus vult, deus vult*), »Gemeinwillen«

(*volonté générale*, Rousseau) oder auch die moderne Bezeichnung »Wählerwille« zeigen einerseits die Verbindung zum antiken »kratein«. Doch gleichzeitig soll damit nicht ein rechtsfreies oder gesetzloses »Government by will« (Hobbes) ausgedrückt werden oder gar eine → Diktatur. Es geht dabei vielmehr um die Wahrnehmung eines angeblich »freien Willens«, demjenigen die öffentliche Amtsgewalt zu übertragen, der ehrlich gewillt ist, »niemandem zu schaden, jedem das Seine zuzuteilen (und) ehrenhaft zu leben« (Leibniz, »De jure et justitia«), also letztlich einer »Regierung des Rechts« (A. Oxenstierna, 1622) zu entsprechen.

Unter diesen Bedingungen wird die Demokratie zu einer Regierungsform. Sie bedient sich dabei im Rahmen des Natur-, Völker-, Menschen- und Verfassungsrechts rationaler Methoden, die als »demokratisch« gelten, sofern sie das gesamte Wahlvolk gleichmäßig einbeziehen. So regierten in der langen Geschichte Alteuropas ein gewählter Kaiser, König oder Fürst und selbst ein Doge (Venedig, Genua) oder jede städtische Obrigkeit bis hinunter zum Schultheiß (Bürgermeister) eines Dorfes »auf demokratische Weise«, wenn die Abgaben- und Steuerpolitik sowie die Besetzung öffentlicher Ämter nach dem Kommutationsprinzip aus der aristotelischen → Gerechtigkeitslehre erfolgte – »par proportion arithmetique ou démocratiquement« (Jean Bodin, 1576).

Dieses Verfahren nach Maßgabe der »egalen Proportion« ging »ohne Ansehen der Person« vor. Das kam häufig bei den indirekten oder Verbrauchssteuern bei Lebensmitteln oder anderen Konsumgütern vor, die von allen Ständen, Klassen und Schichten gekauft wurden. Im Gegensatz dazu konnte die durch Wahl oder Erbwahl ins Amt berufene Obrigkeit aber auch aristokratisch oder »more geometrico« verfahren und dabei das Distributionsprinzip anwenden: Nach Maßgabe einer »Proportion der Meriten« und unter genauer Berücksichtigung persönlicher Qualitäten wie Stand, Rang, Amt und Verdienste.

Die gesamte Traktat-Literatur vom frühen Mittelalter bis ins 19. Jahrhundert hat wie die politische Praxis selbst diese grundlegende Unterscheidung immer wieder erörtert und beachtet. Denn das Ziel aller → Politik bestand vornehmlich darin, ein »wohlproportioniertes Regiment« abzusichern, in dem Quantitäten (Kommutation) und Qualitäten (Distribution) aufeinander bezogen wurden. Noch Marx und Engels fordern aus guter Kenntnis dieser vorindustriellen Tradition im »Kommunistischen Manifest« von 1848 eine »progressive Steuer«, um damit auf »geometrische Weise« einen materiellen Ausgleich zwischen Arm und Reich herzustellen. Die heutige Steuerpolitik mit ihren »Proportionalzonen« und der »Progression« geht in allen demokratischen Gemeinwesen auf diese alteuropäische Grundforderung ebenso zurück wie die Verhältnis- oder Proportionalwahl zu den → Parlamenten.

Für zahlreiche Traktatverfasser, die oft auch politisch tätig waren, bestand das Ideal der besten Regierungsform denn auch darin, beide Verfahren gerecht zu kombinieren und ein System der »proportion harmonique« (Bodin) so zu handhaben, daß »jedem das Seine« (Aristoteles) zugemessen und gesichert blieb. In den Worten des französischen Kronkanzlers Pierre Séguier (1588-1672): »Die Gerechtigkeit des Königs besteht nicht nur in der kommutativen Gestalt, welche ... dafür sorgt, daß die Rechte und Besitztümer eines jeden durch die anderen respektiert werden, sondern sie hat auch eine distributive Gestalt, die jedem seinen Rang, seine Würden und seine Vorrechte nach Maßgabe der Dienste zumißt, die er dem Gemeinwesen erbringt.«

Genau betrachtet gilt dieses Programm für jede demokratisch gewählte Regierung, die in ihrem Amtseid auf Schadensbegrenzung, Nutzenmehrung und Gerechtigkeitsgebot »gegen jedermann« eingeschworen wird. In der heutigen Theorie, wie sie vor allem deutsche Juristen, Historiker und Politologen in ihrer Fixierung auf → »Interessen« und Macht vertreten, fallen diese Bedingungen, wechselseitigen Beziehungen und Bindungen in der Regel weg. Deshalb kommt es auch zu der irreführenden Behauptung selbst in akademischen Lehrbüchern: »In der Demokratie hat sich ... die Staatsführung am Willen und an den Interessen des Staatsvolkes zu orientieren« (E. Stein).

Abgesehen davon, daß die »Staatsführung« in einer Monarchie dem jeweiligen König oder der Königin zusteht (in Schweden trägt der völlig machtlose König den Titel »Staatschef«) und in einer Republik dem direkt oder indirekt gewählten Präsidenten (in der Bundesrepublik Deutschland hat dieser auch nur sehr begrenzte Amtskompetenzen), so hat sich jede Regierung zuerst an Recht, Verfassung und Gesetz zu orientieren – gemäß dem Fundamentalsatz »Pacta sunt servanda«.

Politische Spannungen zwischen Regierenden und Regierten (→ Volk) resultieren häufig gerade daraus, daß die öffentliche Amtstätigkeit eben nicht nach einem häufig wechselnden »Volkswillen« oder nach Gruppeninteressen ausgerichtet werden darf, auch wenn es kurzfristig opportun erscheint, sondern die Legalität aller Maßnahmen gewahrt bleiben muß: bis zur nächsten Wahl, sofern nicht besondere Volksbegehren oder Volksentscheide wie in der Schweizer Eidgenossenschaft während einer laufenden Legislaturperiode eine Änderung bewirken.

Wahlsysteme

Jede verfassungsmäßige und rechtskonforme Wahl entspricht in ihrem drittwirkenden Wesen einem Vertrag. Dabei spielt es keine Rolle, ob sieben Kurfürsten (bis 1648) einen Kaiser auf Lebenszeit wählen oder ob ein Präsident direkt (wie im Frankreich der V. Republik) oder indirekt durch Wahlmänner (wie in den USA) in sein zeitlich begrenztes Amt gelangt. Der gleichen Vertragsbindung unterliegen auch alle → Abgeordneten in den Parlamenten, denen die Repräsentanz der Volkssouveränität zu treuen Händen anvertraut wird, sobald die Wahlentscheidung mit der erforderlichen Mehrheit gefallen ist.

Ohne dieses Delegationsprinzip wäre die repräsentative Demokratie nicht denkbar. Wie ihre Bezeichnung treffend ausdrückt, bedeutet das »Repräsentieren« nichts anderes als ein temporäres »Vergegenwärtigen« von Rechten und Pflichten aller Abgeordneten: Diese wirken nur als Treuhänder des Wahlvolkes, das nach dem Wahlakt »mediatisiert« bleibt, d.h. nicht unmittelbar in die laufende Politik eingreifen darf.

Die Wähler erteilen demnach aufgrund eines Mehrheits-Beschlusses den Auftrag an die Parlamentsparteien, ihre Repräsentanz nach innen und außen wahrzunehmen, während sie selbst in einer Wartestellung bleiben – bis zur nächsten Wahl. Die übertragene Amtsgewalt schließt jedoch nicht das Recht ein, die → Verfassung oder Recht und Gesetz außer Kraft zu setzen. Die vorhandene Mehrheit ist demnach nur eine relative Legitimation, die fundamentale Grenzen und Schranken zu beachten hat. In diesem Sinne »ist die Demokratie nicht das Gesetz der Mehrheit, sondern die Beschützung der Minderheit« (Albert Camus, 1959).

Diese elementare Beziehung von Demokratie und Rechtsstaat erklärt auch, warum die Wahl als Übertragung von Mandats- und Regierungsgewalt an fünf Grundbedingungen gebunden wurde, die unbedingt eingehalten werden müssen, sollen Wahlvorgänge als fair und gerecht gelten:

1. Demokratische Wahlen müssen *allgemein* angelegt sein. Nach Maßgabe der Kommutation dürfen sie nicht »bestimmte Bevölkerungsgruppen aus politischen, wirtschaftlichen oder sozialen Gründen von der Ausübung des Wahlrechts ausschließen«. Dieses Urteil des Bundesverfassungsgerichtes gilt jedoch nicht für Bürger, denen aufgrund schwerer Straftaten die »bürgerlichen Ehrenrechte« aberkannt worden sind.

Seit das Wahlrecht nicht mehr an das Steuerzahlen gekoppelt wird, sondern von der Staatsbürgerschaft abhängig ist, bleiben unter diesen Bindungen Gast- und Saisonarbeiter vom Wahlrecht ausgeschlossen. Bis 1918 bezog sich die »Allgemeinheit« einer Wahl in den meisten Ländern Europas nur auf volljährige Männer als steuerzahlende Staatsbürger, zu denen nicht die Frauen gerechnet wurden.

2. Wahlen in einer Demokratie haben *gleich* zu sein. Diese Forderung entspricht ebenfalls der Kommutation und richtet sich gegen ein System mit Steuerklassen, wie es von 1850 bis 1918 in Preußen als Drei-Klassen-Wahlrecht üblich war. Die demokratische Gleichheit verlangt, daß jede einzelne Stimme das gleiche Gewicht hat. Nach der erfolgten Wahl jedoch fallen beim Mehrheitsprinzip die Stimmen der unterlegenen Mitbewerber um das Abgeordnetenmandat weg, während lediglich die Stimmen der Mehrheit gelten und die künftige Politik bestimmen (Erfolgswert).

Die Qualität der Gleichheit muß sich auch auf die ausgewogene Gestaltung der einzelnen Wahlkreise beziehen, um im Verhältnis von Wahlvolk und → Parteien eine gewisse Chancengleichheit herzustellen. Diese wird allerdings dadurch unterlaufen, daß für den Einzug ins Parlament bestimmte Sperrklauseln vorgesehen sind (z.B. 3 % der gültigen Gesamtstimmenzahl in Schweden, 5 % in der Bundesrepublik Deutschland und in Frankreich). Mit dieser Hürde soll eine Zersplitterung im Parlament verhindert werden, um die Fraktionen koalitionsfähig zu halten.

Zum Bereich der Gleichheit gehört auch die rechtliche Sicherstellung gleicher Bedingungen im Wahlkampf für jede angetretene Partei. Diese Regelung schließt u.a. die Zulassung aller Parteien zu den öffentlich-rechtlichen → Medien ein, wobei allen Parteien ohne Ansehen ihrer politischen Ausrichtung die gleiche Sendezeit zur Verfügung gestellt werden muß. Allein die Unterbindung der Chancengleichheit im Wahlkampf machte die Reichstagswahl vom 5. März 1933 zu einem verfassungswidrigen, ja kriminellen Akt, weil »der Wahlkampf der Linksparteien durch den Terror von SA und SS im Verein mit staatlichen Maßnahmen weitgehend zum Erliegen gebracht wurde« (P. Longerich).

3. Die Wahl zu einem → Parlament sollte in der Regel *unmittelbar* erfolgen. Unter diesem Anspruch versteht man, daß die Abgeordneten persönlich und direkt gewählt werden, demnach nicht indirekt oder durch Wahlmänner »mediatisiert«. Hier gibt es zahlreiche Abweichungen. So wird in den USA der Präsident durch die Wahlmänner oder Wahlfrauen des jeweiligen Bundesstaates gewählt, in dem er gegen seine Mitbewerber die Mehrheit errungen hat. Auch der Präsident der Bundesrepublik Deutschland erhält indirekt nach dem Mehrheitsprinzip in der Bundesversammlung (Bundestag und Vertreter der einzelnen Länder-Parlamente) sein Amt auf fünf Jahre.

4. Jede echte Wahl hat *geheim* zu sein. Die Funktion und Aufgabe eines Abgeordneten, nicht Interessen-Vertreter zu sein, sondern Repräsentant der Volkssouveränität, erfordert einen besonderen Schutz durch die geheime Stimmabgabe. Deshalb muß es in jedem Wahllokal besondere Wahlkabinen oder Vorrichtungen geben, die den Wähler bei seiner Entscheidung abschirmen, zumal auch er eines Schutzes bedarf, der bei offener Stimmenzuteilung nicht gewährleistet wäre. Problematisch wird dieses Kriterium allerdings dann, wenn bei der »Briefwahl« die Sorgfaltspflicht vernachlässigt wird und der Wähler sein »Wahlgeheimnis« nicht selbst schützt.

5. Wahlen müssen *frei* stattfinden. Behinderungen aller Art durch öffentliche Stellen (Polizei, Geheimdienste, Armee, Verwaltungen) oder private Organisationen von gegnerischen Parteien, Interessengruppen oder Initiativen sind in einer Demokratie untersagt, und zwar im Wahlkampf wie beim Wahlvorgang selbst. Allein der behördlich gesteuerte Druck der gleichgeschalteten »Blockparteien« in der ehemaligen DDR hat die Wahlen zur Volkskammer als scheindemokratisch entwertet (→ Diktatur).

Wie aus diesen fünf unabdingbaren Grundsätzen hervorgeht, werden zwar die Qualität und die politische Wirksamkeit der Wahl in einer echten Demokratie durch das Mehrheitsprinzip bestimmt. Doch dieses bleibt an das geltende Wahlrecht ebenso gebunden wie an das vorhandene Wahlgesetz, das im wesentlichen zwei Varianten kennt: Das System der »Mehrheitswahl«, wie es etwa in Großbritannien seit der Reform-Bill von 1830 bei Wahlen zum Unterhaus (→ Haus) angewendet wird, bevorzugt allein jene Partei und ihren Kandidaten, der in einem Wahlkreis die Mehrheit erringt. Diese Methode hat den Vorteil, daß sie meist eindeutige Mehrheitsverhältnisse herstellt und keinerlei Rücksichten auf die Stimmenanteile der unterlegenen Kandidaten nehmen muß. Der offenkundige Nachteil liegt im Ausschalten wichtiger gesellschaftlicher und politischer Kräfte sowie in einer permanenten Polarisierung der Meinungen, die in der Hauptsache von zwei Großparteien (Konservative und Labour) verfochten werden.

Diesem oft als ungerecht empfundenen Wahlsystem steht die »Verhältniswahl« gegenüber. Diese Methode sichert nach Maßgabe der arithmetisch-demokratischen Proportionalität (→ Gerechtigkeit) den Parteien »nach Proporz« die Anzahl ihrer Mandate zu, sofern sie die 3 %- oder 5 %-Hürde genommen haben. Neben dem durch Mehrheit bestimmten Abgeordneten (Direktmandat) erhalten die Parteien im genau berechneten Verhältnis zu ihrem Stimmenanteil noch zusätzliche Mandate. Hierbei können komplizierte mathematische Berechnungen erforderlich werden, wobei einmal das d'Hondt'sche Verfahren angewendet wird (bis 1985 in der alten Bundesrepublik Deutschland) oder aber die Hare/Niemeyer-Methode.

Zur Einhaltung all dieser Grundsätze, die noch durch besondere Fairneßabkommen der Parteien ergänzt werden können, werden ehrenamtliche Wahlhelfer eingesetzt, während ein öffentlicher Wahlleiter den gesamten Ablauf bis zur Verkündung des Wahlergebnisses überwacht. Am Ende jeder Wahl kann in Deutschland eine besondere »Wahlprüfung«

angestrengt werden. Dazu ist jeder Wahlbürger nach Artikel 38 und 93 GG berechtigt, wenn er begründete Anhaltspunkte dafür hat, daß eine Wahl im Ganzen oder in Einzelbereichen verfassungswidrig oder unsachgemäß abgelaufen ist. So führte die Verfassungsklage eines Hamburger Wahlbürgers und CDU-Mitglieds gegen die eigene Partei dazu, daß auf Gerichtsbeschluß hin die Bürgerschaftswahl von 1991 im Jahre 1993 wiederholt werden mußte: Die CDU hatte nämlich im Stadtstaat Hamburg ihre Kandidaten mit undemokratischen Methoden aufgestellt.

Allein dieser Fall zeigt, daß in einer Demokratie nicht nur der Wahlvorgang nach bestimmten Regeln abzulaufen hat und dem Gerechtigkeitsgebot unterliegt. Vielmehr müssen auch die zur Wahl angetretenen → Parteien in ihrer Organisationsstruktur nach Vertragsbedingungen organisiert sein: Sie haben demnach das Verfassungsgebot der inneren Demokratie zu erfüllen.

Ohne die fundamentale Regelung nach Verträgen wäre die Demokratie als Regierungsform und Wahlsystem nicht denkbar, schon gar nicht die elementare Bestimmung nach Artikel 20 GG, daß »alle Staatsgewalt vom Volke ausgeht«. Dieser Kernsatz nimmt die Definition des griechischen Geschichtsschreibers Thukydides (460-400 v.Chr.) auf, daß »unsere Verfassung Demokratie genannt wird, weil die Macht nicht in den Händen einer Minderheit, sondern beim Volk liegt«.

Sieht man einmal davon ab, daß sich in der Formel »Staatsgewalt« noch ein gutes Stück borussischen Machtverständnisses ausdrückt, dann meint dieser Doppelbegriff, daß alle öffentliche Regierungsgewalt nur im Auftrag und »im Namen des Volkes« ausgeübt werden darf, also öffentlicher Kontrolle und Rechenschaft unterliegt sowie an eine durchgehende →Treuhandschaft gebunden bleibt. Außerdem kennt diese Festlegung auch den stillschweigenden Umkehrschluß, daß »alle Staatsgewalt ins Volk zurückkehrt«, sobald eine Legislatur- oder Amtsperiode abgelaufen ist: Der Wahl- und Ämterauftrag muß dann erneuert werden.

Hier wie in allen anderen institutionellen → Abhängigkeiten erweist sich das Prinzip der Gegenseitigkeit auch deshalb als in höchstem Maße konstitutiv, weil es auf strukturelle Wiederholungen gerichtet bleibt (→ Geschichte). Das gilt auch für besondere Formen der »plebiszitären Demokratie«. Diese ist nur bedingt ein Gegenmodell zur repräsentativen Demokratie. Denn das »Plebiszit« als »Volksentscheid« betrifft selbst in der Schweizer Eidgenossenschaft lediglich den Bereich der Gesetzgebung (→ Recht). Dabei muß ein von den Verfassungsorganen der Legislativen beschlossenes Gesetz dem Plebiszit unterworfen werden, letztlich einer Rechts- und Verfassungsprüfung durch den Volkssouverän in Gestalt der Kantone oder einer bestimmten Anzahl von Wahlbürgern.

Tatsächlich besteht dieses demokratische Verfahren nur als volksnahe Ergänzung des Repräsentativsystems, dem es von der vertraglichen Anlage her strukturell zugeordnet ist. Es ist deshalb fraglich, ob die plebiszitäre oder direkte Demokratie effektiver oder gar anderen Demokratieformen überlegen ist. So wurde in der Weimarer Republik der Reichspräsident mit seinen weitreichenden Amtskompetenzen unmittelbar durch das Volk gewählt, ohne daß dadurch die Demokratie selbst gestärkt worden wäre: Wähler müssen nicht immer Demokraten sein!

In der Bundesrepublik Deutschland kennen nur einige Länderverfassungen die Möglichkeit eines »Volksbegehrens«. Sie ist Ausdruck einer gewissen Aktiv-Bürgerschaft, die sich seit den 1970er Jahren mehr und mehr auch in Bürgerinitiativen und Freien Wählergemeinschaften auf lokaler und regionaler Ebene äußert und in vielen Sachfragen (→ Umweltschutz) engagiert.

Mit der Bezeichnung »direkte Demokratie« kann sowohl das plebiszitäre System benannt werden als auch jene Sonderform einer scheindemokratischen »Direktwahl« im bolschewistischen Rätesystem. Hatten sich im zaristischen Rußland die »Sowjets« oder »Räte« bereits während der Revolution von 1905 als basisdemokratische Interessengruppen unterschiedlicher Zielrichtung vornehmlich in den Städten organisiert, so knüpfte die Februar-Revolution von 1917 an diese Tradition an. Die Bolschewiken unter Trotzki und dem aus der Schweiz zurückgekehrten Lenin bemächtigten sich aber bald dieser Institution vor allem in Petrograd (St. Petersburg) und Moskau; sie schalteten sie gleich und dehnten ihr Sowjet-System auf die Armee sowie auf Wohn-, Betriebs- und Dorfgemeinschaften aus – als Instrument einer Parteidiktatur.

In der deutschen Variante dieses Rätesystems, wie es während der Revolution von 1918 entstanden ist, lassen sich in seiner Anfangsphase bei Arbeiter- und Soldatenräten eine Reihe basisdemokratischer Prinzipien ausmachen. Sie werden heute wieder von der Umweltbewegung und der Partei BÜNDNIS 90/Die Grünen erprobt. Dabei ist die Tendenz unverkennbar, die »direkte Demokratie« als »Graswurzel-Demokratie« unmittelbar an das imperative → Mandat zu binden, um damit bei Abweichungen von der Meinung der jeweiligen Basis schnell die Abwahl eines unbequemen oder untauglichen Delegierten, Funktionärs oder Abgeordneten betreiben zu können.

Demokratisierung

Die Demokratie als Vertragsmethode bei Wahlen und in der Regierungstätigkeit darf von ihrem Selbstverständnis aus nicht in einem rechtsfreien Raum oder in einem verfassungslosen Zustand agieren. Sie ist von ihrer ganzen Anlage her auf den Rechtsstaat angewiesen und in hohem Maße von den Bindungen der geltenden → Verfassung abhängig. Denn alles, was ihre Vertreter mehrheitlich beschließen und gesetzlich in Kraft setzen, muß auf Gerechtigkeit, Drittwesen, Gegenseitigkeit, Billigkeit, Treuhandschaft, Gemeinwohl und geltendes Recht bezogen bleiben.

Die weitverbreitete Vorstellung, daß man durch einen zielgerichteten und bewußt eingesetzten Voluntarismus oder Willenskult (»Politik ist zu wollen«, Olof Palme) Wesentliches verändern könnte, überschätzt den subjektiven Willen angesichts von objektiven Normen, die sich reinen Mehrheitsbeschlüssen als Willensbekundungen entziehen. Das gilt auch für die vielfach geforderte Demokratisierung anderer gesellschaftlicher Bereiche und vor allem der Arbeitswelt. Die Errungenschaften der Gewerkschaften im Bereich innerbetrieblicher Mitbestimmung (Montan-Industrie) haben zwar ihren Funktionären gutdotierte Positionen in Aufsichtsräten eingebracht, aber doch keine grundlegende Veränderung des »Decision-making« (Entscheidungsfindung und Beschlußfassung) in den einzelnen Unternehmen bewirkt.

Dennoch zeigen die Verhältnisse in der Schweizer Eidgenossenschaft, den Niederlanden oder den USA, daß es nicht wenige Betätigungsfelder des Bürgers gibt, die allein schon dadurch »demokratisiert« werden, daß sie »von unten her« dauerhafte Kontrollen, fristgerechte Wahlen und materielle Mitsprache erfordern. Das gilt für die öffentliche Verwaltung bis zu Richterwahlen nicht weniger als für das Schul- und Universitätswesen, die → Medien, Aktionärsversammlungen, Vereine aller Art und selbst für die Kirchen.

Einen weltweit oft kopierten Beitrag hat Schweden mit der Einrichtung des »Ombudsman« geleistet. Er gilt aus Beauftragter des Reichstages und nimmt die Funktion eines treuhänderischen Überwachers der öffentlichen Verwaltung, der Streitkräfte und anderer Institutionen wahr, um die Rechte bestimmter gesellschaftlicher Gruppen (z.B. Verbraucher, Kinder) zu schützen. Während der Revolution von 1809 sollte als rechtsstaatliche Krönung der neuen Verfassung ein mächtiger Verfassungsgerichtshof oder Areopag nach antikem Vorbild eingerichtet werden. Von diesem Vorhaben blieb aber nur die Ein-Mann-Institution »Ombudsman« übrig. Neben dem Auftrag des Reichstages, auf die Einhaltung von »Recht und Ordnung« zu achten, muß diese Einrichtung auch als Ersatz für das Petitionsrecht dienen und besitzt nur nachgeordnete Kompetenzen. Bei der Feststellung von Mißständen, Amtsmißbrauch, Rechtsbeugungen oder Verfassungsbrüchen haben die Ombudsman-Berichte nur empfehlenden Charakter. In dieser begrenzten Zuständigkeit ähnelt dieser parlamentarische »Treuhänder« den Rechnungshöfen in der Bundesrepublik Deutschland, deren Verfassung den Ombudsmann als »Wehrbeauftragten« für die Bundeswehr übernommen hat.

Fazit

Die Demokratie ist keine Staatsform. Sie gilt im Gegensatz zur → Aristokratie als eine Regierungsform des kommutativ Gerechten und damit einer quantifizierenden Methode. Diese kann nach Maßgabe der »arithmetischen Proportion« bei Parlamentswahlen ebenso angewendet werden wie bei Parlaments- oder Regierungsbeschlüssen, wenn die Feststellung von Mehrheiten erforderlich ist. Darüber hinaus gilt dieses Verfahren als Instrument der → Gerechtigkeit, wenn Steuern, Abgaben und auch Zuwendungen (Renten, Pensionen, Kindergeld, Sozialhilfe) strukturiert werden müssen.

Die fundamentale Bindung einer echten Demokratie an die Kommutation ergibt sich auch aus Parlaments- und Institutionswahlen, die ihrem Wesen nach Verträge sein müssen. Aufgrund dieser Gegenseitigkeit und ihrer → Drittwirkung sind für ihr Bestehen und Gedeihen eine → Opposition und ein besonderer Minderheitenschutz unabdingbar.

Dort, wo diese Bindungen fehlen oder nur zum Schein bestehen, kann es keine echte Demokratie geben. Das in der Sowjetunion zwischen 1917 und 1989 zugelassene Rätesystem erfüllte diese Bedingungen so wenig wie die sogenannten »Volks-Demokratien« in den Ländern des Ostblocks. Scheindemokratische Strukturen in Rot-China, Nord-Korea, Vietnam, Kuba oder Angola sollen darüber hinwegtäuschen, daß es in diesen »Volks-Republiken« tatsächlich nur Ein-Partei-Diktaturen gibt, die keine wirkliche Opposition zulassen können, wenn sie weiterbestehen wollen.

Obgleich die Sanfte Revolution von 1989 den Sturz der Schein-Demokratien in Osteuropa bewirkt hat, so zeigt doch der Neuaufbau, daß mechanische Mehrheitsbeschlüsse bei Wahlen und in den Parlamenten noch keine Demokratie bedeuten. Durch Mehrheiten können selbst → Diktaturen etabliert werden wie 1933 im Deutschen Reich, als die Nationalsozialisten mit den Deutsch-Nationalen nach der manipulierten »Wahl« vom 5. März eine Koalition bildeten.

Jede quantitativ erzielte Mehrheit muß qualitativ an das Gerechtigkeits-, Gemeinwohl- und Gegenseitigkeitsgebot gebunden sein, wenn die Demokratie erhalten bleiben soll. Diese Grundforderung kann aber nur dann erfüllt werden, wenn die Fähigkeit zum Dialog, Bereitschaft zum Kompromiß besteht und Kontrollen möglich sind.

Wird dieses hohe Maß an politischer Kultur in einem Gemeinwesen gepflegt, dann kann in der Demokratie die »Kunst des Gleichen und Guten« (*ars aequi et boni*) gesehen werden. In diesem Sinne hat einst Benjamin Disraeli (1804-81), der erste Regierungschef Großbritanniens jüdischer Herkunft, den Aufbau und die Ausbildung der Demokratie in einer stark aristokratisch geprägten → Monarchie als kollektive Anstrengung beschrieben: »Die Bildung einer im höchsten Maße freien Regierung ist sicherlich eines der erregendsten Probleme der Menschheit und gewiß der größte Erfolg menschlichen Geistes ... Bei uns waren es lange Zeiten des Wachstums, und Jahrhunderte des Reifens haben darüber gewacht und ihre gefahrvolle Geburt und schwache Kindheit behütet.«

Literatur:

Afanassjew, Rußland. Despotie oder Demokratie, dt. 1992 ✦ *Albertin*, Liberalismus und Demokratie am Anfang der Weimarer Republik, 1973 ✦ *Albertini*, Freiheit und Demokratie in Frankreich. Die Diskussion von der Restauration bis zur Résistance, 1957 ✦ *Allwörden*, Hilfe! Unsere Demokratie stirbt! Warum? Was kann man ändern?, 1988 ✦ *Andrae/Schönfeldt*, Deutsche Demokratie von Bebel bis Heuss, 2. Aufl. 1969 ✦ *H. Apel*, Die deformierte Gesellschaft. Parteienherrschaft in Deutschland, 2. Aufl. 1991 ✦ *Ardelt*, Zwischen Demokratie und Faschismus. Deutschnationales Gedankengut in Österreich. 1919-1930, 1972 ✦ *Badura*, Paritätische Mitbestimmung und Verfassung. Rechtsgutachten, 1985 ✦ *ders.*, Die parteienstaatliche Demokratie und die Gesetzgebung, (Vortrag), 1986 ✦ *Bäumlein*, Die rechtsstaatliche Demokratie, 1954 ✦ *Becker/Maier/Spieker*, Revolution – Demokratie – Kirche, 1975 ✦ *Beločerkovskij (Hrsg.)*, Democratičeskij Alternativi. Sbornik Statjei i Documentov, 1976 ✦ *ders.*, Russland vor der Wahl. Selbstverwaltung oder Totalitarismus, dt. 1989 ✦ *Bermbach (Hrsg.)*, Theorie und Praxis der direkten Demokratie, 1972 ✦ *F. Bergmann*, The Worthy Gentleman of Democracy: John William De Forest and the American Dream, 1971 ✦ *Besson/Jasper*, Das Leitbild der modernen Demokratie, 1971 ✦ *Beyme*, Interessengruppen in der Demokratie, 5. Aufl. 1980 ✦ *ders.*, Das politische System der Bundesrepublik Deutschland, 6. Aufl. 1992 ✦ *ders.*, Die verfassungsgebende Gewalt des Volkes. Demokratische Doktrin und politische Wirklichkeit, 1968 ✦ *Bielfeldt*, Zum Ethos der menschenrechtlichen Demokratie. Eine Einführung am Beispiel des Grundgesetzes, 1991 ✦ *Billerbeck*, Die Abgeordneten der ersten Landtage (1946-51) und der Nationalsozialismus, 1971 ✦ *ders.*, Plebiszitäre Demokratie in der Praxis. Zum Beispiel Kalifornien, 1989 ✦ *Blankart*, Öffentliche Finanzen in der Demokratie, 1991 ✦ *Bleicken*, Die athenische Demokratie, 2. Aufl. 1988 ✦ *ders.*, Die Verfassung der Römischen Republik. Grundlagen und Entwicklung, 4. Aufl. 1985 ✦ *E.W. Böckenförde*, Demokratie und Repräsentation. Zur Kritik der heutigen Demokratiediskussion, 1983 ✦ *ders.*, Recht, Staat, Freiheit. Studien zur Rechtsphilosophie und Verfassungsgeschichte, 1991 ✦ *Bögeholz*, Gebt uns Demokratie oder gebt uns den Tod. China: Das Massaker und die Folgen, 1989 ✦ *Boettcher*, Kooperation und Demokratie in der Wirtschaft, 1974 ✦ *Bossle*, Genossenschaften und Demokratie. In Erinnerung an Friedrich Wilhelm Raiffeisen und Georg Heim, 1988 ✦ *ders.*, Freiheit und Autorität als Grundlegung der modernen Demokratie, 1982 ✦ *Botz*, Krisenzonen einer Demokratie. Gewalt, Streik und Konfliktunterdrückung in Österreich seit 1918, 1988 ✦ *Bowitz*, Das Demokratieprinzip als eigenständige

Grundlage richterlicher Entscheidungsbegründung, 1984 ✦ *V. Braun*, Verheerende Folgen mangelnden Anscheins innerbetrieblicher Demokratie, 1988 ✦ *Brüggemann*, Der Mensch in der modernen Demokratie. Eine Handreichung zum Verständnis des Politischen, 1973 ✦ *Bühler*, Die Besetzung der kommunalen Ausschüsse. Tabelle mit Beispielen nach dem Höchstzahlverfahren von d'Hondt, 3. Aufl. 1985 ✦ *Buse*, Die neue spanische Demokratie. Parteiensystem und Wählerorientierungen 1976-1984, 1985 ✦ *Carstens*, Zur Zukunft der deutschen Demokratie, 1990 ✦ *Claussen/Girbig/Hufer*, Entwicklung der Demokratie und Politische Erwachsenenbildung, 1991 ✦ *J.K. Davies*, Das klassische Griechenland und die Demokratie, 1983 ✦ *Deubert*, Direkte Demokratie und unmittelbare Bürgerbeteiligung, 1987 ✦ *G. Dietze*, Amerikanische Demokratie. Wesen des praktischen Liberalismus, 1988 ✦ *ders.*, Freiheit und Eigentum in der amerikanischen Überlieferung, 1976 ✦ *Eicken*, Der Einzelne in Demokratie und Despotie. Der Staat, in dem ich leben möchte, 1986 ✦ *Epple-Gass*, Friedensbewegung und direkte Demokratie in der Schweiz, 1988 ✦ *Eppler*, Reden auf die Republik. Deutschlandpolitische Texte 1952-1990, 1990 ✦ *Fetscher*, Die Demokratie, 1970 ✦ *Finley*, Antike und moderne Demokratie, 1980 ✦ *Fraenkel*, Deutschland und die westlichen Demokratien, 1990 ✦ *ders.*, Das amerikanische Regierungssystem. Eine politologische Analyse, 4. Aufl. 1981 ✦ *Chr. Götz*, Mehr Demokratie wagen. Ein Arbeits- und Lesebuch für GewerkschafterInnen, 1991 ✦ *Gollwitzer*, Christentum, Demokratie, Sozialismus, 1980 ✦ *Groot*, Standpunt: Over Onderwijs, Democratie en Wetenschap, 1971 ✦ *Gut*, Grundfragen und schweizerische Entwicklungstendenzen der Demokratie, 1983 ✦ *K. Hahn*, Erziehung und die Krise der Demokratie. Reden, Aufsätze, Briefe eines politischen Pädagogen, 1986 ✦ *Hättich*, Begriff und Formen der Demokratie, 1966 ✦ *H. Kelsen*, Vom Wesen und Wert der Demokratie, 1929 ✦ *Köchler (Hrsg.)*, Democracy in International Relations, 1986 ✦ *Leibholz*, Strukturprobleme der modernen Demokratie, 1958 ✦ *Lindner*, Kritik der Theorie der partizipatorischen Demokratie, 1990 ✦ *F. Neumann (Hrsg.)*, Politische Theorien und Ideologien, 1977 ✦ Pelinka, Dynamische Demokratie, 1974 ✦ *Rakers*, Kommunale Verschuldung. Dimensionen und Konsequenzen finanzieller Restriktionen, 1979 ✦ *Rödel*, Autonome Gesellschaft und libertäre Demokratie, 1989 ✦ *Röhrich*, Die repräsentative Demokratie. Ideen und Interessen, 1981 ✦ *Scharpf*, Demokratietheorie zwischen Utopie und Anpassung, 1975 ✦ *Steffani*, Parlamentarische und präsidentielle Demokratie. Strukturelle Aspekte westlicher Demokratien, 1979 ✦ *v. Tocqueville*, Über die Demokratie in Amerika, (1852), dt. 1985 ✦ *Wildenmann (Hrsg.)*, Ökonomische Theorie der Demokratie, 1968 ✦ *K.G. Zinn*, Basistheorie des ökonomischen Wohlstandes in der Demokratie, 19XX ✦ *Zippelius*, Zur Rechtfertigung des Mehrheitsprinzips in der Demokratie, 1987

Diktatur

Es gehört zur naturrechtlichen Vorstellung von der »Selbsterhaltung« des Menschen als höchstem Daseinswert, daß er gegen Unterdrükkung jeder Art einen Rechtswiderstand leisten darf, wobei er den Schutz gesellschaftlicher Institutionen in Anspruch nimmt. Gerät er jedoch in eine Situation der unmittelbaren Bedrohung für Leib und Leben, dann darf er selbst zur »Notwehr« greifen und nach dem Grundsatz handeln: »Not kennt kein Gebot« (»Necessitas non habet legem«).

Dieses Recht zur persönlichen Abwehr von Lebensgefahr und unzumutbarem Schaden gilt aber nicht unbeschränkt oder absolut. Sie sollte zum Ausmaß der Bedrohung im rechten Verhältnis stehen und nicht egoistisch ausgenutzt werden, um Grundrechte anderer aufzuheben. Der vom Naturrecht zugestandene »übergesetzliche Notstand« betrifft demnach nur den akuten Fall bei Naturkatastrophen, Feuersbrunst, Geiselnahme und ähnlichen Herausforderungen. Ist die unmittelbare Gefahr oder Gefährdung abgewendet, dann muß wieder die Normallage nach Recht und Gesetz gelten (→ Ordnung).

Regelungen dieser Art, die im Privatleben unter bestimmten Umständen eine Art »Faustrecht« (→ Recht) zulassen, kennt auch das öffentliche Leben. Denn zur Behebung der Not von Volk, Gesellschaft und Staat können Gesetze und sogar Rechte teilweise oder ganz außer Kraft gesetzt werden, um durch diese Maßnahme das gesamte Gemeinwesen in seinem Grundbestand zu erhalten. Notverordnungen wie nach Artikel 48 der Weimarer Verfassung (1919) oder die Anwendung von Notstandsgesetzen (1968) nach Maßgabe des Bonner Grundgesetzes ersetzen in Notfällen die sonst üblichen Maßnahmen und reduzieren dabei besonders die Mitwirkung des kontrollierenden → Parlaments auf ein Minimum. Der öffentlich erklärte Notstand ist damit in der Hauptsache eine Angelegenheit der Exekutive, die befristet Sondervollmachten wahrnimmt.

Wird diese außerordentliche Kompetenz für einen Not- oder Verteidigungsfall nicht auf parlamentarischem Weg erworben, sondern mit Gewalt (Putsch, Staatsstreich) erzwungen oder betrügerisch erschlichen, dann spricht man von einer Diktatur, in der die selbsternannten Machthaber – meist Militärs – ihre Maßnahmen nicht mehr diskutieren (im Sinne einer

Rechtsprüfung), sondern nur noch diktieren – demnach jede Gegenseitigkeit und → Opposition ausschalten.

Historische Vorbilder

Nach der Vertreibung des »Tyrannen« und letzten Königs Tarquinius Superbus (509 v.Chr.) sah sich die Römische Republik immer wieder Notlagen nach innen (Aufstände) wie nach außen (Kriege) gegenüber, zu deren Behebung das Rechtsinstitut der »Dictatura« gebildet wurde.

Dieses besondere Amt durfte nur auf Antrag des Senates besetzt werden, wobei in der Regel der gewählte Konsul einen »Dictator« berief. Ihm wurden dann lediglich für die Dauer von sechs Monaten bestimmte Vollmachten zugestanden, um den Notstand oder die Kriegslage zu bewältigen. In der Praxis bedeutete dieses Amt im wesentlichen die militärische Führung eines Feldzuges, der mit einem Friedensschluß zu beenden war. Die damit verbundene Befehlskompetenz war aber keine pauschale Ermächtigung und durfte keinesfalls so weit ausgelegt werden, daß die Republik in ihrem Rechtsbestand und als Eigentumsordnung bedroht wurde.

Welche Gefährdungen von diesem temporär besetzten Amt allerdings ausgehen konnten, erlebte die Republik unter Lucius Cornelius Sulla (138-78 v.Chr.). Als gewählter Konsul des Jahres 88 war er vom Senat beauftragt worden, den Krieg in Kleinasien gegen Mithridates (Herrscher von Pontus) zu führen. Ein politischer Gegenbeschluß der Comitien (Roms »Volksvertretung«) wollte aber, daß Marius dieses ehrenvolle und einträgliche Kommando übernahm. Diese Situation führte zum Römischen Bürgerkrieg, in dessen Verlauf Sulla im Jahre 82 eine »Diktatur auf Dauer« zugesprochen wurde. Er nutzte diesen Auftrag, um die bisherige Senats-Herrschaft gegenüber den Comitien und ihren Volkstribunen auf grausame Weise zu sichern: Im Jahre 79 legte er jedoch dieses Amt nieder.

Nur eine Generation später erkannte Caesar im Bürgerkrieg die Gunst der Stunde und ließ sich unter scheinlegalen Verfassungsformen im Jahre 44 zum »Dictator perpetuus« machen. Mit diesem Titel erzwang Caesar Vollmachten, um außerhalb der überkommenen Legalität auf Lebenszeit die zerrüttete Republik zu beherrschen – durch den fortgesetzten Mißbrauch der »Dictatura«.

In seiner Kritik an den Verfechtern des Rechtspositivismus (→ Recht) ging Cicero ausführlich auf die Problematik ein, die noch heute bei der Bewertung von Diktaturen für Konfusion sorgt, sobald ein formaler Legalismus bemüht wird: »Ganz töricht aber ist es zu glauben, all das sei gerecht, was durch Einrichtungen oder durch Gesetze der Völker festgesetzt ist. Etwa auch dann, wenn es sich um Gesetze von Tyrannen handeln sollte ..., wie jenes Gesetz, das unser Zwischenkönig (Lucius Valerius Flaccus ermöglichte Sulla die Handhabe absoluter Kompetenzen) beantragte, daß nämlich der Diktator jeden beliebigen Bürger sogar ohne Prozeß straflos töten lassen könnte ...« (»De legibus«, I:42).

Selbst in Notzeiten darf sich ein ins Amt gerufener Diktator nicht von Recht und Gerechtigkeit lösen. All seine Maßnahmen haben angemessen und zureichend zu sein, damit das Gemeinwohl gesichert bleibt. Gerade gegen diese unabdingbare Forderung und Bedingung der rechtskonformen Diktatur hat Caesar bewußt und wiederholt verstoßen. Er wollte nicht die materiellen und geistigen Mißstände in der Republik beheben, sondern unterm Schein des Rechts eine Notlage ausnutzen, um für sich allein eine absolute Macht und uneingeschränkte Zuständigkeit zu erringen.

Diese Art der Unterdrückung löste in verfassungstreuen Kreisen des Senats einen ethischen Notstand aus, der wiederum den Rechtswiderstand gegen Caesar als »ungerechten Herrscher« oder »Tyrann« (*rex injustus*) begründete: Unter der Führung des Brutus (85-42 v. Chr.) wurde Caesar im Senat ohne vorausgegangenen Prozeß getötet, weil »Gefahr im Verzug« (*periculum in mora*) war (→ Tyrannentötung).

»Absolute Diktatur«

Die im deutschen Bereich verbreitete Ansicht, daß »die moderne Entwicklung der Diktatur mit der Französischen Revolution einsetzt« (MKL, 1987), übergeht völlig die historische Tatsache, daß es sich schon Generationen zuvor bei der Etablierung des → Absolutismus um den klassischen Fall einer Machtanmaßung gehandelt hat, die als »absolute Diktatur« (Otto Hintze) eingeschätzt worden ist.

Auch wenn diese Formel im 17. Jahrhundert nicht gebräuchlich war, so verweist doch die Forderung nach einem »Dictator absolutus«

(Leibniz, 1670) auf die altrömische Dictatura als zeitweiliges Notstandsregime. Noch Machiavelli verstand es, diese republikanische Einrichtung in seiner geregelten Funktionsfähigkeit zu loben und vom späteren Mißbrauch klar zu unterscheiden: »Man sieht ja auch, daß der Diktator dem Staat immer Nutzen brachte, solange er verfassungsmäßig eingesetzt worden war und sich nicht aus eigener Machtvollkommenheit aufgeworfen hatte. Nur Ämter, die auf ungesetzlichem Wege erworben werden, und Machtbefugnisse, die man sich unrechtmäßig anmaßt, bringen einem Freistaat Schaden ...« (»Discorsi«, I:34).

Was Machiavelli hier allerdings nicht erwähnt, ist die Kritik Ciceros, daß oftmals eine formale Legalität und der äußere Schein der Rechtswahrung die Mittel waren, aus einem vertraglich überantworteten Amt eine absolute Machtposition zu gestalten: durch gezielte und meist erzwungene Manipulationen von Sprache, Geist und Funktion der → Verfassung.

So ist es Ferdinand II. aus dem Hause Habsburg in Böhmen (1627), Friedrich III. aus dem Hause Oldenburg in Dänemark (1661), Karl XI. aus dem Hause Pfalz-Zweibrücken in Schweden (1693) und Friedrich III. aus dem Hause Hohenzollern in Preußen (1701) gelungen, mit Hilfe eines ausgenutzten Notstandes (*casus necessitatis*) und patrimonial gedeuteter Erbbegriffe diese Länder in ihre absolute Gewalt zu bringen.

Trotz einiger Unterschiede in der Vorgehensweise lieferten diese »absoluten Herren« nach dem Vorbild Caesars ein Grundmodell zur erfolgreichen Durchsetzung einer Diktatur, der das dynastische Eigenwohl wichtiger war als das ständische Gemeinwohl (→ Absolutismus). Unter Anwendung von Terror und Trug zerschlugen sie nach einer Not- und Kriegszeit die vorhandene politische Kultur der vertraglichen Libertät und sicherten sich »die gediegen bleibende Vereinigung der Gewalten«, die ungeteilte »Persönlichkeit des Staates«, die »Souveränität als die Persönlichkeit des Ganzen« und die »unbeschränkte Willkür« nach der Machtformel »Ich will« (Hegel, »Grundlinien der Philosophie des Rechts«, §§ 279-283).

Mit und nach dem Staatsstreich des Generals Bonaparte (1769-1821) im Jahre 1799 bestätigte sich strukturell das Wirken des → Cäsarismus als gezielte Destruktion einer Verfassung und Freiheitsordnung. Am Ende der erschöpften Ersten Republik Frankreichs vermag es »Bonaparte mühelos, sich zum ›Konsul auf Lebenszeit‹ zu machen und eine neue Verfassung zu erlassen, die ihm praktisch die Diktatur übergibt« (Friedrich Sieburg). Diesen Status steigerte er noch mit der pompösen Eigenkrönung zum »Erbkaiser« 1804, um dann wie sein großes Vorbild Caesar militärisch nach der Weltherrschaft zu greifen (→ Universalismus).

Das Besondere am Entstehen und dauerhaften Wirken solcher Diktaturen lag darin, daß es die Machthaber im Hermelin verstanden, Notstände zu nutzen, organisierten → Terror einzusetzen, systematischen Zwang auszuüben, durchgehende »Sozialdisziplinierungen« abzufordern (in Polizei, Streitkräften, Verwaltung, Wirtschaft und Bildungswesen), ungehindert Gewalt anzuwenden und selbst im Falle eines Eroberungskriegs keinerlei Form von → Opposition zu dulden. Der »Soldatenkönig« Friedrich Wilhelm I. exekutierte dieses totalitäre Machtprogramm 1730 drastisch und beispielhaft in der Katte-Affäre. An das parlamentarische England gewandt, donnerte der »Haustyrann« sein Bekenntnis heraus: »Solange Gott mir das Leben gebe, werde ich mir als Herr despotisch souteniren, wenn ich auch 1000 der Vornehmsten die Köpfe abschlagen lassen sollte. Denn die Engländer sollten wissen, daß ich keine Nebenregenten nit würde bei meiner Seite zulassen.«

Diktaturen der Moderne

Obgleich die Diktatur Napoleons durch das Zusammenwirken von halb Europa (Belle-Alliance) mit dessen Niederlage bei Waterloo (1815) endete und Frankreich eine → Monarchie wurde, dauerten unter den Siegern alle Diktaturen fort. Denn der Wiener Kongreß schaffte es 1814/15 nicht, die dynastischen Nachfolgestaaten des Heiligen Reiches in ihrem Patrimonialwesen zu ändern. Trotz formaler »Konstitutionen« in einzelnen Ländern des Deutschen Bundes (1815-66) blieb der »Polizeistaat« des Metternichsystems bestehen: Alle von den absoluten Erbfürsten befohlenen »Gesetze« waren keine Verträge mit den Ständen mehr, sondern »stets einseitige Erlasse«, die »von ihnen wieder aufgehoben werden konnten« (Helmut Coing).

In einer solch absoluten Macht kam die Eigenart der »Kriegsverfassung« zum Vorschein, die neben der dynastischen Erb-Ordnung »das Rückgrat des Staates« (Otto Hintze) bildete: letztlich das Erzwingen des »blinden Gehorsams« auf allen Ebenen und damit die völlige Mißachtung des Gegenseitigkeitsgebots (→ Staat).

Genau dieses Modell der Diktatur beschrieb Karl Marx in seiner eingehenden Analyse zum Staatsstreich des Louis Bonaparte, dem späteren Napoleon III., im Jahre 1851. Denn die wesentliche Gefährdung des »konstitutionellen«, »demokratischen« und »revolutionären« Prozesses in Frankreich erkannte der kritische Rechtsanwalt dort, wo die Forderung »Liberté, égalité, fraternité durch die unzweideutigen Worte: Infanterie, Kavallerie, Artillerie ersetzt« werden konnte.

Als die zahlreichen Versuche gescheitert waren, mittels der Nationalversammlung die innere Krise Frankreichs zu beenden, kam der Ruf nach einer »starken und uneingeschränkten Regierung« auf. Louis Bonaparte nutzte diese Situation und setzte den bei Staatsstreichen üblichen Gewaltmechanismus in Gang: Verhaftung der Opposition, Auflösung der Nationalversammlung und des Staatsrats (→ Absolutismus), die uneingeschränkte Verfügung über die »Bank von Frankreich« sowie die Gleichschaltung aller öffentliche Ämter und der Presse.

Obschon Marx das Destruktionsgesetz einer Diktatur im Zeichen des Neo-Absolutismus von Napoleon I. bis zu Napoleon III. bekannt war, glaubte er, daß sich der Fortschritt in der Geschichte mittels einer »Diktatur des Proletariats« durchsetzen werde. Vom Wesen aller Geschichte als »Klassenkampf« überzeugt, hielt er den Sieg des Proletariats über das kapitalistische → Bürgertum für unvermeidlich, um nach dem »Reich der Notwendigkeit« im Sozialismus das »Reich der Freiheit« zu errichten.

Die Vorstellung, daß die künftige »Diktatur des Proletariats« gleichsam geschichtsnotwendig sei und als Massenbewegung die bestehenden Machtverhältnisse beim Eigentum über die Produktionsmittel wie im staatlichen Überbau radikal umpole, verlieh diesem Revolutionsmodell die Aura einer besonderen historischen Legitimation.

Als sich aber nach der Februarrevolution von 1917 die Möglichkeit bot, im ehemaligen zaristischen Rußland eine »Diktatur des Proletariats« zu verwirklichen, da zeigte es sich, daß der »Sozialismus« von Berufsrevolutionären wie Lenin, Trotzki oder Stalin nur den → Absolutismus »beerbt« hatte. Denn mit Hilfe eines vorgeschützten Notstandes und durch Ausnützen der Kriegslage (Soldaten-Sowjets, Rote Armee) gelang die Überwindung der vorhandenen »Doppelmacht« (Lenin) von demokratisch gesinnten und diktatorisch tätigen Kräften – zu eigenen Gunsten.

In Deutschland war dem wiederholten Ruf nach einer »Diktatur der Vernunft« (Thomas Mann) zur Behebung der wirtschaftlichen Not Ende der 1920er Jahre insoweit »Erfolg« beschieden, als ab 1928 verschiedene Reichskanzler verstärkt den Artikel 48 der Weimarer Verfassung bemühten und mit gezielten Notverordnungen regierten – am kontrollierenden Reichstag vorbei, aber mit einer gewissen Rükkendeckung durch den Reichspräsidenten von Hindenburg.

Unter fortwährender Berufung auf die Verfassung wurden bestimmte Teile ihrer Ordnung auf Gegenseitigkeit geschwächt und die Vertragssubstanz schrittweise ausgehöhlt. Während dieses hausgemachten Destruktionsprozesses entwickelte nicht nur die Reichswehr eine wachsende Eigendynamik als innere Ordnungsmacht. Auch die Nationalsozialisten (NSDAP) stärkten ihre Position als außer- und antiparlamentarische Bewegung sowie als Parlamentspartei. Ihr ausdrückliches Machtziel bestand im Rahmen dieser Doppelstrategie darin, das System der parlamentarischen → Demokratie zu nutzen, um sich eine scheindemokratische Legitimation zu verschaffen und bei passender Gelegenheit jedes Verfassungsgebot aufzuheben.

Bereits die Notverordnungen hatten Anschauungsunterricht dafür gegeben, wie ohne und gegen das Parlament die öffentliche Gewalt gehandhabt werden konnte. Als dann noch am 12. Mai 1932 unter Mißbrauch der Reichswehr der sogenannte »Preußenschlag« des späteren Reichskanzlers von Papen erfolgte, war Beobachtern klar, daß seit diesem Versuch des Staatsstreichs »in Deutschland die Militärdiktatur herrscht«, obgleich deren Verfechter sich bemühten, den »Anschein der Legalität« zu wahren. Mehr noch: »Wir leben nicht mehr in der demokratischen Republik, wir stehen längst an der Schwelle des Dritten Reichs«, demnach in der »letzten Phase eines in der Auflösung begriffenen Systems« (Hanns-Erich Kaminski, 1932).

Blieb dem Putschversuch von Papens der Erfolg versagt, so gelang es Adolf Hitler nach den Wahlen zum Reichstag am 6. November 1932, dem Reichspräsidenten von Hindenburg seine Ernennung zum Reichskanzler abzunötigen – obgleich er bei diesem formellen Verfassungsakt am 30. Januar 1933 mit seiner NSDAP keine Mehrheit im Reichstag besaß.

Die unter mysteriösen Umständen zugestandene Kanzlerschaft bedeutete mit der Vereidigung Hitlers auf die Weimarer Verfassung noch nicht die Diktatur, war aber ein wesentlicher Schritt dazu, diese Verfassung insgesamt und systematisch auszuhebeln. Das gelang mit einer Reihe von Notverordnungen, die der Scheinwahl vom 5. März 1933 vorausgingen. Trotz massiver Behinderung der demokratischen Parteien erzielte die NSDAP nur 43,9 % der Stimmen oder 288 Sitze im Reichstag. Mit den gut 8 % der Deutschnationalen erreichte Hitler zwar eine formelle Mehrheit, aber er benötigte noch die Stimmen der katholischen Zentrums-Partei, um Sondervollmachten wahrnehmen zu können. Das unter Lug und Trug, Terror und Gewalt erzwungene »Gesetz zur Behebung der Not von Volk und Staat« am 23. März 1933 verschaffte ihm schließlich die Möglichkeit, seine Diktatur auf allen politischen Ebenen zu etablieren.

In diesem sogenannten »Ermächtigungsgesetz« sollte sich der »Volkswille« ausdrücken, »Adolf Hitler, den Führer der nationalsozialistischen Bewegung, als politischen Führer des deutschen Volkes« anzuerkennen. Wenn man darin außerdem ein »vorläufiges Verfassungsgesetz des neuen Deutschland« sah, dann »war die deutsche Revolution legal, d.h. gemäß der früheren Verfassung formell korrekt ... Im übrigen bedeutet ihre Legalität nur eine von der früheren Weimarer Verfassung, also von einem überwundenen System her bestimmte Eigenschaft. Es wäre juristisch falsch und politisch ein Sabotageakt, aus dieser Legalität eine Weitergeltung überwundener Rechtsgedanken, Einrichtungen oder Normierungen und damit eine fortdauernde Unterwerfung unter den Buchstaben oder den Geist der Weimarer Verfassung abzuleiten ...« (Carl Schmitt, 1933).

Nach Maßgabe einer solchen Rechtsauffassung, der sich nur die Reichstagsfraktion der SPD widersetzte, konnte sich die eingeleitete Destruktion des Verfassungs- und Rechtsstaates fortsetzen. Wie bereits vom Absolutismus vorgeführt, sorgten systematische Gleichschaltungen auf allen Ebenen des öffentlichen Lebens für die Festigung der Diktatur. Das Verbot aller demokratischen Parteien als → Opposition war ebenso eine Konsequenz aus dem einseitigen »Führerprinzip« wie der Austritt aus dem Völkerbund (1933): In beiden Fällen entledigte man sich der bisherigen Rechtskontrollen.

Ein untrüglicher Prüfstein jeder Diktatur von Caesar bis Ceauşescu (Rumänien) ist das Verhältnis eines Diktators als »absoluter Chef« (Pinochet, Chile) zur Besteuerung seines persönlichen Einkommens und Familienvermögens. Als die Münchener Finanzbehörde 1935 in Berlin wegen Hitlers ausstehenden Steuern vorstellig wurde, da erklärte man im Finanzministerium, daß der »Führer« als »legibus solutus« betrachtet werden müsse: Er steht dieser Auffassung nach wie in einer Notstandslage oder wie ein patrimonialer Erbfürst »über den Gesetzen«, lehnt damit jede vertragliche → Treuhandschaft gegenüber dem Volk ab und entrichtet auch keine Steuern mehr – er kann über Land und Leute als unumschränktes Privatgut verfügen (→ Souveränität).

Obgleich sich in der Geschichte außer der altrömischen keine Diktatur als segensreich oder konstruktiv erwiesen hat, finden sich weltweit immer wieder politische Kräfte bereit, ein solches Machtsystem anzustreben oder zu verteidigen – und das mit Erfolg. So waren bei der Gründung der Vereinten Nationen im August 1945 neben den west- und nordeuropäischen Demokratien ein Großteil der Mitglieder im Inneren als Diktaturen organisiert.

Daran hat sich bis heute nur in Einzelfällen etwas geändert (Portugal 1974, Spanien 1975). Vor allem die zahlreichen neuen Mitgliedsstaaten in Afrika, Asien und im Einflußbereich des Islam kennen nach demokratischen Phasen (z.B. Kuwait von 1961 bis 1986) in der Regel nur Ein-Partei- oder Dynastie-Diktaturen. Dennoch gelten sie als vollwertige Mitglieder in der UNO, die selbst als Organisation im Kern demokratisch strukturiert ist, ohne jedoch der Mehrheit in der Vollversammlung großes Gewicht beizumessen.

Der Hauptgrund für diese Konstruktion, Diktaturen in einer demokratisch angelegten Körperschaft als gleichberechtigte Mitglieder zu dulden, liegt in der Kommutation. Man verfährt hier »ohne Ansehen der inneren Verhältnisse«, die ja schnell wechseln können, wenn in einzelnen Ländern der »Putschismus« innerhalb des Militärs grassiert. Das macht auch verständlich, warum sich die UNO oft so schwertut, das Mittel der Intervention anzuwenden, um bedrohte Demokratien zu stützen und diktatorische Regimes zu bekämpfen: Die Einmischung könnte als Verletzung des »Selbstbestimmungsrechtes« angesehen werden (→ Staat).

»Öko-Diktatur«

Eine ganz neue Dimension des Diktatorischen entfaltet sich seit einiger Zeit in mehreren Industrieländern, die steigenden Umweltbelastungen ausgesetzt sind. Ihre demokratischen Parteien, Regierungen und Verwaltungen müssen sich von radikalen Umweltschützern zunehmend vorhalten lassen, daß die Mittel der → Marktwirtschaft allein nicht mehr ausreichen, die vorhandenen und künftigen Umweltschäden schnell, umfassend und menschenverträglich zu beheben. Der Ruf nach einer »Öko-Diktatur« wird unter ihnen immer lauter und auf die globale Situation übertragen: »Ein Stop, ja schon eine wesentliche Verlangsamung des Wachstums setzen eine Weltdiktatur voraus, die ganzen Industriezweigen jede Expansion verbietet ... Man müßte den Menschen sagen, daß sie die Dinge, welche sie begehren, nicht bekommen können« (Dimitri Chorafas).

Die Häufung von Müll-, Wasser- und Luft-Notständen, die nach »außerordentlichen Maßnahmen« und »übergesetzlichen« Verfahren verlangen, scheint ein neues Bewußtsein zu fördern, das → Umweltschutz als rechtsfreien Raum behandelt sehen möchte.

Diese Haltung aber ist so alt wie die politische Geschichte seit der Antike. Schon damals war die menschliche »Lust am Dreck« (Heraklit) bekannt, und es wurde in Herkules der »starke Mann« aufgeboten, der mit göttergleichen Kräften den irdischen Augiasstall auszumisten hatte. Tyrannen in einzelnen griechischen Stadtstaaten haben sich immer wieder als »starke Männer« aufgespielt, die fähig sind, öffentliche Miß- und Notstände schnell und mit einfachen Mitteln zu beseitigen. In Wirklichkeit aber galten ihre »Befreiungsschläge« der eigenen Bereicherung, dem Personenkult und der Zerstörung politischer Kultur.

Gerade die enormen Umweltprobleme in den ehemaligen »sozialistischen« Ländern zeigen zur Genüge, daß es gerade Diktaturen sind, die nichts von einer verantwortungsbewußten → Treuhandschaft gegenüber Land und Leuten wissen wollen – die wichtigste Verpflichtung, um Natur und Lebenswelt für künftige Generationen zu erhalten.

Trotz schwerer Versäumnisse, Profitgier und Naturverachtung auch in den westlichen Industrieländern haben dort die Demokratien und Bürgerinitiativen einen langwierigen Prozeß des Umdenkens eingeleitet und schon einige Besserungen durchgesetzt (DDT- und FCKW-Verbote) – auf parlamentarischem Weg.

Ob all diese Maßnahmen hinreichen werden, um die Erde vor lokalen, regionalen und gar globalen Katastrophen zu schützen, bleibt eine offene Frage. Aber das Bemühen, sich wieder auf das Treuhandgebot des Naturrechts zu besinnen, scheint auf die Dauer mehr Erfolg zu haben als die Ausrufung von »Ausnahmezuständen« und das Herbeireden von Diktaturen, die etwas »retten« sollen, was ihnen völlig wesensfremd ist: Schließlich »hat es einen Diktator, der seine Propagandamaschine für die Erhaltung der Natur eingesetzt hätte, noch nicht gegeben« (Herbert Gruhl, 1992).

Literatur:

Arendt, Elemente und Ursprünge der totalen Herrschaft, 1955, dt. 1958 ✦ *Aristoteles*, Politik, III:6,7 ✦ *Aron*, Demokratie und Totalitarismus, dt. 1970 ✦ *Berve*, Die Tyrannis bei den Griechen, 2 Bde., 1967 ✦ *Bosshart*, Politische Intellektualität und totalitäre Erfahrung, 1993 ✦ *Bracher/Sauer/Schulz*, Die nationalsozialistische Machtergreifung, 3. Aufl., 1974 ✦ *H. Buchheim*, Totalitäre Herrschaft, 1962 ✦ *Bustos*, Die Verfassung der Diktatur. Die Entwicklung der Grundrechte in Chile, 1987 ✦ *Bracher*, Die deutsche Diktatur, 1979 ✦ *Chorafas*, Die kranke Gesellschaft, 1974 ✦ *J.B. Cobb*, Der Preis des Fortschritts, 1972 ✦ *Cobet*, ›König‹, ›Anführer‹, ›Herr‹, ›Monarch‹, ›Tyrann‹, in: Soziale Typenbegriffe, Bd. III, 1981 ✦ *Coing*, Epochen der Rechtsgeschichte in Deutschland, 3. Aufl. 1976 ✦ *Dittmar*, Umweltschäden regieren uns, 1971 ✦ *Dubos*, Der entfesselte Fortschritt – Programm für eine menschliche Welt, 1970 ✦ *Faulenbach/Stadelmaier*, Diktatur und Emanzipation, 1993 ✦ *Fest*, Das Gesicht des Dritten Reiches, 1963 ✦ *Forsthoff*, Der totale Staat, 1933 ✦ *Friedensburg*, Die Weimarer Republik, 1957 ✦ *Friedländer*, Auftakt zum Untergang. Hitler und die Vereinigten Staaten von Amerika, 1965 ✦ *Funke* (Hrsg.), Totalitarismus, 1978 ✦ *Gleich*, Chile: Spielräume der demokratischen Opposition zwischen Diktatur und Demokratie, 1991 ✦ *Ch. Graf*, Politische Polizei zwischen Demokratie und Diktatur: Die Entwicklung der preußischen Politischen Polizei vom Staatsschutzorgan der Weimarer Republik zum Geheimen Staatspolizeiamt des Dritten Reiches, 1983 ✦ *Gruhl*, Himmelfahrt ins Nichts. Der geplünderte Planet vor dem Ende, 1992 ✦ *Hallgarten*, Dämonen oder Retter. Eine kurze Geschichte der Diktatur seit 600 v.Chr., 1957 ✦ *Jänicke*, Totalitäre Herrschaft, 1971 ✦ *W. Johnson*, Der schwierige Weg zur Genügsamkeit, 1982 ✦ *Kautsky*, Der neue Staat. Demokratie oder Diktatur, 1918 ✦ *ders.*, Die Diktatur des Proletariats, 1918 ✦ *ders.*, Von der Diktatur zur Staats-Sklaverei, 19XX ✦ *Löbsack*, Versuch und Irrtum – Der Mensch: Fehlschlag der Natur, 1974 ✦ *Linz* (Hrsg.), The Breakdown of Democratic Regimes, 1978 ✦ *Luttwack*, Coup d'Etat, dt. 1969 ✦ *B. Moore*, Soziale Ursprünge von Diktatur und Demokratie, dt. 1974 ✦ *Nolte*, ›Diktatur‹, in: Geschichtliche Grundbegriffe, Bd. 1, 1972 ✦ *Revel*, Die totalitäre Versuchung, 1976 ✦ *Rossitter*, Constitutional Dictatorship, 1941 ✦ *A. Schaefer*, Das Dogma – Wegbereiter der Diktatur, 1984 ✦ *H. Schaefer*, Staatsform und Politik, 1932 ✦ *Schapiro*, ›Totalitarianism‹, dt. in: Sowjetsystem und demokratische Gesellschaft, Bd. 6, 1972 ✦ *Schlangen*, Die Totalitarismus-Theorie, 1976 ✦ *C. Schmitt*, Die Diktatur, 2. Aufl. 1928 ✦ *ders.*, Staat, Bewegung, Volk. Die Dreigliederung der politischen Einheit (Der deutsche Staat der Gegenwart), 2. Aufl. 1933 ✦ *Seidel/Jenkner* (Hrsg.), Wege der Totalitarismusforschung, 1968 ✦ *Sieburg*, Napoleon, 1928 ✦ *Sofsky*, Ordnung des Terrors, 1993 ✦ *Stammer*, Demokratie und Diktatur, 1955 ✦ *Sterling*, Der unvollkommene Staat, 1965 ✦ *Talmon*, The Origins of Totalitarian Democracy, 1952 ✦ *Vonessen*, Die Herrschaft des Leviathan, 1978 ✦ *H. Weber*, Aufbau und Fall einer Diktatur, 1991 ✦ *Weyrauch* (Hrsg.), Ausnahmezustand. Eine Anthologie aus »Weltbühne« und »Tagebuch«, 1966 ✦ *Williken*, Wagnis Demokratie, 1993 ✦ *Zeller*, ›Über den Begriff der Tyrannis bei den Griechen‹, in: Kleine Schriften, Bd. I, 1910.

Drittwesen

Sprachen die Juristen und Staatsmänner der Antike und Alteuropas vor der Zeit des → Absolutismus von »Drittrecht« (*jus tertii*), dann gingen sie von der dreiteiligen oder trichotomischen Struktur eines Vertrages aus.

Nach Maßgabe einer Logik, die bei der Vermittlung von Gegensätzen stets ein »eingeschlossenes Drittes« (*tertium comparationis*) mitdenkt (→ Dualismus), wurden auch Vertragslagen bewertet. Demnach waren zwei rechtsfähige Vertragspartner (Kontrahenten) gehalten, dem Gegenseitigkeitsgebot zu entsprechen und in ihrem reziprok angelegten Rechtsgeschäft (*contractus*) drei immanente Drittwirkungen zu berücksichtigen – gültiges und »gerechtes« Geld, den jeweiligen Gerichtsstand im Streitfall und das Gemeinwohl in Gestalt anteiliger Steuern.

Ausdrucksformen

In Kenntnis des Attischen Handelsrechtes, das gleichfalls der Trichotomie eines Vertrages folgte, hat Aristoteles ein »gerecht« strukturiertes Gemeinwesen auf eine dreiteilige → Ordnung bezogen, in der es einen regierenden (Exekutive), ratenden (Legislative) und richtenden (Judikative) Amtsbereich geben müsse (→ Verfassung).

Dieses Grundmodell, nach dem der moderne Verfassungsstaat in seinem Vertragswesen geordnet ist, fand sich schon lange vor Aristoteles in der Römischen Republik seit 509 v.Chr. Der Gegenseitigkeitsforderung entsprechend etablierte sich nach der Vertreibung des königlichen »Tyrannen« Tarquinius Superbus eine Trias von jährlich gewähltem Konsul und Vize-Konsul (*imperium*=exekutive Amtsgewalt), Senat (*autoritas*=Treuhandschaft des Rechts) und Comitien (*libertas*=Vertragsfreiheit).

Für den dauerhaften Erfolg dieser arbeitsteiligen und kompetenzregulierenden Anlage war die Einsicht wesentlich, daß das Gemeinwohl oder Gemeine Beste (*bonum commune*) der Republik nur dann gedeihen konnte, wenn alle drei »Staatsorgane« zusammenwirkten und dabei ihre gegenseitigen → Abhängigkeiten beherrschten.

Wurde in diesem reziproken System aus Vertrauen und institutioneller Kontrolle im Sinne einer öffentlich-rechtlichen Treuhandschaft eine der Instanzen von den anderen abgeschottet und verselbständigt, dann war die gesamte Vertragsstruktur in hohem Maße gefährdet, ja »verloren«, wenn der angestrebten »Unabhängigkeit« eines »Organs« nicht Einhalt geboten wurde.

Caesar hat diese innere Destruktion vorangetrieben und mit seiner »ewigen Diktatur« das Muster für jene Staatsstreiche geschaffen, die vor allem im 17. Jahrhundert zum → Absolutismus führten. Dabei galt das Machtinteresse der »absoluten Herren« in erster Linie der Ausschaltung von »Mediatoren« oder Drittorganen in Gestalt der Land- oder Reichsräte, der sodann die Gleichschaltung auch des gesamten Gerichtswesens folgte und damit der Dritten Gewalt.

Ähnlich verfuhren auch all jene Diktatoren der Moderne, die in der trichotomischen Gewaltenteilung, wie sie auch die Menschenrechts-Erklärung von 1789 festschrieb, das Haupthindernis ihres »Willens zur Macht« sahen (→ Diktatur). Selbst Verfechter des politisch motivierten → Terrorismus von »links« und »rechts« richten ihre Angriffe häufig zuerst auf Vertreter des Gerichtswesens als Repräsentanten und Hüter des fundamentalen Drittrechtes.

Dessen Wiederherstellung gehört denn auch zu den ersten Maßnahmen freiheitlich gesinnter Revolutionäre, wenn eine Diktatur beendet wird und die »Herrschaft des Rechts« für inneren Frieden sorgen soll. Dieser Vorgang kann nach dem Sturz der dynastischen Erbsysteme ebenso beobachtet werden wie nach dem Fall faschistischer und kommunistischer Gewaltherrschaften.

Erkennungszeichen

Entgegen den heute noch vorherrschenden Lehrmeinungen der »Deutschen Staatslehre« hat sich der moderne Staat nicht nach Maßgabe eines → Dualismus, d.h. der völligen »Unabhängigkeit« von Fürst (Dynastie) und Ständen ausgebildet, sondern im Geist einer fundamentalen Vertrags-Trichotomie zwischen Fürst, Rat und Ständen.

Das libertäre Alteuropa wurde demnach über Jahrhunderte hin in Theorie (Politica-Lehre) und Praxis von den republikanischen Traditionen Roms ebenso geprägt wie von der Systematik des Aristoteles. Ganz im Sinne dieser überkommenen Dreiheit heißt es denn auch in der ersten Gesamtverfassung Europas, der »Regierungs-Form« Schwedens von 1634: »Ein ordentliches Regiment besteht überall dort, wo dem König die Majestät, dem Rat die Autorität und den Ständen die Libertät gehört«.

Auf die vertragliche Struktur der Adels-Republik Polens übertragen, wurden diese drei Kompetenzen oder öffentlichen Zuständigkeiten »Trois Prérogatives« genannt. In ihnen müssen die alteuropäischen Vorläufer der »Trois Pouvoirs« gesehen werden, die 1789 in der Menschenrechts-Erklärung (Art. 16) gemeint waren, als dort von der »Teilung der Gewalten« (*séparation des pouvoirs*) gesprochen wurde – von den Vorrechten des Königs, den Zuständigkeiten des Gerichtswesens und den Grundrechten der Generalstände als »Nation« in einer Nationalversammlung.

Auch bestimmte politische Losungen (»Une foi, un roi, une loi«: »Pro lege, rege et grege« »Liberté, égalité, fraternité«), die dazu dienten, eine politisch-freiheitliche Identität herzustellen, gehören zu den Erkennungszeichen des Vertrags- und Drittwesens. Im Alltag der bürgerlichen Gesellschaft tritt es bei einer Ehescheidung (Treuhandschaft gegenüber Kindern) ebenso in Erscheinung wie bei »Drittmitteln« in der Wissenschaftsförderung oder auch bei der »Dritthaftung« im Anwaltswesen.

Kein Motto dieser fundamentalen Tradition der politischen Kultur des → Abendlandes hat aber mehr über ihren Vertragsgehalt ausgesagt als der Wahlspruch des US-Staates Louisiana. Unter einem Pelikan, der seit Alfons dem Weisen als ein Symbol der Rechtsstaatlichkeit und des Gemeinsinns gilt, verweisen drei Begriffe jeden Bürger auf seine drittwirkende → Verantwortung: »Union, Justice and Confidence«.

Literatur

Affolter, Das römische Institutionensystem, 1897 ✦ *Barudio*, ›Martin Luther‹, in: Genie und Geld, 1991 (Hrsg. K. Corino) ✦ *Bowley*, The Mathematical Groundwork of Economics, 1924 ✦ *Buschmeier*, Die Gesellschaft und das Geld, 1990 ✦ *Colin u.a.*, Traité de droit civil, 2 Bde., 1953, ✦ *Decker*, Frankreich und die Reichsstände 1672-1675. Die Ansätze zur Bildung einer »Dritten Partei« in den Anfangsjahren des Holländischen Krieges, 1981 ✦ *Ebke*, Wirtschaftsprüfer und Dritthaftung, 1983 ✦ *Flammermont (Hrsg.)*, Remontrances du Parlement de Paris au XVIIIe siècle, 2 Bde., 1755-68, 1888 ✦ *Forssell*, Tredjemans-Skyddets gränser, 1976 ✦ *Ginossar*, Droit réel, propriété et créance, 1960 ✦ *Ginther*, Die völkerrechtliche Verantwortlichkeit internationaler Organisationen gegenüber Drittstaaten, 1969 ✦ *Greven*, Die dynamische Geld- und Kreditlehre des Merkantilismus, 1936 ✦ *H.J. Hahn* (Hrsg.), Das Geld im Recht. Würzburger Universitätsreden 1983-1985, 1986 ✦ *P.M. Hahn*, Die Gerichtspraxis der altständischen Gesellschaft im Zeitalter des »Absolutismus«, 1989 ✦ *E. Hildebrand (Hrsg.)*, Sveriges Regeringsformer 1634-1809, 1981 ✦ *Hauck*, Die Stellung des Urchristentums zu Arbeit und Geld, 1921, ND 1991 ✦ *Ihering*, Geist des römischen Rechts, 1871 ✦ *Imboden*, Montesquieu und die Lehre der Gewaltenteilung, 1959 ✦ *Köster*, Die Ethik Pascals, 1907 ✦ *Krause*, Mittelalterliche Anschauungen vom Gericht im Lichte der Formel: iustitiam facere et recipere, Recht geben und Recht nehmen, 1974 ✦ *F. Pohlmann*, Individualität, Geld und Rationalität. Georg Simmel zwischen Karl Marx und Max Weber, 1987 ✦ *Ripert*, La règle morale dans les obligations civiles, 1935 ✦ *Schumpeter*, Das Wesen des Geldes, 1970 ✦ *M. Stahl*, Zur Dritthaftung von Rechtsanwälten, Steuerberatern, Wirtschaftsprüfern und öffentlich bestellten und vereidigten Sachverständigen, 1989 ✦ *Tomuschat u.a.*, Völkerrechtlicher Vertrag und Drittstaaten, dt.-engl., 1988 ✦ *Vouin*, La bonne foi, 1939 ✦ *F. Werner*, Recht und Gericht in unserer Zeit. Reden, Vorträge und Aufsätze 1948-1969, 1971 ✦ *Wespi*, Die Drittwirkung der Freiheitsrechte, 1968 ✦ *v. Westphalen*, Gemeinwohl in der freiheitlichen Demokratie, 1986.

Dualismus

Die Vorstellung von der »Zweiteilung eines Ganzen« (Dichotomie) wird in der Regel auf ein »Drittes« bezogen, das gleichzeitig vermittelbare Gegensätze voraussetzt (*tertium comparationis*). In diesem Sinne sind Mann und Frau als Eheleute reziproke Vertragspartner, die das Standesamt (Eheschließung) und das Gericht (Ehescheidung) als »Drittes« ebenso akzeptieren, wie sie sich in gemeinsamen Kindern vermitteln und deren Drittrecht sichern.

Gegen diese fundamentale Position, die sogar im → Staat auf Vertragsbasis »die große Ehe« (Per Brahe, 1654) sieht, wird vor allem im deutschen und skandinavischen Bereich seit Beginn des 19. Jahrhunderts ein besonderes Dualismus-Modell verfochten, um den Gang der Geschichte akademischen Konstruktionen anzupassen.

Dabei wirkte sich die religiös begründete Ideologie aus, daß die Kräfte »Gut« und »Bös« oder »Gott« und »Satan« stets im Widerstreit liegen, als Widersprüche nicht vermittelbar sind und somit auch nicht auf ein »Drittes« bezogen werden können (*tertium non datur*) oder es gar wie bei der Dichotomie einschließen.

Für die Festigung dieser seit 1700 (Thomas Hyde) als »Dualismus« bekannten Auffassung hat der deutsche Philosoph Friedrich Wilhelm von Schelling (1775-1854) gesorgt. Von Giordano Bruno und Jakob Böhme beeinflußt, verstand er unter dem Dualismus »die Lehre von zwei absolut voneinander verschiedenen und gegenseitig unabhängigen Prinzipien« (Werke, I:7).

Diese Grundeinstellung beherrschte vor allem die »Deutsche Staatslehre« und prägte seit der Romantik und nach 1806 (Ende des Heiligen Reiches) die Legitimationen des »dynastischen Fürstenstaats« (Johannes Kunisch). Denn nach diesem Modell konnten die patrimonialen Erbfürsten als Träger des geschichtlichen Fortschritts ausgegeben werden, während den libertären Reichs- und Landständen die Rolle zugedacht wurde, den Rückschritt zu verkörpern, da sie weitgehend unfähig seien, einen → Staat zu begründen und zu tragen.

Im Rahmen dieser → Ideologie wurden die politischen Stände Alteuropas stets als Kräfte des »Eigennutzes« abgewertet und die Fürsten mit ihren »souveränen Häusern« (→ Haus) als Vorkämpfer des »Gemeinnutzes« oder gar des »modernen Staates« glorifiziert. Daher auch die positive Einschätzung des → Absolutismus besonders in den Reihen der Borussischen Behördenkunde (Otto Hintze, Fritz Hartung, Walter Hubatsch): Dieser habe den Dualismus zwischen Ständen und Fürsten überwunden, um in einem Monismus als Konzentration aller Kräfte und Kompetenzen den Herausforderungen der Geschichte und den Anforderungen der Politik zu genügen – in der Durchsetzung und absoluten Wahrnehmung des »monarchischen Prinzips«.

Zu welchen Fehlurteilen diese von den historischen Tatsachen nicht belegte Position führen konnte, zeigt sich bei Otto Hintze, der ganze Generationen deutscher Historiker bis heute mit seinem Staats- und rechtsfreien Verfassungsverständnis geprägt hat. In einer Analyse der »Schwedischen Verfassung« mit ihrer eindeutig trichotomischen Anlage erkannte Hintze 1913 zwar den »Schlagwort-Charakter« des Dualismus-Begriffs, er konnte aber aus dem Quellenbefund nicht nachvollziehen, was Mathew Hale (1609-76) als »dreiteiligen Vertrag zwischen dem König, den Lords und den Gemeinen« bezeichnet hat. Selbst Hegels Hinweis in der Kritik an der englischen »Reform-Bill«, daß noch an Schwedens Verfassungsmodell zu erkennen sei, wie der »Große Rat« (Magnum Consilium) als Mittlerorgan in allen Monarchien Alteuropas tätig war, brachte ihn nicht zum Nachdenken über die vertragliche Staatsfähigkeit der Stände.

Stattdessen behauptete er: »Sollte Schweden einmal in einen Kampf um seine Lebensinteressen oder gar um seine Existenz verwickelt werden, so würde sich diese Verfassung schwerlich behaupten können. Die Geschichte lehrt, daß solche Kämpfe nur durch eine starke Staatsgewalt mit einheitlicher Spitze durchgeführt werden können...«

Tatsache ist, daß Schweden in seinen schwersten Existenzkämpfen immer wieder Staatsmänner fand, die nicht auf einen diktatorischen Monismus bauten, sondern auf das Drittwesen von Herrschaftsverträgen. Vor allem nach dem Schlachtentod Gustav II. Adolf sicherte die trichotomische Verfassung von 1634 (»Regierungs-Form«) den Bestand der Krone Schweden, bildete das Grundmodell für den Teutschen Frieden von 1648 und stützte das Land als europäische Großmacht, bis es diese Position unter der dynastischen Diktatur Karls XII. 1718 wieder verlor (→ Absolutismus).

Alle bisherigen Versuche, das dualistisch-monistische Erklärmodell aufzugeben und von den Quellen her eine belegbare Alternative aufzubauen (Bofinger, Carsten, Gerhard), haben sich bis heute weder an deutschen noch an skandinavischen Universitäten durchsetzen können. Ein wesentlicher Grund für diese akademische Trägheit liegt wohl darin, daß, wie Otto Stolz noch 1950 feststellen mußte, »der juridische Begriff des Vertrages für die Geschichte des Staatsrechts im Mittelalter noch kaum erörtert worden ist«.

Doch ohne umfassende und eingehende Rezeption des Vertragswesens und der zugehörigen Kommutation (→ Gerechtigkeit) werden Forschung und Lehre keinen rechten Zugang zum Reichtum politischer Kultur in Alteuropa finden, die als Dichotomie auf das → Drittwesen bezogen wurde. Der offenkundige Unwille, den modernen → Staat seit der Neuzeit vom strukturbildenden Drittrecht her zu denken, erklärt auch die häufig negative Einstellung zum liberalen Parteienwesen des 19. Jahrhunderts, das mit dem libertären Ständewesen den Kontraktualismus gemein hat. So sieht Hintze in der »Verkümmerung des genossenschaftlichen Prinzips«, wie das Ständetum auch genannt wurde, die Ursache für »die abnorme Entwicklung der Sozialdemokratie, die gerade deswegen bei uns stärker und staatsfeindlicher ist als in irgendeinem andern Lande«.

Die vollkommene Fixierung auf den Dualismus und auf das »monarchische Prinzip« hat auch dazu geführt, bei den Fürsten vom »männlichen« und bei den Ständen vom »weiblichen Prinzip« zu sprechen (Adam Müller). Der naheliegende Gedanke, daß sich beide Prinzipien unmittelbar aufeinander beziehen könnten, um gegenseitige → Abhängigkeiten zu schaffen und damit dem Gemeinwohl zu dienen, wurde jedoch nicht aufgegriffen. Denn mit der vertraglichen Verbindung beider Staatskräfte hätte man die Problematik des Drittrechtes diskutieren müssen und damit die Abschaffung der »absoluten Diktatur«.

Welche Verwirrung der Begriff Dualismus angerichtet hat, zeigt sich auch an anderen Beispielen. So wird der Kampf zwischen Habsburg-Österreich und Hohenzollern-Preußen um die Vorherrschaft im Heiligen Reich zwischen 1748 (Friede von Aachen) und 1806 sowie im Deutschen Bund von 1815 bis 1866 als »Deutscher Dualismus« bezeichnet, obgleich beide Hausstaaten vor allem bis 1806 fundamentale Verträge eingehen mußten, um das Zusammenwirken (»Concurrenz«) aller Reichsstände zu gewährleisten. Auch der besondere Staatsvertrag zwischen Österreich und Ungarn, der seit 1867 alle zehn Jahre neu ausgehandelt werden mußte, um einen »gerechten Ausgleich« beider Länder unter der gemeinsamen Habsburg-Herrschaft zu erreichen, wird als »Dualismus« ausgegeben, obwohl ein drittwirkender Vertrag vorliegt.

Mag es sich hier um Begriffs-Konventionen handeln, die nie gründlich reflektiert wurden, so gibt es doch zu denken, wenn selbst Fachjuristen bei der Erörterung von »Grundfragen der Staatsformenlehre« ihre spezifischen Formeln nicht klären und etwa zu der vagen Bewertung kommen: »Ganz allgemein mag sich auch ein philosophischer Dualismus auswirken, der ja auch entsprechende politische Konsequenzen haben kann, man denke nur an Carl Schmitts Freund-Feind-Dichotomie« (Wolfgang Mantl).

Die geradezu vernichtende Konfrontation von »Freund« und »Feind« in der Ideologie Carl Schmitts schließt eine Dichotomie mit Drittwirkung rigoros aus, weil sein totalitäres Identitätsdenken keinen Vertrag zuläßt. Wie unsicher auch Schmitt selbst in seiner Terminologie zuweilen war, ergibt sich aus seinen politisch unhaltbaren Zuordnungen und Abgrenzungen: »Endlich haben die typisch liberalen Trennungen und Dualismen von Legislative und Exekutive, in der Gemeindeorganisation von Beschluß- und Verwaltungs- oder Ausführungsorganen, ihren Sinn verloren. Die Gesetzgebungsbefugnis der Reichsregierung ist ein erstes, bahnbrechendes Beispiel dieser Aufhebung künstlicher Zerreißungen. Überall muß das System der Verantwortungsverteilung und -verschiebung durch die klare Verantwortlichkeit des zu seinem Befehl sich bekennenden Führers, und die Wahl durch Auswahl ersetzt werden« (1933).

Literatur:
Bofinger, ›Die Rolle des Luthertums in der Geschichte des deutschen Stände-Parlamentarismus. Geist und Geschichte der Reformation‹, in: Festgabe für Hanns Rückert, 1966 ✦ *O. Brunner*, ›Moderner Verfassungsbegriff und mittelalterliche Verfassungsgeschichte‹, in: MIÖG, 1939 ✦ *Carsten*, Princes and Parliaments in Germany from the Fifteenth to the Eighteenth century, 2. Aufl. 1963 ✦ *Fahlbeck*, Schwedens Regierungsform, 1911 ✦ *Franzel*, Der Donauraum, 1958 ✦ *Hartung*, Zur Entwicklung der Verfassungsgeschichtsschreibung in Deutschland, 1956 ✦ *Herde*, ›Deutsche Landstände und englisches Parlament. Bemerkungen zu F.L. Carsten‹, in: HJb, 80, 1961 ✦ *Hintze*, ›Die schwedische Verfassung und das Problem der konstitutionellen Regierung‹, in: ZfP, 1913 ✦ *Hjärne*, Från Vasatiden till Frihetstiden. Några drag ur den svenska konstitutionalismens historia, 1929 ✦ *E.R. Huber*, Deutsche Verfassungsgeschichte seit 1789, 2. Aufl. 1967‹ ✦ *Lagerroth*, Frihetstidens författning, 1915 ✦ *Mantl*, Repräsentation und Identität. Demokratie im Konflikt. Ein Beitrag zur modernen Staatsformenlehre, 1975 ✦ *A. Müller*, Schriften zur Staatsphilosophie, 1923 ✦ *Oestreich*, ›Ständetum und Staatsbildung in Deutschland‹, in: Der Staat, 1967 ✦ *ders.*, ›Fritz Hartung als Verfassungshistoriker 1883-1967‹, in: Der Staat, 1968 ✦ *Pétrement*, Le dualisme chez Platon, les gnostiques et les manichéens, 1947 ✦ *Rody*, Preußen und Österreich im Ringen um die deutsche Seele, 1947 ✦ *C. Schmitt*, Staat, Bewegung, Volk, 1933 ✦ *ders.*, Positionen und Begriffe im Kampf mit Weimar - Genf - Versailles 1923-1939, 1940 ✦ *ders.*, ›Der Gegensatz von Gemeinschaft und Gesellschaft als Beispiel einer zweigliedrigen Unterscheidung. Betrachtungen zur Struktur und zum Schicksal solcher Antithesen‹, in: Estudios Juridico Sociales, Bd. I, 1960 ✦ *Schmitz*, Die Freund-Feind-Theorie Carl Schmitts. Entwurf und Entfaltung, 1965 ✦ *P. Schneider*, Ausnahmezustand und Norm. Eine Studie zur Rechtslehre von Carl Schmitt, 1957 ✦ *Sjödell*, ›Kungamakt och aristokrati i svensk 1900-talsdebatt. En studie i dualistisk historiesyn‹, in: HTs 1965 ✦ *O. Stolz*, ›Die Staatsverträge der österreichischen Landesfürsten im 13. und 14. Jahrhundert‹, in: MIÖG, 58, 1950.

Eigentum

In den Geboten »Du sollst nicht stehlen!« und »Du sollst nicht begehren deines Nächsten Hab und Gut!« schreiben die Zehn Gebote (Dekalog im Alten Testament) jedem Einzelmenschen vor, sich in seinem Erwerbssinn an das »Eigene« zu halten. Diese fundamentale Vorschrift schließt gleichzeitig ein, daß die Nächsten in Familie und Gemeinwesen in ihrem jeweiligen Eigentum zu achten sind, außerdem dürfen die Eigentumsrechte und Besitzansprüche Dritter im Regelfall nicht verletzt werden (→ Ordnung).

Das Römische Recht hat für das »Eigene« in Gestalt materieller wie geistiger Güter den Terminus »proprium« geprägt. Davon leitet sich auch der französische Begriff »propriété« und das englische »property« für »Eigentum« ab, ohne dessen Garantie die überkommenen → Verfassungen des → Abendlandes kaum denkbar wären. Die Existenz eines »freien Menschen« wird demnach an die rechtsgebundene Verfügung über Eigentum verwiesen. Gleichzeitig bleibt der Inbegriff politischer Kultur dem Wesen und Wirken von »Freiheit und Eigentum« (*liberty and property*) unterworfen.

»Eigentum verpflichtet«

Der besondere Schutz einer persönlichen Fahrhabe (bewegliches Eigentum) wie der familiären Festhabe (Liegenschaften, Gebäude) gehörte schon zu den verpflichtenden Aufträgen des Alten Testamentes an das Volk Israel. Im Buch Micha wird denn auch die umfassende Rechtssicherheit »des Mannes und seines Hauses, des Besitzers und seines Eigentums« (2,2) angemahnt. Die heftige Klage über bestimmte »Richter des Hauses Israel«, die »das Recht verabscheuen« (3,9), zielt auf die Sicherung einer Lebensgrundlage, die nur in Zeiten der → Gerechtigkeit und des → Friedens richtig gedeihen kann.

Diese Mahnungen gehen im wesentlichen von einem treuhänderischen Eigentumsverständnis aus. Denn der »freie Mann« Israels darf »das ihm zustehende Stück Land nicht beliebig veräußern, verschenken, tauschen oder verkaufen«, wohl aber »vererben« (A. Alt). Schließlich ist es nach dieser Vorstellung vom Gott Jahwe zu treuen Händen seinen Nutzern anvertraut worden – vom »eigentlichen Eigentümer des ganzen Landes«.

Diese Auffassung von »Gottes eigenem Land«, das den Menschen zu guter und gerechter Nutzung überlassen worden ist, hat die politische Kultur des Abendlandes mit ihren ausgeprägten Besitzkirchen, korporativen Gesellschaften und eigentumsbezogenen → Staaten auf eine Weise strukturiert wie kein anderes Gestaltungsprinzip (→ Treuhandwesen, → Feudalismus, → Absolutismus, → Verfassung). Es findet sich außerhalb des jüdisch-christlichen Bereichs vor allem im Römischen Recht, wo

Konsuln, Senat und Comitien neben allem Machtinteresse darüber zu wachen hatten, daß die »res publica« als »öffentliches Vermögen« dem Gemeinwohl (»salus publica«) diente. In dieser Wirkung und Funktion wurden Güter, Liegenschaften und sonstiges Eigentum der Öffentlichen Hand in ihrer besonderen Rechtsqualität von den »res privata« oder Privatvermögen der römischen Bürger getrennt: Kamen öffentliche Güter als Gemeineigentum der Republik in private Nutzung, dann behielt sich der Stadtstaat Rom eine Art Heimfallsrecht (*jus retractus*) vor.

Die römischen Juristen sprachen in derartigen Vertragslagen von einer Nutz- und Nießgewalt (*dominium utile*), die bestimmten Bedingungen und Bindungen unterlag: sei es in Gestalt materieller Abgaben, meist im Jahres-Rhythmus aus der Ernte, als Gestellung von Roß und Reiter für das militärische Aufgebot in Notstands- oder Kriegszeiten (Roßdienst im Lehnswesen), sei es als Rechenschaft über die geleistete Verwaltung des überantworteten Eigentums als zeitliches Nutzungsgut.

Aus diesem Modell, das der Republik ein besonderes Obereigentum (*dominium directum* oder *absolutum*) beließ, gestaltete sich in Verbindung mit alttestamentarischen Vorstellungen in Alteuropa das Lehnswesen (→ Feudalismus). Das hohe Recht von Kaisern, Königen und Fürsten, in der Wahrnehmung zuteilender Gerechtigkeit (Distribution) an verdiente Untertanen »Lehen zu verlehnen«, setzte demnach voraus, daß ein Fundus an öffentlichen Kron-, Tafel- oder Kammer-Gütern in einem Gemeinwesen vorhanden war. Aus ihrem Ertrag mußte durch Eigenbewirtschaftung oder aufgrund treuhänderischer Nutzung der Bedarf öffentlicher Ausgaben bestritten werden. Genügten diese Einnahmen nicht, dann waren die Fürsten gehalten, die Stände auf Land- oder Reichstagen um Bewilligung von neuen Steuern, Sonderabgaben oder Kontributionen zu bitten: Die notwendigen Belastungen des ständischen Privatvermögens zugunsten öffentlicher Notlagen erfüllten dabei die Ansprüche der ausgleichenden oder kommutativen → Gerechtigkeit.

Kam es wegen langwieriger Kriege zu wesentlichen Störungen oder Verschiebungen in der »Symmetrie des Eigentums« (Aristoteles) zugunsten der privaten Hände, dann sahen noch im Mittelalter und selbst in der Neuzeit einige Verfassungen das Heimfallsrecht in Gestalt einer Güterreduktion an die Krone vor. Analog zum Alten Testament und zum Römischen Recht konnte nach Maßgabe des »Reichsrechtes« (Landslag) von 1442 in Schweden-Finnland verlangt werden, daß an Adlige verlehnte Krongüter wieder von der öffentlichen Hand selbst genutzt wurden, um die entstandene Finanznot zu beheben. Dieser Fall trat vor allem im Jahre 1682 ein, als unter scheinlegalen Formen Karl XI. vom Neuadel eine »grausame Reduktion« (Achenwall) an Krongütern erzwang, um damit die eigene dynastische Diktatur abzusichern (→ Absolutismus).

Wie stark das Rechtsinstitut des Heimfalls an einen höchsten und öffentlichen Eigentümer auch heute noch ist, zeigt sich dort, wo Familien aussterben oder alleinstehende Personen ihr Privatvermögen nicht durch ein rechtlich einwandfreies Testament vererben konnten: Das anfallende Eigentum geht als Fahr- und Festhabe an die Öffentliche Hand »zurück« (→ Erbwesen), um neu verteilt oder genutzt zu werden.

Auch in dieser Bewegung der Verfügungsrechte wird sichtbar, daß die Eigentums- und Rechtsordnungen im Abendland wie in Nordamerika an das Treuhandgebot gebunden sind. Dessen vertragliches Wesen ist auch die grundlegende Voraussetzung dafür, daß Eigentum bei aller Substanzgarantie und Schutzwürdigkeit auf eine bestimmte Sozialbindung festgelegt werden kann.

So heißt es im Artikel 14 des Bonner Grundgesetzes: »Eigentum verpflichtet. Sein Gebrauch soll zugleich dem Wohle der Allgemeinheit dienen.« In sprachlicher wie sachlicher Nähe zu dem Wort des Duc de Levis »Noblesse oblige« (Adel verpflichtet) drückt sich in diesem Verfassungsartikel die überkommene Vorstellung aus, daß alle Menschen in einem Gemeinwesen auf gerechte Weise (»Jedem das Seine«) an der Nutzung des vorhandenen Bodens beteiligt werden sollten.

Die Praxis in der Geschichte lief allerdings dieser Einsicht häufig zuwider. Das Sklavenwesen in der Antike oder auch im neuzeitlichen Amerika, die Leibeigenschaft im Mittelalter oder die patrimoniale »Erb-Untertänigkeit« im → Absolutismus sind Ausdruck einer durchgängigen Tendenz, Treuhandbeziehungen in ein Volleigentum (*dominium absolutum*) zu verwandeln. Die Landnahme weißer Siedler in

Nord- und Südamerika seit 1492 bestätigt diese Gefährdung des Depotismus ebenso wie das Verhalten landhungriger Engländer in Australien seit 1788. Dort wurde gegen den Gemeinbesitz der Ureinwohner (Aborigenes) die Terra-nullius-Doktrin mit Waffengewalt erzwungen – ein ganzer Kontinent konnte demnach als Niemandsland betrachtet werden.

Aber auch in einem engeren, lokalen Rahmen wird selbst von Gerichten in Verfassungsstaaten nicht immer zugunsten der Sozialbindung entschieden, etwa wenn Eigentum zu Spekulationszwecken eingesetzt wird und nicht zur Nutzung als Wohnraum: So geschehen zu Zeiten des »Häuser-Kampfes« in bundesdeutschen Großstädten Anfang der 1970er Jahre oder auch beim fortgesetzten Mißbrauch von Gewerkschafts-Eigentum zur persönlichen Bereicherung von Funktionären wie in der »Affäre Neue Heimat«.

»Eigentum ist Diebstahl«

Mit dem Aufkommen und Nachwirken der vertraglichen Nutzungsidee von Eigentum (Lehen, Pacht, Miete, Leasing) hat sich stets auch die Tendenz entwickelt, besonders öffentliches Eigentum durch »Erbgang« oder Kauf so stark in Privathand zu verankern, daß Rückführungsaktionen kaum noch möglich sind.

Diesen Vorgang der privaten Abschottung von Eigentum nennt man »Patrimonialisierung«. Der Begriff leitet sich von einem »Patrimonium« oder »Vatererbe« ab, dessen Rechtsqualität und Verfügungsgewalt vom Volleigentum bestimmt wird: In einem solchen Fall kann ein Familienvater (*pater familias*) oder Selbsteigner sein Vermögen mittels eines Testamentes oder »Letzten Willens« an Nachfolger oder Erben weitergeben, ohne einen Vertragspartner (Ehefrau) oder Dritten (Organe der Öffentlichen Hand) fragen zu müssen. Die notwendige rechtliche Sicherung durch Notare oder das Erlegen einer bestimmten Erbschaftssteuer sowie anderer öffentlicher Abgaben (Grundsteuer) berühren diesen Akt des Volleigentums nicht. Die früher mögliche »Enterbung« aus Machtvollkommenheit wird im bundesdeutschen Bereich allerdings durch die rechtliche Bestimmung unterbunden, daß jedem legitimen Erben nach Maßgabe der Kommutation ein »Pflichtteil« abzutreten ist (→ Erbwesen).

Die Patrimonialisierung, wie sie vor allem bei der Einrichtung und Wahrnehmung absolutistischer Diktaturen als »patrimoniale Entartung« (Otto Hintze) betrieben wurde (→ Absolutismus), kann auch »Allodisierung« genannt werden. Dabei ersetzt der germanische Begriff »Allod« für Volleigentum den römisch-rechtlichen Terminus »Patrimonium« und bedeutet eine »freie Verfügung« über Haus und Hof, Grund und Boden im Gegensatz zu treuhänderischen Verpflichtungen.

Besondere Bedeutung hat dieser Begriff in der sogenannten »Allotment-Politik« der US-Regierung Eisenhower (1953-1961) gewonnen. Damit sollte der Gemeinbesitz einzelner Indianerstämme aus deren unmittelbarer Verfügung gelöst werden, um die USA selbst als Volleigner und Obereigentümer einzusetzen. Diese und andere Enteignungsmaßnahmen wertet die indianische Bürgerrechtsbewegung »Red Power« als »Diebstahl« der Öffentlichen Hand und als verfassungswidrigen Machtakt.

Einen ähnlichen Vorgang kennt auch die europäische Eigentumsgeschichte. Entgegen zahlreicher Verträge noch aus dem 16. Jahrhundert haben die »souveränen Kronen« Skandinaviens, vor allem Dänemark-Norwegen und Schweden-Finnland, den Gemeinbesitz der nomadisierenden Samen in ganz Lappland enteignet und ihrer staatlichen Volleignerschaft unterstellt, ohne dieses Volk an der Nutzung von Bodenschätzen (Eisenerzlager um Kiruna) angemessen zu beteiligen (→ Souveränität).

Als »Diebstahl« hatte auch der Franzose und Systemkritiker Proudhon die Eigentumsverhältnisse aufgefaßt, wie sie sich ihm vor allem bis zur Revolution von 1848 darstellten. Auf dem überkommenen Großgrundbesitz meist in Adels-, Fürsten- und Königshand konnten Bauern, Arbeiter und Gesinde wie Leibeigene gehalten werden, die kaum eine Aussicht hatten, sich durch den Erwerb von Volleigentum zu »emanzipieren« und dadurch auch politisch zu Vollbürgern zu werden. Selbst in den republikanischen USA galt bis zum Ende des Bürgerkrieges 1865 das Sklavenwesen vornehmlich in den Südstaaten als Inbegriff eines fast absolutistischen »Besitz-Individualismus« (McPherson).

Proudhons Vorwurf betraf aber auch die neu entstandenen Industrieunternehmen. Denn in ihnen wurde den Arbeitern und Technikern nur ein begrenztes Nutzungsrecht an den Maschinen gestattet, während das Volleigentum beim Inhaber des Unternehmens verblieb, der dieses aus eigenem Willen schließen konnte.

Es bedurfte eines langen Kampfes der Gewerkschaften und sozial ausgerichteter politischer → Parteien, diese »Absolutesse« einzuschränken und eine gewisse Sozialbindung des Eigentums an Produktionsmitteln durchzusetzen.

Als Sonderfall in dieser fundamentalen Kritik am Eigentum als egoistischer und zerstörerischer Kraft einer überkommenen Nutzungskultur auf Gegenseitigkeit wurde das Verhalten der Kirchen aufgefaßt. Besonders der katholischen Kirche war es im Laufe vieler Jahrhunderte gelungen, öffentliche und private Güter in volle Verfügung zu bekommen – aufgrund testamentarischer Überschreibungen, Schenkungen oder Zuwendungen für das Lesen von Seelenmessen (die »Fuggerei« in Augsburg). Dagegen wurde im Spanien Philipps II. (1527-98) die sogenannte »Amortisierung« betrieben. Darunter verstand man eine Art steuerrechtlicher »Wiederbelebung« einst öffentlicher Güter, nachdem sie die Kirche übernommen und öffentlicher Besteuerung entzogen hatte. In dieser Eigenschaft einer »toten Hand« wurde die Kirche von den besitzgierigen Fürsten bekämpft, obgleich ihre steuerbefreiten Güter auch für den Unterhalt von Sozialeinrichtungen (Krankenhäuser, Schulen, Armenfürsorge) verwandt wurden. Die zum Teil massive Güterreduktion während der → Reformation in teutschen Territorien, in Skandinavien sowie in England geht auch darauf zurück, daß die innerkirchliche Sozialbindung von Eigentum als »Diebstahl« aufgefaßt wurde.

Ein Höhepunkt dieser Eigentums-Verschiebung von der »toten« in die öffentliche Hand war das Erzwingen des »Restitutionsediktes« von 1629 durch Kaiser Ferdinand II. Er hatte es aus dynastischen Gründen und mit vorgeschobenen Rechtsdeutungen des Passauer Vertrages von 1552 darauf abgesehen, vor allem den Kirchenbesitz der teutschen Calvinisten in seine Verfügung zu »restituieren« oder rückzuführen. Hatte dieser Habsburger schon in Böhmen und Mähren wegen seiner »patrimonialen Entartung« 1618 den Großen Krieg ausgelöst, so bedeutete dieses Edikt den letzten Anstoß für den Schweden-König Gustav II. Adolf, die militärische und politische Intervention zu wagen. Deren Kernauftrag bestand seiner Meinung nach nicht zuletzt darin, »durch die Bewirkung der göttlichen Hilfe jeglichen Menschen wieder in sein Eigentum einzusetzen und jeglichem Eigentum wieder seinen rechten Besitzer zu geben« (1632).

Mochten auch unzählige Kleriker in der überaus reichen Besitzkirche Frankreichs um den Beistand des Himmels beten, so wurde aus ihren eigenen Reihen, insbesondere um den Bischof Talleyrand, 1790 die »Zivilverfassung« beschlossen und gegen alle kirchlichen Widerstände durchgesetzt. Darin mußte die Katholische Kirche Enteignungen hinnehmen und ihre Ländereien als »Nationalgüter« zum Verkauf an Privatleute abtreten.

Ein ähnlicher Vorgang verschob auch im Heiligen Reich die seit 1648 garantierten Eigentumsverhältnisse (auf dem Stand des »Normaljahres« 1624), allerdings zugunsten der Fürsten und anderer weltlicher Reichsstände. Denn im Jahre 1803 verfügte der »Reichsdeputationshauptschluß« die »Säkularisation« rechtsrheinischer Kirchengüter, um all jene Dynastien und Stände zu entschädigen, die im linksrheinischen Reichsgebiet ihre Ländereien an das Frankreich Napoleons abtreten mußten – gleichsam als Akt ausgleichender Gerechtigkeit für den »Diebstahl« des aufstrebenden Despoten.

Die oft gewaltigen und meist gewalttätigen Enteignungen während des 20. Jahrhunderts in Gestalt von Verstaatlichungen oder »Sozialisierungen« verliefen im Prinzip nicht anders. Wie immer auch die ideologische Begründung sein mochte, stets wurde nur die Trägerschaft des Volleigentums ausgetauscht: Ohne dem neuen Nutznießer (*usufructuarius*) sogleich die Errungenschaften und Segnungen des treuhänderischen Vertragswesens zu garantieren.

So wurden nach dem erfolgreichen Putsch der Bolschewiki unter Lenin, Trotzki und Stalin in Rußland (1917) fast alle Privatunternehmen ohne Entschädigung enteignet. Darunter fielen auch die Ölkonzerne der Gebrüder Nobel (Baku) oder Henry Deterdings (Royal Dutch) an den neuen »Sowjetstaat«, ohne daß die Arbeiter und Techniker dieser Industriekonzerne ein wirkliches Eigentumsrecht erhalten hätten. Auch die terroristische Enteignung der »freien Bauern« (Kulaken) in der Ukraine von 1929 an verlagerte deren Volleigentum nur auf die herrschende kommunistische Partei und reduzierte das Nutz- und Nießrecht der entstandenen Kolchosen wie Sowchosen auf ein Minimum.

Von dieser radikalen Enteignung, die unter den ehemaligen Eigentümern natürlich als

»Diebstahl« galt und entsprechend gebrandmarkt wurde, war auch die Russisch-Orthodoxe Kirche betroffen. In ihren Reihen hatte sich seit den großen Reformbewegungen von 1492 die Idee einer dem Zaren ergebenen Besitz-Kirche durchgesetzt, die einiges mit den »westlichen« Eigenkirchen gemein hatte – vor allem die starke Bindung an eine weltliche Garantiemacht ihres Besitzstandes.

Auch die von den Nationalsozialisten im Deutschen Reich nach 1933 erzwungenen Enteignungen von Privatbesitz vornehmlich in jüdischer Hand bedeuteten eine gewaltsam betriebene Veränderung in der Trägerschaft des Volleigentums. Unter bewußter Verletzung des Entschädigungsgebots als Ausdruck der kommutativen Gerechtigkeit erfüllten die durchgeführten »Arisierungen« den objektiven Tatbestand des »Diebstahls«, den eine diktatorisch gewordene »Öffentliche Hand« zu verantworten hatte. Das galt auch für die Zwangsenteignungen im Rahmen einer »Sippenhaft«, die sich gegen Angehörige des meist adligen Widerstandes vom 20. Juli 1944 richtete.

Wie stark derartige Veränderungen nachwirken können, zeigt der Versuch, die erzwungenen Enteignungen nach 1945 zu regulieren. Nach den »Arisierungen« durch das NS-System nahmen die Sowjetarmee und deutsche Kommunisten in der Sowjetischen Besatzungszone neue Enteignungen vor. Unter der Parole »Junkerland in Bauernhand« wurde das konfiszierte Privateigentum vor allem im Industriesektor in »volkseigene Betriebe« (VEB) überführt, ohne angemessene Entschädigungen zu zahlen. Das Prinzip »Rückgabe vor Entschädigung«, wie es im »Einigungsvertrag« von 1990 festgeschrieben worden ist, soll denn auch nur bis zur Gründung der DDR (1949) zurückreichen, nicht aber die Jahre der sowjetischen Besatzung 1945-49 einbeziehen.

»Die glücklich Besitzenden«

Unsere politische Kultur der Gegenseitigkeit lebt seit ihren Anfängen von dem Bestreben, die materiellen Grundlagen der »Beati Possidentes« zu sichern: demnach die rechtlich geregelte Verfügung über Haus und Hof, Grund und Boden, Festhabe und Fahrhabe sowie über die eigene Person, denn »der Mensch kann weder ererbt noch verkauft, noch verschenkt werden; er kann niemandes Eigentum sein, weil er sein eigenes Eigentum ist und bleiben muß« (Fichte).

Eigentum ist also mehr als nur die »umfassende rechtliche Verfügungsgewalt über Sachen« (*GuS*). Es gehört in seiner »Individualfunktion« unmittelbar zur Substanz der Menschenrechte und damit zur Gestaltung einer → Gesellschaft. Das Konstitutive am Eigentum mit all seinen Verfügungsrechten und Nutzungsformen läßt sich besonders gut an der polnischen Adels-Gesellschaft (Szlachta) nachweisen. Wie groß auch das materielle Vermögen eines einzelnen Adligen (Szlachziz) war, so galt doch die Inhabe seines Stamm- oder Erbgutes als durchgehende Grundlage der → Gleichheit aller nach dem Fundamentalsatz: »Der Szlachziz ist *auf seinem Hofe* dem Wojwoden gleich«.

Die anerkannte Qualität des Eigentums ordnete alle Adligen bis in die höchsten Kronämter nach Maßgabe der Kommutation einer Rechtsgleichheit zu, die in ähnlicher Form auch in anderen Gemeinwesen Alteuropas nachgewiesen werden kann. So gehörte es zu den »uralten Rechten des schwedischen Volkes als Eigentümer und Possessionaten«, seinen eigenen »König zu wählen, selbst Steuern und Abgaben zu bewilligen, Krieg zu erklären, Frieden zu schließen und selber Gesetze zu geben« (Kepplerus, 1770). Gegen diese »Freiheits-Konstitution der Nation«, die auf das »Reichsrecht« von 1442 zurückging, verstieß König Gustav III. mit seinem terroristischen Staatsstreich von 1772, der massive Zu- und Eingriffe in die Eigentumsordnung der Ständegesellschaft Schwedens ermöglichte. Kritiker seiner teilweise betrügerischen Übergriffe und dynastischen Bereicherungen betitelte dieser Diktator im Hermelin, der von Frankreich mit Stützgeldern (Subsidien) ausgehalten wurde, als die »Orang-Utans Europas«: Gemeint waren damit die Revolutionäre von 1789, die das Treuhandgebot einklagten.

Während Gustav III. mit einer »Reihe von Gesetzesbrüchen« (Hennings) sich in die diktatorische Position gebracht hatte, um im April 1789 durch den »Vereinigungs- und Sicherheitsakt« als scheinlegale Aktion das »Dominium absolutum« über ganz Schweden in seine Hand zu bekommen, reifte in Paris und Versailles die Einsicht: »Das Ziel jedes Vertragsbundes ist die Bewahrung der natürlichen Rechte des Menschen. Diese Rechte bestehen in der Freiheit, dem Eigentum, der Sicherheit und im Widerstand gegen Unterdrückung« (Menschenrechts-Erklärung von 1789).

In diesem Sinne hatte sich schon die revolutionäre Bewegung für ein freies und unabhängiges Amerika 1776 betätigt. Deren Ziel lag auch im Widerstand gegen alle »Ungerechtigkeiten« der Könige Englands, die gleichzeitig Kurfürsten im Heiligen Reich waren. Im »Trachten nach Glück« (*pursuit of happiness*) wollten die Revolutionäre (vor allem Farmer und Kaufleute) eine unmittelbare Kopplung von »absolutem Eigentum« und »absoluter Gewalt« nach Maßgabe einer Patrimonialverfügung nicht länger dulden. Als »freie Bürger« verlangten sie, politisch ernstgenommen zu werden, und forderten besonders bei der Besteuerung die vertragliche Mitwirkung: »No taxation without representation«.

Es ist mehrfach nachgewiesen worden, daß neben dem starken Einfluß von Juristen die Inhaber von Festhaben (Farmer) und von Fahrhaben (Kaufleute) die amerikanische Verfassungsbewegung geprägt haben. Ihre »ökonomische Interpretation« (Beard) zeigt denn auch, daß der Satz aus dem 17. Jahrhundert »Die Verfassung begründet das Eigentum« (Ireton) umgekehrt werden kann, wenn Eigentum als Allod ebenso nach rechtlicher Sicherheit verlangt wie ein Lehen, Pachtland, Mietshäuser oder Waren aller Art und geliehene Geräte.

Nimmt man noch hinzu, daß ein »jeder Mensch, so wie er ist, ein Eigentum an sich selber hat« (Overton), dann wird deutlich: Eigentum in jeder Form ist von besonderen Schutzverträgen abhängig und bildet mit der Garantie der Menschenrechte die Grundlage einer echten → Verfassung.

David Hume (1711-76) hat diese elementaren Zusammenhänge in mehreren Schriften begründet und darauf hingewiesen, daß »der Genuß des Eigentums, das wir durch Fleiß und gut Glück gewonnen haben«, neben anderen Gütern unser Dasein als vernunftbegabte Menschen bestimmt. Darüber aber dürfen Obrigkeit und Magistrate nur im Rahmen einer von allen anerkannten Rechts- und Vertragsordnung »verfügen« – mit Zustimmung des »freien Mannes«.

Sonderfälle

Im deutschen Sprachraum hat sich eingebürgert, beim Terminus »Eigentum« an eine volle und im Rechtsrahmen ungehinderte Verfügungsgewalt über Sachen und Personen (*dominium directum*) zu denken. Mit dem Terminus »Besitz« hingegen wird die zeitweilige oder andauernde Inhabe oder Nutzung von Volleigentum oder Teilen daraus verstanden (*dominium utile*): Ein Besitzer muß demnach nicht immer der Volleigentümer sein.

Über diesen beiden Verfügungsformen kann in bestimmten Situationen eine Art »Ober-Eigentum« wahrgenommen werden, wenn Eigentum und Besitz von Dritten in schwere Gefahr geraten – bei Feuersbrunst, Sturmfluten, Industrieunfällen sowie in Kriegszeiten. Das dabei wahrgenommene Eingriffsrecht (*dominium eminens*) ist in der Regel nur der Öffentlichen Hand gestattet und wird an das Entschädigungsgebot für fallbezogene Verluste gebunden.

Auch das »geistige Eigentum« stellt einen Sonderfall dar. Denn der Autor eines Buches oder Artikels nutzt das Gemeingut der Sprache wie der Schrift zum Erwerb eines Volleigentums an seinem geistigen Gut (Urheberrecht). Dessen schutzwürdiger Eigenwert wurde erst im Laufe des 18. Jahrhunderts bestimmten Rechtsauflagen von Benutzern unterworfen, um vor allem Raubdrucke zu verhindern und die alleinige Verfügungsgewalt eines Autors, Musikkomponisten oder anderer Künstler einklagen zu können.

Obgleich in dieser Hinsicht durch die weltweit anerkannte Einrichtung des »Copyright« sowie durch spezifische Schutz- und Verwertungsgesellschaften (GEMA für Komponisten und Musiker, VG WORT für Autoren) einiges an rechtlicher »Besitzstandswahrung« erreicht worden ist, bleibt die Rechtssicherheit des geistigen Eigentums ein relativer Wert. Denn beim materiellen Eigentümerwechsel z.B. eines Verlages hat der Autor in der Regel keinen Einfluß auf die neu entstandene Verfügungslage, sofern seine Verträge eingehalten werden: Er besitzt nur ein beschränktes Nutzungsrecht des Verlages, dessen Volleigentum anderen Personen gehört. Außerdem verfällt die freie Verfügungsgewalt über geistiges Eigentum siebzig Jahre nach dem Tod eines Autors und wird zu einer Art Gemeingut, das jeder für Eigenzwekke nutzen darf, ohne an die Erben besondere Tantiemen oder Entschädigungen zahlen zu müssen.

Literatur

Alt, Zur Geschichte des Volkes Israel, 1970 ✦ *Arnold*, Zur Geschichte des Eigentums in den deutschen Städten, 1861, ND 1966 ✦ *Barudio*, ›Die Macht des Hegemonialismus – das Moskauer Zartum‹, in: PHPI, 3, 1985 ✦ *Beard*, Eine ökonomische Interpretation der amerikanischen Verfassung, 1913, dt. 1974 ✦ *Beutter*, Die Eigentumsbegründung in der Moraltheologie des 19. Jhds., 1971 ✦ *Binswanger*, Eigentum und Eigentumspolitik. Ein Beitrag zur Totalrevision der Schweizerischen Bundesverfassung, 1978 ✦ *Bonin* (Hrsg.), Eigentum verpflichtet. Sein Gebrauch soll zugleich dem Wohle der Allgemeinheit dienen, Evangelische Akademie Hofgeismar, 1982 ✦ *R. Brandt*, Eigentumstheorien von Grotius bis Kant, 1974 ✦ *Brünneck*, Eigentumsgarantie des Grundgesetzes, 1984 ✦ *G. Buchwald*, D. Martin Luther und die Einziehung und Verwendung des Kirchengutes (Aufklärungsstelle für die Kirchentrennungsfrage), 1919 ✦ *Cremer*, Arbeit und Eigentum in christlicher Sicht, 1985 ✦ *M. Degen*, Pressefreiheit, Berufsfreiheit, Eigentumsgarantie, 1981 ✦ *Dietze*, Freiheit und Eigentum in der amerikanischen Überlieferung, 1976 ✦ *ders.*, Zur Verteidigung des Eigentums, 1978 ✦ *Ebner*, Das freie Eigentum. Beiträge zur Verfassungsgeschichte des Mittelalters, 1969 ✦ *Eißel*, Das Eigentum, 1978 ✦ *Ekey*, Die Verminderung von Eigentümerrechten im Spannungsfeld zwischen Art. 14,1, S.1 GG und Art. 14, 1, S.2 GG, 1988 ✦ *Erdmann u.a.*, Das Eigentum (Vorträge), 1989 ✦ *Felix*, Entwicklungsgeschichte des Eigentums unter kulturgeschichtlichem und wirtschaftlichem Gesichtspunkt, 6 Bde., 1883-1903, ND 1964 ✦ *Eser*, Die strafrechtlichen Sanktionen gegen das Eigentum, 1969 ✦ *Gloege*, Politia divina. Die Überwindung des mittelalterlichen Sozialdenkens durch Luthers Lehre von der Obrigkeit, 2 Bde., 1956/57, 1967 ✦ *Grossfeld*, Genossenschaft und Eigentum. Zur Problematik des »wirtschaftlichen« Eigentums der Genossen, 1975 ✦ *M. Heckel*, ›Weltlichkeit und Säkularisierung. Staatskirchenrechtliche Probleme in der Reformation und im Konfessionellen Zeitalter‹, in: Luther in der Neuzeit, 1983 ✦ *Hennings*, Gustav III., 1964 ✦ *Holzhey/Kohler* (Hrsg.), Eigentum und seine Gründe. Ein philosophischer Beitrag aus Anlaß der schweizerischen Verfassungsdiskussion, 1983 ✦ *Hume*, Ein Traktat über die menschliche Natur, dt. 1973 ✦ *Hülsmann*, Karl Marx – Antagonismus und Eigentum, 1980 ✦ *Jakobs*, Eigentumsbegriff und Eigentumssystem des sowjetischen Rechtes, 1965 ✦ *Jantke/Hilger*, Die Eigentumslosen, 1965 ✦ *Jungblut*, Die Reichen und die Superreichen in Deutschland, 1973 ✦ *Kaser*, Eigentum und Besitz im älteren römischen Recht, 1969 ✦ *Kepplerus*, Ett ödmjukt memorial, 1770 ✦ *Köhn/Rode*, Eigentum. Beiträge zu seiner Entwicklung in politischen Gesellschaften, 1987 ✦ *Körber*, Kirchengüterfrage und schmalkaldischer Bund, 1913 ✦ *Kreile/Roegele/Scharf* (Hrsg.), Geistiges Eigentum und die audiovisuellen Medien, 1985 ✦ *Lautner*, Zur Bedeutung des römischen Rechts für die europäische Rechtskultur und zu seiner Stellung im Rechtsunterricht, 1976 ✦ *Lehnert*, Kirchengut und Reformation, 1935 ✦ *Leisner*, Sozialbindung des Eigentums, 1972 ✦ *Löscher*, Schule, Kirche und Obrigkeit im Reformationsjahrhundert, 1925 ✦ *McPherson*, Besitzindividualismus, dt. 1972 ✦ *Meinhart*, Die Übertragung des Eigentums, 1988 ✦ *Mikat*, ›Bemerkungen zum Verhältnis von Kirchengut und Staatsgewalt am Vorabend der Reformation‹, in: ZSRG 67, 1981 ✦ *Nüßgens/Bonjong*, Eigentum, Sozialbindung, Enteignung, 1987 ✦ *Pallas*, ›Die kirchliche Vermögensverwaltung. Ihre Ausgestaltung in der Reformationszeit und deren Auswirkung bis in die Gegenwart‹, in: ZKGPS 20, 1924 ✦ *Proudhon*, Qu'est-ce que c'est que la propriété? ou: Recherches sur la principe du droit et du gouvernement, 1840 ✦ *Rittstieg*, Unternehmensverfassung und transnationale Eigentumsrechte, 1991 ✦ *Roth*, Die öffentlichen Abgaben und die Eigentumsgarantie im Bonner Grundgesetz, 1958 ✦ *K. Schulz*, Rousseaus Eigentumskonzeption, 1980 ✦ *D. Schwab*, ›Eigentum‹, in: Geschichtliche Grundbegriffe, 1975 ✦ *Solneman/Mattenklott/Weidler*, Mündige Bürger. Der Einzige und sein Eigentum, 1984 ✦ *Stirner*, Der Einzige und sein Eigentum (1845), 1972 ✦ *Zeltner*, Eigentum und Freiheit, 1970.

Emanzipation

Die Betätigung der »emancipatio« als Rechtsakt bedeutete im antiken Rom, daß das »unmündige« Kind (*pupillus*) mit dem Erreichen der notwendigen Altersgrenze »aus der Hand genommen«, d.h. der väterlichen Verfügung (*patria potestas*) weitgehend entzogen wurde. Diese Ablösung der bisherigen familiären → Abhängigkeiten führte aber nur bedingt zu einer Eigenbestimmung oder Autonomie, denn der »Emanzipierte« hatte mit dem Status des Erwachsenen (*adultus, vir*) neben Rechten auch Pflichten wahrzunehmen und somit andere Abhängigkeiten eigenverantwortlich zu beherrschen.

Legt man diesem Begriff den römischen Terminus »mancipium« zugrunde, der sowohl einen Kaufvertrag wie Volleigentum bezeichnen konnte, dann wird auch deutlich, was unter der Emanzipation eines »Sklaven« (*servus*) zu verstehen ist. Durch Kauf oder Schenkung erfolgte seine »Befreiung« aus dinglichen Abhängigkeiten, so daß er nach einem solchen Rechtsakt »sein eigener Herr sein« durfte, ja gar als gleichberechtigter »Bürger« (*civis*) galt.

In beiden Fällen erfolgt die Veränderung im Rahmen des geltenden → Rechts; sie bestätigt die → Ordnung des Bestehenden als Statussystem verschiedener Tätigkeitsbereiche und Zuständigkeiten. Die Emanzipation wird demnach als rechtsimmanenter Vorgang aufgefaßt, der eine politische Mündigkeit einschließt.

Diese fundamentale Bindung muß berücksichtigt werden, wenn die verschiedenen Emanzipations-Bewegungen seit der Neuzeit beurteilt werden sollen. Denn nach Theorie und Praxis des Römischen Rechtes hatte die »emancipatio« zu einer materiellen und geistigen Statusverbesserung zu führen. Das allerdings kann von den *Bauern-Befreiungen* seit dem 18. Jahrhundert nur selten gesagt werden. Schließlich wurden die Bauern genötigt, einen bestimmten Anteil ihres Vermögens an die »Herrschaft« abzutreten, um überhaupt die patrimoniale »Erb-Untertänigkeit« verlassen zu können. Außerdem erfolgte mit der Freilassung als »Knecht« nicht die Anerkennung als politischer → Bürger, zumal die »Befreiung« innerhalb dynastischer Diktaturen angeordnet wurde und eher dem bauernlegenden Adel nützte als den »befreiten« Menschen selbst.

Die nominelle Beseitigung »aller Leibeigenschaft und Sclaverei« durch einen strikten Befehl »aus souveräner landesherrlicher Gewalt« bedeutete in der zweiten Hälfte des 18. Jahrhunderts, daß die »bloße Willkür der Besitzer der Güter« gegenüber ihren »Erbsklaven« (Hausgesinde, Bedienstete, Bauern, Tagelöhner) aufhören sollte. Aber in der ökonomischen wie gesellschaftlichen Praxis förderte die angeordnete »Befreiung« nur die Landflucht und den Pauperismus bis zur Verelendung in den Armutsvierteln der wachsenden Städte und aufkommenden Industriezentren. Ein bitteres Wort des dänischen Aufklärers Suhm in seiner Kritik an einer systemstabilisierenden »Landreform« in Dänemark, das 1792 als erstes europäisches Land den Sklavenhandel nach Amerika verbot, umreißt die rauhe Realität dieser »Emanzipation«, die oft materielle Not verursachte und die politische Entmündigung festschrieb: »Wir sind und bleiben doch leider ein Volk von Sklaven, und kaum sind wir größere Sklaven als jetzt gewesen« (1773).

So wie die Bauernbefreiung im Preußen Friedrichs II. »wohl im Interesse der Rekrutierung der Armee den Bauernstand als Ganzes, nicht aber den einzelnen Bauern« schützte (Fritz Hartung), so erging es auch den Negersklaven in den USA. Die von Präsident Abraham Lincoln zum 1. Januar 1863 verfügte Abschaffung der Sklaverei (Abolitionismus) wurde zwar nach dem Ende des Bürgerkrieges 1865 auch von den unterlegenen Südstaaten verlangt, aber noch hundert Jahre später waren die damit verknüpften Hoffnungen nicht eingelöst. Die Bürgerrechtsbewegungen unter Martin Luther King oder auch die militante Black-Panther-Bewegung in den 1960er Jahren beklagten nicht nur den noch immer vorhandenen → Rassismus, sondern auch das Fehlen einer durchgehenden Emanzipation von materiellen Ungerechtigkeiten und »weißer« Bevormundung: Diese doppelte Unterdrückung war letztlich nur möglich, weil nach dem Verständnis der Verfassung und Eigentumsordnung von 1787 Negersklaven und auch Indianer noch als »Sachbesitz« galten (Kansas, Nebraska-Act, 1854).

Auch die *Juden-Emanzipation* seit dem ausgehenden 18. Jahrhundert hatte mit den überkommenen Vorbehalten zu kämpfen: Es wurde allen Ernstes die Frage gestellt, ob »auch Juden Menschen sind« und ob sie trotz Vertragsfähigkeit in Handel und Wandel als gleichberechtigte → Bürger anerkannt werden konnten. Reformen wie das Toleranz-Patent von 1781 im Herrschaftsbereich Josephs II. (Habsburg-Österreich) erleichterten vor allem das Dasein der wohlhabenden Juden und führten zu einer eingeschränkten Duldung ihres religiösen Lebens, aber eine umfassende Emanzipation nach Geist und Buchstabe der Menschenrechte war damit nicht verbunden. Selbst die Revolutionäre von Paris hatten einige Mühe, neben den französisch sprechenden Juden Süd-Frankreichs (Sephardim) auch die deutsch sprechenden Juden in Nord-Frankreich (Aschkenasim) als »Menschen« und Bürger zu betrachten. Erst am 13. November 1791 wurde die Gleichheit der Juden dem Schutz der September-Verfassung unterstellt, was aber nicht verhinderte, daß es besonders zu Beginn des Revolutionskrieges im September 1792 und danach zu Übergriffen und Demütigungen vieler Juden im Elsaß und in Lothringen kam. Auch in der Folgezeit und besonders unter Napoleon (1808) wurde in der Emanzipation der Juden weniger eine politische »Befreiung« gesehen als vielmehr die Aufforderung zur vollständigen Assimilierung oder Angleichung an vorherrschende Lebensauffassungen und Machtsysteme.

In einem ähnlichen Sinne verhielt man sich gleichzeitig auch bei der Forderung nach einer durchgreifenden *Frauen-Emanzipation*. Wie wichtig dieser Kampf um eine Befreiung von männlicher Bevormundung war, hatte sich bei der Menschenrechtserklärung von 1789 gezeigt, galt doch als »Mensch« (*homme*) nur der erwachsene und vertragsfähige Mann. Gewisse Erleichterungen bei Eheschließung und Scheidung gingen eher auf das Konto der Entchristianisierung sowie der Trennung von Kirche und Staat als auf die Einsicht der männlichen Revolutionäre, die Frauen nach dem Kommutationsprinzip als gleichwertige Menschen und Bürgerinnen anzuerkennen (→ Frauenstatus). Madame Roland, die wie Olympe de Gouges und andere Frauen für ein »Reich der Gerechtigkeit« gekämpft hatte, sah denn auch die Ursachen des gesellschaftlichen wie politischen Elends »beim Jahrhundert und bei der Erziehung«, nicht jedoch »beim Geschlecht«.

Erst mit der Verfassung der IV. Republik vom 19. April 1946 bestimmte der Artikel 1: »Alle Menschen (*hommes*) werden frei und gleich vor dem Gesetz geboren und bleiben es. Das Gesetz garantiert der Frau in allen Bereichen (*domaines*) die gleichen Rechte, wie sie auch der Mann besitzt.«

Nur drei Jahre später kritisierte die adlige Sozialistin Simone de Beauvoir, daß trotz der rechtlichen Gleichstellung von Mann und Frau ihr eigenes Geschlecht noch immer »das Unwesentliche« sei und als bloße Ergänzung des Mannes aufgefaßt werde (→ Menschenbild). Das war insofern richtig, als es bei dieser Art von politischer Frauen-Emanzipation weniger darum ging, den individuellen Eigenwert der zu Befreienden anzuerkennen und ihnen selbstbestimmte »Freiräume« zu gestatten, als sie einer kommutativ bestimmten Angleichung zu unterwerfen: im Falle der Frau den »unpersönlichen« Bedingungen des Vertragslebens, die als Bindungen an eine »männliche Welt« verstanden wurden (Grazia Livi).

Die rechtliche und politische Emanzipation der Frau mit der Zuerkennung des aktiven und passiven Wahlrechts vor allem nach den Revolutionen von 1918 sowie der Zugang zu fast allen Berufen (mit Ausnahme von Kampftruppen im Militär, im Bergbau und der Schwerindustrie) bestätigt, daß die Aufhebung früherer Beschränkungen und die Anerkennung der Eigenverantwortlichkeit ohne eine vertragliche → Drittwirkung nicht auskommen kann. Die Selbstbestimmung des Individuums, ob Mann oder Frau, sollte demnach nicht zu einem Selbstzweck werden, sondern die Einsicht stärken, daß eine Befreiung von Belastungen oder Bevormundungen eine höhere Rechtsbindung einschließen muß – das Wohl der eigenen Kinder wie des Gemeinwesens insgesamt.

Auch die Geschichte der *Arbeiter-Emanzipation*, wie sie im Zuge der Industrialisierung seit Anfang des 19. Jahrhunderts von kirchlicher (Kolping-Bewegung) und weltlicher Seite (Gewerkschaften, Sozialdemokratie, Arbeiterparteien) gefordert und teilweise durchgesetzt worden ist, zeigt ein stets wiederkehrendes politisches Moment: Befreiung von menschenunwürdigen Lasten (Kinderarbeit, 16-Stunden-Arbeitstag, Naturalentlohnung, fehlender Versicherungsschutz im Krankheitsfall oder im Alter) wurde an fundamentale Verträge gebunden. Besonders die staatliche Anerkennung der Tarifautonomie (Vertreter der Arbeitnehmer und der Unternehmen handeln eigenverantwortlich Löhne und Gehälter aus) festigte die Emanzipation als Eigenbestimmung mit den immanenten Zielen des »gerechten Lohns« (Ferdinand Lassalle) und des damit verbundenen »sozialen Friedens«.

Emanzipation wird unter diesen Voraussetzungen zu einem spezifischen Ausdruck der kommutativen Gerechtigkeit. Aus diesem Grunde richteten sich schon Bismarcks Bestrebungen im Jahre 1871 nach dem Krieg mit Frankreich darauf, »beim rechten Eingreifen des Staates ..., die Mehrzahl der Arbeiter mit der bestehenden Staatsordnung auszusöhnen und die Interessen von Arbeitern und Arbeitgebern wiederum in Harmonie zu bringen« (an Graf Itzenplitz, → Patriotismus).

Diese Hoffnung jedoch machte das »Sozialistengesetz« von 1878 zunichte. Die führenden Köpfe der Sozialdemokratie wiederum – wie August Bebel, Wilhelm Liebknecht oder Karl Kautsky – sahen in der Arbeiter-Emanzipation nicht ein Mittel zur Stärkung des Zweiten Kaiserreiches, sondern strebten mit jeder Teilreform dessen Überwindung an – hin zum »aristotelischen Kulturstaat« (Bebel).

Hier wird die innere Ambivalenz des Begriffs Emanzipation recht deutlich: Er kann als Befreiung zur Statusverbesserung verstanden werden, ohne die vorhandene Rechts- und Verfassungsordnung grundlegend zu verändern; doch er kann auch als Kampfparole dafür eingesetzt werden, das bestehende System in seiner Substanz radikal zu verändern.

Dieser Doppelaspekt ist auch im Wissenschaftsbereich auszumachen. Dort hatte lange vor den modernen Bauern-, Sklaven-, Frauen- oder Arbeiter-Befreiungen eine geistige Bewegung eingesetzt, sich von theologischen Bevormundungen durch die universale Amtskirche Roms zu »emanzipieren« und das eigenständige Denken zu pflegen. Vor allem die Lehre von der »Doppelten Wahrheit« hat während des Mittelalters den Prozeß der Positivierung oder Vereinzelung von bestimmten Wissenschaften eingeleitet.

Als geistiger Urheber dieser meist innerakademischen Emanzipationsbewegung gilt der muslimische Richter, Theologe und Arzt Averroës (1126-98) aus Cordoba (Spanien). Er behauptete die Eigenständigkeit der Philosophie gegenüber der bevormundenden Theologie und bereitete damit den Boden auch für die → Reformation und die → Aufklärung, in deren Gefolge die Wissenschaft spätestens ab dem 19. Jahrhundert völlig eigene Wege ging. Dabei wollten die auf geistige Autonomie bedachten Gelehrten ein die Einzelfächer »übergreifendes« oder gar bestimmendes Denken (*mathesis universalis*) nicht mehr gelten lassen. Auch Verpflichtungen auf eine »universelle Ethik«, die zu allen Zeiten und für alle Menschen bindend sein sollte, wurden nicht mehr akzeptiert.

Schloß einst die Befreiung der Philosophie und Jurisprudenz von den ideologischen Vorgaben der kirchlich verordneten Theologie eine Berücksichtigung des Gerechtigkeitsgebots und damit einer → Ethik ein, so kennt die Staatslehre seit Machiavelli (1496 – 1527) eine starke Strömung, Macht und Moral zu trennen, ja selbst die Verfassungsgeschichte als Behördenkunde von Bindungen des → Rechts auszunehmen (Borussismus).

Der heute fast inflationär gebrauchte Begriff »Emanzipation« muß also stets daraufhin befragt werden, was er im konkreten Fall wirklich meint. Das gilt besonders dann, wenn von »emanzipatorischer Erziehung« die Rede ist. Denn dieser weitverbreitete Anspruch kann sich gegen alle überkommenen »Autoritäten« wenden, um systemüberwindend eine »neue Gesellschaft« mit einem »neuen Menschen« aufzubauen; er kann aber auch in dem Sinn verstanden werden, wie ihn das Römische Recht intendiert hat: Befreiung durch das Recht und mittels menschengerechter →Abhängigkeiten – als Ausdruck integrierter Eigenbestimmung.

Literatur

Asche/Huschens, Frauen – Gleichberechtigung, Gleichstellung, Emanzipation?, 1988 ✦ *Bannas*, Mutter und Emanzipation. Kein Widerspruch, 1987 ✦ *H. Benedikt*, Das Zeitalter der Emanzipationen, 1977 ✦ *Berty/Fried/Lieschke/Herzfeld*, Emanzipation im Teufelskreis. Zur Genese weiblicher Berufs- und Lebensentwürfe, 1990 ✦ *Boeckler/Dirschauer*, Emanzipiertes Alter, 1990 ✦ *Bouvier*, Les femmes pendant de la Révolution 1789 – 1796, 1971 ✦ *Cahen*, L'Émancipation des juifs, 1880 ✦ *R. Christensen*, Freiheitsrecht und soziale Emanzipation, 1987 ✦ *ders.*, Was heißt Gesetzesbindung? Eine rechtslinguistische Untersuchung, 1989 ✦ *Claussen*, Vorschule, Emanzipation und politisch-soziale Erziehung, 1973 ✦ *Dittmar*, Die Darstellung der Juden in der populären Kunst zur Zeit der Emanzipation. Quellen zur Antisemitismusforschung, 1991 ✦ *Eck/Hinrichs* (Hrsg.), Sklaven und Freigelassene in der Gesellschaft der römischen Kaiserzeit, 1993 ✦ *Eissing*, Zwischen Emanzipation und Beharrung. Studien zum Ort und Kontext des Schicksals der jüdischen Gemeinde Papenburg-Aschendorf, 1991 ✦ *Emmerich*, Ausländer zwischen Ausgrenzung und Emanzipation, 1991 ✦ *G. Franz*, Geschichte des deutschen Bauernstandes vom frühen Mittelalter bis zum 19. Jhd., 1970 ✦ *Filler*, The Crusade against Slavery 1830 – 1860, 1960 ✦ *Friedan*, Der Weiblichkeitswahn oder Die Selbstbefreiung der Frau, dt. 1966 ✦ *Godechot*, La Révolution Française et les Juifs (1789 – 1799), 1976 ✦ *Goldman*, Das Tragische an der Emanzipation der Frau, 1966 ✦ *Grubitzsch/Lucas/Quack*, ›Emanzipationsbewegung und Selbstmord‹, in: Kursbuch 58, 1979 ✦ *U. Hoffmann*, Sprache und Emanzipation, 1979 ✦ *K. Hopkins*, ›Aesopus‹, in: P & P, 138, 1993 ✦ *Katz*, Zur Assimilation und Emanzipation der Juden, 1982 ✦ *E. Klein*, Geschichte der deutschen Landwirtschaft, 1969 ✦ *Livi*, Die Buchstaben meines Namens, dt. 1993 (de Beauvoir, Sartre) ✦ *Lübbe*, Freiheit statt Emanzipationszwang. Die liberalen Traditionen und das Ende der marxistischen Illusionen, 1992 ✦ *Lütgen*, Über die Auswirkungen der Bauernbefreiung in Deutschland, 1943 ✦ *M. Mitscherlich*, Über die Mühsal der Emanzipation, 1990 ✦ *A. Moser*, Gleichheitsgedanke und bürgerliche Emanzipation von Minderheiten in den Anfängen der französischen Revolution (1787 – 1791), 1973 ✦ *Møller*, ›P.F. Suhms regeringsregler 1774. Statens grundstotter, menneskeretserklaringer, sprog og indtfodsret‹, in: HTd, 1973 ✦ *Nevins*, The Ordeal of the Union, 1947 ✦ *ders.*, The Emergence of

Lincoln, 1950 ✦ *Nieveler*, Erziehung zwischen Freiheit und Emanzipation, 2. Aufl. 1975 ✦ *Ostrogorski*, La femme au point de vue du Droit Public, 1892 ✦ *Paulinyi u.a.*, Emanzipation des kontinentaleuropäischen Maschinenbaus vom britischen Vorbild (Kolloquium 1990), 1991 ✦ *Pfaff-Giersberg*, Die Sklaverei, 1932 ✦ *Schlumbohm*, Freiheitsbegriff und Emanzipationsprozeß, 1973 ✦ *B. Schön* (Hrsg.), Emanzipation und Mutterschaft. Erfahrungen und Untersuchungen über Lebensentwürfe und mütterliche Praxis, 1989 ✦ *B. Seale*, Wir fordern Freiheit. Der Kampf der Black Panther, dt. 1971 ✦ *Rie*, Das politische Schicksal des amerikanischen Negers, 1956 ✦ *Rüster*, Rassenbeziehungen in den USA, 1973 ✦ *Stienen/Wolf*, Integration - Emanzipation. Ein Widerspruch, 1991 ✦ *Staermann*, Die Blütezeit der Sklavenwirtschaft in der Römischen Republik, 1969 ✦ *Traxler*, Zwischen Tradition und Emanzipation, 1973 ✦ *J. Vogt*, Sklaverei und Humanität, 2. Aufl., 1972 ✦ *U. Wagner* (Hrsg.), Emanzipation und Diskriminierung. Beiträge zu Einzelfragen jüdischer Existenz, 1988 ✦ *Wellie*, Emanzipation in Kritischer Theorie, Erziehungswissenschaft und Politikdidaktik, 1991 ✦ *Zöller*, Die Unfähigkeit zur Politik. Begriff und Wissenschaftsverständnis von Humboldt bis Habermas, 1975.

Energiepolitik

In der mythologischen Vorstellung vom Menschen galt den antiken Griechen der Raub des Feuers aus dem Olymp der Götter als eine Freveltat des Titanen Prometheus, die den himmlischen Mächten nur eine scheinbare Unabhängigkeit abgetrotzt hatte. Denn der sinnvolle Umgang mit dem Feuer erforderte eine hohe Verantwortlichkeit, die wiederum Abhängigkeiten schuf: Von der Sicherung vorhandener Feuerstellen oder Herde bis zur Beschaffung des nötigen Brennstoffs – und zur Bewältigung seiner Verwertung, wie wir heute wissen (Emissionen und Entsorgung der festen Rückstände).

Diese seit der Industrialisierung Mitte des 19. Jahrhunderts sich ständig erweiternde Interdependenz hat nun an der Schwelle zum nächsten Jahrtausend ein Ausmaß erreicht, das nicht nur Fachleute zu immer größeren Befürchtungen veranlaßt. Schon ist in Kreisen der Publizistik von einer drohenden »Himmelfahrt ins Nichts« (Herbert Gruhl) die Rede, sollte es nicht gelingen, den künftigen Energiebedarf in Arbeits- und Lebenswelt so zu decken, daß bei der Energiegewinnung wie ihrer Anwendung die Umwelt ungefährdet erhalten bleibt (→ Umweltschutz).

Schlagworte wie »Energielücke« und »Waldsterben« signalisieren vor allem in den → Medien, aber auch in der Fachdiskussion diese beiden Hauptseiten der anstehenden Energiefrage. Deren künftige Lösung wird allerdings dadurch erschwert, daß sich im Zeichen eines quantitativ aufgefaßten wirtschaftlichen Wachstums selbst bei Wissenschaftlern und Politikern die Vorstellung vom »Energieverbrauch« (*consumption*) durchgesetzt hat, als verschwinde die eingesetzte Energie spurlos. Sachliche Einreden gegen diese sprachliche Irreführung finden auch beim »Verbraucher« (*consumer*) nur bedingt Gehör.

Energieverwertung

Physikalisch ist Energie (von gr. *energeia* = Kraft) in verschiedener Form gespeicherte, d.h. potentielle Arbeit. Dabei ist wesentlich, daß »es die Naturgesetze nicht erlauben, die gesamte Energie umzuwandeln, wohl aber maximal die Hälfte davon« (Helmut Tributsch). Außerdem ist seit langem bekannt, daß es nach Maßgabe des »Energieerhaltungsgesetzes«, wie es 1867 der Arzt und Naturforscher Julius Robert Mayer (1814-78) formuliert hat, keinen »Energieverbrauch« im Sinne einer Energievernichtung geben kann – wohl aber eine Energieverwertung, d.h. die Umwandlung verfügbarer Primärenergie.

Besonders problematisch ist die Herstellung und Verwendung von Treibstoffen. Denn in Form von Kohle (Dampfmaschinen), Benzin (Autos), Diesel (Traktoren, Lokomotiven, Schiffe) oder Kerosin (Flugzeuge, Raketen) erbringen diese nicht nur eine Arbeitsleistung, sondern sie werden gleichzeitig zu einem hohen Prozentsatz in Schadstoffe und Umweltgifte verwandelt.

Die Gewinnung und Verwertung von »kommerzieller Primärenergie« (etwa 80 % des gesamten Energieaufkommens in der Welt) vor allem aus fossilen und nicht-regenerierbaren Energieträgern (Torf, Stein- und Braunkohle, Erdöl und Erdgas) ziehen daher Folgekosten nach sich, vor allem bei der Bewältigung von Umweltschäden, die durch Verbrennungsrückstände verursacht werden. Entziehen sich Politiker diesen → Abhängigkeiten, dann werden sie in zunehmendem Maße mit unbeherrschbaren ökonomischen, gesellschaftlichen und ökologischen Konfliktsituationen konfrontiert.

Ein Beispiel: Die mittlerweile dramatische Lage im bundesdeutschen Steinkohle-Bergbau, der schon in den 1950er Jahren ein großes »Zechensterben« zu bewältigen hatte, verdeutlicht, wie schwer es der herkömmlichen Energiepolitik auf Landes- und Bundesebene noch immer fällt, mit dem ältesten Brennstoff der Industrialisierung aufgeklärt umzugehen. So hat der technisch hohe Aufwand zur Förderung im Untertage-Bergbau die Kosten für eine Tonne Steinkohle mittlerweile auf 280 DM getrieben (Stand 1993), während die gleiche Menge auf dem Weltmarkt für 80 DM angeboten wird – oft von besserer Qualität und im kostengünstigen Tagebau (USA, Kanada, Australien) produziert.

Der Differenzbetrag von 200 DM muß durch öffentliche Subventionen aus Steuermitteln sowie durch den »Kohlepfennig« (Sonderbetrag der Abnehmer von Strom aus Kohlekraftwerken) ausgeglichen werden. Zweck dieser Kohlepolitik war und ist jedoch nicht die gebotene Wirtschaftlichkeit der Bergwerke, sondern die künstliche Erhaltung von Arbeitsplätzen, deren fortwährende Gesundheitsschädigung offenkundig ist: Mit 53 000 DM Subventionen pro Bergmann im Jahr wird dessen »Staublunge« (Anthrakose und Silikose) und verminderte Lebenserwartung finanziert.

Nimmt man noch die hohen kulturellen Verluste hinzu, die durch den Abbau von Braunkohlelagern im Tagebau verursacht werden (Zerstörung ganzer Dörfer im Aachener Revier oder in der Lausitz), dann erweist sich die Politik der angeblich »billigen Energie« aus heimischen Trägern als ökonomisches und ökologisches Verlustgeschäft hohen Ausmaßes.

Obgleich den Anhängern der Subventionspolitik in allen demokratischen Parteien immer wieder die Schadensrechnung auf Kosten der Öffentlichen Hand wie der privaten Haushalte vorgehalten wird, scheint der Glaube an »staatliche Sicherungen« jede wirtschaftliche Vernunft zu blockieren. Diese Beobachtung bestätigt sich auch im Verhalten zahlreicher Energiepolitiker gegenüber der Verwertung von Erdölprodukten und in steigendem Maße von Erdgas – den seit gut hundert Jahren wichtigsten Trägern fossiler Energie in allen Industrieländern.

Trotz des Investitionsrisikos – von zehn Bohrungen führt in der Regel nur eine Öl oder Gas in solchen Mengen, daß sie kommerziell genutzt werden können – gilt das »Schwarze Gold« als die billigste und effektivste Energie überhaupt.

Besonders zwischen 1947 und 1973 führte der sogenannte »Festpreis« (*posted price*) pro Faß (1 Barrel = 159 Liter) in Höhe von 3 Dollar fast zu einer »Ölschwemme« auf dem Weltmarkt und förderte in der »westlichen« Welt eine folgenschwere Umstrukturierung: Die rasant betriebene Motorisierung (1993 verwerten mehr als eine halbe Milliarde Verbrennungsmotoren Treibstoffe aus Öl und Gas) und die Expansion des Heizölmarktes (Warmwasserbereitungen aller Art) verdrängten die Kohle und selbst umweltfreundliche Elektrosysteme wie die Oberleitungsbusse in vielen Städten.

Erst der Ölpreisschock von 1973/74 mit der Steigerung von 3 auf 12 Dollar pro Faß (nach häufigen Schwankungen mit Spitzenwerten bis zu 40 Dollar hat er sich 1993 auf etwa 13 Dollar eingependelt) brachte einige Energiepolitiker in West- und Nord-Europa zum Nachdenken und veranlaßte erste Sparmaßnahmen (Sonntagsfahrverbote, Steuererhöhungen).

Mit einigem Recht wurde in dieser drastischen Verteuerung ein »politischer Preis« gesehen, zumal vor allem die arabischen Erzeugerländer ihre Öllieferungen als »politische Waffe« im Kampf gegen Israel einsetzen wollten. Trotz dieser Politisierung der Energieszene darf aber nicht übersehen werden, daß die vom Obersten Gaddafi (Libyen) erzwungene Preiserhöhung auch andere Gründe hatte: Schließlich mußten die Verluste aus dem inflationär gewordenen US-Dollar (Hauptursache war der Vietnamkrieg und die gleichzeitige Hochrüstung gegen die Sowjetunion) ausgeglichen werden; darüber hinaus sollten nicht mehr die großen Ölkonzerne (→ Multis) die nationale und mit der OPEC abgestimmte Preispolitik bestimmen, sondern die souverän gewordenen Erzeugerländer selbst.

So belastend die neue »Ölrechnung« für viele Länder auch wurde, so hat sie dennoch stimulierend gewirkt und zu zwei positiven Nebeneffekten geführt: 1. Angesichts des international hohen Ölpreises lohnte sich das Erschließen neuer Öl- und Gasvorkommen selbst in schwierigen und kostenintensiven Bohrgebieten wie der Nordsee (Norwegen, England und die Niederlande wurden Selbstversorger und gar zu Exporteuren, ohne Mitglieder der OPEC zu werden!); 2. Die Einnahmen aus der

Mineralölsteuer wurden zur wichtigsten Steuerquelle der Öffentlichen Haushalte vor allem in der Bundesrepublik Deutschland.

In der Fachdiskussion über die Struktur einer künftigen und umweltverträglichen Energiegewinnung wie -verwertung wird besonders der Faktor des Steueraufkommens meist übersehen. Denn solange Öl und Gas trotz hohen Erschließungs- und Betriebsrisikos, kostspieliger Transporte um die halbe Welt (Tanker, Pipelines), aufwendiger Verarbeitungsanlagen (Raffinerien) und selbst aufgrund politischer Konflikte (Golfkrieg 1991) immer noch der günstigste Energieträger auf dem Markt ist, werden es alternative Energien schwer haben, sich langfristig durchzusetzen – obgleich längst bekannt ist, daß das Verbrennen von Öl- und Gastreibstoffen die Biosphäre vergiftet, den Treibhauseffekt verstärkt und auch dazu beiträgt, das Ozonloch über der Arktis und Antarktis zu erweitern (→ Umweltschutz). Wie problematisch es jedoch ist, die bisherige Energieverwertung radikal und umweltfreundlich zu verändern, zeigt die friedliche Nutzung der Atomenergie seit mehr als dreißig Jahren.

Der in Atom- oder Kernkraftwerken mit Hilfe von Uranbrennstäben erzeugte Strom galt lange Zeit als »saubere Energie«, die selbst für den Antrieb von Handelsschiffen (die »Savannah« in den USA oder die »Otto Hahn« in der Bundesrepublik) genutzt wurde. Erst mit den schweren Reaktorunfällen im Werk Harrisburg (USA), den zahlreichen Störfällen in Sellafield (England) oder mit dem »GAU« in Tschernobyl (ehemalige Sowjetunion) änderte sich die anfänglich positive Einstellung zur Atomenergie: Die austretende Radioaktivität gefährdete noch weitaus stärker die Lebenswelt als die Schadstoffemissionen der mit Kohle, Öl oder Gas betriebenen Kraftwerke.

Doch statt angemessene Konsequenzen aus den Risiken eines GAU (»Größter anzunehmender Unfall«) zu ziehen und die Energiepolitik umzustellen, wurde weiterhin an der Atomenergie als »saubere Alternative« zu den fossilen Brennstoffen festgehalten. Wissenschaftler und Techniker glaubten sogar, mit der neu entwickelten, sehr komplexen Brüter-Technologie einen Weg gefunden zu haben, das bisherige Atomprogramm noch entscheidend verbessern zu können. Bei diesem Verfahren wird Uran als »Brennstoff« so eingesetzt, daß beim Betrieb des Kraftwerkes Plutonium entsteht. Dieser wohl giftigste Stoff sollte nicht nur zum Bau von Atombomben verwendet werden, sondern als hocheffektiver Brennstoff dienen, der die Betreiberländer von Uran-Importen weitgehend »unabhängig« machen könnte.

Allein die Schwierigkeiten mit dem »Super-Fénix« in Frankreich, das die heimische Atomwirtschaft seit der Ölpreiskrise mit enormen Steuermitteln ausgebaut hat, verweisen darauf, daß die Atom- und Plutonium-Experimente eher zu einer ökonomischen Belastung werden, statt die Energieprobleme der Zukunft zu lösen, zumal bis heute (1994) die Entsorgung abgebrannter Uranstoffe oder gar ihre sichere Endlagerung nirgendwo angemessen geregelt ist. Auch der »Schnelle Brüter« in Kalkar am Niederrhein gilt mittlerweile als »Investitionsruine«: Trotz 8 Milliarden DM Entwicklungs-, Bau- und Wartungskosten ist bisher keine einzige Kilowattstunde Strom ins bundesdeutsche Netz geflossen.

Das Streben nach Autarkie

Die Energiepolitik war noch nie frei von ideologischen Faktoren, die oft einen zwingenden Einfluß ausübten. So sollte die radikale Umstellung der Flotte Englands im Jahre 1912 von der bisherigen Kohlebefeuerung auf Ölaggregate nicht nur die Schnelligkeit der Kriegsschiffe erhöhen, sondern auch Englands Stellung als Weltmacht stärken. Der damalige Marineminister Winston Churchill war sich dieser historischen Entscheidung so sicher, daß er auf die heimische Kohle verzichten konnte: Der regierungseigene Ölkonzern BP (British Petroleum) war ihm Garant genug, die Ölversorgung aus überseeischen Kolonien oder Konzessionsgebieten sichern zu können.

Wie schnell diese Position revidiert werden mußte, zeigte sich, als mitten im Ersten Weltkrieg die Versorgungslage prekär wurde und erst die Öllieferungen aus den USA für Abhilfe sorgten. Das berühmte Wort von Clemenceau »Wir brauchen Öl so nötig wie Blut« und die Feststellung von Lord Curzon »Die Alliierten wurden auf einer Woge von Öl zum Sieg geschwemmt« belegen den hohen und geradezu kriegsentscheidenden Grad an → Abhängigkeit vom Energieträger Öl (→ Souveränität).

Trotz dieser Erfahrung verstärkte sich das Autarkiestreben im Energiesektor besonders in den Industrieländern. Vor allem auf deutscher Seite wurde mit Nachdruck und staatlicher Unterstützung an der »Kohleverflüssigung« oder Benzinsynthese (Haber-Bosch-Verfahren) gearbeitet, um auch der chemischen Großindustrie benötigte Energie und Rohstoffe liefern zu können. Das »Energiewirtschaftsgesetz« von 1934 verstärkte den Trend, im Energiebereich »autark« zu werden, um in einem Kriegsfall nicht »abhängig« von äußeren Lieferungen zu sein.

Mit diesem »Gesetz« des NS-Systems wurde nicht nur ein umfangreiches »Reichsbohrprogramm« gestartet, um neue Ölvorkommen zu erschließen, sondern auch der Markt als Steuerungsprinzip weitgehend ausgeschaltet: Statt Angebot und Nachfrage (→ Marktwirtschaft) regelten jetzt künstliche Bedarfsrechnungen die Energiegewinnung. Im Zeichen der »Zwangswirtschaft« wurde dieses »Gesetz« auch noch nach 1945 von demokratischen Regierungen beansprucht. Sein strukturelles Weiterwirken über die NS-Diktatur hinaus läßt sich vor allem daran ablesen, daß sich besondere Gebietsmonopole (Bayern-Werke, Baden-Werke, Pfalz-Werke, RWE) einrichteten und damit eine Einwirkung des Marktprinzips (Konkurrenz) verhinderten.

Die künstlichen Bedarfsprogramme für den künftigen »Stromverbrauch« gehen zu Lasten der Autarkiebestrebungen von 1934. Sie haben auch den Ausbau der Atomenergie befördert, wie er seit den 1960er Jahren in der Bundesrebublik Deutschland forciert worden ist. Das Milliardenloch Kalkar und die fortwährende Subventionierung des Kohlebergbaus (»Jahrhundertvertrag«) haben im Autarkiedenken ihre ideologische Ursache. Noch während der Kohlenkrise von 1993 wurden die Energiepolitiker von Bergleuten gedrängt, Fragen der Wirtschaftlichkeit, des Marktes und der Umweltbelastung durch Kohleverbrennung zu ignorieren: denn »Importkohle macht abhängig«.

Das machtpolitische Abschotten regionaler und nationaler Energiebereiche vom Weltmarkt hat sich in der bisherigen Wirtschaftsgeschichte noch nie gelohnt und ging stets zu Lasten Dritter, letztlich des Steuerzahlers. Selbst in den USA, die durch eigene Ölvorkommen einen hohen Selbstversorgungsgrad erreichten, hat Präsident Nixon im Jahre 1974 das »Project Independence« nicht zum Erfolg führen können. Statt das Land von Öleinfuhren völlig »unabhängig« und damit »autark« zu machen, sorgte es schon wegen der hohen Bohrkosten und der zunehmend erschöpften Ölfelder für eine stetig zunehmende Abhängigkeit: Die ungebremste Motorisierung forderte trotz geringer Mineralölbesteuerung ihren Preis – Bedienung am günstigen Weltmarkt.

Alternativen

Ehe eine künftige Energiepolitik umweltverträglichen Gewinnungs- und Nutzungsverfahren den absoluten Vorrang einräumt (→ Umweltschutz), muß sie sich von der Ideologie der Autarkie ebenso befreien wie von der bisherigen Verbrennungsmanie. Ihre Vertreter sollten erkennen, daß bald das gesamte Steueraufkommen aus der Mineralölsteuer nicht mehr ausreichen wird, um die Schäden zu bekämpfen, die durch das ungehemmte Verbrennen von Kohle, Öl und Gas und durch die Nutzung von aufbereitetem Uran verursacht werden. Hier ist bereits ein ähnlich kumulierender Effekt eingetreten wie bei der Alkohol- und Tabaksteuer. Die Einnahmen decken bei weitem nicht mehr die Ausgaben für die Behandlung von Spätschäden, die der »Verbrauch« dieser Genußmittel auslöst: mit dem »Erfolg«, unbeteiligte und gesund lebende Dritte zu belasten.

Die Nutzung des Windes (Segelschiffe, Windmühlen) und der Wasserkraft (Mühlen, Schleusen, Staudämme, Gezeiten-Kraftwerke) gehört seit alters her zu den alternativen Energieformen. Ihr Vorteil liegt einmal bei der lokalen wie globalen Verfügbarkeit, und sie bedürfen auch nicht eines Verbrennungsvorgangs von natürlichen oder künstlichen Stoffen, um wirksam zu werden. Der Ausbau dieser Energieformen wird in verschiedenen Ländern zwar vorangetrieben (in Dänemark mit Windanlagen in Meeresnähe), stößt aber dort an Grenzen, wo Staudämme schwere Eingriffe in die lokale Ökologie bedeuten und zu politischen Krisen führen können – so die Staudammpolitik der Türkei oder die Wasserprojekte Israels.

Einen Ausweg bieten die Befürworter der Solarenergie an, die eine Art Universalschlüssel dafür sei, alle künftigen Energie- und Umweltprobleme »sauber« und »wirtschaftlich« lösen zu können. Tatsächlich spricht nichts gegen die Vision, daß selbst in weniger sonnendurchfluteten Gegenden der Erde »der solare Strom von unzähligen Dächern, Hinterhöfen, Parkplätzen und von Industriegeländen fließt, wo Sonnenenergie als Nebenprodukt abfällt« (Helmut Tributsch).

Nimmt man noch hinzu, daß in den Wüstengebieten die starke Sonneneinstrahlung durch besondere Kollektorsysteme genutzt werden könnte, dann erhöht sich die voraussichtliche Effektivität der »gespeicherten Sonne« beträchtlich. Aussichtsreich sind auch industrielle Großverfahren, die aus dem Wasser vornehmlich durch Elektrolyse (Zerlegung in Wasserstoff und Sauerstoff) solare Energie gewinnen. Es spricht viel dafür, daß diese Technik weit eher die Zukunftsprobleme lösen wird als die geplanten schwer beherrschbaren Kernfusions-Anlagen, in denen gleichsam die Sonne selbst »nachgebaut« werden soll.

Obgleich seit 1904 in Lardarello/Oberitalien ein geothermisches Kraftwerk mit Erfolg arbeitet und in San Francisco/USA das größte Erdwärmekraftwerk der Welt Warmwasser und Strom liefert, gehört die Nutzung von Erdwärme zu den »vergessenen« Energiequellen. Noch während der Verhandlungen bundesdeutscher Politiker im Jahre 1993 zur Erstellung eines sogenannten »Energiekonsenses« (Modell einer ergänzenden Nutzung aller vorhandenen Kraftwerke unter bedingtem Einschluß der Kernenergie) spielte die Erdwärme so gut wie keine Rolle, obgleich es seit Beginn der 1980er Jahre in Neubrandenburg ein funktionstüchtiges Erdwärmekraftwerk gibt, das eine recht große Wohnanlage versorgt.

Die noch 1991 veröffentlichte Befürchtung, daß »die einzige im Bundesgebiet einsetzbare geothermische Großtechnologie ... dem Desinteresse der Energiewirtschaft und dem behäbigen Unvermögen der Politik zum Opfer fällt« (Werner Bußmann), scheint sich zu bestätigen: Vor allem die Unkenntnis in Politikerkreisen und das Einwirken der Energie-Lobby haben verhindert, diese wirklich saubere und alternative Energieform nachhaltig zu fördern.

Selbst Politiker wie der ehemalige Staatsminister für Wirtschaft und Verkehr des Freistaates Bayern Otto Schedl, der in einem Handwörterbuch die Nutzung der »geothermischen Energie« empfohlen hat, kommen kaum mit den Basisdaten der Erdwärme zurecht, die schon Alexander von Humboldt 1823 recht genau beschrieben hat – aufgrund einer Salzbohrung bei Oeynhausen.

Danach zeigen Abertausende von Bohrungen an, daß die geothermische Tiefenstufe in Europa 3 Grad Celsius auf hundert Meter Tiefe beträgt. Rechnet man die Temperatur an der Erdoberfläche hinzu, dann herrschen in einem Bohrloch von gut 2 000 Metern Endtiefe etwa 80 Grad Celsius: Wärme genug, um den gesamten Warmwasserbedarf vor allem im Heizungsbereich decken zu können. Regionale Projekte wie in Windischeschenbach/Oberpfalz (Kontinentale Tiefbohrung bis 10 000 Meter) oder beim Erdwärmeprojekt in Soultz-sous-Forets/Elsaß, das seit 1986 gefördert wird, bestätigen immer wieder, daß hier eine alternative Möglichkeit der Energiegewinnung bereitsteht.

Es dürfte sicher sein, daß im Jahr 2000 mehr als eine Milliarde Verbrennungsmotoren auf der Welt täglich Millionen Kilogramm Schadstoffe und Umweltgifte in die Biosphäre ausstoßen. Stillgelegte Atomkraftwerke müssen nach dem Abschalten der Reaktoren viele Generationen lang ständig überwacht werden, während gleichzeitig ihr Brennabfall noch keine sichere Endlagerung gefunden hat.

Künftige Generationen werden demnach mit beträchtlichen Altlasten des Industriezeitalters konfrontiert sein und sich wahrscheinlich nur mit einem Energieverbund regenerativer Energieträger zu helfen wissen.

Literatur

Amery, Natur als Politik. Die ökologische Chance des Menschen, 1972 ✦ *Anders*, Die Antiquiertheit des Menschen, Bd. I: Über die Seele im Zeitalter der zweiten industriellen Revolution, 1956 Bd. II: Über die Zerstörung des Lebens im Zeitalter der dritten industriellen Revolution, 1980 ✦ *W. Bach*, Gefahr für unser Klima. Wege aus der CO_2-Bedrohung durch sinnvollen Energieeinsatz, 1982 ✦ *Basler*, Strategie des Fortschritts, 1973 ✦ *U. Beck*, Risikogesellschaft. Auf dem Weg in eine andere Moderne, 1986 ✦ *Bußmann/Kabus/Seibt* (Hrsg.), Geothermie. Wärme aus der Erde, 1991 ✦ *Colombo/Bernardini*, A low energy growth 2030 scenario and the perspectives for Western Europe. Report prepared for the Commission of the European Communities, 1979 ✦ *Deutsche BP*, Energie 2000: Tendenzen und Perspektiven, 1977 ✦ *Deutscher Bundestag*, Kernenergieabwicklungsgesetz. Gesetzentwurf der Fraktion der SPD, 1986 ✦ *ESSO* (Hrsg.), Energistik, 1984-86 ✦ *dies.*, Öldorado, 1982 ✦ *Fabian*, Atmosphäre und Umwelt. Chemische Prozesse, menschliche Eingriffe, Ozonschicht, Umweltverschmutzung, Smog, saurer Regen, 1987 ✦ *Flavin*, World oil: Coping with the dangers of success. Worldwatch Paper 66, 1985 ✦ *Freeston*, Direct Uses of Geothermal Energy in 1990, 1990 ✦ *Fritsch*, ›Die Entwicklung der energiepolitischen Situation in weltwirtschaftlicher Perspektive: Vom Überfluß zur Knappheit‹, in: Optionen auf eine lebenswerte Zukunft, 1979 ✦ *Geißler*, › »Nach Harrisburg«. Einsichten, Erfahrungen, Perspektiven‹, in: Optionen für eine lebenswerte Zukunft, 1979 ✦ *Greenpeace-Report*, Global Warming, 1990 ✦ *Gruhl*, Himmelfahrt ins Nichts. Der geplünderte Planet vor dem Ende, 2. Aufl. 1992 ✦ *Häfele/Rogner*, ›Energie – die globale Perspektive‹, in: Angewandte Systemanalyse 1 (2), 1980 ✦ *Hillerbrand*, ›Die Entsorgung von Kernkraftwerken‹, in: Politische Studien, 262, 1982 ✦ *Hutterer*, Geothermal Electric Power. A 1990 World Status Update, 1990 ✦ *Jones u.a.*, ›Global temperature variations between 1861 and 1984‹, in: Nature 322, 1986 ✦ *Justi*, Wasserstoff, die Energie für alle Zeiten. Konzept einer Sonnen-Wasserstoff-Wirtschaft, 1980 ✦ *Kappelmeyer/Gerard*, The European Geothermal Project at Soultz-sous-Forets, 1989 ✦ *Keeling*, ›Industrial production of CO_2 from fossil fuels and limestone‹, in: Tellus 5, 1973 ✦ *Krause/Bossel/Müller-Reißmann*, Energiewende. Wachstum und Wohlstand ohne Erdöl und Uran, 1980 ✦ *Lovins*, Sanfte Energie, 1978 ✦ *Matthöfer* (Hrsg.), Zukünftige Energiebedarfsdeckung und die Bedeutung der nichtfossilen und nichtnuklearen Primärenergieträger, Teil I-IV, 1976 ✦ *Mejcher*, Die Politik und das Öl im Nahen Osten, 2 Bde., 1990 ✦ *Michaelis/Czakainski*, ›Gibt es eine Alternative zur Kernenergie?‹, in: Kernthemen, 1978 ✦ *Sampson*, Die Sieben Schwestern. Die Ölkonzerne und die Verwandlung der Welt, dt. 1976 ✦ *H. Schäfer*, Kernfragen. Unsere Energieversorgung heute und morgen, 1978 ✦ *Schedl*, Energie, fossile und nukleare ✦ *ders.*, ›Energien, alternative‹, in: PPH, 1985 ✦ *Scheer* (Hrsg.), Die gespeicherte Sonne. Wasserstoff als Lösung des Energie- und Umweltproblems, 1987 ✦ *Schefold*, ›Forschungsschwerpunkte für eine Energieversorgung ohne Kernenergie‹, in: Energieforschung für das Jahr 2000, 1986 ✦ *Schellschmidt/Schulz*, Hydrogeothermic Studies in Hot Dry Rock Project Soultz-sous-Forets, 1990 ✦ *R. Schulz*, Geothermal energy utilized in the Federal Republic of Germany, 1990 ✦ *Seyfritz*, Sanfte Energietechnologie. Hoffnung oder Utopie, 1980 ✦ *Spitzley*, ›Die andere Energiezukunft. Sanfte Energienutzung statt Atomwirtschaft und Klimakatastrophe‹, in: Bonn Aktuell, 1989, ✦ *Stoy*, Wunsch-Energie Sonne, 1978 ✦ *E. Teller*, Energie für ein neues Jahrtausend, 1981 ✦ *Thöne/Voß*, Energiewirtschaftliche Gesamtsituation, 1986 ✦ *Tributsch*, ›Die Solarzelle – Schlüsselelement für die Wirtschaftlichkeit solaren Wasserstoffs‹, in: Die Gespeicherte Sonne, 1987 ✦ *Vester*, Ausfahrt Zukunft. Strategien für den Verkehr von morgen. Eine Systemuntersuchung, 1990 ✦ *Wöhlcke*, Umweltzerstörung in der Dritten Welt, 1987 ✦ *H.G. Wolf*, Der Schrott von morgen, 1985.

Erbwesen

In seinen »Geometrischen Gedanken« suchte der Mathematiker, Erfinder und Philosoph Blaise Pascal (1623–62) nicht nur nach abstrakten Zeichen für das Wirken Gottes in der Welt. Er gelangte auch zu manch konkreter Einsicht in grundlegende Mentalitäten des Menschen, vor allem, was dessen materielle Daseinssicherung betraf. Dazu gehörte die Beobachtung, daß es selbst für gläubige und auf das Jenseits gerichtete Christen »ein furchtbar Ding ist zu spüren, wie alles entgleitet, was man besitzt«.

Wer nicht katholischer Kleriker wurde und auf das Armutsgebot wie das Zölibat (Ehelosigkeit) eingeschworen blieb, der mußte sich zur künftigen Sicherung seines Vermögens rechtzeitig darum kümmern, eheliche und damit rechtlich anerkannte »Leibeserben« zu bekommen. Ihnen allein konnte in der Regel die gesamte Hinterlassenschaft an Fest- und Fahrhaben übertragen werden – meist aufgrund eines schriftlichen Testamentes, das mitunter schon zu Lebzeiten, aber im Regelfall erst mit dem Tod des Erbherrn oder Erblassers in Kraft trat.

Kein Rechtsinstitut in der Verfassungs-, Rechts- und Sozialgeschichte Europas hat seit der Neuzeit so nachhaltig auf die strukturelle Gestaltung von Gesellschaft und Staat eingewirkt wie das Erbwesen in der ihm eigenen Vielfalt. Dabei reduziert es sich in seinem substantiellen Kern auf nur zwei fundamentale Anlagen, denen im Prinzip die Erbfolgen nachgebildet werden.

Erb-Lehen

Lange vor der Zeit des patrimonial ausgerichteten → Absolutismus kannte die politischrechtliche Kultur des → Abendlandes die Möglichkeit, eine Fürsten-, Königs- und sogar Kaiserwahl als Vertragsakt so einzugrenzen, daß wenige, jedem bekannte und sichere Thronanwärter Rechts- und Erbansprüche geltend machen konnten: Dafür wählte man aus den erprobten Strukturen des Lehnswesens (→ Feudalismus) das Vertragsmodell der »Emphyteuse«.

Dieser Erbbegriff leitet sich von dem griechischen Terminus »emphyteusis« ab, was »immerwährend« bedeutet. Eine Fürstensippe oder Dynastie erhielt das vertraglich garantierte Dauerrecht, nach dem Tod des rechtmäßigen Landesherrn oder nach seiner Absetzung einen Nachfolger aus den eigenen Reihen zu bestimmen. Galt in der Erbfolge das Erstgeburtsrecht (Primogenitur), dann durfte nach Maßgabe des agnatischen Prinzips (ein Erbrecht stand nur Männern zu) lediglich der älteste Sohn seinen Erbanspruch geltend machen: sofern er volljähig war, die Idoneität besaß und zur richtigen Konfession gehörte (in diesem Punkt waren seit der Reformation von 1517 Ausnahmen möglich).

Den Thron selbst und damit die Inhabe der höchsten Amtsgewalt in einem monarchischen Gemeinwesen erhielt er aber erst dann »zu treuen Händen« und auf Lebenszeit, wenn er zuvor einen Erb- und Herrschaftsvertrag (Kapitulationen, Handfesten, Königsversicherungen, Pacta conventa) unterschrieben und vor aller Öffentlichkeit (Ständevertreter) beschworen hatte. Diese auf Dauer angelegte Regelung zeigte selbst im Krönungsritual, daß sich die zugestandene »Erbgerechtigkeit« einer Dynastie (*jus ad rem est obligatio*) mit dem Wahlrecht der politischen Stände (Reichsrat und Reichstag) gedeihlich verbinden konnte.

Die Kopplung von Erbe und Wahl widerlegt die seit dem Absolutismus verbreitete Ansicht, das Geblütsrecht (*jus sanguinis*) habe das Wahlrecht ersetzt (MKL, 1987). Das Salische Erbfolgegesetz (*loi salique*) in Frankreich, die vertragliche Erbfolge der kurfürstlichen Häuser seit der Goldenen Bulle von 1356 bis 1806 im Heiligen Reich oder der verfassungsimmanente Wechsel vom Wahl-Königtum des »Reichsrechts« 1442 zum Erbwahlprinzip von 1544 in Schweden (*unio haereditaria*) sowie die Änderungen in der Mai-Verfassung von 1791 in Polen (bisherige Wahl wurde durch Erbwahl ersetzt) bestätigen nachdrücklich, daß es zwischen der »reinen Wahl« und dem patrimonialen Erben im Absolutismus ein drittes Muster der Herrschaftsübertragung gegeben hat: die Emphyteuse, wie sie heute noch in den parlamentarisch regierten Monarchien Europas und Asiens (Japan, Thailand) üblich ist.

Der Erfolg dieses Modells, das bei der Diskussion über das Wesen des »dynastischen Fürstenstaates« (Johannes Kunisch) meist unerörtert bleibt, war nur deshalb möglich, weil es als Erblehen einen durchgehenden Vertragscharakter besaß, eine fundamentale Gegenseitigkeit von Fürst und Ständen verlangte sowie auf eine institutionelle Drittwirkung gerichtet blieb: Sie wurde in allen Fällen vom Reichsrat als Mittlerorgan vergegenwärtigt, das sowohl dem »Recht des Königs« (*jus regis*) wie dem »Recht des Reiches« (*jus regni*) verpflichtet blieb.

Dieses Erbwahl-Modell galt aber nicht nur im Öffentlichen Recht (→ Staat). Es strukturierte auch die Erbverhältnisse im Adel, bei den Stadtbürgern und vor allem im Bauerntum. Allerdings kamen im Privatrecht eine Reihe von Mischformen vor, sofern der Erblasser neben Lehensgütern und Pachtland noch andere »Erb-Gerechtigkeiten« besaß und gehalten war, statt das gesamte Vermögen an einen einzigen »Universalerben« zu überschreiben, es unter mehrere legitime Erben aufzuteilen.

In einem solchen Fall spricht man von *Realteilung*: Jeder Erbe kann einen gleich großen Anteil am elterlichen Gesamtvermögen beanspruchen. Dieses Prinzip nach Maßgabe des kommutativ Gerechten, das jedem ehelichen Kind »ohne Ansehen seines Geschlechtes« oder Geburtsranges ein gerechtes Erbteil zumaß, setzte sich unter dem Einfluß der Revolution von 1789 vor allem in den linksrheinischen Regionen des Heiligen Reiches durch. Aufgrund des Gleichheitsgebots führte es häufig dazu, daß die landwirtschaftlichen Nutzflächen stark parzelliert wurden und oft nicht mehr ausreichten, die meist kinderreichen Bauernfamilien oder Adelssippen angemessen zu ernähren.

Dieser »Atomisierung« von Grund und Boden hat man durch Rückgriffe auf ältere Erbformen entgegenzuwirken versucht. Dabei kam oft das *Anerbenrecht* zur Geltung. Es sieht vor, daß in der Regel der älteste Sohn als »Anerbe« alle vorhandenen Liegenschaften sowie Haus und Hof erhält und jüngere Geschwister in angemessener Form entschädigt oder »auszahlt«. Beim *Ganerbenrecht* handelt es sich um eine Erbengemeinschaft, deren Mitglieder nach Maßgabe der Kommutation gleichberechtigt sind und als Einzelmitglied eine Erbteilung verlangen können, jedoch meist unterlassen, um das Gesamterbe nicht zu zerstückeln. Eine weitere Möglichkeit der Erhaltung und Erweiterung eines Erbgutes besteht in der Rechtsqualität des *Fidei-Commiß*. Vom römisch-rechtlichen »fidei commissum« abgeleitet, bedeutet dieses Erb- und Rechtsinstitut, daß ein Familiengut »zu treuen Händen anvertraut« worden ist und weder veräußert noch geteilt oder gar versteigert werden kann. Seine Rechtsgarantie war so umfassend angelegt, daß selbst eine Zwangsversteigerung wegen Überschuldung nicht möglich war. Als besondere Erbfolge war bei dieser im Adel verbreiteten Vermögensform die Primogenitur als Erstgeburtsrecht oder auch das Majorat vorgesehen, d.h. der älteste lebende und rechtsfähige Sohn durfte allein die Erbschaft antreten. Im Jahre 1804 verfügte der Code Napoléon die Abschaffung dieses Erbmodells, das in Deutschland erst 1919 durch den Artikel 155 der Weimarer Verfassung ein Ende fand.

In all diese Erbverträge konnten Sonderabmachungen eingebaut werden. Sie galten in erster Linie für den elterlichen »Vorbehalt«, der häufig der Alterssicherung diente, oder für unversorgte Geschwister. Eine heutzutage häufig genutzte Erbform stellt das sogenannte *Berliner Modell* dar. Danach können sich die Eheleute gegenseitig als ersten Erben einsetzen.

Wie immer auch im vertraglichen Erbwesen die Einzelheiten der Verwaltung und der Nachfolge geregelt werden, so muß doch stets das Prinzip der Gegenseitigkeit, der Verhältnismäßigkeit, des → Drittwesens (Notariat, Erbschaftsgericht), der kommutativen wie distributiven Gerechtigkeit und vor allem der → Treuhandschaft berücksichtigt werden. Gerade die Einrichtung eines »Pflichtteils« für jeden Erben belegt das öffentliche Bemühen, Erbwillkür als »patrimonialer Entartung« (Otto Hintze) vorzubeugen und Machtlaunen zu verhindern.

Erbfolgekriege

Bereits der Hundertjährige Krieg zwischen 1339 und 1453 war durch besondere Erbansprüche englischer Könige auf Teile der Krone Frankreichs ausgelöst und nach Unterbrechungen stets neu entfacht worden. Es hätte auch nicht viel gefehlt, dann wäre der Teutsche Krieg bereits aufgrund der »Jülicher Erbsache« im Jahre 1609 angezettelt worden. In diesen schwelenden Kampf um die Anerkennung von »Erb-Gerechtigkeiten« wollte sogar Heinrich IV. von Frankreich militärisch intervenieren: Seine Tötung aber durch Ravaillac 1610 hat die angestrebte kriegerische Lösung dieses komplizierten Erbfalles verhindert.

Dafür war das Haus Habsburg knapp zehn Jahre später um so erfolgreicher. Denn Ferdinand II. aus dessen steirischer Linie wollte das Erbwahl-System der Verfassung Böhmens und Mährens nicht mehr anerkennen und über die Länder der Wenzels-Krone in patrimonialer Erbmanier verfügen (Oñate-Absprachen von 1617) – als wäre es ein Privatgut. Im Kampf gegen diese »spanische Erblichkeit« beriefen sich die Stände Böhmens, Mährens und des assoziierten Landes Schlesien immer wieder auf die freiheitlichen »Pacte« (Verträge) jeder treuhänderischen Königs-Herrschaft. Mit allem Nachdruck lehnten sie es auch ab, sich mit diesem Erbanspruch »in die äußerste Servitut (Knechtschaft) und unter einen absoluten spanischen Dominat (Gewaltherrschaft)« zu begeben.

Der Beginn des Teutschen Krieges ging demnach auf einen fundamentalen Erbstreit zurück. In dessen Verlauf sollte es Ferdinand II. mit Hilfe Wallensteins und einer rigorosen Militär-Diktatur gelingen, Böhmen und Mähren im Jahre 1627 zu einem »Erbkönigreich« zu machen. Dieses war weitgehend patrimonial angelegt und sollte trotz einiger Veränderungen (1848) im Prinzip bis 1918 währen – als Machtsystem politischer Entmündigung.

Das Ziel Habsburgs aber, das vertragliche Wahl-Kaisertum im Heiligen Reich auch in ein »dominium absolutum« nach Maßgabe patrimonialer »Erb-Souveränität und Absolutesse« (Rålamb) zu verwandeln, ist durch die Intervention Schwedens (1630) und Frankreichs (1635) verhindert worden. Im Teutschen Frieden von 1648 wurde das Wahlprinzip (jetzt mit acht statt bisher sieben Kurfürsten) erneuert und bis 1806 beibehalten.

Nur mäßigen Erfolg hatte auch Ludwig XIV. von Frankreich. Die von ihm betriebene sogenannte »Reunionspolitik« berief sich auf vermeintliche Erbrechte der Krone Frankreich und seines Hauses Bourbon auf Länder und Gebiete jenseits der eigenen Grenzen. Die Begründung mit dem Erbprinzip der »Devolution« (nur Kinder aus einer ersten Ehe sind erbberechtigt) hat ihn am Ende des Devolutionskrieges gegen die Niederlande 1667 scheitern lassen. Ebensowenig drang er mit seinen Erbansprüchen im Pfälzischen Erbfolgekrieg von 1688 bis 1697 durch (Sicherung des Allodial-Nachlasses seines Schwagers), und er mußte auch im Spanischen Erbfolgekrieg von 1701 bis 1714 (Friede von Rastatt) den Versuch aufgeben, mittels einer gezielten Erbpolitik eine Vorherrschaft oder Hegemonie über Europa zu erringen. Sein Enkel Philipp V. von Anjou erhielt zwar Spanien mit den überseeischen Kolonien, aber die Erbfolgekriege hatten Frankreich erheblich geschwächt und unfreiwillig England als neue Vormacht im Westen gestärkt (Erwerb Gibraltars).

Wie stark noch das vertragliche Erblehensdenken zur Zeit des »Sonnenkönigs« im öffentlichen Rechtsbewußtsein Frankreichs verankert war, wurde beim Tode Ludwigs XIV. im Jahre 1715 offenkundig. Der »Allerchristlichste König« hatte selbstherrlich seine unehelichen Kinder (»Bastarde«) in die rechtlich gebotene Erbfolge eingereiht. Das aber war nach Maßgabe des Salischen Gesetzes nicht erlaubt und ein eklatanter Verfassungsbruch. Auf Antrag der »Prinzen von Geblüt« aus dem Hause Bourbon selbst hob das Parlement de Paris als höchster Gerichtshof im Land das königliche Testament auf: Alle unehelichen oder illegitimen Leibeserben wurden erneut von der Thron- und Erbfolge ausgeschlossen.

Auch dieser spektakuläre Fall beweist, daß Geblütsrecht und Erbwahlrecht sich gut ergänzen konnten und in ihrer institutionellen Drittwirkung erneut belegen, daß es in Frankreich vor 1789 keinen patrimonialen → Absolutismus gegeben hat.

Eine Besonderheit stellte der Bayerische Erbfolgekrieg dar. Denn mit dem Tod des erbenlosen Kurfürsten Maximilian III. Joseph erlosch 1777 die Münchener Linie des Hauses Wittelsbach. Gemäß dem Prinzip der »Legitimität«, das noch Bismarck hundert Jahre später als »Zauberwort« der dynastischen Politik verstehen sollte, ging jetzt das Erbrecht auf die Pfälzische oder Heidelberger Linie der Wittelsbacher über. Mit dem Abschluß der »Wiener Konvention« von 1778 kam der Kurpfälzer Erbe Karl Theodor mit Kaiser Joseph II. aus dem Hause Habsburg-Lothringen überein, dessen Erbansprüche auf Bayern zu akzeptieren. Zu ihrer Sicherung wurde dann das Land von habsburgischen Truppen besetzt. Dagegen aber wandte sich Friedrich II. aus dem Haus Hohenzollern (Preußen). Zusammen mit anderen Reichsständen fürchtete er, daß im Zuge der Bayerischen Erbfolge im ganzen Heiligen Reich ein »absolutes Dominat« Habsburgs etabliert werden könnte. Seine militärischen Gegenmaßnahmen führten jedoch nicht zu einem Krieg mit den üblichen Schlachten, so daß auf preußischer Seite vom »Kartoffelkrieg« und auf österreichischer Seite vom »Zwetschgenrummel« gesprochen wurde. Unter der diplomatischen Vermittlung Frankreichs und Rußlands wurde dieser Erbstreit 1779 im Frieden von Teschen beigelegt. Dabei kam es zu einer elementaren Verschiebung der bisherigen Nord-Süd-Konstellation in eine Ost-West-Relation: Mit der Erneuerung des Garantenstatus von Schweden und Frankreich für den Teutschen Frieden von 1648 wurde dem zaristischen Rußland ein Mitwirkungsrecht gewährt, als »Schiedsrichter Teutschlands« (*arbiter Germaniae*) tätig zu werden.

Noch der Französisch-Preußische Krieg von 1870/71 ging in seinem Kern auf eine dynastische Erbstreiterei zurück. Denn Napoleon III. sah in der Kandidatur des katholischen Erbprinzen Leopold von Hohenzollern-Sigmaringen um den spanischen Thron die Gefahr einer Einkreisung von Nordosten und Südwesten her: Der von Paris betriebene Verzicht dieses Hohenzollern-Erben führte dann zur Emser Depesche vom 13. Juli 1870 und schließlich zur Kriegserklärung an Hohenzollern-Preußen.

Patrimonialerbe

Fast gleichzeitig mit diesem Krieg, der 1871 dem neuen deutschen Kaiserreich das alte habsburgische »Patrimonialland« Elsaß zusammen mit Lothringen (»Reichslande«) einbrachte, wurde am 20. September 1870 dem Heiligen Stuhl in Rom vom neugegründeten Königreich Italien das »Patrimonium Petri« entzogen.

Darunter verstand man den katholischen Kirchenstaat, wie er sich seit der Pippinischen Schenkung von 754 materiell entwickelt hatte. Zwar wurde dieses Gebiet 1810 von Napoleon I. selbstherrlich und mit Gewalt aufgeteilt, doch nach dessen politischem Untergang stellte der Wiener Kongreß (1814/15) das weltliche Besitztum der gewählten Päpste wieder her, die in Ausübung ihres Amtes eine »Erb-Heiligkeit« beanspruchten.

Der Begriff »patrimonium« leitet sich vom lateinischen »pater« (Vater) her und bedeutet in der Regel ein »Vatererbe« als uneingeschränktes Volleigentum. Seine Weitergabe an einen Erben konnte ohne Zustimmung eines Dritten erfolgen und gar eine einseitige »Erbhuldigung« der Stände erzwingen. Ein solches Vorgehen entsprach dem Patrimonialprinzip (*ius in re est dominium*), das keine Vertragslage oder gar Drittrechte zu beachten brauchte. Die Machttitulatur »König in Preußen« vom 18. Januar 1701 entsprach genau diesem Prinzip, weigerte sich doch Friedrich I., einen Herrschaftsvertrag einzugehen oder eine landständische Verfassung zu beschwören.

Obgleich es bei den Zaren-Krönungen einige Vorrechte der Orthodoxen Kirche gab, so trug das Zartum selbst alle Kennzeichen des väterlichen Erbes und dessen absoluter Verfügungsgewalt (*dominium absolutum*). So war es nur konsequent, daß sich die Großfürsten von Moskau und Zaren als »Selbsterhalter« oder »Autokrator« (Samoderžec) auffaßten. Trotz eines »Großen Rates« und einer »Bojaren-Duma« (Adels-Versammlung) waren die Zaren seit Iwan IV. (1530–84) nicht bereit, den Vertragswert dieser Institutionen anzuerkennen: Sie verfügten über Land und Leute, als wären sie eine private und patrimoniale Fest- oder Fahrhabe.

Zar Peter I. (1672–1725), der seine Patrimonialmacht noch mit dem nach schwedischem Vorbild gestalteten »Militär-Statut« von 1716 verstärkte (Not- und Kriegsrecht nach Maßgabe des »Dominium eminens«, → Diktatur), ließ im Bewußtsein absoluter Verfügungsgewalt sogar seinen eigenen Erben zu Tode quälen: In »seiner Jugend sehr übel und sklavisch gehalten«, hatte der Zarevič Aleksej Petrovič nach Ansicht seines Vaters aus zwei wesentlichen Gründen das Erbe verwirkt – durch Verweigerung des »blinden Gehorsams« und wegen seiner »Desertion« an den Kaiserhof in Wien.

Ein ähnlicher Fall »patrimonialer Entartung« trug sich 1730 im Hause Hohenzollern zu: Der spätere Friedrich II. wollte sich der Despotie seines Vaters Friedrich Wilhelm I. mit einer »Desertion« nach England entziehen, wurde unter zeitweiligen Hausarrest gestellt und mußte zusehen, wie sein Diener Katte gegen alles Recht hingerichtet wurde – an seiner Stelle!

In dieser »Staats- und Familiensache« offenbarte sich der bestimmende Charakter eines schier allmächtigen Erbdenkens, das nur noch durch dynastiebezogene »Haus-Gesetze« begrenzt wurde. Doch selbst diese konnten bei der Wahrnehmung des obersten Kriegsrechtes aus »Staatsräson« außer Kraft gesetzt werden, wenn es der Patrimonial-Herr für geboten hielt.

Diese absolutistische Verfügungs-Ideologie ist der Kern des neuzeitlichen Phänomens der »Erb-Untertänigkeit«. Denn diese ist ein Ausdruck der Zerstörung des vertraglichen Lehns- oder Feudalwesens und degradierte einst »freie Bürger« zu possessiv wie politisch entmündigten »Erb-Sklaven«, die einer Patrimonial-Gerichtsbarkeit meist adliger Grundherrn unterlagen.

Erbmanie

In seiner harschen Kritik am akademischen »Streit der Fakultäten« in den Hochschulen und Universitäten Hohenzollern-Preußens wehrte sich Kant gegen die zunehmende Verengung des Lehrangebots, das seiner Meinung nach im wesentlichen aus den Bereichen »Erbkrankheit (Medizin) oder Erbschuld (Jurisprudenz) oder Erbsünde (Theologie)« bestand.

Diese Erbmanie fand zu Beginn des 19. Jahrhunderts ihre Fortsetzung im politischen Bereich: 1804 machte sich General Bonaparte in einer pompösen Eigenkrönung zum patrimonialen »Erbkaiser« der Franzosen. Hinter einer solchen Titel- und Machtanmaßung wollte auch der Wahlkaiser Franz II. von Habsburg-Lothringen nicht zurückstehen und faßte sich im selben Jahr als »Erbkaiser« von Österreich auf – allerdings nach dem Vorbild des »Russischen Hofes«. Nur zwei Jahre später nutzten einige Kurfürsten des Heiligen Reiches die Gunst der Stunde und ernannten sich nach dessen Ende 1806 zu patrimonialen »Erbkönigen« (Bayern schon 1804, Sachsen, Hannover). Diese dynastische Statuserhöhung war deshalb möglich, weil der vertragliche Lehnsvorbehalt des Heiligen Reiches weggefallen war und damit auch die institutionelle Drittwirkung des seit 1495 zuständigen Reichskammergerichtes.

Noch während der → Revolution von 1848 kulminierte der politisch-rechtliche Streit in der Frankfurter Paulskirchenversammlung, als die Frage nach Einführung der Republik (Robert Blum) oder Beibehaltung der Monarchie (Heinrich von Gagern) anstand. Bekanntlich haben sich die Monarchisten mit 267 gegen 263 Stimmen durchgesetzt und sind dafür eingetreten, den künftigen Kaiser nicht in einem »Wahlgang« zu bestimmen, sondern durch »Erbgang« auf den Thron zu bringen, der jedoch im Prinzip einer »Emphyteuse« oder Erblehen entsprechen sollte.

Diese Bedingung aber war es in der Hauptsache, die den Hohenzollernschen Erbherrn Friedrich Wilhelm IV. (1795–1861) veranlaßte, eine »demokratisch« legitimierte Kaiserkrone abzulehnen. Denn unter den geforderten Vertragsbindungen hätte er seine eigene Patrimonialposition aufgeben müssen.

Im Umfeld der im 19. Jahrhundert grassierenden Erbmanie verwundert es nicht, daß davon auch Teile der Naturwissenschaften erfaßt worden sind. Charles Darwin (1809–82), der mit seinem Evolutionsmodell revolutionierend gewirkt hat, »prüfte jeden denkbaren Ansatz, um sich ein Bild von der Vererbung spezieller Eigenschaften bei Tieren und Menschen zu machen«. Dabei ging er sogar der Frage nach, ob sich »der Bizeps des Hufschmieds auf dessen Söhne vererbe« (Desmond/Moore). Ähnlich intensiv erforschte Gregor Mendel (1822–84) die Pflanzenwelt und stellte nach zahlreichen Experimenten eine besondere »Erblehre« auf, nach der sich bestimmte Erbfaktoren gesetzmäßig (rezessiv oder dominant) verhalten.

Diese für den Ackerbau und die Viehzucht wichtigen Erkenntnisse wurden während der Zeit des Nationalsozialismus in rassistischem Sinne mißbraucht: Es sollten »nordische« oder »arische Herrenmenschen« gezüchtet werden, mit blonden Haaren und blauen Augen sowie »Erbeigenschaften«, die alles »Artfremde« verhindern und die »Artgleichheit« (Carl Schmitt) fördern sollten.

Zu dieser Erbideologie gehörte das Bestreben der NSDAP, ihre gleichsam patrimoniale Verfügung über Land und Leute dadurch zu festigen, daß sie das Bauerntum als »Nährstand« mit der eigenen Diktatur gleichschaltete. Das gelang dieser »Arbeiterpartei« mit dem sogenannten »Reichs-Erbhofgesetz« vom 29. September 1933. Dadurch wurde der bäuerliche Eigenbesitz besonders im Erbfall so stark gesichert wie einst das Fidei-Kommiß-Eigentum des Adels: Seine Rechtsqualität entsprach einem Patrimonialgut, das unveräußerlich und unpfändbar war, außerdem galt das Erstgeburtsrecht, und die Erbhofbauern wie ihre Erben waren sogar vom Militär- und Kriegsdienst weitgehend befreit.

Die Aufhebung dieser absoluten Eigentumsgarantie durch ein Kontrollratsgesetz der Alliierten im Jahre 1947 war nur konsequent: Der Patrimonialismus hatte auch in diesem Bereich einer diktatorischen Mentalität zugearbeitet und war letztlich Ausdruck der Weigerung, das Prinzip der Gegenseitigkeit und des Drittwesens durchgehend gelten zu lassen.

Fazit

Seit der Vorstellung einer angeblichen »Erbsünde« des Menschen als Kollektivfluch oder Sippenhaftung Gottes hat sich das Denken und Verhalten nach Maßgabe bestimmter Erbkategorien im → Abendland ständig erweitert. Selbst der Islam ist in seinen Hauptrichtungen (Sunniten, Schiiten, Ismailiten) von einer Erben-Theorie abhängig, die auf die Familie des Propheten Mohammed (570–632) unmittelbar angewandt wird.

Berufungen auf ein »historisches Erbe« finden in den Reihen der »Neuen Rechten« ebenso Gehör, wie sie die kommunistische Linke vor 1989 veranlassen konnten, sich entgegen dem eigenen linearen Fortschrittsdenken zu betätigen – so beim »Luther-Erbe«, das die SED aus Gründen der Reputation pflegen wollte.

Trotz der erdrückenden Fülle aller Wirkungsbereiche des Erbwesens konzentrieren sich Nachschlagewerke, Lexika und Wörterbücher zumeist auf dessen naturwissenschaftlichen Aspekt, etwa auf die Diskussion um Erbkrankheiten und um die Zulässigkeit gentechnischer Eingriffe. Als politisch bedeutsam wird die Erbproblematik dagegen kaum wahrgenommen. Ein denkwürdiger Befund, den schon Alexis de Tocqueville Mitte des vergangenen Jahrhunderts nicht recht verstehen wollte: »Ich bin erstaunt, daß die alten und neuen Schriftsteller dem Erbrecht keinen größeren Einfluß auf die Entwicklung menschlicher Verhältnisse beimessen. Zwar gehören diese Gesetze zum bürgerlichen (privaten) Recht, sie sollten aber an der Spitze aller politischen Einrichtungen stehen. Denn sie beeinflussen in unglaublicher Weise die Gesellschaftsordnung der Völker, die sich in den politischen Gesetzen ausprägt.«

Literatur

Allen, Darwin and His Flowers: The Key to Natural Selection, 1977 ✦ *Barnett*, ›Allotments and the Problem of Rural Poverty, 1780 – 1840‹, in: Jones/Mingay (Hrsg.), Land, Labour and Population in the Industrial Revolution, 1967 ✦ *Barudio*, ›Die Macht des Hegemonialismus – das Moskauer Zartum‹, in: PHPI, 3, 1985 ✦ *Baur/Fischer/Lenz*, Menschliche Erblichkeitslehre und Rassenhygiene, 2 Bde., 4. Aufl. 1932 ✦ *v. Bayern*, Das Ende der Habsburger in Spanien, 2 Bde., 1929 ✦ *Beitzke*, Vorschläge und Gutachten zur Reform des deutschen internationalen Personen-, Familien- und Erbrechts, 1981 ✦ *Braubach*, Versailles und Wien von Ludwig XIV. bis Kaunitz. Die Vorstadien der diplomatischen Revolution im 18. Jhd., 1952 ✦ *Brönner/Rux*, Steuervorteile durch zweckmäßige

Erb- und Unternehmensnachfolge, 5. Aufl., 1988 ✦ *Burrow*, Evolution and Society. A Study in Victorian Social Theory, 1966 ✦ *Degen*, Fallkommentar zum Erbschaft- und Schenkungssteuerrecht, 1983 ✦ *Deixler*, Erb- und Testamentrecht für jedermann, 1987 ✦ *Delitzsch*, Erbbaurecht und Bauwerk nach dem BGB, 1912, ND 1969 ✦ *Desmond/Moore*, Darwin, dt. 1991 ✦ *Ebers/Godehard*, Devolutionsrecht vornehmlich nach katholischem Kirchenrecht. Historisch-dogmatische Studie zum kirchlichen Benefizialwesen, 1906, ND 1965 ✦ *K.H. Ebert*, Der vorzeitige Erbausgleich. Vorläufiges und endgültiges Rechtsinstitut, 1971 ✦ *Eibl-Eibesfeldt*, Das verbindende Erbe. Expeditionen zu den Wurzeln unseres Erbes, 1991 ✦ *Eisenmann*, Konstanzer Institutionen des Familien- und Erbrechts von 1370 – 1521, 1964 ✦ *Gall*, Bismarck. Der weiße Revolutionär, 1985 ✦ *E. Gans*, Das Erbrecht in weltgeschichtlicher Entwicklung. Eine Abhandlung der Universalrechtsgeschichte, 4 Bde., 1824 – 1835, ND 1963 ✦ *C. Hinrichs*, Der Kronprinzenprozeß. Friedrich und Katte, 1936 ✦ *Hoffer*, Ererbt von meinen Vätern. 400 Jahre europäisches Judentum im Spiegel einer Familiengeschichte, 1990 ✦ *Kellerhals*, Der Islam. Geschichte, Lehre, Wesen, 3. Aufl. 1981 ✦ *A. Kelly*, The Descent of Darwin. The Popularization of Darwinism in Germany, 1860 – 1914, 1981 ✦ *D. Kohn*, The Darwinian Heritage, 1985 ✦ *Köpernick u.a.*, Erbrecht, 3. Aufl. 1987 ✦ *Köster*, Urstand, Fall und Erbsünde in der katholischen Theologie unseres Jahrhunderts, 1983 ✦ *Kunisch* (Hrsg.), Der dynastische Fürstenstaat, 1982 ✦ *Leibundgut*, Der Wald als Erbe und Verpflichtung, 1990 ✦ *Leimgruber*, Die Befugnisse des einzelnen Miterben beim Erbgang und bei der Nachlaßverwaltung, 1978 ✦ *W. Meyer*, Gemeinde, Erbherrschaft und Staat im Rechtsleben des schlesischen Dorfes vom 16. und 19. Jhd., 1967 ✦ *Mousnier*, Ein Königsmord in Frankreich, 1964, dt. 1970 ✦ *Nolting*, Inhalt, Ermittlung und Grenzen der Bindung beim Erbvertrag, 1985 ✦ *v. Noorden*, Europäische Geschichte im 18. Jhd. Der Spanische Erbfolgekrieg, 3 Bde., 1870/82 ✦ *Olzen*, Die vorweggenommene Erbfolge in historischer Sicht, 1988 ✦ *Pancaldi*, Darwin in Italia. Impresa scientifica e frontiere culturali, 1983 ✦ *Quitzow*, Intelligenz – Erbe oder Umwelt?, 1990 ✦ *Ripfel*, Erbbauvertrag, 1985 ✦ *J. Roger*, ›Darwin, Haeckel et les Français‹, in: Conry (Hrsg.), De Darwin au darwinisme: science et idéologie, 1983 ✦ *H. Schulze* (Hrsg.), Die Hausgesetze der regierenden deutschen Fürstenhäuser, 3 Bde., 1883 ✦ *Schliepkorte*, Entwicklungen des Erbrechts zwischen 1933 und 1953, 1989 ✦ *Siebert*, Zum Verhältnis von Erbgut und Lehngut im Wortschatz Otfrids von Weißenburg, 1971 ✦ *Siewerth*, Die christliche Erbsündenlehre, 1964 ✦ *Simm*, Kants Ablehnung jeglicher Erbsündenlehre, 1991 ✦ *Stengel*, Grundriß der menschlichen Erblehre, 1900 ✦ *Volz*, ›Der Kronprinzenprozeß von 1730‹, in: FBPG 50, 1937 ✦ *Weikert*, Erbmänner und Erbmännerprozesse, 1990 ✦ *Wittram*, Peter I. Czar und Kaiser, 2 Bde., 1964.

Ethik

Der Mensch gilt in den Idealvorstellungen von Philosophen und Staatsdenkern als das einzige Wesen, das zur Gerechtigkeit fähig ist, Recht und Unrecht unterscheiden kann und in einer Ordnung zu leben versteht, die durch bestimmte Gesetze geregelt wird.

Diese Befähigung, den Konditionen der Polisethik zu entsprechen, läßt ihn aus dem Zustand von Streit und Gewalt heraustreten und die »Kunst des Gleichen und Guten« pflegen: Der Mensch wird als Mann oder Frau zu einem »Zoon politikon« (Aristoteles), »Animal rationale« (Thomas von Aquin) oder zu einem »vernünftigen Bürger«, der aufgrund von Verträgen verträglich wird und bleibt. Diese Fähigkeiten und Verhaltensweisen aber kann niemand erben. Sie müssen vielmehr erworben und in besondere Fertigkeiten verwandelt werden, um den Bedingungen und Bindungen eines »gerechten Gemeinwesens« (*optimus status*), »wohlproportionierten Regimentes« oder einer »freiheitlich-demokratischen Grundordnung« hinreichend und angemessen genügen zu können.

Soll dieser oft lebenslange Lernprozeß mit seinen zahlreichen Vertragsschlüssen, Wahlgängen, Steuerentrichtungen, Kontrollen und Korrekturen den rechtlich-politischen Vorgaben entsprechen, dann bedarf es in einem Gemeinwesen der Ethik. Sie verlangt als die Lehre vom Ethos (Gesinnung und Gesittung) das andauernde Einüben »gerechter« Verhaltensregeln sowie das Einhalten zweckbezogener Normen: Zur Mehrung des Eigennutzes wie des Gemeinwohls, zur Schadensbegrenzung gegenüber Partnern und als Verpflichtung, im Streitfall die gütliche Schlichtung zu suchen oder den Rechtsweg einzuhalten (→ Drittwesen).

»Erziehung zur Verfassung«

Als der englische Staatsmann William Ewart Gladstone (1809-98) die Auffassung vertrat, daß »politisch niemals richtig sein kann, was moralisch falsch ist«, da konnte er von einem Lehr- und Lernkanon ausgehen, den er bei Homer ebenso wie bei Dante bestätigt fand: die Forderung nach einer Gegenseitigkeit von Macht und Moral, Recht und Ethik, Tugend und Interessen, Wissenschaft und Wertordnung.

Wie schwer es aber dem Menschen als einem »Wesen des Mangels« (Descartes) fällt, diesem Ideal der Wechselwirkungen nachzukommen, war bereits der Antike bekannt. Deshalb hat sich Aristoteles, der noch bei Rousseau und selbst von demokratischen Sozialisten des 19. Jahrhunderts als »Lehrer des Menschengeschlechts« aufgefaßt worden ist (August Bebel), sehr darum bemüht, die »Mängel« des Menschen im Rahmen einer gezielten »Erziehung zur Verfassung« zumindest teilweise zu beheben: damit er für sich selbst und das Gemeinwesen das »gute Leben« (*eu zen*) gestalten könne.

Eine wesentliche Voraussetzung für die Verwirklichung dieses Zieles war das Wissen um das Wesen der »probitas« als Rechtschaffenheit des »tugendhaften Mannes« (*vir probus*). Der Kern dieser besonderen Qualität eines Vollbürgers in der Polis (*patriotés*) bestand in der anhaltenden Vermittlung und praktischen Betätigung der vier Kardinaltugenden: Darunter verstanden die Antike wie das Christentum den rechten Sinn für Gerechtigkeit, Klugheit, Mäßigung und Starkmut.

Beispiele aus der Geschichte und der politischen Praxis wurden in einer langen Reihe von Schriften, Epigrammen, Sinnsprüchen, Theaterstücken, Gedichten, Aphorismen oder Gleichnissen aufgeboten, um die Wirksamkeit dieser Tugenden (*virtutes*) ebenso nachzuweisen wie die Schädlichkeit der Laster. Ziel dieses Bemühens war der »gute Bürger« (*agathos, vir bonus*), dem bei allem Streben nach Eigennutz und persönlichem Glück das Gemeinwohl (*bonum commune*) ein Auftrag und eine Aufgabe zugleich sein sollte.

Doppelmoral

Was immer auch der Einzelmensch jedes Volkes oder Nation von der Natur an körperlichen wie geistigen Möglichkeiten als persönliches »Erbe« mitbekommt, so steht doch fest, »daß keiner der Charakterzüge uns von Natur eingeboren ist« (Aristoteles, »Nikomachische Ethik«).

Jede Eignung für Ökonomie, Politik oder Rechtsleben bleibt einem Lernprozeß unterworfen und damit dem Streben nach einer gewissen Vervollkommnung. Dieses gilt als Inbegriff der Moral (von lat. *mores* = Sitten), die sich dem »Wahren, Schönen, Guten« (Plato) verpflichtet fühlt und eine gerechte Gesinnung mit der geforderten Gesittung in Übereinstimmung zu bringen sucht.

Verzichten die Erziehungswissenschaften, die Politologie, die Jurisprudenz und auch die Geschichtsschreibung bewußt darauf, »sittliche Ideale der Menschheit« vor Augen zu stellen, dann kann das »große Individuum« nicht zum Vorbild für heranwachsende Generationen und tätige Politiker gemacht werden: Es bleibt in seiner Isolierung eine Ausnahme und einer universal geltenden Ethik entzogen (Jacob Burckhardt, »Weltgeschichtliche Betrachtungen«).

Daher muß sich jede Tugendlehre als Einübung in ein ethisches Grundverhalten und als Empfehlung einer durchgehenden Norm herausgefordert fühlen. Denn das Pochen auf Sonderrechte und Ausnahmeregelungen für Obrigkeiten öffnet der Doppelmoral Tür und Tor.

Die Trennung von Macht und Moral entspricht der Empfehlung Machiavellis (1469-1527), wie sie in seiner einflußreichen Schrift »Der Fürst« (»Il Principe«) von 1513 formuliert ist. Seiner Meinung nach lehrt die Erfahrung aus der Geschichte, »daß gerade in unseren Tagen diejenigen Fürsten Großes ausgerichtet haben, die es mit der Treue nicht genau nahmen und es verstanden, durch List die Menschen zu umgarnen; und schließlich haben sie die Oberhand gewonnen über jene, welche es mit der Rechtlichkeit hielten. Man muß dabei wissen, daß es zweierlei Waffen gibt: die des Rechtes und die der Gewalt. Jene sind dem Menschen eigentümlich, diese den Tieren ...« (Kapitel 18).

Die → Geschichte als Erfahrungsfeld kennt aber weitaus mehr Beispiele dafür, daß sich Fürsten und Obrigkeiten an die Gerechtigkeit, Recht und Gesetz gehalten haben, ohne ihre Gemeinwesen in den geistigen wie materiellen Ruin zu treiben. Deshalb wurde immer wieder seit der Neuzeit davor gewarnt, daß »Treue, Frömmigkeit und Güte nur für das gemeine Volk gelten, aber große Herren nicht daran gebunden sind«, sobald sie ihre Politik auf den eigenen »Nutzen« abstellen: »Fort mit einem solchen Idolo ...!« (Bischof Svebilius beim ersten Eintreten Karls XI. in den schwedischen Senat, 1671).

Nur zehn Jahre später hatte die politische Praxis dieses wortblinden Königs den fortgesetzten Vertrags- und Treuebruch zum System erhoben und die Diktatur der »Envälde« begründet (→ Absolutismus). Diese radikale Umpolung durch Karl XI., der 1689 sogar in besonderen »Kassationsakten« Vertragsbegriffe wie »Krone« und »Reich« offiziell »töten« ließ sowie ihre weitere Verwendung unter schwere Strafe stellte, hatte aber keinen Bestand: Bereits 1718 kehrte die → Revolution zum Prinzip der Vertragstreue zurück, um den Staatsruin abzuwenden.

An diesem und an anderen Fällen zeigt sich, wie schwierig es ist, Maßstäbe einer überkommenen, antik-christlichen Ethik zur Einschätzung eines Verhaltens anzuwenden, das auf einen vorgeschützten »Nutzen«, »Glück« und Notstand ausgerichtet wurde, dabei aber herkömmliche Begriffe ins inhaltliche Gegenteil verkehrte. So wurde das nur der Dynastie Nützliche (Einziehen von Krongütern) als das Gute ausgegeben und mit dem angeblichen »Gemeinwohl« gleichgesetzt: Die bisherigen Vertragsgarantien für die Stände hingegen (z.B. Schutz des Eigentums) galten nach dem Staatsstreich als das Schädliche und geradezu Böse.

Was hier demnach wie das Wirken einer »utilitaristischen Ethik« aussieht, die von Epikur wie Hobbes vertreten wurde und später bei Hume, Bentham oder John St. Mill (1806-73) bestimmte Modifizierungen erfahren hat, ist in Wirklichkeit ein Ausbund des Machiavellismus oder der »florentinischen Krankheit« (Axel Oxenstierna). Denn nach der Ethik des Utilitarismus (von lat. *utilis* = nützlich) soll das Gute gleichzeitig das Nützliche sein und auf eine Schadensbegrenzung gerichtet bleiben: In diesem Sinne sind alle Handlungen des Einzelmenschen »richtig«, wenn das »Glück« befördert wird – nach der gebotenen Verhältnismäßigkeit (Mill, »Utilitarianism«, 1861).

Gerade diese Grundbedingung des Proportionalismus mit dem immanenten Gerechtigkeitsgebot aber wurde von den Regimen des → Absolutismus nicht gebührend berücksichtigt. Die damit verbundene Doppelmoral gilt denn auch als Teil einer »dunklen Last« (Gerhard Oestreich), die Ethik zu dynastischem Eigennutz gebeugt zu haben.

Gemeinwohl

Die Nikomachische Ethik des Aristoteles richtet sich wie verschiedene Entwürfe einer »christlichen Ethik« in den drei Hauptkonfessionen (Katholizismus, Luthertum, Calvinismus) zwar an das Individuum als erziehbares Wesen. Gleichzeitig aber beziehen sie den Einzelmenschen auf die Polis oder die Kirche als Rechtsgemeinschaft und → Ordnung auf Gegenseitigkeit. Ohne diese Wechselwirkung, wie sie sich in der Korporationsformel »Einer für alle, alle für einen« äußert, wäre eine »normative Ethik« nicht möglich, weil sie ihrem Wesen und Wirken nach in fundamentaler Abhängigkeit zu einem Wertsystem mit Sollsätzen (Dekalog, → Goldene Regel, → Verfassung) stehen muß.

Nur wenn diese elementare Verbindung hergestellt wird, erschließt sich auch das Gemeinwohl als Ausdruck einer Gerechtigkeitsethik vornehmlich nach Maßgabe der Kommutation oder des »Ausgleichs«. Zur Erreichung dieses Ziels kann eine Verfassung dienen, die alle Rechte und Pflichten der Einzelbürger, Stände oder Parteien ebenso festschreibt wie die Einzelbefugnisse der öffentlichen Ämter. Ob allerdings die materiellen Möglichkeiten eines Gemeinwesens besonders nach Kriegszeiten und schweren Inflationen ausreichen, die »allgemeine Wohlfahrt« (*salus publica*) zu fördern, ist oft davon abhängig, wieviel »Gemeinsinn« jeder Mitbürger aufbringt, um neben der eigenen Belastung noch Gemeinschaftsleistungen mitzutragen.

So war in Deutschland das Rechtsinstitut des »Lastenausgleichs« mit seinen zahlreichen Folgemaßnahmen bis zum innerkommunalen »Finanzausgleich« und ähnlichen Einrichtungen nach 1945 ein elementares Mittel, sowohl die Einzelnot zu mildern als auch die Privatinitiative zu fördern und das Gemeinwohl mit erhöhtem Steueraufkommen zu stärken. Auch Hilfsmaßnahmen von außen wie der »Marshall-Plan« der USA zum Wiederaufbau des zerstörten und demokratischen Europa gehören in diesen Bereich einer ethisch bedingten Wechselwirkung; nicht weniger bestimmte »Solidarzuschläge« von Besserverdienenden über die sonstige Steuerlast hinaus zur Finanzierung öffentlicher Aufgaben.

Wird die Gegenseitigkeit von Individuum und Gemeinschaft nicht akzeptiert und die Ethik aus der → Politik verbannt, dann bleibt das Gemeinwohl in der Regel nichts anderes als eine Phrase.

Besondere Ethiken

Die tradierte Polisethik war zwar an mathematische Grundmodelle (→ Gerechtigkeit) gebunden. Dennoch zielte sie bei Spinoza (»Ethica more geometrico«, 1677) wie bei Leibniz (»Mathesis universalis«) auf Universalität, d.h. sie erhob den Anspruch zeitlos gültiger Regeln für jeden Einzelmenschen ohne Ansehen seiner nationalen Herkunft.

Wird das kommutative, intersubjektive und kontraktive Wesen und Wirken einer »universalen Ethik« aufgegeben, dann müssen fast zwangsläufig Ersatzprinzipien begründet werden. Ähnlich der Positivierung der Einzelwissenschaften in ihrer → Emanzipation von der Theologie, Philosophie und auch der Mathematik spaltet sich dabei die Ethik als integrale Einheit in verschiedene Einzelethiken auf, die nicht mehr übergreifend angelegt sind: Einer Inflationierung des Ethikbegriffs sind dabei keine Grenzen gesetzt, und mittlerweile ist diese innerakademische Expansion schon bei der »Interessenaggregationsethik« angekommen.

Besondere Aufmerksamkeit hat in diesem Aufsplitterungsprozeß seit dem 19. Jahrhundert die von Max Weber (1864-1920) verfochtene Trennung von *Verantwortungs-* und *Gesinnungsethik* erregt. Dabei entwickelte er die → Verantwortung nicht vom Vertrag und der Gegenseitigkeit her, wie es die »Responsibility« (von lat. *responsum* = Antwort oder Rechtsbescheid) verlangt, sondern von einer Handlung aus, welche die möglichen Folgen und den »Erfolgswert« einbezieht. Webers Vorstellung von einer »Verantwortungsethik« zielt auf eine angenommene Eigengesetzlichkeit der → Politik, nicht aber auf ihre → Abhängigkeiten von Gerechtigkeit und Recht. Das erwartete »zweckrationale Handeln« eines Politikers soll sich zwar an die beratende Wissenschaft halten, aber nicht danach fragen, ob das beabsichtigte Handeln auch ethisch geboten ist. Im Rahmen einer vermeintlichen »Wertfreiheit« kann es sogar einem verantwortungsethischen Politiker erlaubt sein, »sittlich bedenkliche oder mindestens gefährliche Mittel« einzusetzen, sofern sie einen guten Zweck befördern oder bewirken.

Diese an Machiavelli erinnernde Position, die auch Ähnlichkeit mit Bismarcks Vorstellung von »Realpolitik« hat, wird bei Max Weber von der »Gesinnungsethik« abgegrenzt. Sie entspricht einer Privatethik, die absolute Forderungen an ein moralisch-ideologisches Bekenntnis stellt, ohne von den Folgen einer Handlung ausgehen zu müssen. Auf die Frauen und Männer des Widerstandes gegen Hitler und die NS-Gewaltherrschaft bezogen, müßten diese, vor allem angesichts ihres Mißerfolges, als Gesinnungsethiker gelten, obgleich sie in Verantwortung für das »andere Deutschland« ihr Leben eingesetzt haben.

Webers Distinktion, die noch bei Hans Jonas das Denkmodell des »Prinzips Verantwortung« beeinflußte, war von seiner Auffassung her verständlich. Denn »eine empirische Wissenschaft vermag niemanden zu lehren, was er *soll*, sondern nur, was er *kann* und – unter Umständen – was er will«. Im Licht dieser Abgrenzung gesehen, bleibt das Wesentliche der Ethik ausgespart: Nach ihrem normativen Selbstverständnis kommt es nämlich darauf an, ob ein Politiker »zweckrational« handeln *darf* oder gar Handlungen unterlassen *muß*, will er nicht Verfassungsbruch begehen.

Poltik als »Kunst des Möglichen« (Bismarck) kann nach Webers Auffassung verantwortungsbewußt und gleichzeitig »wertfrei« oder »unmoralisch« sein; als Verpflichtung auf Gegenseitigkeit aber, im Dienst des Verfassungsvollzugs zu stehen, muß sie sich an die Vertragsethik binden, sonst wird sie zur Doppelmoral und zu einem Rechtsrisiko.

Ausblick

In dem Bemühen, die künstlichen Aufspaltungen in Sonder- oder Einzelethiken zu überwinden, haben mit Beginn der Postmoderne die Vertreter des »Kommunitarismus« damit begonnen, wieder die Vorstellung von einer integrativen Ethik zu entwickeln.

Diese Ethik-Bewegung entfaltete sich vor allem in den USA seit der Bürgerrechtsbewegung in den 1960er Jahren. Sie geht in ihren historischen Bindungen auf die politische Theorie und Soziologie der »Gemeinschaft« auf Gegenseitigkeit zurück, wie sie sich seit dem 19. Jahrhundert in Europa aufgrund der »sozialen Frage« ausgebildet hat (Tönnies).

Das kommunitare Denken und Handeln im Sinne eines kompromißfähigen Konsenses, ausgleichender Gerechtigkeit und treuhänderischen Vertrauens (»Union, Justice and Confidence«; Staatsmaxime von Louisiana/USA) will letztlich im Hinblick auf das Gemeinwohlgebot den Egoismus überwinden und einen »neuen Individualismus« begründen. Dieser soll sich gegen die »Ellbogen«-Gesellschaft richten und ein Zusammenleben in großer Effektivität für alle und jeden ermöglichen, das von einer »Gerechtigkeit als Fairneß« (John Rawls) gesteuert werden soll.

Gerade beim Problembewußtsein der Kommunitaristen, die auf das Modell der antiken Vertragsethik zurückgreifen und damit eine bestimmte Tugendlehre als Verfahrensrationalität einfordern, zeigt sich deutlich, daß Ethik nur dann ihre menschengerechte Kraft entfalten kann, wenn sie integrativ und damit übergreifend zur Geltung kommt: Wer in der Innenpolitik als »Moralapostel« und in der Außenpolitik als Aggressor auftritt, der hat die ethische Integrität aufgegeben.

Wird die ursprüngliche Einheit der Ethik im Sinne einer »Mathesis universalis« nicht zurückgewonnen, dann kann man auch auf die Verfechter neuer Techniken (z.B. Gentechnologie) kaum mehr regulierend einwirken. Sind erst einmal ethikfreie Räume in Wissenschaft, Technik und Politik entstanden, wird sich das Einklagen der → Verantwortung für Fehlleistungen, Schäden und technische Katastrophen kaum noch in Gerechtigkeit vollziehen.

Literatur

Ackerman, Social Justice in the Liberal State, 1980 ✦ *K.-O. Apel*, Das Apriori der Kommunikationsgemeinschaft und die Grundlagen der Ethik, 1972 ✦ *Aristoteles*, Nikomachische Ethik, dt. v. Franz Dirlmeier, 1987 ✦ *Barber*, Strong Democracy, 1984 ✦ *Bayertz/ Holtz* (Hrsg.), Grundwerte. Der Streit um die geistigen Grundlagen der Demokratie, 1978, ✦ *Benhabib*, ›Modelle des öffentlichen Raums: Hannah Arendt, die liberale Tradition und Jürgen Habermas‹, in: Soziale Welt 42:2, 1991 ✦ *Bloom*, The Closing of the American Mind, 1987 ✦ *Bourdieu*, Homo academicus, 1984, dt. 1988 ✦ *Buchanan*, ›Assessing the Communitarian Critique of Liberalism‹, in: Ethics 99:4, 1989 ✦ *Capra*, Wendezeit. Bausteine für ein neues Weltbild, 4. Aufl. 1983 ✦ *Cohen/Arato*, Civil Society and Political Theory, 1992 ✦ *Dworkin*, Law's Empire, 1986 ✦ *Feyerabend*, Wider den Methodenzwang, 1975, dt. 1976 ✦ *R. Forst*, ›Welche Person? Wessen Gemeinschaft? Zur Kontroverse zwischen Liberalismus und Kommunitarismus‹, in: Bürgergesellschaft und Demokratie, 1993 ✦ *G. Grant*, Technology and Justice, 1986 ✦ *Gutmann/Thompson*, Moral Conflict and Political Consensus, 1990 ✦ *Habermas*, Theorie des kommunikativen Handelns, 2 Bde., 1981 ✦ *H.L.A. Hart*, Law, Liberty, and Morality, 1963 ✦ *Höffe* (Hrsg.), Einführung in die utilitaristische Ethik, 2. überarb. Aufl. 1992 ✦ *Hösle*, Die Krise der Gegenwart und Verantwortung der Philosophie, 1990 ✦ *Honneth* (Hrsg.), Kommunitarismus. Eine Debatte über die moralischen Grundlagen moderner Gesellschaften, 1993 ✦ *Humbach*, Das Verhältnis von Einzelperson und Gemeinschaft nach Josiah Royce, 1962 ✦ *Jonas*, Das Prinzip Verantwortung, 1979 ✦ *Kallscheuer*, Gemeinsinn und Demokratie, 1992 ✦ *Larmore*, Patterns of Moral Complexity, 1987 ✦ *Lukes*, Individualism, 1973 ✦ *McPherson*, ›Rawls's Models of Man and Society‹, in: Philosophy of the Social Sciences 3, 1973 ✦ *Malkowski* (Hrsg.), Von Tugenden und Lastern, 1987 ✦ *Okin*, Justice, Gender and the Family, 1989 ✦ *A. Pieper* (Hrsg.), Geschichte der neueren Ethik, 2 Bde., 1992 ✦ *J. Pieper*, Mißbrauch der Sprache – Mißbrauch der Macht, 1970 ✦ *ders.*, The Four Cardinal Virtues. Prudence, Justice, Fortitude, Temperance, 1975 ✦ *Popkin*, The History of Scepticism from Erasmus to Descartes, 1960 ✦ *Posse*, Bidrag till svenska lagstiftningens historia från slutet af sextonde århundradet till stadfästelsen af 1734 års lag, 1850 ✦ *G. Post*, ›A Romano-Canonical Maxim ›quod omnes tangit‹ in Bracton‹, in: Traditio, 1946 ✦ *H. Reiner*, Die philosphische Ethik. Ihre Fragen und Lehren in Geschichte und Gegenwart, 1964 ✦ *J. Reif*, Der Ordobegriff des jungen Augustinus, 1962 ✦ *H.-P. Schneider*, Justitia universalis. Quellenstudien zur Geschichte des christlichen Naturrechts bei Gottfried Wilhelm Leibniz, 1967 ✦ *H.-P. Schramm*, ›Zur Geschichte des Wortes obligatio von der Antike bis Thomas von Aquin‹, in: Archiv für Begriffsgeschichte 11, 1967 ✦ *Schrey*, Einführung in die Ethik, 1977 ✦ *D. Schwab*, ›Die Familie als Vertragsgesellschaft im Naturrecht der Aufklärung‹, in: Quaderni Fiorentini 1 , 1972 ✦ *Selberg*, Filosfin och nyttan. I. Petrus Ramus och ramismen, 1979 ✦ *Stelzenberger*, Die Beziehungen der frühchristlichen Sittenlehre zur Ethik der Stoa. Eine moralgeschichtliche Studie, 1933 ✦ *Wagner*, Der Sittlichkeitsbegriff in der christlichen Ethik des Mittelalters, 1936 ✦ *Wieland*, Ethica – Scientia practica. Die Anfänge der philosophischen Ethik im 13. Jhd., 1981 ✦ *A. Zimmermann* (Hrsg.), Die Mächte des Guten und Bösen. Vorstellungen im XII. und XIII. Jahrhundert über ihr Wirken in der Heilsgeschichte (Miscellanea Mediaevalia, Bd. 11), 1977.

Fest

Der Wert einer politischen Kultur kommt nicht nur im Alltag zum Vorschein, sondern er äußert sich auch in der regelmäßigen Wiederkehr von Festen. Deren Ursprünge liegen meist im Sakralen und Religiösen, wie die sprachliche und sachliche Nähe von »Fas« (göttliches Recht, geheiligte Ordnung) und »Festum« (das Feierliche) in der römischen Tradition zeigt: Aus ihr leitet sich auch durch den Einfluß des Christentums das gemeineuropäische Wort »Fest« her.

Daneben läßt das Fest mit seinem Bezug zu »festivus« (fröhlich) auch an »festinus« denken, womit der Römer das »Eilende« und »Hastige«

bezeichnet hat. Dieser Kontrast verdeutlicht, daß im Fest auch das »Feste« oder Beständige gesehen werden konnte. Es bildet im Fluß der Zeit gleichsam etwas Unverrückbares und einen Ruhepunkt gegenüber dem Alltag – wie etwa der Sabbat oder Sonntag als festlicher Abschluß einer oft nicht erbaulichen Arbeitswoche gilt.

Die → Ideologie des Freizeitkultes, wie sie die Moderne als Gegenwelt zum Arbeitsleben hervorgebracht hat, scheint unter dem Schlagwort »Ferien vom Ich« jenen Sinn des Festes und Feierns völlig verdrängt zu haben, den bereits Demokrit (400 v.Chr.) angemahnt hat. Er sah nämlich in der Vorbereitung und Durchführung eines Festes die Möglichkeit für den Menschen, »Einkehr« zu halten und eine innere wie äußere »Reinigung« (Katharsis) seines Lebens zu vollziehen.

Gewissenserforschung, Reue über begangenes Unrecht und die Beichte vor einem Kirchenfest (Ostern, Pfingsten, Weihnachten) sowie das Aufputzen oder Schmücken von Haus und Hof, Tier und Mensch zeigen heute noch in katholischen Kreisen auf dem Land, wie stark diese Festauffassung aus der Antike nachwirkt: Am Festtag, dem oft auch Fasttage vorausgehen, soll sich der Mensch seiner selbst gewiß werden, den Göttern oder Gott gefällig sein und sich jenseits des mühevollen Alltags der Freude zuwenden.

Diese heidnisch-antike-christliche Vorstellung findet sich auch in der Festkultur des Judentums, wenn es im Gebet am Seder-Abend vor dem Laubhütten- oder Pessach-Fest heißt: »Zur Läuterung des Herzens und zur Freude an Gott sind uns die Feste verliehen«.

Rituale des Gerechten

Wird Gott als Inbegriff des Guten aufgefaßt und der Mensch als ein »Wesen des Mangels« (Descartes), dann geraten die meisten Feste zu einer besonderen Manifestation der »göttlichen Gerechtigkeit« (Barbara Suchy).

Diese innere Beziehung von Freude und Ernst drückt sich im Pessach-Fest vor allem dadurch aus, daß bei seiner jährlichen Wiederkehr Eigentumsfragen gelöst werden und materielle Schuldbegleichungen erfolgen sollen, um damit der Gerechtigkeit Genüge zu tun. In Erinnerung an den Auszug der Israeliten aus dem Ägypten der Pharaonen als Großereignis der jüdischen Geschichte wird nicht vergessen, daß ein Gemeinwesen nur dann gedeihen kann, wenn im Inneren ein gewisses → Gleichgewicht herrscht und zumindest das Bemühen vorhanden ist, verschobene Besitzstände zu korrigieren und »gerechte Löhne« zu entrichten.

Auch die Olympischen Spiele seit 776 v.Chr. waren als ein Fest des inneren Friedens dadurch gekennzeichnet, daß zumindest im Bereich des sportlichen Wettkampfs ein »gerechtes Verhalten« geübt wurde. Deshalb hatten sich auch die Kämpfer wie die Kampfrichter mit einem heiligen Eid darauf zu verpflichten, das genaue Messen und faire Ermessen zu pflegen: ein Ritual, das nach der Wiederbelebung dieser Spiele im Jahre 1896 durch Pierre de Coubertin beibehalten wurde, heute jedoch durch das Doping einzelner Athleten unterlaufen wird.

Die Hoffnung auf Gerechtigkeit im Zusammenleben der Menschen drückt sich selbst dort aus, wo sie in der heutigen Festauffassung des bloßen Zeitvertreibs (»Hurra, wir feiern ein Fest ...«) kaum erwartet wird: in den »Saturnalien« des antiken Rom zu Ehren des Gottes Saturn.

Hieß die Zukunftserwartung im Pessach-Ritual, das im Christentum als Osterfest fortlebt, »Dieses Jahr als Knechte, nächstes Jahr als freie Männer«, so gewährte die sonst so festgefügte Ordnung Roms in ähnlicher Form eine radikale Umkehrung der Lebens- und Rechtsverhältnisse. Denn die Sklaven durften in der Zeit vom 17. bis zum 23. Dezember die »Herren« spielen, die wiederum die Rolle ihrer Untergebenen zu übernehmen hatten: Gegen die übliche Rangordnung des distributiv Gerechten kam das kommutativ Gerechte zum Zuge, damit sich Patron und Sklave wenigstens einmal im Jahr daran erinnerten, was sie sich als »Menschen« schuldig sein sollten.

Die Saturnalien waren Vorläufer des christlichen Weihnachtsfestes (24./25. Dezember als »unbewegliches« Kirchenfest im Gegensatz zum »beweglichen« Osterfest, das auf unterschiedliche Tage im März oder April fallen kann) selbst im Hinblick auf das distributive Schenken von Gütern oder Geld; andererseits muß in ihnen auch ein Muster der europäischen Karnevalsfeste gesehen werden.

Neben der kostümierten Verwandlung von Herr und Knecht, Mann und Frau, Alt und Jung ins jeweilige Gegenteil gehört zum Karneval auch die Kritik an gesellschaftlichen und politischen Mißständen: Es wird in verschiedenen Formen der Rede und figürlichen Darstellung eine ausgleichende Korrektur angemahnt und damit die Hoffnung verbunden, daß sich die »ungerechten« Verhältnisse im kommenden Jahr zum Guten ändern werden.

Vor allem die vertraglich strukturierten Republiken haben diese Tradition über Jahrhunderte hin gepflegt und gefördert, um ihren Bürgern die Gelegenheit zu geben, die öffentliche Amtsgewalt an die Aufträge des Gemeinwohls zu gemahnen. Venedig ist dafür berühmt geworden. Aber auch der sogenannte »Schembart-Lauf« im mittelalterlichen und frühneuzeitlichen Nürnberg hat dieser Tradition der republikanischen Kritik entsprochen und den Stadtgewaltigen die Gegenwelt vorgespielt wie in einem lebendigen Narren-Spiegel: damit sie nicht vergessen, was sie in Seide und Samt ihrem Eide und Amt gemäß zu leisten hatten.

Selbst noch im Rheinischen Karneval kam ein politisches Moment zum Ausdruck, wenn etwa in Köln das Militär Hohenzollern-Preußens der öffentlichen Lächerlichkeit preisgegeben wurde, »Prinz« und »Bauer« als Gegensatzpaare auftraten und in »Büttenreden« zahlreiche »Ungerechtigkeiten« in Gesellschaft und Staat angeprangert wurden. Dafür war auch die »Mainzer Fassenacht« einst berühmt, ehe Parteirücksichten und Medienkommerz ihren kritischen Auftrag untergraben haben.

Wie politisch diese jährlich ab dem »11.11. 11 Uhr 11« und bis zum Aschermittwoch laufende »Kampagne« sein konnte, läßt sich auch daraus erkennen, daß die schon im Mittelalter geläufige Narrenzahl »Elf« nach 1789 in den Rheingebieten als Abkürzung für die Revolutionsparole »Égalité, liberté, fraternité« gelesen und in närrischen Formen von den Obrigkeiten eingefordert wurde.

Eines der wichtigsten Feste politischer Natur wurde im Heiligen Reich nach Abschluß des »gerechten Reichsfriedens« von 1648 gefeiert. Besonders die Festivitäten zu Nürnberg, als Ausdruck der Freude über das Ende von dreißig Jahren Krieg, Not und Elend, boten zahlreiche Hinweise auf die Hoffnung, das »geliebte teutsche Vaterland« möge wieder in Gerechtigkeit »erblühen«: ganz im Zeichen des Pelikans am Hauptportal des Nürnberger Rathauses (von 1618 an erbaut), auf dessen Sockel die Abkürzung »PLEG« an das kastilische Erbe gemahnte, das einigen Habsburgern ein Greuel war – »pro lege et grege«.

Auf dieses Friedensfest, das heute noch im Rhythmus von fünf Jahren sowohl in Münster als auch in Osnabrück gefeiert wird, geht auch ein bis 1806 in Augsburg begangenes Fest zurück, das die »Gerechtigkeit Gottes« ehren wollte. Daran waren alle drei Konfessionen im Verfassungsrang beteiligt (Katholiken, Lutheraner, Calvinisten), um mit dem »wiederholten Danck- und Friedensfest« daran zu erinnern, was jeder Bürger dem »Wunder von 1648« schuldete, sich nämlich der Gnade Gottes würdig zu erweisen, wenn wie 1688 gebetet wurde: »Deine Hand schütze das Volk deiner Gerechten und die Leute, die du dir festiglich erwehlet hast ...«

Diese Art Fest auch in anderen Städten war nicht »ein kollektives Ritual der ›Selbstbeweihräucherung‹« (François) und schon gar nicht einer gedankenlos »organisierten Freude«, die das Vergangene vergessen wollte: Es empfand sich vielmehr als ein Akt der Selbstvergewisserung und des historischen Bewußtseins.

Verschiebungen

Mit den Festen der Revolutionszeit ab 1789 änderte sich die überkommene Sicherheit des Feierns in der Tradition. Die Neuerungssucht und das damit verbundene Legitimationsbedürfnis verursachten bestimmte Verschiebungen, in denen nicht ohne Grund ein »krankhaft übersteigertes Geschichtsbewußtsein« (Furet) gesehen wurde.

Das berühmt-berüchtigte »Föderationsfest« vom 14. Juli 1790 in Paris vermittelt gewisse Züge des Monströsen und Bombastischen. So wurde in einem Meer von blau-weiß-roten Fahnen und Flaggen nicht nur von Talleyrand als Bischof von Autun (Burgund) eine fast skandalöse »Heilige Messe« im Freien gehalten. Der General La Fayette leistete bei dieser Gelegenheit auch einen »heiligen Eid«, um künftig mit den bewaffneten Bürgern »Freiheit, Verfassung und Gesetz« zu beschirmen: ein Versprechen, das auch das anwesende Königspaar »bekräftigte«, wobei ihre Eidesleistung wohl nur ein erzwungenes Lippenbekenntnis war.

Hatte die spätere Kritik gerade dieses nationale »Versöhnungsfest der Franzosen mit ihrem König« auch deshalb so scharf kritisiert, weil zwischen Königtum und Nation »kein echter Vertrag« zustandegekommen war (Hippolyte Taine, 1875), so steigerte sie sich noch hinsichtlich des Höhepunktes im »Culte civique«, wie er von Robespierre betrieben wurde. Denn der radikale und der Aristokratie entstammende Jakobinerführer ließ am Pfingsttag des Jahres 1794 (8. Juni) ein »Fest des Höchsten Wesens und der Natur« organisieren, bei dem fast jede Spontaneität der Beteiligten erstickt war. Es sollte allerdings nach dem Wortlaut eines Dekrets, das Robespierre ausgefertigt hatte, dem Nachweis dienen, daß »die Idee des Höchsten Wesens und der Unsterblichkeit der Seele eine ständige Erinnerung an die Gerechtigkeit ist ...«

Dieser Anspruch wurde zu einem Zeitpunkt erhoben und im Rahmen des Staatskitsches abgefeiert, als seit den Septembermorden von 1792 bereits Abertausende von Menschen unter der Guillotine ihr Leben gelassen hatten. Nicht selten mit jenem Wort auf den Lippen, das Robespierres großer Gegner Anacharsis Cloots – ein teutscher Baron und Kosmopolit – vor dieser Machtdemonstration blutberauschter Jakobiner der Welt zurief, ehe er dem Fallbeil zum Opfer fiel: »Gerechtigkeit«.

Die Feste Alteuropas wie jene der revolutionsgeprägten Moderne waren keine »Randerscheinungen des Alltags«, sondern Versuche, die friedliche Substanz der eigenen politischen Kultur feierlich zum Ausdruck zu bringen und durch Wiederholung inmitten des politischen Wandels zu stabilisieren. Diese Sehnsucht nach einer überzeitlich geltenden → Freiheit in Recht und Gerechtigkeit äußerte sich aber auch bei singulären, herausragenden Festen, so z.B. 1832, als der Pfälzer Revolutionär Johann G.A. Wirth und andere Liberale des »Vormärz« zu Pfingsten eine große Manifestation des Republikanismus und der Völkerverständigung mit Polen und Franzosen abhielten – das Hambacher Fest in der Pfalz.

Dabei war sich Wirth der veränderten Situation wohl bewußt. In der Abkehr vom bisherigen Festverständnis, das sich auf vergangene »Eintritte heilvoller großer Ereignisse« bezog, fand Wirth für den politisch unterdrückten Deutschen eine andere Begründung: »Will er ein Fest begehen, so ist es ein Fest der Hoffnung; nicht gilt es dem Errungenen, sondern dem zu Erringenden, nicht dem ruhmvollen Sieg, sondern dem mannhaften Kampf, dem Kampf für Abschüttelung innerer und äußerer Gewalt, für Erstrebung gesetzlicher Freiheit und deutscher Nationalwürde ...«

An das Wartburgfest von 1817 hatte er dabei nicht gedacht, das in einer Art »vaterländischer« Aufwallung der → Reformation gedenken wollte (u.a. mit Bücherverbrennungen). Zu sehr war schon der Fortschrittsglaube auf die Gestaltung der → Zukunft gerichtet. Sie galt seit 1848 auch als Festthema der Arbeiterbewegung, die mit der Gründung der Sozialdemokratie 1863 vor allem die Revolutionstradition der Jakobiner aufnahm und dabei für »gerechten Lohn« (Ferdinand Lassalle) demonstrierte – in der Regel am 1. Mai jeden Jahres.

Bei nicht wenigen Vertretern der Gewerkschaften und der Sozialdemokratie kam denn auch wegen der ständigen Wiederholung stets gleicher Forderungen zuweilen Mißmut und sogar Langweile auf. Rosa Luxemburg (1871-1919) merkte dazu an: »Die Maifeier ist ein lebendiges historisches Stück des internationalen proletarischen Klassenkampfes ... Äußerlich genommen, ist es immer dieselbe monotone Wiederholung gleichlautender Forderungen und Resolutionen. Deshalb glauben auch diejenigen, deren Blicke nur an der starren Oberfläche der Dinge haften, die Maifeier hätte durch Wiederholung ihre Bedeutung verloren, sie sei beinahe ›eine leere Demonstration‹ geworden. Allein unter der äußerlich gleichen Erscheinungsform birgt die Maifeier in sich den wechselnden Puls des proletarischen Kampfes ...« (1907).

Nur das Bewußtsein, daß im echten Fest das Überzeitliche und Strukturelle zu Wort kommt und symbolisch dargestellt wird, schützt davor, das eigene Festanliegen durch Wiederholung abzunutzen. In der jährlichen Erneuerung substantieller Forderungen gibt sich das Fest als Ausdruck eines ethischen Grundbefindens zu erkennen, das immer wieder erworben werden muß, um die politische Kultur des »Generationenvertrages« zu sichern: Von den Älteren lernen die Jüngeren, was »Union, Justice and Confidence« für Eigennutz und Gemeinwohl bedeuten können.

Dieser fundamentale Bezug mit seinen generationsbedingten Abhängigkeiten wird vor allem in den USA lebendig, wenn es gilt, den eigenen »Verfassungspatriotismus« zu feiern: Vom sogenannten »Pope's Day« in Boston über besondere Verfassungsfeiern in Philadelphia bis hin zur »Steuben-Parade« in New York (Tag der deutschen Einwanderer) wird die »übergreifende« Natur des Festes bewußtgemacht.

Ausblick

Die heutige Festkultur mit ihrem Zwang, »mediengerecht« organisiert zu sein, gleicht zuweilen »einem Mummenschanz vor einem erhabenen Hintergrund« (Hans Henny Jahnn, 1929), der stets in Gefahr ist, in den Staatskitsch abzugleiten, wie ihn Nationalsozialisten oder Staatssozialisten auf ihren Parteitagen, Maifeiern und Siegesparaden zelebriert haben.

Dieses Pervertieren der Festidee hängt auch damit zusammen, daß der Alltag nicht ernstgenommen und sogar abgewertet wird. Fest und Alltag gehören jedoch zusammen und bedürfen der gerechten Wechselwirkung, so wie sich das Leben auf den Tod zuordnen sollte, mit dessen Feier wahrscheinlich die Geschichte des Festes begonnen hat (Chr. Meier).

Literatur

Achten (Hrsg.), Zum Lichte empor. Mai-Festzeitungen der Sozialdemokratie 1891-1914, 1980 ✦ *Alewyn*, Das große Welttheater, 1985 ✦ *Alliende-Luco*, Wallfahrt und Fest, dt. 1986 ✦ *Altenburg* u.a., Feste und Feiern im Mittelalter. Paderborner Symposium des Mediävistenverbandes, 1991 ✦ *Arendt/Jariv*, Fest und Feier im Judentum. Beschneidung. Bar-Mizwa. Hochzeit, Film (Videocassette), 1987 ✦ *Arrabal*, Feste und Riten der Konfusion, dt. 1987 ✦ *Aulard*, Le culte de la raison et le culte de l'être suprème, 1892 ✦ *Bawlby*, ›Blutmai 1929. Police, Parties and Proletarians in a Berlin confrontation‹, in: Historical Journal, 29, 1986 ✦ *Baxmann*, Die Feste der Französischen Revolution. Inszenierung von Gesellschaft als Natur, 1989 ✦ *Bebel*, ›Die Maifeier und ihre Bedeutung‹, in: Die Neue Zeit, 11:1, 1892/93 ✦ *Beilharz/Frank*, Feste. Erscheinungs- und Ausdrucksformen, Hintergründe, Rezeption, 1991 ✦ *Birsl* u.a., Das Fest der Arbeit. Die Geschichte der Göttinger Maifeiern, 1990 ✦ *Blessing*, ›Der monarchische Kult, politische Loyalität und die Arbeiterbewegung im Deutschen Kaiserreich‹, in: Arbeiterkultur, 1979 ✦ *H. Brunner*, Die Geburt des Gottkönigs. Ägyptologische Abhandlungen, 10, 1964 ✦ *Bumke*, Höfische Kultur, 2 Bde., 1986 ✦ *Chartier*, ›Phantasie und Disziplin. Das Fest in Frankreich vom 15. bis 18. Jhd.‹, in: Volkskultur, 1984 ✦ *Dedl/Kremplbauer*, Wir feiern mit Gott ein Fest. Über 50 Modelle für Kindergottesdienste und Katechese, 1984 ✦ *Dürig*, Das christliche Fest und seine Feier, 1974 ✦ *H. Engel*, Das unbegreifliche Fest. Besinnung auf die heilige Messe, 2. Aufl. 1983 ✦ *François*, Die unsichtbare Grenze. Protestanten und Katholiken in Augsburg 1648-1806, 1991 ✦ *Haug/Warning*, Das Fest, 1989 ✦ *Heers*, Vom Mummenschanz zum Machttheater. Festkultur im Mittelalter, 1986 ✦ *Giovanoli*, Die Maifeierbewegung. Ihre wirtschaftlichen und soziologischen Ursprünge und Wirkungen, 1925 ✦ *Huizinga*, Homo ludens. Vom Ursprung der Kultur im Spiel,dt. 1987 ✦ *Hönle*, Olympia in der Politik der griechischen Staatenwelt, 1972 ✦ *LeRoy Ladurie*, Karneval in Romans. Von Lichtmess bis Aschermittwoch 1579-1580, dt. 1982 ✦ *H. Marcuse*, Die Permanenz der Kunst, 1987 ✦ *R. Marquardt*, Das höfische Fest im Spiegel der mittelhochdeutschen Dichtung (1140-1240), 1985 ✦ *Chr. Meier*, Politik und Anmut, 1985 ✦ *Moser*, ›Städtische Fasnacht des Mittelalters‹, in: Masken zwischen Spiel und Ernst, 1967 ✦ *Odin*, Die Antwort der Feste. Sinnzeichen durch das Jahr, 1990 ✦ *Ozouf*, La Fête Révolutionnaire 1789-1799, 1976 ✦ *Petuchowski*, Feiertage des Herrn. Die Welt der jüdischen Feste und Bräuche, 1984 ✦ *Rinaldi*, Das letzte Fest des Empire, dt. 1984 ✦ *Sahrmann*, Beiträge zur Geschichte des Hambacher Festes, 1930 ✦ *Schockenhoff*, Zum Fest der Freiheit. Theologie des christlichen Handelns bei Origines, 1990 ✦ *H. Schreiber*, Das Schiff aus Stein. Venedig und die Venezianer, 1979 ✦ *Schüren*, Von der Wartburgfeier bis zum Hambacher Fest, 1986 ✦ *U. Schultz* (Hrsg.), Das Fest. Eine Kulturgeschichte von der Antike bis zur Gegenwart, 1988 ✦ *Schwedt*, Analyse eines Stadtfestes: Die Mainzer Fastnacht, 1977 ✦ *Schwedt/Schwedt*, Bräuche zwischen Saar und Sieg. Zum Wandel der Festkultur in Rheinland-Pfalz und im Saarland, 1989 ✦ *Simm* (Hrsg.), Das Fest. Ein Lesebuch zum Feiern, 1981 ✦ *Strong*, Feste der Renaissance, dt. 1991 ✦ *Strunk*, Feste des Friedens. Erzählungen zu den christlichen Festzeiten, 1983 ✦ *Suchy*, Lexikographie und Juden im 18. Jhd., 1979 ✦ *dies.*, Juden in Düsseldorf, 1990 ✦ *Thiele* (Hrsg.), Religiöse Feste der Juden, Christen, Moslems. Daten und Erläuterungen, 4. Aufl. 1990 ✦ *Valentin*, Das Hambacher Nationalfest, 1932, ND 1978 ✦ *Wegscheider u.a.*, Hurra, wir feiern ein Fest im Frühling, 2. Aufl. 1991.

Feudalismus

Als der Göttinger Mathematiker, Erfinder und Aufklärer Lichtenberg (1742-99) in seinen Beobachtungen der Zeitläufte vom »Feudal-System« sprach und Hegel später den Begriff »Feudal-Monarchie« benutzte, da schwang in der Wortwahl beider Akademiker schon eine deutliche Abwertung alteuropäischer Verhältnisse mit: Sie bezog sich im wesentlichen auf das Pariser Revolutions-Dekret vom 11. August 1789, das die »Ablösung des Feudal-Regimes« verfügte.

Diese historische Maßnahme wurde noch 1790 durch die sogenannte »Zivil-Verfassung« ergänzt, welche den Heimfall des Kirchengutes aus der »Toten Hand« in die Öffentliche Hand regelte und damit in die Verfügung der → Nation. Bei diesen Aktionen verloren Königtum, Adel und Kirche als Hauptträger des Ancien

Régime den größten Teil ihrer Liegenschaften, die als *Nationalgüter* zum freien Kauf angeboten wurden und fortan in Privathand bleiben sollten.

Diese Möglichkeit, ehemaliges Kron- und Lehnsgut als vererbbares Patrimonialgut zu erwerben, wurde vor allem vom Bürgertum genutzt. Es sollte in der Folgezeit an dieser materiellen Errungenschaft der Revolution festhalten und in der Kombination von Besitz und Bildung seine politische Rolle sehen – als gesellschaftliche Kraft der Besitzstandswahrung (→ Eigentum, → Bürgertum, → Erbwesen).

Das Bemerkenswerte an dieser Entwicklung war, daß sie nicht abrupt mit der Revolution einsetzte, sondern als Ergebnis einer langen Diskussion betrachtet wurde. Kritiker wie Boulainvillier, dann auch Montesquieu, die Physiokraten Boncerf und Le Trosne sowie Marat und selbst der Abbé Sieyès haben neben anderen zwischen 1727 und 1788 immer wieder das Wesen und mitunter bizarre Wirken der »Feudalität« zur Sprache gebracht.

Dabei ging im Laufe der Erörterungen die anfänglich positive Einschätzung einer Vertragsqualität zwischen Lehnsherr (Seigneur) und Lehnsknecht (Vassal) allmählich in eine negative Bewertung über, als handele es sich in den Lehnsbeziehungen zwischen König und Adel um eine Art *Fremdherrschaft* aus den »Wäldern Germaniens« (Marat, 1785) gegenüber den nichtadeligen, aber gleichwohl politikfähigen und steuerzahlenden Franzosen.

Am Vorabend der Revolution galt denn auch die zuweilen harsche Kritik weniger der Monarchie selbst als ihrer angeblich »ungerechten« Handhabung des distributiven Lehnswesens, das wegen seiner hochkomplizierten Rechts-, Besitz- und Abgabekonstruktionen als »feudale Anarchie« angeprangert wurde.

Bedenkt man, daß sich der »Feudismus«, wie das gesamte System der Lehnsordnung in Theorie und Praxis vor 1789 genannt wurde, in über tausend Jahren ausgebildet hatte, dann wundert es nicht, daß selbst Spezialisten Probleme hatten, alle Verästelungen dieser Daseinsform und Lebensweise nachvollziehen zu können. Deshalb kam die Kritik am Königtum auch nicht vorrangig aus »bürgerlichen« Kreisen, sondern ging vom Hochadel aus (Herzog von Aiguillon, Vicomte von Noailles), der alle Finessen dieses Lehnskunstwerks zum eigenen Vorteil kennen mußte.

So stark war 1789 die Aversion gegen alles »Feudale« als königlicher Inbegriff des »Verlehnbaren« geworden, daß sogar die Menschenrechte als »unverlehnbar« (*inalienabel*) bezeichnet wurden: Sie sollten gleichsam als Patrimonialgut jedes Menschen dem König und seiner Verwaltung vollständig und »ewig« entzogen sein.

Im Zuge der Beseitigung des »Feudalregimes« von König und Kirche wurde das Schlagwort vom *Feudalismus* als Kampfbegriff geprägt, ohne daß das komplexe System der »Feudalität« in seinem Kern wirklich verstanden worden wäre. Es war besonders im 19. Jahrhundert so vielen Mißverständnissen und Verzerrungen ausgesetzt, daß noch 1929 angemerkt wurde: »Der Begriff des ›Feudalismus‹, der oft in schwankendem und vieldeutigem Sinne gebraucht wird, bedarf dringend einer Klärung« (Otto Hintze).

Sie ist bis heute nicht recht gelungen, weil die akademische Fachdiskussion den Begriff als Gegenprinzip zum → Kapitalismus ideologisiert hat, ihn dem linear gerichteten Fortschrittsdenken zuordnete und eine Reihe wesentlicher Faktoren entweder nicht wahrnehmen konnte oder bewußt mißverstehen wollte: 1. Das Gerechtigkeitsgebot, 2. die Treuhänderschaft, 3. das Rechtsinstitut des »Erblehens« als »Emphyteuse« und 4. die »patrimoniale Entartung«.

»Nulle terre sans Seigneur«

Es dürfte heute außer Zweifel stehen, daß die Bezeichnung »feudum« für ein »Lehnsgut« aus der fränkisch-germanischen Wortform »fehu od« hergeleitet worden ist und im wesentlichen dem lateinischen »beneficium« entspricht.

In dieser Formel als Doppelbegriff äußerte sich auch der Doppelcharakter des materiellen Rechts. Denn der erste Teil (»fehu«) dieses Besitztitels bezieht sich zunächst auf das »Vieh« als einer Fahrhabe, über die zur eigenen Nutzung verfügt werden darf, ohne dabei das Treuhandgebot und die zureichende Verhältnismäßigkeit zu überschreiten. Wurde einem Untertanen wegen seiner besonderen Verdienste (*merita*) von seiner königlichen oder kirchlichen Obrigkeit ein Lehnsgut vertraglich zugestanden, dann erfolgte diese Übertragung »zu treuen Händen« (*en dépôt*) und erlaubte neben der Steuerfreiheit ein oft genau geregeltes *Nutz- und Nießrecht* (*dominium utile*). Der Untertan als Vasall wurde somit zum »Nutznießer« oder »Usufructuarius« an diesem Gut, während dem Lehnsherrn als Treuhänder der Krone eine Art Obereigentum (*dominium directum*) blieb: Diesen Sachverhalt drückt die Wortform »od« aus, die in den skandinavischen Rechtssprachen heute noch als »öde« oder »ed« geläufig ist und »Land« bedeuten kann.

Aus diesem Lehns- oder Leihvorgang ergab sich die auch politisch hochwirksame Formel »Kein Land ohne Herr«. Der »Herr« (*dominus*) konnte ein legitimer Kaiser, König oder Fürst sein. Ihnen war es nach Abschluß ihres Herrschaftsvertrages mit den Ständen gestattet, aus dem Kron-, Tafel- oder Kammergut (*res publica* = öffentliches Vermögen) oder aus heimfallendem Lehnsgut (durch Aussterben von Adelsfamilien, Konfiskationen bei Felonie) bestimmte Liegenschaften nach Vertragsbedingungen zu verteilen. Auch der Kirche war es erlaubt, aus ihren Ländereien (oft Schenkungen oder Zuwendungen aus Privathand für »Seelenmessen«) besondere Lehnsgüter vertraglich zu überlassen und dabei wie die weltlichen »Herren« distributive Gerechtigkeit zu üben.

Ohne Berücksichtigung der *Distribution* ist ein rationaler Zugang zum Lehns- oder Feudalwesen nicht möglich. Denn das zugeteilte Gut sollte in einem gerechten Verhältnis zu den erbrachten Verdiensten des neuen Lehnsträgers stehen – »praemium« (Belohnung) und »meritum« (Verdienst) hatten einer materiell nachvollziehbaren Relation oder Proportion zu entsprechen.

Auch hier kommt wieder ein Doppelcharakter zum Ausdruck. Denn die königliche oder kirchliche Güterzuteilung erfüllte neben den Bedingungen der »justitia distributiva« gleichzeitig die vertraglichen Konditionen der »justitia commutativa«, indem der Vasall einen gerechten Ausgleich für seine Dienste erhielt.

Aus diesem System der Gegenseitigkeit und → Abhängigkeit entstand nicht nur das kunstvolle System des Feudismus, sondern auch die Aristokratie als Folge von *Nobilitierungen*, die mit Güter- oder Ländervergaben verbunden sein konnten. Nach der Erhebung in den zunächst »unbetitelten« → Adel gab es die Möglichkeiten, in den Stand eines Freiherren, Grafen, Herzogs, Fürsten und selbst Kurfürsten (im Heiligen Reich) aufzusteigen.

Diese Rangordnung entsprach dem Wirken der »geometrischen Proportion«, nach der die Verdienste individuell gewichtet wurden und die auch für die innere Gestaltung der sogenannten *Lehnspyramide* als einer Verdienst-Hierarchie die Grundbedingung war. Dabei konnte es vorkommen, daß dieses Herrschaftsinstrument einen gleichsam kumulierenden Effekt erzeugte, sobald sich die »Verdienste« eines Adligen oder einer Adelssippe »häuften« und damit nach »Überhäufungen« mit Gütern verlangten.

Genau dieser Effekt, den Leibniz in seiner Schrift »De jure et justitia« beschrieben hat, war vor allem im 17. und 18. Jahrhundert in Frankreich so stark geworden, daß die innere Symmetrie des Adelsstandes wie der reichen »Besitzkirche« nachhaltig gestört wurde. Bedeutsame Verschiebungen im materiellen Vermögen wie in der gesellschaftlichen Stellung oder im Rang bei Hofe zugunsten weniger Geschlechter mußten die Folge sein, wenn nicht rechtzeitig gegengesteuert wurde. Das hat die Kritik seit Boulainvillier versucht, ohne hinreichend Erfolg zu erzielen: Das Königtum, ohnehin durch den Ämterkauf in seiner Distributionskompetenz geschwächt, schien vollständig überfordert zu sein, das Lehnswesen noch »gerecht« handhaben zu können.

»Treu Herr – Treu Knecht«

Die zuteilende, individuell ausgerichtete und qualitativ vorgehende Lehnskompetenz eines »Herrn« war weniger eine Machtdemonstration als ein Rechts- und Gerechtigkeitsvollzug, zu dem auch die *Kommutation* gehörte.

Sie betraf nicht nur den materiellen Ausgleich für besondere Verdienste um König und Krone, Kirche und Kaste, sondern bezog sich auch auf die damit verbundene Vertragsbeziehung zwischen »Herr und Knecht«. Ohne die Möglichkeit einer Reduktion beider Seiten auf die Qualität von rechtsfähigen Tauschpartnern wäre der notwendige Lehnsvertrag nicht denkbar gewesen. Er ist der substantielle Inhalt dessen, was »Feudalnexus« genannt wurde, nämlich die Bindungen des Herrn und Knechtes auf Gegenseitigkeit (*obligatio mutua*).

Die dabei vorgesehenen Rechtsrituale mit allerlei Emblemen und Symbolen (Fahnenlehen) gipfelten in einer öffentlichen Huldigung mit Eidesleistung (*homagium*). Dabei begegneten sich Lehnsherr und Lehnsknecht in der Zusage gegenseitiger Treue und einer Bindung an »Rat und Hilfe«. Im Falle einer Vertragsverletzung oder beim Verdacht auf »Felonie« als

»Untreue« von Seiten des Vasallen konnte bei einer solchen Abmachung auch zugestanden werden, den Rechtsweg zu bestimmten Lehnsgerichten einzuhalten. So hieß es denn auch auf kirchlicher Seite in weitgehender Übereinstimmung mit den weltlichen Gepflogenheiten beim Lehnsakt: »Wer seinem Lehnsherrn die Treue schwört, der muß nachstehender Pflichten immer eingedenk sein: den Lehnsherrn zu schützen, ihn zu schonen, seine Ehre zu bewahren, sein Bestes zu befördern, ihm alles leicht und alles möglich zu machen« (Corpus iuris canonici von 1317).

In Anbetracht solcher Bindungen, die noch unter der Anrufung Gottes und im Beisein vieler Zeugen mit Schwurhand und Kniebeuge zugesagt wurden, legten sich beide Seiten auf eine weitgehende *Treuhänderschaft* fest. Dabei war vor allem der Lehnsträger gehalten, das anvertraute Lehnsgut als Depositum für sich selbst und das Gemeinwohl so zu verwalten, daß weder ihm, seinen Nachkommen noch dem Lehnsherrn »Schaden an seinem Vermögen zugefügt« wurde. Außerdem hatte der legitime Nachfolger eines verstorbenen Lehnsträgers beim Lehnsherrn um eine erneute Verlehnung einzukommen, damit der Lehnsvertrag mit dem zugehörigen Feudalnexus in der gebotenen Rechtsfrist unter herkömmlichen Formen bestätigt werden konnte.

Wenn ein Adels- oder Fürstengeschlecht ausstarb, schwerer Vertragsbruch vorlag oder Not- und Kriegslagen zu bewältigen waren, dann konnte der Lehnsherr das sogenannte Heimfallsrecht (*jus retractus*) wahrnehmen. In dieser Kompetenz drückte sich auf besondere Weise das Prinzip der kommutativ wirkenden Gerechtigkeit aus. Denn der Lehnsherr war in der Lage, nach Maßgabe von »Not kennt kein Gebot« vorzugehen und »ohne Ansehen der Person« zu handeln, sofern das übergeordnete Gemeinwohl derartige Eingriffe notwendig machte.

Wie stark dieses Heimfallsrecht als Nachweis des Lehns- oder Feudalwesens noch in der Neuzeit wirkte, zeigte etwa die »grausame Reduktion« (Achenwall) Karls XI. von 1682 in Schweden. Nach dem Krieg gegen den Nachbarn Dänemark in materielle Nöte geraten, verlangte er vor allem vom Neuadel einen Großteil verlehnter Güter zurück. Auch die Enteignung der katholischen Kirche 1790 in Frankreich wurde damit begründet, daß die Not der Nation über dem Nutzrecht der Kirche stehe.

Selbst die weitreichende Säkularisation (Verweltlichung) von Kirchengut im Jahre 1803, als Reichsstände mit rechtsrheinischem Kirchengut für ihre linksrheinischen Verluste (Gebietsabtretungen an das Frankreich Napoleons) entschädigt wurden – seither wird die Kirchensteuer als »Ausgleich« erhoben –, wurde in ihrem Kern auf dieses Rücknahmerecht, die Kommutation und das Notstandsrecht bezogen.

Als dann 1806 der neue »Erbkaiser« Napoleon die »Teutsche Verfassung« nicht mehr in ihrer Lehns- und Vertragssubstanz anerkennen wollte, hatten auch im Heiligen Reich mehr als tausend Jahre Lehnswesen ihr unrühmliches Ende gefunden: Die meisten Kurfürsten machten sich umgehend zu Patrimonial-Königen oder Monokraten.

Die »patrimoniale Entartung«

Die häufig von Marxisten verwendete Formel »Feudal-Absolutismus« als angeblich geschichtsnotwendige Entwicklungsstufe zwischen »Feudalismus« und → Kapitalismus läßt darauf schließen, daß von ihnen eine signifikante Erscheinung des Feudalwesens weder erkannt noch berücksichtigt woden ist – die allmähliche *Allodisierung* von Lehnsgütern.

War das »Fehu-od« ein Lehngut, so galt das »All-od« als eine Form des Volleigentums, über das patrimonial verfügt werden konnte. Besonders beim Erbgang der Nachkommen brauchte für dieses meist testamentarisch zugeeignete Gut keine Zustimmung des Lehnsherrn eingeholt werden. Doch ehe ein Lehngut in diesen Rechtsstatus eines »Patrimoniums« gelangen konnte, war in der Regel eine Sonderform vorgeschaltet. Die Juristen verwandten dafür den Begriff *Erblehen* oder »Emphyteuse«, wenn ein Lehngut vom direkten Heimfallsrecht befreit wurde und als Vertragsgut in das Erbvermögen eines Lehnsträgers sowie seiner Familie oder Sippe übernommen werden durfte. Allerdings hatte der Erbe und Nachfolger für dieses besondere Lehen die Zustimmung des Erbherrn einzuholen (→ Erbwesen).

Es ist nun seit dem frühen Mittelalter die Tendenz zu beobachten, daß Adels- und Fürstenkreise daran ein Hauptinteresse fanden, ihre Lehnsgüter erst als Erblehen aufgewertet zu sehen, um sie dann zu einem Allod oder patrimonialen Volleigentum umwandeln zu können. Gelang diese Aufwertung, dann hatte dies auch weitreichende Folgen für den Status der Eigner. Denn erstens wurde das fundamentale Vertragsverhältnis zwischen Herr und Knecht aufgehoben, sofern nicht Sonderabmachungen bestanden, und überdies war es nun möglich, öffentlichen Verpflichtungen wie beim militärischen *Lehnsaufgebot* aus dem Wege zu gehen.

Man kann sagen, daß die Allodisierung wesentlich dazu beigetragen hat, mittels der damit verbundenen Patrimonialisierung die Lehnsverfassung immer wieder zu schwächen und damit auch das Königtum in seinen Gerechtigkeitskompetenzen einzuschränken. Nicht umsonst bemühte sich Kardinal Richelieu, der aus einem verarmten Adelsgeschlecht stammte, zu seiner Zeit als Kardinal-Premier Frankreichs (1624-42), das zunehmende Gewicht der sogenannten *Patrimonial-Offiziere* zurückzudrängen. Denn einige Inhaber der höchsten Kronämter betrachteten diese als eine Art Allod oder Eigenbesitz und wollten sich auf diese Weise dem Lehnsvorbehalt des Königs ebenso entziehen wie dessen Gerichtshoheit. Diese wirklich antifeudale Haltung war bei Concini schon soweit gediehen, daß er 1617 den Lehnsverband der Krone Frankreich verlassen wollte, um eine eigene Republik zu gründen: Nur seine Ermordung setzte diesem patrimonialen Projekt ein Ende.

Der Versuch des Hauses Habsburg, von oben her sich der Lehnsbindungen zu den Ständen systematisch zu entledigen, ist nur 1627 in Böhmen und 1628 in Mähren gelungen, als dieses Erbwahl-Königreich in ein patrimoniales Erbkönigreich umgewandelt wurde, wobei die Stände nur noch eine zeremonielle Staffage bildeten. Im Heiligen Reich hat die Intervention Schwedens (1630) und Frankreichs (1635) verhindert, daß das Wahl-Kaisertum in ein »absolutes Dominat« verwandelt wurde – demnach in ein absolutistisches Patrimonialsystem (→ Absolutismus).

Obgleich die Reichsverfassung (Constitution de l'Empire) mit der Festigung der bestehenden Lehnsbeziehungen durch den Teutschen Frieden von 1648 eine »patrimoniale Entartung« (Otto Hintze) auf höchster Ebene nicht zuließ, so gelang es doch einigen Territorialfürsten, gegen die libertären Stände das öffentliche Kammergut zu patrimonialisieren. Mit diesem Vorgehen hat es vor allem Friedrich Wilhelm I. von Brandenburg ziemlich weit gebracht. Denn gleich nach seinem Regierungsantritt im Jahre 1713 war er sehr bemüht, in die »tollste Haushaltung« seines Vorgängers eine andere »Ordnung« zu bringen, um die dynastische Hauskasse zu füllen. Dabei glückte es diesem Hohenzoller, mit dem berühmt-berüchtigten »Domänen-Edikt« die Erb-Souveränität und absolute Regierung gegen alle ständischen Einreden durchzusetzen. Zur Sicherung des dynastischen Erbes verfügte er ohne Rücksprache oder Zustimmung der Landstände, daß es allen »regierenden Herren und Mitgliedern« des Hauses Hohenzollern streng untersagt war, die auf sie »vererbten Lande, Leute, Städte, Schlösser und andere Zuhörungen zu des Hauses Nachteil völlig alienieren (verlehnen) und auf andere transferieren (übertragen)« zu wollen.

Nur vier Jahre später ordnete der »Soldatenkönig« an, daß alle noch bestehenden Einrichtungen der Landstände storniert bleiben. Gleichzeitig sollten »alle Lehen ohne Unterschied, wes Namens oder Art dieselben sein« mögen, keine Rechtsgültigkeit mehr haben und künftig als »Allodial- und Erbgüter« gelten. Der »darauf haftende Nexum feudalem und alles, was demselben dem Lehnrechte nach anklebet und davon dependieret (abhängt)«, ist sofort und »gänzlich aufzuheben«.

Friedrich Wilhelm I., der in protestantischen Kreisen des Bildungsbürgertums noch im 20. Jahrhundert als »Der Vater« (Jochen Klepper) eine geradezu hymnische Verehrung erfahren hatte, beging mit diesen diktatorischen Maßnahmen eine ganze Reihe fundamentaler Verfassungsbrüche. Dabei stärkte er die *Patrimonialgerichtsbarkeit* des erbötigen und weitgehend erfreuten Adels gegenüber den ziemlich entrechteten Untertanen auf ihren neuen Allodgütern, während gleichzeitig jede Möglichkeit adliger Lehnsträger unterbunden wurde, bei einem Rechtsstreit an das Reichskammergericht zu appellieren. Denn wenn es keinen Feudalnexus mehr gab, dann war auch die damit verbundene Drittwirkung aufgehoben: Die Ausschaltung der Jurisdiktion des Heiligen Reiches war im Grunde ein Akt des Separatismus im dynastischen Streben nach »Unabhängigkeit«.

Alle Einzelheiten dieses bedeutsamen Vorgangs zeigen unmißverständlich, wie irreführend die Formel vom »Feudal-Absolutismus«

ist. Denn der Absolutismus der patrimonialen Art wie hier in Brandenburg, in Dänemark, Schweden oder Rußland war nicht im Sinne des Fortschrittsdenkens eine qualitative Steigerung des »Feudalismus« als Herrschaftsform und Lebensart, sondern dessen bewußte und diktatorische Zerstörung.

Fazit

Die »Feudalität« als Rechtsinstitut entsprach in ihrer Vertragsanlage dem Benefizialwesen nach Maßgabe des Römischen Rechts. Über die Katholische Kirche vermittelt prägte dieses System des Verlehnens, Beeidens und Vertragens nicht nur den fränkischen Bereich. Auch in Schweden hat sich mit der Christianisierung das Lehnswesen in all seinen Formen durchgesetzt: Es gehörte sogar zu den wichtigsten Kompetenzen eines Königs, »Lehen zu verlehnen«.

Aus dem doppelten Gerechtigkeitsgebot, der immanenten Treuhänderschaft (Depotismus) sowie dem vertraglichen Drittwesen in Gestalt der Gerichtsbarkeit ergibt sich, daß im »Feudalismus« die historisch-juridische Substanz unserer politischen Kultur gesehen werden muß. Denn all seine Errungenschaften finden sich im Prinzip noch heute dort, wo Pachtabsprachen getroffen, Mietverträge geschlossen oder Leasing-Übereinkünfte auf Gegenseitigkeit ausgehandelt werden – als rechtliche Kernbereiche jeder → Marktwirtschaft und des → Kapitalismus.

Bedenkt man diese besondere Abhängigkeit und Wechselwirkung im Feudalismus des lateinischen Abendlandes, dann erübrigt sich das beliebte Suchspiel nach Feudalstrukturen im Osmanischen Reich, in China, Japan oder in den Hochkulturen Mittel- und Südamerikas. Denn das Vorhandensein von Aristokratien oder Oberschichten und Landvergabe allein macht noch nicht das alteuropäische Lehnswesen aus, dem Vertragstreue von Obrigkeit und Untertan das höchste Gebot war – auf Gegenseitigkeit und mit dem »Recht auf Widerstand« (*jus insurrectionis*) wie in der Krone Ungarns zwischen 1223 und 1687.

Besonders der Status dieses Grundrechtes, das die Menschenrechtserklärung 1789 ausdrücklich verbrieft, ist ein unabdingbarer Prüfstein dafür, ob das libertäre Lehnrecht oder ein Patrimonialsystem vorherrscht. Die zaristische »Selbstherrschaft« in Rußland hat die »westliche« Lehnsverfassung nie zugelassen. Gewiß, das »Pomestje« war ein adeliges Dienstgut, aber kein Lehngut mit jenen politischen Qualitäten wie in der Krone Polen als unmittelbarem Nachbarn.

Wie verzerrt mittlerweile die einschlägigen Begriffe verwendet werden können, zeigt sich etwa dort, wo bundesdeutsche Politiker vor einer »Vasallentreue« gegenüber den USA warnen, die mit »Nibelungentreue« als Ausdruck »blinden Gehorsams« verwechselt wird. Tatsächlich beruht die Vasallentreue auf dem »gerechten Gehorsam« und fundamentalen Verträgen. Beide Forderungen haben den Lehnsleuten ein Leben lang die *depositäre Dependenz* abverlangt. In den Worten des polnischen Adligen Raphael Leszczyński ausgedrückt: »Ich ziehe die gefährliche Freiheit der ruhigen Dienstbarkeit vor«.

Literatur

P. Anderson, Von der Antike zum Feudalismus. Spuren der Übergangsgesellschaften, dt. 1978 ✦ *Asakawa*, The Documents of Iriki, 1929 ✦ *Aulard*, La Révolution française et le régime féodal, 1919 ✦ *Bandelier*, On the Distribution and Tenure of Lands, and the Customs with Respect to Inheritance, among the Ancient Mexicans, 1878 ✦ *Barudio*, ›Zwischen Depotismus und Despotismus: Politische Ideen in Frankreich 1614-1685‹, in: PHPI, 3, 1985 ✦ *Bentzien*, Bauernarbeit im Feudalismus. Landwirtschaftliche Arbeitsgeräte und -verfahren in Deutschland von der Mitte des ersten Jahrtausends unserer Zeit bis um 1800, 1990 ✦ *A. Berger*, ›Emphyteusis‹, in: Oxford Classical Dictionary, 1950, ✦ *M. Bloch*, La société féodale, 5. Aufl. 1968 ✦ *Blomdahl*, Förmyndarräfstens Huvudskede. En studie i Stora Kommissionens historia, 1963 ✦ *Bois*, Crise du féodalisme, 1976 ✦ *Borosdin*, ›Eine neue Arbeit über den Feudalismus im alten Rußland‹, in: VjSWG, VI, 1908 ✦ *Borst*, Lebensformen im Mittelalter, 1987 ✦ *ders.* (Hrsg.), Das Rittertum im Mittelalter, 2. Aufl. 1989, ✦ *Bosl*, Leitbilder und Wertvorstellungen des Adels von der Merowingerzeit bis zur Höhe der feudalen Gesellschaft, 1974 ✦ *ders.*, Herrscher und Beherrschte im deutschen Reich des 10.-12. Jhds., 1963 ✦ *Boulainvillier*, Histoire de l'ancien gouvernement de la France, 1727 ✦ *Buck*, Land Utilization in China, 1937 ✦ *C.J. Burckhardt*, Richelieu, 3 Bde., 1936, 1966 ✦ *P. Burke*, ›Scottish Historians and the Feudal Systems: The Conceptualization of Social Change‹, in: Studies on Voltaire and the Eighteenth Century, 1980 ✦ *Boutruche*, Seigneurie et féodalité, 2 Bde., 1968-70 ✦ *E. Brandt* (Hrsg.), Die politische Treuepflicht. Rechtsquellen zur Geschichte des deutschen Beamtentums, 1976 ✦ *Bury*, The Constitution of the Later Roman Empire, 1910 ✦ *Cieza de Leon*, Del Senorío de los Incas, 1943 ✦ *Clevenot*, Als

Gott noch ein Feudalherr war. Geschichte des Christentums im IX.-XI. Jhd., dt. 1991 ✦ *Coing*, ›Römisches Recht in Deutschland‹, in: Ius Romanum Medii Aevi V, 6, 1964 ✦ *Dobb/Sweesy*, Du Féodalisme au Capitalisme: Problèmes de la transition, 1977 ✦ *Doepler*, Treuer Herr und Treuer Knecht, das ist von Erkänntlichkeit der Herrschaft gegen treue Diener, 1694 ✦ *Dolezel*, Das preußisch-polnische Lehnsverhältnis unter Herzog Albrecht von Preußen 1525-1568, 1967 ✦ *Duby*, Les trois ordres ou l'imaginaire du féodalisme, 1978 ✦ *Ellul*, Histoire des Institutions, Bd. 3: Le Moyen Age, 6. Aufl. 1969 ✦ *Feine*, Kirchliche Rechtsgeschichte, 4. Aufl. 1964 ✦ *Forschungsinstitut für Mittelalter und Renaissance*, Das Ritterbild in Mittelalter und Renaissance, 1988 ✦ *Fossier*, Structures féodales et féodalisme dans l'Occident méditerranéen (X-XIIIe siècle), 1980 ✦ *Fried*, Die Entstehung des Juristenstandes im 12. Jhd. Zur sozialen und politischen Bedeutung gelehrter Juristen in Bologna und Modena, 1974 ✦ *C.-J. Friedrich*, Johannes Althusius und sein Werk, 1975 ✦ *Ganshof*, Was ist Lehnswesen?, 1961 ✦ *H.W. Goetz*, Leben im Mittelalter. Vom 7. bis zum 13. Jhd., 4. Aufl. 1991 ✦ *Goez*, Der Leihezwang. Eine Untersuchung zur Geschichte des deutschen Lehnrechtes, 1962 ✦ *ders.*, Lehnrecht und Staatsgewalt im deutschen Hochmittelalter, 1969 ✦ *Haenisch*, Chinas Weg vom Lehnsreich zum Einheitsstaat, 1947 ✦ *ders.*, Fürst und Volk, Soldat und Beamter in Staatsnot. Betrachtungen aus der Geschichte Chinas, 1952 ✦ *Hattenhauer*, Geschichte des Beamtentums, 1980, ✦ *F. Heinemann*, Der Richter und die Rechtspflege in früheren Zeiten, 1900, ND 1969 ✦ *Hintze*, Feudalismus – Kapitalismus, 1970 ✦ *Hötzsch*, ›Adel und Lehnswesen in Rußland und Polen und ihr Verhältnis zur deutschen Entwicklung‹, in: HZ, 108, 1912 ✦ *G. Hoffmann*, Das Militär in der arabisch-islamischen Feudalgesellschaft, 1991 ✦ *Holtzmann*, Französische Verfassungsgeschichte, 1910 ✦ *v.Houwald*, Die Niederlausitzer Rittergüter und ihre Besitzer, 4 Bde. 1978-88 ✦ *Imhof*, Das Rittertum. Vorschläge für den Geschichtsunterricht in der Sekundarstufe, 1983 ✦ *Kaschuba*, Volkskultur zwischen feudaler und bürgerlicher Gesellschaft. Zur Geschichte eines Begriffs und seiner gesellschaftlichen Wirklichkeit, 1988 ✦ *Keen*, Das Rittertum (Kulturen und Ideen), 1991 ✦ *Krawinkel*, Untersuchungen zum fränkischen Benefizialwesen, 1936 ✦ *K.F. Krieger*, Die Lehnshoheit der deutschen Könige im Spätmittelalter (ca. 1230-1437), 1979 ✦ *Kruse u.a.* (Hrsg.), Ritterorden und Adelsgesellschaften im spätmittelalterlichen Deutschland. Ein systematisches Verzeichnis, 1991 ✦ *Le Trosne*, De l'administration provinciale et de la réforme de l'impôt, 1779 (mit einer Erörterung der »Féodalité«) ✦ *Luenig* (Hrsg.), Das Teutsche Reichs-Archiv, 24 Bde., 1713-1722 ✦ *Mackrell*, The Attack on ›Feudalism‹ in Eighteenth-Century France, 1973 ✦ *Mitteis*, Lehnrecht und Staatsgewalt, 1933 ✦ *ders.*, Der Staat des Hohen Mittelalters, 7. Aufl., 1962 ✦ *v. Moser*, Der Herr und der Diener, 1759 ✦ *Perlwitz*, Titus Pomponius Atticus. Untersuchungen zur Person eines einflußreichen Ritters in der ausgehenden römischen Republik, 1992 ✦ *Pflanzmann*, Kayserliches Lehnrecht. Die Libri feudorum, 1494, ND 1989 ✦ *Ritthaler*, Die Hohenzollern, 1979 ✦ *P. Roth*, Feudalität und Untertanverband, 1863, ND 1966 ✦ *Ruh*, Lancelot. Wandlungen einer ritterlichen Idealgestalt, 1982 ✦ *Rålamb*, Observationes juris practicae, 1674 (Erörterung der »Emphyteuse«) ✦ *W. Schulze*, Bäuerlicher Widerstand und feudale Herrschaft in der frühen Neuzeit, 1980, ✦ *ders.*, Deutschland 1500-1618, 1987 ✦ *K.H. Spieß*, Lehnsrecht, Lehnspolitik und Lehnsverwaltung der Pfalzgrafen bei Rhein im Spätmittelalter, 1978, ✦ *Steitz*, Feudalwesen und Staatssteuersystem, (19. Jhd.), 1979 ✦ *Theuerkauf*, Land und Lehnswesen vom 14. bis zum 16. Jhd., 1961 ✦ *J.R. Wolf*, Lehnsakten, 2 Bde., 1981-83 (Hessen-Darmstadt) ✦ *ders.*, Lehensurkunden, (Hessen-Darmstadt 1323-1794), 1988 ✦ *Wyluda*, Lehnrecht und Beamtentum, 1969 ✦ *Zeumer*, Quellensammlung zur Geschichte der deutschen Reichsverfassung in Mittelalter und Neuzeit, 2. Aufl. 1913.

Frauenstatus

In Goethes Briefroman »Die Leiden des jungen Werthers« (1774) verdeutlicht die mit Albert verlobte Lotte dem werbenden Werther ihren Status als rechtlich weitgehend entmündigte Ledige: »Was willst du mit mir, das Eigentum eines andern?«

Obgleich in der Folgezeit weitreichende Reformen den Rechtsstatus der Frau im Abendland sowie in »westlich« geprägten Ländern der übrigen Welt nach langen Kämpfen verbessert haben, bleibt das Problem der vollständigen Gleichberechtigung von Frau und Mann als Träger der Menschenrechte virulent. Das gilt nicht nur für Entrechtungen der Frau im fundamentalistischen Islam (→ Fundamentalismus), sondern auch bei Sonderregelungen in christlich ausgerichteten Gesellschaften.

Allein zwei Entscheidungen aus den Jahren 1993 und 1994 vermitteln auf ihre Weise, daß die *Frauenfrage* ein Eigentumsproblem geblieben ist. So berief sich ein Urteil des von Männern dominierten Bundesverfassungsgerichtes in Karlsruhe zur Straffreiheit beim Schwangerschaftsabbruch auf eine Vorschrift des Allgemeinen Landrechts (ALR) für die Preußischen Staaten aus dem Jahre 1794. In dessen Bestimmung zum »Schutz ungeborenen Lebens« wurde aber weniger die besondere Lage einer schwangeren Frau berücksichtigt, als vielmehr der absolute Eigentumsvorbehalt des Vaters am Kind garantiert. Deshalb wird auch die vom Deutschen Bundestag neu zu regelnde Beratung schwangerer Frauen vor dem medizinischen Eingriff von Frauenverbänden und Reformpolitikern als männliche Bevormundung empfunden, ja als eine Enteignung der Frau, deren → Emanzipation (»Mein Bauch gehört mir«) diesen Gruppierungen gefährdet erscheint.

In einer »endgültigen« Entscheidung des Papstes Johannes Paul II. hinsichtlich der Priesterweihe vom Mai 1994 bleiben in der Katholischen Kirche alle Frauen von diesem »Sakrament« auch weiterhin ausgeschlossen – im Gegensatz zur anglikanischen Staatskirche in England und verschiedenen lutherischen Kirchen (Schweden, Deutschland), die sogar Bischöfinnen zulassen. Das Priesteramt mit seiner Ehelosigkeit (Zölibat) soll demnach als Ausdruck eines »Ratschlusses des Herrn des Universums« Domäne und Eigentum der männlichen Katholiken sein, ohne darin eine »Minderung der Frau« oder gar ihre Diskriminierung zu sehen.

In beiden Fällen kommt zum Vorschein, was Gustav Radbruch in einem Kommentar zum Görlitzer Programm der SPD von 1921 als Fazit und Zukunftshoffnung zugleich angemerkt hat: »Wir alle, Frauen wie Männer, wissen durch die Gewohnheit der Jahrtausende noch gar nicht, in welchem Maße unser Recht reines Männerrecht ist, durch männliches Interesse und männliche Gefühlsweise bedingt: Von der Teilnahme der Frau an der Justiz ist eine noch nicht annähernd zu übersehende allmähliche Umbildung unserer Rechtsauffassung zu erwarten, durch welche die bisher rechtlose Hälfte des Volkes endlich zu ihrem Recht gelangt« (→ Recht).

Mutterkult

In seinem apostolischen Sendschreiben ging Papst Johannes Paul II. von der »Tatsache« aus, »daß Maria, die Mutter Gottes und Mutter der Kirche ... nicht das Amtspriestertum erhalten hat« (1994).

Obgleich er bei dieser Feststellung betont, daß Jesus nicht »nach den herrschenden Sitten« entschieden habe, bestätigt sich im Ausschluß der Frauen die Vorstellung vom »alten Menschen« Adam, den Gott angeblich zuerst erschaffen hat – als »Krone der Schöpfung«. Gleichzeitig wird die Position des Apostels Paulus bekräftigt, daß Frauen in der Kirche zu »schweigen« haben, – also auch hier nur ein »Hilfsmittel des Mannes« (Thomas von Aquino) sein sollen.

Beide Denktraditionen entsprechen weitgehend dem heidnischen Herkommen in der griechischen wie römischen Antike, das den Status der Frau im Rechtsleben, der Wirtschaft, der Politik und Kunst stark eingeschränkt hat. Entgegen einem »Mutterrecht« oder *Matriarchat*, wie es Bachofen für das frühe Rom entdeckt haben will, ist die »Macht des Männlichen« zur Zeit der Republik wie im folgenden Kaiserreich dominant geblieben, wenngleich der Status der Frau als Mutter und Bewahrerin des Lebens der privaten wie öffentlichen Verehrung für wert befunden wurde.

Die Zuordnung der Eigenschaften »kalt und feucht« als Ausdruck der Elemente »Erde und Wasser« in der Menschenlehre des Hippokrates wie des Aristoteles (»De generatione animalium«) bedeutete nicht nur bis ins 18. Jahrhundert eine Abgrenzung des »Weibes« zum Mann, der »heiß und trocken« sein soll und dabei »Feuer und Wind« repräsentiert. Sie drückte gleichzeitig aus, was die Menschheit »Mutter Erde« und »Mutter Natur« zu verdanken hat – ihr Überleben (→ Menschenbild).

Die Fruchtbarkeitsgöttin Kybele bei den Griechen wie die Demeter bei den Römern wurde hoch verehrt – eine Tendenz, die sich auch in der Überhöhung der »Mutter Gottes« im Christentum wiederfindet. Tatsächlich kann seit der frühen Antike von einem *Mutterkult* im Abend- und Morgenland gesprochen werden, der selbst im politischen Diskurs der Moderne noch fortwirkt.

So gehört es seit dem 18. Jahrhundert zum Selbstverständnis einiger Nationen, ihre rechtlich-politische → Ordnung emotional an bestimmte Mutter-Gestalten zu binden. Vorstellung von der »Mutter Svea« (Schweden), der »Mutter Polonia« (Polen) oder »Mütterchen Rußland« verweisen die Idee der Geburt (»birth of a nation«) wie der »Wiedergeburt« (»risorgimento«) an die Lebenskraft einer mythisch verstandenen Urmutter als Ursprung eines Urvolkes (→ Nation).

Eine eher allegorische Figur ist die »Dame Justitia«, die entweder mit einer Binde vor den Augen (kommutativ) oder ohne diese Bedekkung (distributiv) abgebildet wird, doch stets mit einer Waage und dem Richtschwert in jeweils einer Hand – als Inbegriff der Gegenseitigkeit.

Ähnliches gilt für die Darstellung der »Freiheit« als Frauenfigur, ob nun an der Einfahrt zum Hafen von New York oder als Parteiemblem der früheren Christdemokraten Italiens. Sogar Verbindungen von Gerechtigkeits-, Freiheits- und Nationalgöttin kommen vor wie in der Gestalt einer »Finnlandia« Ende des 19. Jahrhunderts, die ein Verfassungs- und Gesetzbuch (»LEX«) gegen den doppelköpfigen Adler des Zarismus verteidigt.

Erstaunlich an diesem von Männern inszenierten Kult ist die Tatsache, daß sie ihren eigenen Frauen in der politischen Wirklichkeit die Menschenrechte zumeist vorenthalten haben. Dieses eigenartig gespaltene Verhalten der Überhöhung und gleichzeitigen Abwertung zu einem nur bedingt »rationalen« Status, der an »Küche« (Hauswirtschaft), »Kinder« (Familie) und »Kirche« (Scheidungs- und Abtreibungsverbote) gebunden sein sollte, hat vor allem im Frankreich der → Revolution von 1789 die noch immer aktuelle Frage der Olympe de Gouges provoziert: »Mann, bist du fähig, gerecht zu sein?«

Angleichungen

Im Gegensatz zu anderen Ländern Europas, wo Kaiserinnen und Königinnen nicht schlechter regierten als Männer auf dem Thron, blieben in Frankreich aufgrund des Salischen Erbfolgegesetzes Frauen grundsätzlich von der Thronfolge ausgeschlossen: Das Königtum seit 787 war ausschließlich Männern vorbehalten (→ Verfassung).

Die berühmte Nationalheldin Jeanne d'Arc (1412-1431), der Frankreich die »Befreiung« von englischer Besatzung zu verdanken hat, bestätigte nur die Männerdominanz in der hohen Politik. Auch der Einfluß von Königsmüttern während einer Vormundschaft oder von Maitressen wie der Madame Maintenon (Ludwig XIV.) und der Madame Pompadour (Ludwig XV.) änderte nichts am apolitischen Status der Französinnen.

Als mit der Revolution auch die Hoffnungen vieler Frauen vor allem im Adel stiegen, ihre rechtliche Lage zu verbessern, da erlebten sie eine Überraschung. Denn in der Erklärung der Menschenrechte vom 26. August 1789 kamen sie nicht vor: Sie galten so wenig wie die Juden oder die Neger in den Kolonien Frankreichs als »Menschen« – diesen Ehrentitel genoß nur der »Mann« (*homme*).

Der Zug bewaffneter Fischfrauen von Paris nach Versailles, um das Königspaar wieder in die Hauptstadt zurückzuholen, erreichte ebensowenig wie die zahlreichen Proteste der furchtlosen Olympe de Gouges gegen die unfaire männliche Politik einer systematischen Ausgrenzung. In ihren leidenschaftlichen Forderungen nach Gerechtigkeit war ihr der kommutative wie distributive Doppelcharakter der »Justice« voll bewußt, und entsprechend formulierte sie auch 1791 ihre Menschenrechtserklärung der »Frau und Bürgerin«.

Darin sucht sie eine vollständige Angleichung festzuschreiben. Sie hält den Männern ein Sündenregister vor, wie es auch Mary Godwin in England, Rahel Levin (von Varnhagen), Louise Otto-Peters oder Rosa Luxemburg hätten aufstellen können: »Wunderlich, blind, aufgebläht und entstellt von seiner Wissenschaft, fällt (der Mann) in diesem Jahrhundert der Aufklärung und Vernunft in gröbste Unwissenheit zurück und glaubt, despotisch über ein Geschlecht verfügen zu können, das alle intellektuellen Fähigkeiten besitzt«.

Sämtliche Argumente, daß vor Gott und in der Natur sowohl der Mann als auch die Frau den Status der Gleichheit beanspruchen dürfen, halfen nichts. Der Revolutionär de Robespierre brachte sie sogar wegen ihrer Forderungen unter die Guillotine, während er sich fast gleichzeitig darin gefiel, die »Raison« als »Göttin der Vernunft« öffentlich feiern zu lassen.

Auch Madame Roland erkannte neben anderen tatkräftigen Frauen wie Etta Palm oder Cécile Renault (Attentat auf Robespierre) und selbst Marie de Corday (Attentat auf Marat), daß die »Unwissenheit« jede vernünftige Angleichung ebenso behindert wie die »Schwäche« vieler Frauen, sich gegen Männer mit allen Tricks durchsetzen zu wollen: »Sie sind die Quellen dieser elenden Eitelkeit, die jedes edle Gefühl zum Verdorren bringt und dem Glück der Gerechtigkeit und Gleichheit widerstrebt: Die Schuld liegt viel mehr beim Jahrhundert und bei der Erziehung als beim Geschlecht«.

Den Beweis dafür lieferte bald nach der Revolution Napoleon mit seinem Gesetzbuch (Code) von 1804: Es gewährte den Französinnen zwar Erleichterungen bei Ehe und Scheidung, festigte aber die patrimoniale Verfügung des Vaters und Ehemannes nach Vorbildern der spätrömischen Kaiserzeit. Trotz großer Anstrengungen während der Revolutionen von 1830 und 1848, die nur graduelle Verbesserungen erbrachten, war es den Frauen in Frankreich noch nicht einmal vergönnt, das allgemeine Wahlrecht wahrzunehmen, während von 1918 an in den meisten Ländern Europas Demokraten die politische Angleichung durchsetzten. Erst in der Verfassung der IV. Republik von 1946 heißt es im Artikel 1: »Alle Menschen werden frei geboren und bleiben es; sie sind vor dem Gesetz gleich. Das Gesetz garantiert der Frau in allen Bereichen die gleichen Rechte, die dem Mann gehören.«

Es sollte aber noch bis 1972 dauern, ehe die Französinnen auch im Privatrecht den Status der Gleichstellung erhielten, der 1970 in England und 1957 in der Bundesrepublik Deutschland formal zugestanden worden war.

Was immer auch die *Frauenbewegungen* während des 19. und 20. Jahrhunderts in Europa und Nordamerika im Sinne einer »bürgerlichen Verbesserung der Weiber« (von Hippel, 1792) erreicht haben, so wirkt das Frauenbild Napoleons in Politik und Recht ebenso nach wie das Vorurteil Hegels in dessen »Philosophie des Rechts« von 1820. Darin heißt es: »Der Unterschied zwischen Mann und Frau ist der des Tieres und der Pflanze: das Tier entspricht mehr dem Charakter des Mannes, die Pflanze mehr dem der Frau ... Stehen Frauen an der Spitze der Regierung, so ist der Staat in Gefahr, denn sie handeln nicht nach den Anforderungen der Allgemeinheit, sondern nach zufälliger Neigung und Meinung« (§ 166, Zusatz).

Das »Überhöhen« der Frau im Faschismus Mussolinis zwischen 1922 und 1943 und eine ähnliche »Verehrung« im Nationalsozialismus Hitlers von 1933 bis 1945 (»Mutterehrenkreuze« für hohe Kinderzahl) schrieb lediglich die polare Definition der Geschlechter fort, die seit der Antike die europäische Mentalität prägte. Danach galt der Mann als Sitz der »Ratio« und damit auch der ökonomischen »Vernunft«, während auf seiten der Frau lediglich die Entfaltung der »Emotio« gesehen wurde – des Gefühls, das häufig abgewertet wurde, weil es für die Erwerbswelt nicht tauglich schien.

Dieser → Dualismus, der noch heute bestimmte Bereiche der Arbeitswelt beeinflußt (Vorbehalte gegenüber Frauen als Richterinnen, Pilotinnen, Handwerkerinnen in bisher typischen Männerberufen oder auch bei »Kampftruppen« der Armeen), wird immer dann bemüht, wenn die alten Abgrenzungen und Feindbilder entgegen den politischen, ethischen und anthropologischen Gemeinsamkeiten der Geschlechter aufrechterhalten werden sollen. Schließlich sind Männer und Frauen in einem völlig gleichberechtigten Sinne *Menschen*, denen fundamentale Rechte mit entsprechenden Pflichten zustehen und somit der Status als Individuen – ohne Ansehen des Geschlechts.

Wird diese Grundregel der Kommutation nicht beachtet, dann verfehlt die Gleichheitsforderung ihren vertraglichen Sinn. Ein aggressiver Feminismus auf der einen Seite, Machogehabe und Heroenkult auf der anderen müssen dann fast zwangsläufig frontal aufeinanderprallen – auf Kosten Dritter und damit der Menschlichkeit.

Die Reformpolitik einer vollständigen Angleichung der Grundrechte kann also nicht heißen, daß »die Männer zu Frauen ..., die Frauen aber zu Männern geworden sind« (Herodot in einem Urteil des persischen Großkönigs Xerxes): Vielmehr hat sie darauf zu dringen, daß die Würde beider Geschlechter als Menschen respektiert wird (Artikel 1 GG).

Ausblick

Eine Reihe von besonderen Gesetzen hat vor allem in den westlichen Demokratien neben der Garantie der Menschenrechte die spezifischen Belange der Mädchen, Ehefrauen und Witwen zu sichern versucht. Das gilt für Schwangerschaftsabbrüche, den Mutterschutz, die Regelung der Nachtarbeit wie für die Altersversorgung. Auch »Quotierungen« im Partei- und öffentlichen Gremienwesen gehören in diesen Zusammenhang.

All diese Errungenschaften sind oft gegen hinhaltenden Widerstand der Männer von engagierten Frauen für Frauen erkämpft worden. Es zeigt sich aber vornehmlich in Zeiten wirtschaftlicher Krisen, daß diese Erfolge dauernden Gefährdungen ausgesetzt sind und sich Tendenzen verstärken, Frauen in der dreifachen Belastung von Kindererziehung, Erwerbstätigkeit und Alten- oder Krankenpflege innerhalb einer Familie jenem Bestreben zu entfremden, das Madame Roland (1754-93) auszeichnete: trotz der »Mutterschaftspflichten« und »häuslichen Besorgnisse« darauf zu bestehen, daß ihr Status als »Mensch und Bürgerin« gewahrt bleibt.

Literatur

Abel, Massenarmut und Hungerkrisen im vorindustriellen Europa, 1974 ✦ *Adler*, A l'aube du féminisme: Les premières journalistes (1830-1850), 1979 ✦ *Ahrend u.a.*, Frauen gemeinsam sind stark. Die ersten 15 Jahre der Neuen Frauenbewegung, 1990 ✦ *Ammom*, Die ersten Mutterpflichten und die erste Kindespflege, 1887 ✦ *Bachofen*, Das Mutterrecht, 1975 ✦ *ders.*, Mutterrecht und Urreligion, 6. Aufl. 1984 ✦ *Barudio*, ›Justine oder die Mündigkeit‹, in: Paris im Rausch, 1989 ✦ *Bebel*, Die Frau und der Sozialismus, 1879 ✦ *ders.*, Charles Fourier. Sein Leben und seine Theorien, 5. Aufl. 1974 ✦ *Bock/Duden*, Arbeit aus Liebe – Liebe als Arbeit. Zur Entstehung der Hausarbeit im Kapitalismus, 1977 ✦ *Braun*, Die Frauenfrage, ihre geschichtliche Entwicklung und ihre wirtschaftliche Seite, 1901 ✦ *Bridel*, La Femme et le droit, 1884 ✦ *Brooten/Greinacher*, Frauen in der Männerkirche, 1982 ✦ *Calliess* (Hrsg.), Frauen und Geschichte. Fragen an eine feministische Perspektive in der historischen Orientierung, 1987 ✦ *Camenzind/v.d. Steinen*, Frauen definieren sich selbst. Auf der Suche nach weiblicher Identität, 1991 ✦ *Cerez*, La condition sociale de la femme de 1804 à l'heure présente, 1940 ✦ *Cesana*, Johann Jakob Bachofens Geschichtsdeutung. Eine Untersuchung ihrer geschichtsphilosophischen Voraussetzungen, 1983 ✦ *ders.*, Geschichte als Entwicklung? Zur Kritik des geschichtsphilosophischen Entwicklungsdenkens, 1988 ✦ *Delvendahl/Marek* (Hrsg.), Die Frauenfrage in Deutschland. Bibliographie, 1984 ✦ *Delvendahl* (Hrsg.), Die Frauenfrage in Deutschland. Neue Folge, 4 Bde., 1983-90 ✦ *H. Demmer/Küpper*, Belastungen bei Arbeitsplätzen, die überwiegend mit Frauen besetzt werden, 1984 ✦ *H. Demmer*, Harte Jahre – schöne Stunden. Perspektiven ganzheitlicher Belastungsanalyse am Beispiel teilzeitarbeitender Frauen, 1989 ✦ *Dick/Sassenberg* (Hrsg.), Jüdische Frauen im 19. und 20. Jhd., Lexikon zu Leben und Werk, 1993 ✦ *Dinzelbacher/Bauer*, Frauenmystik im Mittelalter, 2. Aufl. 1990 ✦ *Djerassi*, Die Mutter der Pille. Eine Autobiographie, dt. 1992 ✦ *Donner-Reichle u.a.* (Hrsg.), Frauenwort für Menschenrechte. Beiträge zur entwicklungspolitischen Diskussion, 1990 ✦ *Emig* (Hrsg.), Frauen in der Wissenschaft. Dokumentation der Ringvorlesung vom Wintersemester 1985/86 an der Technischen Hochschule Darmstadt, 1988 ✦ *Fieseler/Schulze* (Hrsg.), Frauengeschichte International: Gesucht – Gefunden?, 1991 ✦ *Flexner*, 100 Jahre Kampf. Die Geschichte der Frauenbewegung in den USA, 1978 ✦ *Frevert/Kuhn* (Hrsg.), Das Schicksal Deutschlands liegt in den Händen seiner Frauen. Frauen in der deutschen Nachkriegsgeschichte, 1984 ✦ *Frevert*, Frauen-Geschichte zwischen Bürgerlicher Verbesserung und Neuer Weiblichkeit, 1986 ✦ *Gerhard*, Verhältnisse und Verhinderungen. Frauenarbeit, Familie und Rechte der Frauen im 19. Jhd., 1978 (mit Dokumenten) ✦ *dies.*, Gleichheit ohne Angleichung. Frauen im Recht, 1990 ✦ *dies.*, Unerhört. Die Geschichte der deutschen Frauenbewegung, 1990 ✦ *Götte* (Hrsg.), Frauengeschichten aus dem Parlament, 1991 ✦ *Grubitzsch/Lagpacan*, »Freiheit für die Frauen – Freiheit für das Volk!« Sozialistische Frauen in Frankreich 1830-1848, 1980 ✦ *Hans*, Frauen und Geld, dt. 1990 ✦ *Hausen* (Hrsg.), Frauen suchen ihre Geschichte. Historische Studien zum 19. und 20. Jhd., 2. Aufl. 1987 ✦ *Heck/Keinhorst* (Hrsg.), Frauen – Alltag – Politik. Eine Zwischenbilanz, 1986 ✦ *Heitlinger*, Women and State Socialism, 1979 ✦ *Helwig*, Frau und Familie in beiden deutschen Staaten, 1982 ✦ *Hervé* (Hrsg.), Frauenzimmer im Haus Europa, 1991 ✦ *Hochschule für Wirtschaft und Politik Hamburg* (Hrsg.), Frauen – Macht – Politik. Zerreißproben um Emanzipation und Quotierung, 1989 ✦ *G. Hoffmann*, Frauen machen Geschichte. Von Kaiserin Theophanu bis Rosa Luxemburg, 1991 ✦ *Janssen-Jurreit*, Sexismus. Über die Abtreibung der Frauenfrage, 1979 ✦ *Joris/Witzig* (Hrsg.), Frauengeschichte(n). Dokumente aus zwei Jahrhunderten zur Situation der Frauen in der Schweiz, 3. Aufl. 1991 ✦ *H. Köhler u.a.* (Hrsg.), Frauen fordern eine gerechte Sprache, 1990 ✦ *Körber-Weik* (Hrsg.), Frauen im Beruf. Neue Chancen für Wirtschaft und Gesellschaft, 1990 ✦ *Kühn*, Die Prostitution im 19. Jhd., 1871 ✦ *A. Kuhn* (Hrsg.), Frauen in der deutschen Nachkriegszeit. Bd. 2: Frauenpolitik 1945-49, Quellen und Materialien, 1986 ✦ *dies.*, Frauen im deutschen Faschismus. Eine Quellensammlung mit fachwissenschaftlichen und fachdidaktischen Kommentaren, 2 Bde., 3. Aufl. 1987 ✦ *Lenske/Wollenweber* (Hrsg.), Frauen im Beruf, 1990 ✦ *Lenz/Luig* (Hrsg.), Frauenmacht ohne Herrschaft. Geschlechterverhältnisse im Kulturvergleich, 1990 ✦ *Lidd/Moos* (Hrsg.), Schimpfende Weiber und patriotische Jungfrauen. Frauen im Vormärz und in der Revolution von 1848/49, 1986 ✦ *Lissner u.a.* (Hrsg.), Frauenlexikon. Traditionen – Fakten – Perspektiven, 2. Aufl. 1989 ✦ *Lorenz/Straub* (Hrsg.), Frauen der Kirche, 1986 ✦ *Lueginger/Nienhaus*, Frauen begehren Selbstbestimmung – 120 Jahre Kampf dem § 218 StGB, 1991 ✦ *Moltmann-Wendel* (Hrsg.), Frau und Mann. Beziehungslandschaft im Wandel, 1991 ✦ *dies.* (Hrsg.), Frau und Religion: Gotteserfahrung im Patriarchat, 5. Aufl. 1989 ✦ *Müller/Willms/Handl*, Strukturwandel der Frauenarbeit 1880-1980, 1983 ✦ *Neubeck-Fischer*, Frauen und Abhängigkeit, 1991 ✦ *Pissarek-Hudelist*, Wörterbuch der Feministischen Theologie, 1991 ✦ *Radbruch*, ›Rechtspflege‹, in: Programmentwurf der Sozialdemokratischen Partei – ein Kommentar, 1921 ✦ *Rauscher* (Hrsg.), Die Frau in Gesellschaft und Kirche, 1986 ✦ *Schaeffer-Hegel* (Hrsg.), Frauen und Macht. Der alltägliche Beitrag der Frauen zur Politik des Patriarchats, 1988 ✦ *Schatzberg*, Frauenarchive und Frauenbibliotheken. Entstehungsgeschichte, Organisatorisches, Inhaltliche Schwerpunkte, 2. Aufl. 1986 ✦ *Schwarzer*, Schwesternlust und Schwesternfrust – 20 Jahre Frauenbewegung, 1991 ✦ *Sommerauer/Köppel* (Hrsg.), Frau – Realität und Utopie, 1984 ✦ *Stockmann*, ›Gewerbliche Frauenarbeit in Deutschland 1875-1980‹, in: Geschichte und Gesellschaft 11, 1985 ✦ *Stüssi-Lauterburg/Gysler-Schöni*, Helvetias Töchter. Frauen in der Schweizer Militärgeschichte von 1291 bis 1939, 1989 ✦ *Twellmann*, Die deutsche Frauenbewegung. Ihre Anfänge und erste Entwicklung 1843-1889, 2 Bde., 1972 ✦ *Zetkin*, Ich will dort kämpfen, wo das Leben ist!, 5. Aufl. 1986.

Freiheit

Politik als Kultur ist ohne Freiheit nicht denkbar. Doch so klar, wie diese Wechselwirkung in der Geschichte des → Abendlandes erscheint, wird dieser Fundamentalbegriff nicht immer verstanden oder angewandt. Er gilt seit alters her als ein recht »vielschichtiges Wort« (NH), das sich einer eindeutigen und umfassenden Definition entzieht und in jedem einzelnen Fall befragt werden muß.

Welche Spannungen dabei auftreten, haben zwei offizielle Stellungnahmen zum Ende des letzten Golfkrieges gezeigt. Nach Abschluß der Kampfhandlungen im März 1991 beschrieb der US-Präsident Bush die eingetretene Lage mit den Worten: »Kuwait is liberated« (Kuwait ist befreit). Bundeskanzler Kohl hingegen faßte das militärische Ergebnis der UNO-Aktion gegen die Truppen des irakischen Diktators Saddam Hussein zwar ähnlich auf, drückte sich aber um eine wesentliche Nuance anders aus: »Kuwait ist frei«.

Im Unterschied zwischen »befreit« und »frei« gibt sich die gesamte Spannweite der möglichen Bedeutungen zu erkennen, die mit diesem wichtigen Begriff verbunden werden. So bezog sich die angelsächsische Wortwahl nur auf das Zurückdrängen der irakischen Aggressionstruppen vom Gebiet des ölreichen Emirats, ohne damit auf die inneren Verhältnisse dieses UNO-Mitgliedes eingehen zu wollen. Diese waren schließlich im Jahre 1986 gewaltsam verändert worden, als der Al-Shabah-Clan die demokratische Verfassung von 1961 durch eine dynastische Diktatur ersetzte. Ohne Kenntnis dieser Vorgänge konnte die deutsche Version so verstanden werden, als habe das Scheichtum neben der äußeren gleichzeitig die innere Freiheit (→ Verfassung) erhalten.

Auch Deutschland war 1945 von der NS-Diktatur »befreit« worden, ohne im Inneren »frei« zu sein. Ähnliches gilt für zahlreiche andere Fälle in der Geschichte, bei deren Erhellung stets das Stichwort Nietzsches gegenwärtig sein sollte: »Freiheit, die ich *nicht* meine ...«

»Imperium et Libertas«

Als nach fast 500 Jahren Aufbau und Bestehen eines Weltreiches die Römische Republik unter den diktatorischen Schlägen Caesars am Zerbrechen war, soll Cicero das Ende dieser Vertragskultur mit einem einzigen und mehrfach geäußerten Wort beschworen haben: »Libertas«.

Die Vorstellung dieses Politikers und Publizisten von der »Libertas« als »Freiheit« bezog sich allerdings weniger auf eine Reihe von Befreiungen materieller Art als vielmehr auf die Gegenseitigkeit (*obligatio mutua*) von »rechtschaffenem Mann« (*vir probus*) und einem treuhänderisch regierten Gemeinwesen (*res publica*), in dem sich die rechtlich kontrollierte Amtsgewalt (*imperium*) stets auf die Rechte jedes politisch tätigen Vollbürgers (*civis romanus*) einzulassen hatte.

Die sprachliche Nähe von »libertas« zu »liber« als »frei geborenem Kind« (im Gegensatz zu Nachkommen von Sklaven) beruhte zur Zeit der Republik auch auf einer sachlichen Beziehung. Denn »liber« bedeutete ähnlich dem griechischen Begriff »eleutheros« soviel wie »unverpfändet« oder auch »steuer- und abgabenfrei«. Ein Familienoberhaupt hatte demnach darauf zu achten, daß seine Kinder als »liberi« nicht durch seine Schuld in ein »Servitut« gerieten, demnach in den materiellen Stand von »Unfreien«, die gleichsam als Pfand für väterliches Verschulden fungierten. Nimmt man noch hinzu, daß »liber« auch ein »Rechtsbuch« für alle war, dann erschließt sich die republikanische Freiheit Roms als umfassende rechtliche Bindung, Handhabe einer durchgehenden → Treuhandschaft im Agieren als Vater und Vollbürger sowie als gegenseitige Abhängigkeit (→ Recht).

In diesem Sinne erwartete Cicero von Caesar das dringend gebotene Wiederaufrichten des durch den Bürgerkrieg schwer zerrütteten Gemeinwesens: »Gerichte sind zu bilden, Treu und Glauben wieder zu beleben, die allseits wuchernde Willkür in Schranken zu weisen, Nachwuchs muß wieder hervorgebracht werden, alles, was schon aufgelöst ... ist, muß durch strenge Gesetze wieder zusammengebunden werden.«

An Gerichten als Institutionen des → Drittwesens und an der Wiederherstellung des vertraglichen Vertrauens im herkömmlichen Sinn aber konnte Caesar nicht interessiert sein, denn all sein Bestreben war darauf gerichtet, die Republik nicht depositär zu erneuern, sondern patrimonial zu beherrschen: Als »ewiger Diktator« wollte er nicht mehr Nutznießer des »öffentlichen Vermögens« (*res publica*) sein, sondern dessen absoluter Eigentümer (→ Cäsarismus).

Indem sich Caesar von allen bisherigen Bindungen der Republik »befreite«, zerstörte er endgültig die Freiheit oder »Libertas« als vertraglich ausgerichtetes Rechtsbewußtsein. Die einst »freien« Römer (*liberi*) wurden unter Caesar zu »Unfreien« oder Sklaven (*servi*), nachdem sich der Diktator auch als »Hoher Priester« (*pontifex maximus*) zum »Vater des Vaterlandes« (*pater patriae*) erklären ließ, der fortan die rechtliche Entmündigung forderte und eine politische Bevormundung betrieb.

Unter diesen Umständen, die zur Genüge belegt sind, erscheint es recht eigenartig, daß der römische Geschichtsschreiber Tacitus (55-120 n.Chr.) das Bemühen des Caesaren Nerva belobigt haben soll, die Ansprüche der höchsten Amtsgewalt (*imperium*) mit den Anforderungen der rechtsgebundenen Freiheit (*libertas*) in Übereinstimmung zu bringen – ohne eine volle Wiederherstellung der alten Verfassung vor Caesar.

Noch Benjamin Disraeli (1804-81), Englands erster jüdischer Premierminister, sah in der Beziehung von »Imperium et Libertas« bei Tacitus einen Leitstern für die Politik des British Empire als historischem Erben des Imperium Romanum. Sein Gegenspieler William Gladstone (1809-98) versuchte hingegen, diese Anleitung im caesarischen Rom als das zu entlarven, was sie in Wirklichkeit war – die Verschleierung der Gewaltherrschaft eines Machtstaates.

Gladstone hatte weitgehend recht. Denn die Freiheit als »Libertas« war nach Caesar nur noch ein äußerer Schein, wie sehr sich auch einige Caesaren bemühten, von Fall zu Fall dem vertraglichen Recht zu entsprechen. Selbst unter dem Stoiker Marc Aurel (121-180 n.Chr.) erholte sich die »Respublica amissa« nicht mehr – die alte Freiheit blieb storniert.

Befreiungen und Freiheit

Das älteste Zeugnis einer Befreiung aus fremder Knechtschaft (Servitut), das die Geschichte kennt, vermittelt der biblische Bericht über den Auszug der Israeliten aus Ägypten. Wie sehr auch in diesem Fall Mythos und Realität zu einer identitätsstiftenden Tat zusammengeführt worden sind, der heute noch im jährlichen Passahfest (Juden) und im Osterfest (Christen) gedacht wird, so verweist doch diese Befreiung auf eine elementare Bedingung: Der Auszug hatte nach einer Zeit der Besinnung zum »Einzug ins Gesetz« (Jan Assmann) zu werden.

Die Befreiung wird hier als eine Vorstufe der Freiheit gedacht, die ohne Bindung an Gerechtigkeit, Recht und Gesetz nicht bestehen kann. In diesem Sinne schüttelten die Römer auch die Tyrannis des Königs Tarquinius Superbus ab und bauten im Rahmen der Vertrags-Trias von Konsuln, Senat und Comitien ihren Rechts- und Verfassungsstaat auf, bis er unter Caesar einem Servitut weichen mußte – vornehm als »Prinzipat« bezeichnet.

Weniger als ein Jahrhundert später breitete sich ein Befreiungs- und Erlösungswerk aus, dessen Wirkungen das Abend- und Morgenland von Grund auf verändern sollte: Mit dem Kreuzestod des Jesus von Nazareth und seiner angeblichen Auferstehung wurde nach christlicher Vorstellung der Mensch von der »Erbsünde« befreit und zugleich an die Frohe Botschaft der Bergpredigt im Neuen Testament gebunden (→ Goldene Regel).

In dieser fundamentalen Wechselwirkung erkannte noch Martin Luther (1483-1546) sein Reformationswerk seit 1517. Denn die Befreiung aus der »Babylonischen Gefangenschaft« oder vom »Papistischen Joch« der Römischen Universalkirche hatte für ihn nur dann einen Sinn, wenn das »Volk in Treu und Glauben« ins Gesetz der Bergpredigt und ins Gebot der Nächstenliebe Einzug hielt – ohne kirchliche »Vermittlung«, wie sie die bisherige Hierarchie voraussetzte. Auch bei Luther läßt sich in der Relation zwischen Gott-Vater und den Menschen als »Kindern Gottes« eine gewisse Treuhandschaft feststellen, die sich im aristotelisch vermittelten Gebot der Billigkeit äußert und damit Teil jener »Freiheit eines Christenmenschen« werden kann, die im Glauben allein ihr Gesetz sieht (→ Reformation).

Durchdrungen von dieser Seite des Luthertums setzten es Schwedens Staatsmänner 1648 durch, daß die Befreiung des Heiligen Reiches vom spanischen Servitut ohne Vermittlung und Garantie der Römischen Kriche erfolgte. Die Abwehr des »absoluten Dominats« der Habsburger nach dreißig Jahren Krieg, der in der Hauptsache durch das Gold und Silber Südamerikas von Spanien her finanziert worden war, vollendete die »Liberatio Germaniae« in der Wiederherstellung der »Teutschen Libertät« als Recht der Reichsstände, depositär regiert und nicht patrimonial beherrscht zu werden.

Galt diese Teutsche Freiheit zahlreichen Aufklärern wie Voltaire oder Rousseau, Luenig oder Pütter als Inbegriff europäischer Kompromißfähigkeit und → Toleranz, so wurde sie von nicht wenigen Revolutionären seit 1789 abgelehnt. Auch aus Unkenntnis der wirklichen Rechtsverhältnisse im Heiligen Reich und ihren friedensstiftenden Wirkungen baute sich in Paris ein Popanz auf, der den Adel Frankreichs als fränkische Fremdherrschaft aus den »Wäldern Germaniens« empfand und bekämpfte. So gesehen, gestaltete sich die → Revolution nicht nur als Befreiungswerk vom angeblichen Despotismus der Bourbonen-Könige, sondern auch von der »Feudalität« als vermeintlichem Unterdrückungssystem (→ Feudalismus).

Bei der konsequenten Auflösung von Feudalordnung und Kirchenverfassung blieb diese Befreiungsbewegung aber nicht stehen. Mit der September-Verfassung von 1791 bemühte sie sich auch um eine präzise Definition dessen, was unter Freiheit künftig zu verstehen sei – die Eigenbestimmung des → Bürgers in der rechtlichen Wechselwirkung zum Gemeinwesen.

Diese »Freiheit des Einzelmenschen« (*liberté individuelle*) währte aber nicht sonderlich lange. Denn General Bonaparte verstand es seit dem geglückten Putsch von 1799, sich nach seinem großen Vorbild Caesar zum »Erbkaiser« zu machen. Laut neuer »Verfassung« vom 18. Mai 1804 sollte er zwar die »Gleichheit der Rechte« aller Franzosen sowie ihre »politische und bürgerliche Freiheit respektieren« (Titre VII, Art. 52). Aber der Begriff des »Respektes« konnte weit ausgelegt werden und schloß eine Diktatur keineswegs aus – in scheinbarer Übereinstimmung mit den Zielen der Revolution.

Die Reaktion auf Napoleons territoriale Expansion in Afrika wie in Europa waren nach dem Ende des Heiligen Reiches im Jahre 1806 die *Befreiungskriege* halb Europas gegen seinen Hegemonieversuch. Als er 1812 militärisch niedergerungen war, erhielt zwar Frankreich die Bourbonen-Dynastie und eine rechtsstaatliche Monarchie zurück, aber gleichzeitig festigten vor allem die deutschen Fürsten während des Wiener Kongresses von 1814/15 ihre eigenen Diktaturen: Die Befreiung von der napoleonischen Knechtschaft führte für die Deutschen zu einer polizeistaatlich kontrollierten Unfreiheit.

An dieser Tatsache ändern auch die zaghaften Ansätze von Reformen nichts, die vor allem in Preußen nach 1806 versucht wurden. Die sogenannte *Bauernbefreiung* vom bisherigen Joch der »patrimonialen Entartung« (Otto Hintze) entließ zwar eine Reihe von Menschen aus dinglichen Abhängigkeitsverhältnissen, aber gleichzeitig wurde ihnen nicht die Möglichkeit geboten, auch politisch frei zu sein: Schließlich waren sie nicht einmal auf den spärlich bemühten Landtagen der übrigen Stände vertreten.

Ähnlich erging es auch dem säkularen Befreiungskampf des venezolanischen Adligen Simon Bolívar (1783-1830). Von der Vision Alexander von Humboldts beflügelt, daß Lateinamerika mit der Befreiung vom spanischen Joch zu sich selbst finden und die übrige Welt an seinen Reichtümern teilhaben lassen könnte, wagte er von 1813 an den Befreiungskampf gegen die gut dreihundertjährige Bevormundung und Ausbeutung durch Spanien. Er erreichte zwar die »Unabhängigkeit« von der Krone Spanien für eine Reihe von Ländern zwischen Venezuela und Peru, aber die innere Freiheit glückte ihm nicht: Seine Diktatur setzte sich in Varianten fast in allen Ländern Lateinamerikas fort und gilt bis heute im Zeichen des »Putschismus« vornehmlich der Militärs als ein Grundübel dieses Kontinents.

Selbst bei der Befreiung der Negersklaven vom *weißen Joch*, das im Gefolge des amerikanischen Bürgerkrieges formal abgeworfen werden konnte, reichte die politische und gesellschaftliche Kraft anscheinend nicht, diesen Menschen nach 1865 die Menschenrechte aus der US-Verfassung von 1787 vollgültig zuzuerkennen – d.h. nicht nur auf dem Papier, sondern in der materiellen Wirklichkeit. Noch hundert Jahre später sah sich die Bürgerrechtsbewegung unter dem Prediger Martin Luther King genötigt, darauf zu dringen, die

Versprechen von 1865 endlich einzulösen und auf die Befreiung die tätige Freiheit folgen zu lassen.

Die Vorstellung von Befreiung als großer historischer Tat war noch zu Beginn des 20. Jahrhunderts so stark entwickelt, daß sie auch in Gestalt der → Emanzipation die Frauenbewegung prägte. Ihren Vertreterinnen gelang es in mehreren Ländern, das *männliche Joch* der materiellen und politischen Entmündigung wenigstens teilweise abzuschütteln: Sie erkämpften im Rahmen der Revolutionen von 1917/18 das allgemeine Wahlrecht für sich selbst und damit den Schutz einer freiheitlichen Verfassung (→ Frauenstatus).

Das Bekenntnis zu einer politischen »Befreiung« mußte aber nicht zwangsläufig in die innere Freiheit eines Rechts- und Verfassungsstaates übergehen. Es konnte auch dazu benutzt werden, um → Diktaturen zu errichten. So mündete die Befreiung vom *zaristischen Joch* 1917 in Rußland nur vorübergehend in eine liberal ausgerichtete Verfassungsbewegung, die nach dem Putsch der Bolschewiki unter Lenin und Trotzki zerschlagen wurde, um das neue Befreiungswerk vom *kapitalistischen Joch* zu beginnen: ein gigantisches Experiment im Rahmen individueller Unfreiheit.

Sogar die Nationalsozialisten faßten ihre Aktivitäten vor und nach der »Machtergreifung« von 1933 als einen Befreiungskampf auf, der sich gegen alles richtete, was nach der politischen Kultur des Westens aussah. Dabei scheuten sie vor keiner Umwertung überkommener Begriffe zurück, wenn sie nur ihrem Machterwerb und Machterhalt diente: Unter dem Schlagwort »Arbeit macht frei« fügten sie unschuldigen Menschen die schlimmsten Demütigungen zu – am Ende sogar die Ermordung.

Mit keinem anderen Begriff ist jemals soviel Schindluder getrieben worden wie mit der »Befreiung«, die nicht zur Freiheit, sondern in eine neue Knechtschaft führte. Das gilt besonders für die Befreiungsbewegungen nach 1945, die das *Joch des Kolonialismus* europäischer Mächte mit Gewalt abschütteln wollten. Außer in Indien, das mit Mahatma Gandhi (1869-1948) eine gewaltfreie Unabhängigkeitsbewegung schuf und auch im Inneren seit 1948 Grundstrukturen der Demokratie und des Verfassungsstaates sichert, sind die meisten Bewegungen nach der »Befreiung« zu Ein-Parteien-Diktaturen geworden, deren Regime oft schlimmer war und ist als jenes der ehemaligen Kolonialherren.

Auch die jüngste Befreiung vom *kommunistischen Joch*, die seit 1989 in Gestalt einer Sanften Revolution weitgehend gewaltfrei ablief, vermittelt in jedem Land Ost-Europas von neuem, wie schwierig es sein kann, ein Unterdrükkungssystem abzuschaffen und gleichzeitig eine freiheitliche Ordnung aufzubauen. Daran sind schon viele Völker auch deshalb gescheitert, weil Freiheit die freiwillige Verpflichtung einschließt, die »Freiheit des anders Denkenden« (Rosa Luxemburg) bei allem Tun und Lassen zu berücksichtigen.

Freiheit als Abhängigkeit

Der Streit Luthers mit Erasmus von Rotterdam über das Wesen des »Freien Urteils« (*liberum arbitrium*), das oft als »Freier Wille« ausgegeben wird, ging um den Grad der Abhängigkeit, die jeder von ihnen dem einzelnen Christenmenschen zugestehen wollte. War Luther geneigt, Glaube und Gnade in den Vordergrund zu rücken und das Individuum bei einem äußeren, auch weltlichen Fehlverhalten weniger streng zu beurteilen, so erwartete Erasmus von jedem Christen eine höhere Eigenverantwortung für all seine Werke in Gedanken und Taten: Abhängig von den Geboten Gottes im Alten wie im Neuen Testament blieben aber beide Freiheitsauffassungen.

Obgleich die amerikanische Revolutionsbewegung 1776 auf der »Independence« von England bestand und ihre Befreiung vom *Joch der ungebundenen Gewalt* und des *absoluten Besitzes* erzwingen konnte, verfügte sie unter Anrufung der »göttlichen Vorsehung«, des Naturrechts und der menschlichen Vernunft mit der Verfassung von 1787 eine umfassende Dependenz nach innen: gemäß dem »ersten Prinzip einer zivilen Sozietät, ... daß kein Gesetz der Sozietät irgendein Individuum ohne seinen Konsens durch ihn selbst als Person oder durch seinen Repräsentanten der eigenen freien Wahl binden kann.«

Nicht wesentlich anders stellten die Revolutionäre von Paris 1791 eine Liste der »natürlichen und bürgerlichen Rechte« zusammen, die jedem Franzosen und jedem anderen Menschen auf der Welt von Geburt an wie ein unveräußerliches Eigentum gehören sollen. Darunter zählte man in der September-Verfassung auch die *Freiheit jedes Menschen*: seine Bewegungs-, Aufenthalts- und Reisefreiheit ebenso wie die ungehinderte Möglichkeit des freien Redens, Schreibens und Publizierens »ohne Zensur«. Außerdem wurde die Freiheit des »religiösen Kultes« garantiert und dem Bürger das Grundrecht zugestanden, »sich friedlich und ohne Waffen zu versammeln« sowie den öffentlichen Ämtern persönliche Petitionen einzureichen. Alle diese Rechte aber besaßen nur Geltung innerhalb der »durch die Verfassung abgegrenzten Formen«.

Nur zwei Jahre nach diesem Katalog der inneren Begrenzungen und verfassungsmäßigen Abhängigkeiten der Freiheit wiederholte die Verfassung der Ersten Republik diesen Grundgedanken und festigte ihn mit dem ausdrücklichen Hinweis auf die → Goldene Regel aus der Bergpredigt (→ Verfassung). Darüber hinaus wurde von jedem freien Bürger erwartet, daß er die umfassend gesicherte Freiheit zwar zum Eigenwohl nutzte, dabei aber nicht vergaß, dem Gemeinwohl (*salut publique*) zu dienen, sei es in Gestalt von »gerechten Steuern« und Abgaben oder im persönlichen Einsatz für die richtige Verwaltung eines Amtes.

Dieses fundamentale Gebot der Gegenseitigkeit war aber keine Errungenschaft der → Aufklärung oder gar des Bürgertums und der kapitalistischen Verhältnisse, sondern ein Gemeingut der Politik als Kultur seit der Antike. Dazu gibt es ein bemerkenswertes Zeugnis aus der Geschichte Alt-Europas. Als Schweden zur Zeit seiner schwersten nationalen Belastung im Jahre 1636 nach gerechten Formen der Finanzierung des Teutschen Krieges suchte, da kam es im Reichsrat zu einem heftigen Schlagabtausch zwischen dem Grafen Per Brahe und dem Reichskanzler Axel Oxenstierna. Der Graf als reichster Magnat des Doppelreiches Schweden-Finnland sträubte sich, größere Lasten zu tragen und berief sich dabei auf seine »Freiheit« als Adliger. Oxenstierna erteilte ihm eine Lehre, die unmittelbar aus den Schriften des Aristoteles oder Ciceros entnommen sein könnte: »Ihr meint, daß das Libertas ist, frei zu sein und nichts zur materiellen Erhaltung der Krone beizutragen. Die echte Freiheit aber gründet sich auf das Gemeine Wohl.«

Freiheit bedeutet demnach nicht eine Entgrenzung des eigenen persönlichen Willens bis zur subjektiven Willkür und Gewaltanwendung, sondern eine ethikbezogene Begrenzung. Sie wird in vertraglich strukturierten Rechtsgemeinschaften selbst im Wirtschaftsprozeß gefordert. Wie liberal dieser auch gestaltet sein mag, so verlangt er doch aufgrund des Gemeinwohlgebots und des Individualschutzes, keinen »unlauteren Wettbewerb« zu treiben, sondern alles Wirtschaften auch gemeinverträglich anzulegen (→ Marktwirtschaft).

Die historische Erfahrung zeigt, daß im wirtschaftlichen wie in allen anderen Bereichen die Freiheit dort einen schweren Stand hat, wo die Einsicht in ihre strukturellen und mentalen → Abhängigkeiten fehlt.

Literatur

Abeng, Von der Freiheit zur Befreiung. Die Kirchen- und Kolonialgeschichte Kameruns, 1989 ✦ *Aron*, Über die Freiheiten. Essay, 1981 ✦ *Assmann*, ›Frühe Formen politischer Mythomotorik‹, in: Revolution und Mythos (Hrsg. Harth/Assmann), 1992 ✦ *Baden*, Die Faszination der Freiheit. Der Mensch im Grenzbereich, 1986 ✦ *Baruzzi*, Freiheit, Recht und Gemeinwohl, 1992 ✦ *Beier*, Am Morgen der Freiheit. Für die Christen in Ost und West, 1992 ✦ *I. Berlin*, Freiheit, 1992 ✦ *Beyer*, Martin Luther und das Kirchengut: ekklesiologische und sozialethische Aspekte der Reformation, 1984 ✦ *Beyerhaus*, Theologie als Instrument der Befreiung. Die Rolle der neuen »Volkstheologien« in der ökumenischen Diskussion, 1986, ✦ *F. Beyhaut*, Süd- und Mittelamerika II – Von der Unabhängigkeit bis zur Krise der Gegenwart, 1965 ✦ *Bleicken*, Staatliche Ordnung und Freiheit in der römischen Republik, 1972 ✦ *ders.*, Prinzipat und Republik. Überlegungen zum Charakter des römischen Kaisertums, 1990 ✦ *ders.*, Prinzipat und Dominat, 1978 ✦ *Bochenski*, Autorität, Freiheit, Glaube. Sozialphilosophische Studien, 1988 ✦ *E.W. Böckenförde*, Recht, Staat, Freiheit. Studien zur Rechtsphilosophie, Staatstheorie und Verfassungsgeschichte, 1991 ✦ *ders.*, Religionsfreiheit. Die Kirche in der modernen Welt, 1990 ✦ *ders.*, Staat, Gesellschaft, Freiheit. Studien zur Staatstheorie und zum Verfassungsrecht, 1976 ✦ *Böckerstette*, Aporien der Freiheit und ihre Aufklärung durch Kant, 1981 ✦ *L. Boff*, Die befreiende Botschaft. Das Evangelium von Ostern, 2. Aufl. 1987 ✦ *ders.*, Jesus Christus, der Befreier, dt. 3. Aufl. 1989 ✦ *L. Boff/C. Boff*, Wie treibt man Theologie der Befreiung, dt. 4. Aufl. 1990 ✦ *Bolívar*, Reden und Schriften zu Politik, Wirtschaft und Gesellschaft, dt. 1984 (Hrsg. H.-J. König) ✦ *Bossle/Goldberg* (Hrsg.), Freiheit und Autorität als Grundlegung der modernen Demokratie, 1982 ✦ *Boventer*, Grenzen politischer Freiheit im demokratischen Staat, 1985 ✦ *ders.*, Pressefreiheit ist nicht grenzenlos. Einführung in die Medienethik, 1989, ✦ *O. Brunner*, ›Freiheit‹, in: Geschichtliche Grundbegriffe, 1975 ✦ *Buchanan*, Die Grenzen der Freiheit, 1984 ✦ *Busshoff*, Politikwissenschaft und das Problem der Freiheit, 1983 ✦ *Camus*, Verteidigung der Freiheit. Politische Essays, 1960 ✦

Chomsky, Arbeit – Sprache – Freiheit. Essay und Interviews zur libertären Transformation der Gesellschaft, dt. 1988, ✦ *Cicero*, Über die Ziele des menschlichen Handelns. De finibus bonorum et malorum, lat.-dt., 1988 (Hrsg. Schäublin) ✦ *Crüsemann*, Bewahrung der Freiheit. Das Thema des Dekalogs in sozialgeschichtlicher Perspektive, 1992 ✦ *D.B. Davis*, Freiheit, Gleichheit, Befreiung. Die Vereinigten Staaten und die Idee der Revolution, dt. 1992 ✦ *Deneke*, Individuelle Freiheit in sozialer Sicherheit. Beiträge zur Gesundheits- und Sozialpolitik 1953, 1985 ✦ *Denninger* (Hrsg.), Die freiheitlich demokratische Grundordnung der BRD. Materialien und Verfassungsauslegung, 1976 ✦ *Dietze*, Freiheit und Eigentum in der amerikanischen Überlieferung, 1976 ✦ *ders.*, Liberaler Kommentar zur amerikanischen Verfassung, 1988 ✦ *Dittgen*, Politik zwischen Freiheit und Despotismus. Alexis de Tocqueville und Karl Marx, 1986 ✦ *Dubach*, Öffnung im Osten: Droht jetzt dem Westen eine Zukunft ohne Freiheit? Gefährdete Liberalität in Gesellschaft und Markt, 1991 ✦ *Dussel*, Herrschaft und Befreiung. Ansatz, Stationen und Themen einer lateinamerikanischen Theologie der Befreiung, dt. 1985 ✦ *Ebbinghaus*, ›Philosophie der Freiheit‹, in: Gesammelte Schriften, II, 1987 ✦ *W. Engels*, Über Freiheit, Gleichheit und Brüderlichkeit. Kritik des Wohlfahrtsstaates, Theorie der Sozialordnung und Utopie der sozialen Marktwirtschaft, 1985 ✦ *Erasmus von Rotterdam*, Vom freien Willen, dt. 6. Aufl. 1988 ✦ *Erikson*, Der junge Mann Luther. Eine psychoanalytische und historische Studie, 1975 ✦ *Fetscher*, Rousseaus politische Philosophie, 1975 ✦ *Feyerabend*, Erkenntnis für freie Menschen, 1980 ✦ *Figal*, Martin Heidegger – Phänomenologie der Freiheit, 1988 ✦ *Figueroa*, Aufklärungsphilosophie als Utopie der Befreiung in Lateinamerika, 1989 ✦ *Forschner*, Stoa und Cicero über Krieg und Frieden, 1988 ✦ *E. Fromm*, Die Furcht vor der Freiheit, 1992 ✦ *Fuhrmann*, Cicero und die römische Republik, 3. Aufl. 1990 ✦ *Gaile*, Menschenrecht und bürgerliche Freiheit. Ideologiebildung im Zeichen der entstehenden bürgerlichen Gesellschaft 1789 bis 1848, 1978 ✦ *Garaudy*, Die Freiheit als philosophische und historische Kategorie, dt. 1959 ✦ *A. Gehlen*, Theorie der Willensfreiheit und frühe philosophische Schriften, 1965 ✦ *Godechot*, Les Constitutions de la France depuis 1789, 1979 ✦ *Gössel u.a.*, Der freiheitliche Rechtsstaat und seine Gegner – Mittel und Grenzen der Abwehr, 1979 ✦ *Grabendorff* (Hrsg.), Lateinamerika – Kontinent in der Krise, 1973 ✦ *Gräfrath*, John Stuart Mill: Über die Freiheit, 1992 ✦ *Greiffenhagen*, Freiheit gegen Gleichheit? Zur »Tendenzwende« in der Bundesrepublik, 1975 ✦ *Häring*, Frei in Christus, 3 Bde. 1992 ✦ *Häsler*, Kuba – Freiheit oder Terror. Ein Maler erlebt die Revolution, 1984 ✦ *F.P. Hager*, Wesen, Freiheit und Bildung des Menschen. Philosophie und Erziehung in Antike, Aufklärung und Gegenwart, 1989 ✦ *ders.*, Die Vernunft und das Problem des Bösen im Rahmen der platonischen Ethik und Metaphysik, 2. Aufl. 1970 ✦ *B. Hamm*, Frömmigkeitstheologie am Anfang des 16. Jhds., 1982 ✦ *ders.*, Promissio, Pactum, Ordinatio. Freiheit und Selbstbindung Gottes in der scholastischen Gnadenlehre, 1977 ✦ *v.Hayek*, Der Weg zur Knechtschaft, dt. 4. Aufl. 1980 ✦ *Hemmer/Stolt*, Gleichheit, Freiheit, Solidarität. Für ein »Zusammenwachsen« in gemeinsamer Verantwortlichkeit, 1990 (Sammelband) ✦ *M. Hinz*, Fichtes »System der Freiheit«. Analyse eines widersprüchlichen Begriffs, 1981 ✦ *v. Hippel*, Die Bauernbefreiung im Königreich Württemberg, Bd. 1: Darstellung, Bd. 2: Quellen, 1977 ✦ Die jüdische Emigration aus Deutschland 1933-1941. Die Geschichte der Austreibung, Ausstellung und Katalog 1985 (Deutsche Bibliothek Frankfurt am Main) ✦ *Jüngel*, Die Freiheit eines Christenmenschen. Eine Erinnerung an Luthers Schrift, 3. Aufl. 1991 ✦ *Kamphaus*, Der Preis der Freiheit. Anstösse zur gesellschaftlichen Verantwortung der Christen, 1987 ✦ *M.L. King*, Schöpferischer Widerstand, dt. 1985 ✦ *Kreimendahl*, Freiheitsgesetz und höchstes Gut in Spinozas »Theologisch-Politischem Traktat«, 1983 ✦ *Krell/Kulbig* (Hrsg.), Krieg und Frieden am Golf. Ursachen und Perspektiven, 1991 ✦ *W. Kuhn*, Zwischen Tier und Engel. Die Zerstörung des Menschenbildes durch die Biologie, 1988 ✦ *Kuropka*, Für Wahrheit, Recht und Freiheit – gegen den Nationalsozialismus, 1983 ✦ *Lakebrink*, Erziehung zur Freiheit, 1978 ✦ *Laqueur*, Der lange Weg zur Freiheit. Rußland unter Gorbatschow, dt. 1989 ✦ *K. Lehmann*, Theologie der Befreiung, 1977 ✦ *Levitzky*, Russisches Denken, 2 Bde., dt. 1984 ✦ *ders.*, Die Tragödie der Freiheit, dt. 1989 ✦ *Lindenberg*, Die Technik des Bösen. Zur Vorgeschichte und Geschichte des Nationalsozialismus, 3. Aufl. 1985 ✦ *van Lith*, Markt, persönliche Freiheit und die Ordnung des Bildungswesens, 1983 ✦ *Lossmann*, Cicero und Caesar im Jahre 54, 1962 ✦ *Lowe*, Die Zukunft der Freiheit, dt. 1990 ✦ Luban/Plazza (Hrsg.), Abhängigkeit und Befreiung, 1988 ✦ *R. Luxemburg*, Politische Schriften, 1987 (Hrsg. O. Flechtheim) ✦ *H. Maier*, Die Deutschen und die Freiheit. Perspektiven der Nachkriegszeit, 1987 ✦ *Chr. Meie*r, Caesar, 1982 ✦ *S. Miller*, Das Problem der Freiheit im Sozialismus. Freiheit, Staat und Revolution in der Programmatik der Sozialdemokratie von Lassalle bis zum Revisionismusstreit, 2. Aufl. 1974 ✦ *Mols*, Demokratie in Lateinamerika, 1985 ✦ *Moltmann*, Menschenwürde, Recht und Freiheit, 1979 ✦ *Mühsam*, Die Befreiung der Gesellschaft vom Staat, 1988 ✦ *K. Müller*, Zukunft ohne Freiheit? Politische Folgen des geistigen Wandels, 1973 ✦ *Münkler* (Hrsg.), Die Chancen der Freiheit, 1992 ✦ *F. Neumann*, Freiheit, 1978 ✦ *Niederwimmer*, Der Begriff der Freiheit im Neuen Testament, 1966 ✦ *Nienhaus*, Persönliche Freiheit und moderne Demokratie. F.A. von Hayeks Demokratiekritik und sein Reformvorschlag eines Zweikammersystems, 1982 ✦ *Nieveler*, Erziehung zwischen Freiheit und Emanzipation, 2. Aufl. 1975 ✦ *Nörr*, Die Fides im römischen Völkerrecht, 1991 ✦ *ders.*, Imperium und Polis in der hohen

Prinzipatszeit, 2. Aufl. 1969 ✦ *Oberhänsli*, Die Gewährleistung der Freiheitsrechte, unter besonderer Berücksichtigung der verfassungsmäßigen Garantie der persönlichen Freiheit, 1971 ✦ *Orth*, Königlicher Machtanspruch und städtische Freiheit, 1977 ✦ *Orwell*, Gerechtigkeit und Freiheit, dt. 1991 ✦ *W.F. Otto*, Das Wort der Antike, 1962 ✦ *Passavant*, Von der Freiheit des Willens, 1982 ✦ *Pawlowski*, Gesetz und Freiheit, 1969 ✦ *Pennitz*, Der »Enteignungsfall« im Römischen Recht der Republik und des Prinzipats, 1991 ✦ *Prauss*, Kant über Freiheit als Autonomie, 1983 ✦ *Pröpper*, Gottes Ja – unsere Freiheit. Theologische Betrachtungen, 1983 ✦ *Prutz*, Zwischen Vaterland und Freiheit, 1976 ✦ *Radke* (Hrsg.), Cicero – ein Mensch seiner Zeit, 1968 (Vorträge) ✦ *Raiser*, Vom rechten Gebrauch der Freiheit. Aufsätze zu Politik, Recht, Wissenschaftspolitik und Kirche, 1982 ✦ *Rauscher* (Hrsg.), Die Herausforderung der Freiheit heute, 1978 ✦ *Reibetanz*, Von äußeren Zwängen zur inneren Freiheit, 1988 ✦ *Rill* (Hrsg.), Freiheitliche Tendenzen der deutschen Geschichte, 1989 ✦ *G. Roth*, Politische Herrschaft und persönliche Freiheit. Heidelberger Max-Weber-Vorlesungen, 1983 ✦ *Samson*, Naturteleologie und Freiheit bei Arnold Gehlen. Systematisch-historische Untersuchungen, 1976 ✦ *Sarides*, Zum Verhältnis von Befreiungsbewegungen und Imperialismus, 1980, ✦ *A. Schaefer*, Friedrich Nietzsche zur Rechtfertigung des Daseins, 1987 ✦ *Schelling*, Über das Wesen der menschlichen Freiheit, 1975 ✦ *Schelsky*, Freiheit und Sachzwang, 1977 (Beiträge zu Ehren H. Schelskys, Hrsg. H. Baier) ✦ *Schlumbohm*, Freiheitsbegriff und Emanzipationsprozeß. Zur Geschichte eines politischen Wortes, 1973 ✦ *E. Schneider* (Hrsg.), »Triumph, die Freiheitsfahne weht ...« Die Pfalz im Banne der Französischen Revolution (1789-1814), 1988 ✦ *Schneider-Flume*, Selbstverwirklichung und christliche Freiheit, 1990 ✦ *Schockenhoff*, Zum Fest der Freiheit. Theologie des christlichen Handelns bei Origenes, 1990 ✦ *Schöpfer*, Lateinamerikanische Befreiungstheologie, 1979 ✦ *Schöttle*, Politische Freiheit für die deutsche Nation – Carl Theodor Welckers politische Theorie. Ein Beitrag zur Geschichte des deutschen Frühliberalismus, 1985 ✦ *Schopenhauer*, Die beiden Grundprobleme der Ethik: Über die Freiheit des menschlichen Willens. Über die Grundlagen der Moral, Kleinere Schriften, II, 1977 ✦ *P. Schulz*, Der Waffentest am Golf zur Vorbereitung auf den Dritten (atomaren) Weltkrieg, 1991 ✦ *J. Simon*, Wahrheit als Freiheit. Ein Versuch zur Entwicklung der Wahrheitsfrage in der neueren Philosophie, 1978 ✦ *Stöger*, Kuwait, Öl, Macht und Ohnmacht, 1990 ✦ *J. Straub*, ›Imperium et Libertas. Eine Tacitus-Reminiszenz im politischen Programm Disraeli's‹, in: Festgabe für Max Braubach, 1964 ✦ *D. Suhr*, Gleiche Freiheit. Allgemeine Grundlagen und Reziprozitätsdefizite in der Geldwirtschaft, 1988 ✦ *Timpe*, Untersuchungen zur Kontinuität des frühen Prinzipates, 1962 ✦ *Volger*, Lateinamerika in der Dauerkrise, 1989 ✦ *Waldmann* (Hrsg.), Politisches Lexikon Lateinamerika, 2. Aufl. 1982 ✦ *E. Zimmermann*, Für Freiheit und Recht. Der Kampf der Darmstädter Demokraten im Vormärz 1815-1848, 1987.

Freundschaft

Bereits in der Antike war man sich bewußt, daß Freundschaft unter Menschen nur bedingt einem »natürlichen Trieb« (*starge naturalis*) entsprechen kann. Denn sie läßt sich als eine zwischenmenschliche Qualität nicht vererben und kann nur durch die Pflege persönlicher Zuneigung im gemeinsamen → Interesse erworben werden: Freundschaft bleibt demnach ein Auftrag auf Gegenseitigkeit, der immer wieder erneuert werden muß, wenn er Bestand haben soll.

Diese innere Bestimmung bezog sich aber nicht nur auf das private Leben. Sie galt auch für bestimmte Bereiche in der Polis. Die Römer unterschieden den Freund (*amicus*) vom Standes- oder Berufsgenossen (*socius*), was nicht ausschloß, daß ein Genosse in Amt und Stand zugleich Freund sein konnte (Klientelwesen). Als Gegenbegriff benutzte man das Wort »inimicus«. Es bedeutete soviel wie »abtrünniger, untreuer Freund« und bezeichnete den »Intimfeind« im Inneren. Nach außen schloß der Rechtsstatus eines »Freundes« die vollständige Protektion oder Schutzmacht Roms ein, die gegen jeden äußeren und fremden »Feind« (*hostis*) aufgeboten wurde. In diesem Sinne wurde ein Freund Roms als »Verbündeter« betrachtet, der an einen Vertrag (*foedus*) gebunden war.

»Freundschaft der Fürsten«

Das reziproke Wesen aller Freundschaft hat es einigen Fürsten und Machthabern in der Neuzeit geraten sein lassen, sie nur von Fall zu Fall in Anspruch zu nehmen – gleichsam als politische Taktik und opportunistische Haltung.

Bereits vor Machiavelli (1469-1527) wurde deshalb die Freundschaft unter Fürsten als nicht tragfähig bewertet, wenn es in Konflikten um Steigerungen ihres Status oder ihrer äußeren Reputation ging. Aber erst die Machtlehre des Florentiners mit ihrer gezielten »Betrugkunst« (Reinking) würdigte die fürstliche Freundschaft (*amicitia principum*) zu einem beliebigen Werkzeug meist dynastischer Interessen herab.

Die »neuen Staatsmänner« des Machiavellismus sprachen dabei in Lehre und Praxis von der *Status-Räson*. Sie meinten damit das machtbewußte Streben von Fürsten nach Erhöhungen ihres Ranges oder nach Erweiterungen von »Erbe und Eigen«, ob durch Heiratspolitik oder Krieg. Deshalb wurden auch die »ragione di stato« und die »ragione di dominio« in der Regel so kombiniert, daß bestehende Freundschaften im Vertragssinne auf der Strecke bleiben mußten (→ Staat).

Diese später als *Staatsräson* ausgegebene Fürstenpolitik hatte schon früh bei Gelehrten und freiheitlich gesinnten Staatskundigen zu Abscheu und Ablehnung geführt. Reinking, der von 1660 an selbst der absolutistischen Staatsräson in Dänemark erliegen sollte (→ Absolutismus), verwies noch 1635 mit einigem Stolz darauf, daß es für »ratio status« oder »ragione di stato« und »raison d'état« deshalb kein richtiges teutsches Wort gebe, weil »unsere Vorfahren, die alten redlichen Teutschen ... dem Greuel, daran sie aus angeborener Sincerität und Aufrichtigkeit einen Ekel gehabt, keinen Namen gegönnet«.

In der Abwehr fürstlicher Betrugskünste wurden auch die *Freunde des Fürsten* oft mit Argusaugen beobachtet. Denn sie konnten außerhalb der öffentlichen Ämter und verfassungsmäßiger Bindungen mitunter einen erheblichen Einfluß auf einen regierenden König ausüben, ohne bei entstehenden Schäden belangt zu werden. Einrichtungen wie der »Privy council« im England Karls I. während der 1630er Jahre oder gut hundert Jahre später das berüchtigte »Secret du Roi« Ludwigs XV. von Frankreich (→ Außenpolitik) bestätigten den Kritikern, daß hier die »Freundschaft« für eine Macht-Kumpanei mißbraucht wurde – zum Eigennutz der Dynastie und letztlich zum Schaden des Königtums als Gerechtigkeitsprinzip.

Jean Paul Marat, der sich als fanatischer »Gerechtigkeitskämpfer« verstand, wählte denn auch mit Bedacht den Titel »L'Ami du Peuple« für eine seiner Zeitungen, die er während der Revolution von 1789 in Paris selber schrieb und herausgab. Mit seinem *Volksfreund* forderte er an kultiviertem Umgang ein, was er in Kenntnis der Adels- und Hofkreise vermißt hatte – patriotischer Sinn für → Treuhandschaft als höchstem Ausdruck von Freundschaft und Ergebenheit in die »gerechte Sache« des → Volkes.

Wer seinem radikalen Freundschaftsideal nach antiken Vorbildern nicht entsprechen wollte oder genügen konnte, der wurde von ihm schnell verdächtigt, machiavellistische Machtgeschäfte zur persönlichen Bereicherung betreiben zu wollen. Solche Leute vor allem im Umkreis des Königs nannte er *Volksfeinde* und hieß es gut, daß sie der »Gerechtigkeit« überstellt wurden und nicht selten unter dem Fallbeil der Guillotine endeten.

Freund-Feind-Schema

Die Zuspitzung des Feindbildes auf ein physisches Vernichtungsprinzip erfolgte bei Marat und anderen Revolutionären wie Robespierre oder Saint-Just unter dem bedrohlichen Eindruck der militärischen Intervention deutscher Despoten sowie im Gefolge der »Septembermassaker« von 1792.

Mit dieser Radikalisierung wurde erstmals eine lange europäische Tradition aufgegeben, nach deren Verständnis ein »Gegner« im Kampf als »gerechter Feind« (*justus hostis*) aufgefaßt werden sollte. Legte man diese Qualität des Völkerrechts zugrunde, dann war es möglich, sich mit einem solchen »Feind« nach einem Krieg erst zu verständigen (Waffenstillstandsvertrag) und dann auch zu versöhnen (Friedensvertrag). Darüber hinaus konnte es sogar vorkommen, daß selbst ausgesprochene »Erbfeinde« nach zahlreichen Kriegen einen weitreichenden *Freundschaftsvertrag* schlossen – wie die Regierungen der V. Republik in Frankreich (de Gaulle) und der Bundesrepublik Deutschland (Adenauer) im Jahre 1963.

Eine derartige Verständigung und Versöhnung ist nur dort möglich, wo eine Philosophie der vermittelbaren Gegensätze anstelle vernichtender Widersprüche gepflegt wird. Sie erklärt auch, warum König Gustav Adolf 1631 nach der Schlacht bei Breitenfeld gegnerische Soldaten in sein Heer aufnahm und fortan unter seinen Fahnen für die »gerechte Sache« das Leben wagen ließ: Mit der Niederlage Tillys war der Kampfvertrag auf Zeit zwischen kommandierendem General und dienendem Söldner gelöst, so daß dem einzelnen Soldaten das Recht und die Freiheit zustanden, sich einen neuen Kriegsherrn als Vertragspartner zu suchen.

Carl Schmitt, der dem *Freund-Feind-Schema* in der Politik entscheidende Bedeutung beimaß, wollte allen historischen Gegenbeweisen zum Trotz nicht zugestehen, daß sich Gegensätze ausgleichen können, sofern eine Kultur des Kompromisses gewährleistet ist und somit nicht jede Verständigung gleich als »fauler Kompromiß« gilt. Auf eine Klärung nach Maßgabe der europäischen Vertragstraditionen ließ sich Schmitt als Gegenprobe seiner radikalen Position nicht ein. Noch in einem Kommentar von 1949 merkte er zu dieser Problematik fast machiavellistisch an: »In einer Zeit absichtlicher und planmäßiger Verwischungen, in der bewußten Verwechslung aller Begriffe, ist es Torheit, präzis definierte Worte zu gebrauchen ... Dasselbe gilt von der Bestimmung des Politischen, in dessen Kern die Freund-Feind-Unterscheidung steckt.«

Die Vorstellung, den Gegner in der → Politik als »Feind« zu betrachten, der letztlich zu »vernichten« ist, kommt der Weigerung gleich, das Politische auf der Grundlage des Pluralismus als Vertragsfähigkeit zu werten. Denkt man diese destruktive Position zu Ende, dann führt sie zu der taktischen Maxime »Der Feind meines Feindes ist mein Freund«, die in der Endphase der Weimarer Republik so unheilvoll gewirkt hat. Denn statt für das Gemeinwohl den Kompromiß über Parteigrenzen hinweg zu suchen, wurden Fronten der Vernichtung aufgebaut: Die Kommunisten als »Feinde« der Sozialdemokratie scheuten sich nicht, mit deren zweitem »Feind« in Gestalt der Nationalsozialisten zusammenzuwirken – bis die Weimarer Republik 1933 zerstört war.

Das »Amigo-System«

Es gehört zum großen Erbe der politischen Kultur Alteuropas, daß die Inhaber öffentlicher Ämter schon aufgrund ihres Amtseides angewiesen werden, bei ihrer Tätigkeit im Dienst von Recht und Gerechtigkeit »keine Freundschaft« walten zu lassen.

In dieser Verpflichtung drückt sich das Kommutationsgebot aus, nämlich »ohne Ansehen der Person« (→ Gerechtigkeit) den Amtspflichten zu entsprechen. Diesem schwierigen Auftrag konnten zahlreiche Amtsträger nicht immer genügen. Gleichwohl wird auch heute noch in Rechts- und Verfassungsordnungen eine unabdingbare Richtschnur der korrekten Amtsausübung darin gesehen, jede Vorteilsnahme zugunsten privater Dritter und zu Lasten des Gemeinwohls zu unterlassen.

Die Erfüllung einer solch *neutralen Haltung* im öffentlichen Amt erweist den König, Senator, Richter oder einen sonstigen Amtsträger als »Freund der Verfassung«, weil er das Gegenseitigkeitsgebot ernstnimmt und sich bemüht, den Bedingungen von Recht und Gesetz zu entsprechen.

Wird jedoch in einem Machtsystem erwartet, daß die »Freunde« der Machthaber bevorzugt werden, dann handelt es sich um eine Korrumpierung des Freundschaftsprinzips. Dieses Verhalten, das seit Anfang der neunziger Jahre in Deutschland als *Amigo-System* bezeichnet wird, hat in der Geschichte eine lange Reihe von Vorläufern und Varianten.

Es ist aus der Schlußphase der Römischen Republik ebenso bekannt wie aus der »Vetternwirtschaft« (Nepotismus) verschiedener Päpste im Mittelalter oder aus dem Günstlingswesen einiger Fürsten während der Neuzeit, die sich untereinander gerne »mein Freund« (*mon ami*) anredeten. Eine Besonderheit dieser »Freundschafts«-Mentalität bildete die *Nomenklatura* in der Sowjetunion seit 1917 aus. Denn der von ihr beherrschte Partei- und Staatsapparat wurde von einem besonderen Verständnis von Freundschaft (*družba*) geprägt. Dabei ging es nicht um das stets neue Einüben und Erproben von Gegenseitigkeit und drittwirkender Treuhandschaft, sondern um das Abrichten auf eine parteiliche Gefolgschaft (*družina*), die dem jeweiligen Generalsekretär der kommunistischen Partei »blinden Gehorsam« zu leisten hatte (→ Adel, → Diktatur).

Der Mißbrauch des vertragsbezogenen Freundschaftsbegriffes findet sich aber auch in Demokratien, wenn vor allem Parteipolitiker versuchen, mit Hilfe von »Seilschaften«, besonderen »Freundeskreisen« und sogenannten »Spezis« (Intim- und Duzfreunde) das Eigen- und Parteiwohl zu fördern – auf Kosten des Gemeinwohls und des Steuerzahlers, denen alle Politiker als Treuhänder verpflichtet sein sollen (→ Parlament).

Dieses Amigo-System wirkt sich vor allem dort verheerend aus, wo öffentliche Aufträge (Bauwesen, Zulieferungen oder Beschaffungen) nicht für jedermann »ausgeschrieben«, sondern als »Freundschaftsdienst« für Parteispenden direkt an zahlende Unternehmen vergeben werden (→ Korruption).

Allein der Eindruck, daß Parteien in Regierungsstellung nicht der Versuchung widerstehen können, ihre Amtskompetenz für eine ungehinderte Selbstbedienung an öffentlichen Mitteln zu mißbrauchen, schadet dem Ansehen der → Demokratie. Denn ein solches Verhalten einzelner Parteimitglieder zerrüttet auf Dauer jene Qualität, ohne die eine private Freundschaft so wenig gedeihen kann wie die geforderte Verfassungsfreundschaft – das gegenseitige Vertrauen (*confidence*).

Literatur

Al-Ghazali, Über die Freundschaft, dt. 1983 ✦ *Ausius*, De Amicitia, 1651 ✦ *Bechtel*, Was heißt hier Feindbild? Fakten und Argumente zum Ost-West-Konflikt, 1987 ✦ *Blumenwitz/F.J. Strauß*, Die deutsch-amerikanische Freundschaft. Zwei Vorträge, 1983 ✦ *Brassel-Moser*, Vorurteil im Feindbild – Vorbild im Feindurteil. Überlegungen zu Vorurteilen, Selbst- und Feindbildern in der Schweiz, 1989 ✦ *Büchel*, Weisheit der Freundschaft, 1962 ✦ *Busek*, Österreich-Deutschland: Freundschaft und Entfremdung, 1983 ✦ *Cicero*, Cato der Ältere – Über das Alter – Laelius – Über die Freundschaft, dt. 1988 ✦ *Epting*, Die erste internationale Konferenz der Kirchen für Frieden und Freundschaft in Konstanz 1914, 1988 ✦ *Fasching*, Zum Begriff der Freundschaft bei Aristoteles und Kant, 1990 ✦ *Flohr*, Feindbilder in der internationalen Politik. Ihre Entstehung und Funktion, 1991 ✦ *Foucault*, Von der Freundschaft als Lebensweise. Im Gespräch, dt. 1984 ✦ *Hartig*, Marat. Ich bin das Auge des Volkes. Ein Portrait in Reden und Schriften, 1987 ✦ *Hattenhauer*, Geschichte des Beamtentums, 1980 ✦ *Kracauer*, Über die Freundschaft. Essays, ND 1986 ✦ *Laun*, Der Liebesbegriff des heiligen Franz von Sales und sein Verständnis der zwischenmenschlichen Beziehungen: Nächstenliebe, Freundschaft, Ehe, 1981 ✦ *Margies*, Über den Umgang mit einem besiegten Feind, 1987 ✦ *Meinecke*, Die Idee der Staatsräson, 4. Aufl. 1976 ✦ *Morus*, Briefe der Freundschaft mit Erasmus, dt. 1985 ✦ *Nelander*, De Amore erga inimicos, 1744 ✦ *Norberg*, ›Vänskap‹, in: Svensk Encyklopedie, 1785 ✦ *Phelan*, ›Justice and friendship‹, in: The Thomist, 5, 1943 ✦ *Rasch*, Freundschaftskult und Freundschaftsdichtung im deutschen Schrifttum des 18. Jhds., 1936 ✦ *Reblin*, Freund und Feind. Franziskus von Assisi im Spiegel der protestantischen Theologiegeschichte, 1988 ✦ *v. d. Recke*, Feindbild und Feindesliebe. Gedanken eines Christen in Uniform, 1987 ✦ *R. Ritter*, Die aristotelische Freundschaftsphilosophie nach der nikomachischen Ethik, 1963 ✦ *L. Ruppert*, Der leidende Gerechte und seine Feinde. Eine Wortfelduntersuchung, 1973 ✦ *v. Scheliha*, Freiheit und Freundschaft in Hellas. Sechs Basler Vorträge, 1968 ✦ *C. Schmitt*, Glossarium. Aufzeichnungen der Jahre 1947-1951, 1991 ✦ *G. Sommer* (Hrsg.), Feindbilder im Dienst der Aufrüstung, 2. Aufl. 1988 ✦ *Stolleis*, Staat und Staatsräson in der frühen Neuzeit. Studien zur Geschichte des öffentlichen Rechts, 1990 ✦ *ders.*, Die Bedeutung der Wörter. Studien zur europäischen Rechtsgeschichte, Festschrift für Sten Gagnér, 1991 ✦ *Vierhaus*, Die Deutschen und ihre Nachbarn. Bemerkungen zur politischen Kultur einer Nation. ✦ *Wenisch* (Hrsg.), Freundschaft und Bildung. Festschrift für Eduard Seifert, 1982.

Frieden

Der Mensch ist seinem Doppelwesen gemäß zu allem fähig – auch zum Frieden (→ Menschenbild). Doch die damit verbundene Qualität der *Friedfertigkeit* kann nicht vererbt, sie muß von jedem einzelnen Menschen in jeder Generation neu erworben und erprobt werden. Das gelingt aber nur dann, wenn die Wesens- und Wirkungsgeschichte des Friedens hinreichend bekannt ist und seine Errungenschaften das »gute Leben« (Aristoteles) sichern.

Der römisch-rechtliche Begriff »Pax« für »Frieden« drückt in seiner sprachlichen wie sachlichen Nähe zu »Pactum« für »Vertrag« die damit verknüpfte Hoffnung aus, daß Menschen nach Konflikten, Streit und Kriegen wieder das *alte Vertrauen* untereinander herstellen und sich aufgrund »gerecht« ausgehandelter Verträge dauerhaft vertragen.

Dieses Bemühen gilt für Partnerschaften, Ehen, Familien oder Mietparteien bei der Einhaltung des »Hausfriedens« ebenso wie für Handel und Wandel in der Wirtschaft, die nur gedeihen kann, wenn der »Landfrieden« gesichert bleibt. Denkt man an den »Kirchenfrieden« als Toleranzgebot oder an die »Friedenspflicht« während laufender Tarifverträge in der Arbeitswelt, dann wird deutlich, daß der Frieden mehr sein muß als nur die äußere »Beendigung eines Krieges« oder die Herstellung »sozialer Gerechtigkeit« mit unkriegerischen Mitteln (Wolfgang Hilligen, GuS).

Tatsächlich besitzt der echte Frieden ein Doppelwesen nach Maßgabe der vertraglichen Gegenseitigkeit, wie es Hugo Grotius 1625 in seinem Werk »De jure belli ac pacis« (»Über das Recht des Krieges und des Friedens«) formuliert hat: »Der Zweck des Krieges ist der Friede.« Damit wollte er daran erinnern, daß der Friede nicht ein statisches Endstadium im Sinne einer »Friedhofsruhe« (Kant) sein kann, sondern als anhaltender Prozeß aufzufassen ist, der Konflikte auf den »Rechtsweg« verweist.

Friedenskunst

Es war in Geschichte und Gegenwart noch nie eine besondere Kunst, einen → Krieg im → Haus, im Land oder zwischen Völkern zu entfesseln, wohl aber die Kampfhandlungen zu unterbinden und einen Friedensprozeß einzuleiten, der Aussicht auf einen dauerhaften Erfolg versprach.

Wird als erster Schritt zu einem vertraglich geregelten Frieden eine *Waffenruhe* vermittelt, die in einen *Waffenstillstand* übergehen soll, dann müssen die Unterhändler sowohl die Kriegsursachen als auch die Kriegsmittel kennen und vor allem die Kriegsziele der Streitenden berücksichtigen. Gelingt es ihnen nicht, diese drei Hauptbereiche zu koordinieren und als Mediatoren (»neutra pars«) mit den Kriegsparteien abzustimmen, dann ist in der Regel der Bruch aller vorläufigen Absprachen programmiert: Denn es herrscht kein »Vertrauen«.

Verschiedene Phasen der »Golfkriege« von 1980 (Irak gegen Iran) und 1990 (Irak gegen Kuwait) zeigen diesen kritischen Punkt ebenso wie die unzähligen Verletzungen von Waffenstillständen im Balkankrieg seit 1992 oder in Ruanda (1994).

Gelingt es nach den Bedingungen des klassischen Völkerrechts seit Grotius und dem Teutschen Frieden von 1648, einen Waffenstillstand zu stabilisieren, dann kann es zu einem *Präliminar-Frieden* kommen. Nach gezielten Sondierungen auf beiden Seiten, kompromißgerichteten Verhandlungen und »vertrauensstiftenden Maßnahmen« werden in derartigen Abkommen bestimmte Teil- oder auch Kernbereiche des Interessenkonflikts so gelöst, daß sie einen endgültigen Friedensvertrag ermöglichen. Dieses Modell schafft vor allem die Bedingung für alle Beteiligten, die getroffenen Absprachen politisch im eigenen Lager zu erproben, ehe einem umfassenden Friedensschluß zugestimmt wird.

Sollte sich eine solche Übereinkunft als belastbar, »gerecht« und tragfähig erweisen, dann vollzieht eine *Friedenskonferenz* oder auch ein *Friedenskongreß* den rechtlichen und für beide Seiten verbindlichen Abschluß eines Vertrages, der entweder einen *Zeitfrieden* (temporär begrenzt mit der Aussicht auf Nach- oder Neuverhandlungen der getroffenen und ratifizierten Kompromisse) sichert oder aber einen *Universalfrieden* auf Dauer (»ewig«) garantiert.

Ein Vertragswerk dieser Qualität wurde in der Geschichte Europas zwischen 1646 und 1648 in Münster (katholische Mächte und Stände) und Osnabrück (protestantische Mächte und Stände) ausgehandelt. Ursprünglich erkannten darin die nach dreißig Jahren Krieg erschöpften und friedenswilligen Zeitgenossen den *Teutschen Frieden*, den sie auch den »Gerechten Reichsfrieden« nannten, ehe eine geschichtsvergessene Nachwelt ab 1806 meist vom »Westfälischen Frieden« sprach.

Mit der Umbenennung ging auch eine starke Abwertung dieses rechtlich-politischen Kunstwerkes einher, dessen Vertragswesen und Rechtsstruktur oft bewußt mißverstanden wurde. Denn dieser »universale« und »ewige Frieden«, den die Kronen Schweden und Frankreich (mit Militärpräsenz im Heiligen Reich) international als »Garantiemächte« sicherten, löste die wahre Kriegsursache auf – die angestrebte Militär- und Erbdiktatur des Hauses Habsburg – und stellte die libertäre Verfassung des Heiligen Reiches wieder her. Das Friedenswerk erhielt demnach den Charakter eines *Fundamentalgesetzes*, das nach innen drittwirkend angelegt war (Kaiser, Kurfürsten, Kurien-Reichstag), bei Konflikten den »Rechtsweg« vorschrieb und auswärtige Mächte als Treuhänder zuließ – zur Abwehr einer kaiserlichen Diktatur und habsburgischen Hegemonie über Europa.

Die Einschätzung dieses Friedens als eine »nationale Katastrophe« (Fritz Dickmann) noch dreihundert Jahre nach seinem Abschluß sagt mehr über die Machtstaatstraditionen unter deutschen Historikern seit 1806 als über dieses Muster des → Völkerrechts, an dem jeder heutige und künftige Friedensstifter lernen könnte, was an rechtlichen, politischen, ökonomischen und militärischen Fertigkeiten aufgeboten werden muß, wenn ein Friede dem Glück der Völker dienen soll.

Abweichungen

Hatte das Friedenswerk von 1648 gegen die Ansprüche des Heiligen Stuhls fundamentale Zeichen einer säkularisierten Moderne gesetzt (»souveräne« Verfassungsstaaten), so war der *Wiener Kongreß* von 1814/15 kaum in der Lage, diese vertragliche Friedenstradition fortzusetzen oder gar zu stärken. Denn mit Ausnahme der Vertreter des parlamentarischen England wurden die Verhandlungen hier von Machtpolitikern und Militärs geführt, die in erster Linie ihren dynastischen Diktaturen verpflichtet waren.

Trotz der Restauration des Hauses Bourbon in Frankreich mit leidlich verfassungskonformen Verhältnissen (analog zum Heiligen Reich 1648) und zahlreichen Abkommen mit »Gesetzeswert« hat dieser Kongreß keinen Universalfrieden zustandegebracht. Sein Ergebnis war vielmehr ein Rückfall hinter jene völkerrechtlichen und konstitutionellen Standards, die 1648 gesetzt worden waren. Vor allem die Abkopplung der → Außenpolitik von der Innen- und Verfassungspolitik führte dazu, all jene Stände im Zeichen einer Fürsten-Solidarität zu unterdrücken, die sich mit »Gut und Blut« am Befreiungskrieg gegen Napoleon beteiligt hatten und auf die erhoffte → Freiheit dennoch verzichten mußten.

Obgleich dieses Mächtesystem in Fortsetzung der *Pentarchie* von 1779 (Teschener Frieden) Europa und selbst die koloniale Welt bis 1917 beherrschte, so hat es zur echten Friedenskunst schon deshalb wenig beigetragen, weil es ihm an → Gerechtigkeit nach innen fehlte und Mißtrauen nach außen zu seinem Bauprinzip gehörte.

Es darf deshalb auch nicht verwundern, daß das *Friedenswerk von Versailles* 1919 trotz seiner »demokratischen« Bemühungen bei weitem nicht der hohen Kunst entsprach, die Schwedens und Frankreichs Diplomaten, Unterhändler wie Staatsmänner von 1648 auszeichnete.

Selbst wenn die Kriegsschuldfrage außer acht bleibt, so besaßen weder Georges B. Clemenceau (1841-1929), Frankreichs republikanischer »Diktator«, noch Raymond Poincaré (1860 -1934) oder gar der US-Präsident Woodrow Wilson (1856-1924) das historische Format, eine »gerechte« Neuordnung Europas von dessen revolutionär veränderter Mitte her zu gestalten. Sie haben es trotz des Einflusses von Lloyd George (1863-1945) nicht vermocht, mit den Repräsentanten des demokratischen Deutschland fair zu verhandeln und die Demokratie des Deutschen Reiches nicht für einen Krieg »bluten« und büßen zu lassen, den die Diktatur Wilhelms II. mit dem Überfall auf das neutrale Belgien 1914 inszeniert hatte. Der *Sieg-Frieden* von 1919 wich vom Vertragsgeist des Völkerrechts ab, glich einem einseitig verordneten Diktat und bereitete damit den Boden für jene Katastrophe, die er zusammen mit dem 1919 gegründeten Völkerbund verhindern sollte – einen neuen Krieg.

Nach dem Zweiten Weltkrieg sah es trotz Gründung der Vereinten Nationen (1945) lange Zeit so aus, als könnten die Diplomaten nicht einmal ins Stadium eines Präliminarfriedens gelangen. Denn bedingt auch durch den → Ost-West-Konflikt, ließ die regionale wie geopolitische Machtlage nur noch Waffenstillstands-Abkommen zu, die zu Dauerzuständen wurden. So galt das *Potsdamer Abkommen* vom 2. August 1945 zwischen den USA, Großbritannien und der Sowjetunion (Frankreich trat fünf Tage später bei) im Grunde bis zur deutschen Vereinigung am 3. Oktober 1990 als Ersatz für einen *Friedensvertrag*, der materielle Schäden zu regulieren hat (Reparationen) und auch ideell wirken soll (Amnestien).

Ähnlich verfuhr man auch ab 1950 in Korea. Nach dem Krieg mit dem kommunistischen Norden des Landes unter Kim Il Sung hat ein Waffenstillstand zwar unmittelbare Kampfhandlungen zwischen der Nord- und Süd-Republik beenden können (mit den USA und Rot-China als »Garanten«), aber nach mehr als vierzig Jahren ist ein Frieden zwischen beiden UNO-Mitgliedern noch immer nicht in Sicht: 1994, im Jahr von Kim Il Sungs Tod, kam es erneut zu Spannungen wegen der atomaren Rüstung Nord-Koreas.

Neben diesen Abweichungen von der Norm des Völkerrechts, nach einem Krieg wieder zu einer → Ordnung des inneren und äußeren Friedens zurückzukehren, finden sich aber auch Friedensschlüsse, die den Anforderungen von 1648 ziemlich nahekommen. Das trifft vor allem für den Staatsvertrag von 1955 zu, den die vier Siegermächte des Zweiten Weltkriegs mit der demokratischen Republik Österreich schlossen, wobei sie die Friedfertigkeit des Landes auch an die innere → Verfassung banden. Selbst das Friedensabkommen von Camp David im Jahre 1979 zwischen Israel und Ägypten zeigt in diese Richtung, die US-Präsident Jimmy Carter als ein engagierter Befürworter der Menschenrechte entscheidend mitbestimmen konnte. Allerdings hat sich Ägypten unter Präsident Anwar al Sadat (1918-81) nicht in dem Maße demokratisiert, wie es von amerikanischer Seite gewünscht wurde.

Ausblick

Es gehört zum Doppelwesen des Friedens, daß seine Nutznießer sich einer durchgehenden → Treuhandschaft eingegangener Verträge bewußt sein müssen und gehalten sind, für deren Einhaltung zu kämpfen und im Extremfall auch zum äußersten Mittel (*ultima ratio*) zu greifen, um in einem »gerechten Krieg« die Vertragslage wieder herzustellen.

Wird diese geradezu zwingende Gegenseitigkeit (obligatio mutua) im Völkerrecht nicht bedacht, dann muß es in bestimmten Situationen zu gekünstelten Unterscheidungen kommen, die politisch einen zwiespältigen Eindruck hinterlassen. Das betrifft vor allem »friedensschaffende Maßnahmen« (*peace-making*), die einem völkerrechtlichen Interventionsgebot (1630, 1688, 1917, 1944) folgen und auch militärische Kampfeinsätze fordern können. Selbst bei »friedenserhaltenden Maßnahmen« (*peace-keeping*) ist der Waffengebrauch nicht ausgeschlossen (Selbstverteidigung), wie die UNO-Aktion in Somalia 1993/94 gezeigt hat.

Ein echter Frieden muß demnach mehr sein als ein Zustand des »Nicht-Krieges« (Galtung). Er schließt nicht nur einen Kampf ab, sondern verpflichtet die versöhnten Gegner darauf, wiederum zum aktiven Kampf bereit zu sein, um den geschlossenen Frieden zu verteidigen: Eine Forderung, die dem Pazifismus einige Probleme bereitet.

Der bundesdeutschen *Friedensforschung* wie der *Friedensbewegung* und der damit verbundenen *Friedenserziehung* war diese Dialektik bisher wenig bewußt, bis der Balkankrieg im ehemaligen Jugoslawien Nachdenklichkeit auslöste: Sollen Soldaten der Bundeswehr bei UNO-Aktionen an Kampfeinsätzen zur Sicherung der Menschenrechte teilnehmen oder will man dieses Risiko anderen UNO-Mitgliedern überlassen?

Das Lebensopfer des ehemaligen UNO-Generalsekretärs Dag Hammarskjöld (1905-61) während seiner *Friedensmission* im unabhängig gewordenen, aber vom Krieg zerrütteten Kongo (Zaire) vermittelt ebenso wie das Königsopfer Gustavs II. Adolf 1632 in der Schlacht bei Lützen, daß ein Frieden in Freiheit zuweilen nur dann verteidigt werden kann, wenn »gerechten Waffen« das → Recht folgt.

Diese Konsequenz scheint dem Komitee zur jährlichen Vergabe des *Friedensnobelpreises* in Oslo seit 1901 nicht immer klar zu sein, obgleich die historischen Friedensordnungen wie die *Pax Romana* in der Antike oder auch die *Pax Americana* in der Moderne keinen Zweifel daran lassen, daß sich friedliches Verhalten nicht von selbst ergibt. Es muß erlernt und gerade von militärischen Siegern in seinem Vertragswesen geachtet werden: Ähnlich dem Verhalten der demokratischen Westmächte, die sich von 1945 bis 1990 als »Treuhänder der deutschen Nation« (Arthur Burns) aufgefaßt haben.

Literatur:

Alt, Frieden ist möglich. Die Politik der Bergpredigt, 26. Aufl. 1990 ✦ *Barudio*, ›Der »Ewige Frieden«‹, in: Friedenssicherung 3, 1986 (Hrsg. M. Spieker) ✦ *Bast*, Friedenspädagogik. Möglichkeiten und Grenzen einer Erziehung zum Frieden, 1982 ✦ *Batscha/Saage* (Hrsg.), Friedensutopien des ausgehenden 18. Jhds. Kant, Fichte, Schlegel, Görres, 1978 ✦ *W. Beck* (Hrsg.), Pax Medica. Stationen ärztlichen Friedensengagements, 1986 ✦ *Bensberger Kreis* (Hrsg.), Frieden für Katholiken – eine Provokation? Ein Memorandum, 1982 ✦ *W. Benz* (Hrsg.), Pazifismus in Deutschland. Dokumente zur Friedensbewegung 1890-1939, 1987 ✦ *Bornhak*, Deutsche Verfassungsgeschichte vom Westfälischen Frieden an, 1934, ND 1968 ✦ *v. Bredow/Brocke*, Krise und Protest. Ursprünge und Elemente der Friedensbewegung in Westeuropa, 1987 ✦ *Büscher u.a.*, Friedensbewegung in der DDR. Texte 1978-1982, 1982 ✦ *Chung*, Aspekte der Wiedervereinigung Koreas. Innen- und außenpolitische Probleme bis zum Jahre 1974, 1989 ✦ *Coudenhove-Calergi*, Vom Ewigen Krieg zum Großen Frieden, 1936 ✦ *Dickmann*, Der Westfälische Friede, 5. Aufl. 1985 ✦ *ders.*, Friedensrecht und Friedenssicherung. Studien zum Friedensproblem in der Geschichte, 1971 ✦ *W.H. Dietz*, Friedenspflicht und Mitbestimmung des Betriebsrats in Arbeitskämpfen, 1989 ✦ *Donat/Tammen* (Hrsg.), Friedenszeichen Lebenszeichen. Pazifismus zwischen Verächtlichmachung und Rehabilitierung, 1982 ✦ *Duft*, Das Mandat der neutralen Überwachungskommission in Korea, 1969 ✦ *Th. Ebert*, Ziviler Ungehorsam. Von der APO zur Friedensbewegung, 1984 ✦ *Eberwein/Reichel*, Friedens- und Konfliktforschung. Eine Einführung, 1976 ✦ *Ehring/Dallwitz*, Schwerter zu Pflugscharen. Friedensbewegungen in der DDR, 1982 ✦ *Evers* (Hrsg.), Friedensstaatlichkeit. Rechtsordnung und Friedenssicherung in der Bundesrepublik Deutschland, 1987 ✦ *Fast*, Eine Stimme aus den historischen Friedenskirchen, 1982 ✦ *Fisch*, Krieg und Frieden im Friedensvertrag. Eine universalgeschichtliche Studie über Grundlagen und Formelemente des Friedensschlusses, 1979 ✦ *Funke* (Hrsg.), Friedensforschung, 1975 ✦ *Galtung*, Strukturelle Gewalt. Beiträge zur Friedens- und Konfliktforschung, 1975 ✦ *Glänzel*, Ägypten und die Stabilität des Mittleren Ostens, 1988 ✦ *Gordan*

(Hrsg.), Gerechtigkeit, Freiheit, Friede, 1984 ✦ *Grignaschi*, ›Le rôle de l'Aristotélisme dans le Defensor Pacis‹, in: Revue d'histoire et de philosophie religieuse 25, 1955 ✦ *Gronemeyer*, Frieden, 1978 ✦ *Hacke/Knapp* (Hrsg.), Friedenssicherung und Rüstungskontrolle in Europa, 1989 ✦ *J. Haller*, Papsttum und Kirchenreform, 2. Aufl. 1966 ✦ *Hammarskjöld*, Zeichen am Wege, dt. 1962 ✦ *Hardick/Häcker*, Pax et Bonum, 1983 ✦ *Hättich*, Weltfrieden durch Friedfertigkeit?, 1983 ✦ *Haupts*, Deutsche Friedenspolitik 1918-1919. Eine Alternative zur Machtpolitik des Ersten Weltkrieges?, 1976 ✦ *Heck/Schurig* (Hrsg.), Friedenspädagogik. Theorien, Ansätze und bildungspolitische Vorgaben einer Erziehung zum Frieden (1945-1985), 1991 ✦ *Heiß/Lutz* (Hrsg.), Friedensbewegungen. Bedingungen und Wirkungen, 1984 ✦ *Hilligen*, ›Friedensfähigkeit und Verteidigungsbereitschaft als pädagogisches Konsensproblem‹, in: Friedenssicherung als pädagogisches Problem in beiden deutschen Staaten, 1982 (Hrsg. Ackermann/Glashagen) ✦ *ders.*, ›Der Beitrag der Ethik zur Beurteilung von Problemen internationaler Beziehungen‹, in: Problemfelder internationaler Beziehungen, 1988 ✦ *Hoppe*, Friedenspolitik mit militärischen Mitteln - eine ethische Analyse strategischer Ansätze, 1986 ✦ *ders.*, Ethik als sicherheitspolitische Entscheidungshilfe?, 1983 ✦ *Hornung* (Hrsg.), Frieden ohne Utopie, 1983 ✦ *G. Immler*, Die Bewertung der Friedenspolitik des Kurfürsten Maximilian I. von Bayern 1639-1648 in der Historiographie, 1989 ✦ *Jacobsen u.a.* (Hrsg.), Friedenssicherung durch Verteidigungsbereitschaft. Deutsche Sicherheitspolitik 1949-1989. Dokumente, 1989 ✦ *Janning u.a.* (Hrsg.), Friedensbewegungen. Entwicklung und Folgen in der Bundesrepublik Deutschland, Europa und den USA, 1987 ✦ *Kaluza u.a.* (Hrsg.), Pax et Iustitia. Festschrift für Alfred Kostelecky, 1990 ✦ *I. Kant*, Zum ewigen Frieden, 1987 ✦ *O. Kimminich*, Die Menschenrechte in der Friedensregelung nach dem Zweiten Weltkrieg, 1990 ✦ *Krippendorff* (Hrsg.), Friedensforschung, 1977 ✦ *Kusch*, ›Friede als Ausgangspunkt der Staatstheorie des Marsilius von Padua‹, in: Das Altertum 1, 1955 ✦ *Lippert/Wachtler* (Hrsg.), Frieden. Ein Handwörterbuch, 1988 ✦ *Ludwig-Erhard-Stiftung* (Hrsg.), Die Korea-Krise als ordnungspolitische Herausforderung der deutschen Wirtschaftspolitik. Text und Dokumente, 1986 ✦ *D. Lutz*, Krieg und Frieden als Rechtsfrage im Parlamentarischen Rat 1948/49. Wertentscheidung, Auslegungsmethodik, Dokumentation, 1982 ✦ *ders.* (Hrsg.), Lexikon Rüstung, Frieden, Sicherheit, 1987 ✦ *Machetzki/Pohl*, Republik Korea. Politik und Wirtschaft, 1986 ✦ *Marsilius von Padua*, Der Verteidiger des Friedens (Defensor Pacis), 2 Bde., 1958 (lat.-dt. Hrsg. H. Kusch) ✦ *Maududi*, Der Weg zu Frieden und Heil, dt. 1987 ✦ *Mauermann*, Das Internationale Friedensbüro 1892 bis 1950, 1990 ✦ *Mechtersheimer*, Rüstung und Frieden. Die Normalisierung des Widersinns, 1982 ✦ *A. Mitscherlich*, Die Idee des Friedens und die menschliche Aggressivität. Vier Versuche, 1974 ✦ *Modler* (Hrsg.), Frieden fängt zu Hause an, Neuaufl. 1990 ✦ *Moltmann* (Hrsg.), Friedenstheologie - Befreiungstheologie. Analysen - Berichte - Meditationen, 1988 ✦ *F. Neumann*, Wissenschaft für Frieden, 1987 ✦ *M. Neumann* (Hrsg.), Der Friedens-Nobelpreis von 1901 bis heute, 1987, bisher 12 Bde. ✦ *Paenson*, Handbuch der Terminologie des Völkerrechts, Bd 1: Friedensrecht, 1991, Bd 2: Recht der bewaffneten Konflikte, 1992 ✦ *Passarin d'Entreves*, The Medieval Contribution to Political Thought - Thomas Aquino, Marsilius of Padua, Richard Hooker, 1939 ✦ *H. Pfeifer* (Hrsg.), Frieden - das unumgängliche Wagnis. Die Gegenwartsbedeutung der Friedensethik Dietrich Bonhoeffers, 1982 ✦ *Planer-Friedrich* (Hrsg.), Frieden und Gerechtigkeit. Auf dem Weg zu einer ökumenischen Friedensethik, 1989 ✦ *Ramm*, Kampfmaßnahme und Friedenspflicht im deutschen Recht, 1962 ✦ *ders.*, Die Parteien des Tarifvertrages, 1961 ✦ *v. Raumer*, Ewiger Friede. Friedensrufe und Friedenspläne seit der Renaissance, 1953 ✦ *Reding*, Friedensstifter - Friedensboten. Gegen Unrecht und Gewalt, 2. Aufl. 1989 ✦ *Reese*, Historisches Seminar »Pax sit Christiana«. Die westfälischen Friedensverhandlungen als Europäisches Ereignis, 1988 ✦ *Rittberger*, ›Zur Friedensfähigkeit von Demokratien. Betrachtungen zur politischen Theorie des Friedens‹, in: Aus Politik und Zeitgeschichte B 44/87, 1987 ✦ *Schimmelpfennig*, Interventionistische Friedenspolitik in den Ost-West-Beziehungen. Annäherung an eine Strategie zur Förderung von Demokratisierungs- und Entmilitarisierungsprozessen in Osteuropa, 1989 ✦ *Schlochauer*, Die Idee des Ewigen Friedens, 1953 ✦ *Senghaas* (Hrsg.), Abschreckung und Frieden, 1981 ✦ *Sigmund*, ›The Influence of Marsilius of Padua on XVth Century Conciliarism‹, in: Journal of the History of Ideas 23, 1962 ✦ *E. Straub*, Pax et Imperium. Spaniens Kampf um seine Friedensordnung in Europa zwischen 1617 und 1635, 1980 ✦ *Strübel* (Hrsg.), Friedens- und sicherheitspolitische Alternativen. Konzepte, Kontroversen, Alternativen, 1985 ✦ *W. Süß*, Friedensstiftung durch präventive Staatsgewalt. Eine Untersuchung zu Theorie und Praxis staatlicher Gewalt in der Bundesrepublik Deutschland, 1984 ✦ *Voigt* (Hrsg.), Friedenssicherung und Europäische Einigung. Ideen des deutschen Exils 1939-1949, 1988 ✦ *C.F. v. Weizsäcker*, Bedingungen des Friedens, 1981 ✦ *Wengst*, Pax Romana - Anspruch und Wirklichkeit. Erfahrungen und Wahrnehmungen des Friedens bei Jesus und im Urchristentum, 1986 ✦ *A. Zimmer*, Friedensverträge im Völkerrecht, 1989.

Fundamentalismus

In der Geschichte des Judentums, des Christentums und des Islam hat es immer wieder Strömungen gegeben, die eine radikale Rückkehr zu den angeblichen »Fundamenten« oder

Grundlagen des Glaubens gefordert haben. Diese Erscheinung wird seit 1910 »Fundamentalismus« genannt.

Ein wesentlicher Grund für diese Begriffsbildung liegt wohl in der Gründung der amerikanischen Zeitschrift »The Fundamentals«. Deren Herausgeber suchten innerhalb des Protestantismus nach einer Erneuerung, indem sie eine Art »Fundamental-Theologie« im Geiste Luthers und der → Reformation betrieben, demnach »die Schrift allein« gelten lassen wollten (Sola-scriptura-Prinzip) – in ihrer subjektiven Auslegung freilich.

»Gebrechen der Zeit«

Im selben Jahr, als sich in den USA dieser Fundamentalismus formierte, der den Darwinismus bekämpfte und auf der »Wahrheit« des biblischen Schöpfungsberichtes bestand, nahm auch Papst Pius X. Stellung zu Grundfragen des Katholizismus in seinem Verhältnis zur modernen Welt.

Die von ihm verkündete *Borromäen-Enzyklika* wandte sich in teilweise scharfer Form gegen die festgestellten »Gebrechen der Zeit«. Darunter wurde nicht nur die »Vermassung« des Einzelnen verstanden, sondern auch die zunehmende Entfremdung vieler Gläubigen von der »alleinseligmachenden Kirche«. Das Vergötzen des großen Geldes wie der Technik treibe die Menschen von ihrer eigentlichen Bestimmung weg, sich auf Gott und das ewige Leben vorzubereiten.

In solchen Angriffen auf den Modernismus findet sich vor allem der Atheismus-Vorwurf wieder, der auch in der kirchlichen Kritik am Rationalismus der → Aufklärung eine Rolle spielte. Nimmt man noch die ausdrückliche Abwehr der → Reformation hinzu sowie die Ablehnung der revolutionären Errungenschaften seit 1776 und 1789, dann umfaßt diese *Zivilisationskritik* im Prinzip jene Bereiche, die heute auch im Fundamentalismus des Islam thematisiert werden.

»Gesetz der Gerechtigkeit«

Der heute zunehmend aggressiv auftretende Fundamentalismus im Islam entwickelte sich Ende des 19. Jahrhunderts aus einer zunächst positiven Wahrnehmung des modernen, aufgeklärten und technisierten Europa.

Vor allem der Afghane Djemal al-Din (1839-97) hatte sich vom materiellen »Fortschritt« der Alten Welt in London und Paris anregen lassen, eine »Erneuerung des Islam aus eigenen Quellen« (Kellerhals) zu beginnen. Seiner Auffassung nach ließ sich all das, was das christliche Europa zu bieten hatte, auch aus den »heiligen Schriften« des Koran wie der Sunna begründen. Die islamische Welt brauchte sich demnach nicht von europäischen Mächten bevormunden, erniedrigen oder gar unterdrükken zu lassen: Sie mußte nur im Islam selbst das Fundament von Kultur und technischem Fortschritt erkennen.

Dafür aber war es notwendig, Verkrustungen in der islamisch geprägten Gesellschaft aufzubrechen und sich gegen die lähmende Orthodoxie in den Reihen der Imame, Mullahs und Ulemas (Rechtsgelehrten) zu wenden. Für diese Denkschule bedeutete »Modernität« nichts anderes, als die »wahre Natur« des Islam zu aktivieren, um auf diese Weise die Errungenschaften des christlichen Westens aus eigener Kraft zu erreichen – auch die Demokratie und die Leistungen sozialer Gerechtigkeit.

Gegen diese Öffnung des überkommenen Islam bei gleichzeitiger Rückkehr zu seinen Ursprüngen wehrte sich nach einer längeren Phase des Experimentierens die *Moslem-Bruderschaft* (Ikhwan). 1941 von Maulana Abu al-Ala Maududi gegründet, propagierte diese radikale Bewegung eine Rückkehr zum Ur-Islam und die Abkehr von europäischen Verhaltensweisen, Techniken und Lebensformen. Danach soll das gesamte persönliche und öffentliche Leben vom Koran allein bestimmt werden – als Abwehr einer Säkularisierung nach europäischen Mustern.

Im Rahmen dieser Rückbindungen wird von der Moslem-Bruderschaft auch der Versuch abgewiesen, einen *arabischen Sozialismus* zu verwirklichen, selbst wenn dieser im Geiste Djemal al-Dins von höchster Stelle so begründet wird: »Der Sozialismus kann bis in die Zeit des Propheten Mohammed und der Anfänge des Islam zurückverfolgt werden ... Der auf der Grundlage des Islam errichtete und von Mohammed gegründete Staat war der erste sozialistische Staat; Mohammed war der erste, der zu jener Zeit die Politik der Verstaatlichung anwandte« (→ Sozialismus).

Dieses Bekenntnis von General Gamal Abdel Nasser und seine Berufung von 1954 auf das »Gesetz der Gerechtigkeit« im Namen Allahs hat die Moslembrüder in Ägypten nicht überzeugt. Nach ihrem Verständnis von Fundamentalismus konnte mit der Berufung auf den Koran keinesfalls legitimiert werden, was Nasser und andere Neuerer mit der Technisierung des Landes einführen wollten – die Trennung des persönlichen, beruflichen und religiösen Lebens im Sinne einer europäisch-amerikanischen Arbeitsteilung und Rationalität.

Gerade der Ölboom nach 1945 und die damit verbundene *Verwestlichung* der arabisch-islamischen Gesellschaften förderte die Radikalisierung der Moslembrüder bis zum → Terrorismus. Die Ermordung des ägyptischen Präsidenten Anwar al-Sadat im Jahre 1981 wird ihnen ebenso zur Last gelegt wie die Aggressivität der neuen »Heilsfront« in Algerien, die im Fundamentalismus ein Allheilmittel für alle Probleme der Moderne sieht.

Das Endziel des fundamentalistischen Koran-Verständnisses richtet sich auf einen irdischen *Gottesstaat*. In ihm soll eine einzige »unverfälschte« Wahrheitslehre gelten, die universelle Gültigkeit beansprucht (→ Universalismus). Darüber hinaus wird auch die Einheit von Staat, Gesellschaft, Familie und Religion verlangt sowie von jedem Mitglied zwingend erwartet, die individuelle Lebensführung ganz dem »Gesetz Gottes« zu unterwerfen – dem Koran und den vorindustriellen wie antimodernen Rechtsvorschriften der Scharia.

Das hohe Potential an diktatorischer und totalitärer Prägung weist diesen Fundamentalismus als → Ideologie aus, die keinerlei Pluralismus der Meinungen duldet, jede → Toleranz gegenüber Christen und Juden ebenso ablehnt wie andere Konfessionen (Bahai) und eine Trennung von Religion und Staat bekämpft. Eine kollektive Garantie individueller Menschenrechte wird durch die Fundamentalisten ebenso verworfen wie die Gebote der Gegenseitigkeit in der »westlichen« Vertragskultur. Mehr noch: Man kann wie der einstige Chefideologe der KP Frankreichs, Roger Garaudy, zwar dem Islam beitreten, darf dann aber diese Glaubens- und Lebensgemeinschaft (Umma) nicht mehr verlassen – sonst droht der gewaltsame Tod (Fall Salman Rushdie).

»Zurück zur Natur«

Das Besondere am heutigen Fundamentalismus nicht nur im Islam besteht darin, daß seine Verfechter auf ihrer Einzigartigkeit beharren und den Vergleich scheuen. Ihre Berufung auf die »Quellen« erfolgt oft nur zum Schein und drückt eine »Buchstabsgläubigkeit« (Novalis) aus, die vom Geist der Gesetze meist nichts wissen will – schon gar nichts vom Duldungsgedanken im Koran.

Diese sektiererische Haltung, unterschiedliche und gleichwertige Wege zu einem gemeinsamen Ziel rigoros abzulehnen, kann auch in der europäisch-amerikanischen *Umweltbewegung* beobachtet werden.

Im Bewußtsein, daß der technische Modernismus seit der Ersten Industriellen Revolution Ende des 18. Jahrhunderts den »Fortschritt« mit Raubbau und Zerstörungen der Natur erkauft hat, ziehen sich die »Fundamentalisten« unter den Umweltschützern auf eine kompromißlose Grundhaltung zurück. Die damit verbundene Verteufelung aller Technik als Todfeind der Natur und Lebenswelt erinnert stark an den religiösen Fundamentalismus, der ebenfalls vorgibt, sich für den Menschen einzusetzen, indem er die technisch-wissenschaftliche Zivilisation bekämpft.

Der Rückgriff auf die »unverfälschte Natur« wirkt in Kreisen der ökologischen Fundamentalisten wie ein Religionsersatz, der Affinitäten zur »New Age«-Bewegung zu erkennen gibt und Radikallösungen fordert, wo ein schrittweises Vorgehen angebracht ist. Vor allem in der bundesdeutschen Umweltbewegung, die aus der 68er Studentenbewegung entstanden ist und in den 1970er Jahren aktiv wurde, hat der Öko-Fundamentalismus zeitweise eine starke Resonanz gefunden.

Besonders nach der Gründung einer eigenen politischen Partei *Die Grünen* im Jahre 1983 setzten die »Fundis« das imperative → Mandat durch. Ihre Delegierten und Abgeordneten in Kommunal- und Länderparlamenten sollten nicht mehr ihrem »eigenen Gewissen« unterworfen sein, wie es das Bonner Grundgesetz fordert (Art. 38), sondern nur den Willen der Parteibasis vertreten.

Neben diesen und anderen Organisationsformen »basisdemokratischer« Natur kennzeichnete den fundamentalistischen Flügel die Ideologie des *Ausstiegs* aus allen umweltgefährdenden Techniken, ohne jedoch konkrete und realisierbare Alternativen anzubieten. Das versuchen ihre Gegner in den eigenen Reihen, die »Realos« genannt werden, weil sie an einer »realistischen« Umweltpolitik arbeiten, die systemverträglich ist und Radikalreformen auf lange Sicht verfolgt: Ein Kurs, den vor allem der hessische Umweltminister Joschka Fischer eingeschlagen hat und der zunehmend parlamentarische wie praktische Erfolge zeitigt.

Auch der Konflikt innerhalb der Grünen zeigt, daß die Krisen der Moderne nicht durch Gesundbeten und Heilserwartungslehren bewältigt werden, sondern nur durch konstruktive Kritik an offensichtlichen Fehlentwicklungen.

»Götze des Blutes«

Eine besondere Variante des Fundamentalismus propagiert die *Neue Rechte* vor allem in Frankreich um den Aristokraten de Benoist. In ihrer »Weltanschauung« lehnt sie zwar nicht die Existenzberechtigung anderer Rassen ab (→ Rassismus), ihre Vertreter wehren sich jedoch gegen die Schaffung »multikultureller Gesellschaften«.

In dieser Abwehr kommt das Ressentiment gegenüber jedem Pluralismus zum Vorschein, das am Ende auf eine ursprüngliche »Reinheit« zielt und deshalb auch die Möglichkeiten von Rassenmischungen bekämpft, ähnlich der fundamentalistischen Bewegung »White Power« in den USA.

Die eigentümliche Mischung aus Biologismus und Aristokratismus »vergöttlicht« die Rolle des → Blutes als absolut gesetzten Ursprung, der über den Wert eines Menschen und seiner »Rasse« entscheiden soll. Für diesen »Götzen des Blutes« (Alexander, 1937) kann es keine Kommutation geben, die »ohne Ansehen der Person« oder Herkunft individuelle Menschenrechte anerkennt – die Grundvoraussetzung für eine parlamentarische Demokratie.

Fazit:

Der Fundamentalismus in all seinen Varianten ist von einer unverkennbar totalitären Tendenz abhängig, die alles negiert, was seit der → Reformation, → Aufklärung und → Revolution zur Sicherung und Entfaltung des Individuums erreicht worden ist.

Der Fundamentalismus ist ein Phänomen der Krise. Seine Anhänger versuchen, gegen vorherrschende Unsicherheiten, Sinnverluste oder Daseins- und Zukunftsängste ganz bestimmte »Glaubensgewißheiten« zu setzen. Dabei dulden sie weder Widerspruch noch Kritik, erwarten den blinden → Gehorsam als bedingungslose Loyalität gegenüber selbsternannten »Führern« oder einer allwissenden Obrigkeit und verweigern jedes Kontrollgebot auf Gegenseitigkeit: Damit sind die Fundamentalisten jeglicher Spielart Gegner der politischen Kultur des Kompromisses und Vertrages.

Literatur

Alexander, Der Mythus Hitler, 1937 ✦ *Andrae*, Islamische Mystiker, 1960 ✦ *B. Tibi*, Vom Gottesreich zum Nationalstaat. Islam und panarabischer Nationalismus, 3. Aufl. 1991 ✦ *ders.*, Der Islam und das Problem der kulturellen Bewältigung sozialen »Wandels«, 3. Aufl. 1991 ✦ *ders.*, Die Krise des modernen Islam, 2. Aufl. 1991 ✦ *ders.*, ›Ausländer – die Juden von heute? Fremdenfeindlicher Rechtsextremismus und der Fundamentalismus der anderen‹, in: Der neue alte Rechtsextremismus, 1993 (Hrsg. U. Wank) ✦ *de Benoist*, Aus rechter Sicht. Eine kritische Anthologie zeitgenössischer Ideen, 2 Bde., dt. 1983-84 ✦ *ders.*, Die entscheidenden Jahre. Zur Erkennung des Hauptfeindes, dt. 1982 ✦ *ders.*, Heide sein zu einem neuen Anfang. Die europäische Glaubensalternative, dt. 1982 ✦ *Birnstein* (Hrsg.), Gottes einzige Antwort. Christlicher Fundamentalismus als Herausforderung an Kirche und Gesellschaft, 1992 ✦ *Brun* (Hrsg.), Der grüne Protest. Herausforderung durch die Umweltparteien, 1978 ✦ *Bürklin*, Grüne Politik, 1984 ✦ *Cahen*, Der Islam I, FWG 14, 1968 ✦ *Gatter*, Die Aufsteiger. Ein politisches Portrait der Grünen, 1987 ✦ *Habermas*, Der philosophische Diskurs der Moderne, 1985 ✦ *Hellfeld* (Hrsg.), Dem Haß keine Chance. Der neue rechte Fundamentalismus, 1989 ✦ *Hottinger*, Islamischer Fundamentalismus, 1992 ✦ *Hunke*, Allahs Sonne über dem Abendland, 1965 ✦ *Ismayr*, ›Die Grünen im Bundestag. Parlamentarisierung und Basisanbindung‹, in: Zeitschrift für Parlamentsfragen 3, 1985 ✦ *Jäggi/Krieger*, Fundamentalismus. Ein Phänomen der Gegenwart, 1992 ✦ *Kellerhals*, Der Islam. Geschichte, Lehre, Wesen, 1978 ✦ *Kepel*, Die Rache Gottes. Radikale Moslems, Christen und Juden auf dem Vormarsch, 1992 ✦ *Kraushaar* (Hrsg.), Was wollen die Grünen?, 1982 ✦ *Leggewie*, Alhambra – der Islam im Westen, 1992 ✦ *Lukaćs*, Die Zerstörung der Vernunft, 1992 ✦ *Macdonald*, Development of Muslim Theology, Jurisprudence and constitutional Theory, 1903 ✦ *Maren-Griesebach*, Die Philosophie der Grünen, 1982 ✦ *Th. Meyer*, Fundamentalismus. Aufstand gegen die Moderne, 1989 ✦ *Pfürtner*, Fundamentalismus. Die Flucht ins Radikale, 1992 ✦ *G. Schmid*, Im Dschungel der neuen Religiosität. Esoterik, östliche Mystik, Sekten, Islam, Fundamentalismus, Volkskirchen, 1992 ✦ *Schrüfer*, Die Grünen im Bundestag. Anspruch und Wirklichkeit, 1985 ✦ *Schulz-Vobach*, Mohammeds Erben. Der Fundamentalismus auf dem Weg zum Gottesstaat, 1992 ✦ *Taheri*, Morden für Allah. Terrorismus im Auftrag der Mullahs, 1992 ✦ *Werbick* (Hrsg.), Offenbarungsanspruch und die fundamentalistische Versuchung, 1992 ✦ *Zbinden*, Islam und Abendland, 1960.

Gehorsam

Eine → Ordnung ist nur dann legitim, wenn sie mit ihren Institutionen im Dienst der → Gerechtigkeit steht und dabei dem Menschen hilft, seine Grundrechte zu wahren, die ihm gleichzeitig auch Grundpflichten auferlegen. Ein solches System der Gegenseitigkeit und Drittwirkung benötigt Gebote und Verbote. Die Anerkennung dieser Ordnung setzt jedoch die Einsicht in lebensnotwendige → Abhängigkeiten voraus, ohne die es keinen Gehorsam geben kann.

Ähnlich der lateinischen Wortform »oboedientia« als »Gehorchen« bezieht sich der deutsche Begriff auf das »Horchen« und »Hören«; er bedeutet ursprünglich, daß einer mündlichen Anordnung meist des Erwachsenen und Rechtsfähigen Folge geleistet wird. Daraus ergibt sich das Verhältnis von *Befehl und Gehorsam* als Ausdruck einer Vertragslage: Der Unmündige gehorcht seinem Vormund in der Erwartung rechtmäßigen Handelns und eines späteren Prüfrechtes, das zu einem Widerruf führen kann (*ius retractus*).

Gerechter Gehorsam

Im Bewußtsein ihrer Treuhandschaft als »Hirten« des »Volkes Gottes« ließen die katholischen deutschen Bischöfe 1935 einen Hirtenbrief für alle Gläubigen verkünden, der gegen Terror und Unglauben im Dritten Reich protestierte. Darin heißt es: »Der christliche Glaube verkündet ein objektives, göttliches Sittengesetz, das in den zehn Geboten Gottes den kürzesten Ausdruck gefunden und dem Wechsel der Zeiten und der Willkür der Völker entrückt ist. Im vierten dieser zehn Gebote wird die Ehrfurcht vor der staatlichen Obrigkeit und der Gehorsam gegen ihre Gesetze gefordert. Wenn aber die Gesetze des Staates mit dem Naturrecht und den Geboten Gottes in Widerspruch geraten, gilt das Wort, für das die ersten Apostel sich geißeln und in den Kerker werfen ließen: ›Man muß Gott mehr gehorchen als den Menschen‹ (Apg. 5, 29)«.

In der Erregung über das brutale Vorgehen des »neuen Heidentums« der Nationalsozialisten sind den Bischöfen freilich zwei nicht unbedeutende Fehler unterlaufen. Der kürzeste Ausdruck des »göttlichen Rechtes« findet sich in der → Goldenen Regel der Bergpredigt und des Neuen Testamentes, das für die christlichen Kirchen maßgebend ist. Außerdem regelt das Vierte Gebot nur die Abhängigkeiten zwischen Eltern und Kindern als unabdingbare Treuhandschaft. Der Gehorsam gegenüber »Gott« und »Kaiser« wird im Römerbrief 13 vom Apostel Paulus angemahnt, in dem es heißt, daß »alle Obrigkeit von Gott« sei.

Es ist gut möglich, daß die Bischöfe in ihrer Not der Problematik dieser Machtlegitimation ausweichen wollten. Denn mit Hilfe dieser Formel konnten auch → Diktaturen gerechtfertigt werden. Das ist in der Zeit des → Absolutismus mehrfach geschehen und geht auf Traditionen des Luthertums zurück, das in diesem fundamentalen Bereich den »gerechten Gehorsam« nicht auf die vertragliche Gegenseitigkeit zwischen Obrigkeit und Untertanen beziehen wollte. Deshalb sagt Luther auch zur Sicherung seiner sächsischen Obrigkeit: Es »ist besser, daß die Tyrannen hundert Ungerechtigkeiten gegen das Volk verüben, als daß das Volk eine Ungerechtigkeit gegen die Tyrannen verübt«.

Deutsche Katholiken und Lutheraner hatten schon immer Probleme und Bedenken, das Gehorsamsgebot in Römer 13 mit einem vertraglichen Widerstandsrecht in Verbindung zu bringen, das auf den »Bund« zwischen Gott und → Volk verwies. Diese innerkirchliche Hemmung erklärt auch, warum es vielen Gläubingen im Dritten Reich oft schwerfiel, sich gegen die NS-Tyrannis zu wehren, zumal katholische Kirchenfürsten nicht immer die gebotene Zurückhaltung übten und der lutherische Reichsbischof Müller in Hitler gar einen »Wundermann Gottes« am Werke sah.

Wie stark auch außerhalb der Kirchen die Geschichte und Wirkung des »gerechten Gehorsams« als Recht zum Widerstand verdrängt worden war, zeigte sich in dieser Zeit vor allem im militärischen Bereich. Obgleich die Reichswehr auf die Weimarer Verfassung vereidigt war und auf den Schutz der Republik, der Demokratie und der Menschenrechte zu achten hatte, wurde in ihren Reihen das Gerechtigkeitsgebot bei »Befehl und Gehorsam« völlig mißachtet. In einer umfänglichen Schrift unter dem Titel »Führertum«, die zur Schulung der Offiziere diente, wurde stattdessen all das aus der Kriegsgeschichte herbeizitiert, was den Vorstellungen von einer unbedingten »Nibelungentreue« entsprach.

Gerade am Beispiel der berühmten *Kriegsartikel* von Gustav Adolf aus dem Jahre 1621 hätte gezeigt werden können, was der »gerechte

Gehorsam« in einem Rechts- und Verfassungsstaat zu leisten hat: Er fordert den begründeten Widerspruch des Untergebenen gegen Befehle von Übergeordneten, wenn sie sich »gegen des Reiches Bestes richten«.

Diese Tradition hatte auch Schwedens Generalstab längst verdrängt, als er 1939 zu Hitlers 50. Geburtstag dem Diktator eine Büste Karls XII. zum Geschenk machte, der als »Gott auf Erden« von jedem Untertan, Soldaten und Offizier gefordert hatte, was auch Hitler von der Wehrmacht verlangte und erhielt – »bedingungslosen Gehorsam«.

Blinder Gehorsam

Es ist ein Kennzeichen jeder → Diktatur, daß sie auf allen Ebenen ihrer Tätigkeit das Prinzip der Gegenseitigkeit unterbindet und dabei den »blinden Gehorsam« (*oboedientia caeca*) von all jenen erwartet, die einen »Befehl« erhalten.

Das Wesentliche an diesem »Führerprinzip« besteht darin, daß die Ausführung eines »Befehls« als *Hoheitsakt* angesehen wird, der keinen Widerspruch duldet und den Ausführenden als eine Art »blindes Werkzeug« des absoluten Machtwillens von jeder individuellen → Verantwortung gegenüber Dritten ausnimmt. Deshalb kann auch in solchen Militärs oder Beamten kaum ein *Unrechtsbewußtsein* entstehen, selbst wenn sie »Befehle« ausführen, denen unschuldige Menschen zum Opfer fallen.

Dieser Mechanismus der »bornierten Exaktheit« ohne Verantwortung gegenüber Dritten ist in der Geschichte oft erprobt worden. Am erfolgreichsten hat ihn Friedrich II. von Hohenzollern durchgesetzt. Schon seinem Vater Friedrich Wilhelm I. war jede Widerrede oder gar Widerstand von Untergebenen ein Greuel. Mit Stockschlägen, Invektiven, Kerker und Hinrichtungen (Fall Katte) pochte er auf *Subordination* als absolute Unterordnung, die nicht einmal das »Räsonieren« erlaubte, das kritische Nachdenken über die »Befehle« des höchsten Machthabers. In dieser Hinsicht war sein Nachfolger Friedrich II. zwar nachsichtiger und »aufgeklärt«, aber in der Praxis hatte zu gelten, was er 1752 im »Politischen Testament« festgelegt hatte: »Die Mannszucht führt im Heer blinden Gehorsam ein«.

Was immer auch über Friedrich II. beschönigend gesagt werden mag, findet in diesem Bereich die entscheidende Korrektur. Denn dieses System wirkte in vielerlei Hinsicht verheerend, weil es Offizieren und Soldaten die Eigenbestimmung und damit auch jedes Bewußtsein ihrer Verantwortung nahm. Selbst das »Murren eines Soldaten« galt schon als in höchstem Maße strafwürdig, und setzte er sich gar »mit dem Säbel zur Wehr«, dann wurde über ihn die »Todesstrafe verhängt«.

Das »Gnadenlose« dieses Systems wurde noch dadurch verstärkt, daß Friedrich II. den »Generalen und Obersten« nicht nur unbedingten Gehorsam abforderte, sondern ihnen auch »unbeschränkte Vollmacht über ihre Regimenter« zugestand, demnach ihre Untergebenen zu einer Art absolutem Eigentum degradierte.

Nimmt man noch hinzu, daß die Kirchen mittels Schulunterricht und Predigten in ähnlicher Weise den »blinden Gehorsam« lehrten – am ausgeprägtesten die Anhänger des Pietismus – dann erkennt man ein System der anhaltenden Kontrolle und des Indoktrinierens, das selbst von den Diktaturen der Moderne nicht übertroffen wurde.

Einzelne Fälle von *Ungehorsam* in der Hohenzollern-Geschichte von 1701 bis 1918 – wie jener des Grafen Yorck, der auf eigene Faust am 30.12.1812 die Konvention von Tauroggen mit dem zaristischen Rußland schloß – bestätigen als Ausnahmen die herrschende Regel, in der Armee wie in der Verwaltung »keinen Ungehorsam, keine Widerrede, keine Klagen« aufkommen zu lassen.

Wie sollte diese Mentalität der geistigen Enteignung, des martialischen Drills und der Unselbständigkeit dazu führen, aus »Kanonenfutter« vertragsbewußte Republikaner und verantwortungsorientierte Demokraten zu machen? Genau das erwarteten wohl die Revolutionäre von 1918, als sie im neuen Verfassungsstaat dem 100000-Mann-Heer der Reichswehr zustimmten und die Eidformel vorschrieben: »Ich schwöre Treue der Reichsverfassung und gelobe, daß ich als tapferer Soldat das Deutsche Reich und seine gesetzmäßigen Einrichtungen jederzeit schützen, dem Reichspräsidenten und meinen Vorgesetzten Gehorsam leisten will«.

Entgegen diesem Fahnen- und Verfassungseid entwickelte sich die Reichswehr aber nicht zu einer patriotischen und demokratischen Armee, sondern bildete einen »Staat im Staat«, der an seinen Hohenzollern-Traditionen hing und Friedrich II. verehrte – den Nationalsozialisten nicht unähnlich.

Diese beriefen sich selbst auf Wahlplakaten auf den »Alten Fritz«, sahen in ihm einen ersten Vertreter von »Preußentum und Sozialismus« (Oswald Spengler) und meinten damit letztlich dessen absolute Machtmaxime in Gestalt des »blinden Gehorsams«. Diese kam dann auch am 2. August 1934 wieder zur Anwendung, als die neue Wehrmacht ihre bedingungslose Loyalität zu bekunden hatte. »Ich schwöre bei Gott diesen heiligen Eid, daß ich dem Führer des Deutschen Reiches und Volkes, Adolf Hitler, dem Obersten Befehlshaber der Wehrmacht unbedingten Gehorsam leisten und als tapferer Soldat bereit sein will, jederzeit für diesen Eid mein Leben einzusetzen«.

Diese Eidesformel belegt nicht nur einen hohen Grad an Personalismus und Personenkult, sie schaltete gleichzeitig auch jede Möglichkeit der Widerrede und des Widerstandes aus. Mental und strukturell gesehen, knüpfte Hitler in seiner fast manischen Friedrich II.-Verehrung dort an, wo die Militärtradition der Hohenzollern am 9. November 1918 aufhörte: »Mit solch strenger Subordination erreicht man, daß eine ganze Armee von der Führung eines einzigen abhängt« (»Politisches Testament«, 1752).

Diese absolute, existentielle Abhängigkeit von Millionen Soldaten und ihrer Offiziere aller Dienstgrade machte es dem Widerstand von Stülpnagel bis Stauffenberg so schwer, das Unheil des Krieges abzuwenden. Die Verschwörung des 20. Juli 1944 war ganz darauf gerichtet, Hitler zu töten und damit die »eidliche« Bindung an ihn zu lösen. Das hieß auch, die kämpfende Wehrmacht von innen her zu »befreien«, um sie sofort wieder an ein neues Staatsoberhaupt als Oberbefehlshaber zu binden, das durch einen Staatsstreich in seine Position gekommen wäre, hätte das Widerstandsunternehmen »Walküre« den erhofften Erfolg gehabt.

Die Geschichte verlief anders. Dennoch bleibt die fundamentale Frage nach der Berechtigung des → Tyrannentötens und nach den ethischen Grenzen jedes Gehorsams. Richard von Weizsäcker, selbst wie sein Vater (Staatssekretär im Auswärtigen Amt) auf Hitler »eingeschworen«, äußerte einmal zur Klärung seiner und der anderen Deutschen Situation: »Wir waren 1939 wie die anderen Soldaten in anderen Ländern auch zum Gehorsam erzogen. Eine Erziehung zur Freiheit und zum demonstrativen Widerstand unter dem Schutz eines liberalen Verfassungsstaates gab es bei uns nicht.«

Zehn Jahre davor war allerdings ein Verfassungsstaat gegeben und die Reichswehr darauf vereidigt. Nur wollte die Führung dieser Armee nicht recht wahrhaben, daß ihr Verfassungseid der Ausdruck eines Vertrages war und jeder Soldat wie Offizier der Sicherung des Gemeinwohls verpflichtet blieb – als Lebenserhalter und Treuhänder der Menschenrechte.

Das bewußte Verdrängen der Wechselwirkung von Recht und Gehorsam mußte unter den Bedingungen des »blinden Gehorsams« zu einem Pflicht-Fetischismus führen, der von der Gegenseitigkeit des altteutschen Soldatensatzes vor der Zeit des Absolutismus nichts wissen wollte: »Treu Herr – treu Knecht«.

Probleme

Für einen »Staatsbürger in Uniform« (Graf Baudissin) darf es weder die »verdammte Pflicht« (Alexander Stahlberg) noch den »Kadavergehorsam« geben. Vielmehr hat sein Dienst dem verpflichtenden Recht zu gelten, das auch Widerstand im Sinne des Artikels 20 GG einschließt. Er hat der Verfassung mehr zu gehorchen als einem Vorgesetzten: Das ist der Sinn des »gerechten Gehorsams« in Militär und Verwaltung.

Wie schwer sich das Bundesverteidigungsministerium selbst in sozialliberalen Zeiten mit diesem Grundbefund politischer Kultur tat, zeigte es in einer »Gebrauchsanweisung für die Bundeswehr« von 1971. Darin wird zum Verhältnis von Befehl und Gehorsam nach Maßgabe des »Soldatengesetzes« (SG) eine bemerkenswerte Unterscheidung getroffen. Zwar wird dem Befehlenden auferlegt, daß sich seine Befehle »an die Regeln des Völkerrechts, der Gesetze und der Dienstvorschriften zu halten haben«. Wenn sein Befehl »die Menschenwürde eines Untergebenen verletzt«, dann braucht der Soldat ihn nicht auszuführen. Nimmt der Untergebene allerdings diese Verletzung nur »irrtümlich« an, »so riskiert er eine Bestrafung, wenn er ihn nicht ausführt«. Von einer Strafandrohung für den Befehlsgeber ist nicht die Rede – es fehlt also der unabdingbare Hinweis auf die Gegenseitigkeit.

Auf der anderen Seite »darf« ein Soldat einen Befehl nicht ausführen, sofern dadurch »ein Vergehen oder ein Verbrechen begangen« werden könnte. Wird der Befehl trotzdem ausgeführt, »so ist man neben dem Befehlenden mitverantwortlich, wenn man den kriminellen Inhalt des Befehls erkannt hat oder erkennen mußte« (§ 11 Abs. 2 SG, § 5 WStG).

In jedem Fall wird vom Soldaten ein hohes Maß an Unterscheidungsvermögen erwartet, das ohne Kenntnisse und gründliche Schulung in der Praxis kaum zu erwarten ist, zumal der Untergebene gesetzlich gehalten ist, einen Befehl »nach besten Kräften vollständig, gewissenhaft und unverzüglich auszuführen« (§ 11 SG).

Allein die Bestimmung »unverzüglich« kann den Untergebenen in eine Ausführungsnot bringen, für die in Militär- und Justizkreisen nach 1945 der Begriff *Befehlsnotstand* gefunden wurde: Im Krieg und im Kampf begangenes Unrecht konnte damit einer Strafverfolgung entzogen werden.

Die Prozesse gegen »Mauerschützen« der DDR vermitteln erneut, wie problematisch es für die Justiz zu sein scheint, nach rechtsstaatlichen Kriterien Tatbestände zu beurteilen, die im Zeichen des »blinden Gehorsams« und im Rahmen einer Diktatur geschaffen worden sind.

Auch hier muß in jedem Einzelfall festgestellt werden, ob es überhaupt eine Verantwortung des Untergebenen und Ausführenden gibt, wenn das Gegenseitigkeitsgebot ausgeschaltet ist – zu Gunsten eines Befehlsgebers als »Schreibtischtäter«, der wiederum seine → Verantwortung auf die Partei- und Staatsspitze schieben kann.

Was für den *zivilen Ungehorsam* in Verfassungsstaaten gilt, dessen Verfechter bestimmte Grundrechte über einfache Gesetze und Verwaltungsordnungen stellen, sollte auch hier Maßstab sein. Denn der »gerechte Gehorsam« gehört zu den Menschenrechten, während die Befehlsgeber oft aus Machtwillen, Eigennutz und Vernichtungswut »die Grundlagen von Recht, Anstand, Sittlichkeit und Ehrliebe, den Sinn für Menschlichkeit und Verantwortungsbewußtsein zerstört« haben (Carl Goerdeler, 1943).

Literatur

Adolph, Im Schatten des Galgens, 1954 ✦ *J. Beckmann* (Hrsg.), Kirchliches Jahrbuch für die Evangelische Kirche in Deutschland 1933-1944, 1948 ✦ *H. Benedict*, Revolution! Die Befreiung Osteuropas vom kommunistischen Absolutismus, 1990 (Sammelband) ✦ *H.J. Benedict*, Ziviler Ungehorsam als christliche Tugend, 1989 ✦ *Birkenmaier u.a.* (Hrsg.), Geist und Form religiösen Gehorsams heute, 1975 ✦ *Bonhoeffer*, Widerstand und Ergebung, 1951 ✦ *v. Borch*, Obrigkeit und Widerstand, 1954 ✦ *Boveri*, Der Verrat im 20. Jhd., 4 Bde., 1958ff. ✦ *Braubach*, Der Weg zum 20. Juli 1944. Ein Forschungsbericht, 1953 ✦ *v. Bredow*, Moderner Militarismus. Analyse und Kritik, 1983 ✦ *P. Brückner*, Zerstörung des Gehorsams. Aufsätze zur politischen Psychologie, 1983 ✦ *Bühler*, Erziehung zur Tradition – Erziehung zum Widerstand. Ernst Simon und die jüdische Erwachsenenbildung in Deutschland, 1986 ✦ *Cochenhausen* (Hrsg.), Führertum, 1929 ✦ *Dehn/E. Wolf*, Gottesrecht und Menschenrecht, 1954 ✦ *v. Dönhoff*, Den Freunden zum Gedächtnis, 1946 ✦ *Dufresne*, Treue, Gehorsam und Integrität, dt. 1986 ✦ *Th. Ebert*, Ziviler Ungehorsam. Von der APO zur Friedensbewegung, 1984 ✦ *Fleisch*, Ziviler Ungehorsam oder Gibt es ein Recht auf Widerstand im schweizerischen Rechtsstaat?, 1989 ✦ *E. Geißler*, Erziehung zur Verantwortung, 1978 ✦ *Glotz* (Hrsg.), Ziviler Ungehorsam im Rechtsstaat, 1983 ✦ *Haarbeck*, Keine Freiheit ohne Gehorsam. Sieben Abschnitte aus dem Galaterbrief, 1980 ✦ *Haensel*, Kants Lehre vom Widerstandsrecht, 1926, ND 1978 ✦ *Chr. Hagen*, Widerstand und ziviler Ungehorsam. Politische Philosophie und rechtliche Wertung, 1990, ✦ *H.W. Hagen*, Zwischen Eid und Befehl, Tatzeugen-Bericht von den Ereignissen am 20. Juli 1944, 2. Aufl. 1959 ✦ *K. Hahn*, Erziehung und die Krise der Demokratie. Reden, Aufsätze, Briefe eines politischen Pädagogen, 1986 ✦ *v.Hassell*, Verräter? Patrioten!, 1946 ✦ *Heindl*, Gehorsame Rebellen. Bürokratie und Beamte in Österreich 1780 bis 1848, 1991 ✦ *Hengesbach*, Ziviler Ungehorsam und Demokratie. Überlegungen am Beispiel der Ökologie-Bewegung, 1979 ✦ *Hermelink*, Kirche im Kampf, 1950 ✦ *Hessler* (Hrsg.), Militär – Gehorsam – Meinung. Dokumente zur Diskussion in der Bundeswehr, 1971 ✦ *Heyland*, Das Widerstandsrecht des Volkes gegen verfassungswidrige Ausübung der Staatsgewalt im neuen deutschen Verfassungsrecht, 1950 ✦ *Huemer/Schurz* (Hrsg.), Unterwerfung – Über den destruktiven Gehorsam, 1990 ✦ *R.D. Jordan*, Die Macht des gesprochenen Wortes, dt. 1989 ✦ *B. Koch*, Rechtsbegriff und Widerstandsrecht, 1985 ✦ *Kosthorst*, Die deutsche Opposition gegen Hitler zwischen Polen- und Frankreich-Feldzug, 1954 ✦ *H. Kraus*, Die im Braunschweiger Remerprozeß erstatteten moraltheologischen und historischen Gutachten nebst Urteil, 1953 ✦ *Künneth*, Die evangelisch-lutherische Theologie und das Widerstandsrecht, 1956 ✦ *O. Kuss*, Der Römerbrief. Großer Kommentar, 1978 ✦ *Laker*, Ziviler Ungehorsam. Geschichte – Begriff – Rechtfertigung, 1986 ✦ *Lauf-Immesberger*, Literatur, Schule und Nationalsozialismus. Zum Lektürekanon der höheren Schulen im Dritten Reich, 1987 ✦ *A. Leber*, Das Gewissen entscheidet. Berichte des deutschen Widerstandes in Lebensbildern, 1957 ✦ *Leo*, Preußen. Mit dem Stock lieben, 1993 ✦ *M. Luther*, Vorrede zum Römerbrief, 1990 ✦ *Markmann*, Der deutsche Widerstand gegen den Nationalsozialismus 1933-1945. Modelle für den Unterricht. Medien – Materialien – Dokumente, 1984 ✦ *B. Marquardt*, Der Totalitarismus – ein gescheitertes Herrschaftssystem, 1991 ✦ *F.W. Marquardt*, Die Juden im Römerbrief, 1971 ✦ *J.A. Möhler*, Commentar zum Brief an die Römer, 1845 ✦ *Neidert*, Die Rechtsphilosophie Schopenhauers und ihr Schweigen zum Widerstandsrecht, 1966 ✦ *Neuhäusler*, Kreuz und Hakenkreuz. Der Kampf des Nationalsozialismus gegen die katholische Kirche und der kirchliche Widerstand, 2 Teile, 1946 ✦ *Pribilla*, ›Der Eid nach der Lehre der katholischen Moraltheologie‹, in: Vollmacht des Gewissens, 1956 (Hrsg. H. Rinn) ✦ *G. Ritter*, Carl Goerdeler und die deutsche Widerstandsbewegung, 3. Aufl. 1956 ✦ *v. Schlabrendorff*, Offiziere gegen Hitler, 1959 ✦ *Scholder*, Die Kirchen und das Dritte Reich, 2 Bde., 1985-86 ✦ *ders.*, Die Kirchen zwischen Republik und Gewaltherrschaft. Gesammelte Aufsätze, 1991 ✦ *Stahlberg*, Die verdammte Pflicht. Erinnerungen 1932 bis 1945, 1987 ✦ *Strölin*, Verräter oder Patrioten?, 1952 ✦ *Stöhs* (Hrsg.), Ziviler Ungehorsam und rechtsstaatliche Demokratie, 1986, ✦ *van Trotzenburg* (Hrsg.), Militärpädagogik, 1989 ✦ *Vollmer*, Volksopposition im Polizeistaat. Gestapo- und Regierungsberichte 1934-1936, 1957 ✦ *Wolzendorff*, Staatsrecht und Naturrecht in der Lehre vom Widerstandsrecht gegen rechtswidrige Ausübung der Staatsgewalt, 1916, ND 1968 ✦ *Zeller*, Geist der Freiheit. Der 20. Juli 1944, 1957 ✦ *E. Zimmermann/Jacobsen* (Hrsg.), 20. Juli 1944, 3. Aufl. 1961 (Sammelband mit Dokumenten).

Gerechtigkeit

Obgleich in der politischen Praxis einer → Demokratie kaum ein Tag vergeht, an dem nicht »kindgerechte«, »marktgerechte«, »steuergerechte« oder »umweltgerechte« Verhältnisse eingefordert werden und verschiedene *Gerechtigkeitslücken* nach Abhilfe verlangen, sperren sich vor allem juristische Fachpublikationen, diesem Begriff und seinen Inhalten »gerecht« zu werden. So konnte noch Martin Kriele 1963 unter fälschlicher Berufung auf Gustav Radbruch von der Kritik am Naturrecht sagen: »Kriterien der Gerechtigkeit gibt es nicht«.

Gegenüber dieser seit dem → Absolutismus verbreiteten Ansicht hat es immer wieder begründete Einreden und Alternativen gegeben: Von der Juni-Verfassung in Frankreich aus dem Jahre 1793 über das »Kommunistische Manifest« von 1848 bis zum »System der Rechtsphilosophie« von 1882, das Adolf Lasson im Rückgriff auf die Antike erarbeitete – gegen die anti-ethischen Positionen der Machtstaatsverehrer. »Das Gerechte«, schreibt Lasson, »wie es das inhaltliche Prinzip des Rechtes bildet, ist zuerst und mit bleibenden Resultaten von Aristoteles analysiert worden; an ihn hat sich die ganze Begriffsentwicklung auch ferner anzuschließen« (→ Rechte).

Das ist Juristen, Historikern und Politologen oft schwergefallen, weil »Gerechtigkeit und Ungerechtigkeit mehrdeutige Begriffe sind« (Aristoteles) und die Einsicht des Theologen Reinhold Niebuhr meist verdrängt wurde: »Des Menschen Sinn für Gerechtigkeit macht Demokratie möglich, seine Neigung zur Ungerechtigkeit macht Demokratie nötig«.

Vergeltungsprinzip

Daß Gerechtigkeit im materiellen Zusammenleben der Menschen auch etwas mit »Rechnen« zu tun hat, wird sofort einsichtig, wenn es um Schadensersatz geht oder Regreßforderungen gestellt werden. Denn im außergerichtlichen »gütlichen Vergleich« zwischen Streitparteien wie auch bei einem ordentlichen Gerichtsurteil wird in der Regel durch die Zuteilung (*justitia distributiva*) einer angemessenen Geldsumme der Versuch unternommen, einen zählbaren Ausgleich (*justitia commutativa*) für einen Schaden zu bestimmen: Ein Verlust soll vergolten und damit Frieden gestiftet werden.

Ähnliche Verfahren zur Wiederherstellung einer gestörten Ordnung des → Gleichgewichts von Gewinn und Verlust oder von Mein und Dein kannten schon die Gerechtigkeitstraditionen des Ma'at-Denkens im Ägypten der Pharaonen, deren Herrschertitel oft »der Gerechte« bedeutete. Auch die Rechts- und Gerichtsordnung im Alten Testament als »Verfassung« der Israeliten hat diesen fundamentalen Bereich menschlicher → Ordnung geregelt und neben den Zehn Geboten Gottes (Dekalog) die Empfehlung vermittelt: »Auge um Auge, Zahn um Zahn«.

Diese Formel wird heute meist dann herbeizitiert, wenn von inhumanen Strafen der Scharia als dem Gesetzbuch des Islam die Rede ist, z.B. vom Verlust einer Hand bei erwiesenem Diebstahl (Eigentumsdelikte), Auspeitschungen, Steinigungen und selbst von der Todesstrafe, die auch gegen Abtrünnige (Apostaten) und Kritiker dieser Weltreligion verhängt werden kann (Fall Salman Rushdie oder Taslima Nasrin).

Die alttestamentarische Regel muß häufig auch dann der Legitimation dienen, wenn bei Terror- oder Kriegsaktionen im Sinne einer Blutrache »Vergeltungen« angedroht und durchgeführt werden. Allerdings handelt es sich dabei nur bedingt um einen »ausgleichenden« Akt der Gerechtigkeit: Denn mit »Vergeltungswaffen« soll nicht ein Schaden getilgt, sondern neu zugefügt werden.

Das Vergelten als »gerechtes Verhalten« hat aber nicht nur das »mosaische Recht« im Judentum oder die Rechtstraditionen des Islam weitgehend beeinflußt, sondern auch Bereiche des Römischen Rechts und selbst das Christentum – trotz des Gebotes der »Feindesliebe« im Neuen Testament.

Verhältnismäßigkeit

Lange vor dem berühmten Gleichnis Jesu von den Arbeitern im Weinberg, die für unterschiedliche Leistungen den »gleichen Lohn« erhielten und dieses Verfahren als »ungerecht« empfanden (Matth. 20, 1), war im antiken Abendland bekannt, daß »das Gerechte ein Proportionales ist«.

Mit dieser Definition gegen die Pythagoräer und auch Plato brachte Aristoteles im Buch V seiner »Nikomachischen Ethik« das Bedürfnis des Menschen nach Gerechtigkeit mit mathematischen Grundmodellen zusammen, deren »Logos« eine bestimmte Verhältnismäßigkeit garantieren sollte. Das Rationale oder Rechnerische wurde als etwas Proportionales oder Verhältnismäßiges zur Grundlage des Gerechten – geometrisch wie arithmetisch.

Die Grundüberlegung dabei war, daß Leistung und Lohn in einem ebenso »gerechten« Verhältnis stehen sollten wie Ware und Preis, um auf diese Weise das innere Gleichgewicht eines Haus- und Gemeinwesens so gestalten und erhalten zu können, wie es dem »guten Leben« mit seinem Friedensgebot entsprach.

Beispiele aus der Musik, Architektur oder Kunst gaben genügend Anschauungsunterricht zur Begründung einer Harmonielehre nach Maßgabe das »katà lógon« auch im privaten und öffentlichen Zusammenleben. Diese Fundamentalformel, der eine göttliche Qualität zugeschrieben wurde, übersetzten die Lateiner von Cicero bis zu Thomas von Aquin und Althusius mit »secundum rationem«. Sie meinten dabei ein »gerechtes« Verhalten *nach Proporz* in geometrischer (Distribution) oder arithmetischer Anlage (Kommutation), wenn es darum geht, ein zuträgliches Strafmaß für Rechts- oder Gesetzesbruch festzulegen sowie ein hinreichendes Richtmaß zu finden, um Belohnungen und Belastungen (Steuern) zu tarieren.

So heißt es wegweisend im Artikel 15 der Verfassung von 1793, die überwiegend der Mathematiker de Condorcet verfaßt hat: »Die Strafen müssen im Verhältnis zum Rechtsbruch stehen« – »les peines doivent être proportionées au délit«.

Das war nichts revolutionär Neues. Denn das Verfassungs-, Rechts- und Gerichtswesen vor 1789 hatte besonders in libertiär-ständischen Gemeinwesen stets dieser aristotelischen Forderung entsprochen und die »Verhältnismäßigkeit der Mittel« als Gestaltungsprinzip nach innen wie nach außen immer wieder zur Anwendung gebracht – im Bemühen um einen »optimus status« oder um ein »wohlproportioniertes Regiment«.

Das zuteilend Gerechte

Gäbe es eine Geschichte der Vergabe des »Bundesverdienstkreuzes« oder irgendeiner anderen Auszeichnung für individuelle Leistungen, dann wäre das Gleichnis von den Arbeitern im Weinberg zur Erläuterung des Verfahrens ebenso aufschlußreich wie die Auskünfte des Aristoteles.

Zur rationalen Begründung der Gerechtigkeit entwickelte er zwei Erscheinungsformen, von denen er die eine als das zuteilend oder distributiv Gerechte auffaßte. Sie kommt »bei der Verteilung von öffentlichen Anerkennungen, von Geld und sonstigen Werten« zur Anwendung, die den Bürgern eines geordneten Gemeinwesens zustehen. »Hier ist es nämlich möglich, daß der eine das gleiche wie der andere oder nicht das gleiche zugeteilt erhält.« Diese als Verdienst-Gerechtigkeit empfundene Form »muß nach einer bestimmten Angemessenheit in Erscheinung treten«, die von »den Mathematikern eine geometrische Proportion genannt wird«.

Die von Aristoteles bis Althusius, von Cicero bis Condorcet geforderte »Proportion und Gleichheit« zwischen Einzelbürgern und Ständen (*status*) zielte stets auf die gesellschaftliche Anerkennung der Individualleistung als Zeichen des Mannes- und Standeswertes – im Rahmen einer als »gerecht« empfundenen »Symmetrie des Besitzes«.

Aus diesem Grund sprach man auch im libertären Alteuropa von der »Proportion der Meriten« (Erik Oxenstierna) bei der Zuteilung von Lehnsgütern, Ämtern oder Ordensverleihungen (→ Ständewesen). Gleichzeitig wurde diese Gestaltungsmaxime aber auch als Abwehrformel eingesetzt, sobald es um die Forderung nach einer »progressiven Steuer« ging.

Darunter verstanden Marx und Engels im Kommunistischen Manifest eine geometrisch angelegte Besteuerung mit der Maßgabe, daß derjenige Bürger oder Stand, der ein hohes materielles Einkommen hat, »proportional« mehr leisten soll als jene Mitglieder der Gesellschaft, die weniger besitzen. Die heute noch gefürchtete »Steuerprogression« und die sogenannten »Proportionalzonen« in der Einkommensbesteuerung gehen auf das »geometrische Denken« seit Aristoteles zurück, das manchen Konflikt heraufbeschworen hat. Eine geometrisch geordnete Zuteilung von Belohnungen ließ sich vor allem der → Adel gerne gefallen, nicht aber eine Belastung nach dem gleichen Modell: Das galt als »ungerechte Bestrafung« der Leistung.

Als Lösung dieses Konflikts wurde deshalb auch die »egale Proportion« empfohlen, die arithmetisch ausgerichtet war und stets dann bemüht wurde, wenn Adel und »Reiche« (*potentes*) ihre »wohl-erworbenen Gerechtigkeiten« oder Privilegien vor angeblich ungebührlichen Einschränkungen schützen wollten.

Das ausgleichend Gerechte

Zur großen Tradition des Proportionalismus in der politischen Kultur Europas gehört auch die zweite Erscheinungsform des Gerechten, »welche dafür sorgt, daß die vertraglichen Beziehungen von Mensch zu Mensch rechtens sind«.

Aristoteles bezieht die innere Gestaltung dieses Verhaltensmodells auf die »arithmetische Proportion« als Ausdruck des Tauschprinzips, das »ohne Ansehen der Person« (Kommutationsprinzip) zur Anwendung kommt und auf individuelle oder persönliche Eigenschaften der Tauschpartner keine Rücksicht nimmt. Das gilt vor allem für die Lebens- und Tätigkeitsbereiche »Verkauf und Kauf, Zinsdarlehen und Bürgschaft, Leihe, Hinterlegung und Miete«.

Es ist unschwer einzusehen, daß nur diese Gerechtigkeitsform es möglich gemacht hat, zwischen einem Kaiser oder König und rangniedrigeren Ständen Verträge zu schließen – unbesehen ihres sonstigen qualitativen Rangs. Ziel und Zweck war dabei, zwischen Obrigkeiten und Untertanen einen Ausgleich herzustellen, damit jeder »das Seinige« behält (Eigentumsgarantie an Person und Vermögen) und zur Sicherung des Gemeinwohls das »Gleiche« beiträgt – sich demnach einer durchgehenden Anwendung der »egalen Proportion« beugt.

»Das Gleiche aber« – meist als Geld- oder Naturalbetrag für die Aufgaben der öffentlichen Hand – »ist die Mitte zwischen der größeren und der kleineren Linie nach Maßgabe der arithmetischen Proportion.« Es kommt also besonders in der Steuerpolitik entscheidend darauf an, die richtige Mitte zwischen »Arm und Reich« zu finden – einen rationalen oder rechnerisch einsetzbaren Schlüssel zur Herstellung von Steuergerechtigkeit.

Gerade an dieser Kunst sind schon viele Macht- und Regierungssysteme gescheitert. So hatte sich der Genfer Bankier Jacques Necker (1732-1804) bis 1781 bemüht, die zerrütteten Staatsfinanzen Frankreichs dadurch zu ordnen, daß er eine »proportionierte« und »gerechte Steuer« für alle Stände durchsetzen wollte – auch für den Adel, der durch das kumulierende System des »zuteilend Gerechten« mehr als verwöhnt war (Pensionen, Sinekuren, Vorrechte ohne große oder »gerechte« Leistungen).

Erst die → Revolution von 1789 und ihre folgenden Verfassungen erzwangen dann eine Kommutation gegenüber Adel und Klerus, die zu deren weitgehender Enteignung führte und den Verkauf von »Nationalgütern« ermöglichte – ohne Ansehen der Personen aus anderen Ständen.

Es bedurfte der Revolution von 1918, um in einigen Ländern Europas das ausgleichend Gerechte auch im demokratischen Wahlsystem durchzusetzen. Das aber konnte nur gelingen, weil auf das materielle Steueraufkommen als Berechtigungsgrundlage (Zensus-Wahlrecht) verzichtet wurde. Erst dieses kommutative Verhalten schuf schließlich auch die Voraussetzung dafür, daß die erwachsenen Frauen das »gleiche« Wahlrecht erhielten wie die Männer (→ Frauenstatus).

Zieht man weiter in Betracht, daß es in demokratischen Gemeinwesen nach Maßgabe der »arithmetischen« oder quantitativ ausgerichteten Proportion eine Reihe von »Ausgleichsmaßnahmen« gibt (Lasten-Ausgleich,

Familien-Ausgleich, Renten-Ausgleich, Berufsschadens-Ausgleich, Länder-Finanzausgleich), dann hat sich die politische Wirklichkeit nicht wenig jener Vision angenähert, die August Bebel und Wilhelm Liebknecht 1872 vor dem Dresdener Arbeiterbildungsverein entwickelt haben: die Errichtung des »aristotelischen Kulturstaates« nach Maßgabe des Proportionalismus.

Problematik

Als die September-Verfassung von 1791 dem König Ludwig XVI. das Recht einräumte, Frankreichs Wehrbereitschaft im Hinblick auf die Nachbarstaaten zu »proportionieren«, da setzte diese Forderung etwas Wesentliches voraus – die genaue Kenntnis der Rüstung möglicher Kriegsgegner.

Gut hundert Jahre später sollte es gelingen, die Sollstärke der Flotte Großbritanniens mit jener des Deutschen Reiches so zu »proportionieren«, daß das Verhältnis »3:1« zugunsten des Inselreiches ausfiel. Auch in diesem Fall verlangte die Forderung nach einem »gerechten Gleichgewicht« zwischen beiden Mächten zumindest die Aufklärung über die quantitative Seite der Rüstung: Die jeweilige Kampf- und Kriegsqualität wurde dabei nicht berücksichtigt.

Wiederum hundert Jahre nach diesem Rüstungswettlauf, der 1914 in den Ersten Weltkrieg führte, zeigte sich, daß selbst das »Gleichgewicht des Schreckens« zwischen den Atommächten in den Abrüstungsverhandlungen überwiegend in arithmetischer Weise »proportioniert« werden mußte: Es wurde die Anzahl der atomaren Sprengköpfe berücksichtigt und nicht ihre qualitative Vernichtungskraft, die geheim blieb.

In all diesen Fällen wurde wie bei einer demokratisch strukturierten Verhältniswahl das quantitative Moment der Gleichheit in den Vordergrund gestellt, als sei nur die Kommutation der Inbegriff des Gerechten.

Die Demokraten vornehmlich des »linken Lagers« haben sich auf diese Art der ethisch wirkenden Arithmetik oft versteift, während sich Aristokraten und Politiker des »rechten Lagers« gegen die kommutative »Gleichmacherei« auf die Geometrie beriefen. Gelingt es aber Bürgern und Politikern aller Lager, das zuteilend und das ausgleichend Gerechte zu verbinden, dann entsteht das, was Bodin 1576 eine »proportion harmonique« genannt hat – die wesentliche Voraussetzung für das Gedeihen einer gerechten Gesellschaft.

Verstehen es allerdings Politiker nicht, die Distribution und Kommutation dauernd zu tarieren, dann kann das Proporzdenken zu einem nur noch mechanisch gehandhabten Selbstzweck werden und das politische Leben eher lähmen, als es gerecht zu gestalten. Die Erfahrungen mit der Proporz-Demokratie in der Republik Österreich nach 1945, mit dem Proporz-Verhalten im bundesdeutschen Gremienwesen (Rundfunkräte, Quotenregelungen) und selbst mit dem »Proportionalismus« im fast konfiskatorischen Steuersystem der parlamentarischen Monarchien Skandinaviens belegen neben vielen anderen Beispielen aus Geschichte und Gegenwart, daß ein Regieren »nach Proportion« noch lange nicht alle wirtschaftlichen und gesellschaftlichen Probleme löst. Aber ohne dieses doppelt wirkende Steuerungsinstrument hätte die materielle und politische Kultur des → Abendlandes kaum bestehen können.

Literatur

Ammeus, Regiert Zufall oder Gerechtigkeit unser Leben?, dt. 4. Aufl. 1989 ✦ *v. Aquin*, Recht und Gerechtigkeit. Theologische Summe, Bd. 18 der dt. Thomasausgabe, 1987 ✦ *Aristoteles*, Nikomachische Ethik, dt. 1983 (F. Dirlmeier) ✦ *Assmann*, Ma'at. Gerechtigkeit und Unsterblichkeit im Alten Ägypten, 1990 ✦ *ders.*, Der König als Sonnenpriester, 1971 ✦ *U. Beer*, Demokratie – von Autorität bis Zivilcourage, 1979 ✦ *Behrendt*, Christologie der Gerechtigkeit. Eine gesamtbiblische Theologie für rechtstaatliche Ordnung, 2. Aufl. 1987 ✦ *Bielefeldt*, Neuzeitliches Freiheitsrecht und politische Gerechtigkeit. Perspektiven der Gesellschaftsvertragsordnung, 1990 ✦ *Bottke/Rauscher*, Gerechtigkeit als Aufgabe. Interdisziplinäres Gespräch über ein zentrales Problem der Rechts-, Wirtschafts- und Sozialethik, 1990 (Festgabe für Heinz Lampert) ✦ *W. Buchholz*, Intergenerationelle Gerechtigkeit und erschöpfbare Ressourcen, 1984 ✦ *Caldera*, Internationale soziale Gerechtigkeit und lateinamerikanischer Nationalismus, 1980 ✦ *Deckers*, Gerechtigkeit und Recht. Eine historisch-kritische Untersuchung der Gerechtigkeitslehre des Francisco de Vitoria, 1991 ✦ *G. Degenhardt*, Parlamentarismus in Europa, 1979 ✦ *J.J. Degenhardt*, Frieden – Gerechtigkeit – Bewahrung der Schöpfung, 1990 ✦ *v. Dickhuth-Harach*, Gerechtigkeit statt Formalismus. Die Rechtskraft in der nationalsozialistischen Privatrechtspraxis, 1986 ✦ *Dürer*, Von menschlicher Proportion (1528), 1980 ✦ *Engin-Deniz*, Vergleich des Utilitarismus mit der Theorie der Gerechtigkeit von

John Rawls, 1991 ✦ *Evers* (Hrsg.), Gerechtigkeit – aktuelle Dimensionen einer Grundkategorie. 7. Theologen-Juristen-Gespräch, 1989 ✦ *F. Fechner*, Politik und Postmoderne. Postmodernisierung als Demokratisierung?, 1990 ✦ *H.A. Fechner*, Über den Gerechtigkeitsbegriff des Aristoteles. Ein Beitrag zur Geschichte der alten Philosophie, 1855, ND 1987 ✦ *Finnis u.a.*, Recht auf Gerechtigkeit. Dokumentation eines Colloquiums, 1979 ✦ *E. Frank*, Plato und die sogenannten Pythagoreer, 1962 ✦ *v. Fritz*, Beiträge zu Aristoteles, 1984 ✦ *Gassmann*, Frieden in Gerechtigkeit durch Welteinheit, 1989 ✦ *Gauglhofer*, Analyse der Sitzverteilungsverfahren bei Proportionalwahlen, 1988 ✦ *Gigon*, Epikur. Von der Überwindung der Furcht, 1949 ✦ *Godechot*, Les Constitutions de la France depuis 1789, 1979 ✦ *Habermas*, Faktizität und Geltung, 1993 ✦ *Hamm-Brücher*, Gerechtigkeit erhöht ein Volk. Theodor Heuß und die deutsche Demokratie, 1984 ✦ *Hermann u.a.*, Der »Gerechte Preis«. Beiträge zur Diskussion um das »pretium iustum«, 1982 ✦ *Herwig*, Gleichbehandlung und Egalisierung als konkurrierende Modelle von Gerechtigkeit, 1984 ✦ *Höffe*, Gerechtigkeit als Tausch? Zum politischen Projekt der Moderne, 1991 ✦ *E. Hoffmann*, Platon, 1950 ✦ *Jørgensen*, Ethik und Gerechtigkeit. Zwei historisch-rechtstheoretische Vorlesungen, 1980 ✦ *A. Kaufmann*, Gustav Radbruch. Rechtsdenker, Philosoph, Sozialdemokrat, 1987 ✦ *Kelsen*, Die Illusion der Gerechtigkeit. Eine kritische Untersuchung der Sozialphilosophie Platons, 1985 ✦ *Kern/Müller* (Hrsg.), Gerechtigkeit, Diskurs oder Markt? Die neuen Ansätze in der Vertragstheorie, 1986 ✦ *Kim*, Die Gerechtigkeit und das Gute in Platons »Politeia«, 1984 ✦ *Kley*, John Rawls' Theorie der Gerechtigkeit. Eine Einführung, 1983 ✦ *ders.*, Vertragstheorien der Gerechtigkeit. Eine philosophische Kritik der Theorien von John Rawls, Robert Nozick und James Buchanan, 1989 ✦ *Kriele*, Kriterien der Gerechtigkeit. Zum Problem des rechtsphilosophischen und politischen Relativismus, 1963 ✦ *E. Küng*, Wirtschaft und Gerechtigkeit. Sozialethische Probleme im Lichte der Volkswirtschaftslehre, 1967 ✦ *Lasars*, Die klassisch-utilitaristische Begründung der Gerechtigkeit, 1982 ✦ *Lasson*, System der Rechtsphilosophie, 1882, ND 1967, ✦ *Laumann*, Die Gerechtigkeit der Götter in der Odyssee, bei Hesiod und bei den Lyrikern, 1988 ✦ *Lehmbruch*, Proporzdemokratie. Politisches System und politische Kultur in der Schweiz und in Österreich, 1967 ✦ *Lempp/Thaidigsmann*, Gottes Gerechtigkeit in der Dialektik der Aufklärung, 1990 ✦ *Lindberg*, Praemia et Poenae, 1992 ✦ *Mauz*, Die Gerechten und die Gerichteten, 1992 ✦ *Moltmann*, Gerechtigkeit schafft Zukunft. Friedenspolitik und Schöpfungsethik in einer bedrohten Welt, 1989 ✦ *Mommsen-Reindl*, Die Österreichische Proporzdemokratie und der Fall Habsburg, 1976 ✦ *Moraux*, A la Recherche de l'Aristote perdu. Le Dialogue »Sur le Justice«, 1957,✦ *Müller/Thiersch* (Hrsg.), Gerechtigkeit und Selbstverwirklichung. Moralprobleme im sozialpädagogischen Handeln, 1990 ✦ *Necker*, Oeuvres complètes, 1821, 1971 ✦ *Pieper*, Über die Gerechtigkeit, 4. Aufl. 1965 ✦ *Plato*, Sämtliche Werke, 3 Bde., dt. 1982 ✦ *G. Radbruch*, Rechtsphilosophie, 8. Aufl. 1973 ✦ *K. Radbruch*, Mathematik in den Geisteswissenschaften, 1989 ✦ *Rawls*, Eine Theorie der Gerechtigkeit, dt. 1979 ✦ *Robbers*, Gerechtigkeit als Rechtsprinzip. Über den Begriff der Gerechtigkeit in der Rechtsprechung des Bundesverfassungsgerichts, 1980 ✦ *Rümelin*, Rechtsgefühl und Gerechtigkeit, 2. Aufl. 1948 ✦ *Ruppert*, Der Leidende Gerechte und seine Feinde. Eine Wortfelduntersuchung, 1973 ✦ *Santini*, Gerechtigkeitsvorstellungen im Geschichtsunterricht. Eine Pilotstudie zur Vermittlung von Wertvorstellungen, 1979 ✦ *Schreyvogl*, Ausgewählte Schriften zur Staats- und Wirtschaftslehre des Thomas von Aquino, 1923 ✦ *W. Schulze*, Zahl - Proportion – Analogie. Eine Untersuchung zur Metaphysik und Wissenschaftshaltung des Nikolaus von Kues, 1978 ✦ *W. Sellert*, Recht und Gerechtigkeit in der Kunst, 1991 ✦ *Tammelo*, Theorie der Gerechtigkeit, 1977 ✦ *Wedemeyer* (Hrsg.), Pythagoras. Weisheitslehrer des Abendlandes, 3. Aufl. 1988 ✦ *A. Weigend*, Lohndynamik und Arbeismarktstruktur, 1982 ✦ *Welzel*, Wahrheit und Grenze des Naturrechts, 1963 ✦ *ders.*, Naturrecht und materiale Gerechtigkeit, 4. Aufl. 1962, ND 1990 ✦ *Wildermuth/Jäger*, Gerechtigkeit. Themen der Sozialethik, 1991.

Geschichte

Der religiös grundierten Ansicht des römischen Geschichtsschreibers Titus Livius (um 59 v. Chr.-17 n. Chr.), daß das Vergangene als Geschehenes (*res gestae*) und als Geschichte in mündlicher wie schriftlicher Überlieferung (*historia*) eine »Lehrmeisterin des Lebens« sei, steht am Ende des 20. Jahrhunderts vornehmlich im deutschen Bereich ein der → Ethik entfremdeter Geschichtspessimismus gegenüber.

Nach Weltkriegen, Massenvernichtungen und Völkermorden, angesichts von Bürger- und Regionalkriegen sowie fortschreitender Umweltzerstörungen scheint man »in der Geschichte nicht viel anderes wahrnehmen« zu können »als den mörderischen Prozeß, der immer war, beherrscht von Haß, Angst und Ausrottung, sinnlos und ohne Ziel...« (Joachim Fest).

In beiden Positionen drückt sich das Doppelwesen des Menschen aus, der über die »Fähigkeit zum Guten und Bösen« (Erich Fromm) verfügt. Ein angemessenes Verständnis von Geschichte ist jedoch aus dieser Spannung allein nicht ableitbar. Vielmehr erschließt sich jedes Geschehen in der Vergangenheit und Gegenwart als eine fundamentale Wechselwirkung von vier bestimmenden Kräften: Personen und Ereignisse als einmalige Faktoren sowie Strukturen und Mentalitäten als fortdauernde und wiederholbare Elemente.

»Männer machen Geschichte«

Dem anthropozentrischen Lebens- und Weltverständnis gemäß gehörte seit Homers Heldenepos »Ilias« die große Tat zu einem herausragenden Mann, der um ihretwillen in die Geschichte »einging« und dem Gedächtnis der Menschheit erhalten blieb.

Besondere Heldenlieder (Beowulf, Edda, Nibelungen, Kalevala), Annalen (Jahrbücher) und Chroniken haben an Fürstenhöfen dem Bedürfnis entsprochen, Großtaten der Mächtigen – besonders in Kriegen – zu »verewigen« und gleichzeitig ihre Herrschaft oder jene ihrer Nachkommen zu legitimieren (Genealogien). Nicht selten wurden in diese Formen der frühen Geschichtsschreibung auch Tugendspiegel aufgenommen, um anhand von Tat und »Untat«, Gebot und »Sünde«, Gewinn und Verlust ein Erziehungsziel zu erreichen (z. B. Walthari-Lied als Einübung christlicher Gerechtigkeit). Diese Tendenz verstärkte sich in den Zeiten des Christentums, als neben den Bibelberichten über Propheten, Könige oder Apostel verschiedene »Heiligen-Viten« aufkamen, in denen verdiente Kirchenmänner gelobt und als Vorbilder glorifiziert wurden.

Aus dieser ältesten Tradition der Historie (von gr. *historein* = erforschen, erzählen) leitet sich die moderne Biographistik her. Sie nimmt sich in der Regel eine Einzelperson vor, um aus deren Leben eine Episode, Periode, Ära, Epoche oder gar ein ganzes Zeitalter analytisch zu erhellen und erzählerisch zu gestalten. Dabei besteht immer die Gefahr der unkritischen »Verklärung« oder »Verdammung« aus politischen und ideologischen Gründen. Sie ist dort besonders groß, wo Despoten, Tyrannen und Diktatoren als »Tatmenschen« gefeiert werden und für ihre Rechtsbrüche und Gewalttaten auf Verständnis bei ihren Biographen treffen.

Das Wort »Männer machen Geschichte« (Heinrich von Treitschke) hat vor allem im Hinblick auf einige Machthaber im Hause Hohenzollern (der »Große Kurfürst«, »Friedrich der Große«, »Wilhelm der Große«) einem dynastisch ausgerichteten Personenkult gedient, der gleichzeitig als Legitimation von Herrschaft fungierte. Historikern als Machtverherrlichern genügte die »große Tat« als Nachweis der besonderen Geschichtsmächtigkeit und für das Wirken des »Weltgeistes« (Hegel).

Diese historistische Position trennte die Geschichtsschreibung von einer universell geltenden → Ethik und rechtfertigte Gewalttäter wie Caesar oder den General Wallenstein (1583-1634) allein durch die von ihnen geprägte Machtpräsenz. Aufgrund akademischer Konventionen wirkt diese Auffassung von Geschichte sehr stark nach, so daß selbst Golo Mann auf mehr als tausend Seiten Biographie über Wallenstein nicht aussprechen kann, was dieser in Wirklichkeit und zu Beginn seiner Laufbahn im Dienst des Hauses Habsburg war – ein eidbrüchiger und fahnenflüchtiger Raubmörder.

Nicht nur in diesem Fall zeigt sich, daß in der Geschichtsschreibung Macht und Moral nicht getrennt werden dürfen. Wer dies dennoch »im Namen der Wissenschaft« tut, weil deren angebliche »Wertfreiheit« (Max Weber) als höchste Norm gilt, der liefert letztlich eine Scheinobjektivität als Alibi für den mangelnden Mut, ein Verbrechen beim Namen zu nennen.

Geschichte als Ereignis

Die Feierlichkeiten zum 50. Jahrestag des »D-Day« am 6. Juni 1944 und damit zur Landung alliierter Truppen an der Küste der Normandie haben erneut bewußtgemacht, wie stark noch immer die antike Tradition ist, Geschichte neben Personen auf bedeutende Ereignisse zu reduzieren – besonders auf Kriegstaten.

Dieser Vorstellung von Herodot bis Huizinga gemäß erfaßt und behandelt die Geschichte ihren Stoff als Ereignis und verweist den Historiker an »Tatsachen«, wodurch das Einmalige, Unwiederholbare und Einzigartige in der Geschichte in den Vordergrund gerückt wird. Zweifellos kann es ohne Personen und ihre Taten wie Unterlassungen keine Geschichte als Geschehnis geben. Auch das Ereignis ist »historisch«, ob es nun vom Menschen allein verursacht worden ist oder durch Einflüsse der Natur: Erdbeben, Sturmfluten, Nebel in Entscheidungsschlachten, Wintereinbrüche bei Feldzügen, Wetterstürze, Krankheiten, Epidemien, überraschende Todesfälle.

Wird aber die Geschichtsschreibung darauf verkürzt, die Vergangenheit nur in Verbindung von »großem Individuum« und »großem Ereignis« zu sehen, dann muß sich Geschichte insgesamt auf den Werdegang der »großen Mächte« (Ranke) verengen. Dabei besteht die offenkundige Gefahr, all jene Menschen in der Analyse und Darstellung zu vergessen, die im Schatten der Mächtigen die Folgen von deren Politik zu erleiden hatten.

Als Reaktion auf diese »zünftige Verknöcherung« (Friedrich Meinecke) im Geist des Historismus seit Leopold von Ranke (1795-1886) ist im deutschen Bereich vor allem nach 1918 und nach 1945 eine Art Gegenbewegung entstanden, die sich vorwiegend der Sozialhistorie, Politologie und Soziologie zuwandte – weg von den »Lichtgestalten« und dem »Heroismus«, der das Leben jener verdunkelte, die nicht umjubelte Täter, sondern gedemütigte Opfer waren.

Doch auch diese aufstrebende Richtung in der akademischen Geschichtswissenschaft kam und kommt nicht umhin, selbst auf der untersten Ebene der → Gesellschaft im Auge zu behalten, daß »die Ereignisse und Persönlichkeiten der Geschichte ihrem Wesen nach ethische und ästhetische Betrachtungen einschließen« (Charles A. Beard).

Damit aber tun sich die meisten Vertreter der Personen-, Ereignis-, Rechts- und Sozialhistorie auch heute noch schwer, erscheint ihnen doch diese Interdependenz als »unwissenschaftlich« und damit als Angriff auf die angestrebte »Objektivität«.

Historismus

In der Abwehr aller Forderungen und Errungenschaften der → Revolutionen seit 1789 wurde fast gleichzeitig auf deutscher Seite eine Geschichtsdeutung aufgebaut, die jede Nähe zur Ethik vermeiden wollte. Sie fand vor allem in einem Satz Rankes ihren einflußreichen Schlußpunkt: »Jede Epoche ist unmittelbar zu Gott, und ihr Wert beruht gar nicht auf dem, was aus ihr hervorgeht, sondern in ihrer Existenz selbst, in ihrem eigenen Selbst«.

Ranke, der Bücher zur europäischen, römischen, deutschen und preußischen Geschichte verfaßte und 1865 geadelt wurde, bestätigte mit dieser Formel nichts anderes als die angebliche Gottunmittelbarkeit der dynastischen Diktatur im Hohenzollern-Staat (→ Gottesgnadentum). Für deren »historische« Legitimierung war die Ideologie des Historismus maßgeschneidert. Denn seine Vertreter konnten sich in Anlehnung an den deutschen Idealismus auf eine »Schöpfung aus Nichts« berufen und dabei all das für die Konstitution des »modernen Staates« ablehnen, was im »Systemprogramm« der Idealisten »elendes Menschenwerk« genannt wurde – vor allem ein universell geltendes → Recht, drittwirkende Herrschaftsverträge sowie eine Verfassung der Menschenrechte und der Gewaltenteilung.

Unter diesen Bedingungen bedeutet das »Historisieren« nichts anderes als die Anerkennung jeder geschichtswirksamen Selbstsetzung. Die Anrufung der Geschichte als höchste Legitimationsmacht genügt, um jeden »real existierenden« Machtapparat zu rechtfertigen, auch wenn er ein Unrechts-System errichtet und brutal durchsetzt. Die sogenannte »Historische Rechtsschule«, die Friedrich Carl von Savigny (1779-1861) begründet und von Berlin aus verbreitet hatte, bestärkte diese Haltung in ihrer Abkehr vom vertraglichen Naturrecht und der Hinwendung zum »Rechtspositivismus«, d. h. zu einer Lehre vom Vorrang »historischer« Machtsetzungen vor universeller Rechtsgeltung (→ Recht, → Universalismus).

In der unmittelbaren Verbindung von Historismus und Rechtspositivismus wurde an den Universitäten Hohenzollern-Preußens und nach 1871 im Deutschen Reich ein ideologisches Instrument geschaffen, das jede Alternative einer politischen Kultur nach Maßgabe von Vertragslagen abwehren konnte – als »westliche« Vorstellung, die nur den »deutschen Sonderweg« störte.

Geschichte als Struktur

Im Zeichen des Personalismus und Ereigniskultes (Geschichte als Kette von Schlachten oder Revolutionen) wurde vor allem dem Fetisch der »Einzigartigkeit« oder »Singularität« gehuldigt und Geschichte stets als »unwiederholbar Geschehenes« verstanden (Lothar Döhn, GuS 1992). Was aber nicht wiederholbar ist, das kann auch nicht als überzeitliche Norm gelten oder als Lehrbeispiel dienen. Diese Haltung der meisten Historisten erklärt nicht nur ihr weitgehendes Desinteresse an den Beziehungen von Macht und Moral, Recht und Ethik, sondern auch die Ignoranz gegenüber materiell bedingten Strukturen als wiederkehrenden Elementen der Geschichte.

So verstand es Otto Hintze, ein Großmeister des »Borussismus« (Überhöhung Hohenzollern-Preußens), neben Ethik, Gerechtigkeit und Recht auch die Ökonomie aus seiner Vorstellung von → Verfassung fast gänzlich auszuschließen. Bedenkt man, daß gleichzeitig der amerikanische Verfassungshistoriker Charles A. Beard (1874-1948) den entgegengesetzten Weg einschlug und zu einem scharfen Kritiker des Ranke-Historismus wurde, dann wird verständlich, warum ganze Generationen deutscher Akademiker besonderen Strukturbindungen der Geschichte ausgewichen sind, zumal diese vor allem von Sozialisten im Hinblick auf das Wirken des → Kapitalismus thematisiert und problematisiert wurden.

Allein die Tatsache, daß Rechtsbücher, Gesetzesvorschriften oder Verfassungen oft seit Jahrhunderten oder gar seit mehr als tausend Jahren Geltung besitzen, verweist auf die geschichtliche Bedeutung dieses Fundaments gesellschaftlichen wie staatlichen Lebens.

Nimmt man noch den Dekalog, die → Goldene Regel und die Gebote der Doppelten Gerechtigkeit hinzu, nach denen sich vornehmlich im christlichen → Abendland unzählige Menschen seit mehr als zweitausend Jahren gerichtet haben und auch heute noch ihr persönliches Leben gestalten, dann erweist sich die Beschränkung auf Personen und Ereignisse in der Historie als → Ideologie. Zu fragwürdigen Schlüssen gelangt man jedoch auch dann, wenn Strukturgeschichte so absolut gesetzt wird, daß Personen und Ereignisse zur Erklärung historischer Vorgänge oder politischer Systeme weitgehend ausgeblendet werden: So bei der Deutung des Faschismus und Nationalsozialismus als angebliche Folgen allein des Kapitalismus, ohne Mussolini und Hitler als Machthaber hinreichend zu beachten.

Mentalitäten

Im Zuge der modernen Strukturhistorie, die vor allem von der Annales-Schule (Frankreich) entwickelt und gefördert worden ist (Marc Bloch, Lucien Febvre, Fernand Braudel), wurde auch der prägende Einfluß von Mentalitäten zunehmend beachtet.

Obgleich sich »mentale« Einstellungen von Einzelmenschen, Gruppen, Ständen und ganzen Völkern auch innerhalb kurzer Zeit ändern können, so zeigt sich doch immer wieder, daß sie über Generationen fortwirken und die politischen, sozialen oder ökonomischen Verhaltensweisen bestimmen.

Die »Erbfeindschaft« zwischen Deutschen und Franzosen hat vor Napoleon Jahrhunderte hindurch kaum eine Rolle gespielt. Aber mit der militärischen Eroberung und Beendigung des Heiligen Reiches im Jahre 1806 entstand als Befreiungs-Ideologie ein »Feindbild«, das selbst nach dem Niederringen des »Erbkaisers« über verschiedene politische Systeme hinweg bis in die Weimarer Republik »gepflegt« wurde. Erst das »Freundschaftswerk« von 1963 hat der starren Haltung, im Nachbarn einen »Erbfeind« sehen zu müssen, die Grundlage entzogen.

Wie stark Mentalitäten als lange eingeübte Verhaltensweisen trotz radikal veränderter Rechts- und Wirtschaftsstrukturen nachwirken können, belegen auch bestimmte Reaktionen von Menschen, die seit Jahrzehnten an das Kommandosystem des »real existierenden Sozialismus« im ehemaligen Ostblock gewöhnt waren und die sich nun in einer komplexen Vertragsordnung zurechtfinden sollen. Das kann ähnlich lange dauern wie in den USA, wo noch hundert Jahre nach Abschaffung der Sklaverei eine überkommene »Sklaven-Mentalität« als Befehls- und Gehorsamsverhalten in den Süd-Staaten fortdauerte.

Diese und andere Beispiele zeigen, daß auch in den Mentalitäten vornehmlich »politischer Klassen« oder Führungsschichten (Militarismus und Patrimonialismus in Hohenzollern-Preußens Adel bis 1918) wiederholbare Konstanten der Geschichte gesehen werden müssen, die zusammen mit festgefügten Strukturen (→ Ordnung) ebenso geschichtswirksam werden können wie handelnde Personen und entscheidende Ereignisse.

Integral-Historie

Als Friedrich Meinecke (1862-1954), einer der wichtigsten Schüler Rankes, im Jahre 1928 der eigenen Historiker-Zunft die Gefahr einer »subjektivistischen Verwilderung« ausmalte und die »Wertfreiheit« des Positivismus anprangerte, blieb er bei einer »Ideengeschichte« stehen. Allerdings war ihm bewußt, daß die bisherige Ausgrenzung von »Unterscheiden, Wählen und Richten« nicht zum besseren Verständnis der Geschichte führte, sondern zur bornierten Faktenhuberei eines »ledernen Handwerks«. Deshalb plädierte er dafür, in der Geschichtsschreibung als Historie »Kausalitätenforschung« und »Kulturwerte« wieder aufeinander zu beziehen: »Keine Kausalitäten ohne Werte, keine Werte ohne Kausalitäten«.

Die zahlreichen »Herzensmonarchisten und Vernunftrepublikaner« unter seinen Kollegen sind ihm allerdings nur in Einzelfällen gefolgt, zumal sie den liberalen Verfassungsstaat der Weimarer Republik in der preußischen und deutschen Geschichte kaum verorten konnten oder gar dem »nachbismarckischen Epigonentum« (Walter Frank) entkommen wollten.

Wird Meineckes Denkansatz ernstgenommen, dann kann sich daraus nur eine Integral-Historie gestalten, die Personen, Ereignisse, Strukturen und Mentalitäten nicht voneinander isoliert, sondern nach Maßgabe der verfügbaren Quellen integriert und dabei das Ausmaß ihrer Wechselwirkungen und → Abhängigkeiten erörtert.

Setzte sich dieses Modell einer integralen Gesamtschau durch, dann wären Denkblockaden wie beim »Historikerstreit« von 1986 kaum mehr möglich. Denn die Frage nach dem Verhältnis von Macht und Moral gilt für diese Art der Geschichtsschreibung als konstitutiv. Es muß dabei nicht ein künstlicher »Kausalnexus« aufgebaut werden (Nolte), um Verbrechen am eigenen Volk, zu dem nach Maßgabe der Weimarer Verfassung auch die Juden als deutsche Staatsbürger gehörten, durch Verbrechen anderer Machthaber zu »relativieren«, zu »historisieren« und letztlich gar unter Anrufung der »Geschichte« als höchster Instanz zu »exkulpieren«. Der Einzelmord Wallensteins am Obristen Khuen ist so verwerflich wie die Schreibtischtat Hitlers an Millionen Menschen, denen er das Lebensrecht genommen hat: Mord bleibt Mord, wo immer er auf Erden begangen wird und mit welcher Begründung auch immer. Nach allen Katastrophen dieses Jahrhunderts, zu denen auch die Verfechter der »puren Machthistorie« (Otto Brunner) und der Fortschritts-Ideologie (→ Sozialismus) beigetragen haben, ist es angesichts neuer Herausforderungen durch Kriege und Diktaturen an der Zeit, daß Historiker ihren Sachverstand und ihr Sprachvermögen zur Festigung von → Recht und → Freiheit einsetzen. Dann würde offenkundig, daß »der Wert der Geschichte kein wissenschaftlicher ist«. Ihr »wahrer Wert« besteht vielmehr darin, »den Geist des Menschen zu erziehen, indem sie ihn zwingt, über die Vergangenheit nachzudenken« (George M. Trevelyan, 1913).

Literatur

Abramowski, Das Geschichtsbild Max Webers. Universalgeschichte am Leitfaden des akzidentalen Rationalisierungsprozesses, 1966 ✦ *Alonso-Núnez* (Hrsg.), Geschichtsbild und Geschichtsdenken im Altertum, 1991 ✦ *Arnold* (Hrsg.), Entwicklung. Interdisziplinäre Aspekte zur Evolutionsfrage, 1989 ✦ *Barudio*, Gustav Adolf – der Große. Eine politische Biographie, 2. Aufl. 1982 ✦ *E. Bayer*, Wörterbuch zur Geschichte. Begriffe und Fachausdrücke, 4. Aufl. 1980 ✦ *Beard*, That Noble Dream, 1935, dt. in: Geschichte und Geschichtsschreibung, 1966 (Hrsg. F. Stern) ✦ *H. Beck*, Heldensage und Heldendichtung im Germanischen, 1988 ✦ *v. Below*, Die deutsche Geschichtsschreibung von den Befreiungskriegen bis zu unseren Tagen, 2. Aufl. 1924, ND 1973 ✦ *G. Berg*, Leopold von Ranke als akademischer Lehrer. Studien zu seinen Vorlesungen, 1968 ✦ *A. v. Brandt*, Das Werkzeug des Historikers, 10. Aufl. 1983 ✦ *O. Brunner*, Neue Wege der Verfassungs- und Sozialgeschichte, 3. Aufl. 1980 ✦ *O. Büsch* (Hrsg.), Otto Hintze und die moderne Geschichtswissenschaft. Ein Tagungsbericht, 1983 ✦ *Burck*, Die Erzählkunst des T. Livius, 2. Aufl. 1964 ✦ *C. J. Burckhardt*, Richelieu, 2. Aufl., 1988 ✦ *Cancik*, Grundzüge der hethitischen und alttestamentlichen Geschichtsschreibung, 1976 ✦ *K. Christ*, Römische Geschichte und deutsche Geschichtswissenschaft, 1982 ✦ *ders.*, Von Gibbon zu Rostovtzeff. Leben und Werk führender Althistoriker der Neuzeit, 3. Aufl. 1989 ✦ *Droysen*, Historik. Historisch-kritische Ausgabe, 1857-82, 1977 ✦ *Enderwitz*, Kritik der Geschichtswissenschaft, Neuaufl. 1988 ✦ *E. Engelberg*, Bismarck, 2 Bde., 1985, 1990 ✦ *ders.*, Theorie, Empirie und Methode in der Geschichtswissenschaft. Gesammelte Aufsätze, 1980 ✦ *Engel-Janosi*, Die Wahrheit der Geschichte. Versuche zur Geschichtsschreibung in der Neuzeit, 1973 ✦ *F. Fischer*, Bündnis der Eliten. Zur Kontinuität der Machtstrukturen in Deutschland 1871-1945, 2. Aufl. 1985 ✦ *Flach*, Einführung in die römische Geschichtsschreibung, 1985 ✦ *Fröba/Nitsche* (Hrsg.), Ein bißchen Radau. Arbeitslose machen Geschichte, 1983 ✦ *H. A. Gärtner*, Beobachtungen zu Bauelementen in der antiken Historiographie, besonders bei Livius und Caesar, 1975 ✦ *H. W. Goetz*, Das Geschichtsbild Ottos von Freising. Ein Beitrag zur historischen Vorstellungswelt und zur Geschichte des 12. Jhds., 1984 ✦ *Grant*, Klassiker der antiken Geschichtsschreibung, 1981 ✦ *Haussmann*, Erklären und Verstehen. Zur Theorie und Pragmatik der Geschichtswissenschaft. Mit einer Fallstudie über die Geschichtsschreibung zum deutschen Kaiserreich von 1871-1918, 1991 ✦ *Heil*, Das Problem der Erklärung in der Geschichtswissenschaft. Ein Beitrag zum Selbstverständnis und zur Objektivität der Geschichtswissenschaft, 1988 ✦ *Heit*, Bibliographie deutschsprachiger geschichtswissenschaftlicher Reihen nach Stücktiteln, 1990 ✦ *ders./Voltmer*, Bibliographie zur Geschichte des Mittelalters, 1992 ✦ *Heusi*, Die Krise des Historismus, 1932 ✦ *E. Hinrichs*, Ranke und die Geschichtstheologie der Goethezeit, 1954 ✦ *O. Hintze*, Soziologie und Geschichte. Gesammelte Abhandlungen zur Soziologie, Politik und Theorie der Geschichte, 3. Aufl. 1982 ✦ *Huizinga*, ›Die historische Idee‹, dt. in: Geschichte und Geschichtsschreibung, 1966 (Hrsg. F. Stern) ✦ *Jaeger/Rüsen*, Die Geschichte des Historismus, 1992 ✦ *Klingenstein* (Hrsg.), Biographie und Geschichtswissenschaft. Aufsätze zur Theorie und Praxis biographischer Arbeit, 1979 ✦ *Körner/Meyn* (Hrsg.), Geschichtswissenschaft in Studium und Schulpraxis, 1973 ✦ *Kohli/Robert* (Hrsg.), Biographie und soziale Wirklichkeit. Neue Beiträge und Forschungsperspektiven, 1984 ✦ *Kosiek*, Historikerstreit und Geschichtsrevision, 2. Aufl. 1988 ✦ *Küttler* (Hrsg.), Das geschichtswissenschaftliche Erbe von Karl Marx, 1983 ✦ *K. Lamprecht*, Ausgewählte Schriften zur Wirtschafts- und Kulturgeschichte und zur Theorie der Geschichtswissenschaft, 1974 ✦ *ders.*, Einführung in das historische Denken, 1912, ND 1971 ✦ *ders.*, Moderne Geschichtswissenschaft, 4. Aufl. 1979 ✦ *Lautmann*, Die Gleichheit der Geschlechter und die Wirklichkeit des Rechts, 1990 ✦ *ders.*, Der Zwang zur Tugend, 1984 ✦ *Liebeschütz*, Das Judentum im deutschen Geschichtsbild von Hegel bis Max Weber, 1967 ✦ *K. Löwith*, ›Die Dynamik der Geschichte und der Historismus‹, in: Eranos-Jahrbuch 1952 ✦ *G. Mann*, Wallenstein, 2 Bde., 1989 ✦ *Mannheim*, ›Historismus‹, in: Archiv für Sozialwissenschaft und Sozialpolitik, 1924 ✦ *Chr. Meier*, Caesar, 2. Aufl. 1982 ✦ *ders.*, Die Welt der Geschichte und die Provinz des Historikers. Drei Überlegungen, 1989 ✦ *Meinecke*, Die Entstehung des Historismus, 2 Bde., 1936 ✦ *ders.*, ›Kausalitäten und Werte in der Geschichte‹, 1928, in: Geschichte und Geschichtsschreibung, 1966 (Hrsg. F. Stern) ✦ *W. Metzger*, Gesellschaft, Recht und Staat in der Ethik des deutschen Idealismus. Mit einer Einleitung: Prolegomena zu einer Theorie und Geschichte der sozialen Werte, 1917, ND 1966 ✦ *Mirow*, Das alte Preußen im deutschen Geschichtsbild seit der Reichsgründung, 1981 ✦ *W. Mommsen* (Hrsg.), Leopold von Ranke und die moderne Geschichtswissenschaft, 1988 ✦ *Muhlack*, Geschichtswissenschaft im Humanismus und in der Aufklärung. Die Vorgeschichte des Historismus, 1991 ✦ *Neckel* (Hrsg.), Edda, 2 Bde., 1968/1983 ✦ *Nicolai*, Versuch über Herodots Geschichtsphilosophie, 1986 ✦ *Nietzsche*, Vom Nutzen und Nachteil der Historie für das Leben, in: Werke in zwei Bänden, 1967 (Hrsg. I. Frenzel) ✦ *Oelmüller/Becker* (Hrsg.), Politik und Moral. Entmoralisierung des Politischen, 1987, in: Ethik der Wissenschaften, 9 Bde., 1984-90 ✦ *Pätzold* (Hrsg.), Biographien zur deutschen Geschichte. Lexikon von den Anfängen bis 1945, 1990 ✦ *Perrot* (Hrsg.), Geschlecht und Geschichte. Ist eine weibliche Geschichtsschreibung möglich?, 1989 ✦ *Pfürtner u.a.*, Ethik in der europäischen Geschichte, 2 Bde., 1989 ✦ *E. R. Piper* (Hrsg.), Der Historikerstreit, 8. Aufl. 1991 (Dokumentation) ✦ *J. Ranke*, Marxismus und Historismus bei Antonio Gramsci, 1989 ✦ *L. v. Ranke*, Weltgeschichtliches Lesebuch, 1957 (Hrsg. F. Ernst) ✦ *Reese-Schäfer/Schuon*, Ethik und Politik. Diskursethik, Gerechtigkeitstheorie und politische Praxis, 1991 ✦ *J. M. Romein*, ›Theoretische Geschichte‹, dt. in: Schweizer Beiträge zur Allgemeinen Geschichte 3, 1948 ✦ *Rüsen*, Für eine erneuerte Historik. Studien zur Theorie der Geschichtswissenschaft, 1976 ✦ *ders.*, Grundzüge einer Historik, 3 Bde., 1983-89 ✦ *ders.*, Zeit und Sinn. Strategien historischen Denkens, 1990 ✦ *Schadewaldt*, Die Geschichtsschreibung des Thukydides, 2. Aufl. 1972 ✦ *ders.*, ›Die Anfänge der griechischen Geschichtsschreibung. Herodot, Thukydides‹, in: Tübinger Vorlesungen, Bd. 2, 1982 ✦ *Schnädelbach*, Philosophie in Deutschland 1831-1933, 1982 ✦ *Schochow*, Deutsch-jüdische Geschichtswissenschaft. Eine Geschichte ihrer Organisationsformen unter besonderer Berücksichtigung der Fachbibliographie, 1988 ✦ *G. Scholtz*, »Historismus« als spekulative Geschichtsphilosophie. Christlieb Julius Braniss (1792-1873), 1973 ✦ *Schornstheimer*, Helden, Mythen und die Linke, 2 Bde., 1986 ✦ *W. Schulze*, Deutsche Geschichtswissenschaft nach 1945, 1989 ✦ *v. See*, Edda, Saga, Skaldendichtung. Aufsätze zur skandinavischen Literatur des Mittelalters, 1981 ✦ *W. Ch. Simonow*, Aus der Sicht meiner Generation – Gedanken über Stalin, dt. 1990 ✦ *H. Stadelmann* (Hrsg.), Epochen der Heilsgeschichte, 1984 ✦ *F. Stern*, Geschichte und Geschichtsschreibung. Möglichkeiten, Aufgaben, Methoden. Texte von Voltaire bis zur Gegenwart, dt. 1966 ✦ *Trevelyan*, Klio ist eine Muse, 1913, dt. 1966 ✦ *Troeltsch*, Der Historismus und seine Probleme, 1922 ✦ *ders.*, Der Historismus und seine Überwindung, 1924.

Gesellschaft

Es zählt zu den besonderen Vorurteilen »der neueren Staatsrechtslehrer« seit Hegel (1770-1831) vornehmlich im deutschen Bereich, die »Schöpfung der bürgerlichen Gesellschaft« gehöre erst der »modernen Welt« an (»Philosophie des Rechts«, § 182, Zusatz).

Was Hegel hier behauptet, entspricht seinen Erfahrungen mit dem Hausstaat der dynastischen Diktaturen des → Absolutismus. Die Geschichte der Gesellschaft als »Societas civilis sive respublica« (bürgerliche Gesellschaft oder Staat) zur libertären Ständezeit vor den Deformationen durch die »Despoten« läßt er außer acht. Deshalb muß er auch zu der Behauptung gelangen, daß die Gesellschaft »den

Staat voraussetzt«, während die römische und alteuropäische Rechtsformel genau das Gegenteil verkündet: Die Gesellschaft der → Bürger ist die Bedingung des → Staates, der in ihren Diensten zu stehen hat und ihrem → Recht unterworfen bleibt.

Die damit verbundene Wechselwirkung auf der Grundlage gegenseitiger Verträge drückt schon der Begriff »Societas« aus. Er findet sich noch heute in der »Società«, »Société« oder »Society« und wird auf einen »Socius« bezogen, der als rechtsfähiger Vertragsgenosse gilt. Diese fundamentale Beziehung drückt sich auch im deutschen Advokatenwesen aus, wenn sich Anwälte zu einer »Sozietät« zusammenschließen.

Die Begrifflichkeit in den Traditionen des römischen Rechts wird auch erkennbar, wenn ein »Geselle« im Zunftwesen nach bestandenen Prüfungen seiner Berufs-Korporation beitreten darf, die wiederum ihrer Satzung gemäß eine Art »geschlossene Gesellschaft« bildet – demnach jeden und jede ausschließt, die nicht ihren Bedingungen entsprechen.

Diese strukturelle → Abhängigkeit gesellschaftlicher Gruppierungen muß bedacht werden, wenn das Verhältnis von Gesellschaft und Staat erörtert wird, soll der Grundbegriff selbst aus dem diffusen Gebrauch heraustreten, der sich vor allem im deutschen Sprachraum nach 1945 eingebürgert hat – als Kampfbegriff gegen den Staat und die »Gemeinschaft«.

Ständewesen

Geht man von dem säkularen Gesetzeswerk des athenischen Staatsmannes und inneren »Friedensstifters« Solon (etwa 640-560 v.Chr.) aus, dann existiert in Europa seit 594 der Versuch, zwischen bestimmten Besitz- und Berufsständen eine »gerechte Ordnung« herzustellen. Darauf haben sich Staatsmänner noch im 17. Jahrhundert berufen, denen aufgetragen war, ein »wohlproportioniertes Regiment« in einer ständisch strukturierten Gesellschaft einzurichten und dabei dem Gebot der *Arbeitsteilung* »gerecht« zu entsprechen.

Angesichts von Solons erfolgreichem Friedenswerk zwischen vier athenischen Ständen kann es nicht sonderlich überraschen, daß ein paar Generationen später der Athener Philosoph Plato (427-347 v.Chr.) in zahlreichen Schriften auf das überkommene Ständedenken zurückgriff. In seinem Buch »Politeia«, das von deutscher Seite mit »Staat« übersetzt wird, obgleich es »Gemeinwesen« bedeutet (als Wechselwirkung von Gesellschaft und Staat), gestaltete er in der Denktradition seines Lehrers Sokrates ein Gemeinschaftsmodell, das auf drei Hauptständen gründet: mit den »Philosophen« als Regierenden, den »Wächtern« als Schutzmacht und den »Ernährenden« als materiellen Erhaltern.

Dieses Muster entspricht seiner Vorstellung, daß Gott individuelle Fähigkeiten unterschiedlich verteilt, d.h. Menschen in einem Gemeinwesen abgestuft aufeinander bezieht. In seiner Überbetonung des Qualitativen und Distributiven, auch des hermetischen Abschlusses der drei Stände hat er jedoch schon zu Lebzeiten Kritik erfahren. Besonders sein Schüler Aristoteles, der noch im späten 19. Jahrhundert als »Lehrer des Menschengeschlechts« aufgefaßt wurde (August Bebel, Adolf Lasson), wollte das distributiv und qualitativ Gerechte durch das kommutativ und quantitativ Gerechte ergänzt sehen (→ Gerechtigkeit).

Im Geist der Doppelten Gerechtigkeit bedeutete die Gesellschaft (*koinonia*) eine vertragliche Gemeinschaft von Einzelbürgern (Individuen), die Besitz-, Geburts- und Berufsständen zugeordnet waren – nach Maßgabe der Gegenseitigkeit und der zugehörigen Drittwirkung (Gerichtswesen).

Waren die Beziehungen zwischen diesen Ständen optimal nach »Proportion und Gleichheit« geregelt, dann ergab sich daraus ein »bester Zustand« einer sich stets regulierenden Symmetrie innerhalb der Sozietät. Deshalb beriefen sich die Traktatverfasser des Mittelalters bis zu Jan Hus, Martin Luther oder Althusius auch stets darauf, die Verhältnisse zwischen »Lehrstand« (Philosophen und Gelehrte), »Wehrstand« (Militär) und »Nährstand« (Kaufleute, Handwerker, Bauern) so zu tarieren, daß jedem von ihnen »das Seinige« gesichert blieb.

Unter diesen Bedingungen hat sich die gesellschaftliche Struktur des → Abendlandes im Rahmen des Römischen Rechts und dann der Katholischen Kirche so stark »ständisch« entwickelt, daß es 1789 europaweites Aufsehen erregte, als sich die drei Generalstände Frankreichs (Klerus, Adel, Bürger) in ihrer korporativen Ordnung nach fast tausend Jahren auflösten und zur → »Nation« zusammenschlossen – als neuem »Körper«.

Das Aufheben des Zunftwesens als berufsständische Körperschaften während der Revolution schien nur konsequent zu sein, bis es 1901 wieder in neuen Organisationsformen zugelassen wurde. Man hatte im Paris der III. Republik nach hundert Jahren Experimenten eingesehen, daß auch das *Individuationsprinzip* als Gestaltungskraft einer »modernen Gesellschaft« bestimmter sozialer Ergänzungen bedurfte, um die innere Rechtssicherheit der sich ausdehnenden Industriegesellschaft zu erhöhen und bessere Kontrollen zu gewährleisten (Arbeitsschutz, Versicherungswesen, Beschäftigungspolitik).

Zieht man weiterhin in Betracht, daß es neben den Besitz- und Berufsständen eine Reihe anderer »gesellschaftlicher« Stände gab – wie der Ledigen-Stand, der Ehe-Stand (vor einem »Standesamt« als Vertrag geschlossen) oder der Witwen-Stand –, dann wird deutlich, daß bis 1918 mit dem Durchbruch der → Demokratie kein Gestaltungsprinzip so wirksam war wie das distributiv gerichtete Ständewesen.

»Offene Gesellschaft«

Das Aufbrechen des ziemlich hermetischen »Feudalsystems« mit seiner genau geregelten Ständestruktur gehörte 1789 zu den revolutionären Errungenschaften einer »Gesellschaft« (*société*), deren erwachsene und rechtsfähige Mitglieder einen »Gesellschaftsvertrag« (*contrat social*) abschlossen hatten und dabei alle öffentlichen Ämter als »Staat« in die drittwirkende Pflicht nahmen.

Schon aus diesem Grunde wurde die entstehende »offene Gesellschaft« von all jenen publizistisch und politisch bekämpft, die im absolutistischen → Staat der Dynastien mit ihren weitgehend entrechteten »Ständegesellschaften« das Endziel geschichtlicher Entwicklung sahen.

Es verwundert daher nicht, daß sich Napoleon 1804 als patrimonialer »Erbkaiser« kaum anders verhielt als die »absoluten Herren« in Europa und mit Hilfe einer »Meritokratie« die 1789 erkämpfte Offenheit der politischen Gesellschaft als Vertragsordnung beendete. Der »organische Senatsbeschluß« vom 18. Mai 1804 verfügte nicht nur »den ewigen Ausschluß der Frauen« von der »kaiserlichen« Erbfolge, sondern formierte in Anlehnung an das Heilige Römische Reich Teutscher Nation eine Körperschaftsstruktur der strengen »Exklusivität«, doch ohne dessen libertären Geist.

Der diktatorische Zentralismus in Frankreich hat in Maßnahmen Napoleons sein Fundament, die in vielen Bereichen bis heute nachwirken; so z.B. in der verbreiteten Ansicht, daß Politik und Wirtschaft weitgehend »Männersache« seien (→ Frauenstatus), sowie im Bestreben selbst demokratischer Politiker, aus der Gesellschaft eine Art »staatlicher Veranstaltung« zu machen – sie demnach gewissen Machtbedürfnissen zu unterwerfen.

Unter den Schlagworten »Familie, Arbeit, Vaterland« versuchte das faschistische Frankreich zur Zeit des Marschalls Philippe Pétain (1856-1951) zwischen 1940 und 1944, alle Erfolge einer liberalen Öffnung zurückzunehmen, wie sie die Volksfront-Regierung Léon Blums im Zeichen von 1789 begonnen hatte. Statt die Fundamentalrechte des Einzelmenschen zu stärken, wurde eine *Korporationslösung* angestrebt. Sie hatte starke Ähnlichkeiten mit dem »Corporativismo« im Italien Mussolinis und war gegen das Individualprinzip des → Liberalismus wie gegen das Kollektivprinzip des Bolschewismus (→ Sozialismus) gerichtet.

Tatsächlich handelte es sich um eine Verzerrung des libertären Ständegedankens, den auch der einflußreiche Othmar Spann mit seiner »Ständelehre« aus den 1920er Jahren mißverstand. Denn Individuum und Gesellschaft bleiben in einer vertraglichen Wechselwirkung stets aufeinander bezogen und erkennen ihre gegenseitige → Abhängigkeit zum Nutzen aller (Gemeinwohl).

Das trifft auch auf das Korporationswesen Alteuropas zu, das vor der Zeit des Absolutismus nach drittwirkenden Verträgen organisiert war. Diese Tradition nahmen vor allem die Gewerkschaften des »Arbeiterstandes« auf, weshalb man auch vornehmlich in England seit dem 19. Jahrhundert vom *Gilden-Sozialismus* spricht, d.h. einer Organisationsform nach Maßgabe der »Association« als Ausdruck korporativer Mutuation: Danach müssen heute noch alle demokratischen Parteien, Vereine und Interessengruppen strukturiert sein (→ Parteiwesen) – offen für jeden geeigneten Interessenten und offen in der Führung wie Rechnungslegung ihrer Haushalte.

Dagegen aber verstieß nicht nur das Korporationsmodell Mussolinis oder Pétains, sondern auch die »Idee der Gemeinschaft« bei Hitler und den Nationalsozialisten. Die Auskunft Otto Koellreutters von 1934, daß »die Anerkennung des Grundsatzes der *offenen* Verantwortlichkeit der Führer für den Führerstaat wesentlich ist«, entsprang reinem Wunschdenken. In Wirklichkeit wurde jede → Verantwortung nach Maßgabe von Verträgen radikal unterbunden. Das wahre Kennzeichen des »totalen Staates« war eben nicht die »totale Verantwortung«, sondern die »totale Inpflichtnahme jedes einzelnen für die Nation« (Ernst Forsthoff), wobei seine Grundrechte subjektiver Willkür unterlagen.

Die »offene Gesellschaft« des → Liberalismus mußte also nicht der korporativen Bindung entbehren, sofern das Prinzip des Rechtsschutzes und der Gegenseitigkeit gewährleistet blieb. Das meinte auch Karl Popper mit seiner Formel von der *Open Society* als »westlichem« Gegenentwurf zu obskuren Gemeinschafts-Modellen von Plato bis zum Nationalsozialismus. Er selbst ist wie der liberale Soziologe Ralf Dahrendorf in England für seine Verdienste um die »Freiheit« geadelt worden, wurde demnach Mitglied eines Adelsstandes, der sich als »closed-shop-society« empfindet.

Die Wechselwirkung von individueller und organisatorischer Offenheit bei gleichzeitiger Abgrenzung von anderen Korporationen wirkt auch im deutschen Bereich nach, wo Ärzte, Apotheker oder Anwälte »Standes-Vereinigungen« unterhalten und andere Berufsstände ähnlich den »Inns« in England besondere »Innungen« pflegen. Dabei legen sie jedes Mitglied auf einen vertraglich geregelten Verhaltenskodex fest, ohne dem Staat einseitig gefügig zu sein.

Die von Bundeskanzler Ludwig Erhard propagierte »Formierte Gesellschaft« oder auch Versuche des US-Präsidenten Lyndon B. Johnson, in den 1960er Jahren eine »Great Society« nach staatlichen Vorgaben zu gestalten, sind auch deshalb gescheitert, weil jedes öffentliche Amt aufgrund demokratischer Wahlen (in den USA viel stärker als in der Bundesrepublik Deutschland) von der Gesellschaft abhängig gehalten wird.

Der Grad dieser Abhängigkeit kann allerdings unterschiedlich ausfallen. Das zeigt sich vor allem im Verhältnis des einzelnen als Aktienbesitzer zur *Aktien-Gesellschaft*. In den USA oder England sind Rechtsstatus und Kompetenzen des Aktieninhabers als »Eigentümer« wesentlich besser gestaltet als in Deutschland oder in Schweden, wo selbst in diesem wirtschaftlichen Bereich absolutistische Verhaltensweisen nachwirken (Geheimniskrämerei, manipulierte Jahresbilanzen, Publikationsscheu, Mißbrauch von Insiderwissen, Schwächung des Treuhandgebotes im Management).

Eine echte Gesellschaft kann – in welcher Form auch immer – nur eine Vertragsgemeinschaft sein, die jedes Mitglied in seinen »unveräußerlichen« und »unverjährbaren« Grundrechten achtet. Das bedeutet auch die Anerkennung fundamentaler Wechselwirkungen und Abhängigkeiten. Überall dort, wo nach Autarkie, Monopolismus oder »Unabhängigmachung« (Hitler) gestrebt wird, muß das Vertragswesen einer Gesellschaft Schaden nehmen: Denn dieses besteht im »Verhandeln«, im Erreichen konstruktiver Kompromisse und in der Anerkennung einklagbarer Grundrechte – selbst gegen den Staat.

Eine »offene Gesellschaft« fordert Kontrollen, Verantwortung im Amt sowie eine Ausrichtung auf das Gemeinwohl (Steuerleistungen), ohne das Streben nach Eigennutz zu unterbinden. In diesem Sinne war auch die libertäre Stände-Gesellschaft eine »societas civilis« oder »bürgerliche Gesellschaft«, die erst durch die Diktaturen des → Absolutismus entpolitisiert und deformiert worden ist.

Ausblick

Im Zurückdrängen des Staates als politisch-soziale Gestaltungskraft wurde nach 1945 im Zeichen eines oft überbetonten *Soziologismus* von »der Gesellschaft« gesprochen, als sei sie allein für alle Übel, Mängel und Fehlentwicklungen »verantwortlich«.

Zuordnungen wie »kapitalistische« oder »sozialistische Gesellschaft« haben außerdem dazu geführt, die Polarisierung Staat – Gesellschaft auf → Ideologien zu verlagern, statt integrativ zu denken und im Staat nur eine Ordnungsmöglichkeit zu sehen, der sich eine Gesellschaft bedient, um »gerechte Verhältnisse« zu schaffen.

In Schweden, das in der ganzen Welt gegen »Kapitalisten« wie »Kommunisten« als Modell eines »Dritten Weges« aufgefaßt wurde, galt in der Reformpolitik vor und nach dem Zweiten Weltkrieg »die starke Gesellschaft« als Allheilmittel und Zukunftsvision zugleich. Damit aber war nichts anderes gemeint als die Tätigkeit des Reichstages, bei der Steuer-Gesetzgebung in Richtung »erhöhter Gleichheit« zwischen

Mann und Frau, Arbeiter und Akademiker, Unternehmer und Konsumenten zu wirken. Diese Interventionspolitik konnte auch im Zeichen der »Progression« gewisse Umverteilungen erzielen. Aber damit wurde weder die seit Jahrhunderten gefestigte Ständegesellschaft aufgelöst, noch wurde ein nachahmenswertes Muster geschaffen. Das Land hat sich bei den Sozialausgaben übernommen, und jenes Grundgesetz einer »gerechten Gesellschaft« über Jahrzehnte hin verletzt, das jetzt neu eingeübt werden muß: Man darf nur verteilen, was real erwirtschaftet worden ist und sozialverträglich gestaltet werden kann.

An diesem Fall allein zeigt sich, wohin »Industriegesellschaften« gelangen können, wenn ihre Politiker abstrakte Ziele verfolgen und dabei glauben, die reziproken Abhängigkeiten von Individuum und Gesellschaft übergehen zu dürfen.

Literatur

M. Adler, Das Rätsel der Gesellschaft. Zur erkenntniskritischen Grundlegung der Sozialwissenschaft, 1936, ND 1975 ✦ *Adorno*, Aufsätze zur Gesellschaftstheorie und Methodologie, 1973 ✦ *S. Aeppli*, Das beschränkte Wahlrecht im Übergang von der Stände- zur Staatsbürgergesellschaft, 1988 ✦ *G. Alföldy*, Die Rolle des Einzelnen in der Gesellschaft des Römischen Kaiserreiches. Erwartungen und Wertmaßstäbe, 1980 ✦ *H.J. Andel*, Die verkommene Gesellschaft, 1987 ✦ *N. Andel*, Subventionen als Instrument des finanzwirtschaftlichen Interventionismus, 1970 ✦ *Arnold*, Kind und Gesellschaft in Mittelalter und Renaissance, 1980 ✦ *Barié*, Die »mores maiorum« in einer vaterlosen Gesellschaft, 1973 ✦ *Barudio*, Das Wohlproportionierte Regiment, masch. 1973 (UB Frankfurt) ✦ *P. Baumgart* (Hrsg.), Ständetum und Staatsbildung in Brandenburg-Preußen, 1983 ✦ *U.A. Becher*, Politische Gesellschaft. Studien zur Genese bürgerlicher Öffentlichkeit in Deutschland, 1978 ✦ *Th. Beck*, Handwerk in Staat und Gesellschaft, 1987 ✦ *D. Bell*, Die nachindustrielle Gesellschaft, dt. 1985 ✦ *Beltle*, Die menschenwürdige Gesellschaft, 1974 ✦ *W. Benz*, Herrschaft und Gesellschaft im nationalsozialistischen Staat, 1990 ✦ *Bergmann/Schneider*, Gesellschaft – Staat – Geschichtsunterricht (1500-1980), 1982 ✦ *Billerbeck*, Korporatismus und gewerkschaftliche Interessenvertretung, 1982 ✦ *Biser u.a.*, Die Medien – das letzte Tabu der offenen Gesellschaft. Die Wirkung der Medien auf Politik und Kultur, 1986 ✦ *E.W. Böckenförde*, Staat, Gesellschaft, Freiheit. Studien zur Staatstheorie und zum Verfassungsrecht, 1976 ✦ *Borowsky u.a.* (Hrsg.), Gesellschaft und Geschichte. Bd. 1: Geschichte in Presse, Funk und Fernsehen, 1976 ✦ *G. Brunner*, Vergleichende Regierungslehre. Ein Studienbuch, 1979 ✦ *Comte*, Die Soziologie, dt. 2. Aufl. 1974 ✦ *Conrad* (Hrsg.), Gesellschaft, Technik und Risikopolitik, 1983 ✦ *Crone*, Die vorindustrielle Gesellschaft. Eine Strukturanalyse, 1992 ✦ *Dahrendorf*, Die Soziologie und der Soziologe. Zur Frage von Theorie und Praxis, 2. Aufl. 1970 ✦ *N.Z. Davis*, Frauen und Gesellschaft am Beginn der Neuzeit, dt. 1988 ✦ *Diarra*, Religion und frühbürgerliche Gesellschaft. Marx-Rezeption bei Max Weber und der Versuch eines Vergleichs, 1990 ✦ *P.F. Drucker*, Die postkapitalistische Gesellschaft, dt. 1993 ✦ *ders.*, The End of Economic Man, 1939 ✦ *ders.*, Concept of the Corporation, 1946, dt. 1966: Das Großunternehmen ✦ *v. Dülmen*, Religion und Gesellschaft. Beiträge zu einer Religionsgeschichte der Neuzeit, 1989 ✦ *Durkheim*, Erziehung, Moral und Gesellschaft, dt. 1984 ✦ *Ebner*, Gesellschaft, Wirtschaft, Kultur im Wandel der Zeit, 4 Bde., 1986-89 ✦ *Elias*, Die Gesellschaft der Individuen, 1991 ✦ *ders.*, Die höfische Gesellschaft. Untersuchungen zur Soziologie des Königtums und der höfischen Aristokratie, 1983 ✦ *Engeleiter*, Unternehmen und Gesellschaft, 1976 ✦ *Fehrenbach*, Traditionale Gesellschaft und revolutionäres Recht. Die Einführung des Code Napoleéon in den Rheinbundstaaten, 3. Aufl. 1983 ✦ *Forsthoff*, Der totale Staat, 1933 ✦ *Fritsch/Kozdon*, Erziehung in der »offenen Gesellschaft«. Fragen und Perspektiven, 1990 ✦ *E. Fromm*, Wege aus einer kranken Gesellschaft. Eine sozialpsychologische Untersuchung, 1991 ✦ *Galbraith*, Die moderne Industriegesellschaft, dt. 1986 ✦ *Gerhard*, Ständische Vertretungen in Europa im 17. und 18. Jhd., 2. Aufl. 1974 ✦ *Gerloff*, Geld und Gesellschaft, 1952 ✦ *Gershuny*, Die Ökonomie der nachindustriellen Gesellschaft. Produktion und Verbrauch von Dienstleistungen, dt. 1981 ✦ *Gerteis*, Monarchie oder Ständestaat? Der Böhmische Aufstand von 1618. Quellen und wissenschaftliche Diskussion, 1983 ✦ *Godechot*, Les Constitutions de la France depuis 1789, 1979 ✦ *Golücke*, Korporationen und Nationalsozialismus, 1989 ✦ *Greiffenhagen*, Christengemeinde und moderne Gesellschaft, 1968 ✦ *G. Grimm*, Der Nationalsozialismus. Programm und Verwirklichung, 1981 ✦ *H.W. Hahn*, Altständisches Bürgertum zwischen Beharrung und Wandel 1689-1870, 1991 ✦ *v. Hayek*, The Fatal Conceit, 1988 ✦ *Ph. Heck*, Beiträge zur Geschichte der Stände im Mittelalter, 2 Bde., 1900/05, ND 1964 ✦ *F.W. Henning*, Wirtschafts- und Sozialgeschichte Deutschlands, 3 Bde., 1985-89 ✦ *Hillebrand*, Geist und Gesellschaft im alten Europa, 1954 ✦ *D. Hoffmann*, Der Aufsichtsrat. Ein Handbuch für die Praxis, 2. Aufl. 1985 ✦ *Hofschen/Schwerd* (Hrsg.), Gesellschaft im Umbruch. Die Zukunft der Arbeit und der Arbeiterbewegung, 1988 ✦ *Jessewitsch*, Das »Ständebuch« des Jost Amman (1568), 1987 ✦ *W. Jung*, Grundbegriffe aus Politik, Gesellschaft und Wirtschaft, 1987 ✦ *Koellreutter*, Der Deutsche Führerstaat, 1934 ✦ *Koschut*, Strukturen der Verantwortung, 1989 ✦ *Kreckel* (Hrsg.), Soziale Ungleichheit, 1983 ✦ *Th. Kuhn*, The Structure of Scientific Revolutions, 1962 ✦ *Lingens*, Auf der Suche nach den verlorenen

Werten in Politik, Kultur, Moral und Gesellschaft. Kommentar zum Zustand von Nationen, 1986 ✦ *Löwen*, Der dritte Weg zur gerechten Gesellschaft, 1980 ✦ *Luhmann*, Die Wissenschaft der Gesellschaft, 1990 ✦ *Mácha*, Individuum und Gesellschaft. Zum Werdegang einer Freiheitsidee, 1993 ✦ *F.G. Maier*, Neque quies gentium sine armis: Krieg und Gesellschaft im Altertum, 1987 ✦ *H. Marcuse*, Ideen zu einer kritischen Theorie der Gesellschaft, 1976 ✦ *Nikles*, Jugendpolitik und Jugendpolitiker. Materialien einer Befragung von Bundestagsabgeordneten, 1975 ✦ *Pareto*, Traité de sociologie générale, 2 Bde., 1917, ND 1965 ✦ *Popitz*, Die normative Konstruktion von Gesellschaft, 1980 ✦ *Popper*, Die offene Gesellschaft und ihre Feinde, Bd. 1: Der Zauber Platos, 6. Aufl. 1980, Bd. 2: Falsche Propheten. Hegel, Marx und die Folgen, 6. Aufl. 1980 ✦ *Reheis*, Konkurrenz und Gleichgewicht als Fundamente von Gesellschaft, 1986 ✦ *Ritsert*, Gesellschaft. Einführung in den Grundbegriff der Soziologie, 1987 ✦ *K. Rothe*, Chancengleichheit, Leistungsprinzip und soziale Ungleichheit, 1981 ✦ *ders.*, Selbstsein und bürgerliche Gesellschaft. Hegels Theorie der konkreten Freiheit, 1976 ✦ *V. Rothe*, Werterziehung und Geschichtsdidaktik, 1987 ✦ *H. Sachs/J. Amman*, Eygentliche Beschreibung aller Stände auff Erden, 1568 (Faksimile) ✦ *Schäfers*, Gesellschaftlicher Wandel in Deutschland, 1990 ✦ *Schelsky*, Auf der Suche nach der Wirklichkeit, 1979 ✦ *G. Schmidt* (Hrsg.), Stände und Gesellschaft im Alten Reich, 1989 ✦ *W. Schulze* (Hrsg.), Ständische Gesellschaft und Soziale Mobilität, 1988 ✦ *ders.*, Soziologie und Geschichtswissenschaft. Einführung in die Probleme der Kooperation beider Wissenschaften, 1974 ✦ *C.P. Snow*, The Two Cultures and the Scientific Revolution, 1959 ✦ *Spann*, Gesamtausgabe, 21 Bde., 1963-74 ✦ *Starobinski*, Rousseaus Anklage der Gesellschaft, dt. 1977 ✦ *Tenbruck*, Geschichte und Gesellschaft, 1986 ✦ *Tönnies*, Gemeinschaft und Gesellschaft, 1979 ✦ *Touraine*, Die postindustrielle Gesellschaft, dt. 1972 ✦ *Tsatsos*, Der Staat als funktionelle Vereinigung von Gesellschaft und Recht, 1966 ✦ *Tuschling*, Die »offene« und die »abstrakte« Gesellschaft. Habermas und die Konzeption von Vergesellschaftung der klassisch-bürgerlichen Rechts- und Staatsphilosophie, 1978 ✦ *Valkhoff*, Recht, Mensch, Gesellschaft. Zur Transformation gesellschaftlicher Kräfte in Rechtsnormen, dt. 1972 ✦ *Verdross* (Hrsg.), Gesellschaft, Staat und Recht, 1931 (Festschrift Hans Kelsen), ND 1983 ✦ *Vierhaus*, Staaten und Stände, 1990 (Propyläen Studienausgabe) ✦ *Weede*, Wirtschaft, Staat und Gesellschaft. Zur Soziologie der kapitalistischen Marktwirtschaft in der Demokratie, 1990 ✦ *Wiemann/Kappelhoff*, Fragen der Ständeforschung am Beispiel der Ostfriesischen Landschaft, 1981 ✦ *Würsch*, Der Aktionär als Konkurrent der Gesellschaft, 1989 ✦ *Zihlmann*, Sinnfindung als Problem der industriellen Gesellschaft, 1980.

Gleichgewicht

Die jährlich wiederkehrende Debatte im Deutschen Bundestag über das »gesamtwirtschaftliche Gleichgewicht«, eine »konjunkturgerechte Haushaltswirtschaft« sowie über die Forderung des Grundgesetzes, den »Haushaltsplan in Einnahmen und Ausgaben auszugleichen« (Art. 109, 110) verdeutlicht, wie nachhaltig die Vorstellung wirkt, daß → Politik und Gemeinwesen auf ein stabilisierendes Gleichgewicht auszurichten sind.

In diesem Bestreben drückt sich ein Grundbedürfnis des Menschen nach innerer und äußerer Stimmigkeit oder Harmonie in seiner Lebens- und Arbeitswelt aus (→ Menschenbild). Bereits im pharaonischen Ägypten ist diese Harmonie von Himmel, Natur und Mensch von der *Ma'at-Lehre* so gedeutet worden, daß im Gleichklang von Himmel und Erde eine gerechte und glückliche Ordnung zwischen Göttern und Menschen entsteht.

Auch die Lebens- und Gesundheitslehre des griechischen Philosophen und Arztes Hippokrates (um 400 v. Chr.) geht von einem Gleichgewicht zwischen Körper, Geist und Seele aus. Seiner Ansicht nach ist dieses Gleichgewicht jedoch von der richtigen Mischung vorhandener »Körpersäfte« oder »Temperamente« abhängig und damit von bestimmten Gemütslagen, die sich dauernd ändern können. Die Herstellung eines Gleichgewichtes bedarf demnach auch der Mitarbeit jedes Menschen vor allem im Krankheitsfall als einer individuellen Störung der Harmonie.

Die heute noch geforderte Festlegung von Ärzten und Apothekern auf die ethischen Bindungen im Hippokratischen Eid verweist auf die Bedeutung des Gleichgewichtsdenkens als einer Lebenskunst, die sich auf das dauernde Tarieren von Gewinn und Verlust einstellt (Nikomachische Ethik), um dem irdischen Dasein ein Optimum abzugewinnen – das »gute Leben« (Aristoteles).

Innere Symmetrie

Sind demnach die »inneren Säfte«, Triebe und Sinne des Menschen nicht stimmig angelegt, dann kann es in seinen Begegnungen mit der äußeren Welt zu Unstimmigkeiten, Streit und Unrecht kommen. Deshalb sind die meisten Lebenslehren der Antike auf die genaue Beobachtung des Individuums und der Gemeinschaft gerichtet, in denen es lebt und tätig ist.

Gelingt es, den »Gleichmut der Seele« (Seneca) zu erreichen und damit auch die notwendige Kraft zu einem umfassenden Gleichgewicht von Körper und Geist, dann befindet sich nach einer alten deutschen Redensart ein Mensch »im Lot«: Er hat die innere Balance gefunden und ist dadurch fähig, »techne« und »gnome« stimmig wahrzunehmen – die individuellen Fertigkeiten im Zusammenwirken mit dem »planenden Verstand«.

Zu dieser Menschenlehre, die das → Abendland auch in seiner christlichen Gestaltung in hohem Maße geprägt hat, gehört ebenso das Bemühen um Gleichgewichte in den materiellen Belangen. Danach ist in einem politischen Gemeinwesen – ob Polis, Land oder Reich – die *Symmetrie des Besitzes* (Aristoteles) zwischen allen Bevölkerungsgruppen, Ständen und Berufszweigen erwünscht, damit nicht eine einzige Klasse, Schicht oder Kaste ein unleidliches und als ungerecht empfundenes Übergewicht erhält, gleichsam eine Vorherrschaft oder Hegemonie als grundlegende Störung der Harmonie.

Dieses Ideal des Gleichgewichtsstrebens erklärt die Fülle des Schrifttums von der Antike bis heute über die Gestaltung eines »besten Zustandes« (*optimus status*), der politisch als »Wohlproportioniertes Regiment« verwirklicht werden soll, d.h. als ein System von regierenden, beratenden und richtenden Einrichtungen, die sich gegenseitig kontrollieren, aber auch im ursprünglichen Wortsinn miteinander »concurrieren« (Gewaltenteilung).

Die Grundlage einer solch harmonisierten Struktur liegt im drittwirkenden Vertragswesen, das stets nach *checks and balances* verlangt und damit nach Institutionen wie den Gerichten, die im Streitfall das Gleichgewicht zwischen ungebührlichem Gewinn und unzumutbarem Verlust wiederherzustellen haben – demnach im Geist einer »ausgleichenden Gerechtigkeit« auf den materiellen wie sozialen Frieden einwirken sollen.

Angesichts dieses Einflusses der antiken Harmonie- und Lebenslehre auf das abendländische Grundverhalten in Politik, Wirtschaft und Kunst wird verständlich, warum Extremhaltungen oder Exzesse häufig als »Krankheit« empfunden und gedeutet wurden. Alexis de Tocqueville (1805-59) erklärte sogar die »Revolution« als Folge eines »neuen Krankheitskeimes«, der bestimmte Menschen und Bevölkerungsgruppen, ja ganze Völker dazu bringen kann, die bisherigen Lebens- und Machtverhältnisse radikal zu ändern und in ihr Gegenteil zu verkehren. Disharmonie, Gewalttätigkeit und Chaos erscheinen als die Gegenwelt zu »gesunden Verhältnissen«, weshalb auch politische oder ökonomische Zustände mit Krankheitsmetaphern belegt werden, unter denen besonders die »Pest« als kollektive Erinnerung an den »Schwarzen Tod« während des Mittelalters herausragt.

Nicht selten sprechen in solchen Fällen die Medien vom »kranken Mann« oder konstatieren auch im wirtschaftlich-monetären Bereich das Ansteigen oder Fallen von »Fieberkurven« vor allem in Zeiten der Inflation als Ungleichgewicht zwischen Real- und Nominalwert einer Währung.

Bezogen auf das unmittelbare Zusammenwirken von Gleichgewicht und → Gerechtigkeit bedeuten derartige Krisen nichts anderes als eine Verzerrung von Proportionen, deren Wiederherstellung oft den wesentlichen Teil von → Politik ausmacht. Ganz im Sinne des medizinischen Harmoniedenkens werden dann bestimmte politische oder wirtschaftliche »Roßkuren« verschrieben, um auf diese Weise das gestörte Gleichgewicht zu erneuern.

Das »gerechte Gleichgewicht«

Aufgrund von Gleichgewichtsmodellen in der Physik, wie sie der englische Mathematiker, Physiker und Astronom Isaac Newton (1643-1727) als eine Art Naturgesetz für die »Ordnung der Welt« formuliert und erprobt hat, ist die Ansicht aufgekommen, daß die *Balance of Power* gleichsam eine englische Erfindung zur Gestaltung einer erfolgreichen Außen- und Sicherheitspolitik sei.

Diese Gleichgewichtslehre für die innere Verfassungsordnung Großbritanniens selbst und im Verhältnis zu den europäischen Mächten kam besonders nach der Revolution von 1688 und nach dem Frieden von Utrecht 1713 auf, der Englands Aufstieg zu einer maritimen Vor- und Weltmacht markierte (Erwerb Gibraltars und Kontrolle der Meerenge bis heute).

Tatsächlich geht aber dieses Modell des machtpolitischen Tarierens auf antike Muster zurück und gehörte bereits zur Philosophie des wichtigsten Friedensschlusses in der gesamten Neuzeit, an dem England wegen seines eigenen Bürgerkrieges nicht beteiligt war. Die

Verhandlungen und der Abschluß des Teutschen Friedens von 1648 standen ganz im Zeichen eines *gerechten Gleichgewichts* oder »justum aequilibrium«, wie Staatsmänner, Diplomaten und Theoretiker zu dieser Zeit den angestrebten Zustand im Heiligen Reich und im übrigen Europa nannten.

Bei dieser Sicherung des Staatensystems nach Maßgabe eines Gleichgewichtes, wie es schon der »Große Plan« Sullys zu Beginn des 17. Jahrhunderts entworfen hatte, ging es aber nicht nur darum, die angestrebte Hegemonie des Hauses Habsburg über den ganzen Kontinent zu verhindern. Vielmehr sollte das herzustellende Gleichgewicht zuerst die »Reichsverfassung« strukturieren und Kaiser, Kurfürsten sowie den Kurien-Reichstag so aufeinander ab- und einstimmen, daß die »herrliche Reichsstruktur« geradezu ein Inbegriff von innerem und gerechtem Gleichgewicht wurde. Dieses sollte weiterhin durch die beiden Garantiemächte Schweden und Frankreich dadurch gesichert werden, daß die beiden »souveränen Kronen« mittels einer gewissen Militärpräsenz (Frankreich) und einer Reichsstandschaft (Schweden) dauernd auf die Reichspolitik einwirken konnten – als Gegengewichte zum Hegemonieversuch Habsburgs und zur Sicherung des Friedens in Mitteleuropa.

Dieses kunstvolle Zusammenspiel von Gleich- und Gegengewicht, das der »wisdom of Government« Axel Oxenstiernas und auch Kardinal Mazarins entsprach, hat die englische Balance-Politik nach 1713 stark geprägt. So garantierte England im Frieden von Nystad 1721 Schwedens neue Freiheitsverfassung (→ Ost-West-Konflikt), ließ aber gleichzeitg zu, daß auch die zaristische Selbstherrschaft Peters I. von Rußland diesen Frieden sichern half.

Gleichwohl bereitete es englischen Staatsmännern und Außenpolitikern in den folgenden Generationen oft erhebliche Schwierigkeiten, das innere Gleichgewicht eines Landes (→ Verfassung) und die Politik des äußeren Gegengewichtes aufeinander abzustimmen. Das zeigte sich im Siebenjährigen Krieg (1756-63) bei der Unterstützung des absolutistischen Preußen ebenso wie im Krieg gegen Napoleon, als man mit dem autokratischen Rußland zusammenwirkte, dessen inneres Machtsystem dem napoleonischen nicht unähnlich war. Auch die sogenannte *Appeasement-Politik* gegenüber der NS-Diktatur (Münchener Abkommen, 1938) resultierte letztlich aus dieser lange geübten Balancepolitik, dem Vormachtstreben einer kontinentalen Macht durch ein alliiertes Gegengewicht Grenzen zu setzen – ohne Rücksicht auf die innere Ordnung der jeweiligen Bündnispartner.

Nur die Kommutation des Vertragswesens machte es hier möglich, daß das parlamentarische und monarchische England mit der diktatorischen und kommunistischen Sowjetunion Stalins »paktieren« konnte, um die NS-Diktatur in ihrem Streben nach Hegemonie und »Weltherrschaft« von Westen und Osten her zu bekämpfen. Noch heute (1993/94) zeigt die Vermittlungstaktik von Lord Owen im Balkankrieg das Bestreben, weniger die Diktatur in Serbien zu beseitigen als vielmehr ein »Gleichgewicht« der gesamten Region zu erreichen – im Sinne eines mechanistischen Selbstzwecks.

Diese Denktradition hat auch das *Gleichgewicht des Schreckens* bestimmt, das sich seit 1945 zwischen den Atommächten USA, Großbritannien sowie Frankreich auf der einen und der Sowjetunion und Rot-China auf der anderen Seite in vielen Abstufungen entwickeln konnte. Die gegenseitige Blockade durch hochtechnologische Waffensysteme mit der Gefahr eines »Overkill« (der mehrfachen Zerstörung der bewohnten Erde beim Kampfeinsatz aller Atomwaffen) rückte das äußere Kräfteverhältnis in den Vordergrund – bis zum wechselseitigen Aufrechnen der Sprengköpfe – und nicht das innere Gleichgewicht der Atommächte selbst.

Ausblick

Die zunehmenden Störungen im Gleichgewicht der Natur durch fortgesetzten Raubbau, Wasserverschmutzung und Luftbelastungen haben in den letzten Jahren bewußtgemacht, daß das Streben nach Balance nicht eine Angelegenheit von Lebensidealisten oder Utopisten allein sein darf.

Gerade Politiker sollten in ihrem Sinn für Realismus erkennen, daß schon die Traditionen der alteuropäischen »balance of power« und der damit verbundenen »separation of powers« (Gewaltenteilung) bewußtmachen, wie sehr wir uns in der »Einen Welt« und über alle nationalen Grenzen hinweg auf Interdependenzen einzustellen haben.

Ma'at mag einst nach Katastrophenzeiten in Ägypten »aus dem Himmel gekommen« sein,

um den Menschen in seiner Verwirrung wieder »gerecht« zu machen. Heute darf der einzelne Bürger oder gar eine Nation nicht mehr auf einen solchen Segen hoffen. Mit der Rückbesinnung auf Abhängigkeiten und Gleichgewichte der Kräfte aber kann er vielleicht verhindern, daß der drohende Höllensturz doch noch stattfindet.

Literatur

Abarca, ›Classical Diplomacy and Bourbon ›Revanche‹ Strategy, 1763-1770‹, in: Review of Politics 32, 1970 ✦ *Alperowitz*, Atomic Diplomacy: Hiroshima and Potsdam, 1966 ✦ *Assmann*, Ma'at. Gerechtigkeit und Sterblichkeit im alten Ägypten, 1991 ✦ *M.S. Anderson*, Europe in the Eighteenth Century, 1961 ✦ *Bärthlein*, ›Zur Lehre von der recta ratio in der Geschichte der Ethik von der Stoa bis Christian Wolff‹, in: Kantstudien 56, 1966 ✦ *Bartlett*, The Global Conflict, 1880-1970. The International Rivalry of the Great Powers, 1984 ✦ *Barudio*, Das Wohlproportionierte Regiment. Begriffs- und Fallstudien zur Schwedischen Verfassung unter besonderer Berücksichtigung der Kategorie des Gerechten, masch. 1973 (UB Frankfurt/Main) ✦ *Bosl* (Hrsg.), Gleichgewicht. Revision. Restauration. Die Außenpolitik der Ersten Tschechoslowakischen Republik im Europasystem der Pariser Vorortverträge, 1976 ✦ *Bossle*, Sorge um das Gleichgewicht, 1976 ✦ *ders.*, Arbeitsethik, die Grundlage des Europäischen Binnenmarktes, 1990 ✦ *Bottome*, The Balance of Terror, 1986 ✦ *Brouw*, Wachstum in der Balance. Liebe, Aggression, Depression, dt. 1990 ✦ *Bourne*, Britain and the Balance of Power in North America 1815-1908, 1967 ✦ *Calleo*, Die Zukunft der westlichen Allianz. Die NATO nach dem Zeitalter der amerikanischen Hegemonie, dt. 1989 ✦ *Capelle*, Die griechische Philosophie, 2 Bde., 3. Aufl. 1971 ✦ *Corvisier*, Armies and Societies in Europe 1494-1789, 1979 ✦ *Dahlheim*, Die Antike. Griechenland und Rom von den Anfängen bis zur Expansion des Islam, 1994 ✦ *Dehio*, Gleichgewicht oder Hegemonie. Betrachtungen über ein Grundproblem der neueren Staatengeschichte, 1948, 1974 ✦ *Deichgräber*, Der Hippokratische Eid. Text gr. u. dt.. Interpretation. Nachleben, 4. Aufl. 1983 ✦ *Doran/Parsons*, ›War and the Cycle of Relative Power‹, in: American Political Science Review 74, 1980 ✦ *Duchardt*, Gleichgewicht der Kräfte. Convenance, Europäisches Konzert, Friedenskongresse und Friedensschlüsse vom Westfälischen Frieden bis zum Wiener Kongreß, 1976 ✦ *Dylla/Krätzner*, Das ökologische Gleichgewicht in der Lebensgemeinschaft Wald, 4. Aufl. 1986 ✦ *Eleftheriadis*, Die Struktur der hippokratischen Theorie der Medizin. Logischer Aufbau und dynamische Entwicklung der Humoralpathologie, 1991 ✦ *ETH Zürich* (Hrsg.), Gleichgewichts- und Ungleichgewichtskonzepte in der Wissenschaft, 1986 ✦ *Fahl*, Rüstungsbeschränkung durch internationale Verträge, 1980 (Sammlung von Vertragstexten) ✦ *Felix* (Hrsg.), Haushaltsreden Deutscher Bundesfinanzminister in Auszügen 1949-1957, 4 Bde., 1980 ✦ *Friauf* (Hrsg.), Haushaltsrecht. Vorschriftensammlung, 13. Aufl. 1988 ✦ *E. Frank*, Plato und die sogenannten Pythagoreer, 1962 ✦ *Gronert*, Die Logik der Allgemeinen Gleichgewichtstheorie, 1989 ✦ *Gruner* (Hrsg.), Gleichgewicht in Geschichte und Gegenwart, 1989 ✦ *Heidebrecht*, Eine Frage der Balance. Texte aus 10 Jahren, 1990 ✦ *Heider*, Notebooks, Bd. 4: Balance theory, 1988 ✦ *S. Hoffmann* (Hrsg.), Primacy or World Order?, 1978 ✦ *Höffding*, Der Totalitätsbegriff. Eine erkenntnistheoretische Untersuchung, 1917 ✦ *Hörnstein*, Arbitrage- und Gleichgewichtsmodelle in der Kapitalmarkttheorie, 1990 ✦ *Holleis*, Das Ungleichgewicht in der Gleichgewichtstheorie. Zur Diskussion um die neoklassische Wirtschaftstheorie, 1985 ✦ *ders.*, Unternehmenskultur und moderne Psyche, 1987 ✦ *Hülsmann*, Gleichheit und Gleichgewicht. Näherungen zur Metaphysik, 1980 ✦ *Huth*, Kapital und Gleichgewicht. Zur Kontroverse zwischen neoklassischer und neoricardianischer Theorie des allgemeinen Gleichgewichts, 1989 ✦ *Joffe* (Hrsg.), Friede ohne Waffen? Der Streit um die Nachrüstung, 1981 ✦ *Kissinger*, Das Gleichgewicht der Großmächte. Metternich, Castlereagh und die Neuordnung Europas 1812-1822, 1986 ✦ *Koenigsberger*, The Habsburgs and Europe 1516-1660, 1971 ✦ *Kohl*, French Nuclear Diplomacy, 1971 ✦ *Kosubek*, Balancierte Erziehung. Ein Handbuch für Eltern und Erzieher, 1986 ✦ *Kubbig*, Amerikanische Rüstungskontrollpolitik. Die innergesellschaftlichen Kräfteverhältnisse in der ersten Amtszeit Reagans, 1988 ✦ *ders.*, Gleichgewicht oder Überlegenheit. Amerikanische Rüstungskontrollpolitik und das Scheitern von SALT II, 1983 ✦ *ders.*, Kernenergie und Kernwaffen: Strategie zur Eindämmung nuklearer Proliferation. Analyse und Dokumentation, 1981 ✦ *Kukiel*, Czartoryski and European Unity 1770-1861, 1955 ✦ *Landes*, Der entfesselte Prometheus. Technologischer Wandel und industrielle Entwicklung in Westeuropa von 1750 bis zur Gegenwart, dt. 1973 ✦ *Loy*, Marktsystem und Gleichgewichtstendenz, 1988 ✦ *Mac Donald*, The United States, Britain and Appeasement 1936-1939, 1980 ✦ *Maland*, Europe in the Seventeenth Century, 1966 ✦ *Marc Aurel*, Wege zu sich selbst, dt. 1959 ✦ *Maussner*, Stabilisierungspolitik im Lichte von Gleichgewichts- und Ungleichgewichtstheorie, 1985 ✦ *Murray*, The Change in the European Balance of Power, 1938-1939, 1984 ✦ *Ollenburg/Wedig* (Hrsg.), Gleichgewicht, Entwicklung und soziale Bedingungen der Wirtschaft, 1979 (Festschrift Andreas Paulsen) ✦ *G. Opitz*, Erfolgsbeteiligungssysteme und gesamtwirtschaftliches Gleichgewicht, 1982 ✦ *Patzig*, Haushaltsrecht des Bundes und der Länder. Kommentar zu den Rechts- und Verwaltungsvorschriften, 1982 ✦ *Pierre*, Nuclear Politics: The British Experience with an Independent Strategic Nuclear Force, 1939-1970, 1972 ✦ *Rauschenberg*, »La Balance« oder die Kunst des Lebens. Zur Integration von Sozialkritik und Ästhetik in Ludwig Börnes Schriften, 1989 ✦ *D.A. Rosenberg*, ›The Origins of Overkill: Nuclear Weapons and American Strategy 1945-1960‹, in: International Security 7, 1983 ✦ *Segal* (Hrsg.), The China Factor: Peking and the Superpowers, 1982 ✦ *Sked* (Hrsg.), Europe's Balance of Power 1815-1848, 1979 ✦ *Stoakes*, Hitler and the Quest for World Dominion: Nazi Ideology and Foreign Policy in the 1920s, 1986 ✦ *Stoessinger*, Nations in Darkness: China, Russia and America, 1978 ✦ *Towle*, ›The European Balance of Power in 1914‹, in: Army Quarterly and Defense Journal 104, 1974 ✦ *Vile*, Constitutionalism and the Separation of Powers, 1967 ✦ *Viljoen*, Economic Systems in World History, 1974 ✦ *Zuckerman*, Nuclear Illusion and Reality, 1982.

Goldene Regel

Die Vorstellung, daß fast alle Begriffe des Politischen einst über die Theologie vermittelt wurden (Carl Schmitt), ist heute kein Gemeingut mehr. Schließlich haben sich die Wissenschaften von den Dogmen und Denkvorschriften der Kirchen seit der Neuzeit gelöst und eine Reihe eigener Begriffe entwickelt, um ihre Wissensgebiete erfassen und darstellen zu können.

Mit dieser → Emanzipation vollzog sich auch in der Geschichts- und Politikwissenschaft eine systematische Abkehr von den Wechselwirkungen zwischen Moral und Macht oder → Ethik und → Recht. Es ist daher verständlich, daß ein weitverbreitetes »Lexikon der Politik« (*GuS*, 1992) das Stichwort »Ethik« so wenig behandelt wie den Inbegriff menschlichen Handelns und Unterlassens, der seit der Bergpredigt Jesu als *Goldene Regel* bekannt ist.

Darf man dem Lukas-Evangelium folgen, dann soll Jesus bei der Begründung seiner Lehre von der Feindes- und Nächstenliebe die Empfehlung gegeben haben: »Und wie ihr wollt, daß euch die Leute tun, so sollt auch ihr ihnen tun« (Lk, 6:31).

So umwälzend dieser Satz als christliche Maxime auch gemeint war, so entsprach er einer langen Tradition im Römischen Recht. Denn dessen Aufforderung »Ich gebe, damit du geben mögest« (*Do, ut des*) entspricht dem Gegenseitigkeitsgebot der Bergpredigt als einem Grundgesetz christlichen Lebens – ob im Status einer Obrigkeit oder eines Untertanen.

Selbst Hugo Grotius, der mit Hilfe mathematischer Regeln das Völkerrecht systematisierte, erkannte noch 1625 in dieser Maxime das Wesen des Rechts wie der Politik, wenn sie eine »Kunst des Gleichen und Guten« sein wollte. Sogar der Aufklärer Voltaire, dem die Amtskirche ein Greuel war (»Écrasez l'infame!«), fand sich bereit, für die Goldene Regel ein fast leidenschaftliches Plädoyer zu verfassen: »Das einzige fundamentale und unwandelbare Gesetz, das für alle Menschen gelten kann, ist dieses: ›Tu anderen, wie du willst, daß sie dir tun‹. Das ist das Gesetz der Natur selbst. Es kann nicht aus dem menschlichen Herzen gerissen werden. Es wird von allen Gesetzen am schlechtesten befolgt; aber es behauptet sich stets selbst gegen diejenigen, welche es übertreten.«

Mit diesem Bekenntnis reihte sich Voltaire in eine Tradition ein, die auch Thomas Hobbes in seinem »Leviathan« von 1651 bekräftigte, ohne später von Carl Schmitt und anderen Vertretern der Deutschen Staatslehre in diesem zentralen Bereich ernstgenommen zu werden. Denn mit der Goldenen Regel vollzieht sich das Vertragswesen als Verpflichtung auf eine fundamentale Drittwirkung – als Gericht und Gemeinwohl (→ Drittwesen).

Wird diese strukturelle Bindung mit ihren mentalen Auswirkungen auf das politische Verhalten nicht hinreichend berücksichtigt, dann kann sie auch nicht in Verfassungsanalysen erörtert oder gar im Kontext einer »Erziehung zur Verfassung« vermittelt werden. Es verwundert daher nicht, daß vornehmlich in den Analysen deutscher Juristen, Historiker und Politologen zur Verfassungsbewegung der Revolution in Frankreich zwischen 1789 und 1795 deren Kernsatz stets übergangen wird.

Die Erklärung der Menschenrechte und der Gewaltenteilung war unmittelbar abhängig von der Anwendung dieser Regel, die im Artikel 6 der Verfassung von 1793 das gesamte Vertragswerk der Ersten Republik strukturierte. In der Hauptsache von dem Mathematiker und Philosophen Antoine de Condorcet (1743-94) entworfen, heißt es in diesem bedeutenden Dokument des säkularisierten Frankreich: »Die Freiheit ist das Vermögen, das dem Menschen gehört, all das zu tun, was den Rechten des anderen nicht schadet: Es hat die Natur selbst zum Prinzip, dann als Regel die Gerechtigkeit (*justice*) und zum Schutz das Gesetz; seine moralische Begrenzung liegt in dieser Maxime: Was du nicht willst, das man dir tu, das füg auch keinem anderen zu (Ne fais pas à un autre ce que tu ne veux pas qu'il te soit fait)«.

Diese innere Bindung aller Träger öffentlicher Ämter, die durch einen Eid auf Gegenseitigkeit gesichert wurde, galt in gleichem Maße für den rechtsbewußten und gesetzestreuen → Bürger. Seine gewählte und damit vertraglich gebundene Obrigkeit war gehalten, Politik als Verfassungsvollzug zu handhaben. Entsprach sie aus bestimmten Machtgründen diesem Gebot nicht, dann durfte der Bürger sogar die Möglichkeit wahrnehmen, gegen die Unterdrückung oder Abschaffung der Goldenen Regel als oberster Verfassungsmaxime öffentlichen Protest und aktiven Widerstand zu leisten.

Im Rahmen dieser politischen Kultur kann auch der *kategorische Imperativ* Immanuel Kants als Ausdruck dieser Regel verstanden werden. Was immer auch sein philosophisches Denken von Aristoteles oder Hume unterschieden haben mag, so trifft er sich doch mit ihnen und zahlreichen Vertretern der → Aufklärung in der Verpflichtung des verstandesautonomen Menschen, sich in der politisch-rechtlichen Praxis an das Gegenseitigkeitsgebot zu halten. Dazu gehörte auch seine Empfehlung, die das »Rule of Law« jedem Machtgebrauch vorordnete: »Das Recht muß nie der Politik, wohl aber die Politik jederzeit dem Recht angepaßt werden.«

Kant war mit dem Wesen und den Wirkungen eines »Depositums« und damit der → Treuhandschaft gut vertraut. Deshalb legte er großen Nachdruck auf die Erziehung zur Mutualität, die in der letzten Konsequenz auch bedeutet, daß alle Politik einer immerwährenden Rechtskontrolle zu unterliegen hat und bei Verstößen mit *legalem Widerstand* rechnen muß.

Wohin das militante Ausschalten der Goldenen Regel von 1933 an geführt hat, haben die Deutschen und die »zivilisierte Welt« angesichts der NS-Diktatur erfahren müssen. Als Konsequenz aus dem angerichteten Schaden wurde dann 1949 im Grundgesetz für die Zweite Republik das Prinzip der wehrhaften Demokratie garantiert. Dazu zählt auch das Grundrecht auf Widerstand und damit die Bestätigung der Verfassungstradition von 1789. Im Artikel 20, Absatz 4, heißt es im Hinblick auf die vergangene und eine mögliche künftige Diktatur: »Gegen jeden, der es unternimmt, diese Ordnung zu beseitigen, haben alle Deutschen das Recht zum Widerstand, wenn andere Abhilfe nicht möglich ist.«

Literatur

Allison, Kant's Theory of Freedom, 1990 ✦ *Alquié*, La moral de Kant, 1974 ✦ *L.W. Beck*, Kants »Kritik der praktischen Vernunft«. Ein Kommentar, 1974 ✦ *Bestermann*, Voltaire, dt. 1971 (1969) ✦ *Delos*, La philosophie pratique de Kant, 3. Aufl. 1969 ✦ *Dihle*, Die Goldene Regel. Eine Einführung in die Geschichte der antiken und frühchristlichen Vulgärethik, 1962 ✦ *Godechot*, Les constitutions de la France depuis 1789, 1979 ✦ *Höffe*, ›Ethik des kategorischen Imperativs‹, in: Geschichte der neueren Ethik, Bd. 1, 1992 ✦ *Kaulbach*, Immanuel Kants »Grundlegung zur Metaphysik der Sitten«. Interpretation und Kommentar, 1989 ✦ *Neue Hefte für Philosophie*, 22: Kants Ethik heute, 1983 ✦ *Paton*, Der kategorische Imperativ, 1962 ✦ *F.X. Pfeifer*, Der goldene Schnitt in Mathematik, Natur und Kunst, 1855, ND 1969 ✦ *C. Schmitt*, Politische Theologie, 5. Aufl. 1990 ✦ *ders.*, Politische Theologie II. Die Legende von der Erledigung jeder Politischen Theologie, 3. Aufl. 1990 ✦ *K.O. Schmidt*, Die Goldene Regel. Das Gesetz der Fülle, 4. Aufl. 1991 ✦ *Seifert/Hömig*, Grundgesetz für die Bundesrepublik Deutschland, 1982 (Text und Kommentar) ✦ *M.G. Singer*, Verallgemeinerung in der Ethik, 1975 ✦ *Skorupski*, Do ut des, dt. 1988 ✦ *ders.*, ... um die Polen zu verstehen (Gespräche), dt. 1991.

Gottesgnadentum

Noch vor einigen Jahren sah Otto von Habsburg den »wahren Sinn des Gottesgnadentums« darin, »daß durch den Erbgang der Monarch seine Stelle nicht dieser oder jener Gruppe, sondern allein dem Willen des Allmächtigen verdankt«.

1844 äußerte sich der junge Friedrich Engels über die »konstitutionelle Monarchie« Englands und merkte zu deren Verfassung seit 1688 kritisch an: »Das Wort König ist das Wesen des Staats, wie das Wort Gott das Wesen der Religion ist, wenn auch beide Worte rein gar nichts bedeuten«.

Beide Ansichten sind auf ihre Weise Irreführungen über den Inhalt europäischer Grundbegriffe. Diese haben mit der Restauration der Monarchie in Spanien seit 1975 gezeigt, daß sie noch nicht völlig »abgestorben« sind, nachdem sie einst in der politischen Kultur des → Abendlandes eine fundamentale Rolle spielen konnten.

»Von Gottes Gnaden«

Wie die meisten Begriffe des weltlichen Regiments und der → Politik aus der Theologie und dem kirchlichen Leben hergeleitet worden sind, so hat auch die Formel »Dei gratia« (Von Gottes Gnaden) zuerst bei Wahlen und Weihen von Bischöfen Anwendung gefunden.

Vor allem seit dem Konzil von Ephesus im Jahre 431 gehörte es zur kirchenrechtlichen Legitimation eines Bischofs, diese Formel in seiner Amtstitulatur zu führen. Sie bedeutete demnach nicht nur einen angeblichen Gnadenerweis Gottes, sondern auch die Mitwirkung von Menschen bei der Statuserhöhung. Der Bischof wurde vom Dom-Kapitel als Vertretung einer Diözese in einer Wahl bestimmt, ähnlich wie der Papst durch wählende Kardinäle (Konklave).

In diesem Ritual drückte sich nicht nur die Lehre von »Gott und dem Recht«, sondern auch die Vorstellung von »Gott und dem Volk« aus: Die Wahl in ein Kirchenamt erfolgte demnach »mediante homine« oder durch *menschliche Vermittlung*.

Die Anrufung aller Heiligen, der zwölf Apostel, der Muttergottes und Jesu selbst um »Vermittlung beim Vater« bestätigte während der Bischofsweihe den hohen Grad an *Mediation*, die nur dadurch erklärbar wird, daß es sich hier um einen »Bund« zwischen Gott und der Kirche handelt, letztlich um einen Vertrag.

Grundlage dieser kirchlich sanktionierten Bischofs-Legitimation war der Rechtssatz »Jus ad rem est obligatio«, der bedeutete, daß das Anrecht auf ein materielles Vermögen oder auch auf ein Amt an eine besondere Verpflichtung auf Gegenseitigkeit gebunden war. Diese Verpflichtung konnte überdies nur von Bewerbern vollgültig eingegangen werden, die auch über die Idoneität verfügten, demnach volljährig und vertragsfähig waren.

Diese von der Römischen Universalkirche lange erprobten Übertragungen von Amtsgewalt (*imperium*) wurden vor allem mit der Christianisierung Europas auch bei Wahlen und Krönungen von christlich gewordenen Fürsten angewandt, die sogar die »niederen Weihen« (Sakrament des Priesteramtes) empfangen durften: Die Anerkennung vertraglicher Fürsten-, Königs- oder Kaisergewalt durch meist geheime Wahl und öffentliche Weihe (*translatio imperii*) war Ausdruck eines reziproken Respektes – mit dem Recht auf Widerstand.

Nur wer ein Recht zur Krone (*jus ad rem*) besaß, das häufig auf der »Blutsverwandtschaft« (*jus consanguinitatis*, → Blut) beruhte, der sollte auch berechtigt sein, nach Abschluß eines Herrschaftsvertrages von Gottes Gnaden »auserkoren« und »geheiligt« (Inviolabilität) zu gelten – dem Schutz des Rechts unterstellt.

Das Gottesgnadentum in Kirche und Königtum oder in der Verbindung von »Thron und Altar« war aufgrund der gebotenen Gegenseitigkeit ein realer und zeremonieller Ausdruck des »Bundes« zwischen Gott und seinem »Volk Israel«, weshalb auch in den Krönungsritualen selbst nach der Reformation die Anrufung von »David Rex« oder »Salomon« erfolgte.

Die Erklärung Otto von Habsburgs verkürzt demnach das Gottesgnadentum um die mehr als tausendjährige Tradition des unabdingbaren »mediante homine« und der damit verbundenen Vertragskultur. Engels wiederum war aus Unkenntnis des Vertragsdenkens im Verfassungsrecht Englands 1844 nicht geläufig, daß ein König für sich selbst gar nicht bestehen konnte, sondern die Vertragsformel »Rex in Parlamento« während seiner gesamten Amtszeit zu respektieren hatte – die wechselwirkende Verpflichtung (*obligatio mutua*) zwischen König und Parlament im Rahmen drittwirkenden → Rechts.

»Unmittelbar von Gott«

Mit dem Aufkommen des → Absolutismus als patrimonialem Erbsystem wurde der bisherige Vertrags- und Wahlbezug des Gottesgnadentums durch die → Ideologie ersetzt, daß »absolute Herren« ihre Länder und Reiche als Erbeigentum »immediate Deo« übereignet bekamen – »unmittelbar von Gott«.

Grundlage für diese Auffassung war der Rechtssatz »Jus in re est dominium«. Damit wurde vor allem im Bereich des Privatrechtes die ungehinderte Verfügungsgewalt über Fest- und Fahrhaben definiert, gleichsam das Recht der absoluten Inhabe ohne Zustimmung eines anderen und ohne Rücksicht auf Dritte.

Wurde dieser Eigentumsbegriff auf das Öffentliche Recht angewandt, dann waren die bisher üblichen Herrschaftsverträge überflüssig, Rechtsgarantien brauchten nicht mehr beeidigt zu werden (Stände), und selbst die Krönungen hatten einen ganz anderen Verlauf zu nehmen: Die Monokraten des Absolutismus setzten sich meist neugeschaffene Hauskronen

(Habsburg, Oldenburg in Dänemark, Hohenzollern in Preußen) selbst aufs Haupt – wie Karl XII. in Schweden 1697, Friedrich I. in Preußen 1701 oder auch Napoleon in Frankreich 1804 und Schah Reza Pahlevi in Persien 1968.

Dieser fundamentale Bruch mit der überkommenen Vertragskultur erklärt auch, warum sich die Hohenzollern-Monokraten seit 1701 »König in Preußen« nannten und nicht »König von Preußen«: Sie hatten nach Maßgabe des Juredivino-Königtums (Otto Brunner) das alte Gottesgnadentum abgeschafft.

Der in Königsberg aufgebotene Prunk bei der Eigenkrönung Friedrichs I. war nicht nur »hohler Pomp« (Hubatsch), sondern das äußere Zeichen dafür, daß sich »Erb-Souveränität und Absolutesse« endgültig durchgesetzt hatten. Wie zur Bekräftigung, daß die 1848er Revolution mit ihren Vertrags- und Verfassungsforderungen nichts ausrichten konnte, krönte sich noch Wilhelm I. im Jahre 1861 in Königsberg selbst – im Glauben, daß Gott allein die Hand im Spiel hatte (*a Deo destinata*) und seine »Vorsehung« walten ließ.

Das dynastische Prinzip

Die heute noch weit verbreitete Ansicht, daß das Gottesgnadentum ein »Ausdruck des fürstlichen Absolutismus« (Fuchs/Raab) sei, beruht auf der Unkenntnis des libertären und nomistischen Königtums, das in den parlamentarisch regierten Monarchien Europas weiterhin der Maßstab ist und nicht die Perversionen durch den Patrimonialismus.

Wird die Monarchie (→ Staat) als »Einherrschaft nach Gesetz« und damit auch nach Maßgabe von Verträgen aufgefaßt, dann kann nicht vom »monarchischen Prinzip« gesprochen werden. Diese Erklärformel wurde von der Borussischen Staatslehre dafür verwendet, um den Hohenzollern-Staat zu legitimieren und alle Versuche abzuwehren, in Brandenburg und Preußen das »genossenschaftliche Prinzip« wirken zu lassen – die Rückkehr zu Vertragslagen zwischen »Thron und Altar«.

Genau genommen war das Hohenzollern-Gebilde von 1701 bis 1918 keine echte Monarchie, sondern eine Monokratie mit einer ähnlichen Struktur wie die Autokratie in Rußland, deren Vertreter als »Selbsterhalter« allerdings von der Orthodoxie immer wieder zu hören bekamen, daß auch die Kirche »von Gott gestiftet« sei: »Wir erkennen für uns keinen anderen Gesetzgeber außer Christus an. Er (der Zar) hat uns nicht Rechte gegeben, sondern unsere Rechte geraubt ... Was für Handlungen! Über die Kirche herrscht er, an Kirchengut bereichert und ernährt er sich.«

Diese unerschrockene Kritik des Patriarchen Nikon im Jahre 1662 an den Romanovschen Verhältnissen in Rußland verdeutlicht, wie Auto- oder Monokraten bemüht waren, die Kirchen für ihre Machtpläne zu mißbrauchen, um sich selbst und die eigene Dynastie zu »erhöhen«.

Manche Verzerrung und Irreführung könnte vermieden werden, würde man künftig statt vom »monarchischen« vom dynastischen oder patrimonialen Prinzip sprechen. Hinsichtlich der Formel »Rex in Prussia« wäre dann klargestellt, daß sie mit dem libertären und vertraglichen Inhalt des »Rex in Parlamento« wenig zu tun hat.

Literatur

Barudio, Das Zeitalter des Absolutismus und der Aufklärung 1648-1779, FWG 25, 1981 ✦ *V. Besser*, Preußische Krönungsgeschichte, 1702 ✦ *Bissinger*, Die Struktur der Gotteserkenntnis. Studien zur Philosophie Christian Wolffs, 1970 ✦ *O. Brunner*, ›Vom Gottesgnadentum zum monarchischen Prinzip‹, in: NWB, 17, 1967 ✦ *F.L. Carsten*, ›Die deutschen Landstände und der Aufstieg der Fürsten‹, in: Welt als Geschichte, 20, 1960 ✦ *Flor*, Gottesgnadentum und Herrschergnade, über menschliche Herrschaft und göttliche Vollmacht, 1991 ✦ *K. Fuchs/H. Raab*, dtv-Wörterbuch zur Geschichte, 1972 ✦ *Fülling/Stange*, Vom Historismus und des christlichen Gottesglaubens Eigenart. Geschichtlichkeit und Christentum in der Theologie der Gegenwart. Die Eigenart des biblischen Gottesglaubens, 1958 ✦ *Girardet*, Kaisergericht und Bischofsgericht. Studien zu den Anfängen des Donatistenstreites (313-315) und zum Prozeß des Athanasius von Alexandrien (328-346), 1975 ✦ *Gründler*, Die Gotteslehre Girolamo Zanchis und ihre Bedeutung für seine Lehre von der Prädestination, 1965 ✦ *v. Hase*, ›Vom Kurhut zur Krone, Friedrich I. (III.)‹, In: Preußens Könige, 1971 ✦ *Haintz*, König Karl XII. von Schweden, 3 Bde., 1936, 1958 ✦ *Hintze*, ›Das monarchische Prinzip und die konstitutionelle Verfassung‹, in: Staat und Verfassung. Gesammelte Abhandlungen zur allgemeinen Verfassungsgeschichte, 3. Aufl. 1970 ✦ *E. Hoffmann*, Königserhebung und Thronfolgeordnung in Dänemark bis zum Ausgang des frühen Mittelalters, 1976 ✦ *ders.*, Die heiligen Könige bei den Angelsachsen und den skandinavischen Völkern, 1976 ✦ *H.D. Homann*, Kurkolleg und Königtum im Thronstreit 1314-1330, 1974 ✦ *K. Homann*, Die Interdependenz von Zielen und Mitteln, 1980 ✦ *R. Kaiser*, Bischofsherrschaft zwischen Königtum und Fürstenmacht. Studien zur bischöflichen Stadtherrschaft im westfränkisch-französischen Reich im frühen und hohen Mittelalter, 1981 ✦ *F. Kern*, Gottesgnadentum und Widerstandsrecht im frühen Mittelalter. Zur Entstehungsgeschichte der Monarchie. Mittelalterliche Studien, I 2, 1914 ✦ *Labhart*, Zur Rechtssymbolik des Bischofsrings, 1963 ✦ *Merklein*, Die Gottesherrschaft als Handlungsprinzip. Untersuchungen zur Ethik Jesu, 3. Aufl. 1984 ✦ *H. Neubauer*, Czar und Selbstherrscher. Beiträge zur Geschichte der Autokratie in Rußland, 1964 ✦ *Nitsche*, Großfürst und Thronfolger. Die Nachfolgepolitik der Moskauer Herrscher bis zum Ende des Rjurikidenhauses, 1972 ✦ *Oestreich*, ›Die Idee des religiösen Bundes und die Lehre vom Staatsvertrag‹, in: NWB, 17, 1967 (1958) ✦ *Paulig*, Friedrich I., König von Preußen, 2. Aufl. 1887 ✦ *Schieder*, ›Die preußische Königskrönung von 1701 und die politische Ideengeschichte‹, in: Altpreußische Forschungen XII, 1935 ✦ *Schlaich*, ›Der rationale Territorialismus. Die Kirche unter dem staatsrechtlichen Absolutismus um die Wende vom 17. zum 18. Jhd.‹, in: ZRG, KA, 85, 1968 ✦ *U. Schmidt*, Königswahl und Thronfolge im 12. Jhd., 1987 ✦ *Solo'vev*, Geschichte Rußlands, VI, 1880, dt. 1961 ✦ *Staudenmaier*, Geschichte der Bischofswahlen, 1830 ✦ *Vigener*, Bischofsamt und Papstgewalt. Zur Diskussion um Universalepiskopat und Unfehlbarkeit des Papstes im deutschen Katholizismus zwischen Tridentinum und Vatikanum I, 2. Aufl. 1964 ✦ *A. Wolf* (Hrsg.), Die Güldin Bulle und küngclich Reformacion (Goldene Bulle), 1485, 1968 ✦ *ders.*, ›König für einen Tag: Konrad von Teck. Gewählt, ermordet (?) und vergessen‹, in: Schriftenreihe des Stadtarchivs Kirchheim unter Teck, 17, 1993.

Haus

In seiner festen Bauweise bedeutet das Haus im Gegensatz zum Zelt oder einer Hütte den Zustand des Seßhaften, des Beständigen, der Zuflucht und des → Friedens.

Aus leidvoller Erfahrung hat bereits die Landfriedensbewegung des Mittelalters (Mainzer Reichslandfrieden 1230) besonders darauf geachtet, den »Hausfriedensbruch« als schweren Straftatbestand zu ahnden. Das fundamentale Recht auf Achtung der Wohnung und des Hauses gilt bis heute als unabdingbares Menschenrecht, unter dessen Schutz auch öffentliche Gebäude stehen. Die »Heiligung« von Kultstätten, Tempeln oder Kirchen sowie von Marktplätzen, Gerichten und politischen Versammlungsorten war schon in vorchristlicher Zeit ein Ausdruck hoher Kultivierung menschlichen Umgangs. Sie ist auch in modernen Gesellschaften dort auszumachen, wo um Parlamente und Regierungsgebäude eine sogenannte *Bannmeile* gezogen wird, die als Raum des Friedens und der Gewaltfreiheit respektiert werden soll (→ Recht).

Der gesicherte Status des privaten wie des öffentlichen Hauses war bereits den antiken Griechen als »oikos« bewußt. Aristoteles verstand es gar als elementaren Bezugsrahmen seiner »Politik« und »Ethik«. Er machte die Qualität einer Polis als Vertragsgemeinschaft (*koinonia*) geradezu davon abhängig, wie das Haus als Erwerbs- und Rechtseinheit mit seinen Bewohnern und Inhabern geschützt sowie für öffentliche Belange genutzt wurde. Man kann bei ihm sagen, daß die Einstellung zum Haus als wichtigstem Lebensraum des seßhaft gewordenen Menschen über die Einschätzung der jeweiligen politischen Kultur entscheidet (→ Eigentum, → Menschenbild).

In den Begriffen Ökonomie (Haus-Wirtschaft) und neuerlich auch Ökologie (Lehre vom Natur-Haushalt) findet sich das antike Sicherungs- und Gleichgewichtsdenken wieder, das mit der Administration eines Hauses verbunden ist. Nachwirkungen lassen sich auch an wichtigen Begriffen erkennen, die vom lateinischen »domus« (Haus) abgeleitet sind: »Dominanz« (von *dominus* = Hausherr), »Domäne« (Hausgut) und »Dominion« (Krongut).

Auch der »Dom« als »Haus Gottes« leitet sich von dieser Tradition her. Als Bischofssitz unterliegt er einer kirchlichen Hausverwaltung, die in der Regel depositär erfolgen soll, aber mitunter patrimonial verfährt wie im alten Vizedom-System, mit dem die Mainzer Erzbischöfe, Kurfürsten und Erzkanzler des Heiligen Reiches von 1462 bis 1802 ihre Stadt nutzten, ohne die Bildung von Selbstverwaltungsorganen zu gestatten: Die Schweden 1631 und die Jakobiner um Georg Forster sollten sie 1793 daran erinnern, daß Dom und Stadt auch treuhänderisch administriert werden konnten.

Das »Maison souveraine«

Was im kirchlichen Bereich die hohe und mehrfach »geheiligte« Stellung eines Gotteshauses betraf, wurde auch auf den Status eines Herrscherhauses bezogen. Damit war nicht nur dessen Palast oder Schloß als äußeres Zeichen der Herrschaft gemeint, sondern auch die Herrscherfamilie selbst als Inbegriff einer *Dynastie*, deren Angehörige berechtigt waren, öffentliche Amtsgewalt im Regierungs-, Gerichts- und Kriegswesen auszuüben.

Im antirepublikanischen Rom genossen die aristokratischen Häuser der »Julier« und »Claudier« als Familienverband bis zum Tode des Caesaren Nero (68 n. Chr.) eine solche Verehrung, daß ihnen gar göttliche Abkunft zugesprochen wurde: Eine Qualität, die noch heute das Kaiserhaus als Herrscherfamilie in Japan beansprucht: Der »Tenno« wird als Abkömmling der Sonnen-Göttin betrachtet und verehrt.

Berühmte Herrscherhäuser als Träger des römisch-teutschen Wahl-Kaisertums waren die Salier (1024-1125) und Staufer (1138-1254). Seit 1273 stellte das *Haus Habsburg* mit wenigen Ausnahmen bis 1806 die seit 1356 von Kurfürsten gewählten Kaiser. Dadurch erhöhte sich die Reputation dieser Dynastie, so daß sie als ein »Erzhaus« der Christenheit angesehen wurde, obgleich aus seinen einzelnen Hauslinien nur selten bedeutende Herrschergestalten wie Karl V. (1500-58) oder Rudolf II. (1552-1612) hervorgingen.

Mit Beginn der Neuzeit – Entdeckung Amerikas 1492 und → Reformation seit 1517 – ist die Tendenz zu beobachten, daß sich Adels-, Fürsten- und Königshäuser darum bemühen, den eigenen Status zu erhöhen, es dem Haus Habsburg gleichzutun und in den Kaiserrang zu gelangen. Das *Haus Bourbon* in Frankreich versuchte immer wieder, bei Kaiserwahlen berücksichtigt zu werden. Es ist aber seinen Kandidaten nie gelungen, die Mehrheit im Kollegium der Kurfürsten zu erzielen, das sich stets für einen Kaiser von »teutscher Nation«, d.h. von »teutschem Geblüt« entschied. Erst Napoleon I. ist es im Jahre 1804 geglückt, sich im Beisein des Papstes als »Erbkaiser« selbst zu krönen und damit einen Universalanspruch für ganz Europa geltend zu machen. Die Erhöhung des habsburgischen Wahlkaisers Franz II. im gleichen Jahr zum »Erbkaiser« war Ausdruck der gleichen Reputationssucht.

Neben diesem dynastischen Ehrgeiz, den ersten Rang unter den Herrscherhäusern Europas und gar der Welt einzunehmen, bemühten sich vor allem hohe Reichsstände, durch den Erwerb einer auswärtigen »souveränen Krone« ihren Status zu steigern. In dieser Ambition liegt eine Hauptursache für die gezielte *Heiratspolitik* der Fürstenhäuser, die sich nicht scheuten, aus dynastischem Eigennutz mehrere Kriege zu beginnen, um damit wirkliche oder vermeintliche »Erb-Gerechtigkeiten« militärisch durchzusetzen (→ Erbwesen, → Krieg).

So führte die Heirat der schwedischen Vasa-Prinzessin Katharina mit dem Herzog Johann Casimir aus dem Haus Pfalz/Zweibrücken dazu, daß deren einziger Sohl Karl Gustav 1654 als Kandidat für die Königsnachfolge aufgestellt wurde. Königin Christine hatte unverheiratet abgedankt, und Schwedens Reichsrat entschied sich zusammen mit dem Reichstag für die Annahme des *Pfälzischen Hauses* als künftiger Erb-Dynastie – allerdings nur aufgrund eines umfassenden Vertrages, der die bestehenden Verfassungen sicherte.

Ähnlich verhielten sich auch das sächsische *Haus der Wettiner* (Königswahl in der Krone Polen) und das *Welfen-Haus Hannover*, das nach seiner Statusverbesserung als kurfürstliches Haus im Heiligen Reich auch noch die »souveräne Krone« England erwerben konnte (1714) und bis heute dessen Könige und Königinnen stellt. Die Änderung des Dynastienamens von »Haus Hannover« in »Haus Windsor« während des Ersten Weltkrieges ändert an dieser Tatsache so wenig wie die Veränderung des adligen Hausnamens »Battenberg« in »Mountbatten«.

Auch das teutsche *Haus Oldenburg* als Stand im Heiligen Reich war sehr darauf bedacht, daß in der Krone Dänemarks die Wahlkönige bis 1648 aus seinen Reihen kamen. Diese besondere Treue der dänischen Reichsstände wurde allerdings 1660/61 nach dem Frieden von Roskilde 1658 von diesem Haus damit entgolten, daß sie politisch-rechtlich entmündigt wurden. Der gewählte König Friedrich III. hatte es nämlich verstanden, die Not- und Kriegssituation im Kampf gegen das Schweden Karls X. Gustav auszunutzen. Mit der »Kassation der Handfeste« von 1648 und damit des libertären Herrschaftsvertrages wurden ihm und dem Haus Oldenburg die »Souveränität und (das) Erbrecht über diese Königreiche Dänemark und Norwegen unveränderlich konserviert« – als »Erbgerechtigkeit und absolutum dominium«.

Der radikale Umschlag vom Wahlkönigtum ins patrimoniale Erbsystem (→ Absolutismus) veranlaßte Leibniz, in mehreren Expertisen (»Tractatus de jure suprematus acegationis«, 1679) vom *Maison souveraine* zu sprechen: ein Haus mit »absoluter Verfügungsmacht« in der Dynastie selbst wie in dem Gemeinwesen, das sie beherrschte. »Erbrecht, Souveränität und absolute Regierung«, wie es 1661 in Dänemark hieß, wurden nun zu einem Kennzeichen der inneren wie äußeren Rangsteigerung eines fürstlichen Hauses. Deshalb trachtete auch Kurfürst Friedrich III. von Brandenburg danach, das *Haus Hohenzollern* über die Kurwürde im Heiligen Reich hinaus in einen »königlichen« und »souveränen« Status zu bringen: Das sollte ihm mit der Eigenkrönung vom 18. Januar 1701 in Königsberg schließlich gelingen.

Es wundert daher nicht, daß Friedrich II. von Hohenzollern in seinem »Politischen Testament« von 1752 in der Hauptsache von seinem eigenen »Haus« spricht, wenn er den »Staat« meint. Denn dieser bedeutete ihm in erster Linie Status (→ Staat), d.h. Erweiterung des materiellen Besitzstandes durch Erben und Eroberungen sowie das Streben danach, »daß Preußen mit der Zeit zu einer der bedeutendsten Mächte Europas wird«.

Diesem Ziel stand aber das Haus Habsburg entgegen, angesichts dessen Friedrich II. seinen Nachfolger über die dynastischen Zusammenhänge in der hohen Politik seiner Zeit aufklärte: »Vielleicht wundert Ihr Euch, daß ich die Worte ›Haus Österreich‹, ›Kaiser‹ und ›Wiener Hof‹ als Wechselbegriffe gebrauche. Das geschieht aber mit Vorbedacht. Man wird das Haus Österreich nicht sobald von dem Kaiserthron verdrängen. Dazu müßte man ihm ein mächtiges Haus entgegensetzen, das, von guten Bundesgenossen unterstützt, die höchste Würde mit bewaffneter Hand fordern kann. Wir sahen den letzten Kaiser aus dem Haus Bayern Schiffbruch erleiden ... ich würde Euch nicht raten, nach dieser höchsten Würde zu trachten. Ein König von Preußen muß mehr darauf sinnen, eine Provinz zu erobern, als sich mit einem leeren Titel zu schmücken.«

Friedrich II. war so stark vom Patrimonialismus geprägt, daß er statt vom »Haus Habsburg« vom »Haus Österreich« sprach und auch das »Haus Wittelsbach« durch den Begriff »Haus Bayern« ersetzte. Über die Vertragslage bei einer Kaiserwahl verlor er natürlich kein Wort, weil sie ihm unerheblich, ja im Grunde statusmindernd schien.

Als Friedrich Wilhelm IV. im Revolutionsjahr 1848 die Kaiserwürde angetragen wurde, da lehnte sie der Hohenzoller mit dem Hinweis ab, sie sei »demokratisch« und damit an Verträge gebunden. Wenn es dieser höchste Rang unter allen Fürsten sein sollte, dann nur in einer Form, die jede Abhängigkeit von unten ausdrücklich vermied. Als dann am 18. Januar 1871 in bewußter Erinnerung an 1701 im Spiegelsaal zu Versailles der »Kaiser Wilhelm« von den deutschen Fürsten »proklamiert« wurde, da entsprach das den Traditionen der patrimonial und »souverän« gewordenen »Häuser«: Das dynastische Prinzip hatte obsiegt (→ Gottesgnadentum).

Das »Hohe Haus«

Ohne die Dominanz des »Hauses« wäre die Geschichte des → Absolutismus und des → Erbwesens in der Geschichte Europas nicht denkbar. Gleichzeitig aber hat sich auch die libertäre und liberale Gegenwelt in ihrem organisatorischen Selbstverständnis an bestimmte Statusqualitäten eines »Hauses« gebunden – an ein Parlament als das »Hohe Haus«.

Auch wenn man heute nicht mehr sagen kann, daß England das »Mutterland« des Parlamentarismus war, so bleibt doch die Vorstellung bestehen, daß dieser an die Tätigkeiten des »House of Lords« (Oberhaus) wie des »House of Commons« (Unterhaus) verwiesen bleibt. Damit waren in erster Linie Ständevertretungen gemeint, mit denen der jeweilige König über wesentliche Bereiche seiner Politik zu verhandeln hatte – in Gestalt von Beratungen und Beschlüssen auf Gegenseitigkeit.

Beide Häuser des englischen Parlamentes drücken nicht nur das gesellschaftliche Faktum von Adel und Unadel oder von den »Two Nations« aus, sondern gelten auch als Garanten des Haus- und Landfriedens im Vereinigten Königreich (England, Wales, Schottland, Nord-Irland). Ihrem Status als Vertragspartner der Könige und Treuhänder des → Volkes kommt eine eigene Dignität zu, die auch heute nicht allen → Abgeordneten bewußt zu sein scheint – die Würde der Menschenrechte.

Dabei ist die Geschichte der Parlaments-Häuser ziemlich jung. Gotteshäuser, Herrscherpaläste und Gerichtshöfe können in der Regel auf eine wesentlich längere Tradition verweisen als die Tagungsorte der Stände und Parteien. Erst im 19. Jahrhundert lösten in den meisten Ländern Europas besondere Parlamentsgebäude, meist mit Anleihen bei der klassischen Architektur des antiken Griechenland und republikanischen Rom, das alte Herkommen ab, die Stände in *Ballhäusern* oder auch Kirchen tagen zu lassen – wie die Generalstände 1789 im Ballhaus zu Versailles.

Eine Ausnahme ist der Renaissancebau des *Ritterhauses* in Stockholm von 1626, das bis zur Parlamentsreform von 1866 der Kern jedes Reichstages war. Schweden erhielt erst im Jahre 1905 ein eigenes Parlamentsgebäude, obgleich der Reichstag bereits seit 1435 in verschiedenen Städten des Landes seine Tagungen abzuhalten hatte. Der *Immerwährende Reichstag* in Regensburg besaß seit 1663 ein eigenes Haus, doch sollte es bis 1894 dauern, ehe in Berlin der Wallot-Bau als feste Repräsentanz von den politischen Parteien bezogen werden konnte – elfhundert Jahre nach der Reichsversammlung Karls des Großen in Frankfurt am Main.

Gerade in dieser Stadt verweist das *Paulskirchen-Parlament* von 1848 mit seinem unmittelbaren Bezug zum Gotteshaus auf drei elementare Voraussetzungen jedes echten Parlamentarismus: in einem befriedeten Raum die Zwiesprache mit dem → Recht zu suchen, Frieden nach innen und außen zu stiften und dabei der Würde das »Hohen Hauses« zu entsprechen – nicht im Stile »betrunkener Bauern« (Gustav Adolf, 1617), sondern »rechtschaffener Männer«.

Schmähungen wie »Reichs-Affentheater« (Kaiser Wilhelm II.), »Hühnerhaufen« (Rosa Luxemburg) oder »Schwatzbude« (Adolf Hitler) können diese fundamentalen Aufgaben eines Parlamentes ebensowenig relativieren wie Prügelszenen unter Abgeordneten im italienischen Parlament oder die gähnende Leere im Plenum des Deutschen Bundestages zu Bonn, der lieber in den Ausschüssen seine Kontrollarbeit leistet und oft nicht weiß, was *Repräsentanz* bedeutet – Vergegenwärtigung des Volkes, das seine Abgeordneten nicht gewählt hat, damit diese im Hohen Haus verbale »Schlammschlachten« austragen (→ Parteiwesen, → Volk).

Das gewaltsame Schließen eines Parlamentsgebäudes oder gar seine Vernichtung durch Feuer (1812 das Kapitol in Washington, 1933 der Deutsche Reichstag in Berlin) war stets ein Vorzeichen dessen, wie es in einer »unbehausten Gesellschaft« zugehen würde – ohne Frieden, ohne Ruhe im Recht und sprachlos.

Im Aufbegehren gegen solche menschenunwürdige Zustände rief der französische Dichter Chamfort 1793 den Revolutionären von Paris die zündenden Worte zu: »Guerre aux châteaux! Paix aux chaumières!« Diese Kampflosung schien ihm nicht zuletzt deshalb berechtigt, weil die Armeen des Hauses Habsburg und des Hauses Hohenzollern ein Jahr zuvor in Frankreich eingedrungen waren, um die Revolution zu beenden und die Bourbonen wieder auf den Thron zu bringen: Dynastien als »souveräne Häuser« maßten sich an, freie Franzosen mit Gewalt zu »Erbsklaven« zu machen.

Eine Generation später griff Georg Büchner in seinem »Hessischen Landboten« diese Botschaft auf und sagte dem Kur-Hessischen Haus mit seinen Unterdrückungen (Menschenhandel mit Bauern-Soldaten) und Entmündigungen (Stornierung des Landtages) den Kampf an: »Friede den Hütten! Krieg den Palästen!«

Ausblick

Aufgrund seiner Erfahrungen während der »Campagne in Frankreich« 1793 war Goethe geneigt, im Niederbrennen eines Bauernhofes ein »wirkliches Unglück« zu sehen, das mehr Gewicht und Bedeutung hat als die Phrase vom »Untergang des Vaterlandes«.

Wie aktuell diese Einsicht ist, vermitteln die täglichen Berichte und Bilder, die aus friedlos gewordenen Gegenden der Welt Menschen in nackter Not zeigen. Wem von fremder Gewalt Haus und Hof genommen wird, der kann sich nicht auf ein politisches → Vaterland besinnen.

So wie in privater und politischer Drangsal das Haus als Zuflucht und Lebensmitte gilt, so erhalten auch öffentliche Gebäude in Zeiten der Herausforderung einen hohen symbolischen Rang. Der Kampf um das *Weiße Haus* in Washington vermittelt diese emotionale Seite der Politik während einer Präsidentschaftswahl ebenso wie die erfolgreiche Verteidigung des Weißen Hauses in Moskau, das seit 1991 als Sitz der Regierung zu einer Heimstatt der Demokratie geworden ist – zum Sinnbild für den erhofften Frieden in einem krisengeschüttelten Land.

An eine friedliche Zukunft hatte auch der Radikalreformer Michail Gorbatschow gedacht, als er zur demokratischen Neuordnung der Sicherheitslage auf dem gesamten Kontinent vom *Europäischen Haus* sprach. Was aber geschieht, wenn sich dieser Erdteil zu einer »Festung« erklärt und alle jene aussperrt, die in seinen Mauern als Vertriebene eine Bleibe suchen? Die Flüchtlings- und Auswanderungsgeschichte Europas mahnt hier, sich nicht auf eine Bunkermentalität zu versteifen, sondern das Bibelwort ernstzunehmen: »In meines Vaters Haus gibt es viele Wohnungen«.

Literatur

Adamietz, Parlamentsgeschichte II, 1978, ✦ *Aganbegjan*, Ökonomie und Perestroika. Gorbatschows Wirtschaftsstrategien, dt. 1989 ✦ *F. Arens*, Der Dom zu Mainz, 1982 ✦ *H.D. Assmann u.a.* (Hrsg.), Ökonomische Analyse des Rechts, 1978 ✦ *Aust/Rosenbladt* (Hrsg.), Hausbesetzer, 1981 ✦ *Bayertz* (Hrsg.), Ökologische Ethik, 1988 ✦ *Bergauer/Hohlneicher* (Hrsg.), Das Haus im Lebenslauf des Menschen. Eine Bedeutungs- und Nutzungsanalyse, 1990 ✦ *Bernholz/Breyer*, Grundlagen der Politischen Ökonomie, 2. Aufl. 1984 ✦ *Blanqui*, Geschichte der politischen Ökonomie in Europa von dem Alterthum bis auf unsere Tage, 2 Bde., dt. 1840/41, ND 1971 ✦ *Brahe*, Oeconomia eller Hushållsbok för ungt adelsfolk, 1581, 1972 ✦ *Bronfenbrenner*, Die Ökologie der menschlichen Entwicklung, dt. 1989 ✦ *O. Brunner*, ›Das ganze Haus und die alteuropäische Ökonomik‹, in: Neue Wege der Verfassungs- und Sozialgeschichte, 2. Aufl. 1968 ✦ *Buchacher*, USA: Jenseits von Dallas & Dynasty. Briefe gegen das Vorurteil, 1986 ✦ *Carlsson*, Sveriges historia under konungarna af Pfalziska huset, 1855-85 ✦ *Challoner*, Bau Dein Haus auf Fels – die Überwindung der Ängste und Depressionen, dt. 1983 ✦ *Demandt*, Stadtherrschaft und Stadtfreiheit im Spannungsfeld von Geistlichkeit und Bürgerschaft in Mainz (11.-15. Jhd.), 1977 ✦ *Dressler*, Vom Geist des Haushaltswesens. Ein Lesebuch, 1985 ✦ *ders.*, Der Staat der Philosophen. Sentenzen aus drei Jahrtausenden, 1990 ✦ *Duby* (Hrsg.), Geschichte des privaten Lebens, Bd. 2: Vom Feudalzeitalter zur Renaissance, dt. 1990 ✦ *Ehlert* (Hrsg.), Haushalt und Familie in Mittelalter und früher Neuzeit (Vorträge eines interdisziplinären Symposions 1990, Bonn), 1991 ✦ *Fenster*, Adel und Ökonomie im vorindustriellen Rußland. Die unternehmerische Betätigung der Gutsbesitzer in der großgewerblichen Wirtschaft im 17. und 18. Jhd., 1983 ✦ *Freyre*, Herrenhaus und Sklavenhütte. Ein Bild der brasilianischen Gesellschaft, 1982 ✦ *Friedrich II.*, Politisches Testament von 1752, dt. 1974 ✦ *U. Fritsch*, Wirtschaft auf einen Blick. Fachbegriffe verständlich erklärt, 1992 ✦ *F. Haffner*, Grundbegriffe der marxistischen Politischen Ökonomie des Kapitalismus. Interpretationen und kritische Hinweise in lexikalischer Darstellung, 2. Aufl. 1978 ✦ *W. Hesse*, Hier Wittelsbach – hier Pfalz. Die Geschichte der pfälzischen Wittelsbacher von 1214-1803, 1986 ✦ *O. Hintze*, Die Hohenzollern und ihr Werk 1415-1915, 1915 ✦ *Hüttl*, Das Haus Wittelsbach. Die Geschichte einer europäischen Dynastie, 1980, ✦ *Ishida*, The Royal Dynasties in Ancient Israel. A Study on the Formation and Development of Royal-Dynastic Ideology, 1977 ✦ *E. Kaufmann*, ›Landfrieden‹, in: HRG, II, 1978 ✦ *Kempe*, Vir oeconomus, seu De cura rei familiaris, 1638, ✦ *F.W. Kent*, Household and Lineage in Renaissance Florence: The Family Life of the Capponi Ginori and Rucellai, 1978 ✦ *Koller*, ›Zur Bedeutung des Begriffs ›Haus Österreich‹‹, in: MIÖG 78, 1970 ✦ *S. Krüger*, ›Zum Verständnis der Oeconomia Konrads von Megenberg. Griechische Ursprünge der spätmittelalterlichen Lehre vom Hause‹, in: Deutsches Archiv für Erforschung des Mittelalters 20, 1964 ✦ *Lautzas*, Die Festung Mainz im Zeitalter des Ancien Régime, der Französischen Revolution und des Empire (1736-1814), 1973 ✦ *Lévi-Strauss*, Die elementaren Strukturen der Verwandtschaft, dt. 1981 ✦ *Lötzsch*, Was ist »Ökologie«? Hermann Samuel Reimarus. Ein Beitrag zur Geistesgeschichte des 18. Jhds., 1987 ✦ *Matthiessen*, Das Dickicht der Lebenswelt und die Theorie des kommunikativen Handelns, 2. Aufl. 1985 ✦ *Micha-Elias*, In meines Vaters Haus sind viele Wohnungen, 1985 ✦ *H.D. Müller*, Der schwedische Staat in Mainz 1631-1636. Einnahme, Verwaltung, Absichten, Restitution, 1979 ✦ *Mysliwiec*, Royal Portraiture of the Dynasties XXI-XXX, 1988 ✦ *Nellmann*, Die Reichsidee in deutschen Dichtungen der Salier- und frühen Stauferzeit, 1963 ✦ *Recktenwalt* (Hrsg.), Ökonomische Wissenschaft. Politik, Geschichte und Methode, 1990 ✦ *Richarz*, Oikos, Haus und Haushalt. Ursprung und Geschichte der Haushaltsökonomik, 1991 ✦ *Ronneberger-Sibold*, Sprachverwendung – Sprachsystem: Ökonomie und Wandel, 1980 ✦ *Seagrave*, Die Soong-Dynastie. Eine Familie beherrscht China, dt. 1988 ✦ *Seelmann*, Die Lehre des Fernando Vazques de Menchaca vom Dominium, 1979 ✦ *Stemmler* (Hrsg.), Ökonomie. Sprachliche und literarische Aspekte eines 2000 Jahre alten Begriffs, 1986 ✦ *Tauber*, Römische Republik und russische Autokratie in der Krise. Einige Grundmerkmale im Vergleich, 1990 ✦ *Tamassia*, La Famiglia italiana nei secoli Decimoquinto e Decimosesto, 1910, ND 1971 ✦ *Weinfurter*, Herrschaft und Reich der Salier. Grundlinien einer Umbruchzeit, 1990 ✦ *Welte*, Determination und Freiheit, 1969 ✦ *A. Zimmermann* (Hrsg.), Soziale Ordnungen im Selbstverständnis des Mittelalters, 2. Halbbd., 1980.

Ideologie

Die Vorstellung Platos und seiner Anhänger, daß bestimmte »Ideen« (von gr. *eidon* = Bild) als »Abbilder« des Göttlichen die materielle Welt prägen und somit auch das irdische Dasein des Menschen gestalten, hat die Ideologie als *Ideenlehre* entstehen lassen. Noch gegen Ende des 18. Jahrhunderts besaß dieser Sammelbegriff einen positiven Klang und galt als Bezeichnung für das »wissenschaftlich« erfaßbare Zusammenwirken von Gott, Natur, Welt, Ethik und Mensch (Destutt de Tracy).

Erst unter Napoleon (1769-1821) erhielt die Ideologie als geistiges »Weltbild« oder philosophische »Weltanschauung« auch im deutschen Sprachgebrauch eine gewisse Abwertung. Ein wesentlicher Grund dafür lag im Bestreben vieler Intellektueller, die politische Praxis der Machthaber an Idealvorstellungen zu messen und das oft »ungerechte« Machtverhalten einer scharfen Kritik zu unterziehen (Benjamin Constant, Joseph von Görres). In der Gegenkritik kam dabei das Wort von den *Ideologen* auf, die ähnlich den Utopisten eine idealisierte Scheinwelt aufbauen und die Wirklichkeit nicht in ihrer materiellen Bedingtheit wahrnehmen oder überdenken wollten (→ Utopie).

In ihrer Analyse der *Deutschen Ideologie* haben Marx und Engels diese negative Sicht auf die Ideologie noch verstärkt und in ihrer ideellen Bindung den Ausdruck eines »falschen Bewußtseins« gesehen. Sie meinten damit das Bestreben seit Hegel, das gegebene materielle Sein des Menschen durch Idealisierungen zu »verschleiern« und Machtlagen zu legitimieren, die eine als geschichtsnotwendig erachtete Befreiung des Menschen (→ Emanzipation, → Freiheit) zu hintertreiben suchten. Die beiden Begründer des »wissenschaftlichen Sozialismus« bezeichneten das Bestreben, Ideen über die Materie zu stellen, als eine »absichtliche Heuchelei«, »bewußte Illusionen« und als System »idealisierender Phrasen« (→ Sozialismus).

Die Kritik von Marx und Engels richtete sich im Kern gegen das vorherrschende Bemühen, in Staat, Gesellschaft und Kirche irgendeine Idee so absolut zu setzen, daß andere Vorstellungen und Weltanschauungen total ausgegrenzt waren. Eine solch einseitige Bindung verdichtete die Ideologie zur *Doktrin*, nach deren Vorgaben allein die Wirklichkeit erklärt und gestaltet werden sollte.

Ist dieses Stadium bei Religionen und ihren Kirchen oder bei Parteien und deren Machtsystemen erreicht, dann werden die Mitglieder oder Beherrschten »ideologisch indoktriniert« (Hamm-Brücher). Das heißt: Sie werden nicht auf die Mängel der Wirklichkeit und die Unzulänglichkeit unseres Wissens eingestimmt, sondern auf eine Reihe von Idealvorgaben eingeschworen.

Strukturen des Ideologischen

1. Der absolute *Wahrheitsanspruch* in Gestalt einer Sammlung verbindlicher Lehrsätze (Dogmatik) läßt rational begründete Zweifel an der Ideologie nicht zu. Er versteht sich als »alleinseligmachend« (Theologie der Römisch-Katholischen Kirche) und erwartet die Anerkennung einer »Unfehlbarkeit« bei der Verkündung von unabdingbaren Glaubenssätzen (Status des Papstes seit 1870). Ein ähnliches Verhalten läßt sich auch bei diktatorisch eingestellten Parteien feststellen, wenn ihre Führungen darauf pochen, daß »die Partei immer recht hat«.

2. Eine kirchlich gebundene wie von Parteien verfochtene Ideologie gibt vor, über eine umfassende *Welterklärung* zu verfügen. Sie duldet keinerlei Abweichung und führt daher nicht selten ins wissenschaftliche Abseits. So lehnte die Katholische Kirche im Prozeß gegen den Astronomen Galilei 1633 das neue Kopernikanische Weltbild ab, indem sie den Schöpfungsbericht der Bibel absolut setzte und damit ideologisierte. Auf der anderen Seite wehrten sich die meisten evangelischen Länder gegen den seit 1583 geltenden Gregorianischen Kalender, der von Papst Gregor VIII. in Abkehr vom »Mondjahr« erstellt wurde und noch heute Gültigkeit besitzt.

3. In der Verbindung von Wahrheitsanspruch und Welterklärung verspricht jede Ideologie ihren Anhängern eine durchgehende *Sinnstiftung*, die gleichzeitig als eine Art Lebenshilfe ausgegeben wird.

4. Der Prozeß der Ideologisierung mittels Erziehung und anderen Arten der Indoktrinierung verlangt immer wieder nach einer Rückversicherung in der eigenen Heilslehre, deren *Reinhaltung* daher als oberstes Gebot gilt. Das Vorgehen der innerkirchlichen Inquisition (Sondergerichte) seit dem IV. Lateran-Konzil von 1215 gegen Abweichler von der »reinen Lehre« drückt den Ideologiecharakter ebenso aus wie die Erklärung von zwölf kommunistischen Parteien, die zum 40. Jahrestag der »Oktoberrevolution« im Jahre 1957 den Marxismus-Leninismus zur verbindlichen »Weltanschauung« erklärten – in strikter Ablehnung jeder »Metaphysik«.

5. Mit dem Bekenntnis zu einer »materialistischen« Geschichtserklärung, Lebensform und Politik wurde nicht nur das linear gerichtete Fortschrittsdenken aller Kommunisten bekräftigt, sondern auch etwas festgeschrieben, was jede Ideologie wesentlich kennzeichnet – das *Ausschlußgebot*. Dessen Verfechter richten sich gegen Fraktionsbildungen in den eigenen Reihen, wollen keinerlei Kompromisse eingehen, wehren sich gegen Koalitionen mit ande-

ren Parteien, lehnen die → Toleranz gegenüber Andersdenkenden ab und leugnen die rechtliche Gleichwertigkeit von Gegnern auf der Grundlage eines demokratischen Pluralismus. Diese werden vielmehr als »Klassenfeinde«, »Reichsfeinde« oder auch als »Volksfeinde« abgewertet, verfolgt und sogar liquidiert (→ Dualismus, → Diktatur).

6. Jedes System, das von einer Ideologie beherrscht wird, hat die Tendenz, mit seinem geschlossenen Weltbild nicht nur eine »Bunkermentalität« zu pflegen, sondern auch einen ausgeprägten *Personenkult* zu treiben. Dabei konzentriert sich die Repräsentanz und höchste Deutungskompetenz der herrschenden Lehre auf eine einzige und dominante Person. Das trifft auf Religionsstifter (Buddha, Jesus, Mohammed) ebenso zu wie auf Konfessionsgründer (Jan Hus, Martin Luther, Johannes Calvin, Huldrich Zwingli) oder Wegbereiter einer politischen »Weltanschauung«, die einen pseudoreligiösen Charakter annehmen kann. So leiteten sich von Karl Marx' materialistischer Theorie mehrere Varianten eines personengebundenen Marxismus her: Lenin formte den Marxismus für russische Verhältnisse um und schuf den Marxismus-Leninismus mit der monopolistischen Partei der Bolschewiki (Mehrheitssozialisten und nach 1917 Kommunisten); sein Mitstreiter Leo Trotzki berief sich auf eine »permanente Revolution« (Trotzkismus), während sein parteiinterner Gegner Josef Stalin nach Lenins Tod 1924 die innerparteiliche Diktatur des »demokratischen Zentralismus« durch die Terrorherrschaft des Stalinismus bis 1953 beherrschte. Der damit verbundene hypertrophe Personenkult sicherte die Willkür des Diktators ab und offenbarte die materialistische Ideologie als personalistisches Idolsystem. Der Titoismus des Generals Tito in Jugoslawien von 1948 bis 1980, der Maoismus des Heerführers Mao Tse-tung in Rot-China seit 1949 oder der Castrismus des Rebellenführers Fidel Castro auf Kuba seit 1959 bestätigen, daß einige Vertreter eines angeblich »linken« Materialismus weniger Demokraten als »Aristokraten« waren (→ Sozialismus). Analog zu diesem Verhalten haben auch rechtsgerichtete Militärs einen *Personalismus* als Ideologie zugelassen: General Franco förderte im faschistischen Spanien zwischen 1939 und 1975 den »Francismus«; General Peron im halbfaschistischen Argentinien zwischen 1944 und 1955 den »Peronismus« und General de Gaulle in der autoritär-demokratischen V. Republik Frankreichs seit 1958 den »Gaullismus«. All diese personenbezogenen Ideologien einer »absoluten Macht« oder einer überhöhten Repräsentanz wie in Gestalt des französischen Präsidenten haben nur in Ausnahmefällen über die Lebenszeit ihrer Urheber hinaus gewirkt und sind meistens einer → Demokratie gewichen, von der Bertolt Brecht mit einigem Recht feststellte, daß sie »keine Helden braucht«.

7. Die Abkehr von monokausalen Welt-, Geschichts- und Politikerklärungen und die differenziertere Wahrnehmung von ökonomischen, rechtlichen und sozialen Problemen hat Ende der 1950er Jahre dazu geführt, von einem *Ende der Ideologien* zu sprechen. Liberale setzten den »Markt« nicht mehr »absolut«, sondern ließen unter dem Einfluß des Keynesianismus auch gewisse Lenkungen des Staates zu (öffentliche Beschäftigungsprogramme). Sozialdemokraten bestanden nicht mehr auf der einst als unabdingbar geforderten Verstaatlichung der Grundstoffindustrien und Konservative öffneten sich gegen ihre autoritären Traditionen neuen Ordnungsvorstellungen von demokratischer Partnerschaft. Unter dem Druck anwachsender Technikfolgen des → Industrialismus bemühen sich diese Hauptrichtungen des → Parteienwesens mittlerweile auch darum, den Forderungen der Ökologie »gerecht« zu werden: Die Leitlinien ihrer Parteiprogramme werden von Zeit zu Zeit an der Wirklichkeit überprüft und korrigiert.

8. Trotz dieser Versachlichung und inhaltlichen Annäherung demokratischer Parteien, die sich seit ihrem Bestehen (19. Jahrhundert) aus »ideologischen« Gründen oft scharf voneinander abgegrenzt haben, erfolgte gerade in den 1950er Jahren eine neue Ideologisierung als forcierte Abgrenzung zum Kommunismus. Ideologien bedürfen besonderer *Feindbilder*: So auch der »Anti-Kommunismus«, der alle demokratischen Parteien des »westlichen« Lagers in mehr oder weniger starker Form beherrschte (→ Ost-West-Konflikt). Die Frontstellung während des »Kalten Krieges« nach 1945 führte sogar dazu, faschistische Diktaturen zu dulden (Salazar-Regime in Portugal) oder gar einzurichten (Obristen-Diktatur in Griechenland 1967, nach dem NATO-Plan »Prometheus« und mit US-amerikanischer Sicherung), obgleich diese auch Feinde der → Demokratie waren.

9. Eine besondere Form der *Ideologisierung* kam mit der Studentenbewegung Mitte der 1960er Jahre auf. Gegen die materialistisch eingestellten »Macher« in der Politik, die den Einzelmenschen auf einen »Konsum«- und »Fachidioten« reduzieren wollten, regten sich reform-marxistische Kräfte. In ihrer Kritik am → Kapitalismus und dessen angeblicher Tendenz, den »eindimensionalen Menschen« immer mehr von sich selbst zu entfremden, drückte sich das Bedürfnis nach Sinnstiftung, Daseinshoffnung und Zukunftsglaube aus. Die ethischen Impulse, die von dieser Bewegung zwischen Berkeley und Berlin ausgingen, haben zu einer Reihe von Reformen und »Machtwechseln« geführt, aber auch manche Gruppierungen auf der Linken dazu gebracht, die sperrige Wirklichkeit ihrer Ideologie vom »selbstbestimmten Menschen« (→ Unabhängigkeit) anzupassen und dabei sogar die Grenze zum → Terrorismus zu überschreiten.

In der Gegnerschaft zum religiös-kirchlichen Erbe sind alle Ideologien der Moderne zu einer Art »neuer Religion« geworden, die Globalerklärungen anbietet, ohne im Einzelfall wirklich Bescheid zu wissen oder gar helfen zu können. Ihr Aufgebot an »Helden« erinnert sehr an die Analyse Nietzsches zur Wirkung eines »Heiligen«: »Dadurch, daß man sich über ihn irrte, daß man seine Seelenzustände falsch auslegte und ihn von sich so stark als möglich abtrennte, als etwas Unvergleichliches und Fremdartig-Übermenschliches: dadurch gewann er die außerordentliche Kraft, mit welcher er die Phantasie ganzer Völker, ganzer Zeiten beherrschen konnte« (»Menschliches, Allzumenschliches«).

Literatur

D. Albers, Sozialismus im Westen. Erste Annäherungen: Marxismus und Sozialdemokratie, 1987 ✦ *Albers/Kievenheim*, Eurokommunismus und marxistische Theorie der Politik, 1979 ✦ *H. Albert*, Ökonomische Ideologie und politische Theorie, 2. Aufl. 1972 ✦ *Altner*, Weltanschauliche Hintergründe der Rassenlehre des Dritten Reiches, 1967 ✦ *Aron*, Plädoyer für das dekadente Europa, dt. 1978 ✦ *Bahro*, Die Alternative. Zur Kritik des real existierenden Sozialismus, 1977 ✦ *H. Ball*, ›Carl Schmitts Politische Theologie‹, in: Der Künstler und die Zeitkrankheit, 1984 ✦ *Barion*, Was ist Ideologie?, 2. Aufl. 1971 ✦ *Baumgärtner*, Weltanschauungskampf im Dritten Reich. Die Auseinandersetzung der Kirchen mit Alfred Rosenberg, 1977 ✦ *Beneš*, Die weltanschauliche Erziehung als Gegenstand der pädagogischen Wissenschaft in der Sowjetunion von 1945 bis 1986, 1989 ✦ *Beyerhaus* (Hrsg.), Ideologien – Herausforderung an den Glauben, 1979 ✦ *Bracher*, Zeit der Ideologien. Eine Geschichte des politischen Denkens im 20. Jhd., 1982 ✦ *G.W. Brück*, Von der Utopie zur Weltanschauung. Ideen- und Wirkungsgeschichte sozialer Utopie, 1989 ✦ *Brusatti*, Nationalismus und Ideologie in der Musik. Beiträge zur geistesgeschichtlichen Entwicklung einer Kunstform, 1978 ✦ *Destutt de Tracy*, Elements d'Ideologie, 4 Bde., 1801-1815 ✦ *Dhurić*, Mythos, Wissenschaft, Ideologie. Ein Problemaufriß, 1979 ✦ *ders.*, Nietzsche und die Metaphysik, 1985 ✦ *Ehlen*, Marxismus als Weltanschauung. Die weltanschaulich-philosophischen Leitgedanken bei Karl Marx, 1982 ✦ *Einbeck*, Die Ablösung von Religionen und Ideologien durch Vernunft-Moral-Systeme, 1988 ✦ *Fenske u.a.*, Geschichte der politischen Ideen: Von Homer bis zur Gegenwart, 1981 ✦ *Galtung*, Hitlerismus, Stalinismus, Reaganismus. Drei Variationen zu einem Thema von Orwell, 1987 ✦ *ders.*, Methodologie und Ideologie, dt. 1980 ✦ *Gammel*, Herrn Bacons Idole. Strukturelemente neuzeitlichen Denkens, 1986 ✦ *Geiger*, Ideologie und Wahrheit, 1953 ✦ *Greive*, Theologie und Ideologie. Katholizismus und Judentum in Deutschland und Österreich 1918-1935, 1969 ✦ *Habermas*, Technik und Wissenschaft als Ideologie, 1975 ✦ *M. Häring*, Abschied von der Ideologie. Vom Dasein zum Sein, 1988 ✦ *Herrsch*, Deutsche Ideologie und die Wirklichkeit, dt. 1958 ✦ *Huter*, Die neue Weltanschauung und die goldenen Lebensregeln, 3. Aufl. 1962 ✦ *W. Huth*, Glaube, Ideologie und Wahn. Das Ich zwischen Realität und Illusion, 1988 ✦ *Klepsch*, Die nationalsozialistische Ideologie. Eine Beschreibung ihrer Struktur vor 1933, 1990 ✦ *Kretzer*, Calvinismus versus Demokratie respektive ›Geist des Kapitalismus‹? Studien zur politischen Theorie und zur Sozialphilosophie des französischen Protestantismus im 17. Jhd., 1988 ✦ *Kudera*, Das Modell der Ideologie, 1987 ✦ *Künast*, Umweltzerstörung und Ideologie. Die Frankfurter Schule: Fakten – Fehler – Folgen, 1983 ✦ *E. Lemberg*, Ideologie und Gesellschaft, 1971 ✦ *Lenk* (Hrsg.), Ideologie. Ideologiekritik und Wissenschaftssoziologie, 1984 ✦ *Lotter u.a.* (Hrsg.), Marx-Engels-Begriffslexikon, 1984 ✦ *K. Mannheim*, Ideologie und Utopie, 5. Aufl. 1969 ✦ *F. Neumann* (Hrsg.), Handbuch politischer Theorien und Ideologien, 1977 ✦ *Perez*, Gramscis Theorie der Ideologie, 1979 ✦ *Ritsert*, Denken und gesellschaftliche Wirklichkeit, 1977 ✦ *ders.*, Wissenschaftsanalyse als Ideologiekritik, 1975 ✦ *Ruzicka*, Selbstentfremdung und Ideologie. Zum Ideologieproblem bei Hegel und den Junghegelianern, 1978 ✦ *Schlager*, Ökonomie und Ideologie, 1990 ✦ *W. Schmidbauer*, Biologie und Ideologie. Kritik der Humanethologie, 1973 ✦ *Senge*, Marxismus als atheistische Weltanschauung. Zum Stellenwert des Atheismus im Gefüge marxistischen Denkens, 1983 ✦ *Volmert*, Politischer Kommentar und Ideologie. Ein inhaltsanalytischer Versuch an vier frühen Nachkriegszeitungen, 1978 ✦ *v. Wulffen*,

Die gehorsamen Zweifler – Idole, Ideale, Vorbilder, 1982 ✦ *R. Zech*, Herrschaft, Macht, Ideologie. Strukturanalyse von Interaktionsprozessen, 1990 ✦ *P. V. Zima*, Ideologie und Theorie. Eine Diskurskritik, 1989.

Interesse

Während des Wiener Kongresses (1814/15) kam es zwischen dem russischen Zaren Alexander I. und dem Außenminister Frankreichs zu einem Eklat. Der absolutistische »Selbsterhalter« aus dem Osten war nämlich nicht bereit, vor allem die in Polen eroberten Gebiete herauszugeben und die Staatlichkeit dieses Landes wieder herzustellen, das 1795 vollständig geteilt worden war. Auf die fehlende Rechtmäßigkeit der Besetzungen hingewiesen, versteifte sich der Romanov-Zar auf die Ansicht, daß »die Interessen Europas das Recht sind«. Das hieß nichts anderes, als daß Macht vor Recht gehen kann und die jeweilige Besitzlage einer Dynastie anerkannt werden muß – unbesehen älterer Rechte von dritter Seite (→ Drittwesen).

Charles Maurice de Talleyrand (1754-1838), der dem Ancien Régime ebenso gedient hatte wie den Revolutionsregierungen und selbst dem Diktator Napoleon, stand jetzt in der Amtspflicht der Bourbonen-Monarchie. Sie war aufgrund des *Legitimitätsprinzips* auf den Thron Frankreichs zurückgekehrt und damit Nutznießer eines vertraglichen Erbrechtes (→ Erbwesen).

Auf diesen wesentlichen Zusammenhang verwies denn auch der ehemalige Bischof von Autun (Burgund) und baldige Herzog, der nach eigenem Bekunden immer nur »Frankreich« zu Diensten war. Er belehrte den länderhungrigen Zaren über ein uraltes Ordnungsprinzip in Europa: »Ich stelle das Recht vor die Interessen«.

Eigennutz

Mit seiner Position, die Frankreich nach dem Hegemonieversuch Napoleons erträgliche Friedensbedingungen einbrachte, grenzte Talleyrand die »Eigenliebe« als »amour propre« und ihren besitzgierigen Egoismus vom Individualismus ab, der dem Gemein- und Gesamtwohl verpflichtet ist, demnach auch in Staatsangelegenheiten das übergeordnete → Recht anerkennt.

Frankreich als Staats-Individuum sollte ein integraler Teil der europäischen Friedens- und Rechtsordnung werden und in seinen ureigenen Rechten gesichert bleiben. Nichts anderes versuchte Talleyrand auch für das geteilte Polen zu erreichen, ohne damit ganz durchzudringen (Kongreßpolen). Der Hinweis des erfahrenen Außenministers zielte darauf, daß Interessen als materielle Ansprüche in der Regel den Rechten eines Einzelmenschen oder Gruppen nachgeordnet sein sollten. Denn in ihnen äußern sich bestimmte »Antriebe des Menschen« (Lothar Döhn), die von ihrem Wesen her auf den Eigennutz gerichtet sind und dafür die Möglichkeiten eines Gemeinwesens in Anspruch nehmen, ohne sich um die Belange des »Gemeinen Besten« (*bonum commune*) zu kümmern (→ Parteiwesen).

Es verwundert daher nicht, daß sich die Lehre von den »Interessen« vornehmlich im Umkreis des Machiavellismus entwickelt hat und damit unter Verfechtern des dynastischen Prinzips. Die Statuserhöhung fürstlicher Häuser bis in den Königs- oder Kaiserrang war zweifellos einer der Hauptantriebe in der → Politik seit der Renaissance. Ihre Nachwirkung findet sich noch in der berühmten Schrift »Interest des Princes et Estats de la Chrestienté« (1638) des Hugenottenführers Rohan, der eine neuartige Regierungsmaxime festschreiben wollte: »Die Fürsten befehlen den Völkern, und das Interesse leitet den Fürsten. Das Wissen um dieses Interesse steht so hoch über dem Wissen von den Handlungen der Fürsten, wie sie selbst über den Völkern stehen. Der Fürst kann sich täuschen, sein Rat kann verfälscht werden, aber das Interesse allein kann niemals sein Ziel verfehlen; je nachdem ob es gut oder schlecht verstanden wird, läßt es die Staaten leben oder sterben.«

Rohan meinte mit »Interesse« den inneren Frieden Frankreichs nach den voraufgegangenen Bürgerkriegen und eine Bündnispolitik, die den Status Frankreichs und seiner Könige als »Schiedsrichter der Christenheit« (*arbitre de la chrétienté*) sicherte – auch mit Hilfe »ketzerischer« Staaten wie Schweden, den Niederlanden oder dem Osmanischen Reich.

Aus diesem Verständnis konnte der Schluß gezogen werden, daß das »Interesse« des Staates den Rechten der Stände vorgeordnet sei und die jeweilige Machtlage größere Bedeutung hätte als Recht und Verfassung. Von dieser Interpretation aus war es auch möglich, im Kardinal-Premier Richelieu (1585-1642), dem Rohan seine Schrift gewidmet hatte, den »Vertreter einer machiavellistischen Gewaltpolitik« zu sehen, »die keine Schranken des Rechts kannte« (Ludwig von Pastor).

Die moderne Forschung hat diese Auffassung längst widerlegt und überzeugend nachgewiesen, daß bei aller Wahrnehmung von »Interessen« als Statuspolitik die Wahrung des → Rechts den höheren Wert besaß. Denn darin lag die Herrschaft Gottes, die mit dem Dekalog und der → Goldenen Regel die unabdingbare Grundlage aller Fürstenkompetenz war: »Le Règne de Dieu est le principe du gouvernement des Estats« (Richelieu, »Testament politique«).

Gewiß, Frankreichs Staatsmänner von Richelieu bis Talleyrand haben nicht selten ihr privates Eigeninteresse (Statuserhöhung, Besitzerwerb) mit Ehrgeiz betrieben. Aber im Hinblick auf die Krone Frankreich mit ihren europaweiten Verpflichtungen aufgrund völkerrechtlicher Verträge, Bündnisse und Abkommen zogen sie sich immer wieder auf das → Recht zurück, das gegenüber dem nur temporären und schwankenden »Interesse« allein Kontinuität sichern konnte.

Das Gemeine Beste

Die Verengung des »Interesses« auf Eigenliebe, Statusstreben und Eigennutz gehört zu den spezifischen Umpolungen von Begriffsinhalten seit der Frühen Neuzeit. Denn von der ursprünglichen Bedeutung her hieß im Römischen Recht die Formel »inter-esse« nichts anderes als »teil-nehmen« oder »unter-scheiden«. Außerdem konnte sie in substantivierter Form auch als »erlittener Schaden« aufgefaßt werden: Das eigene »Interesse« beachten war demnach gleichbedeutend mit der Aufforderung, einen möglichen Schaden vom Privatvermögen, vom Familienstatus oder auch vom Staat abzuwenden.

In einer Art Umkehrschluß hieß das Wahrnehmen von »Interessen« gleichzeitig, den eigenen Nutzen zu mehren. Geriet dieses Bestreben in Konflikt mit »öffentlichen Interessen«, dann wurde in der Regel erwartet, daß »ein guter Bürger sein Interesse jenem des Staates nachordnete« (Richelieu), zumal Recht und Verfassung ohnedies Grenzen des Machtstrebens bildeten.

Der adlige Kardinalpremier setzte also voraus, daß jeder Bürger (*citoyen*) der Krone Frankreich zwar sein Eigenwohl förderte, aber dabei nicht das Gemeinwohl oder das Gemeine Beste schädigte. Ganz im Sinne der antiken Polis sollte das Individuum auf die Gemeinschaft bezogen sein (→ Menschenbild) und nicht den Versuch unternehmen, den Eigennutz vom großen Ganzen zu isolieren oder gar gegen die Gemeinschaft durchzusetzen. Genau diesen Vorwurf machte er einigen führenden Hugenotten, weil er die Gefahr sah, diese könnten einen »Staat im Staate« bilden und das gesamte Gemeinwesen in Gestalt der Krone Frankreich zerstören.

Sprach Richelieu vom »Interesse«, dann wollte er die »Teilnahme« und »Teilhabe« des »guten Bürgers« sicherstellen, um nicht alle öffentlichen Einrichtungen durch Familien- oder Gruppenegoismus in ihrer Wirksamkeit zu lähmen. Das ist ihm nicht überall gelungen, vor allem nicht im Rechts- und Gerichtswesen. Denn trotz harter Strafandrohungen ging z.B. die Duellsucht im Adel Frankreichs weiter, in der Fénelon und andere Kritiker ein schweres Übel sahen: Es trug zur → Revolution von 1789 mehr bei als alle Verschiebungen in den Produktionsverhältnissen.

Bei allen Verlockungen, der Lehre von den absolut gesetzten »Interessen« nachzugeben, galt doch in den ständisch strukturierten Gesellschaften Alteuropas bis zur Moderne die Regel, daß erst bestimmte Vorrechte oder Privilegien in die Lage versetzen, das persönliche oder familiäre »Interesse« wahrzunehmen – als Bewußtsein der Bindungen und notwendigen Rücksichten auf das Dritte in Gestalt des Gemeinen Besten.

Interessenverbände

Vergewissert man sich, daß »Interessen« als Ausdruck des Eigenwohls bestimmten Schranken und Bindungen unterliegen sowie den Vorrang des → Rechts anerkennen müssen, dann erschließt sich das Phänomen der Interessenverbände in demokratischen Gesellschaften als Ausdruck guter Kompromisse und des *Pluralismus*.

Was immer auch diese meist berufsständisch ausgerichteten Zweckverbände unternehmen, so sollten sie nicht den Vertragsgeist der → Verfassung unterminieren und das Gemeinwohl schädigen. Es gibt zahlreiche Fälle in der Geschichte, in denen ein Gruppenegoismus äußerst destruktiv gewirkt hat. So haben sich vor allem einzelne Fürsten-Dynastien auf Kosten der Stände oft schamlos bereichert (→ Absolutismus). Einige Stände wiederum haben erlebt, daß in ihren eigenen Reihen gewisse Kreise das Eigeninteresse höher stellten als das gesamte Standesrecht: so der Altadel gegenüber dem Neuadel. Selbst in den Gewerkschaftsbewegungen Europas wie Amerikas als besitzstandswahrende Organisationen der Arbeitnehmer gab es Phasen, in denen der materielle Egoismus mehr galt als die Gesamtverantwortung.

Die Beispiele zeigen, daß der pure Egoismus immer dann über den gemeinschaftsbezogenen Individualismus »siegt«, wenn »Interessen« zum Fetisch gemacht und gegen die Rechte anderer ausgespielt oder durchgesetzt werden. Mag das »Interesse« von Bergleuten noch so groß sein, ihren gesundheitsgefährdenden Arbeitsplatz »vor Ort« zu erhalten, so darf es ihren Interessenvertretungen dennoch nicht erlaubt sein, rechtswidrige »Kampfmaßnahmen« zu ergreifen und durch gezielte Verkehrsblokkaden, »wilde Streiks« oder Betriebsbesetzungen die Grundrechte Dritter zu verletzen.

Wie berechtigt das Wahrnehmen von Interessen besonders im Berufsleben auch ist, so bleibt ihm doch die Verfassung mit all ihren Rechtsregeln vorgeordnet. Diese fundamentale Struktur erklärt auch, warum politische Parteien von ihrem Selbstverständnis her nicht Interessen ihrer Wähler im Parlament vertreten dürfen, sondern deren Rechte zu wahren haben (→ Parteiwesen).

Es ist unbestreitbar, daß Interessenverbände unterschiedlicher Art versuchen, in den politischen Parteien Einfluß zu gewinnen. So fühlen sich die Gewerkschaften als Teil der Arbeiterbewegung eher in und von der Sozialdemokratie repräsentiert, während Mittelstands-Vereinigungen (kleinere und mittlere Unternehmer) bei den Christ- oder Freidemokraten ihr Gewicht geltend machen.

Diese mentalen und auch organisatorischen Zuordnungen, wie sie seit Mitte des 19. Jahrhunderts entstanden sind, haben aber heute viel von ihrer Bindungskraft verloren, zumal es gruppen- und parteienübergreifende »Interessen« gibt, die wichtiger geworden sind als Tarifabschlüsse, materielle Besitzstandswahrungen und Lobby-Tätigkeiten im Parlament. Allein die Notwendigkeit des → Umweltschutzes oder die dramatischen Veränderungen in der Industrie (Automatisierung) machen deutlich, daß der Bewahrung von Fundamentalrechten aller eine immer größere Bedeutung zukommt.

Ausblick

Wohin es führt, wenn besonders »nationale Interessen« im Sinne einer machtorientierten Staatsräson alle Verfassungsgebote beiseiteschieben, hat die Außen- und Sicherheitspolitik der USA immer wieder gezeigt. Allein der Vietnam-Konflikt, den gegen nationales und internationales Recht die Präsidenten Kennedy, Johnson und Nixon bis 1974 gewaltsam zu lösen suchten, macht all jene politischen Kräfte suspekt, die »Interessen« vortäuschen, um sich über Rechtsschranken hinwegzusetzen.

Wie stark sich übergeordnetes Recht nach Maßgabe der Kommutation (ohne Ansehen der Hautfarbe oder Rasse) gegen materielle Interessen (weiße Siedler) durchsetzen kann, vermittelt das Ende der Apartheid in der Republik Südafrika. Unter dem Dachbegriff »Justice« gelang es dem Übergangs-Präsidenten de Klerk, den Nelson Mandela einen »rechtschaffenen Mann« nannte, die neue Menschenrechtsverfassung in Kraft zu setzen – allen Widrigkeiten zum Trotz.

Auch die Friedensbemühungen zwischen PLO und Israel, das die »Lebensinteressen« der Palästinenser ebenso anerkennt wie diese das »Lebensrecht« der Juden, geben Anlaß zur Hoffnung auf eine bessere Zukunft. Nach den furchtbaren Erfahrungen mit ehrgeizigen Interessenpolitikern aller Lager und Couleurs scheint der Inbegriff politischer Kultur auch hier endlich zu wirken: Der Goldenen Regel gemäß hat nicht der Zweck die Mittel zu heiligen, sondern Recht und Gerechtigkeit sollen Weg und Ziel bestimmen.

Literatur

v. Albertini, ›Das politische Denken in Frankreich zur Zeit Richelieus‹, in: AfK, 1, 1951 ✦ *Albrecht*, Richelieu, Gustav Adolf und das Reich, 1959 ✦ *v. Alemann*, Organisierte Interessen in der Bundesrepublik, 1989 ✦ *v. Alemann/Forndran* (Hrsg.), Interessenvermittlung und Politik. Interesse als Grundbegriff sozialwissenschaftlicher Lehre und Analyse, 1983 ✦ *v. Allmen*, Theologie zwischen Rechtfertigung und Kritik der Apartheid, 1978 ✦ *Anweiler*, Wissenschaftliches Interesse und politische Verantwortung: Dimensionen vergleichender Bildungsforschung. Ausgewählte

Schriften 1967-1989, 1990 ✦ *Barudio*, ›Zwischen Depotismus und Despotismus: Politische Ideen in Frankreich 1614-1685‹, in: PHPI, 3, 1985 ✦ *Benzner*, Ministerialbürokratie und Interessengruppen. Eine empirische Analyse der personellen Verflechtung zwischen bundesstaatlicher Ministerialorganisation und gesellschaftlichen Gruppeninteressen in der BRD im Zeitraum 1949-1984, 1989 ✦ *H. Best*, Interessenpolitik und nationale Integration 1848/49. Handelspolitische Konflikte im frühindustriellen Deutschland, 1980 ✦ *ders.*, Die Männer von Bildung und Besitz. Struktur und Handeln parlamentarischer Führungsgruppen in Deutschland und Frankreich 1848/49, 1990 ✦ *Bertrand*, ›Les vrais et faux Mémoires du Cardinal de Richelieu‹, in: RH 141, 1922 ✦ *v. Beyme*, Interessengruppen in der Demokratie, 1980 ✦ *Blet*, ›Richelieu et le débuts de Mazarin‹, in: Revue d'Histoire moderne et contemporaine, VI, 1959 ✦ *Blümle* u.a., Wirtschaftsverbände und ihre Funktion, 1985 ✦ *Bonnet-Maury*, Die Gewissensfreiheit in Frankreich vom Edikt von Nantes bis zur Gegenwart, 1912 ✦ *Broszat*, Zweihundert Jahre deutsche Polenpolitik, 1963, 1972 ✦ *C.J. Burckhardt*, Richelieu, 3 Bde., 1936-1967 ✦ *Church*, Richelieu and the Reason of State, 1972 ✦ *Dickmann*, ›Rechtsgedanke und Machtpolitik bei Richelieu‹, in: HZ 196, 1963 ✦ *Döhn*, Politik und Interesse. Die Interessenstruktur der Deutschen Volkspartei, 1970 ✦ *Fagniez*, ›L'opinion publique et la presse critique sous Louis XIII.‹, in: Revue d'Histoire diplomatique, 14, 1900 ✦ *Gahl*, Richelieus Hugenottenpolitik nach dem Gnadenedikt von Nîmes 1629, 1961 ✦ *Habermas*, Erkenntnis und Interesse, 1975 ✦ *Hassinger*, ›Das politische Testament Richelieus‹, in: HZ 173, 1952 ✦ *Henninger*, Konfliktfähigkeit organisierter Interessen. Am Beispiel ärztlicher Organisationen, 1986 ✦ *E. Kaeber*, Die Idee des europäischen Gleichgewichts in der publizistischen Literatur vom 16. bis zur Mitte des 18. Jhds., 1907 ✦ *J.H. Kaiser*, Die Repräsentation organisierter Interessen, 2. Aufl. 1978 ✦ *Kolakowski*, ›Über die Richtigkeit der Maxime »Der Zweck heiligt die Mittel«‹, in: ders., Der Mensch ohne Alternative, 1976 ✦ *Kozielek*, Das Polenbild der Deutschen 1772-1848, 1989 ✦ *Kruchem*, Brücke über die Apartheid. Gespräche im Südafrika des Ausnahmezustandes, 3. Aufl. 1987 ✦ *U. Lenz*, Personenverbände - Verbandspersonen - Kartellverträge. Eine Studie zum Merkmal des gemeinsamen Zwecks im Personengesellschaftsrecht, im Recht der Körperschaften und im Kartellrecht, 1987 ✦ *Lepsius*, Interessen, Ideen, Institutionen, 1990 ✦ *M. Leonhard*, Umweltverbände. Zur Organisation von Umweltschutzinteressen in der Bundesrepublik Deutschland, 1986 ✦ *Mandela*, Mein Kampf gegen die Apartheid, dt. 1991 ✦ *Märtz*, Interessengruppen und Gruppeninteressen in der Demokratie. Zur Theorie des Rent-Seeking, 1990 ✦ *Maritain*, ›Das Ende des Machiavellismus‹, in: Frankfurter Hefte, August/Oktober 1946 ✦ *P. Massing*, Interesse und Konsensus. Zur Rekonstruktion und Begründung normativ-kritischer Elemente neopluralistischer Demokratietheorie, 1978 ✦ *P. Massing/P. Reichel* (Hrsg.), Interesse und Gesellschaft. Definitionen - Kontroversen - Perspektiven, 1977 ✦ *Naudé*, Considérations politiques sur le coup d'Estat, 1639 ✦ *Nürnberger*, Die Politisierung des französischen Protestantismus, 1948 ✦ *Orieux*, Talleyrand. Die unverstandene Sphinx, dt. 2. Aufl. 1991 ✦ *v. Pastor*, Geschichte der Päpste, Bd. 12 u. 13, 1927/28 ✦ *G. Patzig*, Der Unterschied zwischen subjektiven und objektiven Interessen und seine Bedeutung für die Ethik, 1978 ✦ *ders.*, Ethik ohne Metaphysik, 2. Aufl. 1983 ✦ *Prenzel*, Die Wirkungsweise von Interesse. Ein pädagogisch-psychologisches Erklärungsmodell, 1988 ✦ *Rudder u.a.* (Hrsg.), Herrschaft der Verbände, 1988 ✦ *Rudzio*, Die organisierte Demokratie. Parteien und Verbände in der Bundesrepublik, 1982 ✦ *Schmölz*, ›Machiavelli. Die Trennung von Ethik und Politik‹, in: ZfP, 10, 1963 ✦ *F. Schneider*, Der Einfluß von Interessengruppen auf die Wirtschaftspolitik. Eine empirische Untersuchung für die Schweiz, 1985 ✦ *G. Schneider*, Der Libertin. Zur Geistes- und Sozialgeschichte des Bürgertums im 16. und 17. Jhd., 1970 ✦ *Schnur* (Hrsg.), Staatsräson. Studien zur Geschichte eines politischen Begriffs, 1975 ✦ *ders.*, Individualismus und Absolutismus. Zur politischen Theorie von Thomas Hobbes, 1963 ✦ *Spinoza*, Sämtliche Werke, Bd. 3, dt. 1914 ✦ *A. Theis u.a.*, Berücksichtigung von Verbraucherinteressen bei staatlichen Anbietern, 1984 ✦ *A.M. Theis*, Massenmedien und politische Steuerung. Aufklärungskampagnen im Kontext staatlicher Interventionspolitik, 1984 ✦ *R. Theis*, Wiedergutmachung zwischen Moral und Interesse. Eine kritische Bestandsaufnahme der deutsch-israelischen Regierungsverhandlungen, 1989 ✦ *Thuillier*, ›Maximes d'Etat du Cardinal de Richelieu‹ in: La Revue Administrative, 49, 1956 ✦ *F. Traxler*, Interessenverbände der Unternehmer. Konstitutionsbedingungen und Steuerungskapazitäten, analysiert am Beispiel Österreichs, 1982 ✦ *H.E. Treu*, Dualistisches System der Interessenvertretung und Einheitsgewerkschaftsprinzip. Eine Studie über das Verhältnis von Gewerkschaft und Betrieb, 1980 ✦ *ders.*, Die Interessenvertretung von Angestellten. Kollektivistische und individualistische Tendenzen am Beispiel der USA, Großbritanniens und der Bundesrepublik, 1982 ✦ ders., Stabilität und Wandel in der organisatorischen Entwicklung der Gewerkschaften. Eine Studie über die organisatorische Entwicklung der Industriegewerkschaft Bergbau und Energie, 1979 ✦ *Ullmann*, Interessenverbände in Deutschland, 1988 ✦ *Wollenberg*, Richelieu. Staatsräson und Kircheninteresse. Zur Legitimation der Politik des Kardinalpremier, 1977 ✦ *Zernack u.a.*, Polen und und die polnische Frage in der Geschichte der Hohenzollern-Monarchie 1701-1871, 1982.

Industrialismus

Den »Fleiß« des seßhaften und erwerbstätigen Menschen bezeichneten die Römer der Antike als »industria«. Davon leitete sich in der Moderne seit Ende des 18. Jahrhunderts eine Verhaltensweise her, die Erkenntnisdrang und Erfindungsgeist, Unternehmertum und Profitstreben, Naturbeherrschung und Machtvisionen zum Industrialismus vereinigte.

Wie weit diese Triebkraft der Moderne bereits in frühen Visionen des technischen Fortschritts gediehen war, zeigt der englische Staatsmann, Philosoph und Naturforscher Francis Bacon (1561-1626) im Schlußkapitel seiner Utopie »Neu-Atlantis«. Sie wurde erst 1638 veröffentlicht und vermittelte anhand der Reichtümer des »Hauses Salomo« ein Szenarium, dessen Fülle an das Sortiment eines heutigen Industrie- und Rüstungskonzerns erinnert: Der Katalog bietet »künstliche Metalle« an, preist »kunstvolle Sehrohre«, empfiehlt »Dünger und Treibstoffe«, kennt Züchtungs- und Gentechniken, offeriert sogar Flugzeuge und Schiffe, »die unter Wasser fahren«, kennt Kinos als »Haus der Blendwerke«, allerlei »Heilmittel« und selbst ein »Paradieswasser« als Jungbrunnen eines Lebens, das sich seiner natürlichen Bestimmung entziehen möchte – dem Tod.

Bacon bezog sich auf technische und industrielle Errungenschaften, die schon Leonardo da Vinci (1452-1519) skizziert hatte und die nur ein paar Generationen später verwirklicht werden sollten: In einer modernen Welt des »überhand nehmenden Maschinenwesens« (Goethe) sowie in einer Konzentration geistiger und materieller Kräfte wie seit der Pharaonen- und Römerzeit nicht mehr.

Was allerdings damals in der Verehrung des Sonnengottes Ra oder des Göttervaters Jupiter an technischen Hochleistungen geschaffen wurde (Pyramiden, Aquädukte), stand im Dienst der Natur und des Menschen. Der europäisch-amerikanische Industrialismus hingegen entfaltete mit der »Entzauberung« Gottes und der Natur durch die Philosophie der → Aufklärung ein Fortschrittsdenken, das zum Raubbau an Rohstoffen führte, die Zerstörung von natürlichen Lebenswerten in Kauf nahm (→ Umweltschutz) und sich an Maschinen um ihrer selbst willen begeisterte.

Industrielle Revolution

Lange vor der Erfindung der Dampfmaschine durch den Engländer James Watt (1736-1819) hatte die vielfältige Nutzung der Wasserkraft körperliche Anstrengungen des arbeitenden Menschen ergänzt oder sogar ersetzt. Besonders im Bergbau als dem Kernbereich der »modernen Industrie« seit dem Mittelalter haben neuartige Pumpwerke die Erschließung von Lagerstätten ermöglicht, und Mühlen aller Art steigerten die Produktivität. Die genau dosierte Anwendung von komprimiertem Wasserdampf erweiterte nur eine schon vorhandene Technik im Bereich des effektiven Antriebs: über das noch individuell betriebene Handwerk und das schon fabrikmäßige Manufakturwesen hinaus hin zu kostengünstigen und gewinnträchtigen Massenfertigungen.

Der Übergang von der Muskelkraft zur Maschinentätigkeit war zweifellos ein bedeutender Einschnitt in der Technikgeschichte. Selbst dem Aristokraten, Politiker und Diplomaten Alexis de Tocqueville (1805-59), der nichts mit dem Dreck, Lärm und den giftigen Dämpfen des technischen Zeitalters zu tun hatte, sah in diesem Bereich menschlicher Fertigkeiten »eine große Revolution« am Werk: allerdings nicht im Hinblick auf die destruktiven Technikfolgen (Luftverschmutzung, Waldsterben, Lebensweltbelastung), sondern hinsichtlich des unaufhaltsamen Aufstiegs der »industriellen Klasse«.

Darunter verstand er nach einem Aufenthalt in den USA (1831/32) und aufgrund seiner Beobachtungen in Frankreich aber nicht den noch weitgehend unorganisierten »Arbeiter-Stand«, sondern die neuen Unternehmer. In ihrem oft rabiaten Verhalten erkannte Tocqueville das rohe »Manchestertum« ausbeuterischer wie patrimonial gesinnter Fabrikanten (→ Liberalismus) und leitete davon ein inneres Bewegungsgesetz des Industrialismus ab: Auf der einen Seite drängte das materiell erfolgreiche »gewerbliche Eigentum« zu einer gewissen Unabhängigkeit, ja zu Autokratie und »Despotismus«; auf der anderen Seite wurde in diesem industriellen Prozeß deutlich, daß das Unternehmertum mit seinem Besitzstreben »die Bevölkerung mit jedem Tag in eine stärkere Abhängigkeit zwingen« konnte.

Trotz aller technischen Neuerungen hatte der französische Adelige erkannt, daß sich die Zukunft des neuen Zeitalters weniger an den Maschinen ausrichten würde als vielmehr an der Eigentumsfrage und der materiellen Möglichkeit, die nötigen Investitionen zu tätigen. Das dafür erforderliche *Risikokapital* konnte in Europa nur vom »größten aller Industriellen« kommen, vom jeweiligen König als Souverän und Inhaber der »Zentralgewalt« in einem Staat, dessen Steueraufkommen die Investitionen lenken sollte. Ganz im Sinne des alteuropäischen und vorindustriellen *Regalismus* (Nutzung des Bergbaus und Hüttenwesens durch Adelige, Fürsten und Könige) begreift Tocqueville das Revolutionäre der neuen Lage als Rückgriff auf altes Eigentumsgebaren: »Die Souveräne eignen sich also den größten Teil jener Kraft an, den die Industrie heute in der Welt erzeugt, und verwenden ihn für ihre eigene Zwecke. Die Industrie bestimmt über uns, und sie bestimmen über die Industrie.«

Mühlen (Landwirtschaft), Sägewerke (Waldnutzung, Hausbau), Hütten- und Hammerwerke (Bergbau, Kanonenguß, Waffenproduktion) oder die seit 1809 durch Schlagbohrungen erschlossenen Salzlager zeigten eher Aristokraten und Großgrundbesitzer am Werk als »bürgerliche Kapitalisten«. Denn sie verfügten über Kreditsicherheiten und Eigenkapital. Außerdem mußten Fürsten und Souveräne als Patrimonialeigner nach 1806 verstärkt darauf bedacht sein, ihre stehenden Heere ständig zu rüsten, um das politische Gleichgewicht nach den Beschlüssen des Wiener Kongresses von 1815 nach innen und außen zu sichern.

Was immer auch die industrielle Revolution, wie die Industrialisierung Englands seit 1837 von Blanqui und seit 1845 von Engels genannt wurde, an technischen Errungenschaften (Eisenbahnbau) hervorgebracht hat, so bleibt sie doch hinsichtlich der Eigentumsfrage der Vorstellung verhaftet, gleichsam selbstherrlich und autokratisch über Menschen und Maschinen verfügen zu dürfen – jedenfalls nicht treuhänderisch gegenüber einer Natur, die mit Hilfe von Flußbegradigungen, Staudämmen, Trockenlegungen oder Unmengen von Kunstdünger gefügig gemacht werden soll.

So haben weder die Erfindung und Nutzung der Elektrizität (Volta) seit 1800 noch der Bau von Eisenbahnen (1835 zwischen Nürnberg und Fürth) oder das Erbohren und Verarbeiten von Öl seit 1859 (Drake, Rockefeller) sowie die Erfindung des Verbrennungsmotors (Otto) oder die industrielle Produktion von Dynamit (Alfred Nobel) seit 1867 die überkommene Eigentumsordnung bestimmt oder auch nur graduell verändert. Vielmehr wurden diese und andere Hochleistungen in Technik und aufstrebender Großchemie (BASF, HOECHST, BAYER), die das Alltagsleben »revolutioniert« haben (Haus- und Straßenbeleuchtung), in ihrem Eigentumswert konventionell definiert und ins geltende Verfassungs- und Rechtssystem integriert (→ Eigentum, → Erbwesen). Vorindustrielle Strukturen und Mentalitäten wirkten demnach ungebrochen weiter, ja sie prägten gar den Industrialismus als Ausdruck eines neuartigen Aristokratismus in Gestalt der *Industrie-* oder *Schlotbarone* (Graf Volta, Justus von Liebig, Werner von Siemens, Krupp von Bohlen und Halbach, »Dynamitkönig« Alfred Nobel, »Autokönig« Ford in den USA).

Rüstung

Im Jahre 1958 sprach der ehemalige General und amtierende US-Präsident Dwight D. Eisenhower (1890-1969) davon, daß der entstandene »militärisch-industrielle Komplex« ein Gewicht im Wirtschaftsleben der USA bekommen habe, das in Zukunft gefährlich werden könnte.

Damit beschrieb der besorgte »Republikaner« eine Situation, die sich schon hundert Jahre zuvor abzuzeichnen begann. Wurde noch im Krimkrieg zwischen 1853 und 1856 mit dem Vorderlader-Gewehr gekämpft, so setzte das stehende Heer Hohenzollern-Preußens im »Deutschen Krieg« (Fontane) von 1866 zum ersten Mal das Zündnadelgewehr ein: Diese technische Neuerung »revolutionierte« das Kriegswesen und stärkte die Rüstungsindustrie.

Deren wichtigstes Kennzeichen war die patrimoniale und zentralistische Abschottung – auch gegenüber parlamentarischer Kontrolle –, die manchen Verfassungskonflikt heraufbeschwor. Diese unverkennbare Tendenz, jede treuhänderische Mitsprache zu verhindern, hatte schon Tocqueville bemerkt und auf die Gefahr hingewiesen, die aus einer Konzentration der Kräfte erwächst: »Der kriegerische Geist liebt die Zentralisation, die seine Kräfte stärkt, und der Geist der Zentralisation liebt den Krieg, der die Nationen zwingt, alle Gewalt in die Hand des Staates zusammenzulegen« (»Über die Demokratie in Amerika«).

Damit wird verständlich, warum sich der Industrialismus immer wieder auf dem Rüstungssektor betätigte und in seiner Innovationskraft bestätigt fühlte. Denn aus dem staatlichen Steueraufkommen konnten technische Risiken, Fehlentwicklungen und Erprobungsverluste auf eine Weise vorfinanziert und abgefangen werden, zu der ein Privatunternehmen kaum in der Lage gewesen wäre.

Dieser Mechanismus von staatlicher Kapitalisierung auch privater Rüstungsfabriken galt nicht nur in ausgesprochenen Patrimonialsystemen wie im autokratisch regierten Rußland, wo die Gebrüder Ludwig und Robert Nobel seit 1862 neben Waffenfabriken ein riesiges Öl-Imperium (Baku) aufbauen durften. Er ist auch im parlamentarischen England zu beobachten, das sich im Rüstungswettlauf mit dem halb-diktatorischen Deutschen Reich eine kostspielige Rüstungspolitik zur See (Flottenbau) leistete. Im Jahre 1912 wurde die Kohlebefeuerung der Flotte durch Ölantrieb ersetzt (Churchills Vorschlag) und ein regierungseigenes Ölunternehmen gegründet, die British Petroleum (BP). Selbst und gerade in den USA, wo nach dem Bürgerkrieg seit 1865 das »freie Unternehmertum« gepriesen wurde, änderten sich die Verhältnisse in Richtung einer staatlichen Absicherung: »Einige führende selbständige Erfinder sind vor dem Ersten Weltkrieg bei der Entwicklung ihrer Erfindungen mit großen Summen vom Militär finanziert worden« (Hughes).

Obgleich die *Anti-Trust-Bewegung* im Geiste einer liberalen → Marktwirtschaft die starke Patrimonialisierung und Konzentration im amerikanischen Unternehmertum schon mit dem Sherman-Act von 1905 aufbrechen konnte, kam es in rüstungsnahen Industrien immer wieder zur Bildung von »Autokratien« und Industrie-Dynastien, besonders in der kriegswichtigen Ölindustrie: Mogule wie Frank Phillips, Paul Getty oder Harry Sinclair betrieben die Bildung »absolutistischen« Eigentums selbst im Rahmen von Aktiengesellschaften. Diese im Grunde vorindustrielle Besitz-Ideologie hinderte die Marine, das Heer und die neue Luftwaffe der USA aber nicht, Rüstungsprogramme aus Steuermitteln von Privatunternehmen durchführen zu lassen – bis zum *Manhattan Project*, dem Bau der ersten Atombombe während des Zweiten Weltkriegs.

Der Industrialismus hatte vor allem seit dem Krieg mit Spanien um Kuba (1898) die Politik der USA erfaßt, deren Präsidialregierungen sich fortan verstärkt um die »nationale Sicherheit« sorgten und dann auch die wachsende Weltmachtrolle militärtechnisch zu bewältigen suchten. Die Interventionen von 1917 und 1944 in Europa sowie der anschließende »Kalte Krieg« mit der Sowjetunion, Rot-China und Vietnam haben Eisenhowers Eindruck von 1958 nur bekräftigt: Die → Abhängigkeiten der Rüstung von staatlicher Vorfinanzierung, Kreditvergabe und Risikoabsicherung hatten mit einer liberalen → Marktwirtschaft wenig zu tun.

Noch stärker als in den USA, wo es immerhin eine kritische Öffentlichkeit gibt sowie eine Reihe von öffentlichen Institutionen, die Kontrollfunktionen ausüben, war in der Sowjetunion die gesamte Politik der Bolschewisten darauf gerichtet, die Wirtschaft auf die *Kriegsfähigkeit* des Landes festzulegen und die Rüstung voranzutreiben: erstaunlicherweise von 1921 bis 1931 unter massiver Hilfe der USA und dann wieder ab 1941 bis zum Kriegsende.

Das Phänomen der »befehlsgesteuerten Wirtschaft« (McNeill) konnte in den USA durch die parlamentarische Arbeit des Kongresses in bestimmten Formen überprüft und sogar korrigiert oder abgebaut werden. Aber es hat auch hier eine spezifische Eigendynamik entwickelt und mit kostenintensiven Projekten wie dem SDI-Programm unter Präsident Reagan (1981-91) deutlich werden lassen, wo die Grenzen der materiellen Belastbarkeit liegen, die der Privatkapitalismus unter Marktbedingungen gar nicht tragen könnte oder wollte.

Dem Machtsystem der Sowjetunion mit ihrem ausgeprägten »Staatskapitalismus« (Lenin) hat die kriegsorientierte »Kommando-Wirtschaft« sogar das vorzeitige materielle Ende bereitet: Das Imperium der KPdSU hatte sich im *Rüstungswettlauf* mit den USA und den anderen Atommächten (Großbritannien, Rot-China und Frankreich) auf Kosten der Konsumgüter-Wirtschaft und des privaten Lebens förmlich »totgerüstet«: Bis 1991 eine Wende vollzogen und vor allem die Atomrüstung erheblich zurückgenommen wurde.

Ausblick

Der seit 1884 durchgehend gebräuchliche Begriff der »industriellen Revolution« bezog sich nicht auf die Eigentumsverhältnisse in Manufakturen und multinationalen Konzernen, sondern lediglich auf die Folgewirkungen technischer Neuheiten, innovativer Verfahren und kreativer Fertigkeiten, die umwälzend in die

Arbeits- und Lebenswelt vieler Menschen eingegriffen haben.

So spricht man seit der Einführung des Fließbandes in der Autofertigung bei Ford und vornehmlich seit dem Einsatz von Rechnern oder Computern in fast allen Bereichen der Industrie, Technik und Wirtschaft gern von der Zweiten Industriellen Revolution: Als handele es sich bei der zunehmenden Automatisierung und Rationalisierung industrieller Arbeitsplätze um eine »Umwälzung der materiellen und geistigen Lebensbedingungen« (Carlo Schmid).

So sehr die Auswirkungen dieser inneren Umstrukturierung überall zu beobachten sind (zunehmende Entleerung und Rationalisierung von Arbeit, Sinnkrisen als Folge von Entfremdung), so haben sie in den gängigen Eigentums- und Verfügungsordnungen nur wenig verändernd gewirkt. Mitbestimmungsmodelle wie im Montanbereich, Betriebsverfassungsgesetze und selbst das System der »Volksaktien« oder andere Formen der Vermögensbildung in Arbeitnehmerhand haben nicht verhindern können, daß sich der Industrialismus gegen Ende des 20. Jahrhunderts noch einmal »revolutionierte«: Die sogenannten »Saurier-Industrien« wie der Kohlebergbau, Stahlwerke und manche Zweige der Großchemie werden abgelöst und durch ganz neue Arbeitsfelder ersetzt – vor allem durch die Kommunikationstechnik mit ihren schier unerschöpflichen Möglichkeiten.

Was vom Industrialismus geblieben ist, bezieht sich nicht nur auf die negativen Technikfolgen, sondern auch auf seine Unfähigkeit, treuhänderisch mit der anvertrauten Natur und den Menschen umzugehen. Es spricht viel dafür, daß die Verfechter der angebrochenen Dritten Industriellen Revolution besonders diese Frage anders beantworten müßten als ihre Vorgänger.

Literatur

Albrecht (Hrsg.), Technikkontrolle und Internationale Politik. Die internationale Steuerung von Technologietransfers und ihre Folgen, 1989 ✦ *Beniger*, The Control Revolution: Technological and Economic Origins of the Information Society, 1986 ✦ *Berghahn/Deist* (Hrsg.), Rüstung im Zeichen der wilhelminischen Weltpolitik. Grundlegende Dokumente 1890-1914, 1988 ✦ *L. Brandt*, Die Zweite Industrielle Revolution, 1957 ✦ *R. Braun* (Hrsg.), Gesellschaft in der Industriellen Revolution, 1973 ✦ *Breitschwerdt u.a.*, Rüstungskonversion, Facetten einer Strukturfrage, 1988 ✦ *Bright jr.*, The Electric-Lamp Industry: Technological Change and Economic Development from 1800 to 1947, 1949 ✦ *Büsch* (Hrsg.), Industrielle Revolution und europäische Wirtschaft im 19. Jhd., 1976 ✦ *Bungard/Lenk* (Hrsg.), Technikbewertung in philosophischer und psychologischer Sicht, 1988 ✦ *Callies* (Hrsg.), Rüstung im Weltraum, 1988 ✦ *W.B. Carlson*, Invention, Science and Business: The Professional Career of Elihu Thomson, 1870-1900, 1984 ✦ *A.D. Chandler*, Scale and Scope: International Comparison of the Dynamics of Managerial Capitalism, 1990 ✦ *Dahrendorf*, Soziale Klassen und Klassenkonflikte in der industriellen Gesellschaft, 1957 ✦ *Davis u.a.* (Hrsg.), Rüstung, Modernisierung, Reform. Die sowjetische Verteidigungswirtschaft in der Perestrojka, 1989 ✦ *Dickson*, Alternative Technology and the Politics of Technical change, 1974 ✦ *Dierkes/Petermann* (Hrsg.), Technik und Parlament. Technikfolgen-Abschätzung: Konzepte, Erfahrungen, Chancen, 1986 ✦ *Dyer/Martin*, Edison: His Life and Inventions, 1910 ✦ *Enos*, Petroleum Progress and Profits: A History of Process Innovation, 1962 ✦ *W. Fischer*, Wirtschaft und Gesellschaft im Zeitalter der Industriellen Revolution, 1972 ✦ *Fiske*, Naval Power, United States Naval Institute Proceedings, 1911 ✦ *Forum Zukunft* (Hrsg.), Technik und Verantwortung. Zur Verantwortung in komplexen technischen Systemen dargestellt am Beispiel Verkehr, 1989 ✦ *Garbe/Lange* (Hrsg.), Technikfolgenabschätzung in der Telekommunikation, 1991 ✦ *Gemper*, Industrial Policy – Structural Dynamics, 1985 ✦ *Georg-Agricola-Gesellschaft* (Hrsg.), Technik und Kultur, 11 Bde., 1989-92 (mit Registerband) ✦ *Gugel u.a.*, Rüstung und Wirtschaft, 1986 ✦ *Hassenpflug* (Hrsg.), Industrialismus und Ökoromantik. Geschichte und Perspektiven der Ökologisierung, 1991 ✦ *Held/Molt* (Hrsg.), Technik von gestern für die Ziele von morgen? Energiepolitische Orientierungen auf dem Weg zur postmaterialistischen Gesellschaft, 1986 ✦ *Henning*, Die Industrialisierung in Deutschland 1800-1914, 1984 ✦ *Hounshell*, From the American System to Mass Production: The Development of Manufacturing Technology in the United States, 1984 ✦ *Th.P. Hughes*, Die Erfindung Amerikas. Der technologische Aufstieg der USA seit 1870, dt. 1991 ✦ *Jardim*, The First Henry Ford: A Study in Personality and Business Leadership, 1970 ✦ *Jewkes/Sawers/Stillerman*, The Sources of Invention, 1969 ✦ *Krell* (Hrsg.), Die Rüstung der USA. Gesellschaftliche Interessen und politische Entscheidungen, 1981 ✦ *McNeill*, The Pursuit of Power: Technology, Armed Forces and Society since A.D. 1000, 1982 ✦ *E. Michel*, Sozialgeschichte der industriellen Arbeitswelt, 4. Aufl. 1960 ✦ *Mietzsch/Wahrendorf*, Technikfolgenabschätzung. Dokumentation eines Presse-Workshops im Institut für Genbiologische Forschung Berlin, 1990 ✦ *Miles*, History of Research, 1955 ✦ *Nielebock* (Hrsg.), Rüstungsexport. Analysen, Daten, Stellungnahmen, 1984 ✦ *Noble*, Forces of Production: A Social History of Industrial Automation, 1984 ✦ *Otten*, Die Welt der Industrie, 2 Bde., 1986 ✦ *Pfahlmann*, Die Industrielle Revolution, 1985 ✦ *Pollock*, Automation, 7. Aufl. 1966 ✦ *Popitz*, Epochen der Technikgeschichte, 1989 ✦ *ders.*, Phänomene der Macht. Autorität – Herrschaft – Gewalt – Technik, 1986 ✦ *ders.*, Prozesse der Machtbildung, 3. Aufl. 1976 ✦ *Propyläen Technikgeschichte*, 5 Bde., 1990-91 ✦ *R. Rhodes*, The Making of the Atomic Bomb, 1986 ✦ *Lexikon Rüstung*, Frieden, Sicherheit, 1987 (Hrsg. L. Dieter) ✦ *Scheffran*, Rüstungskontrolle bei Anti-Satelliten-Waffen. Risiken und Verifikationsmöglichkeiten, 1986 ✦ *ders.*, Rüstungskontrolle im Weltraum, 1986 ✦ *C. Schmid*, Mensch und Technik, 1956 ✦ *SIPRI* (Hrsg.), Jahrbuch Rüstung und Abrüstung, 1988ff. ✦ *Smiles*, Men of Invention and Industry, 1884 ✦ *Sonntag* (Hrsg.), Rüstung und Ökonomie, 1982 ✦ *Strümpel* (Hrsg.), Industrial Societies after the Stagnation of the 1970s – Taking Stock from an Interdisciplinary Perspective, 1989 ✦ *Széll* (Hrsg.), Rüstungskonversion und Alternativproduktion, 1987 ✦ *Tokunaga/Bergmann* (Hrsg.), Industrial Relations in Transition. The Cases of Japan and the Federal Republic of Germany, 1984 ✦ *Weissenburger*, Monetärer Sektor und Industrialisierung der Sowjetunion (1927-1933), 1983 ✦ *Zöpel* (Hrsg.), Technikkontrolle in der Risikogesellschaft, 1988.

Kapitalismus

Unter allen wichtigen Neologismen der Moderne wie »Absolutismus«, »Feudalismus« oder »Sozialismus« gilt die Bezeichnung *Kapitalismus* für ein hochentwickeltes Waren-, Geld- und Wirtschaftssystem als der »verketzerte Begriff« (v. Bethmann) schlechthin.

Zu der durchgehend negativen Besetzung dieses Wortes kam es vor allem nach dem Erscheinen des Epochenwerkes »Das Kapital« (1867), mit dem Karl Marx das »versteckte Geheimnis« der kompliziert gewordenen Warenwelt lüften wollte. Dabei fand er hinter der Profitsucht der »Kapitalisten« als Unternehmer den Raub am *Mehrwert* beim Verkauf von manuell oder maschinell hergestellten Waren aller Art – zu Lasten der eigentlichen Produzenten und damit des »Arbeiters« (→ Arbeit).

Bei dieser Entlarvung des »Mystizismus der Ware« blieb Marx in seiner Fundamentalkritik aber nicht stehen. Denn er übertrug das »Bewegungsgesetz« der Profitmaximierung, das sein Vorgänger Adam Smith (1723-90) als Begründer der modernen Nationalökonomie noch positiv gesehen hat, auf den gesamten Geschichtsprozeß seit der Antike. Analog zur Vier-Stadien-Lehre im »Höhlengleichnis« bei Plato projizierte Marx die fortschreitende »Befreiung« oder → Emanzipation des Menschen auf vier Phasen der Wirtschaftsgeschichte: das Sklavenwesen der Antike, den → Feudalismus des Adels während des Mittelalters und auf das Kapitalverhalten des → Bürgertums. Dieses sollte in einer vierten »Entwicklungsstufe« der materiellen Produktivkräfte (Bergbau, Hüttenwesen, Industrie, Manufakturen, Maschinenwelt) im → Sozialismus von der »Arbeiterklasse« überwunden werden – hin zur Erfüllung der Zeiten in einer nicht-entfremdeten und gerechten Gesellschaft.

Obgleich Marx und Engels vom »Kapital« sprachen und damit ein betrügerisch angehäuftes und ausbeuterisch eingesetztes Geldvermögen sahen, hat sich der »Kapitalismus« als ideologisch eingesetzter Kampfbegriff weniger bei ihnen als in der Rezeption ihrer Theorie herausgebildet. So schrieb der ehemalige Liberale Johann Philipp Becker zum 50. Jahrestag des Hambacher Festes an die Adresse der deutschen Sozialdemokratie: »Die Signatur der Zeit ist Klassenkampf: hie Kapitalismus und Bourgeoisie, hie Sozialismus und Proletariat; hie eine herrschende und ausbeutende, hie eine unterdrückte und ausgebeutete Klasse ... der aller sittlichen Grundlage bar gewordene Kapitalismus wird an sich selbst zu Grunde gehen« (1882).

Das System der staatstragenden Kräfte wie Kirchen, Junker und Kapitalisten galt als moralisch verkommene Gegenwelt zur »durchsitteten Sozialdemokratie« und ihrem angestrebten »Sozialismus«. Es war deshalb schon ein Wagnis, daß sich Werner Sombart (1863-1941) ab 1891 in seinen nationalökonomischen Schriften des neuen Begriffes annahm, ihn 1902 in seinem Hauptwerk »Der moderne Kapitalismus« systematisch aufbereitete und von bisherigen Verteufelungen absetzte.

»Lob des Kapitalismus«

Angesichts einer Reihe von Verbesserungen im industriell bestimmten Wirtschaftsleben war Sombart ähnlich den »Revisionisten« in der Sozialdemokratie davon überzeugt, daß die *Verelendungstheorie* bei Marx und Engels keine Gesetzmäßigkeit sein kann. Es gab für ihn eine Reihe von Hinweisen, daß der Kapitalismus nicht an seinen inneren Defekten scheitern wird, sondern in der Lage ist, seine Mängel und funktionellen Defizite allmählich zu beheben. Das schon von Adam Smith gelobte

Streben nach individueller Hochleistung im Wirtschaftsleben erfüllte seiner Ansicht nach auch einen gemeinverträglichen Zweck, wenn es für die lokale, regionale oder nationale Gemeinschaft genutzt wurde.

Dieses Ziel der Gegenseitigkeit, wie sie von »gerechten« Verträgen erwartet wurde, hatte schon Aristoteles im Buch V der Nikomachischen Ethik beschrieben, als er auf das Verhältnis von »Gewinn« und »Verlust« einging, wie es für das Gedeihen aller Kaufs- und Verkaufstätigkeit beachtet werden muß.

Was Marx und Engels letztlich kritisierten, waren Auswüchse des Eigentumsverhaltens bei Privatunternehmern, die jenen Erscheinungsformen ähnelten, wie sie im dynastischen → Absolutismus zu beobachten waren, der die Sozialbindungen des libertär gestalteten Feudalsystems nicht mehr wahrnehmen wollte. Entsprechend war der Manchester-Kapitalismus mit seinen brutalen und menschenverachtenden Zügen, wie ihn Marx und Engels in England kennengelernt hatten, eine Perversion des Privateigentums, dessen »absolutistisch« gesinnte Verfechter alle Gebote des → Treuhandwesens und des Gemeinwohls verletzten.

Es kam also darauf an, mit der Garantie des → Eigentums auch an Produktionsmitteln dessen soziale → Verantwortung zurückzugewinnen. Sombart erkannte, daß an die Stelle des Ersetzungsmodells bei Marx ein Ergänzungsmuster zu treten hatte, wenn das Wirtschaftsleben in seiner vollen Realität erfaßt werden sollte: Dazu gehörte der Adel mit seiner Agrarwirtschaft, der Mittelstand als Träger des Handwerks, Teile des Bürgertums als Vertreter von Handel und Industrie sowie die Arbeiterschaft mit ihren Lohn- und sozialen Sicherungsinteressen.

Zu diesen vier Hauptbereichen des modernen Wirtschaftslebens kam noch der → Staat mit seinen wirtschaftlichen Interventionen und Aufträgen (Rüstung, Energie, Infrastruktur), die Sombart nur am Rande beachtete, zu denen aber Friedrich Naumann anmerkte: »Eine Geschichte des Kapitalismus ohne Napoleon und Bismarck ist von vornherein lückenhaft«.

Dieser wesentliche Hinweis machte darauf aufmerksam, daß alles Wirtschaften weder in einem rechtsfreien Raum noch in einer staatsfernen Ordnung betrieben werden kann, demnach einer Reihe besonderer äußerer Bindungen unterliegt – also vor allem Abgaben, Steuern und Versicherungen ebenso zu beachten hat wie die staatlich regulierte Währungs- und Geldpolitik. Auch der Kapitalismus ist aufgrund der angestrebten Vertrags-, Tausch- oder Verkehrsgerechtigkeit (Kommutation) von einem politischen System abhängig, das bestimmte Rahmenbedingungen sichert (Eigentumsgarantie, Rechtsstaatsgebot, Einklagbarkeit von Schädigungen), um ein »Optimum an Gerechtigkeit« (v. Bethmann) zu erreichen.

Allerdings hat die Betonung der materiellen wie ideellen Leistungsfähigkeit einer sozial verantwortlichen und kapitalistischen Wirtschaft (→ Marktwirtschaft) oft die strukturellen wie historischen Abhängigkeiten ins Gegenteil verkehrt. So hat nicht der Kapitalismus seit den Zeiten des »Laissez-faire« (→ Liberalismus) »Rechtsstaat und Demokratie möglich gemacht« (PPH), sondern die bestehenden Rechts- und Staatsordnungen haben neben dem Zunft- und Gildenwesen ein »freies Spiel« der Wirtschaftskräfte erlaubt. Im Teutschen Frieden von 1648 wurde der *Freihandel* zugelassen und im Rechtsrahmen der Reichsverfassung gesichert. Nicht wesentlich anders war es bei den Verfassungen von 1791, 1793 und 1795 im revolutionären Frankreich: Die politische Ordnung ging dem neuen Wirtschaftssystem voraus und legte dafür die rechtlichen »Spielräume« fest.

Denkt man nur an den prägenden Einfluß des eigentumssichernden Privatrechts von 1734 in Schweden auf die Wirtschaftsverfassung des Landes bis heute oder in ähnlicher Weise an den Code Napoléon seit 1804 und selbst an das Bürgerliche Gesetzbuch (BGB) von 1900 für das Deutsche Reich, das trotz Novellierungen im Prinzip noch heute gilt, dann darf die entscheidende Frage nicht lauten: Was leistet der Kapitalismus für die Gerechtigkeit? Vielmehr muß der Imperativ gelten: Das Gerechtigkeitsgebot leitet die Wirtschaft!

Von der »gerechten Münze« angefangen, ohne die es kein nutzbringendes Wirtschaften gibt, bis hin zu unabdingbaren Verfassungsgeboten wie im Artikel 14 des Grundgesetzes (»Eigentum verpflichtet«) und zu »gerechten Steuern« schafft erst die Vertragsordnung der → Demokratie die Basis dafür, daß individuelle Eigeninitiative, Wettbewerbsfähigkeit, Standortsicherheit, Ausbildungsniveau und selbst die Investitionstätigkeit bis hin zu Kreditvergaben in depositäre Wechselwirkungen treten. Nimmt man noch die staatliche Währungs-, Konjunktur- und Zinspolitik hinzu, dann verstärkt sich die Interdependenz von Verfassung, Recht, Politik und Wirtschaft. Wird dieses hochdifferenzierte System der Gegenseitigkeiten nicht wahrgenommen und dauernd gepflegt, mindert sich die Leistungsbereitschaft, weil seine wichtigste Antriebskraft geschwächt wird: nicht der oft beklagte und auch bewunderte Ellbogen-Egoismus des »kalten Kapitalismus« in all seiner gewinnorientierten »Rationalität« (Max Weber), sondern das von einer freiheitlichen Grundordnung gewährte, geförderte und rechtlich gesicherte *Vertrauenskapital*.

Es werden fast jeden Tag in irgendeinem Wirtschaftsbereich oder Handelssektor Verträge verletzt und betrügerisch mißbraucht: Ob von Managern der gewerkschaftseigenen Unternehmen Neue Heimat und Coop das Treuhandgebot der »Gemeinwirtschaft« grob mißachtet wurde oder Manager von Banken besonders in Europa ihr Insiderwissen nutzen, um mittels »Strohmännern« an den Börsen Spekulationsgewinne zu erzielen.

Trotz dieser Mängel, die oft dem Marktkapitalismus als »System« zur Last gelegt werden, obgleich sie auf personellen Schwächen beruhen, scheint diese Wirtschaftsweise in hohem Maße belastbar zu sein. Sie bewältigt selbst schwere Bankrotte bis hin zum Zusammenbruch von Aktiengesellschaften und → Multis. Aber die häufig beschworenen *Selbstheilungskräfte* dieser Währungs- und Wirtschaftsordung stoßen immer wieder an Grenzen, die auch Vertretern des »radical capitalism« (Milton Friedman) zu denken geben sollten: »Denn die Wirtschaft ist von der Politik abhängig ...« (v. Bethmann).

Der Kapitalmarkt

Lange vor den rabiaten Methoden des Manchester-Kapitalismus im monarchisch-parlamentarischen England des 19. Jahrhunderts und auch schon vor der Jahrhundertspekulation von 1721, wie sie John Law (1671-1729) in Frankreich ausgelöst hatte, gab es die Vorstellung vom »politischen Geld«.

Darunter verstand man zu Beginn des 17. Jahrhunderts und während des Teutschen Krieges (1618-48) eine bestimmte Gewinnerwartung aufgrund politisch gesicherter Handelswege und eines Kreditwesens als politische »Vertrauenssache«. Ein wichtiger Teil der Kriegsfinanzierung Schwedens und Frankreichs mittels der handelskapitalistischen Niederlande wäre ohne die Wechselwirkung von → Politik und Kapital kaum möglich gewesen.

Eine ähnliche Beobachtung läßt sich auch im deutschen Bereich nach dem Zweiten Weltkrieg machen, der von den Nazis durch eine anhaltende Geldentwertung im Rahmen einer Planwirtschaft und mit einer Hyper-Verschuldung (rund 400 Milliarden Reichsmark) »finanziert« wurde. Hier haben nicht die Kapitalisten den → Krieg als gigantische Wertvernichtung verursacht, sondern die vorhandene Kapitalordnung wurde mittels der Reichsbank (Hjalmar Schacht) mißbraucht, um Menschen und Material zu zerstören.

Aus diesen Erfahrungen wurden denn auch bei der *Währungsreform* von 1948 in den drei Westzonen und ab 1949 für die Bundesrepublik Deutschland grundlegende Konsequenzen gezogen: Die neu geschaffene Bundesbank kann im Verbund mit den Landeszentralbanken als ein »Verfassungsorgan« zwar in einzelnen Fällen »ausgetrickst« (Helmut Schmidt) werden, aber die Bundesregierungen haben nur beschränkte Möglichkeiten, die relative Autonomie dieser »Hüterin der Währung« zu schwächen oder zu unterlaufen.

Diese verfassungsgebundene → Unabhängigkeit bedeutet jedoch nicht, daß die Bundesbank völlig »unpolitisch« agiert. Jedes Signal – vor allem in ihrer Zinspolitik – wirkt sich auf die Geldwertstabilität, das wirtschaftliche Wachstum, die Beschäftigungslage und auf die Zahlungsbilanzen privater wie öffentlicher Haushalte aus. Tatsächlich steuert sie vom Gerechtigkeitsgebot des Grundgesetzes geleitet wesentliche Bereiche in Staat, Wirtschaft und Gesellschaft – im Vertragsgeist der Schadensabwehr und der erhofften Nutzenmehrung.

In diesem Sinne wirkte sich auch seit 1948/49 die öffentliche Kapitalpolitik aus. Es war in dieser Umbruchzeit nicht der sonst so hochgelobte → Markt, der nach der Plan- und Kommandowirtschaft der Nationalsozialisten wie der Besatzungsmächte wieder aktiviert wurde, sondern in erster Linie der Staat, der die *Kapitalakkumulation* bewirkte. Denn er konnte sich »trotz des noch niedrigen Lebensstandards der Bevölkerung relativ hohe Steuern und Sozialversicherungsbeiträge sichern, vor allem deshalb, weil die hohen Wachstumsraten bei einem insgesamt progressiven Steuersystem zu überproportional steigenden Steuereinnahmen führten« (Karl Häuser).

Es war demnach die staatliche Seite, die neben der Eigenfinanzierung der Unternehmen am meisten zur *Kapitalbildung* beitrug und mit Hilfe dieser Überschüsse zum wichtigsten Kreditgeber und Gläubiger der gesamten Wirtschaft avancierte. Bedenkt man hier noch den nicht geringen Einfluß der Kredite aus dem Marshall-Plan im Rahmen des »European Recovery Program« (ERP), der im Grunde eine politische Maßnahme zur Stabilisierung des »Westens« unter der Führung der USA gewesen ist, dann zeigt sich erneut die ordnungspolitische Dimension allen Wirtschaftens: Der demokratisch strukturierte Staat hat allmählich den Markt zur Entfaltung gebracht.

Erst im Gefolge der Mini-Rezession von 1965 änderte sich die strukturelle Gesamtlage. War bisher die öffentliche Hand »nicht nur Investor und Sparer, sondern darüber hinaus noch Nettoanbieter von Sparkapital«, so verschob sich diese Position vom Gläubiger zum Schuldner. Vor allem nach dem *Ölpreisschock* von 1973/74 wurden Kommunen, Bundesländer und der Bund selbst zu Hauptschuldnern, die seither in zunehmendem Maße als Verfechter der *Kapitalverzehrung* gelten.

Sozialreformen mit ihren enormen Folgekosten, wertverzehrende Rüstungsprogramme und ein steigendes Anspruchsdenken vieler Bürger haben dazu geführt, daß die Ausgaben des jährlichen Haushaltes nicht mehr durch Abgaben und Steuereinnahmen gedeckt werden konnten. Das seit der Frühen Neuzeit angestrebte »gerechte Gleichgewicht« in der Haushaltsführung veränderte sich jetzt grundlegend: Defizite wurden durch Kredite ausgeglichen.

Diese Veränderung wurde gegen den bisherigen Auftrag des Artikels 115 GG noch von der Großen Koalition (CDU und SPD) im Rahmen der Finanzreform von 1969 durchgesetzt und für zulässig erklärt – »zur Abwehr einer Störung des gesamtwirtschaftlichen Gleichgewichts«.

Auch hier spielte nicht die Vorstellung vom »freien Markt« die Hauptrolle, sondern das Gerechtigkeitsgebot aus dem »Generationenvertrag«. Denn langfristig wirkende Investitionen wie der Bau von Straßen, Schulen oder Krankenhäusern nur aus dem vorhandenen Steueraufkommen zu finanzieren, sei »ungerecht«, weil ja auch das Interesse der nachfolgenden Generationen davon berührt sei. Es ging demnach um eine kommutativ angelegte Lastenverteilung, die von zwei Überlegungen geprägt wurde – vom Prinzip »pay-as-you-use« als nutzengerechter Finanzierung und vom Prinzip der generationsbezogenen Billigkeit (*intergeneration equity*).

Dieses System, das der englische Lord John Maynard Keynes (1883-1946) in seinem Hauptwerk »Allgemeine Theorie der Beschäftigung, des Zinses und des Geldes« (1936) entwickelt hatte, teilte dem Staat die Rolle des führenden Wirtschaftsfaktors zu, ohne die Privatwirtschaft abzuschaffen. Der Staat sollte Fehlentwicklungen des Marktkapitalismus ausgleichen und ein hohes Maß an Beschäftigung, Nachfrage und Konsum sichern – selbst unter Inkaufnahme von Haushaltsdefiziten.

Vor allem sozialdemokratisch geführte Regierungen in West- und Nordeuropa, aber auch konservativ ausgerichtete Politiker besonders während der »Großen Depression« in den USA haben diese Politik des gelenkten Kapitalmarktes zeitweise erfolgreich betrieben. Die erhebliche *Staatsverschuldung* aber zeigt von den USA bis Schweden, daß auch diese Variante des Kapitalismus an Finanzierungsgrenzen gestoßen ist, die politische Rückwirkungen haben können.

Ausblick

Es ist eine alte Erfahrung, daß Geld und Kapital als zinsfähige Vermögen nichts anderes sind als *gemünztes Vertrauen* (coined credit), dessen Wert erhalten und erhöht werden soll, damit es nutzbringend »arbeiten« kann. Dafür müssen Rahmenbedingungen und auch besondere Institutionen (Banken, Ministerien, Aufsichtsbehörden, Gerichte) tätig sein, um Kapitalbildner und Kapitalnutzer vertrauensgerecht zu bedienen oder bei Auswüchsen und Mißbräuchen zu beschützen. Wo das Gerechtigkeitsgebot von Geben und Nehmen, Kauf und Verkauf, Investition und Nutzen verletzt wird, dort muß Mißtrauen zwischen den Vertragspartnern entstehen.

So gesehen gehört die Pflege »gerechten Geldes« zu den wichtigsten Bereichen einer politischen Kultur, ja, sie ist selbst eine Kulturleistung. Denn diese Kunst macht nicht nur die Reichen reicher, wenn sie klug beraten werden, sie gibt den »Armen« auch die Chance, ihre materielle Armut zu überwinden. Wird sie allerdings von privaten wie staatlichen »Kapitalisten« mißbraucht – ob durch Spekulanten, »Finanzhaie«, »Geldwäscher« oder Kriegstreiber –, dann nützt auch die Beschwörung des »Marktes« nichts mehr.

Das deutsche wie auch das japanische *Wirtschaftswunder* seit 1948 hat nicht der »freie Markt« allein vollbracht, sondern das zeitweise geschickte Zusammenwirken des Verfassungs- und Rechtsstaates mit der Sozialbindung des → Eigentums sowie der Fähigkeit, die innere Ordnungspolitik mit den Märkten in Europa wie in Übersee abzustimmen.

Diesem materiellen Erfolg stehen die Schattenseiten gegenüber: Umweltzerstörungen, Industrieinvaliden, strukturelle Arbeitslosigkeit, Geldentwertungen und ein »Leben auf Pump«. Wie brüchig es bereits geworden ist, zeigt die Krise des *Sozial-Kapitalismus*, dessen Verfechtern die Einsicht abhandengekommen zu sein scheint: Schulden kann man zwar stunden, aber irgendwann müssen auch sie getilgt werden – mit Zins und Zinseszins.

Literatur

Albert/Hahnel, Looking Forward: Participatory Economics for the Twenty-First Century, 1991 ✦ *Appel*, Werner Sombart. Theoretiker und Historiker des modernen Kapitalismus, 1992 ✦ *v. Bethmann*, Das Kartenhaus unseres Wohlstandes. Warum der Kapitalismus noch nicht triumphieren kann, 1991 ✦ *ders.*, Die Zinskatastrophe, 1985 ✦ *ders.*, Der verratene Kapitalismus, 1984 ✦ *M. Bierich u.a.*, 30 Jahre Kapitalmarkt in der Bundesrepublik Deutschland, 1981 ✦ *Biven*, Who killed John Maynard Keynes?, 1989 ✦ *Bottomore*, Theories of Modern Capitalism, 1985 ✦ *Braudel*, Die Dynamik des Kapitalismus, dt. 1986 ✦ *R. Brenner*, ›The Origins of Capitalist Development: a Critique of Neo-Smithian Marxism‹, in: New Left Review, 104, 1977 ✦ *v. Bruch*, ›Bürgerliche Sozialreform im deutschen Kaiserreich‹, in: ders. (Hrsg.), Weder Kommunismus noch Kapitalismus. Bürgerliche Sozialreform vom Vormärz bis zur Ära Adenauer, 1985 ✦ *E. Burns* (Hrsg.), A Handbook of Marxism, 1935 ✦ *Burrough/Helyar*, Barbarians at the gate. The Fall of RJR Nabisco, 1990 ✦ *Chandler*, Scale and Scope: The Dynamics of Industrial Capitalism, 1990 ✦ *Cornwall*, The Theory of Economic Breakdown, 1990 ✦ *W. Engels*, Mehr Markt, 1976 ✦ *Faaland*, Population and the World Economy in the 21st Century, 1982 ✦ *Fischoff*, ›Die protestantische Ethik und der Geist des Kapitalismus. Die Geschichte einer Kontroverse‹, in: J. Winckelmann (Hrsg.): Max Weber, Die protestantische Ethik, II, 3. Aufl. 1978 ✦ *Friedman*, Price Theory, 1986 ✦ *Friedmann*, Kapitalismus und Freiheit, 1984 ✦ *Garvy*, ›Keynes and the Economic Activists of Pre-Hitler Germany‹, in: Journal of Political Economy, 1975 ✦ *Gerke* (Hrsg:), Bankrisiken und Bankrecht, 1988 ✦ *Haasis*, Volksfest, sozialer Protest und Verschwörung. 150 Jahre Hambacher Fest, 1981 ✦ *v. Hayek*, Mißbrauch und Verfall der Vernunft, dt. 1979 ✦ *ders.*, Der Strom der Güter und Leistungen, 1984 ✦ *Heilbroner*, Kapitalismus im 21. Jahrhundert, dt. 1994 ✦ *Heimann*, Soziale Theorie der Wirtschaftssysteme, 1963 ✦ *Hiltenkamp-Wisgalle*, Die Bankrottdelikte, 1987 ✦ *Hock*, Deutscher Antikapitalismus. Der ideologische Kampf gegen die freie Wirtschaft im Zeichen der großen Krise, 1960 ✦ *W. Hofmann*, Grundelemente der Wirtschaftsgeschichte, 1969 ✦ *C. B. Hoover*, ›Capitalism‹, in: International Encyclopedia of the Social Sciences, Bd. 2, 1968 ✦ *Huffschmid*, Die Politik des Kapitals. Konzentration und Wirtschaftspolitik in der Bundesrepublik, 1975 ✦ *Keynes*, Vom Gelde, dt. 1983 ✦ *Kocka*, ›Organisierter Kapitalismus oder Staatsmonopolistischer Kapitalismus? Begriffliche Vorbemerkungen‹, in: Winkler (Hrsg.), Organisierter Kapitalismus. Voraussetzungen und Anfänge, 1974 ✦ *U. Kramer*, Das angloamerikanische Sonderverfahren zur Reorganisation von Kapitalgesellschaften nach Abschnitt X des Bankrupty Acts, 1977 ✦ *W. Krause*, Werner Sombarts Weg vom Kathedersozialismus zum Faschismus, 1962 ✦ *ders.*, Wirtschaftstheorie unterm Hakenkreuz, 1969 ✦ *Kromphardt*, Konzeptionen und Analysen des Kapitalismus – von seiner Entstehung bis zur Gegenwart, 1987 ✦ *Krümmel*, Bankenaufsichtsziele und Eigenkapitalbegriff, 1983 ✦ *Kuczynski*, Zur Geschichte der marxistisch-leninistischen Theorie des staatsmonopolistischen Kapitalismus bis zum Zweiten Weltkrieg, 1976 ✦ *Lepage*, Der Kapitalismus von morgen, dt. 1979 ✦ *R. Loewenthal*, Jenseits des Kapitalismus. Ein Beitrag zur sozialistischen Neuorientierung. Mit einer Einführung: Nach 30 Jahren Bonn, 1978 ✦ *Malik*, Strategie des Managements komplexer Systeme, 1986 ✦ *Mandel*, Spätkapitalismus, 1973 ✦ *J. R. Mandel*, No Grain, No Pain, 1993 ✦ *A. Marshall*, Principle of Economics, 1936 ✦ *v. Mises*, Die Wurzeln des Antikapitalismus, 1958 ✦ *Modick*, ›Vom Feudalismus zum kapitalistischen Weltsystem‹, in: Sozialwissenschaftliche Informationen für Unterricht und Studium, 8, 1979 ✦ *W. J. Mommsen*, Max Weber und die deutsche Politik, 1890-1920, 1959 ✦ *Nell-Breuning*, Kapitalismus – kritisch betrachtet. Zur Auseinandersetzung um das bessere »System«, 1987 ✦ *Ortner*, Voodoo Deficits – Why Reaganomics worked, 1990 ✦ *W. Parker*, Europe, America and the Wider World. Essays on the Economic History of Western Capitalism, Bd. 1, 1984 ✦ *Passow*, Kapitalismus. Eine begrifflich-terminologische Studie, 2. Aufl. 1927 ✦ *Pintschovius*, ›Der Kapitalismus als Ausdruck einer Entwicklungsstufe‹, in: Schmollers Jahrbücher, 57, 1933 ✦ *Pitz*, ›Studie zur Entstehung des Kapitalismus‹, in: Festschrift für Hermann Aubin zum 80. Geburtstag, 1965 ✦ *Pohle*, ›Der

Begriff des Kapitalismus in kathedersozialistischer Auffassung‹, in: ZfSW, NF 2, 1911 ✦ *ders.*, Kapitalismus und Sozialismus, 4. Aufl. 1931 ✦ *Popper*, Das Elend des Historizismus, 1979 ✦ *Rachfahl*, ›Das Judentum und die Genesis des modernen Kapitalismus‹, in: Preußische Jahrbücher, 147,1912 ✦ *Raphael*, ›Historikerkontroversen im Spannungsfeld zwischen Berufshabitus, Fächerkonkurrenz und sozialen Deutungsmustern‹, in: HZ, 251, 1990 ✦ *Riekes*, ›Sombarts Begriffsbestimmung des Sozialismus. Eine kritische Studie‹, in: Schmollers Jahrbuch, 55, 1931 ✦ *Röpke*, Die Theorie der Kapitalbildung. Recht und Staat in Geschichte und Gegenwart, Bd. 63, 1929 ✦ *ders.*, ›Die Intellektuellen und der »Kapitalismus«‹, in: Gegen die Brandung, 1959 (1931) ✦ *Schacht*, ›Unter der Herrschaft des Kapitalismus‹, in: Die Nation, 20, 1902/03 ✦ *Schack*, ›Das Menschenbild in der Geschichte der Volkswirtschaftslehre‹, in: Festgabe für Friedrich Bülow, 1960 ✦ *Schipper*, ›Anfänge des Kapitalismus bei den abendländischen Juden im frühen Mittelalter‹, in: Zeitschrift für Volkswirtschaft, Sozialpolitik und Verwaltung, 15, 1905 ✦ *Schronghamer-Heimdal*, Kapitalismus. Sein Wesen, seine Wirkung und seine Wandlung zum Wohlstand aller, 1919 ✦ *Sée*, ›Zur Rolle des Finanzkapitalismus im Zeitalter des »Hochkapitalismus«‹, in: Weltwirtschaftliches Archiv, 33, 1941 ✦ *Sik*, Wirtschaftssysteme, 1987 ✦ *Smith*, Der Wohlstand der Nationen, dt. 1974 ✦ *Varga*, Die Krise des Kapitalismus und ihre politischen Folgen, 1974 ✦ *Veblen*, Absentee Ownership and Business Enterprise in Recent Times, 1924 ✦ *Zwiedineck-Südenhorst*, ›Kapital und Kapitalismus. Zur Terminologie in der neuen Literatur‹, in: Schmollers Jahrbuch, 54, 1930 ✦ *ders.*, ›Was macht ein Zeitalter kapitalistisch?‹, in: Zeitschrift für die gesamte Staatswissenschaft, 909, 1931.

Korruption

In den meisten Gerichtsurteilen zu Bestechungs- und Korruptionsfällen wird davon gesprochen, daß die Übeltäter gegen »Treu und Glauben« verstoßen haben und wegen »Untreue« eine gerechte Strafe hinnehmen müssen. Obgleich es in jedem Einzelfall eine Reihe von Variationen dieser Untugend geben kann, so drückt doch der Vorwurf der Korruption das als Gemeinsamkeit aus, was das lateinische »corrumpere« meint – ein »Zerrütten« privater wie öffentlicher → Treuhandschaft.

Fragt man vor allem in der Politik nach den Gründen und Ursachen dieser besonderen »Defizite des politischen Personals« (Scheuch), dann fällt nicht nur die mangelhafte »Erziehung zur Verfassung« auf, die von den politischen Parteien und Institutionen nur bedingt geleistet wird. Es zeigt sich auch eine fundamentale Störung des Gerechtigkeitsgebots, auf das in der Bundesrepublik jeder Amtsträger eingeschworen wird.

Die dabei in der Regel bemühte Formel »so wahr mir Gott helfe« gilt zwar als eine Art ethischer Schutz vor Mißbrauch anvertrauter Kompetenzen (immanente Drohung mit der »Gerechtigkeit Gottes« und dem »Jüngsten Gericht« am Ende der Zeiten). Doch die politische Praxis zeigt, daß moralische Vorgaben nicht jeden Beamten oder Politiker davor zurückschrekken lassen, den Eigennutz auf Kosten des Gemeinwohls (Steueraufkommen) zu betreiben, letztlich also eid- und vertragsbrüchig zu werden (→ Verfassung).

Vorteilsnahme

Es gehört zu den Errungenschaften moderner Staatlichkeit und gesellschaftlichen Ordnungsdenkens, daß Amtsträger für ihre Tätigkeit ein »gerechtes Gehalt« beziehen. Damit wird der Forderung nach Gegenseitigkeit und Treue entsprochen sowie erwartet, daß das geleistete Entgelt die Anfälligkeit für »Vorteilsnahmen« im Amt unterbindet und eine unbestechliche, »gerechte« Amtsführung sichert.

Das Vorhandensein eines solchen *Amtsethos*, dem auch in der Regel nachgekommen wird, steht außer Zweifel. Daneben aber häufen sich die Fälle von Vorteilsnahmen auf allen Ebenen der öffentlichen Verwaltung, in der Politik und in bestimmten Bereichen der Wirtschaft. Dieses Verhalten aber, das »legale Tricks«, Gesetzeslücken, »Beziehungen« verwandtschaftlicher Art (Vetternwirtschaft oder Nepotismus), parteibezogene »Seilschaften« (Cliquenwirtschaft) oder lobby-abhängige »Klüngel« nutzt, um private Vorteile zu erlangen, bewegt sich im Vorhof der Korruption. Im Schein des Rechts wird hier gegen den vertraglichen »Geist der Gesetze« verstoßen.

Die Liste der Möglichkeiten, das *Vertrauenskapital* im Amt (*fides publica*, *confidence*) zu verspielen, ohne größere Konsequenzen befürchten zu müssen, hat sich in den letzten Jahrzehnten ständig erweitert, zumal oft nur noch Experten zu korrekter Betätigung fähig scheinen – wie im hochkomplizierten Steuerrecht, in dem das Gerechtigkeitsgebot so bedeutsam ist.

Dem Erfindungsgeist immer neuer Arten von Vorteilsnahme sind besonders im öffentlichen Dienst kaum Grenzen gesetzt. So durfte Anfang der 1990er Jahre der persönliche Referent eines Oberbürgermeisters in einer bundesdeutschen Großstadt sein Monatsgehalt von 8500 DM dadurch verdoppeln, daß ihm Überstunden berechnet wurden – z.B. für die Anwesenheit bei einer »Wahlparty«. Auf diese Weise konnte der Referent ein höheres »Gehalt« beziehen als der Oberbürgermeister selbst. In einer anderen Großstadt wurden vom »inneren Kreis der Macht« *Sondergenehmigungen* für Falschparken erteilt, das von der Polizei nicht geahndet werden durfte. *Ausschreibungen* zur Besetzung von Amtsstellen können zur Farce werden, wenn sich die öffentlichen »Berufer« insgeheim schon auf einen künftigen Inhaber geeinigt haben. Das Anhören anderer Bewerber wird dann zum Scheinverfahren und geht zu Lasten der öffentlichen Hand.

Das zerrüttende Moment dieser Methoden verstärkt sich noch, wenn sich die demokratischen Parteien selbst beteiligen und beim Aufdecken dieser Fälle dem Bürger das verderbliche Bild eines *Selbstbedienungsladens* bieten, der Beamten und Politikern ungebührliche Vorteile bietet, ihnen private Bereicherung ermöglicht und sie sogar persönlicher Konsequenzen enthebt (kein Rücktritt aus Parteirücksicht).

Bestechung

Seit 1953 ist es in der Bundesrepublik Deutschland nicht mehr möglich, einen → Abgeordneten strafrechtlich zu belangen, auch wenn objektiv nachgewiesen werden kann, daß ein bestimmtes Verhalten in seiner politischen Parlamentstätigkeit auf aktive und/oder passive Bestechung zurückzuführen ist. Das gezielte »Kaufen« von Abgeordneten-Stimmen bei knappen Mehrheitsentscheidungen oder für militärisch-wirtschaftliche Großprojekte gilt zwar als »verwerflich«, ist aber in der Praxis immer wieder vorgekommen. Das schlimme Wort von der »gekauften Republik«, das während der Flick-Affäre um Parteispenden die Runde machte, hatten sich Bonner Politiker selbst zuzuschreiben, die aus kurzfristigen Parteiinteressen das Gemeinwohl aufs Spiel setzten und damit eine schwere *Vertrauenskrise* auslösten (→ Parteiwesen, → Politik).

Aufgrund immer neuer Skandale, in denen die Tatbestände der Vorteilsnahme, Bestechung und korrumpierender Erpressung offenkundig geworden sind, wird seit 1994 erwogen, wieder das Strafrecht zu bemühen. Ob diese Maßnahme allerdings das verbreitete »Kungeln im Klüngel« auf Dauer abstellen wird, bleibt höchst zweifelhaft. Gerade die Ausschaltung des Rechtsweges beim Operieren von Seilschaften verweist ein Verhalten, das mit scheinlegalen Praktiken bis hin zum offenen Rechtsbruch den Rechtsstaat unterminieren kann, wenn die privaten wie öffentlichen Kontrollen versagen sollten (→ Parlament, → Medien).

Die schweren Bestechungs- und Korruptionsfälle, die 1993 die demokratische Republik Italien in eine Identitätskrise gestürzt haben, zeigen zur Genüge, wohin es in einem Gemeinwesen führt, wenn Worte und Werke der Politiker und Parteien nicht mehr übereinstimmen. Der kurzfristige Nutzen aus einer unerlaubten Vorteilsnahme erweist sich auf die Dauer als gravierender Nachteil, ja als der Anfang vom Ende eines Klüngelsystems, das von den Wählern politischen Anstand und Steuermoral erwartet, während seinen Verfechtern die angeblich »unschuldige Korruption« (Nietzsche) zur zweiten Natur geworden ist.

Als 1982 Spaniens Sozialistische Partei unter Felipe Gonzales die parlamentarisch gesicherte Regierungsgewalt übernahm, da wurde in Sonntagsreden verkündet, man wolle jetzt »hundert Jahre Ehrlichkeit« üben. Gut zehn Jahre später scheint diese Partei aufgrund übler Machenschaften einiger führender Funktionäre und selbst Minister ihren »Kredit« beim Wahlvolk weitgehend verspielt zu haben.

Auch hier zeigt sich, daß die politische Kultur, wie sie im → Abendland ausgebildet worden ist, zerrüttet wird, wenn ihre Vertreter den Ansprüchen nicht genügen wollen, auf die sie bei Mandats- oder Amtsantritt rechtlich verpflichtet werden. Es wäre für die → Demokratie nicht nur in Europa fatal, würde in den Parteien die Tugend der Zivilcourage von »sklavischen Seelen« verdrängt werden, »welche die Erkenntlichkeit für erwiesene Wohltaten so weit treiben, daß sie sich mit der Schnur der Dankbarkeit selbst erdrosseln« (Nietzsche, »Menschliches, Allzumenschliches«).

Literatur

Aberbach, Bureaucrats and Politicians in Western Democracies, 1981 ✦ *Bellers* (Hrsg.), Politische Korruption in der Bundesrepublik, 1989 ✦ *Brünner*

(Hrsg.), Korruption und Kontrolle, 1981 ✦ *Ebbighausen/Neckel* (Hrsg.), Anatomie des politischen Skandals, 1989 ✦ *A. Engel*, Wahlen und Parteien im lokalen Kontext, 1988 ✦ *Grafe*, ›Malefiz in Essen. Karriere, Komplott und Konspiration – wie es die Sozis machen‹, in: Transatlantik, September 1990 ✦ *Heberer*, Korruption in China. Analyse eines politischen, ökonomischen und sozialen Problems, 1991 ✦ *Hennis*, ›Überdehnt und abgekoppelt. An den Grenzen des Parteienstaates‹, in: Brauchen wir ein neues Parteiensystem?, 1983 (Hrsg. v. Krockow) ✦ *Hoffmann-Lange*, ›Eliten und Demokratie in der Bundesrepublik‹, in: Politische Wissenschaft und politische Ordnung, 1986 (Hrsg. M. Kaase) ✦ *Jillich/Strache*, Bestechung im Einkauf und Verkauf, 1989 ✦ *Köfner*, Hunger, Not und Korruption. Der Übergang Österreichs von der Monarchie zur Republik am Beispiel Salzburgs, 1980 ✦ *Käsler* (Hrsg.), Der politische Skandal, 1991 ✦ *Kaupen*, Die Hüter von Recht und Ordnung, 1969 ✦ *Leibholz*, Strukturprobleme der modernen Demokratie, 2. Aufl. 1964 ✦ *Piehl*, Bestechungsgelder im internationalen Wirtschaftsverkehr. Korruption in Schuldverträgen mit Auslandsberührung, 1991 ✦ *Pippig*, ›Verwaltungsskandale – zur Korruption in der öffentlichen Verwaltung‹, in: Aus Politik und Zeitgeschichte, 1990 ✦ *Rennstich*, Korruption. Eine Herausforderung für Gesellschaft und Kirche, 1990 ✦ *H.E. Richter*, Die hohe Kunst der Korruption. Erkenntnisse eines Politikberaters, 1991 ✦ *Scheuch/Scheuch*, Cliquen, Klüngel und Karrieren. Über den Verfall der politischen Parteien, 1992 ✦ *R. Schönherr*, Vorteilsgewährung und Bestechung als Wirtschaftsstraftaten, 1985 ✦ *Schuller* (Hrsg.), Korruption im Altertum. Konstanzer Symposium 1979, 1983 ✦ *R. v. Weizsäcker*, Die politische Kraft der Kultur, 1991 ✦ *Wiesendahl*, ›Der Marsch aus den Institutionen. Zur Organisationsschwäche politischer Parteien in den achtziger Jahren‹, in: Aus Politik und Zeitgeschichte, 1990 ✦ *Zintz/Roennefahrt*, ›Der politische Skandal im Spannungsfeld zwischen Inszenierung und Kontrolle‹, in: Zeitschrift für Parlamentsfragen, Heft 4, 1990.

Krieg

Der Krieg als Duell (von lat. *duo* = zwei und *duellum* als ältere Form für *bellum* = Krieg) oder organisierter Zweikampf wurde besonders im preußisch-deutschen Bereich seit dem 18. Jahrhundert mit der Formel »Polemos pater panton« des Griechen Heraklit (um 500 v.Chr.) begründet. Aus ihr konnte sogar ein allgemeines Gesetz für das Privatleben wie auch für den Kampf ganzer Völker ums Dasein hergeleitet werden: »Der Krieg ist der Vater aller Dinge«.

Im Gegensatz zu dieser verbreiteten Auffassung ist aber noch eine ganz andere Deutung möglich. Denn Heraklits Philosophie wollte Konflikte zwischen den Menschen nicht zum Selbstzweck gegenseitiger Vernichtung erheben oder ein »Recht des Stärkeren« festschreiben, sondern Auseinandersetzungen auf das Erreichen einer gerechten Harmonie einstimmen. Hinsichtlich dieser auf friedlichen Vergleich bedachten Haltung kann sein Ursatz auch lauten: »Der Streit ist die Grundlage allen Daseins«.

Damit erscheint der Gegner in einem familiären, öffentlichen oder zwischenstaatlichen Streit nicht mehr als Feind, der völlig vernichtet werden muß. Er gilt vielmehr als Vertragspartner oder Kontrahent (von lat. *contractum* = Vertrag), der die Verhältnismäßigkeit der Mittel beachtet, sich dem Prinzip der Gegenseitigkeit unterwirft, das → Drittwesen achtet, nach einem Verhandlungs- oder Gerichtsspruch die Friedenspflicht einhält und abgeschlossene Verträge erfüllt (→ Ethik, → Frieden).

Eine derartige Bindung und Beilegung von Streitigkeiten auf allen Ebenen menschlichen Zusammenlebens vermittelt auch die Grundposition des »klassischen Völkerrechts«. Sie wurde im Jahre 1625 von dem niederländischen Juristen Hugo Grotius (1583-1645) den Kriegsherren oder »Warlords« in Erinnerung gerufen, als der 1618 ausgebrochene Teutsche Krieg (Bellum Germanicum) in Barbarei und brutale Machtkämpfe auszuarten drohte: »Der Zweck des Krieges ist der Friede« (*Belli finis pax est*).

Kleine Kriege

Im Aufeinanderprallen von vermeintlichen Ansprüchen und Interessen entstehen bereits auf familiärer Ebene Streitereien als eine »Suche nach dem Recht« (Heraklit), die während des 16. Jahrhunderts als der »Eheleute Hauskrieg« (Guevara) bezeichnet worden ist. Eine Formel, die gleichzeitig der Titel eines in ganz Europa verbreiteten Anleitungsbuches war, in dem Ursachen, Wirkungen und Lösungen zum Streitthema »verhäuslichte Gewalt« (Honig) beschrieben wurden. Sein Autor untersuchte auch gemäß der tradierten Spiegel-Bücher die »guten« und »bösen« Triebkräfte im Menschen und fand angesichts der häufig vorkommenden »Bruderzwiste« einen Hauptgrund allen Streitens darin, daß über Eigentums-, Herrschafts- und Erbansprüche selten Einigkeit bestand.

Berücksichtigt man diese Kernursachen des Krieges innerhalb von Rechtsverbänden (Familien, Sippen, Clans, Dynastien, Korporationen), dann wird die Doppelbedeutung des deutschen Wortes »Kriegen« verständlich: Erstens ist es ein Ausdruck von »Geben und Nehmen«, und zweitens kündet es die Bereitschaft an, um all jene Güter zu »kämpfen«, die rechtmäßig zustehen.

Im Banne dieser Ansprüche haben sich dynastische Hauskonflikte um das legitime oder vermeintliche »Erbe und Eigen« mitunter zu Groß-Kriegen ausgeweitet: so der vom Hause Habsburg verfassungswidrig ausgelöste Erbstreit um Böhmen 1618 zum Teutschen Krieg, dann der Pfälzische (1688), Spanische (1701), Österreichische (1740) und Bayerische (1779) Erbfolgekrieg (→ Erbwesen).

Im Rahmen dieser Kriege, an denen oft halb Europa beteiligt war, kamen im Vorfeld großer Schlachten besondere Gewalttätigkeiten vor, die als der »Kleine Krieg« bekannt geworden sind.

Vorformen dieser Art der Kriegsführung unterhalb der Schwelle des Völkerrechts reichen bis ins 16. Jahrhundert zurück. Damals wurde von habsburgischen Machthabern eine Politik des begrenzten Überfalls zugelassen, um die »Militärgrenze« zum Osmanischen Reich hin in einem Zustand der latenten bis offenen Unsicherheit zu halten. Das Niederbrennen von Bauernhöfen, Zerstören von Militäranlagen oder wichtigen zivilen Einrichtungen wie Brükken und zermürbende Übergriffe auf die Zivilbevölkerung gehörten in diese Auffassung von Krieg, zu dessen Durchführung vor allem Slowenen, Kroaten und auch Serben herangezogen wurden: eine Tradition, die neben Blutrache, Schmuggelinteressen und Religionshaß alle bisherigen Balkankriege in hohem Maße gekennzeichnet hat.

In diesem Verhalten außerhalb des im Recht »gehegten Krieges« (Carl Schmitt) drückte sich weniger das »irrational Chaotische« (Johannes Kunisch) aus als vielmehr ein gezieltes Machtkalkül im Kampf gegen die muslimischen »Ungläubigen« und deren Verbündeten Frankreich: Die Reizung und Schwächung des bekämpften »Feindes der Christenheit« war bewußte Absicht; schließlich mußten im »Kleinen Krieg« keine regulären Truppen eingesetzt werden, so daß man Reparationen oder anderen Entschädigungen aus dem Weg gehen konnte (→ Gerechtigkeit, → Frieden).

Aus familiären und gesellschaftlichen Konflikten sind in Krisenzeiten durch gezielte Eskalationen (Hoffnungen auf »Kriegsgewinn«) oft auch Bürgerkriege auf lokaler Ebene und in regionalen Räumen entstanden. In Verbindung mit Staatsstreichen, Rebellionen, Militärcoups und Diktaturversuchen läßt sich ein Verhalten zunehmender Gewaltbereitschaft beobachten, die in einen »Krieg aller gegen alle« (*bellum omnium contra omnes*, Hobbes) münden kann.

Dabei werden Zug um Zug die institutionellen Garantien und Sicherungen des Haus- und Landfriedens ausgeschaltet und im gleichen Maße, wie sich das jeweilige »Feindbild« festigt, die schützende Rechtsordnung beseitigt. Zuerst wird im Konfliktgebiet ein Ausgehverbot angeordnet, dann der Notstand ausgerufen und bei zunehmender Verschärfung der Lage sogar der Ausnahmezustand verhängt. Weitere Einschränkungen der politischen Kultur als Ausdruck einer Vertragslage werden danach im Belagerungszustand zugemutet, um dann im Kriegszustand die Bevölkerung den militärischen Machthabern so gut wie rechtlos auszuliefern – bis hin zu standrechtlichen Erschießungen, Massendeportationen und Völkermord (→ Diktatur).

Dieser Mechanismus der inneren Destruktion von Rechtsordnungen und Verfassungsstaaten ist sowohl in der Geschichte (Römischer Bürgerkrieg 49-46 v.Chr., Teutscher Krieg 1618-1648, Englischer Bürgerkrieg 1641-1649, französische Revolutions-Kriege 1792-1795, Amerikanischer Bürgerkrieg 1861-1865, Spanischer Bürgerkrieg 1936-1939) wie in der jüngeren Gegenwart festzustellen (Polen 1980, Libanon 1982, China 1989, Jugoslawien seit 1992).

Der »Gerechte Krieg«

Wird im Zusammenleben von Menschen eine vertragliche Rechtsordnung vorausgesetzt und darin wiederum ein fundamentales Recht auf Notwehr und Widerstand anerkannt, dann bietet die Sicherung der Selbsterhaltung als legitime Abwehr jeder Aggression von innen oder außen die Grundlage eines »gerechten Krieges«.

Offenkundiges Unrecht durch Überfälle, Schädigung an Leib und Leben oder der erzwungene Verlust von Arbeit, Haus und Hof berechtigen ebenso zu Gegenmaßnahmen wie Gewissensnot, Seelenpein und geistige Unterdrückung vor allem bei Religionsstreitigkeiten. Die Geschichte kennt zahlreiche Situationen, in denen all diese Herausforderungen an das Gerechtigkeitsempfinden zusammengekommen sind und einen »Defensivkrieg« ausgelöst haben.

Eine weitere Voraussetzung für die Wahrnehmung eines aktiven Widerstandes gegen Unterdrückung ergab sich im → Abendland auf der Basis des Völkerrechts (*jus gentium*), das eingegangene Verträge »sanktionierte« oder »heiligte« und damit auf der friedlichen Geltung des kommutativ Gerechten bestand. Zu dieser Rechtshegung gehörte auch die Sicherung eines übernational und zwischenstaatlich wirkenden Treuhandverhaltens im Geist einer christlich-gerechten Schutzmacht oder »Protection royale«. Ihre Kompetenz und Autorität erlaubten in bestimmten Notfällen eine zielgerichtete Intervention, um mit »gerechten Waffen« gewalttätig erzwungene Unrechtszustände abzustellen: Der Kriegszug wurde dabei zu einem Gerichtsgang.

Waren diese Rechtsbindungen in objektivierbarer Weise erfüllt, dann konnte bei »Gefahr im Verzug« (*periculum in mora*) sogar ein »Offensivkrieg« eingeleitet werden. Er war nach Maßgabe des Völkerrechts, wie es im Kompendium »De jure belli ac pacis« (Über das Recht des Krieges und des Friedens) von Grotius in den Vertragstraditionen der Rechtsschule von Salamanca (Spanien) kommentiert worden ist, ethisch geboten: sofern sein einziger Zweck in der Wiedererrichtung der früheren Rechts- und Eigentumsordnung bestand. Ein Angriffskrieg zur bloßen Eroberung fremden Territoriums jedoch oder gar zur Erlangung persönlichen »Ruhms« als »Kriegsherr« (Friedrich II. von Preußen, 1740) galt als moralisch verwerflich.

Werden diese Bedingungen bedacht, dann erklärt sich z.B. die *Intervention* Gustav II. Adolf von 1630 in den Teutschen Krieg nicht als Ausdruck von Großmachtstreben, sondern als eine Maßnahme mit dem Ziel, die Militärdiktatur des Habsburg-Kaisers Ferdinand II. abzuschaffen, das »alte Vertrauen« zwischen Kaiser und Reich (Ständen) wiederherzustellen und die Reichsverfassung auf dem Stand von 1618 zu sichern. Die Kriegspolitik des Schweden-Königs war demnach darauf gerichtet, die »gerechte Sache« der bedrohten, enteigneten und verjagten Reichsstände (Herzöge von Mecklenburg) aktiv auszufechten. Sein zeitweiliger Widerpart Wallenstein (1583-1634) sah dagegen in der Kriegsführung nur ein Mittel, das ihm und seinen Gefolgsleuten Reichtümer und Liegenschaften einbringen sollte: demnach materielle Macht nach dem Motto »Der Krieg ernährt den Krieg«, ohne Rücksicht auf die Verluste Dritter.

Die Stärkung des libertären Verfassungsbestandes in Schweden selbst durch die »Regierungsform« von 1634 (nach dem Modell vertraglicher Gewaltenteilung) war denn auch neben dem Einfluß von Grotius (Gesandter Schwedens in Frankreich von 1635 bis 1645) eine fundamentale Voraussetzung dafür, daß der Teutsche Frieden von 1648 als »Reichs-Fundamentalgesetz« (*lex imperii fundamentalis*) ausgehandelt werden konnte. Es schützte unter der Garantie von Schweden und Frankreich den *Gerechten Reichsfrieden* und das europäische Gleichgewicht bis 1806. Dieses Kriegs- und Friedenswerk setzte in der Geschichte »klassische Maßstäbe« dafür, daß ein »gerechter Krieg« keine Utopie oder eine bloße Denkfigur der Anhänger des Naturrechtes sein muß (→ Frieden).

Auch einige Friedensschlüsse der Moderne vermitteln, daß ein »gerechter Krieg« zu »gerechten« Ergebnissen im Sinne der Kommutation führen kann. So sehr auch das *Friedenswerk von Versailles* nach dem Ersten Weltkrieg von deutscher Seite angegriffen worden ist, so steht doch fest, daß der Überfall auf das neutrale Königreich Belgien 1914 ein klarer Bruch des Völkerrechts war. Trotz einiger Ungerechtigkeiten auf der Siegerseite (Verstöße gegen das Selbstbestimmungsrecht z.B. in Schlesien) hat man sich bemüht, das Friedenswerk auf eine gerechte Grundlage zu beziehen: auf die durchgehende Parlamentarisierung des Deutschen Reiches als demokratische Republik, wobei der 1920 gegründete Völkerbund ihre internationale Rechtsgarantie sichern sollte.

Bestätigte der Frieden von Versailles die Tradition der Schiedsgerichtsbarkeit als Möglichkeit, einen zwischenstaatlichen Konflikt oder Krieg gütlich zu beenden, so festigte sich diese Position internationaler Krisenbewältigung mit dem Abschluß des berüchtigten *Chaco-Krieges*. Dabei gelang es dem argentinischen Außenminister Carlos Saavedra Lamas im Jahre 1935, den diktatorisch beherrschten Aggressor Bolivien mit dem demokratischen Paraguay nach Maßgabe der Kommutation und der Völkerrechtsmaxime »Victory gives no rights« (Der militärische Sieg allein verschafft noch keine Rechte) leidlich zu versöhnen und auf einen »gerechten Ausgleich« festzulegen.

Auch die Landung der westlichen Alliierten am 6. Juni 1944 an der Küste der Normandie kann als abschließende Phase eines »gerechten Krieges« bewertet werden – gegen den Eroberungs-, Zerstörungs- und Vernichtungswahn der NS-Diktatur in fast ganz Europa, Nord-Afrika und Klein-Asien. Wie sehr auch das »nationale Interesse« der USA dabei mitgewirkt hat, die eigene Vorherrschaft im Zeichen einer »Pax Americana« (Ronald Steel) zu festigen und weltweit auszubauen, so zeigt doch der Aufbau von demokratischen Verfassungsstaaten in den Ländern der Kriegsgegner (West-Zonen des Deutschen Reiches, im Königreich Italien sowie im Kaiserreich Japan), daß der Zweite Weltkrieg von den Demokratien Großbritannien, Frankreich und USA im wesentlichen ausgefochten wurde, um in den kriegsverursachenden, diktatorisch strukturierten »Feindstaaten« wieder »Recht und Ordnung« (*law and order*) aufzurichten.

Aus diesen und anderen historischen Beispielen läßt sich daher die These ableiten, daß ein »ungerechter Herrscher« (*rex injustus*) keinen »gerechten Krieg« (*bellum justum*) führen kann. Umgekehrt bedeutet dies aber nicht, daß sich gerechte Regierungssysteme wie die → Demokratie in jedem Konflikts- oder Kriegsfall wirklich und ausschließlich »gerecht« verhalten müssen: Die Außen- und Sicherheitspolitik der USA belegt zur Genüge, daß US-Präsidenten nicht immer den eigenen Verfassungsansprüchen gerecht werden konnten.

Selbst ein Diktator wie Lenin (1870-1924) sah im *Klassenkampf* und in dem von ihm mitbegründeten Kriegs-Kommunismus den Auftrag der Geschichte, einen »gerechten Kampf« gegen »ungerechte Verhältnisse« in der ökonomischen und politischen Welt bis zum »Sieg des Kommunismus« durchzustehen. Dessen Ziel sollte es auch sein, mittels einer erfolgreichen Weltrevolution den Krieg und alle ökonomisch bedingte Ungerechtigkeit endgültig abzuschaffen.

Auch Hitler als Verfechter des Nationalsozialismus begründete den Kampf seiner Partei gegen das demokratische »System« der Weimarer Republik mit dem Anspruch, die »wahre soziale Gerechtigkeit« zu verwirklichen. In dem von ihm entfesselten Krieg gegen die westlichen Demokratien, das Friedenswerk von 1919 sowie »gegen Münster und Osnabrück« von 1648 (Alfred Baeumler) versäumte er es nicht, immer wieder den »Glauben an eine höhere Gerechtigkeit« zu beschwören – als Legitimation der eigenen Gewaltherrschaft und Kriegsführung (Aufruf an Partei und Volk am 31. Dezember 1941 nach der Kriegserklärung an die USA).

Krieg als Kunst

Die Ansicht des preußischen Generals und Militärtheoretikers Clausewitz, daß der Krieg »nicht in das Gebiet der Künste und Wissenschaften gehört, sondern in das Gebiet des gesellschaftlichen Lebens« («Vom Kriege«, 1830), widersprach allen Militärtraditionen vor der Erfindung der Feuerwaffen und vor den radikalen Veränderungen des Soldatenbildes im → Absolutismus.

Forderte der österreichische Aufklärer Sonnenfels 1785 in seiner Kritik an Auswüchsen und Grundfehlern des absolutistischen Haus- und Machtsystems, daß »unter einem gerechten König jeder Soldat Bürger ist«, so nahm er lediglich auf das alteuropäische Herkommen Bezug, das im ritterlichen Zeichen von »Arte et Marte« (Durch Kunst und Krieg) die »Kriegskunst« (*Ars militaris*) als Selbstverteidigung in Notwehr pflegte.

In der modernen Diskussion über Sinn und Zweck des Militärwesens wurde diese historische und politische Seite meist ausgeklammert, obgleich es freiheitliche Gemeinwesen waren, die in der Kriegskunst innovativ gewirkt haben, und keineswegs die Machtsysteme des Absolutismus. So hatte die Schweizer Eidgenossenschaft seit ihrer Gründung im Jahre 1291 dem Heerwesen des republikanischen Rom nachgeeifert und ihre Freiheit mit einer Reaktivierung des *Fußvolkes* erfolgreich verteidigt – gegen adlige Reiterheere vornehmlich des Hauses Habsburg. Dabei gelang es, neben den Ritter als Idealbild eines »gerechten Kriegers« (→ Feudalismus) nun den »Schweizer« als Inbegriff eines tapferen und treuen Kriegsmannes zu stellen, der in der Eidgenossenschaft selbst deren republikanische Errungenschaften verteidigt und im Dienste fremder Kriegsherren auf den vertraglichen Bindungen seines Söldner- oder Soldatenstatus besteht.

Nicht weniger Einfluß hatte das altrömische Libertas-Denken auf die Verfassungsbewegung in der Adelsrepublik Polen. Dort stellte die »Szlachta« die beste *Reiterei* in Alt-Europa und sicherte mit diesem militärischen Instrument seit 1572 (*pacta conventa*) ihre »Goldene Freiheit« - gegen alle Absolutismusversuche der eigenen Wahl-Könige bis 1795 (letzte Teilung).

Die freiheitlich gesonnenen Generalstaaten der calvinistisch gewordenen Niederlande verstanden es ebenso, in ihrem Verteidigungskampf gegen den Habsburg-Absolutismus von Spanien her römische Militärtugenden wie die »Constantia« (Starkmut und Standfestigkeit) für die Landesverteidigung zu aktivieren. In Gestalt der *Oranischen Heeresreform*, die in Anlage und Vorgehen ganz auf Verteidigung fester Plätze gerichtet war, haben sich fast alle protestantischen Gemeinwesen der Christenheit zu Beginn des 17. Jahrhunderts auf dieses »Defensionswerk« eingestellt. Zwar haben die »oranischen« Heere zwischen 1601 und 1631 (Breitenfeld) fast alle offenen Feldschlachten gegen »spanisch« strukturierte Heere verloren, aber ihre fremden Söldner wie auch die einheimischen Soldaten fühlten sich in hohem Maße politisch-religiös motiviert – als Verteidiger des → Vaterlandes, Garanten der Konfession und »Defensoren« der Freiheit.

Vom römischen Militärtheoretiker Vegetius stark beeinflußt, verstand es das nach seinem Bürgerkrieg libertär erneuerte Schweden, die auch in seinen Streitkräften geltende »niederländische Manier« zu modifizieren und ihre Offensivkraft erheblich zu steigern. Denn die *Gustavianische Heeresreform* seit 1617 vermochte es, das Offensive der spanischen Kampfesweise mit ihren »Tercios« (3000 Mann starke Gewalthaufen) in das niederländische Defensivvermögen zu integrieren, so daß ein neues Militärsystem entstehen konnte, das revolutionierend wirkte: Die Anordnung der schwedischen Brigaden ermöglichte es, aus der Defensive in die Offensive überzugehen und umgekehrt.

Die taktischen, strategischen und technischen Neuerungen (Drei-Reihen-Feuer, leichte Lederkanonen, hohe Beweglichkeit) sicherten König Gustav II. Adolf noch im 20. Jahrhundert den Ruf, »the founder of the modern war« (Liddle Hart, 1968) zu sein. Seine umfassende und weitreichende Reform stand ganz im Zeichen von »Arte et Marte«, dem Motto des schwedischen Ritterhauses, das 1626 eine Verfassung bekam und bis 1866 (Zwei-Kammer-Reichstag) den Kern des Reichstages bildete. Damit sollte jedem Soldaten vom General bis zum Gemeinen vermittelt werden, daß sein Militärdienst im Lande selbst oder auf fremdem Boden eine hohe politische Qualität besaß und Ausdruck einer Kultur des »gerechten Gehorsams« war – mit dem Recht und der Verpflichtung auf Widerstand, wenn ungerechte Befehle erteilt werden sollten (Artikel 40 der »Kriegsartikel« von 1621).

Allein die oft übersehene Tatsache, daß die Gustavianischen »Kriegsartikel« eine besondere Gerichtsordnung bildeten, bestätigt die Dimension der Gerechtigkeit als höchsten politischen Wert, für den es sich zu kämpfen lohnte. Die Erfolge der »siegreichen Waffen« Schwedens im Teutschen Krieg zwischen 1630 und 1648 haben stark auf die Struktur und Mentalität der »New Model Army« Cromwells in England eingewirkt, zumal zahlreiche englische wie schottische Offiziere und Soldaten in der Schweden-Armee gedient hatten.

Selbst Wallenstein übernahm im technischen Sinn die »Schwedische Kriegskunst« und gab das bisherige spanische System auf, ohne jedoch seiner Militärmaschine den libertären Geist zu vermitteln, der die Royal-Armee Gustav Adolfs und seiner Generäle gerade in schweren Zeiten aufrechterhalten hatte. Nur eine Generation später erarbeitete der österreichische General Montecuccoli unterm Einfluß der Gustavianischen Kriegskunst eine grundlegende Reform der Habsburg-Heere, ohne jedoch ihren freiheitlichen Geist vermitteln zu dürfen. Sogar noch bei Napoleon, der Gustav Adolf hohes Lob als Militärreformer und Heerführer zollte, sind Nachwirkungen des Schweden-Modells auszumachen – nicht anders als im Brigaden-System der 1949 gegründeten NATO.

Das Entscheidende und Politische an dieser wichtigsten Heeresreform der Neuzeit bestand darin, im »gestellten« wie angeworbenen Soldaten einen Lebenserhalter, Rechtsbewahrer und Treuhänder zu sehen und nicht ein Aggressionsmittel zur Menschenvernichtung. Ohne fundamentale Vertragslagen zwischen oberstem Kriegsherrn, Generalen, Offizieren und gemeinen Soldaten wäre diese Haltung undenkbar gewesen, schließlich setzte der geforderte »Gerechte Gehorsam« ein System der Gegenseitigkeit und des → Drittwesens voraus. Diese elementare Bindung erklärt auch, warum nach einer verlorenen Schlacht nicht wenige Soldaten das Kampflager wechselten und im Zeichen der Vertrags-Kommutation einen neuen Fahneneid leisteten: Das Gebot der Vertragstreue war ihnen wichtiger als eine dem »Blinden Gehorsam« entsprechende »Nibelungentreue« gegenüber vertragsbrüchigen Kriegsherren.

Dieses politisch bestimmte Soldatenbild machte es schon in der Neuzeit möglich, daß der ständische Soldat (von den Ständen gestellt und finanziert) auch als »ständiger Soldat« (*miles perpetuus*) im Dienst gehalten werden konnte: so wie sich heute in liberalen Verfassungsstaaten eine permanent dienende Berufs- oder Wehrpflichtsarmee gut mit einer freiheitlichen Grundordnung verbinden läßt.

Es trifft demnach nicht zu, daß *Stehende Heere* eine Eigentümlichkeit des → Absolutismus gewesen seien. Das Besondere an diesem dynastischen Machtsystem lag allerdings darin, die »ständige Soldatenhaltung« zur Machtsicherung nach innen zu mißbrauchen und dabei den »blinden Gehorsam« (*oboedientia caeca*) auf allen Ebenen der Armee und Flotte zu erzwingen, ja die gesamte → Gesellschaft nach diesem Gehorsamsgebot zu »militarisieren« und damit politisch-rechtlich zu entmündigen.

Unter den zeitgenössischen Kritikern dieses Erbsklaven-Systems der »absoluten Herren« hat Emer de Vattel im Jahre 1758 genau analysiert, wie ihre Militärmaschine funktionierte. Der absolutistische »Erbherr« war nicht nur der »Souverän«, sondern gleichzeitig auch der höchste »Kriegsherr. In seinem Namen und auf seinen Befehl wird der Krieg geführt. Die Truppen, Offiziere und Soldaten ... sind nur seine Werkzeuge. Sie führen seinen Willen aus, nicht den ihren. Die Waffen und der ganze dem Krieg dienende Apparat sind Werkzeuge einer minderen Ordnung.«

Die radikale Abkehr von Verträgen und Gegenseitigkeiten bedingte eine durchgehende »Sozialdisziplinierung« (Gerhard Oestreich) der dynastischen Hausheere, mit denen sogenannte *Kabinettskriege* im 18. und 19. Jahrhundert begonnen werden konnten, ohne die Zustimmung bei Stände- oder Parteien-Parlamenten einholen zu müssen. Die ehemalige Kriegskunst mit ihren Freiheitsbindungen und friedensbezogenen Rechtsvorbehalten wurde im Absolutismus zum »Kriegs-Handwerk« (Gerhart Ritter) einer Haus- und Machtpolitik, die der territorialen Expansion ebenso diente wie der »Ruhmsucht« (Friedrich II. von Preußen wollte ab 1740 »in den Gazetten stehen«) und dem »Sport der Könige« (Arnold Toynbee). Das Verkommene an dieser einseitigen Instrumentalisierung des Militärs wurde von Zeitgenossen immer wieder scharf kritisiert, ohne wirkliche Abhilfe schaffen zu können : »Drauf! Drauf! Das alte Schlagwort der Schweden unter Karl XII. und der Preußen in ihren frühen Kriegen: das ist die Quintessenz der ganzen praktischen Kriegskunst« (Berenhorst).

Bedeutete in ständisch-libertären Zeiten vor dem Absolutismus ein Krieg die unabdingbare Notwehr als »Defensionswerk« gegen meist äußere Aggressoren, so wurde diese Bindung an Recht, Verfassung und Ethik ins Gegenteil verkehrt. Das Kriegführen wurde auch unter dem Eindruck der Napoleonischen Massenheere (mit hoher Beteiligung deutscher Soldaten!) auf »drei Hauptzwecke« reduziert: 1. »Die feindliche bewaffnete Macht zu besiegen und aufzureiben«, 2. »sich in den Besitz der toten Streitkräfte und der anderen Quellen der feindlichen Armee zu setzen«, 3. »die öffentliche Meinung zu gewinnen« (Clausewitz, »Vom Kriege«, 1830).

Obgleich Carl P.G. von Clausewitz (1780-1831), der als »Begründer der modernen Kriegslehre« (MKL, 1992) gilt, auch an eine politische Dimension des Krieges dachte, ließ er in diesem Kernprogramm jeden Hinweis auf das ethische und gerechte Ziel eines »ehrbaren Friedens« als Zweck des Krieges vermissen. Im Verzicht auf die Beziehung von Krieg und Kunst wird auch die → Ethik und das gesamte freiheitliche Rechts- und Verfassungsdenken ausgeschaltet: Ein Krieg der diktatorischen Fürsten wird zum technischen und geheimen Kalkül unkontrollierbarer Machthaber.

Feindbilder

Im Streit um → Recht und → Gleichgewicht sowie um Macht und Vorherrschaft (Hegemonie) kennt die Geschichte bis heute eine ganze Reihe unterschiedlicher Einstellungen zum Krieg.

Dabei spielt die qualitative Einschätzung der Streitparteien in Gestalt des *Feindbildes* eine fundamentale Rolle hinsichtlich des Anfangs, der Dauer und des Endes einer kriegerischen Auseinandersetzung. Das kann schon in den

Perserkriegen (500-448 v.Chr.) zwischen den »kultivierten« Griechen und den angeblich »barbarischen« Persern beobachtet werden, die als Aggressoren bekämpft wurden, ohne sie ganz niederringen oder gar vernichten zu können. In den Punischen Kriegen (264-146 v.Chr.) zwischen dem republikanischen Rom und dem ähnlich strukturierten Karthago (Nordafrika) zeigt sich, daß selbst die altrömische Kriegskunst in eine Art Vernichtungswillen umschlagen konnte, sobald im Gegner nicht mehr der »ehrbare Feind« (lat. *hostis* = Gast, Prozeßgegner vor Gericht) gesehen wurde – Karthago als Rivale Roms erlebte die materielle wie geistige Zerstörung.

Obgleich die Kirche Christi im Geist der »Feindesliebe« (Bergpredigt) eine Bekehrung der Heiden mit dem Schwert oder durch Gewalt ablehnte, waren »christliche« Herrscher als kriegsberechtigte Personen (*jus ad bellum*) immer wieder bereit, zu den Waffen zu greifen, um Missionskriege zu führen: So Karl der Große gegen die heidnischen Sachsen zwischen 772 und 804.

Im Zeichen des Kreuzes, das auch die Schwertform prägte, fanden im Mittelalter zwischen 1096 und 1291 sieben *Kreuzzüge* statt, um die »heiligen Stätten« des Christentums in Palästina aus der Verfügung von Muslimen oder »Ungläubigen« gewaltsam zu befreien. Als Verteidigungskriege ausgegeben und von Kirchenleuten abgesegnet (Bernhard von Clairvaux), waren sie im wesentlichen Eroberungskriege. Sie wurden in der Regel von Fürsten, Königen und sogar Kaisern (Barbarossa) angeführt und ließen in zahlreichen Handlungen erkennen, daß die »Heiden«, »Ungläubigen« oder Juden nur bedingt als vertragsfähige Gegner anerkannt wurden (1229 vertragliche Übergabe von Jerusalem), vielmehr als unchristliche Feinde vertrieben oder gar vernichtet werden konnten.

Hier galt das urchristliche Gebot der Feindesliebe so wenig wie gegenüber jenen Kräften in der Universalkirche selbst, die als »Ketzer« oder »Irrlehrer« galten. Diese Intoleranz gegen den Abweichler von der »reinen Lehre« Roms setzte sich in den Albigenserkriegen (1209-1229) ebenso durch wie während der in Böhmen und Mähren ausgetragenen Hussitenkriege (1415-1433). Die Haltung einer innerkirchlichen »Reinheit« in der Gotteslehre verstärkte sich mit der Berufung von Inquisitoren durch den Papst im Jahre 1231. Als gefürchtete Vertreter der »Inquisition« (innerkirchliches Gerichtsverfahren) wirkten sie besonders in Spanien auf den seit 718 von Asturien aus geführten Rückeroberungskrieg (Reconquista) ein, der die Iberische Halbinsel von den muslimischen Mauren aus Nordafrika »befreien« sollte: Er endete mit der Übergabe Granadas am 2. Januar 1492, der nur drei Monate später unter kriegsähnlichen Formen die größte Judenvertreibung seit 1291 (England) folgte.

Erst während der Reformationszeit nach 1517 gelang es, eine Reihe von *Religionskriegen* zu beenden und dabei den »Irrgläubigen«, Ketzer und Protestanten innerhalb des weltlichen Regiments wieder als friedensfähigen Gegner und Vertragspartner anzuerkennen. Das geschah vor allem im Jahre 1530 mit der von Kaiser Karl V. vorläufig erteilten Rechtsgarantie für die Lutheraner und ihre »Augsburgische Konfession«: Sie wurde im Passauer Vertrag von 1552 sowie im Augsburgischen Religions- und Profanfrieden von 1555 als gleichberechtigt mit den Katholiken bestätigt – mit dem Vorbehalt einer künftigen Regelung durch ein universales Konzil.

Diese wichtige Vertragsregelung als Auftakt zu verschiedenen Toleranzabkommen in der Folgezeit blieb allerdings den Calvinisten oder Reformierten unter den teutschen Reichsständen vorerst verwehrt. Denn die Anhänger des Genfer Reformators Johannes Calvin (1509-64) wurden weiterhin als »Sekte« und »Häretiker« betrachtet, die geistig wie materiell bekämpft werden durften, als wären sie »rechtlos«. Erst am Ende des Teutschen Krieges wurde ihnen im Friedenswerk von Münster und Osnabrück 1648 die Konfession im Verfassungsrang gesichert – gleichberechtigt mit Katholiken und Lutheranern (→ Toleranz). Die Anerkennung des Ketzers als Gegner statt als Feind fand auf der europäischen Ebene eine fundamentale Ergänzung in dem Bestreben Frankreichs unter König Franz I. (1494-1547), mit dem »lutherischen« Schweden einen Allianzvertrag (1544) einzugehen. Ja, seine Bündnispolitik griff über die Christenheit hinaus und traf mit dem Osmanischen Reich vertragliche Absprachen, die nachdrücklich zeigten, wie stark das Kommutationsprinzip wirken konnte. Es ermöglichte nämlich, ohne Ansehen der Religion oder Konfession internationale Bündnisse zu schließen.

Ähnlich verhielten sich die Generalstaaten der Niederlande, die im Geist des Turco-Calvinismus seit 1612 in Istanbul (Konstantinopel) eine Gesandtschaft unterhielten, um ein politisches Gegengewicht zu Habsburg zu bilden. Kaum anders verhielt sich die Krone Schweden, die seit 1595 (Frieden von Teusina) verstärkt bemüht war, mit dem »ketzerischen« Zartum Rußlands besondere Grenz-, Handels- und Friedensverträge auszuhandeln, um den Gegner Polen in Schach halten zu können.

Der Gesinnungswandel von der Vernichtung eines Feindes zur vertraglichen Anerkennung eines Gegners ist in moderner Zeit auch dort zu beobachten, wo Revolutionäre oder Repräsentanten von nationalen Befreiungsbewegungen erst als »Terroristen« (→ Terrorismus) abgelehnt und hart bekämpft werden, am Ende der Kriegshandlungen jedoch als Vertragspartner bei Friedensverhandlungen eine Akzeptanz finden.

Gehörte es zum rechtlichen Wesen eines Krieges im Sinne des »klassischen Völkerrechtes«, daß vor Beginn von Kampfhandlungen eine »Kriegserklärung« an den Gegner offiziell übermittelt wurde (oft durch besondere Herolde), so hatte sich unter dem Einfluß des Machiavellismus seit dem 17. Jahrhundert die Praxis des *Präventivkrieges* herausgebildet: Der »Feind« sollte mit schnellen militärischen Schlägen überrascht werden, was nur ohne Vorankündigung gelingen konnte.

Vor allem Friedrich II. von Preußen verfuhr 1740 beim Überfall auf Schlesien nach dieser Methode, obgleich er noch kurz zuvor den »Anti-Machiavell« geschrieben hatte, dessen Publikation von Voltaire besorgt worden war. Auch 1756 kümmerte sich Friedrich II. nicht sonderlich um den offenkundigen Bruch des Völkerrechts und der Reichsverfassung, als er das Kurfürstentum Sachsen besetzte und damit den Siebenjährigen Krieg auslöste. Rechtsbrüche dieser Art ließ sich auch der Diktator Gustav III. von Schweden 1789 zuschulden kommen, als er den Überfall auf Rußland regelrecht inszenierte und damit den Rechtswiderstand im Offizierskorps (Anjala-Bund) hervorrief – bis zum Attentat von 1792 (→ Tyrannentod).

Die eklatante und bewußte Mißachtung des Völkerrechts von deutscher Seite ging dem Beginn des Ersten Weltkrieges 1914 ebenso voraus wie der Entfesselung des Zweiten Weltkrieges im Jahre 1939. Ein Sonderfall ist hier der Überfall auf die Sowjetunion am 22. Juni 1941 durch die Wehrmacht des Großdeutschen Reiches. Denn mit dem »Unternehmen Barbarossa« hatte Hitler den mit Stalin 1939 geschlossenen »Pakt« zu Lasten Polens gebrochen und bewertete den bisherigen Vertragspartner von einem Tag auf den anderen als zu vernichtenden Feind. Ähnlich verhielt sich Hitler gegenüber den USA, die vor einer offiziellen »Kriegserklärung« am 12. Dezember 1941 mit dem »Unternehmen Paukenschlag« die Versenkung militärischer wie ziviler Schiffe durch deutsche U-Boote hinnehmen mußten – bar jeder völkerrechtlichen Grundlage.

Wie stark die vom Völkerrecht geforderte Rechtsbindung eines Krieges wirken kann, erweist sich an mehreren *Polizeiaktionen* der USA. So wird in den → Medien des Landes noch immer vom »Vietnam-Krieg« (Vietnam-War) gesprochen, der zwischen 1962 und 1974 in verschiedenen Phasen eskalierte. US-Juristen und Politiker hingegen unterscheiden scharf zwischen einem »War«, der vom US-Kongreß erklärt werden muß, und einem »Conflict«, über dessen militärische Handhabung und Finanzierung (meist durch bewußt gesteuerte Inflation) ein US-Präsident weitgehend allein entscheiden darf – als »Exekutiv-Maßnahme« (*executive privilege*).

Ein Sonderfall in der Prägung und Veränderung von Feindbildern liegt bei den sogenannten *Stellvertreterkriegen* vor. Denn hierbei potenzieren sich oft ideologische Begründungen eines Krieges, der von kleineren Armeen geführt wird, hinter denen aber Groß- oder Weltmächte stehen. Die Auseinandersetzungen zwischen dem 1948 gegründeten jüdischen Staat Israel und dem benachbarten Ägypten, das sich als arabische Vormacht auffaßte, erhellen die Bedeutung von Feindbildern im Rahmen der »psychologischen Kriegsführung«. Dabei halfen die Frontstellungen in dem nach 1945 ausgebrochenen »kalten Krieg« zwischen dem »kapitalistischen« Westen und dem »kommunistischen« Osten, die Spannungen im Nahen Osten aufrechtzuerhalten. Israel wurde als parlamentarische Demokratie von den USA mit Waffen und Wirtschaftshilfe unterstützt, während Ägypten und Syrien mit ihren Diktaturen eines »arabischen Sozialismus« ab 1953 bei der Sowjetunion eine militärische, politische (Einfluß im Sicherheitsrat der UNO) und ökonomische Stützmacht fanden. Nach dem für Ägypten und seine arabischen Verbündeten ziemlich verlustreichen »Sechstage-Krieg« (1967) und dem günstiger verlaufenen »Yom-Kippur-Krieg« (1973) schlossen Israel und Ägypten unter Vermittlung der USA den Frieden von Camp David (1979) – »Todfeinde« wandelten sich in respektierte Nachbarn.

Ein besonderes Problem stellen »Freischärler« dar, die an einem *Guerilla-Krieg* teilgenommen haben. Die »Guerilla« als Sonderform des »Kleinen Krieges« war als Widerstandsbewegung zuerst in Spanien gegen die Invasionstruppen Napoleons I. entstanden und führte in der Hauptsache einen »verdeckten Krieg« gegen den fremden Aggressor, ohne daß ihren Kämpfern der Combattanten-Status zuerkannt wurde – und damit einige Fundamentalrechte nach dem Kriegsvölkerrecht (Gefangenenstatus als Lebensgarantie).

Fast alle Befreiungsbewegungen der Moderne haben als Guerilla begonnen und sich nach ihrem militärischen »Sieg« zu regulären Armeen eines »souveränen Staates« gewandelt. Damit veränderte sich auch ihr »inneres« Feindbild, mußten doch die bisherigen Gegenkräfte entweder vertrieben (Emigration, Exil) oder ins neue Macht- und Militärsystem integriert werden. Das Beispiel Kuba, wo die Guerilla des Rechtsanwalts Fidel Castro im Jahre 1959 den Diktator Battista bekämpfte und schließlich mit seinen Anhängern verjagte, zeigt hinreichend, wie schwer es fallen kann, Freischärler mit ihrer Kampf-Mentalität auf die inneren Friedensbedingungen eines »modernen Staates« einzustimmen – Kuba blieb Diktatur.

Den Krieg abschaffen

Im christlichen Verständnis des menschlichen Daseins als dauernder Kampf gegen die Sünde wurde der Krieg stets als ein »Übel« empfunden und oft als »Strafgericht Gottes« aufgefaßt. Gerade von militärisch erfolgreichen und politisch äußerst wirksamen Heerführern wie Gustav Adolf wurde das materielle Elend und das Blutvergießen in Scharmützeln, Belagerungen und großen Schlachten immer beklagt. Verständlich auch, daß in Kriegszeiten der Ruf nach Waffenstillständen, Zeitfrieden und selbst nach einem »Ewigen Frieden« (Kant) aufkam, weil »das harte Geschwür der Krieg- und Zerstörungs-Krankheit in den Herzen der Großen« (Berenhorst) nicht mehr zu ertragen war.

Was Berenhorst (1733-1814) als erfahrener General und Kriegstheoretiker aus dieser Feststellung ableitete, war der Wunsch, daß sich mit dem siegreichen Befreiungskrieg gegen Napoleon I. »der Krieg selber abschaffen wird« – als Folge der materiellen Lage wie aufgrund dauerhafter politischer Strukturen.

Nach der gewonnenen Entscheidungsschlacht am 18. Juni 1815 bei Waterloo erwies sich diese Hoffnung jedoch als nur bedingt erfüllbar. Denn mit dem Ende der Kampfhandlungen fand zwar der Krieg gegen das napoleonische Frankreich seinen Abschluß, aber die jeweiligen Armeen und Flotten der kriegführenden Mächte blieben trotz gewisser Abrüstungen bestehen und wurden nach 1815 gegen revolutionäre Bewegungen im Inneren der Siegerstaaten eingesetzt. So zerschlug die zaristische Armee die Polen-Aufstände von 1830 und 1848, während die dynastischen Armeen der Habsburger (Österreich-Ungarn) und Hohenzollern (Preußen) die freiheitsgerichtete → Revolution von 1848 gewaltsam beendeten – ohne zu erlauben, daß ihre Polizei- und Streitkräfte (Armee und Flotte) auf die Verteidigung einer → Verfassung eingeschworen wurden und damit auf eine → Ordnung des inneren Friedens.

Die »stehenden Heere« der dynastischen Diktatoren waren demnach nicht nur ein Aggressionsinstrument gegenüber Nachbarn, sondern auch ein Unterdrückungsmittel gegen die eigene Bevölkerung. Macht man sich diesen Zusammenhang klar, dann wird verständlich, daß der Krieg »als Fortsetzung der Politik mit anderen Mitteln« (Clausewitz) verstanden werden mußte und nicht als das Ende oder Scheitern aller → Politik: Schließlich gehörte die einseitig ausgerichtete »Kriegsverfassung« mit ihrer Forderung nach »blindem Gehorsam« zu den wichtigsten Stützen der herrschenden Dynastien (→ Staat).

Zieht man weiterhin in Betracht, daß das koloniale Ausgreifen nach Afrika und Asien den dynastischen Militärapparaten im Laufe des 19. Jahrhunderts zusätzliche Einsatzmöglichkeiten verschaffte, dann konnte die Abschaffung des Krieges unter diesen strukturellen Bedingungen nur als illusionär erscheinen. Der Krimkrieg (1853-56), der »Deutsche Krieg« (1864-66), der Preußisch-Französische Krieg (1870/71), der Balkankrieg (1912/13) und auch der Erste Weltkrieg (1914-18) verdeutlichen die hohe Gewaltbereitschaft in den Macht- und Militäreliten, Krisen und Konflikte statt durch Verhandlungen und friedensorientierte Kompromisse mit einem »heißen Krieg« zu lösen – durchweg auf Kosten Dritter!

Tatsächlich waren die Heere des Absolutismus wie des Neo-Absolutismus (zwischen 1814 und 1918) nichts anderes als eine »Maschine in der Hand der Fürsten« (Meyern). Diese Einschätzung trifft auch auf die Diktatoren des 20. Jahrhunderts zu, die stets bestrebt waren, Polizei und Streitkräfte (Heer, Flotte, Luftwaffe) auf sich persönlich zu vereidigen (Hitler und die neue Wehrmacht 1934) und damit die Option des Krieges zu wahren.

Die Geschichte zeigt gerade in ihren langen Friedenszeiten, daß Krieg zwischen Staaten und Völkern nur dann »abgeschafft« werden kann, wenn das Recht auf einen gerechten → Frieden permanent erhalten bleibt und die Gemeinwesen im Inneren entsprechend strukturiert sind - als freiheitliche Verfassungsstaaten, die das Völkerrecht anerkennen.

Dieses große Ziel des inneren Friedens wie der äußeren Sicherheit ist aber von einem durchgehenden Lernprozeß abhängig, den jede Generation neu leisten muß, indem sie auch die → Ideologie bekämpft, im Krieg »eine der heilsamsten Erscheinungen zur Bildung des Menschengeschlechts« (Wilhelm von Humboldt, 1792) zu sehen. Ein solches Vorhaben wird jedoch nur dann Erfolg zeitigen, wenn die Armeen nicht zur »Schule der Nation« gemacht werden, sondern die im Recht verfaßte Nation die Schulung der Armee betreibt – im Geist der Freiheit und einer notgedrungenen Verteidigung.

Die Hoffnung, daß die immensen Kosten der Rüstung (→ Sicherheit) wie der Kriegsführung selbst die Militärs und Politiker zum Frieden bringen könnten, hat sich hin und wieder erfüllt. So spielte beim Zustandekommen des Friedenskongresses zu Münster und Osnabrück die *materielle Ermattung* der Kriegsgegner eine wesentliche Rolle bei ihren Bemühungen, 1648 endlich einen »ehrbaren Frieden« abzuschließen.

Am Ende eines jeden Krieges seit der Neuzeit hatte es sich herausgestellt, daß er neben den Verlusten an Menschenleben unter den Soldaten wie in der Zivilbevölkerung enorme Mittel an Geld »verpulvert« hat, die meist nur durch Inflationierung der eigenen Währung und überhohe Verschuldungen aufgebracht werden konnten. Die verheerenden Inflationen nach 1918 und 1945 waren nichts anderes als der Rückstau aus den Wertverlusten im Krieg. Ein ähnlicher Vorgang ist in den demokratischen USA zu beobachten, deren Präsidenten besonders in den 1960er Jahren jedes Militärengagement mit einer Inflation des Dollar finanziert haben. Die diktatorische Sowjetunion hat sich gar im »Rüstungswettlauf« mit den USA während des »Kalten Krieges« trotz guter Rohstofflage beinahe »tot gerüstet« und mit den übergroßen Kosten die innere Destabilisierung ihres Machtsystems betrieben – mit horrenden Folgen für die Nachfolgestaaten.

Welche Gefährdungen durch die Kosten von Kriegshandlungen für den Weltfrieden entstehen können, wird auch bei Interventionen der UNO deutlich. Allein die »Befreiung Kuwaits« im Jahre 1991 verschlang fast 70 Milliarden DM, von denen die Bundesrepublik Deutschland allein 17,2 Milliarden DM zu übernehmen hatte, ohne sich an Kriegshandlungen gegen den Aggressor Irak unmittelbar beteiligt zu haben. Kostspielige Einsätze wie zuletzt auch in Somalia (1993) könnten die Zahlungsunfähigkeit der UNO bewirken und damit das Ende ihrer weltweiten Befriedungsaufträge und politischen Interventionen zur Sicherung bedrohter Verfassungsstaaten.

Die steigenden Kosten des »militärisch-industriellen Komplexes« (Dwight Eisenhower, 1958) vornehmlich in den Industrieländern (→ Nord-Süd-Problem) haben zwar die Gefahr von Großkriegen eingedämmt, aber den Krieg selbst als Gewaltmittel nicht »abgeschafft«.

Ausblick

Einige Anzeichen im Bereich der nuklearen Abrüstung sprechen dafür, daß der Menschheit ein »atomarer Holocaust« oder gar ein »Overkill« (mehrfache Vernichtung durch Atomwaffen) in näherer Zukunft wahrscheinlich erspart bleiben wird, sofern die bisherigen Kontrollmöglichkeiten gesichert werden.

Sollte diese Bedrohung aus der Zeit des ideologisch bedingten »kalten Krieges« (→ Ost-West-Konflikt) wirklich abgewendet werden, dann wäre in einem entscheidenden Politikbereich das überkommene *Vergeltungsdenken* nach dem alttestamentarischen und islamischen Prinzip »Auge um Auge« überwunden: »Vergeltungswaffen« wie die V-2 im Zweiten Weltkrieg kämen dann nicht mehr zum Einsatz.

Die rücksichtslose Strategie der »verbrannten Erde« im Algerien-Krieg bis 1961, des Umwelt-Krieges durch flächendeckende Verschmutzung mit Erdöl in Kuwait 1991 oder der brutal durchgeführten »ethnischen Säuberung« zur Zeit des Balkankrieges 1993 macht jedoch deutlich, wie groß die Gefahren sind, die Kriege selbst mit konventionellen Waffen weiterhin heraufbeschwören: Auch sie mißbrauchen den Menschen als »lebendiges Monument der Tyrannei« (Heinrich von Kleist, 1799).

In dieser gewaltsamen Erniedrigung liegt das eigentliche Unwesen des *Militarismus* als System der politisch-rechtlichen Entmündigung – eine Hauptursache vergangener wie heutiger Kriege. Der Aufklärer Diderot leitete sie gar aus einer »Verkommenheit der Menschen« (*dépravation des hommes*) ab und sah im Krieg letztlich eine »gewalttätige Krankheit des politischen Lebens«: Tatsächlich ist ein Krieg weniger der »äußerste Vernunftakt« (*ultima ratio*) und eine Fortführung der Politik als vielmehr deren Ende.

Wer allerdings glaubt, daß »der Krieg ein Glied in Gottes Weltordnung ist« und »die edelsten Tugenden des Menschen« zur vollen Entfaltung bringt (Helmut von Moltke), dem kann *Kriegsdienstverweigerung* nicht als Gewissensakt erscheinen oder gar als menschliches Grundrecht – d.h. als Ausdruck von Freiheit, die auch den Andersdenkenden respektiert.

Der preußische General und gescheiterte Militärreformer Scharnhorst (1755-1813) wußte angesichts der »Nothwendigkeit eines Krieges« sehr wohl »zwischen Unterjochung und Freiheit« zu unterscheiden. Krieg im ersten Fall bedeutete demnach, die Vernichtung des äußeren wie inneren Feindes zu betreiben. Im zweiten Fall hingegen wird der Krieg zu einem Mittel der Notwehr und des Überlebens. Unter günstigen Umständen kann diese Auffassung zum → Frieden und zur Versöhnung mit dem Gegner führen, selbst zwischen angeblichen »Erbfeinden«, die wie Frankreich und Deutschland sogar einen »Freundschaftsvertrag« (1963) geschlossen haben: Wie lange er halten wird, ist jedoch vom historischen Wissen, der sozioökonomischen Entwicklung und vom politischen Willen jeder neuen Generation abhängig.

Literatur

Abbt, Vom Tode fürs Vaterland, 1761 ✦ *Abel*, Stoizismus und Frühe Neuzeit, 1978 ✦ *Albertini*, The Origins of War of 1914, 1952 ✦ *Albrecht*, Richelieu, Gustav Adolf und das Reich, 1959 ✦ *Allemann*, ›Der Nationalismus Heinrich von Kleists‹, in: Der Nationalismus in Germanistik und Dichtung (Germanistentag 1966), 1967 ✦ *Almquist*, Sverge och Ryssland 1595-1611, 1907 ✦ *Antoni*, Der Kampf wider die Vernunft. Zur Entstehungsgeschichte des deutschen Freiheitsgedankens, 1951 ✦ *A.J. Barker*, Der Sechs-Tage-Krieg, 1981 (Dokumente) ✦ *G. Barudio*, Gustav Adolf – der Große, 2. Aufl. 1982 ✦ *ders.*, Der Teutsche Krieg 1618-1648, 2. Aufl. 1985 ✦ *Beaufre*, Die Revolutionierung des Kriegsbildes. Neue Formen der Gewaltanwendung, 1973 ✦ *Berenhorst*, Betrachtungen über die Kriegskunst, 3. Aufl. 1827 (Neudruck 1978) ✦ *Berner*, Gustav Adolf. Der Löwe aus der Mitternacht, 1982 ✦ *G. Best*, Humanity in Warfare. The Modern History of the International Law of Armed Conflicts, 1983 ✦ *Blickle* (Hrsg.), Aufruhr und Empörung? Studien zum bäuerlichen Widerstand im Alten Reich, 1980 ✦ *Boldt*, ›Der Ausnahmezustand in historischer Perspektive‹, in: Der Staat, 1967 ✦ *Borchers*, Kriegsdienstverweigerung. Wege aus der Gewissensnot, 1985 ✦ *Botzenhart*, ›Deutschland um 1800. Von den preußischen Reformen bis zum Wiener Kongreß‹, in: Handbuch der deutschen Geschichte, 3/I.1, 1980 ✦ *H. v. Brandt*, Handbuch für den ersten Unterricht in der höheren Kriegskunst, 1829 ✦ *Brownlie*, International Law and the Use of Force by States, 1963 ✦ *Buchheim*, Der U-Boot-Krieg, 1976 ✦ *Büsch*, Militärsystem und Sozialleben im alten Preußen 1713-1807. Die Anfänge der sozialen Militarisierung der preußisch-deutschen Gesellschaft, 1962 ✦ *Caesar*, De Bello Gallico ✦ *ders.*, De Bello Civile (Tusculum) ✦ *Cartier*, Der Zweite Weltkrieg, 2 Bde., dt. 1967 ✦ *Churchill*, Der Zweite Weltkrieg, 3 Bde., dt. 1951 ✦ *Clausewitz*, Vom Kriege, 1830, 1966 ✦ *Cockburn*, The Treat: Inside the Soviet Military Machine, 1983 ✦ *Conze*, ›Militarismus‹, in: GG, Bd.4, 1978 ✦ *Craig*, The Politics of the Prussian Army 1640-1945, 1955 ✦ *Cremer*, La »protection« dans le droit international public européen au XVIe siècle, 1974 ✦ *de Crissé*, Versuche über die Kriegskunst, 2 Bde., 1756/57 ✦ *Duffy*, The Military Experience in the Age of Reason, 1987 ✦ *Eckert*, Von Valmy bis Leipzig. Quellen und Dokumente zur Geschichte der preußischen Heeresreform, 1955 ✦ *Erfurth*, Der Finnische Krieg 1941-44, 1950 ✦ *Fiedler*, Kriegswesen und Kriegsführung im Zeitalter der Landsknechte, 1985 ✦ *F. Fischer*, Der Griff nach der Weltmacht, 1961 ✦ *ders.*, Krieg der Illusionen, 1969 ✦ *L. Fischer*, Das Leben Lenins, dt. 1965 ✦ *Josephus Flavius*, Der Judaische Krieg, dt. 10. Aufl. 1993 ✦ *Frei/Kling* (Hrsg.), Der nationalsozialistische Krieg, 1990 ✦ *Gannon*, Operation Paukenschlag. Der deutsche U-Bootkrieg gegen die USA, dt. 1991 ✦ *Gat*, The Origins of Military Thought from the Enlightenment to Clausewitz, 1989 ✦ *I. Geiß* (Hrsg.), Julikrise und Kriegsausbruch 1914, 1963 ✦ *ders.*, Der lange Weg in die Katastrophe. Die Vorgeschichte des Ersten Weltkriegs, 2. Aufl. 1991 ✦ *Gembruch*, ›Zur Diskussion der

Heeresverfassung und Kriegführung in der Zeit vor der Französischen Revolution‹, in: Staat und Heer, 1990 (Historische Forschungen, 40) ✦ *ders.*, ›Bürgerliche Publizistik und Heeresreform in Preußen (1805-1808)‹, ibidem ✦ *v.d. Goltz* (Hrsg.), Militärische Schriften von Scharnhorst, in: Militärische Klassiker des In- und Auslandes, 1881 ✦ *Goodrich* (Hrsg.), Documents on American Foreign Policy, 1941-1947 ✦ *Grob*, The Relativity of War and Peace, 1949 ✦ *Hahlweg*, ›Preußische Reformzeit und revolutionärer Krieg‹, in: Wehrwissenschaftliche Rundschau, Beiheft 18, 1962 ✦ *ders.*, Guerilla. Krieg ohne Fronten, 1968 ✦ *E.W. Hansen*, ›Zur Problematik einer Sozialgeschichte des deutschen Militärs im 17. und 18. Jahrhundert. Ein Forschungsbericht‹, in: ZHF 6, 1979 ✦ *Helmreich*, The Diplomacy of the Balkan Wars, 1938 ✦ *R. Hepp*, ›Anleitung zur Verteidigung der Souveränität kleiner Staaten‹, in: Der Staat 23, 1984 ✦ *Herre/Auerbach*, Bibliographie zur Zeitgeschichte und zum Zweiten Weltkrieg für die Jahre 1945-1950, 1955 ✦ *A. Heuß*, Römische Geschichte, 1963 ✦ *Hillgruber*, Hitlers Strategie, Politik und Kriegsführung 1940-1941, 1965 ✦ *C. Hinrichs*, Pietismus und Militarismus im alten Preußen, 1971 ✦ *Höhn*, Revolution. Heer. Kriegsbild, 1944 ✦ *ders.*, Die Armee als Erziehungsschule der Nation. Das Ende einer Idee, 1963 ✦ *Hokkanen*, Krieg und Frieden in der politischen Tagesliteratur Deutschlands zwischen Baseler und Lunéviller Frieden (1795-1801), 1975 ✦ *Howard*, Der Krieg in der europäischen Geschichte. Vom Ritterheer zur Atomstreitmacht, 1981 ✦ *Hubatsch* (Hrsg.), Hitlers Weisungen für die Kriegsführung 1939-1945. Dokumente des Oberkommandos der Wehrmacht, 1962 ✦ *Huber/Schwerdtfeger* (Hrsg.), Kirche zwischen Krieg und Frieden. Studien zur Geschichte des deutsche Protestantismus, 1976 ✦ *W. v. Humboldt*, Ideen zu dem einen Versuch, die Grenzen der Wirksamkeit des Staates zu bestimmen, 1960 ✦ *Ihn*, Patriotischer Versuch über die Bildung eines würdigen Offiziers, 1791 ✦ *Israel*, The Dutch Republic and the Hispanic World 1606-1661, 1982 ✦ *Jacobsen/Rohwer* (Hrsg.), Entscheidungsschlachten des Zweiten Weltkrieges, 1960 ✦ *Jähns*, Über Krieg, Frieden und Kultur, 2. Aufl. 1893 ✦ *W. Janssen*, ›Krieg‹, in: GG, Bd.3, 1982 ✦ *Jessen* (Hrsg.), Der Dreißigjährige Krieg in Augenzeugenberichten, 4. Aufl. 1980 ✦ *R.E. Jones*, ›Opposition to War and Expansion in Late Eighteenth Century Russia‹, in: JbGOE 32, 1984 ✦ *Kaltenbrunner*, ›Bereiten wir den falschen Frieden vor? Vom Gestaltwandel internationaler Konflikte‹, in: Initiative 13, 1976 ✦ *Karnow*, Vietnam: A History, 1983 ✦ *Kessel*, ›Die Wandlung der Kriegskunst im Zeitalter der Französischen Revolution‹, in: Militärgeschichte und Kriegstheorie in neuerer Zeit, 1987 (Historische Forschungen, 33) ✦ *H.H. Klein*, ›Wilhelm zu Schaumburg-Lippe. Klassiker der Abschreckungstheorie und Lehrer Scharnhorsts‹, in: Studien zur Militärgeschichte, Militärwissenschaft und Konfliktforschung 28, 1982 ✦ *Heinrich von Kleist*, Sämtliche Werke und Briefe, 2 Bde., 9. Aufl. 1993 ✦ *Klueting*, Die Lehre von der Macht der Staaten. Das außenpolitische Machtproblem in der »politischen Wissenschaft« und in der praktischen Politik des 18. Jhds., 1986 (Historische Forschungen, 29) ✦ *G. Köhler*, Über das Verhältnis von Rühle von Liliensterns Buch ›Vom Kriege‹ zu Adam Heinrich Müllers ›Elemente der Staatskunst‹, 1922 ✦ *Krippendorf*, Staat und Krieg. Die historische Logik politischer Unvernunft, 1986 ✦ *Krölls*, Kriegsdienstverweigerung. Das unbequeme Grundrecht, 1983 ✦ *Kroener*, ›Vom »extraordinari Kriegsvolck« zum »miles perpetuus«. Zur Rolle der bewaffneten Macht in der europäischen Gesellschaft der Frühen Neuzeit. Ein Forschungs- und Literaturbericht‹, in: MgM 43, 1988 ✦ *Krummacher/Hefermehl*, Ratgeber für Kriegsdienstverweigerer zum KDV-Gesetz, 1990 ✦ *Kunisch*, Der Kleine Krieg. Studien zum Heerwesen des Absolutismus, 1973 ✦ *ders.*, Fürst, Gesellschaft, Krieg. Studien zur bellizistischen Disposition des absoluten Fürstenstaates, 1992 ✦ *Kutsche*, Kriegsbild, Wehrverfassung und Wehrwesen in der Deutschen Enzyklopädie des 18. Jahrhunderts, 1975 ✦ *Latzel*, Vom Sterben im Krieg. Wandlungen in der Einstellung zum Soldatentod vom Siebenjährigen Krieg bis zum II. Weltkrieg, 1988 ✦ *A. Lehmann*, Gefangenschaft und Heimkehr. Deutsche Kriegsgefangene in der Sowjetunion, 1986 ✦ *G. Lewy*, America in Vietnam, 1978 ✦ *Liddle Hart*, Große Heerführer, dt. 1968 ✦ *ders.*, Die Strategie einer Diktatur, 1948 ✦ *v. Lilienstern*, Apologie des Krieges, 1813, 1984 ✦ *Lorentzen*, Die schwedische Armee im Dreißigjährigen Krieg und ihre Abdankung, 1894 ✦ *R. Lorenz*, Volksbewaffnung und Staatsidee in Österreich (1792-1797), 1926 ✦ *Luttwak*, Pentagon and the Art of War, 1985 ✦ *ders.*, Meaning of Victory, 1986 ✦ *McNeill*, Krieg und Macht. Militär, Wirtschaft und Gesellschaft vom Altertum bis heute, 1984 ✦ *G. Mann*, Wallenstein, 1968 ✦ *Mao Tsetung*, Theorie des Guerillakrieges, dt. 1966 ✦ *Matthies*, Kriege in der Dritten Welt. Analysen und Materialien, 1982 ✦ *Messerschmidt*, ›Werden und Prägung des preußischen Offizierskorps – ein Überblick‹, in: Der Offizier im Bild von Dokumenten aus drei Jahrhunderten, 1964 ✦ *Mischke*, Vom Kriegsbild, 1976 ✦ *H. Münkler*, ›Staat, Krieg und Frieden: Die verwechselte Wechselbeziehung‹, in: Kriegsursachen, 1987 ✦ *Nägler*, Von der Idee des Friedens zur Apologie des Krieges. Eine Untersuchung geistiger Strömungen im Umkreis des Rotteck-Welckerschen Staatslexikons, 1990 ✦ *Nicolai*, Die Biologie des Krieges, 1917 ✦ *Nirumand* (Hrsg.), Sturm im Golf. Die Irakkrise und das Pulverfaß Nahost, 1990 ✦ *Oestreich*, ›Der römische Stoizismus und die oranische Heeresreform‹, in: HZ 176, 1953 ✦ *ders.*, Strukturprobleme des europäischen Absolutismus. Geist und Gestalt des frühmodernen Staates, 1969 ✦ *Opitz*, Einführung zu Georg Heinrich von Berenhorst, Betrachtungen über die Kriegskunst, 1978 ✦ *Oredsson*, Gustav Adolf, Sverige och Trettioåriga kriget. Historieskrivning och kult, 1992 (mit dt. Zusammenfassung) ✦ *Papke*, ›Von der Miliz zum stehenden Heer‹, in: Handbuch zur deutschen Militärgeschichte, 1979 ✦ *G. Parker*, Der Dreißigjährige Krieg, dt. 1987 ✦ *Peball*, Das Generalsreglement der kaiserlich-königlichen österreichischen Armee vom 1. September 1769. Versuch einer Quellenanalyse, 1967 ✦ *Podhoretz*, Why we were in Vietnam, 1983 ✦ *Portmann-Tinguely*, Romantik und Krieg. Eine Untersuchung zum Bild des Krieges bei den deutschen Romantikern und »Freiheitssängern«: Adam Müller, Joseph Görres, Friedrich Schlegel, Achim von Arnim, Max von Schenkendorff und Theodor Körner, 1989 ✦ *Rabb* (Hrsg.), The Thirty Year's War. Problems of motive, extent, and effect, 2. Aufl. 1972 ✦ *Repgen* (Hrsg.), Forschungen und Quellen zur Geschichte des Dreißigjährigen Krieges, 1981 ✦ *G. Ritter*, Staatskunst und Kriegshandwerk. Das Problem des »Militarismus« in Deutschland, 3. Aufl. 1965 ✦ *M. Ritter*, Deutsche Geschichte im Zeitalter der Gegenreformation und des Dreißigjährigen Krieges, 1908 ✦ *Roberts*, Gustavus Adolphus, 2 Bde., 1953, 1958 ✦ *ders.*, The Military Revolution, 1560-1660, 1967 (Essays in Swedish History) ✦ *Rothenberg*, The Art of Warfare in the Age of Napoleon, 1977 ✦ *Rothfels*, Carl von Clausewitz. Politik und Krieg. Eine ideengeschichtliche Studie, 1920 ✦ *Röhl*, Zwei deutsche Fürsten zur Kriegsschuldfrage, dt. 1971 ✦ *Röling*, Einführung in die Wissenschaft von Krieg und Frieden, 1970 ✦ *Rosenstock*, Kriegsheer und Rechtsgemeinschaft, 1932 ✦ *Rothenberg*, Die österreichische Militärgrenze in Kroatien 1522 bis 1881, 1970 ✦ *Salinger/Laurent*, Guerre du Golfe. Le Dossier secret, 1991 ✦ *Schaufelberger*, Der Alte Schweizer und sein Krieg, 2. Aufl. 1966 ✦ *Festschrift Walter Schaufelberger*. Studien zur Militärgeschichte und Militärwissenschaft, 1986 (Stüssi-Lauterburg) ✦ *Schaumburg-Lippe*, Mémoires pour servir à l'art militaire défensif, 2 Bde., 1775-1777 ✦ *Schormann*, Der Dreißigjährige Krieg, 1985 ✦ *P.E. Schramm/Stange*, Geschichte des Zweiten Weltkriegs, 1951, 2. Aufl. 1960 ✦ *W. Schulze*, ›Gerhard Oestreichs Begriff »Sozialdisziplinierung« in der Frühen Neuzeit‹, in: ZHF 14, 1987 ✦ *Schwarzkopf*, Man muß kein Held sein. Die Autobiographie, dt. 3. Aufl. 1992 ✦ *Shannon*, The Crisis of Imperialism 1865-1915, 1974 ✦ *A.L. Smith*, Heimkehr aus dem Zweiten Weltkrieg. Die Entlassung der deutschen Kriegsgefangenen, 1985 ✦ *Stahlberg*, Die verdammte Pflicht. Erinnerungen 1932 bis 1945, 1987 ✦ *Stanton*, The Rise and Fall of an American Army: U.S. Ground Forces in Vietnam 1965-1973, 1985 ✦ *Streim*, Sowjetische Gefangene in Hitlers Vernichtungskrieg, 1982 ✦ *Streit*, Keine Kameraden. Die Wehrmacht und die sowjetischen Kriegsgefangenen 1941-1945, 1978 ✦ *Stüssi*, Das Schweizer Militärwesen des 17. Jahrhunderts in ausländischer Sicht, 1982 ✦ *Sturmberger*, Aufstand in Böhmen. Der Beginn des Dreißigjährigen Krieges, 1959 ✦ *Suvorov*, Inside the Soviet Army, 1982 ✦ *A.J.P. Taylor*, Die Ursprünge des Zweiten Weltkrieges, 1962 ✦ *Tel'puchovski*, Die sowjetische Geschichte des großen vaterländischen Krieges, dt. 1961 ✦ *Tharau*, Die geistige Kultur des preußischen Offiziers von 1640 bis 1806, 1968 ✦ *H. Thomas*, Der Spanische Bürgerkrieg, dt. 1962 ✦ *ders.*, Castros Cuba, dt. 1984 (1971) ✦ *Thukydides*, Der Peloponnesische Krieg, dt. 1976 ✦ *Toynbee*, Krieg und Kultur. Der Militarismus im Leben der Völker, dt. 2. Aufl. 1951 ✦ *Turner Johnson*, Ideology, Reason, and the Limitation of War. Religious and secular Concepts 1200-1740, 1975 ✦ *v. Valentini*, Abhandlungen über den kleinen Krieg und über den Gebrauch der leichten Truppen ... Die Lehre vom Krieg, 4. Aufl. 1820 ✦ *de Vattel*, ›Le Droit des Gens ou Principes de la Loi Naturelle‹, dt. in: Klassiker des Völkerrechts 3, 1959 ✦ *Wagner*, Ich verweigere den Wehrdienst, 1985 ✦ *Walz*, Gibt es den gerechten Krieg?, 1982 ✦ *v. Weizsäcker* (Hrsg.), Kriegsfolgen und Kriegsverhütung, 1971 ✦ *Westphal*, Der deutsche Generalstab auf der Anklagebank Nürnberg 1945-1948, 1977 ✦ *Wirth*, Die Bürgerkriege. Die Geschichte der Kriege gegen Pompeius in Alexandria, in Afrika, in Spanien, 1966 ✦ *Woodward*, The Commanders, 1991 ✦ *Q. Wright*, A Study of War, 1965 ✦ *Zernack*, ›Schweden als europäische Großmacht der frühen Neuzeit‹, in: HZ 232, 1981 ✦ *ders.*, ›Virtus politica im Militärstaat. Strukturprobleme der schwedischen Großmachtzeit‹, in: Festschrift für Klaus von See, 1988 ✦ *J. Zimmermann*, Militärverwaltung und Heeresaufbringung in Österreich bis 1806, 1965.

Kultur

Die Nähe von religiösem Begriff und politischem Ausdruck zeigt sich im deutschen Bereich nirgendwo so deutlich wie in der offiziellen Bezeichnung *Kultus-Ministerium*.

Dieser heute altertümlich wirkende Behördenname stammt aus der Zeit nach dem Ende des Heiligen Reiches (1806). Damals kamen durch die von Napoleon erzwungene Säkularisierung (1803) nicht nur zahlreiche Kirchengüter in die alleinige Verfügung einzelner Reichsstände, sondern es wurden auch die bisherigen Kompetenzen der Kirche zugunsten des weltlichen Regimentes oder »Staates« geregelt. Neben den materiellen Belangen der enteigneten Kirche als konfessioneller »Kult«, die durch eine bis heute geltende Kirchensteuer finanziert wurden, gehörten zum »Kultus« (von lat. *cultus* = Pflege) auch das Schulwesen und die akademische Ausbildung – also jene Bereiche, in denen Lesen, Schreiben, Rechnen und Denken als Voraussetzungen von »Kultur« vermittelt werden sollten.

Den 1806 patrimonial gewordenen Fürsten war jedoch nach dem Wiener Kongreß wenig daran gelegen, die Kompetenzerweiterung in den Dienst jener Auffassung von politischer Kultur zu stellen, die der katholische Aufklärer Joseph von Görres (1776-1848) im Jahre 1819 gefordert hatte. Er skizzierte in seiner programmatischen Schrift »Teutschland und die Revolution« ein *Bildungswerk des Jahrhunderts*. Darunter faßte er im wesentlichen drei Postulate, die ihm notwendig erschienen, um seine Landsleute als Kultur-Nation auch politisch zu bilden: 1. »Daß die Zeit gekommen, wo durchgängig ein neuer Vertrag zwischen den Klassen der Gesellschaft abgeschlossen sein muß«, 2. »Daß Rechte und Pflichten, Freiheit und Gehorsam, Geben und Nehmen wechselseitig sich bedingen« und 3. daß »der Deutsche nur in Treue und Gerechtigkeit seiner Natur gemäß handelt – alles, was er außer ihr unternimmt, ist ungeschickt, dumm und ohne Segen«.

Görres, der vor der Hohenzollern-Diktatur ins Exil nach Straßburg ausweichen mußte, sollte 1819 erleben, wie die *Karlsbader Beschlüsse* der an Kirchengut bereicherten Fürsten das genaue Gegenteil erzwangen – kein Vertrag, keine Gegenseitigkeit und fortwährende Entmündigung.

Kulturkampf

Die Forderungen Görres', der über den »Rheinischen Merkur« seine Vorstellungen von der Politik als Kultur einem größeren Leserkreis vermittelte und der ein wichtiger Wegbereiter des Vormärz wie der Revolution von 1848 war, gehen auf die Traditionen der libertären »Reichspublicistik« vor 1806 zurück. Gleichzeitig entsprechen sie den Naturrechtspositionen der → Aufklärung und bilden eine radikale Gegenwelt zu den dynastischen Diktaturen des Deutschen Bundes, denen immer wieder von liberaler Seite der Vorwurf des Separatismus und der Unkultur gemacht worden ist.

Danach hat »die Willkür einiger Dutzend unwissender Regenten und meineidiger Fürstenbuben« viel zur »Getrenntheit der deutschen Staaten« beigetragen. Dieser Vorwurf wird im Bericht eines preußischen Spitzels wiedergegeben, der während des Hambacher Festes von Pfingsten 1832 unentdeckt blieb und der aus einer Rede des Patrioten Johann Georg August Wirth weiter zitierte: »Die Raubsucht der Oestreichischen Erzherzöge und der Kurfürsten von Brandenburg sei aber von jeher Schuld daran gewesen, daß nie eine Vereinigung Deutschlands sich hätte bilden können. Er erörterte, wie es immer die Absicht der Regenten sei, Haß und Zwist unter den Völkern zu erhalten, um die einzelnen Staaten unter ihrer Zwangsherrschaft zu konservieren und daß nicht eher Glück und Eintracht stattfinden würde, bis die Könige und Regenten alle weggejagt worden wären. So schmachten Ungarn, Polen, Italien unter der Knechtschaft, unzugänglich für Deutschland, daher die Hemmnis im Handel, das Elend der Landleute. Er ... nannte die Regenten Hochverräter an ihren Völkern ...« (→ Patriotismus).

Was Görres und Wirth aus ihrem freiheitlichen Bedürfnis nach Kultur als Ausdruck gerechter Lebensverhältnisse erstrebten, ist während der 1848er Revolution von habsburgischer und hohenzollernscher Seite mit Waffengewalt und rigoroser Repression verhindert worden. Bismarck wußte sehr wohl, warum er zur Verteidigung der Fürstenstaaten, in deren Dienst er stand, alle Bestrebungen einer demokratisch ausgerichteten Kultur bekämpfte und darin das »böse Prinzip« am Werke sah. Er meinte damit vor allem die »demokratische Gesinnung« der katholischen Anhänger des Zentrums um den Juristen Ludwig Windthorst (1812-91), seinem schärfsten Widersacher im sogenannten *Kulturkampf* seit 1871.

Dieses Schlagwort kam auf, als die Abteilung für Angelegenheiten der katholischen Kirche im preußischen Kultus-Ministerium aufgehoben wurde. Damit begann Bismarck mit dem systematischen Kampf gegen den Einfluß der Kirche als staatenübergreifende Organisation. Die politischen Sympathien deutscher Katholiken für die Partrioten Polens störten den neuen Reichskanzler ebenso wie die Forderungen des Zentrums nach Föderativprinzip und demokratischer Rechtsstaatlichkeit. Seine gezielten Schläge gegen die Kirche als organisiertem »Kult« (Kanzelparagraph) sollten auch die von ihr geforderte politische Kultur treffen. Mit den *Maigesetzen* (Reglementierung der Ausbildung von Geistlichen) versuchte Bismarck, das Zentrum zu schwächen und damit die Kritik an seinem Machtstaat nachhaltig zu dämpfen, ja auszuschalten.

Nicht wesentlich anders verfuhr er im Namen der Fürsten gegenüber der organisierten Arbeiterbewegung. Als der Kulturkampf gegen den politischen Katholizismus seinen Höhepunkt mit der Ausweisung aller kirchlichen Orden, die nicht in der Krankenpflege tätig waren, überschritten hatte, nahm sich der »Eiserne Kanzler« das »Anwachsen der socialdemokratischen Gefahr« vor. Nach den kosmopolitisch gesinnten Katholiken wurden nun die international eingestellten Sozialdemokraten zu »Reichsfeinden« erklärt. Bismarck glaubte in seinem etatistischen Mißtrauen, die »jährliche Vermehrung der bedrohlichen Räuberbande« um August Bebel nur dadurch verhindern zu können, daß er über diese Leute eine Art Ausnahmezustand verhängen ließ: In Gestalt des *Sozialistengesetzes* von 1878 berief er sich auf eine »Solidarität der Notwehr« aller Fürsten im Bundesrat gegen diese Demokraten im weitgehend machtlosen Reichstag.

Mit der rohen, restriktiven Politik der bewußten Ausgrenzung von demokratischen Katholiken und sozialdemokratischen Arbeitern entfremdete Bismarck zwei große Volksbewegungen dem Staat als Ausdruck der → Gesellschaft. Der schon bei den Hohenzollern des 18. Jahrhunderts übliche »Grobianismus« den eigenen Beamten gegenüber fand hier eine Fortsetzung, die viel zur Verwilderung der politischen Umgangsformen beigetragen hat und letztlich das verhinderte, was Politik im richtigen Sinne als Kultur ausmacht – den Dialog als Voraussetzung des fairen Kompromisses.

Bismarcks Ansicht vom »Staat« war vom dynastischen Prinzip her bestimmt und im Grunde nichts anderes als die Verteidigung eines Erb- und Erwerbsdenkens, das ihn nach dem Kaiser zum zweitreichsten Mann im Wilhelminischen Deutschland machte: Sein persönlicher Eigennutz (Erhebung in den Fürstenstand) kam auch im Kulturkampf nicht zu kurz.

Es kann daher nicht verwundern, daß im deutschen Bereich besonders nach 1806 Politik als »schmutziges Geschäft« und »garstig Lied« galt und demnach nicht mit Kultur in Verbindung gebracht werden konnte. In seiner polemischen Schrift »Was den Deutschen abgeht« hat Nietzsche als einer der schärfsten Kritiker des Bismarck-Experimentes denn auch die Behauptung aufgestellt: »Die Kultur und der Staat – man betrüge sich hierüber nicht – sind Antagonisten: ›Kultur-Staat‹ ist bloß eine moderne Idee. Das eine lebt vom andern, das eine gedeiht auf Unkosten des andern. Alle großen Zeiten der Kultur sind politische Niedergangs-Zeiten: was groß ist im Sinn der Kultur, war unpolitisch, selbst *antipolitisch* ... Goethe ging das Herz auf bei dem Phänomen Napoleon – es ging ihm zu bei den ›Freiheits-Kriegen‹ ...«

Von Heinrich von Kleist, Görres oder den »Göttinger Sieben« spricht Nietzsche hier nicht. Er braucht den Staatskanzler des Großherzogtums Weimar als Zeugen für eine Beobachtung, die viel mit dem Neo-Absolutismus zu tun hat und nichts mit der Pflege der Menschenrechte, der Gewaltenteilung und des → Patriotismus. »Unsere Universitäten« betrachtet er als »die eigentlichen Treibhäuser für diese Art Instinkt-Verkümmerung des Geistes«, die im »jetzigen Wissenschaftsbetrieb« nur auf eine Entgeistigung gerichtet sei. Sie erscheint ihm als besonderes Kennzeichen des seit Napoleon voranschreitenden Niedergangs, der sich an den Schulen fortsetzt: »Unsre überfüllten Gymnasien, unsre überhäuften, stupid gemachten Gymnasiallehrer sind ein Skandal: um diese Zustände in Schutz zu nehmen, wie es jüngst die Professoren von Heidelberg getan haben, dazu hat man vielleicht *Ursachen* – Gründe dafür gibt es nicht« (»Götzen-Dämmerung«).

Neben seiner Aversion gegen das Bismarck-System lehnte sich Nietzsche aber auch gegen den »Demokratismus« und »Sozialismus« der SPD auf. Er wollte nicht erkennen, daß die Forderung Bebels und Liebknechts nach dem *aristotelischen Kulturstaat* auch am Verhältnis von Politik und Kultur einiges geändert hätte, wäre diese Idee Alteuropas nur verwirklicht worden – mit allgemeinem Verhältniswahlrecht für Männer und Frauen sowie einer »progressiven«, geometrischen Besteuerung als Ausgleich zwischen Arm und Reich (→ Demokratie).

In seinen eigenwilligen Ansprüchen an eine »hohe Kultur« wollte sich Nietzsche mit solchen Positionen der Demokraten nicht gemein machen. Es fehlte dem Röckener Pastorensohn und philosophischen Schriftsteller der Sinn dafür, daß politische und historische Größe aus dem Kleinen kommt und nicht aus den Hammerschlägen irgendwelcher Privatgötter. Denn deren Verehrung hat letztlich dazu geführt, die Kultur des Vertrages und Vertragens verächtlich zu machen, Menschenrechte abzuwerten und an den Universitäten Machtphantasien zu pflegen.

Diesen fundamentalen Mangel, der auf die Ereignisse von 1806, 1814 und 1820 zurückgeht, hat Otto Flake im Jahre 1922 in der liberalen »Weltbühne« bitter beklagt. In seiner Kritik an Thomas Mann, der 1918 seine »Betrachtungen eines Unpolitischen« veröffentlicht hatte und darin »deutsche Kultur« von »französischer Zivilisation« abhob, legte er die Versäumnisse von Generationen bloß. In der Rückbesinnung auf die Folgeschäden des *Innerlichkeitskultes* hielt er seinen rechtsvergessenen und machtversessenen Zeitgenossen den Spiegel vor: »Aber wie gewählt wird, wie gerichtet wird, wie erzogen wird: das ist Sache der Politik. Der Deutsche erweist sich als der Mensch, der diesen Zusammenhang nicht sieht. Er ist unpolitisch, weil er kein unmittelbares, heißes Verhältnis zum Moralischen mehr hat. Er ist in fünfzig Jahren zum Verräter an den menschlichen Werten geworden. Gar nicht immer aus Bosheit, (sondern) meistens durch Passivität.«

Diese Lektion hat Thomas Mann, der seinen frankophilen und politisch engagierten Bruder Heinrich Mann mehrfach einen »Zivilisationsliteraten« schalt, erst während des Exils in den USA wirklich begriffen. Dort fand er in seinen Essays seit 1939 die geistige Verbindung von Menschenrechten, Ethik, Verfassung, Politik, Macht und Moral: in der Abwehr des Nationalsozialismus als Ausbund politischer Unkultur, ja Barbarei am Menschen.

Die Gründe für diesen Zusammenbruch des Kultivierten sah Flake in der überkommenen Unbildung aus den Zeiten des Wilhelminismus, der viel Gelehrtes förderte, aber auch dafür sorgte, daß »die Deutschen von 1922 nicht nur (als) das heute dümmste, sondern auch unmoralischste Volk« galten. Flake nannte in seiner Kritik auch die Gründe für sein leidenschaftliches Engagement zugunsten der Weimarer Republik und Demokratie: »Die Demagogie der Deutschnationalen, die Gewissenlosigkeit der akademischen Führer, der Judenhaß, die Verderbnis der Rechtsprechung, die allgemeine Gehirnabtreibung, die Verbrechen an der keimenden Intelligenz der Jugend machen es unmöglich, daß der geistige Mensch ... abseits stehe«.

Gut zehn Jahre später war dieser Kampf verloren. Carl von Ossietzky, dessen in Schweden lebende Tochter noch 1994 darum kämpfen muß, ihren Vater vom Verdikt des »Landesverrats« zu befreien, sah in der Unkultur der Nationalsozialisten die Folge dessen, daß die »Befreiung Deutschlands vom Geiste des Militarismus« nicht gelungen war – allen Bemühungen von Görres, Wirth, Robert Blum, Bebel oder Windthorst zum Trotz.

Kulturrevolution

Die antike und alteuropäische Tradition, daß → Politik eine Kunst im Dienste der → Gerechtigkeit sein soll – und damit ein Inbegriff von Kultur –, ging mit dem → Absolutismus und dem Neo-Absolutismus im 19. Jahrhundert weitgehend verloren. Gleichzeitig wurde Kultur als Gegenwelt zur Natur aufgefaßt und vor allem im deutschen Bereich von der »westlichen« Zivilisation abgegrenzt: Natur- und Menschenrecht war demnach etwas Gekünsteltes, dem es an »deutscher Tiefe« (Nietzsche) fehlte, an der Fähigkeit zu einer »höheren« Geistigkeit und Spiritualität.

Diesen *deutschen Sonderweg* der Abspaltung von der gemeineuropäischen Geschichte ortete der Kieler Jurist und spätere Justizminister Gustav Radbruch (1878-1949) 1919 in der absolutistischen Abwehr der Revolution von 1789. Das wichtigste ideologische Werkzeug dafür sah er in der Historischen Rechtsschule, wie sie vor allem von Friedrich Karl von Savigny (1779-1861), einem Berliner Universitätsprofessor, vertreten wurde. Denn in der radikalen Abkehr von den Vertragslagen des Naturrechts konnten nur die nach 1806 patrimonial herrschenden Dynastien als historisch berechtigte Staatskräfte verstanden werden: An eine Rechtskultur nach Maßgabe der Gewaltenteilung war hier nicht zu denken (→ Dualismus).

Deshalb pochte Radbruch auch in seiner Streitschrift »Ihr Jungen Juristen!« gegen die etablierte Jurisprudenz auf die radikale Reaktivierung eines europäischen Kulturerbes: »Das Naturrecht, das in der französischen Revolution auf der Höhe seiner Macht stand, hatte mit der Restauration der Historischen Schule das Feld räumen müssen; ihre hundertjährige Herrschaft über die Rechtswissenschaft, schon vor dem Weltkrieg in wachsendem Maße bestritten, ist mit der russisch-deutschen Revolution unwiderruflich zu Ende gegangen ... Wir müssen uns ... erst wieder bewußt werden, im Recht zunächst nicht den Staatsbefehl, sondern einen Versuch zur Gerechtigkeit sehen und uns als dessen berufene Mitarbeiter und Vollender, als Diener nicht bloß des Rechts, sondern im Rahmen der Gerechtigkeit fühlen.«

Obgleich Radbruch in seinem Eifer für den → Sozialismus und aufgrund eines linear gerichteten Fortschrittsglaubens die Vertragskultur des Römischen Rechts verdrängte, auch das Diktatorische an der Sowjetunion unterschätzte und manch andere Angriffsfläche bot, so war ihm doch bewußt, daß die Revolution von 1918 die große Chance bot, endlich zu verwirklichen, was sich Görres genau hundert Jahre früher gewünscht hatte – ein Gemeinwesen in Gerechtigkeit und in Übereinstimmung mit dem liberalen Europa.

Die damit verbundene »Kulturrevolution«, wie sie Lenin 1923 für die neugeschaffene Sowjetunion forderte, durfte jedoch nicht in einem »Kultur-Bolschewismus« (Joseph Roth) enden, der den revolutionär befreiten Menschen gleich wieder durch eine → Diktatur entmündigte. Vielmehr sollten die Demokraten aller Lager Anschluß an die politische Kultur von 1789 finden, deren zentrale Begriffe nicht nur der Sozialdemokratie eine Verpflichtung waren (→ Freiheit).

Aber die Liberalen, Zentrums-Demokraten und die Sozialdemokraten als Opfer des Neo-Absolutismus fanden nicht zusammen, um ihr gemeinsames Erbe gegen den Nationalsozialismus auf allen Ebenen des öffentlichen Lebens zu verteidigen. Diese Niederlage geht wohl auch darauf zurück, daß es selbst in den demokratischen Parteien genügend Mitglieder gab, die den Ernst der Lage verkannten – nach dem Motto: »Demokratie ist nicht viel, Sozialismus ist das Ziel« (Bruno Kreisky).

Außerdem hatte die Spaltung in »Vernunftrepublikaner« und »Herzensmonarchisten« (Friedrich Meinecke) auch unter Demokraten zu mancher Irritation geführt – nicht weniger als die Großmannssucht einer »eingebildeten Weltmacht«. Heinrich Mann benutzte 1936 diese Formel, um die deutsche Lebenslüge auf den Begriff zu bringen. Dabei stieß er als »Zivilisationsliterat« zum Kern aller Kultur vor, die nicht in einem Zustand der Angst und des Unrechts gedeihen kann: »Es ist weder leicht noch bekömmlich, zweitausend Jahre Recht abzuschaffen, sei es mit allen Behelfen des Schreckens, und dagegen die Rache an der eigenen Geschichte, das sinnlose Haßgefühl und die nackte Gewalt für Recht zu erklären.«

Heinrich Mann hat das fast zwangsläufige Scheitern dieses neuen Machtexperimentes mit seiner pseudorevolutionären »Umwertung aller Werte« (Nietzsche) frühzeitig erkannt und vorausgesagt, daß es nur in einem Vernichtungskrieg enden kann. Die historische Lehre wurde aus dieser Zeit der Unkultur dadurch gezogen, daß das Bonner Grundgesetz von 1949 den Anschluß an »westliche« und eigene Naturrechts-Traditionen vor 1806 suchte und sie als Grundlage politischer Kultur festschrieb – um dann jedoch die Deutung erneut weitgehend den »Historisten« (→ Geschichte) und den Rechtspositivisten zu überlassen.

Sollen Revolutionen einen politischen Sinn haben, dann müssen ihre Verfechter die Kultur auch als Aneignung des Guten und Bewährten einfordern. Wo diese Wechselwirkung nicht zum Zuge kommt, dort wird selbst eine »Kulturrevolution« wie jene in Rot-China ab 1967 lediglich Verschiebungen in der Machtelite bewirkten und aus Rache am »alten Denken« der Zerstörungswut freien Lauf lassen – feind jeder echten Revolutionskultur.

Fazit:

Es spricht einiges dafür, daß das im Wilhelminischen Deutschland und Habsburgischen Österreich-Ungarn oft beklagte »Unbehagen an der Kultur« (Sigmund Freud) auch darauf zurückgeht, daß sie von der Politik völlig abgekoppelt worden ist – so wie das Recht von der → Ethik und die Macht von der Moral.

Die historischen Ursachen für diese verhängnisvolle Spaltung liegen im Machiavellismus und → Absolutismus. Man mag in den Wirkungen dieser Machtdoktrinen auch einen besonderen Ausdruck dessen sehen, was einmal der »Prozeß der Zivilisation« (Elias) genannt wurde. Tatsache bleibt, daß diese dynastischen Erbsysteme ein Essential der politischen Kultur seit der Antike radikal und rabiat unterbunden haben – das depositäre Denken und Handeln auf Gegenseitigkeit.

Von ihrem lateinischen Ursprung her leitet sich die Kultur von »colere« ab, das »bebauen«, »pflegen« und »bewahren« heißen kann. In diesem Sinne ist Kultur auf einen kultivierten oder »gesitteten« Umgang selbst mit härtesten Gegnern bezogen, die es nicht zu vernichten, sondern zu überzeugen gilt. Nur aus diesem Verständnis entwickelt sich die für eine → Demokratie so wichtige *Streit-Kultur*, die auf dem Rechtsweg bleibt, immer wieder den Dialog sucht und jedem Beteiligten ein hohes Maß an Friedensfähigkeit zugesteht.

Der recht zivilisierte Umgang der bundesdeutschen Tarifpartner (Gewerkschaften und Unternehmensverbände) in zahlreichen Arbeitskämpfen seit 1949 ist Ausdruck eines Bemühens, das auch den sozialliberalen Kern der 68er Bewegung gegen das »Machtgeschrei« vieler Marxisten und »Kulturrevolutionäre« geprägt hat – im Vertragsgeist des Bonner Grundgesetzes verkrustete Denkschemata aus Wilhelminischen Zeiten aufzubrechen, einem »Patriotismus der Gerechtigkeit« (Charles Taylor) nachzueifern und »mehr Demokratie zu wagen« (Willy Brandt, 1969).

Literatur

Adorno, Gesellschaftstheorie und Kulturkritik, 1975 ✦ *Allerhand*, Toleranzpolitik und Kulturkampf, 1982 ✦ *M. L. Anderson*, Windthorst. Zentrumspolitiker und Gegenspieler Bismarcks. Eine politische Biographie, dt. 1989 ✦ *Bachem*, Vorgeschichte, Geschichte und Politik der Deutschen Zentrumspartei. Zugleich ein Beitrag zur Geschichte des neueren und neuesten Deutschland 1815-1914, 9 Bde., o. J. ✦ *de Benoist*, Die entscheidenden Jahre. Zur Erkennung des Hauptfeindes, dt. 1982 ✦ *ders.*, Kulturrevolution von rechts. Gramsci und die Nouvelle Droite, dt. 1985 ✦ *Brammer*, Verfassungsgrundlagen und Hochverrat, 1922 ✦ *Craig*, Germany 1866-1914, 1978 ✦ *Dederke*, Reich und Republik, Deutschland 1917-1933, 1969 ✦ *Domes*, China nach der Kulturrevolution, 1975 ✦ *Droz*, Le libéralisme Rhénan 1815-1848, 1940 ✦ *Elias*, Über den Prozeß der Zivilisation. Soziogenetische und psychogenetische Untersuchungen, 2 Bde., 1976 ✦ *U. Engelhard*, »Bildungsbürgertum«. Begriffs- und Dogmengeschichte eines Etiketts, 1986 ✦ *Engelhardt*, Streiks in Deutschland seit 1830, 1988 ✦ *Eyck*, Die Krisis der deutschen Rechtspflege, 1926 ✦ *L. Fischer*, Das Leben Lenins, dt. 1964 ✦ *Flake*, ›Deutsche Rede‹, in: Ausnahmezustand. Eine Anthologie aus »Weltbühne« und »Tagebuch«, 1966 (W. Weyrauch) ✦ *Freud*, Kulturtheoretische Schriften, 1986 ✦ *Friedell*, Kulturgeschichte der Neuzeit. Die Krisis der europäischen Seele von der Schwarzen Pest bis zum Ersten Weltkrieg, 1989 ✦ *ders.*, Kultur ist Reichtum an Problemen. Extrakt eines Lebens, 1990 ✦ *Gay*, ›Sigmund Freud. Ein Deutscher und sein Unbehagen‹, in: ders., Freud, Juden und andere Deutsche. Herren und Opfer in der modernen Kultur, dt. 1986 ✦ *Gall*, Bürgertum in Deutschland, 1989 ✦ *ders.* (Hrsg.), Das Bismarck-Problem in der Geschichtsschreibung nach 1945, 1971 ✦ *Gehlen*, Der Mensch; Moral und Hypermoral; Urmensch und Spätkultur, 3 Bde., 1986 ✦ *H. Glaser*, Bildungsbürgertum und Nationalismus. Politik und Kultur im Wilhelminischen Deutschland, 1993 ✦ *ders.*, Spießer-Ideologie. Von der Zerstörung des deutschen Geistes im 19. und 20. Jhd. und dem Aufstieg des Nationalsozialismus, 2. Aufl. 1986 ✦ *Görres*, Teutschland und die Revolution, 1819, 1988 ✦ *Greverus u. a.*(Hrsg.), Kulturkontakt – Kulturkonflikt. Zur Erfahrung des Fremden, 2 Bde., 1988 ✦ *H. u. E. Hannover*, Politische Justiz 1918-1933, 1966 ✦ *V. Hansen/ G. Heine* (Hrsg.), Frage und Antwort. Interviews mit Thomas Mann 1909-1950, 1983 ✦ *Hattenhauer*, Vom Reichsjustizamt zum Bundesministerium der Justiz. Stellung und Einfluß der obersten deutschen Justizbehörde in ihrer 100jährigen Geschichte, 1977 ✦ *Hepp*, Avantgarde. Moderne Kunst, Kulturkritik und Reformbewegungen nach der Jahrhundertwende, 1987 ✦ *Jacke*, Der kirchliche Protestantismus nach dem Zusammenbruch des Staatskirchentums, 1976 ✦ *G. Jasper*, Der Schutz der Republik. Studien zur staatlichen Sicherung in der Weimarer Republik 1922-1930, 1963 ✦ *Jauslin*, Die gescheiterte Kulturrevolution. Perspektiven religiös-romantischer Kunstbewegung vor der Folie der Avantgarde, 1989 ✦ *D. Junker*, Die Deutsche Zentrumspartei und Hitler 1932/33. Ein Beitrag zur Problematik des politischen Katholizismus in Deutschland, 1969 ✦ *H. Karsten*, Der Durchbruch zum Kulturmenschen, 1982 ✦ *ders.* Lebensangst? Ein leerer Wahn, 1985 ✦ *W. Kaufmann*, Nietzsche. Philosoph – Psychologe – Antichrist, 1988 ✦ *Kocka* (Hrsg.), Bürgertum im 19. Jahrhundert. Deutschland im europäischen Vergleich, 3 Bde., 1988/89 ✦ *E. B. Körber*, Görres und die Revolution. Wandlungen ihres Begriffs und ihrer Wertung in seinem politischen Weltbild 1793 bis 1819, 1986 ✦ *Kreisky*, Zwischen den Zeiten. Erinnerungen aus fünf Jahrzehnten, 1986 ✦ *H. Kuhn*, Die Kirche im Zeitalter der Kulturrevolution, 1985 ✦ *A. Laufs*, Rechtsentwicklungen in Deutschland, 3. Aufl. 1984 ✦ *Loch*, Vom europäischen Absolutismus zum Zeitalter Napoleons, 2. Aufl. 1983 ✦ *ders.*, Vom Wiener Kongreß bis zum Deutschen Reich, 3. Aufl. 1985 ✦ *MacIntyre*, ›Is Patriotism a Virtue?‹, in: The Lindley Lectures, 1984 ✦ *H. Mann*, Politische Essays, 1954, 1968 ✦ *Th. Mann*, Betrachtungen eines Unpolitischen, 1918, 1983 ✦ *W. J. Mommsen*, Der autoritäre Nationalstaat. Verfassung, Gesellschaft und Kultur im deutschen Kaiserreich, 1990 ✦ *Nipperdey*, Wie das Bürgertum die Moderne fand, 1988 ✦ *Nordmann*, Kulturrevolution bei Marx und in der DDR. Über das Verhältnis von Theorie und Praxis, 1980 ✦ *Otte*, Gustav Radbruchs Kieler Jahre 1919-1926, 1982 ✦ *Radbruch*, Ihr Jungen Juristen!, 1919 ✦ *H. Rudolph*, Kulturkritik und konservative Revolution. Zum kulturell-politischen Denken Hofmannsthals und seinem problemgeschichtlichen Kontext, 1971 ✦ *Sarcinalli* (Hrsg.), Demokratische Streitkultur. Theoretische Grundpositionen und Handlungsalternativen in Politikfeldern, 1990 ✦ *E. Schiffer*, Die deutsche Justiz, 1928 ✦ *Sellert*, Ludwig Windthorst als Jurist. Der Weg des Rechts ist der einzige Weg, der zum Ziele führt, 1991 ✦ *Siebert*, Jacob Burckhardt: Kunst- und Kulturgeschichtsschreibung, 1991 ✦ *F. Stern*, Kulturpessimismus als politische Gefahr. Eine Analyse nationaler Ideologie in Deutschland, 1963 ✦ *Ch. Taylor*, Hegel and the Modern Society, 1979 ✦ *ders.*, Sources of the Self. The Making of the Modern Identity, 1989, ✦ *Tormin*, Geschichte der deutschen Parteien seit 1848, 1966 ✦ *Tönnies*, Der Nietzsche-Kultus. Eine Kritik, 1897 ✦ *Valentin*, Das Hambacher Nationalfest, 1932 ✦ *Verbeek*, Die Kölner Bischofsfrage und die Beilegung des preußischen Kulturkampfs, 1989 ✦ *Chr. Weber*, Kirchliche Politik zwischen Rom, Berlin und Trier. Die Beilegung des preußischen Kulturkampfes 1876-1888, 1970 ✦ *F. Winzer*, Emigranten. Geschichte der Emigration in Europa, 1986 ✦ *de With*, Gustav Radbruch – Reichsminister der Justiz, 1978 ✦ *E. Wolf*, Große Rechtsdenker der Deutschen Geistesgeschichte, 4. Aufl. 1963.

Liberalismus

Die Geschichte der → Freiheit und der → Revolution ist eng mit einer besonderen geistigen Bewegung verknüpft, die sich seit dem 19. Jahrhundert als Verfechterin des Liberalismus versteht.

Bei ihrer Analyse wird auf deutscher Seite immer wieder auf die Vorbilder in England, den USA und in Frankreich verwiesen, um zu erklären, warum die Deutschen eine »verspätete Nation« (Helmut Plessner) seien. Dabei wird in der Regel nicht bedacht, welch starken Einfluß die rechtlichen Sicherungen der Teutschen Libertät im Universalfrieden von 1648 auf Theorie und Praxis des europäischen Früh-Liberalismus ausgeübt haben.

Es ist der internationalen Forschung längst geläufig, daß die alte Auffassung vom industriellen Fortschrittsland Großbritannien einer Korrektur bedarf. Denn das in vielen Bereichen sehr rückständige England (Wissenschaft, Technik, Schulbildung) betrachtete trotz bestimmter Einzelleistungen (Erfindung der Dampfmaschine) zu Beginn des 19. Jahrhunderts den deutschen Bereich als ein Vorbild an Innovationsfähigkeit: »It was to Germany, that Britain turned for a model« (Ashby).

Diese Einschätzung kann in einem gewissen Sinn auch für die Anfänge des Liberalismus im 17. Jahrhundert gelten. Denn vier wesentliche Forderungen dieser Bewegung sind im Teutschen Frieden auf beispielgebende Weise festgeschrieben worden: die → Toleranz verschiedener Konfessionen, der Freihandel (*libertas commerciorum*), die Rechtsstaatlichkeit sowie der Parlamentarismus als Kontrolle und Treuhandschaft (→ Parlament).

Die Frage, warum diese Tatsachen den meisten Deutschen so wenig bewußt sind, führt zurück auf die Traditionen des Territorial-Absolutismus, die zumindest verdunkelt haben, was sie vor 1806 nicht ganz zerstören konnten (→ Absolutismus).

Distinktionen

Ohne Rückgriff auf das libertäre Denken und Handeln im 17. Jahrhundert ist die liberale Bewegung nicht denkbar. Das zeigt sich vor allem bei dem Engländer John Locke (1632-1704), der sich als einer der ersten Theoretiker des Liberalismus einen bleibenden Namen gemacht hat.

Locke, der zeitweise als Arzt in hohen Adelskreisen Englands tätig war und die deutschen Verhältnisse kannte, wurde durch eine Reihe prägender Erfahrungen zum »Liberalen«. Die Wirren des Bürgerkrieges seit 1640, die Wirkungen des republikanischen Experimentes unter dem Lord-Protektor Cromwell nach 1650, die Restauration des Königtums ab 1660 und die Herausforderungen durch den → Absolutismus Jakobs II. nach 1680 haben Locke veranlaßt, darüber nachzudenken, was dem Einzelmenschen wie jedem politischen Stand die Grundlagen des Gedeihens sichert.

In seinen aufklärerischen Schriften gelangte er zu der Einsicht, daß die Unterscheidung und Absicherung von »Mein und Dein« ebenso konstitutiv ist wie die unabdingbare Distinktion von Recht (*ius*) und Gesetz (*lex*), Regierung und Opposition, Kirche und Staat. All diese Bereiche des politischen Lebens konnten nur in einem gerechten Zusammenwirken von Nutzen sein, wenn alle, vom König bis zum letzten Knecht, einsahen, daß »keiner dem andern in bezug auf sein Leben, seine Gesundheit, seine Freiheit und sein Eigentum schaden soll« (1689).

Dieses Programm der umfassenden Schadensabwehr als Folge der *Gewaltenteilung* ist Ausdruck der → Goldenen Regel, die mit ihrer Forderung nach gegenseitiger Rücksichtnahme am besten in einem vertraglich strukturierten Rechtsstaat (»Empire of Laws«) zur Geltung kommt. Diese wesentliche Verbindung entspricht bei Locke den Errungenschaften im Heiligen Reich ebenso wie den Leistungen der »Glorious Revolution« von 1688, die ohne deutsche Absicherungen (Augsburger Allianz, Magdeburger Konzert als Stützen gegen Frankreich) kaum möglich gewesen wäre.

Die Garantie des → Eigentums an sich selbst als individueller Person seit der Habeascorpus-Akte von 1679 sowie die weitgehende Sicherheit von *Freiheit und Eigentum* durch die unblutige Revolution (»Bill of rights«) können als die Grundforderungen des Liberalismus angesehen werden – ergänzt durch das Toleranzgebot und das Bekenntnis zum Freihandel.

Dieses System wechselwirkender Freiheiten entspricht den Bedingungen des *Kontraktualismus*, dessen zeitgenössische Vertreter auf die Qualitäten des mündigen Individuums als Besitzbürger setzten. Hatte der vernunftbegabte, selbstbestimmte und dem Gemeinwohl verpflichtete → Bürger seinen individuellen und materiellen Rechtsstatus gesichert, dann stand den öffentlichen Einrichtungen und Ämtern nur noch eine treuhänderische Fürsorge zu: Sie alle haben dem Menschen als Volleigner seiner geistigen und körperlichen Kräfte zu dienen und dürfen nicht erwarten, daß er sich ohne Überprüfung ihren Anordnungen fügt.

Diese vertraglich begründete Distanz des selbsteignenden Einzel- und Steuerbürgers wurde vor allem auf deutscher Seite oft so verstanden, als wollten die frühen wie späteren Vertreter des Liberalismus nur noch einen *Nachtwächterstaat* dulden, der sich auf Garantie- und Schutzfunktionen beschränken soll. Mehr noch: Die liberale Grundhaltung vertrete »ein grundsätzliches Mißtrauen gegenüber dem Staat und seinen Einrichtungen« (Erich Bayer).

Tatsächlich aber haben sich die Liberalen von Locke über Montesquieu, Adam Smith, Wilhelm von Humboldt und John Stuart Mill bis zu Friedrich Naumann oder der Stockholm-Schule nur gegen schädliche Übergriffe eines Staates zur Wehr gesetzt, dem oft Macht vor Recht ging, der im Rahmen des Merkantilismus eine Art Befehlswirtschaft bevorzugte, politische Entmündigungen erzwang und all das behinderte, was ein »freies Spiel der Kräfte« für seine nutzbringende Entfaltung dringend benötigte – Vertrauen in den vernünftigen und sich selbst regulierenden Bürger als Einzelwesen.

»Laissez-faire«

Für die Vertreter des Liberalismus in all seinen frühen und späteren Varianten darf der → Staat nicht zu einem dynastischen Selbstzweck werden und den eigenverantwortlichen Bürger daran hindern, seine Fähigkeiten zu gewinnbringenden Fertigkeiten zu steigern (→ Menschenbild).

Die Förderung eines solchen Selbstlaufes war ihrer Ansicht nach aber nur dann möglich, wenn im Rahmen gesicherter Grundrechte ein *Gewährenlassen* (*laissez-faire*) der Bürger- und Marktkräfte die Regel war. Dazu gehörte in hohem Maße die ungehinderte und freie Wahl von Waren und Dienstleistungen aller Art, die sich jedoch nicht in einem rechtsfreien Raum bewegen durften.

Kritiker des Liberalismus von konservativer wie sozialistischer Seite haben diese juridische Bindung entweder bewußt übersehen oder als Formalismus heruntergespielt, obgleich sie für die gesamte Bewegung auch nach 1945 konstitutiv geblieben ist. Das beste Beispiel für das rechtsgebundene »Laissez-faire« findet sich in der Verfassung von 1795, die der Ersten Republik Frankreichs ein unverwechselbares liberales Profil gegeben hat.

Dort stellt der Artikel 354 jedem Franzosen frei, ungehindert den religiösen Kult auszuüben, »den er gewählt hat«. Aber anders als vor 1789 sollte die Religionsgemeinschaft nichts mehr mit dem Staat zu tun haben. Sie war zur reinen Privatsache geworden und dem Einzelbürger überlassen, der sie auch zu finanzieren hatte. Diese Befreiung von überkommenen Bindungen (→ Emanzipation) redete nicht dem Atheismus das Wort, wie Liberalen oft kritisch vorgehalten wurde, sondern stellte das religiöse Bekenntnis in die Eigenverantwortung des Individuums.

Der Artikel 355 entsprach dieser emanzipatorischen Haltung dadurch, daß im Schutze der neuen Verfassung die volle Pressefreiheit ebenso garantiert wurde wie der Freihandel, die Gewerbefreiheit und die Freiheit aller Künste. Das bisherige System der gängelnden Auflagen, lähmenden Überwachungen und der innovationsfeindlichen Begrenzung sollte fortan einem Gewährenlassen weichen – im Vertrauen darauf, daß der Einzelbürger mit seiner Freiheit gemeinverträglich umging.

Die Hoffnung auf den Erfolg dieses liberalen Systems gründete sich auf das Gebot der *Freiwilligkeit*, mit der verpflichtende Verträge eingegangen wurden. Außerdem sollte die Garantie der »Unverletzlichkeit jedes Eigentums« (Artikel 358) analog zu 1688 und 1648 dem Bürger klarmachen, was er sich selbst und dem Gemeinwesen fortan schuldig war – eine erhöhte Verantwortlichkeit.

Nimmt man noch den starken Schutz des Hausfriedens und der Wohnungssicherheit hinzu, dann erweist sich der Liberalismus als eine Freiheitsbewegung im Rahmen vertraglicher Abmachungen, die dem Staat nicht erlauben, dem Besitz- und Bildungsbürger auch nur ein einziges Grundrecht ohne gesetzliche Sanktion einzuschränken: Der → Staat hat grundsätzlich für den Bürger da zu sein, der dafür Steuern und andere Abgaben entrichtet.

Nur wenn diese umfassende Rechtsgarantie bewußtgemacht wird, erschließt sich auch das Wesen und Wirken der → *Marktwirtschaft*: nicht als ungezügeltes Profitstreben, sondern als Ausdruck frei vereinbarter Verträge, die unter dem Schutz der Gerichte stehen.

Einschränkungen

Die Idealvorstellung, mit Hilfe des Laissez-faire und des freien Marktes das »Glück der größten Zahl« (Bentham) zu erreichen und den Utilitarismus auf optimale Weise umzusetzen, hat sich nur bedingt verwirklichen lassen. Schließlich trafen die Forderungen des Liberalismus auf eingefahrene Strukturen, die seit über tausend Jahren nur graduelle Veränderungen zugelassen haben.

Bei aller Förderung des Individuums, die dem Menschenbild der → Aufklärung entsprach, blieb doch die Mentalität des korporativen Beharrens weitgehend erhalten. Gerade England erlebte nach den Erschütterungen zwischen 1640 und 1688 eine Festigung des Ständewesens als einer Vereinskultur, die selbst auf die Gewerkschaften (Trade Unions) während des 19. Jahrhunderts prägend wirkte und sogar die radikale Arbeiterpartei (Labour Party) in das bestehende Korporationssystem integrierte (→ Gesellschaft).

Ohne Inns (berufsständische Vereinigungen), Clubs oder Unions ist England gar nicht vorstellbar, und doch kennt es auch einen starken Individualismus bis hin zum Snobismus und aristokratischen »Spleen«. Ohne ein gefestigtes Bewußtsein und Wissen von den Wechselwirkungen zwischen Individuum und Gesellschaft wäre diese Lebensform nicht möglich, die dem Liberalismus viel verdankt, auch wenn er sich nicht in allen Bereichen durchgesetzt hat.

So ist es erstaunlich, daß eine Trennung von »Thron und Altar«, von Kirche und Staat hier so wenig erreicht wurde wie in den »liberalen« Gesellschaften Skandinaviens. Diese Grundforderung des Liberalismus harrt noch immer einer Lösung, und trotz Locke, Hume, Adam Smith oder Jeremy Bentham hat es auch nur bedingt eine Liberalisierung des Wirtschaftslebens gegeben.

War der Freihandel unter dem Einfluß des Hugo Grotius im Heiligen Reich seit 1648 ein Verfassungsgebot, das bestehende Handelshindernisse abbaute und die Mitte Europas bald wieder wirtschaftlich gedeihen ließ, so schloß Oliver Cromwell 1651 den Binnenmarkt der Britischen Inseln für landfremde Aktivitäten: Die *Navigationsakte* zur Förderung der einheimischen Flotte und Händler schottete das Land einseitig vom übrigen Europa ab und sollte bis 1849 in Kraft bleiben.

Diese antiliberale Maßnahme hat wahrscheinlich mehr zur Inselmentalität der Briten beigetragen als die geographische Lage. Nur mit Mühen gelangte England im Wirtschaftsleben dorthin, wo das für Europa vorbildliche Heilige Reich schon zweihundert Jahre früher stand.

Eine ähnlich lange *Selbstisolierung* erzwangen zur selben Zeit die Shogune als die »Treuhänder« der Kaiser von Japan. Spielte japanisches Kupfer vor 1638 eine gewisse Rolle, weil holländische Importeure damit gegen den Kupferpreis Schwedens spekulierten, so schlossen sich von diesem Jahr an die Handelsgrenzen Japans für Europa. Nur wenige Niederländer durften in geringem Umfang den Handels- und Wissenschaftsverkehr mit dem asiatischen Land aufrechterhalten – bis im Jahre 1853 die US-Amerikaner im Zeichen des Freihandels die Öffnung zweier Häfen erzwangen.

Wer sich heute über die Zurückhaltung von Engländern gegenüber Europa oder über Restriktionen Japans wundert, das nur zögernd seinen nationalen Markt für seine wichtigsten Handelspartner öffnet, der findet in der antiliberalen Haltung seit dem 17. Jahrhundert eine Erklärung.

Auf der anderen Seite aber hat das Ordodenken des politischen Liberalismus dieser und anderer Länder grundlegende Änderungen bewirkt, die darauf hoffen lassen, daß sich eine künftige Weltordnung weiterhin den liberalen Errungenschaften öffnen wird.

Problematik

Es besteht kein Zweifel, daß der Liberalismus antike und alteuropäische Freiheits- und Rechtstraditionen rezipiert und für den Einzelmenschen in Anspruch genommen hat. Das unterscheidet ihn von den ständischen Libertäten, die stärker vom korporativen Denken abhängig waren.

Der Vorwurf, mit dieser Betonung des Individuellen hätte der Liberalismus der »Vereinzelung« des Menschen Vorschub geleistet und auch seine »Entfremdung« von Staat oder Gesellschaft verstärkt, ja geradezu dem gewinnsüchtigen Egoismus Tür und Tor geöffnet, übersieht die Tatsache, daß der Liberalismus weitgehend eine Reaktion auf den Machtmißbrauch von einzelnen Dynasten war: 1688 richtete sich der Widerstand gegen Jakob II., 1718 reagierte man in Schweden gegen das Envälde-Regime Karls XII., 1776 wehrten sich Englands Kolonien in Nordamerika gegen Georg III., 1789 verlor Ludwig XVI. das Vertrauen der Generalstände, und 1848 hatten sich wieder einzelne Dynasten und »absolute Herren« verhaßt gemacht, weil sie ihren Eigennutz dem Gemeinwohl vorgezogen hatten.

Der Individualismus der Liberalen war die Antwort auf den Egoismus rechtsvergessener Fürsten. Freilich, vor allem die deutschen Liberalen des Vormärz und der Revolution von 1848 sind politisch gescheitert. Denn sie konnten sich letztlich nicht gegen die rohe militärische Gewalt der Dynastien durchsetzen, weil ihre einzige Waffe das Wort »Freiheit« war. Außerdem stellten nach 1871 die Nationalliberalen die »Einheit« höher als die »Freiheit«, ohne zu erkennen, daß beide Bereiche sich nicht ausschließen müssen. Die *Freisinnigen*, die sich von den Nationalliberalen abgespaltet hatten, fühlten sich keineswegs als die schlechteren deutschen Bürger, nur weil sie sich als Anhänger des Parlamentarismus, Befürworter des Freihandels und als Förderer der Gewerkschaften verstanden.

Trotz ihrer Opposition gegen den weiterhin dynastisch geprägten Einheitsstaat ist es gerade den Freisinnigen gelungen, zumindest im Privatrecht eine Reihe von liberalen Forderungen Schritt um Schritt durchzusetzen, darunter auch die Gleichheit aller Bürger vor dem Gesetz – allerdings nur im BGB von 1900 und ohne Gleichstellung der Frau, die erst 1957 gewährt wurde. Das gleiche Wahlrecht für die Frau nach der Revolution von 1918 war ebenfalls ein Erfolg der Liberalen, die in Schweden sogar die ersten Sozialversicherungen für die »niederen Stände« erreichten – oft im Widerstreit mit der Sozialdemokratie.

Für eine freiheitsgerichtete und gemeinverträgliche Politik hat sich besonders Friedrich Naumann (1860-1919) eingesetzt und aus den schlimmen Erfahrungen mit den »Maigesetzen« gegen das katholische Zentrum (Windthorst) sowie aus den Repressionen gegen die SPD (Bebel) gelernt, den Liberalismus als eine konstitutionelle *Schutzmacht für Minderheiten* aufzufassen.

Noch heute erkennt die liberale Freidemokratische Partei (F.D.P.) in der Bundesrepublik Deutschland ein »Kernstück« ihrer politischen Arbeit (Karl-Hermann Flach) darin, den Schutz der Individualrechte zu sichern. Deswegen wendet sie sich auch gegen Schwächungen des Asylrechtes, gegen den »großen Lauschangriff« zur Verbrechensbekämpfung und gegen den Mißbrauch der Individualrechte durch Unternehmen, die den gebotenen → Umweltschutz vernachlässigen, der als »Staatsziel« sogar ins Bonner Grundgesetz geschrieben werden soll.

Rechtssicherheit und selbst Sozialbindung des Eigentums sind besonders den Vertretern des *Neo-Liberalismus* (Eucken, von Hayek, Röpke oder die Stockholm-Schule um Bertil Ohlin) angelegen. Denn sie haben aus den ökonomischen Krisen und Kriegen des 20. Jahrhunderts den Schluß gezogen, daß der wohlmeinende Liberalismus kein gesellschaftlicher »Selbstläufer« ist, sondern von Strukturen, Mentalitäten und einer Reihe von Außenfaktoren (Rohstofflage, Verkehrswege, Geldwertstabilität) abhängig bleibt. Sie nehmen auch im Gegensatz zu den Urliberalen die Tätigkeit des demokratischen Staates als Garant einer freiheitlichen Grundordnung stärker in Anspruch und haben dabei zu dem Kompromiß gefunden: »Soviel Staat wie nötig, sowenig Staat wie möglich«.

Trotz einer Reihe von positiven Leistungen, die im Bereich der Grundrechte längst von der Sozialdemokratie und von konservativen Parteien gleichsam als Standard übernommen worden sind, laufen liberale Politiker immer wieder Gefahr, im eigenen Verhalten Egoismus zu zeigen oder bestimmte Gruppeninteressen zu vertreten, ohne an das geforderte Gemeinwohl zu denken. So verstehen sich Teile der F.D.P. des Jahres 1994 als »Partei der Besserverdiener«, denen neben dem »Glück« der materiellen Prosperität auch noch Steuererleichterungen verschafft werden sollen: Angesichts von fast 4 Millionen Arbeitslosen und Kurzarbeitern nicht gerade im Sinne der Naumannschen These, daß der Starke auch für den Schwachen Verantwortung trägt.

Die teilweise destruktive Politik von Margret Thatcher (England) und von Ronald Reagan (USA) in den 1980er Jahren hat den Neo-Liberalismus in den Ruf gebracht, kapitalhörig und wenig sozialverträglich zu sein. Bei genauerer Betrachtung zeigt sich aber, daß hier eher konservative Macht- und Prestigepolitik am Werke war als jenes Credo des Liberalismus, der »Erhaltung des Lebens« (Locke) zu dienen.

Literatur

Albertin (Hrsg.), Politischer Liberalismus in der Bundesrepublik, 1980 ✦ *Armytage*, The Rise of the Technocrats. A Social History, 1965 ✦ *Artz*, The Development of Technical Education in France 1500-1850, 1966 ✦ *Ashby*, Technology and the Academics. An Essay on Universities and the Scientific Revolution, 1958 ✦ *Bellamy* (Hrsg.), Liberalism and Recent Legal and Social Philosophy, 1989 ✦ *Bentham*, Prinzipien der Gesetzgebung, dt. 1833, ND 1966 ✦ *H. Braun*, Leistung und Leistungsprinzip in der Industriegesellschaft. Soziale Normen im Wandel, 1977 ✦ *Buhofer* (Hrsg.), Liberalismus als Verjüngungskur, 1987 ✦ *S. Carlsson*, Ståndssamhälle och ståndspersoner 1700-1865, 2. Aufl. 1973 ✦ *Dahrendorf*, Fragmente eines neuen Liberalismus, 1987 ✦ *Deane*, The First Industrial Revolution, 1965 ✦ *Dietze*, Liberaler Kommentar zur amerikanischen Verfassung, 1988 ✦ *ders.*, Reiner Liberalismus, 1985 ✦ *ders.*, Zur Verteidigung des Eigentums, 1978 ✦ *Döhn*, ›Liberalismus‹, in: F. Neumann (Hrsg.), Politische Theorien und Ideologien, 1977 ✦ *Euchner*, Naturrecht und Politik bei John Locke, 1969 ✦ *Federici*, Der deutsche Liberalismus, 1953 ✦ *Fehlbaum*, Saint-Simon und die Saint-Simonisten. Vom Laissez-faire zur Wirtschaftsplanung, 1970 ✦ *Flach*, Mehr Freiheit für mehr Menschen. Beiträge zur liberalen Politik, 1979 ✦ *Friedmann*, Les technocrates et la civilisation technicienne, 1949 ✦ *Frölich*, Geschichte und Entwicklung des Liberalismus in Deutschland, 3 Teile, 1989 ✦ *Gall* (Hrsg.), Liberalismus, 1976 ✦ *Gall/R. Koch* (Hrsg.), Der europäische Liberalismus im 19. Jhd., 4 Bde., 1981 ✦ *Gillis*, The Prussian Bureaucracy in Crisis 1840-1860. Origins of an Administrative Ethos, 1971 ✦ *Habermas*, Technik und Wissenschaft als »Ideologie«, 5. Aufl. 1971 ✦ *Holl u. a.* (Hrsg.), Sozialer Liberalismus, 1986 ✦ *Holl/List* (Hrsg.). Liberalismus und imperialistischer Staat. Der Imperialismus als Problem liberaler Parteien in Deutschland 1890-1914, 1975 ✦ *Houghton*, ›Victorian Anti-Intellectualism‹, in: Journal of the History of Ideas, 1952 ✦ *Israel*, Alienation: från Marx till modern sociologi, 2. Aufl. 1971 ✦ *Koselleck*, Preussen zwischen Reform und Revolution. Allgemeines Landrecht, Verwaltung und soziale Bewegung von 1791 bis 1848, 1967 ✦ *Kühnl* (Hrsg.), Formen bürgerlicher Herrschaft. Liberalismus – Faschismus, 1977 ✦ *Langewiesche*, Liberalismus in Deutschland, 1988 ✦ *Liszkowski*, Zwischen Liberalismus und Imperialismus. Die zaristische Außenpolitik vor dem Ersten Weltkrieg im Urteil Miljukovs und der Kadetpartei 1905-1914, 1974 ✦ *Litt*, Das Bildungsideal der deutschen Klassik und die moderne Arbeitswelt, 1955 ✦ *Locke*, Ein Brief über Toleranz, engl.- dt., 1975 ✦ *ders.*, Zwei Abhandlungen über die Regierung, dt. 1977 ✦ *ders.*, Works, 10 Bde., 1823, ND 1963 ✦ *Lüling*, Freiheit und wirtschaftlicher Liberalismus. Die innere Freiheit des Menschen – ihre Unentbehrlichkeit für die Zukunft einer freiheitsorientierten Gesellschaft, 1979 ✦ *R. Meyer*, Eigentum, Repräsentation und Gewaltenteilung in der politischen Theorie von John Locke, 1991 ✦ *Th. Meyer* (Hrsg.), Liberalismus und Sozialismus, 1986 ✦ *Nutzinger* (Hrsg.), Liberalismus im Kreuzfeuer. Thesen und Gegenthesen zu den Grundlagen der Wirtschaftspolitik, 1986 ✦ *Puhle*, Das Kaiserreich. Liberalismus – Feudalismus – Militärstaat, 1988 ✦ *Rawls*, Die Idee des politischen Liberalismus. Aufsätze 1978-1990, 1991 ✦ *Rohe*, Englischer Liberalismus im 19. und frühen 20. Jhd., 1987 ✦ *Röpke*, Das Kulturideal des Liberalismus, 1947 ✦ *de Ruggiero*, Geschichte des Liberalismus in Europa, dt. 1930 ✦ *Runeby*, Teknikerna, vetenskapen och kulturen, 1976 ✦ *W. Schieder* (Hrsg.), Liberalismus in der Geschichte des deutschen Vormärz, 1983 ✦ *Sell*, Die Tragödie des deutschen Liberalismus, 1953 ✦ *A. Smith*, Der Wohlstand der Nationen. Eine Untersuchung seiner Natur und seiner Ursachen, dt. 1988 ✦ *Sontheimer* (Hrsg.), Möglichkeiten und Grenzen liberaler Politik, 1975 ✦ *E. Spranger*, Wilhelm von Humboldt und die Humanitätsidee, 1909 ✦ *v. Thaden* (Hrsg.), Die Krise des Liberalismus zwischen den Weltkriegen, 1978 ✦ *P. Theiner*, Sozialer Liberalismus und deutsche Weltpolitik. Friedrich Naumann im Wilhelminischen Deutschland (1860-1919), 1983 ✦ *Thiel*, John Locke, 1990 ✦ *H. Thieme*, Nationaler Liberalismus in der Krise, 1963 ✦ *Wadl*, Liberalismus und soziale Frage in Österreich. Deutschliberale Reaktionen und Einflüsse auf die frühe österreichische Arbeiterbewegung, 1987 ✦ *R. Williams*, Culture and Society 1780-1850, 1971 ✦ *H. A. Winkler*, Liberalismus und Antiliberalismus. Studien zur politischen Sozialgeschichte des 19. und 20. Jhds., 1979.

Mandat

Obgleich das Mandat eines → Abgeordneten zu den wichtigsten Institutionen des Parlamentarismus gehört und geradezu ein Inbegriff der repräsentativen Demokratie sein soll, blieb die bisherige Diskussion über sein Wesen und Wirken mehr als dürftig.

Selbst Fachlexika (PPH) ist der Abgeordnete als Beauftragter des Wahlvolkes nicht einmal ein eigenes Stichwort wert. Sogar in einflußreichen Lehrbüchern zum »Staatsrecht« (E. Stein) wird mehr auf die »finanziellen Interessen« der Abgeordneten hingewiesen, als darauf Bezug genommen, was sie zu »Vertretern des ganzen Volkes« macht (Art. 38 GG).

Ein Hauptgrund für diese auffallende Zurückhaltung liegt im Verdrängen von Vertragslagen wowie in der Tatsache, daß besonders im Mandat die Treuhandnatur des Verfassungsstaates zum Ausdruck kommt: Der Begriff selbst entspricht dem Depotismus, leitet er sich doch vom lateinischen »manus« (Hand) und »dare« (geben) her.

Das »mandatum« der römischen Rechtssprache meinte denn auch zu Zeiten der Republik ein in die Hand gegebenes »anvertrautes Gut« im Sinne eines Depositums, mit dem pfleglich umgegangen werden mußte; das konnte z. B. ein »Mündel« sein, von dem möglicher Schaden abzuwenden war. Darüber hinaus galt ein »mandatum« auch als »Übernahme der unentgeltlichen Ausführung eines Geschäftsauftrages« (Nutzenmehrung ohne Gewinnstreben). Erst unter den Caesaren wurde ein »mandatum« als kaiserlicher Befehl verstanden, als einseitiger Hoheitsakt, der jede Gegenseitigkeit ausschloß (→ Gehorsam) und damit die ursprüngliche Bedeutung eines rechtlichen Mandats ins Gegenteil verkehrte.

Zieht man die beiden ursprünglichen Bedeutungen in Betracht, dann erweist sich das Mandat für jeden Delegierten, Abgeordneten oder Deputierten, selbst für Senatoren und parlamentarisch abhängige Regierungen als zeitlich begrenzter *Auftrag zu treuen Händen*, die Praxis der Politik als Rechts- und Verfassungsvollzug aufzufassen und entsprechend zu handeln.

Die öffentlichen Mandatsträger sind demnach nicht zum Geldverdienen in die einzelnen Parlamente gewählt worden und damit zur Förderung ihres Eigennutzes (→ Korruption), sondern zur Sicherung des Gemeinwohls unter Einhaltung des Gerechtigkeitsgebots.

Dieser besondere Status eines → Bürgers wurde in Geschichte und Gegenwart stets an bestimmte Bedingungen geknüpft und mit einer Reihe von Vorrechten versehen. Sie machen deutlich, wie stark der Parlamentarismus vom Gerichtswesen abhängig ist, das wiederum eine eigene Mandatskultur entwickelt hat.

Idoneität

Es gehört zu den unabdingbaren Kennzeichen des »exklusiven« Verfassungsdenkens, nur solche Bewerber um öffentliche Einrichtungen und Ämter zuzulassen, die dafür auch eine körperliche wie geistige *Eignung* besitzen.

Diese geforderte »Idoneität« leitet sich vom lateinischen »idoneus« her, was soviel wie »geeignet«, »tauglich« oder auch »fähig« bedeutet. Gleichzeitig kann dieser Begriff ein »straffälliges« Verhalten anzeigen, und diese Doppelbedeutung verweist jeden Amts- und Mandatsinhaber auf das strikte Gebot, nicht mit der anvertrauten Amtsgewalt das Recht zu beugen oder gar zu brechen.

In diesem Sinne wurden besonders hohe Erwartungen an Richter gestellt, die schon im Mittelalter »exklusiven« Anforderungen zu entsprechen hatten. Für ihre Befähigung hielt der berühmte *Ordo iudiciarius* von Speyer im 13. Jahrhundert als Berufungsregel fest: »Aus drei Gründen kann jemand nicht Richter werden: wegen seiner Natur, wegen des Gesetzes und wegen der Sitte. Die Natur hindert den Tauben, den Stummen und den Geisteskranken, Richter zu werden. Das Gesetz schließt den Exkommunizierten, den Irregularen (Unehelichen), den Ketzer und den Heiden aus. Die Sitte schließt die Frau aus.«

Auffallend an dieser Regel ist der Hinweis auf Gruppen, die nicht »vertragswürdig« waren, demnach bei der Bewerbung ausscheiden mußten. Galt diese Regelung vor einem Amtsantritt, dann konnte der körperliche wie geistige Verfall auch während der Amtsführung die vorzeitige Entfernung aus der → Verantwortung fordern. So setzten im Jahre 1400 die Kurfürsten des Heiligen Reiches nach Maßgabe des Kaiserwahlgesetzes aus der Goldenen Bulle von 1356 Kaiser Wenzel IV. ab: Er war nach Feststellung des »Pfälzischen Gerichtes« (Judicium Palatinum) nicht mehr durchgehend vertragswürdig und regierungsfähig – aufgrund seines »Alkoholismus«.

Der geradezu konstitutive Wert der persönlichen Idoneität prägte aber nicht nur die europäischen Gemeinwesen. Sie konnte auch dort gefordert werden, wo es keinen Einfluß der griechisch-römischen Rechtskultur gab. So hieß es im Artikel 21 der sogenannten *Irokesen-*

Verfassung (Great Law) lange vor der US-Verfassung von 1787, daß »bestimmte körperliche Mängel einen Vertreter des Bundes (Häuptlinge von sechs Irokesen-Stämmen) untauglich machen, am Rat des Bundes teilzunehmen. Solche Fehler sind: Infantilität (Kindischwerden), Idiotie (Sinnesverwirrung), Blindheit, Taubheit, Stummheit und Schwäche.« Der Hinweis, daß die Träger dieser indianischen Verfassung »in allen Angelegenheiten ehrlich zu sein haben«, unterstreicht auch hier das Streben nach einer → Politik, die ethischen Maßstäben genügt und dem Gesamtwohl verpflichtet ist.

Ausdruck der Idoneität ist auch die Forderung nach *Volljährigkeit.* Denn mit ihr tritt die Fähigkeit ein, als Rechtsperson in Eigenverantwortung tätig zu werden, wozu auch das Wahlrecht gehört. Besondere Regelungen für Vormundschaften im privaten wie im politischen Bereich (Thronfolge) bestätigen, wie restriktiv die Zulassung zum politischen Leben einst gehandhabt wurde und noch heute wird.

Selbst die Aberkennung der *bürgerlichen Ehrenrechte* durch ein ordentliches Gericht gehört zum Wirkungskreis der Idoneität. Denn der Betroffene darf zeitweise oder für immer sein aktives und passives Wahlrecht nicht mehr wahrnehmen, obwohl ihn weder ein körperliches noch ein geistiges Gebrechen behindert.

Ein Sonderfall der Idoneität liegt auch vor, wenn die Zulassung zum höchsten Staatsamt an das *Indigenat* gebunden bleibt. Darunter wird das Geburtsrecht im Lande selbst (*ius soli*) verstanden. Es war einst in vielen libertären Gemeinwesen Alteuropas gültig und bevorzugte »Landeskinder« bei der Ämterbesetzung gegenüber »Landfremden«. Praktische Bedeutung erlangt diese Bindung heute vor allem in den USA, wo die Verfassung zwingend vorschreibt, daß der gewählte Präsident im Land geboren sein muß. Vollbürger der USA, die dieses »Glück« nicht hatten, können demnach nur die Ämter unterhalb des Präsidenten-Status bekleiden, wie einst der Außenminister Henry Kissinger, der in Fürth auf die Welt gekommen ist.

Besondere Idoneitäts-Ansprüche werden in der Schweizer Eidgenossenschaft gestellt. Wer nämlich die Bürgerschaft in diesem Gemeinwesen erwerben will, muß gediegene Kenntnisse der geltenden Lokal- und Gesamtverfassung des Landes besitzen sowie mit dessen Freiheitsgeschichte vertraut sein.

Im Zeichen der funktionalen Idoneität sieht das Verwaltungssystem der Bundesrepublik Deutschland betimmte *Eignungsprüfungen* und Leistungsnachweise vor, soweit die »unpolitischen« Ämter von Berufsbeamten zu besetzen sind. Bei Bewerbern um politische Ämter wird auf eine Prüfung der Idoneität als Nachweis der Sachkenntnis und politischen Kompetenz verzichtet. Hier treffen in der Regel die einzelnen Parteien eine Vorauswahl, bei der Untugenden (Eitelkeit, Opportunismus, Interessenschacher, Seilschaftsdenken, Ideologisierung, ja selbst Bestechung und Bruch des Demokratiegebots) oft ebenso eine Rolle spielen können wie der alte Beschwörungsspruch: »Wem Gott gibt ein Amt/ Dem gibt er auch Verstand«.

Immunität

Ist in den Rechts- und Verfassungsquellen Alteuropas von »Immunitäten« die Rede, dann bedeutet dies in der Regel eine »Befreiung« von besonderen Abgaben sowie eine »Freistellung« von standesüblichen Verpflichtungen als Privileg.

Von lateinisch »in« als Verneinung und »munus« als »Auftrag, Gabe, Pflicht, Last« abgeleitet, wurde dieser libertäre Begriff in den liberalen Zeiten des Parlamentarismus auf den *Rechtsschutz* eines Abgeordneten bezogen. Die Immunität bedeutet demnach eine umfassende Sicherheit vor Strafverfolgung durch Exekutive (Regierung) und Judikative (Gerichtswesen) gegenüber einem Repräsentanten der Legislative (Gesetzgebung).

Dieses Verständnis der Immunität geht auf eine Vorstellung von Volkssouveränität zurück, deren Verfechter die Rechtsqualität eines Königs – »The king can do no wrong« – zeitlich auf einen ordentlich gewählten Volksvertreter übertragen sehen wollen. Der gewährte parlamentarische Schutz ist aber nur relativ zu verstehen. Denn bei einer Straftat des Abgeordneten (Verkehrsdelikte, Betrugsaffären, Amtsmißbrauch) kann das Parlament oder auch ein Senat wie im »Fall Andreotti« (Italien) die Immunität aufheben, damit ein ordentliches Gerichtsverfahren möglich wird.

Sowohl bei der Garantie als auch beim Entzug der parlamentarischen Immunität kommt die antike und alteuropäische Vorstellung von den »zwei Körpern des Königs« (»the king's two bodies«) zum Vorschein: als Ausdruck einer öffentlichen und privaten Rechtsperson, deren *Verfolgungsfreiheit* besonderen Regeln und Richtmarken unterliegt.

Inkompatibilität

Laut herrschender Verfassungslehre soll mit der Forderung nach »Unvereinbarkeit« (von lat. *in* = nicht und *compati* = gefallen lassen) von gewissen Ämtern und Abgeordnetenmandat die »gegenseitige Unabhängigkeit der obersten Staatsorgane« (E. Stein) gesichert werden.

Dieser Auffassung steht aber die Tatsache gegenüber, daß der Bundeskanzler und die Bundesminister in der Regel selbst ein Abgeordneten-Mandat besitzen, ja oft als »Spitzen-Kandidaten« für ihre Parteien in den Wahlkampf ziehen. In Wirklichkeit geht es bei der Inkompatibilität darum, daß bestimmte Amtsträger ihre → Abhängigkeiten einsehen und es nicht zu Kollisionen zwischen Amt und Mandat kommen lassen. So dürfen die Ministerpräsidenten der Länder und deren Minister nicht gleichzeitig Abgeordnete des Bundestages sein. Denn sie besitzen im Bundesrat als Repräsentanz der Einzelländer eine eigene Vertretung, um Kontroll- wie Zustimmungskompetenzen (bei bestimmten Gesetzen und internationalen Verträgen) wahrzunehmen.

Indemnität

In Ergänzung zur Immunität wird die Indemnität (von lat. *in* = nicht, *damnum* = Schaden) als eine umfassende und dauerhafte *Schadensfreiheit* aufgefaßt. So wie einst die Könige für Schäden, die ihre Regierungen angerichtet hatten, nicht persönlich haftbar gemacht werden konnten, so darf auch dem Abgeordneten aufgrund seiner Tätigkeit im Parlament kein Nachteil oder gar Schaden entstehen – auch nach seinem Ausscheiden und Ableben nicht (Erbenschutz).

Im Gegensatz zur Immunität kann nach dem Verständnis des Bonner Grundgesetzes die Indemnität *nicht aufgehoben* werden. Trotz einiger Ausnahmeregelungen (parlamentsinterne »Bestrafungen« für Einzelvergehen oder parteigebundene »Verantwortungen«) verstärkt die Indemnität die Stellung des einzelnen Abgeordneten auch im Hinblick auf eine mögliche Verantwortung vor Gericht (lat. *damnare* = verurteilen). Dabei sind Abstimmungen, an denen der Abgeordnete teilgenommen hat, sowie Willensbekundungen, Tatsachenbehauptungen oder Meinungsäußerungen in allen Gremien des Parlamentes durchgehend geschützt (Seifert/Hömig).

Diese gleichsam »königliche« Stellung jedes Abgeordneten gehörte bereits im 17. Jahrhundert zu den Prärogativen oder Vorrechten des Parlamentes in England. Dabei bezog sich die Kompetenz für die Erteilung der Indemnität als *Schadloshaltung* darauf, eine königliche Regierung zu »entlasten«. Im Rahmen einer sogenannten *Indemnity-Bill* konnte das Parlament der jeweiligen Regierung Entlastung gewähren, sofern diese nicht gegen das übliche Treuhandgebot in der Haushaltsführung verstoßen hatte. Die Indemnität wurde in der Regel dann gewährt, wenn für Sonderausgaben der Tatbestand einer unmittelbaren Gefahr (*periculum in mora*) nachgewiesen werden konnte oder andere Notstände betimmte Haushaltsdefizite begründeten, die hingenommen werden mußten, um noch größere Schäden für das Gemeinwesen abzuwehren. Maßnahmen in Notlagen, die ohne Zustimmung des Parlamentes getroffen wurden, konnten nachträglich »gebilligt« werden – ohne Forderungen nach Schadensersatz.

Dieses Indemnitätsverhalten setzt aber einen Rechtsrahmen und ein parlamentarisches System voraus, in dem König, Regierung und Parlament als Vertragsorgane zusammenwirken (»Concurrenz«), um das Gemeinwohl zu sichern. Gerade diese fundamentalen Bindungen fehlten jedoch in Preußen zur Zeit des schweren Konfliktes über die geplante »Heeresreform« von 1862. Die anschließende Krise zwischen Hohenzollern-Dynastie und Landtag, die schließlich Bismarck in eine Schlüsselposition brachte, zeigte in all ihren Phasen, daß Haltung und antidepositäre Maßnahmen von seiten der Obrigkeit »jedem modernen Verfassungsdenken Hohn sprachen« (Lothar Gall). Aus diesem Grunde glichen die sogenannten *Indemnitätsvorlagen* von 1866 nicht dem »englischen Vorbild« (MKL). Denn die nachträgliche Billigung der Haushaltsüberschreitungen von 1862 an durch den Preußischen Landtag war nicht das Ergebnis von Bismarcks Einsicht in die gebotene Treuhandschaft und einer Anerkennung der Verfassungs-Concurrenz, sondern Ausdruck einer ganzen Kette von bewußt inszenierten Verfassungsbrüchen, Wahlmanipulationen und erheblichen Pressionen gegenüber dem Landtag bis hin zur Drohung mit einem militärischen »Staatsstreich«.

Ausdrucksformen

Das Mandat spielt vor allem im Rechtsleben eine besondere Rolle. So überträgt in den meisten Rechtsfällen ein »Mandant« dem Rechtsanwalt seiner freien Wahl ein »Mandat« als Auftrag, seine Angelegenheit vor Gericht zu vertreten oder aber bei zivilen Rechtsgeschäften seine vertraglichen »Interessen« wahrzunehmen. Die Anwälte als Advokaten (von lat. *ad* = zu, *vocare* = rufen) lassen sich ihre Arbeit zwar entgelten, aber das »Armenrecht« zeigt immer noch den antiken Ursprung des »Mandats« als unentgeltliche Übernahme von Rechtssachen oder Geschäftsangelegenheiten.

Auch im öffentlichen Bereich treffen die → Bürger in freier Wahl (→ Demokratie) ihre Entscheidung, wenn sie einen Abgeordneten als Treuhänder ihrer Rechte ins Parlament senden. Ihr Wahlauftrag wird dann als *freies Mandat* aufgefaßt, das den »royal state« des Volksvertreters bestätigt: Denn dieser soll allein seinem »Gewissen« unterworfen sein.

Die Formulierung im Bonner Grundgesetz, daß der Abgeordnete darüber hinaus »nicht an Aufträge und Weisungen gebunden« sei, gehört zu den wenigen Unsicherheiten des sonst gediegenen Verfassungstextes. Die Formel »Aufträge und Weisungen« meint nicht, daß das Mandat vom Wähler kein »Auftrag« sei, sondern zielt auf die Sicherung der einzigartigen Stellung des Abgeordneten als Repräsentant der Volkssouveränität. Tatsächlich darf der Abgeordnete keine Einzelaufträge im Sinne von Verbands- oder auch Parteiinteressen oder gar Weisungen von Ämtern oder Privatleuten entgegennehmen. Wohl aber hat er sich stets daran zu erinnern, daß sein freies Mandat vom globalen Wählerauftrag ebenso abhängig bleibt wie seine Gewissensfreiheit von den Geboten der → Gerechtigkeit.

Wäre es anders, dann müßte von einem *imperativen Mandat* gesprochen werden. In Gestalt des sogenannten »Prinzipalats« kam es vor allem im libertären Stände-Parlamentarismus vor, wenn die Einzelstände ihre Abgesandten anwiesen, auf den Land- oder Reichstagen bestimmte Standesrechte nicht durch Verringerung der »Immunitäten« schmälern zu lassen, sondern auf Verbesserung des eigenen Standes zu drängen.

Das weisungsgebundene Mandat wurde in jüngerer Zeit bei der Umweltpartei *Die Grünen* im Sinne des Rotationsprinzips erprobt. Darunter verstand man, daß frei gewählte Abgeordnete nur die »Basis« der Umweltgruppen zu vertreten hatten. Mit dieser Regelung – die Abgeordneten sollten nach zwei Jahren Parlamentstätigkeit ersetzt werden – wurde jedoch nicht nur das Repräsentationsprinzip als Verfassungsgebot unterlaufen, sondern sie führte auch zu praktischer Ineffizienz: Schließlich erfordert die Abgeordnetenarbeit im Parlament, im Wahlkreis und in der jeweiligen Partei ein hohes Maß an Zeit- und Arbeitsaufwand, dem ein Zwei-Jahres-Rhythmus nicht gerecht wird.

Wie stark die politische Kultur des Westens (→ Abendland) vom Treuhanddenken abhängig ist, zeigt sich auch in einem anderen Bereich, in dem der Begriff des Mandats eine zentrale Rolle spielt. So wurde nach Auflösung des Kolonialbesitzes, den das Deutsche und Osmanische Reich bis 1918 innehatten, eine Reihe von Mandatsgebieten (*mandated territories*) geschaffen: Als *Treuhandgebiete* unterstanden sie der depositären Verwaltung des 1920 gegründeten Völkerbundes. Im Zuge der Entkolonialisierung wurden aus all diesen Gebieten souveräne Staaten und Mitglieder der Vereinten Nationen, so das ehemalige Deutsch-Südwestafrika als »Namibia«.

Zur Sicherung dieser nach 1945 intensivierten Selbständigkeitspolitik der Kolonialländer wurden in Konflikten (Bürgerkriege) immer wieder Hilfsmaßnahmen der Vereinten Nationen angeboten. Dabei konnte deren Sicherheitsrat wie die Generalversammlung ein besonderes »Mandat« erteilen, im Sinne der UNO-Charta für »Frieden und Gerechtigkeit« tätig zu werden. So nahm der ehemalige UNO-Generalsekretär Dag Hammarskjöld in der großen Kongo-Krise 1960/61 ein UNO-Mandat wahr, das zerrüttete Kolonialland auf parlamentarische Weise zu »befrieden«. Ähnlich setzten die USA, Großbritannien und Frankreich neben anderen UNO-Mitgliedern das »Mandat« dieser Weltorganisation um, Kuwait 1991 von den Aggressionstruppen des Irak zu »befreien«.

Auch die diplomatischen Unterhändler Stoltenberg (Norwegen) und Lord Owen (Großbritannien) nahmen im Balkankrieg seit 1992 zeitweise ein »Mandat« der Vereinten Nationen in Anspruch, um in dieser europäischen Großregion einen Frieden auszuhandeln.

Diese Art von Mandat entspricht nicht dem auszuführenden Befehl eines Übergeordneten, sondern beruht auf der Zuteilung einer begrenzten Verhandlungskompetenz, über deren Erfüllung dem Auftraggeber Rechenschaft zu liefern ist. Es stellt sich demnach eine gegenseitige Abhängigkeit ein, die nicht an einen »Dritten« delegiert werden darf, um die unmittelbare Verantwortlichkeit zu sichern – die Mandation.

Ausblick

Mit der strukturellen Verstetigung der Parlamente seit dem 17. Jahrhundert ergab sich aufgrund der Dauer der Legislaturperioden (3, 4 oder 5 Jahre) immer wieder eine gewisse »Entfremdung zwischen Wählern und Gewählten« (GuS). Verschiebungen in den wirtschaftlichen Verhältnissen waren und sind dafür ebenso ausschlaggebend wie mentale Veränderungen kurzfristiger Natur.

Derartige Reibungsverluste und Probleme wird es im Repräsentativsystem immer geben, aber die Alternativen sind nicht effektiver oder »gerechter«. Denn die Räte-Demokratie oder auch die direkte Demokratie wie in der Schweizer Eidgenossenschaft verlangt dem Wahlbürger oft eine Sachkompetenz und politische Präsenz ab, die ihn überfordert. Außerdem lösen Modelle des imperativen Mandats nicht die grundsätzliche Frage des Delegierens und Repräsentierens von Fundamentalrechten – die Zuerkennung von *Vertrauen* (*fides publica, confidence*) als Grundlage jedes Mandats auf Gegenseitigkeit.

Die oft beklagte Parteien- und Politikverdrossenheit hängt auch damit zusammen, daß einzelne Parlamentarier, Fraktionsvorstände und Parteiführungen ihre Aufgabe als Treuhänder allzu oft verdrängen und sich für eine als einseitig empfundene »Interessenpolitik« mißbrauchen lassen, indem sie zu Lobbyisten werden und dadurch an »Vertrauen« verlieren.

Was von Bewerbern und Trägern eines Mandats im privaten wie im öffentlichen Bereich erwartet wird, kann ohne diesen Grundwert nicht bestehen. Er kann allerdings nicht vererbt werden, sondern will ständig durch »vertrauensbildende Maßnahmen« erarbeitet sein: Ganz im Sinne auch jener Erwartung an das »Mandat des Intellektuellen« (Gilcher-Holtey), der im Ringen um → Gerechtigkeit ein ständig lernender Vor- und Mitkämpfer sein soll.

Literatur

N. Achterberg, Das rahmengebundene Mandat. Überlegungen zur Möglichkeit der Bindung des Abgeordneten an das Parteiprogramm, 1975 ✦ *ders.*, Die parlamentarische Verhandlung, 1979 ✦ *C. Arndt*, Amt und Mandat. Ausgewählte Reden und Schriften aus drei Jahrzehnten, 2 Bde., 1989-91 ✦ *Behrends*, Die fraus legis. Zum Gegensatz von Wortlaut- und Sinngeltung in der römischen Gesetzesinterpretation, 1982 ✦ *ders.*, u.a., Römisches Recht in der europäischen Tradition, 1985 ✦ *W. Benz* (Hrsg.), Bewegt von der Hoffnung aller Deutschen. Zur Geschichte des Grundgesetzes, 1979 ✦ *Bering*, Die Intellektuellen. Geschichte eines Schimpfwortes, 1978 ✦ *Biegert*, Seit 200 Jahren ohne Verfassung. Indianer im Widerstand, 1976 ✦ *D. J. Blum*, Das passive Wahlrecht der Angehörigen des öffentlichen Dienstes in Deutschland nach 1945 im Widerstreit britisch-amerikanischer Vorstellungen und Interessen, 1972 ✦ *Buschmann*, ›Ministerium Dei - idoneitas. Um ihre Deutung aus den mittelalterlichen Fürstenspiegeln‹, in: HJb 82, 1963 ✦ *A. Dahm*, Der Gerichtsgedanke in der Versöhnungslehre Karl Barths, 1983 ✦ *H. Dahm*, Die dogmatischen Grundlagen und tatbestandlichen Voraussetzungen des Vertrages mit Schutzwirkung für Dritte. Unter besonderer Berücksichtigung des vorvertraglichen Bereichs, 1988 ✦ *W. Dahm*, Ansprüche der ehrenamtlichen Mandatsträger in Rheinland-Pfalz, 1985 ✦ *Duft*, Das Mandat der neutralen Überwachungskommission in Korea, 1969 ✦ *F. Ebel u.a.*, Römisches Rechtsleben im Mittelalter. Miniaturen aus den Handschriften des Corpus iuris civilis, 1988 ✦ *Eschenburg*, ›Regierung, Bürokratie und Parteien 1945-1949‹, in: Viertelsjahreshefte für Zeitgeschichte 24, 1976 ✦ *Freund*, Abgeordnetenverhalten, Ausübung des Mandats und persönliche Interessen, 1986 ✦ *Geiger*, Aufgaben und Stellung der Intelligenz in der Gesellschaft, 1949 ✦ *Gilcher-Holtey*, Das Mandat des Intellektuellen. Karl Kautsky und die Sozialdemokratie, 1986 ✦ *Guggenberger u.a.*, Parteienstaat und Abgeordnetenfreiheit. Zur Diskussion über das imperative Mandat, 1976 ✦ *Härtel/Pólay*, Römisches Recht und Römische Rechtsgeschichte, 1987 ✦ *H. D. Hall*, Mandataries, dependencies and trusteeship, 1948 ✦ *Hattenhauer*, Geschichte des Beamtentums, 1980 ✦ *Hempel*, Richterleitbilder in der Weimarer Republik, 1978 ✦ *H. Henke*, Amt und Mandat. Die Rechtslage der in den Deutschen Bundestag gewählten Angehörigen des öffentlichen Dienstes, 1977 ✦ *H. M. Hofmann* (Hrsg.), Quellen zum Verfassungsorganismus des Heiligen Römischen Reiches Deutscher Nation, 1976 ✦ *U. Horst*, Autorität und Immunität des Papstes. Raphael de Pornassio und Julianis Tallada OP in der Auseinandersetzung mit dem Basler Konziliarismus, 1991 ✦ *E. H. Kantorowicz*, Die zwei Körper des Königs. Eine Studie zur politischen Theologie des Mittelalters, 1990 ✦ *Kevenhörster*, Das imperative Mandat. Seine gesellschaftspolitiche Bedeutung, 1975 ✦ *Kreller*, ›Mandatum‹, in: Realenzyklopädie der classischen Altertumswissenschaft (Pauly/Wissowa), XIV:1, 1928 ✦ *Kubler*, L'Origine de la Pérpétuite des Offices Royaux, 1958 ✦ *Lanz-Baur*, Die parlamentarische Immunität in Bund und Kantonen der Schweizerischen Eidgenossenschaft, 1963 ✦ *Matthes*, Der Bürgerbeauftragte, 1981 ✦ *H. Meyer*, Das parlamentarische Regierungssystem des Grundgesetzes, 1975 ✦ *Odendorp*, Politischer Unterricht für die Ratsherren in Städten und Kommunen, 1634 ✦ *v. Reden*, Landständische Verfassung und fürstliches Regiment in Sachsen-Lauenburg 1543-1689, 1974 ✦ *Schwind*, Römisches Recht, Teil I: Geschichte, Rechtsgang, System des Privatrechts, 1950, ND 1971 ✦ *Seidl-Hohenveldern*, Die Immunität internationaler Organisationen in Dienstrechtsstreitfällen, 1981 ✦ *Sigg*, Die Stellung der Rechnungshöfe im politischen System der Bundesrepubik Deutschland, 1983 ✦ *Sperlich*, Journalist mit Mandat. Sozialdemokratische Reichstagsabgeordnete und ihre Arbeit in der Parteipresse 1867 bis 1918, 1983 ✦ *E. Stein*, Staatsrecht, 11. Aufl. 1988 ✦ *E. E. Stengel*, Die Immunität in Deutschland bis zum Ende des 11. Jhds. Forschungen zur Diplomatik und Verfassungsgeschichte, 1910, ND 1964 ✦ *W. Strauß*, ›Die Personalpolitik in den Bundesministerien zu Beginn der Bundesrepublik Deutschland‹, in: Konrad Adenauer und seine Zeit, 1976 (Hrsg. D. Blumenwitz) ✦ *Trossmann*, Das Parlamentsrecht des Deutschen Bundestages, 1977 ✦ *Uhlhorn*, Der Mandatsprozeß sine clausula des Reichshofrats, 1991 ✦ *Wurbs*, Regelungsprobleme der Immunität und der Indemnität in der parlamentarischen Praxis, 1988.

Marktwirtschaft

Die neuzeitliche Idealvorgabe »marktgerechten« Verhaltens wird selten erreicht, weil es »immer Bösewichter gibt« (Pascal), die jedes → Gleichgewicht stören – und sei es nur das zwischen Angebot und Nachfrage. Aber in der Regel vollzieht sich das Marktgeschehen insofern »gerecht«, als der Tausch von Gütern, Waren, Lebensmitteln oder Dienstleistungen »ohne Ansehen der Person« und im Rahmen einer »gerechten Münze« oder Mark erfolgt.

Die Waage als Symbol des kommutativ Gerechten wie des Marktes drückt unmißverständlich aus, daß alle Tätigkeiten des Gebens und Nehmens (»Do, ut des«) letztlich zu *Verträgen* führen. Deshalb gelten auch Marktordnungen, die dazu zwingen, stets das → Drittwesen zu bedenken – das Handelsrecht und die ordentlichen Gerichte, vor denen Streitfälle »auf dem Rechtsweg« behandelt werden sollen.

Diese umfassende Bindung des Marktes an Vertrag und → Recht macht es Gemeinwesen oft so schwer, wieder ins innere Gleichgewicht zu gelangen, wenn sie die Folgen einer → Diktatur oder Befehlswirtschaft zu bewältigen haben. Denn jede gut funktionierende Marktwirtschaft ist von einem sicheren Rechtsrahmen unmittelbar abhängig, weil die Marktgerechtigkeit einklagbar sein muß, soll ehrbarer Handel nicht in verlustreiche Händel ausarten.

Zur justitialen Seite jedes Marktes gehört aber nicht nur die Kommutation mit ihren Vertragslagen und Rechtsregeln. Denn auch das distributiv Gerechte ist vor und nach einem Geschäftsabschluß hochwirksam tätig: Schließlich kann ohne gesicherten Vertrieb oder Distribution nicht einmal ein gewöhnlicher Wochenmarkt stattfinden. Güter, Menschen und Geld müssen ohne große Behinderungen zum anberaumten Markt gelangen können und sich auch wieder entfernen dürfen. Dazu sind garantierte Verkehrswege und Kommunikationsmittel aller Art nötig. Noch heute gibt es als sprachliches Überbleibsel aus der Marktgeschichte des Mittelalters in deutschen Messestädten wie Frankfurt am Main eine »Geleitsstraße« als gesicherten Handelsweg zum und vom Markt.

Zur distributiven Qualität eines Messe- oder Handelsplatzes gehört es auch, daß ein besonderes *Vertriebsnetz* effektiv arbeitet, um Anbieter und Kunden marktgerecht bedienen zu können – in Läden, Kaufhäusern, Banken und Börsen, Unterkünften und Gaststätten.

Darüber hinaus findet sich das distributiv Gerechte auch in der Gewinn- oder Profit-Berechnung. Sie sollte in einem angemessenen Verhältnis (Proportionalismus) zu den Produktions- und Vertriebskosten stehen und die Eigenfinanzierung der Produktionsseite stärken, die letztlich aus den erzielten und versteuerten Gewinnen die künftigen Investitionen zu sichern hat, wenn sie nicht auf öffentliche Subventionen zurückgreifen kann, die das Marktgeschehen verzerren.

Der in der Kapitalismuskritik von links und rechts häufig zu hörende Vorwurf, die Marktwirtschaft diene nur der *Profitmaximierung* und dem unternehmerischen Eigennutz, übersieht meist die Besteuerung der Gewinne (Gemeinnutz) und verkennt den alten Kaufmannsgrundsatz: »Erst investieren, dann kassieren«.

Gelenkter Markt

Fast alle Quellen zur vorindustriellen Geld- und Wirtschaftsgeschichte zeigen, daß die Gewährung und Pflege eines Marktes als Inbegriff des vertraglich geregelten Tausches stets einem ordnungspolitischen Umfeld zu entsprechen hatte.

Die heute noch im bundesdeutschen Wirtschaftsraum geltenden Auflagen und Gesetze zur Ausschaltung *unlauteren Wettbewerbs* erinnern nachdrücklich daran, daß auch ökonomisches Verhalten als Umgang mit Gütern, Menschen (Arbeitsmarkt) und Geld einem ordnungspolitischen Ziel zugeordnet werden kann: dem Einüben und Einhalten einer marktgerechten → Ethik.

Wie konkret diese auf »Lauterkeit« bezogene Lenkung und Formung bestimmter Wirtschafts- und Warenkreisläufe eingreift, zeigt vor allem jener Bereich, der für ein neues Produkt oder eine Dienstleistung erst einen kostengünstigen, gewinnträchtigen und konsumentengerechten »Markt« als Absatz- und Verkaufsmöglichkeit schaffen muß – die Werbung.

Gilt als Grundvoraussetzung jedes echten Marktes die Möglichkeit der Wahlfreiheit, des Preisvergleichs und der Qualitätsprüfung, so sind ihr doch Grenzen gesetzt. So läßt es die Marktordnung der Bundesrepublik Deutschland nicht zu, »vergleichende Werbung« zu betreiben, was in den USA und anderen Ländern erlaubt ist. Denn mit dieser Art der Markt- und Konsumentenlenkung könnten ähnliche Produkte des Mitbewerbers ungerechtfertigt herabgesetzt, marktschreierisch schlechtgemacht und in ihrer Chancengleichheit gemindert werden. Diese und ähnliche gesetzliche Sperren sollen eine Schutz- und Erziehungsfunktion ausüben, um Werbung als Produktaufklärung zu betreiben.

Die landläufige Vorstellung von einem »freien Markt« übersieht meist, wie Rechts- und Wettbewerbsschranken auf die innere Marktanlage einwirken, ehe ein neues Produkt den Kreisläufen des Marktes anvertraut wird. Diese ordnungsbedingten Vorgaben steuern in hohem Maße die Erprobungsphase, in der herausgefunden werden muß, ob man sich auch marktgerecht verhält oder wegen Wettbewerbsverstößen besondere Verluste hinnehmen muß, ohne je Gewinn gemacht zu haben: Das betrifft Urheberrechte ebenso wie den Patentschutz und selbst die Namensgebung oder die Werbetexte.

So ist ein freischaffender Werbetexter (freelancer) gehalten, für seine eigenen Produkte in Gestalt von Spots oder Slogans, die er im Auftrag für ein bestimmtes Produkt entworfen hat, verschiedene Verkaufssituationen zu bestehen. Denn gerade der »Markt der Werbeideen« ist wegen relativ hoher Gewinnspannen umkämpft und gleichzeitig stark reglementiert. Dabei hat er in der Regel fünf Überprüfungen zu bewältigen, sofern es sich um ein Industrieprodukt handelt: 1. Der erstellte Werbetext wird von der auftraggebenden Werbeagentur hausintern getestet. 2. Die Produktwerbung muß der Werbeabteilung des Unternehmens überzeugend »präsentiert« werden. 3. Handelt es sich um eine technische Innovation, dann werden Fachleute und Ingenieure eingeschaltet, die prüfen, ob die Werbetexte die neue Technik sprachlich richtig »umgesetzt« haben. 4. Nach diesen Prozeduren entscheidet das Management, ob der Werbevorschlag mit dem bestehenden oder erwünschten Firmenimage übereinstimmt und der »corporate identity« annähernd oder ganz entspricht. 5. Handelt es sich um Familienunternehmen, dann kann dem Eigentümer das »letzte Wort« darüber zustehen, ob die getestete *Werbekampagne* in allen oder einigen ausgewählten → Medien stattfindet, denn Vorlaufkosten, Markteinführung und Produktbetreuung haben ihren Preis – ohne Erfolgs- oder Gewinngarantie!

Diese und andere Testverfahren dienen in erster Linie einer *Schadensabwehr* und der Einsicht, wie notwendig es auch für den ökonomischen Erfolg eines Unternehmens ist, die → Abhängigkeiten vom Marktgeschehen zu kennen und zu berücksichtigen. Hinweise auf allen Produkten der Tabakindustrie, daß sie »Gesundheitsschädigungen« hervorrufen können, bestätigen die ethische Grundforderung nach »Lauterkeit« ebenso wie oft langwierige Tests im Vorlauf des Medikamentenmarktes. Auch Hinweise auf Konservierungsstoffe in Lebensmitteln oder Auskünfte darüber, daß Sprayprodukte aller Art »FCKW-frei« sind, vermitteln, daß gerade der Markt als Vertragsordnung nicht auf Kosten Dritter frei schalten und walten darf, sondern vom Gemeinwesen her selber des Schutzes und der Lenkung bedarf.

Dazu gehören auch besondere *Preisbindungen* und Steuerpräferenzen wie beispielsweise auf dem Buchmarkt. Das Zusammenwirken von Autor (Honorar), Verlag (Produktion, Werbung, Vertrieb) und Handel (Verkauf) erfordert aus ordnungs- und beschäftigungssichernden Gründen bestimmte Ausnahmen von der reinen Marktregel. So wird dieser Tätigkeits- und Erwerbsbereich in der Bundesrepublik Deutschland nur mit dem halben Mehrwertsteuersatz (1994: 7,5 %) belegt, im Gegensatz zu Irland, wo auf Bücher keine Umsatzsteuer erhoben wird und zu Schweden, wo der volle Satz von 25 % zu entrichten ist.

Nimmt man hier noch die Vorschriften hinzu, daß besondere Berufsgruppen wie Ärzte und Apotheker nach einem Fachstudium zusätzlich eine behördliche »Zulassung« (Approbation) erwerben müssen, um tätig werden zu dürfen, dann zeigt diese staatliche Regelung zusätzlich, wie stark noch das mittelalterliche und vorindustrielle Gilden- und Zunftdenken im Wirtschaftsprozeß nachwirkt, der nicht nur einer temporären Marktkonjunktur unterliegt. Er hat auch Strukturbedingungen zu genügen, die nicht durchgehend und in jedem Fall dem Mechanismus des Marktes ausgesetzt werden dürfen.

Gefährdungen

Der Markt als Ausdruck der Tausch- oder Vertragsgerechtigkeit lebt zwar vom »freien Spiel der Kräfte« (→ Liberalismus), in dem Angebot und Nachfrage den »Verkehr« regeln sollen. Aber Störungen auf einer der beiden Seiten können verheerende Folgen zeitigen, wenn das → Drittwesen nicht genügend berücksichtigt wird und Auswüchse keine ordnungspolitische Korrektur erfahren.

Neben dem Gesundheitsbereich (Ärzte, Apotheker, Krankenkassen), der bestimmten Regelungen und Kontrollen unterworfen wird und nur begrenzt dem Marktmodell angepaßt ist, zeigt die überkommene Struktur der *Energiewirtschaft*, wie wenig lebenswichtige Produktionsbereiche dem Wunschbild der Marktideologen entsprechen. Denn seit dem strukturell noch immer nachwirkenden Energie-Wirtschaftsgesetz von 1934, das den Nazis zur Kriegsvorbereitung diente und besondere »Sozialisierungen« erzwang (→ Sozialismus), ist auf diesem Sektor in der Bundesrepublik der Marktmechanismus weitgehend ausgeschaltet. Spezielle *Gebietsmonopole* (Baden-, Bayern-, Pfalz-Werke, RWE und andere) haben den Markt als Absatzgebiet unter sich aufgeteilt und eine Kartellbildung gefördert – geduldet von der Öffentlichen Hand.

Diese Stromproduzenten betreiben die Energie-Vermarktung nicht nach der klassischen Regel von »Angebot und Nachfrage«, sondern beziehen sich auf künstliche Bedarfsrechnungen, die meist zu Überkapazitäten führen und zum Teil enorme Fehlinvestitionen verursachen. So könnte die stromerzeugende Atomindustrie kaum existieren, müßte die Privatwirtschaft allein die Kosten der Entwicklung, des Baus und des Betreibens von Kernkraftwerken aufbringen.

Das offenkundige Versagen aller politischen Parteien im Fall »Schneller Brüter« (Kalkar) steht dabei nicht isoliert. Denn ihre Vertreter haben es fast gleichzeitig zugelassen, im sogenannten *Jahrhundertvertrag* den Markt als Kontrollorgan auch im Bereich der Kohleverstromung so gut wie auszuschalten. So werden seit 1969 das bundesdeutsche Hüttenwesen (Koksabnahme), die Stahlindustrie, der Kohlebergbau und Teile der Energiewirtschaft jährlich mit Milliardenbeträgen künstlich und gegen den Weltmarkt aus Steuermitteln subventioniert, obwohl all diese Branchen und Sparten trotz moderner Technik international nicht mehr wettbewerbsfähig sind.

Mit der Schadensabwehr, auf die jeder Minister bei Antritt seines Amtes unter Eid verpflichtet wird, hat dies kaum mehr etwas zu tun. So wird ein Bergmann im Saar- und Ruhrgebiet pro Jahr mit 53.000 Mark »subventioniert«, während er gleichzeitig seine Gesundheit ruiniert (Stein- und Staublungen). 1993 kostete eine Tonne Steinkohle mit hohem Brennwert auf dem Weltmarkt 80 DM; die in bundesdeutschen Bergwerken geförderte Tonne aber wurde für 280 DM angeboten: Der Differenzbetrag muß vom Steuerzahler ausgeglichen werden.

Nicht ökonomische Vernunft und marktgerechtes Verhalten bestimmen hier die Politik, sondern eine → Ideologie, die den »Mythos« vom Bergmann als einer Art »Arbeiter-Aristokrat« pflegt und gleichzeitig dem Autarkiedenken der 1930er Jahre zum Opfer fällt. Die verbreitete Vorstellung, Arbeitsplätze um beinahe »jeden Preis« erhalten zu müssen, auch wenn die subventionierten Arbeiter ihre Gesundheit verlieren, sowie das verfehlte Modell einer »nationalen Unabhängigkeit« in der Energieversorgung prägen ein Fürsorgeverhalten in der »hohen Politik«, das rational kaum noch nachzuvollziehen ist (→ Arbeit).

So wie der *Kohlepfennig* als Subvention den Steuerzahler und Endabnehmer von Kohlestrom belastet, ohne daß sie eine Wahlfreiheit wahrnehmen dürfen (Blockaden von Solar-Alternativen im Aachener Revier!), so setzt auch der *Milchpfennig* als Stützgeld für Viehzucht und Landwirtschaft letztlich den Markt außer Kraft. Er allein aber zeigt ziemlich genau an, wo Mängel, Lücken und Ungleichgewichte zwischen Angebot und Nachfrage entstanden sind. Würden die Bundes- und Länder-Ministerien oder die Behörden der Europäischen Gemeinschaft (EG) seiner Regulationskraft vertrauen, dann gäbe es nicht die künstlich erzeugten »Milchseen«, »Butterberge« und Fleisch-Überproduktionen: Sie verursachen nicht nur hohe Lagerungskosten, sondern verhindern auch einen »gerechten Gewinn« und zerstören auf lange Sicht, was mit Subventionen erhalten werden soll - den Bauernstand als Subsistenzbetrieb.

Soziale Marktwirtschaft

Gegen die Subventionsmentalität des Manufaktur-Absolutismus (Sicherung kriegswichtiger Produktion), des Staatssozialismus (Vollbeschäftigung zur Finanzierung der Hochrüstung) und auch des zügellosen Manchester-Kapitalismus (private Profitmaximierung durch Ausbeutung selbst von Kindern) hat es immer Reaktionen gegeben, die eine *Sozialbindung* allen Wirtschaftens einforderten.

Besonders Vertreter des → Liberalismus wollten mit der Förderung des Marktprinzips nicht den profitsüchtigen Egoismus absichern, sondern den gemeinverträglichen Individualismus, der mit seiner Arbeit die Steuerkraft eines Gemeinwesens zu stärken hatte und damit die soziale Verantwortung erhöhte.

Wie schwierig es zeitweise war, das Streben nach Eigennutz mit den Bedürfnissen des Gemeinwohls zu verbinden, läßt sich an vielen historischen und gegenwärtigen Beispielen erhellen. Der wohl interessanteste Fall dürfte hier der Aufstieg des *John D. Rockefeller* (1839-1937) in den USA sein.

Aus kleinen Anfängen und vom »amerikanischen Traum« erfüllt, auf einem »freien Markt« als »freier Bürger« zu seinem »eigenen Herrn« zu werden, gründete er 1870 die Standard Oil Company und brachte sie binnen weniger Jahre in eine Monopolstellung. Im »fanatischen Glauben«, daß »sein Eigentum einzig und allein seinem Willen unterworfen sei« (Abels, 1966), lieferte er im Ölsektor zwar »die besten Erzeugnisse zu den billigsten Preisen«, gefährdete aber mit seinem Monopolstreben den amerikanischen Binnenmarkt. Der autokratische Ölmagnat mußte einsehen, daß es »in Gottes eigenem Land« eine Reihe von liberal gesinnten Leuten gab, die das Profitstreben als Selbstzweck ablehnten und das Gemeinwohlgebot einforderten.

Mit der Unternehmer-Bewegung der sogenannten »Independenten« sollte es gelingen, Rockefeller in die Schranken der US-Verfassung zu weisen. Unterstützt von einer kritischen Öffentlichkeit, die sich über das »schmutzige Geld« des Ölmilliardärs erregte, kam ab 1892 eine Kampagne zustande, die mehr war als nur eine Neidreaktion auf den Reichtum dieses Autokraten. Sie wollte einen »fairen Wettbewerb« herstellen, der Wahlfreiheiten bot und den erzielten Gewinn mit der Gemeinschaft auf gerechte Weise teilte (Steuern). Am 15. Mai 1911 verfügte denn auch das Oberste Bundesgericht der USA die Auflösung des monopolartigen Rockefeller-Imperiums in eine Reihe »selbständiger« Unternehmen, die mit anderen Ölfirmen und Eisenbahngesellschaften auf dem Markt wetteifern sollten.

Diese *Anti-Trust-Bewegung* machte deutlich, daß freies Wirtschaften nicht zu einer »patrimonialen Entartung« der Unternehmenseigentümer führen darf und damit zu einer Monopolisierung des Marktes (→ Kapitalismus). Diese Tendenz der maßlosen Akkumulierung von Kapital ist nicht ganz auszuschließen, wie sich bei jeder größeren Firmenfusion zeigt: Hier ist der ordnungspolitische Rechtsrahmen gefordert, im Sinne der Sozialbindung tätig zu werden.

Rockefeller selbst hat nach diesem Prozeß eingesehen, daß es bei der erfolgreichen Ökonomie nicht allein um Profite ging, sondern auch um die gesellschaftliche Akzeptanz des erwirtschafteten Reichtums. Was immer man auch zur Tätigkeit seiner Rockefeller-Stiftung kritisch anmerken kann, so hat sie doch in vielen sozialen Bereichen (Krebsforschung, Grüne Revolution) etwas eingelöst, was schon im → Feudalismus gefordert worden ist - Adel und Eigentum verpflichten.

Noch unter dem Eindruck der monopolartigen NS-Kriegswirtschaft verwies Alfred Müller-Armack im Jahre 1946 mit seinem Buch »Wirtschaftslenkung und Marktwirtschaft« auf die Notwendigkeit, die künftige Ökonomie in

Deutschland und Europa auf eine ethische und depositäre Grundhaltung einzustimmen.

Im Bewußtsein der entstandenen Schäden während der Diktatur und im Krieg (1933-45) formulierte er die Forderung nach einer *sozialen Marktwirtschaft* nicht rein ökonomisch, possessiv oder betriebswirtschaftlich, sondern im Sinn einer »ordnungspolitischen Idee«. Nach seinen Vorstellungen sollte es deren »Ziel« sein, »auf der Basis der Wettbewerbswirtschaft die freie Initiative mit einem gerade durch die marktwirtschaftliche Leistung gesicherten sozialen Fortschritt zu verbinden«.

Unter solchen Vorgaben sollte es auch keinen »Grundwiderspruch zwischen Kapital und Arbeit« geben, den deutsche Gewerkschaftsfunktionäre als Erben von Marx und Bebel noch immer annahmen. Vielmehr hatten jetzt Arbeitgeber und Arbeitnehmer als Vertragspartner auf ein gemeinsames Ziel hinzuarbeiten, das der neue Wirtschaftsminister Ludwig Erhard nach 1959 auf die einfache, aber wirkungsvolle Erwerbsformel brachte: »Wohlstand für alle«.

Zur Erreichung und Sicherung dieses Zieles mußten aber beide Seiten kompromißbereit werden und ihre Vertrags- wie Friedensfähigkeit unter Beweis stellen. Der Artikel 14 des Bonner Grundgesetzes mit seiner sozialbindenden Bestimmung »Eigentum verpflichtet« steckte auch dafür einen Ordnungsrahmen ab, ohne dessen Vertragsnatur die *Tarifautonomie* mit ihrer Streit- und Streikkultur kaum möglich gewesen wäre (→ Kapitalismus).

Genau genommen handelte es sich bei diesem breit angelegten Experiment darum, eine ehemalige Monopol- und Befehlswirtschaft nach einem verheerenden Krieg aus der destruktiven *Vermachtung der Märkte* (Monopole, Kartelle, Arbeitsfront, Dienstverpflichtung, Staatsausbeutung, Industriesklaverei) auf demokratische Weise umzupolen – auf eine rechtlich gesicherte *Vermarktung der Macht* als Ausdruck staatlicher Gewinnbesteuerung zur Finanzierung des Sozialstaatsgebots.

Vor dem Hintergrund einer ungewöhnlichen Preisstabilität für den wichtigsten Treibstoff der industriellen Welt – zwischen 1947 und 1973 blieb der »posted price« für Öl durchgehend konstant – hat sich das Modell von Müller-Armack durchaus bewährt. Allerdings bedeuten die Folgekosten allein in Gestalt steigender Umweltbelastungen einen hohen Preis, der kaum noch zu bezahlen ist (→ Umweltschutz).

Ausblick

Der Markt basiert in seinem kommutativen Kern auf Verträgen. Wird diese strukturelle Bindung mißachtet, dann ergeben sich für jedes Unternehmen, jede Branche und jedes Gemeinwesen weitreichende Folgen. Das gilt vor allem dann, wenn eine → Diktatur mit ihrer Kommando-Wirtschaft in eine Demokratie mit sozialer Marktwirtschaft umgebaut werden soll. Dabei genügt es nicht, daß ein Parlament quantitativ »richtige« Beschlüsse faßt, solange sie inhaltlich und qualitativ nicht den Vertragsbedingungen und Rechtsbindungen des Marktes entsprechen. Der Markt allein, zumal in einer zerrütteten, auf Kriegsproduktion gerichteten Befehlsökonomie, kann nicht in wenigen Jahren korrigieren, was in Jahrzehnten verfehlt worden ist.

Ein echter Markt ist mehr als nur die effektive Organisation des Austausches von Waren, Gütern und Dienstleistungen. Er ist Ausdruck des kommutativ wie distributiv Gerechten und verlangt eine Mentalität der individuellen Leistung, die sich lohnt und dem Gemeinwesen nicht schadet. Ohne Sinn für die Interdependenz von Produktion, Werbung, Markt, Recht, Geldwert, Eigentumsgarantie und → Verantwortung wird er nicht gedeihen, schon gar nicht, wenn die wichtigste Voraussetzung fehlt – Vertrauen in die eigene Kraft und in die sichernde Macht der → Verfassung.

Literatur

Abels, Die Rockefeller-Milliarden. Geschichte eines großen Vermögens, dt. 1966 ✦ *Angell*, The Story of Money, 1930, ✦ *Appel*, Werner Sombart. Theoretiker und Historiker des modernen Kapitalismus, 1992 ✦ *H. Arndt*, Markt und Macht, 1980 ✦ *Chr. Belz*, Marketing in umkämpften Märkten. Ergebnisse einer Expertenbefragung in 34 Branchen, 1986 ✦ *Biedenkopf*, Der Wert der Werbung in der modernen Gesellschaft, 1987 ✦ *ders./Stübler*, Die Stunde der Ökonomen. Prioritäten nach der Wahl in der DDR und die Zukunft der europäischen Wirtschaftsbeziehungen, 1990 (Sammelband) ✦ *Bolenz*, Technische Normung zwischen »Markt« und »Staat«. Untersuchungen zur Funktion, Entwicklung und Organisation verbandlicher Normung in Deutschland, 1987 ✦ *Boulding*, Ökonomie als Wissenschaft, dt. 1976 ✦ *O.H. Brandt*, Die Fugger. Geschichte eines deutschen Handelshauses, 1928 ✦ *Brus*, Geschichte der Wirtschaftspolitik in Osteuropa, dt. 1987 ✦ *ders.*, Von Marx zum

Markt. Die sozialistischen Länder auf der Suche nach einem neuen Wirtschaftssystem, dt. 1990, ✦ *Burnham*, Das Regime der Manager, dt. 1949 ✦ *Bundesvereinigung der Deutschen Arbeitgeberverbände* (Hrsg.), Marktwirtschaft oder Interventionismus. Wertorientierung für die Zukunft, 1981 ✦ *Cobb*, Der Preis des Fortschritts, dt. 1972 ✦ *Cole*, Colbert and a century of French Mercantilism, 1939 ✦ *De Roover*, The Rise and Decline of the Medici Bank 1397-1494, 1963 ✦ *Dittmar*, Umweltschäden regieren uns, 1971 ✦ *Dubach*, Bedrohte Liberalität in Gesellschaft und Markt. Ein Thema unternehmerischer Verantwortung, 1990 ✦ *Emerson u.a.*, Ein Markt - Eine Währung. Potentielle Nutzen und Kosten der Errichtung einer Wirtschafts- und Währungsunion, 1991 (Sammelband) ✦ *W. Engels u.a.*, Mehr Markt in der Energiewirtschaft, 1988 ✦ *Erhard*, Deutsche Wirtschaftspolitik. Der Weg der Sozialen Marktwirtschaft, 1962 ✦ *Erhard/Müller-Armack* (Hrsg.), Soziale Marktwirtschaft. Ordnung der Zukunft, 1972 ✦ *Eucken*, Grundsätze der Wirtschaftspolitik, 1968 ✦ *Gerloff*, Die Entstehung des Geldes und die Anfänge des Geldwesens, 3. Aufl. 1947 ✦ *Halm* (Hrsg.), Das Geld im Recht. Würzburger Universitätsreden 1983-1985, 1986 ✦ *Heimann*, Soziale Theorie und Wirtschaftssyteme, 1963 ✦ *E. Heller*, Wie Werbung wirkt. Theorien und Tatsachen, 1984 ✦ *Hirsch*, Die sozialen Grenzen des Wachstums. Eine ökonomische Analyse der Wachstumskrise, 1980 ✦ *Hirschmann*, Entwicklung, Markt und Moral. Abweichende Betrachtungen, dt. 1988 ✦ *ders.*, Engagement und Enttäuschung. Über das Schwanken der Bürger zwischen Privatwohl und Gemeinwohl, dt. 1984 ✦ *Hoppmann*, Marktbeherrschung und Preismißbrauch. Möglichkeiten und Grenzen kartellrechtlicher Preiskontrollen dargestellt am Beispiel der pharmazeutischen Industrie, 1983, ✦ *ders.*, Wirtschaftsordnung und Wettbewerb, 1988, ✦ *Jenkis*, Die gemeinnützige Wohnungswirtschaft zwischen Markt und Sozialbindung, 2 Teilbde., 1985 ✦ *ders.*, Leistung - ein inhumaner Anspruch? Zum Urspung und zur Kritik des Leistungsprinzips, 1980 ✦ *Kern/Müller* (Hrsg.), Gerechtigkeit, Diskurs oder Markt? Die neuen Ansätze in der Vertragstheorie, 1986 ✦ *Kerschagl*, John Law. Die Erfindung der modernen Banknote, 1956 ✦ *Klose*, Unternehmerethik heute gefragt?, 1988 ✦ *E. Küng*, Wirtschaft und Gerechtigkeit. Sozialethische Probleme im Lichte der Volkswirtschaftslehre, 1967 ✦ *ders.*, Eigentum und Eigentumspolitik, 1964 ✦ *Kumm*, Staatsgeheimnisschutz und Patentschutz von geheimen Erfindungen. Rückblick, kritische Lage und Ausblick, 1980 ✦ *ders.*, Wirtschaftswachstum. Umwelt. Lebensqualität, 1975 ✦ *Lampert*, Die Wirtschafts- und Sozialordnung der Bundesrepublik Deutschland, 1978 ✦ *Laum*, Heiliges Geld, 1924 ✦ *Oberender*, Marktökonomie, Marktstruktur und Wettbewerb in ausgewählten Branchen der Bundesrepublik Deutschland, 1989 ✦ *Plumpe*, Vom Plan zum Markt. Wirtschaftsverwaltung und Unternehmerverbände in der britischen Zone, 1987 ✦ *Raffé u.a.*, Marketing und unternehmerische Ökologieorientierung, 1988 ✦ *ders.*, Selbstzerstörung unserer Welt durch unternehmerische Marktpolitik?, 1985 ✦ *Rist*, Histoire des Doctrines relatives au Crédit et à la Monnaie depuis John Law, 1938 ✦ *Schedl*, Kleiner Mann im großen Markt. Was den Eurobürger in der EG erwartet, 1990 ✦ *Schumpeter*, Das Wesen des Geldes, 1970 ✦ *ders.*, ›Die goldene Bremse an der Kreditmaschine‹, in: Die Kreditwirtschaft, Bd. 1, 1927 ✦ *Sik*, Wirtschaftssysteme. Vergleiche - Theorie - Kritik, 1987 ✦ *ders.*, Die sozialgerechte Marktwirtschaft - ein Weg für Osteuropa, dt. 1990 (Sammelband) ✦ *Stavenhagen*, Geschichte der Wirtschaftstheorie, 1951 ✦ *Teichlinger*, Das Geld. Seine Geschichte in Geschichten, 1968 ✦ *Voy u.a.* (Hrsg.), Marktwirtschaft und politische Regulierung. Beiträge zur Wirtschafts- und Gesellschaftsgeschichte der Bundesrepublik Deutschland (1949-1989), Bd. 1, 1991 ✦ *A. Weber*, Geld, Banken und Börsen, 1939 ✦ *Wechsberg*, Hochfinanz International, 1966.

Medien

Bei diesem Sammelbegriff handelt es sich um eine sprachliche Neuprägung. Sie ist erst nach 1945 in Gebrauch gekommen und leitet sich vom lateinischen »medium« her. Darunter verstand man in der Antike nicht nur ein »Mittel« als Werkzeug, sondern auch das »tägliche Leben«, dann ein »ausgewogenes Gerichtsurteil«, die »Öffentlichkeit« in einem politischen Gemeinwesen sowie dessen »Gemeinwohl«. Als Medium konnte auch ein besonderes »Gemeingut« aller Bürger aufgefaßt werden.

In all diesen Einzelbedeutungen finden sich das Wesen und Wirken der herkömmlichen (Buch- und Pressewesen) wie der modernen Medien (Film, Hörfunk, Fernsehen) wieder. Sie gelten in öffentlich-rechtlicher Form (meist Rundfunk- und Fernsehstationen mit einem »Staatsvertrag«) oder in Gestalt von Privatunternehmen als Hersteller »leicht-verderblicher Waren« (Karl-Hermann Flach), die in der Regel auf die Tagesaktualität der Nachrichtenvermittlung fixiert sind.

Über die Erfüllung dieser Forderung hinaus wird aber von den Medien erwartet, daß sie die Kommunikation, Information und Kontrollfähigkeit des Bürgers ermöglichen oder fördern. Hinsichtlich dieser Aufklärungsfunktion sind die Medien angewiesen, auf ihre spezifische Weise Schadensabwehr zu betreiben und in gewissem Sinne als *Vierte Gewalt* tätig zu werden: Denn »es gibt Politiker, die Maß und

Mitte verloren haben, und es gibt die Medien, die die Pflicht haben, das aufzudecken. Um so mehr, als das Regelwerk zwischen Legislative und Exekutive, zwischen Regierung und Opposition nicht mehr funktioniert« (H. Hamm-Brücher, 1994).

Bestands-Garantie

Obgleich die Öffentliche Meinung in einer Stadt oder in einem Land mehr sein kann als die Summe aller veröffentlichten Meinungen, genießen diese das Grundrecht auf *Meinungsfreiheit* und damit den umfassenden, von den höchsten Gerichten gesicherten Schutz der Verfassung.

Im Artikel 5 des Bonner Grundgesetzes von 1949 heißt es dazu auch als Reaktion auf den Meinungsterror in der NS-Diktatur: »Jeder hat das Recht, seine Meinung in Wort, Schrift und Bild frei zu äußern und zu verbreiten und sich aus allgemein zugänglichen Quellen ungehindert zu unterrichten. Die Pressefreiheit und die Freiheit der Berichterstattung durch Rundfunk und Film werden gewährleistet ...«

Diese ideelle Bestandsgarantie, zu der auch die Freiheit der Wissenschaft und Kunst gehört, gilt allerdings nicht unbegrenzt. Denn die Wahrnehmung des Grundrechtes entbindet nicht von einer gewissen »Treue zur Verfassung«. Es mag sein, daß es »für den Journalisten keine Ethikfibel gibt, die er unter dem Arm nach Hause tragen kann« (Sabine Rückert), aber sobald er den Grundrechtsschutz des Artikels 5 GG in Anspruch nimmt, unterliegt er allen Verfassungsgeboten, vor allem aber den Bindungen und Bedingungen des Persönlichkeitsschutzes gemäß der Artikel 1 und 2 des Grundgesetzes.

Darüber hinaus hat jeder Journalist den Datenschutz zu beachten und auch auf bestimmte Urheberrechte (Texte, Musikstücke, Filme, Kunstwerke) gebührende Rücksicht zu nehmen. Bei Medien in Privatbesitz können zu diesen Vorgaben bei Recherche und Redaktion noch zusätzliche Verpflichtungen kommen: ein haus- und verlagsinterner Verhaltenskodex wie im Zeitungskonzern Springer oder ein besonderes Redaktionsstatut wie beim Hamburger Nachrichtenmagazin »Der Spiegel«.

All diese berufsspezifischen Begrenzungen setzen den Journalisten besonderen Anforderungen aus, denen nicht jeder gewachsen ist, zumal bei privatwirtschaftlichen Arbeitgebern noch der Zwang hinzukommt, gewinnorientiert tätig sein zu müssen.

Gefährdungen

Lange vor der folgenreichen Erfindung der Druckkunst mit beweglichen Lettern im Jahre 1445 durch den Mainzer Johannes Gutenberg (1400-68), von der sich bis vor kurzer Zeit alle Printmedien technisch herleiteten, war jeder Autor dem Wahrheitsgehalt der verwendeten Worte verpflichtet. Die unzähligen *Fälschungen* von Urkunden und anderen Schriftstücken während des Mittelalters verdeutlichen nur, welche Macht dem Wort und auch dem Bild zugesprochen wurde. Das galt vor allem dann, wenn daraus Herrschafts- oder Besitzansprüche abgeleitet wurden.

Nicht ohne Grund entzündete sich der Theologenstreit während der → Reformation am »richtigen« oder »falschen« Verständnis der Einsetzungsworte Jesu bei der Stiftung des Altarsakramentes oder Abendmahles. Besonders die Römische Universalkirche achtete mit Argusaugen darauf, daß die Autorität ihres Lehramtes nicht durch Privatauslegungen der Heiligen Schrift untergraben wurde. Sie stellte gar eine Liste verbotener Bücher und Schriften auf (*Index librorum*), die angeblich glaubensgefährdend oder ketzerisch waren. Selbst das säkulare Werk des Grotius »De jure belli ac pacis« von 1625 war bis zum Jahre 1898 auf dieser Liste vertreten, weil sein Bekenntnis zu den »ewig« geltenden Regeln der Mathematik den kirchlichen Gottesbegriff in Frage stellte.

In einem ähnlichen Sinne wirkte auch die 1635 von Kardinal Richelieu gegründete *Académie Française*. Sie nimmt noch heute ein Kritik- und Kontrollamt wahr, dessen Ziel darin besteht, die »Reinheit« der französischen Sprache zu erhalten und alle »Verwilderungen« von innen oder Überformungen von außen abzuwehren. Ihrer Strenge besonders gegenüber modernen Anglizismen wird zwar nicht überall nachgekommen, aber der gute Journalismus im heutigen Frankreich richtet sich weitgehend nach den Empfehlungen dieser Akademie und ist bei aller Informationspflicht gleichzeitig auch sprachpflegerisch tätig. Tageszeitungen wie Le Monde oder Le Figaro bemühen sich mehr um ein »gutes Französisch« als viele Abgeordnete im Parlament, die sich zunehmend Kritik wegen Sprachschlampereien gefallen lassen müssen.

Der deutsche Sprachraum kennt außer dem 1644 gegründeten und weiterhin bestehenden »Pegnitzer Blumenorden« nur noch die Darmstädter »Akademie für Sprache und Dichtung« sowie die Redaktion des »Duden« als Institutionen, die sich um die Kultivierung der deutschen Sprache kümmern. Aber diese haben längst nicht den Einfluß der Académie Française oder der Schwedischen Akademie. Dafür werden von staatlicher Seite nicht selten besondere *Sprachregelungen* verordnet, die sehr an die kirchliche Gepflogenheit erinnern, das Denken nicht dem Bürger allein zu überlassen.

So wurden in den 1970er Jahren alle Beamten und Angestellten im öffentlichen Dienst darauf verpflichtet, im amtlichen Schriftverkehr nicht das von DDR-Stellen und linken Intellektuellen verwendete Kürzel »BRD« zu benutzen, sondern von der »Bundesrepublik Deutschland« zu sprechen und zu schreiben. Selbst auf höchster politischer Ebene signalisierten äußerlich geringfügige Begriffsabweichungen oft radikal andersgeartete Bewußtseinslagen: Sprach die SPD-Führung vor 1989 in der Deutschlandpolitik von den »beiden deutschen Staaten«, dann meinte sie die Relation zweier »souveräner« Staaten, die nicht einmal die Vorstellung von einer »deutschen Nation« einte. Die CDU hingegen umschrieb die Situation der staatlichen Spaltung mit den Worten »zwei Staaten in Deutschland« und entsprach damit dem Wiedervereinigungsgebot in der Präambel des Bonner Grundgesetzes.

Neben diesen sprachbedingten Gefährdungen mit ihren inhaltlichen Manipulationen können auch bewußte Fälschungen in Fotos wie in Filmpassagen den Auftrag jedes Mediums verzerren, so wahrheitsgemäß wie möglich seine Benutzer zu informieren. In solchen Fällen steht den Betroffenen oder Geschädigten zwar das Recht auf Gegendarstellung, Widerruf, Unterlassung oder Schadensersatz zu. Aber aufgrund der Massenwirkung eines Mediums kann der angerichtete Schaden (Rufmord, Ehrverletzungen, materieller Ruin) zumeist nicht gänzlich ausgeglichen werden.

Die von allen Journalisten immer wieder geforderte *Sorgfaltspflicht* in Recherche und Redaktion ist bei Medien in Privatbesitz im allgemeinen stärker gefährdet als bei öffentlich-rechtlichen Anstalten. Denn die Forderungen nach steigender Auflage zwecks erhöhtem Anzeigenaufkommen oder nach Verbesserung der Einschaltquoten zwecks lukrativer »Werbeblöcke« bringt die Nötigung mit sich, Wort und Bild über Gebühr und gegen das Wahrheitsgebot »marktgerecht« aufzubereiten.

Zensur

Seit es geschriebene Texte gibt, ist es üblich, sie von religiösen oder staatlichen Institutionen her entweder zu »korrigieren«, zu manipulieren oder ganz zu verbieten. England leistet sich noch heute einen offiziellen *Zensor*. Er hat bei seiner Tätigkeit weniger auf die »Reinheit« der englischen Sprache in Parlament und Medien zu achten, als vielmehr die Einhaltung der »guten Sitten« zu überwachen – vornehmlich auf den Bühnen der öffentlichen Theater.

Dieses offene Agieren eines Zensors als Sittenwächter mag heute altmodisch erscheinen, es ist jedoch fair insofern, als alle Beteiligten wissen, wo ungefähr die Grenze dessen liegt, was noch »geduldet« werden kann. Weit gefährdender für die Meinungsfreiheit ist es, wenn eine Verfassung wie das Bonner Grundgesetz verkündet »Eine Zensur findet nicht statt« (Art. 5 GG), während dann in der alltäglichen Praxis auf indirekte Weise Formulierungsdruck ausgeübt wird.

Autoren, Publizisten und Journalisten in allen Medien fürchten heute weniger eine Zensur, die von Institutionen ausgeht, als jene andere Form der »Korrektur«, die mittlerweile im deutschen Bereich als »Schere im Kopf« bezeichnet wird. Es geht dabei um eine Art *Selbstzensur*, die sich auf den Schreib- oder Schneideprozeß auswirkt, sobald ein Auftraggeber, Politiker oder Vorgesetzter eine bestimmte Wortwahl erwartet und mit verdeckten Sanktionen zu rechnen ist.

Die im freiheitlichen Journalismus immer wieder beschworene »Unabhängigkeit«, die auch oft im Untertitel von Presseerzeugnissen als überparteiliches Gütezeichen und Wertsiegel angeführt wird, erweist sich spätestens hier als ein Fetisch der Moderne. Denn kaum ein anderer Beruf hat mit sovielen Abhängigkeiten zu ringen wie gerade der des Journalisten, trotz oder gerade wegen seines besonderen Status: »Er braucht keine Gesellenprüfung wie ein Bäcker, kein Examen wie ein Lehrer, er folgt keinen Standesregeln wie der Jurist und legt keinen Eid ab wie der Arzt« (Sabine Rückert).

Ausblick

Die in der angelsächsischen Medienwelt gängige Mentalität der Formel »Bad news are good news« vermittelt überdeutlich, wie nötig eine *Medienethik* ist, zumal es sich bei diesem Bereich um eine Wachstums-Industrie handelt, deren weltweite Vernetzung Jahr um Jahr zunimmt. Schon arbeiten in ihren verschiedenen Branchen mehr Menschen als in der produzierenden Industrie, und dieser Trend wird sich in der künftigen Dienstleistungs-Gesellschaft noch erheblich verstärken.

In den von der Technik beherrschten Kreisläufen des modernen Lebens werden sich Autoren, Publizisten und Journalisten in hohem Maße bewähren müssen, wenn die Meinungs-, Publikations- und Sendefreiheit nicht dazu führen soll, unsere politische Kultur zu untergraben und am Ende durch eine *Tele-Diktatur* zu ersetzen – ähnlich dem Machiavelli-Bewunderer Silvio Berlusconi, der als »Medienzar« in die Politik ging.

Trotz aller Pressionen und Verlockungen des sensationsgierigen »Scheckbuch-Journalismus« oder des skandalsüchtigen »Enthüllungs-Journalismus« bedarf die schreibende, kritisierende und sendende Zunft kein anderes Berufsethos als eine stetige Treuhandschaft dem Wort und dem Bild gegenüber.

Eine Beobachtung des Konfuzius, auf den man sich nach den blutigen Erfahrungen mit dem »chinesischen Weg« von 1989 (Massaker in Peking) zunehmend besinnt, kann hier ein Wegweiser sein, mit Hilfe moderner Technik die Kultur zu vertiefen: »Stimmen die Namen und Begriffe nicht, so ist die Sprache konfus. Ist die Sprache konfus, dann entstehen Unordnung und Mißerfolg. Gibt es Unordnung und Mißerfolg, so geraten Anstand und gute Sitten in Verfall. Sind Anstand und gute Sitten in Frage gestellt, so gibt es keine gerechten Strafen mehr. Gibt es keine gerechten Strafen mehr, so weiß das Volk nicht, was es tun und was es lassen soll. Darum muß der Edle die Begriffe und Namen korrekt benutzen und auch richtig danach handeln können: Er geht mit seinen Worten niemals leichtfertig um.«

Literatur

Allam, Fernsehserien, Wertvorstellungen und Zensur in Ägypten, 1983 ✦ *H. Becker/F. Hager*, Aufklärung als Beruf. Gespräche über Bildung und Politik, 1992 ✦ *H. Becker*, Die Wirtschaft in der deutschsprachigen Presse, 1989 ✦ *Berka*, Medienfreiheit und Persönlichkeitsschutz. Die Freiheit der Medien und ihre Verantwortung im System der Grundrechte, 1982 ✦ *ders.*, Das Recht der Massenmedien. Ein Lehr- und Handbuch für Studium und Praxis, 1989 ✦ *Bernasconi* (Hrsg.), Presse 2000?, 1988 ✦ *Bischoff*, Die spanische Presse im Redemokratisierungprozeß, 1986 ✦ *Bökkelmann/Nahr*, Staatliche Öffentlichkeitsarbeit im Wandel der Politischen Kommunikation, 1979 ✦ *Böckelmann* (Hrsg.), Medienmacht und Politik. Mediatisierte Politik und politischer Wertewandel, 1989 ✦ *Breede*, Pressefreiheit und Redaktionsfreiheit. Im Fadenkreuz der streitbaren Demokratie. Zum Verhältnis von allgemeinem Presserecht und Arbeitsrecht für Redaktionsmitglieder, 1982 ✦ *Charlton/Bachmair* (Hrsg.), Medienkommunikation im Alltag. Interpretative Studien zum Medienhandeln von Kindern und Jugendlichen, 1990 ✦ *Deutsche Presseforschung* (Hrsg.), Presse und Geschichte II, 1987 ✦ *Eberlein*, Die Presse der Arbeiterklasse und den sozialen Bewegungen. Von den dreißiger Jahren des 19. Jhds. bis zum Jahre 1967. Bibliographie und Standortverzeichnis, 5 Bde., 1968-70 ✦ *Eisenhardt*, Die kaiserliche Aufsicht über Buchdruck, Buchhandel und Presse im Heiligen Römischen Reich Deutscher Nation (1496-1806). Ein Beitrag zur Geschichte der Bücher- und Pressezensur, 1970 ✦ *H. D. Fischer*, Handbuch der politischen Presse in Deutschland 1480-1980. Synopse rechtlicher, struktureller und wirtschaftlicher Grundlagen der Tendenzpublizistik im Kommunikationsfeld, 1981 ✦ *ders.*, Portraits der Fachzeitschriften zur Publizistik und Kommunikation, 1986 ✦ *ders./Roegele*, Ausbildung für Kommunikationsberufe in Europa. Praktiken und Perspektiven, 1977 ✦ *K. Fischer*, Über den Geltungsbereich der Pressefreiheit, 1973 ✦ *L. Franke*, Die Medienzukunft, 1983 (Sammelband) ✦ *Freeden*, Die jüdische Presse im Dritten Reich, 1987 ✦ H. D. Gärtner, Wahlkampf und Presse. Portrait der Zeitungslandschaft Hessen anhand von pressestatistischen Daten und einer Fallstudie, 1986 ✦ *Gemeinhardt*, Deutsche und österreichische Pressepolitik während der Bosnischen Krise 1908/09, 1980 ✦ *R. Groß*, Verschwiegenheitspflicht der Bediensteten und Informationsrecht der Presse, 1964 ✦ *ders.*, Presserecht: Einführung in Grundzüge und Schwerpunkte des deutschen Presserechts, 2. Aufl. 1987 ✦ *Haller/Holzhey* (Hrsg.), Medien-Ethik. Beschreibungen, Analysen, Konzepte für den deutschsprachigen Journalismus, 1991 ✦ *Hardt/Hilscher/Lerg* (Hrsg.), Presse im Exil. Beiträge zur Kommunikationsgeschichte des deutschen Exils 1933-1945, 1979 ✦ *Hess-Lüttich* (Hrsg.), Medienkultur – Kulturkonflikt. Massenmedien in der interkulturellen und internationalen Kommunikation, 1992 ✦ *Hoffmann-Riem*, Kommerzielles Fernsehen. Rundfunkfreiheit zwischen ökonomischer Nutzung und staatlicher Regelungsverantwortung: das Beispiel USA, 1981 ✦ *ders.*, Rundfunkrecht neben Wirtschaftsrecht, 1991 ✦ *Holtz-Bacha*, Ablenkung oder Abkehr von der Politik? Mediennutzung im Geflecht politischer Orientierungen, 1990 ✦ *Klaschka*, Die Presse im China der Modernisierungen, 1991 ✦ *H. Klein*, Die öffentliche Aufgabe der Presse. Eine verfassungsrechtliche und rechtspolitische Untersuchung der Presse in der Demokratie, 1973 ✦ *Klimmeck*, Argentinien 1976-1983: Militärherrschaft, Medienzensur, Menschenrechtsverletzungen. Eine explorative Studie zu staatlicher Repression und Medienkontrolle, 1991 ✦ *Konfuzius*, Ausgewählte Texte, dt. 1989 ✦ *Krope*, Zensur, Ausbildung und Gesellschaft. Zur Kritik und Alternative eines Bewertungsverfahrens, 1976 ✦ *Kübler*, Pflicht der Presse zur Veröffentlichung politischer Anzeigen?, 1976 ✦ *Kutter*, Geändert hat sich trotzdem nichts – Reflexionen zur Medienrevolution, 1984 ✦ *ders.*, Vom Mediensalat zur Dialog-Gesellschaft. Betrachtung der Medienlandschaft – in den Kulissen der Medienszene, 1989 ✦ *Leisner*, Die Pressegleichheit, 1976 ✦ *Lerche*, Verfassungsrechtliche Aspekte der »inneren Pressefreiheit«, 1974 ✦ *Mathy*, Das Recht der Presse. Ein Handbuch für die Redaktionsarbeit und für den Umgang mit der Presse, 4. Aufl. 1988 ✦ *Möschel*, Pressekonzentration und Wettbewerbsgesetz. Marktbeherrschung, unlauterer Wettbewerb und Sanierungsfusionen im Pressebereich, 1978 ✦ *Naujoks*, Die Parlamentarische Entstehung des Reichspressegesetzes 1848/74, 1976 ✦ *Neuschäfer*, Macht und Ohnmacht der Zensur. Literatur, Theater und Film im Spanien Francos, 1991 ✦ *Noelle-Neumann*, Öffentliche Meinung. Die Entdeckung der Schweigespirale, 1991 ✦ *dies.*, Umfragen zur inneren Pressefreiheit, 1977 ✦ *Nussberger*, Das Pressewesen zwischen Geist und Kommerz, 1984 ✦ *ders.*, Die Mechanik der Pressekonzentration, 1971 ✦ *Ochs*, Wettbewerbsrechtliche Probleme der Presse, 1984 ✦ *K. A. Odin*, Kirche – Presse – Publikum. Wider die Angst der Kirche vor dem vernehmbaren Wort, 1978 ✦ *Postman*, Wir amüsieren uns zu Tode. Urteilsbildung im Zeitalter der Unterhaltungsindustrie, dt. 1988 ✦ *Prokop* (Hrsg.), Medienforschung, 3 Bde., 1985-86 ✦ *ders.*, Medien-Wirkungen, 1981 ✦ *Ricker*, Filmabgabe und Medienfreiheit. Zur Verfassungsmäßigkeit der Abgabe von Videothekaren nach dem Filmförderungsgesetz, 1988 ✦ *ders.*, Freiheit und Aufgabe der Presse. Individualrechtliche und institutionelle Aspekte, 1983 ✦ *ders.*, Rundfunkwerbung und Rundfunkordnung. Zur rechtlichen Problematik der Werbung in ›Hessen Drei‹, 1985 ✦ *S. Rückert*, ›Gegendarstellung‹, in: DIE ZEIT 19, 1994 (Dossier) ✦ *Th. Schneider*, Presse, Hörfunk und Fernsehen in Centroamerika. Eine Typologie unter besonderer Berücksichtigung der Unterentwicklungssituation in den Ländern Guatemala, El Salvador, Honduras, Nicaragua und Costa Rica, 1983 ✦ *Schröer-Schallenberg*, Informationsansprüche der Presse gegenüber Behörden, 1987 ✦ *H. Senfft*, Richter und andere Bürger. 150 Jahre politische Justiz und neudeutsche Herrschaftspublizistik, 1990 ✦ *Schiwy/Schütz* (Hrsg.), Medienrecht. Lexikon für Wissenschaft und Praxis, 2. Aufl. 1990 ✦ *v. Stilcken*, Medientrends. Congreßdokumente, engl.-dt., 1986 ✦ *Chr. Weber*, Kirchengeschichte, Zensur und Selbstzensur 1860-1914, 1984 ✦ *Wischermann*, Frauenfrage und Presse. Frauenarbeit und Frauenbewegung in der illustrierten Presse des 19. Jhds., 1983 ✦ *Wunden* (Hrsg.), Medien zwischen Markt und Moral. Beiträge zur Medienethik, 1989 ✦ *Zeller*, Zensur und Liberalität im Zeitalter der Restauration, 1979 (Vortrag) ✦ *Zerges*, Sozialdemokratische Presse und Literatur 1876 bis 1933, 1982.

Menschenbild

Alle Versuche der Anthropologen von Hesiod bis Habermas, von Plato bis Popper oder von Sophokles bis Skinner, die Natur des Menschen zu begreifen, kommen nicht umhin, ihn in seinem Tun und Lassen, Denken und Fühlen, Weinen und Lachen als den Inbegriff eines *Doppelwesens* zu erkennen.

Auch die christliche und die jüdische Religion, nach denen der Mensch ein »Ebenbild Gottes« ist, hebt mit dem »Sündenfall« am Baum der Erkenntnis (Erbsünde) nicht nur den biologischen Unterschied von Mann und Frau hervor, sondern ebenso die spezifisch menschliche Fähigkeit, das angeblich Gute zu erkennen und dennoch das Böse als etwas Schädliches zu tun.

Im Vergleich zu den Göttern oder zu Gott als Ausdruck des Vollkommenen, aber auch in Relation zu Tieren und Pflanzen erscheint der Mensch als ein *Wesen des Mangels* (Descartes). Es besitzt zwar Vernunft und Einsicht, um im Sinne der Verhältnismäßigkeit »gerecht« zu sein (Aristoteles), aber es kann dennoch in Unverstand fallen und sich selbst wie seinen Mitgeschöpfen schweren Schaden zufügen.

Die Möglichkeit des Menschen, beide Fähigkeiten bis ins Extrem zu treiben (»Gerechtigkeit, und wenn die Welt zugrundegeht!«), hat ihm schon in der vorchristlichen Antike den Ruf eingebracht, etwas »Ungeheueres« (Sophokles, »Antigone«) zu werden, sobald ihm keine Grenzen gesetzt sind – beim persönlichen Umgang wie im öffentlichen Auftrag.

Erziehung

Aus der fundamentalen Erfahrung, daß der Mensch nicht von Natur aus zu einem kultivierten Wesen wird (→ Kultur), hat sich die Erziehung entwickelt.

Der lateinische Begriff »educatio« als ein »Herausführen« aus dem Naturzustand, wie es noch Kant in seiner Definition der → Aufklärung versteht, kennzeichnet genau die Situation jedes Einzelmenschen (Individuum): Er hat seine Unmündigkeit und Unwissenheit zu überwinden, um alle → Abhängigkeiten gegenüber Eltern, Familie und Gemeinwesen so zu beherrschen, daß er sich auch als *politisches Wesen* (zoon politikon) bestätigt findet und betätigen darf.

Damit dem Menschen diese Qualität optimal vermittelt werden kann, hat sich die → Ethik bei den Griechen und in ähnlicher Form bei den Römern ein besonderes Muster geschaffen, das in der Spannung von Tugenden als gelebten Werten und Lastern als verübten Schädigungen nach einem gerechten Maß sucht und es in der Forderung »Ne quid nimis« findet – »nur nichts im Übermaß«.

Wer diesen Stand des Humanum zum eigenen und zum gemeinen Nutzen erreichen wollte, der hatte drei wesentliche Bindungen zu beachten: 1. Nach Maßgabe der natürlichen Fähigkeiten sollte der Einzelmensch die »techne« ausbilden und dabei besondere Fertigkeiten entwickeln, um das Selbstvertrauen und den Selbstwert zu stärken; 2. jede Bildung zur Persönlichkeit hatte auf die »gnome« zu achten und damit auf den planenden Verstand als Ausdruck einer Verantwortung auf Gegenseitigkeit, sowohl dem Mitmenschen wie dem Gemeinwesen gegenüber. Wurde die Verbindung von »techne« und »gnome«, von Einzel- und Gemeinwesen erkannt, gelebt und erprobt, dann hatte die Erziehung ihr Hauptziel erreicht – als eine Hilfe zur Selbsthilfe. Sollte allerdings der Mensch des rechten Maßes (*recta ratio*), wie ihn Hippokrates, Aristoteles und Cicero empfohlen haben, etwas Besonderes oder gar Herausragendes leisten, dann bedurfte er darüber hinaus 3. der »tyche« und damit einer Gnadengabe der Götter.

Die deutsche Redensart vom »Glück des Tüchtigen« oder das Dichterwort »Doch der Segen kommt von oben« (Schiller) vermitteln noch heute ein Erziehungs- und Bildungsideal, das den Menschen von jedem Übermaß abhalten möchte und ihm zeigt, wie nützlich es sein kann, Einsicht in lebensnotwendige Abhängigkeiten zu gewinnen.

Zahlreiche große Leistungen in Kunst und Kultur der Antike haben in diesem integrativen Modell von Geben und Nehmen ihren geistigen Ursprung. Aber es war nicht in jedem Fall auch ein sicherer Garant des Erfolgs. Das Scheitern des Philosophen, Erziehers und Staatsmannes Seneca (um 4 v. Chr. - 65 n.Chr.), der den Caesaren Nero im Geist der Stoa und ihrer »Mäßigung« oder »Selbstbeherrschung« (*temperantia*, gr. *sophrosyne*) erzogen hatte, zeigt nachdrücklich, wie alle Erziehung nichts gegen eine »Willensfreiheit« vermag, wenn diese sich gegen die »zuträgliche Vernunft« (*ratio sufficiens*) entscheidet (→ Freiheit).

Die von Aristoteles, dem »Lehrer des Menschengeschlechts«, immer wieder geforderte Erziehung zur Verfassung war aus Erfahrung so angelegt, daß sie für jeden einzelnen in der Polis (Gemeinwesen) nur ein äußeres Angebot sein konnte, dessen innere Annahme nicht erzwungen werden durfte. In diesem Geist der »Milde« (Seneca, »De Clementia«) hat auch das Christentum das »heidnische« Menschenbild des rechten Maßes für sich übernommen und besonders seit dem Mittelalter in den Traditionen verschiedener »Spiegel« kultiviert.

In der Form des Fürsten-Spiegels sollte vor allem dem künftigen Inhaber von Regierungs- und Richtergewalt ein umfassender Unterricht in Theorie und Praxis erteilt werden, damit er selbst als Person ein »rechtschaffener Mann« werden konnte – die fundamentale Voraussetzung dafür, nach Wahl und Krönung ein »gerechter König« zu werden.

Das ständige Einüben des angemessenen Verhaltens in allen Lebenslagen wurde aber nicht nur von den Fürsten gefordert, sondern auch von jedem einzelnen Stand (→ Gesellschaft), weshalb es auch Adels-, Pfaffen-, Nonnen-, Soldaten- oder Bauern-Spiegel gab. In ihnen wurde wie in einem Beichtspiegel (Liste der Sünden und Vergehen gegen Gott und die Kirche) anhand von Lehrsätzen und Beispielen aus der Geschichte oder der Bibel eine Reihe von Erläuterungen gegeben, was der Mensch von Stand in Wort und Werk, Haltung und Kleidung zu beherrschen hatte, um in seinem Status anerkannt zu werden.

Ausgrenzungen

Das Menschenbild der Antike wie des Mittelalters und selbst der Neuzeit wurde in erster Linie von den Erwartungen geprägt, die man sich von den positiven Eigenschaften eines »Mannsbildes« machte. Vorstellungen vom »edlen Ritter«,

»guten Patrioten« oder »ehrbaren Bürger« wurden auch deshalb im Rahmen der bestehenden Ständeordnungen propagiert, um das versucherische Gegenprinzip abzuwehren – die »böse Frau Welt« (→ Frauenstatus).

Noch die Erklärung der *Menschenrechte* im Jahre 1789 spricht wie selbstverständlich vom »Menschen« als »homme« und meint damit allein den besitzenden, vertragsfähigen und steuerzahlenden »Mann«. In der Fundamentalformel »Rechte des Mannes und Bürgers« (*droits suivants de l'Homme et du Citoyen*) wird nicht nur dessen Doppelwesen sichtbar – privater Stand und öffentliche Kompetenz –, sondern auch die bewußte Ausgrenzung der Frauen.

Betrachtete der griechische Philosoph Plutarch (um 45-um 125 n.Chr.), den noch Napoleon sehr verehrte, die Frau als ein »Gefäß«, das dem Manne dienlich ist, und faßte der Kirchenvater Thomas von Aquin (1225-74) das Weib als ein »Hilfsmittel des Mannes« auf, so hatte sich daran bis zur Revolution von 1789 wenig geändert – trotz der → Aufklärung.

Die erwachsene Frau, selbst wenn sie verheiratet und vermögend war, mußte die Qualität einer vollberechtigten Bürgerin oder »Citoyenne« vollständig entbehren. Es war ihr nicht gestattet, in den öffentlichen Angelegenheiten mitzusprechen oder gar durch Beteiligung an Wahlen mitzuwirken. Der Hauptgrund für diese Rechtlosigkeit lag einmal in der lange tradierten Ansicht, daß die Frau kein durchgehend »vernünftiges Wesen« (*animal rationale*) wie der Mann sei. Daneben glaubte man, daß auch ihr materieller Status sie nicht in die Lage versetzen könne, eine vollwertige Trägerin der Menschenrechte zu sein: Das »Weibsbild« wurde als unfähig betrachtet, alle Bedingungen »der Freiheit, des Eigentums, der Sicherheit und des Widerstandes gegen Unterdrückung« jederzeit und hinreichend erfüllen zu können.

Der Kampf gegen diese Ausgrenzungspolitik der männlichen Revolutionäre führte zwar zur einseitigen Erklärung der Menschenrechte für die Frau und Bürgerin durch Olympe de Gouges im Jahre 1791. Doch außer einer gewissen öffentlichen Aufmerksamkeit und der Erinnerung daran, daß Frau und Mann von Natur und vor Gott gleiche Geschöpfe sind, brachte diese spektakuläre Aktion nichts ein.

Napoleon hielt sich als »Erbkaiser« an Plutarch und an das Rechtsbuch Kaiser Justinians von 535, als er 1804 den Franzosen seinen eigenen Rechtscodex verordnete. Darin gestand er nur die Ehe als »bürgerlichen Vertrag« zu und blieb sonst bei der Abwertung der Frau, die in Frankreich die volle Gleichstellung mit dem Mann erst 1972 erreichen sollte.

Neben den Frauen, die vom politischen Leben als aktive oder passive Bürgerinnen ausgeschlossen blieben, hatten sich auch die *Juden* bemüht, nicht nur als Wirtschaftsbürger geduldet zu werden. Ihr genau geregeltes Aufenthaltsrecht in verschiedenen Regionen und Orten Frankreichs (seit 1550 durch ein Edikt Heinrichs II.) enthielt ihnen den Status des Vollbürgers ebenso vor wie die Anerkennung als »Mensch«. Erst 1791 sollten die männlichen Angehörigen der »jüdischen Nation« eine formale »Gleichstellung« erlangen, die allerdings unter Napoleon wieder eingeschränkt wurde.

Wenn Madame de Staël ihren Geliebten Narbonne noch 1793 als »absoluten Herrn meines Schicksals« bezeichnete, so war dies nicht nur Ausdruck einer emotionalen Ergebenheit, sondern auch der materiellen Verfügung des Mannes über Frau, Kinder und Familienvermögen. Diese patrimoniale Fixierung auf das → Eigentum als Inbegriff des politischen Menschenbildes der Zeit erklärt auch, warum sich die Revolutionäre von Paris so schwertaten, die *Neger* und *Sklaven* in Frankreichs überseeischen Kolonien als »Menschen« im Sinne der Verfassungen von 1791, 1793 und 1795 anzuerkennen, selbst wenn sie Christen geworden waren und sogar lesen und schreiben konnten: Sie verfügten nur eingeschränkt über ihre eigene Person und hatten keinen steuerfähigen Besitz vorzuzeigen.

Die Ansicht von John Locke, daß »jeder Mensch ein Eigentum an seiner eigenen Person hat«, war zahlreichen Revolutionären zwar bekannt, aber diese Art von »Besitzindividualismus« genügte nicht, um das Menschenbild von der materiellen Vermögenslage zu trennen. Die Verbindung von Eigentum und → Bürgerlichkeit blieb in Frankreich über alle politischen Veränderungen hinweg so stark, daß der Französin erst mit dem Fall des Vichy-Regimes 1944 und dem Beginn der IV. Republik 1946 das volle Wahlrecht zugestanden wurde.

Ohne diesen Eigentumsbezug bleiben auch andere Ausgrenzungen in der Geschichte Europas unverständlich. Denn gerade die europäische Tradition hat ja ein höchst individualistisches Menschenbild geprägt, das aus christlicher oder naturrechtlicher Sicht nur den Einzelmenschen an sich gelten läßt – ohne Ansehen des Besitzes (→ Gerechtigkeit) und in Anbetracht seines individuellen Wertes.

Die Aussperrung sozialdemokratischer Arbeiter und Parteifunktionäre der SPD nach 1878 durch den »Eisernen Kanzler« Bismarck hing auch damit zusammen, daß es sich hierbei in der Regel um »Habenichtse« und eigentumslose Menschen handelte. Deren Stellenwert kam dem eigennützigen und geldversessenen Kanzler mehr als obsolet vor. Er nannte sie eine »Räuberbande« und zielte damit auf die Forderung nach »gerechtem Lohn« und »gerechten Steuern«, bei denen die Reichen und Besitzenden für die »vaterlandslosen Gesellen« einen Ausgleich leisten sollten.

In der Krise nach dem »Sozialistengesetz« von 1878 bekräftigte Bismarck sein besitzfixiertes Menschenbild mit einem heftigen Angriff auf das »besitzlose Judentum in Presse und Parlament«. Angehörige dieser Bevölkerungsschicht hatten seiner Ansicht nach »wenig zu verlieren, viel zu gewinnen« und waren sogar in der Lage, »zu einem Bündnis mit der Sozialdemokratie einschließlich Stöcker« zu gelangen. Adolf Stöcker aber, ein Hofprediger der Hohenzollern-Dynastie und vehementer Antisemit, führte in dieser Zeit selbst eine Kampagne gegen das »händlerische Judentum«.

Wer die entsprechende Losung des Historikers Heinrich von Treitschke aus dieser Zeit ernstnimmt – »Die Juden sind unser Unglück« -, versteht, warum die Ausgrenzung jüdischer Deutscher durch die *Nürnberger Rassegesetze* von 1935 mit massiven Enteignungen verbunden wurde (→ Rassismus): Mit dem Verlust von Haus und Hof, Gut und Geld, Arbeit und Brot wurde Rache am »Geldjuden« geübt, sein Menschentum als Individuum entwertet und ein Schutz der Menschenrechte nicht mehr anerkannt.

»Der Mensch dem Menschen ein Wolf«

Im Wort des Plautus (um 250-184 v. Chr.) und des Thomas Hobbes (1588-1679) – »Homo homini lupus« – kommt das possessive Doppelwesen zum Vorschein, das Arm und Reich gegeneinander hetzt, sobald es an ausgleichenden Maßnahmen fehlt: Die Vorstellung vom raffgierigen und »reißenden Tier« hat hier ihren Ursprung und prägt ein pessimistisches Menschenbild.

Neben anderen Faktoren liegt ihm vor allem eine bestimmte *Daseinsangst* zugrunde, die bei Hobbes verständlich ist, hatte er doch alle Schrecken des Bürgerkrieges kennengelernt und daraus auch die politische Sehnsucht nach einem »starken Staat« entwickelt, der die »verfeindeten Brüder« des eigenen Volkes im Zaum halten sollte.

Wie wenig allerdings diese Hoffnung auf einen friedensstiftenden »Leviathan« dadurch erfüllt wird, daß man Machthaber mit einer »absoluten Gewalt« ausstattet und ungehindert von Gesetzen agieren läßt, das hat die NS-Diktatur zur Genüge belegt, was immer auch Carl Schmitt mit seiner Hobbes-Interpretation von 1938 erwartet haben mag. Dabei stand für zahlreiche Akademiker fest, daß die »Wissenschaft« auch in der Anthropologie ihre wichtigste Aufgabe darin zu sehen hatte, »an einem neuen Welt- und Menschenbild mitzuarbeiten« (Ernst Krieck).

Das aber hatte nichts mehr mit dem antikenchristlichen-aufklärerischen Erziehungsideal des »rechtschaffenen« und umfassend gebildeten Menschen zu tun, der sich als Individuum selbst bestimmt. Vielmehr sollte ab 1933 die »Erziehung zum Heroismus« (Hitler) gelten. Diese Forderung und die entsprechenden politischen Maßnahmen an Schulen und Universitäten veranlaßten schon 1934 den Heiligen Stuhl, das »Monströse« dieses Menschenbildes zu beklagen und festzuhalten: »Der erzieherische Totalitätsanspruch des Staates ist demnach nicht nur in thesi falsch, sondern auch in praxi auf die Dauer selbstmörderisch. Die Geister, die er auf den Wegen einer konfessionsfreien und konfessionsfeindlichen Staatserziehung heranzieht, werden in ihrer religiösen Entbundenheit seine Feinde von morgen sein ...«

Tatsächlich kam ein Teil des Widerstandes gegen Tyrannis und → Diktatur aus den Reihen der Kirchen sowie von jenen Deutschen, denen Demokratie, Recht und Ethik keine sinnentleerten Begriffe waren, sondern ein Auftrag, der dann im Artikel 1 des Bonner Grundgesetzes von 1949 in naturrechtlichem Gewand wiederkehrte: »Die Würde des Menschen ist unantastbar«.

In diesem Bekenntnis, das Christen wie Nichtchristen im Parlamentarischen Rat mitgetragen haben, äußerte sich ein Menschenbild, das auf Versöhnung und → Toleranz gerichtet war, auf Bindungen, die dem Menschenwert entsprechen, wie ihn der gemeinschaftsbezogene Individualismus immer angestrebt hat. Nicht umsonst nannten die angelsächsischen Siegermächte das Bemühen um eine »Entnazifizierung« vieler Deutschen »re-education«: Man wollte sie aus der »Finsternis« des Nationalsozialismus »herausführen« ins Licht einer politischen Kultur, die in jahrtausendealter Tradition verankert ist.

Wie notwendig diese Rückbesinnung ist, bezeugt jedes Bild und jeder Bericht des Grauens aus dem heutigen Balkankrieg. Nicht weniger gemahnen brennende Synagogen, angezündete Asylbewerberheime und tätliche Übergriffe auf Kranke, Schwache und alte Menschen in unserem eigenen Land an ein Bild des Menschen, das verlorenzugehen droht und an dessen Anfang eine Belehrung des Hesiod (um 700 v.Chr.) steht: »Derjenige vor allem ist gut, welcher selber alles bedenkt; edel nenn ich gar jenen, der auf guten Rat hört; aber wer selber nicht denkt und sich dem Wissen anderer verschließt, ein solcher Mensch schadet sich selbst und nützet niemand« (zit. bei Aristoteles, »Nikomachische Ethik«).

Literatur

Ammon, Der mehrdimensionale Mensch. Zur ganzheitlichen Schau von Mensch und Wissenschaft, 1986 ✦ *Anders*, Die Antiquiertheit des Menschen, 2 Bde., 7. Aufl. 1987 ✦ *Barudio*, ›Auch Juden sind Menschen‹, in: Paris im Rausch, 1989 ✦ *Baruzzi*, Europäisches »Menschenbild« und das Grundgesetz für die Bundesrepublik Deutschland, 1979 ✦ *Beumelburg*, Der Wandel des Menschenbildes vom Mittelalter zur Neuzeit, 1989 ✦ *F. Blum*, Der industrialisierte Mensch. Seine Einstellung zu Religion und Gesellschaft, dt. 1973 ✦ *W. Brandt* (Hrsg.), Frauen heute – Jahrhundertthema Gleichberechtigung, 1974 ✦ *Brügel*, ›Die Konvention des Europarates über Menschenrechte‹, in: Europa-Archiv 1951 ✦ *Berges*, Die Fürstenspiegel des hohen und späten Mittelalters, 1938, ND 1952 ✦ *Burck*, Vom Menschenbild in der römischen Literatur I/II, 1966/1981 (Ausgewählte Schriften) ✦ *Daniel/Dubois*, Wolf und Mensch, dt. 1983 ✦ *Delort*, Der Elefant, die Biene und der heilige Wolf. Die wahre Geschichte der Tiere, dt. 1987 ✦ *Eibl-Eibesfeldt*, Der vorprogrammierte Mensch. Das Ererbte als bestimmender Faktor im menschlichen Verhalten, 1976 ✦ *W. Faber*, Wissenschaft für den Bürger. Erwachsenenbildung als Öffentliche Wissenschaft, 1985 ✦ *ders.*, Person, Bildung, Menschlichkeit. Aufsätze und Vorträge zur Erwachsenenbildung 1967-1987, 1987 ✦ *ders.* (Hrsg.), Erziehung und Kommunikation, 1977 ✦ *Fahrenbach*, ›Mensch‹, in: Handbuch philosophischer Grundbegriffe, Studienausgabe, Bd. 4, 1973 ✦ *Frick*, Menschenbild und Erziehungsziel. Pädagogische Theorie und Praxis bei Bertrand Russel, 1990 ✦ *E. Fromm*, Das Menschenbild bei Marx, 1973 ✦ *Gehlen*, Der Mensch. Seine Natur und seine Stellung in der Welt, 13. Aufl. 1986 ✦ *Giordina* (Hrsg.), Der Mensch der römischen Antike, dt. 1991 ✦ *N. Glas*, Nero – das Böse und seine Läuterung, 1978 ✦ *ders.*, Lebensalter des Menschen, 3 Bde., 1980-82 ✦ *Godechot* (Hrsg.), Les constitutions de la France depuis 1789, 1979 ✦ *Guardini*, Welt und Person. Versuche zur christlichen Lehre vom Menschen ✦ *ders.*, Das Ende der Neuzeit. Die Macht, 1986 ✦ *Habermas*, Moralbewußtsein und kommunikatives Handeln, 1983 ✦ *Häberle*, Erziehungsziele und Orientierungswerte im Verfassungsstaat, 1981 ✦ *ders.*, Verfassungsschutz der Familie – Familienpolitik im Verfassungsstaat, 1984 ✦ *M. Heinemann*, Erziehung und Schulung im Dritten Reich, 2 Teile, 1980 ✦ *Hofer* (Hrsg.), Der Nationalsozialismus. Dokumente 1933-1945, 1957 ✦ *Honneth/Joas*, Soziales Handeln und menschliche Natur. Anthropologische Grundlagen der Sozialwissenschaften, 1980 ✦ *Hüllen*, Ethik und Menschenbild der Moderne, 1990 ✦ *Kirchhoff* (Hrsg.), Ursymbole und ihre Bedeutung für die religiöse Erziehung, 4. Aufl. 1991 ✦ *A. Koenig*, Nero – der jugendliche Gott, 1985 ✦ *LeGoff* (Hrsg.), Der Mensch des Mittelalters, dt. 2. Aufl. 1990 ✦ *Löwith*, Gott, Mensch und Welt in der Metaphysik von Descartes bis zu Nietzsche, 1967 ✦ *ders.*, Mensch und Menschenwelt. Beiträge zur Anthropologie, Sämtliche Schriften, Bd. 1, 1981 (Hrsg. Stichweh/Launay) ✦ *K. Lorenz*, Der Abbau des Menschlichen, 3. Aufl. 1985 ✦ *ders.*, Die acht Todsünden der zivilisierten Menschheit, 22. Aufl. 1990 ✦ *Lübbe u.a.*, Der Mensch als Orientierungswaise? Ein interdisziplinärer Erkundungsgang, 1982 ✦ *Marten*, Der menschliche Mensch. Abschied vom utopischen Denken, 1988 ✦ *H. Marcuse*, Der eindimensionale Mensch. Studien zur Ideologie der fortgeschrittenen Industriegesellschaft, dt. 22. Aufl. 1988 ✦ *Maurach*, Seneca als Philosoph, 2. Aufl. 1987 ✦ *Meinberg*, Das Menschenbild der modernen Erziehungswissenschaft, 1988 ✦ *Mühlmann*, Geschichte der Anthropologie, 2. Aufl. 1968 ✦ *K.E. Müller*, Die bessere und die schlechtere Hälfte, 1988 ✦ *ders.* (Hrsg.), Menschenbilder früher Gesellschaften. Ethnologische Studien zum Verhältnis von Mensch und Natur, 1983 ✦ *Plessner*, Philosophische Anthropologie, 1970 ✦ *Pauleikhoff*, Das Menschenbild im Wandel der Zeit. Ideengeschichte der Psychiatrie und der Klinischen Psychologie, 4 Bde., 1983-90 ✦ *J.K. Pestalozzi*, ›Menschenbildung und Menschenbild‹, in: Texte für die Gegenwart, 1976 (Hrsg. H. Roth) ✦ *Pieper*, Über die Gerechtigkeit, 4. Aufl. 1965 ✦ *ders.*, Wahrheit der Dinge. Eine Untersuchung zur Anthropologie des Hochmittelalters, 4. Aufl. 1966 ✦ *ders.*, Zucht und Maß. Über die vierte Kardinaltugend, 9. Aufl. 1964 ✦ *v.Plato* (Hrsg.), Entnazifizierung – Entstalinisierung: Ein falscher Vergleich?, 1991 ✦ *J.R. Schmid*, Antiautoritäre, autoritäre oder autoritative Erziehung?

Eine grundsätzliche Abklärung, 2. Aufl. 1975 ✦ *C. Schmitt*, Der Leviathan in der Staatslehre des Thomas Hobbes, 1938, 1982 ✦ *Solovieff* (Hrsg.), Madame de Staël. Kein Herz, das mehr geliebt hat. Eine Biographie in Briefen, dt. 1986, ✦ *B. Singer*, Die Fürstenspiegel in Deutschland im Zeitalter des Humanismus und der Reformation. Bibliographische Grundlagen und ausgewählte Interpretationen, 1981 ✦ *B.F. Skinner*, Erziehung als Verhaltensformung, 1971 ✦ *W. Sombart*, Über die Geschichte der Anthropologie und der Bedeutungswandel dieses Wortes, 1938 ✦ *Suter*, Menschenbild und Erziehung bei Martin Buber und Carl Rogers. Ein Vergleich, 1986 ✦ *Walk*, Jüdische Schule und Erziehung im Dritten Reich, 1991 ✦ *Wickler/ Seibt*, Das Prinzip Eigennutz - Ursachen und Konsequenzen sozialen Verhaltens, 1977 ✦ *Vollnhals* (Hrsg.), Entnazifizierung. Politische Säuberung und Rehabilitierung in den vier Besatzungszonen 1945-49, 1991 (Dokumentenband).

Multis

Die verbreitete Vorstellung, daß grenzüberschreitende Unternehmen als multi- oder transnationale Konzerne erst eine Erscheinung des → Kapitalismus und → Industrialismus sind, übersieht die Tätigkeit vorindustrieller »Multis« (von lat. *multus* = viel) auf dem Handelssektor.

Für die Anhänger des Naturrechts stand bereits im Mittelalter fest, daß es ein Grundrecht aller Menschen und Völker gab, sich gegenseitig aufzusuchen, auf friedliche Weise miteinander Handel zu treiben und sich dabei nach Maßgabe der Kommutation verkehrsgerecht zu verhalten - ohne Ansehen der Religion, des Standes oder der Rasse (→ Gerechtigkeit).

Die wirtschaftliche Praxis bestätigte in Handel und Wandel diese Einstellung, war es doch schon frühzeitig gelungen, über lokale, regionale und nationale Grenzen hinaus einen oft florierenden Fernhandel zu betreiben. Vor allem die Mitglieder der Teutschen Hanse hatten in Gestalt der »Kaufleute des Reiches« (*mercatores Imperii*) seit dem 12. Jahrhundert eine rege Handels- und Kulturtätigkeit entwickelt. Sie reichte zeitweilig vom Stalhof in London bis zum Peterhof in Novgorod und von Bergen/ Norwegen bis nach Ragusa (Dubrovnik) an der Adria. Nimmt man noch hinzu, daß dieser Kaufmanns- und Städtebund zur Sicherung seiner Stapel-, Handels- und Gerichtsrechte in den jeweiligen Ländern auch politischen Einfluß ausübte (Kredite an Könige), dann kann die Hanse bis ins 16. Jahrhundert als der erste europäische »Multi« angesehen werden.

Mit der Entdeckung des Seeweges nach Indien vornehmlich durch portugiesische Seefahrer sowie nach Amerika verlagerte sich der Handelsschwerpunkt von der Ostsee und vom Mittelmeer zunehmend in den Atlantik - zugunsten der Seehäfen von Lissabon, Antwerpen, London und Amsterdam. Neben technischen Neuerungen im Schiffsbau, welche die Hanse-Kogge aus dem Wettbewerb drängten, kamen auch neue Organisationsformen der Kaufmannschaft auf, die sich dem Überseegeschäft widmete. Besonders das *Kompagniewesen* in den Niederlanden und in England schuf effektive Grundlagen dafür, die Hanse ebenso im Fernhandel abzulösen wie süddeutsche Familienunternehmen (Fugger und Welser in Augsburg), die sogar in Venezuela und Chile vor allem dem Rohstoffhandel nachgingen.

In diesem innereuropäischen Wettbewerb um den lukrativen, aber auch risikoreichen Fernhandel wirkte eine Entscheidung des Heiligen Stuhles hinein, die oft verdrängt oder gar nicht wahrgenommen wird, aber von welthistorischer Bedeutung war. Im Jahre 1493 wurde die »Neue Welt« (Amerika) zwischen der Krone Spanien und der Krone Portugal aufgeteilt. Das päpstliche Edikt »Inter caetera« gab beiden Ländern die entdeckten Gebiete jenweits des Atlantiks »zu Lehen« und damit in die Obhut christlicher → Treuhandschaft. Die Landnahme mit der gewaltsamen Christianisierung sowie der Bergbau (Gold, Silber, Kupfer) und der Handel selbst gestalteten sich aber weniger nach Maßgabe des gegenseitigen Lehnswesens als nach patrimonialen Mustern - alle übrigen seefahrenden Völker Europas wurden vom Amerikageschäft ausgeschlossen.

Das war nicht nur ein schwerer Verstoß gegen die christliche Seefahrt, sondern auch ein fundamentaler Bruch des *Freihandels* oder der »libertas commerciorum«, auf die sich noch 1609 der niederländische Jurist und Politiker Hugo Grotius berief. In seiner berühmten Schrift »Mare liberum« verwies er mit Nachdruck auf die Treuhandnatur der Meere als ein »Gemeingut aller Menschen«, das sich einem patrimonialen Eigenbesitz entzieht, demnach nicht abgeschottet werden darf. Grotius' Forderung nach einer ungehinderten *Freiheit der Meere* betraf zwar in erster Linie die Handelsinteressen seiner holländischen Kaufleute, aber gleichzeitig mahnte er auch ganz Europa, über alle konfessionellen Grenzen hinweg in Handel und Wandel weiterhin die Kommutation zu pflegen und die Meere offenzuhalten.

Grotius, der Rechtstraditionen spanischer Juristen weiterführte, ist es in der Hauptsache zu verdanken, daß sich noch in moderner Zeit die Seerechts-Konventionen an dem auf Öffnung bedachten Treuhandgebot orientieren und darauf achten, daß vor allem die Meerengen für den internationalen Seehandel nicht blockiert werden.

Dieser frühe rechtliche Erfolg hinderte die Handelspraxis aber nicht, sich in zahlreichen Fällen »patrimonial« zu verhalten, vor allem nach der Glaubensspaltung, als päpstliche Bullen und Edikte gerade in den Niederlanden oder in England zurückgewiesen wurden. Es waren besonders diese beiden Seemächte, die sich gegen die 1493 errichtete Blockade wehrten, Spanien aktiv bekämpften und versuchten, mit Stapel- und Handelsplätzen an den Küsten Afrikas, Asiens und Amerikas Fuß zu fassen. In dieser eher lokalen Landnahme kann der Beginn einer folgenreichen Kolonisierung des Hinterlandes gesehen werden. Sie setzte allerdings erst dann in großem Stil ein, als der unchristliche Sklavenhandel von Afrika nach Amerika gegen Ende des 18. Jahrhunderts allmählich aufhörte und mit der beginnenden Industrialisierung einige Kolonialgebiete als Rohstofflieferanten ausgebeutet werden konnten.

Das recht zwiespältige Erbe dieser Entwicklung vom Kompagniewesen zu weltweit tätigen Kolonialunternehmen haben im 19. und 20. Jahrhundert eine Reihe von Großkonzernen angetreten. In enger Zusammenarbeit mit Banken suchen diese den Profit im expandierenden Weltmarkt – mit Hilfe von Zweigniederlassungen oder Tochtergesellschaften als »Dependancen«.

Neben Banken, Reedereien und Handelsunternehmungen (Export-Import) wurden nach der Hauptphase des *Kolonialismus* in der zweiten Hälfte des 19. Jahrhunderts auch Industriekonzerne weltweit auf dem Rohstoffsektor tätig. Dabei trifft es nur bedingt zu, daß ihre Aktivitäten das »Ergebnis eines international wirkenden Konzentrations- und Zentralisationsprozesses des Kapitals« (*GuS*, 1992) gewesen sind. Vor allem im risikoreichen und kapitalintensiven Ölgeschäft spielten andere Faktoren des übernationalen Engagements eine viel größere Rolle: So wurde der Öl-Multi British Petroleum (BP) nicht aus Kapitalinteressen gegründet; nach der »historischen« Umstellung der englischen Flotte von Kohleheizung auf Ölfeuerung im Jahre 1912 hatte dieser *Regierungskonzern* zunächst nur für eine ausreichende Zufuhr benötigter Treibstoffe zu sorgen.

Auch bei Privatunternehmen wie den US-Firmen *Esso*, *Mobil Oil*, *Chevron*, *Gulf* oder *Texaco* und selbst der niederländischen *Shell* gründete sich der Entschluß, international aktiv zu werden, weniger auf die Kapitalseite als auf das organisatorische Selbstverständnis als *integriertes Unternehmen*. Das Ausgreifen auf andere Länder besonders nach dem Ersten und Zweiten Weltkrieg hing bei diesen Multis im wesentlichen davon ab, vom Bohrloch bis zur Zapfsäule den gesamten Kreislauf des Öls als Treibstoff der Moderne aus eigener Unternehmenskraft zu beherrschen. Auch Ölmagnaten wie Paul Getty oder Armand Hammer haben unter großem Kapitalaufwand versucht, ihre Unternehmen auf diesen »integrierten« Stand zu bringen, ohne daß es ihnen gelungen wäre – sie wurden nie im Kreis der erwähnten Ölkonzerne akzeptiert, die als »Die Sieben Schwestern« gelten.

Technische Leistungsfähigkeit und organisatorisches Geschick haben im Verbund mit zuweilen verdeckten Preisabsprachen oder Marktmanipulationen diese »Multis« zu einem der wichtigsten Wirtschaftsfaktoren im 20. Jahrhundert werden lassen, ohne daß sie je marktbeherrschend geworden wären. Ihr patrimonialer Drang, in jedem Marktgebiet der einzige Anbieter und damit regionaler Monopolist zu sein, wurde schon zur Jahrhundertwende für den amerikanischen Binnenmarkt dadurch unterbunden, daß eine *Anti-Trust-Gesetzgebung* vornehmlich gegen Esso das Marktprinzip mit mehreren Anbietern erzwang und damit den preisgestaltenden Wettbewerb (→ Marktwirtschaft).

Wie einst die Hanse oder die Kompagnien oft starken Einfluß auf die Politik ihrer Handelspartner nahmen, ja sogar Könige stürzen ließen oder auf den Thron brachten, so konnten es gewisse Konzernleitungen der Öl-Multis nicht lassen, sich in die inneren Verhältnisse ihrer überseeischen Konzessionsgebiete einzumischen. Als Gegenreaktion auf ihren mitunter verheerenden Einfluß in den Ölländern

Südamerikas, Nordafrikas und Südost-Asiens hat sich im Jahre 1960 die Organisation ölexportierender Länder (OPEC) gebildet, um eine Art Gegenkartell auf dem internationalen Ölmarkt tätig werden zu lassen. Unter der Federführung Venezuelas und Saudi-Arabiens gestaltete sich dieser Zusammenschluß von dreizehn Ölförderländern nicht nur zu einer staatlich gelenkten Alternative im Ölgeschäft, er half auch dabei, die Entkolonialisierung und Nationalisierung der eigenen Rohstoffe zu betreiben.

Dieser Ablöseprozeß mit der Enteignung der Multis – oft ohne Entschädigung wie nach 1969 in Lybien – nahm zeitweise hochpolitische Formen an. Vor allem der Versuch einiger arabischer Länder, das »Öl als Waffe« im Kampf gegen Israel einzusetzen, vermittelte ebenso wie die Ölpreiskrise von 1973/74 den hohen Grad an Abhängigkeit beider Seiten. Gerade die Erfolge der OPEC unter dem Einfluß des saudiarabischen Ölministers Zaki Yamani machten deutlich, daß die nationale und patrimoniale Verfügung über die Lagerstätten des Rohstoffs Öl nicht ausreicht, um ihn gewinnbringend zu verwerten. Denn die Trägerländer dieser Staaten-Organisation waren und sind aus eigener Kraft nicht in der Lage, die Bohr-, Förder- und Verarbeitungstechnik selbst herzustellen; das gilt auch für den Bau von Pipelines und für die Tankerflotten, die weitgehend unter der Kontrolle der »Sieben Schwestern« blieben.

In diesem und in anderen Fällen wird klar, daß nicht die emphatisch geforderte »Unabhängigkeit« nationale Wirtschaftsprobleme löst, sondern nur die Bereitschaft, die gegenseitige Abhängigkeit zu nutzen – im Sinne einer verantwortungsbewußten Interdependenz.

Diese Regel gilt sowohl für die multinationalen Großkonzerne wie für die betroffenen Staaten, die ihre Zukunft »gerecht« gestalten wollen. Wo es nicht gelingt, im depositären Geist des Grotius beiden Seiten zu entsprechen, dort wird sich der Patrimonialismus stets destruktiv auswirken. Die Geschichte der kleineren Staaten Mittelamerikas, in denen die amerikanische *Western Fruit Company* seit Jahrzehnten Wirtschaft und Politik handfest beeinflußt, belegt diesen Zusammenhang ebenso wie der weltweit tätige Chemie-Gigant Union Carbide. Er produziert im Wettbewerb mit den deutschen Multis (BASF, HOECHST, BAYER) die Kunstdünger und Pflanzenschutzmittel (Pestizide), ohne deren Einsatz es die »Grüne Revolution« nicht gäbe: Diese wird seit 1944 von Atizapán (Mexiko) aus vorangetrieben und scheint auf lange Sicht mehr eine Büchse der Pandora als eine Kornkammer zu sein – finanziert von der Rockefeller-Stiftung (Esso).

Nimmt man die weltweit arbeitenden Großbanken, die Kernkraftindustrie und besonders die Unternehmen der Medienelektronik (Fernsehgesellschaften wie NBC, BBC oder GLOBO/Brasil mit Zulieferern wie ITT) hinzu, dann wird offenkundig, daß unsere heutige und künftige Welt angesichts ihrer zunehmenden Vernetzung bis in Privathaushalte hinein die Ziele des Allgemeinen Zoll- und Handelsabkommens GATT von 1947 nicht aus den Augen verlieren darf: die Festigung des Freihandels (→ Medien).

Die Verantwortlichen aller Länder sind deshalb angewiesen, die vorherrschende Tendenz vieler Multis dort einzudämmen, wo sie sich wie Monopolisten patrimonial und abschottend verhalten. Ihr Streben nach Ausnahmebedingungen, Eigentarifen, Gebietsmonopolen, Gewinntransfer in Stammländer, Kontrollentzug, Marktbeherrschung, Preisabsprachen, Kartellbildung und Steuerbefreiungen hat ihnen selbst zumeist nur kurzfristig genutzt, weil ihre Eigentümer, Aktionäre und Manager das »long-term-thinking« (Zaki Yamani) nicht immer gebührend pflegen.

Bei der Gründung der OPEC verkündete Venezuelas Außenminister, der Rechtsanwalt Perez Alfonso, daß »ein sehr exklusiver Club« entstanden sei, dessen Mitglieder sich bei jeder Ölentscheidung sagen könnten: »Wir machen Geschichte.« Gut dreißig Jahre danach steht das immer noch ölreiche Venezuela wegen des seit Jahren anhaltenden Verfalls des Ölpreises vor ebenso bitteren Erfahrungen wie einige arabische Ölproduzenten.

Sie erinnern stark an den Niedergang der Teutschen Hanse oder an das Ende einst stolzer Kompagnien, die sich auch als ziemlich »exklusiv« empfunden haben und die dann hauptsächlich an ihren inneren Abschottungen zerbrochen sind – obgleich ihnen die ganze Welt offenstand.

Literatur

Adelman, The World Petroleum Market, 1972 ✦ *Akins*, ›The Oil Crisis‹, in: FA, 1973 ✦ *Annual Review and Record*, hrsg. v.d. Informationsabteilung der

OPEC ✦ *Barnet/R.E. Müller*, Die Krisenmacher. Die Multinationalen und die Verwandlung des Kapitalismus, 1977 ✦ *Behrens*, Multinationale Unternehmen im Internationalen Enteignungsrecht der Bundesrepublik Deutschland, 1980 ✦ *ders.*, Die ökonomische Grundlage des Rechts. Politische Ökonomie als rationale Jurisprudenz, 1986 ✦ *H. Berg*, Internationale Wirtschaftspolitik, 1976 ✦ *Bethke/Koopmann*, Multinationale Unternehmen und Entwicklungsländer. Interessenkonflikte und Verhandlungspositionen, 1975 ✦ *Bornschier*, Wachstum, Konzentration und Multinationalisierung von Industrieunternehmen, 1976 ✦ *ders.*, Multinationale Konzerne, Wirtschaftspolitik und nationale Entwicklung im Weltsystem, 1980 ✦ *Bratschi*, Allgemeines Zoll- und Handelsabkommen GATT, 1973 ✦ *U. Braun*, ›Der Entscheidungsprozeß innerhalb der OPEC und die Stabilität der Organisation‹, in: Europa-Archiv 7, 1976 ✦ *Breidenstein*, Internationale Konzerne. Arbeitsbuch, 1977 ✦ *U. Broll*, Direktinvestitionen und Multinationale Unternehmen. Einführung in eine außenhandelstheoretische Analyse, 1990 ✦ *Buckley/Cason*, The Economic Theory of the Multinational Enterprise, 1985 ✦ *R. Cooper*, The Economics of Interdependence: Economic Policy in the Atlantic Community, 1968 ✦ *Davenport/Cooke*, The Oil Trusts and Anglo-American Relations, 1923 ✦ *Dollinger*, Die Hanse, 1962 ✦ *Eilenberger*, Finanzierungsentscheidungen multinationaler Unternehmungen, 2. Aufl. 1987 ✦ *ders.*, Banken im Wettbewerb, 1975 ✦ *Engler*, The Politics of Oil, 1961 ✦ *Federal Trade Commission* (USA), The International Petroleum Cartel, 1952 ✦ *Gipson*, The British Empire before the American Revolution, 8 Bde., 1936-54 ✦ *W.H. Goldberg* (Hrsg.), Governments and Multinationals: The Policy of Control versus Autonomy, 1983 ✦ *H. Haas*, Mediensysteme. Struktur und Organisation der Massenmedien in den deutschsprachigen Demokratien, 1990 ✦ *Harms* (Hrsg.), Das Multinationale Unternehmen im sozialen Umfeld. Ökonomische und ethische Aspekte, 1983 ✦ *Hartshorn*, Oil Companies and Governments, 1967 ✦ *Hilb*, Personalpolitik für Multinationale Unternehmen. Empfehlungen aufgrund einer Vergleichsstudie japanischer, schweizerischer und amerikanischer Firmengruppen, 1985 ✦ *Hilbert/Oehlmann*, Ausländische Direktinvestitionen und Multinationale Konzerne in Afrika südlich der Sahara. Eine Bibliographie, 1980 ✦ *Hilf/Jacobs/Petersmann*, The European Community and Gatt, 1986 ✦ *Hirst*, Oil and Public Opinion in the Middle East, 1966 ✦ *Hunter*, OPEC and the Third World, 1984 ✦ *Kisker* u.a., Multinationale Konzerne. Ihr Einfluß auf die Lage der Beschäftigten, 1982 ✦ *Abdul Amir Kubbah*, OPEC. Past and Present, 1974 ✦ *Liebich*, Das GATT als Zentrum der Internationalen Handelspolitik, 1971 ✦ *Linnemann*, Multinationale Unternehmungen und internationale Wirtschaftspolitik, 1992 ✦ *P. Lorenz*, Multinationale Unternehmen sozialistischer Länder, 1978 ✦ *Maull*, ›OPEC am Ende? Der Welt-Ölmarkt in einer Phase des Umbruchs‹, in: Europa-Archiv 8, 1983 ✦ *Marton*, Multinationals, Technology and Industrialization: Implications and Impact in Third World Countries, 1986 ✦ *Mooney*, Saat-Multis und Welthunger. Wie die Konzerne die Nahrungsschätze der Welt plündern, 1981 ✦ *Multinationals Committee Report* (USA): Oil Corporations and U.S. Foreign Policy, 1975 ✦ *W. Münch*, Die Régime internationaler Meerengen vor dem Hintergrund der Dritten UN-Seerechtskonferenz, 1982 ✦ *Olle*, Bundesdeutsche Konzerne in der Dritten Welt. Ein Handbuch, 1986 ✦ *Penrose*, The International Petroleum Industry, 1968 ✦ *Perridon*, Einführung in die Lehre von der multinationalen Unternehmung, 1992 ✦ *Pinelo*, The Multinational Corporation as a Force in Latin American Politics, 1973 ✦ *Poeche* (Hrsg.), Multinationale Unternehmen in der Diskussion, 1977 ✦ *Rugman*, Inside the Multinationals, 1981 ✦ *Sampson*, Die Sieben Schwestern. Die Ölkonzerne und die Verwandlung der Welt, dt. 1976 ✦ *ders.*, Weltmacht ITT, dt. 1973 ✦ *Shwadran*, The Middle East, Oil and Great Powers, 3. Aufl. 1973 ✦ *Tarbell*, The History of the Standard Oil Company, 1904 ✦ *Tiedemann* (Hrsg.), Multinationale Unternehmen und Strafrecht. Beiträge zum Problem der Kriminalität im grenzüberschreitenden Geschäftsverkehr, 1980 ✦ *Tudyka* u.a., Macht ohne Grenzen und grenzenlose Ohnmacht, 1978.

Nation

Der Zusammenbruch des »proletarischen Internationalismus« in Gestalt kommunistischer → Diktaturen hat seit der Sanften Revolution von 1989 die Rückbesinnung auf den Begriff der Nation gefördert. Vom Baltikum bis zum Balkan wird seither verstärkt um die Wiedergewinnung einer »nationalen Identität« gerungen, ohne recht zu wissen, was denn eine Nation in ihrem Wesen jenseits von ethnischer Herkunft und Muttersprache oder Konfession ausmacht.

Auch unter den Deutschen, denen mit dem Fall der Berliner Mauer am 9. November 1989 der Weg zur staatlichen »Einheit der Nation« geebnet worden ist, herrscht keine Einigkeit darüber, wie denn nun mit Begriff und Sache der Nation richtig umgegangen werden soll. Wenden sie sich zur näheren Aufklärung an die beiden »Dichterfürsten« Goethe und Schiller, dann vernehmen sie aus deren »Xenien« von 1797 die entpolitisierende Empfehlung: »Zur Nation Euch zu bilden, Ihr hoffet es, Deutsche, vergebens./ Bildet, Ihr könnt es, dafür freier zu Menschen Euch aus!« Dieses Ausspielen der Nation gegen Freiheit und Menschenrechte des einzelnen bedeutete ein Mißverständnis der → Revolution in Frankreich.

Bereits an diesem Beispiel läßt sich ablesen, welche Probleme der Begriff aufwirft. Er gehört zu den am meisten belasteten und der Klärung bedürftigen politischen Vokabeln. Vor allem im angelsächsischen Raum kamen immer wieder Stimmen auf, die angesichts eines oft inflationären Gebrauchs des Adjektivs »national« und der damit verbundenen Begriffsverwirrung darauf verzichten wollten, »ein so schwieriges Unterfangen wie die Definition von ›Nation‹ zu wagen« (Minogue, 1967; Seton-Watson, 1977).

Gleichwohl ist es möglich, diesen für unsere politische Kultur so bedeutsamen Begriff in seinen verschiedenen Inhalten zu erfassen und in seinen Verbindungen zu Recht, Volk, Staat oder Verfassung zu bestimmen.

Das Zwei-Nationen-Modell

In seiner berühmten Rede auf die im Krieg gefallenen Athener sprach Perikles († 429 v.Chr.) in der Diktion des Geschichtsschreibers Thukydides auch von der sozialen Hierarchie im Athener Gemeinwesen: »Reichtum dient uns der rechten Tat, nicht dem prunkenden Wort, und seine Armut einzugestehen ist für niemanden schmählich ...« («Der Peloponnesische Krieg«, II:40).

Mit dieser Unterscheidung von »Arm und Reich« wurde nicht allein die materielle Lage jedes einzelnen Stadtbürgers angesprochen, sondern auch auf seinen Status verwiesen. Die wichtige Rechtsformel »Pauperes et Potentes« (Arme und Begüterte) in römischer Zeit, während des Mittelalters und selbst noch in der Neuzeit drückte in diesem Sinne aus, daß es in einem Gemeinwesen zwei Vermögensbereiche gab, die gleichzeitig auch bestimmte Geburtskreise bilden konnten: Die Termini »wohlgeboren« für den niederen → Adel und »hochwohlgeboren« für den Hochadel belegen diesen strukturellen Zusammenhang von reichem Stand und adliger oder vornehmer Herkunft.

Wird diese elementare Verbindung berücksichtigt, dann erschließt sich die Nation in Abgrenzung zu einem Stamm (*gens*) oder zu einem → Volk (*populus*) ursprünglich als besonderer *Geburtskreis*: Denn der Begriff leitet sich vom lateinischen »nasci« her und das bedeutet »geboren werden«.

In dieser Wortform kommt die Nation in allen romanischen und germanischen Sprachen vor; selbst die slawische Form »narod« ist eine Ableitung davon und verweist auf das »Geburtsprinzip« als Ausdruck eines selektiv wirkenden »Geblütsrechtes« (*ius sanguinis*, → Erbwesen). Es kann als fundamentales Gestaltungsmittel für politisch-rechtliche Strukturen, Herrschaftslegitimationen, Vermögensansprüche, Staatsbürgerschaften oder Abstammungsordnungen verwendet werden und bestätigt die Nation als eingegrenzte → Ordnung. Deshalb nennt auch Jordanes im 7. Jahrhundert die Goten in ihrer Gesamtheit eine »Vagina nationum«: ein Hinweis auf die Tatsache, daß bestimmte Teile des gotischen Großvolkes bei ihren Wanderungen von Schweden bis Spanien und sogar bis Karthago in Nordafrika (426 n.Chr.) den jeweils unterworfenen Ländern »Recht und Ordnung« brachten – mit den Goten als Oberschicht und Herrschaftsvolk.

Diese Nationsbezogenheit des »Goticismus« findet sich dort noch, wo bis 1806 vom Heiligen Römischen Reich Teutscher Nation die Rede ist. Juristen der »Reichspublicistik« und andere Gelehrte meinten damit in erster Linie, daß die von den Kurfürsten gewählten Kaiser als Oberhäupter der Christenheit von einem teutschen Adels- oder Fürstengeschlecht abstammen mußten. Mehrfache Versuche, einen französischen Kandidaten zum Kaiser wählen zu lassen, sind neben anderen Gründen auch an dieser Festlegung auf das Geburts- oder Abkunftsprinzip gescheitert.

Wie stark die »gotische« Tradition selbst noch zu Beginn des 17. Jahrhunderts in England nachgewirkt hat, belegt der Königsberater, Oxford-Professor und Weltreisende Thomas Coryat, wenn er von dem verehrten Heiligen Reich spricht und Deutschlands Status in der gesamten Christenheit rühmt – als »the mother of all nations«.

Auch nach diesem Verständnis bedeutet die Nation als qualitativer Ausdruck der »zuteilenden Gerechtigkeit« einen besonderen Herrschaftsverband eigenen Rechts, ausgestattet mit einem Status, der genaue Abgrenzungen vorschreibt. Die Nation als Geburtskreis kennt vor allem in Polen ein Modell politischer Ordnung und Kultur, das in der »Adelsnation« allein die Krone Polen repräsentierte: Nur wer in die Adelsgesellschaft »Szlachta« geboren worden war oder durch Heirat und Nobilitierung in sie aufgenommen wurde, durfte sich als richtiger Pole auffassen, ob als »Szlachziz« (niederer Adel und »wohlgeboren«) oder als »Wojwode« (Hochadel und »hochwohlgeboren«).

Die Mitglieder der Adelsnation allein waren denn auch auf dem Reichstag (Sejm Polens) vertreten, während einige Städte nur einen Beobachterstatus genossen und die übergroße Mehrzahl der Bevölkerung als »niedere Stände« von der Nation als adelige Geblütsordnung ausgeschlossen blieb.

Galt diese Tradition bis zum Ende der Königlichen Adelsrepublik Polen im Jahre 1795 (Letzte Teilung), so sollte noch Benjamin Disraeli mit seinem Roman »Sybil, or the two Nations« (1845) auf das Geburtsprinzip Bezug nehmen und nachdrücklich bestätigen, wie sehr das Nationsverständnis an den Status der Abkunft gebunden sein konnte. Fast zur gleichen Zeit stellte auch Carl J.L. Almqvist in Schweden fest, daß dessen Gesellschaft in die »Reichen« als »Herrenvolk« und in die »Armen« als »Knechtevolk« gespalten war. Dabei hätten vor allem die international geprägten »Herren« das ursprüngliche Schwedentum aufgegeben und seien »anational« geworden – der eigenen Herkunft in Sprache, Bildung und Gemüt weitgehend entfremdet.

Diese Spaltung in die »Reichen« oder »glücklich Besitzenden« (*beati possidentes*) und in die »Armen« oder »Habenichtse« findet sich auch dort, wo die organisierte Arbeiterschaft besonders im Zweiten Kaiserreich gezielt als »vaterlandslose Gesellen« beschimpft wurde (→ Vaterland), denen die Zugehörigkeit zur eigentlichen »Nation« als besitzende Oberschicht verweigert werden konnte.

Wird also über die soziale oder statusbezogene Qualität der Nation gesprochen, dann muß der Geburts- oder Herkunftsbezug hinreichend erörtert werden. Das gilt aber nicht nur für gesellschaftliche Großverbände mit besonderen Eigentumsordnungen, sondern auch für kleinere Gruppen, die ihre besondere Identität auf ein ureigenes Herkunftsland beziehen.

So bildeten sich mit dem Aufkommen von Universitäten im 12. Jahrhundert innerhalb dieser Gelehrtenrepubliken, wie sie sich mitunter selbst nannten, »Nationen« aus, die sich als Landsmannschaften verstanden und sehr auf die soziale Abkunft wie auf die räumliche Herkunft achteten. An der ältesten Universität in Bologna war denn auch die »Natio germanica« ebenso vertreten wie an der Sorbonne zu Paris. Sie umfaßte als Mitglieder alle Lehrer und Studenten aus den »germanischen« Ländern bis nach Skandinavien und Polen hin. Die »Natio teutonica« an der 1348 gegründeten Universität zu Prag setzte sich in der Regel aus Leuten der entsprechenden Länder und Regionen in Mitteleuropa zusammen und hatte in der »Natio bohemica« ihre inneruniversitäre Gegengruppe. Zeiten des versöhnlichen Zusammenwirkens beider *Universitäts-Nationen* wechselten ab mit Perioden des Streites, der sogar im Jahre 1409 zum Auszug der »teutschen Nation« führte und die Gründung der Universität Leipzig veranlaßte.

Schon in diesem Fall kann eine besondere Form des Nationalismus festgestellt werden. Dabei spielten Vorstellungen von einer »Auserwähltheit« oder »edlen Abkunft« der jeweiligen Nation eine ebenso wichtige Rolle wie gegenseitige Abneigungen in der Religionsfrage (Hussitismus) oder auch ein ökonomisches Gefälle wie das zwischen »reichen« Teutschen und »armen« Böhmen.

Wie stark das Geburts- oder Herkunftsprinzip in dieser Zeit auch außerhalb der Universitäts-Nationen gewirkt hatte, zeigte sich 1442 während des Konzils von Basel. Als es Streit über die gerechte Rangordnung unter allen *Konzils-Nationen* gab, da forderte der Bischof Nils Ragvaldsson von Växjö (Schweden), daß für die »Natio germanica« der erste Rang eingeräumt werden müßte. Denn diese Nation stamme letztlich von Gog und Magog ab, den Enkeln Noahs, und ihre wichtigsten Mitglieder (darunter natürlich die Goten) seien somit die »ältesten Völker der Welt«. Gegen diesen Herkunftsanspruch machte der Bischof von Burgos in Spanien geltend, daß auch die »spanische Nation« von den Goten herstamme und in den Genuß des höchsten Ranges gelangen sollte.

Genau fünfzig Jahre später beriefen sich die Könige Ferdinand und Isabella als Vertreter der »gotischen Monarchie« in Spanien bei der Vertreibung von Juden und Mauren auf die »Reinheit des Blutes« und setzten mit Gewalt und Terror das Herkunftsprinzip als »Staatsräson« durch (→ Blut).

Die »Nation« konnte jedoch als herkunftsmäßige Kennzeichnung durchaus auch individuell in Anspruch genommen werden. So fühlte sich der Maler Albrecht Dürer (1471-1528) der

»Nürnberger Nation« zugehörig. Er wollte mit dieser Formel auf seine Abstammung von Nürnberger Eltern hinweisen, dann seine Geburt in der freien Reichsstadt belegen und festhalten, daß er aufgrund dieser Bindungen ihr Bürger mit allen Rechten und Pflichten ist: »Nation« bezieht sich hier auf den mit der Geburt im Stadtrecht gesicherten »ehrbaren Mann« und damit auf einen vertragsfähigen Menschen.

Einen ähnlichen Rechtsstatus setzte auch die Mitgliedschaft im »Teutschen Orden« voraus, der 1190 im Heiligen Land gegründet wurde und noch heute als Hospitalorden tätig ist. Dieser Orden aus der Kreuzzugszeit war innerhalb der universalen Christenheit der einzige »national« gebundene Orden. Seit der Goldbulle von Rimini (1235), die den Orden unter die gemeinsame Oberhoheit von Papst und Kaiser stellte, durften in der Regel nur Ritter Mitglied werden, die »teutsches Geblüt« nachweisen konnten und bereit waren, sich an Recht, Ordnung und Regel dieses kirchlichen Ordens zu halten.

Dieses Verständnis von Nation bindet an Geburt und Herkunft auch den Status besonderer Rechte und Vorstellungen von einer »natürlichen« oder »gottgewollten Ordnung«. Das Wesen dieser interdependent angelegten Struktur findet sich noch in der Geschichte jenes revolutionären Vorgangs, der von 1776 an »Birth of a Nation« oder »Nation building« genannt wurde und den Aufbau der Vereinigten Staaten von Amerika (USA) einleitete.

Im Widerstand gegen die als »ungerecht« empfundene Besteuerung durch Englands Könige und Parlament beriefen sich die Revolutionäre in den amerikanischen Kolonien darauf, »frei geborene Männer« zu sein, die sich nicht wie »Erbsklaven« politisch und rechtlich entmündigen lassen wollten. Nach dem Prinzip der »freien Geburt« gaben sie sich 1787 eine → Verfassung und führten ein aus dem Naturrecht begründetes Verständnis der Nation ins Feld, um den Despotismus zu überwinden. Auf ähnliche Weise setzten auch die Revolutionäre von Paris 1789 die »Nation« als Kampfbegriff gegen die überkommene Krone Frankreich ein; sie strebten mit ihren Forderungen eine gerechte Daseinsordnung an und legitimierten ihren Widerstand nach Maßgabe des Naturrechts und der Feststellung Rousseaus: »Der Mensch ist frei geboren ...«.

Dem Status des »frei geborenen Mannes« stand der entrechtete und bevormundete Sklave gegenüber, dessen Befreiung in Frankreichs Kolonien nur zögernd vorankam und in den USA erst nach dem Bürgerkrieg 1865 in allen Einzelstaaten formell zu wirken begann. Sieht man von den Ungleichzeitigkeiten in der Sklavenbefreiung ab, so zeigt sich in beiden Fällen, wie eng das Geburtsprinzip und die Struktur der »zwei Nationen« in einem Gemeinwesen aufeinander bezogen sein konnten.

Nation als »objektive« Vorstellung

Obgleich das Geburtsprinzip mit seinem »Geblütsrecht« seit 1913 die Staatsbürgerschaft und nationale Zugehörigkeit bestimmt, glaubt der überwiegende Teil der akademischen Elite wie der Politiker unter den Deutschen – über alle Parteigrenzen und Verfassungsänderungen hinweg –, daß sich »im Verständnis der Nationen der Nationalbegriff ... fast überall auf gemeinsame Sprache und Literatur, gemeinsame Geschichte, gemeinsame Tradition und auf einen gemeinsamen Staatswillen gründet« (Helmut Schmidt, 1990).

Wie unschwer zu erkennen ist, beziehen sich die hier genannten Kriterien des »objektiven« Nationsverständnisses nicht auf die vertraglich geregelte Garantie der Menschenrechte und die zugehörige Gewaltenteilung oder auf republikanische Einrichtungen und Mentalitäten. Aufgrund dieses fundamentalen Mangels wurde in der Kritik an dieser »objektiven« Grundeinstellung mit Recht darauf hingewiesen, daß das Deutsche Reich von 1871 bis zur → Revolution von 1918 »kein Nationalstaat« (Nicolaus Sombart) war. Denn diesem halb-parlamentarischen Machtsystem der »Bismarck'schen Nation« (Friedrich Engels) fehlten die vertraglichen Errungenschaften von 1789 und 1848, als Nation, Konstitution und Staatlichkeit wechselseitig aufeinander bezogen wurden. Die gezielte und massive Ausgrenzung der Katholiken durch die berüchtigten »Maigesetze« von 1873 und 1874 («Kulturkampf») sowie der Ausschluß der sozialdemokratischen Arbeiter und ihrer Funktionäre durch das »Sozialistengesetz« (1878) von einer politischen wie personellen Mitwirkung im Öffentlichen Dienst bestätigt den Versuch Bismarcks, die Trägerschaft der »Nation« auf die Schicht halbsouveräner Fürsten, das Militär («Die Schule der Nation«) und systemergebene Untertanen einzugrenzen: Wer sich diesem Konzept widersetzte, galt als »Reichsfeind«.

Die Argumentation mit der »gemeinsamen Sprache« als wichtigstem Kriterium der »objektiven« Nation wurde ab 1871 nur deshalb so stark betont, weil der kriegerische Erwerb der »Reichslande« Elsaß und Lothringen einer besonderen Legitimation bedurfte. Die Bindung der Nation an die »deutsche Muttersprache« bestätigte zusätzlich, daß das Bismarck-System kein Nationalstaat sein konnte. Denn ein nicht unbedeutender Teil der deutschen *Sprach-Nation* lebte und arbeitete in anderen staatlichen Gemeinwesen (Belgien, Dänemark, Italien, Luxemburg, Österreich, Ungarn, Rumänien und Rußland sowie nach 1918 in den baltischen Republiken, Polen, der Tschechoslowakei und wiederum in Frankreich!).

Bestrebungen, die gesamte Sprach-Nation politisch zu einen und staatlich zu organisieren, gingen seit 1891 vom »Alldeutschen Verband« aus. In seinen »großdeutschen« Zielsetzungen (Gesamtstaat vor allem mit dem deutschsprachigen Österreich) sprach er Hoffnungen aus der Revolutionszeit von 1848 an, ohne jedoch die konstitutionellen Absichten der liberalen Paulskirchen-Bewegung verwirklichen zu wollen. Tatsächlich stützten die »Alldeutschen« jene aufkommenden Kräfte, die mit Hilfe des Nationalsozialismus und der »Heim-ins-Reich-Bewegung« von 1938 an das »Großdeutsche Reich« schufen – mit Österreich, bald auch den Sudetengebieten, dann von 1940 an mit Elsaß und Lothringen, aber ohne die Deutschsprachigen in der Schweiz oder in Süd-Tirol (Italien).

Die Sehnsucht nach einem Gesamtreich aller Menschen »deutscher Zunge« (Ernst Moritz Arndt, 1812) ist nicht eine Erfindung des »Pangermanismus«, wie ihn die »Alldeutschen« und Nationalsozialisten vertreten haben, sondern Ausdruck einer Suche nach Identität aufgrund einer »gemeinsamen Sprache«, die wie das Geburtsprinzip auch nach Abgrenzungen verlangt: Der berühmte Vertrag von Verdun im Jahre 843, der auf »Fränkisch« und »Teutsch« abgefaßt worden ist, belegt diese Tendenz, eine Sprach-Nation politisch aufzufassen.

Es besteht kein Zweifel, daß der Vorstellung von einer »gemeinsamen Sprache« als Grundbindung des »objektiven« Nationsverständnisses eine hohe politische Energie innewohnen kann; dennoch muß sie nicht notwendigerweise zu politischer Einigung führen.

So erlebten Italiens Einheitspolitiker eine große Überraschung, als sie die italienisch sprechenden Schweizer für ihren Nationalstaat gewinnen wollten. Die Antwort war, daß die Tessiner lieber »Freie und Schweizer« bleiben wollten: Demnach der gemeinsamen Sprache nicht die Nationaleigenschaft zusprachen, wie sie die Italiener um Mazzini und Garibaldi nach 1848 forderten.

Auch das französische Volk ist als Sprach-Nation schon seit Jahrhunderten staatlich geteilt: mit den Jurassiens in der Schweizer Eidgenossenschaft, den Wallonen im Königreich Belgien, den Quebecern in Kanada sowie den Ländern in Afrika, die Französisch als Ober- und Verwaltungssprache nach der Kolonialzeit beibehalten haben.

Eine ähnliche Feststellung gilt auch für das Englische mit seinen bedeutenden Ablegern in den USA, in Indien sowie im gesamten Commonwealth. Das Spanische in Lateinamerika und das Portugiesische in Brasilien oder den ehemaligen Kolonien in Afrika und Asien erfüllen wichtige Verwaltungsfunktionen, fördern auch eine »gemeinsame Literatur« und Sprachkultur, ohne daß jedoch mit Spanien und Portugal als Mutterland eine staatliche Einheit angestrebt würde. Im Gegenteil: Die Gemeinsamkeit der Sprache hat in vielen Einzelfällen den staatlichen Sonderungsweg befördert, weil dafür andere Kriterien wichtiger geworden waren – vor allem die Forderung nach Selbstbestimmung ohne Bevormundung.

Wie gezielt jedoch eine Muttersprache religiös, politisch, rechtlich und national im Sinne des Konstitutionalismus wirken konnte, das haben schon früh die tschechisch sprechenden Böhmen gezeigt. Ihr »nationales Erwachen« (obrození) in Gestalt einer Sprach-Nation kam besonders in der Auseinandersetzung mit dem Teutschen als Rechtssprache zum Vorschein, als in den Hussitenkriegen bis 1433 auch noch »gegen alles Katholische« gekämpft wurde. Die Sicherung der »Böhmischen Konfession« als Grundlage einer nationalen Identität ging mit der Pflege des Tschechischen ebenso einher wie das Bestreben, die eigene libertäre Verfassung nicht vom Haus Habsburg zerstören zu lassen. Der trotzige Widerstand von 1618 bis 1620 (verlorene Schlacht am Weißen Berg bei Prag) stand ganz im Zeichen der

Sprach-Nation, deren Verfechter gleichwohl das akademische Latein ebenso pflegten wie das wirtschaftlich wichtige Teutsch. Selbst Jahrhunderte der Unterdrückung des Tschechischen, das für Böhmen und Mähren eine gewisse Freiheitsqualität bekam, reichten nicht aus, diese Sprache zu tilgen, wie es etwa den Engländern in Irland mit dem Gälischen gelingen sollte: Die Sprache blieb hier das wichtigste nationale Gut im Streben nach republikanischer Eigenstaatlichkeit und parlamentarischer → Demokratie.

Auch Polen hat nach seinem Verschwinden als »souveräne Krone« und libertärer Staat nach 1795 bis 1918 deshalb überlebt, weil es nach den Zeiten der Adels-Nation als Sprach-Nation eine neue Identität fand. Das territorial zerstückelte Polen (von Hohenzollern-Preußen, Habsburg-Österreich und dem zaristischen Rußland unter Katharina II. gegen alles Völkerrecht »geteilt«) ist ein Beispiel mehr dafür, daß eine gemeinsame Sprache, Literatur, Kultur und Geschichte nicht ausreichen, um das zu begründen und zu erhalten, was seit den Umwälzungen des 19. Jahrhunderts *Staats-Nation* genannt wird. Ähnliches gilt für die Ungarn und Kroaten, deren Staatlichkeit im Rahmen des Habsburger Machtsystems immer wieder gefährdet wurde und von einer langen Latein-Tradition geprägt blieb: Sie endete in beiden Ländern erst mit der Revolution von 1848 und mit einer Rückbesinnung, ja Rekonstruktion der Nationalsprache.

Trotz des aufkommenden »Panslawismus« (politische Sammlung aller slawisch sprechenden Völker unter russischer Führung) entwikkelte sich vor und nach 1848 ein besonderer Sprach-Nationalismus, den Johann Gottfried Herder (1744-1803), der »Vater der Slawistik«, ebenso gefördert hat wie die Romantik mit der Entdeckung längst versunkener Sprachdenkmäler («Lieder der Völker«).

Die verbreitete Sehnsucht nach den Ursprüngen in der eigenen Sprache als fundamentale Bedingung nationaler Identität hat auch dazu geführt, daß das Finnische wiederentdeckt wurde und als Politikum wirkte. Nach Jahrhunderten der rechtlichen Zugehörigkeit zur Krone Schweden kam der finnische Reichsteil im Jahre 1809 als »Großfürstentum« in die Hand der russischen Zaren. War bis zur Unabhängigkeit Finnlands (1917) Schwedisch die Verwaltungs- und Schulsprache, so wurde nun das Finnische zum nationalen Rückhalt gegen alle Russifizierungsversuche und zur Grundlage des freiheitlich-parlamentarischen Verfassungskampfes gegen die zaristische Autokratie: Sprache und Nation fanden sich auf der Basis des Naturrechtes zusammen, um eine Verfassung der Menschenrechte zu erstreiten – auf finnisch.

Wie politisch der Sprach-Nationalismus interpretiert werden konnte, das vermitteln auch andere Beispiele. So glaubte das faschistische Regime unter General Franco in Spanien, daß die Zulassung des Baskischen als Regionalsprache den diktatorisch beherrschten Einheitsstaat gefährden könnte. Die gleichen Vorurteile hegte man in Madrid auch gegen das Katalanische. Deshalb blieben diese beiden Sprachen zwischen 1939 und 1975 (Tod Francos und Rückkehr zum Verfassungsstaat) verboten. Die Abschaffung der → Diktatur und die Festigung einer parlamentarischen Monarchie zeigen, daß die Vielfalt von Sprachen einer politischen Kultur nicht hinderlich sein muß, wenn sich diese auf die Menschenrechte gründet.

Gewiß, die Befürchtungen, daß die Pflege von Regionalsprachen auch zu einem staatlichen Separatismus benutzt werden kann, sind nicht unbegründet. Sie werden aber nicht selten von den Anhängern eines Zentralstaates übertrieben. So erscheint das restriktive Verhalten der französischen Zentralbehörden gegenüber den deutschen Dialekten im Elsaß mehr als obsolet, zumal sich das Sprechverbot in den öffentlichen Schulen gegen Geist und Buchstabe des deutsch-französischen Freundschaftsvertrages von 1963 richtet.

Auch das Vorgehen türkischer Behörden gegen das Kurdische zeugt nicht von nationalem Selbstbewußtsein und staatlicher Integrationsfähigkeit, sondern von Schwächen und Ängsten eines Regimes mit diktatorischen Zügen, das den »War of words« fürchten muß, weil es einem großen Bevölkerungsteil die Garantie der Menschenrechte vorenthält.

Die steigende Militanz des Arabischen in Algerien, wo die Berber-Sprachen unterdrückt werden, erweist sich wie die Behinderungen des Tibetanischen durch das kommunistische China als Politisierung eines Sprachenkonflikts, der jedoch nicht zwingenderweise bis zum Bürgerkrieg zu eskalieren braucht: So lassen die USA das 1895 verbotene Hawaianische jetzt wieder als Kulturgut zu und fördern trotz gewisser Widerstände das Spanisch der »Latinos« in ihrer Gesellschaft, ohne zu befürchten, daß deshalb ihre Menschenrechts-Verfassung oder der föderative Einheitsstaat gefährdet werden könnte (→ Staat).

Die »gemeinsame Sprache« und »gemeinsame Kultur« als Kriterien für eine Nation sind primär vorpolitische Erscheinungen im Leben der Völker, die auch ohne gemeinsamen Staat bestehen können, wie sich am Schicksal der Palästinenser und selbst der Juden vor der Gründung des Staates Israel (1948) erkennen läßt. Gleichwohl kann eine Nationalsprache eine hochpolitische Qualität bekommen, wenn sie im Rahmen des Selbstbestimmungsrechtes als Druckmittel und Gemeinschaftsband verwendet wird.

Auch der revolutionär und äußerst »national« gesinnte Abbé Sieyès hat 1789 die Definition einer Nation an eben jene »objektive« Bedingung gekoppelt, die deutschen Gelehrten und Politikern seit 1871 keine wesentliche Verpflichtung ist. Mit Nachdruck bezieht sich der streitbare Kleriker darauf, daß jede Nation »eine Gesamtheit von vereinigten Individuen« ist, »die unter einem gemeinsamen Gesetz stehen und durch dieselbe gesetzgebende Versammlung vertreten sind«.

Von einer gemeinsamen Sprache, Kultur oder Geschichte ist hier nicht die Rede. Dafür betont Sieyès, daß das Gesetz als eine »objektive Norm« stets von den »Prinzipien der allgemeinen Gerechtigkeit« bestimmt zu sein hat, wenn es in der Gesellschaft Anerkennung finden soll. Mehr noch: »Vor (der Nation) und über ihr gibt es nur das natürliche Recht«.

Diese grundlegenden Beschränkungen der Nation durch Gerechtigkeit, Recht und Gesetz zeigen, wie sehr deutsche Gelehrte und Politiker den »objektiven« Nationsbegriff mißverstanden haben. Denn nach Maßgabe der Revolutionäre von 1789 ist die Nation nicht das »objektiv Notwendige«, wie Bernard Willms in Anlehnung an Hegels Staatsdefinition meint, sondern eine politisch-rechtliche Daseinsform, die universalen Kategorien unterworfen bleibt.

Nation als »subjektive« Gemeinschaft

Die Geschichte kennt kein Beispiel, bei dem sich Sprach- und Staatsnation vollkommen entsprochen haben. Sogar die DDR besaß in ihrer sprachlichen Homogenität mit der »sorbischen Nation« (Lausitz) eine slawisch-sprachige Großgruppe, der ein kultureller Sonderstatus zugestanden wurde. Auch die Bundesrepublik Deutschland hat mit den Dänen im Bundesland Schleswig-Holstein eine fremdsprachige Minderheit – nicht anders als die Republik Österreich mit ihrem Anteil an Slowenen. Wie Schweden und Norwegen besitzt Finnland in seinen Nordprovinzen eine »Samen«-Minderheit sowie in seinen Südregionen eine bedeutende Schweden-Gruppe, die sogar mit einer eigenen politischen Partei im finnischen Reichstag vertreten ist.

Die subjektive und individuelle Qualität der andersartigen Sprache hindert diese Bürger aber nicht, nach Maßgabe der Kommutation am politischen Leben des jeweiligen Landes aktiv teilzunehmen, weil die Staatsbürgerschaft hier nicht von der »Muttersprache« abhängig gemacht wird.

Ein Gemeinwesen wie die Schweizer Eidgenossenschaft, die seit 1291 als ständische Republik existiert, könnte mit seinen vier Sprachen – Deutsch, Französisch, Italienisch und Rätoromanisch – als Nation nicht bestehen, wenn eine »gemeinsame Sprache« als Hauptkriterium gefordert würde.

Individuelle Sprachbeherrschung, soziale Herkunft und berufliche Bildung spielen bei diesem »subjektiven« Nationsverständnis keine primäre Rolle. Dafür kommt die Vorstellung zum Tragen, daß die nationale Identität mit dem Bekenntnis jedes Staatsbürgers zu den republikanischen Einrichtungen zusammenfällt. In enger Anlehnung an bestimmte Positionen des Abbé Sieyès konzentrierte Ernest Renan (1823-92) die Definition einer Nation auf die »tägliche Abstimmung« (*plébiscite de tous les jours*) aller Staatsbürger über die Verwirklichung jedes politischen Ziels und die Festigung des Gemeinwesens als Rechts- und Verfassungsordnung: In diesem Sinne ist Nation, was Nation sein will.

Diese *Willens-Nation*, wie sie auch genannt wird, bezieht sich nicht auf irgendwelche »objektive« Bindungen, sie wird auch nicht »durch ein geheimnisvolles, mystisches Band zusammengehalten«, wie der Österreicher Karl Renner angenommen hat: Vielmehr wird sie von einem bewußten, rational einsichtigen und rechtlich kontrollierbaren Willensakt getragen – vor allem bei Wahlen zu den republikanischen Einrichtungen.

Renners Forderung nach der »notwendigen Klärung des Begriffes der Nation, der noch heute umstritten ist« (1964), erfüllt sich vor allem im »subjektiven« Verständnis, nicht jedoch in seiner recht diffusen Behauptung: »Fernab von jeder rechtlichen Ordnung, von Privat-, Staats- und Völkerrecht wächst die moderne Nation heran«.

Wie schon bei der »objektiven« Auffassung der Nation zu sehen war, so gilt auch bei der »subjektiven«, daß sie als willensgerichtete Gemeinschaft gerade nicht darauf verzichtet, in Gerechtigkeit und Naturrecht ein höchstes Ziel zu sehen. Auf »Vernunft und Billigkeit« (*ratio et aequitas*) bezogen, löst die Willensnation ihre rationalen Zwecke nicht in das bei deutschen Denkern, Politikern und Dichtern so beliebte »Nationalgefühl« (Ricarda Huch) auf, sondern bemüht sich, »ohne Ansehen der Person« ihren gesellschaftlichen Aufträgen zu genügen.

Der dramatische Prozeß einer »Nationsbildung« in Südafrika verdeutlicht in all seinen Phasen, wie sich gegen die bisherige Apartheidspolitik als strikte und demütigende Trennung von »Weiß« und »Schwarz« die Gleichheitsenergie des kommutativ Gerechten eine demokratische Bahn bricht. Unbesehen jeder Herkunft und Hautfarbe soll gemäß dem 1991 verkündeten »Manifesto for the New South Africa« das vertragliche Wahlprinzip »One person one vote« gelten: Genau damit aber wird die bisherige Dominanz der »weißen Nation« (nach Geburts- und Herkunftsprinzip) über die »schwarze Nation« samt andersfarbigen Bürgern (Inder und alle Mischlinge) beendet werden.

Der politische und demokratische Wille kann nur dann konstruktiv wirken, wenn er sich auf die Kommutation (→ Gerechtigkeit) bezieht. Deshalb ergibt sich für die auf Rousseau weisende voluntaristische Lösung der nationalen Frage (»Volonté générale«) die ergänzende Definition: Nation will eine im Naturrecht verfaßte Gemeinschaft gerechter Menschen sein.

Nation als »Klassen«-Phänomen

Die verbreitete Ansicht, daß »das Nationale als etwas gilt, was sich wie das Moralische von selbst versteht« (Krockow, 1970), ist Ausdruck einer akademischen Verlegenheit: Sie hat in der realen Geschichte so wenige Verankerung wie in der praktischen Politik.

Wie stark das Nationsverständnis jenseits von Geburtsprinzip, »objektiven« Bedingungen und »subjektiven« Bindungen einem politischen Lernprozeß ausgesetzt sein kann, zeigte sich im Jahre 1974. Zum Erstaunen der eigenen Bevölkerung und bundesdeutscher Politiker wollte die SED das bisherige Selbstverständnis der DDR nicht mehr nachvollziehen, nämlich ein »sozialistischer Staat deutscher Nation« zu sein. Obwohl die SED als Organisation überzeugter Marxisten-Leninisten eher das »Absterben des Staates« (Karl Marx) hätte verkünden müssen, strich sie nur den Zusatz »deutscher Nation« aus dem Text der »Verfassung« der 1949 gegründeten DDR.

In ihrer Abgrenzungsmanie gegenüber der Bundesrepublik Deutschland bestand die SED-Führung unter Erich Honecker darauf, dem »gemeinsamen Erbe« beider Nachfolgestaaten des Deutschen Reiches zu entsagen, sofern es für den »ersten Arbeiter- und Bauernstaat auf deutschem Boden« mit materiellen Nachteilen verbunden war (Entschädigungsleistungen und Wiedergutmachung).

Mit dieser Absage an das »objektive« Nationsverständnis wurde von der SED einerseits die Willens-Nation nach dem Vorbild der Schweiz und Österreichs bemüht (ohne Berücksichtigung der gemeinsamen deutschen Sprache), daneben aber auch das Modell einer klassenbezogenen oder schichtenspezifischen Nationsauffassung. Bundesdeutschen Politikern wie Publizisten kam die Gegenüberstellung von »sozialistischer« und »kapitalistischer« Nation ziemlich künstlich und konstruiert vor, doch gab es dafür in der Geschichte bedeutende Vorläufer.

Diese Unterscheidung bezog sich nämlich im wesentlichen auf das Zwei-Nationen-Modell seit der Antike sowie auf die Adelsnation in Polen und auf das Vorbild von 1789, als sich der »Dritte Stand« als Repräsentation nichtadliger Bürger zum alleinigen Träger der Nation erklärte. Walter Ulbricht, der Vorgänger Honeckers, brachte denn auch den angenommenen Antagonismus von Arm und Reich, Habenichtsen und Besitzenden, Arbeit und Kapital auf den ideologischen Nenner: Zwischen den »Krupps und Krauses« kann es keine Gemeinsamkeiten geben.

Wurden → Adel und → Bürgertum als Überbau-Phänomene der jeweiligen Produktionsverhältnisse aufgefaßt, dann war es für Verfechter des linearen Fortschrittsdenkens nur konsequent, die »Arbeiterklasse« als alleinigen Träger einer Nation auszugeben und dabei überkommene Machtstrukturen umzukehren: Die Arbeiter hatten als neue Oberklasse den alten und »kapitalistischen« Überbau zu ersetzen.

Mit dieser Vorstellung aber wurde letztlich nur das Zwei-Nationen-Modell variiert, denn schließlich blieben die Gesellschaftsschichten wie Adel, Kirchenleute, Bürgertum und andere Berufsstände personell erhalten. Die bewußte Abgrenzung des »echten Proletariats« (Industriearbeiter) vom sogenannten »Lumpenproletariat« (ungelernte Landarbeiter und Handlanger) belegt diese Strukturierung ebenso wie das Aufkommen eines »Parteiadels« innerhalb der herrschenden kommunistischen Machtorganisationen selbst.

Nation als Religions-Substrat

Die moderne Diskussion über bestimmte Grundbindungen oder Substrate einer nationalen Identität hat neben dem Geburtsprinzip, der Sprache, dem republikanischen Willen oder der Klassenzugehörigkeit stets auch die Religion oder Konfession als Bestimmungskriterium angeführt: So sprach man von den Polen als einer »katholischen Nation« (Oskar Halecki) und nannte auch die Iren in ihrer Treue zur Römisch-Katholischen Kirche (»Semper fidelis«) nicht anders.

Nation als Gemeinschaft im Glauben bezieht ihr Selbstverständnis aus der Taufe und damit aus einer als göttlich empfundenen Herkunft. Die Verbindung der »Böhmischen Nation« mit der »Böhmischen Konfession« während und nach der Hussitenzeit im 15. Jahrhundert ist dafür ein früher und erhellender Beleg, zumal auch hier als inneres Ordnungsprinzip die → Gerechtigkeit bemüht wird.

Jan Hus (1369-1415), Rektor der Prager Universität, Kirchenreformator und im Universalienstreit ein Anhänger des Aristoteles, berief sich bei aller Liebe zur »Nacio bohemica« stets auf das Tun und Lassen »gerechter Untertanen«: Nach Maßgabe des Buches V der Nikomachischen Ethik erwartete er neben einer »gerechten Obrigkeit« im weltlichen Regiment auch »gerechte Kirchenleute«. Im Bemühen um diesen höchsten Wert in einem Gemeinwesen sah er ein Zeichen Gottes und die Begründung für die besondere »Auserwähltheit« seiner Landsleute: Die »echten Böhmen« (*veri Bohemi*) faßte er als »liebe Kinder Gottes« auf und legte *more geometrico* eine Rangfolge der Nationen fest. Dabei schloß er »aus dem göttlichen wie aus dem natürlichen Recht«, daß »die Böhmische Nation im Lande Böhmen über die anderen Nationen hinausrage ... und immer über und nicht unter ihnen stehe«.

Hier erhebt nicht die Taufe, die allen Christen gemein ist, die Böhmen als Nation über andere christliche Mitmenschen, sondern einzig und allein ihr gottgemäßes Leben als »gerechte Erben dieses Königreichs« (Jan Jesenic). Trotz des hohen Stellenwertes der tschechischen Sprache genügte also dieses Kriterium den Leuten um Hus nicht, um zu den »Auserwählten« zu gehören.

Mit der → Reformation und der Glaubensspaltung kam im Heiligen Reich vor allem nach dem »Geharnischten Reichstag« in Augsburg (1548) die Tendenz auf, die Anhänger Roms zur »katholischen Nation« zu zählen, während sich besonders die Lutheraner und auch die Calvinisten zur »evangelischen Nation« rechneten. Für derartige Zuordnungen war nicht die gemeinsame teutsche Sprache entscheidend, sondern die Aufnahme von Geburt an oder der Übertritt in die jeweilige Konfession.

Im 1648 geschlossenen »gerechten Reichsfrieden« fand man für dieses konfessionsbezogene Nationsverständnis die Formeln »Corpus Catholicorum« und »Corpus Evangelicorum« (Lutheraner und Calvinisten). Sie waren in erster Linie bei Religionsstreitereien und Kircheninteressen für eine Lösung zuständig und genossen international anerkannte Garantien (Schweden und Frankreich) ihres Verfassungsranges als *Konfessions-Nationen*.

Wie militant sich diese Art der konfessionellen Nationsauffassung äußern konnte, hat sich in den Hussitenkriegen ebenso erwiesen wie im Großen Bauernkrieg oder im Teutschen Krieg (1618-48). Auch die Bürgerkriege in Schweden, Frankreich, England sowie der Unabhängigkeitskampf der überwiegend calvinistischen Niederlande gegen das katholische und absolutistisch gewordene Habsburg-Spanien waren in hohem Maße religiös durchwirkt. Noch heute leiten bestimmte Kreise in der IRA ihren »irischen« Nationalismus aus dem überkommenen Katholizismus ab, um sich gegen den in Nord-Irland vorherrschenden Protestantismus der Engländer legitimieren zu können: Sie wehren sich gegen eine fremdstämmige und »ketzerische« Oberschicht, die ihrer Meinung nach Irland national und staatlich geteilt hält.

Auch im Libanon-Konflikt überlagern sich seit 1958 religiöse und nationale Interessen. Während des Bürgerkrieges wurden sogar konfessionell bestimmte Kampfverbände aufgestellt, um die Regionen zu schützen, in der die jeweilige Religion dominierte. Obgleich der Erste Golfkrieg (1980-88) vom weltlich eingestellten Eroberer Saddam Hussein ausgelöst wurde, bemühte die 1979 entstandene Islamische Republik Iran eine vorwiegend religiös begründete Rechtfertigung ihres Abwehrkampfes gegen den »Teufel Saddam«. Im Zweiten Golfkrieg (1990/91), den wiederum der »Diktator von Bagdad« mit der militärischen Besetzung des souveränen Emirats Kuwait begonnen hatte, sprach seine Propaganda von der »Arabischen Nation« als Gemeinschaft aller islamischen Araber (Umma), die sich gegen den »großen Teufel Amerika« wenden sollten und damit gegen ein Land, das neben zahlreichen Indianer-Nationen auch das Wirken der »Nation of Islam« duldet, demnach die konfessionellen Aktivitäten einer Schwarzen-Bewegung, die aus der Bürgerrechtsbewegung der 1960er Jahre entstanden ist. Die Vorstellung von einer »Muslimischen Nation« prägt zunehmend den erstarkten Fundamentalismus in islamischen Ländern. Besonders der Tunesier Rachid Ghanouchi (*1941) ist bestrebt, mit seiner »Partei der Wiedergeburt« (Hizb an-Nahda) Verbindungen zur militanten Moslem-Bruderschaft zu verstärken und zwischen Marokko und Malaysia eine radikale Rückkehr zum Koran als alleiniger Lebens- und Glaubensregel durchzusetzen.

Diese innerislamische Bewegung trifft dabei auf die weltlich ausgerichteten Positionen des Baathismus in Syrien sowie im Irak, dessen Verfechter nach einer »Wiedergeburt« (Baath) der »arabischen Nation« verlangen und darauf hoffen, wieder zur historischen Größe des Mittelalters aufzusteigen. Gleichzeitig muß in der Baath-Reaktion auch eine Abwehr der ehemaligen Bevormundungen durch Fremdherrschaften gesehen werden: erst durch das Osmanische Reich bis 1918, dann durch westliche »Mandatsmächte« wie Frankreich und England, schließlich durch multinationale Ölgesellschaften, die seit den 1960er Jahren aufgrund von »Nationalisierungen« oder Enteignungen verdrängt werden konnten.

Auffallend ist, daß auch hier das Geburtsprinzip die »nationale« Zugehörigkeit primär bestimmt, diese aber überstaatlich verstanden wird. Der Halbmond als Symbol des Islam zeigt in zahlreichen »Nationalflaggen« an, daß sich die Muslime in den verschiedenen Einzelstaaten jener Religionsgemeinschaft in der Hauptsache verpflichtet fühlen, in die sie »hineingeboren« worden sind. Ähnliches galt auch im christlichen → Abendland, in dem heute noch nicht wenige Flaggen das »Kreuz« zeigen und damit belegen, daß sich einst Land und Leute zur »christlichen Nation« bekannt haben.

Selbst der seit 1992 tobende Balkankrieg hat mittlerweile eine konfessionelle Komponente bekommen, verstehen sich doch »echte Kroaten« als Katholiken, »echte Serben« aber als Orthodoxe: Konfession und Nation wirken zusammen, bedingen sich gar und bilden eine angeblich »gottgewollte« Ordnung – auch jenseits von Sprache, Wille oder Klasse.

Nationalstaat

Eine Aufnahme in die weltumfassende Organisation der Vereinten Nationen (United Nations), die seit 1945 besteht, ist für eine Sprach- oder Kultur-Nation, Willens-, Klassen- oder Konfessions-Nation nur dann möglich, wenn sie über einen »souveränen Staat« verfügt. Basken, Kurden, Palästinenser, Samen, Sorben oder die Indianer-Nationen in den USA sind deshalb neben vielen anderen Nationen oder Nationalitäten nicht in dieser Nachfolge-Organisation des Völkerbundes von 1920 vertreten (→ Staat).

Die enge Bindung der Nation an Recht, Verfassung und staatliche Ordnung hat im Gefolge der → Revolutionen seit 1688 die Vorstellung aufkommen lassen, daß »jede Nation berufen und daher berechtigt ist, einen Staat zu bilden ... wie die Menschheit in eine Anzahl von Nationen geteilt ist, so soll die Welt in eben so viele Staaten zerlegt werden. Jede Nation ein Staat. Jeder Staat ein nationales Wesen« (Bluntschli, 1870).

Diese Position beschreibt einen Idealzustand, den im Zuge eines »nationalen Erwachens« als Rückbesinnung auf die eigene Herkunft sowie im Rahmen eines wachsenden Regionalismus heute eine Reihe größerer und kleinerer Völker anstreben, vor allem nach dem Ende übergreifender Groß- oder Bundesstaaten. Das trifft auf die ehemalige Sowjetunion ebenso zu wie auf Jugoslawien und selbst auf die Tschechoslowakei, die sich in Tschechien und Slowakei aufgeteilt hat, aber auch auf den Unionsstaat Indien, wo sich das Sikh-Volk ebenso selbständig machen möchte wie eine Bewegung in Kaschmir.

Man kann den Großteil dieser Strömungen als Ergebnis der staatlichen Befindlichkeiten vor allem des 19. Jahrhunderts bewerten. Denn die »Neuordnung Europas« nach 1789 und dem Wiener Kongreß von 1814/15 hat weniger auf den »National-Staat« gezielt, als vielmehr auf nationenübergreifende Großreiche. So erweiterte sich das »United Kingdom« (England, Schottland, Wales, Irland) zum »British Empire« und schließlich zu einem weltweiten »Commonwealth«, dem sogar Australien als Kontinent angehörte. Das »Russische Zartum«, ohnedies auf »Weltherrschaft« eingestimmt, erwarb neben großen Teilen Polens (1795) das Großherzogtum Finnland (1809) und wurde zu einem dynastisch geregelten Großverband, der jede Regung in Richtung des souveränen Nationalstaates bekämpfte und Nationalbewegungen wie in Polen mehrfach militärisch niederschlug. Nach Maßgabe des sogenannten »Äquivalentprinzips« wurde Schweden für den Verlust Finnlands 1814 Norwegen zugesprochen, mit dem es bis 1905 die »Vereinten Reiche« bildete – unter einem gemeinsamen König.

Ab 1804 entstand das zahlreiche Völker und Nationalitäten beherrschende »Kaisertum Österreich« nach russischem Vorbild und währte bis zur Revolution von 1918 als »Gesamtstaat«. Er umfaßte mit den Böhmen, Ungarn und Kroaten »historische Nationen«, ohne ihnen eine souveräne Staatlichkeit in Eigenverantwortung zu gewähren. Bismarck gebrauchte diese Formel einmal, um damit die Lage zu kennzeichnen, als die Serben 1878 ein eigenes Königreich erhielten: Historisch waren diese kleineren Nationen insofern, als sie schon im Mittelalter und lange vor dem dynastischen Etatismus des → Absolutismus eine staatliche Ordnung gekannt hatten (→ Staat).

Auch das »Kaisertum Frankreich« unter Napoleon I. (seit 1804) faßte sich nach der Zerstörung der aus der Revolution hervorgegangenen Ersten Republik als wirklichem Nationalstaat in einem universalen Sinn als »Empire« auf. Trotz häufiger innerer Veränderungen (1812, 1830, 1848, 1870) verstand sich Frankreich mit seinem wachsenden Kolonialbesitz in Afrika, Asien und Süd-Amerika als Weltmacht.

Selbst Dänemark war mit seiner fast unumschränkten Herrschaft über die Faröer-Inseln, Island (1944 selbständig) und Grönland ebenfalls ein Großreich, das sich erst 1852 vom Absolutismus der »Enevaelde« trennte und parlamentarisierte: demnach eine → Verfassung zuließ und damit der Nation in Gestalt wahlberechtigter Bürger die vertragliche Staatsfähigkeit zurückgab.

An dieser Qualität des »inneren Staatsrechtes« (Hegel) als Verbindung von Nation und Konstitution muß ein echter Nationalstaat gemessen werden. Das »Osmanische Reich« als halbeuropäische Großmacht entsprach dieser fundamentalen Bedingung nicht, ließ aber im Rahmen des »Millet-Systems« vor allem während des 19. Jahrhunderts zu, daß sich christliche Kirchen in seinem Herrschaftsbereich, besonders auf dem Balkan zu Sachwaltern einer gewissen »nationalen Identität« bei den jeweiligen Völkern machen konnten: Allerdings ohne den Gesamtstaat wirklich gefährden zu dürfen.

Zieht man außerdem in Betracht, daß sich in Brasilien nach 1822 ein »Kaisertum« etablierte und auch Mexiko 1864 von einer französischen Interventionsmacht das »Kaisertum« Maximilians aufgezwungen wurde, dann kann nur mit erheblicher Einschränkung davon gesprochen werden, das 19. Jahrhundert sei das »Zeitalter des Nationalstaats« (Leibholz).

Diese Einschätzung trifft für die meisten Republiken in Lateinamerika zu, die sich aus dem Kolonialsystem Spaniens gelöst haben. Aber statt sich zu freiheitlichen Verfassungsordnungen auszubilden, wurden diese »souveränen Staaten« immer wieder vom Putschismus des Militärs heimgesucht und behielten mit wenigen Ausnahmen (Chile, Costa Rica, Uruguay) den Status häufig wechselnder Diktaturen.

Die Bildung eines Nationalstaates mit parlamentarischer Ordnung gelang nur in Belgien 1830, als sich Wallonen, Flamen und Deutsche unter dem Haus Coburg als »Willensnation« konstituierten, die allerdings heute hochgefährdet erscheint. Auch das Einigungswerk Italiens im Zeichen einer unmittelbaren Verbindung von Nation, Konstitution und parlamentarischer Monarchie 1861 entspricht allen Kriterien des National-Staates, auch wenn nicht die gesamte Sprachnation im neuen Gemeinwesen repräsentiert wurde und mit den Deutschen in Südtirol eine fremdsprachige Großgruppe (Nationalität) integriert werden mußte.

Einen Sonderfall stellt das »Einheitswerk« Bismarcks von 1871 dar. Denn das neu gegründete Deutsche Reich löste nicht nur den Deutschen Bund (1815-66) ab, sondern blieb in der Gestaltung eines wirklichen National-Staates auf halbem Wege stehen: Das im Spiegelsaal zu Versailles proklamierte »Kaisertum« Wilhelms I. (1797-1888) verwirklichte nicht die in der Revolution von 1848 geforderte Einheit von Nation und Konstitution.

Das Deutsche Reich besaß bis zur Revolution von 1918 weder eine Verfassung der Menschenrechte und Gewaltenteilung, noch war seine Staatlichkeit durchgehend von Verträgen strukturiert. Als Dachorganisationen halbsouveräner Einzelstaaten, die ihre Dynastien und Erbordnungen behielten, blieb dieses Machtsystem im Kern auf die überkommenen »Kriegsverfassungen« bezogen: Militär, Polizei und Verwaltung führten im Dienste der Dynastien ein Sonderdasein – außerhalb der unmittelbaren Kontrolle durch den ziemlich machtlosen Reichstag.

Mit dem gezielten Ausschluß der Katholiken und der organisierten Arbeiterschaft von staatlichen Funktionen und ihrer Stigmatisierung als »Reichsfeinde« wurde ein Großteil der Nation dem öffentlichen Leben entfremdet und politisch weitgehend entmündigt. Angesichts dieses Befundes trifft das verbreitete Wort von der »verspäteten Nation« (Helmut Plessner) nur bedingt die Problematik der »großpreußischen Lösung« von 1871. Denn das Heilige Römische Reich Teutscher Nation kehrte mit dem Universalfrieden von 1648 zu seiner »herrlichen Reichsstruktur« zurück, die als » Constitution de l'Empire« (Leibniz) all jene Vertragselemente enthielt, die auch den liberalen Verfassungsstaat der Moderne ausmachen. Es waren allein die Vertreter des »dynastischen Fürstenstaates« (Johannes Kunisch), die diese Nationaltradition der Deutschen unterbunden haben und der Nation das Recht verweigerten, in Gerechtigkeit über sich selbst zu bestimmen.

Nationalismus

Will man das Wesen des Nationalismus in seinen historischen Bedingtheiten verstehen, dann genügt es nicht, ihn lediglich als Ausdruck eines bestimmten Nationsverständnisses aufzufassen. Denn seine Geschichte zeigt, daß es »Nationalismus ohne Nation« (Johannes Willms) geben konnte, ja daß er sogar der Bildung und Festigung einer Nation bisweilen vorausgegangen ist.

Besonders Abstammungsmythen und Herkunftslegenden bestätigen den Nationalismus als eine → Ideologie, die vornehmlich aus Wunschbildern und Visionen entwickelt wird, ehe sich aus Einzelmenschen eine Nation konstituieren kann. So hatte der Abbé Sieyès die Existenz des Adels in Frankreich als eine Art fränkischer Fremdherrschaft ausgegeben und mit der »Nation« einen Kampfbegriff gefunden, der neben der politischen Gerechtigkeitsforderung gleichzeitig auf die Ursprünge verwies: Die Franzosen von 1789 waren somit die Erben der alten Gallier und Römer, ja gar Abkömmlinge der Trojaner und damit das historische »Urvolk« überhaupt (→ Revolution).

Ähnliche Nationalphantasien gab es schon Generationen früher im Zeichen des »Goticismus«, der noch Leibniz im 17. Jahrhundert veranlaßt hat, gegen den Schweden Olof Rudbekkius eine Streitschrift über den »Ursprung der Germanen« zu verfassen.

Diese Art von Nationalismus drückt primär die Sehnsucht nach einer historisch begründeten Selbstvergewisserung eines → Volkes aus. Dabei äußert sich meist in der Charakterisierung des Authentischen ein bestimmter Aristokratismus, der »more geometrico« Wertigkeiten und Rangordnungen aufstellen möchte. Allein der europaweite Streit zur Zeit der Renaissance über den Wert der Sprachen verdeutlicht das Streben nach qualitativen Vergleichen: Galt Hebräisch als »göttliche Ursprache«, dann durften die Juden nicht mehr abgewertet und gedemütigt werden; Pascal hielt sich an diese Überlegung, aber Voltaire und Rousseau zwei Generationen später schon nicht mehr.

In diesem Sprach-Nationalismus der Neuzeit wurde Griechisch gegen das Latein ausgespielt oder die »Teutsche Macht- und Heldensprache« gegen das Französische so gelobt wie das Niederländische: Es sollte von allen anderen Sprachen als »Fürstin« anerkannt werden.

Die Übersteigerungen der angeblichen Abkunft von einem »Urvolk« sowie das Hochstilisieren einer vermuteten »Ursprache« kennzeichnen in zahlreichen Varianten noch heute die Auswüchse eines Nationalismus, der vorpolitisch ausgerichtet ist. Dazu gehört auch das Lob mythischer Frauengestalten, mit denen die Geburt der »Nation« in Verbindung gebracht wird. So vollzieht nach dem Shintoglauben in Japan jeder neue Kaiser eine »Vereinigung« mit der Sonne als »Göttin«. Die Gründung der Stadt Athen wird der Göttin Athene zugeschrieben und das Entstehen Roms als »Ewiger Stadt« an die Vorstellung von der nährenden Capitolinischen Wölfin geknüpft. Nationale Identifikationsgestalten wie die Figur der »Germania« (Deutschland) und selbst der »Marianne« als Nationalsymbol der Franzosen bestätigen die überragende Bedeutung des Geburtsprinzips, das selbst noch im Nationalismus des »Risorgimento« (Wiedergeburt) ähnlich ausgedrückt wird wie in den Symbolen weiblicher Freiheitsstatuen.

Dieser starken Tradition, die man auch als *Natalismus* bezeichnen könnte (→ Frauenstatus), stehen aber auch männliche Leitbilder gegenüber. Sie gelten als »Stammväter« eines → Volkes und geben mit ihren Namen sogar »Land und Leuten« ein Identitätsmerkmal. So soll nach Auskunft der Nestor-Chronik der nordische Königssohn Rurik zusammen mit zwei Brüdern und Gefolge eine friedensstiftende Oberschicht in »Rus-Land« gebildet haben, das bis 1598 vom Stammhaus der »Rurikiden« beherrscht wurde. Einen ähnlichen Vorgang kann man bei der Bildung von Saudi-Arabien als dynastischem Gesamtstaat im Jahre 1932 beobachten: Auch hier gab der Emir von Nedjd mit dem Namen Ibn Saud dem neuen Gemeinwesen auf islamischer Grundlage die Staatsbezeichnung.

In politischen Formeln wie Franco-Spanien, Hitler-Deutschland oder Stalin-Rußland setzte sich diese Tradition fort, allerdings im Zeichen eines übersteigerten Nationalismus, der auch *Chauvinismus* genannt wird: wahrscheinlich von dem französischen Napoleon-Verehrer Chauvin hergeleitet, der mit seiner glühenden Begeisterung für den ehemaligen »Erb-Kaiser« auch das eigene Volk im Vergleich mit anderen Nationen gleichsam »vergöttlichte« und jede kritische Distanz vermissen ließ.

Im Nationalismus und noch mehr im Chauvinismus drücken sich durchgehend bestimmte Idealvorstellungen aus, denen kaum jemand in der persönlichen wie politischen Lebensführung wirklich entsprechen kann. Die seit der National-Romantik des 19. Jahrhunderts aufgekommenen Nationalhymnen zeigen in ihren Texten, mit welchen »aristokratischen« oder qualitativen Vorgaben das eigene → Volk bedacht wird. Sehnsüchte nach einem »gelobten Land« (*The promised land*) gehören ebenso dazu wie Erinnerungen an ein vergangenes »Goldenes Zeitalter« und das Verheißen einer glänzenden Zukunft mit »blühenden Landschaften« (Helmut Kohl, 1990).

Dieses Denken hat auch einige Vertreter des Nationalismus in Afrika zur Zeit der Entkolonialisierung in den 1950- und 1960er Jahren geprägt. Im Zuge der Bildung neuer Nationen aus unterschiedlichen Stämmen und Völkern bemühte man eine vorkoloniale Vergangenheit und aktivierte längst vergessene Reichsnamen wie Zaire, Benin oder Zimbabwe. Dieser Rückgriff auf das Eigenständige oder Autochthone dient der Rückversicherung in der eigenen Geschichte und als politische Legitimation für Gegenwart und Zukunft – gegen Ansprüche und Überformungen aus Europa oder Amerika.

Auch hier bestätigt sich der Nationalismus als »vorausgehende« Herkunftsideologie und als Einheitswunsch, der erst noch verwirklicht werden muß. Dabei spielen die Historisierung des Politischen und die Heroisierung des Vergangenen eine fundamentale Rolle bei der Suche nach einem »nationalen« Leitbild. Neben »Urmüttern« und »Stammvätern« können auch bestimmte Landschaften oder bestehende Staaten dafür in Anspruch genommen werden, mit Hilfe des Nationalismus eine Nation zu bilden: Die Region Piemont war für das Einigungswerk Italiens ebenso wichtig, wie der dynastische Staat Preußen für die »Reichseinheit« von 1871 maßgebend wurde.

Diese oft die Geschichte und die politischen Realitäten verzerrenden Seiten des Nationalismus verdrängen den elementaren Bezug von Nation und Konstitution. Dieser Auftrag von 1648, der die Teutsche Nation auf die libertärständische Ordnung der »heilsamen Reichs-Konstitutionen« (Axel Oxenstierna) bezog, wurde nach dem Scheitern der Revolution von 1848 so wenig beachtet wie die Bindungen von 1789 im Geist eines »konstitutionellen Nationalismus« (Alter). Zu Recht wurde einmal darauf hingewiesen, daß »die deutsche Erfahrung« eine Warnung sein sollte, sobald »der innenpolitische Freiheitsgedanke durch das Streben nach nationaler Einheit und nationalistischer Außenpolitik erdrückt« wird (Karl Dietrich Bracher, *SuP*, 1957).

Fazit

Im Gegensatz zu allen »souveränen Kronen« und selbständigen Republiken Europas fanden die Teutschen als politisches → Volk ihr Selbstverständnis bis 1806 in der »Nation«, lange bevor sich die Revolutionen in Amerika oder in Frankreich dieses Begriffes angenommen haben, um eine republikanische Gegenwelt zu gestalten. Erst die bewußt betriebene »Staatsvergötzung« im → Absolutismus hat diese verfassungsbezogene Bindung aufgehoben und es schwer gemacht, Nation, Freiheit und Menschenrechte aufeinander abzustimmen: Die Deutschen waren eher eine frühe und dann gewaltsam verhinderte denn eine »verspätete Nation«.

Aber nicht nur Bismarck und später die Nationalsozialisten haben das naturrechtliche Verständnis von Nation abgelehnt sowie den Nationalismus machtpolitisch mißbraucht, auch in Frankreich selbst, das so stolz auf seine »Grande Nation« ist, hat sich immer wieder gezeigt, daß die Wechselwirkung von Nation und Recht erkämpft werden muß: Die »Affaire Dreyfus« von 1894 ist dafür Beleg genug.

Selbst die Gesellschaft der USA, die sich gerne als »Schmelztiegel der Nationen« (*melting pot of nations*) bezeichnen läßt, muß heute erkennen, daß ihre Integrationsfähigkeit im Zeichen eines kommutativen »Verfassungspatriotismus« an emotionale wie materielle Grenzen stößt: Sie erscheint eher als »mending pot« im Sinne einer Überlappung und partiellen Verschränkung von Menschen und Bürgern unterschiedlicher Hautfarbe und verschiedener Herkunft.

Trotz aller Rückschläge und neuerlicher Auswüchse des Nationalismus in Gestalt von terroristischem Ausländerhaß (→ Xenophobie) oder Vernichtungskriegen gegen nationale Minderheiten zeigt die Geschichte, daß sich Weltbürgertum und Nationalstaat so wenig ausschließlich müssen wie die politische Bildung einer Nation durch das Erlernen der Menschenrechte. Gottfried Keller (1819-90) hat für dieses menschenfreundliche Bestreben einmal die Losung ausgegeben: »Ehre jeden Mannes Vaterland, doch das deinige liebe.«

Literatur

Adanir, Die makedonische Frage, 1979 ✦ *Allmen*, Theologie zwischen Rechtfertigung und Kritik der Apartheid, 1978 ✦ *C.J.L. Almqvist*, ›Svenska Fattigdomens betydelse‹, in: Sveriges litteratur, Bd. VIII, 1965 ✦ *Alter*, Die irische Nationalbewegung zwischen Parlament und Revolution. Der konstitutionelle Nationalismus in Irland 1880-1918, 1971 ✦ *ders.*, Nationalismus, 1983 ✦ *B. Anderson*, Die Erfindung der Nation. Zur Karriere eines erfolgreichen Konzepts, dt. 1988 ✦ *M.L. Anderson*, Windthorst. Zentrumspolitiker und Gegenspieler Bismarcks. Eine politische Biographie, dt. 1989 ✦ *Auer*, Nach zehn Jahren. Materialien und Glossen zur Geschichte des Sozialistengesetzes, 1913 ✦ *Baier*, Mein Okzitanien, 1979 ✦ *Balia*, Christian Resistance to Apartheid. Ecumenism in South Africa 1960-1987, 1991 ✦ *Balibar/Wallerstein*, Rasse, Klasse, Nation. Ambivalente Identitäten, dt. 1990 ✦ *W. Barner*, Nation und Gelehrtenrepublik, 1984 ✦ *J. Basedow u.a.*, Nation und Staat im Internationalen Privatrecht. Zum kollisionsrechtlichen Staatsangehörigkeitsprinzip (Symposium 1988), 1990 ✦ *Birtsch*, Die Nation als sittliche Idee. Der Nationalstaatsbegriff in Geschichtsschreibung und politischer Gedankenwelt Johann Gustav Droysens, 1964 ✦ *J. Blaschke*, Volk, Nation, interner Kolonialismus, Ethnizität. Konzepte zur politischen Soziologie regionalistischer Bewegungen in Westeuropa, 1984 ✦ *S. Braun*, Libanon. Das Exempel. Der Leidensweg libanesischer Christen, 1983 ✦ *Breuilly*, Nationalism and the State, 1982 ✦ *Dakin*, The Greek Struggle for Independence 1821-1833, 1973 ✦ *Della Peruta*, Mazzini e i rivoluzionari italiani, 1830-1845, 1974 ✦ *Droz*, ›Der Nationalismus der Linken und der Nationalismus der Rechten in Frankreich 1871-1914‹, in: HZ 210, 1970 ✦ *Dupront*, ›Du sentiment national‹, in: La France et les Français, 1972 ✦ *Ehlen* (Hrsg.), Der polnische Freiheitskampf 1830/31, 1982 ✦ *F. Engels*, Das Fest der Nationen. In: MEGA, I, 1927-1935 ✦ *Ewig*, ›Volkstum und Volksbewußtsein im Frankenreich des 7. Jahrhunderts‹, in: Settimane V, 1958 ✦ *Faye*, Rede an die europäische Nation, dt. 1986 ✦ *Fichte*, Reden an die deutsche Nation, 5. Aufl. 1978 ✦ *Gellner*, Nationalismus und Moderne, dt. 1990 ✦ *Godechot*, ›Nation, patrie, nationalisme, patriotisme en France au XVIIIe siècle‹, in: AHRF 206, 1971 ✦ *Graus*, Die Nationenbildung bei den Westslawen im Mittelalter, 1980 ✦ *Hättich*, Deutschland. Eine zu späte Nation, 1990 ✦ *Halecki*, Geschichte Polens, dt. 1958 ✦ *J. Hall*, Das Japanische Kaiserreich, 1968 ✦ *Hantsch*, Die Geschichte Österreichs 1648-1918, 1953 ✦ *Hayes*, The Historical Evolution of Modern Nationalism, 3. Aufl. 1963 ✦ *Hilf*, Deutsche und Tschechen. Bedeutung und Wandlungen einer Nachbarschaft in Mitteleuropa, 2. Aufl. 1986 ✦ *Huizinga*, Holländische Kultur im 17. Jhd., 1973 ✦ *Hyslop*, French Nationalism in 1789 according to the General Cahiers, 1934, 2. Aufl. 1968 ✦ *Internationale Gesellschaft für Menschenrechte*, Apartheid – How Much Longer?, 1986 ✦ *Jutikkala*, Geschichte Finnlands, 2.

Aufl. 1976 ✦ *Kamenka* (Hrsg.), Nationalism, 1976 ✦ *Kann*, Das Nationalitätenproblem der Habsburger Monarchie, 2 Bde., 1964 ✦ *Klönne*, Zurück zur Nation? Kontroverse zu deutschen Fragen, 1984 ✦ *H. Kohn*, Die Idee des Nationalismus, 1962 ✦ *v. Krockow*, Nationalismus als deutsches Problem, 1974 ✦ *E. Lemberg*, Geschichte des Nationalismus in Europa, 2 Bde., 1950 ✦ *Lepsius*, Extremer Nationalismus, 1966 ✦ *Lüben*, Die Basken und ihr Land Euskadi, 1990 ✦ *Macek*, Die Hussitenbewegung in Böhmen, 1958 ✦ *Mandela*, Mein Kampf gegen die Apartheid, dt. 1991 ✦ *T. Mayer*, Verwaltungsreform in Ungarn nach der Türkenzeit, 2. Aufl. 1980 ✦ *Chr. Meier*, Athen, 1993 ✦ *Meinecke*, Weltbürgertum und Nationalstaat, 2. Aufl. 1969 ✦ *B. Meissner*, Die Sowjetunion, die baltischen Staaten und das Völkerrecht, 1956 ✦ *ders.*, Staat und Nation in der Sowjetunion, 1985 ✦ *Minogue*, Nationalismus, dt. 1970 ✦ *O. Molden*, Die europäische Nation. Die neue Supermacht vom Atlantik bis zur Ukraine, 1990 ✦ *Motschmann*, Sozialismus und Nation. Wie deutsch ist die »DDR«?, 1979 ✦ *Muskens*, Partner im nationalen Aufbau. Die Katholische Kirche in Indonesien, dt. 1979 ✦ *Niepold*, Der deutsche Chauvinismus, 1913 ✦ *Nonnenbroich*, Der Nationalismus Kurt Schumachers und die Spaltung der Flensburger Arbeiterbewegung 1945-1954, 1976 ✦ *Plessner*, Die verspätete Nation, 1959, 1982 ✦ *Prinz*, Böhmen im mittelalterlichen Europa, 1984 ✦ *Raupach*, Der tschechische Frühnationalismus, 1939, 2. Aufl. 1969 ✦ *N. Reiter*, Gruppe, Sprache, Nation, 1984 (Balkanologische Veröffentlichungen, 9) ✦ *Renner*, Die Nation. Mythos und Wirklichkeit, 1964 ✦ *Ribhegge*, Europa. Nation. Region. Perspektiven der Stadt- und Regionalgeschichte, 1991 ✦ *Rosenstock-Huessy*, Die europäischen Revolutionen und der Charakter der Nation, 1987 ✦ *Rothfels*, Bismarck und der Staat. Ausgewählte Dokumente, 3. Aufl. 1958 ✦ *Schieder*, ›Idee und Gestalt des übernationalen Staates‹, in: HZ 184, 1957 ✦ *Šmahel*, ›The Idea of the »Nation« in Hussite Bohemia‹, in: Historica XVI, 1969 ✦ *H. Schmidt*, Die Deutschen und ihre Nachbarn, 1990 ✦ *Seton-Watson*, Nations and States, 1977 ✦ *Sieyès*, Qu'est-ce que le Tiers État?, 1970 ✦ *Snyder*, The New Nationalism, 1968 ✦ *W. Sombart*, Händler und Helden. Patriotische Besinnungen, 1915 ✦ *Svennung*, Zur Geschichte des Goticismus, 1967 ✦ *Thalheimer*, Die Affäre Dreyfus. Dokumente, 1963 ✦ *Vanecek*, Základy právního postavení českéhom státu 12.-15. století, 3 Bde., 1933/39 ✦ *Vocke*, Der umstrittene Krieg im Libanon, 1980 ✦ *B. Willms*, Die Deutsche Nation, 1982 ✦ *J. Willms*, Nationalismus ohne Nation, 1983 ✦ *Wittram*, Das Nationale als europäisches Problem, 1954 ✦ *Wuthe*, ›Nation und Gesellschaft. Anmerkungen zum Problem der sozio-ökonomischen Bedingtheit der nationalen Fragen‹, in: Deutschland-Archiv 16, 1983 ✦ *Zmarzlik*, ›Das Kaiserreich in neuer Sicht?‹, in: HZ 202, 1976.

Nord-Süd-Relation

Die seit der Ölpreiskrise von 1973/74 verstärkt geführte Diskussion über die Nord-Süd-Problematik im Zeitalter der Wachstumsgrenzen hat neben den ökonomischen Fragen hinsichtlich einer vernünftig geleisteten *Entwicklungshilfe* die Aufmerksamkeit auch darauf gelenkt, daß es im historischen Selbstverständnis vieler Völker eine besondere Nord-Süd-Relation gibt.

Auch wenn die polare Zuordnung bedeutender Orte, Städte oder Landesteile von geographischen Lagen abhängig ist und als ein Ergebnis des Zufalls aufgefaßt werden könnte, so hat doch die offenkundige Zweiheit häufig Veranlassung gegeben, darin etwas Mythisches oder Symbolisches zu sehen. Es gibt genügend Belege dafür, daß diese Polarität identitätsstiftend und bewußtseinsbildend gewirkt hat, ja vor allem dort Einfluß nahm, wo eine »Mythomotorik der Zweiheit und Vereinigung« (Jan Assmann) festzustellen ist.

Ohne nähere Kenntnis dieser alten Prägung wird es schwer sein, für die heutige Nord-Süd-Problematik zwischen Industriezonen und strukturschwachen Gebieten mehr an Verständnis aufzubringen als technokratische Vorschläge für ihre künftige materielle Angleichung. Denn es geht dabei auch um einen Kulturauftrag zur Erhaltung des lokalen, regionalen oder nationalen Eigenwertes.

Historische Vorläufer

Der Nil teilte das pharaonische Ägypten nicht nur in eine östliche Lebens- und in eine westliche Todeshälfte. Er gab mit seinem Süd-Nord-Lauf auch die Richtung vor, in der das Untere und das Obere Reich aufeinander zu beziehen waren. Die »vereinigende« Pharaonenkrone ziert denn auch auf der Stirnseite ein Schlangen- und ein Geierkopf als Embleme der beiden Reichsteile: Diese stehen zwar für sich selbst, bestätigen aber in Gestalt des Pharao die gegenseitige Abhängigkeit.

Diesem Befund entspricht auch die Symbolik auf den jeweiligen Thronen. Dort vereinigen die Götter-Brüder Horus und Seth die Wappenpflanzen von Ober- und Unter-Ägypten, ohne ihre Unterschiede aufzuheben. Dabei »verkörpert Horus die Zivilisation, Seth die Wildnis, Horus das Recht, Seth die Gewalt, Horus die Ordnung, Seth die Unordnung« (Assmann).

Diese sinnreiche Symbolik brachte zum Ausdruck, daß Recht und Ordnung nur dann der

Nutzenmehrung und Schadensabwehr dienen, wenn sich die Menschen und der Pharao aktiv dafür einsetzen, die Gegenkräfte der Gewalt und des Chaos einzudämmen. Erfolge stellen sich in diesem Bemühen aber nur dann ein, wenn es genügend Kenntnisse über beide Bereiche gibt, das heißt auch über Land und Leute.

Die Nord-Süd-Struktur in ihrer dualen Symbolik galt nicht nur in der Hochkultur Ägyptens mit seinen göttergleichen Pharaonen. Sie findet sich auch in China, im »Reich der Mitte«, dessen Herrscher bis zur Ausrufung der Republik im Jahre 1911 den Titel »Söhne des Himmels« trugen. Der mächtige Jangtsekiang teilte dieses flächenmäßig riesige Reich in zwei Hälften, und in beiden entwickelten sich kulturell-politische Zentren mit den einfachen, aber hochsymbolischen Namen »Peking«, was »Hauptstadt des Nordens« bedeutet, und »Nanking« oder »die Hauptstadt des Südens«. Auch hier fand in Gestalt eines »Kaisers« die Vereinigung beider Reichsteile statt, deren Sprachen er beherrschen mußte. Angesichts der sechs Tonhöhen im Süden und der vier Tonhöhen im Norden war das eine herausragende geistige Leistung und der Nachweis legitimer Herrschaft.

Auch in Europa gibt es diese polare Entsprechung. So faßten sich die Schweden und Goten in Svea- und Göta-Land als die »ältesten Völker« der Menschheit auf, die von Gog und Magog abstammten, den Enkeln Noahs. Noch im Jahre 1442 spricht ihre erste Gesamtverfassung (»Landslag«) davon, daß Schwedens Reich »von heidnischer Welt« sei und aus den »Ländern nördlich und südlich des Waldes« bestehe.

Begrifflich nicht ganz so ausgeprägt, aber der Sache nach ähnlich war auch das Heilige Reich in der geographischen Mitte Europas in seinem Inneren so aufgeteilt, daß es zwei Rechtsbereiche gab – das nördliche Geltungsgebiet des Sachsenspiegels und das südliche des Schwabenspiegels. Die Bildung des *Norddeutschen Bundes* im Jahre 1866 gegenüber den süddeutschen Staaten bestätigte nicht nur das entstandene politische Gefälle in Nord-Süd-Richtung, sondern auch die Unterschiede der Mentalität. Denn vor allem in den süddeutschen Städten wurden die Traditionen der Selbstverwaltung gepflegt und damit die Abwehr fürstlicher Bevormundungen und dynastischer Selbstherrlichkeiten.

In Frankreich wiederum, das stark regional gegliedert war, bildete die Loire eine über Jahrhunderte geltende Grenze zwischen den südlichen »Ländern des geschriebenen Rechts« und den nördlichen Landschaften, die das Gewohnheitsrecht kannten. Diese auch sprachliche Gliederung der Krone Frankreich fand erst 1804 ein Ende, als der »Code Napoléon« im gesamten neuen Kaiserreich in Kraft trat und Französisch durchgehende Verwaltungs- und Gerichtssprache wurde.

Die Teilung in Nord- und Südprovinzen durch den Rhein (Waal) setzte sich in den Niederlanden auch im religiösen Bereich fort, als sich im Lauf der → Reformation der Norden weitgehend dem Calvinismus anschloß, während der Süden überwiegend katholisch blieb und bis 1830 (Gründung des Königreiches Belgien) unter dem starken Einfluß Habsburg-Spaniens stand.

In einem anregenden Essay stellte der Kulturphilosoph Ortega y Gasset auch für Spanien eine tiefgreifende Nord-Süd-Relation fest. Dabei verglich er die Kriegerkultur im nördlichen Kastilien mit der Wasserbau-Kultur in Andalusien und erinnerte an ähnliche Strukturen im alten China.

Selbst in der Neuen Welt bildete sich eine vergleichbare Relation aus. Zwar hatten sich im Jahre 1776 dreizehn Kolonien an der Ostküste Nordamerikas als *Vereinigte Staaten* vom Mutterland Großbritannien getrennt und stießen in den »Wilden Westen« vor. Doch der Bürgerkrieg von 1861 bis 1865 wurde zwischen den Nord-Staaten und den Süd-Staaten (»Konföderierte Staaten«) blutig ausgefochten: Der sklavenfreie und industrialisierte Norden wollte den überwiegend agrarischen Süden zwingen, die Sklaverei aufzugeben, was nominell und rechtlich gelingen sollte.

In Erinnerung auch an diesen fundamentalen Konflikt in den USA, der durch die Bürgerrechtsbewegung der 1960er Jahre erneut ins Bewußtsein der weißen Bevölkerung gerufen wurde, verstärkte sich die Aufmerksamkeit hinsichtlich der Nord-Süd-Beziehungen zwischen »reichen« Industrieländern auf der Nordhalbkugel und »armen« Entwicklungsländern hauptsächlich auf der Südhalbkugel der gemeinsamen Erde: Im Zeichen der Forderung nach einem »gerechten Ausgleich« für die bisherige Ausbeutung entfachte sich die Diskussion über eine künftige Wirtschaftsordnung zwischen Nord und Süd.

Heutige Situation

Die historischen Beispiele zur Nord-Süd-Relation zeigen in jedem einzelnen Fall, daß die jeweiligen Regierungen »vereinigter« Länder über ein hohes Maß an Herrschaftswissen verfügen mußten, um den divergierenden Bedürfnissen zu genügen.

Genau daran aber scheint es heute all jenen in Regierung, Wirtschaft, Technik und Bankwesen zu mangeln, die sich in den hochentwickelten Ländern des »Nordens« mit den Problemgebieten des »Südens« auseinanderzusetzen haben. Denn statt von einer natürlichen und menschlichen *Gleichberechtigung* beider Bereiche auszugehen, herrscht immer noch in Europa und in den USA die Vorstellung, daß sich das »unterentwickelte« Land den Standards und Industrienormen des Nordens anzupassen habe: Sein kultureller, sozialer und ökonomischer Eigenwert wird in der Regel so wenig berücksichtigt, daß es immer wieder zu Investitionsruinen kommt, zu Planungspleiten und schweren Störungen der inneren Verhältnisse.

Die bisherigen Fehleinschätzungen der Entwicklungshilfe sind Legion. Sie werden auch in Zukunft nicht abzustellen sein, solange die Hilfe des Nordens nicht zur *Selbsthilfe* der betroffenen Länder wird. Deren Wirksamkeit ist aber nur dann gewährleistet, wenn die meist europäisierten Eliten in den nachkolonialen »Entwicklungsländern« auf die Bedingungen ihrer Gemeinwesen gebührend Rücksicht nehmen und nicht in der forcierten Industrialisierung den Inbegriff des Fortschritts oder gar das Heil der Zukunft sehen (→ Industrialismus).

Ein Musterbeispiel für den gegenwärtigen Teufelskreis einer fehlgeleiteten Entwicklungspolitik stellt Algerien dar. Seit seiner kriegerischen Befreiung durch die FNL vom »kolonialen Joch« Frankreichs wurde diesem nordafrikanischen Land die nationale Unabhängigkeit und Souveränität garantiert (Abkommen von Evians. 1962). Nach einer Phase innerer Machtkämpfe (Ben Bella) erreichte es eine gewisse Konsolidierung (Boumedienne) und entschied sich für einen »sozialistischen« Kurs vor allem in der Wirtschaft. Dabei spielte die Verstaatlichung der Ölvorkommen (Hassi-Messaoud) eine wesentliche Rolle. Denn mit den nach der Ölpreiskrise von 1973 steigenden Einnahmen aus dem Öl- und Gasgeschäft wurde die staatliche Industrialisierung vorangetrieben – mit Technik aus dem Osten (Sowjetunion) wie aus dem Westen (Frankreich, Schweden).

Bei dieser »Modernisierung« als Anpassungsprozeß an die Industrieländer wurden jedoch die Bewahrung und der Ausbau der Landwirtschaft stark vernachlässigt. Trotz steigender Bevölkerungszahl nahm die politische und technokratische Elite eine zunehmende Schwächung des Agrarsektors in Kauf und förderte damit die Landflucht – aus dem südlichen Hinterland in die wachsenden Städte des Nordens und an der Küste.

Der seit 1985 sinkende Ölpreis brachte Algerien in ähnliche Schwierigkeiten wie das Ölförderland Nigeria südlich der Sahara oder selbst Venezuela in Südamerika. Statt eine Zukunftsentwicklung mit Vollbeschäftigung und materiellem Wohlstand führte die einseitige Industriepolitik mit i#hrer *Mono-Struktur* in Arbeitslosigkeit und zunehmende Verelendung. Genau dies aber ist der Nährboden für politischen und ideologischen Extremismus, aus dem die islamische und fundamentalistische »Heilsfront« ihren Nutzen zieht: weg vom Westen und seiner Hochtechnisierung des Erwerbslebens und hin zu vorindustriellen Lebensweisen (→ Fundamentalismus).

Es ist mehr als nur ein äußeres Symbol, daß die »Heilsfront« Algeriens von einem »westlich« gebildeten Ölingenieur angeführt wird, der in der bisherigen Industrialisierung des Landes eher »Teufelswerk« sieht. Denn Technik und Ausbeutung der Bodenschätze allein lösen nicht die Zukunftsprobleme und geben erst recht keine befriedigenden Antworten auf religiös gestellte Sinnfragen. In Ermangelung eines »kapitalistischen Sündenbocks« – die →Multis haben seit gut dreißig Jahren keinen besonderen Einfluß mehr – geraten in der materiellen wie geistigen Krise der 1990er Jahre zunehmend Minderheiten in Gefahr: Berber-Stämme und vor allem »westlich« oder europäisch ausgerichtete Intellektuelle (→ Xenophobie).

Der Fall Algerien zeigt, daß eine Reihe hausgemachter Fehler (teure Bürokratie, Militärausgaben, Staatsverschuldung, Korruption, Vetternwirtschaft) zusätzlich den Modernisierungsprozeß belastet. Darauf aber möchten einige Wortführer des »Südens« nicht näher eingehen, gilt doch in ihren Kreisen die Erklärung, daß die Unterentwicklung im wesentlichen auf der Eingliederung der betroffenen Länder »in das kapitalistische Weltsystem« beruhe.

Diese verbreitete These ist im Rahmen des *Nord-Süd-Dialogs* widerlegt worden, ohne daß damit die Mitverantwortung der Multis oder der Industrieländer geleugnet würde (Elsenhans). Im Eifer gegen die ehemaligen Kolonialmächte als »Ausbeuter« und »Verelender« wurde oft übersehen, daß diese selbst gerade durch den Raubbau in ihren Kolonien oder »Treuhandgebieten« in eine innere Verarmung geraten sind. Portugal und Spanien haben aus ihren Überseegebieten unermeßliche Reichtümer gezogen und gelten seit dem Ende ihrer Kolonialherrschaft als »Armenhäuser Europas«, weil sie es versäumt haben, das eigene Land zu entwickeln. Sogar England und Frankreich, die sich zur Zeit des Kolonialismus im 19. Jahrhundert in hohem Maße industrialisiert haben, kämpfen heute mit den Folgen ihres Patrimonialverhaltens in Übersee. Man hatte sich Güter und Rohstoffe angeeignet, ohne sie »gerecht« zu bezahlen. Außerdem wurden die Menschen in den Kolonialgebieten »zivilisiert« und in »technische Abhängigkeiten« gebracht, die trotz staatlicher Souveränität oder nationaler Unabhängigkeit weiterbestehen.

Was die Nord-Süd-Diskussion über eine »gerechte Weltordnung« (Olof Palme) seit einigen Jahren zusätzlich belastet, ist die unabweisbare Tatsache einer schweren Strukturkrise selbst in einst prosperierenden und innovativen Ländern, die nie Kolonialmacht waren. Hier tat sich seit den 1970er Jahren besonders Schweden hervor, dessen Ehrgeiz lange Zeit darin bestand, mindestens 1 % des jährlichen nationalen Haushaltes für Entwicklungsprojekte in den Ländern des »Südens« bereitzustellen. Heute ringt dieses Land, das seit 1809 keinen Krieg geführt hat und als der beste »Wohlfahrtsstaat« der Welt gilt, mit der Umstrukturierung seiner Industrie und Wirtschaft. Ja, es muß sogar in seinem Inneren ein hausgemachtes Nord-Süd-Problem bewältigen: die systematische Entvölkerung der Nordprovinzen und die Konzentration des Erwerbslebens auf die Südregionen.

Das streckenweise dramatische Zusammenbrechen von ehedem so hochgelobten Industriestrukturen in wichtigen Ländern des »Nordens« – ob »kapitalistisch« wie in England oder »sozialistisch« wie in Rußland – verdeutlicht eine Welt im Umbruch, für die es kein Patentrezept gibt, zumal globale Belastungen (Umweltgifte durch Verbrennungsmotoren, Ozonloch, Verschmutzung der Meere) sowohl den Norden als auch den Süden treffen.

Literatur

Adrian (Hrsg.), Der Nord-Süd-Konflikt. Dokumentation, 1991 ✦ *v. Albertini*, Europäische Kolonialherrschaft 1880-1940, 1976 ✦ *Ansprenger*, Auflösung der Kolonialreiche, 1977 ✦ *Assmann*, ›Frühe Formen politischer Mythomotorik‹, in: Revolution und Mythos (Harth/Assmann), 1992 ✦ *Blake*, The History of Slavery and the Slave Trade. Ancient and Modern, 1858 ✦ *Bley u.a.* (Hrsg.), Sklaverei in Afrika, 1991 ✦ Borrmann u.a., Handels- und Entwicklungspolitik im Nord-Süd-Dialog, 1985 ✦ *Braczyck/Niebur*, Innovationsdefizit und Nord-Süd-Gefälle. Ein Vergleich ... aus den Regionen Ruhrgebiet und Mittlerer Neckar, 1987 ✦ *Cotterell*, Der erste Kaiser von China. Der größte archäologische Fund unserer Zeit, 1983 ✦ *Custer/Imesch*, Villages socialistes agricoles en Algerie, 2. Aufl. 1978 ✦ *Elsenhans*, Nord-Süd-Beziehungen. Geschichte. Politik. Wirtschaft, 1984, 1987 ✦ *ders.*, Abhängiger Kapitalismus oder bürokratische Entwicklungsgesellschaft, 1981 ✦ *P.B. Evans*, Dependent Development. The Alliance of Multinational. State and Local Capital in Brazil, 1979 ✦ *Foders*, Handelspolitik und weltwirtschaftliche Integration von Entwicklungsländern. Das Beispiel Argentiniens, Brasiliens und Jamaikas, 1987 ✦ *A.G. Frank*, Capitalism and Underdevelopment in Latin America, 1969 ✦ *A.G. Friedrich*, Der Nord-Süd-Dialog zu Beginn der 80er Jahre, 1982 ✦ *Furtado*, Le mythe du développement économique, 1976 ✦ *Gocht/Jütte-Rauhut*, Bergbau und Energiewirtschaft der ASEAN-Region, 1990 ✦ *Grabowski/Nusser*, Das Entwicklungsland Algerien, 1991 ✦ *dies.*, Probleme des Industriestaates England, 1991 ✦ *H. Heide*, Die langfristige Wirtschaftsplanung in Schweden, 1965 ✦ *Henningsen*, Der Wohlfahrtsstaat Schweden, 1986 ✦ *Hirschmann*, Die Strategie der wirtschaftlichen Entwicklung, 1967 ✦ *Kebschull*, Nach Energiekrise: Rohstoffkrise, 1981 ✦ *ders. u.a.*, Vermarktung und Verteilung von Rohstoffen, 1973 ✦ *ders. u.a.*, Industrialisierung im Nord-Süd-Dialog. Vorschläge zur 3. Generalkonferenz von UNIDO und Bewertung des Verlaufs, 1980 ✦ *B. Keller*, Der Nord-Süd-Konflikt. Globale Gefährdung – gemeinsame Verantwortung, 1991 ✦ *K. Krüger*, Schweden in Europa, 1990 ✦ *Krüger-Charlé*, Modernisierung und Sklaverei. Die Industrialisierungsdebatte im Alten Süden der USA 1840-1860, 1988 ✦ *Kuhfus* (Hrsg.), China. Dimensionen der Geschichte, 1990 ✦ *Labonde*, De Gaulles Algerienpolitik, 1981 ✦ *Lauff*, Die Außenpolitik Algeriens 1962-1978. Phasen und Bezugsfelder, 1981 ✦ *Mellah*, Algerien. Momentaufnahmen aus einem Land im Umbruch, 1991 ✦ *Möller*, Unternehmen pro Umwelt. Ansätze ganzheitlichen Denkens in Politik und Wirtschaft, 1988 ✦ *v. Münchhausen*, Kolonialismus und Demokratie. Die französische Algerienpolitik von 1945-1962, 1977 ✦ *B. Nelson*, Der Ursprung der Moderne. Vergleichende Studien zum Zivilisationsprozeß, 2. Aufl. 1984 ✦ *Nestvogel*, Bildung und Gesellschaft in Algerien. Anspruch und Wirklichkeit, 1985 ✦ *Palme*, Politik är att vilja, 1978 (Reden und Vorträge) ✦ *Panikkar*, Rückkehr zum Mythos, dt. 1990 ✦ *W. Peukert*, Der atlantische Sklavenhandel von Dahomey (1740-1797), 1978 ✦ *Pieck*, Algerien – die wiedergewonnene Würde, 1987 ✦ *Rücker*, Grenzen neoliberaler Strategie im Nord-Süd-Konflikt, 1982 ✦ *Schliephake*, Erdöl und regionale Entwicklung. Beispiele aus Algerien und Tunesien, 1975 ✦ *Senghaas* (Hrsg.), Peripherer Kapitalismus. Analysen über Abhängigkeit und Unterentwicklung, 1974 ✦ *Stan u.a.*, Probleme Algeriens als Entwicklungsland, 1990 ✦ *Verein für Sozialpolitik* (Hrsg.), Die Handelspolitik der wichtigsten Kulturstaaten in den letzten Jahrzehnten, 4 Bde., 1989 ✦ *Wehling* (Hrsg.), Probleme deutscher Doppelbesteuerungsabkommen mit Entwicklungsländern, 1989 ✦ *Wiegelmann*, Nord-Süd-Unterschiede in der städtischen und ländlichen Kultur Mitteleuropas, 1985 ✦ *Wigforss*, Socialism i vår tid, 1971 ✦ *Wirz*, Sklaverei und kapitalistisches Weltsystem, 1984 ✦ *ders.*, Vom Sklavenhandel zum kolonialen Handel, 1972 ✦ *Zenk*, Konzentrationspolitik in Schweden, 1971 ✦ *Zheng*, Mythen des alten China, dt. 1990.

Opposition

In Übereinstimmung mit der Weimarer Verfassung von 1919 kommt auch im Bonner Grundgesetz von 1949 kein unmittelbarer Hinweis auf die Berechtigung einer parlamentarischen Opposition vor. Selbst die juristischen Fachkommentare zu beiden Verfassungen tun sich schwer, über das technische Wirken einer Opposition hinaus deren Wesen zu bestimmen und als verfassungsimmanentes Element zu würdigen.

Gerade in dieser auffallenden Zurückhaltung zeigt sich, daß eine demokratische Verfassung in der deutschen Diskussion nur bedingt als Ausdruck einer drittwirkenden Vertragslage betrachtet wird (→ Verfassung). Dabei vermittelt bereits die Integrationsformel »Rex in Parlamento«, wie sie das Verfassungsrecht in England seit dem 17. Jahrhundert kennt, daß der zugehörige Rechtstitel »Opposition Ihrer Majestät« nur denkbar ist, weil König oder Königin mit jeder Regierung und dem periodisch gewählten Parlament in eine Vertragsgemeinschaft treten.

Carlo Schmid, der die französische Verfassungstradition gut kannte, sprach denn auch davon, daß »sich Opposition und Regierung gegenseitig bedingen«. Diese Wechselwirkung hat aber weniger etwas mit dem politischen Willen im Parlament zu tun, wie Schmid glaubte, als vielmehr mit der Vertragserwartung, daß sich beide Seiten auf das Wohl des Gemeinwesens beziehen müssen – ohne Ansehen ihrer ideologischen Positionen.

Deswegen sitzt der Regierungsseite (Premierminister, Fachminister und mehrheitsfähige Partei) im englischen Unterhaus (House of Commons) auch die Oppositionsseite frontal gegenüber. In dieser Anordnung, die stark an einen Gerichtssaal erinnert, gehört es zur Hauptaufgabe der in Parlamentswahlen unterlegenen Seite, die Regierung dauernd an den beeideten Verfassungsauftrag zu gemahnen – die durchgehende Förderung des Gemeinen Besten.

Widerstandsrecht

Als der Adel der Krone Ungarn im Jahre 1222 das »Aufstandsrecht« (*ius insurrectionis*) von König Andreas III. garantiert bekam (Goldene Bulle), da wurde auf Generationen hinaus dreierlei festgeschrieben: 1. Das → Gottesgnadentum des Königs als Inhaber der höchsten Regierungs- und Richtergewalt war Ausdruck eines Herrschaftsvertrages mit den Ständen, der ein aktives Widerstandsrecht einschloß – gegen vermeintliches Unrecht und Ungerechtigkeit. 2. Entsprechend der Gerichtsstruktur des alteuropäischen Parlamentarismus hatten alle Mitglieder eines Reichs- oder Landtages, die nicht in der Regierungsverantwortung standen, Sachwalter und Treuhänder aller Verfassungsrechte zu sein – entsprechend einem Advokaten vor Gericht. 3. Wurde von seiten der königlichen Regierung (Exekutive) die von den Ständen wahrgenommene »Macht zu erinnern« nicht hinreichend beachtet, dann konnte die Rechts- und Vertrags-Opposition aktiven Widerstand leisten, der sogar zur militärischen Erhebung gesteigert werden durfte.

Das Konföderationswesen Alteuropas vor den repressiven Zeiten des → Absolutismus hat in diesem grundlegenden Verhältnis ebenso seinen Ursprung wie die besonderen Ausschüsse der Reichs- und Landtage, die eine fachliche Rechtskontrolle auszuüben hatten und noch heute ein wichtiges Instrument jeder parlamentarischen Opposition sind, vor allem die Untersuchungsausschüsse.

Die Hauptaufgabe der Opposition bestand demnach nicht darin, Alternativen zur meist königlichen Regierung aufzuzeigen, vielmehr hatte sie in Gestalt eines Parlamentes die wichtigste *Hüterin der Verfassung* zu sein. Sie konnte in der Wahrnehmung ihrer Aufsichtspflicht nicht bestimmen, daß diese oder jene Handlung auszuführen sei, aber sie durfte darauf dringen, daß bestimmte Aktivitäten zu unterbleiben hatten, sofern der König mit seiner Regierung als »gerecht« betrachtet werden wollte.

Opposition bedeutete hier stets die Wachsamkeit, das »öffentliche Vertrauen« (*fides publica*) nicht stören oder gar zerstören zu lassen. Aus dieser libertären Bindung leitete sich auch in liberalen Verfassungszeiten das Recht jeder Opposition ab, der Regierung im Parlament die »Vertrauensfrage« zu stellen: Ohne Vertragslage wäre dieses Instrument der Opposition nicht denkbar.

So bedeutend war die Opposition als Rechtskontrolle und Verfassungssicherung geworden, daß absolutistisch gesinnte Fürsten stets bestrebt waren, sie auszuschalten. Nicht zufällig kommt das Wort Kontrolle von »contrerôle«, was soviel wie »Gegenliste« bedeutete als Ausdruck einer fundamentalen Gegenseitigkeit, die nach Übereinstimmung von Wort und Werk, Recht und Tat verlangte. Gerade das aber war dem Haus Habsburg ziemlich lästig. Deshalb drang es auch nach dem Tököly-Aufstand von 1678 und nach der Türken-Abwehr von 1683 darauf, daß das »Aufstandsrecht« von 1222 aufgehoben wurde. Das gelang im Jahre 1687 und löste eine lange innere Krise aus. Noch 1703 befürchtete der Aufständler Rákóczi in guter Kenntnis des Patrimonialismus seiner Zeit, daß Habsburg darauf hinarbeite, »ein freies Volk unter ein knechtisches Joch« zu bringen, d.h. den Ungarn »das absolutum dominium einer eitlen Erbschaft« aufzunötigen.

Das ist nicht auf allen Ebenen des libertären Verfassungslebens dieser Krone gelungen. Denn ihre politischen Stände haben sich immer wieder dagegen gewehrt, ihre Verfassungen und Rechtsbücher (Tripartitum) von der »Absolutezza« Habsburgs stornieren zu lassen.

Gut hundert Jahre nach der Aufhebung des Widerstandsrechtes in Ungarn beriefen sich die Revolutionäre von 1789 genau auf dieses elementare Recht »freier Menschen« und zählten es unter die Menschenrechte – als erlaubter und gebotener »Widerstand gegen Unterdrückung«.

Von diesem Fundamentalrecht ist zwar in der Folgezeit wenig geblieben. Aber selbst noch die präsidiale Verfassung der V. Republik von 1958 sah als wesentliches Instrument des Parlaments (Nationalversammlung und Senat) die Möglichkeit vor, gegen die amtierende Regierung einen *Mißtrauensantrag* einzubringen. Wer diesen Ausdruck höchster Kritik und Kontrolle unterstützte, war aber gehalten, »die Prinzipien der nationalen Souveränität und der Demokratie zu respektieren« (Art. 4). Wie groß das Mißfallen angesichts von Regierungsmaßnahmen auch sein mochte, so blieben doch alle »Parteien und politischen Gruppierungen« im Parlament verpflichtet, den Rahmen des Rechts nicht zu verlassen: Opposition erhielt damit wie in England den Charakter eines öffentlichen Amtes im Dienste des Gemeinwohls.

Ordnungsgarant

Mit der Amtsübernahme des Primeministers in der Krone England tritt gleichzeitig auch der »Oppositionsführer« sein Verfassungsamt als Kontrolleur an. Er wird für diese Tätigkeit sogar aus der Staatskasse bezahlt und ist aufgefordert, zusammen mit seiner in den Wahlen unterlegenen Partei eine politisch-rechtliche Gegenwehr zu betreiben: Ganz dem Römischen Recht gemäß, das den Terminus »oppositus« als »Pfand« auffaßte und in dessen Inhaber einen Treuhänder sah.

Im »Schattenkabinett« der Opposition verfügt somit der König über ein Rechts- und Druckmittel gegenüber der eigenen Regierung, bei »law and order« zu bleiben. Diese starke Stellung der größten Oppositionspartei schließt allerdings nicht aus, daß auch einzelne Abgeordnete eine individuelle Opposition versuchen können, selbst gegen den »Einpeitscher« der eigenen Fraktion, der oft mit harten Mitteln auf die Parteidisziplin bei Abstimmungen im Parlament zu achten hat. Gegen dieses ziemlich starre System treten immer wieder »Opponenten« an, die im Ernstfall die opponierende Partei verlassen und sich der regierenden Seite anschließen oder aber als »Einzelkämpfer« agieren.

Zu dieser Individualisierung der Opposition als Gegenstück zum meist verfassungswidrigen »Fraktionszwang« gehört auch die garantierte *Gewissensfreiheit* eines Abgeordneten. Er soll ja nicht als Parteivertreter im Parlament tätig sein, sondern als Repräsentant des Wahlvolkes, das ihm sein »Vertrauen« auf Zeit gegeben hat (→ Parteiwesen). Gewissensfreiheit und Widerstandsrecht aber gehören unmittelbar zusammen, so daß ein Abgeordneter seinen öffentlichen Auftrag als Treuhänder schwer verletzen würde, gäbe er aus Eigennutz oder aus Parteiräson allein sein Recht auf Opposition auf. Er muß es selbst gegen die eigene Partei und Regierung wahrnehmen, sollte er dies aus Gerechtigkeitsgründen für geboten halten.

Für die dabei auftretenden Kollisionen und Gewissensnöte gibt es in der Parlamentsgeschichte viele Beispiele. Denn die Erfüllung dieses Ideals überfordert doch vor allem jene Abgeordneten, die von außerparlamentarischen Interessengruppen im Wahlkampf finanziert werden. Das gilt besonders in den USA, wo die Parteien eher Gesinnungsbewegungen und Wahlkampforganisationen sind, die von starken Wirtschaftskräften reichlich »gesponsort« werden.

Die Fähigkeit zur parlamentarischen Opposition erfordert von jedem einzelnen Abgeordneten ein Höchstmaß an Kontrollbereitschaft, Sachkenntnis und Mut, sich in Sachfragen gegen den »mainstream« in der eigenen Partei oder im Plenum zu stellen. Dabei hat er allerdings darauf zu achten, daß die systemimmanente Opposition nicht zum Selbstzweck wird und er am Ende in eine *Obstruktion* verfällt, in eine Gegenwehr um jeden Preis, die Schadensbegrenzung und Nutzenmehrung nicht mehr im Gleichgewicht zu halten vermag. Das gilt auch für die Parteien und Fraktionen insgesamt, die nicht an der Regierung beteiligt sind.

Wirkliche parlamentarische Opposition hat das Gemeinwohl als politisches Ziel vor Augen und ist bestrebt, mit konstruktiver Kritik die gegnerische Regierung zu Optimalleistungen zu bringen, in der Hoffnung, daß diese Parlamentsarbeit bei künftigen Wahlen vom Wähler honoriert wird. Das gilt für die Reden im Plenum, die Arbeit in den Ausschüssen, für die großen und kleinen Anfragen bei der Regierung, im Bereich der eigenen Gesetzesinitiativen oder auch für die Verfassungsklagen bei besonders schwierigen und grundsätzlichen Rechtskonflikten (→ Recht).

Würde es eine Opposition nur darauf anlegen, mit ihrer Parlamentspolitik eine amtierende Regierung zu stürzen, dann hätte sie den Sinn ihrer Arbeit verfehlt, nämlich ein Ordnungsgarant des Gemeinwesens zu bleiben. Angesichts dieser Gefahr hat das Bonner Grundgesetz das *konstruktive Mißtrauensvotum* eingeführt: Ein Bundeskanzler als Regierungschef kann demnach nur dann von der Opposition im Bundestag gestürzt werden, wenn sie selbst über genügend Stimmen verfügt, eine eigene Regierung mit Mehrheit durchzusetzen (Art. 67 GG), und sofern der Bundespräsident zustimmt.

Außerparlamentarische Opposition

Gilt die parlamentarische Opposition gleichsam als ein »Unterpfand« der Verfassung und der Stabilität, so gibt es auch oppositionelle Gruppen und Bewegungen, die nicht verfassungsgebunden sind.

Die Geschichte kennt hier zahlreiche Beispiele, die einen gewissen Doppelcharakter aufweisen und dazu zwingen, genau zu differenzieren. So bedeutete die Forderung der calvinistischen *Hugenotten* in Frankreich, ihre Konfession offiziell zu dulden, einen schweren Angriff auf die »Katholizität« des Landes. Jeder König, der diesem Ansinnen nachgab, konnte des Verfassungsbruchs bezichtigt werden. Heinrich IV. verschaffte gegen alle Warnungen und auch gegen die Rechts-Opposition des Parlement de Paris seinen ehemaligen Glaubensgenossen die angestrebte Sicherung und wurde deshalb als »Tyrann« (*rex injustus*) von Ravaillac im Jahre 1610 getötet (→ Tyrannentod). Dabei waren die meisten Hugenotten ebenso »gute Untertanen« wie die Katholiken, indem sie ihre Steuern zahlten und die sonstigen Gesetze achteten.

Die Mitglieder der frühen *Sozialdemokratie* seit 1863 sahen sich im neuen Reichstag von 1871 in eine parlamentarische Opposition gedrängt, die schon vom Machtsystem der Bismarck-Ordnung keine Chance bekam, in Regierungsstellung zu gelangen. Gleichzeitig fühlten sie sich auch in der Wilhelminischen Gesellschaft von den »besitzenden Klassen« ausgesperrt und kultivierten eine eigene Form von Opposition: Gegen das »herrschende System« (Wilhelm Liebknecht), an dem nur mitgearbeitet wurde, um es in einen »freien Volksstaat« (August Bebel) verwandeln zu können.

Nach dem gescheiterten Putsch und dem »Marsch auf Berlin« 1923 entschied sich Adolf Hitler für einen legalen Weg zur »Machtergreifung« und in den Reichstag, während zur gleichen Zeit außerhalb des Parlaments der Aufbau einer Gegenwelt begonnen wurde – mit Privatarmee, Jugendorganisationen und einem effektiven Parteiapparat. Die *Nationalsozialisten* nutzten die Möglichkeiten der legalen Opposition im Parlament, um dieses und die → Demokratie insgesamt abzuschaffen, was 1933 auch gelingen sollte.

Im Gefolge der Großen Koalition zwischen CDU und SPD von 1966 bis 1969 war es der kleinen Freidemokratischen Partei (FDP) als einziger Oppositionspartei im Bundestag nicht leichtgefallen, den Verpflichtungen einer umfassenden Kontrolle der Regierung Kiesinger/Brandt in allen Bereichen nachzukommen. In dieser Zeit bildete sich eine *außerparlamentarische Opposition* (APO), deren organisatorischer Kern aus den Reihen des Sozialistischen Deutschen Studentenbundes (SDS) kam. Vorwiegend eine Reformbewegung an den Universitäten und Hochschulen, der auch zahlreiche liberale und selbst sozialdemokratische Gruppierungen angehörten, suchte sie mit unkonventionellen politischen Mitteln eine tiefgreifende Erneuerung des privaten wie öffentlichen Lebens herbeizuführen.

Dabei spielten Einflüsse des Reform-Marxismus (Herbert Marcuse) oder des Euro-Kommunismus (Antonio Gramsci) eine wichtige Rolle. Aber von nicht geringerer Bedeutung für die liberalen und sozialdemokratischen Strömungen innerhalb der APO war die Aneignung des Bonner Grundgesetzes als identitätsstiftende und rechtliche Absicherung der eigenen Aktionen als »mündige Bürger« und aufgeklärte Akademiker. So wurde der »Häuserkampf« in Städten wie Frankfurt am Main oder West-Berlin theoretisch immer wieder mit der »Sozialbindung« des Eigentums nach Artikel 14 GG begründet, wobei die Besetzung leerstehender Häuser den Besitzern demonstrieren sollte, daß sie den Schutz des Eigentums zu Spekulationszwecken mißbrauchten.

Nicht anders war es beim Streit um die 1968 im Bundestag eingebrachten »Notstandsgesetze«. Unter fortwährender Berufung auf den Artikel 20 GG wurde ein ziviles Widerstandsrecht reklamiert, das in der Menschenrechtserklärung von 1789 ebenso einen Vorläufer besaß wie in der Goldenen Bulle von 1222. In einer bislang beispiellosen Diskussions-Bewegung übten sich unzählige Bürger auch außerhalb der Universitäten und Schulen in einer Opposition gegen verfassungsvergessene Politiker, die Vorbehaltsrechte der Alliierten durch eine Notstandsordnung ersetzen wollten. Sie wurden besonders an den Absatz 4 dieses Substanzartikels erinnert, in dem es heißt: »Gegen jeden, der es unternimmt, diese Ordnung zu beseitigen, haben alle Deutschen das Recht zum Widerstand, wenn andere Abhilfe nicht möglich ist« (→ Gehorsam).

Es besteht kein Zweifel, daß diese außerparlamentarische Opposition der 68er Studentenbewegung viel dazu beigetragen hat, den »Machtwechsel« (Gustav Heinemann) nach der Bundestagswahl von 1969 zu vollziehen, mit dem die sozial-liberale Koalition zwischen SPD und FDP unter Brandt/Scheel ihre Reformarbeit aufnahm. Das, was Dolf Sternberger zehn Jahre später »Verfassungspatriotismus« nennen sollte, hat in dieser Oppositionsbewegung erste Ausprägungen erfahren.

Ebenso unstreitig ist, daß das garantierte Widerstandsrecht auch zum Mißbrauch geführt hat, wobei sich radikale Kräfte im Umfeld der APO in den → Terrorismus treiben ließen: anfangs nur in Form von »Gewalt gegen Sachen«, der jedoch in den 1970er Jahren gewalttätige Übergriffe gegen Menschen in hohen gesellschaftlichen oder wirtschaftlichen Positionen folgen sollten (RAF, Revolutionäre Zellen).

Fazit

Opposition als Rechtswiderstand gehört in der Freiheitsgeschichte Europas zu den fundamentalen Verfassungsgeboten. Sie muß daher im parlamentarischen Leben mehr sein als nur eine von Parteien getragene »Alternativ-Möglichkeit« (Fraenkel/Goller) bei Wahlen. Richtig verstanden ist sie ein wesentliches Unterpfand von Freiheit und Recht, für das Mitglieder der Bekennenden Kirche ab 1934 ebenso mutig eingestanden sind wie die Studenten der Weißen Rose im Widerstand gegen den Nationalsozialismus. Nicht anders haben sich in Osteuropa die Dissidentengruppen verhalten, die sich in bedrückender Opposition gegen die Diktaturen des Bolschewismus auf lange Sicht durchgesetzt haben: Sie wollten weder das Wort noch das → Recht gebeugt sehen, um aufrecht leben zu können.

Literatur

Aas, Von der Illegalität in Berlin zur Opposition in Bayreuth. Das Leben des unabhängigen Sozialisten Ewald Naujoks, 1988 ✦ *R. Albrecht u.a.*, Widerstand und Exil 1933 - 1945, 1986 ✦ *Allerbeck*, Soziologie radikaler Studentenbewegungen. Eine vergleichende Untersuchung in der Bundesrepublik Deutschland und den Vereinigten Staaten, 1973 ✦ *C. Arndt*, Amt und Mandat. Ausgewählte Reden und Schriften aus drei Jahrzehnten. 2 Bde., 1989 - 91 ✦ *Biller*, Vom Kaiserreich zur Apo. Eine Lehrerin erzählt aus ihrem Leben. Ein Beitrag zur pädagogischen Kasuistik, 1988 ✦ *I. Bode*, Ursprung und Begriff der parlamentarischen Opposition, 1962 ✦ *v. Bredow*, Über das Recht auf Widerstand und seine Konsequenzen. Rede zum 20. Juli 1944, 1989 ✦ *ders.*, Moderner Militarismus. Analyse und Kritik, 1983 ✦ *G. Brunner*, Politische Kultur, Nationalitäten und Dissidenten in der Sowjetunion, 1982 ✦ *Dahl* (Hrsg.), Political Oppositions in Western Democracies, 1966 ✦ *Damkowski* (Hrsg.), Der parlamentarische Untersuchungsausschuß, 1987 ✦ *van Lutz*, Oppositionelles Lehrerverhalten 1933 - 1945. Biographische Berichte über den aufrechten Gang von Lehrerinnen und Lehrern, 1988 ✦ *Dubiel*, Kritische Theorie der Gesellschaft. Eine einführende Rekonstruktion von den Anfängen im Horkheimer-Kreis bis Habermas, 1988 ✦ *ders. u.a.*, Die demokratische Frage, 1989 ✦ *Dutschke*, Mein langer Marsch. Reden, Schriften und Tagebücher aus zwanzig Jahren, 1980 (Hrsg. Dutschke-Klotz u.a.) ✦ *K. W. Fricke*, Opposition und Widerstand in der DDR, 1984 ✦ *ders.*, Politik und Justiz in der DDR. Zur Geschichte der politischen Verfolgung 1945 - 1968. Bericht und Dokumentation, 1979 ✦ *Geck*, Die Fragestunde im Deutschen Bundestag, 1986 ✦ *Giddens*, Die Konstitution der Gesellschaft. Grundzüge einer Theorie der Stukturbildung, dt. 1988 ✦ *M. Gleich*, Chile: Spielräume der demokratischen Opposition zwischen Diktatur und Demokratie, 1991 ✦ *Graml* (Hrsg.), Widerstand im Dritten Reich. Probleme, Ereignisse, Gestalten, 1984 ✦ *Grob*, Kleidungsverhalten jugendlicher Protestgruppen im 20. Jhd. am Beispiel der Wandervogel- und Studentenbewegung, 1985 ✦ *Gruner*, Regierung und Opposition im schweizerischen Bundesstaat, 1969 ✦ *Hantos*, The Magna Charta of the English and of the Hungarian Constitution. A comparative view of the Law and Institution of the early middle ages, 1904 ✦ *Härt*, Die Rede- und Abstimmungsfreiheit der Parlamentsabgeordneten in der Bundesrepublik Deutschland, 1983 ✦ *Honneth/Wellmer* (Hrsg.), Die Frankfurter Schule und die Folgen, 1986 (Symposion 1984) ✦ *Horkheimer*, Traditionelle und Kritische Theorie. Fünf Aufsätze, 1992 ✦ *H. Hübner*, Sozialdemokratische Hochschulpolitik, Ordinarienuniversität und Studentenbewegung, 1982 ✦ *Kastning*, Die deutsche Sozialdemokratie zwischen Koalition und Opposition 1919 - 1923, 1970 ✦ *Kipka*, Die Untersuchungsausschüsse des Deutschen Bundestages, 1985 ✦ *G. Kretschmer*, Fraktionen, Parteien im Parlament, 1984 ✦ *Kirchberger*, Die »Weiße Rose«. Studentischer Widerstand gegen Hitler in München, 1980 ✦ *Kürzdörfer*, Pädagogik des Gewissens, 1982 ✦ *Lienhard*, Zwischen Gott und König. Situation und Verhalten der französischen Protestanten nach der Aufhebung des Edikts von Nantes, 1986 ✦ *R. Löwenthal/zur Mühlen* (Hrsg.), Widerstand und Verweigerung in Deutschland 1933 bis 1945, 1984 ✦ *E. Lorenz* (Hrsg.), Widerstand, Recht und Frieden. Ethische Kriterien legitimen Gewaltbrauchs - eine interkonfessionelle und ideologiekritische Studie, 1984 ✦ *Malettke*, Opposition und Konspiration unter Ludwig XIV. Studien zur Kritik und Widerstand gegen System und Politik des französischen Königs während der ersten Hälfte seiner persönlichen Regierung, 1976 ✦ *H. Marcuse*, Konterrevolution und Revolte, dt. 1974 ✦ *ders.* u.a., Studentenbewegung - und was danach?, 1979 ✦ *Mittmann*, Fraktion und Partei. Ein Vergleich von Zentrum und Sozialdemokratie im Kaiserreich, 1976 ✦ *Mock*, Gewissen und Gewissensfreiheit, 1983 ✦ *Müller-Sternberg*, Machtmonopol und Gewissensfreiheit. Der Kommunismus und seine russischen Kritiker, 1974 ✦ *Nickel* (Hrsg.), Gewissensentscheidung und demokratisches Handeln, 1984 ✦ *Oberreuter* (Hrsg.), Parlamentarische Opposition. Ein internationaler Vergleich, 1974 ✦ *Podlech*, Das Grundrecht der Gewissensfreiheit und die besonderen Gewaltverhältnisse, 1969 ✦ *K. A. Raaflaub u.a.*, Opposition et résistances à l'empire d'Auguste à Trajan, 1987 ✦ *Rath*, Adornos Kritische Theorie. Vermittlungen und Vermittlungsschwierigkeiten, 1982 ✦ *G. Rein*, Die protestantische Revolution 1987 - 1990. Ein deutsches Lesebuch, 1990 ✦ *M. Reinhardt*, Politische Opposition in Taiwan 1947 - 1988. Die demokratische Fortschrittspartei, 1989 ✦ *Rothe*, Der Südafrikanische Kirchenrat (1968 - 1988): Aus liberaler Opposition zum radikalen Widerstand, 1990 ✦ *Rothfels*, Deutsche Opposition gegen Hitler. Eine Würdigung, 1986 ✦ *I. Runge*, Gregor Gysi: »Ich bin Opposition«. Ein Porträt, 1990 ✦ *Rupp*, Außerparlamentarische Opposition in der Ära Adenauer. Der Kampf gegen die Atombewaffnung in den fünfziger Jahren, 3. Aufl. 1984 ✦ *Saladin/Sitter* (Hrsg.), Widerstand im Rechtsstaat, 1988 ✦ *Schallwig*, Die Studentenbewegung der 60er Jahre in den USA und der BRD. Zur sozialwissenschaftlichen Perzeption jugendlichen Protestverhaltens, 1983 ✦ *U. Schneider*, Die Bekennende Kirche zwischen »freudigem Ja« und antifaschistischem Widerstand, 1986 ✦ *Schollwer*, Liberale Opposition gegen Adenauer. Aufzeichnungen 1957 - 1961, 2. Aufl. 1991 ✦ *Stadler*, Die parlamentarische Kontrolle der Bundesregierung, 1984 ✦ *Stürmer*, Regierung und Reichstag im Bismarckstaat 1871 - 1880. Cäsarismus oder Parlamentarismus, 1975 ✦ *ders.*, Koalition und Opposition in der Weimarer Republik 1924 - 1928, 1967 ✦ *v. Thadden* (Hrsg.), Die Hugenotten 1685 - 1985, 2. Aufl., 1986 ✦ *Veen*, Opposition im Bundestag, 1976 ✦ *J. Vetter*, Die Parlamentsausschüsse im Verfassungssystem der Bundesrepublik Deutschland, 1986 ✦ *Zwahlen*, Opposition in der direkten Demokratie, 1979.

Ordnung

Es gehört zu den Eigentümlichkeiten des modernen Diskurses über das vertraglich geregelte Verhältnis von Recht und Macht oder Gesetz und Amtsgewalt, daß unter liberal denkenden Deutschen die englische Formel *Law and order* oft abgewertet, ja gar als Ausdruck von Repression aufgefaßt wird. Diese abwehrende Haltung hängt mit historisch bedingten Erschütterungen zusammen. Sie haben jenes Vertrauen verunsichert, das noch der Kirchenvater Augustinus aus religiöser Gewißheit vermitteln konnte: »Halte Ordnung und die Ordnung wird dich halten«.

So machte etwa die Aussperrungspolitik Bismarcks gegenüber Katholiken und Sozialdemokraten seit 1873 und 1878, die unter dem offiziellen Schlagwort »Rechtsschutz« erzwungen wurde, den Staat als angeblich »heilige Ordnung« (Schiller, Hegel) in hohem Maße suspekt. Die Forderung nach *Recht und Ordnung* kam seither auch in den Ruf, die herrschenden Machtverhältnisse um jeden Preis sichern und eine Menschenrechtsverfassung mit Gewaltenteilung verhindern zu wollen.

Die Erinnerung Nietzsches an das Streben machthabender Deutscher, daß sie sich meist auf dem »Schleichweg zum Chaos« befinden, wenn sie von »Ordnung« reden, hat das Unbehagen an diesem Begriff noch verstärkt, nicht weniger als sein Mißbrauch im Nationalsozialismus. Gleichwohl ist es nötig, ihn im Kontext »westlichen« Vertragsgeistes zu erörtern und in seiner positiven Anlage zu erhalten.

Familie

Von kirchlicher wie konservativer Seite wird die Familie auch heute noch als eine Art Schöpfungsordnung Gottes empfunden, meist ungeachtet der zahlreichen Veränderungen, die diese gesellschaftliche Einrichtung seit den Zeiten des Alten und Neuen Testamentes erfahren hat (→ Gesellschaft).

Von der Vorstellung ausgehend, daß vor allem die Einehe (Monogamie) zwischen Frau und Mann ein »ewig« geregelter Rahmen für die Fortpflanzung und die Sicherung der Kinder (→ Erbwesen) sei, wurde diese öffentlich sanktionierte Ordnung nicht nur als »Keimzelle der Gesellschaft« (René König) betrachtet: Sie galt auch als ein »absolutes Prinzip, worauf die Sittlichkeit eines Gemeinwesens beruht« (Hegel).

Diesen und ähnlichen Erklärungen, die den solitär und zölibatär lebenden Menschen abwerten, liegt Hegels weitere Ansicht zugrunde, daß »die Ehe nicht das Verhältnis eines Vertrags über ihre wesentliche Grundlage ist«. Damit festigte er ihren sogenannten »Ewigkeitswert«, den nur der Tod eines Ehepartners aufheben konnte, und ließ auch eine institutionelle Drittwirkung nicht zu – vor allem nicht eine Ehescheidung, die das kanonische Recht der katholischen Kirche im Regelfall noch immer verweigert.

Dabei nannte schon Luther die Ehe nicht mehr ein »Sakrament« als »geheiligte Ordnung«, sondern ein »weltlich Ding«, das unter bestimmten Bedingungen aufgelöst werden konnte. Diese Auffassung wurde für protestantische Fürstenkreise eine hochpolitische Angelegenheit und führte gar dazu, daß sich Heinrich VIII. von England von der Römischen Universalkirche löste, weil der Heilige Stuhl seiner Ehescheidung nicht zustimmen wollte.

Diese Entheiligung der Ehe und Familie war eine Grundbedingung dafür, in der Verbindung von Mann und Frau einen bürgerlichen Vertrag zu sehen, der eine gewisse Gleichstellung zwischen ihnen voraussetzte und dem Gebot der Gegenseitigkeit unterlag. Der Code Napoléon von 1804 entsprach zwar dieser strukturellen Bindung, erlaubte es jedoch durch Zusatzbestimmungen nicht, daß sich die Ehefrau in allen Familienangelegenheiten als gleichberechtigt auffassen durfte (→ Frauenstatus). Im Deutschen Reich wurde nach 1871 die Säkularisierung der Ehe gegen heftigen Widerstand von katholischer Seite durchgesetzt und die Zivilehe als Vertragsgemeinschaft erlaubt.

Das Besondere war nun, daß diese drittwirkende Rechtsqualität mit der Möglichkeit einer Scheidung nach dem »Schuldprinzip« nicht auf die Struktur des → Staates übertragen wurde, obgleich Ehe und Familie immer wieder als »Grundlage des Staates« gepriesen werden konnten. So war in Kirchen-, Lehrer- und Universitätskreisen des Wilhelminischen Deutschland die Ansicht weit verbreitet, daß Kritiker des überkommenen Familienbegriffs letztlich den Umsturz des Staates betreiben wollten, wenn sie nur auf der vollen Gleichberechtigung der Ehefrau bestanden. Es hieß dann zur Abwehr aller Reformen: »Die Familie, das Fundament des Staates, muß eingerissen werden, dann stürzt das Staatsgebäude von selbst zusammen«.

Diese Position verdrängte völlig, daß der vertraglich strukturierte Rechts- und Verfassungsstaat seit 1789 auf dem *Individualprinzip* aufbaut und Ehe wie Familie nur einen besonderen Schutz gewährt, wie heute noch das Bonner Grundgesetz (Art. 6). Mit Recht wurde dann auch in der späteren Gegenkritik vermerkt, »daß es keinen größeren, keinen grimmigeren Feind der Familie geben kann als den autoritären Staat: In Sowjetrußland ... (wie) im faschistischen Staat Italien, (wo) Kinder eher dem Staatschef Mussolini als ihren leiblichen Eltern gehören« (Joseph Roth, 1932).

Der Staat als Machtsystem einer Diktatur mußte geradezu darauf ausgerichtet sein, Ehe und Familie dort zu bekämpfen, wo in dieser Gemeinschaft mit Vertragscharakter die Gegenseitigkeit und → Treuhandschaft über Kinder und Vermögen gepflegt wurde. Denn in dieser Qualität bedeutete die Familie tatsächlich das Gegenprinzip, weil sie sich autoritärer Verfügung entzog.

Wie sehr sich die politische Rechte in ihrer vordergründigen Verherrlichung von Ehe und Familie (Kindergeld, Steuererleichterung, Abtreibungsverbot, Scheidungserschwernis, Erbhofdenken) gerade in diesem Bereich verrechnet hatte, zeigte sich besonders unter dem Vichy-Regime in Frankreich zwischen 1940 und 1944. Seine Losung »Familie, Arbeit, Vaterland« sollte ein Gegengewicht zur Revolutionsparole der Liberalen und Linken bilden. Aber die Ablehnung von »Freiheit, Gleichheit, Brüderlichkeit« führte zu einem bemerkenswerten propagandistischen Mißerfolg. Ein wesentlicher Grund dafür lag wohl auch darin, daß alle drei Bereiche in ihrem Kern von Verträgen abhängig waren: Ob in Gestalt eines Ehe- und Erbvertrages, eines Arbeits- und Tarifvertrages oder bei der Wahl zur Besetzung öffentlicher Ämter als ein bindender und auf Kontrolle angelegter »Gesellschaftsvertrag« oder »Contrat social« (Rousseau).

In diesen Kontraktsverpflichtungen nach Maßgabe des kommutativ Gerechten wird erkennbar, warum Ehe und Familie als Erwerb- und Erbgemeinschaft viele Belastungen durch staatliche oder politische Veränderungen überdauert haben: Sie bilden eine *Primärordnung* auf Gegenseitigkeit und sind von der → Treuhandschaft abhängig.

Infolge der Industrialisierung und weitgehenden Liberalisierung »westlicher« Gesellschaften sind vor allem nach 1945 neue Ordnungsformen des Zusammenlebens entstanden (»Onkelehen« ohne Trauschein zur Sicherung der Kriegsrente, Wohngemeinschaften und »wilde Ehen«, die auf kirchliche oder staatliche Sanktionierung ihrer Lebensgemeinschaften verzichten). Ihnen allen aber ist gemeinsam, daß sie sich nicht von einer gegenseitigen → Verantwortung lösen können, ohne selbst Schaden zu nehmen: eine Grundeinsicht jeder → Kultur.

Kommunal-Ordnung

Nach dem Ende des Heiligen Reiches im Jahre 1806 wurde von den dynastischen Diktaturen die Entpolitisierung von Städten und Gemeinden (Kommunen) betrieben, soweit sie nicht schon vorher erzwungen worden war.

Besaßen vor 1806 die alten Reichsdörfer, Reichstäler und Reichsstädte mitunter einen hohen Grad an kommunaler Selbstverwaltung, wobei die Rechte der »Spießbürger« geachtet waren, so konzentrierte sich jetzt das Interesse der Reformpolitiker mehr auf eine technische Bewältigung der kommunalen Ordnung im Sinne eines patrimonial strukturierten Gesamtstaates der herrschenden Dynastien.

Obgleich noch heute vor allem die Vertreter der *Preußischen Reformen* nach 1806 in einem verklärenden Licht dargestellt werden, so zeigt sich doch bei genauem Hinsehen, daß sie alle an einem strukturellen Grundkonflikt gescheitert sind. Die Gestalt des Reichsfreiherrn vom Stein (1757-1831) ist dafür beispielhaft.

Aus guter Kenntnis des → Absolutismus im Hohenzollernschen Preußen wußte er, daß die dynastische *Selbstregierung* der vergangenen Jahrzehnte »keine Einrichtungen« geschaffen hatte, »wo sich Gemeingeist, Übersicht des Ganzen bilden (und) gewisse feste Verwaltungsmaximen entwickeln konnten«. Neben seinen Klagen über die verhängnisvollen Destruktionen des überkommenen Machtsystems machte er in Preußens schwerster Krise den Vorschlag, die alte landständische Verfassung wieder in einigen Bereichen zu beleben und sich sonst am »Self-Government« Englands zu orientieren, ohne jedoch das parlamentarische System in seiner gesamten Vertragsanlage zu übernehmen. Steins Vorstellungen liefen trotz einer gewissen Reaktivierung des ständischen und politischen Faktors darauf hinaus, die Verwaltungen in den kommunalen Ordnungen effektiver zu gestalten, ohne ihnen das alte libertäre Gewicht des Politischen zurückzugeben: eine »Reform«, die selbst heute noch in einzelnen *Gemeinde-* und *Städteordnungen* nachwirkt.

Das Selbstverständnis der amerikanischen Demokratie – »All politics are local« – hat zwar nach 1945 in der amerikanischen Besatzungszone zu erheblichen Veränderungen geführt, namentlich in den Gemeindeverfassungen Baden-Württembergs. Aber eine gründliche Politisierung der Gemeinden, Landkreise, kreisfreien Städte und Großstädte blieb doch in vielen Bundesländern Stückwerk. Selbst das Bundesverfassungsgericht wollte in einem Grundsatzurteil die Rechtsqualität der Kommunen auf eine »reine« Verwaltungsordnung reduziert sehen (BVerfGE 2).

Wie stark dieses Ordnungsdenken in Verwaltungsbahnen ausgeprägt war und immer noch ist, vermittelt auch die wichtige Einrichtung des *Landrates*. Vor 1806 bekleidete er als ständischer »Land-Commissarius« das rechtlich-politische Amt eines Repräsentanten der Landstände und galt als Treuhänder vorhandener Vertragsverfassungen. Mit dem Aufkommen des Absolutismus aber wurde sein systematisches »Absterben« betrieben, wie sich Friedrich Wilhelm I. zu seinem antilibertären Vorgehen ausdrückte. An die Stelle des Ständevertreters trat jetzt das sogenannte Land-Commissariat, das nur ein Exekutiv- und Verwaltungsorgan der jeweiligen dynastischen Diktatur sein durfte. So führte das neugeschaffene »Königreich Bayern« unter Ludwig I. ohne Beteiligung eines Pfälzischen Landtages im Jahre 1818 in der linksrheinischen Pfalz ein derartiges Commissariat ein, mit dem Stadt und Land bis ins letzte Wasgaudorf kontrolliert und auch politisch kujoniert werden konnten – über Generationen hinweg.

War es schon der Revolution von 1918 und der Weimarer Republik nicht gelungen, dieses wichtige Mittlerorgan zwischen Landesregierungen und Kommunen zu demokratisieren, so wurde es von den Nationalsozialisten zu einem schlagkräftigen Instrument des Führer-Systems ausgebaut. Im Jahre 1939 erhielt dieses Commissariat die heute noch geltende Bezeichnung »Landrat«, ohne jedoch an die alten libertären Traditionen anknüpfen zu wollen. Erst gut fünfzig Jahre später sollte der Landtag von Rheinland-Pfalz die konstitutionellen Grundlagen dafür schaffen, daß ab 1994 ein Landrat nicht mehr von der Landesregierung ernannt, sondern demokratisch gewählt wird.

Eine weitere Besonderheit der absolutistischen Reform- und Verwaltungsrelikte findet sich auch im Bereich einiger *Städte-Ordnungen*. So werden in den Städten des Bundeslandes Hessen die jeweiligen Dezernenten für die vorhandenen Fachressorts auf sechs Jahre gewählt, während die parlamentarische Legislaturperiode für die jeweilige Stadtverordneten-Versammlung nur vier Jahre dauert: ein Zustand, der bei wechselnden Wahlmehrheiten manche Lähmung und Verwirrung gestiftet hat, aber immer noch »geltendes Recht« ist.

Statt die Dreiteilung von Wahlvolk, Gemeinderat und Bürgermeister in ihrer vertraglichen Anlage auf Gegenseitigkeit zu stärken, hat man sie in Rheinland-Pfalz (unter CDU-Mehrheit) und in Hessen (SPD-Mehrheit) Ende der 1960er Jahre durch eine sogenannte Verbandsgemeinde-Reform erheblich geschwächt.

Vordergründig sollte nach dem Vorbild der in Schweden neugebildeten Kommunalblöcke das Gefälle zwischen Stadt und Land abgebaut werden, gleichsam als Akt einer ausgleichenden Gerechtigkeit (Finanzausgleich). In Wirklichkeit aber wurden mit dieser gezielten Ordnungspolitik die Bürgermeister einseitig gestärkt, und gleichzeitig setzte eine Enthistorisierung größten Ausmaßes ein. Denn die historisch gewachsenen Kommunalstrukturen, die oft bis ins Mittelalter zurückreichten, wurden jetzt durch künstliche Verwaltungsordnungen ersetzt, wobei auch noch die Verbandsgemeinden Kunstnamen wie »Taunusstein 1, 2, 3, 4« erhielten. Die von SPD und FDP geplante Zusammenlegung der alten Städte Gießen und Wetzlar (einst Sitz des Reichskammergerichtes) zur Kunststadt »Lahn« ist am anhaltenden Widerstand der Bürger gescheitert. Nicht anders verhielten sich die Bürger der Wasgau-Gemeinde Bundenthal in der Pfalz. Als sie mit dem Nachbarort Bruchweiler zum Kunstdorf »Wieslautern« zusammengelegt werden sollten, erlitt die CDU ihre größte Wahlschlappe und die FDP ihren höchsten Wahlsieg, weil sie hier gegen die Zwangsvereinigung stimmte: Die Bürger kämpften auch vor dem Staatsgerichtshof um ihr Recht auf Selbstverwaltung und »Graswurzel-Demokratie« – und nach zehn Jahren Prozessieren und Protestieren setzten sie sich endgültig durch.

Diese Verwaltungsmentalität in allen demokratischen Parteien, die letztlich nur auf eine Konzentration der Kräfte und damit auf eine Zentralisierung der Kompetenzen hinausläuft, ist selbst auf der Ebene der neuen Europa-Struktur zu beobachten. Auch hier fühlen sich die Kommissionen der Kontrolle des Europa-Parlamentes und damit der Wahlbürger weitgehend entzogen. Statt die Chancen zur Erweiterung der demokratischen Mitbestimmung zu nutzen, sind Kräfte und Interessen am Werk, denen eine Mediatisierung des Bürgers wichtiger scheint als dessen Qualität, Steuerzahler, Treuhänder und Souverän zu sein.

Das verstärkte Aufkommen von Bürgerinitiativen und Freien Wählergemeinschaften besonders bei Kommunalwahlen ist ein basisdemokratischer Ausdruck und Protest gegen die von oben verordnete Entmündigung und Fremdbestimmung durch selbstherrliche Politiker, die sich formal auf ein »rationales« Ordnungsdenken berufen und damit nur die Politikverdrossenheit fördern.

Übergeordnete Zusammenschlüsse wie der Deutsche Städtetag (kreisfreie und kreisgebundene Städte sowie die Stadtstaaten Bremen, Hamburg und Lübeck), der Deutsche Städte- und Gemeindebund (kreisgebundene Städte und Gemeinden) oder auch der Deutsche Landkreistag können trotz ihres korporativen Gewichtes nicht darüber hinwegtäuschen, daß der Abbau kommunaler Demokratie und der Ausbau von Verwaltungen mit Lebenszeit-Beamten auf Dauer dem ganzen Gemeinwesen nicht nutzen kann. Denn wenn sich der Bürger in seinem ureigenen Umfeld politisch entfremdet oder gar entmündigt vorkommen muß und das »Wohlüberschaubare« (Aristoteles, Rousseau) in seinem dezentralen Ordnungswert verkannt oder mißachtet wird, dann geraten alle jene Werte in eine ernsthafte Krise, ohne die eine demokratische Ordnung nicht denkbar ist – »Union, Justice and Confidence«.

Welt-Ordnung

Die Vorstellung von einer übergreifenden und *gerechten Ordnung* nährte sich schon in der Antike aus dem Bestehen und Wirken der Pax Romana. Später gründete sie sich auf den angeblichen Heilsplan Gottes, alle Menschen auf Erden zu »erlösen« und am Ende der Zeiten einen *Ordo mundi* entstehen zu lassen – eine universelle Friedensordnung in Gerechtigkeit.

Bekanntlich ist diese Sehnsucht noch nicht in Erfüllung gegangen, und auch alle anderen Versuche sind gescheitert, mittels einer Hegemonie oder Vorherrschaft so etwas wie eine *Universalmonarchie* entstehen zu lassen, die der ganzen Welt ein einheitliches Gesetz gibt und alles Streiten in Frieden verwandelt.

Das Streben der Habsburger nach einem »Dominium totius orbis« oder einer Beherrschung des gesamten Erdkreises wurde im Teutschen Krieg und seinem »Universalfrieden« von 1648 ebenso durchkreuzt wie später die Vorstellungen Ludwigs XIV. oder Napoleons I., von Frankreich aus politisch und kulturell eine hegemoniale Stellung zu erreichen und zu stabilisieren. Auch der zweimalige »Griff nach der Weltmacht« (Fritz Fischer) von deutscher Seite – 1914 und 1939 – endete in einem militärischen, politischen und menschlichen Fiasko.

Kaum anders verhielt es sich, als einige Zaren im Zeichen der Dritte-Rom-Ideologie – »Rom die ganze Welt« – nach einer »Weltdiktatur« strebten und ihre Nachfolger von 1917 gar davon träumten, mittels einer »Weltrevolution« überall auf Erden den »Sieg des Sozialismus« erringen zu können und damit ein »ewiges« Friedensreich ohne Klassenkampf (→ Sozialismus).

Unter dem Leitstern von »Imperium et Libertas« (Rechtsmacht und Freiheit) eiferten zwar einige Staatsmänner des Britischen Weltreiches der römischen Universalidee nach (Benjamin Disraeli). Aber auch das weitgehend parlamentarische »Commonwealth« als bisher größtes Länderreich der Geschichte konnte die innere Einigkeit nicht auf Dauer sichern. Der unaufhaltsame Abstieg Großbritanniens als Weltmacht nach 1945 begünstigte den Aufstieg der USA, ohne daß deren Bemühen um eine Pax Americana und um die Rolle eines »Weltpolizisten« länger als eine Generation gedauert hätte.

Trotz offenkundiger Überanstrengungen und Überschätzungen fanden sich die im Zweiten Weltkrieg siegreichen »Weltmächte« in der Organisation der *Vereinten Nationen* (UNO) zusammen. Dieses Sieger-Kartell zur Verhinderung einer Weltherrschaft des Nazismus und Faschismus hat zwar in fast fünfzig Jahren Tätigkeit nicht wenig dafür geleistet, die kriegerische Welt wieder zum → Frieden zu führen. Aber die Zeichen mehren sich nach dem Niedergang der Sowjetunion und auch der USA, daß diese weltumfassende Organisation nicht das zustandebringen wird, was sich der US-Präsident George Bush nach dem Krieg um Kuwait 1990/91 erhofft hat – eine neue und gerechte Weltordnung (*New World Order*).

Bush, der nicht einmal in den eigenen Regierungsreihen eine »gute Ordnung« halten konnte, verdrängte, daß die »nationalen Interessen« (Henry Kissinger) im Zweifels- und Konfliktfall die Politik der USA stets maßgeblicher beeinflußten als alle wortreichen Bekenntnisse zu Freiheit, Gerechtigkeit und Frieden in der *Einen Welt*. Dabei wird es wohl in absehbarer Zukunft bleiben, was auch immer die USA für den Erhalt der UNO leisten mögen.

Literatur

H. Albert, Freiheit und Ordnung. Zwei Abhandlungen zum Problem einer offenen Gesellschaft, 1986 ✦ *Albert/Topitsch*, Werturteilsstreit, 3. Aufl. 1990 ✦ *Arber*, Weltbild und Weltgestaltung im Wandel der Zeit, 1987 ✦ *G. Arzt*, Der Ruf nach Recht und Ordnung. Ursachen und Folgen der Kriminalitätsfurcht in den USA und in Deutschland, 1976 ✦ *Atzert*, Gewalt und Ordnung. Die Konstruktion der Gerechtigkeit am Beispiel der Comic-Serie Bessy, 1982 ✦ *Augustinus*, Die Ordnung, dt. 1967 ✦ *ders.*, Das Gut der Ehe, dt. 1943 ✦ *ders.*, Die ehebrecherischen Verbindungen, dt. 1949 ✦ *Baar*, Nahost. Auftakt zu Weltbrand oder Weltfrieden? Erbschaftsstreit zwischen Ismael und Isaak um Volk, Land und Segen, 5. Aufl. 1991 ✦ *H. W. Beck*, Die Welt als Modell. Gegen den Mythos vom geschlossenen Weltbild, 1973 ✦ *J. Becker u.a.*, Weltmacht USA, 1976 ✦ *Bertino*, Eroberer der Weltmeere, 1974 ✦ Bertram u.a., Machtpolitik in der heutigen Welt, 1979 ✦ *Bleicken*, Staatliche Ordnung und Freiheit in der römischen Republik, 1972 ✦ *ders.*, Die Verfassung der Römischen Republik. Grundlagen und Entwicklung, 4. Aufl. 1985 ✦ *Bloch*, Freiheit und Ordnung. Abriß der Sozialutopien, 1986 ✦ *Bora*, Die Konstitution sozialer Ordnung, 1991 ✦ *F. W. Bosch*, Der vorläufige Rechtsschutz durch einstweilige Verfügung und einstweilige Anordnung im Nichtehelichenrecht, 1974 ✦ *Bothe*, Wie liest man den Haushaltsplan einer Gemeinde?, 4. Aufl. 1991 ✦ *Bovermann/Bösche*, Allgemeines Verwaltungsrecht. Einschließlich Verwaltungsverfahrensrecht, 1984 ✦ *Bovet*, Die Ehe. Ein Handbuch für Eheleute, dritte Fassung 1984 ✦ *ders.*, Die Ordnung der Freiheit. Eine anthropologische Betrachtung über Kunst und Technik in der Gemeinschaft, 1950 ✦ *Campiche*, Freiheit und Verantwortung in Partnerschaft, Ehe und Familie. Ethische Überlegungen zur Paarbeziehung im sozialen Wandel, 1984 ✦ *Cartellieri*, Weltgeschichte als Machtgeschichte, 5 Bde., 1927, ND 1972 ✦ *Conze*, Strukturwandel der Familie im industriellen Modernisierungsprozeß. Historische Begründung einer aktuellen Frage, 1979 ✦ *Cramer*, Chaos und Ordnung. Die komplexe Struktur des Lebendigen, 2. Aufl. 1989 ✦ *Dittrich*, Geschichte der Ethik. Die Systeme der Moral vom Altertum bis zur Gegenwart, 4 Bde., 1923-32, ND 1964 ✦ *Donzelot*, Die Ordnung der Familie, dt. 1990 ✦ *Ehlers*, Der gerichtliche Rechtsschutz der Gemeinde gegenüber Verwaltungsakten des Finanzamtes im Gewerbesteuerverfahren, 1986 ✦ *Engels*, Der Ursprung der Familie, des Privateigentums und des Staats, 17. Aufl. 1989 ✦ *Erné*, Einführung in die Ordnungstheorie, 1982 ✦ *Eucken/Böhm*, ORDO. Jahrbuch für die Ordnung von Wirtschaft und Gesellschaft, 1950 ✦ *Faber*, Die Macht der Gemeinden, 1982 ✦ *F. Fischer*, Griff nach der Weltmacht. Die Kriegszielpolitik des kaiserlichen Deutschland 1914/18, 1984 ✦ *Fleckenstein*, Ordnungen und formende Kräfte des Mittelalters. Ausgewählte Beiträge, 2. Aufl. 1991 ✦ *Foucault*, Die Ordnung der Dinge. Eine Archäologie der Humanwissenschaften, dt. 1974 ✦ *U. Franke*, Ordnungsmaßnahmen der Parlamente, 1990 ✦ *H. Franz*, Auf dem Weg zu einem ganzheitlichen Weltbild, 1990 ✦ *Fukuyama*, Das Ende der Geschichte. Wo stehen wir?, dt. 1992 ✦ *Girardet*, Die Ordnung der Welt. Ein Beitrag zur philosophischen und politischen Interpretation von Ciceros Schrift »De legibus«, 1983 ✦ *Gleba*, Die Gemeinde als alternatives Ordnungsmodell. Zur sozialen und politischen Differenzierung des Gemeindebegriffs in den innerstädtischen Auseinandersetzungen des 14. und 15. Jhds., Mainz, Magdeburg, München, Lübeck, 1989 ✦ *Goody*, Die Entwicklung von Ehe und Familie in Europa, dt. 1989 ✦ *Guillet de Monthoux*, Anarchismus, Macht, Ordnung. Über eine natürliche Ordnung in Organisationen und Unternehmen, dt. 1981 ✦ *Häberle*, Verfassungsschutz der Familie – Familienpolitik im Verfassungsstaat, 1984 ✦ *Häussler*, Die natürliche Familienplanung als Fundament für ein christliches Leben, 1985 ✦ *Harig*, Ordnung ist das ganze Leben. Roman meines Vaters, 2. Aufl. 1986 ✦ *J.Hartmann*, Die Aussenpolitik der Weltmächte. Eine Einführung, 1988 ✦ *K.Heim*, Das Heil der Welt. Die Botschasft der christlichen Mission und die nichtchristlichen Religionen, 1986 ✦ *Heisenberg*, Ordnung der Wirklichkeit, 2. Aufl. 1990 ✦ *Heisterkamp*, Weltgeschichte als Menschenkunde. Die Geschichtsauffassung Rudolf Steiners, 1989 ✦ *Hendler*, Selbstverwaltung als Ordnungsprinzip. Zur politischen Willensbildung und Entscheidung im demokratischen Verfassungsstaat der Industriegesellschaft, 1984 ✦ *Herbstrith u.a.*, Orden als Lebensmodell. Erwartungen, Ansprüche, Tendenzen, 1983 ✦ *Heschel*, Die ungesicherte Freiheit. Essays zur menschlichen Existenz, dt. 1985 ✦ *Hinderling*, Familienrecht im Wandel, 1976 (Festschrift) ✦ *Hindermann*, Gesellschaftsverträge, 3 Bde., 1988 ✦ *Festschrift W. Hubatsch*, Stein-Studien. Die preußischen Reformen, 1975 ✦ *Ipsen*, Völkerrecht. Ein Studienbuch, 3. Aufl. 1991 ✦ *Jaeger*, Welthandel und Wachstum. Chance für die Dritte und Vierte Welt?, 1977 ✦ *Kaltefleiter*, Weltmacht ohne Politik. Das amerikanische Regierungssystem nach den Wahlen von 1976, 1979 ✦ *Kaltenbrunner* (Hrsg.), Weltkrieg der Propagandisten. Verdummung durch Wort, Bild und Werbung, 1985 ✦ *ders.*, Wege der Weltbewahrung. Sieben konservative Gedankengänge, 1985 ✦ *ders.*, Vom Geist Europas, 2 Bde., 1987, 1989 ✦ *P. Kennedy*, Aufstieg und Fall der großen Mächte, dt. 1991 ✦ *Kesting*, Geschichtsphilosophie und Weltbürgerkrieg. Deutungen der Geschichte von der Französischen Revolution bis zum Ost-West-Konflikt, 1959 ✦ *M. Klein*, Neue Rechtsprechung zum Familienrecht, 1991 ✦ *Könemann*, Der Mensch im Reich der Ordnung. Lebensgesetze und Lebensordnung. Nachschlagewerk für richtige Lebensweise, Gesundheit und Ernährung, 1976 ✦ *R. König*, Soziologie in Deutschland. Begründer, Verächter, Verfechter, 1987 ✦ *H. Küppers*, Staatsaufbau zwischen Bruch und Tradition. Rheinland-Pfalz 1946-1955, 1990 ✦ *R. Kunze*, Kooperativer Föderalismus in der Bundesrepublik, 1968 ✦ *Kunze/Merk/Quecke*, Das Kommunalwahlrecht in Baden-Württemberg, 4. Aufl. 1989 ✦ *Kutz-Bauer*, Arbeiterschaft, Arbeiterbewegung und bürgerlicher Staat in der Zeit der Großen Depression 1873-1890, 1988 ✦ *Kutz/Speil/Degner*, Familienforschung und Familienpolitik. Modellprojekte in der Diskussion, 1980 ✦ *Livius*, Ein Kampf um die Weltherrschaft. Auswahl aus »Ab urbe condita«, dt. 4. Aufl. 1979 ✦ *Löwith*, Mensch und Menschenwelt. Beiträge zur Anthropologie, 1981 ✦ *ders.*, Weltgeschichte und Heilsgeschehen. Zur Kritik der Geschichtsphilosophie, 1983 ✦ *Maurmann*, Die Himmelsrichtungen im Weltbild des Mittelalters, 1976 ✦ *J. Müller*, Die Bergpredigt, 8. Aufl. 1985 ✦ *Nippa*, Haus und Familie in arabischen Ländern. Vom Mittelalter bis zur Gegenwart, 1991 ✦ *Nippel*, Mischverfassungstheorie und Verfassungsrealität in Antike und früher Neuzeit, 1980 ✦ *Nonnenmacher*, Die Ordnung der Gesellschaft. Mangel und Herrschaft in der politischen Philosophie der Neuzeit: Hobbes, Locke, Adam Smith, Rousseau, 1989 ✦ *Ottwalt*, Ruhe und Ordnung, 1978 ✦ *Palm-Risse*, Der völkerrechtliche Schutz von Ehe und Familie, 1990 ✦ *Pennisi*, Auf der Suche nach Ordnung. Die Entstehungsgeschichte des Ordnungsgedankens bei Robert Musil, 1990 ✦ *J. Pentzlin*, Der universelle ordre public im Wirtschaftsrecht als ein Ordnungsprinzip des innerstaatlichen Rechts, 1985 ✦ *H. Pentzlin*, Utopisten und Aussteiger. Die Flucht aus der Wirklichkeit, 1985 ✦ *Rakers*, Kommunale Verschuldung, 1979 ✦ *Reif*, Familie in der Geschichte, 1982 (Sammelband) ✦ *Reinicke*, Die Gemeinde und ihre Ordnung, 5. Aufl. 1970 ✦ *Rensch*, Das universale Weltbild. Evolution und Naturphilosophie, 2. Aufl. 1991 ✦ *ders.*, Gesetzlichkeit, psychophysischer Zusammenhang, Willensfreiheit, Ethik, 1979 ✦ *J. Roth*, ›Der Kulturbolschewismus‹, in: Ausnahmezustand, 1966 (W.Weyrauch) ✦ *Ruf u.a.*, Familienlastenausgleich in der Bundesrepublik Deutschland, 1989 ✦ *Runge*, Antinomien des Freiheitsbegriffs im Rechtsbild des Ordoliberalismus, 1971 ✦ *Sachse*, Siemens, der Nationalsozialismus und die moderne Familie. Eine Untersuchung der sozialen Rationalisierung in Deutschland im 20. Jhd., 1990 ✦ *G. Simon*, Weltmacht Sowjetunion. Umbrüche, Konflikte, Perspektiven, 1987 ✦ *K. v. u. z. Stein*, Briefe und sämtliche Schiften, 10 Bde., 1963-74 ✦ *Wickert*, Zwischen Familie und Parlament. Sozialdemokratische Frauenarbeit in Südniedersachsen 1919-1950, 2. Aufl. 1985 ✦ *Wingen*, Nichteheliche Lebensgemeinschaften. Formen - Motive - Folgen, 1984 ✦ *M. Wupperman*, Die deutsche Rechtsprechung zum Vorbehalt des ordre public im Internationalen Privatrecht seit 1945 vornehmlich auf dem Gebiet des Familienrechts, 1977 ✦ *H. E. Zahn*, Die Einstellung der Bürger zu ihrer Gemeinde, 1982 ✦ *ders.*, Wörterbuch zur Politik und Wirtschaftspolitik. Deutsch-Englisch-Französisch, Bd. 1, 1975 ✦ *G. Zeitel*, Mittelstandspolitik als Ordnungspolitik. Zwanzig Jahre nach Adenauer, 1987 ✦ *Zeller*, Ruhe und Ordnung in der Schweiz. Die Organisation des militärischen Ordnungsdienstes in der Schweiz 1848-1939, 1990 ✦ *J. Ziegler*, Gegen die Ordnung der Welt. Befreiungsbewegungen in Afrika und Lateinamerika, dt. 2. Aufl. 1986.

Ost-West-Konflikt

Als der amerikanische Diplomat und Rußlandexperte George Kennan im Sommer 1945 die äußere Lage in Europa analysierte, kam er zu dem Ergebnis, daß nach dem überstandenen Krieg gegen das Dritte Reich ein alter *Grundkonflikt* neu aufbrechen werde – zwischen den Interessen der »atlantischen Seemacht« und jenen der »eurasischen Landmacht«.

Damit zielte er auf die macht- und geopolitische Frontstellung zwischen Großbritannien und den USA auf westlicher und der Sowjetunion auf östlicher Seite. Die fundamentalen Unterschiede der inneren Verhältnisse – hier Demokratie, dort Diktatur – berücksichtigte Kennan in seinem Zukunftsplan kaum. Dafür schlug er einen »Kompromiß« zwischen den Siegermächten vor und empfahl dabei den Verhandlern in Jalta, »Europa in Einflußsphären zu teilen«.

Gegen diesen Vorschlag verwahrte sich der Präsidentenberater Charles E. Bohlen. Er fühlte sich mit der Geschichte Rußlands und Europas nicht weniger gut vertraut, zog aber aus der entstandenen Situation nach der Kapitulation der Wehrmacht ganz andere Schlüsse. Seiner Ansicht nach widersprach eine derart kompromißbereite Außenpolitik dem amerikanischen Selbstverständnis von → Freiheit und paßte nicht zu den rechtlichen Verpflichtungen »in einer Demokratie«. Ermahnend fügte er seiner Antwort an Kennan hinzu: »Lediglich totalitäre Staaten können eine derartige Politik treiben«.

In diesem Streit zweier Experten und einflußreicher Berater drückte sich nicht nur der Gegensatz von »Realpolitik« und Rechtsbindung aus. Er erinnerte auch daran, daß die *Teilung Europas* in bestimmte Interessensphären immer wieder die Geschichte des Kontinents zu verschiedenen Zeiten geprägt hat – die Absprachen von Jalta demnach kein einmaliger Vorgang waren.

Frühere Teilungen

Schon bei der politisch-rechtlichen Aufspaltung des Römischen Reiches im Jahre 395 ergab sich mit der west- und oströmischen Reichshälfte die Möglichkeit einer Sonderentwicklung von »Lateinern« und »Griechen« im Bereich der Kirchensprache.

Diese Teilung wirkte sich besonders bei der Missionierung der germanischen und slawischen Völker in Mittel-, Nord- und Osteuropa aus und fand mit dem *Kirchen-Schisma* von 1054 eine Bestätigung. Zwar gab es im Zeichen der Kreuzzüge immer wieder Bemühungen, die Einheit der christlichen Kirche herzustellen. Aber als sich die angestrebte »Union« auf dem Konzil von Ferrara-Florenz (1431/35) als nicht tragfähig erwies, vertiefte sich noch die Spaltung und trug viel dazu bei, daß Konstantinopel 1453 in die Hände der osmanischen und muslimischen Türken fiel.

Fast gleichzeitig hatte sich die Russisch-Orthodoxe Kirche von ihren Bindungen an das Patriarchat von Byzanz gelöst und die Eigenständigkeit (Autokephalie) gefestigt, so daß Moskau fortan als das »Dritte Rom« aufgefaßt wurde. Diesen Verschiebungen innerhalb der Christenheit entsprach auch eine besondere Mentalität als Ergebnis einer langen Sonderungsbewegung. Dazu gehörte, daß die »Russen von den Griechen in der Feindschaft gegen den lateinischen Westen erzogen worden waren« (Stökl).

Diese Abgrenzung verstärkte sich noch, als während und nach der → Reformation nicht nur die Protestanten, sondern auch die Russisch-Orthodoxen von römisch-katholischer Seite als Häretiker und Ketzer betrachtet wurden. Die oft kriegerische Haltung der katholischen Polen und Litauer seit dem 16. Jahrhundert hat in der *konfessionellen Frontstellung* eine ihrer Hauptursachen. Die Wirkungen dieser Gegnerschaft zwischen Ost und West änderten sich erst, als sich das aufstrebende Schweden seit den Friedensschlüssen von Teusina (1595) und Stolbova (1617) beim östlichen Nachbarn gegen Polen absicherte und den »Großfürsten von Moskau« (Magnus Dux Moscoviae) unter seine Verbündeten zählte: Der Teutsche Frieden von 1648 nannte ihn zum ersten Mal in einem »universalen« internationalen Vertrag, der das politische → Gleichgewicht Europas regelte.

Entsprach das Friedenswerk von Münster und Osnabrück der überkommenen *Nord-Süd-Relation* mit Schweden und Frankreich als »Garantiemächten« der libertären Verfassung im Heiligen Reich, so zeigte sich in der Folgezeit, daß sie sich in eine *Ost-West-Konstellation* veränderte, je stärker Moskau in europäische Konflikte hineingezogen wurde.

Diese Tendenz einer allmählichen Verschiebung im innereuropäischen Kräftefeld wurde vor allem in der Politik des Zaren Peter I. (1672-1725) erkennbar. Auf seinem »Weg nach Westen« bemühte er sich nicht allein, eine Reihe innerer Reformen nach teutschen, niederländischen und schwedischen Vorbildern durchzuführen. Er rang auch im Nordischen Krieg seinen schwedischen Gegner Karl XII. nieder und sicherte im Frieden von Nystad (1721) die libertäre Verfassung der Krone Schweden von 1720 – zusammen mit England.

Dieser Friedensschluß markierte die neue Kräftekonstellation in Europa, in der die erste und größte Seemacht sowie die bedeutendste Landmacht künftig den Ton angaben. Die neue Ost-West-Relation wurde nachdrücklich bestätigt, als das Rußland der »teutschen« Zarin Katharina II. (1729-96) den Teschener Frieden von 1779 garantierte. Denn darin wurde die östliche Großmacht zur Sicherung des »Teutschen Systems« mit den Garantiemächten Schweden und Frankreich gleichgestellt. Das Zartum war damit nicht nur zum auswärtigen Treuhänder des Teutschen Friedens von 1648 geworden, sondern die Zaren konnten sich auch fortan als »Schiedsrichter Teutschlands« (arbiter Germaniae) auffassen.

Zwischen der westlichen Randmacht England und der östlichen Vormacht Rußland, das zwischen 1772 und 1795 die Teilung Polens betrieb, spielten Frankreich, Österreich und Preußen nur noch die Rolle von Mittelmächten. Gleichwohl bildeten alle fünf Staaten seit 1779 das System der sogenannten *Pentarchie*, das trotz verschiedener Koalitionen bis 1917 das europäische → Gleichgewicht bestimmte – bis zum Eintritt der USA in den Ersten Weltkrieg.

Rußland war also mit dem Überfall Napoleons im Jahre 1812 nicht »plötzlich in die erste Reihe der Nationen gestellt« worden, wie noch Tocqueville meinte, sondern seit 1453 mit seinem Universalanspruch als »Drittes Rom« allmählich ins europäische Staatensystem hineingewachsen.

Dieser Prozeß war schwierig genug. Denn der »Moskowiter« galt im lateinischen Westen oder → Abendland als »Anti-Christ«, »Ketzer« und »Erbfeind« all dessen, was zur politischen Kultur der Freiheit gehörte. Mochten der ältere Moskauer Staat und dann das Russische Imperium seit Peter I. als Machtfaktor oder gar als Bündnispartner in die hohe Politik europäischer Mächte einbezogen werden, so war man sich doch im Westen stets bewußt, daß die zaristische Selbstherrschaft eine autokratische Gegenwelt zu den Rechtsstaaten und Freiheitsverfassungen in der lateinischen Christenheit bildete.

Die aktive Beteiligung Rußlands am Kampf halb Europas gegen den Eroberer Napoleon ließ vor allem im parlamentarischen England die Publizisten und liberalen Politiker nie vergessen, daß auch der Zar ein Diktator war und die östliche Vormacht das Bestreben hatte, eine machtpolitische Vorherrschaft oder Hegemonie zu erreichen, ja sogar nach einer »Welt-Diktatur« zu greifen.

Die Bildung der *Heiligen Allianz* von 1815 zwischen Rußland, Österreich und Preußen – den absolutistischen Teilungsmächten des libertären Polen – bedeutete für Skandinavien und Westeuropa eine grundlegende Konfrontation. Auf der einen Seite befanden sich die Länder der parlamentarischen Freiheit, auf der anderen Seite trieben die östlichen Mächte eine dynastische Unterdrückungspolitik der »Erb-Sklaverei«, nicht unähnlich der »Orientalischen Despotie«, die man im Osmanischen Reich vermutete: ein Zustand, der bis 1918 währte.

Die dabei entstandenen Fronten und Mentalitäten haben dann mit der Gründung der Sowjetunion von 1917 nur eine neue Dimension alter Verhaltensweisen und Bewertungen bewirkt. Die Abwehrhaltung gegenüber der zaristischen Unfreiheit wurde nun auf die sowjetische Diktatur bezogen, die als »rote Gefahr« verketzert werden konnte und überkommene Bedrohungsängste bestätigte.

Eine spezifische Variante in diesem Ost-West-Konflikt haben führende Nationalsozialisten entwickelt. Besonders nach ihrer erfolgreichen »Machtergreifung« von 1933 ließen sie keine Gelegenheit aus, ihre Haß-Propaganda sowohl gegen die Demokratien des Westens zu richten als auch gegen die bolschewistische Diktatur Stalins im Osten – die künftigen Hauptgegner im 1939 entfesselten Weltkrieg.

Der *Hitler-Stalin-Pakt* aus dem gleichen Jahr bedeutete nicht ein wirkliches Bündnis oder gar einen echten Vertrag mit dem ideologischen Feind, sondern nur ein taktisches Manöver zur Vierten Teilung Polens. Der Überfall auf die Sowjetunion am 22. Juni 1941 bekräftigte einen »Grundkonflikt«, den Hitler am 11. Dezember 1941 beschrieb. Zum Auftakt der Kriegserklärung an die USA und in einer bemerkenswerten Verdrehung der europäischen Freiheitsgeschichte rechtfertigte der Diktator die Position und Politik des Nationalsozialismus. Obwohl dieser mit der politischen Kultur des Westens seit der Antike nichts zu tun haben wollte, berief sich Hitler vor dem »Großdeutschen Reichstag« auf eben diese Tradition: »So wie einst die Griechen gegenüber den Persern nicht Griechenland und die Römer gegenüber den Karthagern nicht Rom, die Römer und Germanen gegenüber Hunnen nicht das Abendland, deutsche Kaiser gegenüber Mongolen nicht Deutschland, spanische Helden gegenüber Afrika nicht Spanien, sondern alle Europa verteidigt haben, so kämpft Deutschland auch heute nicht für sich selbst, sondern für unseren gesamten Kontinent.«

Als selbsternannter Verfechter eines europäischen Kreuzzugs wandte er sich kriegerisch gegen die Demokratien im Westen (»Operation Paukenschlag«, U-Boot-Kampf) und gegen die »sozialistische« Diktatur im Osten (»Unternehmen Barbarossa«). Mochte er im → Liberalismus wie im Bolschewismus eine »verbohrte, wahnsinnige Ideologie« sehen (Rede vom 30. Januar 1942 im Berliner Sportpalast), die sich angeblich nur Juden in Ost und West ausdenken konnten, so erlag er dem eigenen Machtwahn, gegen die größte Seemacht und die bedeutendste Landmacht gleichzeitig Krieg führen zu können: Das Ergebnis konnte nur der eigene Untergang und die Teilung des Kontinents sein.

Der Kalte Krieg

Entgegen dem Sonderweg der Nationalsozialisten empfanden Europas und Amerikas Demokraten ihren Kampf für »Freiheit und Recht« nicht weniger als »Kreuzzug« (Eisenhower).

Besonders im Verlauf des Nürnberger Kriegsverbrecher-Prozesses von 1946 wurde jedoch mehr als einmal deutlich, wovor bereits Charles E. Bohlen warnte: Die Westmächte hatten zwar im Bündnis mit der Sowjetunion Stalins die Nazi-Diktatur in der geographischen Mitte Europas niedergerungen, aber gleichzeitig die bolschewistische Diktatur in halb Europa geduldet, ja stabilisiert.

Doch statt mit militärischen Mitteln dagegen vorzugehen, beschränkte sich der Westen unter der amerikanischen Vormacht auf Eindämmungsmaßnahmen zur Erhaltung des 1945 erreichten Status quo. Für einen erneuten Befreiungskrieg gegen den ehemaligen Verbündeten Sowjetunion reichten die materiellen Kräfte nicht aus, und im Vergleich der Diktaturen erschien das Stalin-System als das »kleinere Übel«, das allerdings von allen Demokraten bekämpft werden sollte – dem »Eisernen Vorhang« (Churchill) als militärisch-ideologischer Teilungsgrenze zum Trotz.

Anstelle eines »heißen Krieges«, wie er zwischen 1939 und 1945 geführt werden mußte, um den Nationalsozialismus und andere faschistisch geführte »Feindstaaten« (Japan, Italien, Rumänien) zu bekämpfen, entschied man sich im Westen für den *Kalten Krieg*. Mit Hilfe einer florierenden Wirtschaft, qualitativ hochstehender Rüstung (Atomwaffen), aufklärender Wissenschaft (Osteuropa-Institute) und Medienwirksamkeit (»Radio Liberty«, RIAS) hoffte man, die Spaltung des Deutschen Reiches und des Kontinents auf lange Sicht überwinden zu können – auch mit dem Ziel demokratischer Veränderungen in der Sowjetunion selbst.

In mehr als vierzig Jahren hat diese Auseinandersetzung zwischen Ost und West unterschiedliche Phasen erlebt. Trotz schwerer Krisen und Belastungen (Berlin-Blockade 1948, Korea-Krieg 1950, Aufstand in der DDR 1953, Freiheitsbewegungen in Ungarn und Polen 1956, Bau der Berliner Mauer 1961, Kuba-Krise 1963, Prager Frühling 1968, Afghanistan-Konflikt 1979) vermieden beide Siegermächte von 1945 die unmittelbare militärische Konfrontation – vor allem aufgrund des »atomaren« → Gleichgewichtes seit 1950.

Die wirtschaftliche (Marshall-Plan) und militärisch-politische Blockbildung im Westen (Gründung der NATO 1949) hat die innere Konsolidierung des demokratischen Europa als Wehr- und Wertordnung gefördert und gleichzeitig eine Reihe von Kompromissen mit dem diktatorischen Osten möglich gemacht. Dabei spielte nach dem Tode Stalins (1953) vor allem der »Staatsvertrag« mit der Republik Österreich von 1955 eine nicht unwichtige Rolle, signalisierte doch auch Moskau, daß es an einer *friedlichen Koexistenz* von → Kapitalismus und → Sozialismus interessiert sei.

Die Gründung des Warschauer Paktes (1956) war zwar in der Hauptsache gegen die NATO gerichtet, zugleich aber auch ein Instrument, um nach innen die vielfältigen Reformströmungen kanalisieren und kontrollieren zu können. Nikita Chruschtschows Abrechnung mit der stalinistischen Diktatur auf dem XX. Parteitag der KPdSU im gleichen Jahr war schon der Ausdruck einer grundlegenden inneren Verschiebung im Machtverständnis der Sowjetunion. Das meist verbale Auftrumpfen in den Krisen um Berlin (1958) oder auch im Kongo (1960), das Einmauern des eigenen Herrschaftsbereichs sowie das Nachgeben in der Kuba-Krise waren Anzeichen dafür, daß in der Moskauer Machtelite Veränderungen im Gange waren – hin zu einer möglichen Konvergenz von »westlicher« Demokratie, Marktwirtschaft und einem »Sozialismus mit menschlichem Antlitz« (Alexander Dubček, 1968).

Trotz schwerer Rückschläge im Zeichen der Breschnew-Doktrin von der »beschränkten Souveränität« und dem Interventionsanspruch der Sowjetunion in ihrem Vorfeld kam es im Bereich der Atomrüstung zu Kompromissen mit den Westmächten, zu Annäherungen an Positionen des »Euro-Kommunismus« (→ Sozialismus) und zu einigen Zugeständnissen in der Deutschland-Politik.

Vor allem die von der sozialliberalen Regierung Brandt/Scheel seit 1969 verfolgte *Ostpolitik* einer schrittweisen Entschärfung der »deutschen Teilung« und damit auch einer Überwindung des Ost-West-Konfliktes wäre nicht so erfolgreich gewesen (Berlin-Abkommen, Moskauer Vertrag, Warschauer Vertrag, Grundlagenvertrag mit der DDR), wenn sich in der Mentalität und Einstellung der Moskauer Machthaber nichts geändert hätte.

Schon 1968 war dem Regimekritiker Andrej Amalrik bewußt, daß die Sowjetunion mit ihrem starren System der Parteidiktatur, der Kommandowirtschaft und Reformverweigerung die achtziger Jahre nicht überleben würde. Auch andere Kritiker wie der Atomphysiker Sacharow oder der Schriftsteller Solschenizyn machten gegen alle Repressionen des Machtapparates deutlich, daß das Sowjetsystem an innere Grenzen gestoßen war und die Gefahr bestand, daß es mental implodieren und ökonomisch zusammenbrechen würde.

Der 1945 begonnene Wettlauf mit dem Westen als Ausdruck des Kalten Krieges war angesichts der vorhandenen Systemmängel nicht zu gewinnen, trotz Spitzenleistungen in der Weltraumtechnik und in der Rüstung. Ein Ausdruck des gewandelten Denkens und Handelns war nicht nur die Förderung der *Entspannungspolitik* in der Mitte Europas und weltweit (Ende des Vietnam-Konfliktes 1974), sondern auch das Zugeständnis, den bisherigen »Grundkonflikt« entscheidend zu »deeskalieren«: 1975 konnte die »Konferenz für Sicherheit und Zusammenarbeit in Europa« (KSZE) in Helsinki/Finnland stattfinden.

Das war ein historisches Ereignis ersten Ranges. Denn beide Blöcke bemühten sich auf der Basis des machtpolitischen Status quo von Jalta und Potsdam (1945) um eine sicherheitspolitische Entspannung. Dazu gehörte allerdings, daß sich die Diktaturen des Ostblocks nicht nur auf dem militärischen Sektor in Richtung Abrüstung bewegten, sondern auch der »westlichen« Forderung nach Respektierung der Menschenrechte in ihren eigenen Ländern stückweit entgegenkamen. In der *Schlußakte von Helsinki*, die in einigen Bereichen der Schlußakte des Wiener Kongresses von 1815 gleicht, gelang das Kunststück, die Feinde der → Freiheit auf die Errungenschaften der Revolution von 1789 festzulegen.

Ohne diesen Verhandlungserfolg des Westens wäre die Charta-77-Bewegung in der Tschechoslowakei ebensowenig möglich gewesen wie die Gründung der Gewerkschaftsbewegung »Solidarność« 1980 in Polen, die allerdings noch im gleichen Jahr ihre legale Tätigkeit einstellen mußte: General Jaruzelski verhängte das »Kriegsrecht« und kam wohl damit einer sowjetischen Intervention zuvor.

Das wirkliche Ende des Kalten Krieges und damit auch des modernen Ost-West-Konfliktes zwischen Kommunismus und Anti-Kommunismus war aber erst dann gekommen, als der Jurist Michail Gorbatschow in seiner Funktion als Generalsekretär der KPdSU im Jahre 1985 damit begann, die inneren Verhältnisse in Partei und Staat zu verändern – schrittweise und auf »westliche« Standards bezogen.

Mit seinem Programm des strukturellen »Umbaus« (*perestroika*) und der mentalen »Offenheit« (*glasnost*) besonders im Bereich der → Medien ist dieser »Westler« aber ähnlich gescheitert wie die preußischen Reformer nach 1806. Seine »Revolution von oben« wollte die Sowjetunion in einem technischen Sinn modernisieren, um sie als Errungenschaft des → Sozialismus wie als Weltmacht erhalten zu können.

Boris Jelzin, sein Nachfolger im Präsidentenamt der seit 1991 bestehenden Russischen Republik, hat zwar erkannt, daß die Kernstruktur der neuen Staatlichkeit nur als drittwirkendes Vertragssystem eine tragfähige Alternative zum Sowjetsystem bilden kann, doch die von ihm durchgesetzte Verfassung muß sich erst noch in der praktischen Politik bewähren.

Literatur

C. Arndt, Die Verträge von Moskau und Warschau, 1973 ✦ *Barudio*, ›Die Macht des Hegemonialismus – das Moskauer Zartum‹, in: PHPI, 3, 1985 ✦ *Bailey/Ryan*, Hitler and Roosevelt. The Undeclared Naval War, 1979 ✦ *B. Bauer*, Die jetzige Stellung Rußlands, 1854 ✦ *Bayerische Landeszentrale für politische Bildung* (Hrsg.), Nordatlantikpakt – Warschauer Pakt. Ein Vergleich zweier Bündnisse, 2. Aufl. 1984 ✦ *Bechtel*, Was heißt hier Feindbild? Fakten und Argumente zum Ost-West-Konflikt, 1987 ✦ *Beloff*, The Foreign Policy of Soviet Russia 1929-1941, 2 Bde., 1947-49 ✦ *Benz/Graml* (Hrsg.), Europa nach dem Zweiten Weltkrieg 1945-1982, 1983 ✦ *Bouhler* (Hrsg.), Reden des Führers, Bd. III, 1942 ✦ *W. Brandt*, Begegnungen und Einsichten. Die Jahre 1960-75, 1976 ✦ *Brandmüller*, Papst und Konzil im Großen Schisma. Studien und Quellen, 1990 ✦ *v. Braunmühl*, Kalter Krieg und friedliche Koexistenz, 1973 ✦ *Bretscher*, Spannungsfeld Kalter Krieg. Neue Zürcher Zeitung 1945-1967, 1991 ✦ *Brzezinski*, The Soviet Bloc. Unity and Conflict, 1960, dt. 1962 ✦ *Bruns* (Hrsg.), Die Ost-West-Beziehungen am Wendepunkt?, 1988 ✦ *Buteux*, The Politics of Nuclear Consultation in NATO 1965-1980, 1983 ✦ *Butte*, Ideen über das politische Gleichgewicht in Europa, 1814 ✦ *Costello/Hughes*, Atlantikschlacht. Der Krieg zur See 1939-1945, 1983 ✦ *Curtiss*, The Russian Church and the Soviet State 1917-1950, 1953 ✦ *Daniel*, Dollardiplomatie in Europa. Marshallplan, Kalter Krieg und US-Außenwirtschaftspolitik 1945-52, 1982 ✦ *Dallin*, Sowjetische Außenpolitik nach Stalins Tod, 1961 ✦ *ders.* (Hrsg.), Diversity in International Communism. A Documentary Record, 1961-1963, 1963 ✦ *Demm*, Reformmönchtum und Slawenmission im 12. Jhd., 1970 ✦ *R. Drews*, Die slawische Avantgarde und der Westen, 1983 ✦ *Fabry*, Der Hitler-Stalin-Pakt 1939-1941, 1962 ✦ *A. Fischer u.a.*, Die Deutschlandfrage und die Anfänge des Ost-West-Konflikts, 1984 ✦ *v. Foschepoth* (Hrsg.), Kalter Krieg und deutsche Frage, 1985 ✦ *Gannon*, Operation Paukenschlag. Der deutsche U-Boot-Krieg gegen die USA, dt. 1992 ✦ *v. Goldmann*, Die europäische Pentarchie, 1839 ✦ *Gorbatschow*, Perestroika. Die zweite russische Revolution. Eine neue Politik für Europa und die Welt, dt. 1987 ✦ *ders.*, Das gemeinsame Haus Europa und die Zukunft der Perestroika, dt. 1989 ✦ *ders.*, Glasnost. Das neue Denken, dt. 1990 ✦ *ders.*, Meine Vision. Die Perestroika der neunziger Jahre, dt. 1991 ✦ *B. Greiner*, Politik am Rande des Abgrunds? Außen- und Militärpolitik der USA im Kalten Krieg, 1986 ✦ *Grewe*, Die deutsche Frage in der Ost-West-Spannung, 1987 ✦ *Groh*, Rußland und das Selbstverständnis Europas, 1961 ✦ *Hellmann/Zernack/Schramm* (Hrsg.), Handbuch der Geschichte Rußlands, 3 Bde., 1976ff. ✦ *R. Hildebrandt*, Kampf um Weltmacht. Berlin als Brennpunkt des Ost-West-Konflikts, 1987 ✦ *W. Hofmann*, Stalinismus und Anti-Kommunismus. Zur Soziologie des Ost-West-Konflikts, 1967 ✦ *Horowitz*, Kalter Krieg. Hintergründe der US-Außenpolitik seit Jalta, 1969 ✦ *Kalnins*, Der sowjetische Propagandastaat. Das System und die Mittel der Massenbeeinflussung in der Sowjetunion, 1956 ✦ *Kertesz* (Hrsg.), The Fate of East Central Europe. Hopes and Failures of American Foreign Policy, 1956 ✦ *Kulski*, Peaceful Co-Existence. An Analysis of Soviet Foreign Policy, 1959 ✦ *Kunert*, Deutschland im Krieg der Kontinente. Anmerkungen zum Historikerstreit, 1987 ✦ *ders.*, Hitlers kalter Krieg. Moskau, Washington, Berlin: Geheimdiplomatie, Krisen und Kriegshysterie 1938/39, 1989 ✦ *KSZE*. Die Abschlußdokumente der Konferenz für Sicherheit und Zusammenarbeit in Europa, 1984 ✦ *Link*, Der Ost-West-Konflikt, 1988 ✦ *Löwenthal*, Vom Kalten Krieg zur Ostpolitik, 1974 ✦ *Loth*, Die Teilung der Welt. Geschichte des Kalten Krieges 1941-1955, 7. Aufl. 1989 ✦ *ders.*, Ost-West-Konflikt und Deutsche Frage, 1989 ✦ *Ch.S. Maier* (Hrsg.), The Cold War in Europe. Era of a divided Continent, 1991 (Sammelband mit Kennan-Bohlen-Streit) ✦ *Meissner*, Rußland, die Westmächte und Deutschland. Die sowjetische Deutschlandpolitik 1943-1953, 1953 ✦ *ders.*, Das Ostpakt-System. Dokumentensammlung, 1955 ✦ *ders.*, Das Ende des Stalin-Mythos. Die Ergebnisse des 20. Parteikongresses der Kommunistischen Partei der Sowjetunion, 1960 ✦ *Merz*, Kalter Krieg als antikommunistischer Widerstand. Die Kampfgruppe gegen Unmenschlichkeit 1948-1959, 1987 ✦ *Mettler*, Demokratisierung und Kalter Krieg. Zur amerikanischen Informations- und Rundfunkpolitik in Westdeutschland, 1975 ✦ *M.G. Müller*, Die Teilung Polens, 1984 ✦ *Mehnert*, Der Sowjetmensch. Versuch eines Porträts nach zwölf Reisen in die Sowjetunion 1929-1957, 1958 ✦ *Myers* (Hrsg.), NATO. The next thirty years, 1981 ✦ *NATO-Informationsabteilung* (Hrsg.), Das atlantische Bündnis. Tatsachen und Dokumente, 1982 ✦ *Niedhart* (Hrsg.), Der Westen und die Sowjetunion, 1983 ✦ *Niess*, Amerikanische Außenpolitik. Analysen und Materialien für den Unterricht, 1977 ✦ *Nolte*, Deutschland und der Kalte Krieg, 2. Aufl. 1985 ✦ *Ohnsorge*, Ost-Rom und der Westen, 1983 ✦ *Oltmann*, Kalter Krieg und kommunale Integration. Arbeiterbewegung im Stadtteil Bremen-Vegesack 1945-1956, 1987 ✦ *Pirenne*, Mohammed und Karl der Große, 1985 ✦ *Richard*, Les relations entre l'Orient et l'Occident au Moyen Age. Études et documents, 1977 ✦ *Rieger*, Die Einbeziehung der Osmanen in das abendländische Staatensystem, 1928 ✦ *Schaeder*, Moskau. Das Dritte Rom, (1928) 1957 ✦ *Sloan*, NATO in 1990s, 1989 ✦ *G. Schmidt*, Die Deutschlandpolitik der Regierung Brandt/Scheel, 1975 ✦ *H. Schmidt*, Menschen und Mächte, 1987 ✦ *Seidelmann*, Der KSZE-Prozeß. Perspektiven und Probleme für die Verfriedlichung der europäischen Staatenordnung, 1989 ✦ *Siegert*, Griechisches in der Kirchensprache. Ein sprach- und kulturgeschichtliches Wörterbuch, 1950 ✦ *Sontag/Beddie* (Hrsg.), Nazi-Soviet Relations 1939-1941. Documents from the Archives of the German Foreign Office, 1948 ✦ *Souchon*, Die Papstwahlen in der Zeit des Großen Schismas. Entwicklung der Verfassungskämpfe des Kardinalates von 1378 bis 1417, 2 Bde., 1898-99, ND 1970 ✦ *Steel*, Walter Lippman and the American Century, 1980 ✦ *Stephanson*, Kennan and the Art of Foreign Policy, 1989 ✦ *Stökl*, Geschichte Rußlands. Von den Anfängen bis zur Gegenwart, 2. Aufl. 1965 ✦ *Tucker*, The Soviet Political Mind. Studies in Stalinism and Post-Stalin Change, 1963 ✦ *W. Wagner*, Die Teilung Europas. Geschichte der sowjetischen Expansion bis zur Spaltung Deutschlands, 1918-1945, 1959 ✦ *Wagnleitner*, Coca-Colonisation und Kalter Krieg. Die Kulturmission der USA in Österreich nach dem Zweiten Weltkrieg, 1991 ✦ *B. Willms*, Politische Koexistenz. Zur Theorie des Ost-West-Konflikts, 1982 ✦ *Young*, France, the Cold War and the Western Alliance, 1944-49, 1990 ✦ *Zernack*, Osteuropa. Eine Einführung in seine Geschichte, 1977 ✦ *Zielinski*, Vertrauen und Vertrauensbildende Maßnahmen. Ein sicherheitspolitisches Instrument und seine Anwendung in Europa, 1985.

Parlament

Die Körperschaften der verschiedenen Parlamente im → Abendland und der europäisch geprägten Welt sind in ihrer Substanz ein Ausdruck der Arbeitsteilung und eines Vertragssystems, das auf Drittwirkungen beruht. Nach Maßgabe dieser fundamentalen Bindungen bezieht ein echtes Parlament seine Legitimation aus einer Bestimmung des Römischen Rechts, die einst festgelegt hat: »Was alle betrifft, das muß von allen angenommen werden« (*Quod omnes tangit, ab omnibus debet approbari*).

Diese Bedingung schließt das Prinzip der Gegenseitigkeit ein (→ Goldene Regel) und gestaltet jedes Parlament zu einer öffentlichen Einrichtung im Rahmen vertraglicher Staatlichkeit (→ Staat). In seiner Qualität als Repräsentanz (Vergegenwärtigung) der Rechte von Korporationen, Kurien, Ständen, Parteien oder Einzelpersonen beiderlei Geschlechts soll es nicht nur der Schadensabwehr dienen, sondern auch das Wohl eines Gemeinwesens fördern. Aus diesen wesentlichen Tätigkeitsbereichen leitet sich in der Regel die Funktion ab, die Regierung (Exekutive) zu wählen sowie diese während einer Sitzungs- und Gesetzgebungszeit (Legislaturperiode) zu kontrollieren – in den meisten demokratischen Ländern vier, in Schweden seit der Reform von 1975 nur noch drei Jahre.

Die begriffliche Nähe des Parlamentes zum »Parlement« als hohem Gerichtshof im vorrevolutionären Frankreich verweist auf eine inhaltliche Übereinstimmung beider Institutionen: Sie stehen als öffentliche Vertragsorgane im Dienste der → Gerechtigkeit, des → Rechts und der Gesetze. Wie die Verhandlung vor einem ordentlichen Gericht bestimmt sich ein Parlament als öffentlicher Ort, wo durch Rede (Regierung) und Gegenrede (Opposition) in Sach- und Tatfragen nach »gerechten« Antworten gesucht werden soll. Analog zur Verkündigung eines Gerichtsurteils, das alle Beteiligten bindet, wird vom Parlament ein Gesetz verabschiedet, an das sich jeder im Gemeinwesen – auch der → Abgeordnete selbst – so lange zu halten hat, bis es durch ein Gericht oder das Parlament wieder aufgehoben wird (Rechtstaatsgebot und Legalitätsprinzip): Das Parlament besitzt die fundamentale Funktion eines *Quasi-Gerichtes* und versteht sich als eine Art »Clearing-House« (Harold Laski).

Geschichte

Die historischen Vorläufer der besonders nach dem IV. Lateran-Konzil von 1215 aufgekommenen Ratsgremien, Landschaftsparlamente und Reichstage finden sich bereits in den Ratsversammlungen (*boule*) der Stadtstaaten (*polis*) im antiken Griechenland.

Die lange Tradition des römischen Senats als Sachwalter des Adels sowie der Comitien als Treuhänder nicht-adliger Steuerzahler mit Bürgerrecht (*jus civitatis*) haben viel dazu beigetragen, in einem Parlament den Kernbereich politischer → Kultur zu sehen. Die Tätigkeit verschiedener Kirchenversammlungen vom Domkapitel (Wahl eines Bischofs) über Synoden, Konklave der Kardinäle (Wahl eines Papstes) bis zu den Konzilen als höchsten Kirchenversammlungen hat ebenso das Bemühen gestärkt, jede Form von Amtsgewalt parlamentarischer Kontrolle zu unterwerfen und Politik zu kultivieren.

Das Parlament galt deshalb wie ein Gericht als »geheiligter Ort« oder Ting-Stätte, an dem sich Obrigkeiten, Räte (Zwischengewalten) und Untertanen trafen, um Einzelprobleme oder Gemeinschaftsaufgaben auf »gerechte« Weise zu lösen: Noch heute drückt die Bewahrung der »Bannmeile« um ein Parlament diese alte Tradition ebenso aus wie die Immunität der Abgeordneten (→ Mandat).

Im deutschen wie im skandinavischen Sprachgebrauch verweist der Begriff »Tagung« oder »Tagfahrt« (Schweizer Eidgenossenschaft) zu einem genau benannten »Tagungsort« eines Parlamentes auf die ursprüngliche zeitliche Begrenzung einer solchen Versammlung. Bezeichnungen wie Gemeindetag, Städtetag, Landtag, Bundestag oder Reichstag kennzeichnen zusätzlich den einst nur temporären Charakter eines Parlamentes, das wie ein Gericht von Fall zu Fall einberufen wurde: Ob es sich um → Krieg und → Frieden handelte, die Ratifikation völkerrechtlicher Verträge zu beraten und zu tätigen war, Steuerbewilligungen erörtert, zugestanden oder abgelehnt wurden, Verfassungsänderungen zu beschließen, Gesetze zu verabschieden und Obrigkeiten abgesetzt oder vereidigt werden mußten, stets war dabei »Rat und Zustimmung« (*consilium et consensus*) eines Parlamentes erforderlich.

Zu diesem Begriffsbereich gehören auch die »Diäten« (von lat. *dies* = Tag) der Delegierten, Abgeordneten oder Deputierten, die für ihre materiellen Aufwendungen eine Entschädigung zugestanden bekommen – in Gestalt von meist steuerfreien »Tagungsgeldern«.

Aufgrund dieser Tagungsnatur der politischen Versammlung wurde auch eines der ersten Parlamente des Mittelalters (1285 in England) das »Oster-Parlament« genannt. In Schweden, wo für das gleiche Jahr zum ersten Mal ein »Großer Rat« (*magnum consilium*) neben dem König nachzuweisen ist, wird noch heute vom Frühjahrs- und Herbst-Reichstag gesprochen. Das Wort von der »Sommerpause« eines heutigen Parlamentes verweist ebenso auf die alte Bindung derartiger Versammlungen an den bäuerlich und kirchlich bestimmten Jahresablauf (→ Fest). Nach dessen kalendarischer Begrenzung richtet sich noch immer die Zuständigkeit eines Parlamentes, wenn es um die Geltung des jährlich neu zu beratenden Etats, Haushaltes oder Budgets eines Gemeinwesens geht: Dabei nimmt das Parlament neben Gesetzgebung (→ Recht), Regierungswahl und Verwaltungskontrolle als seine wichtigste Kompetenz oder Zuständigkeit das *Budgetrecht* wahr.

Erst mit den Gefährdungen einzelner Parlamente oder Ständeversammlungen durch Diktaturversuche absolutistisch gesinnter Fürsten (→ Absolutismus) kam im 17. Jahrhundert das Bestreben auf, die Parlamente oder Reichstage nicht mehr von Fall zu Fall einberufen zu lassen, sondern auf regelmäßige Dauertagungen zu verpflichten, d.h. eine Periodisierung einzuführen. In dieser Veränderung von der temporären zur *permanenten Tagung* wurde eine freiheitlich begründete Gegenwehr gesehen, um die Obrigkeiten sowie die öffentliche Verwaltung unter Kontrolle halten zu können. Das »Lange Parlament« von 1640 bis zum »Rumpf-Parlament« von 1648 entsprach während des Bürgerkrieges in England dem Bedürfnis der oppositionellen Stände, den voraufgegangenen Machtmißbrauch im Königsamt zu unterbinden. Gleichzeitig bekräftigte dieses Parlament durch die Prozeßführung gegen den militärisch und politisch unterlegenen König Karl I. sowie durch dessen Verurteilung zum Tod (1648) die ursprüngliche Herkunft des Parlamentes aus dem Gerichtswesen.

Die Einrichtung eines »Immerwährenden Reichstages«, der von 1663 bis 1806 (Ende des Heiligen Reiches) stets in Regensburg tagte (statt an verschiedenen Orten, wie es seit 794 mit der Reichsversammlung Karls des Großen zu Frankfurt am Main üblich war), erfolgte nicht nur zur dauerhaften Sicherung der materiellen und geistigen Besitzstände der Reichsstände in Gestalt ihrer »Libertäten« (Freiheitsrechte). Seine Permanenz wirkte auch als verfassungsmäßige Rechtskontrolle der kaiserlichen Regierung in Wien. Außerdem war das »immerwährende« Tagen auch deshalb notwendig, um den »gerechten Reichsfrieden« von 1648 so zu wahren, daß anhängige Streitfälle auf dem Rechtsweg gelöst wurden und eine Gewaltanwendung so gut wie ausgeschlossen blieb: Der Reichstag zu Regensburg fungierte als Organ der Rechtsklärung und somit als Quasi-Gericht.

Die Verfassungsbestimmung von 1660 in Schweden, die Landtage der Einzel-Landschaften nicht mehr einzuberufen, dafür aber den seit 1435 nachgewiesenen Reichstag mit einer vierjährigen Einberufungsperiode auszustatten, weist ebenfalls in diese Richtung: Die Kontrollen des Parlamentes sollten gegenüber der königlichen Regierung wie der übrigen Reichsverwaltung verstetigt werden.

Gegen die Errichtung eines permanent tagenden Parlamentes mit eigenen Tagungshäusern wehrte man sich vor allem in Frankreich, wo die Generalstände (Klerus, Adel, Dritter Stand) zwischen 1614 und 1789 nicht mehr zusammentraten. An ihrer Stelle stärkte das »Parlement de Paris« die Rechtskontrolle jeder königlichen Regierung, die alle Gesetze von diesem höchsten Gericht auf Verfassungskonformität prüfen lassen mußte – bis zur Suspendierung im Jahre 1771 und der Errichtung des königshörigen »Parlement Maupeou«. Als der Gerichtshof beim Regierungsantritt Ludwigs XVI. im Jahre 1774 wieder in seine alten Rechte und Funktionen eingesetzt wurde, gehörte es zu seiner Politik, auf die Einberufung der Generalstände zu dringen – als dem wichtigsten Vertragspartner jedes Königs.

Weniger günstig war hingegen die Lage in Asturien (Spanien). In diesem alten Königreich, das von 718 bis 1492 die Hauptlast der »Rückeroberung« (*reconquísta*) der Iberischen Halbinsel von den Mauren getragen hatte, wurden die »Cortes« 1683 geschlossen. Ein großes Kapitel des alteuropäischen Stände-Parlamentarismus fand ein unrühmliches Ende: Erst 1983 wurden sie wieder eröffnet – als Parteien-Parlament.

Ähnlich lange blieb der Landtag Böhmens von der Politik ausgesperrt. Als 1627 der Habsburger Ferdinand II. das überkommene Vertrags-Königtum in eine absolutistische Erbdiktatur verwandelte, hatte der Landtag bis zur Revolution von 1848 nichts mehr zu bestellen und war bis 1918 von jenen Zuständigkeiten weit entfernt, die ihm bis 1618 garantiert worden waren.

Auch in Dänemark fand der ständische Reichstag mit der Etablierung des Enevaelde-Absolutismus 1661 sein Ende, um erst wieder 1852 als vollwertiges Vertrags- und Verfassungsorgan gegenüber den Königen tätig werden zu können.

In Schweden hingegen wurde der Reichstag 1682 bei der »einfachen Gesetzgebung« ausgeschaltet, dann schrittweise bis 1697 entmachtet. Als Karl XII. in diesem Jahr als »natürlicher Erbherr« des Landes und wie »ein Gott auf Erden« waltete, da verzichtete er bewußt auf das Recht, einen Reichstag einzuberufen (*jus comitiorum*): Bis zu seinem Tod im Jahre 1718 durfte dieses Parlament nicht mehr tagen und seine frühere Kompetenz als kontrollierender Treuhänder aller Stände wahrnehmen. Von 1718 bis zum Staatsstreich Gustavs III. im Jahre 1772 erstarkte Schwedens Reichstag im Zeichen der »Hüte«- und »Mützen-Partei«, gestaltete eine reiche politische Kultur während der sogenannten »Freiheitszeit« und galt zusammen mit Polen, den Niederlanden, England, dem Heiligen Reich, der Schweizer Eidgenossenschaft und der Republik Venedig als ein besonderer Hort der Freiheit. Die Diktatur des »Theaterkönigs« Gustavs III. – von Frankreich aus finanziert – endete 1792 mit einem Attentat und wurde nach einer Zwischenphase mit der Revolution von 1809 durch eine umfassende Parlamentarisierung ersetzt. 1866 wandelte sich der Ständе-Reichstag in ein Zwei-Kammer-Parlament mit Parteien, das seit 1968 als Ein-Kammer-Reichstag arbeitet – in ihn werden die Abgeordneten mittels Verhältniswahl delegiert.

Obgleich die Schlußakte des Wiener Kongresses von 1815 die Mitwirkung einer »landständischen Verfassung« an der Haus-Politik der patrimonialen Dynastien in Aussicht stellte und auch Schein-Konstitutionen ermöglichte («Charte constitutionnelle« z.B. in Bayern), so war doch das Metternich-System in hohem Grade ein Feind der Parlamente. Erst mit den Revolutionen von 1830 und 1848 verstärkte sich der Einfluß des Parlamentarismus wieder, sowohl in Frankreich und im neugeschaffenen Belgien als auch in den Ländern des Deutschen Bundes.

Dennoch ist im deutschen Bereich 1848 der Versuch gescheitert, an die großen Reichstags-Traditionen vor 1806 anzuknüpfen und mit der Errichtung eines neuen Parlamentes die dynastischen Hausstaaten auf eine Vertragsbasis zu stellen. Das Paulskirchen-Parlament in Frankfurt am Main besaß jedenfalls nicht die Kraft, die vorhandenen »dynastischen Fürstenstaaten« zu demokratisieren und das Parlament als gleichwertigen Vertragspartner zu erhalten. Erst mit der Bismarckischen »Reichseinheit« von 1871 entstand neben dem mächtigen »Bundesrat« (Vertretung der »souveränen« Fürsten) ein von → Parteien beschickter Reichstag. Dieser durfte zwar ein beschränktes Budgetrecht wahrnehmen, aber keine Regierung wählen, die allein der Kaiser berufen und auch wieder entlassen konnte.

Es bedurfte der Revolution von 1905, um im zaristischen Rußland eine »Duma« als Parlament zu erzwingen, und dann der Revolution von 1918, ehe sich in Deutschland, Österreich, Ungarn, Polen und in den baltischen Republiken Estland, Lettland und Litauen die Parlamentarisierung voll und ganz durchsetzte. Allerdings nur für wenige Jahre, um nach schweren inneren Krisen wiederum durch diktatorische Machtsysteme ersetzt zu werden: Józef Piłsudski (1867-1935) löste 1926 in Polen die parlamentarische Demokratie durch eine persönliche Diktatur ab, und 1933 gelang es im Deutschen Reich Adolf Hitler, die parlamentarische Weimarer Republik durch seine NS-Diktatur zu ersetzen.

Nach dem Ende des Zweiten Weltkrieges erweiterte sich zwar der Kreis parlamentarischer Staaten, aber nicht wenige davon fielen entweder kommunistischen Diktaturen zum Opfer wie 1948 die Tschechoslowakei oder erlebten faschistische Regimes wie Griechenland 1967. Wie gefährdet der Parlamentarismus selbst dort sein kann, wo es ökonomische Prosperität gibt, verdeutlicht in hohem Maße die ölreiche Republik Venezuela: Obgleich sich der Nationalkongreß als Parlament immer wieder bemühte, aus den Öleinnahmen als »Staatseigentum« nach innen »soziale Gerechtigkeit« zu erzielen, hat es mehrere erfolgreiche und abgewehrte Putschversuche erlebt – zuletzt 1993.

Die strukturellen Wirkungen der Sanften Revolution von 1989 haben die meisten Länder des kommunistischen Ostblocks außer Rotchina, Kuba, Vietnam und Serbien auf den Weg des Parlamentarismus verwiesen. Doch dieser kann nur dann gedeihen, wenn er mit dem vertraglichen Rechts- und Verfassungsstaat in eine enge Wechselwirkung tritt und seine Vertreter sich bewußt bleiben, daß sie abhängige Teile einer umfassenden Treuhandschaft zu sein haben.

Ob das Experiment mit dem Parlamentarismus in den ehemaligen Diktaturen wirklich gelingt und auf Dauer hält, was sich die befreiten Menschen von dieser »westlichen Idee« versprechen, wird sich zeigen. Eines dürfte jedoch sicher sein: Jedes echte Parlament braucht gut geschulte und depositär gesinnte → Abgeordnete, sonst kann es in seiner Wirksamkeit von anderen Kräften zerrieben werden (Militär, Radikale, Mafia).

Gestalt

Aufgrund der vertraglichen Anlage des öffentlichen Rechts (→ Staat) gestaltete sich das parlamentarische Leben nach Maßgabe einer Rechtsgemeinschaft (*communio juris*), bei der die Teilhabe aller Partner genau geregelt war (*participatio proportionalis*). Sinn und Zweck dieser Verbindung von Obrigkeit, Räten und Ständen (Parteien) war und ist eine → Politik, die vornehmlich auf das Gemeinwohl ausgerichtet bleiben soll: »Salus publica lex suprema esto«.

Das Königtum als Herrschaftsprinzip wurde demnach auf zwei Vertragspartner der Krone oder des Reiches und eines Landes (Terra) bezogen, die in Gestalt verschiedener Ratsgremien (Großer Rat, Senat) und der Land- oder Reichstage tätig werden mußten. Einfache Gesetze und vor allem Fundamentalgesetze wurden nach Vorlage (*praepositio*) aus dem Königsamt eingehend beraten und auf ihre Rechts- oder Verfassungstauglichkeit geprüft, ehe es zu einem gemeinsamen Beschluß kommen konnte: König, Räte und Stände fanden sich in diesem System der Wechselwirkung zu einer »Concurrenz« zusammen, so daß alle drei Staatsorgane an der *Gesetzgebung* beteiligt waren.

Diese vertragliche Verbindung macht bei aller Unterscheidung der sonstigen Amtskompetenzen deutlich, was die in England früh gebräuchliche Formel »Rex in Parlamento« bedeutet: Der jeweils regierende König oder an seiner Stelle ein Primeminister (Regierungschef) bemüht bei der Vorberatung eines Gesetzes das »Ober-Haus« (in der Funktion eines Senates oder Reichsrates) und bei der Nachberatung das »Unter-Haus« (als Kontrollorgan der Stände oder Parteien des → Volkes).

In einem solchen System vertraglicher Wechselwirkung und Gegenseitigkeit kann und darf es auch keine völlige → Unabhängigkeit eines der öffentlichen Organe geben. Selbst die Gerichte als Dritte Gewalt sind von König und Parlament nur insoweit »unabhängig«, als sie »ohne Weisung« der Rechtsprechung nachgehen. Aber dabei gilt auch für sie der unabdingbare Grundsatz: »The law rules« – »Es herrschen Recht und Gesetz«.

Wird die Beziehung zu Gerechtigkeit, Recht und Gemeinwohl bei der Tätigkeit einer solchen »Concurrenz« ausgeblendet, dann wird auch das Prinzip der *Gewaltenteilung* mißverstanden. Sie ist Ausdruck der drittwirkenden Vertragslage und sichert als Arbeits- und Funktionsteilung eine durchgehende Treuhandschaft. Wird dieses entscheidende Moment nicht berücksichtigt, dann muß wie im Deutschen eine »Concurrenz« als »Gegnerschaft« aufgefaßt werden, die den Gegenpart als »Konkurrenten« ausschalten und nicht im Kompromiß einbinden will.

Ohne Kenntnis dieser Kompetenz- und Funktionsteilung bei gleichzeitiger Verpflichtung auf Rechtseinigkeit wird die Gestalt der alteuropäischen wie der modernen Parlamente ebenso wenig verstanden wie die Trennmodelle bei Vertragstheoretikern (John Locke oder Montesquieu). Die feierlichen Eröffnungen der jährlichen Parlaments-Session in England als dem angeblichen Mutterland des Parlamentarismus vermittelt auf vortreffliche Weise, daß die Teilung von Kompetenzen einer höheren »Einheit« oder Identität zu dienen hat: Der König oder die Königin versammelt im Umkreis der Regalien (Symbole der Gerechtigkeit) die Mitglieder des »House of Lords« (Oberhaus, Aristokratie) und die Abgeordneten des »House of Commons« (Unterhaus, Demokratie) zu einem politischen Rechtsakt – zur Thronrede als Verkündigung des Regierungsprogramms.

Die in parlamentarischen Systemen vorkommende Bestimmung, daß die Regierung nicht das Parlament auflösen kann (es muß ein Dritter tun, in Monarchien oft der König) und das Parlament einen Regierungschef nicht vorzeitig aus dem Amt entfernen darf, bestätigt die Grundidee der Vertrags-Concurrenz: Denkt nicht an den Eigennutz, sondern handelt im Geist des Gemeinwohls!

Aufgaben

Es war in der Antike wie im Mittelalter und in der Neuzeit eine der vornehmsten Aufgaben aller Ratsgremien, Obrigkeiten für das Herrscher- oder Regierungsamt zu wählen. Im deutschen Ausdruck »Kurfürsten« findet sich diese Tradition bestätigt, bedeutet doch »küren« nichts anderes als »wählen«. Die Möglichkeit, daß diese Kurfürsten als Wahlmänner des Heiligen Reiches auch im sogenannten »Pfälzischen Gericht« (Judicium Palatinum) einen von ihnen gewählten und gekrönten Kaiser absetzen konnten und dies bei Wenzel IV. im Jahre 1400 auch taten, belegt die »Concurrenz« im Dienst der → Gerechtigkeit und die Beziehung der Wahlkompetenz eines Parlamentes zum Gerichtswesen.

Ohne jeden Rückgriff auf diese parlamentarische Geschichte der Deutschen vor 1806 wurde mit Beginn des Zweiten Reiches im Jahre 1871 zwar ein Reichstag zugestanden, aber dieser durfte weder den Kaiser wählen – denn dieser galt als »Erbherr« –, noch war es ihm erlaubt, den Reichskanzler aus den eigenen Reihen durch Wahl zu bestimmen. Der Kaiser allein besaß die Zuständigkeit, einen Regierungschef ins Amt zu rufen und auch wieder zu entlassen, ohne den Reichstag fragen zu müssen: Bismarcks Entlassung 1890 durch Wilhelm II. zeigte, daß das Reich teils parlamentarisch, teils diktatorisch strukturiert war.

Auch der Präsident der V. Republik in Frankreich (seit 1958) hat das Recht und die verfassungsmäßige Kompetenz, einen Regierungschef oder Ministerpräsident zu entlassen und ins Amt zu berufen: Allerdings muß sich der Amtsinhaber um das »Vertrauen« (*confidence*) der Nationalversammlung als Parlament bemühen.

Wahlen in ein öffentliches Amt sind immer vertragliche Aufträge und → Mandate auf Zeit und damit Ausdruck der Gegenwelt zu patrimonialen Erbsystemen wie im Absolutismus oder zu → Diktaturen, die nur Scheinwahlen zulassen, d.h. politische Mitbewerber ausschließen oder im Wahlkampf massiv behindern. Auch können Diktaturen innerhalb einer parlamentarischen Struktur in Streitfällen keine »Ermittlungsausschüsse« ertragen und damit ein Quasi-Gericht.

Das Anrufen eines Verfassungsgerichtes, dessen Mitglieder oft »nach Proporz« von den → Parteien eines Parlamentes gewählt werden, bekräftigt, wie stark die Politik in einem parlamentarischen System vom Gegenseitigkeitsdenken und Gerechtigkeitsstreben abhängig ist: Auch Mehrheiten im Parlament stehen nicht über dem → Recht (→ Demokratie).

Damit der Gang zum Verfassungsgericht wirklich das letzte Rechtsmittel bleibt, bieten parlamentarische Systeme die Möglichkeit, mit einer ganzen Reihe von Instrumenten die Gesetzgebung, Rechtsanwendung und den Verfassungsvollzug als Inbegriff von → Politik kritisch und konstruktiv zu begleiten.

So kennt der Deutsche Bundestag seit 1949 die »Große Anfrage« meist von seiten der Opposition, die mit einer Debatte im Plenum verbunden ist, d.h. die Regierung oder einzelne Minister müssen dort zu Sachfragen Rede und Antwort stehen. Diese Aufgabe des andauernden »Clearing« kann auch mit einer »Kleinen Anfrage« erfüllt werden, wenn es um eng begrenzte Probleme und Aufklärungen geht. Es gibt in diesem System auch »mündliche Anfragen«, die einzelne → Abgeordnete aller im Parlament vertretenen Parteien an die Regierung stellen können. In besonderen »Fragestunden« gibt die Regierung außerdem sach- und fachbezogene Auskünfte, um das Parlament zu informieren. Sogar »aktuelle Stunden« werden eingeräumt, um Regierung und Parlament auf einen gleichen Wissensstand zu bringen.

Als Grundmodell zur richtigen Wahrnehmung dieses Frage-und Antwort-Spiels gilt die schon von den Ständeparlamenten der Neuzeit ausgeübte »Macht, zu erinnern«, und das bedeutete, sich »ungefragt« (*non rogatus*) einmischen zu dürfen, um von der Obrigkeit Sachauskünfte zu erhalten.

Die Kontrolle einer Regierung als Spitze der Exekutive wird noch dadurch verschärft, daß in den verschiedenen *Ausschüssen* eines Parlamentes alle Regierungsvorlagen zu Gesetzesvorhaben daraufhin geprüft werden, ob sie rechts- und verfassungskonform sind. Eine parlamentarische Rechnungsprüfung (ergänzend zu den Untersuchungen eines nicht parlamentsgebundenen Rechnungshofes) und selbst die »Petitionen« der Wahlbürger vervollständigen die Regierungskontrolle, werden doch in diesen Eingaben ans Parlament oft Mißstände in der Öffentlichen Verwaltung aufgedeckt, die den Abgeordneten sonst entgehen.

Besondere »Hearings« oder Anhörungen und das Einsetzen von *Enquête-Kommissionen*, in denen Fachleute außerhalb des Parlamentes, aber in seinem Auftrag zu speziellen Sachthemen Stellung nehmen, runden eine Informationsarbeit ab, die trotz ihres heutigen Aufwandes an technischen Apparaturen nichts anderes ist als die Weiterführung des alten Rechtes der Stände, sogenannte »Gravamina« oder »Beschwerden« (*doléances*) über »Ungerechtigkeiten« im gesamten öffentlichen Leben vorzubringen und eine Korrektur zu verlangen.

Gefährdungen

Wie gut und genau alle institutionellen Kontrollen eines Parlamentes arbeiten, ist im wesentlichen davon abhängig, wie hoch der Sachverstand, die Arbeitskraft, die Informiertheit und auch der Wille jedes → Abgeordneten ausgebildet ist, allein oder im Rahmen seiner Fraktion als Treuhänder auf Zeit (*mandataire*) tätig zu sein.

Nach dem Bonner Grundgesetz sind die Abgeordneten nur ihrem »Gewissen« als letzter Entscheidungsinstanz verpflichtet und wie Richter auch nicht an Weisungen gebunden. Die Praxis aber zeigt, daß dieses Ideal nur ganz selten erreicht wird. Die Existenz der »Peitsche« (The Whip) im englischen Unterhaus weist allein schon die Grenzen auf, denen ein Abgeordneter unterliegt, wird doch hier durch besondere »Einpeitscher« jede Fraktion im Parlament so bearbeitet, daß sie bei Abstimmungen die geforderte Geschlossenheit zeigt und Abweichungen einzelner Mitglieder nicht duldet.

Diese parteiinterne Struktur der Abhängigkeiten hat z.B. im Reichstag Schwedens dazu geführt, daß die Partei- und Fraktionsvorsitzenden in ihren politischen Vorstellungen den einzelnen Abgeordneten kaum noch einen Spielraum gewähren. Das böse Wort vom »Stimmvieh«, das im Dienste einiger mächtiger »Parteibonzen« steht, verdeutlicht die Gefährdungen der Parlamente von innen her, sobald im »Machtpoker« bei Abstimmungen die innerparteiliche Demokratie ebenso auf der Strecke bleibt wie das Gebot der »Gewissensfreiheit« und der Treuhandschaft gegenüber den Wählern.

Neben dem von der Verfassung nicht erlaubten »Fraktionszwang« sehen sich Abgeordnete immer wieder dem Druck von Interessenverbänden ausgesetzt, zumal wenn diese in der eigenen Partei einen großen Einfluß besitzen oder gar den Wahlkampf des Abgeordneten personell wie materiell mitgetragen haben. Es ist in den USA ein offenes Geheimnis, daß sich die mächtige Öl-Lobby Mitglieder des Kongresses, Senatoren und selbst Gouverneure regelrecht »kaufen« kann. Ähnliches gilt auch, wenn sich Abgeordnete in erster Linie als Gewerkschaftsvertreter sehen und nicht als Vertreter ihres Wahlkreises.

Die Geschichte der Parlamente zeigt immer wieder, daß eine mangelhafte »Erziehung zur Verfassung«, die fehlende Einübung in die Forderungen der Treuhandschaft und das Abwerten der »Gewissensfreiheit« zu Verwilderungen auch in der Politik geführt haben. Dazu gehört in hohem Maße die *Bestechung*, die verschiedene Formen annehmen kann (→ Korruption) und dabei jeder Parlamentsarbeit gefährlich wird, zumal bei knappen Mehrheiten, wenn es auf jede Einzelstimme ankommt.

Die Vorstellung in der Parlamentarismus-Theorie, daß ein Parlament seiner Substanz nach das gesamte wahlberechtigte Volk – ob als Stände oder Parteien – zu repräsentieren hat, entspricht zumeist nicht der soziologischen Wirklichkeit der Parlamente. Diese werden oft von besonderen Berufsständen dominiert, die nicht immer nur das Gemeinwohl fördern wollen. Bereits im 17. Jahrhundert kannte England das »Kavaliers-Parlament« als Aristokraten-Versammlung, und der amerikanische Kongreß wie die französische Nationalversammlung bestanden am Ende des 18. Jahrhunderts zu einem großen Teil aus Juristen. Die deutsche Verfassungsbewegung des Vormärz mündete mit der Revolution von 1848 in das »Professoren-Parlament« der Frankfurter Paulskirche, und manch ein Parlament im Europa des 19. Jahrhunderts wurde »Honoratioren-Parlament« genannt, in dem »ehrbare Bürger« der »höheren Stände« das Sagen hatten, ehe einzelne Parteien Träger und Repräsentanten des Parlamentarismus werden durften. So galt die SPD nach 1871 als »Kneipier«-Partei, weil sich oft nur sozialdemokratisch gesinnte

Gastwirte den kostspieligen Aufenthalt im Berliner Reichstag leisten konnten.

Auch in den Parlamenten des 20. Jahrhunderts ist die Tendenz unverkennbar, daß immer mehr Beamte und Angehörige des Öffentlichen Dienstes als Abgeordnete in die Volksrepräsentation einziehen. In einigen deutschen Länderparlamenten erreicht diese berufsständische Gruppe schon mehr als 50% der Abgeordneten, die in ihrer privaten Absicherung auch kein Arbeitsplatzrisiko eingehen, sondern nach einer Abwahl wieder in ihr Verwaltungsamt oder auf die Lehrerstelle zurückkehren können.

Diese berufsbezogene Verschiebung kann sich zu einer der größten Gefährdungen der Parlamentsidee entwickeln, wenn die Abgeordneten glauben, sie müßten im Parlament irgendwelche »Interessen« vertreten und nicht die Menschenrechte, das Gemeinwohl sowie eine depositäre Vertragspartnerschaft.

Sollte sich diese Entwicklung in Richtung einer »reinen« Interessenvertretung nicht ändern, dann kann auch das *Europa-Parlament* in Straßburg nicht recht gedeihen. Schon dadurch in seiner parlamentarischen Kontrollfunktion behindert, daß es nur ein begrenztes Budgetrecht wahrnehmen kann, während der *Ministerrat* in Brüssel zusammen mit den einzelnen Fachkommissionen eine hohe exekutive Kompetenz besitzt, ähnelt es dem Deutschen Reichstag von 1871: Es darf reden, hat aber bei weitreichenden Entscheidungen wenig zu sagen.

Nur die Rückbesinnung auf das depositäre Denken wird auch hier eine »patrimoniale« Entwicklung verhindern, die einer Interessenlage gemäß »Erbhöfe« anlegt und die geforderte vertragliche wie parlamentarische Rückkoppelung zu verdrängen sucht: Darauf aber müssen die Parlamentarier bestehen, sonst geben sie ihren Anspruch auf, das → Volk zu vertreten.

Literatur

K. Abmeier, Die parlamentarischen Befugnisse des Abgeordneten des Deutschen Bundestages nach dem Grundgesetz, 1984 ✦ *Afanasjew*, Die Perestroika – Die Vergangenheit und wir. Bilanz eines sowjetischen Historikers und Oppositionellen, 1991 ✦ *Agnoli/Brückner*, Die Transformation der Demokratie, 1978 ✦ *U. v. Alemann*, Parteiensysteme im Parlamentarismus. Eine Einführung und Kritik von Parlamentarismustheorien, 1973 ✦ *Alin*, ›Biädrag till svenska radets historia under medeltiden‹, in: UUÅ, 1872 ✦ *Almond/Verba*, The Civic Culture, 1963 ✦ *Back*, Herzog und Landschaft. Politische Ideen und Verfassungsprogramme in Schwedisch-Pommern um die Mitte des 17. Jhds., 1955 ✦ *Bärmann*, Europäische Integration im Gesellschaftsrecht, 1970 ✦ *v. Beyme*, Die parlamentarischen Regierungssysteme in Deutschland, 1970 ✦ *Birke/Kluxen*, Deutscher und britischer Parlamentarismus, 1985 ✦ *Birtsch*, ›Die Landständische Verfassung als Gegenstand der Forschung‹, in: Veröffentlichungen des Max-Planck-Instituts für Geschichte (Göttingen), 1969 ✦ *A. Blum*, Ist unser Parlament überfordert?, 1970 ✦ *Bofinger*, ›Die Rolle des Luthertums in der Geschichte des deutschen Ständeparlamentarismus‹, in: Festgabe für Hanns Rückert, 1966 ✦ *Bosl*, Böhmen und seine Nachbarn. Gesellschaft, Politik und Kultur in Mitteleuropa, 1976 ✦ *Bosl*, Die Geschichte der Repräsentation in Bayern, 1974 ✦ *Botzenhart*, Deutscher Parlamentarismus in der Revolutionszeit 1848-1850. Handbuch des deutschen Parlamentarismus, 1977 ✦ *E. Brandt*, Die Bedeutung parlamentarischer Vertrauensregelungen, 1981 ✦ *Breysig* (Hrsg.), Urkunden und Actenstücke zur Geschichte des Kurfürsten Friedrich Wilhelm von Brandenburg, 16:1 (Ständische Verhandlungen), 1899 ✦ *O. Brunner*, ›Moderner Verfassungsbegriff und mittelalterliche Verfassungsgeschichte‹, in: MIÖG 1939 ✦ *Bryce*, Moderne Demokratien, dt. 1923 ✦ *E. Busch*, Das Amt des Wehrbeauftragten des Deutschen Bundestages, 1969 ✦ *ders.*, Parlamentarische Kontrolle. Ausgestaltung und Wirkung, 2. Aufl. 1985 ✦ *Cardoso/Faletto*, Dependency and Development in Latin-America, 1969 ✦ *Carlgren*, Riksdagsutskott före 1680 med särskild hänsyn till sekreta utskottet, 1909 ✦ *Casanova*, ›Modernization and Democratization. Reflections on Spain's Transition to Democracy‹, in: Social Research 50, 1983 ✦ *Cavanaugh*, Vauban, d'Argenson, Turgot. From Absolutism to Constitutionalism in Eighteenth-Century France, 1967 ✦ *Congar*, ›Quod omnes tangit, ab omnibus tractari et approbari debet‹, in: Revue Historique de Droit français et étranger 36, 1958 ✦ *Czapli´nski*, ›Rządy oligarchii w Polsce nowożytnej‹, in: PH 52, 1961 ✦ *Damkowski* (Hrsg.), Der parlamentarische Untersuchungsausschuß. Ein Handbuch für Wissenschaft und Praxis, 1987 ✦ *Dauster*, Die Stellung des Ministers zwischen Regierungschef, Parlament und Regierung nach dem Verfassungsrecht der Länder, 1984 ✦ *Dos Santos*, ›The Structure of Dependency‹, in: AER 40, 1980 ✦ *M. Dregger*, Die antizipierte Zustimmung des Parlaments zum Abschluß völkerrechtlicher Verträge, die sich auf Gegenstände der Bundesgesetzgebung beziehen, 1989 ✦ *H. Dreier/J. Hofmann*, Parlamentarische Souveränität und technische Entwicklung, 1986 ✦ *W. Eckart*, Amerikanische Reformpolitik und deutsche Tradition. Nürnberg 1945-1949. Nachkriegspolitik im Spannungsfeld zwischen Neuordnungsvorstellungen, Notlage und pragmatischer Krisenbewältigung, 1988 ✦ *A.G.*

Frank, ›Revolution in Eastern Europe. Lessons for Democratic Social Movements (and socialists?)‹, 1990 ✦ *M. Freund*, Die Große Revolution in England, 1951, 1979 ✦ *Fromme*, Von der Weimarer Republik zum Bonner Grundgesetz. Verfassungspolitische Folgerungen des parlamentarischen Rates, 1960 ✦ *Gerhard*, ›Amtsträger zwischen Krongewalt und Ständen – ein europäisches Problem‹, in: Festschrift für Otto Brunner, 1963 ✦ *ders.*, Ständische Vertretungen in Europa im 17. und 18. Jahrhundert, 1969 ✦ *Gough*, Fundamental law in English constitutional history, 1955 ✦ *Grabitz/Läufer*, Das Europäische Parlament, 1980 ✦ *Grauers*, ›Sveriges sista lantdagar och provinsmöten (1676-79)‹, in: KFÅ 1930 ✦ *ders.*, Sveriges Riksdag, IV, 1932 ✦ *Gusy*, Parlamentarischer Gesetzgeber und Bundesverfassungsgericht, 1985 ✦ *ders.*, Die Verfassungsbeschwerde. Voraussetzungen und Verfahren, 1988 ✦ *E. Häckel*, Afrikanischer Nationalismus. Macht und Ideologie im Schwarzen Afrika, 1974 ✦ *Hauriou*, ›Die Theorie der Institution‹, in: Schriften zur Rechtstheorie, 5, 1965 ✦ *Hildebrandt*, Die Paulskirche, 1986 ✦ *Hobbes*, Behemoth oder Das Lange Parlament, dt. 1991 ✦ *R. Hoffmann*, Haushaltsvollzug und Parlament, 1972 ✦ *Holtzmann*, Französische Verfassungsgeschichte, 1910 ✦ *Huber-Hotz u.a.*, Das Parlament – »Oberste Gewalt des Bundes«?, 1991 ✦ *Ilbert*, Parliament, 1950 ✦ *A. Janssen*, Die zunehmende Parlamentarisierung der Gemeindeverfassung als Rechtsproblem, 1988 ✦ *ders.*, Über die Grenzen des legislativen Zugriffsrechts. Untersuchungen zu den demokratischen und grundrechtlichen Schranken der gesetzgeberischen Befugnisse, 1990 ✦ *Jann*, Policy-orientierte Aus- und Fortbildung für den öffentlichen Dienst. Erfahrungen in den USA und Lehren für die Bundesrepublik Deutschland, 1987 ✦ *Jennings*, Parliament, 1957 ✦ *Jesse*, Literaturführer: Parlamentarische Demokratie, 1981 ✦ *Ch. Johnson* (Hrsg.), Change in Communist Systems, 1970 ✦ *Kaul-Berman*, South Africa's Silent Revolution, 1990 ✦ *Keeler*, The Long Parliament, 1640-1641, 1954 ✦ *Klaveren*, ›Die historische Erscheinung der Korruption, in ihrem Zusammenhang mit der Staats- und Gesellschaftsstruktur betrachtet‹, in: VjSW, 1957 ✦ *Kleberg*, De Danske Ständermötena intill Kristian IVs död, 1917 ✦ *Klöpfer*, Das parlamentarische Regierungssystem der Bundesrepublik Deutschland auf dem Prüfstand, 1984 ✦ *Kluxen* (Hrsg.), Parlamentarismus, 5. Aufl. 1980 ✦ *ders.*, Geschichte und Problematik des Parlamentarismus, 1983 ✦ *ders.*, Deutscher und Britischer Parlamentarismus, 1985 (mit A.M. Birke) ✦ *Kremaier*, Das Europäische Parlament der EG und die Parlamentarische Versammlung des Europarates. Eine vergleichende Strukturanalyse zur Begrifflichkeit eines Europäischen Parlamentarismus, 1985 ✦ *K. Kremer*, Der Weg ins Parlament. Kandidatur zum Bundestag, 2. Aufl. 1984 ✦ *Lagerroth*, ›Det svenska statsrådets ansvarighet i rättshistorisk belysning‹, in: Scandia 1939 ✦ *ders.*, ›Svensk konstitutionalism i komparativ belysning‹, in: HTs, 1966 ✦ *R.J. Lamer*, Der englische Parlamentarismus in der deutschen politischen Theorie im Zeitalter Bismarcks (1857-1890). Ein Beitrag zur Vorgeschichte des deutschen Parlamentarismus, 1963 ✦ *Lammich*, Grundzüge des sozialistischen Parlamentarismus, 1977 ✦ *R. Leicht*, Grundgesetz und politische Praxis, 1974 ✦ *F. Lindberg*, ›Axel Oxenstierna som riksdagstaktiker‹, in: StvT 1931 ✦ *Linz* (Hrsg.), The Breakdown of Democratic Regimes, 1978 ✦ *Lönnroth*, ›Den svenska riksdagens uppkomst‹, in: Scandia 1946 ✦ *Loewenburg*, Parlamentarismus im politischen System der Bundesrepublik Deutschland, 1971 ✦ *Loewenstein*, Volk und Parlament nach der Staatstheorie der französischen Nationalversammlung von 1789, 1922, ND 1990 ✦ *ders.*, Verfassungsrecht und Verfassungspraxis der Vereinigten Staaten, 1959 ✦ *ders.*, Zur Gegenwartslage des britischen Parlamentarismus, 1967 ✦ *Mac Cormack*, Revolutionary Politics in the Long Parliament, 1973 ✦ *Magiera*, Parlament und Staatsleitung in der Verfassungsordnung des Grundgesetzes, 1979 ✦ *Martiny*, Parlament, Staatshaushalt und Finanzen im Rußland vor dem Ersten Weltkrieg. Der Einfluß der Duma auf die russische Finanz- und Haushaltspolitik (1907-1914), 1977 ✦ *H. Maurer*, Wehrbeauftragter und Parlament, 1965 ✦ *ders.*, Die Gesetzgebungskompetenz für das Staatshaftungsrecht, 1981 ✦ *Müller-Graff*, Die Direktwahl des europäischen Parlaments. Genese und Perspektiven, 2. Aufl. 1979 ✦ *R. Niebuhr*, Moral Man and Immoral Society. A Study in Ethics and Politics, 1932 ✦ *O. Volker*, Das Staatsverständnis des Parlamentarischen Rates, 1971 ✦ *S.U. Palme*, Consilium och consensus. Några anteckningar i en statsrättshistorisk principfråga, 1963 ✦ *ders.*, ›Vom Absolutismus zum Parlamentarismus in Schweden‹, in: Veröffentlichungen des Max-Planck-Instituts für Geschichte (Göttingen), 1969 ✦ *Pangle*, The Spirit of Modern Republicanism. The Moral Vision of the American Founding, 1988 ✦ *Das Parlament*, hrsg. von der Bundeszentrale für politische Bildung (erscheint wöchentlich) ✦ *E. Pracht*, Parlamentarismus und deutsche Sozialdemokratie. 1867-1914, 1990 ✦ *M. Rauh*, Föderalismus und Parlamentarismus im Wilhelminischen Reich. Der Bundesrat 1890-1909, 1973 ✦ *H. Rausch*, Parlament und Regierung in der Bundesrepublik Deutschland, 1978 ✦ *Redslob*, Die parlamentarische Regierung in ihrer wahren und unechten Form, 1918 ✦ *Revel*, So enden die Demokratien, dt. 1984 ✦ *Roos*, Ständewesen und parlamentarische Verfassung in Polen (1505-1772), 1969 ✦ *Rubin Sader Perez*, The Venezuelan State Oil. Reports to the people, 1969 ✦ *Schambeck* (Hrsg.), Österreichs Parlamentarismus. Werden und System, 1986 ✦ *C. Schmitt*, Die geistegeschichtliche Lage des heutigen Parlamentarismus, 2. Aufl. 1926 ✦ *Scholler*, Die Grundrechtsdiskussion in der Paulskirche, 1982 ✦ *Schubert*, Der Deutsche Reichstag in der Traktatliteratur der Frühen Neuzeit, 1968 ✦ *J. Schwarze* (Hrsg.), Der Europäische Gerichtshof als Verfassungsgericht und Rechtsschutzinstanz, 1983 ✦ *Stadler*, Die parlamentarische Kontrolle der Bundesregierung, 1984 ✦ *Stiernman*, Alla riksdagars och mötens besluth, samt arfföreningar, regementsformer, försäkringar och bewillningar, 3 Bde., 1728-1733 ✦ *Thaysen* (Hrsg.), US-Kongreß und Deutscher Bundestag. Bestandsaufnahme im Vergleich, 1988 ✦ *Vitzthum*, Parlament und Planung. Zur verfassungsgerechten Zuordnung der Funktionen von Bundesregierung und Bundestag bei der politischen Planung, 1978 ✦ *ders.*, Petitionsrecht und Volksvertretung. Zu Inhalt und Schranken des parlamentarischen Petitionsbehandlungsrechts, 1985 ✦ *M. Weber*, Parlament und Regierung im neugeordneten Deutschland, 1918 ✦ *Widder*, Parlamentarische Strukturen im politischen System, 1979 ✦ *Wollstein*, Deutsche Geschichte 1848-49, 1986 ✦ *Worden*, The Rump Parliament, 1974 ✦ *Zagorin*, The English Revolution 1640-1660, 1955 ✦ *Zeh*, Parlamentarismus. Historische Wurzeln – Moderne Entfaltung, 1987.

Parteienwesen

Der kometenhafte Aufstieg der »Forza Italia« zur Regierungspartei oder auch der hamburgischen »Statt-Partei« macht deutlich, daß das überkommene Parteiwesen Anfang der 1990er Jahre in eine schwere Krise geraten ist.

Selbst wenn man konzediert, daß in beiden Fällen der personale Faktor eine große Rolle spielt – Silvio Berlusconi als Medien-Zar und Markus Wegner als Kläger gegen Verfehlungen der CDU –, so resultiert doch die parlamentarische Präsenz dieser Wahlgruppierungen nicht aus eigener Stärke oder überlegener Sachkompetenz, sondern aus Schwächen der herkömmlichen Parlamentsparteien. Beide Gründer haben die Verdrossenheit der Wahlbürger genutzt und erfolgreich Protest-Alternativen angeboten.

Diese mitunter radikale Verschiebung im Wählerverhalten besonders in Kreisen des verunsicherten Besitz- und Bildungsbürgertums hat neben anderen Gründen vornehmlich damit zu tun, daß das Selbstverständnis der Alt-Parteien durch eine Reihe von Skandalen und Affären schwer getroffen wurde. Dabei fragten sich die Bürger in zunehmendem Maße, was denn eine politische Partei noch von einem Interessenverband oder »Selbstbedienungsverein« unterscheidet.

Diese fundamentale Frage an das Parteiwesen des Parlamentarismus rührt nicht nur an einen Kernbereich der → Demokratie mit ihrem notwendigen Pluralismus, sie betrifft auch einen wichtigen Träger und Vermittler unserer politischen Kultur.

Geschichte

Bereits in der Polis des antiken Griechenland konnte es unter den politisch aktiven Bürgern (*patriotes*) bestimmte Parteiungen oder Zweckverbände auf Zeit geben. Vor allem in Krisenlagen schlossen sie sich zur Vereinigung der »Guten« (*agathoi*) zusammen, um den »Schlechten« (*kakoi*) einen organisierten Rechtswiderstand zu leisten. Diese Konstellation zeigt einen Grundkonflikt an, der auch im heutigen Italien neben der »Forza Italia« bei der Regionalpartei »Lega Nord« zu beobachten ist: Betrug beim Staatshaushalt, Veruntreuung von Steuern und Bereicherungen auf Kosten der Öffentlichen Hand begründen einen moralisch motivierten Protest gegen die unterlassene Treuhandschaft von Trägern der politischen Macht.

Die »Schlechten« oder Egoisten wurden bekämpft, weil das Ganze einer Polis oder einer Republik mehr zu sein hat als die bloße Summe der vorhandenen Teile oder »partes«. Die Träger öffentlicher Ämter haben nicht die → Interessen ihrer Wahlvereinigung oder Partei zu vertreten, sondern sie sollen im depositären Dienst des ganzen Wahlvolkes wie der übrigen Bevölkerung stehen.

Die oft dramatische Geschichte der Gracchen als Volkstribune im 2. Jahrhundert v.Chr. bestätigt diesen übergeordneten Bezug der Politik auch in der Römischen Republik. Denn diese gewählten Tribune führten eine Gerechtigkeits-Bewegung an, die sich vor allem das Ziel gesetzt hatte, gegen die Eigentumsinteressen der vorherrschenden Patrizier eine grundlegende Bodenreform durchzuführen, um auf diese Weise die als »ungerecht« empfundenen Gegensätze zwischen Arm und Reich abzubauen.

Wie stark Eigentumsfragen und Besitzlagen auch in späterer Zeit die Bildung von Parteiungen begünstigt haben, geht aus den Akten der 1608 gegründeten Union der Protestanten im Heiligen Reich hervor. Sie organisierten ihren Rechtswiderstand zur Verteidigung des Augsburger Religionsfriedens von 1555 und der damit verbundenen Gütergarantie. Ihre Gefährdung durch die Katholiken (Fall der Stadt Donauwörth) wollten sie ebenso wenig hinnehmen wie vermeintliche Rechtsbeugungen durch den Reichshofrat (neben dem Reichskammergericht als »kaiserlicher« Gerichtshof tätig): Die Union forderte denn auch im Rahmen der Reichsverfassung fortan eine »gute Justiz«.

Faßten sich die Unionisten als die »Guten« auf, so wurden die Mitglieder der 1609 gegründeten katholischen Liga als die »Schlechten« hingestellt, denen weniger das Gemeinwohl am Herzen lag als der kirchliche und dynastische Eigennutz.

Wie immer auch die gegenseitigen Vorwürfe und Selbsteinschätzungen lauten mochten, so bewegten sich beide Zweckverbände und Kampfbünde weitgehend auf dem Boden und im Rechtsrahmen der Verfassung. Ja, es gelang sogar nach dreißig Jahren Krieg, beide Lager zu Verfassungsparteien zusammenzufassen. Die ehemaligen Mitglieder der Union, die sich 1621 aufgelöst hatte, und die übrigen protestantischen Reichsstände bildeten mit dem Teutschen Frieden von 1648 das sogenannte »Corpus Evangelicorum« (Lutheraner und Calvinisten), während die Liga das Gegengewicht stellte – in Gestalt des »Corpus Catholicorum«.

Beide Verfassungs- und Konfessionsparteien hatten bis 1806 Bestand und bekräftigten in ihrer Arbeit für den Reichsfrieden als dem übergeordneten Gemeinwohl eine strukturelle Stetigkeit als »immerwährende« Institution. Mit dieser Qualität wurde nicht nur der temporäre Charakter des ursprünglichen Zweckverbandes als Konföderation aufgegeben, sondern auch eine Bedingung moderner Staatlichkeit geschaffen, die noch 1967 das bundesdeutsche Parteiengesetz beeinflußte. Denn darin heißt es: »Parteien sind Vereinigungen von Bürgern, die dauernd oder für längere Zeit ... auf die politische Willensbildung Einfluß nehmen und an der Vertretung des Volkes ... mitwirken wollen«.

Auch wenn der → Absolutismus und besonders der Neo-Absolutismus zwischen 1806 und 1848 die Zuständigkeiten des konfessionsgebundenen Parteiwesens unterbrochen hat, so liegt damit doch im deutschen Bereich ein Modell vor, das der Parteibildung von *Tories* und *Whigs* in England voraufging.

Auch sie haben sich aus materiell gebundenen und konfessionell ausgerichteten Zweckverbänden zusammengesetzt, deren Vorformen schon im Bürgerkrieg von 1641 bis 1648 zu erkennen sind und nach 1679 eine dauerhafte Gestalt angenommen haben. Die Positionen der Tories (einst ein Spitzname für irische katholische Straßenräuber) bezogen sich auf ein starkes Königtum, das den Vorstellungen der »Royalisten« in ganz Europa sehr nahekam. Dazu paßten ihre zeitweiligen katholischen Anwandlungen bis zur Vertreibung Jakobs II. in der Glorious Revolution von 1688 ebenso wie danach ihre enge Bindung an die anglikanische Kirche. Ihre Mitglieder kamen hauptsächlich aus den Reihen der Großgrundbesitzer und des Adels: Diese Bindungen sind noch heute bei der Konservativen Partei auszumachen, der Erbin aller Tory-Traditionen.

Die Whigs hingegen rekrutierten sich in der Hauptsache aus den nichtadeligen Schichten der protestantischen Dissenters und zählten besonders Kaufleute zu ihren Mitgliedern. Ihre Grundhaltungen hinsichtlich des Rechts-, Freiheits- und Verfassungsstaates stimmten gut mit den Positionen der europäischen »Patrioten« überein (→ Patriotismus), die das Königtum in den Traditionen der Monarchomachen erheblich beschränken wollten. Die Whig-Partei wurde im Laufe des 19. Jahrhunderts von den Liberalen in allen Ständen abgelöst und prägte mit ihrem Verfassungsdenken auch die 1906 gegründete *Labour Party* der organisierten Arbeiterschaft, die ab 1918 wiederum die Liberalen abdrängte und zum Hauptgegner der verbliebenen Tories wurde.

Die Grundeinstellungen von Tories und Whigs betrafen seit 1679 (Habeas-Corpus-Act) aber nicht nur innenpolitische Angelegenheiten. Ihre unterschiedlichen Auffassungen kamen auch in der Bewertung der jeweiligen → Außenpolitik zum Vorschein. So galten in den nordamerikanischen Kolonien all jene als Tories, welche die Positionen der »absoluten Könige« Englands vertraten und sich gegen die Unabhängigkeitsbewegung wandten. Als Whigs hingegen wurden alle jene Bürger bezeichnet, die für eine Trennung vom Mutterland und für die »Independence« stimmten. Deren Anhänger gehörten im 19. Jahrhundert zum inneren Kern der *Republikanischen Partei* (Grand Old Party) in den USA. Sie trat auch für eine starke Eigenständigkeit der Einzelstaaten innerhalb der Union von 1776 ein – im Gegensatz zur *Demokratischen Partei*.

Das Besondere am depositären Parteiwesen in Großbritannien und in den USA lag wohl darin, daß es nicht nur das System von Regierung und parlamentarischer → Opposition trug und stärkte, sondern auch eine Politik im Rahmen der Verfassung förderte, deren Inbegriff im »Rule of Law« bestand und auf die stabilisierende »Equity« (Billigkeit, gerechter Anspruch) bezogen blieb. Die Parteien fühlten sich dem Gemeinwohl (*common weal*) verpflichtet, setzten dafür ihren »gesunden Menschenverstand« (*common sense*) ein und praktizierten bei allen Eigeninteressen ein beträchtliches Maß an Gemeinsinn.

Neben der zeitlichen Stetigkeit gehörte die mentale Beständigkeit zum weiteren Kennzeichen des aufgekommenen Parteiwesens, das die bestehende Ständeordnung ja nicht aufhob oder ersetzte, sondern sinnvoll ergänzte. Die ständeübergreifenden Parteien wollten mit ihren Positionen nicht die Möglichkeiten des Gemeinwesens einschränken, sondern nach Maßgabe der eigenen Leistungsfähigkeit steigern. Die Kritik an der Regierung durch die Opposition im Parlament diente nicht deren Schwächung, sondern der Klärung von anstehenden Sachfragen auf der Suche nach der besten Lösung.

Auch den teutschen Unionisten von 1608 wie den englischen Whigs nach 1679 war die Wiederherstellung des gestörten Gemeinwohls das oberste Gebot («Salus publica lex suprema esto«), was die rechtliche Wahrnehmung von Eigen- und Standesinteressen nicht ausschließen mußte.

Diese innere Bestimmung des Parteiwesens in Alt-Europa bestätigt sich auch in Schweden. Dort hatte sich nach dem Ende der Envälde-Diktatur des Pfälzischen Hauses (1718) das Ständewesen zu einer bemerkenswerten Freiheits-Verfassung (1719, 1720) bekannt. Strukturell beruhte sie auf dem Trias- oder Vertragsprogramm von 1634 und wurde von vier Ständen getragen, dem Adel, dem Klerus, den Städte-Bürgern und den selbsteignenden Bauern. Dabei hatte der Adelsstand die größte innere Veränderung erfahren. Die seit 1626 bestehenden drei »Klassen« im Ritterhaus wurden aufgelöst und durch das Individualprinzip ersetzt – ähnlich der Szlachta Polens auf dem Reichstag (Sejm).

Hatte die innere Verfassung, durch das zaristische Rußland und das parlamentarische England im Frieden von Nystad 1721 garantiert, für eine gesellschaftliche Entspannung und eine Reihe mustergültiger Reformen gesorgt, so wirkten nun außenpolitische Positionen auf die Parteibildung ein: Es entstand auf dem Reichstag von 1738/39 die Partei der »Hüte« (Hattar). Deren Gesinnungsfreunde wollten den Verlust der Provinzen im Baltikum nicht hinnehmen, die als »Vormauer« Schwedens an Rußland gefallen waren, und richteten sich zeitweise nach Frankreich aus, wo fast zur gleichen Zeit das »Secret du Roi« wirkte (→ Außenpolitik). Im Verbund mit dieser polenfreundlichen Macht mühte sich die Hüte-Partei an der Eindämmung Rußlands mitzuwirken – im Gegensatz zu der fast gleichzeitig entstandenen Partei der »Mützen« (Mössor).

Diese suchten eher die Entspannung mit dem russischen Nachbarn und neigten immer wieder England zu, um ungebührlichen Schaden von der Krone zu wenden. Das ist nicht durchgehend gelungen. Der Krieg gegen Rußland von 1741 unter dem Einfluß der »Hüte« hat gezeigt, daß eine gutgemeinte Nutzenmehrung an harten außen- und sicherheitspolitischen Fakten scheitern kann. Tatsächlich war es den »Mützen« erst 1765 möglich, nach schwierigen Zeiten der Opposition (Reichstag und Reichsrat) im Militärwesen eine einschneidende Sparpolitik durchzusetzen – zwei Jahre nach dem Siebenjährigen Krieg (1756-63), dessen Auswirkungen auch in Schweden zu spüren waren.

Trotz dieser Gegensätze nach außen hielten beide Parteien am gemeinsamen Streben fest, die *Wohlfahrt* des eigenen Gemeinwesens zu befördern. Dabei entwickelte man allerdings recht unterschiedliche Methoden. Die Hüte-Partei, die vor allem von Angehörigen des Amtsadels vertreten wurde, förderte auf nachhaltige und erfolgreiche Weise die sogenannten »nützlichen Wissenschaften« (Mathematik, Nationalökonomie, Bergbau, Ingenieurwesen). Dafür waren Investitionen der Öffentlichen Hand nötig, die von einer besonderen Steuerpolitik begleitet wurden und viele Hüte-Angehörige in Amtsstellungen veranlaßten, eine gewisse Bevormundungspolitik gegenüber der ständischen Gesellschaft zu betreiben.

Die Mützen-Partei hingegen, die sich ähnlich den Whig meist aus nichtadeligen Ständekreisen zusammensetzte, trat für einen gezielten Privilegien- und Subventionsabbau in der Wirtschaft ein, suchte den Freihandel zu befördern und damit auch die Gewerbefreiheit: Außerdem verlangte sie Pressefreiheit.

Obgleich es zwischen beiden Parteien viel Gezänk gab und manche Sitzung des Reichstags stürmisch verlief, standen ihre Anhänger doch unter dem Gerechtigkeitsgebot der Verfassung, das den Dienst am Gemeinwohl einforderte. Bis zum Staatsstreich Gustavs III. von 1772 galt Schweden in Europa als eine in hohem Maße innovative, ja kreative und geistige Macht, in der Standesbewußtsein, Familieninteressen und die politische Kultur des Wettbewerbs an Ideen wie praktischem Können »concurrieren« oder zusammenwirken konnten – zum Nutzen aller.

Was diese Parteien Schwedens im 18. Jahrhundert von den Parlamentsparteien der Moderne unterschied, war lediglich das Fehlen einer festen Parteiorganisation mit Statut und ausschließender Mitgliedschaft.

Eine ähnliche Situation ergab sich 1789 in Frankreich, das außenpolitisch isoliert war. Hier formierten sich ständeübergreifend bestimmte Verfassungsparteien, die sich das »Öffentliche Wohl« (*salut public*) auf die Fahnen schrieben.

Vor allem der *Club der Jakobiner*, dem zahlreiche Adlige angehörten, aber auch die *Girondisten* wurden zeitweise über alle Standesgrenzen hinweg von dem bestimmt, was Ortega y Gasset einmal die »Leidenschaft für das Recht« bei den republikanischen Römern genannt hat. Besonders aus diesem Grund faßte sich auch das revolutionäre Paris als das »Neue Rom« auf, das die Hauptstadt der »Gerechtigkeit« werden wollte.

Allein die Forderung nach »Freiheit, Gleichheit, Sicherheit«, der erst später die »Brüderlichkeit« zugesellt wurde, erhellt, daß der aufgekommene Parteigeist zu Beginn der → Revolution noch nicht vom machtorientierten Gruppenegoismus geprägt wurde, wie er sich dann zu Zeiten der Terrorherrschaft Robespierres 1793/94 brutal und blutig in Szene setzte.

Bewährung in der Moderne

Das Selbstverständnis der meisten Revolutionäre von 1789, sich als »gute Franzosen« und damit als »Patrioten« zu bewähren und dem Gemeinwohl dienen zu wollen, läßt unzweideutig erkennen, daß die antike Leitvorstellung noch lebendig war, das Ganze über das Teil zu stellen.

Dieses Bemühen um einen *Konsens der Demokraten*, wie heute das Bedürfnis nach parteiübergreifenden Gemeinsamkeiten gerne genannt wird, ging nach der Restauration des → Absolutismus im 19. Jahrhundert weitgehend verloren. Der Hauptgrund für diesen Substanzverlust des Parteiwesens, wie es in Antike und Neuzeit erfolgreich praktiziert wurde, liegt wohl darin, daß das Gemeinwohlgebot auf das Wohlergehen der dynastischen Diktaturen umgepolt blieb und alle demokratisch ausgerichteten Parteien nach der Revolution von 1848 in eine ständige Abwehrhaltung gegenüber dem absolutistischen Machtapparat gedrängt wurden – vor allem im deutschen Bereich.

Das läßt sich gut an der Sozialdemokratie zeigen. Obwohl sie sich als historische Erbin des *Jakobinismus* fühlte und dessen Parole »Freiheit, Gleichheit, Brüderlichkeit« auf alle Traditionsfahnen sticken ließ, fand sie sich nicht bereit, gegen die Repressionen Bismarcks die eigenen Parteigrenzen zu verlassen und die Solidarität mit jenen zu suchen, die in ähnlicher Weise entmündigt und gedemütigt wurden – die katholischen Anhänger der demokratischen Zentrums-Partei.

Die Vorstellung führender Sozialdemokraten um August Bebel und Wilhelm Liebknecht, man könne aus eigener Organisationskraft und im Dienst einer historischen Mission den »freien Volksstaat« errichten, hat über Jahrzehnte und Generationen hinweg eine Mentalität erzeugt, die das »große Ganze« ablehnte, wenn es nicht dem jeweiligen Parteiprogramm entsprach.

Dieses Abschotten selbst in der privaten Lebensweise vieler SPD-Genossen (Kirchenaustritt, Fixierung auf die Parteipresse, Lebenshilfe von der Wiege bis zur Bahre, Berufswahl) hat für stände- und parteiübergreifende Kompromisse und Zugeständnisse ziemlich unempfänglich gemacht. Diese enge Gruppenhaltung erklärt auch die Schwierigkeiten sozialdemokratischer Politiker während der Weimarer Republik, den durchgehenden Konsens mit anderen Parteien im Reichstag zu suchen, um die drohende Diktatur der Nationalsozialisten zu verhindern.

Bemühungen in diese Richtung trafen aber ihrerseits auf ähnliche Verhaltensmuster bei den Konservativen, den Liberalen und den Katholiken des Zentrums: Der Eigennutz der jeweiligen Partei ging über die Verfassungspflicht, drittwirkend zu denken und zu handeln, das heißt Republik und → Demokratie im Zweifels-

und Konfliktfall höher zu stellen als ideologische Programmpositionen.

Selbst nach der »Deutschen Katastrophe« (Friedrich Meinecke, 1946) kam die SPD unter Kurt Schumacher nur zögernd aus ihren alten Abwehr- und Frontstellungen heraus und hatte große Mühe, das Experiment der Zweiten Republik seit 1949 mitzutragen. Es bedurfte erst der bitteren Erfahrungen mit der »Kanzler-Demokratie« Konrad Adenauers, ehe das *Godesberger Programm* von 1959 nicht nur »marxistischen Ballast« abwarf, sondern auch die ideologischen Voraussetzungen schuf, sich mit der parlamentarischen Demokratie in der Bonner Republik zu identifizieren: Und das bedeutete auch, den Vertragsstaat mit seiner Gewaltenteilung ohne parteiliche Einschränkung als Gemeingut anzuerkennen.

Doch erst 1966 fand sich diese Partei unter Willy Brandt und Herbert Wehner bereit, mit den Christdemokraten als Nachfolgern des alten Zentrum und anderer Parteien im konservativen Lager eine »Große Koalition« einzugehen und »Gesamtverantwortung« zu übernehmen. Drei Jahre später gelang es dann, Sozialdemokraten und Liberale in einem Koalitionsvertrag auf ein Regierungsprogramm zu einigen: SPD und F.D.P. als Folgeparteien des revolutionären Aufbruchs von 1848 konnten sich zum ersten Mal in der deutschen Geschichte bei Sachthemen verständigen, Personalfragen einvernehmlich regeln und für das Gemeinwohl wirken.

Diese historische Chance, endlich einen dauerhaften und tragfähigen Anschluß an das europäische und demokratische Parteiwesen zu sichern, d.h. für das »gemeine Beste« die *Koalitionsfähigkeit* aller demokratischen Parteien ohne ideologische Vorbehalte zu kultivieren, wurde allerdings nur kurz genutzt. Seit 1982 befindet sich die SPD wieder in der parlamentarischen Opposition und scheint immer noch nicht die Lehren aus ihrer leidvollen Geschichte gezogen zu haben: SPD-Abgeordnete, nach ihrem Selbstverständnis gefragt, behaupten in der Regel, die »Interessen der kleinen Leute« zu vertreten (→ Abgeordnete).

Aber auch von Abgeordneten anderer Parteien wird weitgehend die Einstellung geteilt, daß es im Parlamentarismus in erster Linie um Interessenvertretungen sowie um eine »politische Willensbildung« gehen soll. Wird das Parteiwesen aber richtig verstanden, dann haben Abgeordnete nicht → Interessen ihrer Parteien und Wähler zu vertreten, sondern die Rechte aller Bürger (→ Parlament).

Das weitgehende Ausblenden dieses Grundsatzes in der politischen Theorie wie in den Kommentaren zum Grundgesetz oder in der akademischen Ausbildung erklärt denn auch die seit Jahrzehnten geübte Praxis aller bundesdeutschen Parteien, sich aus der Staatskasse und damit aus Steuergeldern zu bedienen: Zur *Parteienfinanzierung* lassen sie sich neben den Mitgliederbeiträgen und steuerbegünstigten Spenden für jede Stimme bei Wahlen honorieren.

Infolge des Kommutationsgebots, das keine Rücksicht auf die ideologische Position einer Partei nimmt, müssen auf diese Weise auch verfassungsfeindliche und antidemokratische Parteien aus Steuermitteln gestützt werden. Kommunistische und neonazistische Vereinigungen, die sich an Wahlen beteiligen, können somit in die Alimentierung durch eine politische Ordnung kommen, die sie in Wirklichkeit bekämpfen und bei einem Machterwerb abschaffen wollen.

Allein an dieser Gefahr zeigt sich, wie wenig Sinn und Zweck des Parteiwesens in der deutschen Staatslehre verstanden worden sind. Ihren Auffassungen zufolge bleiben Parteien im wesentlichen Privatorganisationen, die mit dem → Staat nur indirekt etwas zu tun haben. In der Weimarer Verfassung waren sie gar nicht vorgesehen, und das Bonner Grundgesetz erlaubt ihnen lediglich, »bei der politischen Willensbildung des Volkes mitzuwirken« (Art.21, GG).

Diese Einschätzung geht auf die scharfe Trennung von Staat und → Gesellschaft seit dem Absolutismus und Neo-Absolutismus zurück. Sie verdrängt die Vertragslage zwischen beiden Bereichen und gewährt den politischen Parteien noch nicht einmal den Status eines gemeinnützigen Vereins. Hinter dieser Abwehrhaltung steht die Machttradition des Wiener Kongresses, der in seiner Schlußakte nur gestattete, daß die Landstände an wenigen Vorhaben oder Maßnahmen des dynastischen Hausstaates »mitwirken« können, d.h. als Vertragspartner und Repräsentanten der Gegenseitigkeit nur bedingt bemüht zu werden brauchen.

In gewisser Weise übernahmen die Parteien im deutschen Bereich die weitgehend entpolitisierte Funktion der Stände, weshalb auch der Reichstag von 1871 an nicht als vollwertiger Vertragspartner des Kaisers galt, der die Reichskanzler nach seinem Belieben berufen und entlassen konnte. Als Wilhelm II. den Reichstag am 4. August 1914 ins Berliner Stadtschloß beorderte, um ihn über den eingetretenen Kriegsfall zu unterrichten, da inszenierte er das dynastische Prinzip der selbstherrlichen Entscheidung, degradierte den Reichstag zum »mitwirkenden« Erfüllungsgehilfen und verkündete gar: »Ich kenne keine Parteien mehr, ich kenne nur Deutsche«.

Auch die Beschimpfung des Reichstages durch diesen »patrimonialen« Kaiser als »Reichs-Affentheater« illustriert, daß der Hohenzollern-Staat nicht von einem »Contrat social« her aufgebaut wurde, sondern lediglich auf der dynastischen Erbordnung und der Kriegsverfassung gründete. Den Parteien war nur ein Bewilligungsrecht zugestanden worden, aus dem allein sie jene Qualität und Substanz nicht herleiten konnten, die ihnen in einem Vertragsstaat zusteht – Garanten der Menschenrechte, Treuhänder des Gemeinwohls und Kontrolleure öffentlicher Amtsgewalt zu sein.

Diese politischen Aufträge unterscheiden Parteien von Interessenverbänden aller Art, die nicht an Wahlen teilnehmen und deshalb auch nicht in der → Verantwortung für das Gemeinwesen stehen. Allerdings besteht die Gefahr, daß sich Verbände der politischen Parteien bedienen, um eine bestimmte Politik zu ihren Gunsten durchzusetzen. Die »Wahlgeschenke« der Parteien in Regierungsstellung und damit als Majorität im Parlament sind Ausdruck dieser Wechselwirkung, die verheerend wirkt, wenn nach einer Wahl die Zugeständnisse an die eigene Wahlklientel nicht auf Dauer eingehalten werden können.

Werden Parteien zu Handlangern von Interessengruppen, die sie auch finanzieren, dann gefährden sie die »Gewissensfreiheit« ihrer Abgeordneten im Parlament, die sie verfassungswidrig unter »Fraktionszwang« setzen. Außerdem wird durch diese Interessenbindung auch jeder Inhaber eines öffentlichen Amtes unter ungebührlichen Druck gesetzt, der nach Wahl und Vereidigung gehalten ist, nicht Sonder- oder Parteiinteressen zu dienen, sondern darauf verpflichtet wird, öffentlichen »Nutzen zu mehren, Schaden abzuwenden und Gerechtigkeit zu üben gegen jedermann«.

Das Parteiwesen der Antike, Alteuropas wie der Moderne war und ist in seinem Kern der zielgerichtete Ausdruck einer Gerechtigkeitsbewegung, die den Teil (*pars*) nicht über das Ganze stellen soll, weil sie dem Gemeinwohlgebot unterliegt.

Wird dieser Auftrag nicht verstanden oder aus Eigennutz und Machtwillen überschritten, dann verliert das treuhänderische Parteiwesen seinen gemeinschaftsfördernden Sinn, ja auch die Repräsentanz politischer Kultur. Beides schien Oswald Spengler bei den Parteien der Weimarer Republik nicht vorzufinden, weshalb er zu ihrem inneren Zustand sarkastisch anmerkte: »Wir haben kein Vaterland mehr, sondern Parteien; keine Rechte, sondern Parteien; kein Ziel, keine Zukunft mehr, sondern Interessen von Parteien« («Neubau des Deutschen Reiches«, 1924).

Diese Fundamentalkritik übersah allerdings, daß die deutschen Parteien seit 1848 kaum die Möglichkeit besaßen, das depositäre Parteiwesen einzuüben und nutzbringend für das Ganze anzuwenden. Sie waren in der Regel Kampfgruppierungen gegen den dynastischen Staat, und als sie für die revolutionär erkämpfte Republik Gesamtverantwortung tragen sollten, mußten sie häufig genug feststellen, daß sie zur Kultur des Kompromisses nicht fähig oder willens waren: Jede Partei stellte sich ihren Idealstaat anders vor.

Die oft beschworene *Gemeinsamkeit der Demokraten* hatte sich in der Weimarer Republik nicht bewährt. Sie mußten fast ohnmächtig mitansehen, wie die Nationalsozialistische Deutsche Arbeiterpartei (NSDAP) die Vertrauens-, Wirtschafts- und Staatskrise nach 1929 nutzte, um scheinlegal an die Macht zu kommen. Dem einseitigen Führerprinzip gemäß sollte der Staat als Vertrags- und Verfassungsordnung der machthabenden Partei nicht mehr vorgeordnet sein, sondern jetzt hatte das Prinzip »pars pro toto« zu gelten, oder wie es in Beamtenkreisen hieß: »Die Partei befiehlt dem Staat« (Hans Hattenhauer).

Das 1933 erzwungene Verbot aller demokratischen Parteien bestätigte nicht nur die Alleinherrschaft der NSDAP, sondern auch das Scheitern eines auf Gegenseitigkeit und Gemeinwohlgebot gegründeten Parteiwesens.

Wie schwierig es selbst nach der → Diktatur und der Befreiung von 1945 war, diese Tradition der politischen Kultur Europas aufzunehmen und aus historischer Erfahrung zu gestalten, zeigte sich bei der Zwangsvereinigung von Kommunisten (KPD) und Sozialdemokraten (SPD) zur Sozialistischen Einheitspartei Deutschlands (SED) im Jahre 1946. Denn statt den freien Wettbewerb bei Wahlen zuzulassen, verhielt sich die spätere »Staatspartei« der DDR strukturell gesehen wie die NSDAP. Zwar wurden andere Parteien geduldet, aber sie konnten dem gängigen Machtprinzip der SED – »Die Partei hat immer recht« – keinen Rechtswiderstand leisten oder eine wirkliche parlamentarische Kontrolle ausüben: bis 1989, dem Jahr der Sanften Revolution.

Daneben aber hatte auch das System der demokratischen Parteien in der Bundesrepublik nicht wenige Schwierigkeiten, das Parteiwesen vom Gruppenegoismus zu befreien und als Gesamtverantwortung zu verstehen. Der Mediziner und Philosoph Karl Jaspers beklagte denn auch eine Entwicklung, die auf einen *Parteienstaat* (Richard von Weizsäcker) hinauslief, ohne daß die Parlamentsparteien sich wirklich mit dem Staat identifizierten.

In seiner Sorge um die Zukunft dieses Gemeinwesens stellte er fest: »Die Parteien ... machen sich, entzogen dem Volksleben, selber zum Staat. Ursprünglich vielfach autonome Bildungen aus der unbegrenzten Freiheit des Volkes, werden sie in ihrem Bewußtsein zu den Machtträgern selber. Der Staat, das sind die Parteien. Die Staatsführung liegt in den Händen der Parteioligarchie. Sie usurpiert den Staat.«

Diese Kritik trifft dort nicht zu, wo eine demokratische Wahl als Grundbedingung der Ämterbesetzung keine »Usurpation« oder widerrechtliche Amtsanmaßung sein kann. Außerdem werden die Amtsinhaber nicht auf ein Parteiprogramm eingeschworen, sondern auf das Grundgesetz. Gleichwohl hat Jaspers gespürt, daß die Demokratie der Bundesrepublik auf längere Sicht ein Opfer von besonderen → Interessen werden könnte, wenn sich das Anspruchsverhalten von Parteifunktionären, Delegierten, Abgeordneten und Ministern nicht durch das Gerechtigkeits- und Gemeinwohlgebot gehörig eindämmen läßt.

Ausblick

Ein gesamtverantwortliches Parteiwesen strebt nicht nach der Dominanz einer einzigen Partei, sondern sichert den Pluralismus der Meinungen und schafft die Grundlagen für eine umfassende Koalitionsfreiheit und Kompromißkultur zwischen allen Teilen – der *innerparteilichen Demokratie* verpflichtet.

Wo diese Grundforderung an die Politik und die Politiker aller demokratischen Parteien nicht eingelöst werden kann, weil ideologische Sperren, ökonomische Sonderinteressen und persönliche Aversionen den Dialog blockieren, dort gerät jede Demokratie in höchste Gefahr.

Ein Warnruf im Beamtenjahrbuch des Jahres 1930 vor den Auswirkungen »einer Diktatur ..., gleichgültig von welcher Seite sie käme«, hat unmißverständlich auf diese Form politischer Unkultur hingewiesen und eine Voraussage getroffen, die heute wieder hochaktuell ist: »Wie für England, so ist auch für den europäischen Kontinent das parlamentarische System trotz aller Anfeindungen heute noch immer die beste Regierungsform. Sie ist die Grundlage der Freiheit im Innern und des Friedens nach außen. Ohne das parlamentarische System würde – nach einem Wort des Franzosen Chabrun – die ganze europäische Kultur, Deutschland und Frankreich verloren sein.«

Literatur

Apter, The Politics of Modernization, 1965 ✦ *v. Arnim*, Staatslehre der Bundesrepublik Deutschland, 1984 ✦ *ders.*, Die Partei, der Abgeordnete und das Geld, 1991 ✦ *ders.*, Macht macht erfinderisch. Der Diätenfall: Ein politisches Lehrstück, 1988 ✦ *Aulard* (Hrsg.), La Société des Jacobins. Recueil de documents pour l'histoire du club des Jacobins de Paris, 6 Bde., 1889-1897 ✦ *Bezold* (Hrsg.), Parteiprogramme und das Bundeswahlgesetz, 1965 ✦ *Binder u.a.*, Crisis and Sequences in Political Development, 1971 ✦ *Bluntschli*, Charakter und Geist der politischen Parteien, 1869, ND 1970 ✦ *ders.*, Lehre vom modernen Staat, 3 Bde., 1876-1886, ND 1965 ✦ *Boldt*, Die Anfänge des deutschen Parteiwesens. Fraktionen, politische Vereine und Parteien in der Revolution 1848, 1971 ✦ *K. Bringmann*, Agrarreform des Tiberius Gracchus, 1985 ✦ *ders.*, Gesinnung und Verantwortung. Beiträge zur Publizistik aus fünf Jahrzehnten, 1987 ✦ *Brinton*, The Jacobins: An Essay in the New History, 1930 ✦ *W. Breuer*, Partizipation im Parteienstaat, 1989 ✦ *ders.*, Das politische System der Bundesrepublik Deutschland, 2. Aufl. 1991 ✦ *Bryce*, Moderne Demokratien, 1923 ✦ *Bury*, The Idea of Progress, 1932 ✦ *Cochin*, Les Sociétés de pensée et la démocratie moderne, 1921, 1978 ✦ *Dahlheim*, Gewalt und Herrschaft. Das provinziale Herrschaftssystem der römischen Republik, 1977 ✦ *Dahrendorf*, Gesellschaft und Demokratie in Deutschland, 1965 ✦ *Damus*, Der reale

Sozialismus als Herrschaftssystem. Am Beispiel der DDR. Kritik der nachkapitalistischen Gesellschaft, 1978 ✦ *Djilas*, Die neue Klasse. Eine Analyse des kommunistischen Systems, dt. 1957 ✦ *Drabek*, Das Parteiwesen Österreichs und Ungarns in der Zwischenkriegszeit, 1990 ✦ *Ebsen*, Verbindliche Quotenregelungen für Frauen und Männer in Partei-Statuten, 1988 ✦ *Elfferding u.a.*, Marxismus und Theorie der Parteien, 1983 ✦ *Eisenstadt*, Die protestantische Ethik und der Geist des Kapitalismus. Eine analytische und vergleichende Darstellung, dt. 1971 ✦ *Feiling*, The History of the Tory Party 1640-1714, 1924 ✦ *C.J. Friedrich/Brzezinski*, Totalitarian Dictatorship and Autocracy, 2. Aufl. 1965 ✦ *Frowein*, Parteienproporz in der Gemeindespitze und Verfassung, 1976 ✦ *ders.*, Die politische Betätigung des Beamten, 1967 ✦ *Grawert*, Parteiausschluß und innerparteiliche Demokratie, 1987 ✦ *Grew* (Hrsg.), Crisis of Political Development in Europe and the United States, 1978 ✦ *Groh/P. Brandt*, »Vaterlandslose Gesellen«. Sozialdemokratie und Nation 1860-1990, 1992 ✦ *Hašek*, Die Partei des maßvollen Fortschritts in den Grenzen der Gesetze, 1990 ✦ *Hattenhauer*, Geschichte des Beamtentums, 1980 ✦ *Haungs*, Parteiendemokratie in der Bundesrepublik Deutschland, 2. Aufl. 1981 ✦ *Haungs/Jesse* (Hrsg.), Parteien in der Krise? In- und ausländische Perspektiven, 1987 ✦ *Havel*, Angst vor der Freiheit. Reden des Staatspräsidenten, 1990 ✦ *ders.*, Versuch, in der Wahrheit zu leben, 5. Aufl. 1989 ✦ *Henke*, Das Recht der politischen Parteien, 2. Aufl. 1972 ✦ *ders.*, Das Recht der Wirtschaftssubventionen als öffentliches Vertragsrecht, 1979 ✦ *ders.*, Recht und Staat, 1988 ✦ *Hertig*, Partei, Wählerschaft oder Verband? Entscheidfaktor im Eidgenössischen Parlament, 1980 ✦ *Hettich*, Parteispenden und Verfassungsrecht. Die verfassungsrechtlichen Vorgaben einer Spendenfinanzierung politischer Parteien, 1989 ✦ *Higonnet*, ›The Social and Cultural Antecedents of Revolutionary Discontinuity: Montagnards and Girondins‹, in: EHR, 1985 ✦ *Hinsche*, »Über den Parteien« und »neben den Gewerkschaften«. Der württembergische Landesverband evangelischer Arbeitervereine (1891-1918), 1989 ✦ *A.O. Hirschmann*, Abwanderung und Widerspruch. Reaktionen auf Leistungsabfall bei Unternehmungen, Organisationen und Staaten, 1974 ✦ *J. Holzer*, Parteien und Massen, 1975 ✦ *Huntington*, Political Order in Changing Societies, 1968 ✦ *J. Ipsen*, Das Geld der Parteien. Parteifinanzierung zwischen staatspolitischer Notwendigkeit und Kriminalität, 1986 ✦ *Jansen/Kallenbach*, Die europäischen Parteien. Strukturen, Personen, Programme, 1977 ✦ *Jaspers*, Wohin treibt die Bundesrepublik? Tatsachen, Gefahren, Chancen, 1966, 1988 ✦ *Ch. Johnson* (Hrsg.), Change in Communist Systems, 1970 ✦ *J.R. Jones*, The First Whigs: the Politics of the Exclusion Crisis 1678-1683, 1961 ✦ *Kates*, The Cercle Social, the Girondins and the French Revolution, 1984 ✦ *M.L. Kennedy*, The Jacobin Clubs in the French Revolution: The First Years, 1982 ✦ *J.K. Klein*, Werte im Wandel. Die Ethik im Spannungsfeld der Freiheit, 1987 ✦ *Kölm* (Hrsg.), Parteichefs im Kreml. Von Lenin bis Gorbatschow, 1991 ✦ *R. Koenen*, Nation und Nationalbewußtsein aus der Sicht der Sozialistischen Einheitspartei Deutschlands, 1975 ✦ *A. Kofler*, Parteiengesellschaft im Umbruch. Partizipationsprobleme von Großparteien, 1985 ✦ *Kornemann*, Zur Geschichte der Gracchenzeit. Quellenkritische und chronologische Untersuchungen, 1903, ND 1963 ✦ *v. Krockow*, Politik und menschliche Natur. Dämme gegen die Selbstzerstörung, 1989 ✦ *ders.* (Hrsg.), Parteien in der Krise. Das Parteiensystem der Bundesrepublik und der Aufstand des Bürgerwillens, 1986 ✦ *Lapp*, Die Blockparteien im Politischen System der DDR, 1988 ✦ *Lagerroth*, Frihetstidens Författning, 1915 ✦ *Michels*, Zur Soziologie des Parteiwesens in der modernen Demokratie, 4. Aufl. 1989 ✦ *H. Müller*, Parteien- oder Verwaltungsvorherrschaft? Die Kommunalpolitik der Stadt Kempten (Allgäu) zwischen 1929 und 1953, 1988 ✦ *Musiolek/Wuttke* (Hrsg.), Parteien und politische Bewegungen im letzten Jahr der DDR, 1991 ✦ *H. Nassmacher*, Grundkurse zur Kommunalpolitik, 1979 ✦ *K.H. Nassmacher*, Parteien im Abstieg. Wiederbegründung und Niedergang der Bauern- und Bürgerparteien in Niedersachsen, 1989 ✦ *F. Naumann*, Schriften zum Parteiwesen und zum Mitteleuropaproblem, in: Werke, Bd.4, 1966 ✦ *Neuer-Landfried*, Die Katholische Liga. Gründung, Neugründung und Organisation eines Sonderbundes, 1968 ✦ *Neugebauer*, Partei und Staatsapparat in der DDR. Aspekte der Instrumentalisierung des Staatsapparates durch die SED, 1978 ✦ *S. Neumann*, Die Parteien der Weimarer Republik, 5. Aufl. 1986 ✦ *Olsson*, Hattar och mössor. Studier över partiväsendet i Sverige 1751-1762, 1963 ✦ *O'Donnell/Schmitter/Whitehead* (Hrsg.), Transitions from Authoritarian Rule. Tentative Conclusions About Uncertain Democracies, 1986 ✦ *Parsons*, The Structure of Social Action, 1937 ✦ *Parteien-Handbuch*. Die Parteien der Bundesrepublik Deutschland 1945-1980, 1983 (Hrsg. v. R. Stöss) ✦ *Patrick*, ›Political Divisions in the French National Convention, 1792-1793‹, in: Journal of Modern History, 41, 1969 ✦ *Plumb*, The Growth of Political Stability 1675-1725, 1967 ✦ *G.A. Ritter*, ›Die deutschen Parteien vor 1918‹, in: NWB, 61, 1973 (Sammelband mit 17 Beiträgen zum Gesamtproblem) ✦ *M. Ritter*, Geschichte der Deutschen Union, 2 Bde., 1867-73 ✦ *H.H. Robertson*, Aspects of the Rise of Economic Individualism, 1933 ✦ *Sallnäs*, England i den svenska författningsdiskussionen 1771-72, 1958/59 ✦ *H. Schreiber*, Parteispenden und Strafrecht, 1989 ✦ *Skilling/Griffiths*, Interest Groups in Soviet Politics, 1971 ✦ *Speck*, Tory and Whig, 1970 ✦ *Stoklossa*, Der Zugang zu den politischen Parteien im Spannungsfeld zwischen Vereinsautonomie und Parteienstaat, 1989 ✦ *Stolleis u.a.*, Parteienstaatlichkeit – Krisensymptome des demokratischen Verfassungsstaats? Die öffentlich-rechtliche Anstalt, 1986 ✦ *Stridsberg*, ›Hattarnas och mössornas ställningstaganden till tryckfrihetsfrågan på riksdagarna 1760-62 och 1765-66‹, in: HTs 1953 ✦ *Strobel*, Die Partei Rosa Luxemburgs, Lenin und die SPD, 1974 ✦ *Sydenham*, The Girondins, 1961 ✦ *Tocqueville*, Der alte Staat und die Revolution, dt. 1959 ✦ *Veblen*, Imperial Germany and the Industrial Revolution, 1942 ✦ *Veen u.a.* (Hrsg.), Parteien im Aufbruch. Nichtkommunistische Parteien und politische Vereinigungen vor der Volkskammerwahl am 18.3.1990, 1990 ✦ *Zernack*, ›Von Stolbova nach Nystad. Rußland und die Ostsee in der Politik des 17. und 18. Jhds.‹, in: JbGOE, NF 20, 1972 ✦ *Zuckert*, Understanding the Political Spirit. Philosophical Investigations from Socrates to Nietzsche, 1988.

Patriotismus

In seiner Perikles nachempfundenen und von Ovid beeinflußten Totenrede auf die »Vierhundert Pforzheimer« Gefallenen in der Schlacht bei Wimpfen (1622) formulierte Georg Büchner (1813-37) den zeitlosen Auftrag jedes Patriotismus: »Das Vaterland steht auf dem Spiele, Freiheit oder Knechtschaft ist die große Wahl, keiner weicht, keiner wankt.«

Die unmittelbare Bindung von → Freiheit und → Vaterland bezog sich in diesem Kampfauftrag gleichzeitig auf wehrhafte → Bürger, die im Teutschen Krieg einer »gerechten Sache« ihr Leben opferten. Büchner, der mitten im Befreiungskrieg gegen den Tyrannen Napoleon geboren wurde und dann als Student erleben mußte, daß sich die siegreichen deutschen Fürsten selbst wie Despoten aufführten, nutzte seine Rede zum patriotischen Widerstand gegen die bedrückenden Verhältnisse nach den Karlsbader Beschlüssen von 1819.

Er nahm damit im Rahmen des *Vormärz* eine alteuropäische und antike Tradition auf, die von den »Söldnern des Despotismus« (Fichte) und Anhängern der »Royalisten« immer wieder verdrängt und verdunkelt wurde. Denn ihnen war nur an der Verherrlichung fürstlicher und dynastischer Taten gelegen, die ihnen auch die materielle und berufliche Existenz sicherte. Im Zeichen dieses seit 1806 verstärkt betriebenen »Sultanismus« und »Byzantinismus« konnte es keinen Platz für einfache Bürger geben, die in ihrem Freiheits- und Rechtsbewußtsein gegen Tyrannen und dynastische Diktatoren aufbegehrten und deshalb in Alteuropa durchweg »Patrioten« genannt wurden.

Begriff und Sache leiten sich aus der griechischen Antike her: »Patriotes« bezeichnete den rechtlichen Mitbürger einer Polis oder eines Vaterlandes, der Amts- und Würdenträger im öffentlichen Leben sein durfte. Er mußte in der Regel so weit gebildet sein, daß er den Ansprüchen der Polis genügen konnte, ob nun bei der Regierung, Gesetzgebung oder Rechtsprechung und selbst in der Verwaltung wie im Gesandtschaftswesen.

Der »Patriot« in der Polis war neben seiner häuslichen Tätigkeit ein »Politiker«, dem es nicht nur um eine persönliche Statuserhöhung ging, sondern um die Beförderung des Gemeinwohls: Er nutzte das Ganze für sich selbst und sein → Haus, um der Polis im Einzelfall wie als Gemeinschaft zu nützen (→ Interesse).

Ihm stand der Privatmann oder »Idiotes« gegenüber, dessen Tätigkeit sich nur auf das Haus, den Beruf oder den Handel bezog, ohne eine Gemeinschaftsleistung erbringen zu wollen oder auch zu können. Wurde der Patriot als Fachmann für die öffentlichen Angelegenheiten betrachtet, so galt der Privatmann als Laie im Sinne eines Kenntnislosen. Dieses Gegensatzpaar von Wissend-Unwissend erinnert an die schon in der Antike bekannte Unterscheidung der »Zwei Nationen«. Noch heute wird im deutschen Sprachgebrauch jemand als »Idiot« bezeichnet, der nicht sachkundig ist.

Gleichzeitig ist die Kenntnis weitgehend verlorengegangen, daß ein Patriot nichts mit der Statusräson der Fürsten zu tun haben wollte, denen oft der gütergierige Sinn danach stand, sich an Bürgern und Ständen zu bereichern. So wehrten sich nur drei Jahre vor der Schlacht bei Wimpfen, die für die Protestanten verlorenging, die »treuen Patrioten« Schlesiens gegen die Machenschaften aus Madrid, Wien und München. Sie wollten es unter keinen Umständen zulassen, daß der Habsburger Ferdinand II. aus Hauseigennutz die garantierte Freiheit der Stände »in die äußerste Servitut oder Knechtschaft« verwandelt und damit Schlesien »unter einen absoluten spanischen Dominat oder Gewaltherrschaft« bringt, die »alle Nationen der Christenheit ohne Unterschied der Religion einhellig verabscheuen« (Messe-Relationen, 1619).

Die Identifizierung des Patriotismus mit besonderen Freiheitsrechten und zugehörigen → Verfassungen hat in der Neuzeit dazu geführt, daß die Patrioten stets die Verteidiger ständischer und somit libertärer Strukturen waren. In diesem Selbstverständnis mußten sie zu den schärfsten Gegnern der »Royalisten« werden, die sich aus persönlichem Eigennutz für die Erbregimes der Dynastien einsetzten und die oft terroristische Einführung von »absoluten Regierungen« absicherten.

Die Vorstellung von »The Idea of a Patriot King« (Bolingbroke) aus dem Jahre 1736 entspricht denn auch dem seit der Antike tradierten Bild von einem »gerechten König« (*rex justus*). Selbst für den Kosmopoliten und Aufklärer Voltaire war fast zur gleichen Zeit die Wechselwirkung von Patriotismus und menschenwürdigen Verhältnissen ein politisches Gebot: »Man hat unter einem guten König ein Vaterland, aber nicht unter einem Bösewicht« (*on a une patrie sous un bon roi; on n'en a point sous un méchant*).

In diesem Geist des »guten Regiments« verfaßte auch Rousseau in seinem Konstitutionsprojekt für die »korsische Nation« einen patriotischen Eid. Darin schwört jeder Korse als Eigentümer, all seine Güter und selbst das Leben einzusetzen, um die Freiheit auf der Insel zu verteidigen: »Ich schwöre, dafür zu leben und zu sterben« (»*Je jure de vivre et de mourir pour elle*«).

Diese Bereitschaft, Leib und Leben für die Verteidigung des → Vaterlands zu opfern, entspricht all jenen Traditionen, die auch im teutschen Bereich während des 17. und 18. Jahrhunderts unter dem Schlagwort *Reichspatriotismus* immer dann gepflegt wurden, wenn »fremde Kriegsvölker« auf Reichsboden standen. Dabei kam aber auch mancher Mißbrauch vor. So appellierte der opportunistische Kurfürst Johann Georg von Sachsen zur Zeit des »elenden Friedens« von Prag (1635) an die *Vaterlandsliebe* (amor patriae) teutscher Offiziere in der Schweden-Armee, ohne zu berücksichtigen, daß er mit seinem Nachgeben aus dynastischem Eigennutz (er bekam von Wien die Lausitz) nichts anderes stützte als Habsburgs Militärdiktatur: Meist »im Rausch« und »mit schnarchenden Worten« (Johan Banér) versuchte er, Patrioten als Verfechter der Teutschen Libertät ins Lager der Royalisten zu ziehen.

Es wäre einer Anstrengung wert, den Bedeutungsverschiebungen des Begriffes Patriotismus seit der Neuzeit nachzuspüren, besonders während der → Revolution von 1789. Hier bekannten sich nicht nur Publizisten als »Patrioten«, sondern alle Anhänger von Recht und Freiheit faßten sich als »Freunde der Verfassung« auf und beerbten dabei die überkommenen Vorstellungen der alteuropäischen Patrioten. Sie bildeten im Sinne Bolingbrokes eine ständeübergreifende »Partei« als Gesinnungsbewegung, die schon Montesquieu bei seinem England-Besuch beeindruckt hat und als Ciceronianismus die Revolutionäre von Paris beflügelte, eigene und fremde Despoten von ihren Thronen zu stürzen.

Johann Georg Wirth (1798-1848) hat während der Revolutions- und Verfassungsbewegung des Vormärz und von 1848 den Freiheits-, Rechts- und Verfassungsbezug des überkommenden Patriotismus aufgenommen und zu einem wesentlichen Teil seines politischen Selbstverständnisses gemacht. Gleichzeitig war er Realist genug, im Falle einer schweren Bedrohung von außen alle Abwehrkräfte im Inneren zu mobilisieren, um die nationale Selbstbestimmung zu sichern. So heißt es einmal in einer seiner Stellungnahmen zur Lage im revolutionären Reich: »Selbst die Freiheit darf auf Kosten der Integrität unseres Gebietes nicht erkauft werden; der Kampf um unser Vaterland und unsere Freiheit muß ohne fremde Einmischung durch unsere eigene Kraft von innen heraus geführt werden, und die Patrioten müssen in dem Augenblicke, wo fremde Einmischung stattfindet, die Opposition gegen die inneren Verräter suspendieren und das Gesamtvolk gegen den äußeren Feind zu den Waffen rufen.«

Nach dem Scheitern der 1848er Revolution beschränkte sich das »Patriotenwesen« der Zeit auf örtliche Aktivitäten. Deshalb wurde auch oft von *Lokal-Patriotismus* gesprochen, um eine gewisse Heimatverbundenheit auszudrücken, die von den politischen Ursprüngen des Patriotismus kaum noch etwas wissen wollte.

Die *Patrioten-Partei* Bayerns war in diesem Sinne auf regionale Betätigung eingeschränkt und förderte im Grunde nur die Bewegung für die Eigenstaatlichkeit des seit 1804 bestehenden »Königreichs« des Hauses Wittelsbach, das in seinem Kern eine neo-absolutistische Diktatur war, seiner »Konstitution« zum Trotz. Hier zeigt sich schon die allmähliche Bedeutungsverlagerung des Patriotismus zugunsten der herrschenden Dynastien. Bismarck hat sich dabei sehr »verdient« gemacht, als er dem *Fürsten-Patriotismus* das Wort redete und auch den Boden dafür bereitete, daß zu Beginn des Ersten Weltkrieges 1914 aus der angeblichen Kriegsbegeisterung breiter Bevölkerungskreise eine dumpfe Ideologie entstehen konnte, die *Hurra-Patriotismus* genannt wurde (→ Vaterland).

Gerade diese pervertierte Form mit »Wacht-am-Rhein«-Gebrüll, Überlegenheitsdünkel und nationalistischem Geschrei war Ausdruck der hohenzollernschen Unkultur, der politischen Begriffsverwirrung sowie der bewußten Verdunkelung der eigenen Machtgeschichte. Der antike wie der alteuropäische Patriotismus setzte gute und genaue Kenntnis des eigenen Gemeinwesens und seiner → Verfassung voraus, um überhaupt auf den Gedanken zu kommen, Leib und Leben, Hab und Gut für das eigene Land einzusetzen. Das meinte noch Novalis im Jahre 1799, als er in den »Fragmenten« schrieb: »Der Staat wird zu wenig bei uns verkündigt. Es soll Staatsverkündiger, Prediger des Patriotism geben.«

Was konnten auch die Menschen in Brandenburg und Preußen vom inneren Machtkern ihres Hohenzollern-Staates wissen, wenn das verbindliche »Politische Testament« Friedrichs II. von 1752 bis 1918 ein absolutes Staatsgeheimnis war? Wer durfte denn selbst im Staatsapparat an wirklicher Macht teilhaben, z.B. an den Sitzungen des »Schwarzen Adlerordens«? Und wie sollten sich Stände und Untertanen mit einem Hausstaat identifizieren, der sie politisch entmündigt hielt?

Entgegen all diesen strukturellen und mentalen Vorgaben einer als sultanistisch empfundenen Selbstherrschaft (Freiherr vom Stein) glaubte Hegel in seinen »Grundlinien der Philosophie des Rechts« (1820) und auf dem Höhepunkt der geistigen Knebelung das »Geheimnis des Patriotismus der Bürger« ergründet zu haben: Es liege darin, »daß sie den Staat als ihre Substanz wissen« (III, § 289).

Nach allem, was das Machtsystem der Hohenzollern als Erbordnung und Kriegsverfassung zusammenhielt, traf diese Definition mit Sicherheit nicht auf Preußen zu. Gleichwohl hatte Hegel erkannt, daß im Patriotismus der Bürger und die Polis zusammengehören, ja in einer fundamentalen Wechselwirkung stehen müssen, wenn diese Grundhaltung eine politische Kultur prägen soll.

Nicht wenige Sozialdemokraten haben sich im Kaiserreich als »Patrioten« aufgefaßt, aber darunter eben nicht die Identifizierung mit dem Machtapparat verstanden, sondern mit der Idee des demokratischen »Freien Volksstaates«. Ähnlich dachten auch die Frauen und Männer im Widerstand gegen das Hitler-Regime, dem man eine Freiheitsordnung entgegensetzte und dabei auf den Rechtsstaat der Zukunft hoffte.

Im Bewußtsein dieser Traditionen prägte denn auch Dolf Sternberger im Jahre 1979 den Begriff *Verfassungspatriotismus*. Darunter verstand er eine Möglichkeit für die Bundesrepublik Deutschland, die eigene und als notwendig erachtete Identität nicht mehr über eine machtpolitisch mißbrauchbare »Reichseinheit« herzustellen wie 1871 und 1938 (Anschluß Österreichs), sondern mittels revolutionärer Errungenschaften, die das Grundgesetz an die Menschenrechtserklärung von 1789 binden und damit an den »Westen«.

Der Aristoteliker Sternberger verstand unter der nationalen Identität nicht die Beherrschung eines territorialen Raumes, sondern das täglich neu geforderte Bekenntnis zu einer patriotischen Tat als Widerstand gegen jede Diktatur, wie ihn der Artikel 20 der Bonner Verfassung fordert.

Wie schwer dieses Kernstück unserer politischen Kultur selbst in den USA zu verwirklichen ist, deren gesamtes Rechts- und Verfassungssystem aus der Revolution von 1776 stammt, ist schon häufig konstatiert worden. Aber keiner ging mit den geschichtsvergessenen Nachfahren Benjamin Franklins und George Washingtons so hart ins Gericht wie der streitbare Senator William Fulbright. In seiner berechtigten Sorge über das Aushöhlen demokratischer Werte und Bürgertugenden durch Wichtigtuer, Machtstreber und Wortverdreher bot er eine Lektion in republikanischer Tugendlehre: »Es gibt zwei Amerika: Das Amerika Lincolns und Adlai Stevensons ist das eine und das Amerika Teddy Roosevelts und der modernen *Superpatrioten* das andere. Das eine ist großzügig und human, das andere engherzig und egoistisch; das eine ist selbstkritisch, das andere selbstgerecht; das eine ist suchend, das andere autoritativ; das eine ist gemäßigt, das andere von leidenschaftlicher Heftigkeit; das eine ist einsichtig, das andere im Gebrauch großer Macht arrogant ...«

Literatur
H.J. Arndt, ›Die Befreiten als Besiegte‹, in: Die deutsche Neurose, 1980 ✦ *Aulard*, Le Patriotisme français de la Renaissance à la Révolution, 1921 ✦ *Aylmer*, The Struggle for the Constitution, 1603-1689, 1968 ✦ *Bariety u.a.*, Patriotismus in Europa, 1987 ✦ *Barudio*, Der Teutsche Krieg 1618-1648, 2. Aufl. 1985 ✦ *Birtsch* (Hrsg.), Patriotismus, 1990 ✦ *Boldt*, Deutsche Staatslehre im Vormärz, 1975 ✦ *Bolingbroke*, A Dissertation upon Parties, 1735 ✦ *H. Buchheim* (Hrsg.), Der Patriotismus Konrad Adenauers, 1990 ✦ *Büchner*, Werke und Briefe, Neuausgabe 1990 ✦ *v. d. Dunk*, Der deutsche Vormärz und Belgien 1830/48, 1966 ✦ *Fenske* (Hrsg.), Vormärz und Revolution 1840-1849, 2. Aufl. 1991 ✦ *Filbinger*, Was verstehen wir unter Patriotismus?, 1985 ✦ *Fulbright*, Die Arroganz der Macht, dt. 1978 ✦ *Gembries*, Verfassungsgeschichtliche Studien zum Recht auf Bildung im deutschen Vormärz. Liberale Staatslehre und parlamentarische Diskussion in Kurhessen, 1978 ✦ *Godechot*, ›Nation, patrie, nationalisme, patriotisme en France au XVIIIe siècle‹, in: AHRF, 206, 1971 ✦ *Goderbauer*, Theoretiker des Deutschen Vormärz als Vordenker moderner Volksvertretungen, 1989 ✦ *Haasis* (Hrsg.), Volksfest, sozialer Protest und Verschwörung. 150 Jahre Hambacher Fest, 1981 ✦ *Habermas* (Hrsg.), Stichworte zur »Geistigen Situation der Zeit«, Bd. 1: Nation und Republik, 1979 ✦ *Hartmannsgruber*, Die Bayerische Patriotenpartei 1868-1887, 1986 ✦ *Hatta*, Portrait of a Patriot. Selected Writings, 1972 (Indonesien) ✦ *F.G. Hohmann* (Hrsg.), Deutsche Patrioten in Widerstand und Verfolgung 1933-45, 1986 ✦ *Hubrig*, Die patriotischen Gesellschaften des 18. Jhds., 1957 ✦ *Husung*, Protest und Repression im Vormärz. Norddeutschland zwischen Restauration und Revolution, 1983 ✦ *A. John*, Patrioten, Gauner und andere. Bonner Randgeschichten 1949-1953, 1989 ✦ *W. Jung*, August Bebel – deutscher Patriot und internationaler Sozialist. Seine Stellung zu Patriotismus und Internationalismus, 1986 ✦ *Kleger*, Der neue Ungehorsam. Widerstände und politische Verpflichtung in einer lernfähigen Demokratie, 1993 ✦ *W. Martens* (Hrsg.), Der Patriot. Nach der Originalausgabe Hamburg 1724-26 in drei Textbänden und einem Kommentarband, 1969-1984 ✦ *Mishima*, Patriotismus, dt. 1987 ✦ *R. Müller*, Von Patrioten, Jakobinern und anderen Lesehungrigen. Lesegesellschaften der »Inteligens-Stadt« Marburg, 1990 ✦ *Nasse*, Die Frauenzimmer-Bibliothek des Hamburger »Patrioten« von 1724. Zur weiblichen Bildung in der Frühaufklärung, 2 Teilbde., 1976 ✦ *Oberkofler*, Naturrecht und Gesellschaftsvertrag im österreichischen Vormärz, 1989 ✦ *Popow*, Das Herz des Patrioten oder Diverse Sendschreiben an Ferfitschkin, dt. 1991 (Roman) ✦ *Ramhardter*, Geschichtswissenschaft und Patriotismus. Österreichische Historiker im Weltkrieg 1914-1918, 1973 ✦ *A. Ruge*, Der Patriotismus, 1990 ✦ *Scheibe*, Der »Patriot« (1724-26) und sein Publikum. Untersuchungen über die Verfassungsgesellschaft einer Zeitschrift der frühen Aufklärung, 1973 ✦ *Schlömer/Atkins*, The Patriot Game. A Play, 1990 ✦ *Schnedl-Bubeniček*, (Hrsg.), Vormärz: Wendepunkt und Herausforderung. Beiträge zur Literaturwissenschaft und Kulturpolitik in Österreich, 1983 ✦ *Siblewski*, Ritterlicher Patriotismus und romantischer Nationalismus. Zur konservativen Rezeption der Aufstandsbewegung des niederen Adels, der Reformation und des Bauernkriegs während 1770 und 1830, 1981 ✦ *Tschäni*, Die Diktatur des Patriotismus. Für eine freiere Schweiz, 1972 ✦ *ders.*, Wem gehört die Schweiz? Eigentum und Bodenbesitz. Eine kritische Sicht, 1986 ✦ *Wandruszka*, Reichspatriotismus und Reichspolitik zur Zeit des Prager Friedens von 1635, 1955 ✦ *H. Weber*, Die Fürsten von Hohenlohe im Vormärz. Politische und soziale Verhaltensweisen württembergischer Standesherren in der ersten Hälfte des 19. Jhds., 1977 ✦ *Weigelt* (Hrsg.), Patriotismus in Europa, 1987 ✦ *Wende*, Radikalismus im Vormärz, 1975 ✦ *Winckler*, Martin Luther als Bürger und Patriot. Das Reformationsjubiläum von 1817 und der politische Protestantismus des Wartburgfestes, 1969.

Politik

War das Bonner Grundgesetz von 1949 in seiner vertraglichen Substanz ein Ausdruck des Naturrechts und eine Antwort auf die niedergerungene → Diktatur »machiavellistischer« Nationalsozialisten, so meinte James Burnham im gleichen Jahr, die Verfechter der Florentiner Machtlehre im Namen der → Freiheit verteidigen zu müssen.

In seinem Bemühen, die Politik in Theorie und Praxis als eine unabhängige Wissenschaft (Politologie) aufzufassen, lobte Burnham den angeblichen Bahnbrecher der »Moderne« im Bereich machtvoller Staatstätigkeit: »Machiavelli schied Politik und Ethik nur soweit, als jede Wissenschaft sich von Ethik freimachen muß. Wissenschaftliche Beschreibungen und Theorien müssen sich auf Tatsachen und Beweise stützen, nicht auf mutmaßliche Forderungen eines ethischen Systems.«

Ähnliche Ansichten über die Politik finden sich in der Traktatliteratur zur »Staatsräson« von Arnold Clapmarius (1574-1604) bis zu Carl Schmitt. Dieses Eliminieren einer genuin politischen Moral übersieht aber in der Regel, daß Machiavelli den *Machiavellismus* als außerethischen Machtgebrauch nicht erfunden hat, sondern aus der vorgefundenen Praxis seiner Zeit Schlüsse zog, die nicht selten mißverstanden wurden. Seine Positionen entsprachen nicht den Idealansprüchen des Christentums, sondern waren auf die Bewahrung und Steigerung eines säkularen Statusdenkens einiger Fürsten gerichtet – auf deren scheinbare »Größe« durch Anwendung von Gewalt, auf materiellen Lebensgenuß als Erfolg von Lüge oder List und auf Machtzuwachs durch Trug und Terror (→ Absolutismus).

Machiavelli brauchte sich dafür nur das Gebaren des Florentiner Hauses Medici oder das Haus Borgia anzusehen. Diese spanische Dynastie war in Italien unter Cesare Borgia (Vorbild für seine Schrift »Il Principe«) um 1500 so mächtig geworden wie in der Römischen Universalkirche durch die Päpste Kalixt III. und Alexander VI., nach dessen Tod im Jahre 1503 allerdings der Machtverfall dieses Hauses nicht mehr aufzuhalten war (→ Haus).

Im äußeren Glanz des »Fürsten« Cesare (1475-1507) hatte Machiavelli jedoch nicht nur eine »großartige« Politik erkennen können; er sah hinter den Fassaden auch das Elend des frühen Absolutismus, in dem heute noch deutsche Juristen, Philosophen, Historiker und Politologen den Beginn des »modernen Staates« als Machtsystem verteidigen. Mit seinen Analysen und Beschreibungen sprach der Florentiner Kanzlist auch manche Warnung aus, die als Verteidigung von Recht und Freiheit gelesen werden konnte. Von sich selbst überzeugt, stets der »Treue und Redlichkeit« (*fede e bontà*) gedient zu haben, ohne dadurch wohlhabend geworden zu sein, wollte er lediglich die Politik in Theorie und Praxis von ihrem oft verborgenen Doppelcharakter her erfassen und verstehen. Machiavelli war bewußt, daß bestimmte Tat- und Rechtsfragen mitunter nach grundverschiedenen Antworten verlangten, ein Konflikt, der sogar tragische Ausmaße annehmen konnte, sobald besondere Interessenkollisionen enge Güterabwägungen erforderten und dabei ethische Gebote auf der Strecke blieben.

Die → Geschichte kennt dafür unzählige Beispiele. Das jüngste ist wohl der verzweifelte Aufruf des Bürgermeisters von Goražde im muslimischen Teil Bosniens. In einem Funkspruch aus der von Serben belagerten und sturmreif geschossenen Stadt bat Ismet Briga darum, daß NATO-Flugzeuge im Auftrag der UNO die ganze Stadt in Schutt und Asche legen sollten, damit die fast verhungerten Menschen von allen Leiden befreit würden. In seiner Enttäuschung über die Schwäche demokratischer Politiker gegenüber der menschenverachtenden Milošević-Diktatur schrieb er den zeitgenössischen Berufspolitikern ins Stammbuch: »Wir wähnten uns im 21. Jahrhundert, doch die westliche Welt, die uns unserem Schicksal überläßt, befindet sich im Mittelalter.«

Angesichts der Tragödie Bosniens oder auch des kurdischen Volkes im Jahre 1994 könnte man versucht sein, vom deprimierenden Ende aller Politik zu sprechen, gäbe es nicht neben dem offenkundigen Versagen von Politikern zahlreiche andere Beispiele von Staatsmännern, die in ähnlichen Situationen viel Kraft, Mühen und Können aufgeboten haben, um entfesselten Machthabern die Grenzen ihrer Gewalt aufzuzeigen und die menschenunwürdige »Tollwut des Krieges« (Witalij Tschurkin) abzustellen.

Gerade in solchen Krisenzeiten kommt es in hohem Maße darauf an, Begriff und Sache der Politik genau zu kennen, um noch größeres Unheil künftig verhindern zu können. Das aber kann nur gelingen, wenn Macht und Moral nicht gegeneinander ausgespielt werden und der Ursatz aller Politik ernstgenommen wird: »Das ist dem Menschen im Gegensatz zu den Tieren eigentümlich, daß er allein fähig ist, sich vom Guten (*agathón*) und vom Schlechten (*kakón*), von Recht und Unrecht Vorstellungen zu machen. Die Gemeinschaftlichkeit dieser Vorstellungen aber ruft das Haus und das Gemeinwesen ins Leben« (Aristoteles, »Politik«, 1253 c).

»Ars Aequi et Boni«

Geht man davon aus, daß sich der Begriff Politik vom griechischen »polis« (Gemeinwesen) herleitet und auch die Nähe zu »polys« (viel) kennt, dann handelt es sich dabei in erster Linie um einen Ordnungsentwurf für jeden einzelnen → Bürger und die Gemeinschaft – wie ihn Solon 594 v. Chr. für Athen verfaßt hat (→ Verfassung). Daraus erst ergibt sich die Politik als Handlungsauftrag an die Politiker: Sie soll den Hauptzweck rational bestimmten Zusammenlebens erfüllen und im häuslichen wie öffentlichen Leben »die Gerechtigkeit verwirklichen« (»to realize justice«, Verfassung der USA von 1787).

Diese fundamentale Bindung der Politik seit der Antike (Plato, Aristoteles, Cicero, Marc Aurel, Augustinus) bis zur Verfassungsbewegung der → Aufklärung definierte die Handhabung öffentlicher Amtsgewalt als eine »Kunst des Gleichen und Guten«. Es geht bei diesem Verständnis weniger um den Erwerb von Macht oder Machtanteilen (Max Weber), als darum, in aller Politik einen Rechts- und Verfassungsvollzug zu sehen.

Eine Grundvoraussetzung für die Verwirklichung dieses idealtypischen Anspruchs war die Trennung der Sphäre des Hauses als Tätigkeitsbereich des Privatmannes (*idiotes*) und jener des »Politikers« (*patriotes*), dem im Rahmen der öffentlichen Einrichtungen eine umfassende → Treuhandschaft oblag – über Arme und Reiche, Witwen und Waisen, Kranke und Gesunde, Junge und Alte, Tätige und Arbeitslose sowie über »Mein und Dein«.

Im Vertragsgeist des Gleichen und Guten hatten sich die Politiker so zu verhalten, daß der Nutzen all dieser Gruppierungen gemehrt und Schaden abgewendet wurde. Ohne das Einüben der politischen Tugend (*virtus politica*) und ohne Vertrautsein mit einer »Erziehung zur Verfassung« konnte diese Auffassung von Politik nicht bestehen. Sie setzte den »rechtschaffenen Mann« (*vir probus*) voraus und erwartete, daß in jedem Gemeinwesen vom Dorf über die Stadt bis zum Großreich »viele gute Männer« tätig waren, die nur »wenige Gesetze« benötigten, um die Politik als eine Kunst zu hantieren: Dabei hatten sie den Dialog zwischen Obrigkeit und Bürger zu pflegen, den Kompromiß zu suchen und das Gemeinwohl (*salus publica*) zu erstreben.

Es gibt viele Phasen in der Geschichte griechischer Städte und des republikanischen Rom, in denen dieses Wesen der Politik als Dienst an der Gerechtigkeit zur Wohlfahrt aller wirklich gelebt wurde. In der Lehre des Mittelalters vom »Guten Regiment« (Siena) hat diese Kunst einen starken Niederschlag gefunden. Und selbst Gabriel Naudé, der Neigungen zum Machiavellismus hatte, sprach 1639 davon, daß die Politik einer Stadt oder eines Staates »ohne Lügen«, »ohne Verstellung« und »ohne Angst« auskommen könnte, sofern die Inhaber öffentlicher Ämter »Menschen des Wohlergehens und der Ehre« wären und trotz Anfeindungen auch blieben (→ Korruption).

Wer demnach die Gleichung von »garstig« und »politisch Lied« (Goethe) aufstellt oder die »machtgeschützte Innerlichkeit« eines angeblich »Unpolitischen« (Thomas Mann) als höchsten Daseinswert des Menschen lobt, der redet einem Mißbrauch des Politischen das Wort. Denn dieses verliert seine ureigene Substanz, wenn es nicht im Rahmen des → Rechts gehalten wird, sondern frei verfügbar und ohne öffentliche wie private Kontrolle (→ Medien) Macht als Selbstzweck auszuüben versucht. Gerade das Vorhandensein von »machiavellistischen« Schurken und »Bösewichtern« (Blaise Pascal) bestätigt die Notwendigkeit dafür, daß der »ehrbare Mann« darauf achtet, Politik nicht ohne Bezug zur Gerechtigkeit zu betreiben. Jede halbwegs sachliche Debatte in einem → Parlament über den Proportionalismus in der Besteuerung oder sonstigen Abgabenpolitik vermittelt die antiken Bindungen dieses Politikbegriffs und macht deutlich, wie stark er dem »Justitialismus« (Juan Peron) unterworfen bleibt.

Politik als Wille

Machiavelli, der heute noch trotz wiederholter Ehrenrettungen als »Lehrer des Bösen« (Leo Strauss) gilt, hat an mehreren Stellen seines einflußreichen Werkes darauf hingewiesen, daß »ein Fürst, der tun kann, was er will, wahnsinnig ist, und ein Volk, das tun kann, was es will, nicht weise ist« (»Discorsi«).

Der Wille (*voluntas*) allein, bestehende Zustände in einem Haus (*oikos*) oder in einem Gemeinwesen (*polis*) zu verändern, stößt stets dort an seine unabdingbaren Grenzen, wo Fundamentalrechte Dritter beachtet werden müssen. Dieser Anspruch als Ausdruck der Gegenseitigkeit, der → Treuhandschaft und der Verhältnismäßigkeit stellt jedem Machthaber die ethisch bedingte Frage, ob er seinen subjektiven Willen gegen objektive Normen durchsetzen darf, selbst wenn er es mit Waffengewalt oder anderen Mitteln kann (→ Drittwesen).

Auch der Letzte Wille im Testament eines Fürsten ist gewissen Rechtsschranken unterworfen. Es ist darauf zu achten, daß es nicht gegen das Gerechtigkeitsgebot (Gleichheit aller Erben) verstößt, und deshalb angefochten, ja sogar für nichtig erklärt und »kassiert« werden kann. Karl X. Gustav von Schweden sah sich 1660 gezwungen, sein Testament der Rechtsprüfung durch die Reichsstände zu unterwerfen, und das Testament Ludwigs XIV. wurde im Jahre 1715 vom Parlement de Paris wegen Bruch der Erbfolge aufgehoben.

Friedrich II. von Brandenburg-Preußen allerdings verfaßte sein Politisches Testament im Bewußtsein eines absolutistischen Willens. Von 1752 bis 1918 wurde es im Hause Hohenzollern wie ein Staatsgeheimnis gehütet und erst 1920 zur Veröffentlichung freigegeben: Dieser dynastische »Wille« war für alle Machthaber in Potsdam eine geschichtswirksame Richtschnur.

Denn dieses *Government by will*, wie man im England des 17. Jahrhunderts sagte, war voll und ganz darauf abgestellt worden, »daß der Herrscher seine Geschäfte selbst führt« und auf allen Ebenen der Verwaltung wie des Heeres streng darauf achtet, »keinen Ungehorsam, keine Widerrede, keine Klagen« aufkommen zu lassen. Der geforderte und fast durchweg geleistete »blinde Gehorsam« nahm jedem Bediensteten oder Soldaten im dynastischen »Staatsdienst« den eigenen Willen: Denn es ging hier darum, daß der Staat als Hausmacht wie »eine ganze Armee von der Führung eines einzigen abhängt« (Friedrich II.).

Die Betonung dieser → Ideologie lag auf den possessiven Formeln »mein Staat« und »mein Wille«. Ohne Anregung und Zustimmung durch diese Instanz war jede Politik so gut wie ausgeschlossen. Stände und Bürger hatten den verordneten »staatlichen Willen« widerspruchslos zu ertragen und zu erfüllen. Diese auch in anderen Ländern Europas verbreitete Machtmentalität veranlaßte Rousseau, die bestehenden Entmündigungen aufzubrechen und sich für eine Volkssouveränität stark zu machen. Diese war ihrem Vertragswesen nach von einem Gemeinwillen (*volonté générale*) abhängig und folgte in verweltlichter Form der Lehre vom »Freien Willen«. Die Vorstellung katholischer Theologen, aber auch der Anhänger des calvinistischen Arianismus in den Niederlanden zur Zeit des Grotius, überläßt ganz im Sinn des Politikbegriffs bei Aristoteles jedem Einzelmenschen und Bürger die rationale Eigenbestimmung, das Gute vom Bösen zu unterscheiden und sich zu entscheiden – im Sinne eines autonomen Willensaktes.

Rousseau trennte allerdings den Gemeinwillen, der auf das Gemeinwohl gerichtet zu sein hatte, vom »Willen aller« Bürger als Citoyens. Denn dieser kann sich seiner Ansicht nach auch gegen das Gemeinwohl wenden, weil er nur eine quantitative »Summe von Einzelwillen« ist (wie bei einer demokratischen Wahl), sich der Drittwirkung im »Contrat social« entzieht und bloß das materielle Privatinteresse zu stärken versteht (→ Interesse).

Das Willensmoment auf Gegenseitigkeit hat anfänglich stark auf die Verfassungsbewegung der Revolution von 1789 eingewirkt. So heißt es im Artikel 6 der September-Verfassung von 1791: »Das Gesetz ist der Ausdruck des Gemeinwillens ... Es muß für alle dasselbe sein, ob es nun vor Schaden schützt oder Strafen verhängt.«

Der Einfluß der vorgeordneten Menschenrechte ist hier unverkennbar und richtet den Gemeinwillen am Gerechtigkeitsgebot aus. Diese Tradition schlug zwar ab 1793 bei Machtpolitikern wie Robespierre in einen egoistischen Willen um, aber sie wirkte im Geist des Jacobinismus nach und prägte die europäische Arbeiterbewegung. Der noch heute verwendete Begriff *Wählerwille* vor allem in den Reihen der Sozialdemokratie hat in Rousseau und der Revolution seinen Ursprung.

Olof Palme (1927-86) betrachtete gar den Willen an sich als Inbegriff des Politischen und der Praxis von Parlament und Regierung. Sein ideologisches Selbstverständnis (»Politik är att vilja«) scheiterte aber immer wieder an den Realitäten. Dazu gehörte die oft übersehene Tatsache, daß Schwedens Sozialdemokraten (SAP) nur ein einziges Mal in ihrer Geschichte die absolute Mehrheit im Zwei-Kammer-Reichstag besaßen, und zwar nur für ein Jahr – 1968. Ansonsten mußte diese Reformpartei Koalitionen eingehen oder Minderheits-Regierungen bilden, die sich im Parlament von Fall zu Fall die erforderlichen Mehrheiten zu suchen hatte. Hier entschied weniger ein »Wille« als die Grenzen der Verfassung: Die SAP will laut Parteiprogramm die Monarchie abschaffen und hat es im Verlauf von hundert Jahren nicht geschafft.

»Kunst des Möglichen«

Im Gefolge der dynastischen Machtpolitik nach dem Wiener Kongreß von 1815 kam die Vorstellung auf, das Politische sei in seinem Wesen ein gesteigerter Ausdruck des »Willens zur Macht« (Nietzsche). In weniger unverblümter Form wurde besonders nach den äußeren Erfolgen der Bismarckschen Experimente seit 1871 von der »Kunst des Möglichen« gesprochen – einer Variante des Voluntarismus, die allerdings nicht auf ein demokratisch bestimmtes und verfassungsmäßig begrenztes Gemeinwohl zielt, sondern auf eine sogenannte *Realpolitik* gerichtet bleibt: auf den »Primat der Außenpolitik« (Ranke) und auf die dynastische Staatsräson.

Die Bismarck zugeschriebene Formel erweist sich bei näherer Analyse als vornehm umschriebene Handhabe einer neoabsolutistischen Politik: jederzeit über den Ausnahme-, Belagerungs- oder Kriegszustand entscheiden zu können, ohne auf »checks and balances« irgendeine Rücksicht nehmen zu müssen. Denn Krieg und Frieden waren Angelegenheiten des dynastischen Souveräns und nicht des despositären Reichstags (→ Parlament).

Bei dieser Auffassung von Politik geht es in erster Linie nicht darum, was nach Recht und Verfassung ethisch geboten ist, sondern was machtbezogen möglich ist. Galt in der Antike die Beachtung des »kairós« als einer »richtigen Gelegenheit« zum rechten Zeitpunkt für alle Regierenden als ein Gebot des Überlebens, so kennt die Machtwelt seit der Frühen Neuzeit die »occasio« als »günstige Gelegenheit«, sich nach innen gegen die politischen Stände oder aber nach außen gegen scheinbar schwache Nachbarn durchzusetzen.

Diese Unterscheidung von »richtig« und »günstig« kennzeichnet die Distinktion von Recht und Macht. Gleichzeitig verweist sie auch auf die Struktur, aus der heraus eine »letzte Entscheidung« (*ultima ratio*) zustandekommt, sobald vor allem militärische Interventionen oder Eroberungen möglich geworden sind. Gegenüber dem Zusammenwirken von Fürsten, Räten und Ständen, denen das »Gemeine Beste« eine Richtschnur sein sollte, nicht alles zu unternehmen, was »möglich« ist, sondern vielmehr das, was »nützlich« sein könnte, geriet diese Politikauffassung zu einer Haltung, die einmal »okkasionalistischer Dezisionismus« (Carl Schmitt) genannt wurde: ein Wahrnehmen günstiger Machtlagen ohne Rücksicht auf das Verfassungsrecht nach innen oder das Völkerrecht nach außen (→ Außenpolitik).

Friedrich II. von Brandenburg-Preußen war in dieser Hinsicht mit seinen Überfällen auf Schlesien (1740) und auf Sachsen (1756) für Bismarck ebenso ein Vorbild beim Krieg gegen Österreich (1866) und gegen Frankreich (1870) wie für Kaiser Wilhelm II. im Jahre 1914 beim Überfall auf das neutrale Königreich Belgien oder für Hitler beim Überfall auf die Sowjetunion am 22. Juni 1941 (→ Krieg).

Nachwirkungen dieser Ideologie, welche die »Entscheidung« zu einem Fetisch der hohen Politik macht, sind noch dort festzustellen, wo selbst Politiker in festgefügten Demokratien vor allem in ihren Reformbestrebungen fortwährend vom »Handlungsbedarf« reden, sich oft künstlich unter einen »Entscheidungsdruck« setzen und fortwährend »Sachzwänge« beschwören, um in den → Medien wie in der Wählerschaft als »Macher« zu gelten, denen scheinbar nichts »unmöglich« ist.

Die hier auftretenden Spannungen und Kollisionen zwischen Rechtslagen, Machtverlokkungen und Reformwillen machen die Politik zu einer *Verfahrenskunst*. In ihrem Mittelpunkt steht nicht der geforderte Rechtsvollzug als Wählerauftrag, sondern in Anlehnung an Verhaltensweisen in der Wirtschaft das geschickte »Decision-Making«. Darunter wird die Entscheidungsfindung in Sachfragen verstanden sowie die institutionelle Beschlußfassung in zuständigen Gremien, um die → Verantwortung bei eintretenden Schadensfällen feststellen zu können.

Kaiser Wilhelm II. entzog sich seiner persönlichen Verantwortung für die Kriegsentscheidung von 1914 durch Abdankung und Exil in den Niederlanden. Hitler, der sich »von den Gesetzen gelöst« betrachten durfte, wählte den Freitod – in Ablehnung jeder Gegenseitigkeit und Haftung gegenüber einem Dritten, nämlich dem deutschen Volk (→ Souveränität).

Die »Kunst des Möglichen« war und ist in ihrem Kern eine Politik der Entscheidung und des Beschlusses, die sich weitgehend oder ganz jeder Kontrolle von unten entzieht und die Geheimdiplomatie pflegt. Ganz im Sinne des Verfassers eines »Anti-Machiavell«, der im Vollbesitz einer absoluten dynastischen Macht das Gegenteil von dem betrieb, was er im Vertragsgeist als richtig erkannt hatte. Friedrich II. stellte dazu 1752 fest: »Die Politik ist die Kunst, mit allen geeigneten Mitteln stets den eigenen Interessen gemäß zu handeln« (Politisches Testament).

»Alles ist Politik«

Wird die fundamentale Abgrenzung von privatem Haus und öffentlichem Haushalt nicht garantiert und eingehalten, dann muß jedes Handeln oder Unterlassen, ja alles Denken, Sagen und Schreiben »politisch« werden, d.h. der Privatsphäre entzogen und vollständig dem Öffentlichen unterworfen.

Ein solches Durchdringen sämtlicher Lebensbereiche, das »Mein und Dein« aufhebt, gilt als untrügliches Zeichen des Totalitarismus, weil durch die erzwungene Identität keine Vertragslagen mehr entstehen und damit auch das → Drittwesen ausgeschaltet bleibt.

Als der Schweizer Schriftsteller Gottfried Keller (1819-90) das Wort »Alles ist Politik« prägte, meinte er allerdings etwas ganz anderes. Er war nämlich bestrebt, als republikanisch gesinnter Eidgenosse die antike und neuzeitliche Auffassung in Erinnerung zu bringen, daß zum Gedeihen einer Polis oder eines Gemeinwesens jeder Bürger selbst etwas beitragen muß. Er soll nicht als Privatmann nur seinen beruflichen Geschäften genügen, sondern sich auch um die öffentlichen Angelegenheiten kümmern, wie es einem »Patrioten« wohl ansteht - Eigennutz und Gemeinwohl mußten sich nicht ausschließen, sondern konnten ergänzend wirken.

Wird demnach in totalitären Systemen der Einzelmensch »politisiert« und dabei rechtlich entmündigt, so möchten dagegen Keller und andere Lehrmeister des Republikanismus, daß das Individuum im Vollbesitz seiner Fundamentalrechte politisch bleibt, d.h. als → Bürger (*zoon politikon*) handelt und kontrolliert.

Genau diese freiheitlichen Errungenschaften des → Patriotismus durch die Revolutionen von 1688, 1718, 1776 und 1789 hat General Bonaparte mit seinem Putsch vom 18. Brumaire 1799 abschaffen lassen. Das ihm zugeschriebene Wort »La politique c'est le destin« meinte weniger den Vollzug eines »Schicksals« (*destin*) als einer von außen oder durch die Geschichte auferlegten Last. Vielmehr kam in dieser Gleichung die zweite Wortbedeutung von »destin« zum Zuge, die eine innere »Bestimmung« und gar »Berufung« meinte. Damit wurden die Ziele der Revolution umgedeutet, und Politik wurde nun nicht mehr als Vollzug einer Verfassung gesehen, sondern als ein Instrument zur Durchsetzung des → Cäsarismus.

Machiavellisten, Absolutisten und Totalitaristen haben ein gemeinsames destruktives Moment. Sie nehmen ihre eigene Machtposition von der Moral aus und sehen in der Politik letztlich nur noch eine *Machttechnik*, die dem kontrollierenden Herrschaftswissen andere r entzogen bleiben soll: Die Zerstörung einer wahrhaft politischen Kultur nehmen sie dabei in Kauf.

Fazit

Wird Politik auf das »in der Gesellschaft stattfindende Handeln« reduziert und auf die Vertretung von »materiellen und ideellen Interessen« verengt, dann kann als ihr Wesen und Wirken nur »der Kampf um Macht und Herrschaft« (Frank Neumann) übrigbleiben.

Das fortgesetzte Ringen um → Gerechtigkeit und → Recht aber ist in vielen Fällen mehr als nur Handeln. Im Hinblick auf die → Ethik verlangt diese Haltung auch ein gezieltes Unterlassen, ja sogar ein Verweigern von amoralischen Handlungen und selbst Widerstand gegen all jene, welche eine demokratische Ordnung beseitigen wollen: Politik wird so zum Ausdruck *zivilen Ungehorsams* gegen Ungerechtigkeit und Scheinlegalität.

Der Doppelcharakter aller Politik zeigt sich demnach im aktiven und passiven Verhalten des Bürgers, der nach dem Wahlakt (Handeln) für die Dauer einer Legislaturperiode in Wartestellung steht (Unterlassen) und nur mittels Petitionen und Publikationen auf die Politiker einwirken kann (→ Abgeordnete).

Diese Konstellation erfordert Geduld, konstruktive Kritik und jene Tugend, ohne die es keine politische Kultur geben kann - anhaltende Rechtschaffenheit (*probitas*) im privaten Leben.

Literatur

Ackermann u.a., Politik. Ein einführendes Studienbuch, 1980 ✦ *Adamski* (Hrsg.), Politische Bildung - Recht und Erziehung. Quellentexte zur Rechtskunde und Rechtserziehung von der Weimarer Republik bis zur Gegenwart, 2 Bde., 1986 ✦ *Ahrens*, Naturrecht oder Philosophie des Rechts und des Staates, 2 Bde., 6. Aufl. 1870-1871, ND 1968 ✦ *v. Albertini*, Das florentinische Staatsbewußtsein im Übergang von der Republik zum Prinzipat, 1955 ✦ *Althusius*, Politica, 3. Aufl. 1614, ND 1981 ✦ *Antes*, Ethik und Politik im Islam, 1982 ✦ *Aristoteles*, Werke, gr. u. dt. mit sacherklärenden Anmerkungen, 7 Bde., 1853-79, ND 1978 ✦ *H. v. Arnim*, Die politischen Theorien des Altertums, 1910 ✦ *Asher u.a.*, Political Participation, 1984 ✦ *Balke*, Politische Erziehung in der Bundeswehr. Anmaßung oder Chance?, 1971 ✦ *H. Baron*, The Crisis of the Early Italian Renaissance. Civic Humanism and Republican Liberty in the Age of Classicism and Tyranny, 2 Bde., 1955 ✦ *B. Bauer*, Zur Orientierung über die Bismarck-Ära, 1880, ND 1969 ✦ *Berg-Schlosser/Schissler*, Politische Kultur in Deutschland. Bilanz und

Perspektiven der Forschung, 1987 ✦ *Bernhardt*, Polis und römische Herrschaft in der späten Republik (149-31 v. Chr.), 1985 ✦ *v. Beyme* (Hrsg.), Politikwissenschaft. Eine Grundlegung, 3 Bde. (Theorien und Systeme. Der demokratische Verfassungsstaat. Außenpolitik und internationale Politik), 1987 ✦ *Bismarck*, Werke in Auswahl. Jahrhundert-Gedächtnisausgabe in 8 Bänden, 1963-83 ✦ *Böckenförde*, Die Entstehung des Staates als Vorgang der Säkularisation, 1976 ✦ *Bös/Felderer* (Hrsg.), The Political Economy of Progressive Taxation, 1989 ✦ *K.E. Born* (Hrsg.), Bismarck-Bibliographie. Quellen und Literatur zur Geschichte Bismarcks und seiner Zeit, 1966 ✦ *F. Brückmann*, Gemeindehaushalte udn Konjunkturpolitik. Der stabilitätspolitische Gehalt des neuen kommunalen Haushaltsrechts, 1977 ✦ *O. Brunner*, › »Bürgertum« und »Feudalwelt« in der europäischen Sozialgeschichte‹, in: Die Stadt des Mittelalters (hrsg. v. C. Haase), Bd. 3, 1973 ✦ *Bubner u.a.* (Hrsg.), Politikbegriffe, 1982 ✦ *Buchheit*, Im Würgegriff der Politik. Vom Geheimkampf der Geheimdienste, 1974 ✦ *A. Buck*, Grundzüge der italienischen Geistesgeschichte. Erbe und Schöpfung, Bd. 12, 1947 ✦ *ders.*, ›Die Krise des humanistischen Menschenbildes bei Machiavelli‹, in: Archiv für das Studium der neueren Sprachen, Bd. 189, 1953 ✦ *P. Burke*, Culture and Society in Renaissance Italy 1420-1540, 1972 ✦ *Burnham*, Die Machiavellisten, Verteidiger der Freiheit, 1949 ✦ *Buser*, Lorenzo de Medici als italienischer Staatsmann, 1879 ✦ *Busshoff*, Kritische Rationalität und Politik. Eine Einführung in die Philosophie des Politischen und die Wissenschaftslehre der Politischen Wissenschaft, 1976 ✦ *Capponi*, Geschichte der florentinischen Republik, 2 Bde., dt. 1876 ✦ *Carlyle*, A History of Mediaeval Political Theory in the West, Bd. VI: Political Theory from 1300-1600, 1950 ✦ *Cassirer*, Individuum und Kosmos in der Philosophie der Renaissance, 1927, 1963 ✦ *Cicero*, De re publica – Staatslehre, Staatsverwaltung, dt. o.J. (K. Atzert) ✦ *B. Claussen*, Sozialerziehung und politisches Lernen im Elementarbereich. Anregungen und Erfahrungen aus einem Modellversuch, 1978 ✦ *Cleugh*, Die Medici. Macht und Glanz einer europäischen Familie, 1977 ✦ *Cochrane*, ›Machiavelli 1940-1960‹, in: Journal of Modern History, 33:2, 1961 ✦ *Cremer/Klein* (Hrsg.), Umbrüche in der Industriegesellschaft – Herausforderungen für die politische Bildung, 1990 ✦ *Crick*, Eine Lanze für die Politik, 1966 ✦ *Dennert*, Ursprung und Begriff der Souveränität, 1964 ✦ *W. Dieckmann*, Politische Sprache – Politische Kommunikation. Vorträge, Aufsätze, Entwürfe, 1981 ✦ *ders.*, Sprache in der Politik. Einführung in die Pragmatik und Semantik der politischen Sprache, 2. Aufl. 1975 ✦ *Dietl*, Wörterbuch für Recht, Wirtschaft und Politik. Mit Kommentaren in deutscher und englischer Sprache, 2. Bde., 5. Aufl. 1990 ✦ *Düring*, Aristoteles. Darstellung und Interpretation seines Denkens, 1966 ✦ *Edelman*, The Symbolic Uses of Politics, 1964 ✦ *A.A. Ehrhardt*, Politische Metaphysik von Solon bis Augustin, 1969 ✦ *D. Ehrhardt*, Der Begriff des Mikrostaats im Völkerrecht und in der internationalen Ordnung, 1970 ✦ *J. Ehrhardt/Kunze*, Ordnungsverwaltung im Schatten der Polizei. Untersuchungen zum Verhältnis und zur Zusammenarbeit von Ordnungsbehörden und Polizei, 1982 ✦ *Elkan*, ›Die Entdeckung Machiavellis in Deutschland zu Beginn des XIX. Jahrhunderts‹, in: HZ 1919 ✦ *Ellinger*, ›Die antiken Quellen der Staatslehre Machiavellis‹, in: ZfGS X, 1888 ✦ *Engholm/Röhrich* (Hrsg.), Ethik und Politik heute, 1990 ✦ *Erdmann*, Perspektiven menschlichen Handelns. Umwelt und Ethik, 1990 ✦ *Ermert* (Hrsg.), Die politische Zukunft Europas – Kulturpolitik in Europa, 1982 ✦ *Farnen*, Integrating Political Science, Education and Public Policy. International Perspectives on Decision-Making, Systems Theory and Socialization Research, 1990 ✦ *Fetscher/Münkler* (Hrsg.), Politikwissenschaft, 1985 Flechtheim (Hrsg.), Grundlegung der politischen Wissenschaften, 1959 ✦ *C.J. Friedrich*, Die politische Wissenschaft, 1961 ✦ *Friedrich II. Hohenzollern*, Anti-Machiavel, oder Versuch einer Critik über Nic. Machiavells Regierungskunst eines Fürsten. Nach des Herrn Voltaire Ausgabe, dt. 1745, ND 1978 ✦ *Fröbel*, Die Gesichtspunkte und Aufgaben der Politik. Eine Streitschrift nach verschiedenen Richtungen, 1878, ND 1970 ✦ *ders.*, Theorie der Politik als Ergebnis einer erneuerten Prüfung demokratischer Lehrmeinungen, 2 Bde., 1861-64, ND 1975 ✦ *Gawantka*, Isopolitie. Ein Beitrag zur Geschichte der zwischenstaatlichen Beziehungen in der griechischen Antike, 1975 ✦ *ders.*, Die sogenannte Polis, 1985 ✦ *Gigon*, Aristoteles, Politik und Staat der Athener, 1955 ✦ *K. Glaser*, ›Die Bewertung der Staatsformen in der Antike‹, in: Wiener Studien, Bd. 57, 1939 ✦ *Grosser*, Deutsche und französische Politik heute, 1987 ✦ *Grünert*, Sprache und Politik. Untersuchungen zur Sprache der Paulskirche, 1974 ✦ *Gruner/Hertig*, Der Stimmbürger und die neue Politik, dt. u. frz. 1983 ✦ *Gustafsson*, Virtus politica. Politisk etik och nationellt svärmeri i den tidiga stormaktstidens litteratur, 1956 ✦ *Hattich u.a.*, Politische Bildung in der Demokratie. Grundlagen, Ziele und Folgerungen für die Schule, 1990 ✦ *Hättich*, Politische Bildung nach der Wiedervereinigung, 1991 ✦ *ders.*, Lehrbuch der Politikwissenschaft, Bd.1, 1967 ✦ *ders.*, Grundbegriffe der Politikwissenschaft, 1969 ✦ *I. Hanke*, Alltag und Politik. Zur politischen Kultur einer unpolitischen Gesellschaft. Eine Untersuchung zur erzählenden Gegenwartsliteratur der DDR in den 70er Jahren, 1987 ✦ *Haungs* (Hrsg.), Politik ohne Vertrauen?, 1990 ✦ *v. Hayek*, Der Weg zur Knechtschaft, 1944, 1991 ✦ *ders.*, Individualismus und wirtschaftliche Ordnung, 1976 ✦ *F. Heller*, USA. Verfassung und Politik, 1987 ✦ *Hentig*, Machiavelli, Studien zur Psychologie des Staatsstreichs und der Staatsgründung, 1924 ✦ *U. Hirschfeld*, Kultur, Politik und politische Theorie der Kultur, 1990 ✦ *Höffe*, Politische Gerechtigkeit. Grundlegung einer kritischen Philosophie von Recht und Staat, 1987 ✦ *ders.*, Strategien der Humanität. Zur Ethik öffentlicher Entscheidungsprozesse, 1975 ✦ *E. Huber*, Deutsche Verfassungsgeschichte seit 1789, Bd. 3: Bismarck und das Reich, 3. Aufl. 1988 ✦ *Janoska-Bendl*, ›Niccolò Machiavelli. Politik ohne Ideologie‹, in: AfK XL, 1958 ✦ *A. Kamp*, Die politische Philosophie des Aristoteles und ihre metaphysischen Grundlagen. Wesenstheorie und Polisordnung, 1985 ✦ *D. Kampe*, Die Macher. Wirtschaftsreportagen aus einem satten Land, 1986 ✦ *H. Keppler*, Das Problem des Konflikts zwischen Politik und Moral bei Machiavelli, 1928 ✦ *P. v. Kielmansegg*, Kaiserhaus, Staatsmänner und Politiker, 1966 ✦ *ders.*, Volkssouveränität. Eine Untersuchung der Bedingungen demokratischer Legitimität, 1977 ✦ *Kirchheimer*, Funktionen des Staats und der Verfassung. Zehn Analysen, 1972 ✦ *ders.*, Politische Herrschaft. Fünf Beiträge zur Lehre vom Staat, 1981 ✦ *E. Kirsten*, Griechische Polis und byzantinische Stadt, 1979 ✦ *Knies*, ›Der Patriotismus Machiavellis‹, in: Preußische Jahrbücher Bd. 27, 1871 ✦ *Lane*, Political Ideology, 1962 ✦ *Lehner*, Familie, Recht, Politik. Die Entwicklung des österreichischen Familienrechts im 19. und 20. Jhd., 1987 ✦ *Leoni*, Freedom and Law, 1961 ✦ *Lösener*, Grundzüge zu Bismarcks Staatsauffassung, 1962 ✦ *Ludat* (Hrsg.), Politik, Gesellschaft, Geschichtsschreibung. Gießener Festgabe für František Graus, 1982 ✦ *Machiavelli*, Discorsi. Gedanken über Politik und Staatsführung, dt. 1966 ✦ *ders.*, Der Fürst, dt. 1972 ✦ *Messelken*, Politikbegriffe der modernen Soziologie, 1968 ✦ *Noack*, Was ist Politik? Eine Einführung in ihre Wissenschaften, 2. Aufl. 1976 ✦ *Oberndörfer* (Hrsg.), Wissenschaftliche Politik, 1962 ✦ *Plato*, Der Staat, dt. 1958 ✦ *Runeby*, ›Barbarei oder Zivilität? Zur Entwicklung einer organisierten Gesellschaft im 17. Jhd.‹, in: Europe and Scandinavia. Aspects of the Process of Interpretation in the 17th Century, 1983 (G.Rystad) ✦ *C. Schmitt*, Der Begriff des Politischen, 1963 ✦ *Skinner*, The Foundation of Modern Political Thought, 1978 ✦ *Sternberger*, Machiavellis »Principe« und der Begriff des Politischen, 1974 ✦ *M. Weber*, Politik als Beruf, 1919 ✦ *Welcker*, Letzte Gründe von Recht, Staat und Strafe, 1813 ✦ *Würtenberger*, Die Legitimität staatlicher Herrschaft. Eine staatsrechtlich-politische Begriffsgeschichte, 1973 ✦ *Zernack*, ›Virtus politica im Militärstaat. Strukturprobleme der schwedischen Großmachtzeit‹, in: Festschrift Klaus von See, 1988 ✦ *R. Zimmermann*, Utopie. Rationalität. Politik. Zu Kritik, Rekonstruktion und Systematik einer emanzipatorischen Gesellschaftstheorie bei Marx und Habermas, 1985.

Propaganda

Als im Jahre 1622 vom Heiligen Stuhl die »Congregatio de Propaganda Fide« gegründet wurde, sollte unter der Regie von Jesuiten das lutherische Schweden sowie der übrige protestantische Norden Europas in die gegenreformatorische Universalkirche zurückgeholt werden – allein mit Hilfe der Sprache in Wort und Schrift.

Dieser kirchlichen Missionseinrichtung zur »Verbreitung des Glaubens«, die noch heute besteht, war ein Jahr zuvor (1621) der berühmte Kanzleienstreit vorausgegangen. Er wurde im Heiligen Reich von der katholischen LIGA (1609 gegründet) begonnen und diente der Rechtfertigung der gewalttätigen Politik um das Königreich Böhmen. Aus Originalakten der gegnerischen Seite, die nach der Schlacht am Weißen Berg (1620) in Prag erbeutet worden waren, hatte man für diesen Legitimationsversuch die »Anhaltische Kanzlei« zusammengestellt. Mit diesem Kompendium sollte der teutschen wie der europäischen Öffentlichkeit weisgemacht werden, daß das Haus Habsburg und die LIGA in Böhmen zu einem kriegerischen Eingreifen berechtigt gewesen seien: Man hoffte dabei auf eine gegenwärtige Akzeptanz der eigenen Position und auf eine spätere Sanktionierung.

Diese Rechnung ging aber nicht auf. Denn kurze Zeit danach gelang es der protestantischen UNION (gegründet 1608), Briefe des Kaisers Ferdinand II. abzufangen und daraus eine Gegenschrift zu fertigen. Unter dem provozierenden Titel »Spanische Kanzlei« wurde dem lesekundigen Publikum mit guten Gründen gezeigt, welche Machenschaften zwischen Madrid, Wien und München am Werk waren, um Böhmen zu einem patrimonialen Erbbesitz der Habsburger zu machen – gegen alles Recht.

Zu Beginn des Teutschen Krieges dröhnten also nicht nur die Kanonen, auch das Wort wurde gezielt als Waffe eingesetzt. Dabei verfolgte die LIGA eine bewußte Politik der *Desinformation*, indem sie Fakten propagandistisch zurechtbiegen ließ: Der »War of Words« war damit voll entbrannt und sollte bis zum Ende dieses Bürgerkrieges 1648 in Gestalt von unzähligen Flugblättern, Broschüren, Abhandlungen und ersten »Zeitungen« in unverminderter Schärfe anhalten.

Obgleich es schon während der → Reformation bedeutende Vorläufer in den einzelnen Konfessionen und Sekten gegeben hat, so spricht doch viel dafür, im publizistischen Auftakt des Teutschen Krieges den eigentlichen Beginn der *modernen Propaganda* zu sehen.

Dabei bedeutet dieser Neologismus nicht nur die missionarische Verbreitung einer bestimmten Glaubensrichtung (von lat. *propagare*

= ausdehnen). Er gilt vielmehr auch als Inbegriff einer besonderen Darstellung und Vermittlung von politischen Meinungen, Forderungen oder Ansprüchen in der Öffentlichkeit. Zu den propagandistischen Techniken gehören neben Wortverdrehungen und Sachverfälschungen vor allem die Raffinements des Hinzufügens, Weglassens und des verzerrenden Zitierens von angeblich eindeutigen Positionen. Die Propaganda bildete demnach seit der Neuzeit eine Gegenwelt zur → Aufklärung, deren Publizistik sich der Wahrheit im Wort und der überprüfbaren Erhellung von Sachverhalten verschrieben hatte.

»Sprachregelungen«

Schon die Ansprüche verschiedener Kirchen, über die einzig wahre Auslegung und Verkündigung der Heiligen Schrift zu verfügen, hat zur wechselseitigen Abgrenzung immer wieder besondere »Sprachregelungen« erforderlich gemacht: ob im christlichen »Glaubensbekenntnis« oder bei der Festlegung auf die Eingangsformel »Vater unser« (katholisch), die von den Protestanten als »Unser Vater« gebetet wird und ein Erkennungszeichen konfessioneller Zugehörigkeit ist.

Zur Einprägung der absolutistischen Haus- und Erbideologie wurden im 17. Jahrhundert Schulen und Universitäten streng angewiesen, offiziell »getötete« Vertragsbegriffe wie »Reich«, »Mediator« oder »Krone« nicht mehr im Unterricht zu verwenden, sondern nur die »erbliche königliche Macht« zu verherrlichen. Diese und andere Vorschriften schränkten die akademische »Freiheit des Philosophierens« ebenso ein, wie Propaganda zum Instrument der *Indoktrinierung* benutzt wurde.

Kein Wunder, daß sich Aufklärer innerhalb der Kirchen und meist außerhalb der Akademien oder Universitäten gegen derartige Bevormundungen wandten. Die intellektuelle Opposition gegen den »anonymen Despotismus« unter Ludwig XIV. in Frankreich (Bischof Fénelon, Saint-Simon, Boulainvillier) bestätigt das Aufkommen einer aufklärerischen Gegenwehr ebenso wie die Klagen Ludwigs XVI. zwei Generationen später, der sich über Publikationen von Philosophen, Gelehrten und Publizisten beschwerte, welche die Schattenseiten der Monarchie kritisierten.

Vor allem Jean-Paul Marat (1743-93), der sich als »Auge des Volkes« empfand, wurde mit seinen Zeitungen nicht müde, die Laster, Ungerechtigkeiten und Vergehen des königlichen Hofes öffentlich anzuprangern. Er ging dabei so engagiert vor, als befände er sich auf einem Kreuzzug für die Bewahrung von Gerechtigkeit, Freiheit und Gleichheit, die sich in einer Republik besser verwirklichen lassen sollten als in der überkommenen Monarchie der Bourbonen.

Marat, dem ehemaligen Arzt, war bei seinem Kampf für die Einführung und Erhaltung der Ersten Republik von 1792 jedes publizistische Mittel recht, das Ancien régime zu schwächen und das künftige »Reich der Gerechtigkeit« zu beschwören: Er setzte dabei das aufklärende Wort ein und trieb eine gezielte *Agitation* – im Gegensatz zu den verklärenden Begriffen der Propaganda auf königlicher Seite.

Hatten lange vor Marat eine Reihe von Publizisten besonders im Umkreis der »Encyklopädie« Diderots tatkräftig mitgeholfen, den folgenreichen Umbruch von 1789 in den lesekundigen Köpfen vorzubereiten, so steigerten die neuen Journalisten die Wirksamkeit des gedruckten Wortes in bisher nicht gekanntem Ausmaß. Ihre veröffentlichte Meinung wurde dabei einer Masse von Bürgern und Bürgerinnen angeboten, die in Paris noch zu 90 % aus Analphabeten bestand und sich auf besondere »Vorleser« verlassen mußte. Dabei stand es in deren Sprachverantwortung und Betonungskunst, ob beispielsweise die tausendfach gedruckte Parole »La Mort aux Rats« (Tod den Ratten) zu der Losung »La Mort au Rois« (Tod den Königen) verzerrt wurde – was natürlich beabsichtigt war.

Publizistik und Pressewesen als gleichsam *Vierte Gewalt* auf privatwirtschaftlicher Grundlage wurden sich vor und nach 1789 ihres Einflusses bewußt. Gleichzeitig erfuhren sie, daß ihre Veröffentlichungen durchaus nicht immer mit der *öffentlichen Meinung* übereinstimmten, geschweige mit den »Sprachregelungen« und Verlautbarungen der jeweiligen Regierungen und Machthaber. Aufgrund ihrer Agitation für eine wirklich oder vermeintlich »gerechte Sache« mußten sie häufig Repressionen hinnehmen (Zensur, Beschlagnahme, Lizenzentzug, Papierdrosselung, Verhaftungen, sogar Enteignungen und andere Strafen), wovor die Verkünder offizieller oder genehmer Propaganda in der Regel sicher waren.

Für die Spannungen zwischen publizistischer Agitation und verordneter Propaganda gibt es zahlreiche Beispiele vor allem im 19. Jahrhundert. So wurde die *Pressefreiheit* und damit vornehmlich die Zulassung liberaler und systemkritischer Zeitungen oder Verlage besonders nach dem Scheitern der 1848er Revolution erheblich eingeschränkt (→ Medien). Aufklärerische Agitation für Reformen im Geist der → Freiheit oder gar der → Demokratie war in den Machtsystemen des Neo-Absolutismus nur schwer möglich. Wo sie sich dennoch bescheiden zu Wort meldete wie in Preußen, kam es – zumeist bei Rechts- und Verfassungskonflikten – zu Auseinandersetzungen mit der staatlichen Propaganda und ihren oft manipulierten Sprachregelungen. Bismarck richtete nach 1866 aus dem Vermögen des gewaltsam enteigneten Welfenhauses Hannover sogar einen sogenannten *Reptilienfonds* ein: Daraus wurden willfährige Journalisten, Publizisten und Schriftsteller bezahlt, um die öffentliche Meinung im Sinn der Berliner Regierungspolitik zu beeinflussen.

Die Macht des Wortes und der gezielten Sprachregelung war Bismarck sehr vertraut. Das zeigte er nicht nur in seiner propagandistischen Pressepolitik, sondern auch beim Abfassen oder Redigieren diplomatischer Noten. Sein Meisterstück in der machiavellistischen »Betrug-Kunst« (Reinking, 1635) lieferte er mit dem Wortlaut der berühmten Emser Depesche von 1870: Im Rahmen einer gezielten Pressekampagne wirkte diese Botschaft an Napoleon III. von Frankreich so provozierend, daß der sich gleichsam gezwungen sah, Preußen am 19. Juli 1870 den Krieg zu erklären.

Während sich die Agitation in politischer und publizistischer Hinsicht auf ein Sachthema bezieht, dessen Behandlung und Vermittlung ein gewisses Maß an Kritik zuläßt, bleibt im Gegensatz dazu die Propaganda als publikumswirksame »Glaubenslehre« ein geschlossenes System, das Korrekturen nicht zugänglich ist. Diese Hermetik macht die Propaganda auch anfällig für politische Illusionen und für Verdrängungen der Wirklichkeit.

Das galt vor allem für die sogenannte *Greuelpropaganda* während des Ersten Weltkrieges, als Meldungen von den Kriegsschauplätzen bewußt aufgebauscht wurden, um im Rahmen der psychologischen Kriegführung den Gegner zu »kriminalisieren« und zu »demoralisieren«. Auf der anderen Seite wurde und wird der Begriff auch benutzt, um von eigenen Greueltaten abzulenken und dem Gegner Unsachlichkeit zu unterstellen.

Reizbegriffe und Gefühlsworte wie »Kriegsschuldlüge« oder »Dolchstoßlegende« zeigen, wie hochgradig propagandistisch die öffentliche Diskussion nach dem Ende des Ersten Weltkriegs aufgeheizt war, als einer harten politischen Wirklichkeit begegnet werden mußte, die klare Begriffe forderte. In seiner aufklärerischen Agitation für eine menschenfreundliche *Diktatur der Vernunft* geißelte denn auch Heinrich Mann (1871-1950) die Propagandisten und forderte sogar im Oktober 1923 vom Reichskanzler Gustav Stresemann: »Revidieren Sie die sogenannte Pressefreiheit!«

Mann konnte es in seinem demokratischen → Patriotismus nicht ertragen, daß statt einer sachlichen Bestandsaufnahme der deutschen Situation die Propaganda unverantwortlicher Wortführer das Elend noch vergrößerte. Fast resigniert stellte er zur sprachlichen und gedanklichen Verwilderung seiner Landsleute fest: »Jeder schäbige Gauner kann dieses Volk, mit vorgemachten großen Worten, auf seine Seite bringen, der ehrliche Mann im Guten nie«.

Als Publizist und Agitator der Vernunft redete er zur Sache, während die Verfechter der Propaganda den schönen Schein nährten und die Zukunft idealisierten. Zehn Jahre später hatten sie ihr vorläufiges Ziel erreicht. Die Propagandisten des Nationalsozialismus feierten ihre »Machtergreifung« und setzten zur »Volksaufklärung« den *Propagandaminister* Josef Goebbels (1897-1945) ein, dem es an Eifer für bestimmte »Sprachregelungen« nicht fehlen sollte und der viel dazu beitrug, daß eine »Lingua Tertii Imperii« enstehen konnte.

Eine Variante dieses Verfahrens – die spezifische Verbindung von Propaganda und Agitation – ist den Bolschewiken in Rußland gelungen. Noch Anfang Mai 1917 hieß es in einer Resolution ihres Zentralkomitees: »Die Parteiagitatoren müssen immer und immer wieder protestieren gegen die von den Kapitalisten verbreitete niederträchtige Verleumdung, als trete unsere Partei für einen Sonderfrieden mit Deutschland ein«: Am 3. März 1918 schlossen sie diesen »Frieden« in Brest-Litowsk! In der Verfassung des neuen Sowjetstaates von 1918 wurde im Artikel V:13 nicht nur die »wahre Gewissensfreiheit« garantiert, sondern auch »die Freiheit religiöser und antireligiöser Propaganda wird allen Bürgern zuerkannt«.

Propaganda im Sinne einer »Volksaufklärung« (Artikel VIII:43 h) und damit zur Festigung des Bolschewismus (→ Ideologie) verband sich hier mit der Agitation zur sogenannten *Agitprop*, einem ausgeklügelten System der fortwährenden Indoktrinierung mit genau festgelegten, ja ritualisierten Sprachregelungen – vergleichbar kirchlichen Dogmen.

Wächter des Wortes

Der Grat zwischen aufklärerischer Agitation und pseudoreligiöser Propaganda kann mitunter sehr schmal sein. Wissenschaftler, Journalisten, Publizisten und Schriftsteller sehen sich deshalb immer wieder Pressionen ausgesetzt und müssen sich die Frage stellen, wo sie die Grenze ihrer Belastbarkeit und ihrer → Verantwortung für das Wort ziehen.

Andererseits können jedoch auch Journalisten durch eine ideologisch gefärbte Begrifflichkeit erheblichen Einfluß ausüben, vor allem über das Massenmedium Fernsehen. Als in den 1970er Jahren der → Terrorismus der RAF einen hohen Stellenwert im Nachrichtenwesen der Bundesrepublik Deutschland einnahm, waren Redakteure der ARD geneigt, von der »Baader-Meinhof-Gruppe« zu sprechen, während das ZDF fast durchgehend die Sprachregelung »Baader-Meinhof-Bande« ausgegeben hatte, um das kriminelle Element dieser »terroristischen Vereinigung« ausschließlich in den Vordergrund zu stellen.

Auch wenn das deutsche Sprichwort »Lügen haben kurze Beine« heute etwas altmodisch klingt, so vermittelt es doch eine historische Erfahrung, die vor allem dem *Investigations-Journalismus* die Legitimation verschafft, Propaganda als Lügenwerk zu entlarven.

Das mußte z.B. der US-Präsident Richard M. Nixon in der Watergate-Affäre 1972 erfahren, als zwei Journalisten der Washington Post seinen Machenschaften, Betrügereien und Amtsmißbräuchen im Wahlkampf auf die Spur kamen, schwere Manipulationen aufdeckten und ihn zum Rücktritt vom Amt zwangen.

Diese und andere Erfolge zeigen, wie sehr unsere politische Kultur im Zeichen einer »offenen Gesellschaft« (Karl Popper) besonderer Wächter des Wortes oder Treuhänder der Sprache bedarf, wenn sie ihren Wert als »Hort der Menschenrechte« behalten soll.

Wie gefährdet aber auch gute Journalisten selbst in einem Land sein können, dem die Meinungsfreiheit, das Pressewesen und die Medienwelt geradezu »heilig« sind, hat der Krieg um Kuwait 1990/91 auf eine erschreckende Weise gezeigt. Denn die Nachrichtenpolitik der US-Regierung unter Präsident George Bush war so restriktiv und manipulativ angelegt, daß erhebliche Zweifel darüber aufgekommen sind, ob die USA und andere Länder im nominellen Auftrag der UNO wirklich einen »gerechten Krieg« am Golf geführt haben – unbesehen der Völkerrechtsbrüche von Seiten des irakischen Diktators Saddam Hussein.

Tatsächlich spricht einiges dafür, daß Präsident Bush aufgrund der inneren Krise einen äußeren Erfolg brauchte, um ihn in seiner *Wahlpropaganda* verwerten zu können. Bekanntlich hat ihm die geglückte »Befreiung Kuwaits« beim Versuch einer Wiederwahl ins höchste Staatsamt der USA nichts genützt. Aber der Schaden angesichts desinformierter, manipulierter, indoktrinierter und »gekaufter« Journalisten wie Publizisten in allen Medien ist kaum zu übersehen: Die beabsichtigte Agitation für eine »gerechte Weltordnung« (Bush) ging im Sumpf von gezielten Lügen, bewußt gestreuten Fehlinformationen wie offenkundigen Widersprüchen unter und geriet zu einer platten Propaganda über die USA als angebliche Hüter des Völkerrechts.

Der Medien- und Video-Krieg um Kuwait lenkte aber nicht nur die Aufmerksamkeit der Weltöffentlichkeit auf die persönlichen Schwächen des Präsidenten Bush und seiner Minister. Er verdeutlichte auch das Phänomen der sogenannten *Telekratie* als wirksamstes Mittel der Propaganda. Darunter versteht man seit der Regierungszeit des französischen Generals Charles de Gaulle (1958-69) den Versuch, mit Hilfe des Fernsehens den größtmöglichen Teil einer Nation durch Pressekonferenzen, Verlautbarungen und Botschaften unmittelbar zu erreichen.

In seinen »Berichten zur Lage der Nation« verstand es vor allem der US-Präsident Ronald Reagan, das Medium Fernsehen optimal für sich und seine Politik zu nutzen, gleichsam als Ausdruck einer medialen Omnipotenz, die dem Zuschauer suggeriert, er werde vom Präsidenten persönlich angesprochen und hätte teil an den großen, die Nation betreffenden Entscheidungen.

Ein besonderer Fall erfolgreicher Telekratie hat im Jahre 1994 in Italien für Furore gesorgt.

Dort gelang es dem Eigentümer von drei gewichtigen Fernsehstationen und Inhaber mehrerer Zeitungen und Magazine, aktiv in die Politik einzugreifen. Silvio Berlusconi gründete mit dieser Medienmacht im Rücken die Bewegung »Forza Italia« und erreichte bei den Parlamentswahlen auf Anhieb eine Schlüsselstellung – gegen die etablierten Parteien.

Sein kometenhafter Aufstieg scheint jene Beobachtung zu bestätigen, die Heiner Geißler einmal bei der Analyse von Wahlen und der zugehörigen Propaganda in unserer Demokratie gemacht hat. Der erfahrene Wahlkämpfer und ehemalige Generalsekretär der CDU beschrieb genau jenen Zustand, den auch der »Kanzleienstreit« von 1621 schon weitgehend prägte und der eine Art Grundgesetz fehlleitender Propaganda zu sein scheint: »Es geht heute nicht mehr darum, Bahnhöfe, sondern Begriffe zu besetzen ... Nicht die Taten bewegen die Menschen, sondern die Worte über die Taten. Derjenige, der die Ideen hat und der dafür auch die richtigen Begriffe wählt, hat die Macht über das Denken der Menschen.«

Literatur

Angehrn, Geschichte und Identität, 1985 ✦ *Barsig*, Die öffentlich-rechtliche Illusion. Medienpolitik im Wandel, 1981 ✦ *Barudio*, ›Mord an Marat‹, in: Paris im Rausch, 1989 ✦ *Bentele/Ruoff* (Hrsg.), Wie objektiv sind unsere Medien?, 1982 ✦ *Bocheński*, Der sowjetrussische dialektische Materialismus (Diamat), 4. Aufl. 1962 ✦ *G. Böhme*, Bildungsgeschichte des frühen Humanismus, 1984 ✦ *H. Böhme*, Natur und Subjekt. Versuche zur Geschichte der Verdrängung, 1988 ✦ *Bracher*, ›Geschichte und Medium‹, in: Aus Politik und Zeitgeschichte, 8, 1980 ✦ *Bramsted*, Goebbels und die nationalsozialistische Propaganda 1925-1945, dt. 1971 ✦ *Brieger*, ›Mit der Kamera lügen‹, in: Fachjournalismus im Gespräch‹, 2, 1986 ✦ *Gembruch*, ›Reformforderungen in Frankreich um die Wende vom 17. zum 18. Jahrhundert‹, in: HZ 1969 ✦ *Habermas*, Strukturwandel der Öffentlichkeit. Untersuchungen zu einer Kategorie der bürgerlichen Gesellschaft, 17. Aufl. 1987 ✦ *ders.*, Theorie des kommunikativen Handelns, 2 Bde., 1988 ✦ *Hellmann* (Hrsg.), Die russische Revolution 1917, 1964 ✦ *W. Henkel*, Die Druckerei der Propaganda Fide. Eine Dokumentation, 1977 ✦ *Henne am Rhyn*, Die Jesuiten, deren Geschichte, Verfassung, Moral, Politik, Religion und Wissenschaft, 1894 ✦ *Humbel*, Nationalsozialistische Propaganda in der Schweiz 1931-39. Einige Hauptaspekte der Mittel, Technik, Inhalte, Methoden und Wirkungen gegenüber Auslanddeutschen und Deutschschweizern sowie behördliche Abwehrmaßnahmen, 2. Aufl. 1977 ✦ *S. Jäger*, Faschismus, Rechtsextremismus, Sprache. Eine kommentierte Bibliographie, 1989 ✦ *ders.*, Rechtsextreme Propaganda heute, 1988 ✦ *Janusch*, Die plakative Propaganda der Sozialdemokratischen Partei Deutschlands zu den Reichstagswahlen 1928 bis 1932, 1989 ✦ *Kipphan*, Deutsche Propaganda in den Vereinigten Staaten 1933-1941, 1971 ✦ *Koser*, Der Kanzleienstreit, 1874 ✦ *Koszik/Pruys* (Hrsg.), dtv-Wörterbuch zur Publizistik, 1969 ✦ *Longerich*, Propagandisten im Krieg. Die Presseabteilung des Auswärtigen Amtes unter Ribbentrop, 1987 ✦ *Mac Arthur*, Die Schlacht der Lügen. Wie die USA den Golfkrieg verkauften, dt. 1993 ✦ *H. Mann*, Politische Essays, 1968 ✦ *Möbus*, Bolschewistische Parteilichkeit als Leitmotiv der sowjetzonalen Kulturpolitik, 1952 ✦ *Most*, Dokumente eines sozialdemokratischen Agitators, 4 Bde., 1988-91 ✦ *Mutschler*, Erzählstil und Propaganda in Caesars Kommentarien, 1975 ✦ *H. Neuberger*, Freimaurerei und Nationalsozialismus, 2 Bde., 1980/81 ✦ *Quandt* (Hrsg.), Geschichtswissenschaft und Massenmedien, 1981 ✦ *Reinking*, Biblische Policey, 1635 ✦ *Reuss*, Öffentlichkeit und Propaganda. Nationalsozialistische Presse in Unterfranken 1922-1945, 1988 ✦ *Rothkrug*, Opposition to Louis XIV., 1965 ✦ *Sanders/Taylor*, Britische Propaganda im Ersten Weltkrieg 1914-1918, dt. 1990 ✦ *Schaff*, Geschichte und Wahrheit, 1970 ✦ *Choch-Joswig*, Die französische Revolution im Spiegel der deutschen zeitgenössischen Propagandagraphik, 1989 ✦ *Short/Fledelius* (Hrsg.), History and Film – Methodology, Research, Education, 1980 ✦ *H. Stirner*, Die Agitation und Rhetorik Ferdinand Lassalles, 1978 ✦ *Strobel*, Propagandafilm und Melodrama, 1985 ✦ *Thomae*, Die Propaganda-Maschinerie. Bildende Kunst und Öffentlichkeitsarbeit im Dritten Reich, 1978 ✦ *Tüchle*, Die Protokolle der Propagandakongregation zu deutschen Angelegenheiten 1657-1667, 1972 ✦ *Wettges*, Reformation und Propaganda. Studien zur Kommunikation des Aufruhrs in süddeutschen Reichsstädten, 1978.

Rassismus

Der Begriff »Rasse« stammt nicht »aus der Biologie« (GuS) als moderner Naturwissenschaft. Er leitet sich vielmehr vom lateinischen »radix« her, was die »Wurzel« einer Pflanze bedeutet. Auf den Menschen angewandt, wurde darunter schon in der Antike der »Ursprung« oder die »Abstammung« einer Sippe oder eines → Volkes aufgefaßt. Noch heute bedeutet in fast allen europäischen Sprachen die Bezeichnung »Radikalismus« ein Bestreben, Fragen und Problemen »an die Wurzel« zu gehen, um ihre Ursachen zu ergründen und eine kompromißlose Lösung herbeizuführen.

In diesem Sinne meint das französische »race« nicht eine »Rasse« im Verständnis der Biologie, sondern eine besondere »Abkunft«, die gleichzeitig auf die positive individuelle Leistung eines Menschen verweist: So ist ein »écrivain de race« ein »Schriftsteller von Rang« und nicht etwa ein »rassistisch« gesinnter Publizist.

Eine Bedeutungsverschiebung zum Negativen hin ist allerdings im Lauf des 18. Jahrhunderts zu beobachten. Vor allem der überwiegend französisch sprechende und schreibende Friedrich II. (1712-86) von Hohenzollern-Preußen benutzte gelegentlich die Formel »Race maudite«. Damit verwies er auf Untertanen oder einfache Soldaten und meinte deren niedrige soziale »Herkunft«. Zugespitzt konnte diese Formel auch ein »verfluchtes Geschlecht« oder gar den »Abschaum der Menschheit« bezeichnen.

Erst während des 19. Jahrhunderts erfuhr der Begriff »Rasse« in aristokratischen und akademischen Kreisen unter dem Einfluß der Evolutionslehre (Darwin) und der Vererbungstheorie (Mendel) eine inhaltliche Aufwertung als Klassifikationsprinzip für Tier- und dann auch für »Menschenrassen«. Das Bemühen der Naturwissenschaften, ihre Forschungsbereiche mit diesem Begriff zu ordnen, übertrug sich auf neue Politik- und Gesellschaftstheorien, die den Rassismus zunächst nur als Ordnungsmethode entwickelten, ehe er zu einer politischen → Ideologie umgeformt wurde.

Urvolk-Mythen

Die Frage nach dem Ursprung aller Menschen und vor allem nach einem von Gott auserwählten »Urvolk« der nachsintflutlichen Menschheit beschäftigte bereits das Konzil von Basel (1431- 49). Geradezu leidenschaftlich vertraten dort Bischöfe aus Schweden und Spanien die Auffassung, daß unter allen Völkern der Christenheit die Goten und Schweden von den Enkeln Noahs abstammen – von Gog und Magog. Ihnen gebühre deshalb auch der erste Rang unter den versammelten Konzils-Nationen (→ Nation).

Diese oft wiederholte Forderung des *Goticismus* als Herkunfts-Ideologie belegt einen national verengten Aristokratismus. Seine Vertreter beriefen sich auf eine gleichsam »göttliche« Abkunft. Noch Leibniz wehrte sich im 17. Jahrhundert mit seiner Schrift »De origine Germanorum« (»Über den Ursprung der Teutschen«) gegen den Anspruch des schwedischen Uppsala-Gelehrten Olaf Rudbeckius, daß Schweden nach der Sintflut die Wiege der Menschheit gewesen sei und vom »edelsten Volk« der Welt bewohnt werde.

Gut hundert Jahre später tauchte die Frage nach der nationalen Herkunft und historischen Qualität eines Volkes bei Herder wieder auf, dem manches an der »Mythologie der skandischen Goten« seltsam vorkam. Kaum anders reagierten in Frankreich eine Reihe revolutionär gestimmter Kleriker und Gelehrter: Sie wehrten sich schon vor 1789 gegen die *Teutomanie* in französischen Adelskreisen, lehnten die »Feudalität« als fränkische Fremdherrschaft aus den »Wäldern Germaniens« ab und beriefen sich darauf, als Gallier und »Römer« von den »Trojanern« abzustammen (Abbé Sieyès).

Trotz der kosmopolitisch angelegten Menschenrechtserklärung wollten nicht wenige revolutionäre Franzosen in Paris aus eigener »Wurzel« kommen und als »Blüte« der Kultur gelten. Die Einführung des Begriffes *Vandalismus* durch den Abbé Grégoire während der → Revolution zielte nicht nur auf die Abwehr des »Barbarischen« und die Aufwertung der eigenen Leistungen. Er richtete sich auch abgrenzend gegen die »Teutschen« und den Rest von Europa östlich des Rheins. Graf Mirabeau als Delegierter des dritten Standes (!) war sich des adligen Status sehr bewußt, als er bereits 1791 unmißverständlich erklärte: »Wir machen keine Goten- und Vandalen-Revolution, wie uns die einheimischen Feinde verdächtigen«.

Ohne Kenntnis dieses Hintergrundes ist die Rassenlehre des französischen Grafen Arthur de Gobineau (1816-82) nicht wirklich zu verstehen. Denn er forderte in mehreren Schriften nichts anderes als eine abgestufte Bewertung von Völkern nach Maßgabe ihrer historischen Abkunft. Dieses Verfahren zielte darauf, eine bestimmte Rangordnung festzulegen, welches »Volk« als »Rasse« von seinem Ursprung her zur höchsten Kultur fähig sei und damit zur »aristokratischen« Führung Europas, ja selbst der ganzen Welt. Gegen den Troja-Mythos der Revolutionäre von 1789 zog Gobineau den Goten-Mythos vor und bereitete den Boden für die Vorstellung vom »nordischen Menschen« als »auserwählter« Rasse.

Diese defensive und gleichwohl identitätsstiftende Urvolk-Idee wurde von dem englischen Publizisten Houston S. Chamberlain (1855-1927) ebenso genutzt wie von Alfred Rosenberg (1893-1946). Beiden galt die »germanische«, »nordische« oder »arische Rasse« als Ausdruck eines *Über-* oder *Herrenmenschentums*, das einen Neuadel begründen sollte. Kein Wunder auch, daß sich die Nationalsozialisten als »neue Goten« verstanden und nach 1933 ernsthafte Bestrebungen aufkamen, »dem aristokratischen Grundgedanken der Natur« (Hitler) zu huldigen und einen »Orden guten Blutes« (Heinrich Himmler) zu schaffen. Ganz im Sinne der Urvolk-Ideologie, wie sie Hitler in seiner Schrift »Mein Kampf« schon 1925 pathetisch verkündete: »Nein, es gibt nur ein heiligstes Menschenrecht, und dieses Recht ist zugleich die heiligste Verpflichtung, nämlich: dafür zu sorgen, daß das Blut rein erhalten bleibt, um durch die Bewahrung des besten Menschentums die Möglichkeit einer edleren Entwicklung dieser Wesen zu geben«.

Antisemitismus

Wird dieser Begriff historisch eng gefaßt, dann geht seine Prägung auf das Jahr 1879 zurück. Im Gefolge der ökonomischen Krise (»Gründerkrach«) mit zahlreichen Banken- und Firmenzusammenbrüchen wurde eine Art Sündenbock gesucht. Nicht zuletzt im Hinblick auf Bismarcks jüdischen Haus-Bankier Bleichröder glaubte der Publizist Wilhelm Marr im »Geld-Juden« die eigentliche Ursache der Krise ausmachen zu können: Von ihm stammt das Wort »Antisemitismus« als Ausdruck einer fundamentalen »Feindschaft«.

Mit Hilfe der *Antisemitenliga*, die unter Anleitung des Hofpredigers Stöcker zwischen 1880 und 1889 Stimmung gegen Berliner Geschäftsjuden machte, breitete sich dieser Neologismus aus und wurde europäisch-amerikanisches Gemeingut – ein Haß- und Hetzbegriff gegen alles Jüdische.

Seit der Zerstörung des Tempels zu Jerusalem im Jahre 70 war die Leidensgeschichte der »Hebräer«, wie sie meist genannt wurden, von langen Phasen der Duldung auf lokaler und regionaler Ebene unterbrochen worden. Die »arianische Toleranz« der christlich gewordenen Goten in Spanien trug einiges dazu bei, das Zusammenleben auch mit vertriebenen Juden menschlich zu gestalten. Das Konzil von Toledo (589) setzte diesem Experiment aber ein brutales Ende. Zwangstaufen, Kinderwegnahme und Vermögensraub, der rechtlich nicht geahndet wurde, lieferten die iberischen Juden (Sephardim) einer Willkür aus, die mit dem Gebot der »Feindesliebe« und der → Goldenen Regel in der Bergpredigt Jesu wahrlich nichts zu tun hatte.

1492 wurde die »Wiedereroberung« (reconquísta) Spaniens von den muslimischen Mauren militärisch abgeschlossen und mit einer Judenaustreibung großen Ausmaßes verbunden.

Die Forderung der Inquisition nach der »reinen Lehre« und die Vorstellung vom »reinen Geblüt« (*limpezza de sangre*) in Spaniens Adel verbanden sich zu einer doppelten Repression gegen das Judentum, der auch durch Taufe und Konversion zum Christentum kaum zu entkommen war – zumal auch noch materielle Begehrlichkeiten auf die Konfiskation jüdischen Vermögens und Kapitals zielten.

Trotz päpstlicher und kaiserlicher »Schutzjuden«, trotz königlicher Edikte zu ihrer leidlichen Sicherung (z.B. in Frankreich 1550) kam es auch in der Neuzeit immer wieder zu Übergriffen und falschen Anschuldigungen, wobei den Juden sogar Ritualmorde unterstellt wurden. Selbst Aufklärer wie Voltaire und Rousseau haben – im Gegensatz zu dem Mathematiker und gläubigen Katholiken Pascal – immer wieder Vorurteile gegen Juden gepflegt. Es bedurfte eines langen und oft mühevollen Klärungsprozesses, ehe in den Reihen der »Königlichen Gesellschaft der Wissenschaften und Künste« zu Metz dem Gebot der Feindesliebe entsprochen und der aufrichtige Wunsch geäußert wurde: »Seien wir ihnen (den Juden) gegenüber gerecht, damit sie es auch uns gegenüber werden« (1788).

Doch es sollte einige Kämpfe und materielle Opfer kosten, ehe die männlichen Juden von den Revolutionären in Paris als »Menschen« Anerkennung fanden (1791) und sich als vollwertige Bürger betätigen durften. Dieser Status im Schutze der Menschenrechte blieb allerdings in der Folgezeit gefährdet, sofern sich die Juden nicht restlos assimilieren wollten (wie etwa in Lothringen und im Elsaß).

Die *Affäre Dreyfus* von 1894 um einen jüdischen Offizier in der französischen Armee, den man der Spionage für das Deutsche Reich verdächtigte, zeigt überdeutlich, wie stark die Ressentiments selbst gegenüber angepaßten Juden waren, die französische Patrioten sein wollten. Entgegen vielen Mythen um die Résistance ist heute bekannt, wie nachdrücklich der Antisemitismus in Frankreich dem Vichy-Regime geholfen hat, die Judenverfolgungen durch die Nazis aktiv abzusichern: Auf französischem Boden wurde sogar in Gurs bei Perpignan die Vorhölle von Auschwitz errichtet, in der badische, pfälzische und saarländische Juden ab dem 22. Oktober 1940 ihre »Abschiebung« durchlitten.

Auch an diesen weniger bekannten Verfolgungen, die der »Endlösung« als industriell betriebener Vernichtung der europäischen Juden vorausging, zeigt sich der nazistische Rassenwahn als Überlegenheitsdünkel einer »höheren Gerechtigkeit« (Hitler), die in Wahrheit die Perversion allen Gerechtigkeitsdenkens war.

Nicht ohne berechnende Absicht stellte noch 1944 eine Schulungsbroschüre der SS fest: »Die jüdische Verbrechernatur verdreht jede artgemäße Rechtsauffassung und verdrängt Recht und Gerechtigkeit«. Derartige Argumente und das ständige Bemühen der »Vorsehung« Gottes dienten der Indoktrinierung vor allem der Parteitruppen, die sich als »Herren- und Kriegerrasse« auffassen und das verinnerlichen sollten, was 1933 als unumstößliche Weltanschauung ausgegeben wurde: »Nur diese Rassen haben sich als kulturschöpferisch und staatenbildend erwiesen. Die bedeutsamste unter ihnen ist die nordische geblieben, die sich mit ihrer Arbeits- und Wehrkraft über die Hälfte des Erdballs erobert und mit ihrer Technik und Wissenschaft ihn heute fast ganz unterworfen hat. Das Vorvolk dieser Rasse aber ist das deutsche...« (Karl Zimmermann).

Das Aufkommen von Rassismus hängt neben Minderwertigkeitskomplexen, Selbstwertneurosen und Daseinsangst (→ Xenophobie) auch wesentlich davon ab, ob eine Gesellschaft in der Handhabe des Gerechtigkeitsgebots geübt ist, sich auf die → Goldene Regel versteht und in den Menschenrechten den höchsten Wert sieht.

Der Bürgerrechtsbewegung in den USA zur vollkommenen Gleichstellung aller »Rassen« wurde dieser strukturelle Zusammenhang am 17. Mai 1964 ausdrücklich bestätigt – im schlußgültigen Urteil des höchsten Bundesgerichtes (Supreme Court). Dreißig Jahre später erlebte die Republik Südafrika das formelle Ende der seit mehr als 300 Jahren herrschenden *Apartheid*, als Nelson Mandela zum ersten nicht-weißen Präsidenten gewählt und auf die Verfassung vereidigt wurde.

In seinem zähen Kampf für eine multirassische Gesellschaft gleichwertiger und gleichberechtigter Menschen stand ihm als wichtigste Waffe nur ein einziges Wort zur Verfügung, das eine mächtige Unterdrückungsstruktur aufzubrechen und unzähligen Menschen Hoffnung auf ein besseres Leben zu geben vermochte – »Justice«.

Literatur

H. Adler, ›Das Christusbild im Lichte jüdischer Autoren‹, in: Symbolon 2, 1959 ✦ *W. Albers*, Schulen ohne Rassenschranken. Handeln nach dem Evangelium in Südafrika, 1986 ✦ *Altner*, Weltanschauliche Hintergründe der Rassenlehre des Dritten Reiches, 1967 ✦ *Arendt*, Israel, Palästina und der Antisemitismus. Aufsätze, 1992 ✦ *P.E. Becker*, Zur Geschichte der Rassenhygiene: Wege ins Dritte Reich, 1988 ✦ *ders.*, Sozialdarwinismus, Rassismus, Antisemitismus und Völkischer Gedanke. Wege ins Dritte Reich, Teil II, 1990 ✦ *Beckers*, Religiöse Faktoren in der Entwicklung der südafrikanischen Rassenfrage, 1969 ✦ *Berding*, Moderner Antisemitismus in Deutschland, 1992 ✦ *Bergmann/Erb*, Antisemitismus in der politischen Kultur nach 1945, 1992 ✦ *Berung*, Der Name als Stigma. Antisemitismus im deutschen Alltag 1812-1933, 1992 ✦ *Bettelheim* (Hrsg.), Antisemitismus in Osteuropa. Aspekte einer historischen Kontinuität, 1992 ✦ *R. Binet*, Rassenethik. Die Gefahr der rassischen Unterwanderung in Europa, dt. 1977 ✦ *Brakelmann* (Hrsg.), Antisemitismus. Von religiöser Judenfeindschaft zur Rassenideologie, 1992 ✦ *Broder*, Der ewige Antisemit. Über Sinn und Funktion eines beständigen Gefühls, 1986 ✦ *Browe*, Die Judenmission im Mittelalter und die Päpste, 1942 ✦ *Burnes*, Antisemitism in Modern France, 1950 ✦ *Claussen*, Vom Judenhaß zum Antisemitismus. Materialien einer verleugneten Geschichte, 1987 ✦ *Coudenhoven-Kalergi*, Antisemitismus. Von den Zeiten der Bibel bis Ende des 19. Jhds., 1992 ✦ *L. Dreyfuss*, Emigration nur ein Wort? Ein jüdisches Überlebensschicksal in Frankreich 1933-1945, 1991 ✦ *Gidal*, Die Juden in Deutschland. Von der Römerzeit bis zur Weimarer Republik, 1988 ✦ *Gillessen*, Rassenstaat – Ständestaat – Gottesstaat? Südafrikas Versuch, aus der Geschichte auszuwandern, 1978 ✦ *Gilman*, Jüdischer Selbsthaß. Antisemitismus und die verborgene Sprache der Juden, 1992 ✦ *Giulia/Cardosi*, Das Problem der »Mischehen« während der Rassenverfolgung in Italien 1939-1945. Zur Geschichte der Rassengesetzgebung. Dokumente und Zeitzeugnisse, dt. 1985 ✦ *Goldschmidt*, Weil wir Brüder sind,

1975 ✦ *Grossman*, Die Untergrundarmee. Der jüdische Widerstand in Białystok. Ein autobiographischer Bericht, dt. 1993 ✦ *Hay*, Europe and the Jews, 1960 ✦ *Hellwing*, Der konfessionelle Antisemitismus im 19. Jhd. in Österreich, 1973 ✦ *W. Hofer* (Hrsg.), Der Nationalsozialismus. Dokumente 1933-1945, 1957 ✦ *Hoffarth*, Martin Luther King und die amerikanische Rassenfrage. Stereotypenkorrektur und humanitäre Erziehung durch literarische Rezeption, 1990 ✦ *Hruby*, Juden und Judentum bei den Kirchenvätern, 1971 ✦ *Katz*, Vom Vorurteil bis zur Vernichtung. Der Anti-Semitismus 1700-1933, 1992 ✦ *Kilimann*, Rassenhygiene. Vorstellungen, Worte, Orte, Vollzug. Eine regionale Studie, 1990 ✦ *Koenen/Hilscher*, Die schwarze Front. Der neue Antisemitismus in der Sowjetunion, 1992 ✦ *Kühner*, Der Antisemitismus der Kirche, 1976 ✦ *Lehr*, Antisemitismus – religiöse Motive im sozialen Vorurteil, 1974 ✦ *Löwenstein*, Psychoanalyse des Antisemitismus, 1967 ✦ *G. Mann*, Der Antisemitismus – Wurzeln, Wirkung und Überwindung, 1960 ✦ *Oesterreicher*, Wider die Tyrannei des Rassenwahns. Rundfunkansprachen aus dem ersten Jahr von Hitlers Krieg, 1986 ✦ *Poliakov*, Geschichte des Antisemitismus, 8 Bde., 1979-88 ✦ *Pollak*, Rassenwahn und Wissenschaft, 1990 ✦ *R. Römer*, Sprachwissenschaft und Rassenideologie in Deutschland, 2. Aufl. 1989 ✦ *Saller*, Rassengeschichte der Menschheit, 14 Bde., 1968-91 ✦ *Schmidt-Wulffen*, Apartheid. Oder die räumliche Organisation einer Rassengesellschaft im Spiegel politischen und wirtschaftlichen Wandels, 1980 ✦ *Schmuhl*, Rassenhygiene, Nationalsozialismus, Euthanasie. Von der Verhütung zur Vernichtung »lebensunwerten Lebens«, 1890-1945, 1987 ✦ *Schwidetzky*, Das Menschenbild der Biologie, 2. Aufl. 1971 ✦ *dies.*, Rassen und Rassenbildung beim Menschen. Typen – Bevölkerung – Geographische Variabilität, 1979 ✦ *Stern*, Im Anfang war Auschwitz. Antisemitismus und Philosemitismus im deutschen Nachkrieg, 1992 ✦ *Svennung*, Zur Geschichte des Goticismus, 1967 ✦ *Thalheimer* (Hrsg.), Die Affäre Dreifus, 1986 ✦ *Thieme*, Judenfeindschaft. Darstellungen und Analysen, 1963 (Sammelband) ✦ *K. Zimmermann*, Die geistigen Grundlagen des Nationalsozialismus, 1933 ✦ *A. Zweig*, Caliban oder Politik und Leidenschaft. Versuche über die menschlichen Gruppenleidenschaften dargetan am Antisemitismus, 1992.

Recht

Es spricht einiges dafür,daß sich der deutsche Begriff »Recht«, die englische Bezeichnung »right« und die in Skandinavien übliche Formel »rätt« vom lateinischen »Rectum« herleiten.

Das bedeutet im römischen Recht so viel wie das »rechte Maß«, das »richtige Verhalten« und das »angemessene Benehmen«. Wer sich demnach im Sinne dieser Forderungen gegenüber Mitmenschen betätigt, der fühlt sich nicht nur »im Recht«, sondern er kann auch bei einem Konflikt sein »gutes Recht« einfordern und darauf bestehen, daß der angerufene Richter als »Mittler« oder »Mediator« (Aristoteles) gebrochenes Recht wieder aufrichtet und die verletzte Gegenseitigkeit ausgleicht.

Das Wesen des Rechts als Regel und Richtmaß wurde auf die reziproke oder mutuelle Anlage aller rechtsrelevanten Tätigkeiten des »vernünftigen Menschen« (*animal rationale*) bezogen und im Geltungsbereich des römischen Rechts von der Fundamentalformel geprägt: »Do, ut des« (Ich gebe, damit du geben mögest).

Das entspricht im Geist eines »gerechten Gleichgewichts« von Gewinn und Verlust auch der → Goldenen Regel der Bergpredigt, die das Rechtsleben des → Abendlandes bis heute geformt hat (→ Gerechtigkeit). Dieser Zusammenhang belegt, daß das Recht als »geheiligte Ordnung« (Verfassung, Gerichtswesen, Verwaltung) auch ohne religiöse Veranlassung wirken konnte und kann. Die Tatsache, daß heutzutage die Eidbekräftigungsformel »So wahr mir Gott helfe« nicht mehr geleistet werden muß, bestätigt die Haltung großer Rechtsdenker wie Hugo Grotius (1583-1645): Gerechtigkeit und Recht behalten ihre ethisch-mathematische Grundlage auch ohne Anrufungen des »höchsten Wesens« (L'Etre suprême).

Der Mathematiker, Philosoph und Verfassungsschreiber Antoine de Condorcet hat sich zwar in der Konstitution von 1793 auf jene höchste Instanz berufen, aber als unabdingbares Verfassungsprinzip im Artikel 6 dieser Musterverfassung der Ersten Republik Frankreichs wurde die Goldene Regel bemüht, die auch von Atheisten und Christengegnern »gelebt« werden konnte.

In den Wechselwirkungen von Natur, Gerechtigkeit, Recht und Gesetz sah Condorcet wie andere Revolutionäre den Inbegriff der → Freiheit und Gleichheit. Eine Definition, die nur dann möglich ist, wenn all diese Lebens- und Tätigkeitsbereiche als Verpflichtung auf Gegenseitigkeit aufgefaßt werden, zu der sowohl die Nutzenmehrung wie die Schadensabwehr gehören: »Richtiges Recht« (Gustav Radbruch) gibt es demnach nur dort, wo diese Bedingungen des Reziproken erfüllt sind.

»Ohne Vertrag kein Recht«

Zu dieser Formulierung, die alle Traditionen seit der Antike aufnahm, fand Nietzsche im Zusammenhang einer Erörterung der »Machtfrage«. Diese Erkenntnis wurde allerdings vom »deutschen Rechtswirrwarr« (Weinkauff), wie er seit Beginn des → Absolutismus herrschte, weder wahrgenommen noch ernsthaft diskutiert.

Ein Hauptgrund für diese Abstinenz vornehmlich der akademischen Jurisprudenz (Rechtswissenschaft) lag darin, daß sie es im Beamtendienst dynastischer Diktaturen kaum wagte, die Vertragslage in einem »echten Staat« zu erörtern. Denn dabei hätte sie das usurpatorische Wesen und den Unrechtscharakter dieser Hausstaaten freilegen müssen.

Hegel, von der Überlegenheit des patrimonialen Erbwesens überzeugt, hat im Bereich der Staatlichkeit jeden Wahlmodus als Vertragskultur abgelehnt. Außerdem konstatierte er in seinen »Grundlinien der Philosophie des Rechts« von 1820: »Das Amtsverhältnis ist gleichfalls kein Vertragsverhältnis, obgleich ein gedoppeltes Einwilligen und Leisten von beiden Seiten vorhanden ist« (§ 294).

Der »Bedienstete« hatte bei ihm nicht den Rechtsstatus eines »Mandatarius« inne (→ Mandat), weil er zu einem Hoheitsträger des »souveränen Fürsten« gemacht worden war, der bei Übergriffen oder Verletzungen des Dienstverhältnisses nicht verklagt werden konnte. Schon aus diesem Grunde kannte das Machtsystem des Hauses Hohenzollern in Brandenburg-Preußen nicht das Rechtsstaatsgebot nach Verträgen (→ Drittwesen), das auch dem Allgemeinen Landrecht (ALR) von 1794 fehlte.

Hegel und in seinem Gefolge einige Generationen deutscher Juristen waren nicht bereit, Recht und → Staat vom drittwirkenden Vertrag her zu denken. Und konsequenterweise weigerte sich Hegel auch, den privaten Bereich einer → Gesellschaft von der Forderung nach Gegenseitigkeit abhängig zu machen: »Unter den Begriff vom Vertrag kann ... die Ehe nicht subsumiert werden; diese Subsumtion ist in ihrer Schändlichkeit, muß man sagen, bei Kant aufgestellt. – Ebensowenig liegt die Natur des Staats im Vertragsverhältnisse ...« (§ 75).

Was immer auch Hegel später zur vermittelnden Bedeutung des »Großen Rates« zwischen Fürst und Ständen geschrieben hat, um die Dreiteilung des »inneren Staatsrechts« in Alteuropa zu kennzeichnen, so zeigt seine Abwehr der Vertragsnatur allen Rechts doch einen »Niedergang der Rechtsidee« (Heinrich Klang), die vor allem nach 1806 unter deutschen Juristen zu einem »Subsumtionsmechanismus der Paragraphenlogik« (Albert Auer) verkommen ist – letztlich zum Spielmaterial des Historismus und des Positivismus.

Naturrecht

Unter der starken Prägung durch Hegels »Rechtsphilosophie« und aufgrund der Einwirkungen der Historischen Rechtsschule seit Friedrich Karl von Savigny (1779-1861) waren Berufungen auf das Naturrecht besonders unter »Staatsrechtlern« und Soziologen ziemlich verpönt. Erst die politischen Katastrophen von 1918 und 1945 haben das Interesse wieder belebt, »das Wesen des Rechts aus dem Wesen des Menschen abzuleiten« und damit aus seiner Fähigkeit zur Vernunft.

Diese Position setzt ein Primat von Rechtsprinzipien voraus, deren Rationalität und Anwendbarkeit nach Maßgabe der Kommutation zu allen Zeiten und bei allen Völkern zur Geltung kommen kann (→ Universalismus). Wird dabei berücksichtigt, daß diese Prinzipien an die mathematischen Modelle der Arithmetik (das kommutativ-demokratisch Gerechte) und der Geometrie (das distributiv-aristokratisch Gerechte) gebunden sind, dann erübrigt sich der Rekurs auf eine jüdische, griechische, römische, christliche oder islamische Gottesvorstellung.

Es genügt demnach, »sich einen klaren Begriff davon zu machen, daß wir zur Gerechtigkeit geboren sind und das Recht nicht in subjektiver Meinung, sondern in der Natur begründet ist. Dies wird sofort deutlich, wenn man die Gemeinschaft und Verbindung der Menschen untereinander genau erkannt hat« (Cicero).

Die Natur bedeutet hier das Erkennen einer → Abhängigkeit auf Gegenseitigkeit. Nicht irgendein »Selbstsein«, wie es auch Diktatoren des Absolutismus und der Moderne für sich in Anspruch genommen haben, ist der Grund des Rechtes, sondern die Interdependenz von Einzelmensch und Gesellschaft als »association politique«.

Obgleich die Geschichte unzählige Beispiele dafür kennt, wie prägend die Dependenz- und Fides-Ethik auf das öffentliche und private

Rechtsleben eingewirkt hat, ist es noch 1955 Adolf Arndt, dem »Starjuristen« der deutschen Sozialdemokratie, ein Grundbedürfnis gewesen, das Recht und die Aufgaben des Richters »von Gott« herzuleiten - vom am meisten mißbrauchten Begriff der abendländischen Geschichte (→ Ethik).

Völkerrecht

Die seit dem Wiener Kongreß von 1814/15 vorherrschende Ansicht, daß das Völkerrecht nur die *äußeren* Beziehungen zwischen »souveränen Staaten« vertraglich zu regeln habe, ohne auf deren *innere* Verfassungen einzugehen, widersprach der historischen Realität und darin vor allem dem Teutschen Frieden von 1648. Dieser internationale Vertrag regelte nämlich nicht nur die Beziehungen des Heiligen Reiches zu den Kronen Frankreich und Schweden, sondern galt gleichzeitig auch als fundamentaler Teil der libertären Reichsverfassung.

Ohne diese Wechselwirkung von Verträgen nach außen und nach innen wäre es König Gustav II. Adolf von Schweden rechtlich gar nicht möglich gewesen, 1630 die Intervention in den laufenden Teutschen Krieg zu wagen. Grotius, der »Vater des Völkerrechts«, hatte ihm mehrfach gezeigt, daß die treuhänderische Anlage des Völkerrechts jedem Mitglied der *Respublica Christiana* als Gesamtheit aller christlichen Gemeinwesen Europas die Verpflichtung auferlegt, schweren und fortgesetzten Rechtsbruch in Nachbarstaaten nicht zu dulden, ja sogar aktiv zu unterbinden.

Das depositäre Wesen des Völkerrechts verlangte demnach ein *Interventionsgebot* zur Wiederherstellung einer beseitigten Vertragsverfassung. Letzteres war von 1618 an im Heiligen Reich geschehen, und dagegen wandte sich das militärische Eingreifen Schwedens und Frankreichs. Die Staatsmänner des Musterfriedens von 1648 verhielten sich dabei so, wie es Cicero in seinem Werk »De legibus« aus langer historischer Erfahrung und struktureller Vergleichung entwickelt hatte: »Ganz töricht aber ist es zu glauben, all das sei gerecht, was durch Einrichtungen oder durch Gesetze der Völker festgesetzt ist. Etwa auch dann, wenn es sich um Gesetze von Tyrannen handeln soll?«

An der Beantwortung dieser Frage krankt heute noch die Diskussion darüber, ob die UNO als Rechtsgemeinschaft nach Maßgabe des Völkerrechts berechtigt ist, das seit 1815 von den dynastischen Diktaturen gehegte *Interventionsverbot* zu durchbrechen, sobald Diktatoren und Tyrannen an eigenen oder fremden Leuten Völkermord begehen. Die Abwehr einer »Einmischung in innere Angelegenheiten« ist ein Relikt aus der Zeit des Absolutismus und des Neo-Absolutismus, als die »absoluten Herren« über ihre »souveränen Staaten« diktatorisch verfügten und in ihrem Inneren keine Vertragsverfassung zuließen.

Diese enge Bindung von »Absolutesse« und »Souveränität« erklärt auch, warum sich selbst die Juristen der UNO schwertun, gegen Völkerrechtsbrüche eigener Mitglieder vorzugehen. Denn in ihrer Ausbildung wirkt noch der absolutistische Staatsbegriff nach. Deshalb griff die UNO auch nicht zugunsten der Palästinenser gegen das Mitglied Israel ein. Sie engagierte sich auch nicht für die Kurden im Mitgliedsland Türkei oder gar für die Basken in ihrem Streben nach Unabhängigkeit von Spanien und Frankreich: All diese und andere kleinere Völker besitzen keinen eigenen Staat, sondern können im besten Fall den Rechtsstatus von Minderheiten in Anspruch nehmen.

Die Erfahrungen im Golfkrieg 1991, im Balkankrieg seit 1992, in Somalia 1993 oder in Ruanda 1994, als vor den Augen der Weltöffentlichkeit von Diktatoren systematisch Völkermord begangen wurde, haben nicht nur die *Universalität* des Völkerrechts erneut bewußtgemacht. Es wird auch zunehmend eingesehen, »daß sich der Begriff des modernen Völkerrechts seiner Tendenz nach wieder dem vom Mittelalter tradierten, antiken Begriff des ius gentium anzunähern« hat (Schiedermair): nämlich Rechtsbeziehungen als Vertragsverhältnisse zu verstehen, die in jedem souveränen Staat auch nach innen zu gelten haben.

Menschenrechte

Wie ein repräsentativer Sammelband von 1962 (»Naturrecht oder Rechtspositivismus?«) belegt, war es offenbar keinem führenden deutschen Juristen möglich, das Recht als Vertrag aufzufassen. Eine Analyse der Menschenrechte nach Maßgabe der Erklärung von 1789 wurde ebensowenig geleistet wie eine fundamentale Korrektur der verbreiteten Ansicht, daß die Grundrechte jedes Einzelmenschen »Abwehrrechte gegen den Staat« (Seifert/Hömig) seien.

Der Grund für diese eigenartige Definition, die den Staat als »status negativus« und als reine Machtapparatur auffaßt, liegt in dem offenkundigen Unwillen der »Deutschen Staatslehre«, sowohl den Staat als auch das Recht auf die Vertrags- und Vertrauensethik zu beziehen. Hier wirkt immer noch die »Staatsvergötzung« Hohenzollern-Preußens nach, die ja 1919 durch die Weimarer Verfassung nur kurz unterbrochen worden ist, um in anderen Formen ab 1933 in der NS-Diktatur weitergeführt zu werden.

Gegen die »deutsche« Interpretation der Grund- und Menschenrechte steht aber fest, daß diese Vertragsrechte die Grundlagen jeder Gesellschaft sind, in deren Dienst alle öffentlichen Ämter zu stehen haben. So heißt es wegweisend im Artikel 1 der Menschenrechtserklärung nach der Fassung vom 24. Juni 1793: »Das Ziel der Gesellschaft ist das gemeine Wohl. Die Regierung ist dafür eingerichtet worden, um dem Menschen den Genuß seiner natürlichen und unverjährbaren Rechte zu garantieren.«

Diese Definition schließt ein, daß sich die Regierung samt der zugehörigen Verwaltung nach Maßgabe der Gewaltenteilung verhält und sich selbst nach Verträgen organisiert. Aufgrund des Zusammenwirkens von Einzelmensch und Gesellschaft braucht hier gar keine Abwehr »gegen den Staat« konstruiert zu werden. Er kommt gar nicht vor, weil alle öffentlichen Ämter zur Rechtsordnung gehören und der Bourbonen-Dynastie die Möglichkeit genommen wurde, einen eigenen Neben-Staat als Hofordnung zu etablieren.

Das Bestehen des dynastischen Staates von 1701 bis 1918 in Preußen hat es deutschen Juristen, Historikern, Politologen und Soziologen oft schwer gemacht, Staat und Gesellschaft integrativ zu verstehen – als »association politique« und als Ausdruck kommutativer wie distributiver Gerechtigkeit.

Die meist künstliche Trennung von Macht und Moral, Recht und Ethik, Gesinnung und → Verantwortung, Gerechtigkeit und Gesetz sowie von Privatrecht und Staatsrecht hat dazu geführt, analog zum Abwehrmodell immer wieder eine »Freiheit vom Staate« zu fordern, anstatt die Freiheit *zum* Staat als Rechtsordnung auf Gegenseitigkeit zu pflegen. Das kann allerdings nur dann gelingen, wenn die Menschenrechte in Gestalt von »Gleichheit, Freiheit, Sicherheit und des Eigentums« mit Hilfe eines »contrat social« durchgehend garantiert bleiben (→ Verfassung).

Rechtspositivismus

Bei der Legitimierung der dynastischen Diktaturen vor allem nach 1806 (Ende der Reichsverfassung) sahen sich deutsche Juristen, Philosophen und Historiker genötigt, das »positive Recht« als alleinigen Maßstab für die Bewertung von Staatlichkeit gelten zu lassen.

Neben der Historischen Rechtsschule, die universal gültige Vertragslagen ablehnte und die historische Bedingtheit des Rechts betonte, bildete sich im Lauf des 19. Jahrhunderts eine besondere Rechtslehre aus, die »Rechtspositivismus« genannt wurde. Gegen die Vertreter des Naturrechts berief diese sich auf die »normative Kraft des Faktischen« (Georg Jellinek) und gestand jedem »souveränen Staat« zu, in seinen Grenzen das als »Recht« zu setzen (lat. *positum* = gesetzt), was seiner jeweiligen Führung nützlich oder richtig erschien.

Demnach brauchten die jeweiligen Machthaber nicht auf universelle Bindungen des Natur- und Völkerrechts zu achten oder gar die Menschenrechte sowie die Gewaltenteilung zu berücksichtigen. Es genügte, daß ihren eigenen »Normen« auf allen Ebenen des öffentlichen Dienstes »Gehorsam« geleistet wurde und dadurch eine gewisse strukturelle Stetigkeit entstand: Auf ihr gründet die positivistische Vorstellung vom »Rechtsstaat«, der in Wahrheit ein »Gesetzesstaat« mit lediglich formalen »Sicherungen« war – z.B. die Veröffentlichung eines »Gesetzes« im »Gesetzblatt« als Bedingung seiner Geltung.

In der klassischen Epoche des Rechtspositivismus von 1871 bis 1918 emanierte die *Gesetzgebung* nicht aus einem übergeordneten Recht und aus Vertragslagen zwischen Kaiser, Regierung und Reichstag, sondern die »Ministerialbürokratie war der eigentliche Gesetzgeber. Diese Ministerialbürokratie war die Elite des deutschen Juristenstandes. So war der Rechtspositivismus der Ausdruck des Vertrauens, das der deutsche Juristenstand in sich selbst setzte« (Forsthoff).

Bedenkt man hier die Situation nach der Bismarckschen Justizreform von 1877, dann zeigt sich, daß dieses halbdiktatorische System zwar eine Reihe formaler Sicherheiten und »Gesetzbücher« hervorbrachte, aber dennoch nicht verhindern konnte, was später »Rechtsvernichtung« (Bohlinger) genannt wurde. Im Zweifel galt stets staatliche Macht vor universalem Recht. Demgegenüber wurde nach der Revolution von 1918 auf deutscher Seite eingefordert, was im Heiligen Reich im Prinzip ebenso üblich war wie im revolutionären Frankreich von 1789: »Heilig ist nicht das Gesetz; heilig ist nur das Recht. Und das Gesetz steht unter dem Recht« (Heinrich Triepel).

Mit dieser Forderung fand die Rechtsgestaltung in der Weimarer Republik wieder Anschluß an die naturrechtliche Tradition Europas, während gleichzeitig Bestrebungen im Gange waren, eine »reine Rechtslehre« (Hans Kelsen) zu entwickeln: Die Wissenschaft von einem Recht, das der Logik, nicht aber einer Fides-Ethik entsprechen wollte.

Kein Wunder, daß das »Ermächtigungsgesetz« vom 23. März 1933 von der Mehrzahl der deutschen Juristen nicht als illegal oder scheinlegal empfunden wurde, obgleich es den Vertragsstaat beseitigte, sondern so aufgefaßt wurde, wie es Carl Schmitt in seiner Kritik formulierte: »Für die Denkgewohnheiten des bisherigen sog. positivistischen Juristen liegt es ... nahe, in diesem Gesetz die Rechtsgrundlage des heutigen Staates zu finden ...«

Die Jurisprudenz im deutschen Bereich hatte nach den Zeiten der naturrechtlich ausgerichteten »Reichs-Publicistik« von 1648 bis 1806 die Wechselwirkung von Gerechtigkeit, Recht und Gesetz im Rahmen der Vertragsethik und der Billigkeit kaum mehr beachtet. Vielmehr ließ sie die jeweiligen Machthaber darüber entscheiden, was als »Recht« zu gelten hatte. Damit aber war der Weg eröffnet, den Juristen für den Staat gänzlich fungibel zu machen – auch als Instrument einer → Diktatur.

Problematik

Der Streit um das »richtige Recht« ist keine Erscheinung der Neuzeit oder der Moderne. Schon Sokrates (um 470-399 v. Chr.) soll als Ethiker seine Anhänger und Gegner »bei jeder Gelegenheit darüber belehrt haben, daß der Gerechte und der Glückliche identisch seien«. Gleichzeitig habe er »denjenigen, der als erster das Gerechte vom Nützlichen trennte, als einen verwünscht, der etwas Gottloses getan hat« (Cicero, »De officiis«, III: 11).

Auch wenn der Gottesbezug des Rechts von der Gesetzessäule des babylonischen Herrschers Hammurapi bis zu den → Verfassungen der Moderne heute nicht mehr nachvollzogen werden kann, so bleibt doch die historische Erfahrung bestehen, daß es den Menschen noch immer Unglück gebracht hat, wenn systematisches Unrecht geduldet wurde und eine »Selbstsetzung« alle Wechselwirkungen von Verträgen unterband, die Dritte Gewalt (Gerichtswesen) gleichschaltete und aus eigenen »Gesetzen« einen Fetisch der Gewalt machte.

Zum römischen und aristotelischen Denken gehört es auch, bei fehlender Gewißheit oder mangelnden Beweisen im Falle einer Straftat »im Zweifel für den Angeklagten« (*»in dubio pro reo«*) zu entscheiden – auch in der Hoffnung auf seine mögliche Resozialisierung als Rückkehr zum »guten Recht«.

Diese Haltung, die ein unabdingbares Kennzeichen der Rechtsstaatlichkeit ist, kann jedoch ebenso mißbraucht werden wie der moderne Grundsatz, daß »keine Strafe ohne Gesetz« erfolgen soll. Verbrechen gegen die Menschlichkeit, die in keinem Gesetzbuch mit Strafe bedroht worden sind, vermitteln zur Genüge, wie problematisch es werden kann, Justizangehörige nach der Nazi- und SED-Diktatur »rückwirkend« zu belangen, zumal es ihnen oft an »Unrechtsbewußtsein« fehlt oder sie mit Hilfe einer vorgegebenen »Rechtsblindheit« exkulpiert werden.

Trotz dieses Versagens nicht weniger »Prädikatsjuristen« zeigt heute allein das Bemühen der privaten Rechtsschutzorganisation »amnesty international«, Menschenrechtsverletzungen überall auf der Erde anzuprangern und tätige Hilfe zu leisten, wie stark noch immer die sokratische Haltung ist, »lieber Unrecht zu erleiden, als Unrecht zu tun«.

Literatur

Aceti, ›Il problema del diritto naturale‹, in: Scuola cattolica 83, 1955 ✦ *Antoni*, ›Zur Auseinandersetzung zwischen Naturrecht und Historismus‹, in: Schweizer Monatshefte, 37, 1957/58 ✦ *A. Arndt*, ›Die Krise des Rechts‹, in: Die Wandlung, 3, 1948 ✦ *A. Auer*, ›Naturrecht heute. Mein Buch und sein Echo‹, in: Salzburger Jahrbuch, 1, 1957 ✦ *Sir E. Baker*, ›Natural Law and the American Revolution‹, in: Traditions of Civility, 1948 ✦ *Banner*, ›Origin and the tradition of natural law concepts‹, in: Dumbarton Oaks Papers, 1954 ✦ *H. J. Becker* u.a. (Hrsg.), Rechtsgeschichte als Kulturgeschichte. Festschrift für Adalbert Erler, 1976 ✦ *Berman*, Law and Revolution. The formation of the Western Legal Tradition, 1983 ✦ *R. Brandt* (Hrsg.), Rechtsphilosophie der Aufklärung. Symposion Wolfenbüttel 1981, 1982 ✦ *Briefs*, ›»Natural Law« in Economic Liberalism‹, in: Wirtschaftliche Entwicklung und soziale Ordnung, Festschrift F. Degenfeld-Schonburg, 1952 ✦ *E. Brunner*, ›Das Menschenbild und die Menschenrechte‹, in: Universitas, 2, 1947 ✦ *ders.*, ›Zerfall und Erneuerung des Naturrechts‹, in: Glaube und Handeln. Grundprobleme evangelischer Ethik, 1956 ✦ *Chalk*, ›Natural Law and the rise of economic individualism in England‹, in: Journal of political economy, 59, 1951 ✦ *Cicero*, Über die Gesetze, dt. 1969 ✦ *Coing*, Europäische Grundlagen des modernen Privatrechts. Nationale Gesetzgebung und europäische Rechtsdikussion im 19. Jahrhundert, 1986 ✦ *ders.*, Gesammelte Aufsätze zur Rechtsgeschichte, Rechtsphilosophie und Zivilrecht 1947-1975, 2 Bde., 1982 ✦ *ders.* (Hrsg.), Handbuch der Quellen und Literatur der neueren europäischen Privatrechtsgeschichte, 3 Bde., 1973-1988 ✦ *Darbellay*, ›Le droit naturel et le droit positif de la société politique‹, in: Revue Thomiste, XLVI, 1946 ✦ *Dilcher/Staff* (Hrsg.), Christentum und modernes Recht. Beiträge zum Problem der Säkularisation, 1982 ✦ *Ebbinghaus*, ›Der Begriff des Rechts und die naturrechtliche Tradition‹, in: Studium Generale, 4, 1951 ✦ *Fitting*, Die Anfänge der Rechtsschule zu Bologna, 1888, ND 1978 ✦ *Forsthoff*, ›Der moderne Staat und die Tugend‹, in: Rechtsstaat im Wandel. Verfassungsrechtliche Abhandlungen 1950-1964, 1964 ✦ *Fortuin*, ›De betekenis van Grotius' natuurrechtelijke plichtenleer voor het heden‹, in: Varia juris gentium, 1959 ✦ *M. Friedrich* (Hrsg.), Verfassung. Beiträge zur Verfassungstheorie, 1978 ✦ *Gagnér*, Studien zur Ideengeschichte der Gesetzgebung, 1960 ✦ *v. Gierke*, Die Grundbegriffe des Staatsrechts und die neuesten Staatsrechtstheorien. Naturrecht und deutsches Recht. Die historische Rechtsschule und die Germanisten, ND 1973 ✦ *Godechot* (Hrsg.), Les constitutions de la France depuis 1789, 1979 ✦ *Guggenheim*, ›Jus gentium, jus naturale, jus civile et la Communauté internationale issue de la divisio regnorum intervenue au cours des 12e et 13e siècles‹, in: Communicazioni della Università di Milano, VII, 1956 ✦ *Haase*, Die keilschriftlichen Rechtssammlungen deutscher Fassung, 2. Aufl. 1979 ✦ *ders./R. Keller*, Grundlagen und Grundformen des Rechts. Eine Einführung, 8. Aufl. 1989 ✦ *R. Hauser*, Norm, Recht und Staat. Überlegungen zu Hans Kelsens Theorie der Reinen Rechtslehre, 1968 ✦ *v. Hayek*, Recht, Gesetzgebung und Freiheit, 3 Bde., 1981-86 ✦ *Immenga* (Hrsg.), Rechtswissenschaft und Rechtsentwicklung. Ringvorlesung von Professoren der Juristischen Fakultät der Georg-August-Universität Göttingen, 1980 ✦ *Jahr/Maihofer* (Hrsg.), Rechtstheorie. Beiträge zur Grundlagendiskussion, 1971 ✦ *Jhering*, Der Zweck im Recht, 2 Bde., 1904/05, ND 1970 ✦ *ders.*, Der Kampf ums Recht, 1872, 7. Aufl. 1989 ✦ *ders.*, Geist des römischen Rechts auf den verschiedenen Stufen seiner Entwicklung, 4 Bde., 9./10. Aufl. 1968 ✦ *A. Kaufmann u.a.* (Hrsg.), Rechtsstaat und Menschenwürde. Festschrift für Werner Maihofer, 1988 ✦ *Kelsen*, ›Vom Geltungsgrund des Rechts‹, in: Völkerrecht und rechtliches Weltbild. Festschrift für Alfred Verdroß, 1960 ✦ *ders.*, Reine Rechtslehre. Einleitung in die rechtswissenschaftliche Problematik, 1934, ND 1985 ✦ *ders.*, Staat und Naturrecht. Aufsätze zur Ideologiekritik, 1989 ✦ *Kirchhof*, Die Bestimmtheit und Offenheit der Rechtssprache, 1987 ✦ *ders.*, Wissenschaft in verfaßter Freiheit, 1986 ✦ *Klemann*, Rudolf von Jhering und die Historische Rechtsschule, 1989 ✦ *R. Laun*, ›Naturrätt, Demokrati och Folkrätt‹, in: Statsvetenskaplig Tidskrift, 1949 ✦ *ders.*, Naturrecht und Völkerrecht, 1954 ✦ *Leclerq*, ›La communauté internationale devant le droit naturel‹, in: Politeia, 2, 1950 ✦ *Legaz y Lacambra*, ›El derecho natural en los civilistas españoles contemporaneos‹, in: Revista Juridica de Cataluña, LXVI, 1950 ✦ *Leibholz*, Zur Begriffsbildung im öffentlichen Recht, 1931/1974 ✦ *K. Lorenz* (Hrsg.), Rechtsidee und Staatsgedanke. Beiträge zur Rechtsphilosophie und zur politischen Ideengeschichte. Festgabe für Julius Binder, 1930, ND 1973 ✦ *Lottin*, ›La valeur des formules de saint Thomas d'Aquin concernant la loi naturelle‹, in: Mélanges, II, 1950 ✦ *Lüke u.a.* (Hrsg.), Rechtsvergleichung, Europarecht und Staatenintegration. Gedächtnisschrift für Léontin Constantinesco, 1983 ✦ *McManaman*, ›Natural Law and American Jurisprudence‹, in: Politeia, 4, 1952 ✦ *Maihofer* (Hrsg.), Naturrecht oder Rechtspositivismus, 1962 ✦ *Mayer-Maly*, ›Gemeinwohl und Naturrecht bei Cicero‹, in: Völkerrecht und rechtliches Weltbild. Festschrift für Alfred Verdroß, 1960 ✦ *Mock/Varga* (Hrsg.), Rechtskultur – Denkkultur, 1989 ✦ *Mokre/Weinberger* (Hrsg.), Rechtsphilosophie und Gesetzgebung. Überlegungen zu den Grundlagen der modernen Gesetzgebung und Gesetzesanwendung, 1976 ✦ *Mössner*, Einführung in das Völkerrecht, 1977 ✦ *I. Müller*, Furchtbare Juristen. Die unbewältigte Vergangenheit unserer Justiz, 1987 ✦ *Mußgnug* (Hrsg.), Rechtsentwicklung unter dem Bonner Grundgesetz. Ringvorlesung der juristischen Fakultät der Ruprecht-Karls-Universität Heidelberg aus Anlaß der 40. Wiederkehr des Inkrafttretens des Bonner Grundgesetzes, 1990 ✦ *O'Hara*, ›The Natural Law‹, in: The Jurist, 12, 1952 ✦ *Perelman*, ›L'idée de Justice dans ses rapports avec la Morale, le Droit et la Philosophie‹, in: Le droit naturel, 1959 ✦ *Rabofsky*, Wider die Restauration im Recht. Aufsätze aus vier Jahrzehnten, 1991 ✦ *ders./Oberkofler*, Verborgene Wurzeln der NS-Justiz. Strafrechtliche Rüstung für zwei Weltkriege, 1985 ✦ *Radbruch*, Gesamtausgabe, 20 Bde., 1987-91 ✦ *Reiner*, ›Die Goldene Regel. Die Bedeutung einer sittlichen Grundformel der Menschheit‹,1948 ✦ *Rill/Scholz* (Hrsg.), Der Rechtsstaat und seine Feinde, 1986 ✦ *Romanowsky*, Rechtslexikon für die Wirtschaft, 1978 (Loseblatt) ✦ *A. Schaefer*, Die Macht der Tendenz in Hegels Rechtsphilosophie, 1990 ✦ *ders.*, Die Moral in der Politik. Zur Selbstbesinnung im revolutionären historischen Prozeß, 1983 ✦ *Schiedermair*, ›Völkerrecht‹, in: PPH, 1985 ✦ *Schlochauer* (Hrsg.), Wörterbuch des Völkerrechts, 1960/62 ✦

G. Schmidt, Die Richterregeln des Olavus Petri. Ihre Bedeutung im allgemeinen und für die Entwicklung des schwedischen Strafprozeßrechts vom 14. bis 16. Jahrhundert, 1966 ✦ *C. Schmitt*, Der Hüter der Verfassung, 3. Aufl. 1985 ✦ *ders.*, Der Nomos der Erde im Völkerrecht des Jus Publicum Europaeum, 3. Aufl. 1988 ✦ *Schnur* (Hrsg.), Institution und Recht, 1968 ✦ *W. Schulze*, ›Protestantismus und Naturrecht‹, in: Begegnung, 3, 1948 ✦ *Staff*, Lehren vom Staat, 1981 ✦ *dies.*, Verfassungsrecht, 1976 ✦ *dies.*, (Hrsg.), Justiz im Dritten Reich, 1979 ✦ *Stenton*, English Justice, 1066-1215, 1964 ✦ *J. Stone*, ›Die Abhängigkeit des Rechts: Die Institutionenlehre‹, in: Institution und Recht, 1968 ✦ *L. Strauss*, ›The origin of the idea of natural right‹, in: Social Research, 19, 1952 ✦ *Strömholm*, Allgemeine Rechtslehre. Eine Einführung, dt. 1976 ✦ *Tesar*, ›Die naturrechtlichen Grundlagen der »Crimes against Humanity«‹, in: Gegenwartsprobleme des internationalen Rechts und der Rechtsphilosophie. Festschrift für Rudolf Laun, 1953 ✦ *Verdroß*, Völkerrecht, 1964 ✦ *ders./Simma*, Universelles Völkerrecht, 1976 ✦ *Weinkauff*, ›Das Naturrecht in evangelischer Sicht‹, in: Zeitenwende, 23, 1951/52 ✦ *ders.*, ›Der Naturrechtsgedanke in der Rechtsprechung des Bundesgerichtshofs‹, in: NJW, 1960 ✦ *Wesel*, Aufklärung über Recht. Zehn Beiträge zur juristischen Entmythologisierung, 1981 ✦ *ders.*, Juristische Weltkunde. Die Entwicklung des Rechts und seine Gegenwart, 1984 ✦ *ders.*, Recht und Gewalt. Dreizehn Eingriffe, 1989 ✦ *Wessén*, Svenskt Lagspråk, 1965 ✦ *A. Wolf*, Die Gesetze der Stadt Frankfurt am Main im Mittelalter, 1969 ✦ *E. Wolf*, Große Rechtsdenker der deutschen Geistesgeschichte, 4. Aufl. 1963, ✦ *ders.*, Recht des Nächsten. Ein rechtstheologischer Entwurf, 2. Aufl. 1966 ✦ *ders.*, Studien zur Geschichte des Rechtsdenkens. Ausgewählte Schriften, Bd. III, 1982.

Reformation

Jeder Rückgriff auf das »gute alte Recht«, das noch nicht durch Mißbrauch verletzt worden war, galt im Mittelalter als »gemeine Reformation und Ordnung«.

Diese Formel, mit der im Jahre 1442 während des Konzils zu Basel das innere Reformwerk Kaiser Friedrichs III. bezeichnet wurde, leitete sich vom lateinischen »reformare« her. Darunter konnte die Wiederherstellung von geistigen oder materiellen Zuständen verstanden werden, die einst als »gut und gerecht« empfunden wurden. Das Reformieren entsprach demnach einer systemgerechten Korrektur und sollte keineswegs zu einer radikalen Umwälzung der bestehenden Verhältnisse führen (→ Revolution).

Wie das »Sakrament« der Beichte im Zusammenwirken von individueller Gewissenserforschung, aufrechter Reue und tätiger Umkehr aus dem sündigen Christen jeden kirchlichen und weltlichen Standes einen »erneuerten Menschen« machen soll, so kann auch die Reformation als Erneuerung oder »Renovatio« an »Haupt und Gliedern« aufgefaßt werden.

Gerechtigkeits-Bewegung

Was immer auch dem Einfluß des »Frühkapitalismus« oder der spätmittelalterlichen »Preisrevolution« in Europa an veränderndem Einfluß zugesprochen werden mag, so war die Reformation von 1517 (Luthers Thesenanschlag in Wittenberg) bis zum Augsburger Religions- und Prophanfrieden von 1555 in erster Linie ein innerkirchlicher Erneuerungsprozeß, der ganz im Zeichen der »Gerechtigkeit Gottes« stand. Seine Auswirkungen auf die politische Ordnung einiger Länder sind zwar unverkennbar, aber deren strukturelle Kontinuität wurde davon kaum erschüttert.

Die Kritik an Mißständen innerhalb der Römischen Universalkirche und die Forderung nach ihrer Beseitigung beruhte auf einer langen Tradition seit der Reformbewegung von Cluny im 10. und 11. Jahrhundert. Sie wurde immer wieder aufgegriffen und mit jener Mahnung verbunden, die Martin Luther (1483-1546) in seinem Kampf gegen den moralischen Verfall der Kirche die wichtigste Stütze war. Dabei ging es ihm nach Maßgabe der Propheten des Alten und der Apostel des Neuen Testamentes vornehmlich darum, daß »die Menschen fromm und gerecht werden sollen, also daß sie mit der selbigen Gerechtigkeit das ewige Leben erlangen. Und solche Gerechtigkeit handhabet er (Gott) durchs Wort, welches er den Predigern befohlen hat. Das andere ist ein weltlich Regiment durch (das) Schwert. Auf daß diejenigen, so durchs Wort nicht wollen fromm und gerecht werden zum ewigen Leben, dennoch durch solch (ein) weltlich Regiment gedrungen werden, fromm und gerecht zu sein für die Welt.«

Dieser ausgeprägte *Justitialismus* hatte bereits Jan Hus in Böhmen und Mähren dazu bewogen, in seiner Synodalrede vom 19. Oktober 1405 die »gerechten Untertanen« der Krone Böhmen als »Gottes liebe Kinder« zu bezeichnen, die ein göttliches Recht darauf haben, von ihren Obrigkeiten treuhänderisch behandelt zu werden. Mit unmittelbaren Anleihen im Buch V der Nikomachischen Ethik des Aristoteles führte der Reformator Hus seinen Kampf gegen Auswüchse der Kirche und bestätigte damit die Vorstellung von der »göttlichen Vernunft« in den Regeln der Mathematik (→ Universalismus).

Ähnlich ging auch der ehemalige Augustinermönch Luther nach seinen Aristoteles-Studien vor, als er den Mißbrauch geißelte, den das geldhungrige Rom mit dem *Ablaßhandel* trieb – gegen das Gerechtigkeitsgebot. Denn konnte ein Ablaß als »Nachlassung zeitlicher Sündenstrafen« käuflich erworben werden, dann war das ein schwerer Bruch des Beichtsakramentes und der damit verbundenen Gerechtigkeit Gottes. Schließlich war die zugeteilte Strafe für begangene Sünden ein Ausdruck des distributiv Gerechten und gleichzeitig die Einlösung des kommutativ Gerechten durch den Sünder selbst, der den angerichteten Schaden durch eine »Buße« auszugleichen hatte, um bald wieder ins Lot zu kommen und gottgefällig zu werden.

Mit der Entgeltung der »Buße« durch blankes Geld verschaffte sich aber der Reiche und Vermögende gegenüber dem Armen einen ungebührlichen Vorteil. Gleichzeitig wurde das Absolutionsrecht der Geistlichen in der Beichte zu einem käuflichen Ritual herabgewürdigt und mit diesem frevelhaften Tun Gott schwer beleidigt. Die leidenschaftliche Stellungnahme für die Wiederherstellung der Gerechtigkeit war insofern der wesentliche Beweggrund der Reformatoren Luther und Melanchthon ebenso wie für John Knox in Schottland, Olaus Petri in Schweden, Huldrich Zwingli in Zürich oder Johann Calvin in Genf.

Nimmt man noch die weltlichen politischen Bewegungen der Zeit hinzu, die sich gegen »ungerechte Abgaben« wehrten (Bundschuh), dann wird verständlich, warum die Reformation »von unten« wie »von oben« im wesentlichen darauf gerichtet blieb, die angeblich von Gott eingerichtete Ständeordnung wieder in ein gerechtes Gleichgewicht zu bringen, wie es Hus mit dem Bild der »drei Stufen« beschrieben hat. Damit meinte er den »natürlichen«, »weltlichen« und »geistlichen« Besitzstand, deren Hierarchie nicht ungebührlich verschoben oder zugunsten eines einzigen Standes zerrüttet werden durfte. Die Kirche aber war disproportional reich geworden und hatte damit das proportionale Gerechtigkeitsgebot grob verletzt.

Die Reformatoren gingen mit Wicliff (um 1320-84) trotz anderer Auffassungen in theologischen Streitfragen (Sakramente) einig, daß sie einer weiteren »Zerstörung der Christenheit zu wehren« (Luther) hatten, und das bedeutete nichts anderes als die Rückkehr zur »gerechten Ordnung« Gottes, die Rom und das verweltlichte Papsttum unter Alexander VI., Julius II. und Leo X. zu ihrem Eigennutz mißbraucht hatten.

In zahlreichen Schriften, Kommentaren und Predigten wiesen alle Reformatoren nach, daß kirchliche Würdenträger ihr »Hirtenamt« gegenüber den Gläubigen sträflich vernachlässigten und nicht mehr wahrhaben wollten, was Bergpredigt und → Goldene Regel ihnen als Aufgabe zuwies: Treuhänder der Kirchengüter zu sein und nicht deren patrimoniale Herren.

Die Einforderung des innerkirchlichen → Gleichgewichtes betraf auch die ständig steigende *Ämterhäufung*, in deren Genuß immer weniger Adels- und Fürstenfamilien kamen und die zu enormen Reichtümern führen konnte. Die berechtigte Kritik an diesem Mißstand, der von Portugal bis Polen Mißfallen erregte, ließ einige Reformatoren allerdings übersehen, daß hier die Universalkirche ein Opfer des distributiv Gerechten geworden war. Denn nach über tausend Jahren Güterzuteilung und Verteilung innerhalb der »Toten Hand« (Kirche als steuerbefreite Korporation) stellte sich eine Art kumulierender Effekt der »geometrischen Proportion« ein, der dort Güter, Pfründe und Sinekuren »häufte« oder kumulierte, wo schon große Güterkomplexe bestanden: Ein Phänomen, das auch nach tausend Jahren Königtum in Frankreich zu beobachten ist und das 1789 erheblich dazu beitrug, daß die angestrengten Reformen scheiterten und in eine → Revolution übergingen – mit der Enteignung von Adel und Kirche.

Luthers wiederholt vorgebrachte Erinnerung an das Gleichgewichtsgebot war Ausdruck des kommutativ Gerechten und einer Anwendung der »arithmetischen Proportion«. So heißt es einmal bei ihm zu diesem Zentralthema der Reformation: »Ein Schuster, ein Schmied, ein Bauer, ein jeglicher hat seines Handwerks Amt und Werk und doch sind *alle gleich* geweihte Priester und Bischöfe (aufgrund der Taufe als Kinder Gottes) und ein jeglicher soll mit seinem Amt und Werk den andern nützlich und dienstlich sein, daß also vielerlei Werke alle für eine Gemeinde eingerichtet sind, Leib und Seele zu fördern, gleich wie die Gliedmaßen des Körpers alle eins dem anderen dienen.«

Gegenseitigkeit, Goldene Regel und Gemeinwohlgebot waren die inneren Triebkräfte der Reformation, die nur schrittweise vorging und bei allen Neuerungen in den einzelnen Kirchen-Verfassungen, Güterordnungen oder Organisationsstrukturen sowie in der Gotteslehre die herkömmliche Ständegesellschaft weder in Frage stellte noch beseitigen wollte.

Als eine geistige Such- und materielle Reformbewegung sicherte sie mehr an struktureller und mentaler Kontinuität, als meist angenommen wird, wie die neuere Forschung (Beyer, Lindberg) nachgewiesen hat. Es wäre deshalb zuviel gesagt, global die »Reformation als Revolution« (v. Dülmen) zu werten, auch wenn sie in einzelnen Bereichen und in manchen Regionen oder Städten Europas revolutionierend gewirkt haben mag.

Obgleich die Güterenteignung einige Fürsten als Reichsstände stärkte, die Luthers Lehre zugetan waren, um nach Scheidungen neue Ehen eingehen zu können (Landgraf Philipp von Hessen; ähnlich König Heinrich VIII. von England, zeitweilig Luthers Gegner), so festigte sich doch auch das libertäre Ständewesen der herkömmlichen Art – als Absprache zwischen Obrigkeit und Untertanen auf Gegenseitigkeit.

Diese Erneuerung erklärt auch, warum Kaiser Karl V. bei allem dynastischen Eigen- und Hausnutz die »Reformation« innerhalb der geltenden Reichsverfassungen hielt: Er konnte der Kommutation gemäß ohne Ansehen der theologischen Ansichten mit allen Ständen gemeinverträgliche Verträge eingehen. Trotz innerer Widerstände und zahlreicher Vorbehalte gewährte er den Anhängern Luthers als *Augsburgischer Konfession* im Jahre 1530 die Anerkennung als Eigenlehre im Verfassungsrang: Das Staatskirchentum Dänemark-Norwegens und Schweden-Finnlands leitet daraus bis heute seine Legitimation her.

Politisch hat die Reformation das libertäre Ständewesen gefördert und es auch nicht zerbrechen lassen, als 1524/25 der Große Bauernkrieg um »Gottes Gerechtigkeit« ausbrach oder der Schmalkaldische Krieg 1546/47 für Herausforderungen sorgte. Der Passauer Vertrag von 1552 wie der Augsburger Religionsfriede von 1555 bekräftigten nur, was der sächsische Kurfürst Friedrich der Weise schon 1521 in allen aufgekommenen Streitfragen zur Lösung empfohlen hatte, nämlich »solch alles mit einem christlichen und vernünftigen Maß vornehmen und handeln«.

Gegenreformation

In seinem politischen Testament von 1543 empfahl Karl V. seinem Erben und Nachfolger neben dem Streben nach Ruhm und ehrenhaftem Rang, daß er »ein Freund der Gerechtigkeit sein soll ... Doch sollt Ihr der Gerechtigkeit nach dem Beispiel unseres HERRN die Barmherzigkeit beigesellen«.

Diese Grundeinstellung ließ den Habsburger, der oft als höchster Richter in weltlichen Strafsachen und bei Rebellionen (Streit um die Stadt Gent 1540) tätig zu sein hatte, die Reformation so maßvoll behandeln, daß daraus kein deutscher oder gar europäischer Flächenbrand entstehen konnte. Seinem Einfluß auf die Römische Kurie ist es auch zu verdanken, daß Papst Pius III. ein allgemeines Kirchenkonzil nach Trient berief, das zwischen 1545 und 1563 dreimal für längere Perioden tagte: Als *Tridentinum* prägte es bis zum Ersten Vatikanum von 1869/70 die katholische Erneuerungsbewegung als Gegenreformation.

Es ging auf dieser Kirchenversammlung, die von den Protestanten nur während der zweiten Sitzungsperiode (1551/52) besucht wurde, zwar nicht durchgehend »gerecht und barmherzig« zu. Aber die Kirche selbst raffte sich zu einer inneren Reform auf, die bemerkenswerte Zeichen setzte.

Dabei wurde jedoch die bisherige Hierarchie als Ausdruck geistlicher Verdienst-Gerechtigkeit nicht »demokratisch« oder »arithmetisch« für das einfache »Volk Gottes« oder den »Gemeinen Mann« geöffnet, sondern nur von Auswüchsen gereinigt und »geometrisch« gestrafft. Das bedeutete vor allem ein Zurückdrängen des innerkirchlichen Parlamentarismus, erhielten doch die Konzile gegenüber dem Papst nicht den vollgültigen Status wie etwa Land- oder Reichstage im weltlichen Regiment: Zwischen 1563 und 1869 wurde kein Konzil mehr einberufen.

Trotz der gültigen Beschlüsse des Tridentinums zum Verständnis der Sieben Sakramente (Taufe, Beichte, Kommunion, Firmung, Ehe, Letzte Ölung und Priesterweihe) als klarer Abgrenzung zu allen Abweichungen der Protestanten sah sich diese Versammlung genötigt, den absoluten Primat des Papstes anzuerkennen und damit auch die innerkirchliche Mitsprache des »Volkes Gottes« weitgehend auszuschließen. Die Vorstellung von einer »Erb-Heiligkeit« der Päpste, die über den Kirchenstaat als »Patrimonium Petri« gleichsam absolut verfügen durften, näherte sich bereits Strukturen des → Absolutismus, dessen Vertreter denn auch sehr darauf achteten, daß sie in ihrem Machtbereich »höchster Bischof« (*summus episcopus*) wurden. Friedrich II. klärte seinen Nachfolger und Erben 1752 mit dem Hinweis auf, daß »ich gewissermaßen der Papst der Lutheraner und das kirchliche Haupt der Reformierten (Calvinisten) bin« (»Politisches Testament«).

Allein die »demokratische« Wahl des Papstes im Konklave der Kardinäle unterschied dieses Machtsystem als »Cäsaro-Papismus« vom Absolutismus. Aber mit diesem hatte es wiederum die Forderung nach »blindem Gehorsam« gemein, den vor allem die Mitglieder des *Jesuiten-Ordens* dem Papst gegenüber zu schwören hatten, um sich ganz in den Dienst der Gegenreformation zu stellen.

Gerade die Gründung dieses Kirchen-Ordens im Jahre 1534 (Ignatius von Loyola), der in protestantischen Ländern nicht tätig sein durfte und in Deutschland zwischen 1872 und 1917 verboten war, hat gezeigt, wie Intelligenz, Sprachgewandtheit und Überzeugungskünste genutzt werden konnten, um der Reformation entgegenzutreten und dabei selbst die verwerflichsten Mittel noch religiös zu legitimieren.

Dazu gehörten z.B. gezielte Bücherverbote und ein Zensursystem, dem gleichzeitig eine eigene Publikationstätigkeit zur Seite gestellt wurde. Noch heute sorgen zahlreiche Borromäus-Vereine in der Katholischen Kirche dafür, daß die Pfarrbüchereien im Geiste des Tridentiner Konzilstheologen Karl Borromäus (1538-84) wirken: gegen die Zeitgebrechen, die Reformation und den Modernismus, wie es in der Borromäen-Enzyklika von Papst Pius X. am 26. Mai 1910 hieß.

Obgleich das Zweite Vatikanum von 1962-65 in vielen Bereichen Reformen durchgesetzt hat (Ersetzen der lateinisch gehaltenen tridentinischen Messe durch volkssprachliche Liturgie), so hat die Römische Kirche doch nicht den Primat des Papstes und seiner »Unfehlbarkeit« bei der Verkündung von Glaubenssachen (seit dem Ersten Vatikanum von 1869/70) »demokratisieren« können.

Fazit

Die Reformation hatte in Cluny, in der Bewegung »Devotio moderna« (Erneuertes Glaubensleben) des Brabanter Kirchenmannes Jan van Euysbroek (1293-1381) ebenso bedeutende Vorläufer wie im Hussitismus oder in der »Imitatio Christi« (Nachfolge Christi) des Thomas von Kempen aus dem Jahre 1451: All diese geistigen Reformversuche waren darauf gerichtet, das kirchliche wie weltliche Leben nach der »Gerechtigkeit Gottes« zu gestalten.

Dabei stand für alle, die gegen Rom und das überhöhte Papsttum auftraten, das Streben im Vordergrund, einen *Ausgleich* zu suchen, um wieder die »Mitte in Christus« zu finden. Deshalb betonten die Verfechter der Reformation immer wieder ihre Forderung nach »ausgleichender Gerechtigkeit« und nach einem Abbau von Vorrechten und Hierarchiedenken.

Die katholische Kirche hingegen überbot im Tridentinum noch das Plato-Wort »Gott geometriesiert immer« und richtete Theologie wie innerkirchliche Organisation auf das Wesen und Wirken der »zuteilenden Gerechtigkeit« aus, um auch ihre Lehre von den »guten Werken« zu rechtfertigen.

Die zahlreichen Bestrebungen der weltweit tätigen *Ökumene* als christliche Einigungs-Bewegung aller Kirchen kommen an diesem Grundbefund nicht vorbei, daß die Gerechtigkeitsfrage für alle Beteiligten hinreichend beantwortet werden muß, soll es eine künftige Gemeinsamkeit geben, die angesichts der geistigen und materiellen Not vieler Menschen dringend geboten wäre.

Literatur

Abel, Agrarkrisen und Agrarkonjunktur. Eine Geschichte der Land- und Ernährungswirtschaft Mitteleuropas seit dem hohen Mittelalter, 2. Aufl. 1966 ✦ *Aland*, Martin Luther in der modernen Literatur. Ein kritischer Dokumentarbericht, 1973 ✦ *Althaus*, Gebot und Gesetz. Zum Thema Gesetz und Evangelium, 1952 ✦ *Andreas*, Deutschland vor der Reformation. Eine Zeitenwende, 5. Aufl. 1948 ✦ *Angermeier* (Hrsg.), Säkulare Aspekte der Reformationszeit, 1983 ✦ *ders.*, ›Reichsreform und Reformation‹, in: HZ 235, 1982 ✦ *ders.*, Die Reichsreform 1410-1555, 1984 ✦ *Baeumer*, Lutherfeiern und ihre politische Manipulation, 1977 ✦ *Barudio*, ›Martin Luther‹, in: Genie und Geld, 1989 ✦ *C. Baumann*, Gewaltlosigkeit im Täufertum. Eine Untersuchung zur theologischen Ethik des oberdeutschen Täufertums der Reformationszeit, 1968 ✦ *Baur*, Gott, Recht und weltliches Regiment im Werke Calvins, 1964 ✦ *W. Becker*, Reformation und Revolution, 1974 ✦ *Berglar*, Die Stunde des Thomas Morus, 3. Aufl. 1981 ✦ *Beyer*, Martin Luther und das Kirchengut, masch. 1984 ✦ *Bidinger*, ›Formale und materiale Gerechtigkeit im Staatsbild Martin Luthers. Eine Studie über die Grundlagen der Rechtswertlehre bei Luther‹, in: ARG, 1962 ✦ *Bienert*, ›Die Testamente und politischen Instruktionen Karls V. für den Prinzen Philipp‹, in: Karl V. Der Kaiser und seine Zeit, 1960 (Hrsg. Rassow/Schalk) ✦ *Blaschke*, ›Das Bekenntnis Friedrichs des Weisen‹, in: Der Reichstag zu Worms von 1521. Reichspolitik und Luthersache, 1971 (Hrsg. F. Reuter) ✦ *Blickle*, Die Revolution von 1525, 2. Aufl. 1981 ✦ *ders.*, Die Reformation im Reich, 1982 ✦ *ders.*, Gemeindereformation. Die Menschen des 16. Jhds. auf dem Weg zum Heil, 1987 ✦ *ders.*, Studien zur geschichtlichen Bedeutung des deutschen Bauernstandes, 1989 ✦ *Bornkamm*, Luther und das Alte Testament, 1948 ✦ *ders.*, Luther im Spiegel der deutschen Geistesgeschichte. Mit ausgewählten Texten von Lessing bis zur Gegenwart, 1955 ✦ *ders.*, ›Augsburger Bekenntnis‹, in: Religion in Geschichte und Gegenwart, 1957 ✦ *Brandi*, Kaiser Karl V. Werden und Schicksal einer Persönlichkeit und eines Weltreiches, 2 Bde., 1938-41 ✦ *Bubenheimer*, ›Scandalum et ius divinum. Theologische und rechtstheologische Probleme der ersten reformatorischen Innovationen in Wittenberg 1521/22‹, in: ZRG (KA), 1973 ✦ *Buisson*, Potestas et caritas. Die Päpstliche Gewalt im Spätmittelalter, 1958 ✦ *Buszello*, Der deutsche Bauernkrieg als politische Bewegung, 1969 ✦ *Cassirer*, Individuum und Kosmos in der Philosophie der Renaissance, 1977 ✦ *Dickens*, The Counter Reformation, 1968 ✦ *v. Dohna*, Reformatio Sigismundi, 1960 ✦ *van Dülmen*, Reformation als Revolution. Soziale Bewegung und religiöser Radikalismus in der deutschen Reformation, 1977 ✦ *W. Eberhard*, ›Gemeiner Nutzen als oppositionelle Leitvorstellung im Spätmittelalter‹, in: Festschrift für Ludwig Hödl, 1985 ✦ *Edgerton*, ›Icons of Justice‹, in: P&P, 89, 1980 ✦ *G. Franz*, Der Deutsche Bauernkrieg, 9. Aufl. 1972 ✦ *Fülöp-Miller*, Macht und Geheimnis der Jesuiten. Eine Kultur- und Geistesgeschichte, 1947, 1960 (mit Glossar, ausführlichem Quellen- und Literaturnachweis) ✦ *Gensichen*, Damnamus. Die Verwerfung von Irrlehre bei Luther und im Luthertum des 16. Jahrhunderts, 1955 ✦ *Gerdes*, Luthers Streit mit den Schwärmern um das rechte Verständnis des Gesetzes Mose, 1955 ✦ *Giers*, Gerechtigkeit und Liebe, 1941 ✦ *Glaser/Stahl* (Hrsg.), Luther gestern und heute. Texte zu einer deutschen Gestalt, 1983 ✦ *Goertz*, Die Täufer. Geschichte und Deutung, 1980 ✦ *Götting*, Reformation und Revolution, 1967 ✦ *Griewank*, Der neuzeitliche Revolutionsbegriff, 3. Aufl. 1973 ✦ *F. Graus*, ›Das Spätmittelalter als Krisenzeit‹, in: Mediaevalis Bohemica, I, Suppl., 1969 ✦ *Greschat*, ›Luthers Haltung im Bauernkrieg‹, in: ARG 56, 1965 ✦ *Günther*, ›»Altes Recht«, »Göttliches Recht« und »Römisches Recht« in der Zeit der Reformation und des Bauernkrieges‹, in: Wiss. Zeitschrift der Karl-Marx-Universität Leipzig, 1965 ✦ *Haydn*, The Counter-Renaissance, 1950 ✦ *M. Heckel*, ›Zum Sinn und Wandel der Freiheitsidee im Kirchenrecht der Neuzeit‹, in: ZRG (KA), 1969 ✦ *Hillerdal*, ›Luthers Geschichtsauffassung‹, in: Studia Theologica, VII, 1954 ✦ *Hinschius*, Das Kirchenrecht der Katholiken und Protestanten in Deutschland, Band V, 1895 ✦ *E. Hoffmann*, Platonismus und christliche Philosophie, 1960 ✦ *Holmquist*, Reformationstidevarvet 1521-1611, 1933 ✦ *Hubatsch* (Hrsg.), ›Wirkungen der deutschen Reformation bis 1555‹, in: Wege der Forschung, CCIII, 1967 ✦ *Jedin*, Geschichte des Konzils von Trient, 2 Bde., 1951/57 ✦ *Kisch*, Melanchthons Rechts- und Soziallehre, 1967 ✦ *J. Klein*, Skandalon. Um das Wesen des Katholizismus, 1958 ✦ *W. Köhler*, Mathin Luther und die deutsche Reformation, 1917 ✦ *Leisching*, Kirche und Staat in den Rechtsordnungen Europas, 1973 ✦ *Lewy*, Religion and Revolution, 1974 ✦ *Liermann*, ›Zur Geschichte des Naturrechts in der evangelischen Kirche‹, in: Festschrift Alfred Bertholet, 1950 ✦ *Locher*, Der Eigentumsbegriff als Problem evangelischer Theologie, 1954 ✦ *Lortz*, Die Reformation in Deutschland, 3. Aufl. 1949 ✦ *Luther*, Werke. Kritische Gesamtausgabe, 1883 ff. ✦ *H. Lutz*, Christianitas afflicta. Europa, das Reich und die päpstliche Politik im Niedergang der Hegemonie Kaiser Karls V., 1964 ✦ *ders.*, ›Kaiser, Reich und Christenheit. Zur weltgeschichtlichen Würdigung des Augsburger Reichstages 1530‹, in: HZ 230, 1980 ✦ *Lynch*, Spain under the Habsburgs, 1964 ✦ *W. Maurer*, ›Erwägungen und Verhandlungen über die geistliche Jurisdiktion der Bischöfe vor und während des Augsburger Reichstages von 1530‹, in: ders., Die Kirche und ihr Recht, 1976 ✦ *Moeller*, Reichsstadt und Reformation, 1962 ✦ *Neuser*, ›Kirche und Staat in der Reformationszeit‹, in: Festschrift für Hermann Kunst, 1967 ✦ *Oexle*, ›Die funktionale Dreiteilung der Gesellschaft bei Adelbero von Leon. Deutungsschema der sozialen Wirklichkeit im früheren Mittelalter‹, in: Frühmittelalterliche Studien 12, 1978 ✦ *Rosenkranz*, Der Bundschuh, 2 Bde., 1927 ✦ *Runestam*, Den kristliga friheten hos Luther och Melanchthon, 1917 ✦ *Scheible*, ›Reform, Reformation, Revolution. Grundsätze zur Beurteilung der Flugschriften‹, in: ARG, 65, 1974 ✦ *I. Schmidt*, Das göttliche Recht und seine Bedeutung im deutschen Bauernkrieg, 1939 ✦ *Šmahel*, ›The Idea of the »Nation« in Hussite Bohemia‹, in: Historica XVI, 1969 ✦ *F. Seibt*, Karl V. Der Kaiser und die Reformation, 1990 ✦ *Stadelmann*, Vom Geist des ausgehenden Mittelalters, 1966 (ND) ✦ *Suppan*, Die Ehelehre Martin Luthers, 1971 ✦ *Sutter-Fichtner*, ›When Brothers Agree. Bohemia, the Habsburgs and the Schmalkaldic War, 1546-1547‹, in: Austrian History Yearbook 11, 1975 ✦ *Skalweit*, Reich und Reformation, 1967 ✦ *Stupperich*, Die Reformation in Deutschland, 1972 ✦ *Tawney*, Religion und Frühkapitalismus, 1946 ✦ *v. Weber*, ›Calvinismus und Strafrecht‹, in: Festschrift für Eberhard Schmidt, 1961 ✦ *Wohlfeil* (Hrsg.), Reformation oder frühbürgerliche Revolution?, 1972 ✦ *de Vries*, Grundbegriffe der Scholastik, 1980 ✦ *Zeeden*, ›Zur Periodisierung und Terminierung des Zeitalters der Reformation und Gegenreformation‹, in: GWU 1956.

Revolution

Mit der Bezeichnung »Glorious Revolution« hatte sich 1688 in England zum ersten Mal der Begriff »Revolution« für die radikale, friedliche und dauerhafte Änderung einer → Verfassung eingebürgert. Trotz seiner Verwendung bei Eschatologen wie Hartlib und Comenius war er zuvor hauptsächlich in der Astronomie geläufig. Dort bedeutete seit der Schrift »De revolutionibus orbium coelestium« des teutschen Astronomen Nikolaus Kopernikus (1473-1543) eine »Revolution« die periodische Wieder- oder Rückkehr eines kreisenden Planeten zu seiner imaginären Ausgangsposition.

Wird die Beziehung von Revolution und Rückkehr (lat. *revolvere* = zurückwälzen) im Sinne einer strukturbedingten Wiederholung (→ Geschichte) auch für den politisch-rechtlichen Bereich angemessen berücksichtigt, dann erschließt sich manches Phänomen, das mit der ideologischen Verkürzung von Revolution und linearem Fortschritt verdrängt wurde. Dieser Befund trifft vor allem auf das Hauptziel jeder echten Revolution zu, das in der Forschung bisher nur am Rande erwähnt, aber nicht eingehend erörtert worden ist. Gleichwohl hat es zwischen 1688 und 1989 zahllose Revolutionäre aller politischen Lager bis zum Opfer des eigenen Lebens leidenschaftlich engagiert: der Kampf für ein Dasein in Gerechtigkeit.

Gilt eine Revolution als Rückkehr zum »guten alten Recht« aus unvordenklicher Zeit und als Gestaltung gerechter Lebensverhältnisse, dann benötigt sie zu ihrer Legitimation keine ideologischen Doktrinen: Weder Klassenkampftheorien von links (K. Marx) noch Verschwörungsmuster von rechts (A. Cochin). Außerdem befreit eine solche Begriffsbestimmung von der doch recht bornierten Auffassung, daß der moralische und politische Wert eines → Volkes daran gemessen werden müsse, ob es in seiner jüngeren Geschichte eine erfolgreiche Revolution gegeben hat: Schließlich sind menschengerechte Ordnungen auch ohne solche Umwälzungen möglich.

Kreislauf-Modelle

Als im Mai 1791 Adrien Duport davon sprach, daß »jede Bewegung in der moralischen wie in der materiellen Welt kreisförmig abläuft«, da stellte er gedanklich eine enge Beziehung zum Kreislaufdenken der Antike her. Besonders das Ablösen und Ersetzen einer Verfassung durch eine andere, wie es der Grieche Polybios (um 200-um 120 v.Chr.) analysiert und beschrieben hat, wirkte hier auf ein mentales Verhalten ein, das die Revolution an den Gang der Gestirne binden wollte und damit dem Wirken Gottes unterwarf.

Die Beobachtung, daß die Natur dem Wechsel der vier Jahreszeiten unterliegt und dabei von einer bestimmten Konstellation der Erde zur Sonne abhängig ist, hat wahrscheinlich das Grundmodell für eine im Altertum beliebte Analogie zum Geschichtsverlauf geliefert: die Vorstellung von den Vier Zeitaltern im Werdegang des Menschengeschlechts. Diese sollen sich in einem Kreislauf des beständigen Niedergangs vom Goldenen über das Silberne und Eherne bis zum Eisernen Zustand ablösen und die Erde am Ende als unbewohnbare Ödnis hinterlassen.

Auf die jüdisch-christlich-islamische Auffassung vom »Jüngsten Gericht« bezogen, findet dieser Geschichtspessimismus eine religiöse Bestätigung in der Sündhaftigkeit des Menschen: Er soll sich nach dem »Heilsplan« Gottes vom »alten Menschen Adam« in einen »neuen Menschen« verwandeln, der von der Erbsünde erlöst ist und dadurch in die göttliche Gerechtigkeit zurückkehrt.

Eine ähnliche Erwartung drückt sich auch in der Lehre des Mittelalters aus, welche die gesamte Geschichte auf das Wesen und Wirken von vier Monarchien verengt. Deren letzte vor dem Untergang der Welt sollte das Heilige Römische Reich Teutscher Nation sein, dessen dezentrale Grundfesten weder durch die → Reformation noch durch den dreißig Jahre dauernden Teutschen Krieg wirklich erschüttert werden konnten. Aber als es dann 1806 an sein unrühmliches Ende gelangt war, da erfüllten sich nicht die Zeiten »in Gerechtigkeit«. Denn es herrschte der selbsternannte »Erbkaiser« Napoleon I., der 1799 mit einem Putsch die Revolution von 1789 für beendet erklärt hatte. Damit begrub er auch jene Hoffnung, die der liberale Rechtsanwalt und Protokollführer der Generalstände, Creuzé-Latouche, formuliert hatte: »Angenommen, es gäbe keinen Adel, dann könnten die Tugenden, das Verdienst und die Talente zu allen Rängen und Ämtern führen – und der König fände im Volk nichts anderes als Freunde der Monarchie vor... Denn das Volk kann kein anderes Ziel haben, als die Gerechtigkeit und den Frieden in seiner Mitte herrschen zu sehen« (1789).

Dieser Herzenswunsch erfüllte sich allerdings nur für kurze Zeit. Aber trotz der Enttäuschung über manche Fehlschläge und Fehlentwicklungen der Revolution blieb in vielen Menschen die Sehnsucht bestehen, im Verlauf der Geschichte doch noch das »Reich der Gerechtigkeit« (Madame Roland, 1789) erleben zu dürfen. So formulierte Karl Marx seine Revolutionserwartung auf eine Weise, die stark an das Vier-Stadien-Bewußtsein in Platons Höhlengleichnis erinnert und den älteren Pessimismus über das mögliche Ende der Welt in Optimismus verwandelt. Denn nach der Zeit der Sklavenhalter, dem Feudalismus des Adels und dem Kapitalismus des Bürgertums sollte am Ende der historischen Entwicklung der Kommunismus der Arbeiterklasse (Proletariat) stehen: als Sieger der Geschichte und Erfüller einer Revolution, welche die Rückkehr in ein »Paradies«, eine goldene Ur-Gesellschaft vollendet – jenseits des jüdisch-christlichen Gottesglaubens.

Selbst bei Marx war also noch das Revolutionsverständnis an die Vierheit historischer Lebenszeiten oder Entwicklungsstadien gebunden. Diese Auffassung bekräftigte eine lange Denktradition, nach der sich eine echte Revolution als Rückkehr zu angeblich idealen Ursprüngen legitimiert, ehe sie den »Fortschritt« garantiert.

Eine entsprechende ideologische Rückwendung führte auch dazu, daß sich das republikanische Paris von 1792 an gleichsam als das Vierte Rom empfand – nach Rom, Konstantinopel und Moskau. Gleichzeitig faßten die Revolutionäre in Amerika ihre neue Hauptstadt Washington ebenfalls als ein »wiedergeborenes Rom« auf und bauten gar in sein Zentrum ein großes Kapitol, das die Engländer 1812 in Brand setzten.

Anatomie einer Revolution

Auch wenn es nicht *den* Musterfall einer Revolution in der Geschichte gibt, so kann doch am Beispiel der »Französischen Revolution« gezeigt werden, welche typischen Phasen sie durchläuft.

Entgegen einer verbreiteten Ansicht war Frankreich nicht das »klassische Land« des → Absolutismus. In seinem monarchischen System, das 1787 die Tausendjahr-Feier beging, kam zwar zeitweise das vor, was Kritiker Ludwigs XIV. und Ludwigs XV. einen »anonymen Despotismus« genannt haben, demnach Übergriffe der Verwaltung, die nicht immer gerichtlich geahndet wurden. Mit dem Thronantritt Ludwigs XVI. im Jahre 1774 begann jedoch im Umkreis des Bourbonen-Königs eine durchgreifende Reform, welche die schlimmsten Auswüchse abstellte. So wurde vor allem das dynastische Geheimkabinett »Le Secret du Roi« abgeschafft, mit dem sein Vorgänger am Staatsrat und dem »Parlement de Paris« vorbei eine hausbezogene → Außenpolitik betrieben hatte. Auch das exilierte höchste Gericht wurde wieder in seine Rechte und Pflichten als Rechtskontrolle des Königs eingesetzt und drang wiederholt darauf, die Generalstände einzuberufen. Im Jahre 1779 wurde auf den Krondomänen die Bauernbefreiung abgeschlossen, ohne jedoch die Verschiebungen in der sozialen Symmetrie dieser hochdifferenzierten Ständegesellschaft mit ihren Geburts- und Verdienstkreisen entscheidend korrigieren zu können. Die Forderung nach einer »inneren Balance« der öffentlichen Finanzen als wichtigstem Reformvorhaben wurde ebensowenig erfüllt, trotz der erheblichen Anstrengungen von Ministern wie Calonne und Necker seit 1781.

Ein wesentlicher Grund für ihr Scheitern lag weniger in der Verschwendungssucht des königlichen Hofes zu Versailles (»Halsband-Affäre« um Königin Marie Antoinette) oder in den hohen Pensionen für Klerus und Adel, die außerdem Steuerfreiheit genossen. Die Staatskassen der Krone Frankreichs leerten sich in diesen Jahren vielmehr deshalb so schnell, weil von 1772 an der Staatsstreich Gustavs III. in Schweden mit Unsummen abgesichert werden mußte (gegen das zaristische Rußland gerichtet). Gleichzeitig unterstützte Versailles die Revolution in Amerika, die ab 1776 zum Unabhängigkeitskrieg gegen England geführt hatte.

Neben der kostspieligen Außen- und Sicherheitspolitik verschlechterten Mißernten die innere Finanzlage, und es mußte im benachbarten Ausland Getreide gekauft werden, um die Grundversorgung der Bevölkerung zu sichern. Sie umfaßte immerhin 25 Millionen Einwohner. Davon gehörten dem Klerus als dem Ersten Stand ungefähr 130 000 Personen an, die sich in zwei unterschiedlich große Gruppen spalteten: Bischöfe und Äbte stammten in der Regel aus Adelsfamilien, während der niedere Klerus überwiegend aus bürgerlichen oder bäuerlichen Kreisen kam. Der Adel als der Zweite Stand zählte etwa 350 000 Angehörige. Innerhalb des Geburtsadels (*noblesse d'épée*) mit etwa 20 000 Mitgliedern gab es einen inneren Kreis in Gestalt des Hofadels (*noblesse de cour*), der alle »vorgestellten Geschlechter« umfaßte und fast den alleinigen Zutritt besaß, wenn hohe Kronämter zu vergeben waren. Der bei weitem größte Teil des Adels führte als Landadel (*noblesse provinciale*) ein Leben fernab des Hofes zu Versailles - von einträglichen Tätigkeiten im Handel oder der aufkommenden Industrie weitgehend abgeschnitten.

Allein diese Schichtung zeigt nicht nur die kumulierende und auffächernde Wirkung der zuteilenden → Gerechtigkeit, die der jeweilige König nach Maßgabe der »geometrischen Proportion« zu handhaben hatte. Vielmehr gibt sich darin auch eine oft hermetische Abschottung von Funktionseliten zu erkennen. Deren Kreis erweitert sich noch, wenn man den Amtsadel (*noblesse de robe*) berücksichtigt, dessen Mitglieder häufig aus nicht-adeligen Ständen und Schichten kamen: jedoch nicht vom König im Namen und Rahmen des distributiv Gerechten »nach Verdienst« ausgewählt, sondern nach Maßgabe des kommutativ Gerechten oft mit hohen Geldbeträgen erkauft!

Die Bourbonen-Könige Frankreichs hatten besonders seit Ludwig XIV. (1638-1715) auf ihr Zuteilungsrecht im Ämterwesen verzichtet und es nur noch im Bereich der hohen Kronämter wirklich wahrgenommen. Ansonsten konnten zahlreiche öffentliche Ämter »ohne Ansehen der Person« gekauft und verkauft werden. Ein berühmter Fall dieser geduldeten Ämterkäuflichkeit, die nichts mit einem dynastischen → Absolutismus zu tun hatte, war der Baron de Montesquieu (1689-1755): Er verkaufte nämlich sein Präsidentenamt am »Parlement de Bordeaux« für mehrere hunderttausend Livres, um dann als Ratgeber und Publizist (»L'Esprit des lois«, 1748) hohen Einfluß zu gewinnen – besonders unter den Revolutionären (Marat, Brissot, Condorcet, Saint-Just).

Die von Montesquieu ausgehende aristokratische Prägung der politischen Kultur erfaßte auch die Geistesaristokraten des Dritten Standes. Diesen nur global als »Bourgeoisie« oder → »Bürgertum« einzuordnen, würde seine ökonomische wie soziale Heterogenität verdrängen. Schließlich empfanden nichtadelige Bankiers, Großhändler, Fabrikanten, Steuerpächter, Advokaten, Notare, Ärzte, Lehrer, Künstler oder auch zunftangehörige Handwerksmeister ihren Status innerhalb der Gesamtordnung als angemessen. Auch wenn manche Kritik an den Privilegien oder Vorrechten der beiden ersten Stände geübt wurde, so betraf sie in der Regel doch nur gewisse lokale oder personale Mißstände. Selbst die Steuerfreiheit des Adels wurde in der Regel hingenommen, weil die eigene Steuerbelastung der Preis dafür war, nicht in den Krieg ziehen zu müssen.

Liest man die »Beschwerden« (doléances) an den König, wie sie meistens von Dorfpfarrern verfaßt worden sind, um die »ungerechte Lage« der Bauern in all ihren Schichtungen bis zum Tagelöhner zu beschreiben, dann wird deutlich, daß das Potential einer Revolution vor 1789 gerade in den »niederen Ständen« nicht sonderlich entwickelt oder gar wirksam organisiert war.

Die wichtigen Entscheidungen zu den Veränderungen von 1788 an (Einberufung der Notablen) und dann seit 1789 (Einberufung der Generalstände Klerus, Adel, Bürgertum) fielen in den höchsten Kreisen dieser hierarchischen Gesellschaft. Denn dort war man gerade aus Gründen der distributiven Gerechtigkeit nicht überall bereit, den Forderungen des Finanzministers Necker nachzugeben. Dessen Vorschlag, den steigenden Finanzbedarf der Krone durch eine »gerechte Proportion« zu decken, die alle Stände erfassen sollte, wurde auch deshalb im Hoch- und Hofadel abgelehnt, weil eine Besteuerung als »ungerechte« und unangemessene Bestrafung empfunden wurde.

Der in den 1780er Jahren aufbrechende Verteilungskampf betraf in seinem Kern tatsächlich eine Gerechtigkeitsfrage. Deren Beantwortung wurde aber nicht von Bauern oder

Bürgern forciert, sondern von Aristokraten wie dem Grafen de Mirabeau (1749-91) oder von politisierenden Klerikern wie dem Abbé Sieyès (1748-1836). Ihnen und anderen Verfechtern einer immer wieder in unzähligen Varianten dargelegten »gerechten Politik« blieb aber im Prinzip nichts anderes übrig, als sich an die Nikomachische Ethik des Aristoteles zu halten und das arithmetisch wie geometrisch wirkende »Proportionale« zum Inbegriff des »Gerechten« zu machen: Deshalb sind die einschlägigen Quellen auch voll von Formeln wie »proportionierter Preis« (für Getreide, Brot und andere Lebensmittel) oder »proportionierter Lohn« (für Tagelöhner, Gesellen und Arbeiter).

Es kam also 1789 zunächst einmal darauf an, dieses Herrschaftswissen so einzusetzen, daß die monarchische Macht nach Maßgabe der »Verhältnismäßigkeit« erhalten blieb, ja gestützt und gestärkt wurde: zur Sicherung des »gerechten Königs« Ludwig XVI.

Aristokraten wie Maximilien de Robespierre (1758-94) oder sein Mitstreiter Louis-Antoine de Saint-Just haben als führende Köpfe der Revolutions-Parteiung der Jakobiner den fundamentalen Zusammenhang von »Raison« als »Proportion« oder von »Vernunft« und »Verhältnis« ebenso begriffen wie ihre Gegenspieler in den Reihen der Girondisten und Hebertisten. Unter letzteren ragte der teutsche Baron Anacharsis Cloots (1755-94) hervor, ein »Kosmopolit« und aristotelisch geprägter Gerechtigkeitsfanatiker, der die Alphabetisierung der schreib- und leseunkundigen Franzosen betrieb sowie die Trennung von Kirche und Staat durchsetzte.

Es besteht kein Zweifel, daß mit der Erklärung der Menschen- und Bürgerrechte am 26. August 1789 und mit der radikalen Enteignung der katholischen Kirche 1790 (Zivilverfassung) die Revolution im Rückgriff auf das Naturrecht zu einer immer stärker anschwellenden Gerechtigkeits- und Verfassungsbewegung geworden war. Dabei steigerte sich vor allem der schier unbändige Drang nach Kommutation oder »ausgleichender Gerechtigkeit« von den niederen Ständen her, deren Vertreter das Geburts- und Erbprinzip als Privilegienerwerb abgeschafft sehen wollten – »ohne Ansehen der Person«. Kein Wunder auch, daß nach dieser Vorgabe in der Zeit der »Terreur« (1793 und 1794) die Guillotine als der blutige, aber gerechte »Gleichmacher« galt (→ Terrorismus).

Auch das Bemühen um den »gerechtesten Kalender« bestätigt den ausgeprägten Justitialismus einer Revolution, welche die »Raison«, »Ratio«, »Logos« oder rechnerische »Vernunft« als höchste Tugend feiern ließ – zu Ehren auch ihrer meist adeligen und juristisch gebildeten Akteure.

In der Masse des zu 90 % analphabetischen Volkes bildeten die Revolutionäre und ihre royalistischen Gegner als Konterrevolutionäre eine winzige Elite, die in sich selbst noch einmal verschiedene Funktionseliten kannte: So machten ähnlich wie in der amerikanischen Revolutions- und Verfassungsbewegung die Fachjuristen die übergroße Mehrheit unter den Abgeordneten des Dritten Standes aus. Ihnen ist es überwiegend zu verdanken, daß die Monarchie eine innere Reinigung auf allen Ebenen des Ämterwesens und der bisherigen Besitzstände erfuhr: festgeschrieben in der September-Verfassung von 1791.

Die Revolution in Frankreich hatte also zunächst nicht das Königtum als höchstes Amt für angewandte Gerechtigkeit mit Sturm und militärischer Gewalt gestürzt, sondern gestützt! Trotz aller Reibungsverluste, Leerläufe und Entgleisungen befand sich demnach das Land auf einem ähnlichen Weg wie England 1688, Schweden 1718 oder die USA im Jahre 1787: Es hatte unter erstaunlich friedlichen Formen alle Chancen einer konstitutionellen Konsolidierung gewahrt.

Auch wenn die »Monarchisten« unter den Revolutionären in der Verfassungsbewegung von 1789 noch die Oberhand behielten, ehe ab 1792 die »Republikaner« die radikale Änderung der Staatsform durchsetzten, so erwecken beide Phasen doch den Eindruck, als wollte man den Vorstellungen des adligen Abbé de Mably folgen: Dieser veröffentlichte zwei Jahre nach Montesquieu eine Schrift zu den »Rechten und Pflichten des Verfassungsbürgers« (»Droits et devoirs du citoyen«, 1750) und wies damit allen Reformen und Veränderungen den Weg des → Rechts.

Mit der Anerkennung dieser Grundbedingung von Politik banden sich die Revolutionäre an eine universelle Kategorie, die nicht nur das Zusammenleben der Franzosen, sondern das Dasein *aller* vernunftbegabten Menschen bestimmen sollte. Die Revolution im Dienste der Menschenrechte durfte aus diesem fundamentalen Grund nicht nationalistisch verengt werden: Die Formel »Französische Revolution« ist demnach bis zur Ausrufung der Ersten Republik im Herbst 1792 nicht korrekt, ja eine Irreführung.

Erst die militärische Intervention der Habsburg- und Hohenzollern-Armeen im Sommer 1792, die Goethe als »Campagne in Frankreich« erlebte, änderte die innenpolitische Lage und führte zu einer Radikalisierung nationalistischer Kräfte. Die schauerlichen September-Morde belasteten dabei nicht allein die »Kosmopoliten« unter den Revolutionären und damit zahlreiche Nicht-Franzosen. Sie führten auch zum Hochverratsprozeß gegen Ludwig XVI. und Marie Antoinette sowie zu einer großen nationalen Anstrengung, mit der Kanonade von Valmy dem tyrannischen Eindringling erfolgreich die bessere Geschützkraft und Kampfmoral entgegenzusetzen: eine neue und republikanisch gestimmte Energie.

Was immer auch unter dem Vorwand der Spionage, des Verrats oder der Sabotage an einigen Revolutionären verübt wurde, so konnte selbst der Ausbruch eines französischen Nationalismus im Zeichen des Republikanismus die universellen Bindungen der Revolution nicht gänzlich aufheben. Im Gegenteil: Als der Mathematiker und Marquis de Condorcet (1743-94) dem Land 1793 die erste republikanische Verfassung vorlegte, da hatte er sie im Artikel 6 unter den besonderen Schutz der → Goldenen Regel aus der Bergpredigt gestellt – also wiederum die neue Phase der Revolution als Rückkehr zu einem »Ewigkeitswert« verstanden, der globale Geltung beanspruchte.

Trotz aller Verschiebungen in den Machtgewichten zwischen Jakobinern, Girondisten und anderen Gruppierungen, die sich nach der Auflösung der drei Stände gebildet hatten, überdauerten die Gestaltungsprinzipien von 1789, 1791 und 1793 selbst die Terrorherrschaft Robespierres und seiner Anhänger und fanden Eingang in die neue August-Verfassung von 1795: So wurde unter den »Pflichten« im Artikel 2 wiederum die → Goldene Regel bemüht, die »durch die Natur in alle Herzen geschrieben« worden sei – als bester Garant auch dafür, eine Diktatur zu verhindern und ein rechtsstaatliches Direktorium als Regierung zu sichern.

Als mit dem Frieden von Basel 1795 die Erste Republik vor allem durch Preußen eine wichtige Anerkennung nach außen erreicht hatte, kehrte eine gewisse Beruhigung des revolutionären Prozesses ein. Auch Erschöpfungszustände im Inneren waren unverkennbar, zumal besonders die Grausamkeiten in der widerspenstigen Vendée unzählige Opfer gekostet hatten. Gleichwohl blieb die Gefahr einer Militärdiktatur nie ganz gebannt, solange Interventionen von außen drohten, um die inneren Verfassungszustände zu beseitigen.

Der 1799 erfolgte Umschlag vom republikanischen Verfassungsstaat in die cäsaristische → Diktatur General Bonapartes war für die Revolutionen der Moderne seit 1688 weder typisch noch folgerichtig. Schließlich haben England und die USA bis heute kein diktatorisches Regime erlebt, auch die Niederlande nicht, und Schwedens Revolution von 1718/19 mit der Errichtung einer Freiheits-Verfassung endete erst 1772 durch den Staatsstreich Gustavs III., dessen Machtsystem mit der Revolution von 1809 wieder beseitigt wurde – ohne daß es in der Folgezeit je zu einer Diktatur gekommen wäre.

Kennzeichen

Eine Politik der Reformen oder der → Reformation bemüht sich um Verbesserungen von Teilbereichen einer bestehenden Ordnung. Eine Revolution hingegen hat trotz einer reformerischen Anfangsphase in der Regel die Tendenz, das ganze Gemeinwesen strukturell zu verändern und auf Ersetzungen des Herrschaftssystems hinzuwirken: analog den Revolutionen in Technik und Industrie.

Reformer zielen in der Bewahrung einer strukturellen und mentalen Kontinuität auf das künftige Wirken eines in Wort und Tat erneuerten Menschen. Revolutionäre verlangen hingegen meist die sofortige »Wiedergeburt« eines Neuen Menschen nach Maßgabe angeblicher Idealzustände »goldener« und vollkommener Vorzeiten (→ Utopie).

Ein weiteres Qualitätszeichen ihrer Echtheit haben Revolutionen der Moderne seit 1688 auch dadurch gesetzt, daß sie offene oder »anonym« wirkende Diktaturen des → Absolutismus meist ohne Gewalt, aber mit dem Mut der Freiheit überwanden und an ihrer Stelle Vertragsordnungen als Verfassungen sicherten: demnach »Freiheit und Eigentum«, Menschenrechte und eine Gewaltenteilung garantierten.

Nimmt man noch die Erfüllung des fundamentalen Gerechtigkeitsgebotes hinzu, dann ergibt sich ein System von Merkmalen, nach dem substantielle Veränderungen in einem politischen Gemeinwesen eingeschätzt und beurteilt werden können. Ein Putsch, Militärcoup, Staatsstreich, eine Rebellion, Revolte oder Palastrevolution können demnach nicht als wirkliche »Revolutionen« aufgefaßt werden, auch wenn sie revolutionierende Wirkungen nach sich ziehen. Das gilt besonders für den von Leo Trotzki (1879-1940) angeführten Putsch der Bolschewiki im »Oktober« (nach julianischem Kalender) 1917.

Diese als »Große Oktober-Revolution« ausgegebene Aktion wollte zwar einen »neuen Menschen« schaffen und auch der »gerechten Sache« des → Sozialismus dienen. Aber der Parteiführung unter Wladimir I. Lenin (1870-1924) ist es nicht gelungen, die Diktatur des Zarismus durch einen Verfassungsstaat zu ersetzen. Statt dessen wurde im Rahmen des »demokratischen Zentralismus« eine neue Diktatur errichtet, ohne die revolutionären Errungenschaften von 1688, 1719, 1776, 1789, 1830, 1848 und 1905 zu übernehmen. Tatsächlich war die Diktatur des Bolschewismus keine Fortsetzung der demokratisch gesinnten Februar-Revolution von 1917, sondern ein Rückfall in die »Asiatische Despotie« (K. Marx, → Sozialismus).

Eine »teutsche Revolution«

Ohne die militärische und politische Absicherung durch das Heilige Reich wäre die »Glorious Revolution« von 1688 in England kaum möglich gewesen. Denn die dazu notwendige Intervention von Breda/Niederlande aus wurde gegen das eroberungswillige Frankreich Ludwigs XIV. dadurch im Rückraum gesichert, daß das »Magdeburger Konzert« und die »Augsburger Allianz« französische Truppen banden. Außerdem erhielt England das teutsche Welfen-Haus Hannover als Dynastie (1714).

Eine ganz andere »teutsche« Dimension erhielt die Revolutionsgeschichte, als der Kurfürst von Hannover und englische König Georg III. (1738-1820) gegen die »Rebellen« in Amerika zwangsrekrutierte Soldaten aus Hessen einsetzte, um die dortige Revolution zu ersticken. Ein Vorgang, der sich 1792 in Frankreich wiederholte, als teutsche Truppen die Revolution gewaltsam beenden sollten.

Was beim Vormarsch auf Paris nicht gelingen wollte, glückte dann 1793 in Mainz. Dort hatte sich unter der Führung einheimischer Jakobiner aus dem Besitz- und Bildungsbürgertum eine »Mainzer Republik« in Anlehnung an Frankreich gebildet. Sie scheiterte jedoch, weil die Stadt von den französischen Revolutionstruppen nicht gehalten werden konnte.

Über dieses jakobinische Experiment im einst »Goldenen Mainz« hinaus gab es aber vor allem in der gesamten linksrheinischen Pfalz und in Teilen des Rheinlandes, aus dem auch Anacharsis Cloots stammte (Jülich/Gnadenthal), eine rege Revolutionsbewegung gegen den Adel und die Kirche, ohne jedoch dauerhaften Erfolg zu haben. Immerhin führte diese Tradition zur liberalen Bewegung des »Vormärz« und der republikanischen Hambacher und Hanauer → Feste des Jahres 1832.

Deren Forderungen nach Freiheit, Gleichheit, Brüderlichkeit und Menschenrechts-Verfassung im Geiste des → Patriotismus und → Liberalismus waren Gegenstand einer leidenschaftlichen Erörterung des katholischen Publizisten Joseph von Görres (1776-1848). In seiner berühmten Schrift »Teutschland und die Revolution« von 1819 bekannte er sich zur politischen Kultur der bisherigen Revolutionen als antidiktatorischen Verfassungs- und Gerechtigkeits-Bewegungen. Gleichzeitig warnte er aber auch nach der Erfahrung mit dem Eroberer Napoleon und den gerade überstandenen Befreiungskriegen vor einer extremen Entwicklung: »Eine teutsche Revolution würde mit der Vertreibung aller herrschenden Dynastien, mit der Zerbrechung aller kirchlichen Formen, mit der Ausrottung des Adels, mit der Einführung einer republikanischen Verfassung unausbleiblich endigen; sie würde dann, wenn sie ihren glücklichern Wallenstein gefunden, weil jedes revolutionierte Volk notwendig ein eroberndes wird, über ihre Grenzen treten, und das ganze morsche europäische Staatsgebäude bis an die Grenze Asiens niederwerfen; aber alle diese Herrlichkeiten ... mit dem Blute vieler Millionen, mit dem Untergange der Hälfte der aufsteigenden Generation, mit der Zerrüttung des ganzen Wohlstandes von Teutschland, und mit der Verödung aller seiner Gauen durch einen langwierigen Krieg erkaufen, und am Ende nicht viel mehr gewinnen, als jetzt auf eine wohlfeilere Weise zu erlangen ist.«

Die von Görres getroffenen Zuordnungen sind gedankliche Zuspitzungen, die in Wirklichkeit nur teilweise eingetreten sind und gewissen Mythen entsprechen, wie sie noch bei jeder Revolution zu entstehen pflegten. Denn Dynastien, Kirche und Adel brauchten in einer Revolution nicht notwendigerweise zerstört werden, so wenig wie diese in einen Eroberungskrieg münden mußte.

Das hat sich in der Juli-Revolution von 1830 in Paris und Frankreich oder bei der Errichtung des monarchischen Verfassungsstaates Belgien im gleichen Jahr (unter der teutschen Dynastie Coburg) ebenso gezeigt wie in der Revolution von 1848: Dabei ging es nicht so sehr um den Sturz der Dynastien mit ihren oft selbstherrlichen Adligen und Kirchenfürsten als um die Abschaffung ihrer unerträglich gewordenen Patrimonial-Diktatur und deren unleidlichen Militärsystem.

Nicht umsonst stand die Umwälzung im deutschen Bereich von Berlin (März-Revolution) bis Wien (October-Revolution) und vor allem in der Pauls-Kirchen-Bewegung (Frankfurt am Main) nicht nur im Zeichen des → Liberalismus und Konstitutionalismus, sondern auch unter der Losung »Wahlgang, nicht Erbgang«: Als es nämlich darum ging, die ausgearbeitete Menschenrechts-Verfassung im Schutz einer erneuerten Monarchie zu verwirklichen.

Bakunin und andere Revolutionäre haben denn auch auf dem Basler Kongreß von 1869 die »Abschaffung des Erbrechts« gefordert und damit des »dynastischen Prinzips« als Kern aller Diktaturen des Neo-Absolutismus, wie er sich nach 1806 und 1814 (Wiener Kongreß) gefestigt hatte. Das war auch eine wesentliche Forderung der Revolution von 1918, als am Ende des Ersten Weltkrieges die absolutistischen Throne stürzten, Vertragsverhältnisse geschaffen wurden und demokratisierte Verfassungsordnungen entstanden. Gemäß der Feststellung des sozialdemokratischen »Vorwärts« vom 20. November 1918: »Trotz aller Buchstabenjuristen ist die Revolution Rechtsquelle, d.h. der Ursprung neuen Rechts, das sich auf sie gründet und von ihr seinen Anspruch auf Geltung nimmt.«

Diese November-Revolution mit der Abschaffung der überkommenen Erbordnung und der Ausrufung einer Republik, die rechtsstaatlich, parlamentarisch und demokratisch strukturiert sein sollte, stand in der geistigen Kontinuität von 1648, 1688, 1718, 1776 und 1789, denn es ging den Revolutionären in erster Linie um die »Herrschaft des Rechts« und nicht um die Machenschaften der Macht.

Auch von dieser Seite her bestätigte die Revolution im deutschen Bereich die universelle Substanz jeder echten Umwälzung zum Besseren und Rechtlichen hin, eingedenk auch des »Glücks der größten Zahl« (Bentham) sowie einer Menschenrechts-Verfassung, die für jeden → Bürger zu gelten hat und demnach demokratisch ausgerichtet sein muß.

Diesen grundlegenden Rechts- und Verfassungsbestand aber wollte die »Nationale Revolution« der Nationalsozialisten vom 30. Januar 1933 an nicht mehr anerkennen. Auf scheinlegale, pseudodemokratische und auch terroristische Weise wurde die Weimarer Verfassung in ihrer vertraglichen Substanz ausgehöhlt, um mit gezielten Notverordnungen und »Ermächtigungsgesetzen« eine → Diktatur zu errichten.

Wie im Falle des Bolschewiken-Putsches von 1917 wurde auch die Umwälzung des Jahres 1933 als »Revolution« verklärt und Begriff wie Sache für die neue Machtlage mißbraucht. Denn jede echte Revolution ist auf die Rückkehr zum Recht bezogen und damit an eine politische Kultur gebunden, die nicht »revolutionär« durch Menschenvernichtung, Tyrannis und völkerrechtswidrige Kriege ersetzt werden will.

In diesem Sinne war auch die Diktatur der SED zuerst in der Sowjetischen Besatzungszone (SBZ) von 1946 bis 1949 und dann von 1949 bis 1990 in der DDR trotz Revolutionsparolen nicht das konstitutionelle Ergebnis einer »Revolution«, sondern des sowjetischen Machtsystems. Daran ändert auch der politische Spielraum als »souveräner Staat« nichts, der weltweit diplomatische Anerkennung gefunden hatte.

Die *Sanfte Revolution* hingegen, die von Polen, der Tschechoslowakei und Ungarn ausgegangen war, erfüllte vom 9. November 1989 an alle Bedingungen einer echten Revolution. Denn mit dem Fall der Berliner Mauer kam auch der Sturz der SED-Diktatur, die erste freie Wahl im März 1990 und dann die Angleichung an die politische Kultur des »Westens«, bis mit dem Beitritt der Länder Brandenburg, Mecklenburg-Vorpommern, Thüringen, Sachsen und Sachsen-Anhalt die innere Wandlung zum demokratischen Verfassungsstaat vollendet werden konnte (Einigungsvertrag, 3. Oktober 1990).

Mythen

Revolutionen überdauern im historischen Gedächtnis häufig als identitätsstiftende Gründungsakte. Daher sind sie besonders anfällig für die Entstehung von Mythen und politische Legenden, für ideologische Verzerrungen und Verfälschungen von geschichtlichen Tatsachen.

So wollten die friedlichen Revolutionäre von 1688 in der berühmten »Bill of Rights« (1689), die noch heute geltendes Verfassungsrecht in England ist, sich selbst und ihren Nachfahren weismachen, der tyrannisch gewordene König Jakob II. habe eine »Abdankung« vollzogen. Das war bei seinem patrimonial ausgerichteten Erbverhalten politisches Wunschdenken, um der eigenen Revolution eine stärkere Legitimation zu verleihen. Tatsächlich sorgte weiteres Pochen auf Erb- und Thronrecht immer wieder für Unruhe, bis die »Jakobiten« als Anhänger des vertriebenen Königs im Jahre 1745 den letzten Aufstand probten und militärisch unterlagen.

In der Verfassungsbewegung Amerikas schloß die Berufung auf die Menschenrechte nicht nur die Frauen und die Negersklaven aus, sondern auch die Ureinwohner. Unter diesen stach den weißen Kolonisten vor allem die Irokesen-Föderation ins Auge, die in Gestalt des »Great Law« seit Jahrhunderten den Stammesfrieden gesichert hatte. Benjamin Franklin (1706-90) wunderte sich 1751 nicht wenig über diese politische Leistung, daß nämlich »sechs Nationen unwissender Wilder fähig sein sollten, das richtige System für eine solche Union zu finden«, wie sie für die Kolonien Englands vorgesehen war. Franklin übersah bei der Bewertung dieser indianischen Verfassung, daß sie auf einem ausgesprochen treuhänderischen Eigentumsbegriff beruhte. Die US-Verfassung von 1787 aber sollte weitgehend von einem patrimonialen Eigentumsverständnis ausgehen (Beard, 1913) und den Mythos vom »Independenten« begründen – vom »selbständigen« und »selbsteignenden« Amerikaner, der auf seine »Unabhängigkeit« stolz zu sein hatte.

Auch in Frankreich wurde über Generationen hinweg der Mythos von den Menschenrechten gepflegt, die in Wirklichkeit »Männerrechte« waren und wie in den USA die Frauen samt Negersklaven in den Kolonien häufig ausgrenzten. Auch die Überhöhungen des »französischen Volkes« gehören in diesen Bereich der Heroisierung durch Manipulation der Fakten. So trafen die Revolutionäre nach dem Sturm auf die Bastille nicht auf unschuldig verurteilte Gegner des monarchischen Despotismus, sondern auf gerade vier Häftlinge, die zum Beweis für Unterdrückung und Ungerechtigkeit kaum dienlich waren.

Selbst die Sanfte Revolution von 1989 trug zu einer gewissen Mythenbildung allein durch die berühmte Parole der Montags-Demonstration in Leipzig bei: »Wir sind das Volk!« Auch wenn man einräumt, daß diese mutigen Menschen für die anderen Einwohner der DDR sprechen wollten, so bleibt doch die Tatsache bestehen, daß nur 1 % der Gesamtbevölkerung im Zeichen der »Gerechtigkeit« die Umwälzung von der Diktatur zur Demokratie erzwang.

Gerade an den Losungen von Revolutionen kann man ablesen, wie hoch die Erwartungen häufig sind, ehe sie auf die Bedingungen der Wirklichkeit treffen. Im Gelingen wie Mißlingen kommt es dann immer wieder zur Glorifizierung und damit zur Verkürzung der historischen Tatsachen. Freilich steht außer Zweifel, daß Mythen dieser Art zuweilen erhebliche Energien aktivieren und sogar »Giganten« hervorbringen können. So nannte Fidel Castro die »Helden« der kubanischen Revolution, denen vier Eigenschaften halfen, den Kampf erst gegen Spanien und dann gegen die USA zu bestehen: »Revolutionäre Unnachgiebigkeit, Antiimperialismus, Heldenmut im Opfergang für nationale Unabhängigkeit und soziale Gerechtigkeit«.

Ähnliche Zuordnungen finden sich überall dort, wo nach Legitimationen des radikalen Wandels gesucht wird, Identitäten begründet werden sollen und Projektionen erforderlich sind, um Ideologien zu stützen. Zu diesem Bereich gehören eine spezifische Stimmungslage und Geisteshaltung, ohne die eine Revolution kaum möglich wäre. Nicht umsonst hat Mably bereits 1750 davon gesprochen, daß die »Leidenschaften« es sind, welche »lange Zeit eine Revolution vorbereiten, bis der Zeitpunkt endlich gekommen ist, sie auszuführen«. Auch Prudhomme läßt noch 1790 weniger ökonomische Ursachen gelten als die Tatsache, daß es sich in Paris und Frankreich um »die Revolution der Seelen und geistigen Köpfe« handelt.

Wo aber derartige Faktoren an Bedeutung gewinnen, dort muß jede Revolution zu einem *Elitenphänomen* werden, das steuerbar und damit wiederholbar ist. In diesem Sinne befürwortete auch Leo Trotzki die Idee von der »Permanenten Revolution« als ein anhaltend wirkendes Mittel, keinerlei Rückkehr jener Strukturen zu erlauben, die historisch überwunden worden sind; gleichzeitig sollten die Träger einer Revolution darauf achten, daß sich in ihren eigenen Reihen keine bürokratischen Ordnungen bilden, welche den erkämpften Erfolg ins Gegenteil verkehren.

Ausblick

In der Enttäuschung über die ersten Folgen der Sanften Revolution seit der »Vereinigung« (1990) prägte Bärbel Bohley, eine Symbolfigur des Widerstandes gegen die SED-Diktatur, das bezeichnende Wort: »Wir wollten Gerechtigkeit und bekamen den Rechtsstaat.«

Dieses Mißverständnis beruht im wesentlichen darauf, daß die Bürgerrechtlerin sowohl die kommutativen (Wahlen) als auch die distributiven (Steuern) Bindungen des bundesdeutschen Rechts- und Verfassungsstaates unberücksichtigt läßt. Außerdem wertet dieses Urteil all jene revolutionär erkämpften Errungenschaften ab, die das Bonner Grundgesetz garantiert und es als würdigen Nachfahren der Verfassungsbewegung von 1789, 1848 wie 1918 ausweisen.

Gewiß, die Überwindung einer → Diktatur durch eine friedliche Revolution reicht wohl nicht hin, um nach den Vorstellungen von Kirchenleuten in der »Gerechtigkeit Gottes« zu leben. Aber in der wiedergewonnenen Wechselwirkung von → Recht und → Gerechtigkeit entfaltet sich trotz ökonomischer Schwierigkeiten eine friedensstiftende Kraft, die notwendig ist, wenn ein geschundenes Gemeinwesen in Ruhe gesunden soll.

Auf diese besondere Energie kommt es in jeder echten Revolution an. Das war schon Jan Comenius 1657 bewußt, als er die »Großen Revolutionen« seiner Zeit beschwor und in ihren Abhängigkeiten von den himmlischen Gestirnen einen Fingerzeig Gottes erkannte. Auch die »Roten Priester« in Frankreich hatten als Vertreter einer innerkirchlichen Armutsbewegung während des 18. Jahrhunderts bei allem Änderungswillen stets den sozialen Frieden im Sinn, wenn sie von der reichen Besitz-Kirche ein höheres Maß an Gerechtigkeit forderten. Politische Heilserwartungen und Erlösung von »Ungerechtigkeiten« verknüpfte auch der teutsche Revolutionär Cloots vor 1794 mit seiner Hoffnung auf eine Weltrevolution zur Durchsetzung der Menschenrechte überall auf der Erde.

Auch während der Revolution in Mexiko von 1910, welche die voraufgehende Diaz-Diktatur abschaffte und sich 1917 eine Verfassung gab, wurde eine universelle Friedenssehnsucht beschworen und die Schaffung eines »neuen Menschen« versprochen: Ihm sollte der »vollkommene Ausgleich zwischen der technischen und der ethischen Entwicklung der Menschheit« (Diego Rivera) eine dauernde Verpflichtung sein.

Allein unter diesem Gesichtspunkt können »Revolutionen von oben« keine echten Umwälzungen sein. Denn die von ihnen bewirkten Änderungen vornehmlich im Bereich des → Staates betreffen in der Regel nicht den inneren Machtkern. Sie setzen bestenfalls administrative Veränderungen durch, um das bestehende Machtsystem effizient zu gestalten. Das läßt sich an den Bemühungen Josephs II. in Österreich, Friedrichs II. in Preußen oder Katharinas II. in Rußland während des 18. Jahrhunderts ebenso nachweisen wie an der Innenpolitik des »weißen Revolutionärs« Bismarck zwischen 1871 und 1878 oder auch an der »Perestroika« (Umbau) Gorbatschows von 1985 bis 1991: Ihre Schein-Verfassungen änderten nicht die Machtlage oder das Rechtssystem und schon gar nicht den Menschen.

Im Bann der Kopernikanischen Wende meinte noch der Astronom Galileo Galilei (1564-1642), daß die »Revolutionen des Globus die Unfälle und Zufälle des Menschenlebens bewirken«. Diese Auffassung mag »modernen Menschen« seit 1789 fatalistisch vorkommen, weil der Mensch selbst seine → Geschichte gestaltet und nicht »himmlische Mächte« oder »höllische Kräfte«. Gleichwohl könnte es angesichts des vorherrschenden Glaubens an die Machbarkeit aller Dinge nicht schaden, im Streben jeder Revolution nach → Gerechtigkeit wieder das zu sehen, was heute als Mangel des → Liberalismus beklagt wird – ein Stück »Transzendenz« in der politischen Kultur.

Literatur

A. u. W.P. Adams (Hrsg.), Die amerikanische Revolution und Verfassung 1754-1791 (Dokumente), 1987 ✦ *Agulhon*, Marianne au combat. L'Imagerie et la symbolique républicaine de 1789 à 1880, 1979 ✦ *Annales Historiques de la Révolution Française* (AHRF) ✦

Arendt, Über die Revolution (1963), 3. Aufl. 1986 ✦ *Arrasse*, Die Guillotine. Die Macht der Maschine und das Schauspiel der Gerechtigkeit, 1988 ✦ *Aulard*, La Société des Jacobins, I, 1889 ✦ *ders.*, Histoire politique de la Révolution française, 1901 ✦ *Baader* (Hrsg.), Voltaire, 1980 ✦ *Bailyn*, The Ideological Origins of the American Revolution, 1966 ✦ *K. M. Baker*, ›Revolution‹, in: The French Revolution and the Creation of Modern Political Culture, II, 1988 (Colin Lucas) ✦ *Barnave*, Theorie der Revolution, 1971 ✦ *Barudio*, Paris im Rausch. Die Revolution in Frankreich, 1789-95, 1989 ✦ *Beard*, An economic interpretation of the Constitution of the United States, 1913, dt. 1974 ✦ *C. Becker*, La Déclaration d'Indépendance, 1967 ✦ *Bedjaoui*, La Révolution algérienne et le droit, 1961 ✦ *Belyij*, Revoljucija i kul'tura, 1972 ✦ *Beyrau*, ›Die russische Revolution im Meinungsstreit‹, in: Neue Politische Literatur, 1985 ✦ *Bluche*, Septembre 1792. Logiques d'un massacre, 1986 ✦ *Bohrer*, Mythos und Moderne. Begriff und Bild einer Rekonstruktion, 1983 ✦ *Boissy d'Anglas*, Quelques idées sur la liberté, la Révolution, le gouvernement républicain et la Constitution française, 1792 ✦ *Brinkmann*, Soziologische Theorie der Revolution, 1948 ✦ *Brinton*, Anatomy of Revolution, dt. Die Revolution und ihre Gesetze, 1959 ✦ *Buée*, Nouveau Dictionnaire, pour servir à l'intelligence des termes mis en vogue par la Révolution, 1792 ✦ *Burke*, Reflections on the Revolution in France and on the Proceedings in Certain Societies in London Relative to that Event, 1790 ✦ *Cahen*, Condorcet et la Révolution française, 1904 ✦ *Castro*, Imagen del hombre nuevo, 1987 ✦ *ders.*, Nur eine schöpferische Revolution ist eine wahre Revolution, dt. 1989 ✦ *Chevallier*, Histoire des Institutions de la France moderne, 1789-1957, 1967 ✦ *Cochin*, La Révolution et la libre pensée, 1924 ✦ *Droz*, L'Allemagne et la Révolution Française, 1949 ✦ *Duguit* (Hrsg.), Les Constitutions et les principales lois politiques de la France depuis 1789, 7. Aufl. 1952 ✦ *Dunn*, Moderne Revolutionen, 1974 ✦ *Egret*, La Pré-Revolution française, 1787-88, 1962 ✦ *W.W. Ernst*, (Hrsg.), Theorie und Praxis der Revolution, 1980 ✦ *M. Frank*, Der kommende Gott. Vorlesungen über die neue Mythologie, I, 1982 ✦ *Furet*, Penser la Révolution française, 1978 ✦ *Furet/Ozouf* (Hrsg.), Dictionnaire critique de la Révolution Française, 1988 ✦ *Furet/Richet*, Die Französische Revolution, 1965, dt. 1968, 2. Aufl. 1987 ✦ *Geyer*, Perestroika als Revolutionsgeschichte, 1989 ✦ *Gorbatschow*, Perestroika, 1987 ✦ *Graevenitz*, Mythos. Zur Geschichte einer Denkgewohnheit, 1987 ✦ *Greive*, ›Die Entstehung der französischen Revolutionsparole Liberté, Égalité, Fraternité‹, in: DVjLG 43, 1969 ✦ *Gross/Thüsing* (Hrsg.), Adelante Kuba. Wege einer Revolution, 1985 ✦ *Guevara*, Obras 1957-67, 2 Bde., 2. Aufl. 1977 ✦ *Guilhaunon*, Sprache und Politik in der Französischen Revolution, 1989 ✦ *Guzman*, ›La sombra del caudillo‹, in: Obras completas, 2 Bde., 1961-63 (Mexiko) ✦ *Graczyk*, Vorhang auf für die Revolution. Das Französische Theater 1789-1794, 1989 ✦ *Griewank*, Der neuzeitliche Revolutionsbegriff, 2. Aufl. 1969 ✦ *Goulemot*, ›Le mot »révolution« et la formation du concept de révolution politique‹, in: AHRF, 39, 1967 ✦ *ders.*, Discours, révolutions et histoire, 1975 ✦ *Hanf*, Castros Revolution. Der Weg Cubas seit 1959, 1989 ✦ *Harth/Assmann* (Hrsg.), Revolution und Mythos, 1992 ✦ *Heiss*, Die Idee der Revolution bei Marx und im Marxismus,1949 ✦ *A. Heuß*, ›Der Untergang der Römischen Republik und das Problem der Revolution‹, in: HZ 182, 1956 ✦ *Hunt*, Symbole der Macht – Macht der Symbole. Die Französische Revolution und der Entwurf einer politischen Kultur, 1984, dt. 1989 ✦ *Janet*, La philosophie de la Révolution française, 1875 ✦ *Kennett*, ›La Bilance d'une rencontre: L'armée française en Amérique 1780-1783‹, in: AHRF 48, 1976 ✦ *Kirchberger*, Die Französische Revolution. Eine Chronik in Daten und Zitaten, 1988 ✦ *Klemperer*, Montesquieu, 2 Bde., 1914/15 ✦ *Kluge*, Die deutsche Revolution 1918/1919. Staat, Politik und Gesellschaft zwischen Weltkrieg und Kapp-Putsch, 1985 ✦ *Kossok* (Hrsg.), Vergleichende Revolutionsgeschichte – Probleme der Theorie und Methode, 1988 (marx. Positionen) ✦ *Landauer*, Die Revolution. Texte zu Geschichte und Literatur 1904-1913, in: Werkausgabe, II, 1992 ✦ *Laski*, Utopie und Revolution, 1976, dt. 1989 ✦ *Lenin*, Staat und Revolution, dt. 1974 ✦ *Lenk*, Theorien der Revolution,1973 ✦ *Leonhard*, Die Revolution entläßt ihre Kinder, 1990 ✦ *Löhken*, Die Revolution 1848, 1992 ✦ *Losurdo*, Zwischen Hegel und Bismarck. Die achtundvierziger Revolution und die Krise der deutschen Kultur, 1992 ✦ *Marcuse*, Vernunft und Revolution, 1992 ✦ *Markov* (Hrsg.), Revolution im Zeugenstand. Frankreich 1789-1799, 2 Bde., 1987 ✦ *Mao Tse-tung*, Ausgewählte Schriften, dt. 1964 ✦ *R. Müller*, Geschichte der deutschen Revolution, Bd. 1: Vom Kaiserreich zur Republik, 1979 ✦ *U. F. Müller*, Lust an der Geschichte: Die Französische Revolution 1789-1799. Ein Lesebuch, 1988 ✦ *F. Neumann*, 1789 – am Vorabend der Französischen Revolution, 1889 ✦ *Noack*, Die manipulierte Revolution, 1978 ✦ *Nowak*, Property and Power. Towards a Non-Marxian Historical Materialism, 1983 ✦ *Oliver-Martin*, Histoire du droit français des origines à la Révolution, 1951 ✦ *Opp/Voss*, Die volkseigene Revolution, 1992 ✦ *Ozouf*, L'école de la France. Essais sur la Révolution, l'utopie et l'enseignement, 1984 ✦ *Pernoud/Flaissier* (Hrsg.), Die Französische Revolution in Augenzeugenberichten, 1959, dt. 1962 ✦ *Perroud* (Hrsg.), Lettres de Madame Roland, 2 Bde., 1900-02 ✦ *Preuss*, Revolution, Fortschritt und Verfassung. Zu einem neuen Verfassungsverständnis, 1992 ✦ *Price*, 1848. Kleine Geschichte der europäischen Revolutionen, 1992 ✦ *Rein*, Die protestantische Revolution 1987-1990. Ein deutsches Lesebuch, 1992 ✦ *Reinalter* (Hrsg.), Revolution und Gesellschaft. Zur Entwicklung des neuzeitlichen Revolutionsbegriffs, 1980 ✦ *ders.*, Der Jakobinismus in Mitteleuropa, 1981 ✦ *ders.*, Die Französische Revolution und Mitteleuropa,

1988 ✦ *Robespierre*, Discours et rapports à la Convention, 1965 ✦ *Schieder*, ›Das Problem der Revolution im 19. Jhd.‹, in: HZ 170, 1950 ✦ *E. Schmitt*, Die Französische Revolution – Anlässe und langfristige Ursachen, 1973 ✦ *Schulin*, Die Französische Revolution, 1988 ✦ *W. Schultz*, Der 14. Juli 1789, 1989 ✦ *Sciout*, Histoire de la constitution civile du clergé (1790-1801), 4 Bde., 1872-81 ✦ *v. See*, Die Ideen von 1789 und die Ideen von 1914. Völkisches Denken in Deutschland zwischen Französischer Revolution und Erstem Weltkrieg, 1975 ✦ *Sieburg*, Robespierre, 1958 ✦ *Soboul*, Le Procès de Louis XVI., 1966 ✦ *ders.*, Die Große Französische Revolution, dt. 1973 ✦ *ders.*, ›Sur les »curés rouges« dans la Révolution Française‹, in: AHRF 54, 1982 ✦ *Stadler*, Geschichtsschreibung und historisches Denken in Frankreich 1789-1871, 1958 ✦ *Starobinski*, 1789: Les Emblèmes de la raison, 1973 ✦ *Stern*, ›Anacharsis Cloots. Der Redner des Menschengeschlechts‹, in: Historische Studien 119, 1914 ✦ *Stiegung*, Ludvigs XV: s hemliga diplomati och Sverige 1752-1774, 1961 ✦ *Stinchcombe*, The American Revolution and the French Alliance, 1969 ✦ *Sydenham*, The Girondins, 1961 ✦ *Thanner*, Revolutionen i Sverige efter Karl XII: s död, 1953 ✦ *Tobler*, Die mexikanische Revolution. Gesellschaftlicher Wandel und politischer Umbruch, 1876-1940, 1984 ✦ *Tocqueville*, L'Ancien Régime et la Révolution, 1852 ✦ *Träger* (Hrsg.), Die Französische Revolution im Spiegel der deutschen Literatur, 1979 ✦ *Traeger*, Der Tod des Marats. Revolution des Menschenbildes, 1986 ✦ *Trotzki*, Literatur und Revolution, 1924 ✦ *ders.*, Mein Leben, 1930 ✦ ders., Die verratene Revolution, 1936 ✦ *Voss* (Hrsg.), Deutschland und die Französische Revolution, 1983 ✦ *Vossler*, Alexis de Tocqueville. Freiheit und Gleichheit, 1973 ✦ *Vovelle*, ›Die Elite oder der Trug der Wörter‹, in: I. Hartig (Hrsg.), Geburt der bürgerlichen Gesellschaft: 1789, 1980 ✦ *Wassmund*, Revolutionstheorien, 1978 ✦ *Wood*, The Creation of the American Republic 1776-1787, 1972.

Sicherheit

Das Streben nach Sicherheit für Leib und Leben, Haus und Hof, »Erbe und Eigen« gehört nicht nur zur individuellen, familiären und sozialen Daseinsvorsorge in Risikogesellschaften. Es sollte ebenso Ausdruck eines Verfassungsgebotes sein, das im Dienste der Menschenrechte steht. Deren Erklärung von 1789 hatte im Artikel 2 Ziel und Zweck aller → Politik festgeschrieben, zu der auch die »Sicherheit« (*sûreté*) zählt.

Der hinreichende Schutz vor Schäden aller Art, die Abwehr von Bedrohungen sowie die angemessene Sicherung des materiellen und mentalen Vermögens sind über die private Tätigkeit hinaus fundamentale Aufgabenbereiche all jener, die auf ein gedeihliches Zusammenleben in → Gesellschaft und → Staat zu achten haben: Das gilt für die Ordnungsbehörden, die Polizei, die Gerichte, die Regierungen sowie für die Armee als *Sicherheitskräfte*.

Sicherheit vor Bedrohung

Als sich Voltaire in seinem »Dictionnaire Portatif« Gedanken über das Wesen und Wirken der → Toleranz machte, äußerte er großes Lob für den Handel per Handschlag. Er sah in diesem Verhalten die Begegnung ehrbarer Leute, die sich im Rahmen des geschlossenen Vertrages friedlich vertragen. Das Geheimnis dieses Verhaltens im Schutz der Tauschgerechtigkeit lag für ihn in der Wahrnehmung der → Goldenen Regel sowie im Vertrauen – einem »Grundprinzip mitmenschlichen kultivierten und zivilisierten Umgangs« (Sass).

Wo diese Qualität in Handel und Wandel sowie im öffentlichen Leben als Inbegriff von »Treu und Glauben« schwindet oder fehlt, dort breitet sich die Vorstellung aus, Sicherheit *vor* Bedrohungen organisieren zu müssen. Alarmanlagen, Wachhunde, Kamerakontrollen, Lichtschranken, Geheimschlösser, Schließdienste oder auch »Hochsicherheitstrakte« in besonderen Gefängnissen sind das technische Ergebnis einer Haltung des *Mißtrauens* und der Vorsicht gegenüber Mitmenschen, die sich nicht an das Zehnte Gebot des Dekalogs halten wollen: »Du sollst nicht begehren deines Nächsten Hab und Gut«.

Vorkehrungen der Technik müssen demnach mit einem oft hohen Kostenaufwand ein Fehlverhalten eindämmen oder abwehren, das die → Ethik des Christentums wie der Menschenrechte nicht billigen kann. Das Sicherheitsrisiko wird nicht durch vertrauensbildende Maßnahmen gemindert, sondern auf technische Sicherungen verlagert, die mittlerweile eine ganze Industrie begründen – bis zur massenhaften Herstellung und Nutzung von Selbstschußanlagen, Handfeuerwaffen und »chemischen Keulen«.

Die sich steigernde Wechselwirkung von Mißtrauen und technischem Schutz kennzeichnet auch den öffentlichen Bereich. Schließlich legitimiert sich der → Staat gegenüber seinen Steuerzahlern und Wahlbürgern als alleiniger Garant (Gewaltmonopol) der *inneren Sicher-*

heit vor allen unrechtmäßigen und gesetzeswidrigen Übergriffen: vom Diebstahl über den organisierten Raub bis hin zu → Terrorismus und → Krieg als Bedrohung von außen.

All diese Sicherungsaufgaben ziehen eine ständige personelle wie technische Aufrüstung nach sich, solange nicht nach den politischen, gesellschaftlichen oder psychischen Gründen gefragt wird, die den Bedrohungen zugrundeliegen. Statt auf die inneren Antriebe des Terrorismus einzugehen, reagiert der staatliche Sicherheitsapparat oft mit aufwendiger Technik (Fangschaltungen bei Telefonen, computergestützte Rasterfahndungen, »großer Lauschangriff« mit Abhörgeräten). Dabei kollidieren diese Abwehrmaßnahmen mit verschiedenen Grundrechten (Hausfrieden, Datenschutz, Postgeheimnis) und gefährden in der Substanz das, was sie zu schützen vorgeben – die Ruhe im Recht auf der Grundlage von »Union, Justice and Confidence« (Losung des US-Staates Louisiana).

Im Gegensatz zur rechtsstaatlichen Handhabe des Gewaltmonopols, die der Kontrolle durch die Gerichte unterliegt (»Lauschangriffe« müssen vor allem in den USA durch Gerichte genehmigt werden) und so die Sicherheit aller Bürger verbürgen soll, benutzen Diktatoren ihr unrechtmäßig erworbenes Machtmonopol, um mit Hilfe besonderer *Sicherheitsdienste* – »SD« im Dritten Reich, »Ministerium für Staatssicherheit« (Stasi) in der DDR – die eigene Bevölkerung zu überwachen und deren politische Entrechtung zu »sichern«.

Diese Art von Sicherung war und ist ein Ausdruck des Mißtrauens gegenüber dem eigenen → Volk, das sich in Abschottungen, Reisebeschränkungen, Paßverweigerungen, Devisenkontrollen und selbst Familientrennungen äußern kann. Gleichzeitig verdeutlicht diese »Sicherungsverwahrung« mit ihrer sozialen Schein-Stabilität ein hohes Maß an staatlichem Unabhängigkeitsstreben, das eine kontrollierte Isolation jeder »Öffnung« vorzieht.

Sichtbare Zeichen einer solchen Sicherungs-Ideologie, deren Festungs- oder Bunkermentalität unverkennbar ist, waren nach 1945 der »Eiserne Vorhang« in Europa, der »Bambusvorhang« in Asien sowie der Bau der »Berliner Mauer« im Jahre 1961 (→ Ost-West-Konflikt).

Bei diesen Maßnahmen einer »maximalen Selbstisolierung« (Amalrik) wurde die Systembewahrung und -abgrenzung gegenüber dem »Klassenfeind« betrieben – aus Angst, die freizügige Werteordnung des demokratischen Westens und des → Kapitalismus könnte die »Errungenschaften des Sozialismus« bedrohen oder gar dessen Machtapparate beseitigen.

Wie berechtigt diese Furcht vor Veränderungen war, zeigte sich, als diese von Mißtrauen geprägten Machtsysteme sich auf eine Verständigungs- und Entspannungspolitik einließen, gar dem KSZE-Prozeß zustimmten und sich »vertrauensbildenden Maßnahmen« stellten: Das Ergebnis war die Sanfte Revolution von 1989 mit dem weitgehend friedlich verlaufenen Sturz kommunistischer Diktaturen in Osteuropa.

Dieser historisch bedeutsame Vorgang, dessen demokratische Errungenschaften aber noch lange nicht auf Dauer gesichert sind, war von seiner Struktur her nichts Einmaliges. Er bestätigte nur eine immer wieder auftretende Grundangst des Menschen, dem es an Selbstvertrauen fehlt und der sich daher genötigt fühlt, sein Verhalten auf Abwehr einzustellen und Sicherheit *vor* statt *mit* anderen Menschen zu suchen. Ein weiterer Grund für Abschottungen nach innen wie nach außen liegt in der Furcht, bei Öffnungen des eigenen Systems und in Begegnungen mit anderen Ordnungen die selbstgewählte Identität prüfen oder gefährden zu lassen.

Es hat in der Geschichte Fälle gegeben, in denen Angst und Furcht große technische Sicherungsleistungen nach sich zogen. So sollte die *Chinesische Mauer* (im 3. Jahrhundert v. Chr. begonnen und erst im 16. Jahrhundert n. Chr. leidlich vollendet) kriegerische Nomaden- und Reitervölker aus dem Norden (Mongolen) fernhalten und dem »Reich der Mitte« andauernde Sicherheit seiner eigenen, von Kaisern geprägten Kultur verschaffen.

Ähnliche Sicherungen erstrebten auch römische Caesaren, die nach der Zerstörung des republikanischen Vertrauens (*fides publica*) im Inneren aus Furcht vor einer drohenden Fremdherrschaft durch andringende germanische Völker besondere Schutzanlagen errichten ließen. Unter Claudius nach dem Jahre 41 begonnen, wurde der *Limes* zwischen Rhein und Donau gut zweihundert Jahre später überrannt. Auch der sogenannte *Hadrianswall* im römischen England, der die »wilden Stämme« Schottlands abhalten sollte, hatte so wenig Bestand wie Grenzwälle in Nordafrika oder in den östlichen Provinzen des Römischen Imperiums.

Auch in neuerer Zeit wurde immer wieder der Versuch unternommen, Befestigungen von Burgen und Städten auf größere Areale zu übertragen, um ganze Länder an bisher »offenen Grenzen« abzuriegeln – im Glauben, dadurch werde sich im Innern die Sicherheit erhöhen.

Obgleich gerade der Teutsche Krieg zwischen 1618 und 1648 nachdrücklich gezeigt hat, daß die beste Sicherheit für Land und Leute in der stetigen Festigung des »alten Vertrauens« liegt, jedoch nicht im Bau von kostspieligen Festungen, entschied sich der französische General Vauban am Ende des 17. Jahrhunderts für eine Festungskette an der Ostgrenze Frankreichs. Nur wenige Generationen später hoffte der »Erbkaiser« Napoleon ab 1806 darauf, daß sich sein Gegner England durch eine *Kontinentalsperre* vom Handel mit dem übrigen Europa völlig isolieren lasse. Das Scheitern dieses Projektes hat aber die Militärs in Frankreich nicht ihr technisches Sicherheitsdenken überprüfen lassen. General Maginot setzte gegen einige Widerstände in der III. Republik durch, daß von 1929 bis 1932 an der Ostgrenze des Elsaß die Befestigungen der *Maginot-Linie* errichtet wurden. Mit dieser Demonstration des Mißtrauens selbst gegenüber der Weimarer Republik als Mitglied des friedenssichernden Völkerbundes wurde aber nur das diktatorische Dritte Reich veranlaßt, längs der pfälzisch-saarländischen Westgrenze den sogenannten *Westwall* zu errichten.

Der militärische Sicherungswert der Maginot-Linie erwies sich 1940 als Fehlinvestition, denn ihr Bunker- und Sperrensystem wurde bei Kriegsbeginn von der deutschen Wehrmacht umgangen und damit »neutralisiert«. Auf der anderen Seite erwies sich der in Frankreich 1944 aufgebaute deutsche *Atlantikwall* nicht weniger als Fehleinschätzung: Er konnte die Invasion der Alliierten nicht aufhalten. Selbst der Westwall mit seinen Panzersperren, Bunkern und Geschützstellungen wurde umgangen oder durchbrochen: Oft mit dem »Erfolg«, daß die Dörfer vor seinen Festungen zerstört waren, während die Bunker erhalten blieben, bis sie 1948 durch die französische Armee gesprengt wurden.

All diesen erfolglosen Anstrengungen, Sicherheit auf technische Weise erreichen zu wollen, liegt ein Modell des Mißtrauens zugrunde, das eine Kontrolle durch Kommunikation fürchtet und eine permanente Aufrüstung geradezu erzwingt. Das gilt selbst für Länder, die sich für eine militärische Blockfreiheit und eine »bewaffnete Neutralität« entschieden haben. Die Beispiele Schwedens und der Schweiz, die sich im Gefolge der Napoleonischen Herausforderung zu diesem isolierenden Schritt entschließen mußten, bestätigen den kostspieligen Mechanismus von scheinbarer → Unabhängigkeit, mühsam abgerungener Eigenversorgung und kaum bezahlbarer Aufrüstung.

Der bei Militärs und Politikern verbreitete Glaube, mit Hilfe einer »splendid isolation« und selbstgenügsamem Festungsdenken die bestmögliche Sicherheit für das eigene Land organisieren zu können, hat noch in jüngster Zeit seltsame Entscheidungen veranlaßt.

So wird der Streit um Kaschmir zwischen Pakistan und Indien nicht auf dem Verhandlungsweg und in beiderseitigem Vertrauen beigelegt, sondern künstlich dadurch hochgehalten, daß ein angebliches »nationales Interesse« (Pakistans mächtiger Armeechef Waheed) über die Forderungen der eigenen Demokratie gestellt wird und den Bau von Atombomben veranlaßt – zur Verunsicherung des Nachbarn Indien und der gesamten Region sowie zu Lasten der inneren Entwicklung.

Der Bau einer »arabischen Atombombe« durch den Irak des Diktators Saddam Hussein als Antwort auf die Atomwaffen Israels war der eigentliche Kern des Golfkrieges von 1990/91 und nicht so sehr die Sicherung der Ölproduktion Kuwaits, wie oft in den Medien und in der Publizistik angenommen wird.

Wohin diese Spirale der gegenseitigen Bedrohung mit atomaren Vernichtungswaffen als Sicherheit *vor* Nachbarn und ideologischen Feinden führen kann, das hat nicht nur das Rüstungsprogramm der ehemaligen Sowjetunion gezeigt. Hatte sie sich im Wettlauf mit dem Westen am Ende »totgerüstet« und damit auch ihre politische Selbstauflösung betrieben, so erging es dem zu bekämpfenden »Klassenfeind« nur graduell besser. Denn die forcierte Aufrüstung der USA unter den Präsidenten Ronald Reagan und George Bush zwischen 1981 und 1991 hat nach der starken Schwächung des US-Dollars durch das Vietnam-Debakel zu einer horrenden Staatsverschuldung geführt:

Vor allem das ehrgeizige Programm einer »Strategischen Verteidigungs-Initiative« (SDI) hat mit seinen Kosten die US-Währung und -Wirtschaft erheblich geschwächt (→ Marktwirtschaft).

Auch bei diesem Projekt war nicht politische Vernunft, militärische Einsicht oder ökonomischer Verstand ausschlaggebend, sondern die ideologisch bedingte Angst, sich vor den möglichen Raketenschlägen aus dem »Reich des Bösen« (Reagan) schützen zu müssen. Mit dem Bau eines elektronischen Schutzschildes im erdnahen Weltraum sollte das »Fenster der Verwundbarkeit« (*»vulnerable window«*) endgültig geschlossen werden: Der Traum von der völligen Unabhängigkeit wurde zu einer Vision der *Unverletzbarkeit* gesteigert, obwohl es »absolute Sicherheit« (Henry Kissinger) nicht geben kann.

Was hier auf der Ebene des High-Tech-Militärs und der hohen Politik versucht wurde und gescheitert ist, hat auch im sozialen Sicherheitsdenken eine gewisse Entsprechung. Denn es gehört zur → Ideologie des *Wohlfahrtsstaates* europäischer Prägung, Versicherungen für fast alle Wechselfälle und Risiken des Lebens abzuschließen – als Schadensabwehr und Verdrängung fortbestehender → Abhängigkeiten. Unter dem Motto »Safety first!« hat sich eine Sicherheits-Mentalität entwickelt, die dem Sozialstaatsgebot die Erfüllung immer größerer Ansprüche abverlangt: Das Dasein soll so weit abgesichert sein, daß keine »Lebensangst« mehr aufzukommen braucht – von der Wiege bis zur Bahre.

Dieses verbreitete *Vollkaskodenken* ist wie die militärische Hochrüstung längst an Grenzen der Finanzierbarkeit geraten. Das beste Beispiel für den Ausbau des »sozialen Netzes« zu Lasten kommender Generationen ist Schweden. In der ganzen Welt als »Modell« gelobt und von Gorbatschow als Ergebnis der »Perestroika« angestrebt, ist dieses Wohlfahrtssystem fast gleichzeitig mit dem Zusammenbruch des »real existierenden Sozialismus« auch deshalb untragbar geworden, weil die Politik der »bewaffneten Neutralität« ebenso Unsummen kostete wie ein Sozialsystem, das »auf Pump« angelegt war. Eine permanente Staatsverschuldung, mehrere Abwertungen der Landeswährung und eine Hochsteuerpolitik mit konfiskatorischem Charakter haben die geforderte »Trygghet« (Sicherheit nach innen und außen) nicht auf Dauer stabilisieren können. Das Land befindet sich seit ein paar Jahren unter »bürgerlichen« Regierungen in einer Phase der Umstrukturierung – weg von der selbstgewählten Isolierung seit 1814 und hin zur europäischen Integration.

Sicherheit mit Nachbarn

Während der schwierigen Friedensverhandlungen zu Osnabrück und Münster formulierte Schwedens Reichskanzler Axel Oxenstierna (1583-1654) eine Art *sekurativen Imperativ* für die künftige Sicherheitspolitik der europäischen Mächte gegenüber der teutschen Mitte des Kontinents und für das eigene Land als Nachbar des Heiligen Reiches: »Nun besteht die Sicherheit darin, daß Teutschland nicht absolut wird, sonst gehen die Schweden, Dänemark und die anderen unter« (1646 im Reichsrat).

Oxenstierna – der Architekt des Teutschen Friedens – argumentierte hier nicht mit der von deutschen Politikern oft beschworenen geographischen »Mittellage« (Helmut Schmidt, 1994), sondern strukturbezogen. Das Heilige Reich mit seinem Wahl-Kaisertum, der dezentralen und föderativen Ordnung seiner Stände und Städte sowie seiner libertären Verfassung war für seine Nachbarn oder für Europa insgesamt nie eine Bedrohung. Erst als der Habsburger Ferdinand II. begann, die »herrliche Reichsstruktur« diktatorisch, zentralistisch und patrimonial zu mißbrauchen, wuchs die Gefahr eines »absoluten Dominats«. Zur Eindämmung dieser drohenden »Knechtschaft« (→ Patriotismus) sah sich halb Europa genötigt, dreißig Jahre lang Krieg zu führen. Dessen Ende war aber nach einer längeren Ermattungsphase aller Beteiligten nur möglich, weil das alte Vertrauen zwischen Kaiser, Kurfürsten und dem Kurien-Reichstag wieder hergestellt werden konnte.

Die unmittelbare Kopplung von innerer Verfassung und äußerer Sicherheit macht das Friedenswerk von Münster und Osnabrück aus, das noch Jahrhunderte später von seiten der Nationalsozialisten bewußt mißverstanden, abgewertet und als »Schandfriede« verteufelt worden ist. Oxenstierna und Mazarin war es in diesem »universellen Frieden« gelungen, Mitteleuropa wieder in eine Zone des Rechts zu verwandeln und eine *Sicherheits-Partnerschaft* zu begründen. Dazu schien es nötig zu sein, daß die Krone Schweden mittels Pommern die Rechtsqualität eines »Reichsstandes« erhielt und somit auf dem Immerwährenden Reichstag von Regensburg vertreten war – bis 1806 als konstitutioneller Kontrolleur der Kaiser und als Treuhänder der Teutschen Nation.

Die Staatsmänner Schwedens und Frankreichs als Hauptgaranten dieser Verfassungs- und Friedensordnung suchten nicht eine Sicherheit *vor* einem diktatorischen Heiligen Reich, sondern *mit* einem libertären Gemeinwesen. Schweden hatte dabei mit seiner eigenen Verfassung von 1634 den Weg gezeigt, ohne deren Vorbild der Teutsche Frieden von 1648 als »Fundamentalgesetz des Reiches« kaum denkbar gewesen wäre.

Von dieser Seite aus gesehen war 1648 nicht eine »nationale Katastrophe« (Fritz Dickmann), sondern ein großes Angebot an die Teutschen, sich des Wertes ihrer »Libertät« erneut zu versichern. Die »Modernität« der damals entworfenen und durchgesetzten Sicherheitsstruktur erscheint offenkundig, wenn man bedenkt, daß der Wiener Kongreß von 1814/15 nach dem Hegemonieversuch Napoleons zu einer vergleichbaren Leistung nicht in der Lage war. Denn eine Herstellung verfassungsmäßiger Zustände gelang nur in Frankreich selbst, um künftig durch innere »checks and balances« eine Diktatur zu verhindern. Gleichzeitig aber wurde die von Napoleon aufgehobene »Teutsche Verfassung« nicht restituiert, sondern die dynastischen Diktaturen garantierten sich gegenseitig die erreichten Besitzstände. Die Bildung der *Heiligen Allianz* zwischen Rußland, Habsburg-Österreich und Hohenzollern-Preußen war der Ausdruck eines Sicherheitssystems, das zwar nach außen die Sicherung des dynastischen Besitzstandes *mit* den Nachbarn suchte, aber es auch nutzte, um nach innen *vor* einer Mitsprache der Stände »gesichert« zu werden.

Tatsächlich bildeten die absolutistischen Hausstaaten nichts anderes als Bollwerke und Festungen vor den Forderungen des liberalen Konstitutionalismus (→ Liberalismus), statt mit den Verfassungsbewegungen für das Gemeinwohl zu sorgen. Die innere Aufrüstung dieser Staaten als Familienunternehmen mit Geheimpolizei, Verwaltungsapparaten, Pressezensur, Bevormundungen aller Art und Durchsetzung des Stehenden Heeres resultierte aus dieser Grundangst, den erreichten Patrimonial-Status aufgeben zu müssen. Die Revolutionen von 1830 und 1848 vermochten dieses System kaum zu erschüttern. Es bedurfte des Ersten Weltkrieges mit seinen Revolutionen, um die Metternich-Ordnung endgültig zu stürzen und den Weg freizumachen für eine Sicherheit mit den Nächsten im Inneren und den Nachbarn von außen.

Die Vorstellung einer *kollektiven Sicherheit* dieser Art nahm im Völkerbund von 1920 jenen Grundgedanken von 1648 wieder auf, der es den Reichsständen gestattete, sich einer Diktatur des Kaisers aktiv zu widersetzen. Dieses Widerstandsrecht als Vertrags- und Verfassungprinzip erklärt auch das international garantierte Zugeständnis, daß die Reichsstände »unter sich oder mit Auswärtigen zu ihrer Erhaltung und Sicherheit Bündnisse schließen« durften. Hielten sich die Kaiser an Recht und Verfassung, wozu auch die Zustimmung des Reichstages in wichtigen Angelegenheiten wie Krieg und Frieden gehörte, dann brauchte dieses Widerstandsrecht nicht aktiviert zu werden.

Es ist verständlich, daß diktatorisch ausgerichtete Kreise mit einem solchen Kunstwerk alteuropäischen Sicherheitsdenkens nichts zu tun haben wollten und den Frieden von Versailles ebenso bekämpften wie den Völkerbund. Geradezu tragisch wurde dann die »Friedenssicherung«, als das England Chamberlains in einer mechanistischen Anwendung der »Balance-of-Power«-Doktrin das Miteinander nur auf die Außenbeziehungen beschränken wollte und nicht darauf bestand, die künftige Sicherheit auch von den inneren Verhältnissen im Dritten Reich abhängig zu machen.

Das *Münchener Abkommen* von 1938 wurde zwar *mit* Hitler und seinem Dritten Reich abgeschlossen, aber das geschah unter bewußter Ausschaltung des betroffenen Dritten, nämlich der Tschechoslowakischen Republik, die das erste Opfer der Appeasement-Politik Englands war. Als sich dann kurze Zeit später herausstellte, daß es den Nationalsozialisten um ein großangelegtes Betrugsmanöver gegangen war, da beeilte sich das England Churchills, eine Art demokratischen Schutzwall *vor* Hitler aufzubauen – mit den USA, dem Frankreich der III. Republik und später sogar mit der Sowjetunion des Diktators Stalin.

Kein Wunder, daß Hitler diese Mächtekonstellation 1941 als »neue Einkreisungsfront gegen Deutschland« betrachtete, nachdem er das Miteinander (England und Frankreich 1938; »Pakt« mit Stalin 1939) zu einem Gegeneinander mißbraucht hatte.

Nach seiner Niederlage verständigten sich die Siegermächte des Zweiten Weltkriegs in Fortsetzung des Völkerbundes darauf, mit Hilfe der 1945 in San Francisco gegründeten Vereinten Nationen (UNO) die künftige und weltweite Sicherheitspolitik vornehmlich im *Sicherheitsrat* der UNO zu gestalten. Das Besondere an diesem Gremium bestand darin, daß seine fünf ständigen Mitglieder nicht nur ein Veto-Recht besaßen, sondern als Atommächte vertreten waren, die außerhalb der neuen Weltorganisation wiederum ein eigenes Sicherheitssystem aufbauten – *vor* dem jeweiligen ideologischen Gegner.

Trotz dieser spannungsreichen Zweigleisigkeit kam immer wieder der Gedanke einer »friedlichen Koexistenz« (Chruschtschow) beider Seiten auf und damit die Vorstellung, Sicherheit mit anderen zu suchen, um das eigene System zu stabilisieren.

Wie stark die Grundidee des Koexistierens als Einsicht in gegenseitige Abhängigkeiten zeitweise gewirkt hat, belegt das erfolgreiche Agieren des UNO-Generalsekretärs Dag Hammarskjöld (1905-61). Diesem Bankfachmann und Diplomaten aus Schweden gelang es 1960/61, im Vertrauen auf sein Vertrags-Konzept gegen die sich gegenseitig blockierenden Mitglieder des Sicherheitsrates den gerade unabhängig gewordenen Kongo zu befrieden. Er hatte dazu wie einst Axel Oxenstierna Verhandlungen mit allen Bürgerkriegsparteien in der ehemaligen belgischen Kolonie geführt und ihnen den parlamentarischen Weg gewiesen – dialogbereit, kompromißfähig und friedensgerichtet.

Fazit

Der Kalte Krieg von 1945 bis 1989 mit seiner geradezu maßlosen Aufrüstung und Verschwendung von Volksvermögen für immer neue Waffensysteme hat überdeutlich gemacht, wie notwendig es ist, daß Politiker und Militärs einsehen, was echte Sicherheit in ihrem Wesen und Wirken ausmacht: nicht technische Aufrüstung, sondern das stetige Erhöhen vertraglicher Abhängigkeiten, wie es seit 1993 sogar die PLO und Israel erproben.

Die radikalen, ja revolutionären Veränderungen seit 1989 zeigen, welche Kraft in der Idee liegt, die drittwirkenden Vertragslagen in einer »offenen Gesellschaft« und → Demokratie auch in der Außen- und Sicherheitspolitik wirken zu lassen. Denn nur gegenseitiges Vertrauen führt zur gesicherten Einigung selbst ehemaliger »Erbfeinde« und trägt Früchte, die schon im Alten Testament gerühmt wurden: »Gerechtigkeit erhöht ein Volk«.

Literatur

Ahmad/Grunebaum, Muslim Self-Statement in India and Pakistan 1857-1968, 1970 ✦ *Ahmann*, Nichtangriffspakte: Entwicklung und operative Nutzung in Europa 1922-1939. Mit einem Ausblick auf die Renaissance des Nichtangriffsvertrages nach dem Zweiten Weltkrieg, 1988 ✦ *Ahrens/Zingel*, Interdependenzen zwischen gesamtwirtschaftlichem Wachstum und regionaler Verteilung in Pakistan, 1978 ✦ *Amalrik*, Kann die Sowjetunion das Jahr 1984 erleben?, dt. 1970 ✦ *D. Bach* (Vorw.), Mißtrauische Nachbarn. Möglichkeiten und Hindernisse auf dem Weg der Verständigung Sowjetunion-Bundesrepublik Deutschland, 1987 ✦ *Badaracco*, Strategische Allianzen. Wie Unternehmen durch Know-how-Austausch Wettbewerbsvorteile erzielen, dt. 1991 ✦ Bahr, Sicherheit für oder vor Deutschland. Vom Wandel durch Annäherung zur Europäischen Sicherheitsgemeinschaft, 1991 ✦ *Bakkevig*, Ordnungstheologie und Atomwaffen, 1989 ✦ *Barudio*, Der Teutsche Krieg 1618-1648, 2. Aufl. 1985 ✦ *ders.*, ›Dag Hammarskjöld. Dem Frieden auf der Spur‹, in: Der Friedens-Nobelpreis, 1990 (Michael Neumann) ✦ *W. Baumgart*, Vom Europäischen Konzert zum Völkerbund. Friedensschlüsse und Friedenssicherung von Wien bis Versailles, 2. Aufl. 1987 ✦ *ders.*, Der Friede von Paris 1856. Studien zum Verhältnis von Kriegsführung, Politik und Friedensbewahrung, 1972 ✦ *H. G. Beck*, Res Publica Romana. Vom Staatsdenken der Byzantiner, 1970 ✦ *H. W. Beck*, Die Welt als Modell. Gegen den Mythos vom geschlossenen Weltbild, 1973 ✦ *U. Beck*, Politik in der Risikogesellschaft. Essays und Analysen, 1991 (Sammelband) ✦ *ders.*, Die Risikogesellschaft, 1986 ✦ *Bettinger/Büren*, Der Westwall. Die Geschichte der Deutschen Westbefestigungen, 2 Bde., 1990 ✦ *W. Braeuer*, Frankreichs wirtschaftliche und soziale Lage um 1700 unter besonderer Berücksichtigung der Werke von Vauban und Boiseuillebert, 1968 ✦ *ders.*, Urahnen der Ökonomie. Von der Volkswirtschaftslehre des Altertums und des Mittelalters, 1981 ✦ *H. G. Brauch*, Entwicklungen und Ergebnisse der Friedensforschung (1969-1978), 1979 ✦ *ders.*, Perspektiven einer Europäischen Friedensordnung, 1983 ✦ *Brill*, Bogislaw von Bonin im Spannungsfeld zwischen Wiederbewaffnung, Westintegration, Wiedervereinigung. Beiträge zur Entstehungsgeschichte der Bundeswehr, 2 Bde., 1988/89 ✦ *P. Brückner*, Freiheit, Gleichheit, Sicherheit. Von den Widersprüchen des Wohlstands, 1989 ✦ *G. Grunner*, Politischer Systemwandel und

Verfassungsreformen in Osteuropa, 1990 ✦ *Casaroli*, Der Heilige Stuhl und die Völkergemeinschaft, dt. 1981 ✦ *Chaudhry*, Der Kaschmirkonflikt. Seine Ursachen, sein Wesen sowie Rolle und Bemühungen der Vereinten Nationen, 3 Bde., 1977 ✦ *Clesse/Molinski* (Hrsg.), Sowjetsystem und Ostrecht. Festschrift für Boris Meissner, 1985 ✦ *Christoffel*, Krieg am Westwall 1944/45, 1989 ✦ *Dicke/Rengeling*, Die Sicherung des Weltfriedens durch die Vereinten Nationen. Ein Überblick über die Befugnisse der wichtigsten Organe, 1975 ✦ *Dickmann*, Der Westfälische Frieden, 1959 ✦ *Domitzlaff*, Die Gewinnung des öffentlichen Vertrauens. Ein Lehrbuch der Markentechnik, 1982 ✦ *Erni*, Zwischen Angst und Sicherheit. Wie heute leben?, 4. Aufl. 1988 ✦ *R. Escher*, Friedliche Erledigung von Streitigkeiten nach dem System der Vereinten Nationen, 1985 ✦ *Farwick/Hubatschek*, Die strategische Erpressung. Eine sicherheitspolitische Analyse, 1981 ✦ *U. Fink* (Hrsg.), Der neue Generationenvertrag. Ich für Dich. Die Zukunft der sozialen Dienste, 1983 ✦ *Floretta/Öhlinger*, Die Menschenrechtspakte der Vereinten Nationen. Ein Beitrag zum Stand der Grundrechte in Österreich, insbesondere zu den sozialen Grundrechten, 1978 ✦ *Fortuna*, Der Völkerbundsgedanke in Deutschland während des Ersten Weltkrieges, 1974 ✦ *D. Frei*, Sicherheit. Grundfragen der Weltpolitik, 1977 ✦ *W. Geiger*, Mißverständnisse um den Föderalismus, 1962 ✦ *ders.*, Recht und Politik im Verständnis des Bundesverfassungsgerichts, 1979 ✦ *Gessenharter/Fröchling*, Atomwirtschaft und innere Sicherheit, 1989 ✦ *M. Geyer*, Aufrüstung oder Sicherheit. Die Reichswehr und die Krise der Machtpolitik 1924-1936, 1980 ✦ *Gladis*, Alliierte Wiedervereinigungsmodelle für das geteilte Deutschland, 1990 ✦ *Gnesa*, Die von Israel besetzten Gebiete im Völkerrecht. Eine besetzungsrechtliche Analyse, 1981 ✦ *M. Groß*, Der Westwall zwischen Niederrhein und Schnee-Eifel, 2. Aufl. 1989 ✦ *E. Häckel*, Afrikanischer Nationalismus. Macht und Ideologie im Schwarzen Afrika, 1974 ✦ *ders.*, Die Bundesrepublik Deutschland und der Atomwaffensperrvertrag. Rückblick und Ausblick, 1989 ✦ *Haftendorn*, Sicherheit und Entspannung. Zur Außenpolitik der Bundesrepublik Deutschland 1955-1982, 1983, 2. Aufl. 1986 ✦ *W. Hager*, Westeuropas wirtschaftliche Sicherheit, 1976 ✦ *Hiscocks*, Der Sicherheitsrat der Vereinten Nationen, dt. 1975 ✦ *K. Hornung*, Krisenherd Naher Osten. Geschichte, Fakten, Hintergründe, 1991 ✦ *Isensee*, Das Grundrecht auf Sicherheit. Zu den Schutzpflichten des freiheitlichen Verfassungsstaates, 1983 (Vortrag) ✦ *ders.*, Grundrechte und Demokratie. Die polare Legitimation im grundgesetzlichen Gemeinwesen, 1981 ✦ *Jaschke*, Streitbare Demokratie und innere Sicherheit. Grundlagen, Praxis, Kritik, 1991 ✦ *Jegorow*, Friedliche Koexistenz und revolutionärer Prozeß, 1972 ✦ *Juchem*, Kommunikation und Vertrauen, 1988 ✦ *K. Kaiser u. a.*, Die Sicherheit des Westens: Neue Dimensionen und Aufgaben, dt. 1981 ✦ *Kaschkat*, Deutschland heute – Im Spiegel der Ostverträge und des Grundlagenvertrages, 1988 ✦ *Kissinger*, Atomwaffen und Auswärtige Politik, dt. 1974 ✦ *M. Klee*, Der Limes zwischen Rhein und Main, 1989 ✦ *Leion*, Den Svenska Modellen. Hur ska det gå med soialdemokratin, ekonomin och den offentliga sektorn, 1974 ✦ *Luhmann*, Vertrauen. Ein Mechanismus der Reduktion sozialer Komplexität, 3. Aufl. 1989 ✦ *ders.*, Politische Theorie im Wohlfahrtsstaat, 1981 ✦ *L. Marcuse*, Das Märchen von der Sicherheit. Oder die unverschämte Vernunft, 1988 ✦ *Marten*, Der menschliche Mensch. Abschied vom utopischen Denken, 1988 ✦ *K. J. Mayer*, Die Weimarer Republik und das Problem der Sicherheit in den deutsch-französischen Beziehungen 1918-1925, 1990 ✦ *Mohrhenn*, Helgoland zur Zeit der Kontinentalsperre, 1928, ND 1985 ✦ *G. Neuwirth*, Die Entwicklung der Vertrauens- und Sicherheitsbildenden Maßnahmen: Vom Stockholmer zum Wiener Dokument (1986-1900). Analyse und Dokumente, 1991 ✦ *Nicolay*, SDI. Raketenabwehrsysteme und die Sicherheit der Supermächte, 1989 ✦ *Oldag*, Allianzpolitische Konflikte in der NATO. Die sicherheitspolitischen Interessen der USA und Westeuropas zu Beginn der 80er Jahre, 1985 ✦ Peterson, PLO kontra Israel. Der Orient in neuem Licht, 3. Aufl. 1983 ✦ *Poser*, Militärmacht Sowjetunion, 1980 ✦ *Rauchensteiner*, Vom Limes zum Ostwall, 3. Aufl. 1985 ✦ *F. Ruge*, Politik und Strategie. Strategisches Denken und politisches Handeln, 1967 ✦ *ders.*, Seemacht und Sicherheit, 3. Aufl. 1968 ✦ *Saas*, ›Zielkonflikte im Wohlfahrtsstaat‹, in: Sicherheit und Freiheit, 1990 (Hrsg. Sachße/Engelhardt) ✦ *P. Schader*, Politik und Sicherheit, 1989 ✦ *M. Schäfer*, Die Funktionsfähigkeit des Sicherheitsmechanismus der Vereinten Nationen, dt.-engl. 1981 ✦ *K. v. Schubert* (Hrsg.), Sicherheitspolitik der Bundesrepublik Deutschland. Dokumentenband 1945-1976, 1977 ✦ *K.-D. Schwarz* (Hrsg.), Sicherheitspolitik. Analysen zur politischen und militärischen Sicherheit, 1977 ✦ *W. Schwarz*, Die Heilige Allianz, Tragik eines europäischen Friedensbundes, 1935 ✦ *Schwarze*, The Role of the European Court of Justice in the Interpretation of Uniform Law Among the Member States of the European Communities, 1988 ✦ *G. Simmel*, Das Individuum und die Freiheit, 1984 ✦ *Stingl*, 50 Jahre Münchner Abkommen, 1988 ✦ *Volkmann*, Die sozialdemokratische innerparteiliche Diskussion über Sicherheit, Entspannung und deutsche Einheit, 1988 ✦ *Chr. Walther* (Hrsg.), Atomwaffen und Ethik. Der deutsche Protestantismus und die atomare Aufrüstung 1954-1961. Dokumente und Kommentare, 1981 ✦ *Waschkuhn*, Politische Systemtheorie. Entwicklung, Modelle, Kritik. Eine Einführung, 1987 ✦ *C. F. v. Weizsäcker*, Wege in die Gefahr. Eine Studie über Wirtschaft, Gesellschaft und Kriegsverhütung, 1976 ✦ *M. Zielinski*, Vertrauen und Vertrauensbildende Maßnahmen. Ein sicherheitspolitisches Instrument und seine Anwendung in Europa, 1985 ✦ *R. H. Zimmermann*, Der Atlantikwall. Geschichte und Gegenwart mit Reisebeschreibung, 2 Bde., 1988/90 ✦ *R. Zoll* (Hrsg.), Sicherheit und Militär. Genese, Struktur und Wandel von

Meinungsbildern in Militär und Gesellschaft. Ergebnisse und Analyseansätze im internationalen Vergleich, 1983.

Staat

Es gibt in der deutschen Sprache seit der Frühen Neuzeit keinen Begriff der politischen Kultur, der inhaltlich so stark aufgeladen, schroff abgelehnt und dann wieder vergöttert wurde wie die Bezeichnung »Staat« als Ausdruck von → Ordnung.

Dabei handelt es sich ursprünglich um den vieldeutigen Terminus »status« aus dem Römischen Recht, der erst im Zeichen des Machiavellismus und → Absolutismus seit dem 17. Jahrhundert eine engere Bedeutung erhalten hat. In den Formeln »Staatsräson« (*ratio status*) oder »Fürsten-Staat« veranlaßte er vor allem borussische Historiker, selbst in ihrer akademischen Arbeit von einer »Andacht zum Staat« (Otto Hintze) zu sprechen: Als sei er in Gestalt der öffentlichen Ordnung eines Gemeinwesens die »Verwirklichung der höchsten sittlichen Vernunft« (Hegel).

Weniger hoch gegriffen und im Alltag verwendet, bedeutete »status« das Aufgestellte, das Feststehende, die gesicherte Struktur oder ein früherer Zustand (*status quo ante*), dem die eingetretene Lage (*status quo*) gegenübersteht. Außerdem kennzeichnete ein »status« auch die soziale Rangstufe in der »bürgerlichen Gesellschaft«, die politische Standesstellung innerhalb eines Verfassungsrahmens, den materiellen Wohl-Stand eines Einzelmenschen sowie die Rechtslage in einem Streitfall vor Gericht.

Eine ähnliche Vielfalt an Bedeutungen findet sich in der französischen Wortform »état«. Sie bezeichnet einen Einzelstand in der Rangordnung aller drei Generalstände (*états généraux*) bis zur → Revolution von 1789. Dann kann darunter der öffentliche wie ein privater Haushalt verstanden werden. Die geläufigen Begriffe »Etat«- oder Haushaltsberatungen in den Parlamenten bestätigen diesen Zusammenhang. Selbst die inneren Qualitäten eines politischen Gemeinwesens werden auf dieses Lehnwort aus dem Lateinischen bezogen: So spricht Jean Bodin 1576 vom »état royal« und meint damit den königlichen Wertbestand einer Monarchie, der nach Maßgabe bestimmter Rechte und Regeln bewahrt und genutzt werden muß (→ Fundamentalgesetze).

Dem Einfluß der italienischen Form »stato« ist es zu verdanken, daß »état« auch dafür benutzt wurde, um ein Gemeinwesen in seiner Gesamtheit als »Staat« zu definieren – als eine »feste Ordnung« mit hoheitlichen Kompetenzen nach innen und außen.

Im Englischen hat sich seit dem 17. Jahrhundert neben »estates« (Stände) die Form »state« als Bezeichnung für politische Gerichtsprozesse durchsetzen können (*state trials*). Nur wenige Generationen später schlossen sich dreizehn englische Kolonien an der Ostküste Nord-Amerikas zu den »Vereinigten Staaten von Amerika« (United States of America – USA) zusammen. Ganz im Sinne des römischen und alteuropäischen Statusdenkens nannte dieser 1776 für »unabhängig« erklärte »souveräne Staat« (→ Souveränität) sein Außenministerium »State Department« und den Außenminister »Secretary of State« – analog zum »Staatskanzler« in der Habsburg-Monarchie während des 18. Jahrhunderts.

Diese auffallende Betonung des Status in den Außenbeziehungen verweist darauf, daß von Nachbarn, Handelspartnern und Verbündeten die eigene Souveränität als Rechtsbestand anerkannt wurde. Das galt auch für die Eigenbezeichnung »General-Staaten« in den Niederlanden, die mit der Pluralform noch auf das Föderativprinzip hinweist, nach dem die »unabhängigen« Stände seit 1579 ihre dezentrale Staatlichkeit strukturiert haben.

Die Rechtssprache in Schweden hat im frühen 17. Jahrhundert die Wortform »stat« hauptsächlich dafür verwendet, um einen Einzelhaushalt zu kennzeichnen: Ein »Militär-stat« bedeutete demnach nicht eine Art »Militär-Monarchie« (Zernack), sondern den Jahresetat des Heeres und der Kriegsmarine. Eine Bekräftigung dieser Bedeutung findet sich in der Formel »Statarna« für ein Landproletariat in Schweden, das Jahr für Jahr nach Maßgabe eines Haushaltes zur Arbeit verpflichtet und erst 1945 von dieser Bindung befreit wurde. Des »Reiches Staat« (Riksens stat) hat denn auch nichts mit der Rechtsordnung oder der → Verfassung zu tun, sondern meint lediglich den jährlichen Haushalt des Königreiches.

Im Nachbarland Norwegen hingegen wird der Begriff »stat« auch im Sinne einer öffentlichen Gesamtordnung benutzt. So haben die reichen

Ölvorkommen in seinem Schelf (Nordsee) zur Gründung eines landeseigenen Konzerns geführt, dessen Gewinne dem Jahreshaushalt (*stat*) des Königreichs zugute kommen müssen: Er arbeitet unter dem Namen »Stat-Oil«.

Als Veit Ludwig von Seckendorff (1626-92) im Jahre 1685 seine Schrift über den »Christenstat« herausbrachte, da machte er mit aller Schärfe deutlich, daß der Modebegriff »Staat« vom Machiavellismus schwer belastet worden war. Er wurde geradezu als Synonym für »Untreu, Schandtat und Leichtfertigkeit« (1664) gebraucht und half dabei, den positiven Begriff von der »Policey« (*Polis*) als guter Rechts- und Verfassungsordnung fast vollständig zu verdrängen: Es widere ihn an, das »nicht gar reine oder hochteutsche Wort Stat« zu verwenden, »weil es aber so gemein und bekannt worden, daß es nun wohl das Bürgerrecht in unserer Muttersprache verdient zu haben scheint, so habe ichs nicht verstoßen wollen ...«

Seitdem hat dieser Neologismus im deutschen Sprachraum besonders dort seinen Siegeszug angetreten, wo aus der libertären Rechtslage eines Reichsstandes (Status) allmählich ein »Fürsten-Staat« wurde – demnach der Patrimonial-Status mit »Erb-Souveränität und Absolutesse« (Rålamb).

Wird diese fundamentale Umpolung nicht hinreichend bedacht, dann kann die Formel »Staat« benutzt werden, um bewußt zu verdekken, daß eine »absolute Diktatur« (Otto Hintze) das »ordentliche Regiment« des libertären Ständewesens zerstören mußte, um den dynastischen Machtapparat auf- und auszubauen – als Sicherung des »persönlichen Regimentes« diktatorischer Fürsten.

Geschichte

Wird der Staat als rechtlicher Ordnungsbegriff (*law and order*) aufgefaßt, der nach innen (Bürger) und nach außen (Nachbarn) wirkt, dann bedeutet dies, daß er im Dienst von → Gerechtigkeit, Recht und Gesetz zu stehen hat. Es genügt also nicht, im Staat nur »die politische Ordnung einer Gesellschaft« zu sehen (Frank Neumann, *GuS*, 1992): Denn diese kann so angelegt sein, daß sie lediglich zum Machterhalt von Dynastien, Klassen oder Parteien genutzt wird.

Nimmt man für das christlich geprägte → Abendland die Bibel in Gestalt des Alten Testamentes zum Maßstab für den inneren Wert eines echten Staates als Rechtsordo, dann hat er mehr zu sein als das Zusammenwirken von »Volk, Gebiet und Staatsgewalt« (Jellinek, 1911; Kimminich, 1985): Er muß zugleich einer universalen → Ethik entsprechen. Die Sollbestimmungen des Dekalogs (Zehn Gebote) gehören ebenso dazu wie das Vergeltungsprinzip als Ausdruck der Gegenseitigkeit und Kommutation, um einen Ausgleich erlittener Schäden zu gewährleisten.

Mit dem Neuen Testament kamen unter dem Einfluß des Römischen Rechts und des Aristotelismus noch das Gebot der → Goldenen Regel aus der Bergpredigt sowie die Bindungen an die Verhältnismäßigkeit (Proportionalismus) hinzu: Ein derart gestalteter »christlicher Staat« sollte Abbild der von Gott geforderten → Gerechtigkeit sein.

Der Sache nach findet sich der Staat als Ordo gehegten Rechts außerhalb der biblischen Vorstellungen bereits in der ältesten bekannten Rechts- und Gesetzessammlung der Geschichte, im Codex des babylonischen Herrschers Hammurapi (ca. 1728-1686 v.Chr.). Im Herstellen von Gerechtigkeit erkennt er die fundamentale Funktion seines königlichen Amtes, das er nach Maßgabe eines göttlichen Auftrags als höchstes Hirtenamt wahrzunehmen hat. So ist es auf seiner berühmten Gesetzessäule aus Stein zu lesen. In dieser Eigenschaft hat er für den Rechtsschutz der Schwachen gegenüber den Starken zu sorgen, muß für Witwen und Waisen eine wirksame Rechtswehr und Eigentumsgarantie errichten und hat die Rechtsbrecher gebührend zu strafen sowie die verdienten Untertanen angemessen zu belohnen (Praemia-Poenae-Prinzip): Die unmißverständlich betonte Ethik in dieser vorchristlichen Auffassung begreift demnach den Staat als Gerichtswesen und Treuhandordnung.

Eine ähnliche Zweckbestimmung und Zielvorgabe für den Staat als gesicherte Lebensform findet sich noch früher im pharaonischen Ägypten. Bereits aus der Zeit von 2150-2040 v.Chr. beschreibt eine Art »Fürstenspiegel« genau das, was seit Aristoteles bis heute die kommutative Gerechtigkeit in Marktbereich und Ämterwesen genannt wird: »Mache keinen Unterschied zwischen dem Sohn eines Vornehmen und dem Sohn eines Armen!« Auch die distributive Gerechtigkeit wird dem künftigen Herrscher empfohlen: »Nimm einen Mann wegen seiner Leistungen in deinen Dienst!«

Die Pharaonen Amenemhet von 1929 bis 1790 v.Chr. trugen die bezeichnenden Herrschertitel »Der an Gerechtigkeit Gefallen findet«, »Der mit der gerechten Stimme« oder »Der die Gerechtigkeit erscheinen läßt«. Der elementare Bezug des Herrscher- und Hirtenamtes auf einen göttlichen Ursprung wird deutlich auch in den Pharaonentiteln »Gerechtigkeit hört Rê«, den verehrten Sonnengott, oder »Rê ist von gerechter Stimme«.

Die Forderung im antiken Rom nach der Herrschaft eines »Rex justus« als »gerechten Königs« entspricht diesen Ansprüchen an die Ausübung öffentlicher Amtsgewalt. Deren fortgesetzter Mißbrauch konnte deshalb auch entweder mit der → Tyrannentötung oder der Vertreibung eines »Rex injustus« als »ungerechter König« geahndet werden: So geschehen mit dem König Tarquinius Superbus, der 509 v.Chr. abgesetzt und vertrieben wurde, und im Jahre 44 v.Chr., als Gaius Julius Caesar der Verschwörung republikanischer Senatoren zum Opfer fiel.

Nicht wesentlich anders, wenn auch in der sozialen Trägerschaft verschieden, wirkte das System der *fa-chia*, eine Art Gesetzesschule in China seit etwa 300 v.Chr. Das gleichzeitige Ersetzen des Geburtsadels durch einen neuen Verdienstadel (Meritokratie) sowie eine Reihe besonderer Strafbestimmungen im militärischen wie im zivilen Bereich verweisen auf Schutzmaßnahmen staatlicher Natur, die von den Kaisern als den »Söhnen des Himmels« durchgesetzt wurden.

Auch die *Polis* als besonderer Ordo von meist adeligen Besitzbürgern in den Gemeinden und Städten des antiken Griechenland war in ihrer inneren Struktur einem als »gerecht« empfundenen Plan zugeordnet. Wohl wissend, wie stark die Spannungen zwischen individuellen Machtansprüchen (*kratos*) und allgemeinen Rechtsanforderungen (*ethos*) sein konnten: Das Verfassungswerk Solons († um 559 v.Chr.) vom Jahre 594 v.Chr. für die Stadt Athen belegt zur Genüge, daß eine politische Ordnung nicht Selbstzweck werden darf, wenn sie ihrem überindividuellen Friedensauftrag entsprechen soll.

Der wiederholte Hinweis auf zahlreiche Vertragsbrüche, wie sie der aktive Politiker und Geschichtsschreiber Thukydides für die Zeit des Peloponnesischen Krieges (431-404 v.Chr.) verzeichnet hat, läßt deutlich werden, daß die Polis als integratives Gemeinwesen nicht nur nach außen zu Handelspartnern und Verbündeten vertragliche Bindungen kannte, sondern auch im Inneren auf fundamentalen Verträgen geruht haben muß – demnach dem → Drittwesen unterlag.

Die strukturelle wie funktional angelegte Dreiheit oder Trichotomie von Archonten (von gr. *archein* = herrschen oder regieren nach Gesetz), Ratsgremien und Bürgerversammlungen in der Staatlichkeit des antiken Griechenland hat eine wesensverwandte Entsprechung im republikanisch ausgerichteten Rom mit zwei jährlich neu gewählten Konsuln, dem Senat und den Comitien als Vertretung des steuerfähigen »Volkes«.

Trotz zahlreicher Verschiebungen in der sozialen wie politischen Trägerschaft liegt in dieser fundamentalen Dreiheit das Modell einer Vertragsordnung vor, die als Schutzsystem auf Gegenseitigkeit wirkte, gleichsam als Emanation der Kommutation: Ohne diese Bindung wäre eine »gerechte« Staatlichkeit nach Maßgabe des römischen Republikanismus nicht denkbar.

Wie stark dieses Ordo-Denken auch auf das Christentum eingewirkt hat, zeigt sich nicht nur im Glauben an den »dreieinigen Gott« in Gestalt von Vater, Sohn und Heiligem Geist (Trinität), sondern auch in der inneren Struktur der Kirche selbst. So gilt der Papst als Oberhaupt, der sich als »höchster Hirte« betätigen muß, nachdem er durch eine vertragliche Wahl zum »Treuhänder Christi« auf Erden bestimmt worden ist. Die den Papst in einem Konklave wählenden Kardinäle wiederum betrachten sich als legitime Nachfolger der zwölf Apostel Jesu und haben als Bischöfe in ihren Bistümern wie ein »guter Hirte« zu wirken. Ihr Hirtenstab als höchstes Ämterzeichen symbolisiert bis heute diese Vorstellung von einem depositären Dasein im Dienste anderer. Bei allgemeinen Belangen der Gesamtkirche treten Synoden oder Konzilien zusammen, die als Vertragsversammlungen des Klerus und somit des »Kirchenvolkes« gelten: Die quasi-absolutistische Position des Papstes vom Tridentinum (1563) bis zum Zweiten Vaticanum (1965) bestätigt die vorhandene Trichotomie und belegt gleichzeitig ihre Gefährdung, wenn einer ihrer konstitutiven Teile ein Übergewicht beansprucht und das vertragliche → Gleichgewicht zwischen ihnen stört.

Nach diesem dreiteiligen Schema waren in der *Respublica Christiana* unter dem prägenden Einfluß der Universalkirche fast alle Gemeinwesen strukturiert. Dabei verbanden sich die uralten Traditionen des Treuhanddenkens in der christlichen Vorstellung vom »guten Hirten« mit den weltlichen Hoffnungen auf eine »gute Policey« im Rahmen der Drei-Stände-Lehre zum Glauben an einen »besten Staat« (*optimus status*) als Einübung in eine »göttliche Ordnung« und deren »Heilsplan«.

Mit gutem Grund galt im ganzen → Abendland die Rechtsmaxime des Königs Alfons von Kastilien (1252-82) als Inbegriff eines gerechten, milden und »christlichen Regiments«: Unter das Symbol eines Pelikans, der mit dem eigenen Blut seinen drei Kindern »das Leben« gibt, hat »Alfons der Weise« die Formel setzen lassen »Pro lege et grege« oder »Für das Gesetz und die Herde«, womit das in Besitz- und Berufsstände gegliederte »Volk« gemeint war (→ Volk, → Verfassung).

Dieser gemeineuropäischen Struktur entsprach auch die Forderung an alle Inhaber geistlicher oder weltlicher Ämter, sich in ihrer → Politik stets einer »Ars Aequi et Boni« zu befleißigen, einer »Kunst des Gleichen und Guten«. Damit aber wurde das Herrschen oder Regieren von »Land und Leuten« an die Bedingungen von »Ratio et aequitas« gebunden und hatte »recht und billig« zu erfolgen. Diese Art der Staatlichkeit war letztlich auch ein Ausdruck des Lehnswesens und dessen vertraglich angeordneter Gegenseitigkeit, wie sie der altdeutsche Soldatenspruch vor der Zeit des → Absolutismus auch im politisch-rechtlichen Leben für Obrigkeit wie Untertanen anmahnte: »Treu Herr – Treu Knecht«.

Nur aufgrund dieser reziproken Anlage erklärt sich auch die europaweit gebrauchte Integrationsformel »Societas civilis sive Respublica«: Der Staat als Ordnung des Ämterwesens ist der ihn auch materiell tragenden → Gesellschaft vertraglich zugeordnet; er darf sich deshalb eine Gesellschaft nicht als »staatliche Veranstaltung« gefügig machen, wie es im Absolutismus und im »Staatssozialismus« geschehen ist: Sonst wird er »ungerecht« und hört damit auf, ein wirklicher Staat zu sein.

Diese strukturellen Bindungen wollten jedoch die Vertreter der »Deutschen Staatslehre« nach 1806 niemals gelten lassen. So betrachteten sie die vorabsolutistischen Lehnsordnungen zwar als »Herrschaftsverband«, der »aber nur mit großen Vorbehalten als Staat bezeichnet werden kann«: Denn »der moderne Staatsbegriff entstand erst in der Neuzeit, nach dem Zusammenbruch des Lehnswesens« (Kimminich, *PPH*, 1985).

Mit der Vorstellung, daß der »moderne Staat« in erster Linie aus einem »stehenden Heer« (Kriegsverfassung) und einem »loyalen Beamtentum« (Verwaltung) entwickelt wurde, konnten diese »Staatsrechtler« und Behördenkundler auch kein klares Verhältnis zur genauen Unterscheidung von Staat (Etat) und Regierung (Gouvernement) gewinnen, wie sie schon Bodin in der Abgrenzung von Recht (*jus*) und Gesetz (*lex*) oder Substanz (Verfassung) und Akzidens (Verwaltung) formuliert hatte.

Neben dem Einfluß des Machiavellismus spielte vor allem der vielzitierte Satz »L'État c'est moi« («Der Staat, das bin ich«) eine ungute Rolle in der Geschichte des Staatsbegriffes.

Diese Ludwig XIV. zugeschriebene Formel ist bis heute durch keinen Quellenbeleg bestätigt worden – sie steht aber in allen Lexika der Welt als Inbegriff des Staates in absolutistischer Gestalt und zentralistischer Anlage. Das mehrfache Bekenntnis des »Sonnenkönigs« zum Wirken der Gerechtigkeit im königlichen Amt wird dagegen so wenig beachtet wie eine zweite und verbürgte Feststellung dieses Monarchen: »Je m'en vais, mais l'État demeurera toujours«.

Das Wissen um eine strukturelle Kontinuität aller Staatlichkeit entsprach genau dem Staatsverständnis des Kardinals Richelieu oder auch des Reichskanzlers Axel Oxenstierna, der als »Staatsmann« und Verfassungsgeber drei Königen die Bedingungen und Bindungen ihrer »Regierung des Rechts« vorgeschrieben hatte und wußte, was er dem Auftrag schuldig war: »Respublica est aeterna« – »Der Staat ist ewig«.

«Respublica« und »Status« konnten unter libertären Zeichen als Synonyma verstanden werden, sofern sie auf die geltenden → Fundamentalgesetze eines Gemeinwesens bezogen wurden. Das aber wollten die sogenannten »neuen Staatsmänner« (Claes Rålamb) im Dienst des Machiavellismus und Absolutismus nicht akzeptieren. Sie gestalteten vielmehr das, »was wir Staat nennen« (Wilhelm Mommsen) – nämlich den dynastischen *Machtstaat* als Diktatur eines »souveränen Hauses« (Leibniz).

Staatsformen

In seinen Fragen »nach der ethischen Berechtigung des Staates« kam Roman Herzog, der ehemalige Präsident des Bundesverfassungsgerichtes, auch darauf zu sprechen, »daß die Völker eines Tages bestimmten Personen oder auch Familien die Herrschaft übertragen haben und der Staat daher letzten Endes auf einem *Herrschaftsvertrag* zwischen den Regierten und den Regierenden beruht«.

Ohne auf diese Verträge näher einzugehen, die in der Neuzeit im »dynastischen Fürstenstaat« (Johannes Kunisch) abgeschafft wurden, bezog der Verfassungsrichter dieses Modell auf die »Staatsform der Demokratie« und kam zu einem bezeichnenden Schluß: In ihr »muß die Übereinstimmung von Regierenden und Regierten regelmäßig und immer wieder hergestellt werden, wenn schon nicht in einem Vertrag, so doch jedenfalls in periodisch wiederkehrenden Wahlakten der Regierten ...«

Vermag es schon der höchste Richter einer Republik nicht, die Staatsform von der Regierungsform zu unterscheiden und in einer demokratischen Wahl einen Vertrag zu sehen (→ Demokratie), dann wird verständlich, warum Juristen und Politiker so wenig das Verhältnis von Macht und Moral oder Verfassung und → Ethik diskutieren, Drittwirkungen des Vertrages im Öffentlichen Recht (*jus publicum*) kaum erörtern und häufig der Meinung sind, daß »ethisch die Entstehung des Staates im Halbdunkel bleibt« (Herzog, 1988).

Es ist daher auch nicht verwunderlich, daß in einem weitverbreiteten und an Schulen gerne benutzten Geschichtslexikon die Behauptung aufgestellt wird, daß »Monarchie, Aristokratie und Demokratie der Antike als die klassischen Staatsformen galten« (Fuchs/Raab).

Seit der ideologischen Rechtfertigung des Territorial-Absolutismus vornehmlich durch Leibniz sowie aufgrund der Kritik von Samuel Pufendorf (1632-1694) an der angeblich »irregulären Staatsform« des Heiligen Reiches («De Statu Imperii«) wird die fundamentale Unterscheidung in *Archein-* und *Kratein*-Typen vernachlässigt. Deren Kenntnis aber ist nötig, um die vielfältigen Erscheinungsformen des Staates verstehen und einordnen zu können.

Die bei Bodin entwickelte Distinktion zwischen »État« (Staat) und »Gouvernement« (Regierung) ist Ausdruck einer fundamentalen Vertragslage: Das göttliche und natürliche Recht zusammen mit dem Völkerrecht und den Fundamentalgesetzen bilden die unveränderbare, immerwährende und gleichsam statische Grundlage des Staates. Davon kann kein König »gelöst« (*solutus*) sein, wie groß auch die Kompetenz sein mag, die ihm für die Regierung zusteht. Diese wiederum ist in hohem Maße vom Können ihrer Mitglieder abhängig; sie muß auch auf Veränderungen im Inneren eines Gemeinwesens wie in seinen Außenbeziehungen schnell reagieren können, um Schaden abzuwenden, und braucht deshalb gewisse Spielräume zur »gerechten« Behandlung von Einzelfällen – im Rahmen der geltenden → Verfassung.

Der »État royal« entspricht somit einer *Monarchie* als Staatsform, in der ein einziger (*monos*) und höchster Inhaber aller Staatsgewalt »nach Gesetz regiert« (*archein*). Am vertraglichen Zustandekommen eines Gesetzes aber können neben dem Monarchen oder König vorberatende Gremien (Senate, Reichs- oder Oberräte) sowie nachberatende Versammlungen (Reichs- und Landtage) teilnehmen. Die in der Zeit vor dem → Absolutismus gängigen Formeln wie »communicatio juris« oder »participatio proportionalis« drücken die vorhandene Concurrenz (von lat. *concurrere* = zusammenlaufen) aus – als unabdingbares Zeichen der Gegenseitigkeit von »Kaiser und Reich«, »König und Krone« oder »Fürst und Land«.

Die Monarchie als Staatsform gilt demnach als das Unwandelbare. Sie wird als eine Struktur der Stetigkeit und unverrückbaren Identität bewertet, als sei sie ein Abbild »göttlicher Ordnung« auf Erden – unbesehen der jeweils geltenden Regierungsform oder dem Ämterwesen in der Verwaltung. Dies erklärt, warum noch heute Länder und Gemeinwesen wie Belgien, Dänemark, England, Japan, Liechtenstein, Luxemburg, Monaco, die Niederlande, Norwegen, Schweden und seit dem Ende der Franco-Diktatur auch Spanien der Staatsform nach Monarchien sind, aber im Bereich des Regierungssystems parlamentarische Demokratien besitzen und daneben noch – wie vor allem in England – mit dem Oberhaus eine funktionsfähige Aristokratie pflegen, in die auch nichtadelige Bürger »nach Verdienst« (Meritokratie) aufgenommen werden.

Ganz im libertären und depositären Geist Alfons des Weisen (Kastilien) sprach denn auch Gustav II. Adolf (Schweden) im Jahre 1629 davon, daß »eine Monarchie nicht aus Personen, sondern aus Gesetzen besteht«. Er wollte damit den Rechtsbestand als überzeitliche und transpersonale Struktur gesichert sehen, zu der ein »ordentliches« und nicht ein »persönliches Regiment« gehörte, das die »neuen Staatsmänner« des Absolutismus befürworteten.

Wird diese Struktur der Monarchie als Staatsform berücksichtigt, dann erklärt sich auch, warum sich ein Monarch als legitimer regierender König bestimmter Instrumente bedienen konnte, um seinen »königlichen Willen« (*voluntas regia*) durchzusetzen: Diese aber waren und sind vom »kratein« abhängig, das nichts anderes bedeutet, als ein »Herrschen nach Willen«.

Nimmt ein König oder an seiner Stelle ein »Premierminister« als »Regierungschef« diese Möglichkeit wahr, dann stehen ihm in der Hauptsache nur zwei Modelle »gerechten Verhaltens« zur Verfügung: Er kann entweder nach Maßgabe der Aristokratie handeln oder sich bei bestimmten Maßnahmen von den Bedingungen der Demokratie leiten lassen.

Herrscht der Monarch »aristokratisch«, dann vollzieht er im Rahmen der Nikomachischen Ethik des Aristoteles das Verdienstprinzip nach qualitativ-individuellen Leistungen (*more geometrico*) und betätigt sich als Treuhänder der »zuteilenden Gerechtigkeit« (→ Adel). Verhält er sich hingegen »demokratisch«, dann geht er bei Ämtervergaben, in der Besteuerung oder bei sonstigen Maßnahmen kommutativ vor, und das bedeutet in der Regel quantitativ und damit auf das »Glück der größten Zahl« (Bentham) gerichtet – »ohne Ansehen der Person«.

Die Anwendung beider Instrumente hat dazu geführt, von einer »gemischten Monarchie« (*Monarchia mixta*) zu sprechen, in der ein Monarch als »gerechter König« selbst »geometrisch« oder »arithmetisch« vorgeht (→ Gerechtigkeit). Er kann diese höchste Kompetenz auch delegieren und als »Staatschef« (Titel des Königs in Schweden) einen »Regierungschef« beauftragen, entsprechend die Regierungsgeschäfte wahrzunehmen: ob im Rahmen einer libertären Ständeordnung wie bei den Kardinal-Premiers in Frankreich oder aufgrund einer »konstitutionellen Monarchie«, die ein parlamentarisches System besitzt.

Werden all diese strukturellen und funktionalen Bindungen einer Monarchie als Staatsform beachtet, dann dürfen die Machthaber des Absolutismus nicht »Monarchen« genannt werden, sondern Monokraten. Denn sie beziehen ihre Machtausübung auf einen »absoluten Willen«, der außer dynastischen Erbordnungen keinerlei Beschränkungen zuläßt und auch Vertragslagen zwischen Staat, Regierung und Parlament strikt ablehnt.

Die zweite Staatsform, die seit der Antike unsere politische Kultur in hohem Maße geprägt hat, ist die *Republik*.

Die Wortform, die in fast alle Politiksprachen der Welt eingegangen ist, leitet sich von »res publica« her, was im Römischen Recht das »öffentliche Vermögen« in Gestalt von Liegenschaften, Gebäuden und anderen Einnahmequellen der Öffentlichen Hand bedeutete. Über diese materiellen Güter durften die Inhaber öffentlicher Ämter und besonders der König nur in treuhänderischer Art verfügen. Wer dagegen grob verstieß, mußte mit Gegenmaßnahmen bis zur Amtsenthebung, Landesverweis und sogar mit dem → Tyrannentod rechnen.

Der Sturz des römischen Königs Tarquinius Superbus (509 v. Chr.) bedeutete gleichzeitig auch die Abschaffung der Monarchie, deren letzter Vertreter sich der geforderten »Gesetzesherrschaft« (Nomarchie) als unwürdig erwiesen hatte, und die Einführung der »Republik« als königslose Staatsform.

Nach dem Vorbild von Sparta, das von zwei Königen beherrscht wurde, die sich eingehende Kontrollen durch besondere Treuhänder (Ephoren) gefallen lassen mußten, übernahmen zwei Konsuln die bisherigen Amtsfunktionen des Königs. Sie wurden in jedem Jahr neu gewählt und unterwarfen sich damit einem durchgehenden Kontraktualismus.

Auch die Römische Republik kannte die Unterscheidung in Staat und Regierung, die genau der Distinktion von »Jus« (Recht) und »Lex« (Gesetz) entsprach. Schließlich war die besondere Amtsgewalt (*imperium*) der beiden Konsuln eine exekutive Zuständigkeit, die vom Senat und zeitweise von den Volkstribunen mittels der Comitien überwacht wurde, demnach Abgrenzungen zur Feststellung der → Verantwortung voraussetzte.

Aufgrund der starken Stellung des Senats, der vom Adel beherrscht blieb, wurde die Römische Republik in der späteren Geschichtsschreibung als »Aristokratie« aufgefaßt. Tatsächlich kannte die Regierungsform der Römischen Republik ein gemischtes System, das von Fall zu Fall distributiv = aristokratisch oder kommutativ = demokratisch (→ Gerechtigkeit) eingesetzt wurde.

Diese Polarität sollte stets beachtet werden, will man den wahren Status eines Gemeinwesens in Geschichte und Gegenwart feststellen. So blieb die Republik des Römischen Stadtstaates auch dann bestehen, als sich an der Spitze des Regierungssystems ein »Triumvirat« (Caesar, Pompejus, Crassus) bildete und die Tendenzen zu einer *Oligarchie* unverkennbar wurden. Darunter versteht man eine »Herrschaft nach Gesetz« (*archein*), die wenigen (*oligoi*) Politikern obliegt; heute wird darin auch eine Gesellschaftsordnung gesehen, die von wenigen Familien beherrscht wird: so die berühmten »Fünfzehn Familien« in der Republik Uruguay oder die »Fünfzehn Familien« in der Monarchie Schwedens noch in diesem Jahrhundert.

Als *Ochlokratie* wurde die meist ungezügelte Machtausübung durch Soldaten oder den »gemeinen ungebildeten Pöbel« bezeichnet (*ochlos* = ungeordneter Heerhaufen, ungestüme Volksversammlung) – ohne jede Ausrichtung auf ein rechtlich übergeordnetes Gemeinwohl und Anerkennung von institutionellen Rechtsgrenzen.

Ähnlich verhält es sich bei der *Plutokratie* als einer ungehemmten Herrschaft der Reichen und Geldgierigen (*ploutos* = Reichtum). Diese Machtform, die schon in der Antike vorkam, wird heute oft auf den nationalen wie internationalen Einfluß des »Kapitals« bezogen, als ob die → Politik durchweg käuflich sei: In der Bundesrepublik Deutschland vor der Vereinigung von 1990 durch die »Zweihundert Reichen« (Paul Sethe) und in den USA oder in den autokratisch geführten Scheichtümern der arabischen Golfregion von den »Superreichen« als Herren des Petro-Dollars.

Theorien

Im Deutschen ist es besonders nach 1806 mit dem Ende des Heiligen Reiches üblich geworden, von einer »Staatslehre« zu sprechen, die ganz bewußt von der »Gesellschaftslehre« und damit auch der Soziologie getrennt wurde. Diese Abschottung entsprach insofern der politischen Wirklichkeit, als der »Staat« nach borussischem Verständnis in erster Linie aus dem patrimonialen Erbsystem des Hauses Hohenzollern über das »Königreich Preußen« bestand, das durch die »Kriegsverfassung« und Zivilverwaltung umfassend gesichert wurde: Die → Gesellschaft in Gestalt von Ständen oder → Parteien blieb bis zur Revolution von 1918 von dieser Vorstellung des dynastischen Machtstaats so gut wie ausgeschlossen.

Die unmittelbare Koppelung des »Staats« als Ausdruck eines falsch verstandenen »monarchischen Prinzips« (Stahl, Otto Hintze) an das »stehende Heer« erzeugte nicht nur die Ideologie des »Militarismus«, sondern leugnete auch die vertraglich geregelte Wechselwirkung von »Staat« und »Gesellschaft« im Sinne der vorabsolutistischen Integration von »Societas civilis sive respublica«. Ganz im Sinne dieser Ausgrenzungspolitik der Dynastien (→ Haus) urteilte Haller, daß ein »Fürstentum« nicht als ein »gemeines Wesen« eingestuft werden dürfe, weil es doch »seinem wesentlichen Charakter nach eine Privatexistenz ist – ein herrschaftlicher und Dienstverband, ein Hauswesen (*magna familia*)«.

Es war deshalb keine Überraschung, daß die meist akademischen Verfechter der »Deutschen Staatslehre« als materiell abhängige Beamte keine Mühe scheuten, den dynastischen Staatsbegriff gegen alle libertären Traditionen Alteuropas zu legitimieren. Dabei schreckten sie auch nicht davor zurück, den Titel von Platos Werk »Politeia« als »Der Staat« zu übersetzen. Die richtige Wiedergabe müßte jedoch auf den altdeutschen Begriff »Gemeinwesen« ebenso Bezug nehmen wie auf den von Plato gewählten Untertitel »Über das Gerechte«.

Noch heute wird man in einschlägigen Lexika oder selbst in Lehrbüchern zum »Staatsrecht«, wie das Öffentliche Recht auch genannt wird, vergeblich nach einer Analyse des Verhältnisses von Gerechtigkeit, Staat und Gesellschaft suchen. Denn die »ethische Staatslehre«, wie Platos Positionen und die Systematik seines Schülers Aristoteles unter deutschen Gelehrten genannt wird, konnte nicht hoch im akademischen Kurs stehen, solange es in der Hauptsache nur darum ging, die Hausstaaten der Habsburger, Wittelsbacher, Hohenzollern oder Welfen mit ihren Besitzständen, »Kriegsverfassungen« und Zivilverwaltungen zu rechtfertigen.

Die bewußte Trennung von Macht und Moral, Recht und Ethik seit Machiavelli hatte alle Einreden von der Aristoteles-Rezeption bei Thomas von Aquin über die Rechtsschule von Salamanca bis zu den Kommentaren des Grotius, David Hume's und selbst Immanuel Kants weitgehend ausgeblendet und selbst die politische Praxis in anderen Ländern nicht gelten lassen oder wie im Falle England, der Niederlande, Schweden oder Polen als »Ausnahmen« und »Sonderfälle« erklärt, obgleich sie die abendländische Regel waren.

Heinrich von Treitschkes berüchtigte Verächtlichmachung des Rechts als wesentliche Richtmarke jeder echten Staatlichkeit gipfelte nicht umsonst in der Forderung »Macht, Macht und noch einmal Macht«. Die verheerenden Folgen dieser Einstellung zeigten sich auch dort, wo Katholiken und Sozialdemokraten nach 1871 als gesellschaftlich-politische Kräfte vom Öffentlichen Dienst und damit vom »Staat« ausgeschlossen und gar als »Reichsfeinde« bekämpft wurden. Die Hoffnung August Bebels und Wilhelm Liebknechts, den Hohenzollernschen Machtstaat in einen »Aristotelischen Kulturstaat« zu verwandeln, erfüllte sich nur schrittweise mit dem Erkämpfen des Verhältniswahlrechts (»nach Proporz«, »ohne Ansehen der Person« = Frauenwahlrecht von 1919) und bei der allmählichen Durchsetzung einer »progressiven Steuer« mit geometrisch wirkenden »Proportionalzonen« in der Steuertabelle.

Es ist daher nicht verwunderlich, daß sich das Staatsverständnis nach 1918 in der Weimarer Republik trotz der Parlamentarisierung nicht durchgehend an »westlichen« Standards (Vertragsstaat) orientierte, sondern weitgehend auf eine »kaiserliche Gesinnung« fixiert blieb – vor allem im Notstandsdenken nach Artikel 48 der Weimarer Verfassung, der es ermöglichte, Macht vor Recht ergehen zu lassen.

Seit dem Streit zwischen Leibniz und Pufendorf über die »reguläre« oder »irreguläre« Staatsform des Heiligen Reiches hat es keine so heftige Auseinandersetzung über die Staatstheorie und das Verhältnis von Gerechtigkeit, Staat und Ethik gegeben wie im Kieler Akademikerstreit zwischen dem Sozialdemokraten Gustav Radbruch und dem Konservativen Gerhard von Beseler.

Im Spätherbst 1919 prallten unter dem bezeichnenden Stichwort »Römisches Recht und Revolution« zwei diametrale Grundpositionen aufeinander. Beseler als Spezialist für das Römische Recht deutete es machtstaatlich, ohne seinen Vertragsgeist zu berücksichtigen, und verteidigte den Überfall auf Belgien 1914 als Akt der Notwehr. In einem viel beachteten Vortrag stellte er mit aller Schärfe fest: »Zwischen mir und Radbruch ist eine unüberbrückbare Kluft ... Ich lehre altes und neues Recht und juristische Methode, und kümmere mich in meinem Berufe den Teufel um Politik. Radbruch ist auch in der Ausübung seines Berufes ein eifriger Politiker ...«

Diese Konstellation hat nicht nur die Staats- und Verfassungslehre zur Zeit der Weimarer Republik beherrscht, sondern auch die Juristen nach der »Deutschen Katastrophe« (Friedrich Meinecke, 1946). Denn nach dem Einfluß einiger weniger Naturrechtler, die prägend auf das Bonner Grundgesetz von 1949 eingewirkt hatten, gewannen bald wieder Anhänger des Neo-Rechtspositivismus an den Universitäten die Oberhand sowie all jene Machtstaatsverehrer, denen Radbruch nach dem Wechsel von der »Monarchie« zur Republik ins Gewissen redete: »Der deutsche Juristenstand muß bei sich selber Einkehr halten. Der juristische Positivismus, dem Recht nichts als Staatswillkür, Rechtssinn nichts als Gehorsam war, dieser Götzendienst der Macht bedeutete die juristische Teilerscheinung des realpolitischen, des machtstaatlichen Zeitalters. Wir müssen uns des sprichwörtlichen Gegensatzes von Recht und Willkür, Recht und Macht erst wieder bewußt werden, im Recht zunächst nicht den Staatsbefehl, sondern einen Versuch zur Gerechtigkeit sehen ...«

Obgleich es Bestrebungen gab, den »neuen Staat« der Republik mit ihrem parlamentarischen System in »westlichem« Sinne als umfassende Vertragsstruktur zu sehen, um Staat und Gesellschaft gleichsam »integrativ« in eine fundamentale Wechselwirkung zu bringen (Rudolf Smend), setzte sich dieser Versuch nicht durch: Die Vertreter des »Rechtsstaates« blieben in der Minderheit, während neue Machtstaats-Theorien an Boden gewannen.

Besonders der einflußreiche »Staatsrechtler« Carl Schmitt, der sich von der »Ungeduld der Gerechtigkeit« getrieben sah, lehnte das Gegenseitigkeitsprinzip wie auch das Drittwirkungsgebot als fundamentale politische Kategorien ab. Entgegen den libertären wie liberalen Traditionen Europas, nach denen das vorgeordnete → Recht jeder Macht erst die Legitimation zur Amtsgewalt als »Verpflichtung auf Gegenseitigkeit« (*obligatio mutua*) verleiht und sie dabei treuhänderisch bindet (→ Verantwortung), verkündete er noch 1948: »Nur eine Macht gibt dem Recht die Weihe. Nur die Macht investiert das Recht, bekleidet das Recht! Das nackte Recht ist fürchterlicher als die nackte Macht. Das Recht als solches gegen die Macht als solche ist die große Umkehrung, die sich das 19. Jahrhundert geleistet hat für den Besiegten, d.h. für Satan gegen Gott ...«

Unter solchen ideologischen Vorgaben, die sich in Varianten auch bei anderen akademischen »Staatsrechtlern« in Deutschland wie in Skandinavien finden, verwundert es nicht, daß ein universitäres Lehr- und Übungsbuch für angehende Juristen, das zwischen 1968 und 1988 elf Auflagen zu verzeichnen hat (Ekkehard Stein, »Staatsrecht«), kaum ein Wort zu Amtseid, Drittwesen, Ethik, Gegenseitigkeit, Gemeinwohl, Gerechtigkeit, Moral, Naturrecht, Treuhandwesen, Verantwortung oder Vertrag zu sagen hat.

Fazit

Nietzsches Feststellung »Ohne Vertrag kein Recht« trifft in gleichem Maße auf den Staat zu, sofern er in einem freiheitlichen Gemeinwesen alle öffentlichen Institutionen und Ämter als Gesamtordnung umfaßt, deren Arbeitsweise von einer echten Verfassung abhängt und damit auf eine Gewaltenteilung bezogen wird.

Wird dieser in der Geschichte des → Abendlandes wie Amerikas so oft erprobte Vertragsbestand in Staat und Gesellschaft nicht mehr in der Theorie (Schulen, Universitäten, Verbände, Parteien und Vereine) vermittelt und in der politischen Praxis (Gerichte, Ministerien, Parlamente) durchgehend verwirklicht, dann droht der Staat zum Spielball von Machtinteressen zu werden und dabei die Rechtsgarantien sowie die → Freiheit des einzelnen immer weiter zu beschneiden: »Liberty dies by inches«.

Literatur

Anschütz, Die Verfassung des Deutschen Reichs vom 11. August 1919, 10. Aufl. 1929 ✦ *v. Aretin*, Reichsverfassung und Staatssouveränität, 2 Bde. 1967 ✦ *H.-M. Bachmann*, Die naturrechtliche Staatslehre Christian Wolffs, 1977 ✦ *Badura*, Die Methoden der neuen Allgemeinen Staatslehre, 1959 ✦ *ders.*, Staatsrecht, 1986 ✦ *Bärsch*, Der Staatsbegriff in der neueren deutschen Staatslehre und seine theoretischen Implikationen, 1974 ✦ *Battis/Gusy*, Einführung in das Staatsrecht, 2. Aufl. 1986 ✦ *P. Baumgart*, Erscheinungsformen des preußischen Absolutismus Verfassung und Verwaltung, 1966 ✦ *Baumgartner*, Kontinuität und Geschichte. Zur Kritik und Metakritik der historischen Vernunft, 1972 ✦ *Benda/Maihofer/Vogel*, Handbuch des Verfassungsrechts der Bundesrepublik Deutschland, 1983 ✦ *Bergstraesser* (Hrsg.), Klassiker der Staatsphilosophie (mit Kurzbiographien und übersetzten Quellentexten, von Plato bis Rousseau; ausführliche Bibliographie), 1962 ✦ *Bleckmann*, Allgemeine Grundrechtslehren, 1979 ✦ *Breuer*, Der archaische Staat, 1990 ✦ *ders.*, Imperien der Alten Welt, 1987 ✦ *Brückner*, Staatswissenschaften, Kameralismus und Naturrecht. Ein Beitrag zur Geschichte der politischen Wissenschaften im Deutschland des späten 17. und frühen 18. Jahrhunderts, 1977 ✦ *O. Brunner*, Land und Herrschaft, 1938 ✦ *Buschbell*, Concilium Tridentinum, 1937 ✦ *Church*, The Impact of Absolutism in France: National Experience under Richelieu, Mazarin and Louis XIV, 1969 ✦ *Cobban*, Rousseau and the Modern State, 1934 ✦ *Conrad*, Staatsgedanke und Staatspraxis des aufgeklärten Absolutismus, 1971 ✦ *Corterier*, Der Reichstag. Seine Kompetenzen und sein Verfahren in der zweiten Hälfte des 18. Jahrhunderts, 1972 ✦ *Covett*, Philipp II and Mateo Vazquez de Leca: The Government of Spain (1577-1592), 1977 ✦ *Dederke*, Reich und Republik. Deutschland 1917-1933, 1969 ✦ *Dillon*, King and Estates in the Bohemian Lands 1526-1564, 1976 ✦ *Eichler/Lehmann*, ›Der deutsche territorialstaatliche Absolutismus‹, in: ZfG 18, 1970 ✦ *Ermacora*, Allgemeine Staatslehre, 2 Bde., 1970 ✦ *Th. Eschenburg*, Staat und Gesellschaft in Deutschland, 8. Aufl. 1963 ✦ *Eyck*, Die Krisis der deutschen Rechtspflege, 1926 ✦ *Eysell*, Wohlfahrt und Etatismus, 1979 ✦ *Flitner*, Die politische Erziehung in Deutschland. Geschichte und Probleme 1750-1880, 1957 ✦ *J.H. Franklin*, Jean Bodin and the Rice of Absolutist Theory, 1973 ✦ *K. Fuchs/H. Raab*, dtv-Wörterbuch zur Geschichte, München 1972 ✦ *Gaunt*, Utbildning till statens tjänst. En kollektiv biografi av stormaktstidens hovrättsauskultanter, 1975 ✦ *L. Gebhard*, Handkommentar zur Verfassung des Deutschen Reiches vom 11. August 1919, 1932 ✦ *D. Gerhard* (Hrsg.), Ständische Vertretungen in Europa im 17. und 18. Jahrhundert, 1969 ✦ *Chr. Grimm*, Staatsrecht, 1986 ✦ *L. Gross*, Die Geschichte der deutschen Reichshofkanzlei von 1559 bis 1806, 1933 ✦ *D. Grosser*, Vom monarchischen Konstitutionalismus zur parlamentarischen Demokratie. Die Verfassungspolitik der deutschen Parteien im letzten Jahrzehnt des Kaiserreichs, 1970 ✦ *Haley*, The Dutch in the seventeenth century, 1972 ✦ *Hannover*, Politische Justiz 1918-1933, 1966 ✦ *Hartmann/Kempf*, Staatsoberhäupter in westlichen Demokratien. Strukturen, Funktionen und Probleme des »höchsten Amtes«, 1989 ✦ *Helck*, Die Beziehungen Ägyptens und Vorderasiens zur Ägäis bis ins 7. Jahrhundert v. Chr., 1979 ✦ *R. Herzog*, Staaten der Frühzeit. Ursprünge und Herrschaftsformen, 1988 ✦ *Hoegner*, Die verratene Republik, 1958 ✦ *Hummel-Liljegren*, Rechtsstaat, Sozialstaat, sozialer Rechtsstaat, 1976 ✦ *Ibbeken*, Preußen 1807-1813. Staat und Volk als Idee und in der Wirklichkeit, 1970 ✦ *Immich*, Geschichte des europäischen Staatensystems von 1660 bis 1789, 1905 ✦ *Isensee*, ›Der Sozialstaat in der Wirtschaftskrise‹, in: Festschrift für Johannes Broermann, 1982 ✦ *Jänicke*, Totalitäre Herrschaft. Anatomie eines politischen Begriffs, 1971 ✦ *Jaspers*, Der Schutz der Republik. Studien zur staatlichen Sicherung in der Weimarer Republik 1922-1930, 1963 ✦ *E.A.I. Johnson*, The foundations of American Economic Freedom. Government and Enterprise in the age of Washington, 1973 ✦ *Kammler*, Der Ursprung des Staates. Eine Kritik der Überlagerungslehre, 1966 ✦ *Kaspi*, Révolution au guerre d'indépendance? La naissance des État-Unis, 1972 ✦ *Klebel*, ›Vom Herzogtum zum Territorium‹, in: Festschrift Theodor Mayer, 1954 ✦ *Klir* (Hrsg.), Trends in General History Theory, 1972 ✦ *H. Krüger*, Allgemeine Staastslehre, 1964 ✦ *Klir u. a.* (Hrsg.), Umverteilung im Sozialstaat, 1978 ✦ *Küchenhoff*, Allgemeine Staatslehre, 1977 ✦ *H. Kuhn*, Der Staat, 1967 ✦ *B. Lindberg*, Praemia et Poenae. Etik och straffrätt i Sverige i tidig ny tid, 2 Bde., 1992 ✦ *J.R. Lucas*, The Principles of Politics, 1967 ✦ *H. Maier*, Die ältere deutsche Staats- und Verwaltungslehre (Polizeiwissenschaft), 1966 ✦ *ders.*, Ältere deutsche Staatslehre und westliche politische Tradition, 1966 ✦ *Mager*, Zur Entstehung des modernen Staatsbegriffs, 1968 ✦ *R. Maurer*, Platons »Staat« und die Demokratie. Historisch-systematische Überlegungen zur politischen Ethik, 1970 ✦ *Th. Mayer*, Fürsten und Staat, 1950 ✦ *Mayer-Tasch*, Korporativismus und Autoritarismus. Eine Studie zu Theorie und Praxis der berufsständischen Rechts- und Staatsidee, 1971 ✦ *Chr. Meier*, Entstehung des Begriffs Demokratie, 1970 ✦ *ders.*, Die Ohnmacht des allmächtigen Dictators Caesar, 1980 ✦ *H. Meier*, Carl Schmitt, Leo Strauss und der Begriff des Politischen, 1988 ✦ *Mitteis*, Der Staat des Hohen Mittelalters, 3. Aufl. 1959 ✦ *Münkler*, Im Namen des Staates. Die Begründung der Staatsraison in der Frühen Neuzeit, 1987 ✦ *Novotny*, Staatskanzler Kaunitz als geistige Persönlichkeit, 1947 ✦ *Oestreich*, Ständestaat und Ständewesen im Werk Otto Hintzes, 1969 ✦ *Otte*, Gustav Radbruchs Kieler Jahre 1919-1926, 1982 ✦ *Popper*, Die offene Gesellschaft und ihre Feinde, dt. 1957 ✦ *Quaritsch*, Positionen und Begriffe Carl Schmitts, 1989 ✦ *Radbruch*, Des Geist des englischen Rechts, 1946, 5. Aufl. 1965 ✦ *ders.*, Justizkrise im Weimarer Staat, 1948 ✦ *ders.*, Reichsverfassung und staatsbürgerliche Erziehung, 1919 ✦ *Reibstein*, Johannes Althusius als Fortsetzer der Schule von Salamanca. Untersuchungen zur Idee des Rechtsstaates, 1955 ✦ *C. Schmitt*, Glossarium. Aufzeichnungen der Jahre 1947-1951, 1991 ✦ *Schultes*, Der Niedergang des staatsrechtlichen Denkens im Faschismus. Die Lehre des Herrn Prof. Carl Schmitt, Kronjurist der Gegenrevolution, 1947 ✦ *Skalweit*, Der moderne Staat, 1975 ✦ *A.S. Skinner*, Adam Smith and the role of the State, 1974 ✦ *Seurin* (Hrsg.), Le Constitutionalisme aujourd'hui, 1984 (Sammelband mit 19 Beiträgen auch zu Afrika und Amerika) ✦ *Spangenberg*, Vom Lehnsstaat zum Ständestaat, 1912 ✦ *Spieker*, Legitimationsprobleme des Sozialstaats in der Bundesrepublik Deutschland, 1981 ✦ *Staff*, Lehren vom Staat, 1981 ✦ *E. Stein*, Staatslehre, 11. Aufl. 1988 ✦ *Stolleis* (Hrsg.), Staatsdenker im 17. und 18. Jahrhundert, 1977 ✦ *Veit*, ›Die geistesgeschichtliche Situation des Naturrechts‹, in: Merkur 1947/48 ✦ *Weber-Fas* (Hrsg.), Der Staat. Dokumente des Staatsdenkens von der Antike bis zur Gegenwart, 2 Bde., 1977 ✦ *Weinacht*, Staat. Studien zur Bedeutungsgeschichte des Wortes von den Anfängen bis ins 19. Jhd., 1968 ✦ *J.P. Wolf*, Steuerpolitik im schlesischen Ständestaat (17. und 18. Jhd.), 1978 ✦ *Wollenberg*, Richelieu. Staatsräson und Kircheninteresse, 1977 ✦ *Wyduckel*, Princeps legibus solutus. Eine Untersuchung zur frühmodernen Rechts- und Staatslehre, 1979 ✦ *Zarnow*, Gefesselte Justiz, 2 Bde., 1931/32 ✦ *Zippelius*, Allgemeine Staatslehre, 1980 ✦ *ders.*, Geschichte der Staatsideen, 1980.

Souveränität

Die Kompetenz, bei Verbrechen über Leben und Tod sowie über Krieg und Frieden zwischen Einzelstaaten letztgültig (*ultima ratio*) bestimmen zu dürfen, gilt seit der Neuzeit als Ausdruck von Souveränität – im Sinne höchster Amtsgewalt.

Dieser aus dem Französischen hergeleitete Terminus geht auf das Attribut »souverän« zurück. Es gibt das lateinische »supremum« wieder und meint in Gestalt eines »iudicium supremum« das *höchste Gerichtsurteil* in einem Gemeinwesen. In der Wortform »cour souverain« oder »oberster Gerichtshof« wird dieser Zusammenhang bestätigt: Das Parlement de Paris bis 1789 (→ Revolution) und das Pfälzische Gericht (*Judicium Palatinum*) bis 1806 (Ende des Heiligen Reiches) entsprachen der unmittelbaren Verbindung von Souveränitätsrecht und höchster Gerichtsbarkeit.

Wird diese elementare Beziehung nicht berücksichtigt, dann müssen sich bestimmte ideologische Verzerrungen einstellen. Das gilt etwa dann, wenn übersehen wird, daß die Könige Alteuropas vor 1789 als »gekrönte Häupter« neben den Amtsfunktionen als Gesetzgeber und Kriegsherren auch die Zuständigkeit als »höchste Richter« besaßen, ja sogar »Gnade vor Recht« ergehen lassen konnten (→ Recht).

»Von den Gesetzen gelöst«

Legt man die Definition Jean Bodins in seinem Epochenwerk »Six livres de la République« (1576) zugrunde, dann besteht die Souveränität eines Landes oder Staates vor allem in der »höchsten, von den Gesetzen gelösten Amtsgewalt«: Der »souveräne Fürst« über Land und Leute muß deshalb auch als ein »Meister der Gesetze« betrachtet und geachtet werden.

Die Formel »von den Gesetzen gelöst« (*legibus solutus*) hat bis heute zu erheblichen Fehldeutungen Anlaß gegeben, weil eine wesentliche Abgrenzung bei Bodin entweder bewußt oder fahrlässig übergangen worden ist. Schließlich wies der Richter Bodin wie eine Generation später der englische Prinzenerzieher Thomas Hobbes stets darauf hin, daß in einer gerechten politischen Ordnung nicht nur zwischen »Mein und Dein« (→ Eigentum) unterschieden werden muß, sondern auch »Recht« (Jus) und »Gesetz« (Lex) als verschiedene Bereiche zu gelten haben.

Tatsächlich findet sich in den Traktaten beider Staatsdenker kein Hinweis darauf, daß ein »souveräner Fürst« oder eine »souveräne Krone« in irgendeiner Form »juribus solutus« verfahren dürfe – vom göttlichen und natürlichen Recht gelöst oder auch unabhängig vom Völkerrecht und von den jeweils geltenden Fundamentalgesetzen (→ Verfassung).

Ausdrücklich heißt es bei Bodin, daß »der souveräne Fürst keine Macht hat, die Grenzen der Natur- wie Gottesgesetze zu überschreiten«. Daraus ergibt sich nicht nur die Festlegung auf die Gebote des Dekalogs und auf die → Goldene Regel, die gerade Hobbes und Voltaire für ihre Ordnungsentwürfe bemüht haben: Es erfolgt auch, daß die Souveränität eben nicht »die oberste und schlechthin unabhängige Gewalt« (Erich Bayer) sein darf.

Diese Auffassung wurde zwar häufig von deutschen Verfechtern des → Absolutismus und der Diktaturen des 20. Jahrhunderts vertreten, doch dem stand seit der Neuzeit eine rechtlich-politische Praxis gegenüber, die den unabdingbaren *Vorrang des Rechts* vor jedem Gesetz verlangte. Angesichts dieses Primates wird auch die Formel »von den Gesetzen gelöst« verständlich. Denn sie galt nur dann, wenn für das Gemeinwesen eine »Gefahr im Verzug« war und ein Notfall bewältigt werden mußte. Lediglich in solchen Situationen durfte der »souveräne Fürst« nach Rücksprache und Zustimmung des Senates und/oder des Reichstages nach dem Motto handeln: »Not kennt kein Gebot« (*»necessitas non habet legem«*).

In der Handhabung eines Notstandes wurden außerordentliche Maßnahmen erlaubt, die allerdings nicht »verewigt« werden sollten (→ Diktatur). So gesehen bedeutete das temporär gewährte Zugeständnis »von den Gesetzen gelöst« keine »unabhängige Gewalt« sondern setzte voraus, daß die eingesetzten Sondervollmachten ans Recht gebunden blieben, demnach als abhängig und abgeleitet zu gelten hatten.

Souveränität als Bindung

Als Königin Christine von Schweden im Jahre 1654 den Abdikations-Rezeß zugunsten des teutschen Fürsten Karl X. Gustav (Haus Pfalz-Zweibrücken) unterschrieb, konnte sie sich weiterhin als »souveräne Fürstin« betrachten, die keiner weltlichen Gerichtsbarkeit unterlag, selbst im Falle persönlicher Verbrechen nicht. Sechs Jahre später wurde ihr allerdings von den Verfassungsjuristen des Ritterhauses erklärt, als sie nach Schweden zurückkehren wollte: »Über die Souveränität und Independence ist zu sagen, daß sie mehr bindet, als sie (der Königin) Freiheit gibt; sie bindet sie so weit, daß sie unser Fundamentalgesetz anerkennen möge – nach dem Grundsatz, daß Verträge eingehalten werden.«

Für das libertäre Alteuropa war diese Position ein Gemeingut. Es wurde im Verfassungsrecht Englands durch die Vertrags- und Gegenseitigkeitsformel *Rex in Parlamento* bestätigt und von der Definition bekräftigt: »The sovereignty resides in the King and in his Parliament.«

Nur unter dieser Voraussetzung, daß »Kaiser und Reich«, »König und Krone« oder »Fürst und Land« in eine Rechts-Concurrenz (*communicatio juris*) treten und sich an eine reziproke Abhängigkeit binden, wird auch die Feststellung von Thomas Hobbes verständlich: »Gewählte Könige und Fürsten haben die souveräne Amtsgewalt nicht als Eigentum (propriety) inne, sondern nur als Nießbrauch (use)«.

Ihre Wahl mit dem Abschluß eines Herrschaftsvertrages überantwortete die höchste Amtsgewalt lediglich als eine umfassende Nutzungskompetenz. Trotz der obersten Entscheidungsbefugnis blieb diese Rechtsqualität in wesentlichen Bereichen wie Krieg und Frieden, Gesetzgebung und Besteuerung, Ämtervergabe und Lehnszuteilung an die ständischen Vertragspartner gebunden – wie es einer → Treuhandschaft entsprach und es das Condominium zwischen Fürst und Ständen verlangte.

In diesem Sinne beriefen sich die Generalstände von 1789 und die Verfassungsgeber von 1793 auf eine *Souveränität des Rechts*, die als »nationale Souveränität« an die politische Mitwirkung aller → Bürger (*citoyens*) gebunden wurde. Deshalb heißt es auch im Artikel 25 der Juni-Verfassung von 1793: »Die Souveränität thront im Volk; sie ist einheitlich und unteilbar, unverjährbar und unverlehnbar (inaliénable)«. In Anbetracht ihres Mißbrauchs in der Vergangenheit wird jeder Versuch eines »Individuums, das unrechtmäßig die Souveränität erwerben« möchte, sofort geahndet und mit der »Todesstrafe« bedroht (Artikel 27).

Die Verfassungsgeber um den Mathematiker Condorcet wußten genau, warum sie Souveränität und höchste Jurisdiktion unmittelbar aufeinander bezogen – schließlich kannten sie die alteuropäische Lehre von »Gott und dem Recht« und konnten unter dem Primat der Menschenrechte nicht zulassen, daß sich Amtsinhaber eine Kompetenz anmaßten, die nur dem »souveränen Volk« als »Gesamtheit der französischen Bürger« gehörte.

Wie berechtigt die Sorge war, daß ein »Einzelner« die Souveränität für sich allein in Anspruch nimmt, haben verschiedene »absolute und souveräne Erbherren« seit dem 17. Jahrhundert mehrfach unter Beweis gestellt. In Frankreich selbst wurde mit dem Putsch Napoleon Bonapartes im Jahre 1799 der Begriff »Souveränität« mit all seinen verfassungsmäßigen Sicherungen aus den Sprachregelungen der neuen Generals-, Konsuls- und Kaiser-Diktatur getilgt. Erst in der republikanischen Novemberverfassung von 1848 taucht er im Artikel 1 wieder auf und wird auf die Rechtskommunikation aller drei Gewalten bezogen – allerdings ohne Todesdrohung gegen einen möglichen Usurpator.

Auch hier zeigt sich, daß das »souveräne Volk« in seiner verfassungsgebundenen Ordnung in erster Linie »vom Gesetz dependieren« möchte, an dessen Zustandekommen es selbst beteiligt wird, und sich dagegen wehrt, »von der Regenten absolutem Gutfinden abzuhängen« (Claes Rålamb, 1682). Die Souveränität als »Independence« bedeutet demnach nur, daß Fürsten und Volk nicht einer fremden Gerichtsbarkeit unterliegen, wohl aber Recht und Gerechtigkeit. In diesem Sinne kann nur derjenige wirklich souverän sein, der seine Abhängigkeiten beherrscht – überlegt und überlegen zugleich.

Die »Doppelte Souveränität«

Die von französischer Seite immer wieder betonte »Einheit« der Souveränität wird nur verständlich, wenn die Rechtsconcurrenz der drei Gewalten berücksichtigt wird. Denn deren amtsbezogene Verantwortung in geteilten Bereichen schloß ja keineswegs aus, daß sie sich zu einem souveränen Hoheitsakt zusammenfanden, ob bei der feierlichen Ratifikation eines völkerrechtlichen Vertrages oder bei einer substantiellen Verfassungsänderung.

Bedenkt man diese »Einheit in Vielheit« (Aristoteles), dann erklärt sich auch die alteuropäische Lehre von der Doppelten Souveränität (*duplex-majestas*). Darunter verstand man die Übertragung einer *personalen Souveränität* (majestas personalis) auf den rechts- und verfassungsgebundenen Fürsten für seine gesamte Regierungszeit. Sie bedeutete eine umfassende Kompetenz zur vollen Wahrnehmung aller zugestandenen Befugnisse im Amt als höchster Gesetzgeber, Kriegsherr und Richter. Die Anwendung dieser Souveränitäts- oder Hoheitsrechte wurde in der politischen Praxis dadurch kontrolliert, daß die Träger der *realen Souveränität* (majestas realis) über ein temporäres (Reichstag) und ein permanentes Rechtsorgan (Senat) verfügten: Wichtige Vorhaben bedurften ihrer Vor- und Nachberatung sowie einer genau geregelten Zustimmung.

Der Mechanismus dieses Modells kam vor allem dann zum Vorschein, wenn ein regierender Fürst starb oder seine Amtsbefähigung (Idoneität) verlor und nur ein minderjähriger Thronfolger zur Verfügung stand. In diesen Fällen ging die »personale Souveränität« an eigens bestellte »Treuhänder« über, die so lange tätig waren, bis ein neuer und amtsfähiger Nachfolger gefunden wurde (Ephorat).

Diese vertragliche Wechselwirkung der drei wichtigsten Verfassungsorgane konnte in Einzelfällen nach innen durchbrochen werden. So war nach Maßgabe der Goldenen Bulle von 1356 z.B. die Tätigkeit des Pfälzischen Gerichts möglich. Es war berechtigt, in Gestalt der Kurfürsten über einen rechts- oder amtsunfähigen Kaiser gerichtlich zu befinden: Im Jahre 1400 wurde Kaiser Wenzel IV. sogar abgesetzt. Es konnte auch vorkommen, daß sich ein nationales Parlament als höchster Gerichtshof auffaßte, einem angeblich rechtsbrüchigen König den Prozeß machte und gar zum Tode verurteilte: Das ist 1649 Karl I. von England widerfahren und Ludwig XVI. von Frankreich im Jahre 1793. Das Parlament als Gericht und »Hüter der Verfassung« demonstrierte in derartigen Hoheitsakten, daß es mit der Wahrnehmung seiner »realen Souveränität« der »personalen Souveränität« des regierenden Königs stets vorgeordnet blieb.

Aus dieser Rechtskompetenz eines Parlamentes leitete sich die *Volkssouveränität* her. Sie entsprach in ihrem liberalen Wesen (→ Parteien) den Bedingungen der libertären Verfassungen vor den Diktaturen des Absolutismus. So heißt es bereits 1770 zur »Freiheits-Constitution der Nation« in Schweden, daß es zu den »uralten Rechten des Schwedischen Volkes als Eigentümer und Possessionaten« gehöre, den »König zu wählen, selber Steuern und Abgaben zu bewilligen, Krieg zu erklären, Frieden zu schließen und selber Gesetze zu geben«. Diese Ordnung der »gesetzesgebundenen Freiheit« (Kepplerus) sei die Gegenwelt zum Machtsystem dynastischer Monokraten, die in ihrem Anspruch auf die *Fürstensouveränität* alle Errungenschaften des Mitregierens und Mitwirkens stornierten und am Ende gar zerstörten.

Im vertraglichen Zusammenwirken von Fürst und Ständen drückte sich die Doppelte Souveränität als Wahrnehmung fundamentaler Hoheitsrechte aus, in die niemand von außen intervenieren durfte – es sei denn auf der Grundlage einer universalen → Ethik, wie sie im göttlichen, natürlichen und im Völkerrecht vorgegeben wird.

Diese übernationale Bindung der Souveränität hatte noch Fritz Kern im Jahre 1914 vor Augen, als er mittelalterlichen und neuzeitlichen Quellen gemäß gegen das »moderne« Souveränitätsverständnis seit dem Absolutismus feststellte: »Gott ist souverän, und das Recht, das den Herrscher und die Gesamtheit bindet, ist, insoweit es Gott nicht zuwiderläuft, ebenfalls souverän« (→ Gottesgnadentum).

Mit dieser Position festigte er die Vorstellung einer »institutionellen Souveränität« (»*sovereignity by institution*«, Hobbes), die jeden personalen Amtsinhaber an bestimmte Kompetenzen bindet. Gegen diese Auffassung richteten sich schon im 17. Jahrhundert die Machiavellisten und die Befürworter des patrimonialen Absolutismus mit seiner Forderung nach einer *Erbsouveränität* und *Absolutesse* für die Person eines Fürsten allein.

In der Abwehr ständischer Mitwirkung wurde die Doppelte Souveränität schließlich aufgehoben und sämtliche daraus emanierenden Rechte an den jeweiligen Erbfürsten und sein »souveränes Haus« (Leibniz) übertragen. Deshalb konnte auch Otto Brunner gegen Fritz Kern behaupten, daß die rechtsgebundene Souveränität in ihrer Doppelnatur »unbrauchbar« sei: »Denn souverän kann doch nur ein Mensch oder ein menschlicher Verband sein, der im Zweifelsfall entscheiden kann, was rechtens sei, und diese seine Rechtsüberzeugung durchzusetzen vermag. Das Recht, die Rechtsordnung, kann daher niemals souverän sein« (1959).

Diese von der *reinen Rechtslehre* (Hans Kelsen) beeinflußte Ansicht war Ausdruck eines vertragsverneinenden Rechtspositivismus, der an der historischen Wirklichkeit völlig vorbeiging. Schließlich waren die Wechselbeziehungen der »duplex majestas« keine akademische Erfindung, sondern eine in ganz Europa politisch wirksame Forderung.

Problematik

Die Hoheitsrechte einer »souveränen Krone«, eines »souveränen Volkes« oder einer »souveränen Nation« standen stets unter dem Vorbehalt, nicht durch einseitige Machtansprüche die vorhandene Rechtsordnung zu stören, die universal ausgerichtet bleiben sollte. Kam es dennoch zu Konflikten, dann sahen sich die beiden Universalmächte Kaiser und Papst nicht selten genötigt, mit einer fallbezogenen *Intervention* von außen auf die Streitparteien einzuwirken. Noch im Jahre 1655 galt eine friedensstiftende Maßnahme als »höchster Auftrag« (*summum munus*) des Kaisers.

Mit der konfessionellen Abspaltung von Rom seit der → Reformation (1517) betrachteten aber die protestantisch gewordenen Länder Europas (Dänemark-Norwegen, Schweden-Finnland, England-Schottland, Böhmen-Mähren, Niederlande, Preußen) jeden Rechts- oder Gerichtseingriff von außen als Einmischung in innere Angelegenheiten.

Diese Abwehr jeder fremden Jurisdiktion ist vor allem im Zeichen des Rechtspositivismus (»Wer die Macht hat, der hat das Recht«) zum höchsten Wert im »modernen« Souveränitätsverständnis geworden. Die Vorstellung des libertären Europa, daß nicht nur Kaiser und Papst eine gewisse → Treuhandschaft über alle Gemeinwesen der Christenheit wahrzunehmen hatten, sondern daß auch jedes einzelne Land für nahe und ferne Nachbarn ebenfalls »Treuhänder« sein sollte, ist nach 1806 weitgehend zerbrochen und wird erst heute wieder reaktiviert – in Kenntnis und unter dem Zwang einer wachsenden Interdependenz (→ Umweltschutz).

Die welthistorischen Interventionen zur Wiederherstellung freiheitlicher Rechtsordnungen im Heiligen Reich 1630 oder in England 1688 sowie 1917 und 1944 in Mitteleuropa verdeutlichen, daß die Souveränität von Land und Leuten als Inbegriff des Selbstbestimmungsrechtes von der → Gerechtigkeit abhängig ist. Wird diese fundamentale Wechselwirkung geleugnet, was alle bisherigen Diktaturen getan haben, dann ist nur noch eine machtpolitische Definition der Souveränität denkbar: Sie muß dann als eine »höchste und umfassendste Gewalt« bestimmt werden, »die von keiner anderen Gewalt abgeleitet ist« (*GuS*, 1992).

Auch der Zusammenschluß souveräner Rechtsstaaten zu politischen Bündnissen wie der *Europäischen Union* nach Maßgabe des modifizierten Maastrichter Vertrages von 1992 belegt, daß das Delegieren von Souveränitätsrechten an zwischenstaatliche oder übernationale Institutionen nur möglich ist, wenn die Rechtssouveränität in jedem Mitgliedsland selbst delegierfähig bleibt und von gemeinsamen Grundsätzen abhängig gehalten wird (Vertragsgebot).

Das oft systematische Ausblenden des Rechtsbezugs und der Gegenseitigkeit erzwingt hingegen für die Begriffsbestimmung der Souveränität Ersatzqualitäten von zweifelhaftem Wert: So gilt in bestimmten Politikerkreisen selbst »westlicher« Demokratien der Bau und die ungehinderte Verfügung über einsatzbereite Atomwaffen als höchster und gar einziger Ausdruck von Souveränität.

Die Intervention der demokratisch strukturierten UNO im Krieg um Kuwait (1991) wurde nicht mit dem Ziel begründet, im Ölscheichtum die 1986 abgeschaffte Demokratie wieder herzustellen. Vielmehr erzwang der US-Präsident George Bush die Zustimmung des Senats der USA mit der Behauptung, daß der Irak des Diktators Saddam Hussein in der Lage sei, Atombomben zu bauen und möglicherweise gegen Israel einzusetzen, als dessen »Treuhänder« sich die USA verstehen. Auch die Krise um Nordkorea 1994 wurde im wesentlichen von der Sorge bestimmt, der kommunistische Diktator Kim Il Sung († 1994)könnte in seinem Land Atombomben fertigen und in einem Krieg gegen Südkorea einsetzen.

Rechtlich gesehen sind solche technologischen Hochleistungen für die Souveränität völlig unerheblich, weil zwischen souveränen Staaten unabhängig vom wirtschaftlichen und technologischen Potential die Vertrags-Kommutation gilt. Dennoch hat besonders General de Gaulle aus nationalem Prestigedenken den Bau einer »französischen Atombombe« angeregt und durchführen lassen, um im Kreis der Atommächte (USA, Großbritannien, Sowjetunion, Rot-China), die gleichzeitig die ständigen Mitglieder des UNO-Sicherheitsrates stellen, als gleichberechtigt zu gelten.

Obgleich immer wieder behauptet wird, daß nur eine Atommacht »wirklich souverän« sei und über eine »nationale Unabhängigkeit« verfüge, so belegt doch die Geschichte der Atomwaffen seit Hiroshima und Nagasaki im Jahr 1945 eher das Gegenteil. Denn mit dieser Zerstörungstechnik gerieten die Atommächte in ein »Gleichgewicht des Schreckens« und in einen Teufelskreis gegenseitiger Vernichtungsdrohung. Abhängigkeit und Verantwortung erhöhten sich damit gravierend, zumal diese Waffensysteme kaum noch zu finanzieren und sicher zu entsorgen sind.

Fetisch der Entscheidung

Wird die machtpolitisch begründete Souveränität im Zeichen vorgeschützter »nationaler Interessen« zu einem Selbstzweck der Politik gemacht, dann nimmt der Begriff einen unverkennbar ideologischen Charakter an. Wohin eine derartige Verabsolutierung führen kann, hat sich 1933 im Deutschen Reich gezeigt, als die Nationalsozialisten nach ihrer »Machtergreifung« jede Bindung der Souveränität nach innen (Weimarer Verfassung) wie nach außen (Völkerbund) ablehnten und gezielt ein diktatorisches Gegensystem aufbauten. Dabei vollzogen sie in ihrer destruktiven Praxis eine Definition, der Leibniz in seinem umfassenden Rechtsgutachten »De jure suprematus ac legationis« (1676) vorgearbeitet hatte: Seiner Ansicht nach war ein Fürst trotz verschiedener Bindungen an Kaiser und Reich »frey und souverän«, wenn ihm »die Hände durch eine wirklich zwingende Macht in seinem Haus nicht gebunden« werden konnten.

Ähnlich argumentierte auch der Staatsrechtler Carl Schmitt, der sich bei der Bewertung der Souveränität auf Bodin und Hobbes berief, ohne deren Unterscheidungen gebührend zu beachten. Nach seinen Vorstellungen ist nur jener Machthaber »souverän, der über die Ausnahme entscheidet« und damit auch über die Verhängung des *Ausnahmezustandes* als Vorstufe einer Kriegslage.

Diese Lehre aus den 1920er Jahren – als »okkasionalistischer Dezisionismus« ausgegeben – verengt die Politik auf eine absolut gesetzte »Entscheidung«, obgleich doch die Praxis zeigt, daß viel entschieden werden kann, ohne daß es auch durchgesetzt wird. Das Prinzip »Rule of Law« aber bedarf der Realisierung aller demokratisch getroffenen Entscheidungen, wenn es seine Gültigkeit und Autorität bewahren will. Jeder Verbrecher setzt auf die »Ausnahme«, sobald er den Rechts- oder Gesetzesbruch vollzieht, ohne daß er deshalb »souverän« genannt werden dürfte. Auch putschende Militärs, diktatorische Parteien und alle Vertreter des → Terrorismus können über Ausnahmen von Recht und Verfassung entscheiden, ja sogar die Macht über ein Gemeinwesen erlangen, ohne wirkliche Souveränität zu gewinnen.

Geht man allerdings vom *Recht der Souveränität* aus, wie es seit Bodin, der Rechtsschule von Salamanca, Grotius und Axel Oxenstierna verstanden wird, dann löst sich der Fetisch in juristisch-politische Klarheit auf: Souverän ist, wer die legitimierte Fähigkeit besitzt, das geltende Recht durchzusetzen, ohne dabei den inneren oder äußeren Frieden zu gefährden (→ Recht).

Literatur

J. W. Allen, ›Jean Bodin‹, in: Hearnshaw (Hrsg.), The Social and Political Ideas of some Great Thinkers of the Sixteenth and Seventeenth Century, 1949 ✦ *Ameline*, L'idée de souveraineté d'après les écrivains français du XVIIIe siècle, 1904 ✦ *G. Anders*, Die atomare Drohung. Radikale Überlegungen, 5. Aufl. 1986 ✦ *v. Arx*, Atombombenversuche und Völkerrecht, 1974 ✦ *Aulard*, ›L'exercice de la souveraineté nationale sous le Directoire‹, in: La Révolution française, XL, 1901 ✦ *Barthélemy*, L'introduction du régime parlementaire en France sous Louis XVIII et Charles X, 1904 ✦ *Barudio*, Absolutismus – Zerstörung der »libertären Verfassung«, 1976 ✦ *Bastid*, ›La théorie juridique des chartes‹, in: Revue internationale d'histoire politique et constitutionelle, nouvelle serie no. 11, 1953 ✦ *Bataille*, Die psychologische Struktur des Faschismus. Die Souveränität, dt. 1978 ✦ *Baudrillart*, Bodin et son temps. Tableau des théories politiques et des idées économiques au 16e siècle, 1853, ND 1964 ✦ *Behrens/Noack*, Theorien der internationalen Politik, 1984 ✦ Bermbach, ›Widerstandsrecht, Souveränität, Kirche und Staat: Frankreich und Spanien im 16. Jhd.‹, in: PHPI, 3, 1985 ✦ *Björklund* (Hrsg.), Kring 1980. Om regeringsformens tillkomst, 1965 ✦ *Bohlinger*, Die Illoyalität des Staates auf dem Gebiet der atomaren Kontroverse und das Recht zum Widerstand, 1982 ✦ *ders.*, Die herrschende Justiz im Dienst der Rechtsvernichtung, 1986 ✦ *Böckenförde*, Staat, Gesellschaft, Freiheit. Studien zur Staatstheorie und zum Verfassungsrecht, 1976 ✦ *Braconier*, ›Suveränitetsbegreppets betydelse till det Karolinska enväldets uppkomst‹, in: Festskrift till A. Nevstén, 1951 ✦ *O. Brunner*, ›Moderner Verfassungsbegriff und mittelalterliche Verfassungsgeschichte‹, in: MIÖG, 1939 ✦ *ders.*, Land und Herrschaft, 4. Aufl. 1959 ✦ *Carsten*, Princes and Parliaments in Germany from the Fifteenth to the Eighteenth century, 2. Aufl. 1963 ✦ *Clason*, ›Studier i 1600-talets svenska statsrätt. Johannes Loccenius och hans lära om rikets »fundamentallagar«‹, in StvT, 1901 ✦ *J. Cohen*, La Préparation de la Constitution de 1848, 1935 ✦ *Czempiel* (Hrsg.), ›Die anachronistische Souveränität‹, in: PVj, Sonderheft Nr. 1, 1969 ✦ *Dennert*, Ursprung und Begriff der Souveränität, 1964 ✦ *Denzer* (Hrsg.), Jean Bodin. Verhandlungen der internationalen Bodin-Tagung in München, 1973 ✦ *J. Engel*, ›Von der spätmittelalterlichen respublica christiana zum Mächte-Europa der Neuzeit‹, in: Th. Schieder (Hrsg.), Handbuch der Europäischen Geschichte, 3, 1971 ✦ *G. Erler*, Die Rechtsentwicklung der internationalen Zusammenarbeit im Atombereich, 1963 ✦ Figgis, Studies of Political Thought from Gerson to Grotius 1414-1625, 1923 ✦ *J.H.*, Jean Bodin and the Rise of Absolutist Theory, 1973 ✦ *ders.*, Jean Bodin and the Sixteenth Century Revolution in the Methodology of Law and History, 1963 ✦ *Ghermani*, Die nationale Souveränitätspolitik der SR Rumänien. Teil 1: Im Rahmen des sowjetischen Bündnissystems, 1981 ✦ *Godechot* (Hrsg.), Les Constitutions de la France depuis 1789, 1979 ✦ *Hanke*, Bodin. Eine Studie über den Begriff der Souveränität, 1894 ✦ *Häfliger*, Autonomie und Souveränität. Zur Gegenwartskritik von Georges Bataille, 1981 ✦ *Hauptmeyer*, Souveränität, Partizipation und absolutistischer Kleinstaat. Die Grafschaft Schaumburg-Lippe als Beispiel, 1980 ✦ *H. Heller*, Die Souveränität, 1927 ✦ *K. Hildebrand*, Integration und Souveränität. Die Außenpolitik der Bundesrepublik Deutschland 1949-1982, 1991 ✦ *H.H. Hofmann* (Hrsg.),

›Die Entstehung des modernen souveränen Staates‹, in: NWB, 17, 1967 ✦ *Jahrreiss*, ›Die Souveränität der Staaten. Ein Wort, mehrere Begriffe, viele Mißverständnisse‹, in: NWB, 17, 1967 ✦ *Jungk/Kelly/Ridder*, Atombomben – Made in Germany, 1986 ✦ *Kahn*, Nachdenken über den Atomkrieg, 1987 ✦ *H. Kelsen*, Das Problem der Souveränität und die Theorie des Völkerrechts. Beitrag zu einer reinen Rechtslehre, 2. Aufl. 1928, ND 1981 ✦ *Kepplerus*, Ödmjukt memorial, 1770 ✦ *Kimminich*, Die Souveränität der Bundesrepublik Deutschland, 1970 ✦ *P. King*, The Ideology of Order. A comparative analysis of Jean Bodin and Thomas Hobbes, 1974 ✦ *Kölsch*, Recht und Macht bei Montaigne. Ein Beitrag zur Erforschung der Grundlagen von Staat und Recht, 1974 ✦ *Knieper*, Nationale Souveränität. Versuch über Ende und Anfang einer Weltordnung, 1991 ✦ *Krautheim*, Die Souveränitätskonzeption in den englischen Verfassungskonflikten des 17. Jhds., 1977 ✦ *Kroker/Veiter*, Rechtspositivismus, Menschenrechte und Souveränitätslehre in verschiedenen Rechtskreisen, 1976 ✦ *Lademacher/Mühlhausen*, Sicherheit, Kontrolle, Souveränität. Das Petersberger Abkommen vom 22. November 1949. Eine Dokumentation, 1985 ✦ *Landmann*, Der Souveränitätsbegriff bei den französischen Theoretikern, von Jean Bodin bis auf Jean-Jacques Rousseau, 1896 ✦ *Leipold*, Lex fori, Souveränität, Discovery. Grundlagen des internationalen Zivilprozeßrechts, 1989 ✦ *D. Lutz*, Atomkriegsfolgen. Der Bericht des ›Office of Technology Assessment‹, 1984 ✦ *Morvay*, Souveränitätsübergang und Rechtskontinuität im Britischen Commonwealth. Ein Beitrag zur Lehre von der Staatensukzession, 1974 ✦ *K. Müller*, ›Gottfried Wilhelm Leibniz und Hugo Grotius‹, in: Festgabe für Fritz Hartung, 1958 ✦ *Oestreich*, ›Die Idee des religiösen Bundes und die Lehre vom Staatsvertrag‹, in: NWB, 17, 1967 ✦ *Petersmann*, Die Souveränität des Britischen Parlaments in der Europäischen Gemeinschaft, 1972 ✦ *Pottmeyer*, Unfehlbarkeit und Souveränität. Die päpstliche Unfehlbarkeit im System der ultramontanen Ekklesiologie des 19. Jahrhunderts, 1975 ✦ *Prélot*, Institutions politiques et droit constitutionnel, 2. Aufl. 1961 ✦ *Quaritsch*, Souveränität. Entstehung und Entwicklung des Begriffs in Frankreich und Deutschland vom 13. Jhd. bis 1806, 1986 ✦ *Reibstein*, Johannes Althusius als Fortsetzer der Schule von Salamanca, 1955 ✦ *ders.*, Volkssouveränität und Freiheitsrecht. Texte und Studien zur politischen Theorie des 14.-18. Jhds., Bd. 1, 1972 ✦ *Reinert*, Grenzüberschreitender Rundfunk im Spannungsfeld von staatlicher Souveränität und transnationaler Rundfunkfreiheit, 1990 ✦ *Roberts*, ›Queen Christina and the general crisis of the seventeenth century‹, in: Crisis in Europe 1560-1660, 1967 ✦ *Roeck*, Reichssystem und Reichsherkommen. Die Diskussion über die Staatlichkeit des Reiches in der politischen Publizistik des 17. und 18. Jhds., 1984 ✦ *Rullmann*, Die Sehnsucht kleiner Länder nach der Atombombe: Jugoslawien, 1988 ✦ *ders.*, So endet Jugoslawien, 1990/91 ✦ *Saage*, Herrschaft, Toleranz, Widerstand. Studien zur politischen Theorie der Niederländischen und der Englischen Revolution, 1981 ✦ *C. Schmitt*, Verfassungslehre, 7. Aufl. 1989 ✦ *ders.*, Der Leviathan in der Staatslehre des Thomas Hobbes. Sinn und Fehlschlag eines politischen Symbols, 1982 ✦ *H. Schumacher*, Die atomare Bedrohung und der allmächtige Gott. Eine Anfrage an die Bibel, 1983 ✦ *Seibert*, Der atomare Holocaust. Was sagt die Bibel dazu?, 1986 ✦ *Stuby*, Die »gefesselte« Souveränität der Bundesrepublik. Zur Entwicklung der BRD im Rahmen der US-Globalstrategie, 1987 ✦ *Thanner*, ›Suveränitetsförklaring år 1693‹ in: KFÅ, 1954 ✦ *Vattel*, Le droit des gens ou principes de la loi naturelle, appliqués à la conduite et aux affaires des nations et des souverains, 1758, 1959 ✦ *Voigt* (Hrsg.), Der Herrschaftsvertrag, 1965 ✦ *Wydukkel*, Princeps legibus solutus. Eine Untersuchung zur frühmodernen Rechts- und Staatslehre, 1979.

Sozialismus

Unter allen → Utopien seit der → Aufklärung hat keine so stark auf das gesellschaftliche Bewußtsein, die politische Gesinnung und auf das ökonomische Verhalten von Reformern und Revolutionären eingewirkt wie der Sozialismus als »Erlösungsmittel der Menschheit« (Weitling, 1838) von Unterdrückung (→ Feudalismus), Ausbeutung (→ Kapitalismus) und Entmündigung (→ Absolutismus).

Geht man von der ursprünglichen Wortbedeutung aus, dann handelt es sich bei diesem umfassenden Begriff um einen Neologismus. Er ist von kirchlicher Seite entwickelt worden und leitet sich vom lateinischen »socius« (Vertrags-Genosse) und der »societas« (Korporation, Gesellschaft) her. Mit der latinisierten Form *Socialistae* wurden all jene Vertreter des säkularisierten Naturrechts bezeichnet, die wie die Aufklärer und Juristen Hugo Grotius oder Samuel Pufendorf schon im 17. Jahrhundert die Idee einer gerechten Gesellschaft vertraten – auf der Grundlage fundamentaler Verträge.

Bereits im Jahre 1793 war die deutsche Wortform *Sozialisten* besonders an den Universitäten geläufig. Später sprach man von »Katheder-Sozialisten«; ein Begriff, der deutlich macht, daß es sich bei den frühen Vertretern des Sozialismus um Geistesaristokraten gehandelt hat, die eine Zukunftsvision verwirklichen wollten.

Deren Realisierung war gegen den Gutsadel, die Besitz-Kirchen sowie gegen die Eigentümer von industriellen Produktionsmitteln gerichtet und sollte mit Hilfe der »Besitzlosen« des »Arbeiterstandes« gelingen – mit dem »Vierten Stand« als künftigem »Adel der Menschheit« (Karl Marx).

Obgleich die »sozialistische Bewegung« in vorindustrieller Zeit begann, von meist akademischen Radikalreformern geprägt wurde (Auguste Blanqui, Graf Saint-Simon, Charles Fourier, Wilhelm Weitling, Moses Heß) und dieser Berufsstand in allen Gruppierungen des Sozialismus dominant blieb, wird immer noch behauptet, daß »die Idee und Bewegung des Sozialismus eng mit der Entstehung des Kapitalismus und damit des Proletariats verbunden ist« (GuS, 1992).

Gegen diese Einschätzung spricht nicht zuletzt die Tatsache, daß es in den USA als einem Kernland des → Kapitalismus seit 1776 weder eine nennenswerte Sozialdemokratie noch eine große sozialistische Bewegung oder gar eine bedeutende kommunistische Partei gegeben hat. Selbst in England als dem angeblichen »Mutterland« der Ersten Industriellen Revolution (→ Industrialismus) und des destruktiven Manchester-Kapitalismus wurde erst im Todesjahr von Karl Marx (1883) die »Fabian Society« als Vorläuferin der »Labour Party« (1906) gegründet – angeregt von Intellektuellen wie George Bernard Shaw.

Auch im weitgehend agrarischen Rußland waren es Intellektuelle wie der Rechtsanwalt Lenin oder Trotzki und Stalin, die als Anhänger des »wissenschaftlichen Sozialismus« (Marx/Engels) agierten, 1917 erfolgreich putschten und ein Machtsystem etablierten, das erst 1989 zusammenbrach.

Auch die Forderung faschistischer »Arbeiterparteien« nach 1918, den »wahren Sozialismus« (Mussolini) und »soziale Gerechtigkeit« (Hitler) zu verwirklichen, relativiert die Auffassung, die Idee des Sozialismus sei nur eine Angelegenheit des »linken« und »fortschrittlichen Lagers« gewesen.

Diese Auffächerung des Sozialismus-Begriffs erinnert an eine Kritik des russischen Anarchisten, Hegel-Kenners und Marx-Gegners Bakunin. Sein Brief von 1872 »An die Brüder in Spanien« belegt nicht nur die Vorherrschaft der Gebildeten in der sozialistischen Bewegung des 19. Jahrhunderts, sondern auch deren Manko, nicht verbindlich sagen zu können, was das Wesen des Sozialismus ausmacht und auf welchem Weg diese Idee Wirklichkeit werden soll: »Sobald es eine offizielle Theorie gibt, stellen sich unfehlbar verschiedene und entgegengesetzte Theorien ein. Es würde dann Bourgeois-Sozialisten, friedliche Sozialisten, Genossenschaftler, autoritäre Sozialisten ... und revolutionäre Sozialisten geben.«

Im gleichen Jahr forderten führende deutsche Sozialisten die Errichtung des »aristotelischen Kulturstaates« als Zukunftsziel und verwiesen dabei auf Traditionen, die Vorstellungen des Urchristentums wesentlich näherstanden als dem Klassenkampf-Modell des Rechtsanwaltes Marx und des Wuppertaler Fabrikanten Engels.

Mit der Konfrontation von aristotelischem Erbe und »marxistischer« Erwartung zeichnet sich ein Profil der beiden Hauptströmungen in der sozialistischen Bewegung ab, das den Begriff der Sache nach klärt und dabei Kernbereiche unserer politischen Kultur offenlegt.

Sozialdemokratie

Betrachtet man den »Bund der Gerechten«, der 1836 in Paris von deutschen Intellektuellen und Handwerksgesellen gegründet wurde, als einen wichtigen Vorläufer der Arbeiterbewegung, so kann der ADAV von 1863 als Beginn der Sozialdemokratie angesehen werden.

Das Hauptziel dieses Vereins, der in seiner korporativen Organisationsstruktur sehr an das überkommene Zunftwesen erinnert, bestand darin, vor allem für die »Arbeiter-Aristokraten« in Bergbau, Industrie und Manufakturwesen einen *gerechten Lohn* zu sichern. Dafür war Lassalle bereit, selbst mit dem dynastischen Staat und mit sozialreformerischen Kirchenleuten zusammenzuarbeiten.

Lassalle, der mit der Gräfin Sophie von Hatzfeld liiert war und 1864 bei einem Duell ums Leben kam, hat mit seiner Kompromißbereitschaft eine geradezu historische Weichenstellung für die Sozialdemokratie vollzogen: Nämlich nach der gescheiterten Revolution von 1848 den »Rechtsweg« einzuhalten und mit Reformen schrittweise das zu erreichen, was er »blutigen« Revolutionen nicht mehr zutraute – eine künftige Gesellschaft im Geist der »Freiheit, Gleichheit, Brüderlichkeit«.

Diese Parole von 1789, 1830 und 1848, die noch heute auf den Traditionsfahnen der Sozialdemokratie in West-, Mittel- und Nord-Europa prangt, bindet ihre Parteiprogramme an die

Verfassungsbewegung des französischen *Jakobinismus* vor der Terrorherrschaft des Aristokraten de Robespierre. Dieses freiheitliche und rechtsstaatliche Erbe erklärt auch, warum sich die sozialdemokratischen Parteien Europas stets als Treuhänder der Menschenrechte, der Gewaltenteilung und der Verfassung betätigt haben. Dazu gehörte auch ihr Kampf für das allgemeine Wahlrecht zu den Parlamenten (auch für Frauen) und die Befürwortung der Verhältniswahl - gemäß der Definition des Aristoteles, daß das Gerechte »ein Proportionales« zu sein hat (→ Gerechtigkeit).

Das schaffte diese Gerechtigkeitsbewegung allerdings nicht im parlamentarischen Alleingang, sondern nur in Zusammenarbeit mit anderen demokratischen Parteien wie den Liberalen, als nach den Revolutionen von 1918 in verschiedenen Ländern Europas grundlegende Neuordnungen gefordert wurden. Obgleich es in den Reihen besonders der deutschen Sozialdemokratie, die sich nach einigen Spaltungen, Wiedervereinigungen und Umbenennungen seit 1891 in der Sozialdemokratischen Partei Deutschlands (SPD) auf Dauer organisiert hatte, immer wieder Bedenken gab, sich am stark eingeschränkten Parlamentarismus des Bismarck-Systems seit 1871 aktiv zu beteiligen (Wilhelm Liebknecht), wurde der Kompromiß gesucht – um zugunsten der Gewerkschaften und der eigenen Wählerschaft die parlamentarische Gesetzgebung zu nutzen.

Auch diese Betätigung im Geist des *Reformismus* trug nicht wenig dazu bei, sozialdemokratische Parteien in das jeweilige politische und parlamentarische System »hineinwachsen« zu lassen. So beschrieb einmal Ernst Wigforss, der einer Handwerkerfamilie entstammte und als Akademiker Schwedens Sozialdemokratie über Jahrzehnte hin prägte, den oft beschwerlichen Weg der SAP aus der gesellschaftlichen Opposition in die parlamentarische Regierungsverantwortung. Schließlich war die 1889 gegründete Sozialdemokratische Arbeiterpartei (SAP) auf den *Republikanismus* ausgerichtet und mußte im Rahmen einer verhaßten Monarchie tätig werden: Eine Situation, der sich auch die Labour Party in England nach 1918 oder die »Partei der Arbeit« in den Niederlanden gegenübersah.

All diese Kompromisse wurden führenden Vertretern der Sozialdemokratie oft als »Schwäche« ausgelegt, zumal ihre Wirtschaftsexperten und Finanzpolitiker schon immer dazu neigten, bei aller verbalen Radikalität einen vernünftigen *Pragmatismus* zu pflegen. Gerade Wigforss als Schwedens langjähriger Finanzminister gefiel sich als Wort-Marxist und Tat-Keynesianer: Er nutzte die Möglichkeiten der → Marktwirtschaft zu einer Reihe gesellschaftlicher Reformen, die dem Ausgleich von »Arm und Reich« dienten.

Ähnlich verhielten sich auch die »Macher« in der SPD als Erben Lassalles und Eduard Bernsteins, der vor allem nach Aufhebung des »Sozialistengesetzes« (1878-90) zu einem Befürworter des *Revisionismus* wurde. Darunter verstand er eine Revidierung und Korrektur Marxscher Lehren und Postulate hinsichtlich des »geschichtsnotwendigen« Zusammenbruchs kapitalistischer Systeme. Gegen den Marxisten und »Baron« Karl Kautsky, der in diesem heftigen ideologischen Streit bald als »Intellektueller ohne Mandat« (Gilcher-Holtey) galt, warb Bernstein innerhalb der Sozialdemokratie und der ihr nahestehenden Gewerkschaften für eine pragmatische Politik und Anpassung an eine Wirklichkeit, die sich nicht ideologischen Schablonen fügte, sondern rational bewältigt werden mußte. In dieser Auseinandersetzung der Geistesaristokraten fiel manches böse Wort (»Schlagt die Intellektuellen tot!«). Auch »kapitalistische« Methoden wie im »Vorwärts«-Konflikt von 1905 kamen vor, als Redakteure ausgesperrt wurden. Dennoch gab es ein nicht geringes Maß an Toleranz, selbst diametral entgegengesetzte Standpunkte zu dulden.

Es war sicher auch ein Verdienst von »König Bebel«, den Streit der Theoretiker um den richtigen Weg zum Sozialismus nicht bis zur Parteispaltung ausufern zu lassen. Aber als er 1913 starb, fehlte seine ausgleichende Kraft als Parteivorsitzender und sein Verständnis für die Anhänger eines weitreichenden *Pazifismus*, die im Krieg kein legitimes Mittel der → Politik sahen. Als 1914 der »Große Krieg« ausbrach, trennten sich die meisten Pazifisten von der SPD und gründeten die Partei der »unabhängigen« Sozialdemokraten (USPD), nachdem die Reichstagsfraktion der Bewilligung von Kriegskrediten zugestimmt hatte.

Spätestens hier zeigte sich, daß der von der Sozialdemokratie seit ihren Anfängen gepflegte *Internationalismus* an bestimmte »nationale« Grenzen stieß und politisch wie organisatorisch zu schwach war, um mit Sozialdemokraten anderer Länder wie jenen in Frankreich unter Jean Jaurès (1859-1914) einen solchen Krieg verhindern zu können. Als »Reichsfeinde« zwischen 1878 und 1890 stigmatisiert und von Kaiser Wilhelm II. als »vaterlandslose Gesellen« geschmäht (→ Vaterland), trug jetzt ein Großteil der SPD und der Gewerkschaften den Krieg widerwillig mit, um nach der Revolution von 1918 die Weimarer Republik aktiv mitzugestalten – als demokratische Gegenwelt zu den Repressionen unter der »Monarchie«.

Die dabei auftretenden Schwierigkeiten, mit anderen demokratischen Parteien dauerhaft zusammenzuarbeiten, um über das Parteiinteresse hinaus für das Gemeinwohl der Republik zu wirken, lassen sich auch bei der Labour Party in England oder bei der SAP in Schweden beobachten, wo der Halb-Aristokrat Hjalmar Branting 1917 zum ersten Mal die Sozialdemokratie in Regierungsstellung bringen konnte. Ein wesentlicher Grund für die begrenzte Kompromißbereitschaft lag weniger im Aufkommen kommunistischer Konkurrenzparteien als vielmehr in der Pflege eines parteibezogenen *Isolationismus*. Die Vorstellung, die künftige Gesellschaft des Sozialismus als »Reich der Gerechtigkeit« und im Einklang mit der Geschichte aus »eigener Kraft« aufbauen zu können, hat die politische Schlagkraft der Sozialdemokratie immer wieder gemindert, ja zeitweise auch gelähmt. So war ihre Führung während der Weimarer Republik von 1919 bis 1933 nur bedingt bereit, einen Konsens der Demokraten zu pflegen, um Republik und Demokratie gegen Nationalsozialisten und Kommunisten in ihrem Vertragsbestand zu bewahren: im Gegensatz zur SAP in Schweden, die immer wieder Koalitionspartner im »bürgerlichen Lager« gesucht und gefunden hat (Centern).

Es gereicht jedoch der deutschen Sozialdemokratie zur Ehre, daß ihre Reichstagsfraktion 1933 als einzige demokratische Parteivertretung nicht dem »Ermächtigungsgesetz« für Hitler zugestimmt hat und unter Otto Wels Rechtswiderstand gegen die drohende → Diktatur leistete.

Der Isolationismus als Abwehrhaltung erklärt auch den Widerwillen seit 1866, mit der »reaktionären Masse« zusammenzuarbeiten. Dazu wurden nicht nur die Liberalen gezählt, sondern auch das katholische Zentrum seit 1871. Ein hohes Maß an *Anti-Klerikalismus* kam noch hinzu und verbaute den Zugang zu katholischen Arbeiterkreisen besonders in den Städten Süddeutschlands – bis 1969.

Berücksichtigt man dieses vielfältige historische Erbe, das vor allem die deutsche Sozialdemokratie zu einer spezifischen *Mittelstands-Partei* werden ließ (Akademiker, selbständige Handwerksmeister, Facharbeiter, technische Intelligenz, Anwälte, Lehrer, Sozialberufe, Gastwirte, Angestellte und Beamte des Öffentlichen Dienstes, Studenten), dann wird verständlich, warum sich die SPD unter Kurt Schumacher (1895-1952) und Erich Ollenhauer so schwertat, sich voll und ganz mit der Zweiten Republik seit 1949 zu identifizieren. In die parlamentarische Opposition verwiesen, konnte sie sich nur in den Städten und in einzelnen Bundesländern wie Bremen, Hamburg oder Hessen als gestaltende Kraft profilieren, während die Sozialdemokratie in England, den Benelux-Staaten und in Skandinavien höchste Regierungsverantwortung übernahm und allmählich ein politisches Programm entwickelte, das gegen den »christlichen Sozialismus« (Aalener Programm der CDU, 1946) und gegen den »sowjetischen Sozialismus« der SED (Zwangsvereinigung von Teilen der SPD und KPD in der sowjetischen Besatzungszone, 1946) *Sozialdemokratismus* genannt wurde.

Dieser Begriff war vor allem in den kommunistischen Parteidiktaturen Osteuropas gefürchtet, weil er ein hohes Maß an sozialer Gerechtigkeit versprach, ohne alle Produktionsmittel zu »sozialisieren« oder zu »vergesellschaften« (Eigentumsgarantie), während er gleichzeitig die revolutionären Errungenschaften von 1789 sicherte (Menschenrechte, Rechtsstaat, Parlamentarismus) und kontinuierlich den materiellen Wohlstand auch unterer Arbeiterschichten hob.

Dieses Kunststück wurde vor allem dem sogenannten *Schwedischen Modell* zugeschrieben, von dem exilierte Sozialisten wie Bruno Kreisky (Österreich) oder Willy Brandt und selbst ehemalige Kommunisiten wie Herbert Wehner entscheidend geprägt worden sind.

Das *Godesberger Programm* der SPD von 1959 nahm wesentliche Teile der skandinavischen Tradition auf (Nutzung der Marktwirtschaft zu Reformen, Verzicht auf durchgehende Verstaatlichung der Grundstoffindustrien) und bekannte sich zu einem »demokratischen Sozialismus«, der sich mit der Sozialbindung des privaten Eigentums (Artikel 14 GG) begnügte, allerdings auf Mitbestimmung in größeren Unternehmen bestand und das Sozialstaatsgebot einforderte – bei gleichzeitiger Sicherung der repräsentativen → Demokratie als unverzichtbare revolutionäre Errungenschaft gegen Absolutismus, Patrimonialismus und Diktatur.

Das Abwerfen »marxistischen Ballasts« und die Öffnung zur *Volkspartei* ermöglichte 1966 die Große Koalition mit der CDU (als Nachfolgepartei des Zentrum) und 1969 das Zusammengehen mit den Liberalen der F.D.P. Diese sozialliberale Koalition bedeutete nicht nur einen »Machtwechsel« (Gustav Heinemann), sondern leitete mit der neuen »Ostpolitik« auch eine Epoche des Sozialdemokratismus ein, die unter dem Motto »Wandel durch Annäherung« (Egon Bahr) viel dazu beigetragen hat, die Diktaturen des »real existierenden Sozialismus« in Osteuropa zu überwinden (→ Ost-West-Konflikt).

Als 1982 die sozialliberale Regierung unter dem »Macher« Helmut Schmidt (SPD) abgelöst wurde und die Sozialdemokratie im Bund wieder die Rolle der parlamentarischen → Opposition übernehmen mußte, da zeigte sich, daß das bisher so erfolgreiche Reformmodell an die Grenzen seiner Leistungsfähigkeit gestoßen war. Besonders in Schweden selbst, wo der Halb-Aristokrat Olof Palme (SAP) feststellen mußte, daß die Politik der Hochbesteuerung, Staatsverschuldung und Inflationierung kontraproduktiv wirkte: Die Folgekosten der sozialen Reformen konnten kaum noch finanziert werden.

Eine Reihe von Anzeichen sprechen dafür, daß die Sozialdemokratie ihre »historische Mission« als Gerechtigkeits-Bewegung neu überdenken und definieren muß. Denn im Zuge der Automatisierung und Rationalisierung hat sich die Auffassung von → Arbeit geändert, das lineare Fortschritts- und Wachstumsdenken ist obsolet geworden, die »Machbarkeit der Geschichte« erscheint in der Postmoderne zunehmend fragwürdig, die Ökologie erzwingt einen Umbau des Industrie- und Konsumverhaltens, und die »neue Armut« in den Drittel-Gesellschaften stellt zusätzlich eine soziale Herausforderung dar – für jede national gebundene Partei ebenso wie für die seit 1951 bestehende Sozialistische Internationale.

Kommunismus

Als Karl Marx und Friedrich Engels im Revolutionsjahr 1848 das »Kommunistische Manifest« veröffentlichten, bestätigten sie eine Tradition, die seit Plato und dem Urchristentum immer wieder diskutiert wurde: Kann in einem politischen oder religiösen Gemeinwesen das Gemeineigentum für gerechte Lebens- und Arbeitsverhältnisse sorgen?

Kirchliche Orden und ihre Klöster haben im Zeichen des Armutsgelübdes ihrer Mitglieder (Nonnen und Mönche) über Jahrhunderte hin vorgelebt, daß dies unter besonderen Umständen möglich ist. Auch großen Enteignungskampagnen gegenüber Kirche und Adel in Frankreich nach 1789 dienten als historisches Vorbild für die Forderung nach einer Abschaffung des Privateigentums vor allem in den Bereichen des materiellen Erwerbslebens.

Wurde diese Hauptforderung der Marxschen Lehre zu Ende gedacht, dann ergaben sich zwei wesentliche Möglichkeiten: Entweder übernahmen die Angehörigen des »Arbeiterstandes« als Proletariat ihre Arbeitsstätten und wurden somit selbstbestimmte Eigentümer, oder es bildete sich nach der Enteignung aller Dynasten, Junker, Kirchen und Kapitalisten eine Art »Gesamteigentümer«.

Im ersten Fall konnte die Veränderung im Verfügungsrecht über Produktionsmittel zu einer gewissen *Arbeiter-Selbstverwaltung* führen, wie sie gut hundert Jahre nach dem Manifest von 1848 im »sozialistischen« Jugoslawien des Marschalls Tito zum Zuge kam. Im zweiten Fall mußte sich ein System mit »volkseigenen Betrieben« (VEB) etablieren, das von der *Diktatur des Proletariats* gesichert und kontrolliert wurde.

Überzeugt davon, daß mit dem Aufkommen des → Industrialismus die politisch bewußte Arbeiterschaft im »Klassenkampf« mit den »bürgerlichen« Kapitalisten und anderen »glücklich Besitzenden« obsiegen wird, um die bisher Besitzlosen und Entrechteten von Unterdrückung und Ausbeutung zu erlösen, haben Marx und Engels ein System des »wissenschaftlichen Sozialismus« entwickelt, der in einen Kommunismus übergehen sollte – in eine Gesellschaft mit Gemeineigentum und frei von jeder »Entfremdung« des Menschen.

Mit dieser Utopie reagierten Marx, Engels und ihre Anhänger im »Bund der Gerechten« wie in der sozialistischen Bewegung auf die

Mißstände in der Arbeitswelt des Manchester-Kapitalismus vornehmlich in England (Kinderarbeit in Kohlengruben, 18-Stunden-Tag, ungerechte Bezahlung, unzulängliche medizinische Versorgung und fehlende Alterssicherung). Sie koppelten dabei die »Arbeiter-Frage« mit der »Sozialen Frage« und sahen im fortgesetzten Mißbrauch des Privateigentums die Hauptursache des entstandenen Elends.

Genau genommen klagten sie die durch den → Absolutismus geförderte »patrimoniale Entartung« (Otto Hintze) des Eigentums an. Sie forderten aber nicht die Rückkehr zu einer Treuhänderschaft oder Sozialbindung all jener, die Arbeiter als »anvertrautes Gut« aufzufassen hatten und nicht als Objekt erbarmungsloser Ausbeutung. Verfechter dieser Ansicht lehnte Marx ab und nannte ihre Zukunftsvorstellung analog zum »Gilden-Sozialismus« der Sozialdemokratie einen *Handwerker-Kommunismus*, der nur einen Teilbereich der neuen Gesellschaft erfaßte, während es ihm um die grundlegende und revolutionäre Veränderung des Ganzen ging – um den Klassenkampf.

Zeitgenössische Kritiker wie Proudhon, aber auch Nietzsche erkannten frühzeitig, daß der totale Umsturz der Eigentumsverhältnisse letztlich zu einem Totalitarismus führen mußte, der jenen des Absolutismus noch übertraf und die vertraglichen Sicherungen in einem Rechts- und Verfassungsstaat gänzlich aufhob (→ Eigentum).

Das emanzipatorische Moment des von Marx und Engels propagierten Kommunismus schlug um in ein diktatorisches kollektivistisches Verhalten gegenüber der Eigenbestimmung des Individuums. Marx selbst verhielt sich im »Bund der Gerechten« und in der 1864 gegründeten Ersten Internationale oft »diktatorisch« und ließ damit ahnen, was geschehen konnte, wenn der »rohe Kommunismus« in einem Lande »siegen« würde.

Nur eine Generation nach dem Tod von Marx und Engels bestätigten einige ihrer Anhänger die Befürchtung, daß ein durch Krieg erzwungenes »kommunistisches Experiment« ähnlich verheerend ausgehen mußte wie die Terrorherrschaft Robespierres nach den September-Massakern von 1792. Denn die Berufsrevolutionäre Lenin, Trotzki und Stalin nutzten 1917 die im Februar ausgebrochene Revolution in Rußland, um sich im Oktober/November des gleichen Jahres durch einen gezielten und erfolgreichen Putsch in den Besitz der absoluten Verfügungsmacht zu bringen und eine »Diktatur des Proletariats« zu errichten – unter den Bedingungen eines sogenannten *Kriegs-Kommunismus*.

Nach der Lehre von Marx und Engels hätte es zu einer »sozialistischen« Revolution im zaristischen Rußland gar nicht kommen dürfen, weil dort die Produktivkräfte des → Kapitalismus kaum entwickelt waren und die Gesellschaft in das »bürgerliche« Stadium noch gar nicht eingetreten war. Lenin (1870-1924) und seine Mitstreiter, die aus der 1898 gegründeten Sozialdemokratischen Arbeiterpartei Rußlands (SDAPR) hervorgegangen waren und seit der Parteispaltung während des Londoner Kongresses von 1903 »Bolschewiken« (Mehrheitsfraktion) genannt wurden, fochten diese Vorbehalte der »reinen Lehre« jedoch nicht an. Nach der Machteroberung 1918 begründete er die Kommunistische Partei Rußlands (KPR) und propagierte als Partei- und Staatsideologie den *Marxismus-Leninismus*.

Wie stark auch die theoretischen Anleihen Lenins bei Marx und Engels waren, so vollzog er doch als Diktator der neu geschaffenen Sowjetunion genau das, was Proudhon befürchtet und was bereits der Romanov-Zarismus seit 1613 in weitgehender Übereinstimmung mit dem → Absolutismus rücksichtslos und als patrimonialer Volleigner »ganz Rußlands« durchgesetzt hatte: die »Unteilbarkeit der öffentlichen Macht« (Ablehnung jeder Gewaltenteilung), eine »allumfassende Zentralisation«, die Lenin »demokratischer Zentralismus« nannte, eine »systematische Zerstörung allen individuellen, korporativen und regionalen Denkens« sowie die Einführung einer »inquisitorischen Polizei«.

Das Politbüro und das Zentralkomitee der 1925 von Stalin umorganisierten Kommunistischen Partei der Sowjetunion (KPdSU) war schließlich wieder dort angelangt, wo bereits der Zarismus seine Identität gefunden hatte – in der Totalität eines patrimonialen Gemeineigentums an Land und Leuten.

Hatte Josef Stalin im Machtkampf nach Lenins Tod Leo Trotzki als Verfechter einer »permanenten Revolution« ausgeschaltet und ins Exil getrieben, so konnte er jetzt als »Volleigner« Rußlands wie ein »roter Zar« verfahren.

Aufgrund der radikalen Eigentumsverlagerung seit 1917 war seine Machtfülle so groß, daß er schon wie Lenin gegen die »geheiligte« marxistische Ideologie verstoßen und selbst mit dem kapitalistischen »Erzfeind« zusammenarbeiten durfte. Es waren nämlich vorwiegend Wissenschaftler, Ingenieure und Techniker aus den USA und teilweise aus Deutschland, die zwischen 1921 und 1931 die Industrialisierung der Sowjetunion mit Rat und Tat vorantrieben. Stalin scheute sich auch nicht, nach den verheerenden »Säuberungen« in der eigenen Partei und in der Roten Armee von 1934 an mit einem zweiten ideologischen »Erzfeind« zusammenzuwirken – mit den Nationalsozialisten im Hitler-Stalin-Pakt von 1939 bis 1941.

Wie immer auch seine Nachfolger von Malenkow über Chruschtschow, Breschnew bis zu Gorbatschow den Machtapparat des *Sowjet-Kommunismus* handhabten und durch Reformen milderten – an der entscheidenden Eigentumsfrage kamen sie nicht vorbei. War vor 1917 die Romanov-Dynastie und der jeweilige Zar persönlich der »Gesamteigentümer« des Russischen Imperiums, so konnte sich nach dem »roten Oktober« dieses Epochenjahres die kommunistische Partei und ihr Generalsekretär in dieser Funktion bestätigen.

Andrej Amalrik, der bereits 1969 das Ende der kommunistischen Sowjetunion für das Jahr 1984 vorhergesagt hatte, bezog sich genau auf diese Qualität des patrimonialen Gemeineigentums, die von Sowjetexperten oft verdrängt wurde. Aus genauer Kenntnis der Verhältnisse verwies Amalrik darauf, daß sich »die Arbeiter an ihrer Rechtlosigkeit gegenüber der Fabriksverwaltung stoßen« und die »Kolchosbauern an der völligen Abhängigkeit von dem Vorsitzenden« ihres Kollektivbetriebs: »Alle stoßen sich an der äußerst ungleichen Besitzverteilung, den niedrigen Löhnen, den schweren Arbeitsbedingungen, der Verknappung oder dem gänzlichen Fehlen dringend notwendiger Waren, der zwangsweisen Bindung an den Wohnort beziehungsweise an den Arbeitsplatz.«

Das sind Zustände, wie sie hundert Jahre früher noch zu Marx' und Engels' Zeiten am ausbeuterischen → Kapitalismus mit gutem Recht kritisiert worden sind. Lenin sprach zuweilen auch von einem gewissen »Staatskapitalismus« in seinem Machtbereich, dem das russische Volk nur eine große Idee und Kraft entgegensetzen konnte, nämlich die Forderung, daß »alle im Zustand der Gerechtigkeit leben und nach ihrem Gewissen handeln müssen« (Amalrik).

Dem Juristen Gorbatschow (* 1931), der von 1985 bis 1991 Generalsekretär der KPdSU war, sollte es vorbehalten bleiben, die destruktive Verbindung von Gemeineigentum, Diktatur und militärischem Komplex erst im Zuge eines »Umbaus« (*Perestroika*) zu lockern und dann in der neuen Russischen Republik aufzulösen – in der Hoffnung auf eine »gerechte Gesellschaft« nach dem »Schwedischen Modell«.

Ohne dieses System der »sozialen Gerechtigkeit« näher zu kennen, das fast zur gleichen Zeit in eine schwere Krise geraten war, näherten sich Gorbatschow und andere Reformer in den Diktaturen des »realexistierenden Sozialismus« vom Baltikum bis zum Balkan auch gewissen Vorstellungen des *Euro-Kommunismus*, wie er in Italien (Gramsci, Berlinguer), Spanien (Semprun, Carillo) oder auch in der DDR (Havemann, Bahro) nach dem Scheitern des »Prager Frühlings« von 1968 (Dubček, Havel) entwickelt wurde – als Sozialismus »mit menschlichem Antlitz«.

Diese Formel der Reformbewegung in der damaligen Tschechoslowakei bedeutete nichts anderes als die Rückkehr zu den revolutionär erkämpften Errungenschaften von 1789 – zur Garantie der Menschenrechte, Auflösung des Machtmonopols der kommunistischen Kaderparteien und zur Sicherung eines demokratischen und wirtschaftlichen Pluralismus.

Die Kommunisten waren demnach Ende der 1980er Jahre zumindest in Europa (das Experiment des Kommunismus lief in Castros Kuba ebenso weiter wie in Rot-China oder in Vietnam) dort angekommen, wo bereits Sozialdemokraten und demokratische Sozialisten mit Reformen versuchten, das materielle Leben der Menschen zu verbessern und die politische Kultur des Vertrages zu sichern – in der Anerkennung des → Rechts als wichtigster Gestaltungskraft der Geschichte.

Rosa Luxemburg und Karl Liebknecht, die sich von der SPD 1914 gelöst hatten und 1919 die Kommunistische Partei Deutschlands (KPD) mitbegründeten, wußten etwas von der wertvollen »Freiheit des Andersdenkenden« als bestem Schutz gegen jede Diktatur. Ihre Ermordung 1919 durch Angehörige eines Freicorps hat die freiheitlichen Kräfte in der KPD so geschwächt, daß diese Partei unter die Kontrolle Stalins geriet und ab 1929 nicht im Nationalsozialismus, sondern in der Sozialdemokratie ihren »Hauptfeind« sah.

Als »fünfte Kolonne Moskaus« behandelt, konnte sich die KPD nie von ihren starken Bindungen an die KPdSU lösen, auch 1946 nicht, als ein Großteil ihrer Mitglieder mit Sozialdemokraten in der Sowjetischen Besatzungszone (SBZ) die Sozialistische Einheitspartei Deutschlands (SED) bildete, die ab 1949 zur »Staatspartei« der DDR wurde. Gleichwohl durfte ein Rest der Partei Ernst Thälmanns in den Westzonen fortbestehen. Sie zog sogar in den ersten Deutschen Bundestag 1949 ein (Max Reimann) und wurde erst 1956 vom Bundesverfassungsgericht als »verfassungsfeindliche« Gruppierung verboten. Als Deutsche Kommunistische Partei (DKP) erlebte sie 1968 eine Art Neugründung, ohne jedoch politische Bedeutung zu erlangen.

Nach der Vereinigung Deutschlands seit dem 3. Oktober 1990 hat sich die »Partei des demokratischen Sozialismus« (PDS) als Nachfolgeorganisation der SED bemüht, die Idee des Kommunismus unter veränderten Bedingungen weiterzuführen: als Überwindung eines ausbeuterischen, naturzerstörenden → Kapitalismus – jetzt aber in »demokratischen« Organisationsformen.

Fazit

Der Sozialismus ist in seinem Wesen eine Gerechtigkeitsidee, die sich korporativ und kommutativ zugleich ausdrücken kann, d.h. nach Maßgabe von Verträgen eine »association politique« strukturiert und dabei in hohem Maße demokratisch wirkt – etwa in Gestalt des *Gilden-Sozialismus*, wie ihn Sozialdemokraten und Fabians vertreten.

Das berufsständische Denken hat in diesem Umfeld auch die Ideologie des »Dritten Weges« entstehen lassen. Abseits vom rauhen Kapitalismus der USA und vom »rohen Kommunismus« der Sowjetunion – beide Gesellschaften kannten weder das Zunft- noch das Gildenwesen – sollte auf demokratischem und parlamentarischem Weg eine Gesellschaft der »sozialen Gerechtigkeit« entstehen – unter Aufgabe der Utopie einer »klassenlosen Gesellschaft«, wie sie Kommunisten seit François »Gracchus« Babeufs »Verschwörung der Gleichen« von 1796 angestrebt haben.

Gleichzeitig kann der Sozialismus aber auch qualitativ verstanden werden. Ganz im Sinne des distributiv und geometrisch Gerechten sollte die materielle Verelendung des Proletariats (von lat. *proles* = Erbe) durch umfassende Enteignungen der Besitzenden beendet werden und in eine »Veredelung des Arbeiters« (Emig) übergehen.

Der hohe Anteil von Geistesaristokraten und Adligen (die »Roten Barone«) in fast allen Gruppierungen und Parteien, die sich dem Sozialismus verschrieben haben, resultiert aus dessen linearem Fortschrittsdenken und der Auffassung, die → Geschichte zeichne den Arbeiterstand dadurch aus, daß sie ihn zum Träger einer gerechten Zukunfts-Gesellschaft macht.

Literatur

Abendroth, Einführung in die Geschichte der Arbeiterbewegung, Bd. 1: Von den Anfängen bis 1933, 2. Aufl. 1988 ✦ *ders.*, Marx aktuell. Gedenkveranstaltung zum 100. Todestag von Karl Marx, 1985 ✦ *ders. u.a.*, SPD – Jenseits von Godesberg. Beiträge zur Programmdiskussion der SPD, 1985 ✦ *D. Albers*, Sozialismus im Westen. Erste Annäherungen: Marxismus und Sozialdemokratie, 1987 ✦ *ders.*, Zur politischen Theorie des Marxismus – Bauer und Gramsci, 1983 ✦ *Amalrik*, Kann die Sowjetunion das Jahr 1984 erleben? Ein Essay, dt. 1970 ✦ *Arend*, Die innerparteiliche Entwicklung der SPD 1966-1975, 1975 ✦ *Bartke*, Biographical Dictionary and Analysis of China's Party Leadership 1922-88, 1990 ✦ *Bebel*, Akademiker und Sozialismus, 1898 ✦ *Beer*, A History of British Socialism, 2. Bde., 1919, 1954 ✦ *Bering*, Die Intellektuellen. Geschichte eines Schimpfwortes, 1978 ✦ *Berlin*, Karl Marx. Sein Leben und sein Werk, 1959 ✦ *Bernstein*, Zur Theorie und Geschichte des Sozialismus. Gesammelte Abhandlungen, 4. Aufl. 1904 ✦ *v. Beyme*, ›Intellektuelle‹, ›Intelligenz‹, in: Sowjetsystem und Demokratische Gesellschaft, 1969 ✦ *L. Blum*, Blick auf die Menschheit, dt. 1947 ✦ *Bouvier*, Französische Revolution und deutsche Arbeiterbewegung. Die Rezeption des revolutionären Frankreich in der deutschen sozialistischen Arbeiterbewegung von den 1830er Jahren bis 1905, 1982 ✦ *dies.*, Zwischen Godesberg und großer Koalition. Der Weg der SPD in die Regierungsverantwortung, 1990 ✦ *K. Brandis*, Die deutsche Sozialdemokratie bis zum Fall des Sozialistengesetzes, 1931 ✦ *W. Brandt*, Begegnungen und Einsichten. Die Jahre 1960-1975, 1976 ✦ *ders.*, Friedenspolitik in Europa, 1968 ✦ *Brin*, Zur Akademiker- und Intellektuellenfrage in der Arbeiterbewegung, 1928 ✦ *M. Buber*, Der utopische Sozialismus, 1967 ✦ *Butterwegge*, SPD, Krieg und Frieden. Die Stellung der SPD zur Friedensfrage von den Anfängen bis zur Gegenwart. Eine kommentierte Dokumentation, 1984 ✦ *Damus*, Der reale Sozialismus als Herrschaftssystem. Am Beispiel der DDR. Kritik der nachkapitalistischen Gesellschaft, 1978 ✦

Dickhut, Krieg und Frieden und die sozialistische Revolution, 1983 ✦ *ders.*, Die Restauration des Kapitalismus in der Sowjetunion, Neuaufl. 1988 ✦ *Dowe*, Bibliographie zur Geschichte der deutschen Arbeiterbewegung, sozialistischen und kommunistischen Bewegung von den Anfängen bis 1863, (1945-1975), 3. Aufl. 1981 ✦ *F. Eisner*, Kurt Eisner: Die Politik des libertären Sozialismus, 1979 ✦ *Elfferding/Haug* (Hrsg.), Der Sozialismus an der Schwelle zum 21. Jahrhundert, 2 Bde., 1985 (Hrsg. M. Nikolic) ✦ *Emig*, Die Veredelung des Arbeiters. Sozialdemokratie als Kulturbewegung, 1980 ✦ *Farner*, Was ist Sozialismus? Was ist Marxismus? Ein Lehrheft, 4. Aufl. 1976 ✦ *ders.*, Theologie des Kommunismus?, 1985 ✦ *Fetscher*, Der Marxismus. Seine Geschichte in Dokumenten, 3. Aufl. 1989 ✦ *ders.*, Von Marx zur Sowjetideologie. Darstellung, Kritik und Dokumentation des sowjetischen, jugoslawischen und chinesischen Marxismus, 2. Aufl. 1981 ✦ *ders.*, Vom Wohlfahrtsstaat zur neuen Lebensqualität. Die Herausforderung des demokratischen Sozialismus, 1982 ✦ *A.G. Frei*, Antonio Gramsci. Theoretiker des demokratischen Übergangs zum Sozialismus, 1978 ✦ *Freyberg u.a.*, Geschichte der deutschen Sozialdemokratie 1863-1975, 1975 ✦ *D. Geyer*, Lenin in der russischen Sozialdemokratie 1890-1903, 1962 ✦ *Giger/Linder*, Sozialismus – Ende einer Illusion. Zerfallserscheinungen im Lichte der Wissenschaften, 1988 ✦ *Gilcher-Holtey*, Das Mandat des Intellektuellen. Karl Kautsky und die Sozialdemokratie, 1986 ✦ *Glotz*, Die Beweglichkeit des Tankers. Die Sozialdemokratie zwischen Staat und neuen sozialen Bewegungen, 1982 ✦ *Goerdt* (Hrsg.), Die Sowjetphilosophie. Wendigkeit und Bestimmtheit. Dokumente, 1967 ✦ *Goldsmith*, Was ist eigentlich Kommunismus? Eine Gesprächshilfe für Christen, 1978 ✦ *Gorz*, Abschied vom Proletariat. Jenseits des Sozialismus, 1988 ✦ *Grebing*, Arbeiterbewegung. Sozialer Protest und kollektive Interessenvertretung bis 1914, 1985 ✦ *Groh/P. Brandt*, »Vaterlandslose Gesellen«. Sozialdemokratie und Nation 1860-1990, 1992 ✦ *Günsche/Lantermann*, Kleine Geschichte der Sozialistischen Internationale, 1977 ✦ *Hagemann/Klemencic*, Die sozialistische Marktwirtschaft Jugoslawiens, 1974 ✦ *Henrich*, Der vormundschaftliche Staat. Vom Versagen des real existierenden Sozialismus, 4. Aufl. 1989 ✦ *Hughes*, Die Erfindung Amerikas. Der technologische Aufstieg der USA seit 1870, dt. 1991 ✦ *Huster*, Die Politik der SPD 1945-1950, 1978 ✦ *Jaurès*, Frankreich, Deutschland und die Zweite Internationale am Vorabend des Ersten Weltkrieges, frz.-dt. 1989 ✦ *Kernig* (Hrsg.), Sowjetsystem und Demokratische Gesellschaft. Eine vergleichende Enzyklopädie, 6. Bde., 1967-73 ✦ *F. Klein*, Eigentumsbindung, Enteignung, Sozialisierung und Gemeinwirtschaft im Sinne des Bonner Grundgesetzes, 1972 ✦ *Lehnert*, Sozialdemokratie zwischen Protestbewegung und Regierungspartei 1848-1983, 1983 ✦ *Leidigkeit*, Wilhelm Liebknecht und August Bebel in der deutschen Arbeiterbewegung 1862-1869, 1957 ✦ *Leion*, Den svenska modellen, 1974 ✦ *Leonhard*, Die Revolution entläßt ihre Kinder, 1990 ✦ *ders.*, Der Schock des Hitler-Stalin-Paktes, 1989 ✦ *Lorenz*, Karl Marx und der Kapitalismus. Eine Untersuchung über die Grundbegriffe der marxistischen Klassenkampflehre, 1937 ✦ *Löwith*, Von Hegel bis Nietzsche, 1941 ✦ *Mehring*, Geschichte der deutschen Sozialdemokratie, 2 Bde., 1897/98 ✦ *Miller*, Burgfrieden und Klassenkampf. Die deutsche Sozialdemokratie im Ersten Weltkrieg, 1974 ✦ *ders.*, Die SPD vor und nach Godesberg, 1974 ✦ *H. Müller*, Ursprung und Geschichte des Wortes »Sozialismus« und seiner Verwandten, 1967 ✦ *Na'aman*, Lassalle, 1970 ✦ *Nettl*, Rosa Luxemburg, 1965 ✦ *E. Oberländer*, Der Anarchismus, 1972 ✦ *Popitz*, Der entfremdete Mensch. Zeitkritik und Geschichtsphilosophie des jungen Marx, 1953 ✦ *Ramm*, Die großen Sozialisten als Rechts- und Sozialphilosophen, 1. Bd., 1955 ✦ *ders.* (Hrsg.), Der Frühsozialismus, 1968 ✦ *A. Rosenberg*, Demokratie und Sozialismus. Zur politischen Geschichte der letzten 150 Jahre, 1988 ✦ *Rovan*, Geschichte der deutschen Sozialdemokratie, 1980 ✦ *Rubel*, Karl Marx devant le bonapartisme, 1960 ✦ *Seebacher-Brandt*, Bebel. Künder und Kärrner im Kaiserreich, 2. Aufl. 1990 ✦ *dies.*, Ollenhauer. Biedermann und Patriot, 1984 ✦ *H.-J. Steinberg*, Sozialismus und deutsche Sozialdemokratie. Zur Ideologie der Partei vor dem 1. Weltkrieg, 4. Aufl. 1976 ✦ *Schraepler*, Handwerkerbünde und Arbeitervereine 1830-1853. Die politische Tätigkeit deutscher Sozialisten von W. Weitling bis Karl Marx, 1972 ✦ *Tugan-Baranowski*, Der moderne Sozialismus in seiner geschichtlichen Entwicklung, 1908, ND 1977 ✦ *Uexküll*, Ferdinand Lassalle, 1974 ✦ *Vranicki*, Marxismus und Sozialismus, dt. 1985 ✦ *Wehler*, Sozialdemokratie und Nationalstaat, 1962 ✦ *Weißkirchen* (Hrsg.), Sozialismus 2000. Europa und die Zukunft des Demokratischen Sozialismus, 1990 ✦ *Wittig*, Der englische Weg zum Sozialismus, 1982 ✦ *Zahn*, Utopischer Sozialismus und Ökonomiekritik. Eine ökonomiegeschichtliche Untersuchung zu den theoretischen Quellen des Marxismus, 1984.

Terrorismus

Als Reaktion auf eine terroristische Tat (Bombenanschläge, Attentate oder Gewaltübergriffe) wird in Politikerkreisen, in den → Medien und in der betroffenen Allgemeinheit häufig die Ansicht vertreten, daß es sich bei den Terroristen um Verrückte handeln muß – um gewaltbereite Leute, die »ohne Sinn und Verstand« Menschenleben bedrohen oder gar vernichten.

Bei der Analyse des Terrorismus (von lat. *terror* = Angst und Schrecken) zeigt sich aber in jedem einzelnen Fall, daß seine Verfechter und gewalttätigen Akteure in der Regel planmäßig und durchaus »mit Verstand« vorgegangen sind, demnach ihre Anschläge zielgerichtet ausgeführt haben.

Zu dieser rationellen Anlage des Terrorismus gehört es auch, daß sich seine Anhänger ihre Legitimation aus der Vorstellung einer »höheren Gerechtigkeit« (Adolf Hitler) holen. Dabei spielt es in diesen machtbewußten und gewalttätigen Kreisen, Gruppen oder »terroristischen Vereinigungen« keine Rolle, ob die vermeintlichen Gerechtigkeitsziele aus einer Links-Ideologie kommen (»Klassenkampf«, »Weltrevolution«) oder einer Weltanschauung von »rechts« entsprechen (»Rassenkampf«, »Konservative Revolution«): Beide Extreme können sich in ein *Vernichtungsstreben* steigern und dabei unschuldige Opfer in Kauf nehmen.

»Fiat justitia, pereat mundus«

Die Geschichte des Terrorismus belegt immer wieder, daß die Gewaltbereitschaft bis hin zum Einsatz des eigenen Lebens aus dem Bewußtsein eines wirklich erlittenen oder vermeintlichen Unrechts kommt und nach einem Racheakt verlangt – als *ausgleichende Vergeltung* und Selbstjustiz.

Das Kaiser Ferdinand I. (1503-64) zugesprochene Wort »Es geschehe Gerechtigkeit, selbst wenn die Welt darüber zugrundegehen mag«, verdeutlicht nur, welche Eigendynamik dieser höchste Daseinswert im politisch-rechtlichen Leben entwickeln kann, wenn er mit der Auffassung von einer »absoluten Freiheit« (Hegel) verknüpft wird. Das von Terroristen aller ideologischen Lager am häufigsten verwendete Wort ist nicht zufällig der Begriff »rücksichtslos«: Denn es ist ein Ausdruck der Kommutation, »ohne Rücksicht auf Personen« zu handeln und »Unrecht« zu rächen (→ Gerechtigkeit, → Recht).

Diese ideologische Bindung des Terrorismus erklärt auch, warum sich seine Anhänger zu Beginn einer Kampagne gegen bestehende Rechts- und Verfassungsstaaten häufig an Repräsentanten der *Dritten Gewalt* vergehen und Richter, Staatsanwälte oder Advokaten heimlich oder öffentlich »hinrichten«. Die Stoßrichtung des Terrorismus von links wie von rechts gilt stets den Hütern des herrschenden Rechts, das als Unterdrückungsordnung bekämpft werden muß – als »Schweinesystem« und Haßobjekt.

Als während der Revolution in Frankreich am 5. September 1793 »der Terror« oder »La Terreur« auf die Tages- und Machtordnung des Nationalkonvents in Paris gesetzt wurde, da folgte dieses Schreckensregiment einer fast zwangsläufigen Machtlogik. Denn mit den *Septembermassakern* von 1792 war die »absolute Freiheit« erfolgreich erprobt worden, ohne Gerichtsprozeß Mitbürger zu ermorden. Für deren Zusammenarbeit mit dem »teutschen Feind« bedurfte es dabei keiner stichhaltigen Beweise, sondern allein der Verdacht reichte aus, viele unschuldige Menschen zu erschlagen oder zu erschießen.

Die Abschaffung der Monarchie und die Hinrichtung des Königs Ludwig XVI. bestätigten den aristokratischen Revolutionären de Robespierre oder de Saint-Just (der »Heilig-Gerechte«) die ungehinderte Handhabe der »absoluten Freiheit«, die laut Hegel »den kältesten plattesten Tod« erlauben kann – »ohne mehr Bedeutung als das Durchhauen eines Kohlhauptes«.

Robespierre und die anderen gewaltbereiten Jakobiner empfanden sich selbst keineswegs als »verrückt«, sondern als die von der Geschichte auserwählten Vollstrecker einer »höheren Gerechtigkeit«, die auf die Rettung der Republik zielte und deshalb jedes Opfer sanktionierte. Zur Begründung des eigenen Terrorismus lieferte Robespierre ein durchaus »rationales« Plädoyer. Dessen Kernsatz lautete: »Die Triebfeder der Volksregierung in der Revolution (aber) ist die Tugend und der Terror: ... Der Terror ist also nichts anderes als die entschlossene, strenge, unbeugsame Gerechtigkeit; ... er ist weniger ein besonderes Prinzip als vielmehr eine Folge des allgemeinen Prinzips der Demokratie, bezogen auf die drängendsten Bedürfnisse des Vaterlandes.«

Das Bekenntnis zur *absoluten Kommutation* ist hier offenkundig und zeigt, wie destruktiv dieses Prinzip wirken kann, wenn es nicht durch die Distribution ergänzt wird und damit von der »individuellen« Erfassung eines vermeintlichen Rechtsbruchs. Wie schwer es nicht nur scheinbar allmächtigen Revolutionären fiel, sich der notwendigen Beschränkung der Kommutation zu unterwerfen, das bewies die Adelige Marie de Corday. Auch sie war nicht »verrückt«, als sie am 13. Juli 1793 Marat in seiner Badewanne ermordete. Ohne sich über den kämpferischen Republikaner als Einzelfall genügend Klarheit zu verschaffen, faßte sie ihn als ein »Ungeheuer« auf, als »den ruchlosesten der Bösewichte, der jetzt unter dem Rachestahl fällt«.

Selbst sie sah in ihrer terroristischen Tat einen Akt der Gerechtigkeit, um das eigene Volk von einem »Tyrannen« zu befreien (→ Tyrannentod), der selbst wiederum die Könige als »Tyrannen« bekämpft hatte und an der politischen »Blödheit der Pariser« ähnlich verzweifeln wollte wie seine Attentäterin: »Den Franzosen fehlt es an Geist und Energie, Republikaner zu sein. Ich sehe nichts als Egoisten, die ihr Vermögen auf den Ruinen ihrer Mitbürger zu erheben suchen ... Ich bin müde, länger unter einem so sehr herabgewürdigten Volk zu leben.«

Schrecken ohne Ende?

Die Biographien der meisten Terroristen vermitteln zwei grundlegende Prägungen. Zum einen handelt es sich um *enttäuschte Idealisten*, die gegen »Ungerechtigkeiten« in ihrem Alltag wie in der hohen Politik zunächst protestieren und die dann eine Veränderung der herrschenden Verhältnisse mit Gewalt erzwingen wollen. Zum anderen haben sie eine starke Neigung zum *Herostratentum*. Sie werden dabei von der Angst umgetrieben, ihr Name könnte von der Geschichte vergessen werden: Davor aber kann nur ein Brandzeichen oder ein spektakulärer Gewaltakt retten.

Kommt zu diesen persönlichen Voraussetzungen noch ein einleuchtendes ideologisches Moment hinzu, dann kann diese Mischung hochgefährlich werden. Der russische Hegel-Kenner Michael Bakunin (1814-76) beschrieb einmal in seinem unstillbaren Drang nach der »absoluten Freiheit« im Sinne des *Anarchismus* das Hauptmoment der von ihm erwünschten Veränderung. Seiner Ansicht nach bestand der politische Lebenssinn des Menschen vornehmlich darin, ihn »moralisch zu machen«. Zu diesem Zweck mußte aber auch »das soziale Milieu moralisch« gestaltet werden: »Um dies zu tun, gibt es nur ein Mittel: der Gerechtigkeit, das heißt der vollständigen Freiheit eines jeden in der vollendetsten Gleichheit aller in diesem Milieu den Sieg zu verschaffen. Die Ungleichheit der Verhältnisse und Rechte und der Freiheitsmangel für jeden, die aus jenen notwendig folgen, dies ist die große kollektive Ungerechtigkeit, die jede individuelle Ungerechtigkeit verursacht. Beseitigt sie, und alle anderen werden verschwinden.«

Wurde diese Analyse wörtlich genommen, dann konnte daraus jeder Attentäter und Bombenwerfer für sich selbst eine gewisse Legitimation herleiten. Das heißt letztlich, daß es die verschiedensten Formen von Terrorismus wohl auch weiterhin geben wird, so lange Menschen glauben, sie müßten sich in den Dienst einer »höheren Gerechtigkeit« stellen, nachdem Staat und Gesellschaft angeblich versagt haben.

Allerdings kennt die Geschichte auch zahlreiche Beispiele von *Überreaktionen* öffentlicher Stellen, die auf lange Sicht äußerst destruktiv gewirkt haben, ohne den Terrorismus entscheidend zu treffen. So nahm der »Eiserne Kanzler« Bismarck das Attentat eines Einzeltäters auf Kaiser Wilhelm I. im Jahre 1878 zum Anlaß, um die gesamte Sozialdemokratie in eine Art Sippenhaft zu nehmen. Die organisierte Arbeiterschaft hatte mit dem Pistolenanschlag auf den Hohenzollern-Machthaber nichts zu tun. Gleichwohl setzte Bismarck das »Sozialistengesetz« durch und betrieb damit die politische Entfremdung vieler Sozialdemokraten, die als »Räuberbande« (Bismarck) und »vaterlandslose Gesellen« (Kaiser Wilhelm II.) beschimpft wurden.

Das Verhalten von Kanzler und Kaiser bis 1890 (Bismarcks Entlassung und Aufhebung der Repressionen) stand in bedenklicher Nähe zum *Staatsterrorismus*. Darunter versteht man gezielte repressive Maßnahmen staatlicher Stellen gegen die innnere → Opposition oder auch gegen Einzelpersonen, die als kritisch gelten.

Diese Form des Terrorismus zielt in erster Linie auf den blanken Machterhalt und kann dabei ein ganzes Arsenal terrorisierender Instrumente einsetzen. Vor allem die Nationalsozialisten griffen nach ihrer »Machtergreifung« von 1933 zu allen Mitteln, um Demokraten, Juden und Kirchenleute erst einzuschüchtern, dann zu inhaftieren und am Ende gar in Konzentrations- oder Vernichtungslagern zu ermorden: mit Schikanen durch die diktatorisch gleichgeschaltete Verwaltung, Übergriffen der Geheimen Staatspolizeit (Gestapo), SA- und SS-Einsätzen gegen jüdische Geschäfte, Entzug der Staatsbürgerschaft sowie gezielten Enteignungen (Arisierungen). In einer seiner zahlreichen Reden bekräftigte Hitler diese unmenschliche Praxis, die geradezu industriell-rationell gehandhabt wurde und sich der historischen Berechtigung sicher wähnte: »Im Zeitalter des jüdisch-kapitalistischen Gold-, Standes- und Klassenwahns steht der nationalsozialistische Volksstaat wie ein ehernes Denkmal sozialer Gerechtigkeit und klarer Vernunft. Es wird nicht nur diesen Krieg überdauern, sondern das kommende Jahrtausend!« (Hitler, 1941).

Tatsächlich bedeutete der nazistische Terror vor und während des Zweiten Weltkrieges eine neue Dimension: Er war trotz Berufungen auf eine »höhere Gerechtigkeit« im Kern nichts anderes als hemmungsloser Selbstzweck und Ausdruck einer Zerstörungsideologie, die selbst Grenzen des Kriegsvölkerrechts nicht gelten lassen wollte. So hat Karl Dönitz in Fortführung der Tradition aus dem Ersten Weltkrieg (»Vernichtung der bewaffneten Macht des Feindes«) 1940 mit Einverständnis Hitlers den U-Boot-Kommandanten den Befehl gegeben: »Keine Leute retten und mitnehmen ... Wir müssen hart in diesem Kriege sein. Der Gegner hat den Krieg angefangen, um uns zu vernichten, es geht also um nichts anderes.«

Diese Art von *Kriegs-Terrorismus* war mehr als nur eine »Propaganda durch die Tat« (Johann Most). Denn er wollte am Ende aller Gewalt gegen Personen und Institutionen nicht den Vergleich, Kompromiß oder gar die Versöhnung mit einem politischen Gegner, sondern die gnadenlose Auslöschung als Vernichtung des Feindes (→ Toleranz).

Ende des Schreckens

Menschen, die durch Terror zu Schaden kommen, fragen in der Regel nicht danach, wie die Gewalttat gemeint oder begründet worden ist. Dennoch muß unterschieden werden, ob Terrorismus mit dem alleinigen Zweck der Vernichtung geübt oder aber, ob er als Widerstandsform genutzt wird, um nationale Selbstbestimmung zu erreichen.

Fast alle modernen *Befreiungsbewegungen* kannten terroristische Phasen in ihrem Kampf gegen Kolonialmächte oder Besatzungsregimes. Zweck dieser Widerstandsaktionen war aber in der Regel nicht ein langfristiges Schrekkensregiment, sondern das friedliche und vertraglich geregelte Ende des vorhandenen Schreckens.

So endete der Terror der Mau-Mau-Bewegung in Kenia ebenso in eigenständigen staatlichen Formen wie jener der FNL in Algerien. Selbst die PLO bemüht sich unter Yassir Arafat, mit Israel einen modus vivendi zu finden, um alle bisherigen Formen des Terrorismus als »*legitime Gegengewalt*« für die Zukunft abzustellen.

Kann in diesen und anderen Fällen (FNLC auf Korsika, IRA in Nord-Irland) die Verbindung von »absoluter Freiheit«, Terrorismus und »nationaler Selbstbestimmung« noch als Begründung des Kampfes nachvollzogen werden, obgleich er im wesentlichen zu Lasten einer unschuldigen Zivilbevölkerung geht, so erscheint der Terrorismus der deutschen Rote-Armee-Fraktion (RAF), der Roten Brigaden (Italien), der Action Directe (Frankreich) oder der Zengakuren (Japan) nicht als legitimer Widerstandsakt. Vielmehr handelt es sich hier um gewaltbereite Vereinigungen, die sich den Möglichkeiten eines friedlichen und parlamentarischen Widerstandes bewußt verschließen und oft aus dem »Teufelskreis der Gewalt« nicht mehr ausbrechen können oder wollen.

Wie stark allerdings die Grauzone im modernen Terrorismus geworden ist, die eine eindeutige Zuordnung erschwert, zeigt die verwickelte Geschichte des meistgesuchten »Top-Terroristen« der 1970er und 1980er Jahre. Gemeint ist der schon legendenumwobene »Carlos«, der mit bürgerlichem Namen Ilich Ramírez Sánchez heißt und aus dem ölreichen Venezuela stammt. Die ihm angedichtete Terroristen-Ausbildung im Kuba des Diktators Fidel Castro fand mit ziemlicher Sicherheit nicht statt (Yallop). Dafür aber kam er während seines Studiums an der Lumumba-Universität in Moskau mit radikalen Gruppierungen innerhalb der palästinensischen Befreiungsbewegung zusammen: Er schloß sich der PFLP des radikalen George Habash an, der den Friedensprozeß zwischen PLO und Israel ablehnt und den bewaffneten Kampf auf terroristische Weise weiterführen möchte.

»Carlos« wird der Terroranschlag auf die Olympia-Mannschaft Israels in München 1972 wie auch die Gefangennahme der OPEC-Ölminister 1975 in Wien zur Last gelegt. Doch unter der größten Bedrohung für Leib und Leben hatte der saudische Ölminister Yamani nicht den Eindruck, daß Carlos »verrückt« sei (»I could see that he wasn't crazy«) oder etwas »vollkommen Unvernünftiges« tun würde – trotz der bereitliegenden Todesliste, nach der die arabischen Ölminister erschossen werden sollten.

Auch in diesem Fall zeigte sich wieder ein gewaltbezogenes Spielen mit der »absoluten Freiheit«. Denn erklärte Feinde konnten getötet werden, ohne daß die Terroristen fürchten mußten, vor ein Gericht gestellt zu werden. Die Ermordung der Minister unterblieb zwar, aber der Hinweis von »Carlos« und seine Drohung an Yamani – »Sie stehen unter meiner Gewalt« (»You are under my mercy«) – verdeutlichen die Kernsituation des Terrorismus: Über die psychische Folter, materielle Bedrängung, physische Ohnmacht hinaus die Macht über Leben und Tod zu besitzen und auch auszuüben.

Die Grausamkeit des Balkankrieges seit 1992 hat nachdrücklich bewußtgemacht, wie schnell im Rahmen eines Krieges bestimmte Gewaltpotentiale freigesetzt werden können. Gleichzeitig erinnert der menschenverachtende Terror auf Seiten aller Kriegsparteien daran, was jede Generation neu an Erziehung zum → Frieden, zum Kompromiß und zur → Toleranz leisten muß, wenn nicht bald ein »Krieg aller gegen alle« (Hobbes) ausbrechen soll.

Literatur

J. Adams, Geld und Gewalt. Wer finanziert den internationalen Terror?, 1990 ✦ *ders.*, Wer finanziert den Terror? Die geheimen Geldgeber terroristischer Organisationen, 1992 ✦ *Althammer*, Gegen den Terror, 1978 ✦ *Bakunin*, Gott und der Staat und andere Schriften, dt. 1969, 1971 ✦ *Barnea/Barnea*, Freunde trotz Terror und Tod. Der Israeli und der Palästinenser, 1988 ✦ *Barudio*, ›Tugend und Terror‹, in: Paris im Rausch, 1985 ✦ *Böhme-Kuby/Susanna*, Radikalismus, Extremismus, Terrorismus in Deutschland. Ein Beitrag zur Geschichte der Begriffe, 1991 ✦ *Bohrer*, Die gefährdete Phantasie, oder Surrealismus und Terror, 1970 ✦ *Bouhler* (Hrsg.), Der großdeutsche Freiheitskampf. Reden Adolf Hitlers, Bd. III, 1942 ✦ *K. Campbell*, Terrorismus in Südafrika. ANC - Handlanger der Sowjetunion?, 1988 ✦ *Caron*, Les Massacres de Septembre, 1935 ✦ *Coker*, Terrorismus, dt. 1988 ✦ *Constant*, Des effects de la Terreur, 1797, 1964 ✦ *Däniker u.a.*, Terrorismus. Ursachen, Gefahren, Bekämpfung, 1983 ✦ *Dispot*, La Machine à Terreur. Révolution Française et Terrorismes, 1978 ✦ *Ellinger*, Terror und Terrorabwehr, 1990 ✦ *Enzensberger*, Ausblicke auf den Bürgerkrieg, 1993 ✦ *Fuhrmann* (Hrsg.), Terror und Spiel. Probleme der Mythenrezeption, 1971 ✦ *Funke*, Terrorismus. Untersuchungen zur Strategie und Struktur revolutionärer Gewaltpolitik, 1977 ✦ *Geißler* (Hrsg.), Der Weg der Gewalt. Geistige und gesellschaftliche Ursachen des Terrorismus und seine Folgen, 1978 ✦ *Gössner*, Widerstand gegen die Staatsgewalt. Handbuch zur Verteidigung der Bürgerrechte, 1988 ✦ *Greer*, The Incidence of the Terror during the French Revolution, 1935 ✦ *Gritschneder*, Bewährungsfrist für den Terroristen Adolf H. Der Hitler-Putsch und die bayerische Justiz, 1990 ✦ *Guillou*, Der demokratische Terrorist, Roman, dt. 1991 ✦ *Hacker*, Terror: Mythos, Realität, Analyse, 1973 ✦ *Häsler*, Kuba – Freiheit oder Terror, 1984 ✦ *Hampson*, Vor dem Terror. Das revolutionäre Frankreich 1789-91, dt. 1989 ✦ *Hannover*, ›Terroristenjustiz. Erfahrungen und Erkenntnisse eines Strafverteidigers‹, in: Terroristen und Richter, 1991 ✦ *Hertel*, Terrorismus und Politikwissenschaft in der Bundesrepublik Deutschland, 1986 ✦ *M. Horn*, Sozialpsychologie des Terrorismus, 1982 ✦ *Klughardt*, Die Gesetzgebung zur Bekämpfung des Terrorismus aus strafrechtlich-soziologischer Sicht, 1984 ✦ *Kovacic*, Der legale Terror. Das Jahrzehnt der Scharfmacher, 1987 ✦ *ders.*, Jugoslawien. Ein Staat zerfällt. Der Balkan – Europas Pulverfaß, 1991 ✦ *Lacoste*, Die Europäische Terrorismus-Konvention, 1982 ✦ *Laffin*, Die PLO zwischen Terror und Diplomatie, dt. 1983 ✦ *Laqueur*, Terrorismus, dt. 1977 ✦ *S. Leber*, Freiheit durch Gewalt? Zum Phänomen des Terrorismus. Vom Gedanken der Anarchie zur Propaganda der Tat, 1987 ✦ *Lefebvre*, Études sur la Révolution française, 1954 ✦ *Lucas*, The Structure of Terror, 1973 ✦ *Merleau-Ponty*, Humanismus und Terror, dt. 1990 ✦ *ders.*, Die Struktur des Verhaltens, dt. 1976 ✦ *Nabel*, Verwirklichung der Menschenrechte. Erziehungsziel und Lebensform, dt. 1985 ✦ *Overath*, ›Drachenzähne. Gespräche, Dokumente und Recherchen aus der Wirklichkeit der Hochsicherheitsjustiz‹, in: Terroristen und Richter, 1991 ✦ *Rabert*, Terrorismus in Deutschland. Zum Faschismusvorwurf der deutschen Linksterroristen, 1991 ✦ *Rebmann*, Probleme bei der Bekämpfung des Terrorismus, 1986 ✦ *E.Ries*, Wozu Menschen fähig sind – die Reichspogromnacht 1938 in Koblenz, 1988 ✦ *Rivers*, Der Spezialist. Geheimaktionen gegen den Terrorismus. Tatsachenberichte, 1989 ✦ *ders.*, Taktik gegen Terror, 1987 ✦ *Robinson*, Yamani. The Inside Story, 1988 ✦ *Rürup* (Hrsg.), Topographie des Terrors. Gestapo, SS und Reichssicherheitshauptamt auf dem »Prinz-Albrecht-Gelände«. Eine Dokumentation, 7. Aufl. 1989 ✦ *Rybakow*, Jahre des Terrors, dt. 1990 ✦ *Savinkov*, Erinnerungen eines Terroristen, dt. 2. Aufl. 1987 ✦ *v.Schassen/Kalden*, Terrorismus. Eine Auswahlbibliographie, 1989 ✦ Steinberg, Gewalt und Terror in der Revolution. Das Schicksal der Erniedrigten und Beleidigten der Russischen Revolution, 2. Aufl. 1981 ✦ *Tophoven* (Hrsg.), Politik durch Gewalt. Guerilla und Terrorismus heute, 1976 ✦ *Tophoven/Becker*, Terrorismus und Guerilla, 1982 ✦ *J.Wagner*, Politischer Terrorismus und Strafrecht im Deutschen Kaiserreich von 1871, 1981 ✦ *Wördemann*, Terrorismus, 1977 ✦ *Yallop*, Die Verschwörung der Lügner, dt. 1993.

Toleranz

In der modernen Technik gelten genau festgelegte »Toleranzen« als erlaubte Abweichung von einer Idealnorm. Diese Definition trifft auch weitgehend auf den religiös-konfessionellen und gesellschaftlich-politischen Bereich eines Gemeinwesens zu: Toleranz (von lat. *tolerare*=dulden) bedeutet hier eine rechtlich gesicherte Duldung des Andersartigen, Fremden und Abweichenden.

Eine Grundvoraussetzung dieser Auffassung von Toleranz liegt in der Kenntnis des unverzichtbaren Kommutationsgebots aller Vertrags-Gerechtigkeit, die »ohne Ansehen der Religion« zu üben ist. Damit werden zahlreiche Stationen der Toleranzgeschichte wie auch die heutigen Herausforderungen durch Flüchtlinge und Einwanderer aller Art einer rationalen, historischen Erklärung zugänglich.

Das Ringen um religiöse Toleranz

Die Vorstellung vom Wirken vieler Götter (Polytheismus) ließ bereits in der Frühgeschichte und Antike mehrere Kulte nebeneinander gelten, oft um einen zentralen Kult gruppiert. Diese Art der Duldung bedeutete in der Regel ein friedliches Ergänzen und war daher mit monotheistischen Vorstellungen lange Zeit unvereinbar.

Die erste Forderung aus dem Dekalog – »Du sollst keine fremden Götter neben mir haben« – blieb in ihrer eifernden Intoleranz auch der Antike noch ziemlich fremd. Das berühmte *Edikt von Mailand* im Jahre 313 erlaubte zwar der christlichen Urkirche die ungehinderte Tätigkeit im Römischen Reich. Aber gleichzeitig wurde den anderen Kulten gestattet, ihr religiöses Leben weiter im hergebrachten Sinn zu führen.

Selbst nach dem historisch gewordenen *Konzil von Nicäa* im Jahre 325 (das dort angenommene Glaubensbekenntnis gilt noch heute in der katholischen Kirche als verbindlich) gab es in christlichen Kreisen immer wieder Versuche, andersartige Lehrmeinungen in Glaubensdingen zu »tolerieren« und im Geist der Bergpredigt mit ihrer Feindes- und Nächstenliebe auf gewaltsame Bekehrungen zu verzichten – wodurch Juden wie Heiden und Abweichlern in den eigenen Reihen (Arianer, Monophysiten) die Verfolgung häufig erspart blieb.

Ohne eine gewisse Bereitschaft zur Toleranz wäre auch das weithin friedliche Zusammenleben von Christen, Juden und muslimischen Mauren seit 711 in Spanien kaum möglich gewesen. Trotz der seit 718 von Asturien her einsetzenden »Wiedereroberung« (reconquísta) der Iberischen Halbinsel dauerte es bis 1492, ehe die letzte Maurenfestung im Kalifat Granada fiel. Selbst nach der Einnahme der Alhambra wurde den verbliebenen Mauren eine weitgehende Toleranz ihres Glaubens zugesagt. Erst der verheerende Einfluß von Seiten der innerkirchlichen *Inquisition* machte das Toleranzgebot bis 1507 völlig zunichte. Die Vorstellung einer absoluten »Reinheit des Glaubens« und der »Reinheit des Blutes« beendete eine lange Toleranzgeschichte – Mauren und Juden wurden Opfer beider Totalansprüche (→ Blut).

Nach dem Fall von Byzanz oder Ost-Rom im Jahre 1453 gewährten die Sultane der siegreichen muslimischen Türken den Christen in ihrem Herrschaftsgebiet bis in den Balkan hinein eine weitgehende Toleranz der christlichen Bekenntnisse und Kirchen. Sie währte mit wenigen Zwischenphasen der Repression bis zum Ende des Osmanischen Reiches im Jahre 1918.

Neben diesen bedeutenden Beispielen religiöser Toleranz in der Antike, während des Mittelalters und selbst in der Frühen Neuzeit zeigte auch das christliche → Abendland in seinen islamfreien Kerngebieten, daß es zur Duldung anderer Konfessionen bereit sein konnte – aus Einsicht in die Vorteile der Kommutation wie der → Abhängigkeit vom menschlich »Anderen«.

Dazu gehört die oft übersehene Tatsache, daß Päpste und Kaiser stets um die Sicherheit ihrer sogenannten *Schutzjuden* besorgt und bemüht waren, allen meist lokalen und regionalen Verfolgungen der »Hebräer« oder »Christus-Mörder« zum Trotz. Auch die innerkirchliche Bekämpfung von angeblichen Irrgläubigen oder Ketzern hat nicht durchgehend stattgefunden. Die Anerkennung der Böhmischen Konfession nach den Hussitenkriegen (1433) wies in die Richtung einer verstärkten Duldungsbereitschaft, die allerdings auch von politischen Entwicklungen abhängig gemacht wurde.

Diese Wechselwirkung von politischer Lage und religiöser Toleranz verstärkte sich während der → Reformation und führte gar dazu, daß die Augsburgische Konfession von Kaiser Karl V. im Jahre 1530 vorläufig anerkannt wurde. Der kaiserlich sanktionierte Status vornehmlich der Lutheraner im Heiligen Reich verbesserte sich noch, als im Augsburger Religionsfrieden von 1555 dieses Bekenntnis Verfassungsrang erhielt und fortan unter dem besonderen Rechtsschutz des Heiligen Reiches stand.

Die Religionstoleranz als Rechtsangleichung hatte somit nach 1433 einen zweiten und fundamentalen Durchbruch erzielt. Nimmt man die fast gleichzeitig gewährte Anerkennung von vier christlichen Konfessionen in Siebenbürgen an der Grenze zum Osmanischen Reich ebenso hinzu wie den »Frieden der Abweichler« (*pax dissidentum*) von 1573 in der Adelsrepublik Polen (allerdings nur innerhalb der Szlachta als Adels-Gesellschaft), dann wird deutlich, was in Mitteleuropa im Geist der Toleranz erkämpft worden ist.

Das *Edikt von Nantes*, wie es von König Heinrich IV. gegen das Fundamentalgesetz der »Katholizität« Frankreichs politisch erzwungen wurde, hatte also eine ganze Reihe historischer Vorläufer und in der Praxis erprobte Vorbilder. Die 1598 gewährten Garantien, die den Hugenotten als Calvinisten ein Bleiberecht auf französischem Boden sicherten, wurden allerdings im Jahre 1685 von Ludwig XIV. wieder aufgehoben. Noch im gleichen Jahr sah sich deshalb der »Große Kurfürst« von Brandenburg veranlaßt, den vertriebenen Hugenotten mit seinem *Edikt von Potsdam* eine weitreichende Religionstoleranz zu verbriefen: demnach im Heiligen Reich, das im Teutschen Frieden von 1648 neben Katholizismus und Luthertum auch den Calvinismus als Konfession im Verfassungsrang toleriert hatte.

Die verbreitete Auffassung, daß »die Toleranz eine Frucht des Zeitalters der Aufklärung ist« (*GuS*, 1992), stimmt für den konfessionellen Bereich demnach nicht. Voltaire selbst lobte denn auch in seiner Schrift über das Wesen und die Geschichte der Toleranz das erfolgreiche Ringen um einen konfessionellen Kompromiß: »Deutschland wäre eine Wüste, bedeckt mit den Gebeinen der Katholiken, Lutheraner, Reformierten, Anabaptisten, die einander aufgerieben haben würden, wenn nicht der Westfälische Frieden (1648) endlich Gewissensfreiheit zuwegegebracht hätte.«

Stationen politischer Toleranz

Das besondere Gewicht der reichsteutschen Toleranzpolitik wird vor allem dadurch in seinem historischen Wert deutlich, daß mit den konfessionellen Absprachen von 1555 und 1648 gleichzeitig auch eine politische Garantie des libertären Ständewesens verbunden war. Katholiken, Lutheraner und Calvinisten hatten vollen und freien Zugang zu den öffentlichen Ämtern des Heiligen Reiches. Das bedeutete auch, daß alle drei Konfessionen unter den acht Kurfürsten vertreten waren, die den Kaiser zu wählen hatten.

Vergleicht man damit den wichtigen *Toleration Act* von 1689 in England, dann fällt auf, daß dieser zwar Katholiken und Antitrinitariern die religiöse Tätigkeit zugestand, aber Angehörige dieser Konfessionen vom öffentlichen Dienst ausschloß – im Grunde bis 1870, als mit Benjamin Disraeli der erste Jude das Amt des Premierministers bekleiden durfte.

In Schweden, das die Augsburgische Konfession von 1530 als »Staatsreligion« übernommen hatte und daran weiterhin festhält, war es gar bis 1945 nur in besonderen Ausnahmefällen möglich, daß ein Nicht-Lutheraner ein öffentliches Amt wahrnehmen durfte.

Berücksichtigt man auch hier die Verhältnisse im libertär-toleranten Polen-Litauen sowie den berühmten *Majestätsbrief* von König Rudolf II. im Jahre 1609, der den Böhmen konfessionelle und politische Rechtsgarantien zugestand, dann wird deutlich, was in Ländern des weiteren Mitteleuropa für die politische Toleranz geleistet worden ist: Es war die dynastische Hauspolitik einzelner absolutistischer Fürsten, welche diese frühen Errungenschaften zerstören und verdunkeln, ja vergessen ließ.

Im Vergleich mit 1648 muß demnach Bismarcks Politik gegen die politisch organisierten Katholiken (Zentrum) im *Kulturkampf* seit 1873 (»Maigesetze«) ebenso als Rückschritt bewertet werden, wie seine Intoleranz gegenüber der organisierten Arbeiterschaft und der Sozialdemokratie vor allem seit 1878 (»Sozialistengesetz«): Die Mitglieder beider Parteien und politischen Bewegungen wurden aus überwiegend ideologischen Gründen vom Staat der Hohenzollern so gut wie ausgeschlossen.

1932 resümierte der Publizist Carl von Ossietzky in der »Weltbühne« die Folgen dieser politischen Entmündigung im Kaiserreich: »Deutschland ist ohne freiheitliche Tradition, ihm fehlt das wirkliche Bürgerbewußtsein, ihm fehlt der Stolz des Zivilisten gegenüber der

Uniform. Immer wieder ist den deutschen Untertanen in der Kaiserzeit eingebläut worden, daß es ein Frevel am Volke sei, dem Militarismus irgend etwas zu verweigern. Das ist in der Republik um keinen Jota besser geworden, im Gegenteil.«

Diese Welt des »blinden Gehorsams«, der politischen Unkultur und der systematischen Verketzerung von besorgten und kritischen, aber durchweg patriotischen Köpfen hat die Leistungen des Alten Reiches vor 1806 nicht wahrnehmen wollen: Mit seiner konfessionell-politischen Toleranz, seiner Gewährung von Zuflucht selbst einem Hugo Grotius und manch ausgewiesenem Juden.

Ob die Kenntnis dieser historischen Zusammenhänge geholfen hätte, die Diktatur von 1933 aufzuhalten, bleibt fraglich. Aber die heutige Erinnerung an dieses ziemlich verschüttete Toleranzerbe macht bewußt, was erneut auf dem Spiele steht, wenn der historisch bedingte Reichtum nicht beachtet wird: das Leben in der Toleranz, die einst auch eine teutsche Errungenschaft für die Welt bedeutete.

Das Zusammenwirken der konfessionellen und politischen Toleranzerfahrung seit altersher könnte angesichts eines aggressiv gewordenen Islam heute ebenso helfen, das historische Toleranzgebot zu festigen, wie es allen Demokraten obliegt, sich selbst gegen organisierte Intoleranz zu wehren und dem Auftrag Voltaires zu folgen: »Sire, ich hasse zwar ihre Meinung. Aber ich bin bereit, dafür auf die Barrikaden zu gehen, damit sie diese aussprechen dürfen.«

Literatur

Adorno, Erziehung zur Mündigkeit. Vorträge und Gespräche mit Hellmut Becker, 1959-1969, 1975 (Hrsg. Kadelbach) ✦ *ders.*, Gesellschaftstheorie und Kulturkritik, 1975 ✦ *Allerhand*, Das Judentum, 3 Bde., 1986-89 ✦ ders., Toleranzpolitik und Kulturkampf, 1982 ✦ *Amburger*, Fremde und Einheimische im Wirtschafts- und Kulturleben des neuzeitlichen Rußland, 1982 (Hrsg. Zernack) ✦ *Aubin*, Grundlagen und Perspektiven geschichtlicher Kulturraumforschung und Kulturmorphologie, 1965 (Aufsatzsammlung) ✦ *Auernheimer*, Einführung in die interkulturelle Erziehung, 1990 ✦ *ders.*, Der sogenannte Kulturkonflikt. Orientierungsprobleme ausländischer Jugendlicher, 1988 ✦ *Bär*, Bibliographie deutschsprachiger Islamwissenschaftler und Semitisten vom Anfang des 19. Jhds. bis heute, bisher 2 Bde., 1985, 1991 ✦ *Baer*, A History of the Jews in Christian Spain, 2 Bde., 1966 ✦ *Barudio*, Der Teutsche Krieg 1618-1648, 2. Aufl. 1985 ✦ *B.Tibi*, Die Krise des modernen Islam, 1991 ✦ *Bloom*, The American Religion, 1992 ✦ *Borner*, Zwischen Sonderbund und Kulturkampf. Zur Lage der Besiegten im Bundesland von 1848 (Kanton Luzern in der Schweiz), 1981 ✦ *Busse*, Die theologischen Beziehungen des Islam zu Judentum und Christentum, 1991 ✦ *Claus*, Die Toleranz, 1985 ✦ *Deschner*, Der gefälschte Glaube. Eine kritische Betrachtung kirchlicher Lehren und ihrer historischen Hintergründe, 1988 ✦ *ders.*, Kriminalgeschichte des Christentums, 3 Bde., 1986-90 ✦ *Deschner/Hermann*, Der Anti-Katechismus. 200 Argumente gegen die Kirche und für die Welt, 1991 ✦ Europa und der Orient 800-1900, 1989 (Ausstellungskatalog mit Literatur) ✦ *Fetscher*, Toleranz. Von der Unentbehrlichkeit einer kleinen Tugend für die Demokratie, 1990 ✦ *Glazer*, ›Pluralism and Fundamentalism in the United States‹, in: Dialogue, 61, 3/ 1983 ✦ *Greverus*, Neues Zeitalter oder Verkehrte Welt. Anthropologie als Kritik, 1990 ✦ *Güldner*, Das Toleranz-Problem in den Niederlanden im Ausgang des 16. Jhds., 1968 ✦ *Hall* (Hrsg.), Toleranz. Tabu. Totalität. Die gereizte Gesellschaft, 1991 ✦ Handbuch der Geschichte der böhmischen Länder, 4 Bde., 1966-74 (Hrsg. K. Bosl) ✦ *Hering*, Aequitas und Toleranz. Gesammelte Schriften, 1971 ✦ *Hirschmann*, Kulturkampf im historischen Roman der Gründerzeit 1859-1878, 1978, ✦ *Hohnholz* (Hrsg.), Kulturprobleme außereuropäischer Länder. Philosophie, Religion, Literatur, Geographie, Ausbildung, 1980 ✦ *Hunke*, Allahs Sonne über dem Abendland. Unser arabisches Erbe, 1960 ✦ *Ingler*, Zurück zur Toleranz? Politische Bildung als moralisches Konzept, 1991 ✦ *Jens/Küng/ Mosès*, ›Dogmatik, Fundamentalisten und Toleranz‹, in: Sprache im technischen Zeitalter, 121, 1991 ✦ *Karniel*, Die Toleranzpolitik Kaiser Josephs II., dt. 1986 ✦ *Kemler*, Christentum. Alte Kirche und Mittelalter, 1981 ✦ *ders.*, Christentum – Reformation und Neuzeit, 1984 ✦ *Klempnauer*, Christentum ist Brandstiftung. Jesus-Jugend im Kreuzfeuer, 1972 ✦ *Khoury*, Gottes ist der Orient, Gottes ist der Okzident. Lebensweisheit des Islams, 1983 ✦ *ders.*, Juden, Christen und Muslime im Gespräch. Warum gibt es eine bedenkliche Zurückhaltung, 1986 ✦ *ders.*, Toleranz im Islam, 2. Aufl. 1986 ✦ *ders.* (Hrsg.), Lexikon religiöser Grundbegriffe. Judentum, Christentum und Islam, 1987 ✦ *Kuberski*, Mohammed und das Christentum, 1987 ✦ *Leggewie*, Alhambra – Der Islam im Westen, 1993 ✦ *Lessing*, Die Parabel von den drei Ringen. Symbol für Judentum, Christentum und Islam – und Aphorismen, 2. Aufl. 1988 ✦ *Locke*, Ein Brief über Toleranz, engl.-dt., 1975 ✦ Locke-Symposium Wolfenbüttel 1979, 1981 (Sammelband) ✦ *Martin/Quint*, Christentum und antike Gesellschaft, 1990 ✦ *Méchoulan*, Les Juifs d'Espagne, 1992 ✦ *Mensching*, Toleranz und Wahrheit, 1955 ✦ *Mieck* (Hrsg.), Toleranzedikt und Bartholomäusnacht. Französische Politik und europäische Diplomatie 1570-1572, 1969 ✦ *Mitscherlich*, Toleranz. Überprüfung eines Begriffs, 1974 ✦ *Neumann/Fischer* (Hrsg.), Toleranz und Repression.

Zur Lage religiöser Minderheiten in modernen Gesellschaften, 1987 ✦ *Neuss*, Tugend und Toleranz. Die Krise der Gattung Märtyrerdrama im 18. Jhd., 1989 ✦ *H. H. Nolte*, Religiöse Toleranz in Rußland 1600-1725, 1969 ✦ *K. Nowak*, Kulturprotestantismus und Judentum in der Weimarer Republik, 1991 ✦ *v. Ossietzky*, ›Rechenschaft‹, in: Der Ausnahmezustand, 1966 (W. Weyrauch) ✦ *v. d. Osten-Sacken* (Hrsg.), Toleranz heute. 250 Jahre nach Mendelssohn und Lessing, 1979 ✦ *Reischer*, Die Toleranzgemeinden Kärntens nach einem Visitationsbericht vom Jahre 1786, 1965 ✦ *Rousseau*, Diskurs über die Ungleichheit, dt. 2. Aufl. 1990 (kritische Ausgabe des integralen Textes, H. Meier) ✦ *Saage*, Herrschaft, Toleranz, Widerstand. Studien zur politischen Theorie der niederländischen und der englischen Revolution, 1981 ✦ *ders.*, Vertragsdenken und Utopie. Studien zur politischen Theorie und zur Sozialphilosophie der frühen Neuzeit, 1989 ✦ *Scheer*, Römische Kulturkunde, 4. Aufl. 1983 ✦ *G.Schramm*, Der polnische Adel und die Reformation 1548-1607, 1965 ✦ *Stephan-Kopitzsch*, Die Toleranzdiskussion im Spiegel überregionaler Aufklärungsschriften, 1989 ✦ *Uffelmann/Reese/Thiele*, Demokratisierung in der Französischen Revolution. Wirkungen in Deutschland. Analysen und Zeugnisse, 1990 ✦ *R. Völker*, Innovationsentscheidungen und Marktstruktur. Der suchttheoretische Ansatz, 1989 ✦ *R. Völker*, Hoffnung 1990. Wider die apokalyptischen Bedrohungen unserer Zeit, 1990 ✦ *Voltaire*, ›Über die Toleranz‹, in: Recht und Politik, Schriften 1, dt. 1978.

Treuhandschaft

Mit einer Reihe von Streit- und Reformschriften versuchte Gustav Radbruch (1878-1949) im Gefolge der Revolution von 1918, Konsequenzen aus dem Scheitern des Hohenzollernschen und Bismarckschen Machtstaates zu ziehen. Dabei wandte sich der Kieler Ordinarius für Öffentliches Recht gegen die bisherige Vorstellung der meisten Juristen und maßgebenden Politiker, daß das »Privatrecht .... die Herzkammer der Rechtsordnung« ist und der Staat nur als dessen Sicherungsrahmen zu betrachten sei.

Radbruch stellte zu der erwünschten Neuordnung fest: »Für den sozialen Staat gilt dagegen gerade umgekehrt der Primat des öffentlichen Rechtes; ihm ist alles Privatrecht nur eine vorläufige, immer enger umgrenzte Exklave des öffentlichen Rechts, ein von diesem ausgesparter Spielraum persönlicher Bewegungsfreiheit, und insbesondere das Privateigentum nicht ein angeborenes und unverletzliches Recht, sondern ein auf Widerruf verliehenes Amt, *anvertrautes Gut* der Gesamtheit, das sie seinem Inhaber nur so lange und so weit zu freiem Gebrauch überlassen wird, als ihr Interesse sich mit dem seinen deckt.«

Damit distanzierte sich der Jurist und spätere Justizminister der Weimarer Republik vom dynastisch ausgerichteten Machtstaat als »Familienunternehmen« und forderte eine durchgehende Treuhandschaft zwischen → Staat und → Gesellschaft ein, letztlich ihre wechselseitige Strukturierung wie in der Zeit vor dem → Absolutismus.

Grundlage dieser im Zeichen der Weimarer Verfassung angestrebten → Abhängigkeiten war die Möglichkeit, nach Maßgabe des Römischen Rechts besondere Güter in »gutem Glauben« (*bona fide*) anderen und vertragsfähigen Menschen zur Verwahrung oder Verwaltung anzuvertrauen – »zu treuen Händen« (*fiducia cum amico*).

Ein solches Vorgehen war in der Regel dann geboten, wenn ein Eigentümer oder auch Nutznießer zeitweilig oder andauernd die Rechte und Pflichten seines Status nicht selbst wahrnehmen konnte, wollte oder durfte: Der eingesetzte Treuhänder (*depositarius*) war demnach gehalten, »Vermögensrechte im Rahmen eines besonderen Treueverhältnisses« zum Nutzen des Auftraggebers wahrzunehmen, und das bedeutete wiederum, daß er sich »gegenüber Dritten« (Coing) verpflichtete, von anvertrauten Gütern oder Personen jeden Schaden abzuwenden.

»Das Volk als Mündel«

Ein System der nach »Treu und Glauben« verwalteten Güter, zu dem auch die Obhut und Vormundschaft über minderjährige und vertragsunfähige Personen gehört, findet sich schon in der ältesten überlieferten Rechtssammlung der Menschheit, der des babylonischen Herrschers Hammurapi (um 1700 v. Chr.): Auf seiner Gesetzessäule aus gemeißeltem Stein gibt es zahlreiche Regelungen, »damit der Starke nicht den Schwachen bedränge, Waise und Witwe ihr Recht bekämen«.

Zur Sicherung dieser rechtlichen Abhängigkeiten bedurfte es besonderer Schutzvorkehrungen, in deren Dienst das Gerichtswesen als Dritte Gewalt stand. Sie konnte immer dann angerufen werden, wenn sich ein Treuhänder von der ihm anvertrauten Interessenwahrung entfernte, ungebührliche Schäden zu verantworten hatte oder sich gar als »Eigentümer« auffaßte – sich also vom Depositär zu einem »Despoten« (Eigenherr) wandelte.

Im Zeichen der starken rechtlichen Sicherung eines zu treuen Händen anvertrauten Gutes oder Person (lat. *depositum* = das Niedergelegte, in Verwahrung Gegebene) gestaltete sich vornehmlich im → Abendland eine treuhänderische oder depositäre Ordnung, die im Kern auch das vertragliche »Feudal-System« (Lichtenberg) strukturierte (→ Feudalismus). Dabei wurde dem Lehnsträger vom Lehnsherrn (Kaiser, Papst, König, Fürst) ein Lehnsgut auf Gegenseitigkeit überlassen: Es sollte mit seinen materiellen Erträgen zwar die private Lebenshaltung des Lehnsträgers sichern, aber gleichzeitig auch öffentliche Verpflichtungen wahrnehmen, wie z.B. den Roß- oder Rüstdienst für das militärische Adelsaufgebot (→ Adel, → Krieg).

Dieser fundamentale Rechtsmechanismus von Geben und Nehmen (→ Gerechtigkeit) prägte auch in hohem Maße die übrigen Vertragsverhältnisse zwischen Obrigkeit und Untertanen. So gehörte es zu den wichtigsten Kompetenzen eines geistlichen oder weltlichen Lehnsherrn, nicht nur gegenüber Klerus und Adel ein »Tutor« oder »Beschützer«, »Treuhänder« und »Vormund« zu sein. Im Titel »Tutor regni« verdeutlichte sich dieses System des gegenseitigen Beratens und Schützens (*consilium et auxilium*) zwischen Fürsten, Räten und Ständen. Johannes Althusius, der Rechtssyndikus der Hafenstadt Emden, fand denn auch in der Fortsetzung des Vertragsdenkens der Rechtsschule von Salamanca (Spanien) sowie altrömischer Treuhandtraditionen den Leitsatz: »Populus est instar pupilli« («Politica«, 1608).

«Gleicht das Volk einem Mündel«, dann wird verständlich, daß alle öffentlichen Einrichtungen und Ämter an die Bedingungen einer umfassend wirkenden Vormund- und Treuhandschaft gebunden sind. Darauf hat Axel Oxenstierna, der erfolgreichste Reformer und Staatsmann Alteuropas, während seiner langen Regierungstätigkeit immer wieder hingewiesen und im Geiste Ciceros wie des Althusius den Depotismus mit dem Auftrag bestätigt: »Respublica est pupilla« (1636 im Senat).

Mit dieser gebietenden Formel wollte er darauf hinweisen, daß sich die Regierung der »Fünf hohen Ämter« (Drost=Justiz, Marsch=Heer, Admiral=Flotte, Kanzler=Außen- und Innenpolitik, Schatzmeister=Haushalt und Finanzen), die Rechtskontrolle des Reichsrates (Senates) und die Zuständigkeiten des Reichstages (vier Stände) stets am Gemeinwohl zu orientieren haben, d.h. an der Nutzenmehrung und Schadensabwehr.

Bedenkt man diese Tradition des Depotismus, mit der Schweden selbst in schweren Zeiten seiner nationalen Existenz gut gefahren ist, dann erklärt sich, warum dort die öffentlichen Einrichtungen und Ämter noch heute »Myndigheter« genannt werden. Damit wird nichts anderes gesagt, als daß sie vertragliche »Mündigkeit« besitzen und damit rechtliche Amtsautorität, dort tätig zu werden, wo das → Volk selbst seine Zuständigkeit aus der Volkssouveränität delegiert hat – im Durchsetzen der Rechtsordnung nach innen und bei der Repräsentanz des Gemeinwesens nach außen.

Auch die Vorstellung vom »mündigen Bürger«, wie sie nach 1945 von deutschen Emigranten aus Skandinavien in die Politiksprache der Nachkriegs-Demokratie übernommen wurde (→ Bürger), kommt aus diesem treuhänderischen Denken. Es kann allerdings auch mißbraucht werden , sobald sich Amtsinhaber eine unzulässige »Bevormundung« der Bürger und ihrer → Parteien oder Vereine anmaßen, demnach mit autoritärem Gehabe die Gegenseitigkeit von Tutor und Pupill unterlaufen.

Genau diesen massiven Vorwurf mußte sich das Königtum in Frankreich gefallen lassen. Als Ludwig XV. im Jahre 1771 das »Parlement de Paris« seiner Funktion als »Verfassungshüter« (*gardien*) entledigte und es »ins Exil« schickte, hatte er die höchsten Richter der Krone Frankreich gleichsam »entmündigt« und sein Tutoramt schwer verletzt. Mit guten Gründen haben denn auch die Revolutionäre von 1789 auf Störungen des Lehnswesens und Mißbräuche des Depotismus hingewiesen, um sich selbst wie Robespierre oder Danton als »dépositaire du pouvoir« (Treuhänder öffentlicher Amtsgewalt) zu empfinden. Die Verfassung der Ersten Republik von 1793 legte denn auch im Artikel 32 fest: »Das Recht, den Treuhändern (dépositaires) der öffentlichen Autorität Petitionen zu übergeben, kann in keinem Fall weder untersagt, aufgehoben noch begrenzt werden«. Im Artikel 123 wird gar die »treuhänderische Bewahrung der Verfassung« dem Wirken und dem Schutz aller republikanischen Tugenden anheimgestellt: »Elle remet le dépôt de sa Constitution sous la garde de toutes les vertus« (Godechot).

Mit dieser Festlegung nahmen die revolutionär gesinnten Republikaner als positiven und wegweisenden Wert auf, was auch die voraufgegangene Monarchie verpflichtet hatte. Denn die Könige des Ancien Régime haben von 787 bis zur Verfassung von 1791 ihr hohes Amt nur »en dépôt« erhalten und damit als »anvertrautes Gut«, das nicht ihr Eigentum war, sondern wie ein Lehen (*fief*) verwaltet werden sollte – den Ständen und dem übrigen »Volk« zu »Nutzen und Frommen«.

Trust-Politik

Als der Großkonzern Mercedes AG im Jahre 1993 als erstes deutsches Unternehmen die Zulassung für die Börse in New York erhielt, zeigte es sich, wie »patrimonial« doch das deutsche Aktienrecht als Teil des »Bürgerlichen Gesetzbuches« (BGB) angelegt ist. Bedenkt man, daß das BGB aus dem Jahre 1900 stammt und in wesentlichen Teilen auf dem Allgemeinen Landrecht (ALR) Preußens von 1794 beruht, dann wird verständlich, warum sich Manager als »Treuhänder« deutscher Aktiengesellschaften oft so schwertun, sich wirklich depositär gegenüber den Aktionären ihrer Unternehmen zu verhalten. Mercedes sah sich sogar gezwungen, für die Börsenzulassung in den USA eine eigene Bilanz aufzustellen und die jährliche Gewinnlage peinlich genau offenzulegen, was nach deutscher Praxis umgangen werden kann.

Im Deutschen hat der angelsächsische Begriff »Trust« einen meist negativen Klang, wird doch damit zumeist »Kapitalismus« und »Ausbeutung« assoziiert. Im Kern jedoch bedeutet ein »Trust« nichts anderes als ein treuhänderisch verwaltetes Unternehmen in der Wirtschaft: Seine Vertreter gelten als »Trustee« (Sachwalter, Treuhänder).

Grundlage des vertraglichen Verhältnisses zwischen »Trust« und »Trustee« oder zwischen Managern und Aktionären als den wirklichen Anteilseignern ist das »Equity-Prinzip« oder Billigkeitsgebot, wie es aus dem Ratio-et-Aequitas-Denken des Römischen Rechtes geläufig ist. Danach gehört es zu den Bedingungen einer Treuhandschaft (*trusteeship*), Schaden vom Treuhandgut (Unternehmen) zu wenden und den Profit für die Aktionäre zu steigern. Unter strenger Kontrolle durch die Börsenaufsicht und der zuständigen Gerichte entsteht auf diese Weise eine »fiduciary relationship with respect to property«.

Strukturell gesehen, erinnert diese reziproke Relation an das Lehnswesen mit der Verpflichtung, die Nutzenmehrung zu optimieren und weder einen Vertrauens- noch einen Vertragsbruch (Felonie) zu begehen. Das gedeihliche Zusammenwirken von Treuhändern und Aktionären setzt aber voraus, daß »Vertrauen« und Öffentlichkeit als Kontrollinstanz nicht gegeneinander ausgespielt werden.

Vor allem in den USA versuchte John D. Rokkefeller (1839-1937) mit seinem Standard Oil Trust (ESSO), seit 1879, gegen die herrschende Marktlage und Rechtsordnung ein Monopol im Öl-Sektor zu errichten. Seine Aktienpolitik war im Grunde »patrimonial« angelegt und darauf gerichtet, durch gezielte Aktienkäufe die Eigentumsverhältnisse bei Konkurrenten zu seinen Gunsten zu verändern, um eine totale Beherrschung des Marktes zu erreichen. Er »simulierte« bei seinem Vorgehen ein »depositäres« Kaufverhalten und rief damit eine Reihe von Gegnern auf den Plan: Im Jahre 1905 unterband der US-Kongreß mit dem »Sherman-Act« die »Simulation« als Mittel der Kartell-Bildung (Anti-Trust-Gesetze).

Mehrere andere Fälle in der Wirtschaftsgeschichte der USA belegen, daß der Depotismus in der Trust-Politik immer dann gefährdet war, wenn sich die Möglichkeit bot, die vereinbarte Treuhandschaft so zu handhaben, als sei der »Trustee« der wirkliche Eigentümer des anvertrauten Unternehmens. So war Lansing Hays ein »Mittreuhänder« (*cotrustee*) im Sarah Getty Trust, der zum Getty Oil-Imperium gehörte. Als Rechtsanwalt war er außerdem der besondere Vertraute des Konzerneigentümers Paul Getty und verstand es, durch gezielte Einschüchterung entscheidenden Einfluß auf das Gesamtunternehmen zu gewinnen.

Dieser Fall gewann deshalb besondere Bedeutung, weil nach dem Tode Paul Gettys und seines »Treuhänders« Hays die Aktienmehrheit bei Getty Oil von dem Konzern Pennzoil übernommen werden sollte. Dabei waren sich die »Treuhänder« und Rechtsanwälte beider Seiten einig, daß sie zur Übernahme der Aktienmehrheit ein »agreement in principle« geschlossen hatten – letztlich einen »Vertrag« oder »deal«. Als aber der Öl-Gigant Texaco kurz vor dem formellen Abschluß des Vertrages mit einem höheren Angebot für den Kaufpreis pro Aktie in das komplizierte Geschäft einstieg, kam es zum Eklat. Im folgenden Prozeß vor einem Geschworenengericht in Houston/Texas wurde dann Texaco zu 10,6 Milliarden Dollar Schadensersatz dafür verurteilt (1985), daß die Formel »agreement in principle« (in der Substanz einig über eine vertragliche Absprache) zu Lasten von Pennzoil verdreht und mißbraucht wurde: Die »Equity« als »Recht und Billigkeit« schien dem Gericht bewußt gebrochen zu sein, und das mußte empfindlich bestraft werden.

Neben der Wirtschaft kennt auch die Politik ein gezieltes Trust-Verhalten. Im Streben nach einer »gerechten« Handhabe internationaler Konflikte wurde nach dem Ende des Ersten Weltkrieges ein depositäres Lösungsmodell für all jene Kolonien gefunden, die vor allem dem deutschen Kaiserreich gehört hatten. Sie wurden zu »Treuhandgebieten« des 1920 gegründeten Völkerbundes erklärt und behielten diesen Rechtsstatus auch, bis sie ihre Unabhängigkeit als »souveräne Staaten« erhielten: so Deutsch-Südwestafrika, das als Namibia auch Mitglied der UNO werden konnte.

Nach dem Zweiten Weltkrieg wurden die vier Siegermächte (Frankreich, Großbritannien, Sowjetunion und USA) immer wieder als »Treuhänder der deutschen Nation« (Arthur Burns, US-Botschafter in Bonn) bezeichnet. Denn die Alliierten als »Befreier« von der NS-Diktatur sollten darauf achten, daß sich in Deutschland nicht wieder eine ähnliche Gewaltherrschaft etablierte und daß ein gerechter Friedensvertrag zustandekam. Deshalb gab es auch bis zur staatlichen Vereinigung von 1990 gewisse »Vorbehaltsrechte« der Siegermächte und die Tätigkeit von Militärmissionen.

Mit der Gründung einer »Treuhandanstalt« (1990) versuchte die letzte DDR-Regierung, die patrimonial angelegten Staatsmonopole in Gestalt »Volkseigener Betriebe« (VEB) von bürokratischen Bevormundungen, politischen Restriktionen und ökonomischen Hindernissen so weit zu befreien, daß sie sich dem Wettbewerb eines freien Marktes stellen konnten. Diese radikale Wende zur vertraglichen Treuhandschaft und weitgehenden Eigenbestimmung der privatisierten Betriebe und Unternehmen hat aber manch harten Widerstand ausgelöst: Der erste westdeutsche Leiter dieser Anstalt, Jürgen Rohwedder, wurde sogar erschossen.

Ausblick

Das Denken und Handeln in Treuhandschaft gehört zu den ältesten und am längsten erprobten Errungenschaften in der politischen Kultur des → Abendlandes. Das gilt für die vertragliche Strukturierung von Herrschaft auf höchster Ebene in Kirche und → Staat ebenso wie für den privaten Bereich der sogenannten »Depositenkassen«, die im 19. Jahrhundert für das Erbe und Vermögen von Witwen und Waisen eingerichtet worden sind, um deren materiellen Nutzen zu mehren.

Das Treuhandwesen in Gestalt des Depotismus stellt allerdings hohe Ansprüche an den eingesetzten oder gewählten Treuhänder, dessen Eigeninteresse oder Eigenwohl oft zurückstehen muß, wenn »fremdes Gut« verwaltet wird. Wie wenig die Spitzenfunktionäre der deutschen Gewerkschaften in depositärem Geist geschult waren, ergab sich aus den Gerichtsprozessen und Verurteilungen im Neue-Heimat-Skandal wie im COOP-Skandal: Statt den Wert des Gewerkschaftsvermögens zu erhöhen, wirtschafteten einige Funktionäre in hohen Funktionen für das private Eigenwohl – in »fortgesetzter Untreue«.

Aufgrund des Raubbaus kapitalistischer und staatssozialistischer Unternehmen an Rohstoffen sowie der damit verbundenen Umweltbelastungen vor allem im Ölbereich (Tankerunfälle) wächst das Bewußtsein vieler Menschen dafür, was sie in ihrem persönlichen Verhalten einem treuhänderischen »Generationenvertrag« schuldig sind (→ Ethik). So fand sich selbst der ehemalige Ölunternehmer (Zapata Oil) George Bush 1990 bereit, das positive Trust-Denken der USA auf eine mögliche künftige Einstellung gegenüber der patrimonial geplünderten Erde zu übertragen. Als US-Präsident mahnte er, ohne jedoch in den USA selbst grundlegende Veränderungen durchsetzen zu können: »Wir stehen in einer unverbrüchlichen *Treuhandschaft* hienieden und haben eine Verpflichtung gegenüber jenen, die uns am teuersten sind: unseren Kindern und Enkeln« (→ Umweltschutz, → Energiepolitik).

Literatur

R.O. Anderson, Fundamentals of the Petroleum Industry, 1984 ✦ *Ansprenger*, Auflösung der Kolonialreiche, 3. Aufl. 1977 ✦ *Artzt/Suhr*, Der Treuhandskandal. Wie Ostdeutschland geschlachtet wurde, 1991 ✦ *Barudio*, ›Zwischen Depotismus und Despotismus‹, in: PHPI, 3, 1985 ✦ *Baus*, Treuepflichten des Aktionärs im Gemeinschaftsunternehmen, 1991 ✦ *Beyerle*, Die Treuhand im Grundriß des deutschen Privatrechts, 1926 ✦ *Breuel*, Treuhand intern. Tagebuch, 1993 ✦ *Brill*, ›The Getty Games‹, in: The American Lawyer, 1984 ✦ *H. Bülow*, Der Treuhandvertrag, 1984 ✦ *ders.*, Nießbrauch an Unternehmen und Unternehmensbeteiligungen, 2. Aufl. 1986 ✦ *Champagne*, The Selection and Retention of Judges in Texas (National Symposium), 1986 ✦ *Christ/Neubauer*, Kolonie im eigenen Land. Die Treuhand, 1993 ✦ *Coing*, Die Treuhand kraft privaten Rechtsgeschäfts, 1973 ✦ *Coll*, The Taking of Getty Oil. The full story of the most spectacular - and catastrophic - takeover of all time, 1987 ✦ *S. Eden*, Treuhandschaft an Unternehmen und Unternehmensanteilen. Recht, Steuer, Betriebswirtschaft, 2. Aufl. 1989 ✦ *J. Epstein*, Ambition: The Secret Passion, 1980 ✦ *Erbe*, Die Fiducia im römischen Recht, 1940 ✦ *F. Fechner/P. Schneider*, Nochmals Verfassungswidrigkeit und Rechtsmißbrauch im Aktienrecht, 1962 ✦ *U. Fink*, Der neue Generationenvertrag. Die Zukunft der sozialen Dienste, 1988 ✦ *Fursenko*, Die Dynastie Rockefeller, dt. 1972 ✦ *E. Gebhardt*, Abschied von der Autorität. Der Manager der Postmoderne, 1991 ✦ *J. Gebhardt*, Die Krise des Amerikanismus. Revolutionäre Ordnung und gesellschaftliches Selbstverständnis in der amerikanischen Republik, 1976 ✦ *M. Gebhardt*, Namibias Weg in die Unabhängigkeit. Entwicklungen und Perspektiven. Eine Auswahlbibliographie, 1990 ✦ *W. Gerhard*, Das Unmittelbarkeitsprinzip bei der fiduziarischen Treuhand, 1974 ✦ *ders.*, Eigentumserwerb in der Ehe, 1981 ✦ *Godechot* (Hrsg.), Les Constitutions de la France depuis 1789, 1979 ✦ *Goldberg u.a.*, Neue Heimat, Gemeinwirtschaft, Gewerkschaften, 1987 ✦ *Hammelhoff/Krebs*, Treuhandanstalt und Treuhandgesetz, 1990 ✦ *Hughes*, Die Erfindung Amerikas. Der technologische Aufstieg der USA seit 1870, dt. 1991 ✦ *Jarzembowski*, Fehlerhafte Organakte nach deutschem und amerikanischem Aktienrecht, 1982 ✦ *Kampe*, Wer uns kennenlernt, gewinnt uns lieb. Nachruf auf die Treuhand, 1993 ✦ *Keeton*, Modern Developments in the Law of trusts, 1971 ✦ *Kronstein/Claussen*, Publizität und Gewinnverteilung im neuen Aktienrecht, 1960 ✦ *Lechner* (Hrsg.), Treuhandwesen, 1978 ✦ *Liebich/Mathews*, Treuhand und Treuhänder in Recht und Wirtschaft. Ein Handbuch, 2. Aufl. 1983 ✦ *Liedtke* (Hrsg.), Die Treuhand und die zweite Enteignung der Ostdeutschen, 1993 ✦ *Maitland*, Equity - A Course of Lectures, 1909, 1947 ✦ *Mathews*, Treuhandpraxis. Ordnungsgemäße Durchführung rechtsgeschäftlicher Treuhandschaften, 1983 ✦ *Menk*, Die Hohe Schule Herborn in ihrer Frühzeit (1584-1660). Ein Beitrag zum Hochschulwesen des Deutschen Kalvinismus im Zeitalter der Gegenreformation, 1981 (Althusius-Rezeption) ✦ *Michel*, Öffentliche Treuhand, 1948 ✦ *R. Miller*, The Curse on the House of Getty, 1983 ✦ *Mühlhausen/Regin* (Hrsg.), Treuhänder des deutschen Volkes, 1991 ✦ *Otte*, Gustav Radbruchs Kieler Jahre 1919-1926, 1982 ✦ *G. Otten*, Die Entwicklung der Treuhand im 19. Jhd. Die Ausbildung des Treuhandbegriffs des modernen Rechts, 1975 ✦ *Petzinger jr.*, Oil and Honor. Inside the 11 Billion Battle for Getty Oil, 1987 ✦ *Roth*, Der Trust in seinem Entwicklungsgang, 1928 ✦ *Scherner*, Salmannschaft, Servusgeschäft und Venditio Iusta, 1971 ✦ *A. Schultze*, Die langobardische Treuhand und ihre Umbildung zur Testamentsvollstreckung, 1895, ND 1973 ✦ *Schwarz-Liebermann v. Wahlendorf*, Vormundschaft und Treuhand des römischen und englischen Privatrechts in ihrer Anwendbarkeit auf völkerrechtlicher Ebene, 1951 ✦ *Senghaas* (Hrsg.), Imperialismus und strukturelle Gewalt. Analysen über abhängige Reproduktion, 1972 ✦ *Shannon*, Texaco and the & 10 Billion Jury, 1988 ✦ *Silagi*, Von Deutsch-Südwest zu Namibia. Wesen und Wandlungen des völkerrechtlichen Mandats, 1977 ✦ *R.C. Smith*, Privatization Programs of the 1980s: Lessons for the Treuhandanstalt, 1991 ✦ *Scupin/Scheurer*, Althusius-Bibliographie, 2 Halbbde. 1973 ✦ *Sura*, Fremdeinfluß und Abhängigkeit im Aktienrecht. Eine Neuorientierung zu den Grundlagen des Rechts der verbundenen Unternehmen, 1980 ✦ *de Vries*, Namibia. Mission und Politik 1880-1918. Der Einfluß des deutschen Kolonialismus auf die Missionsarbeit der Rheinischen Missionsgesellschaft im früheren Deutsch-Südwestafrika, dt. 1980 ✦ *Wedell*, Minderheitenschutz im Aktienrecht? Aktionärsinteressen und Rechtswirklichkeit, 1971 ✦ *W. Winfried*, Probleme »feindlicher« Übernahmeangebote im Aktienrecht, 1989 ✦ *Woyke*, Handwörterbuch Internationale Politik, 1977.

Tyrannentod

Aus religiösen und ethischen Gründen (→ Ethik) wird die Tötung eines Tyrannen oder »ungerechten Herrschers« im abendländischen Kulturkreis immer umstritten bleiben, denn dieser ist nachhaltig geprägt von dem jüdisch-christlichen Gebot »Du sollst nicht töten!« Auch wirkt auf das politische Verhalten noch immer die sokratische Auffassung ein, daß es der Würde des Menschen angemessen ist, eher »Unrecht zu erdulden als Unrecht zu begehen« (→ Recht).

Trotz dieser ethischen Vorgaben, die von einem zeitlos gültigen Wertsystem ausgehen, hat es bereits im antiken Griechenland eindeutige Anweisungen dazu gegeben, wo die Grenzen der Duldsamkeit oder → Toleranz gegenüber offenkundigen und unerträglichen Gewaltherrschaften zu ziehen sind. So heißt es im »Corpus Theognideum« unmißverständlich: »Kyrnos, achte die Götter und fürchte sie! Denn das / hält den Mann ab, Unfrommes zu tun und zu reden. / Aber den das Volksgut fressenden Tyrannen, wie auch immer du willst, zu vernichten / – daraus erwächst dir kein Zorn der Götter«.

Die fundamentale Voraussetzung für ein solches Vorgehen des »rechtschaffenen Mannes« (*vir probus*) war die genaue Kenntnis dessen, was einen »Basileus« als »guten« und »gerechten König« (*rex justus*) ausmachte: Er sollte in erster Linie ein verantwortungsbewußter Treuhänder des Gemeinwesens und damit auch des Gemeingutes (*res publica*) sein.

Entwickelte sich ein solcher Herrscher während seiner Amtszeit zu einem Tyrannen, dann wurde das gebotene Widerstandsrecht bis zur Durchführung einer Tötung selbst in vorchristlichen Gemeinwesen zum Problem. Denn zu Beginn seiner Herrschaft hatte dieser Amtsinhaber die Königsweihe erhalten, die ihn dem besonderen Schutz der Götter unterstellte: Er galt auch im Hinblick auf seinen Körper als »unverletzlich«.

Griff er jedoch unter dem Mißbrauch seines hohen Amtes und zwecks persönlicher Bereicherung in das materielle Vermögen der von ihm regierten »Bürger« ein oder versuchte, das »zur Verteilung an den demos (Volk) gekommene Gut anzutasten« (Homer), dann mußte er an diesem Frevel beizeiten und angemessen gehindert werden. Sein Bruch der geheiligten Verteilungsgerechtigkeit (*justitia distributiva*) erwies ihn der Weihe als König unwürdig, so daß er »bar jeden göttlichen Schutzes« wurde und damit ein »Freiwild für jeden, der sich von ihm unterdrückt fühlt« (Lahr).

In dieser ethischen Begründung für den Tyrannentod spielte der Vorwurf einer zeitweiligen oder fortwährenden Hybris eine entscheidende Rolle. Denn der Tyrann war als »Hybristés« zu einem Machthaber geworden, der alle gesetzten Schranken des rechtmäßigen Königtums überschritt und vom »Störer der Ordnung« oft zu ihrem Zerstörer wurde: Das Töten eines derartigen Tyrannen bedeutete in diesem Verständnis von Widerstand nichts anderes als die Wiederherstellung einer »göttlichen Ordnung« durch Menschenhand.

Weniger problematisch erschien der aktive Widerstand gegen Privatpersonen, die sich durch Usurpation oder widerrechtliche »Machtergreifung« zu Gewaltherrschern gemacht hatten und als Tyrannen ohne Rechtstitel galten. Denn sie übten ohne Herrschaftsvertrag und Königsweihe im Gemeinwesen eine unleidliche Gewalt aus und durften mit legitimer Gegengewalt bekämpft werden.

Für beide Fälle sah das Gerechtigkeitsdenken in der Antike vor, »daß jeder, der nach der Tyrannis strebte, zu töten sei« (Chr. Meier). Unter diesen Voraussetzungen wurde Gaius Julius Caesar im Jahre 44 v. Chr. nicht von 23 Senatoren »ermordet«, sondern getötet – im Namen göttlichen Rechts, der Würde einer gedemütigten → Republik und angeführt von Marcus Brutus, dem Neffen des gestrengen Cato.

So stark wirkte die Begründung der antiken Tyrannentötung in der Geschichte nach, daß sich vor allem die »Monarchomachen« seit dem 16. Jahrhundert das republikanische Beispiel des römischen Senats zum Vorbild nahmen.

Diese in allen konfessionellen Lagern auftretenden Widerständler waren aber keine »Kämpfer gegen den legitimen König«, wie noch Udo Bermbach meint, sondern nur »Königsbekämpfer« für den Fall, daß der legitime König sich im Amt zum Tyrannen machen sollte. Grundbedingung dieser Auffassung bildete die Vorstellung von der »gegenseitigen Verpflichtung« (*obligatio mutua*) im Geist eines drittwirkenden Herrschaftsvertrages, der die Regierenden wie die Regierten auf eine unabdingbare Rechtsordnung einschwor, denn »die Herrscher standen ebenso in der Abhängigkeit und in der Macht des Volkes wie das Volk in ihrer« (François Hotman, Franco-Gallia, 1573).

Praktische Beispiele für diese Art des Widerstandes gab es in Europa genug. In Schweden erfolgte die verfassungskonforme Absetzung des »Erbkönigs« Erik XIV. 1568 durch seine Halbbrüder und »Miterben« sowie mit Unterstützung des Reichsrates und großer Teile der Stände: All diese Gruppierungen wollten die terroristische Tyrannis dieses anfänglich legitimen Königs nicht mehr länger ertragen. In Frankreich hingegen handelte der Bürger Ravaillac 1610 als Privatmann, als er Heinrich IV. tötete. Faßte sich dieser selbst als »guter König« auf, so empfand ihn der Attentäter als »ungerechten König« und Tyrannen, der gegen das Fundamentalgesetz von der »Katholizität« aller Franzosen (→ Verfassung) verstoßen hatte: Heinrich IV. erzwang 1598 gegen den Protest des Parlement de Paris das Edikt von Nantes, um den Calvinisten (Hugenotten) in Frankreich eine dauernde Bleibe zu sichern.

Auch die Pistolenschüsse des Adligen Anckarström auf den Tyrannen Gustav III. im Jahre 1792 während eines Maskenballs erfolgten aus der Überzeugung, daß dieser »Theater-König« seit seinem Staatsstreich von 1772 fortgesetzt die monarchische Amtsgewalt mißbrauchte: Gegen alles Völkerrecht hatte er 1789 sogar einen Krieg gegen Rußland begonnen und das Land in den materiellen wie geistigen Ruin getrieben.

Als tragisches Beispiel einer fehlgeschlagenen Tyrannentötung gilt das Attentat des Grafen Stauffenberg am 20. Juli 1944 auf den »Führer und Reichskanzler« des Großdeutschen Reiches Adolf Hitler. Er handelte im Auftrag einer Verschwörung hoher Militärs, Zivilpersonen und Kirchenleuten aus allen Konfessionen, um mit der Tötung des kriegführenden Diktators die Bindungen an den »persönlichen Eid« auf Hitler zu lösen und mit dieser Befreiung der Wehrmacht vom »blinden Gehorsam« auch den Krieg vorzeitig zu beenden.

Die Geschichte der Attentate auf echte und vermeintliche Tyrannen zeigt immer wieder, daß ihre Begründung auf die Verletzung des Gerechtigkeitsgebots zielt und damit auf den Mißbrauch der gebotenen → Treuhandschaft. Eine Tyrannentötung erfolgte demnach in der Regel aus den höchsten ethischen Beweggründen. Dennoch hat der deutsche Sprachgebrauch selbst in juristischen Fachkreisen diesen Hintergrund nicht nachvollzogen, ist doch selbst in Lehrbüchern und Lexika vom »Tyrannenmord« die Rede. Mord aber als rechtswidriger und vorsätzlicher Tatbestand ist von »niedrigen Beweggründen« abhängig, die den Attentätern nicht unterstellt werden dürfen, sobald sie sich den Grundsatz des Théodore des Bèzes (1519-1602) in höchster Not zu eigen machen: »Bei allen Vereinbarungen und Verträgen, die in gegenseitiger Übereinstimmung zwischen den Parteien abgeschlossen werden, können die, welche den Vertrag abgeschlossen haben, ihn auch lösen und für ungültig erklären, wenn es die Vernunft erfordert. Demnach besitzen die, welche die Befugnis haben, einen König zu wählen, auch das Recht, ihn abzusetzen« (*»Du droit des Magistrats sur leurs subiets«*, 1574).

Literatur

Ariès, Geschichte des Todes, dt. 1982 ✦ *Bermbach*, ›Widerstandsrecht, Souveränität, Kirche und Staat Frankreich und Spanien im 16. Jhd.‹, in: PHPI, 3, 1985 ✦ *Bullock*, Eine Studie über Tyrannei, 1967 ✦ *Bychowski*, Diktatoren. Beiträge zu einer psychoanalytischen Persönlichkeits- und Geschichtsdeutung, 1965 ✦ *Choron*, Der Tod im abendländischen Denken, 1967 ✦ *G. Deschner*, Reinhard Heydrich. Statthalter der totalen Macht, 1987 ✦ *K.H. Deschner*, Mit Gott und dem Führer. Die Politik der Päpste zur Zeit des Nationalsozialismus, 1988 ✦ *Ehlers*, Technik und Moral einer Verschwörung, 1964 ✦ *Finker*, Das Attentat auf Hitler. 20. Juli 1944, 1990 ✦ *P. Hoffmann*, Widerstand, Staatsstreich, Attentat. Der Kampf der Opposition gegen Hitler, 1969 ✦ *Jägerskiöld*, ›Tyrannmord och motståndsrätt 1792-1809. En studie kring J.J. Anckarström‹, in: Scandia, 1962 ✦ *Kern*, Gottesgnadentum und Widerstandsrecht 1915, ✦ *Krusius-Ahrenberg*, Tyrannmördaren C.E. Ehrensvärd, 1947 ✦ *von der Lahr*, Dichter und Tyrannen im archaischen Griechenland, 1992 ✦ *Chr. Meier*, Caesar, 2. Aufl. 1982 ✦ *Ch. Müller*, Oberst G. Stauffenberg. Eine Biographie, 1970 ✦ *Radbruch*, Der politische Mord, 1948 ✦ *Schwenstedt*, Der Tyrannenmord im Mittelalter, 1938 ✦ *Stock*, Zur Abgrenzung von Mord und Totschlag, 1947 ✦ *Treumann*, Die Monarchomachen, 1905 ✦ *Zinn*, Der politische Mord, 1948.

Umweltschutz

Als nach Generationen des fortgesetzten Raubbaus, der ungehinderten Verwertung von Treibstoffen und sträflich versäumter Schutzmaßnahmen die Anzeichen einer globalen Bedrohung des menschlichen Lebensraumes (Biosphäre) durch Verschmutzungen aller Art nicht mehr zu übersehen waren, nahm selbst der US-Präsident George Bush öffentlich Stellung.

In einer Botschaft an den »Intergovernmental Panel on Climate Change« (IPCC) der Vereinten Nationen erinnerte dieser ehemalige Ölunternehmer aus Texas (Zapata Oil) zumindest verbal an eine Verpflichtung, welche die amerikanische Schutzbewegung *Big Green* schon bei ihrer Gründung im Jahre 1969 gegen die Ölindustrie Kaliforniens angemahnt hatte: Bush beschwor wortreich die Treuhandschaft eines Generationenvertrages (1990).

Dennoch hat dann derselbe Präsident 1992 die Umwelt-Konferenz von Rio de Janeiro unter starken politischen Druck gesetzt. Bush wollte nämlich aus Rücksicht auf seine Wiederwahl strukturelle Auswirkungen der Konferenzbeschlüsse auf die ökonomisch geschwächten USA verhindern – den größten Luftverschmutzer unter allen Industrieländern der nördlichen Halbkugel.

Ein Hauptgrund für die präsidiale Abwehrhaltung lag in dem Bestreben gewichtiger Kreise dieser Global-Konferenz, endlich weltweit das *Verursacher-Prinzip* als geltendes Umweltrecht durchzusetzen. Dessen vor Gericht einzuklagende Garantie würde bedeuten, daß jeder, der Umweltschäden vorsätzlich oder fahrlässig verursacht, auch für die Beseitigung der Schäden aufzukommen hat und gar Schadensersatz leisten muß.

Eine derartige global wirksame Regelung wäre eine revolutionierende Veränderung. Denn die Unternehmen müßten weit stärker als bisher bei ihren Kalkulationen die Belange der Umwelt berücksichtigen und die Produktion wie die Produkte selbst den gestellten Forderungen anpassen. Das immer noch geltende sogenannte *Gemeinlastprinzip* läßt hingegen zahlreiche Möglichkeiten offen, die Beseitigung entstandener Schäden auf die jeweilige staatliche Gemeinschaft abzuwälzen, zumal das zusätzlich angewandte *Verschuldungsprinzip* die Gesamtverantwortung eines Unternehmens mindern kann.

Die Schwierigkeiten des US-Präsidenten Bill Clinton und seines umweltbewußten Stellvertreters Al Gore, die in den USA übliche Verschwendungssucht bei Treibstoffen wie Benzin, Diesel und Kerosin mittels einer Energiesteuer einzudämmen, verweisen mit Nachdruck auf eine fortdauernde Mentalität aus den Anfangszeiten des → Industrialismus im 19. Jahrhundert. Der Überfluß erzeugte ein hybrides Wachstumsdenken und ein Konsumverhalten, das heute in steigendem Maße lokale wie globale Lebensgrundlagen gefährdet und damit den depositär ausgerichteten Generationenvertrag.

Vorläufer

Die Vorstellung des Konfuzius (551-um 479 v.Chr.), daß »der Herrscher dem Winde und der gemeine Mann dem Gras gleicht«, ging von dem Glauben an Harmonie und Gleichgewicht in der Natur aus, dessen integraler Teil der Mensch ist, ob als Obrigkeit oder Untertan (→ Menschenbild).

Diese Einsicht ist dem auf Industrialisierung erpichten Rot-China seit 1949 weitgehend entfallen, dessen alleinherrschende kommunistische Partei immer wieder die Lehren des Konfuzius bekämpft hat. Dabei galt ihr zwar »das sozialistische Eigentum« als »unantastbar« (Verfassung von 1975), aber seine patrimoniale Handhabe ließ jede Treuhänderschaft für künftige Generationen vermissen. Umweltschutz wird erst seit kurzem und zaghaft wahrgenommen.

Der Zusammenprall von Depotismus und Despotismus ist aber auch aus der europäischen Antike bekannt (Plinius). Ein besonderes Zeugnis zum Widerstreit von bewahrender Naturpflege und wirtschaftlichen Ansprüchen, von früher Ökologie und Ökonomie hat der Chemnitzer Bürgermeister und bergkundige Gelehrte Georg Agricola in seinem säkularen Werk »De re metallica« hinterlassen.

In diesem 1556 posthum erschienenen Buch über den Bergbau und das Hüttenwesen, das bis Ende des 18. Jahrhunderts in Europa und in Amerika benutzt wurde, beschrieb er Interessenkonflikte, die nichts von ihrer Aktualität eingebüßt haben. So heißt es bei ihm: »Der Haupteinwand der Gegner geht dahin, daß die Felder durch den Abbau (von Erzen) verwüstet werden. So sprechen alte Gesetze den Italienern das Recht ab, nach Metall zu schürfen und auf diese Weise den sehr fruchtbaren Feldern, Weinbergen und Ölgärten Schaden zuzufügen. Die Gegner sagen weiter, daß Wälder und Haine abgeholzt werden, daß man für Bauten, Maschinen und Metallschmelze endlos Holz brauche. Und wenn wir Wälder und Haine roden, vernichten wir auch Vierfüßler und Vögel, von denen der Mensch reichlich gesunde und schmackhafte Kost gewinnt. Mehr noch: wenn man das Erz wäscht, vergiften die Abwässer Bäche und Flüsse, so daß die Fische umkommen oder vertrieben werden. Also haben die Bewohner solcher Gegenden wegen der Verwüstung der Felder, Wälder, Haine, Bäche und Flüsse heute Schwierigkeiten, sich das zum Leben Nötige zu beschaffen...«

Generationen von Politikern scheinen aus dieser frühen Bestandsaufnahme so wenig gelernt zu haben wie Unternehmer, die auf Kosten des Gemeinwohls die Sozialbindung ihres Industrie-Eigentums verdrängen und wegen kurzfristiger Gewinne auf Langzeitsicherungen verzichten.

Die Verödung Spaniens seit 1492 zu einer Steinwüste zwischen Asturien und Aragon war die Folge fortgesetzten Raubbaus an den Wäldern: Mit ihrem Holz wurden große Flotten gebaut, die das Land zu einer Weltmacht aufsteigen ließen, bis es völlig verarmt war. Kaum anders erging es der Republik Venedig. Deren Flottenbau hat die bis heute nachwirkende Verkarstung der Anrainerländer zu beiden Seiten der Adria mitverursacht, weil eine gebotene nachhaltige Aufforstung versäumt wurde. In den »Reichswäldern« Nürnbergs oder Frankfurts am Main war sie dagegen schon während des Mittelalters üblich.

An diesem destruktiven Verhalten war die Römische Universalkirche nicht unschuldig. Denn sie betrieb schon früh eine systematische *Entheiligung* der gesamten Natur. Zahlreiche regionale Synoden haben wiederholt die »heidnischen« Gebräuche verboten, Quellen, Bäche, Flüsse, Bäume oder Haine und ganze Wälder als »heilig« zu verehren. Fiel aber diese Tabuisierung als Ausdruck einer Sorge um das natürliche Gleichgewicht weg, dann wurde die Natur in jeglicher Form verfügbar und der depositäre Schutz konnte durch patrimoniale Ausbeutung ersetzt werden.

Neben der kirchlich-theologischen Verbannung Gottes aus der Natur trug auch die *Entseelung* der Tierwelt dazu bei, vorchristliche Hemmungen abzubauen und Ausrottungen ganzer Tierarten zuzulassen, ja zu fördern. Galt die Natur (Fauna und Flora) nicht mehr als »Mit-Geschöpf«, dann konnte damit recht rücksichtslos verfahren werden – bis hin zum Leerfischen der Meere.

Der Wechsel vom »heiligen Wolf« zum »bösen Wolf« ist beispielhaft für die Verteufelung des Tieres und die Verhöhnung all jener Menschen, die an das Tier bestimmte Verhaltensweisen, »Wunder« oder »Aberglauben« hefteten. Georges-Louis Buffon (1707-88) ließ in seiner umfangreichen »Histoire naturelle« als »aufgeklärter« Naturforscher keinen Zweifel daran aufkommen, daß die seit Aristoteles bekannte Beziehung von Tier und Mensch einer weiteren *Entzauberung* unterzogen werden mußte. Die Natur geriet schließlich mit der Überhöhung des Menschen zur Nebensache, und die in der Moderne rasch anwachsende Umweltverschmutzung wurde deshalb als nachrangig behandelt – oft als bloßes »Kavaliersdelikt«.

Die christlichen Kirchen haben mit dieser Einstellung verschiedenen Vertretern der → Aufklärung umfassend vorgearbeitet und dafür den Boden bereitet, eine antinatürliche und »industrielle« Verwertungs-Mentalität zu begründen. Damit wird auch verständlich, warum Vorstellungen des *Pantheismus* vom Wirken Gottes in der organischen wie in der anorganischen Natur von den Abraham-Religionen wie von Repräsentanten der Aufklärung bekämpft wurden. Der niederländische Jude Baruch de Spinoza (1632-77) wurde für seine pantheistische Einstellung sogar vom Amsterdamer Rabbinat mit einem Bannfluch belegt und aus der »Heiligen Gemeinde« ausgeschlossen.

Gelehrte wie der schwedische Botaniker Carl von Linné (1707-78) oder auch Goethe (1749-1832) und Alexander von Humboldt (1769-1859) verkörperten zwar in ihrer deistischen Naturnähe ähnlich Rousseau eine Gegenhaltung zur Trennung von Gott, Natur, Mensch, Tier und Pflanze. Aber die enthemmenden Wirkungen der »Encyklopädie« und ihres Herausgebers Denis Diderot (1713-84) waren durch sein beispielgebendes Wirken kaum aufzuhalten: »Der Begriff Gott wird aus meinem Gesetzbuch verbannt.«

Krieg gegen die Natur

Mit der »Verbannung« Gottes und der hybriden Aufwertung des Menschen als Alleinherrscher über die Natur kam seit Diderot eine folgenreiche Absetzbewegung in Gang: Der zivilisierte, aufgeklärte Kultur-Mensch sollte den Naturmenschen endgültig ersetzen und fortan im Zeichen der Wissenschaften sein selbstbestimmtes Eigenleben führen – unbehelligt von »heidnischen« Tabuisierungen oder einem strafenden Gott des Christentums.

Dieser Spaltungsprozeß in der anthropozentrischen Weltsicht hat viel dazu beigetragen, »eine rücksichtslose Entfaltung des Menschen auf Kosten der Natur« (Bosselmann) zu betreiben. Wie sehr auch die frühindustriellen Umweltbelastungen vor allem in den Städten das Naturempfinden gefördert haben – Rousseau konnte das »stinkende Paris« nicht ertragen –, so war doch die naturwissenschaftliche wie technologische Entwicklung nicht mehr aufzuhalten.

Besonders mit dem rasanten Aufstieg der Chemie, die von dem schwedischen Naturforscher Jöns Jacob Berzelius (1779-1848) ähnlich systematisiert wurde wie die Botanik durch seinen Landsmann Linné, kamen Methoden und Verfahren in Gebrauch, welche natürliche Vorgehensweisen restlos zu ersetzen trachteten.

So hat die aufkommende *Petro-Chemie* (Steinkohlenteer und Ölrohstoffe) allein mit der Herstellung künstlicher Farben (Anilin-Blau) die natürlichen Konkurrenten aus Waid und Indigo völlig vom Markt verdrängt. Die Tätigkeit von Farbenfabriken wie Bayer (1863), Hoechst (1863) oder BASF (1865), die sogar zu Weltkonzernen aufsteigen konnten (→ Multis) und auch maßgeblich an der Kampfgas-Produktion für die Kriege seit 1914 beteiligt waren, hat ihnen trotz zahlreicher »nützlicher Produkte« den Vorwurf eingebracht, ihre künstlichen Erzeugnisse könnten dem Menschen nur kurzfristig von Nutzen sein, auf Dauer jedoch führten sie damit Krieg gegen die Natur und vergifteten dabei den gesamten Planeten.

Die Belege für diese schwere Anschuldigung kommen besonders aus der *Agrar-Chemie*. Sie hat seit dem Wirken Justus von Liebigs (1803-73) mit Hilfe von Kunstdüngern (Stickstoff-, Kali-, Phosphatprodukte) zwar die Hektarerträge bei Getreide und anderen Nutzpflanzen um ein Mehrfaches steigern können – bis hin zu preisdämpfenden Überproduktionen. Gleichzeitig jedoch wurde mit Pflanzenschutzmitteln und Schädlingsgiften (Pestizide) das natürliche Gleichgewicht in den Feldern radikal verändert.

Berüchtigte Gifte wie »E 605« oder »DDT« wurden noch in den 1950er Jahren als Garanten für »gesunde, volle Ernten« gepriesen (Auto-Werbung von Bayer, Leverkusen), bis sie in Deutschland, Europa und Amerika als hochschädlich verboten werden mußten. In den »unterentwickelten« Ländern allerdings findet DDT immer noch Verwendung und kehrt in bestimmten Nahrungsmitteln (Tee, Kaffee, Reis, Soja, Bananen) nach Europa zurück.

Mit dem systematischen Ersetzen herkömmlicher Mischsysteme (z.B. Mischwälder aus Laub- und Nadelhölzern) durch riesige Monokulturen (Fichtenbestände für Bau- und Möbelholz) stieg die Nachfrage für unzählige »Kampfstoffe« der *Pestizid-Chemie*. Der tierische Schädling als »Ungeziefer« und die hinderliche Pflanze als »Unkraut« werden seit dem Ende des Zweiten Weltkriegs verstärkt mit Vernichtungsmitteln oder »chemischen Keulen« bekämpft, die auch manch »nützliches« Tier oder Gewächs in deren Lebensraum (Biotop) zerstören. So könnte die seit 1944 von Mexiko aus betriebene »Grüne Revolution« (Norman Borlaug) nicht die Hektarerträge für Mais, Reis und sonstiges Getreide kurzfristig steigern, gäbe es nicht Kunstdünger und Pestizide aus den »Giftküchen« der industriellen Welt (→ Abhängigkeit).

Die weltweite Problematik der Nutzen-Schaden-Relation im gesamten Chemie-Sektor hat der Erfinder des DDT, der Schweizer Chemiker Paul Müller (1889-1965), bereits 1944 genau beschrieben, ohne jedoch daraus die notwendigen Konsequenzen zu ziehen: »Alle natürlichen Insektengifte werden, im Gegensatz zu den gezeigten, viel stabileren synthetischen Kontaktinsektiziden, am Licht und durch Oxidation in kurzer Zeit zerstört. Das will und muß die Natur so tun, denn welche Katastrophe würde eintreten, wenn die natürlichen Insektengifte stabil wären. Die Natur ist eben auf Leben und nicht auf den Tod eingestellt.«

Müller, der 1948 in Stockholm den Nobelpreis für Chemie erhalten hat, bestätigt mit seiner Analyse eine Entwicklung im Rahmen der modernen High-Chem. Ihre Vertreter denken über Spätfolgen aller »Wunderwerke« erst dann nach, wenn Umweltkatastrophen in Form von verheerenden Vergiftungen beim Menschen, im Wasser oder in der Luft auftreten.

Ein schlagendes Beispiel für die geradezu diabolische Dialektik in chemischen Kunstprodukten stellt der weltweit verbreitete Kunststoff PVC dar. Er wird aus 60 % Erdöl und 40 % Steinsalz hergestellt und zählt seit Jahrzehnten zu den »nützlichen« Erzeugnissen, denn er ist ziemlich korrosionsbeständig (Wasserleitungen) und wasserabweisend (Baustoff). Wird er aber der Verbrennung ausgesetzt, was täglich in Privathäusern wie Industrieanlagen geschehen kann, dann entsteht das sogenannte »Sevesogift« *Dioxin*, das Menschen, Tiere und Pflanzen in ihrer Gesundheit schwer gefährdet.

Treibhauseffekt

Als die SPD im Bundeswahlkampf 1961 gegen die Politik der »rauchenden Schlote« einen »blauen Himmel über der Ruhr« versprach, da fand sie mit ihrem noch bescheidenen Programm zum Umweltschutz kaum engagierte Anhänger. Der Fetisch »Arbeitsplatzsicherung« verdrängte die Tatsache, daß Umweltverschmutzung auf lange Sicht mehr Arbeitsplätze zerstört als schafft, während gleichzeitig die Folgekosten umweltbedingter Erkrankungen steigen.

Es bedurfte erst einer Reihe dramatischer Ereignisse in den 1960er und 1970er Jahren, ehe die hohe Politik ordnungspolitisch reagierte. Der »saure Regen« (Schwefeldioxid) als Mitverursacher des rapide ansteigenden »Waldsterbens« gehörte ebenso dazu wie der »Smog« in Großstädten und industriellen Ballungsräumen. Bürgerinitiativen machten angesichts lokaler Bedrohungen und Belastungen auf das zunehmende Lebensrisiko aufmerksam und stützten die neue Umweltbewegung, die sich als *Die Grünen* auch politisch engagiert – vor Ort, in Kreis- und Landtagen sowie im Bundestag.

Mit der Entdeckung des »Ozonlochs« erst über der Antarktis (1984) und dann auch über der Arktis (1992) verstärkte sich die private wie öffentliche Debatte über einen möglichen *Klimawechsel* als Schadensfolge des sogenannten Treibhauseffektes.

Obgleich sich Wissenschaftler noch immer über seine Ursachen streiten, dürfte feststehen, daß vor allem die künstliche Freisetzung von Kohlendioxyd (CO_2) an der Entstehung dieses Effektes beteiligt ist. Dieses nur schwach giftige und unbrennbare Gas entsteht bei Verbrennungen von Kohlenstoff in jeder Form, auch beim Verwerten von Kohlenwasserstoffen im Erdöl. Hunderte Millionen von Verbrennungsmotoren überall auf der Welt setzen jährlich Millionen Tonnen Kohlendioxyd frei, das in die Atmosphäre entweicht: Damit aber wird deren natürliches Gleichgewicht gestört.

Die lebenswichtigen Rückkopplungen von Biosphäre und Atmosphäre werden auch dadurch beeinflußt, daß aus Abermillionen Treibgasdosen, Feuerlöschern und ausrangierten Kühlschränken bedeutende Mengen an Fluorchlorkohlenwasserstoffen (FCKW) in den erdnahen Luftraum gelangen. Diese und andere Stoffe wie Chlor gelten mittlerweile als sogenannte *Ozonkiller*. Damit werden Schadstoffe bezeichnet, welche die Ozonschicht in der Lufthülle angreifen. Diese aber filtert die Ultraviolett-Strahlung der Sonne und bildet damit eine Art natürlichen Schutzschild für Pflanzen, Tiere und Menschen. Dort, wo er bereits ausgedünnt ist, häufen sich seit Jahren die Hauterkrankungen. In letzter Zeit sind auch zunehmend Erblindungen bei Schafen und kleineren Tieren beobachtet worden – von Argentinien bis Australien als nächsten Ländern des antarktischen Ozonlochs.

Befürchtungen, daß aufgrund des Wärmestaus die beiden Polkappen mit ihren Eismassen abschmelzen könnten, wie es schon bei einigen Gletschern in europäischen Hochgebirgslagen festgestellt worden ist, haben bereits zu konkreten Gegenmaßnahmen geführt: In den Niederlanden werden öffentliche Mittel bereitgestellt, die Dämme an den Nordseeküsten zu erhöhen – wegen eines möglichen Anstiegs des Meeresspiegels.

Verzicht-Ethik

Bleibt der Mensch in seiner vorherrschenden Hybris ungehemmter Verwertung industrieller Kunstgüter das Maß aller Dinge in einer auf Wachstum ausgerichteten Wirtschaft, ohne Tiere und Pflanzen als Mitgeschöpfe zu achten, dann wird sich die Destruktion des Industrialismus fortsetzen.

Alle Analysen und Lösungsvorschläge der bestehenden Umweltkrise verweisen immer wieder auf den »Faktor Mensch«, dessen fortwährende Eingriffe in die Gleichgewichte der Natur zu Disproportionen führen müssen, die bald nicht mehr kontrollierbar sind. Die Forderungen vieler Umweltorganisationen wie Green Peace, Robin Wood oder Big Green konzentrieren sich nicht nur auf praktische Gegenmaßnahmen wie Blockaden von Giftgastransporten oder Besetzungen von umweltverschmutzenden Kraftwerken, sie fördern auch umweltverträgliche Produkte (FCKW-freier Kühlschrank, durch Sonnenenergie betriebene Fahrzeuge) und verweisen immer wieder darauf, daß der Mensch bestimmte fundamentale Verhaltensweisen ändern muß.

Ein Haupthindernis für diese Veränderung scheint im allgemeinen Streben nach → Unabhängigkeit zu liegen – als Ausdruck eines Egoismus, der auf Kosten und zu Lasten anderer lebt. Ob eine *Verzicht-Ethik* allein diese Einstellung eindämmen oder gar umpolen könnte, bleibt fraglich, wenn nicht gleichzeitig gelernt und bewußt gemacht wird, daß es beim künftigen Überleben um das Beherrschen von → Abhängigkeiten geht, um ein integriertes oder vernetztes Verhalten im Sinne des Interdependenzmodells.

Auch eine fortgeschrittene Umwelttechnik allein wird auf Dauer keine tragfähige Abhilfe schaffen können. Selbst wenn die Verbrennung aller fossilen Energieträger (Kohle, Öl, Gas) sofort aufhören würde, bliebe uns die Problematik der bisherigen Schäden erhalten. Gelänge es sogar, die Verbrennungsmanie durch Elektrifizierungen vollständig zu ersetzen, dann bildeten die dafür notwendigen Atomkraftwerke (→ Energiepolitik) ein nicht geringeres Sicherheitsrisiko, wie der Super-GAU in Tschernobyl 1986 neben anderen Unfällen gezeigt hat.

Vieles spricht dafür, daß diese lokalen wie globalen Zukunftsprobleme nur gemeistert werden können, wenn Konsum- und Wachstumsmentalität wesentliche Änderungen erfahren, gezielt Verzicht geleistet wird und die Bereitschaft zur Innovation gerade im industriellen Denken erhalten bleibt. Glückt diese Integration nicht, die jeder einzelne Mensch zu leisten hätte, dann könnte sich ein Menetekel aus dem vergangenen Jahrhundert bewahrheiten: »Es gibt Menschen, die sehen ihren Ruin vor Augen, aber sie gehen hinein« (Leopold von Ranke).

Literatur

Al Gore, Wege zum Gleichgewicht, dt. 1992 ✦ *Andersen/Spelsberg* (Hrsg.), Das blaue Wunder – zur Geschichte der synthetischen Farben, 1990 ✦ *Arbeitskreis für Umweltrecht*, Neue Leitbilder im Naturschutzrecht? Anhörung, 1988 ✦ *W. Bach*, Gefahr für unser Klima. Wege aus der CO_2-Bedrohung durch sinnvollen Energieeinsatz, 1982 ✦ *Berkenhoff*, Tierstrafe, Tierbannung und rechtsrituelle Tiertötung im Mittelalter, 1937 ✦ *Birr* (Hrsg.), Umweltschutztechnik, 5. Aufl. 1991 ✦ *Bolin* (Hrsg.), Greenhouse Effect, Climate Change and Ecosystems, 1988 ✦ *Bommer* (Hrsg.), Umwelt und Gesellschaft. Der gefährdete Lebensraum in der Verantwortung der Gesellschaft, 1973 ✦ *Bonne*, Deutsche Flüsse oder Deutsche Kloaken? Eine ernste Mahnung in letzter Stunde an unsere Regierungen und an unser Volk, 1907 ✦ *Bosselmann*, Im Namen der Natur, 1992 ✦ *Bregenzer*, Thier-Ethik. Darstellung der sittlichen und der rechtlichen Beziehungen zwischen Mensch und Tier, 1894 ✦ *Brüggemeier/Rommelspacher* (Hrsg.), Besiegte Natur. Geschichte der Umwelt im 19. und 20. Jhd., 1987 ✦ *Caro*, Über die Entwicklung der Theerfarbenindustrie, 1892 ✦ *Chargraff*, ›Erforschung der Natur und Denaturierung des Menschen‹, in: Geist und Natur (Hrsg. H.-P. Dürr/Zimmerli), 1989 ✦ *J. Cohen*, ›On Classical Judaism and Environmental Crisis‹, in: Tikkun, 5:2, 1990 ✦ *Day/Fuhrer/Laucken* (Hrsg.), Umwelt und Handeln. Ökologische Anforderungen und Handeln im Alltag (Festschrift Gerhard Kaminski), 1985 ✦ *Doran/Hinz/Mayer-Tasch*, Umweltschutz – Politik des peripheren Eingriffs, 1974 ✦ *Eckermann*, Vom Dampfwagen zum Auto, 1981 ✦ *F.J. Feldmann*, Europäische Produkthaftung und die Verteilung des Haftpflichtschadens. Probleme der Integration der europäischen Produkthaftung in das deutsche Haftungsrecht, 1979 ✦ *F. Feldmann*, Gesunde Umwelt und Vollbeschäftigung durch Verzicht auf quantitatives Wirtschaftswachstum, 1990 ✦ *Fritsch*, Umweltverträglichkeitsprüfung – Grundlagen, 2. Aufl. 1990 ✦ *ders.*, Umweltverträglichkeitsprüfung im Ausland, 2. Aufl. 1990 ✦ *Förstner*, Umweltschutztechnik, 1990 ✦ *Forschungszentrum Jülich GmbH* (Hrsg.), ›Stoffströme und Emissionen durch Produktion, Verwendung und Entsorgung von PVC‹, in: Angewandte Systemanalyse 59, 1990 ✦ *E. Gärtner*, ›Waldsterben und Umweltpolitik in der BRD‹, in: IMSF-Informationsbericht 39, 1984 ✦ *Gauer u.a.* (Hrsg.), Umwelt am Ende? Zur Umweltproblematik der Dritten Welt, 1987 ✦ ›Global Warming‹, in: Der Greenpeace-Report, 1990 ✦ *G. Heine*, ›Ökologie und Recht‹, in: Goldtammer's Archiv für Strafrecht 136, 1989 ✦ *Henseling*, Ein Planet wird vergiftet. Der Siegeszug der Chemie: Geschichte einer Fehlentwicklung, 1992 ✦ *Hennicke/Müller*, Die Klimakatastrophe, 1986 ✦ *Henning*, Das vorindustrielle Deutschland 800 bis 1800, 1974 ✦ *Heringer/Held/Bocklet*, Umwelt – Mitwelt – Gesellschaft. Kirchen und Naturschutz, 1991 ✦ *A. Imhof*, Die verlorenen Welten: Alltagsbewältigung durch unsere Vorfahren, 1984 ✦ *Jacobi*, Fluorchlorkohlenwasserstoffe, 1989 ✦ *Jorde/Schata* (Hrsg.), Umwelt und Allergie, 1990 ✦ *Keppner*, Zündstoff Erdöl, 1979 ✦ *Kloepfer* (Hrsg.), Umweltstaat, 1989 ✦ *Kohler/Scherhorn* (Hrsg.), Umweltethik. Verantwortung für den Menschen. Verantwortung für die Natur, 1989 ✦ *Kluge*, Umweltlexikon von A-Z. Umweltschutz von Januar bis Dezember, 1987 ✦ *Kümmel/Klawitter* (Hrsg.), Umweltschutz und Marktwirtschaft. Aus der Sicht unterschiedlicher Disziplinen, 1989 ✦ *Kraise/Bossel/Müller-Reißmann*, Energiewende, Wachstum und Wohlstand ohne Erdöl und Uran, 1980 ✦ *v. Loeper*, ›Tierrechte und Menschenpflichten‹, in: Tierschutz. Testfall unserer Menschlichkeit, 1984 (Hrsg. U.M. Händel) ✦ *v. Liebig*, Chemische Briefe, 2 Bde., 1859 ✦ *Lozán*, Ökologische Kommunikation, 2. Aufl. 1988 ✦ *Lutzenberger/Schwarzkopff*, Giftige Ernte. Tödlicher Irrweg der Agrarchemie. Beispiel Brasilien, 1988 ✦ *Mayer-Tasch/Cornelius*, Die verseuchte Landkarte, 1987 ✦ *Mielenz*, ›Zur Weiterentwicklung der chemischen Waffe. Neuere Kampfgase‹, in: Gasschutz und Luftschutz 2, 1932 ✦ *H. Noll*, Entweder Umwelt oder Waffen. Ein Weltzentrum zur Rettung des Planeten, 1991 ✦ *H.P. Noll*, Bergbau und Umwelt. Eine Auswahlbibliographie zur Nordwanderung des Ruhrbergbaus, 1987 ✦ *Noris*, ›The manufacture of wargases in Germany‹, in: The Journal of Industrial and Engineering Chemistry 11, 1919 ✦ *Olschowy*, Natur- und Umweltschutz in der Bundesrepublik Deutschland, 1978 ✦ *Rehbinder*, ›Ersatz ökologischer Schäden – Begriff, Anspruchsberechtigung und Umfang unter Berücksichtigung rechtsvergleichender Erfahrungen‹, in: Natur & Recht, 1988 ✦ *Reiche/Füllgraff*, ›Eigenrechte der Natur und praktische Umweltpolitik – ein Diskurs über anthropozentrische und ökozentrische Umweltethik‹, in: Zeitschrift für Umweltpolitik und Umweltrecht 3, 1987 ✦ *Rubrik*, ›Ökologische Produktpolitik und Produktlinienanalyse‹, in: Wechselwirkung 45/46, 1990 ✦ *v. Schmalz*, Das Recht der Natur, 1795-1804, ND 1969 ✦ *Schmitz*, Ist die Schöpfung noch zu retten?, 1985 ✦ *Seidel/Strebel* (Hrsg.), Umwelt und Ökonomie. Reader zur ökologieorientierten Betriebswirtschaftslehre, 1991 ✦ *Siebert* (Hrsg.), Umweltschutz für Luft und Wasser, 1988 ✦ *Sieferle*, ›Die universalgeschichtliche Struktur des Umweltproblems‹, in: Freibeuter 40, 1989 ✦ *P. Singer*, Praktische Ethik, 1984 ✦ *Sitter*, ›Wie läßt sich ökologische Gerechtigkeit denken?‹, in: Zeitschrift für Evangelische Ethik, 1987 ✦ *Spelsberg*, Rauchplage – zur Geschichte der Luftverschmutzung, 1988 ✦ *H. Stern*, Mut zum Widerspruch, 1974 ✦ *Teutsch*, Lexikon zur Umweltethik, 1985 ✦ Vaupel, ›Gewässerverschmutzung in der schönen Literatur‹, in: Chemie in unserer Zeit 19, 1985 ✦ *M. Vogel*, Die Entwicklung der Anilin-Industrie, 1866 ✦ *Wassermann/Ahlsen-Hinrichs/Simonis*, Die schleichende Vergiftung, 1990 ✦ *J. Weber*, Die Erde ist nicht untertan. Grundrechte der Natur, 1993 ✦ *Wozniakowski*, Die Wildnis. Zur Deutungsgeschichte des Berges in der europäischen Neuzeit, dt. 1987 ✦ *Zahn/Gassert* (Hrsg.), Umweltschutzorientiertes Management. Die unternehmerische Herausforderung von morgen, 1991.

Unabhängigkeit

Obgleich die meisten Ordnungsmodelle für das gedeihliche und gerechte Zusammenleben von Menschen eine völlige Unabhängigkeit des Individuums als »Zoon politikon« oder »Animal sociale« ausschließen, gehört es zum Lebensziel vieler Menschen im Abendland und vor allem in den USA, das eigene Dasein autonom, selbständig oder autark zu gestalten. Nicht die kundige Beherrschung lebenswichtiger → Abhängigkeiten gilt ihnen als das »höchste Glück«, sondern das Erreichen einer persönlichen oder unternehmerischen »Unabhängigkeit« (→ Gesellschaft, → Kapitalismus).

Dieses *Autarkiestreben* im privaten und ökonomischen Tätigkeitsbereich hat eine Entsprechung auch in der Politik. So trachten selbst zahlenmäßig kleine Völker danach, den Status »nationaler Unabhängigkeit« und damit »staatlicher Souveränität« zu erringen. Die Überwindung des europäischen Kolonialismus besonders in Afrika und Asien nach 1945 hat die Bedeutung dieses Begriffes für alle nationalen Befreiungsbewegungen ebenso deutlich gemacht wie die Nachwirkungen der Sanften Revolution seit 1989: Vom Baltikum bis zum Balkan gilt die »Unabhängigkeit« gleichsam als ein politisches »Zauberwort« für eine selbstbestimmte Zukunft.

Neben diesem verständlichen Prozeß der nationalen Selbstfindung in staatlichen Formen weist die Bildung der Europäischen Union fast gleichzeitig in eine ganz andere Richtung. Denn deren föderativ angelegte Struktur verlangt, daß die überkommenen »Nationalstaaten« fundamentale Bereiche ihrer bisherigen → Souveränität aufgeben und an gemeineuropäische Institutionen abtreten.

Diese historische Entscheidung scheint in ihren strukturellen Wirkungen dort hinzuführen, wo das Abendland einst schon war, ehe sich im Geist des Independentismus das System der »souveränen Kronen« und »unabhängigen Republiken« herausbildete – in der Einheit von Menschen als Christen, wie sie Erasmus von Rotterdam 1517 in seiner »Klage des Friedens« beschworen hat.

»Herr im eigenen Haus«

Schon lange vor der → Reformation und der Trennung protestantisch gewordener Länder von der Römischen Universalkirche gab es in der »Respublica Christiana« bestimmte Bestrebungen, sich von Weisungen des Heiligen Stuhls in Rom nicht mehr bevormunden zu lassen. Vor allem die »Allerchristlichsten Könige« der Krone Frankreich waren darauf aus, von den Päpsten unabhängig zu werden: Sie wollten weder »Lehnsträger« (*Feudataires*) der Kirche noch des Kaisers sein und versuchten immer wieder, sich vor allem der kirchlichen Gerichtsbarkeit zu entziehen.

Im Zeichen des sogenannten »Gallikanismus« gelang es ihnen tatsächlich, den Einfluß Roms im eigenen Kirchenwesen zurückzudrängen, wenngleich die Kirchengesetze und päpstlichen Bullen bis zur Revolution von 1789 in Frankreich geltendes Recht waren.

Diese frühe Unabhängigkeitsbewegung im Sinne eines »Los von Rom« verstärkte sich nach der Festigung der Reformation und fand im Teutschen Frieden von 1648 einen Höhe- und Schlußpunkt. Denn zum ersten Male wurde ein »universeller Frieden« ohne Vermittlung oder Beteiligung des Heiligen Stuhles von den Vertretern »souveräner Kronen« (Schweden und Frankreich, Spanien und Dänemark) auf der Grundlage eines säkularisierten Völkerrechts ausgehandelt, geschlossen und auf »ewige Zeiten« garantiert. Gleichzeitig erhielten auch die General-Staaten der protestantischen Niederlande und der Schweizer Eidgenossenschaft ihre »Unabhängigkeit« von der Jurisdiktion des Heiligen Reiches: Als sogenannte »ausgezogene Stände« genossen sie fortan die »Exemtion« als Status, der jede Abhängigkeit vom Reichskammergericht unterband und der Souveränität als Eigen-Jurisdiktion gleichkam.

Die Abgrenzung von den beiden mittelalterlichen Universalmächten Kaiser und Papst wurde auch nach 1648 weiterhin forciert: Nun zielten die Forderungen vor allem auf eine Unabhängigkeit nach innen. Einige Fürsten und Könige strebten nämlich danach, sich der ständischen Mitwirkung in der Politik zu entledigen, um »mit einer absoluten Autorität zu herrschen und unabhängig vom Reichsrat«.

Dieser Gedanke wurde 1676 im dänisch-schwedischen Krieg von französischer Seite vertreten und 1680 auch in die politische Praxis umgesetzt, als Karl XI. seinen Verfassungseid brach und darauf verzichtete, »mit dem Rat des Rates« zu regieren. Mit der Ausschaltung des Reichstages und seiner absoluten Position in der Eigenkirche war er dann 1693 in seinem »königlichen Haus« ebenso ein »unabhängiger« Herr wie in seinem patrimonialen Erbreich Schweden – »keiner Pflicht schuldig, vor seinen Ständen Rede und Rechenschaft zu geben«.

Zweck und Ziel dieser absoluten Eigenmacht bestanden demnach darin, jede → Verantwortung für eigene Aktionen abzulehnen, das Gegenseitigkeitsprinzip zu stornieren und eine Gleichschaltung aller öffentlicher Ämter und Institutionen zu betreiben. Ein Vorbild für diese Art des → Absolutismus war das moskowitische Modell des Zaren als »Selbsterhalter« oder »Autokrator«, der keinerlei → Abhängigkeiten von der Bojaren-Duma (Senat) oder einer Reichsversammlung (Sobor) zu dulden brauchte.

Erstaunlich ist, daß zur gleichen Zeit ähnliche Bestrebungen auch im kolonialen Amerika verwirklicht wurden. So betrachtete sich William Penn (1644-1718), der als Quäker für Gewissensfreiheit und Toleranz eintrat und mit den politischen Verhältnissen in England, den Niederlanden und im Heiligen Reich gut vertraut war, als »unabhängiger« Eigentümer seiner Güter in Pennsylvanien, ja als Gesetzgeber seines Landes und Inhaber einer »freien, vollen und absoluten Gewalt«.

Genau in diesen privatrechtlichen Zustand wollten sich auch die dreizehn Einzelkolonien an der Ostküste im Jahre 1776 bringen, als sie im Rahmen einer politischen Union die »Unabhängigkeit« (»*Independence*«) vom monarchischen Mutterland Großbritannien erklärten: wegen der »ungerechten« Besteuerung, der von London beanspruchten höchsten Gerichtsbarkeit und mit dem Ziel, Herr im eigenen Land zu werden und für immer zu bleiben.

Kult der Autarkie

Obgleich sich die Einzelstaaten der USA dem »Rule of Law« und damit einer »Regierung des Rechts« beugten, auch mit der Verfassung von 1787 die gegenseitige Abhängigkeit von Präsident, Senat und Repräsentantenhaus festschrieben und die neue Republik samt ihrer Wirtschaft dem Markt- und Vertragsprinzip unterwarfen, so wurde dennoch die Illusion einer *Autarkie* gepflegt.

Auch wenn dieses prosperierende und ständig nach Westen expandierende Land auf den meisten Gebieten »Selbstversorger« war und es sogar im Industriezeitalter fast hundert Jahre lang bleiben sollte, so war doch offenkundig, daß sich der Unabhängigkeitskult mit seiner starken inneren Tendenz zur *Isolationspolitik* nicht auf Dauer halten konnte – schon gar nicht in einer zunehmend durch den Handel vernetzten Welt.

Die Monroe-Doktrin von 1823 als gesteigerter Ausdruck des Independentismus und der Abwehr europäischer Mächte vom gesamten amerikanischen Kontinent wurde zwar bis 1917 durchgehalten. Aber der Eintritt in den Ersten Weltkrieg an der Seite Englands und Frankreichs war nur der verspätete Nachvollzug der schon bestehenden Einsicht, daß sich kein Land und Volk auf Dauer isolieren kann. Die Verkündung des *Selbstbestimmungsrechtes* durch den US-Präsidenten Woodrow Wilson (1856-1924), das jedem Land und → Volk zustehe, ist ebenfalls ein Ergebnis des Unabhängigkeitsdenkens, das immer wieder an bestimmte Grenzen stößt, weil jede → Politik von wirtschaftlichen, militärischen und zunehmend auch ökologischen Bindungen abhängig ist.

Unbesehen dieser strukturellen Begrenzungen gehört es noch heute zum Selbstverständnis eines US-Amerikaners, nach Möglichkeit sein »eigener Herr« auf »eigenem Grund und Boden« zu werden und sein Leben lang zu bleiben.

Diese Lebens- und Arbeitshaltung als Teil des »amerikanischen Traums« vom selbstbestimmten Dasein, in dem jeder Bürger angeblich ungehindert über sich selbst verfügt und alles in eigener Regie gestaltet, läuft allerdings Gefahr, in Selbstüberschätzung umzuschlagen. Die Biographien erfolgreicher Unternehmer, Erfinder oder Bankiers belegen die Schattenseiten des »Autokratismus« und Independentismus ebenso wie der verlorene Vietnam-Krieg. Spätestens mit dem Rückzug aus diesem asiatischen Land wurde der politischen Klasse der USA bewußt, daß auch »Gottes eigenes Land« in einem weltweiten System fundamentaler Abhängigkeiten lebt und sein Kult der Selbstgenügsamkeit an den Rand einer Katastrophe führen kann. Die gleichzeitig ausgebrochene Ölpreiskrise machte zusätzlich deutlich, daß die USA selbst auf diesem Sektor des wichtigsten industriellen Rohstoffs längst nicht mehr völlig »autark« waren. Das geradezu klägliche Scheitern des Ölprojektes mit dem Titel »Unabhängigkeit« (»*Project Independence*«), wie es US-Präsident Nixon 1974 angestrengt hat, unterstreicht nur, was auch die USA zur Kenntnis nehmen mußten: »Niemand ist eine Insel«.

Mißverständnisse

Die Vorstellung der borussischen Behördenkunde, daß sich vor den Zeiten des dynastischen Hausstaates die Territorialfürsten und Stände als zwei »völlig unabhängige« Kräfte (Fritz Hartung) gegenüberstanden, beruht auf der Ablehnung der Vertragstheorie (→ Staat, → Verfassung).

Aus diesem Grunde wird auch die oft beschworene *Unabhängigkeit der Richter* mißverstanden. So eigenständig auch ein Richter in einem Rechts- und Verfassungsstaat tätig werden darf, so bedeutet die ihm zugestandene Stellung als »Mediator« oder Vergleichsstifter nichts anderes, als daß er »ohne Weisung« der Regierung oder des Parlamentes im Amt zu verfahren hat. Dabei ist er in hohem Maße abhängig von der Verfassung sowie von Recht, Gesetz und Gerechtigkeit. Auch die Möglichkeit des sogenannten Richterrechts als eigenständige Rechtsfindung widerspricht dem Abhängigkeitsgebot dieses Berufsstandes nicht (→ Recht).

Ähnliches gilt für die als »unabhängig« aufgefaßte Position eines parlamentarischen → Abgeordneten. Er ist zwar nach Maßgabe des Individualprinzips nur »seinem Gewissen« unterworfen (Art. 28, GG) und genießt neben der Indemnität oder Straffreiheit auch während einer Legislaturperiode das Privileg der Immunität oder Freistellung von Gerichtsuntersuchungen (→ Mandat). Doch seine gesamte Tätigkeit als Gesetzgeber im Parlament oder als Kontrolleur der Regierung bleibt durchgehend abhängig von Recht und Verfassung. Außerdem sehen sich nicht wenige Abgeordnete in der politischen Praxis ihrer Partei und Fraktion häufig veranlaßt und sogar genötigt, sich dem verfassungswidrigen *Fraktionszwang* zu beugen.

Einen gewissen Etikettenschwindel mit dem Postulat der »Unabhängigkeit« leisten sich vor allem Erzeugnisse des *Pressewesens*. In den Untertiteln nicht weniger Zeitungen und Zeitschriften verweisen ihre Eigentümer oder Herausgeber mit Nachdruck darauf, daß sie »unabhängig« sind, womit meist eine »überparteiliche« politische Haltung gemeint ist.

Diese allgemeinen Vorgaben sagen allerdings gar nichts über die materiellen Abhängigkeiten einer Zeitung als Privatunternehmen, auch nichts über politische oder ideologische Vorlieben. Ein besonders spektakulärer Fall der Illusion, man könnte im Zeitungswesen nach »amerikanischer Art« alles alleine und besser machen, kam beim Niedergang der englischen Tageszeitung »The Independent« zum Vorschein. Ihr Eigentümer entwickelte im Streben nach Unabhängigkeit nicht nur ein selbstherrliches Verhalten gegenüber den eigenen Mitarbeitern, sondern er unterschätzte auch die materiellen Abhängigkeiten seines Unternehmens – bis er auf dem Nullpunkt angekommen war.

Literatur

Abels, Die Rockefeller-Milliarden. Geschichte eines großen Vermögens, dt. 1966 ✦ *Barudio*, Absolutismus – Zerstörung der »libertären Verfassung«, 1976 ✦ *Baur*, Justizaufsicht und richterliche Unabhängigkeit. Eine gerichtsverfassungsrechtliche Untersuchung, 1954 ✦ *Behrendt*, Christologie der Gerechtigkeit, 3. Aufl. 1988 ✦ *dies.*, Richterkritik und »richterliche Unabhängigkeit« im marxistisch-leninistischen Rechtssystem. Dargestellt unter besonderer Berücksichtigung des Rechts der Deutschen Demokratischen Republik, 1988 ✦ *v. Bonin*, Zentralbanken zwischen funktioneller Unabhängigkeit und politischer Autonomie, 1979 ✦ *Boyd*, The Declaration of Independence: The Evolution of the Text, 1945 ✦ *Brummel*, Brasilien zwischen Abhängigkeit, Autonomie und Imperialismus. Die Grundlinien der brasilianischen Außenpolitik (1964-

1978) unter besonderer Berücksichtigung der Beziehungen zu Lateinamerika, 1980 ✦ *H. P. Brunner*, Neutralität und Unabhängigkeit der Schweiz im ausgehenden 20. Jhd., 1989 ✦ *Burrows/Wallace*, ›The American Revolution: The Ideology and Psychology of National Liberation‹, in: Perspectives in American History 6, 1972 ✦ *Dumbauld*, The Declaration of Independence and What it means Today, 1950 ✦ *Elsenhans*, Abhängiger Kapitalismus oder bürokratische Entwicklungsgesellschaft. Versuch über den Staat in der Dritten Welt, 2. Aufl. 1984 ✦ *R. Frank* (Hrsg.), Unabhängigkeit und Bindung des Richters. In der Bundesrepublik Deutschland, in Österreich und in der Schweiz, 1990 ✦ *H. Grimm*, Richterliche Unabhängigkeit und Dienstaufsicht in der Rechtsprechung des Bundesgerichtshofes, 1972 ✦ *Hartung*, ›Herrschaftsverträge und ständischer Dualismus in deutschen Territorien‹, in: SBAG 10, 1952 ✦ *U. Heide*, Nationale Unabhängigkeit im Spannungsfeld von ethnischen Unterschieden, sozialen Konflikten und Kolonialpolitik, 1979 ✦ *Heinsheimer/Gutzwiller*, Von der Unabhängigkeit der Gerichte und dem kategorischen Imperativ des Richteramtes, 1929 ✦ *Hidy/Hidy*, Pioneering in Big Business, 1955 (Geschichte der ESSO) ✦ *H. Hirsch*, Bewegung für Demokratie und Unabhängigkeit in Polen 1976-1980, 1985 ✦ *Kahle*, Militär und Staatsbildung in den Anfängen der Unabhängigkeit Mexikos, 1969 ✦ *Kerner/Stopinski*, Die Unabhängigkeit der baltischen Staaten in historischer Bilanz und als aktuelle Perspektive, 1990 ✦ *Maas*, Als der Geist der Gemeinschaft eine Sprache fand. Sprache im Nationalsozialismus. Versuch einer historischen Argumentationsanalyse, 1985 ✦ *K. Müller*, ›Die Exemtion der Eidgenossenschaft 1648‹, in: SBAG, 4, 1946 ✦ *Parrington*, Main Currents in American Thought, 1954 ✦ *Rebell*, Gehorsam und Unabhängigkeit. Eine sozialpsychologische Studie zu Paulus, 1986 ✦ *Reichstein*, Der texanische Unabhängigkeitskrieg 1835/36. Ursachen und Wirkungen, 1984 ✦ *Reitmeier*, Unabhängige Campesinobewegungen in Mexiko 1920-1988, 1990 ✦ *Robbe u. a*, Wege zur Unabhängigkeit. Die antikoloniale Revolution in Asien und Afrika und die Zukunft der Entwicklungsländer, 1989 ✦ *Sitzler*, Die ausländischen Freiwilligenverbände im ungarischen Unabhängigkeitskrieg 1848/49. Solidarität oder Söldnertum?, 1980 ✦ *Torke*, Lexikon der Geschichte Rußlands, 1985.

Universalismus

Die Vorstellung, daß jedes Einzelwesen (Individuum) von einem allgemein gültigen Ganzen abhängig ist, gehört seit der Antike zum Gottes-,Natur- und Ordnungsverständnis des → Abendlandes.

Obgleich jedem Einzelmenschen eine gewisse Einzigartigkeit eignet, die unwiederholbar ist (→ Menschenbild, → Geschichte), kann er nur bestehen und sich entfalten, sofern er das Allgemeine wahrnimmt und berücksichtigt. Dieses wiederum soll in Gestalt von Gott oder anderer universaler Instanzen wie z.B. der → Gerechtigkeit allen Menschen zuteil werden – an jedem Ort der Einen Welt und zu jeder Zeit.

Mathesis universalis

Galt den pharaonischen Ägyptern wie vielen anderen Völkern in der Geschichte die Sonne (Ra) als Gottheit und als ein Universales (von lat. *universum* = allgemein, ganz, überall), das jedem Menschen zukommt, so haben Plato und Aristoteles im 4. Jahrhundert v. Chr. bestimmte Gesetze der Geometrie, Arithmetik und Logik als etwas Gemeinsames aller Menschen vorausgesetzt. Wie zahlreiche Philosophen in der Folgezeit betrachteten sie diese Gesetze als etwas Substantielles, das auch dann seine Gültigkeit nicht verliert, wenn Menschen aus »Unvernunft« dagegen verstoßen sollten.

Noch Hus, Erasmus, Grotius, Leibniz und selbst Novalis bemühten die Idee der *mathesis universalis*: das Wesen und Wirken einer allgemeinen Vernunft im Denken, Handeln und Leben gottgefälliger wie aufgeklärter Menschen.

Ein Hinweis auf das »Berechnende« aller Vernunft findet sich schon in der Verbindung des lateinischen »reri« für »rechnen« und der »ratio«. So bedeutet die Formel »secundum rationem« analog zum griechischen »katà lógon« nicht allein »nach Vernunft«, sondern zugleich auch »nach Verhältnis« im Sinne von »secundum proportionem«. Das Französische »par raison« bestätigt diese Beziehung und erhellt eine Fundamentalformel, die seit mehr als zweitausend Jahren alle Bereiche der → Politik geprägt hat – als »Kunst des Gleichen und Guten« sowie als Ausdruck einer universell gerichteten Gerechtigkeit.

Noch Joseph von Görres bezog sich 1819 in seinen Reformvorschlägen für die Zeit nach den Fürsten-Diktaturen wie selbstverständlich auf die »geometrische und ponderable Größe des Besitzes« sowie auf die »arithmetische Zahl« bei Abstimmungen, um einem rationalen Prinzip zu genügen, das als zeitlos aufgefaßt wurde und Qualität (Geometrie=Aristokratie=Individuum) wie Quantität (Arithmetik=Demokratie

=Gemeinschaft) auszudrücken hat – als Optimum des Politischen.

Bedenkt man, wie in allen echten → Parlamenten der Welt stets um die »gerechte Proportion« gerungen wird, wenn es um Wahlmodi oder Steuern geht, dann wird verständlich, daß in der Beherrschung dieses rationalen Herrschaftswissens eine »königliche Kunst« gesehen wurde.

Sie sollte vor allem an den *Universitäten* vermittelt werden, denen die Gesamtheit des menschlichen Forschens, Erkennens und Denkens anvertraut wurde. Allerdings gab es in den Reihen dieser Institution nicht immer ein durchgehendes Einverständnis darüber, welche Form der »Ratio« vorherrschend sein sollte. Der *Universalienstreit* des Mittelalters zwischen Plato-Anhängern (Nominalisten) und Aristoteles-Jüngern (Realisten) wirkte sich bis in die → Reformation aus. Nicht jeder Theologe und Laie wollte die Behauptung Platos akzeptieren: »Gott geometrisiert immer.«

Universalmonarchie

Die schweren Krisen in der Römischen Universalkirche führten 1054 zum Schisma und ab 1415 (Verbrennung von Jan Hus) zur ersten dauerhaften Abspaltung von Rom. Doch damit wurde die Selbstgewißheit des Klerus keineswegs erschüttert, einen göttlichen Auftrag wahrzunehmen, der »alleinseligmachend« sein sollte und als »katholisch« empfunden wurde – als allgemeingültiges Ganzes »über die ganze Erde hin« (gr. *katholikós*).

Bezeichnend für diese Haltung ist z.B. die Entscheidung des Heiligen Stuhls, dem spanischen Königspaar Isabella und Ferdinand nach der Entdeckung Amerikas im Jahre 1492 den Titel »Katholische Majestät« zu verleihen. Damit wurde der Anspruch, die einzig gültige Universalkirche Gottes auf Erden zu sein, auf eine weltliche Macht bezogen.

Die Vorstellung von einer römisch-katholischen *Universalmonarchie* erst in ganz Europa und dann auch über den gesamten Erdkreis hin (»Urbi et orbi«) hat stark auf die Bemühungen der → Gegenreformation eingewirkt, abgespaltene Länder und Völker wieder zurückzugewinnen – durch das Wort oder mit dem Schwert.

Im kämpferischen Geist dieser Gegenbewegung seit 1543 berief sich auch der einflußreiche Jesuit Giovanni Botero (1540-1617) auf die *Relazioni universali* und empfahl den weltlichen Machthabern, sich den »universellen« Zugriff der Kirche zu sichern, um die eigene Macht zu erweitern: »Unter allen Religionen gibt es keine, die für die Fürsten vorteilhafter ist als die christliche. Denn diese unterwirft ihnen nicht nur Leib und Vermögen der Untertanen, sondern auch den Sinn und das Gewissen; sie bindet nicht nur die Hände, sondern auch die Affekte und Gedanken« (→ Fundamentalismus).

Der kriegerische Ausdruck dieser Herrschaftsideologie war dann ab 1618 zuerst der »Böhmische Brand« und dann der Teutsche Krieg bis 1648. Er wurde vom Hause Habsburg mit Hilfe der Gold- und Silberflotten aus Südamerika auch darum geführt, mit der Vorherrschaft über das Heilige Römische Reich Teutscher Nation eine Art *Weltherrschaft* (*dominium orbis*) zu erringen.

Das wurde jedoch ebenso vereitelt wie der Versuch Napoleons, ein universelles Kaisertum zu errichten, oder das Bestreben Hitlers, das »umfassende totale Imperium der Welt« (Rauschning) mit Hilfe eines Weltkrieges zu errichten. Gescheitert sind auch die ungeheueren Anstrengungen Lenins und seiner Nachfolger, im Namen der → Geschichte eine *Weltrevolution* herbeizuführen, um dann ein Universalreich des → Sozialismus zu begründen, in dem fortan aller Klassenkampf und Krieg überflüssig würde.

Universalrechte

Wie sehr sich auch Universitäten als »Gelehrtenrepubliken« über die Rangordnungen der Universalien streiten mochten, so blieb doch eine Grundeinsicht bestehen: Die »Ratio« als Emanation Gottes erschien in ihrer mathematischen Anlage ebenso universell wie die Naturgesetze, an denen weder Kirche noch Staat etwas ändern konnten.

Aus dieser Einsicht zog vor allem Hugo Grotius nach Maßgabe des spanischen Naturrechtsdenkens den folgenreichen Schluß, daß das → Recht der Völker auch dann existieren würde, wenn es Gott nicht gäbe – als Emanation des Mathematischen.

Was 1625 von diesem niederländischen Juristen formuliert und von der Römischen Kirche indiziert wurde, war die fundamentale Voraussetzung einer Verankerung der Menschenrechte als Ausdruck der Natur und der Vernunft, ohne daß dabei noch die Religion bemüht werden mußte. Die Verfassung vom 24. Juni 1793, die der Mathematiker und Philosoph de Condorcet in der Hauptsache entworfen und formuliert hat, sagt denn auch unmißverständlich: »Das Vergessen und die Mißachtung der natürlichen Rechte des Menschen sind die einzigen Ursachen der Übel auf der Welt.«

Ihre Garantie bezieht sich demnach nicht allein auf Frankreich und die erwachsenen, vertragsfähigen und wählbaren Franzosen, sondern auf alle Menschen, wo immer sie auch auf der Erde leben mögen. An dieser universell aufgefaßten Qualität hat sich bis heute nichts geändert; auch nicht am Gerechtigkeitsgebot, das mit diesen Grundrechten verbunden wurde und auf den Proportionalismus bezogen blieb (Art. 15).

Die Bindungen an rationale, universale und mathematische Bedingungen haben trotz des Scheiterns dieser Verfassung einen bleibenden Einfluß ausgeübt. Besonders die demokratisch gesinnten Sozialisten des 19. Jahrhunderts beriefen sich darauf, daß ihre *Internationale* »das Menschenrecht erkämpft« – gegen die dynastischen Diktaturen (→ Sozialismus).

Die Eine Welt

In den folgenden Jahrzehnten hat Europa eine Reihe von Krisen, Kriegen und Katastrophen erlebt, die alle eine wesentliche Ursache in der Mißachtung des rationalen Erbes der Antike und der → Aufklärung besaßen.

Nicht nur Hitler hat »der Welt gezeigt, daß man auch auf dem Weg der Gesetzgebung ein Volk in den grauenhaften Zustand der Rechtlosigkeit hineinführen kann« (Alexander, 1937). Auch andere Politiker haben in ihrem »Willen zur Macht« keinen Hehl daraus gemacht, daß sie einen Universalismus des → Rechts als Ausdruck der Vernunft ablehnen.

Wegbereiter einer solchen Destruktion waren stets jene Kräfte, die wie der Historiker Heinrich von Treitschke im Wilhelminischen Deutschland das Recht verächtlich machten und dabei wußten, daß »Worte wie winzige Arsendosen sein können« (Victor Klemperer), die nach einer Zeit der Gewöhnung ganze Systeme wie die Weimarer Republik zum Einsturz bringen.

Wird der Einzelmensch entmündigt, dann folgt in der Regel auch die Entrechtung der Natur. Über beide kann patrimonial verfügt werden, indem jede einklagbare → Treuhandschaft brutal unterbunden wird. Die Ergebnisse einer solchen Erosion sind überall dort zu beobachten, wo Diktaturen die »ganze Welt« beherrschen wollen, ohne daß die Diktatoren sich selbst und ihre Helfer in der Gewalt haben.

Die Zukunft der Einen Welt braucht die Pflege des Universalismus und Kosmopolitismus im Sinne eines treuhänderischen »Weltbürgertums« (Friedrich Meinecke), wenn sie die andringenden Herausforderungen meistern soll (→ Umweltschutz). Das kann aber nur in der Rückkehr zu einer *Universalgeschichte* gelingen, die im Einzelnen das Ganze erkennt und mit dem Ganzen den Einzelnen sichert.

Literatur

P. Altmann, Erwählungstheologie und Universalismus im Alten Testament, 1964 ✦ *Ballonoff*, A Mathematical Theory of Culture, 1987 ✦ *F. Bosbach*, Monarchia universalis. Ein politischer Leitbegriff der frühen Neuzeit, 1988 ✦ *Braitling/Reese-Schäfer* (Hrsg.), Universalismus, Nationalismus und die neue Einheit der Deutschen. Philosophen und die Politik, 1991 ✦ *Bsteh* (Hrsg.), Universales Christentum angesichts einer pluralen Welt, 1976 ✦ *Croce*, Theorie und Geschichte der Historiographie. Gesammelte philosophische Schriften, Bd. 4, 1930 ✦ *Dahlke*, Der Mensch und die Welt sind eins. Analogien zwischen Mikrokosmos und Makrokosmos, 2. Aufl. 1990 ✦ *Dieudonné*, The Creation and Evolution of Mathematics, 1991 ✦ *Dreitzel*, Monarchiebegriffe in der Fürstengesellschaft. Semantik und Theorie der Einherrschaft in Deutschland von der Reformation bis zum Vormärz, 1989 ✦ *ders.*, Protestantischer Aristotelismus und absoluter Staat, 1970 ✦ *P. Euler*, Pädagogik und Universalienstreit. Zur Bedeutung von F.I. Niethammers pädagogischer »Streitschrift«, 1989 ✦ *Felxner*, Die Universität in Amerika, England, Deutschland, dt. 1934 ✦ *Firpo*, Lo stato ideale della Contrariforma, 1957 ✦ *E. Gans*, Naturrecht und Universalrechtsgeschichte, 1981 ✦ *Godechot* (Hrsg.), Les Constitutions de la France depuis 1789, 1979 ✦ *Goldast*, Monarchia Sacri Romani Imperii, 3. Bde., 1611-1614, ND 1963 ✦ *Gollwitzer*, Geschichte des weltpolitischen Denkens, Bd. 1, 1972 ✦ *Grundmann*, Vom Ursprung der Universität im Mittelalter, 2. Aufl. 1960 ✦ *Heinekamp u.a.* (Hrsg.), Mathesis rationis, Festschrift für Heinrich Schepers, 1990 ✦ *L. Herbst*, Die erste Internationale als Problem der deutschen Politik in der Reichsgründungszeit. Ein Beitrag zur Strukturanalyse der Politik »monarchischer Solidarität«, 1975 ✦ *G. Husserl*, Recht und Welt. Rechtsphilosophische Abhandlungen, 1964 ✦ *Jaurès*, Frankreich, Deutschland und die Zweite Internationale am Vorabend des Ersten Weltkrieges, dt.-frz. 1989 (Hrsg. U. Brummert) ✦ *O.W.*

John (Hrsg.) Menschenwürde – das uneingelöste Versprechen, 1986 ✦ *Khella*, Ausländergesetz der Bundesrepublik Deutschland contra Allgemeine Erklärung der Menschenrechte durch die Vereinten Nationen, 1984 ✦ *Krötke*, Die Universalität des offenbaren Gottes. Gesammelte Aufsätze, 1985 ✦ *Kühnhardt*, Die Universalität der Menschenrechte. Studien zur ideengeschichtlichen Bestimmung eines politischen Schlüsselbegriffs, 1987 ✦ *Needham*, Wissenschaftlicher Universalismus. Über Bedeutung und Besonderheit der chinesischen Wissenschaft, dt. 1978 ✦ *Neumark*, Grundsätze gerechter und ökonomisch rationaler Steuerpolitik, 1970 ✦ Oestreich, Geschichte der Menschenrechte und Grundfreiheiten im Umriß, 2. Aufl. 1978 ✦ *Paqué*, Philanthropie und Steuerpolitik. Eine ökonomische Analyse der Förderung privater Wohltätigkeit, 1986 ✦ *Paque*, Das Pariser Nominalistenstatut. Zur Entstehung des Realitätsbegriffs der neuzeitlichen Naturwissenschaft (Occam, Buridan und Petrus Hispanus, Nikolaus von Autrecourt und Gregor von Rimini), 1970 ✦ *G. Popp*, Die Großen der Menschenrechte, 1988 ✦ *Raiser*, Das Bildungsziel der heutigen Universität, 1965 ✦ *Ritterband*, Universeller Menschenrechtsschutz und völkerrechtliches Interventionsverbot, 1982 ✦ *Stichweh*, Der frühmoderne Staat und die europäische Universität, 1991 ✦ *Ullmann*, Elterliche Sorge und Menschenrechte, Bd. 1: Die Mißachtung von Völkerrecht und Grundrechtsgeboten im Scheidungsfolgenrecht der Bundesrepublik Deutschland, 1986 ✦ *Verdross*, Die Quellen des universellen Völkerrechts, 1973 ✦ *J. Vogt*, Wege zum historischen Universum, 1961 ✦ *A. Wagner*, Steuergeschichte vom Altertum bis zur Gegenwart, 1910, 2. Aufl. 1973 ✦ *Wimmer*, Universalisierung in der Ethik. Analyse, Kritik und Rekonstruktion ethischer Rationalitätsansprüche, 1980 ✦ *S. Zweig*, Die Monotonisierung der Welt, Neuaufl. 1988.

Utopie

Der Humanist, Rechtsgelehrte und Lordkanzler der Krone England Thomas Morus (1478-1535) benutzte die latinisierte Formel »Utopia« zum ersten Mal im Jahre 1516, als er eine Schrift publizierte, die den »besten Zustand eines Gemeinwesens« auf einer fiktiven Insel der Neuen Welt beschrieb.

Es spricht vieles dafür, daß Morus den Kunstbegriff ›Utopie‹ selbst erfunden hat. Er ist aus den griechischen Wörtern »ou« (nicht, kein, nirgends) und »topos« (Ort, Stelle, Gegend) zusammengesetzt und bedeutet soviel wie »Das Land Nirgendwo«. Unbesehen der spezifischen Bedeutung bei Morus und anderen Gelehrten hat dieses Wort einer bestimmten Geistesrichtung in Politik, Philosophie und Literatur den heute noch gebräuchlichen Namen gegeben: Es ist vom *Utopismus* die Rede, wenn Modelle eines gerechten und besseren Lebens auf Erden entworfen werden oder politische Forderungen aufkommen, die angeblich überhaupt nicht oder erst in unabsehbarer Zukunft zu verwirklichen sind.

Deutungen

Nach Auffassung des Arztes und Philosophen Paracelsus (1493-1541) kann sich der einzelne Mensch mit Hilfe der Imagination als einer geistigen »Einbildung« oder inneren Vorstellungskraft »den Himmel bauen«. Die pure Phantasie hingegen gilt ihm als Hirngespinst und verwirrende Illusion, die keinerlei Wirklichkeitsbezug hat: Sie erscheint ihm nicht als »Imaginatio, sondern als ein Eckstein der Narren«.

Diese Unterscheidung entspricht im wesentlichen der Distinktion von »Vernunft« und »Unvernunft«, von einsichtigem Verhalten aus Kenntnis der Welt und einem Denken, das von jeder Erkenntnis wegführt. Wird diese wichtige Abgrenzung nicht berücksichtigt, dann ergeben sich für die Einschätzung vieler Utopien seit Thomas Morus eine Reihe von Mißverständnissen, die das »utopische Denken« in Verruf bringen und dabei ein wichtiges Korrektiv in seiner Aufklärungsabsicht schwächen.

So soll einer verbreiteten Ansicht gemäß Morus in seiner Schrift einen »kommunistischen Idealstaat mit englischen Wesenszügen« (NH, II, 1952) erdacht haben. Tatsächlich aber hatte sich der Gelehrte nur einen »tollen Jux« (Berglar) machen wollen, dem allerdings eine ernste christliche Ermahnung beigegeben wurde: Das moralisch zerrüttete England und das nicht weniger gefährdete Europa sollten sich anhand der »Utopia« vor allem darauf besinnen, was sich die Christen auf Erden schuldig sind, zumal sie durch den Kreuzestod und die Auferstehung Christi die Erlösung von der Erbsünde gefunden haben.

Diese Verbindung von Humor und Belehrung, die den Humanismus als »echte menschliche Bildung« (*humanitas*) in der Neuzeit ausgezeichnet hat, ist in der Moderne verlorengegangen. Deshalb hat auch der einflußreiche Morus-Interpret J.H. Hexter eine »kleine optische Täuschung« in der Begegnung mit dem Utopia-Text zugegeben und selbstkritisch angemerkt: Es gäbe »eine perspektivische Verzerrung als Folge dessen, daß man ein Buch aus dem 16. Jahrhundert allzulange vom eigenen Standort im 20. Jahrhundert betrachtet hat«.

Der unter europäischen und amerikanischen Gelehrten lange gehegte Fetisch Fortschritt hat außerdem dazu beigetragen, die frühneuzeitlichen Utopien gründlich mißzuverstehen und ihnen zu unterstellen, daß sie als »utopische Entwürfe insgeheim immer ein Aufruf, eine dringliche Aufforderung zu gesellschaftlicher Veränderung und Erneuerung sind« (Melvin J. Lasky).

Daher sprach man gerne vom »Zauber der Utopie« (Hans Jonas) und glaubte, deren verschiedene Urheber wollten genaue Anleitungen dazu geben, wie sich vorhandene Zustände des Mangels in materieller wie geistiger Hinsicht in Verhältnisse des Überflusses verwandeln lassen – zur Schaffung eines *Paradieses auf Erden.*

Die »Utopia« des katholischen Christen Morus, der für seinen Glauben an die Gerechtigkeit Gottes hingerichtet wurde, ist in ihrer spielerisch vermittelten Ermahnung aber etwas ganz anderes. In ihr drückt sich nämlich die Warnung davor aus, im Streben nach Verbesserungen von irdischen Alltagsmängeln die viel wichtigere Frage des Seelenheils zu vernachlässigen: Ohne dessen Sicherung im christlichen Glauben konnte das *Paradies im Himmel* nicht erworben werden. Morus wie auch andere Utopisten – Andreae, Campanella, Francis Bacon – folgten damit der geistigen Erneuerungsbewegung im Zeichen einer »Nachfolge Christi«, wie sie Thomas von Kempen 1451 mit seiner Erbauungsschrift »Imitatio Christi« lange vor der → Reformation eingeleitet hatte.

In diesem Streben nach innerer Läuterung überträgt Morus ganz bestimmte Forderungen des katholischen Beicht-Sakramentes und des damit verbundenen Beichtspiegels auf ein weltliches Szenario, das in seiner vorchristlichen Anlage auf einer Insel der Neuen Welt jeder christlich geprägten Ordnung der Alten Welt unterlegen ist, weil die »Utopier« noch nicht am Erlösungswerk Christi teilhaben.

Gerade die Welt des scheinbaren Überflusses, der Gesundheit und des Wohlergehens auf fernen Inseln soll dem Leser – oft in Gestalt eines Dialogs – unmißverständlich vor Augen führen, daß er ein Geschöpf der »Erbsünde« ist und sein Leben lang ein »Wesen des Mangels« (Descartes) bleiben wird. Die Utopie dieser Art will als Denkmodell und Gedankenentwurf den Christen außerdem an seine zeitliche Endlichkeit gemahnen und dabei verdeutlichen, daß er als »Gast auf Erden« eine unsterbliche Seele besitzt. Es ist aber nicht seine vordringliche Aufgabe, das bestehende Gemeinwesen als Ausdruck göttlicher Ordnung von Grund auf zu verändern.

Vorläufer

Nach dem »Ende der Illusion«, wie das schnelle Verschwinden des Sowjetsystems in Rußland oft genannt wird, sieht sich der europäische »Utopismus« einer verstärkten Kritik ausgesetzt. Diese zielt in der Hauptsache auf Einzelpersonen, Interessengruppen, Bewegungen oder Parteien, die in der Theorie bestimmte Maximalziele der → Politik abstecken, ohne sie jemals in der angestrebten Fülle praktisch verwirklichen zu können.

Ein derartiges Verständnis von Utopie kann als Ergebnis der Entchristlichung des Denkens aufgefaßt werden, wie sie seit der → Aufklärung betrieben worden ist. Statt auf der grundsätzlichen Mangelhaftigkeit des Menschen zu bestehen, wurde jetzt seine mögliche Perfektionierung und »Gottgleichheit« propagiert, zu der auch die Vision von einem *Goldenen Zeitalter* gehörte. Vertreter dieser Ideologie hegten Vorstellungen von einem »besseren Leben« als Ausdruck des materiellen Fortschritts, in dem das »Prinzip Hoffnung« (Ernst Bloch) die weltliche Lebensgestaltung wesentlich bestimmen sollte – ganz einem verweltlichten Heilsdenken hingegeben, das einem alten religiösen Messianismus entsprach.

So gesehen, waren schon die *Zehn Gebote* (Dekalog) als die Gesetzestafeln des Gottes Jahwe mit ihren Soll-Forderungen an Moses und das Volk Israel eine erste Utopie: Gleichsam ein »göttlicher« Wegweiser zum Paradies im Himmel und zum »Gelobten Land«, das Moses nur von ferne sehen, aber nicht wirklich erleben durfte.

Unter dem Eindruck dieses Vorbehaltes entstand auch jener »Glanz der Verheißung« (Hans Jonas), der die Utopie an einen jüdisch-christlichen *Messianismus* bindet und dabei auf eine künftige Erfüllung der Zeiten hofft – ob in Gestalt eines Jüngsten Gerichtes oder eines irdischen Reiches vollkommener Gerechtigkeit (→ Geschichte, → Zukunft).

Was der Dekalog seit den Zeiten des Alten Testamentes dem Einzelmenschen und ganzen Völkern abgefordert hatte, wurde durch das Gebot der Feindesliebe wie der → Goldenen Regel der Bergpredigt im Neuen Testament fundamental ergänzt. Dadurch erhöhte sich der Erwartungsdruck auf alle Christen, bereits auf Erden ein gottgefälliges Leben zu führen, um dann in die versprochenen Freuden des Himmels eingehen zu dürfen.

Es verwundert daher nicht, daß vornehmlich die → Verfassungen Europas bis heute den Geist dieser Utopien aufgenommen und im Rahmen des »weltlichen Regiments« über alle ökonomischen Veränderungen hinweg tradiert haben. Ohne diese Vorgabe als Ideal und Korrektiv zugleich wäre ein der → Ethik gemäßes Handeln oder Unterlassen kaum denkbar. Politik müßte sich sonst allein auf Machtkämpfe und Interessengerangel beschränken und würde notwendigerweise in Diktaturen, Machiavellismus und Totalitarismus enden: »Nicht zufällig entstehen der *Principe* Machiavellis und Morus' *Utopia* etwa zu derselben Zeit« (Münkler).

Die Spannungen von Macht und Moral erzwangen im Zeichen einer »Doppelten Wahrheit« (Averroës) geradezu den Rückgriff auf die Utopie als eine ganzheitliche Möglichkeit »gerechter Verhältnisse« – jedoch nicht als einen »süßen Traum« (Melvin J. Lasky), sondern als bittere Erkenntnis. Denn in seinem Streben nach Glück kann dem Menschen als Mangelwesen nur Stückwerk gelingen, im besten Falle die Annäherung an ein Ideal.

Von der »Verderbtheit der menschlichen Natur« seit der Erbsünde überzeugt, forderte denn auch der Kirchenvater Augustinus (354-430) in Anlehnung an die Skepsis-Traditionen der griechisch-römischen und heidnischen Stoa ein utopisches Denken, das aus dem christlichen Dreiklang von Glaube, Liebe und Hoffnung gestaltet sein sollte. In seiner Hinwendung ans »Ungewisse« allen Menschenwerkes arbeitete Augustinus den Positionen der Utopie seit Morus vor, indem er von der Sündhaftigkeit des Menschen auf die Vollkommenheit Gottes schloß.

In der Schrift »De Civitate Dei« (»Über den Gottesstaat«) stellte sich der Neu-Platoniker Augustinus eine von allem Bösen gereinigte Ordnung vor. Sie formt sich seiner Ansicht nach aus der Fülle göttlicher Gnade und zielt auf ein Vollenden der irdischen Welt in der Wiederkunft Christi – ein Gedanke, den Thomas Morus liebte, Blaise Pascal noch hundert Jahre nach ihm kultivierte und den auch die Vertreter des Jansenismus im 17. und 18. Jahrhundert propagierten. Auch die Utopie eines »Ewigen Friedens« beim Abbé de Saint-Pierre oder eines »gerechten Königs« als »Hüter der Gesetze« in den Schriften des Bischofs Fénelon spiegeln jene Geisteshaltung, die auf vielfältige Weise die Verfassungsbewegung von 1789 beeinflußt hat. Trotz der Entchristlichung fanden sich die Sehnsüchte nach einem Goldenen Zeitalter und dem »Reich der Gerechtigkeit« (Madame Roland) wieder in der naturrechtlichen Forderungen nach Garantien der Menschenrechte. Die Utopie als Gerechtigkeitsvision wurde jetzt zur innerweltlichen Heilserwartung und in Erinnerung an die Kreisläufe (Revolutionen) von Natur und Geschichte als realisierbar ausgegeben.

Nachfahren

Mit dem Durchbruch des mechanistischen Fortschrittsglaubens im 18. Jahrhundert steigerte sich die Hoffnung auf das »gute Leben« (Aristoteles) im Diesseits. Unter dem Einfluß des *Puritanismus* als ethisch bedingter »Reinheitsbewegung« entstand die Utopie des »Pursuit of Happiness« als Daseinsziel und zugleich als Inbegriff des Verfassungsstrebens in den USA seit 1776.

Was Vertreter des Chiliasmus als Wiederkunftslehre des Reiches Gottes und tausendjähriger Gerechtigkeit (Jakob Böhme, Sebastian Franck, Paracelsus, Schwenckfeld oder Weigel) stückweise auf Erden zu verwirklichen suchten (»Gottesstaat« der Jesuiten in Paraguay), schien im Zeitalter der Industriellen Revolution endlich Wirklichkeit zu werden. Die Utopie geriet zur Anleitung, das »Verlorene Paradies« (Milton) in historischer Zeit wieder herzustellen: Geschichte schien jetzt zunehmend »machbar«.

Bei den Vertretern des Deutschen Idealismus wie der Romantik um 1800 fand dabei die Methode »more geometrico« als Prinzip einer gerechten Ordnung den größten Anklang, weshalb auch der überkommene »Stände-Staat« zum Inbegriff des Politischen erklärt wurde (Adam Müller). Damit sollten qualitative Abstufungen und besondere Wertigkeiten von Einzelmenschen und Ständen gekennzeichnet werden, an deren Spitze das Königspaar als Gestaltungsprinzip des »objektiv Sittlichen« galt: ein lebendiger Nachweis dafür, daß »Gott immer geometrisiert« (Plato).

Im Gegenzug zu dieser in Ansätzen realisierten Utopie des »geometrischen Denkens« meinten allerdings die materialistischen Nachfahren des Deutschen Idealismus und der Romantik, daß am Ende des Geschichtsprozesses das »arithmetische Prinzip« zur Geltung kommen und alle Standes- und Klassenschranken niederreißen müsse. In dieser Utopie einer »klassenlosen Gesellschaft« sollte die Kommutation die Gleichheit aller Menschen durchsetzen.

Marx und Engels haben neben anderen ähnlich gesinnten Zeitgenossen diesen Zukunftsentwurf als Ergebnis einer deterministisch aufgefaßten Weltrevolution für machbar gehalten. Ihre Gegner innerhalb der Arbeiterbewegung jedoch glaubten, ohne eine gewaltsame Revolutionierung der bestehenden Verhältnisse durch schrittweise erkämpfte Reformen (→ Ordnung) das Ziel aller Geschichte erreichen zu können – den »aristotelischen Kulturstaat« (August Bebel, 1872).

Das Machtexperiment der Bolschewiken unter der Führung Trotzkis, Lenins und Stalins bis hin zu dem Radikalreformer Gorbatschow hat in Rußland seit 1917 nicht zur »klassenlosen Gesellschaft« geführt, sondern zu einem Stände-System aus Parteiadel (»Nomenklatura«) und Parteigenossen (KPdSU), das dem übrigen Volk die Errungenschaften der Menschenrechte weitgehend vorenthielt.

Hat die »Sanfte Revolution«, die bereits mit dem »Prager Frühling« 1968 und dessen Forderungen nach Menschenrechten wie repräsentativer → Demokratie ihren Anfang nahm, die kommunistischen Diktaturen in Osteuropa verschwinden lassen, so bedeutet das keineswegs einen dauerhaften ideologischen »Sieg des Westens«. Denn auch hier stößt die Utopie vom »Amerikanischen Traum« im »Land der unbegrenzten Möglichkeiten« schon seit langem an eine Reihe natürlicher und systembedingter Grenzen. Angesichts sinkender Wachstumsraten, einer unmäßigen Verschuldung der öffentlichen Hand, steigender Umweltprobleme, Rassenauseinandersetzungen, zunehmender Arbeitslosigkeit und Verelendung verliert die politische Utopie des 18. Jahrhunderts an Wert und Faszination, nämlich in »Gottes eigenem Land« zu leben, wo überall Milch und Honig fließen – wie einst im Lande Kanaan.

Auffallend ist, wie nach dem strukturellen Verfall des diktatorischen → Sozialismus im Einflußbereich der einstigen Supermacht Sowjetunion nun von amerikanischer Seite das »Ende der Geschichte« (Fukuyama) beschworen wird. Mit dem angeblichen Triumph der → Marktwirtschaft, des vertraglichen Rechts- und Verfassungstaates sowie des → Liberalismus als Schlußstadium einer Evolution zur Demokratie kann es dieser Auffassung gemäß keine »vernünftige« Alternative im Politischen mehr geben: Der »Amerikanische Traum« wurde Wirklichkeit, und die Utopie als *Eutopie* (Entwurf des Guten Lebens) ist an ihr konkretes Ziel auf Erden gelangt.

Die bestehenden und künftigen Belastungen durch Technikfolgen aber lassen viele Kritiker darauf hinweisen, daß sich der kapitalistische Traum vom stetigen Wachstum der materiellen Welt allmählich in einen Alptraum verwandelt – auf dem Boden einer geplünderten und vergifteten Natur. Sogar Optimisten werden zunehmend skeptisch, ob die überkommene Parteiendemokratie mit ihren Verfilzungen die drohenden Umweltkatastrophen abwenden kann oder ob sie nicht vielmehr einer Art »Öko-Diktatur« weichen muß (Hans Jonas).

»Grüne Utopien«

Unter dem Eindruck von lokalen wie globalen Altlasten, welche die künftige Lebenswelt bedrohen, haben seit dem Ölpreisschock von 1973 Utopien ein erhöhtes Interesse gefunden, die sich mit dem Erhalten der Natur als Bewahrung der Schöpfung beschäftigen: Sie gelten heute als »Grüne Utopien«.

Ein Großteil ihrer Vertreter bezieht sich wie Plutarch (um 45-um 125 n. Chr.) oder der Stoiker und Caesar Marc Aurel (121-180) auf die Eigenverantwortung jedes Einzelmenschen in der Wechselwirkung mit der Natur und dem politischen Gemeinwesen, das seine Lebensgrundlagen zu sichern hat. Der Mensch soll demnach von der »Mutter Erde« nur das nehmen, was sie zur Führung eines »guten Lebens« bereitwillig gibt. Jeder künstlich betriebene Raubbau verletzt daher die Würde des Menschen als Nutznießer, Erhalter und Treuhänder seiner Daseinsordnung.

Diese Art von Utopie kehrt zum mahnenden Gestus des Thomas Morus zurück. Schon dessen teutscher Zeitgenosse Georg Agricola hatte auf die Umweltzerstörung durch den Bergbau und das Hüttenwesen aufmerksam gemacht (»De re metallica«, 1556), ebenso der Engländer Goodman (»The Fall of Man, or the Corruption of Nature«, 1610). Lange vor Rousseau und dem Naturkult des 18. Jahrhunderts war man sich also in Europa bewußt, wohin die Enttabuisierung und »Entzauberung« der Natur führen mußte – in die patrimoniale Verfügung der »unbelebten« Welt, mit der Gott nach Ansicht Voltaires »keinen Vertrag geschlossen hat« (1763).

Auch nach den ersten Auseinandersetzungen zwischen Anhängern Rousseaus und Befürwortern eines naturfeindlichen Industrialismus blieb die Mahnung aktuell, Pflanzen, Tiere und Menschen nicht widerspruchslos auf dem Altar der Fortschrittsgläubigkeit zu opfern. Schriften wie »Der Wächter« (1815) von Ernst Moritz Arndt bemühten sich, inmitten der zunehmenden Technisierung der Arbeits- und Lebenswelt auf die Schattenseiten dieser Entwicklung hinzuweisen.

Im Gefolge des Mesmerismus, der eine starke Affinität zum Pantheismus im Werk Spinozas zu erkennen gibt, soll sich sogar der englische Industrielle und Radikalreformer Robert Owen (1771-1858) unter die »utopischen Mesmeristen« gezählt haben. Im Glauben an eine von Geistern belebte Natur betrachtete er wie seine Gesinnungsgenossen die massiven Eingriffe der Maschinen in die »Naturgesellschaft« (Nicolas Bergasse) als ein fortwährendes Übel, und er propagierte, »daß das Ziel der gegenwärtigen allgemeinen Manifestationen darin besteht, die Bevölkerung unseres Planeten zu reformieren, uns von der Wahrheit eines anderen Lebens zu überzeugen und uns alle aufrichtig mildtätig zu machen«.

Gegen den vorherrschenden Egoismus als Ausdruck rücksichtslosen Güter- und Gelderwerbs stellte Owen einen sozialverträglichen Individualismus, der sich der → Verantwortung gegenüber der Natur und den Nachkommen bewußt zu sein hatte. Gewiß, die Verwirklichung des Programms »Freiheit und Gesundheit«, das die Vertreter des Mesmerismus auf ihre Fahnen geschrieben hatten, ließ einiges zu wünschen übrig. Aber der Grundgedanke seit der Antike, daß in einem »gesunden Körper ein gesunder Geist« (»*mens sana in corpore sano*«) herrsche, diente den Gegnern des unkontrollierten Industrialismus das ganze 19. Jahrhundert hindurch immer wieder als Leitsatz.

Gleichzeitig blieb auch den Kritikern bewußt, daß sich bei aller »Verbesserung des Verstandes« (Spinoza) manche Unvernunft auch bei den Naturverehrern einstellte. Der Schwede August Strindberg beschrieb den Zwiespalt zwischen Idealanspruch und menschlichen Mängeln in seiner »Insel der Glückseligkeit« (1882), um zu zeigen, daß Reformen auf Dauer dem Menschen besser entsprechen als radikale Lösungen, die nicht mit dem »alten Menschen« und seinen Denkgewohnheiten rechnen.

Anti-Utopien

Die Kritik an Utopien, die fast um jeden Preis zur Erfüllung irdischen »Glücks« verwirklicht werden, hat vor allem seit dem geglückten Putsch der Bolschewiken 1917 zur Verbreitung von *Dystopien* geführt: Darunter werden Zerrbilder einer Utopie verstanden, die in der Realität nicht halten kann, was sie als Theorie verspricht.

Einer der ersten Vertreter dieser Variante des utopischen Denkens war der Russe Jewgenij I. Samjatin (1884-1937). Als Kritiker der kommunistischen Diktatur in seinem Land schuf er mit seinem Roman »Wir« (1920) ein frühes Musterbeispiel für eine ganze Gattung pseudo-utopischer Romane, die in ihrer Kritik an Zukunftsstaaten gezielt Mißstände in der erlebten Gegenwart anprangern wollen.

Der Roman »Brave New World« (1932) von Aldous Huxley und ein ähnliches Projekt von Richard Katz, »Drei Gesicher Luzifers. Lärm – Maschine – Geschäft« (1934), vermitteln in ihrer Kapitalismuskritik das Problem der Entfremdung des Menschen vom Naturrecht und seine Verfügbarkeit durch einen totalitären → Staat.

Die Furcht vor dem Untergang des Individuums durch Gleichschaltungen aller Art hat auch die Schwedin Karin Boye (1900-1941) dazu veranlaßt, »einen Zukunftsroman, aber nicht eine Utopie im genauen Sinne« zu schreiben. Er trägt den Titel »Kallocain« (1940) und zeigt – unter einem gewissen literarischen Einfluß Kafkas -, wie »der Staat das Individuum ganz in seiner Hand hat«, es den Menschenrechten systematisch entwöhnt und zu einem Roboter verkommen läßt. Ein Zustand, den auch George Orwell mit dem Roman »1984« (1948) vor Augen hatte, als er die Auswüchse des Marxismus-Leninismus in Gestalt des stalinistischen Gesinnungsterrors schilderte – als System der Gehirnwäsche.

Finden sich in den echten Utopien seit Morus immer wieder Zeichen für ein Verständnis gegenüber dem irrenden und träumenden Menschen, so sind die Dystopien dadurch gekennzeichnet, daß sie den Haß auf das eigenbestimmte Individuum thematisieren und damit letztlich ein positives → Menschenbild retten wollen: Ihre Gegenwelten dienen der Abschreckung.

Ausblick

Im Zeichen spektakulärer Erfolge von Wissenschaft und Forschung (Raumfahrt, Gentechnologie, Reproduktionsmedizin) werden Utopien immer mehr zu gedanklichen Leitbildern bloßer technischer Möglichkeiten, bei gleichzeitigem Verfall sozialer Utopien. Was ursprünglich als Kritik und Vertiefung des Problembewußtseins gedacht war, degenerierte mit dem Siegeszug der Technik zum Experimentierfeld des »militärisch-industriellen Komplexes« (Dwight Eisenhower) – jenseits einer mittlerweile überlebensnotwendigen Verzicht-Ethik, wie sie bereits die Zehn Gebote und die Bergpredigt gefordert haben.

Eine weltweit wirksame Reaktion auf die moderne Utopie-Gläubigkeit und Technikfixierung ist der → Fundamentalismus im Islam mit seinem Rückgriff auf einen irdischen Gottesstaat nach vorindustriellen Mustern. Dieses Phänomen kommt auch im orthodoxen Judentum vor (Hoffnung auf die Ankunft eines »Messias« oder Erlösers) und ist selbst dem Christentum geläufig: Noch im Jahre 1992 sprach die Heilsbotschaft des Deutschen Katholikentages von der Hoffnung auf das »Himmlische Jerusalem«.

Angesichts der längst deutlich gewordenen Grenzen des materiellen Wachstums (Club of Rome, 1972), steigender Umweltbelastungen und Bevölkerungsvermehrung nimmt die Rückbesinnung auf den kritischen Impuls im Utopismus seit Thomas Morus zu, nämlich bei allem Überfluß der Welt nicht zu vergessen, daß die Perfektionierung des Menschen, nach welchem utopischen Leitbild auch immer, weder möglich noch wünschenswert ist. Ein Hinweis des Philosophen-Caesars Marc Aurel in seinen »Wegen zu sich selbst« könnte diesen Prozeß der Besinnung verstärken, wenn seine Mahnung ernstgenommen wird: »Hoffe nicht auf Platos Staat, sondern sei zufrieden, wenn das Kleinste vorwärtsgeht und bedenke, daß der Ausgang davon nichts Geringes ist.«

Literatur

Artelt, Der Mesmerismus in Berlin,1965, ✦ *Bachelard*, Die Bildung des wissenschaftlichen Geistes, 1978 ✦ *E. Benz*, Theologie der Elektrizität. Zur Begegnung und Auseinandersetzung von Theologie und Naturwissenschaft im 17. und 18. Jhd., 1971 ✦ *Berghahn/Seeber* (Hrsg.), Literarische Utopien von Morus bis zur Gegenwart, 1983 ✦ *Berglar*, Die Stunde des Thomas Morus. Einer gegen die Macht, 1987 ✦ *Bersier*, Wunschbild und Wirklichkeit. Deutsche Utopien im 18. Jhd., 1981 ✦ *Biskup*, Europa – von der Wirklichkeit zur Utopie? Die Mißhandlung einer Idee durch Pragmatismus, Perfektionismus und Protektionismus, 1984 ✦ *E. Bloch*, Geist der Utopie, 1918, 1985 ✦ *ders.*, Abschied von der Utopie? Vorträge, 1980 ✦ *Brasch*, Sozialistische Phantasiestaaten. Ein historisch-politischer Essay, 1885 ✦ *H.J. Braun u.a.*, Utopie. Die Möglichkeit des Unmöglichen, 2. Aufl. 1989 ✦ *Brun* (Hrsg.), Der grüne Protest. Herausforderung durch die Umweltparteien, 1981 ✦ *Brunschwig*, Gesellschaft und Romantik in Preußen im 18. Jhd., 1975 ✦ *M. Buber*, Pfade in Utopia. Über Gemeinschaft und deren Verwirklichung, 3. Aufl. 1985 ✦ *Bukowski*, UdSSR. Von der Utopie zum Bankrott, 1991 ✦ *Darnton*, Der Mesmerismus und das Ende der Aufklärung in Frankreich, dt. 1986 ✦ *Erbkam*, Geschichte der protestantischen Secten, 1848 ✦ *Friesen*, Reformation und Utopia, 1974 ✦ *Funke* (Hrsg.), Utopie und Tradition. Platons Lehre vom Staat in der Moderne, 1987 ✦ *Gnüg* (Hrsg.), Literarische Utopieentwürfe, 1982 ✦ *Godenschweger/Vilmar*, Die rettende Kraft der Utopie. Deutsche Juden gründen den Kibbuz Hasorea, 1990 ✦ *Herles*, Der Beziehungswandel zwischen Mensch und Natur im Spiegel der deutschen Literatur seit 1945, 1982 ✦ *Hermand*, Grüne Utopien in Deutschland. Zur Geschichte des ökologischen Bewußtseins, 1991 ✦ *K.J. Hinrichs* (Hrsg.), Der utopische Staat (Morus, Campanella, Bacon), dt. 1960, 1982 ✦ *Hirschfeld/Rügemer* (Hrsg.), Utopie und Zivilgesellschaft. Rekonstruktionen, Thesen und Informationen zu Antonio Gramsci, 1990 ✦ *K.J. Hoffmann*, Keine Utopie – Christen leben heilig, 1990 ✦ *Hungerland*, Über die Utopie des Normalen und die normale Utopie, 1975 ✦ *Jhekweazu*, Verzerrte Utopie, 1982 ✦ *Jonas*, Das Prinzip Verantwortung. Versuch einer Ethik für die technologische Zivilisation, 1984 ✦ *Koyré*, Mystiques, spirituels, alchimistes du XVIe siècle allemand, 1971 (Schwenckfeld, Franck, Paracelsus, Weigel) ✦ *M.J. Lasky*, Utopie und Revolution. Über die Ursprünge einer Metapher oder Eine Geschichte des politischen Temperaments, dt. 1989, ✦ *Mangelsdorf*, Campaign against Hunger, 1967 ✦ *Mannheim*, Ideologie und Utopie, 7. Aufl. 1985 ✦ *H. Marcuse*, Das Ende der Utopie. Vorträge und Diskussionen in Berlin 1967, 1980 ✦ *Maronier*, Het inwendig woort, 1892 ✦ *Mohr*,

Fénelon und der Staat, 1971 ✦ *Moosmann* (Hrsg.), Heimat – Sehnsucht nach Identität, 1980 ✦ *Münkler*, ›Staatsraison und politische Klugheitslehre‹, in: PHPI, 3, 1985 ✦ *Neusüß* (Hrsg.), Utopie. Begriff und Phänomen des Utopischen, 1972 ✦ *Nipperdey*, Reformation, Revolution, Utopie. Studien zum 16. Jhd., 1975 ✦ *ÖKO-Institut Freiburg* (Hrsg.), Utopien – die mögliche Zukunft, 1982 ✦ *Pêcheux*, Ideologie und Geschichte der Wissenschaften, 1977 ✦ *Piechotta* (Hrsg.), Reise und Utopie, 1976 ✦ *Robesjek*, Abschied von der Utopie. Östliche Reformen und westliche Interessen, 1989 ✦ *Rohrbach*, Naturwissenschaft, Weltbild, Glaube. Acht Variationen über ein Thema. Vom Sinn des Lebens, 13. Aufl. 1990 ✦ *Saage*, Politische Utopien der Neuzeit, 1991 ✦ *ders.*, Vertragsdenken und Utopie. Studien zur politischen Theorie und zur Sozialphilosophie der frühen Neuzeit, 1989 ✦ *ders.*, Friedensutopien des ausgehenden 18. Jahrhunderts, 1978 ✦ *Scharpf*, Demokratietheorie zwischen Utopie und Anpassung, 2. Aufl. 1972 ✦ *Sibley*, Technology and Utopian Thought, 1971 ✦ *Stadelmann*, Vom Geist des sterbenden Mittelalters, 1979 ✦ *Strohmaier* (Hrsg.), Utopie und Hoffnung, 1989 ✦ *Troeltsch*, Die Bedeutung des Protestantismus für die Entstehung der modernen Welt, 1915 ✦ *Tuzinski*, Das Indviduum in der englischen devolutionistischen Utopie, 1965 ✦ *Voigt*, Die sozialen Utopien. Fünf Vorträge, 1906 ✦ *Voßkamp* (Hrsg.), Utopieforschung. Interdisziplinäre Studien zur neuzeitlichen Utopie, 1982 ✦ *Wharton*, ›The Green Revolution. Cornucopia or Pandora's Box‹, in: FA 47, 1969 ✦ *Wilkins*, ›Some Aspects of the Irrational in 18th-Century France‹, in: Studies on Voltaire and the Eighteenth Century, 1975 ✦ *Wuttke*, Die Historia Herculis des Nürnberger Humanisten ... Schwenter. Material zur Erforschung des deutschen Humanismus um 1500, 1964 ✦ *P. Zimmermann*, Der Bauernroman. Antifeudalismus – Konservativismus – Faschismus, 1975.

Vaterland

Mitten in der nationalen Not des Teutschen Krieges (Bellum Germanicum) schrieb der Jurist, Dichter und Stadtreformer Daniel von Czepcko den rechtsvergessenen und machtbesessenen Landsleuten vor allem in den hohen Ständen der Obrigkeit die dringende Ermahnung ins politische Stammbuch: »Wo Freiheit ist und Recht, da ist das Vaterland/ Dies ist uns aber nun und wir ihm unbekannt/ Es streite, wer da will: Es ist dahingekommen/ Der falsche Frieden hat das Land nun eingenommen/ Die Faulheit aber uns ...«

Damit wollte der Gelehrte aus Schlesien der zunehmenden Selbstjustiz und Machtsucht in Stadt und Land entgegenwirken, gleichzeitig aber auch auf die Vaterlands-Traditionen seit der Antike hinweisen. Angesichts der Verheerungen durch eigene und fremde »Kriegsvölker«, die 1636 den rechtskundigen Schlesier Andreas Gryphius zum Epochengedicht »Tränen des Vaterlandes« veranlassen sollten, konnte die geforderte Rückbesinnung nur darauf gerichtet sein, die zerrüttete Welt wieder menschenwürdig zu gestalten: »Ubi bene, ibi patria« – »Wo es dem Menschen gut geht, dort ist das Vaterland«.

In Varianten findet sich diese universell ausgerichtete Losung schon bei Aristophanes (um 400 v. Chr) und bei Cicero. Dabei bedeutet die »Patria« in ihrer Verbindung mit »Pater familias« (Familien-Vater) in erster Linie das »Land besitzender Väter«. Deren Rechtsstatus sollte in der vorhandenen → Ordnung ebenso gesichert sein wie das Streben nach materiellem und geistigem »Glück«. Das Vaterland als Eigentums- und Rechtsordnung wird unter solchen Voraussetzungen zu einem fundamentalen Daseinsgrund und gleichzeitig zu einem politischen Lebensziel, das auf den → Frieden gerichtet bleibt. Bei kriegerischen Angriffen von innen (Bürgerkrieg) wie von außen (Eroberungsversuch) sollen zu dessen Verteidigung alle Ab- und Notwehrkräfte aktiviert werden. Nur in diesem Sinne wird der häufig mißbräuchlich zitierte Auftrag des römischen Dichters Horaz (65-68 v. Chr) verständlich, wenn er den Einsatz des Lebens fordert: »Dulce et decorum est pro patria mori« – »Es ist eine Lust und Ehre, für das Vaterland zu sterben«.

Freiheitsdenken, Rechtssicherheit und Treuhandgebot durchdringen sich in dieser Auffassung vom Vaterland, die besonders während der → Revolution von 1789 gegen die Fürsten-Regime des → Absolutismus erneuert wurde. Die ständig bemühte Vater-Kind-Relation als Ausdruck eines Generationenvertrages sollte das politisch-rechtliche Bewußtsein dafür stärken, daß die Verfassungs- und Lebensordnung verteidigungswert ist. Die Losung »La Patrie ou la Mort« (»*Vaterland oder Tod*«) nahm die Traditionen der Antike ebenso auf wie der Ehrentitel für die Bürger-Soldaten, die gegen die Söldnerheere der absolutistischen Fürsten die Errungenschaften der Freiheit, Gleichheit und Menschenrechte verteidigten – als »Enfants de la Patrie« (»*Kinder des Vaterlandes*«) in der »Marseillaise« verewigt.

Umpolungen

Die elementare Wechselbeziehung von Vaterland und → Eigentum wurde im teutschen Bereich besonders nach 1648 immer dann betont, wenn das Heilige Reich oder auch nur ein einzelner Reichsstand von außen in seinem Rechtsstatus bedroht wurde. So kam im Laufe des Pfälzischen Erbfolgekrieges von 1688 an der sogenannte »Reichspatriotismus« auf – als Abwehrhaltung gegen kriegerische Übergriffe von seiten Ludwigs XIV., dessen Haus- und Erbpolitik in die Friedensordnung des Heiligen Reiches eingreifen wollte.

Zu einer ähnlichen Woge des Patriotismus kam es gut hundert Jahre später, als wieder ein französischer Herrscher in das »Teutsche System« hineinwirkte, 1803 eine der größten Eigentumsverschiebungen zugunsten der weltlichen Fürsten durchsetzte (Säkularisierung von rechtsrheinischem Kirchengut als Ausgleich für Verluste auf dem linken Rheinufer), 1806 sogar die »Teutsche Verfassung« von 1648 nicht mehr anerkennen wollte und damit die Abdankung des Wahl-Kaisers Franz II. sowie das Ende des Heiligen Reiches erzwang.

Das leidenschaftliche Beschwören des »Vaterlandes« von Juristen und Dichtern wie Ernst Moritz Arndt, Heinrich von Kleist oder Theodor Körner gegen den »korsischen Hund« Napoleon, war stets auf die Herstellung und Bewahrung der »Teutschen Freiheit« gerichtet. Diese Verbindung von Vaterland und Verfassung entsprach der altrömischen und republikanischen Auffassung, die sich im Zuge des »Befreiungskrieges« gegen den »Erbfeind« Napoleon auch gegen die eigenen fürstlichen Diktatoren wandte – zur freiheitsbestimmten Überwindung der »Willkürherrschaft aller erbärmlichen Despoten, welche Deutschland bedrücken« (Freiherr vom Stein, 1807).

Trotz Bemühungen um das Wiederaufrichten der überkommenen »landständischen Verfassungen« hat der Wiener Kongreß 1815 zur Neuordnung der Mitte Europas und in Gestalt des »Deutschen Bundes« (1815-1866) im Grunde nur Schein-Konstitutionen in einzelnen Fürstenstaaten zugelassen. Gleichzeitig kam mit der Festigung aller dynastischen Diktaturen eine neue Art von »Vaterländerei« (Eichendorff) auf. Sie bezog sich aber nicht auf eine drittwirkende Vertragslage zwischen Fürst und → Volk, sondern auf das, was zunehmend im Geist des Patrimonialismus »Vater Staat« genannt wurde – das Erb- und Machtsystem der Fürsten.

Diese äußerst prägende Umpolung der »Vaterlandsliebe« (*amor patriae*) vom Heiligen Reich auf das jeweils herrschende Fürstenhaus hat es der liberalen Bewegung des »Vormärz« und auch den Revolutionären von 1848 oft schwer gemacht, den alten Reichspatriotismus als Verfassungsgebot zu reaktivieren. Selbst ihr Symbol – die schwarz-rot-goldene Fahne als Ausdruck der »alten« teutschen Freiheitsfarben – blieb bis zur Revolution von 1918 verboten.

Statt eines friedensgerichteten »Verfassungspatriotismus« (Sternberger) wurde über hundert Jahre lang ein *Fürsten-Patriotismus* gepredigt, den Bismarck in schroffer Abkehr von freiheitlichen Bindungen machtpolitisch gerechtfertigt hat. Seiner Meinung nach bedarf »der deutsche Patriotismus« wie die »deutsche Vaterlandsliebe eines Fürsten, auf den sich ihre Anhänglichkeit concentriert ... Die Deutschen würden fester geschmiedeten Nationen zur Beute fallen, wenn ihnen das Bindemittel verloren ginge, welches in dem gemeinsamen Standesgefühl der Fürsten liegt« (→ Patriotismus).

Der patrimoniale Erbfürst ließ als »Landesvater« und Beherrscher des dynastischen Eigenbesitzes die gesamte Verwaltung, das Militär und das Bildungswesen darauf abrichten, in ihm und seinem → Haus als »maison souveraine« das »Vaterland« zu verehren. Dieser »Erbwahn« (Kant) erklärt auch, warum Marx und Engels im »Kommunistischen Manifest« von 1848 nicht nur das vorherrschende »Erbrecht« abschaffen wollten, sondern auch zu den meist eigentumslosen Angehörigen des Arbeiterstandes feststellten: »Die Arbeiter haben kein Vaterland. Man kann ihnen nicht nehmen, was sie nicht haben ...«

Ganz im absolutistischen Sinne der Kopplung von »Patrimonium« (absolutes Vatererbe) und »Patria« ließ sich auch Kaiser Wilhelm II. gegenüber den gewerkschaftlich und politisch organisierten Arbeitern aus. Er nannte seine eigentumslosen Untertanen, die nur in Lohnabhängigkeit standen, »vaterlandslose Gesellen«.

Rückbesinnung

Gegen diesen Vorwurf von kaiserlicher Seite, die auf allen Ebenen der Politik das »dynastische Prinzip« der Selbstherrlichkeit erprobte und die innere Militarisierung der → Gesellschaft als »Sozialdisziplinierung« (Oestreich) betrieb, verwahrten sich zahlreiche führende Sozialdemokraten.

Karl Liebknecht, der sich mit seinen Genossen zu den »wahren Patrioten« zählte, rückte vor allem nach dem Ausbruch des Ersten Weltkrieges die Verhältnisse zurecht und zeigte den fortgesetzten Mißbrauch des Vaterlandsbegriffes in deutlichen Worten auf. Für ihn stand fest, daß mit dem Überfall auf das neutrale Königreich Belgien das Völkerrecht eklatant gebrochen war: »Es ist kein deutscher Verteidigungskrieg und kein deutscher Freiheitskrieg, sondern ein kapitalistischer Angriffs- und Eroberungskrieg«.

Mit allem Nachdruck wehrte er sich gegen den von der Mehrheit der SPD-Fraktion zugestandenen »Burgfrieden« mit der Hohenzollern-Monokratie: »Der Hauptfeind des deutschen Volkes steht in Deutschland: der deutsche Imperialismus, die deutsche Kriegspartei, die deutsche Geheimdiplomatie«.

Es war die nationalistische Ideologie, die den freiheitlichen Vaterlandsbegriff umgepolt hatte, um im Rahmen der psychologischen Kriegsführung das »Nationalgefühl« für die Eroberungsziele der Obersten Heeresleitung zu instrumentalisieren. Kein Wunder auch, daß die Kriegsgegner auf der Linken betonten: »Das Vaterland der Proletarier, dessen Verteidigung alles andere untergeordnet werden muß, ist die sozialistische Internationale« (Käthe Duncker, 1916).

Die Zumutung, sich mit dem halbparlamentarischen Hausstaat der Hohenzollern identifizieren und gar dessen Kriegsziele vertreten zu sollen, führte zur Rückbesinnung auf den ursprünglichen Gehalt des Vaterlandsbegriffs. Der Radikaldemokrat Georg Ledebour drückte den entstandenen Zwiespalt 1914 sehr persönlich und doch wegweisend aus: »Ich fühle so deutsch wie nur irgend einer, und ich lasse mich an Vaterlandsliebe von keinem Patrioten übertreffen, nur verstehe ich eben die Vaterlandsliebe anders«.

Bei ihm und den meisten Demokraten in den verschiedenen Parteien war noch die römisch-republikanische oder konstitutionelle Vorstellung vom Vaterland als Rechtsstaat in hohem Maße lebendig. Dazu gehörte die Ablehnung jeglicher Bevormundung durch eine dynastisch geformte Macht- und Militärelite sowie die Forderung nach einer innerstaatlichen Demokratisierung mit der Garantie aller Menschenrechte. Außerdem hatte die Schaffung internationaler Rechtsorganisationen dieses innere Vertrags- und Friedensgebot zu stützen und zu schützen.

Bekanntlich ist dieses Experiment im Rahmen der Weimarer Verfassung, des Versailler Friedenswerkes und des Völkerbundes 1933 gescheitert. Neben anderen Faktoren spielte dabei eine wesentliche Rolle, daß es den Nationalsozialisten gelungen war, den Begriff des »Vaterlandes« wiederum vom Rechts- und Friedensgebot auf Macht- und Kriegsinhalte zu verschieben. Als sich die »Bischöfe Deutschlands« 1941 wenige Tage nach dem Überfall auf die Sowjetunion um »die treuen Söhne und Töchter des Vaterlandes und der Kirche« bemühten, da deuteten sie in ihrem »Hirtenbrief« an, daß das »andere Deutschland« in Gestalt seiner inhaftierten oder exilierten Demokraten eigene Ideen vom Vaterland besaß.

Solche Vorstellungen propagierte z. B. Carlo Mierendorff im Frühjahr 1943, als er in einem Manifest der »Sozialistischen Aktion« zur »Befreiung des deutschen Volkes von der Hitlerdiktatur« aufrief, die »niedergetretene Ehre« der Nation wieder aufgerichtet sehen wollte und für die »Freiheit in der sozialistischen Ordnung« nach Kriegsschluß eintrat: Für diese Art von Vaterlandsliebe kam der Sozialdemokrat 1933 ins KZ Buchenwald – bis 1938.

Die Hoffnung auf einen demokratischen Sozialismus schloß den konstitutionellen Inhalt des Vaterlandsbegriffes nicht aus, sondern setzte ihn voraus. Diese Verbindung von Sozialismus und Vaterland war allerdings auch vor Mißbrauch nicht gefeit. So gaben die diktatorisch gesinnten Bolschewiken nach 1917 die Parole aus, daß die Sowjetunion das »Vaterland der Werktätigen« sei: Eingedenk der Tatsache, daß dort die radikale Beseitigung der zaristischen Eigentumsordnung die einstigen »Habenichtse« jetzt zu Volleignern der Produktionsmittel machte – nominell, während in Wirklichkeit die »Nomenklatura« die Verfügung ausübte. In dieser Tradition stand auch die SED-Formel vom »sozialistischen Vaterland«, in dem hauptsächlich »volkseigene Betriebe« (VEB) wirtschafteten und die »bewaffneten Organe« das »sozialistische Eigentum« zu schützen hatten – bei gleichzeitiger Entmündigung der Arbeiter (→ Sozialismus).

Obgleich die Sozialdemokratie nach 1945 einige Schwierigkeiten hatte, sich mit dem neugeschaffenen und »autoritären Besitzverteidigungsstaat« (Kurt Schumacher, 1949) des Bonner Grundgesetzes anzufreunden, so war doch in diesem »westlich« orientierten Verfassungsstaat all das rechtlich garantiert, was mit der Anrufung des Vaterlandes 1789, 1848 und 1918 gefordert worden war - das Bemühen um → Gerechtigkeit, Menschenrechte und Gewaltenteilung.

Literatur

Ahlzweig, Muttersprache - Vaterland. Die deutsche Nation und ihre Sprache, 1991 ✦ *Antoni*, Sozialdemokratie und Grundgesetz, 2 Bde., 1991 ✦ *Arneitz*, Für Vaterland und zweite Heimat. Das Leben eines Kämpfers, Patrioten und Emigranten, 1990 ✦ *Ascherson*, Der Traum vom freien Vaterland - Polens Geschichte bis heute, 1987 ✦ *Augstein/Grass*, Deutschland, einig Vaterland? Ein Streitgespräch, 1990 ✦ *Bernstein*, Patriotismus, Militarismus und Sozialdemokratie, 1907 ✦ *Bieber*, Gewerkschaften in Krieg und Revolution. Arbeiterbewegung, Industrie, Staat und Militär in Deutschland 1914-1920, 2 Bde., 1981 ✦ *P. Brandt/Ammon* (Hrsg.), Die Linke und die nationale Frage. Dokumente zur deutschen Einheit seit 1945, 1981 ✦ *W. Brandt*, Arbeiter und Nation, 1954 ✦ *Csáky*, Vaterlandsliebe und Gesamtstaatsidee im Österreichischen 18. Jhd., 1989 ✦ *J. Deutsch*, Wehrmacht und Sozialdemokratie, 1927 ✦ *Diwald*, Deutschland einig Vaterland, 1990 ✦ *Ehmke*, ›Was ist des Deutschen Vaterland?‹ in: J. Habermas (Hrsg.), Stichworte zur »Geistigen Situation der Zeit«, 1979 ✦ *Eichberg*, Nationale Identität. Entfremdung und nationale Frage in der Industriegesellschaft, 1978 ✦ *Eisner*, Wilhelm Liebknecht, 2. Aufl. 1906 ✦ *Endlich/Mögenburg*, Deutschland - einig Vaterland?, 1992 ✦ *Flohr u. a.* (Hrsg.), Freiheitlicher Sozialismus. Beiträge zu seinem heutigen Selbstverständnis, 1973 ✦ *Foerster*, Der Preß- und Vaterlandsverein von 1832/33. Sozialstruktur und Organisationsformen der bürgerlichen Bewegung in der Zeit des Hambacher Festes, 1982 ✦ *Gabbe*, Parteien und Nation. Zur Rolle des Nationalbewußtseins für die politischen Grundorientierungen der Parteien in der Anfangsphase der Bundesrepublik, 1976 ✦ *Groh/P. Brandt*, »Vaterlandslose Gesellen«. Sozialdemokratie und Nation 1860-1990, 1992 ✦ *D. Grosser*, Vom monarchischen Konstitutionalismus zur parlamentarischen Demokratie. Die Verfassungspolitik der deutschen Parteien im letzten Jahrzehnt des Kaiserreichs, 1970 ✦ *Hanisch*, Für Fürst und Vaterland. Legitimitätsstiftung in Bayern zwischen Revolution 1848 und deutscher Einheit, 1991 ✦ *Heck*, Vaterland Bundesrepublik?, 1984 ✦ *E. Heinemann*, Für Kaiser und Vaterland. Hildesheim im Ersten Weltkrieg, 1989 ✦ *G. Heinemann*, Es gibt schwierige Vaterländer. Aufsätze und Reden 1919-1969, 2. Aufl. 1988 ✦ *Th. Heuss/Adenauer*, Unserem Vaterland zugute. Der Briefwechsel, 1989 ✦ *Hofer* (Hrsg.), Der Nationalsozialismus. Dokumente 1933-1945, 1957 ✦ *Hüppauf* (Hrsg.), Ansichten vom Krieg. Vergleichende Studien zum Ersten Weltkrieg in Literatur und Gesellschaft, 1984 ✦ *Kautsky*, Patriotismus und Sozialdemokratie, 1907 ✦ *Kirchheimer*, Politik und Verfassung, 1964 ✦ *Kosing*, Nation in Geschichte und Gegenwart. Studie zur historisch-materialistischen Theorie der Nation, 1976 ✦ *Kuby*, Mein ärgerliches Vaterland, 1989 ✦ *Matthias/Link* (Hrsg.), Mit dem Gesicht nach Deutschland. Eine Dokumentation über die sozialdemokratische Emigration, 1968 ✦ *T. Mayer*, Prinzip Nation. Dimensionen der nationalen Frage am Beispiel Deutschlands, 1986 ✦ *Musulin* (Hrsg.), Proklamationen der Freiheit, 1957 ✦ *Nakai*, Die deutsche Sozialdemokratie zwischen Nationalismus und Internationalismus 1945-1952, 1975 ✦ *Niepold*, Der deutsche Chauvinismus, 1913 ✦ *Pound*, Patria mia (Mein Vaterland), dt. 1960 ✦ *Prignitz*, Vaterlandsliebe und Freiheit. Deutscher Patriotismus von 1750-1850, 1981 ✦ *Pucher*, ... des Deutschen Vaterland. Wendigkeit statt Wende, 1984 ✦ *Reichwein*, Mit oder gegen Marx zur Deutschen Nation, (1932), 1985 ✦ *Ch. Römer*, Vaterland 1813-1815. Das Ende der napoleonischen Zeit in Braunschweig und Niedersachsen, 1990 ✦ *M. Scharrer*, Organisation und Vaterland. Gewerkschaften vor dem Ersten Weltkrieg, 1990 ✦ *F. Schenk*, Mein doppeltes Vaterland, 3. Aufl. 1989 ✦ *W. Sombart*, Händler und Helden. Patriotische Besinnungen, 1915 ✦ Stumpf, Eulogius Schneiders Leben und Schicksale im Vaterlande, 1792, ND 1978 ✦ *Szyrocki*, Andreas Gryphius. Sein Leben und Werk, 1964 ✦ *Tellenbach* (Hrsg.), Das Vaterbild, 4 Bde., 1979 ✦ *ders.* (Hrsg.), Das Vaterbild in Mythos und Geschichte, 1976 ✦ *v. Vollmar*, Sozialdemokratie und Vaterland, 1906 ✦ *Weidenfeld* (Hrsg.), Die Identität der Deutschen, 1983 ✦ *Wuthe*, ›Nation und Gesellschaft. Anmerkungen zum Problem der sozioökonomischen Bedingtheit der nationalen Fragen‹, in: Deutschland-Archiv 16, 1983 ✦ *Zieger*, Die Haltung von SED und DDR zur Einheit Deutschlands 1949-1987, 1988 ✦ *F. A. Zimmermann*, Rede über die gegenwärtige Gefahr des Vaterlandes gehalten am 7. des Aprils im Saale der Freunde der Freiheit und Gleichheit zu Straßburg im Namen seiner mit ihm durch die österreichischen und preußischen Horden aus den neuerrungenen deutschen Freiheitslanden vertriebenen Mitbrüder, 1793, ND 1991.

Verantwortung

Seit den 1960er Jahren gehört es schon fast zum politischen Alltag in Europa, daß nach einem gewalttätigen Übergriff oder Anschlag auf Personen und Sachen bestimmte Einzeltäter oder Terrorgruppen für ihr Zerstörungswerk »die Verantwortung übernehmen« – meist in Form von »Bekennerbriefen« (→ Terrorismus).

Dieses Ritual zeigt in jedem Falle neu, wie stark sich in den letzten Jahrzehnten Inhalt und Funktion eines Fundamentalbegriffs unserer → Kultur der Gegenseitigkeit verschoben haben. Denn im ursprünglichen Sinne bedeutete das Übernehmen einer Verantwortung die Bindung an das → Drittwesen, d. h. an eine dritte Gewalt, um sich im Schadensfall »zur Verantwortung ziehen« zu lassen, Rede und Antwort zu stehen sowie nach Maßgabe der Verhältnismäßigkeit gegebenenfalls eine Entschädigung zu leisten. Genau das aber wird von den Gewalttätern rundweg abgelehnt.

Mit der inhaltlichen Schwächung des Begriffs durch gewaltbereite Vertreter des politischen Extremismus in allen Lagern ging aber auch seine Stärkung einher. Er hat »ein solches Gewicht und eine solche Vertiefung gewonnen, daß wir mit Recht von ... der Verantwortung ... als einem neuen Grundwort unserer Sprache reden« können (Schwartländer, 1974).

Politische Verantwortung

In der Präambel zum Bonner Grundgesetz von 1949 verweist der Verfassungsgeber gleich im ersten Satz darauf, daß er »im Bewußtsein seiner Verantwortung vor Gott und den Menschen« gehandelt hat, als eine Verfassung der Menschenrechte und Gewaltenteilung für das Deutsche Volk zu erarbeiten war.

Obgleich in dieser Formel gleichsam alle vertraglichen Prinzipien des Verfassungswerkes zum Ausdruck kommen, ist in einem weit verbreiteten juristischen Fachkommentar zum Grundgesetz lediglich angemerkt: »Mehr als ein Hinweis auf ideologische Beweggründe des Grundgesetzgebers ist diesen Worten kaum zu entnehmen« (Seifert/Hömig).

In dieser Einschätzung gibt sich der Einfluß der historistischen wie rechtspositivistischen Deutschen Staatslehre zu erkennen, die nach dem Ende der aufklärerischen »Reichspublicistik« (1806) den → Staat nicht als Ausdruck einer Vertragslage verstehen wollte, sondern als Machtsystem nach Maßgabe des dynastischen Erbprinzips und einer »Kriegsverfassung«. Denn sonst müßte den Kommentatoren klar geworden sein, daß der Verantwortungsbegriff auf eine kontrollierbare Öffentlichkeit zielte, die Überprüfbarkeit der gesamten Verfassung erwartete und jeden öffentlichen Amtsträger an das Prinzip der Gegenseitigkeit band – allein schon durch den geforderten *Amtseid*, der durch die religiöse Formel »so wahr mir Gott helfe« bekräftigt werden konnte.

Wie gefährdet diese Auffassung von Verantwortung im Amt allerdings sein kann, ergibt sich immer dann, wenn Rechte und Pflichten bei ihrer Wahrnehmung nicht im rechten Verhältnis stehen (→ Gerechtigkeit), Rechtsverletzungen vorkommen oder gebotene Pflichten (Kontrollfunktionen) vernachlässigt werden. Erscheinen die Vorwürfe gegenüber einer fahrlässigen personalen Amtsführung als gravierend, dann wird die Einlösung der »politischen Verantwortung« gefordert: Das bedeutet oft den *Rücktritt* des Amtsinhabers noch vor einer parlamentarischen oder gar gerichtlichen Untersuchung (→ Mandat), selbst wenn ein untergebener Beamter oder sonstiger Mitarbeiter das angelastete Vergehen oder Versäumnis unmittelbar verschuldet hat.

Mit einer solch delegierenden Auffassung von Verantwortung im Amt wird die Vertragssubstanz des individuell zu leistenden Amtseides untergraben. Denn der politische und demokratisch legitimierte Amtsträger soll nach dieser Ansicht die Wirkung einer »korporativen Sippenhaft« anerkennen. Das heißt: Ein Minister oder Staatssekretär hat für Verfassungs- oder Rechtsbrüche und ähnliche Delikte in seinem Amtsbereich die »politische Verantwortung« zu übernehmen, die von unkündbaren Beamten verschuldet worden sind. Das Amtsrisiko muß demnach nicht vom Rechtsbrecher selbst getragen und verantwortet werden, sondern vom höheren Dienstherrn im Regierungsrang.

Wohin diese verzerrte Verantwortungslage führen kann, wird immer wieder durch spektakuläre Fälle verdeutlicht, ohne daß eine Abhilfe oder Korrektur dieses offenkundigen Mißstandes auch nur diskutiert wird. Der Rücktritt des Bundesinnenministers und höchsten Verfassungsschützers Rudolf Seiters im Juli 1993 hat den fatalen Mechanismus besonders deutlich erkennen lassen. Denn die »Pannen« bei der Festnahme zweier mutmaßlicher RAF-Terroristen in Bad Kleinen gingen nicht auf das persönliche Versagen des zuständigen Ministers zurück, sondern waren in der Hauptsache vom Bundeskriminalamt (BKA) und anderen nachgeordneten Stellen zu »verantworten«

– von »Beamten auf Lebenszeit«, die kaum belangt werden konnten.

Wie diese eklatante Schwäche im Verantwortungsverhalten der Bonner Republik politisch ausgenutzt werden konnte, vermittelten in der Vergangenheit zahlreiche sogenannte »Spionagefälle«. Darunter nimmt wohl die Affäre Guillaume von 1974 den vordersten Platz ein. Denn es war der DDR- und Stasi-Führung gelungen, den NVA-Offizier Guillaume in die nächste Umgebung des Bundeskanzlers Willy Brandt (1913-93) zu schleusen, um auf diese Weise Nachrichten aus dem innersten Machtkreis der Bundesregierung zu erhalten. Mit dem Hinweis, daß er als Bundeskanzler »nicht erpreßbar« sei, trat Willy Brandt von seinem Amt zurück. Auch die Tätigkeit von Sekretärinnen, die im Dienst der DDR standen, hatte neben dem Ausspionieren von Bundesministerien den zusätzlichen Zweck, unliebsame Amtsinhaber nach dem in Bonn üblichen Verantwortungsritual auszuschalten: Bei Entdecken der Spionin war ein Rücktritt zu erwarten.

Eine dringend gebotene Änderung dieses untragbaren Zustandes kann aber nur dann gelingen, wenn die Verantwortung als »Responsabilitas« in ihrem Vertragskern und drittwirkenden Gegenseitigkeitsgebot erkannt wird. Die lateinische Formel weist dazu den Weg. Denn der Begriff »respondere« meint nicht nur, »Gleiches für Gleiches leisten« (Kommutationsprinzip) oder ein »Rechtsgutachten erteilen« (Drittwesen), sondern auch einer »Verpflichtung nachkommen« (Mutualitätsprinzip), um auf diese Weise in einem Amts- oder Rechtsgeschäft »die Waage zu halten« (Gerechtigkeitsgebot).

Wird diese innere Qualität des Verantwortungsbegriffs nicht bedacht, dann erscheint das Einfordern von Konsequenzen im Schadensfall als Ritual eines einseitig angelegten *Pflichtfetischismus*. Die destabilisierende Folge eines solchen Verhaltens kann dann nur darin bestehen, daß die wirklich Verantwortlichen straffrei bleiben, obgleich sie keine demokratische Legitimation besitzen.

»Nicht responsabel«

Das auch in der älteren deutschen Rechts- und Verwaltungssprache verwendete Wort »responsabel« für »verantwortlich« hat vor allem unter den prägenden Wirkungen des → Absolutismus den mutuellen Bezug zum römischen Verantwortungsdenken weitgehend verloren.

Ein Hauptgrund für die innere Schwächung des Rechenschaftsbegriffs im Amt liegt in der absolutistischen Bestimmung, daß ein Monokrat oder höchster Dienstherr im Vollbesitz seiner patrimonialen Erb- und Hausmacht »für seine Aktionen nicht responsabel« sein sollte. Schließlich gab es in den Machtsystemen nach Maßgabe des »dynastischen Prinzips« keine gerichtliche oder parlamentarische Instanz, vor der ein »Souverän« wegen seiner schädlichen Amtsführung angeklagt werden konnte. Das »Pfälzische Gericht« der Kurfürsten seit 1356 wurde denn auch von Juristen und Anhängern des Absolutismus im 18. Jahrhundert als »Chimäre« geschmäht.

War unter diesen Gegebenheiten der »Souverän« nicht für seine Taten verantwortlich, dann konnten es auch seine Bediensteten nur bedingt sein. Denn sie hatten nicht nur einen »blinden Gehorsam« (*caeca oboedientia*) geschworen, sondern gleichzeitig zugesagt, jeden Befehl mit »bornierter Exaktheit« (Friedrich II. von Preußen, 1753) auszuführen. Spätere Korrekturen im Sinne einer Verwaltungsgerichtsbarkeit, die dem betroffenen Bürger einen gewissen Rechtsschutz gegenüber Maßnahmen der Verwaltung einräumte, haben die Behörden-Mentalität der »Unverantwortlichkeit« nur graduell verändert: In ihrer Substanz stand fest, daß mit jeder Diensthandlung ein nicht hinterfragbarer Hoheitsakt ausgeübt wurde – »im Namen des Königs« und nicht im Namen des Volkes oder des Rechts.

Diese Behördentradition des »nicht responsabel« erklärt auch, warum im politischen Bereich die Reichskanzler und Minister zwischen 1871 und 1918 nicht dem Reichstag, sondern dem jeweiligen Kaiser »verantwortlich« waren, der selbst keine demokratische Legitimation vorzeigen konnte und entlassene Kanzler, Minister und andere Bedienstete in der Regel straffrei hielt.

Wie stark diese Mentalität der *Unverantwortlichkeit im Amt* immer noch wirkt, soweit es sich um ein persönliches Verschulden oder Versäumen handelt, ergibt sich aus der Anwendung des Artikels 34 GG. Dort heißt es zur Haftung bei Amtspflichtverletzungen, daß »die Verantwortlichkeit grundsätzlich den Staat oder die Körperschaft trifft, in deren Dienst« ein Beamter steht. Die Möglichkeit eines »Rückgriffs« auf den schädigenden Beamten als Person erscheint nach diesem Verantwortungsverständnis in hohem Maße »nachgeordnet« und in den »Vorbehalt« des jeweiligen Dienstherrn gestellt.

Ein vertraglicher Ausdruck von »Treu und Glauben« im Amt oder der römischen »Fides publica« mit dem Gemeinwohlgebot ist diese Absicherung der Unverantwortlichkeit in keinem Fall. Sie entspricht dem Behörden- und Beamtendenken innerhalb des Hohenzollernschen Hausstaates und hat mit dem Gegenseitigkeitsgebot des Vertragswesens nichts zu tun. Diese Haltung zeigt sich auch dort, wo die *Staatshaftung* der Bundesrepublik Deutschland bei Schäden, die von ihrer öffentlichen Verwaltung am Bürger schuldhaft verursacht wurden, im Vergleich zu anderen demokratischen Republiken wie den USA mehr als kümmerlich ist und dem Verfassungsprinzip der Gegenseitigkeit wie der Verhältnismäßigkeit widerspricht.

»Prinzip Verantwortung«

In der »Welt der Werte«, die Friedrich Meinekke in seinen Studien zur »Idee der Staatsräson« gerne bemühte, wird zwar ausgiebig von der »Staatsnotwendigkeit« gesprochen, aber über eine Verantwortung der Fürsten aus Prinzip und nach Maßgabe der Vertragstreue ist nirgendwo die Rede.

Auch dort, wo Max Weber von der *Verantwortungsethik* im Wirkungsbereich der »Politik als Beruf« (1919) spricht, versäumt er es, das römisch-republikanische Erbe der Mutualität oder des reziproken Rückgriffs für das Individualverhalten der Politiker im öffentlichen Amt aufzugreifen und das demokratische Gegenmodell zum borussischen Beamtenstatus zu entwerfen. Stattdessen orientiert sich sein Verständnis von Verantwortung an einer meist gruppenbezogenen (Familie, Partei, Betrieb, Staat) »ökonomistisch-opportunistischen Erfolgsethik« (Günter Kirchhoff), die einer übergreifenden wie auf den Einzelfall gerichteten Rechenschaftslage nicht eben dienlich ist.

Angesichts der wachsenden Bedrohungen für die Arbeits- und Lebenswelt als Folge der Industrialisierung regt sich aber seit der Anti-Atom-Bewegung der 1950er Jahre und im Zuge der Umwelt- und Bürgerrechtsbewegung das Nachdenken über eine Verantwortung des Einzelmenschen im privaten Verhalten wie in der ökonomischen und öffentlichen Tätigkeit. Der Philosoph und Religionshistoriker Hans Jonas spricht angesichts der individuell-lokalen wie gesellschaftlich-globalen Interessen der Menschen an einer lebensnotwendigen Erhaltung der Natur (Schöpfung) vom »Prinzip Verantwortung«, das aus der Gegenwart in die Zukunft wirken soll – zur Verhinderung nicht nur eines Zusammenbruchs der materiellen Welt, sondern auch zur Stärkung des geistigen Widerstands gegen eine »unverantwortliche« Zerstörung der Daseinsgrundlagen aus Profitinteressen.

Literatur

Aebi/Gorgé, Verantwortung des Wissenschaftlers, 1976 ✦ *Anweiler*, Wissenschaftliches Interesse und politische Verantwortung. Ausgewählte Schriften, 1990 ✦ *K. O. Apel*, Diskurs und Verantwortung. Das Problem des Übergangs zur postkonventionellen Moral, 1990 ✦ *K. Berger u. a*, Ökologische Verantwortung, 1991 ✦ *Böckli*, Insiderstrafrecht und Verantwortung des Verwaltungsrates, 1989 ✦ *Böhme/Gamm* (Hrsg.), Verantwortung in der Wissenschaft, 1988 (Ring-Vorlesung) ✦ *K. Bringmann*, Gesinnung und Verantwortung. Beiträge zur Publizistik aus fünf Jahrzehnten, 1987 ✦ *Bürkle*, ›Werteerziehung‹, in: PPH, 1985 ✦ *Buri*, Verantwortung übernehmen. Ein Lesebuch, 1987 ✦ *Christen/Kirchschläger* (Hrsg.), Verantwortung. Niklaus von Flüe, 1987 ✦ *Danner*, ›Verantwortung und Pädagogik‹, in: Hochschulschriften Erziehungswissenschaft Bd. 16, 1983 ✦ *Ellwein*, Über politische Verantwortung, 1977 ✦ *ders.*, Verwaltung und Verwaltungsvorschriften. Notwendigkeit und Chance der Vorschriftenvereinfachung, 1989 ✦ *Ellwein/Hesse*, Das Regierungssystem der Bundesrepublik Deutschland, 6. Aufl. 1987 ✦ *Gatzemeier*, Verantwortung in Wissenschaft und Technik, 1989 ✦ *Gorschenek* (Hrsg.), Grundwerte in Staat und Gesellschaft, 1977 ✦ *Hauschild*, ›Verantwortung‹, in: Handwörterbuch der Organisation, 1969 ✦ *F. Heidemann u. a*, Verantwortung für die Zukunft. Konsequenzen begrenzter Ressourcen für Wissenschaft, Wirtschaft, Gesellschaft, 1989 ✦ *H. Jonas*, Das Prinzip Verantwortung. Versuch einer Ethik für die technologische Zivilisation, 1989 ✦ *ders.*, Ohnmacht der Subjektivität. Das Leib-Seele-Problem im Vorfeld des Prinzips Verantwortung, 1981 ✦ *Kirchhoff*, Verantwortung in der Arbeitswelt, 1978, 1983 ✦ *ders.*, ›Verantwortung‹, in: PPH, 1985 ✦ *Kirchof/Träger* (Hrsg.), Verantwortlichkeit und Freiheit. Die Verfassung als wertbestimmte Ordnung. Festschrift für Willi Geiger, 1989 ✦ *Kurzdörfer*, Pädagogik des Gewissens. Geschichtlich-systematische Analysen zu einer Interdisziplinaritätsproblematik, 1982 ✦ *J. Lotz*, Sein und Wert, I, 1938 ✦ *W. Mommsen*, Max Weber. Gesellschaft, Politik und Geschichte, 1974 ✦ *M. Müller*, Über Grundbegriffe philosophischer Wertlehre, 1932 ✦ *Reininger*, Wertphilosophie und Ethik, 3. Aufl. 1947 ✦ *Rupp von Brünneck*, Verfassung und Verantwortung.

Gesammelte Schriften und Sondervoten, 1983 ✦ *Ryffel*, ›Verantwortlichkeit‹, in: Handwörterbuch des öffentlichen Dienstes. Das Personalwesen, 1976 ✦ *Sailer*, Medizin in christlicher Verantwortung, 1982 ✦ *Saladin*, Verantwortung als Staatsprinzip. Ein neuer Schlüssel zur Lehre vom modernen Rechtsstaat, 1984 ✦ *ders.*, Das Verwaltungsverfahrensrecht des Bundes, 1979 ✦ *Saladin/Zenger*, Rechte künftiger Generationen, 1988 ✦ *v. Schenk*, ›Die anthropologische Kategorie der Verantwortung‹, in: Studia Philosophica, XVI, 1956 ✦ *Schmäing*, Autonomie und Verantwortung. Kybernetik von Sozialsystemen, 1990 ✦ *Schüler*, Verantwortung. Vom Sein und Ethos der Person, 1948 ✦ *Schwartländer*, ›Verantwortung‹, in: Handbuch philosophischer Grundbegriffe, Bd. 6, 1974 ✦ *Senghaas-Knobloch/Volmerg*, Technischer Fortschritt und Verantwortungsbewußtsein, 1990 ✦ *E. Spranger*, Erziehung zum Verantwortungsbewußtsein, 1969 ✦ *Trillhaas*, ›Bildung und Sittlichkeit‹, in: Handbuch der christlichen Ethik, Bd. 2, 1978 ✦ *K. Ulmer* (Hrsg.), Die Verantwortung der Wissenschaft, 1975 ✦ *H. Vetter u. a.*(Hrsg.), Verantwortung. Beiträge zur praktischen Philosophie. Festgabe für Johann Mader, 1987 ✦ *Wartenberg*, Parlamentarische Verantwortung und Kontrolle in der Bundesrepublik Deutschland. Ein Beitrag zur aktuellen Reformdiskussion über die Deutsche Bundespost unter besonderer Berücksichtigung der Gewaltenteilung, 1990 ✦ *Weischedel*, Das Wesen der Verantwortung, 1958 ✦ *Wilhelm*, In Verantwortung für die Kommenden, 1975 ✦ *D. Wolf* (Hrsg.), Verantwortung für die Schöpfung, 1986.

Verfassung

Wurde in Alteuropa vor 1789 ein politisches Gemeinwesen als »Societas civilis sive respublica« wie ein geschlossenes System oder ein Individuum aufgefaßt, dann war meist auch von dessen »Constitutio« die Rede (→ Nation). Die Staats- und Verfassungslehre seit dem Mittelalter verstand darunter nach antiken Vorbildern den »besten inneren Zustand« (*optimus status*) und sprach auch von der »guten Verfassung« einer öffentlichen wie privaten → Ordnung, sofern sie sich in einem gerechten Gleichgewicht aller Kräfte befand.

Dieser organizistischen Vorstellung entsprach die metaphorisch gemeinte Dreiteilung der wichtigsten »Organe« im Gemeinwesen. Ein Kaiser, König oder Landesfürst galt nach diesem Modell als »Haupt« des Ganzen, der Reichsrat oder Senat wurde als der vermittelnd tätige »Hals« aufgefaßt, und die Stände mit ihren Einzelklassen bewertete man als »Glieder« oder auch als »Körper« (*corpus*). Fanden sich die drei Bestandteile zu einem Hoheitsakt zusammen (Reichstags- oder Landtagsbeschluß) und bestätigten dabei ihre vertragliche »Concurrenz« (→ Drittwesen), dann konnte wie in Frankreich bei einem »Lit de justice« (Gerechtigkeitsbett oder höchste Beschlußfassung) das Gemeinwesen als »corpus mysticum« eingeschätzt werden – als korporative und integrative Identität aller konstitutiven Teile.

Die Forderung, besonders in Krisen-, Not- und Kriegszeiten »wie ein Mann« zusammenzustehen, um alle andringenden Gefahren gemeinsam abzuwehren (→ Krieg), bekräftigte die alteuropäische Ansicht, daß eine Konstitution oder Verfassung mit all ihren Rechtsgarantien, Satzungsvorschriften und Verfahrensregeln in erster Linie eine *Schutz- und Friedensordnung* für »Land und Leute« zu sein hatte – nach innen wie nach außen (→ Außenpolitik).

Das »Wohlproportionierte Regiment«

Wichtige Einzelverfassungen wie die »Magna Charta« von 1215 in England, die »Goldene Bulle« von 1356 im Heiligen Reich, das »Reichsrecht« von 1442 in Schweden, die »Articuli Henriciani« von 1572 in Polen oder die »Habeas-Corpus-Akte« von 1679 wiederum in England zeigen neben ähnlichen Satzungen in anderen Ländern des → Abendlandes, wie stark das Bedürfnis nach Rechtssicherheit die → Politik geprägt hat – lange vor den → Revolutionen des 18. und 19. Jahrhunderts.

All diesen Verfassungen war das Vertragssystem der »Drei Vorrechte« (*Trois Prérogatives*) gemein. Ganz im Sinne der Ansicht des Aristoteles, daß jede gerechte Ordnung aus einem regierenden, ratenden und richtenden Teil bestehen sollte, wurden des »Königs Majestät«, des »Rates Autorität« und der »Stände Libertät« interdependent aufeinander bezogen, um mit dieser öffentlichen Kompetenzverteilung auch die → Verantwortung im Amt genau festzulegen.

Gelang es, diese dreigliedrige Struktur nach dem Vorbild der Römischen Republik mit ihren Konsuln, dem Senat und den Comitien ohne große Reibungsverluste abzustimmen und gedeihlich arbeiten zu lassen, dann wurde von einem »wohlproportionierten Regiment« gesprochen, zumal wenn es noch weitgehend einer »Symmetrie des Eigentums« (Aristoteles) entsprechen konnte (→ Ständewesen).

Der Kern aller rechtlich-politischen Traktate zur Struktur der besten inneren Ordnung in einem Gemeinwesen (Dorf, Stadt oder Land) konzentrierte sich vor den Zeiten des diktatorischen → Absolutismus auf diese vertraglichen Vorgaben und materiellen Bindungen. Daran muß stets von neuem erinnert werden, weil die »absoluten Herren« seit dem 16. und verstärkt im 17. Jahrhundert bestrebt waren, »nicht den geringsten Schatten von denen alten Verfassungen« (Dohna) gelten zu lassen, und die politische Kultur des Ständewesens systematisch zerstören wollten: Statt »Reichs-Constitutionen« zu achten, wurde die absolute Geltung von »Haus-Constitutionen« erzwungen und damit der uneingeschränkte Vorrang der herrschenden Dynastie mit ihren »Verfassungen und Grundgesetzen«.

Ohne Kenntnis dieser oft dramatisch vollzogenen Umpolung ständisch-libertärer Verfassungen durch die dynastischen → Diktaturen kann der Eindruck entstehen, als sei das moderne Verfassungsdenken nur ein Ergebnis der Revolutionen von 1776 in Amerika, 1789 in Frankreich oder 1848 im Deutschen Bund. Eine solche Verkürzung, wie sie vor allem von der »Deutschen Staatslehre« nach 1806 verfochten wurde, muß sich auch auf das Verständnis vom »modernen Staat« auswirken: Dieser wurde nicht von den Fürsten und ihrem »Persönlichen Regiment« geschaffen, sondern von jenen freiheitlichen Kräften, die sich gegen ihre Diktaturen wandten und in Revolutionen häufig dort anknüpften, wo sich die Erinnerung an eine »landständische Verfassung« aus alten Zeiten erhalten hatte (→ Staat).

Die konklusive Konstitution

Ein besonderes Kennzeichen des »Jus Publicum Europaeum«, wie es noch Rousseau anhand der Verfassungslage im Heiligen Reich gerühmt hatte, waren bestimmte »Fundamentalgesetze« (*leges fundamentales*). Sie galten in aller Regel als »gemeinschaftlich beschlossene Verträge« oder »pacta conventa« (Adelsrepublik Polen) und drückten in ihren Abmachungen einen Rechtsbestand sowie festgeschriebene Machtlagen aus.

Jedes dieser Fundamentalgesetze, die nach dem Konsensprinzip »Quod omnes tangit« eingehend beraten und beschlossen werden mußten, durfte bereits bestehende Grundgesetze oder Verfassungen nicht in deren Vertragskern ersetzen, sondern hatte diese zu ergänzen, um damit die Rechtssicherheit im Gemeinwesen zu stärken: Der Zusammenschluß von »Haupt und Gliedern«, »Kaiser und Ständen« oder »König und Reich« macht als *Vertrags-Concurrenz* das Wesen einer konklusiven Konstitution aus.

Dieses Grundmuster einer kumulierenden Verbindung unterschiedlicher »fundamental laws«, »lois fondamentales« oder »fundamentallagar« ist vor allem unter deutschen Juristen, Historikern und Politologen fast ganz in Vergessenheit geraten, weil sie vornehmlich nach dem Wiener Kongreß (1815) bis zur Revolution von 1918 damit beschäftigt waren, Macht-Legitimationen für den »dynastischen Fürstenstaat« (Johannes Kunisch) zu liefern. Die von der borussischen Behördenkunde (Hintze, Jellinek, Hartung) bevorzugte Unterscheidung in einen »insularen« (England) und »kontinentalen« (Frankreich) Verfassungstyp übergeht denn auch das Vertragssystem einer »Fundamentalgesetz-Verfassung oder Constitution«, wie es schon 1660 auf Schwedens Reichstag hieß – in guter Übereinstimmung mit einer gemeineuropäischen Tradition.

Zur besseren Orientierung in dieser Vielfalt kann auch von einer *libertären Verfassung* gesprochen werden, weil sie sich ihrem rechtlichen, politischen und sozialen Auftrag gemäß um die Garantie, Pflege und Stärkung der ständischen Libertäten oder Freiheiten verdient machen muß, die auf des »Königs Majestät« wie des »Rates Autorität« vertraglich bezogen sind. Diese Ausrichtung auf die politischen Stände mit dem zugehörigen Korporationswesen und dem System der Meritokratie (→ Gerechtigkeit) unterscheidet die libertäre von der *liberalen Verfassung* des Nach-Absolutismus. Denn deren politische und soziale Trägerschaft bestand und besteht noch heute in der Hauptsache aus → Parteien, Zweckverbänden, berufsständischen Korporationen und meist lokalen Wählervereinigungen: Man könnte auch sagen, daß sich die überkommene »geschlossene Gesellschaft« in eine leidlich »ofene Gesellschaft« verändert hat (Karl Popper).

Bei den Verfassungsmodellen ist aber gemein, daß ihr strukturelles Wesen drittwirkenden Verträgen entspricht, sie die fundamentale Abgrenzung von vorgeordnetem Recht (*jus*) und nachgeordnetem Gesetz (*lex*) verlangen, das Eigentumsprinzip »Mein und Dein« garantieren sowie die Unterscheidung von Substanz

(Verfassung) und Akzidens (Verwaltung) vollziehen. Gleichzeitig bekennen sie sich zum Rechtsstaatsgebot und Legalitätsprinzip, um auch auf diese Weise das dauerhaft zu sichern, was auf englischer Seite einmal »Government by Constitution« genannt worden ist.

Die konklusive Konstitution des Heiligen Reiches bestand im wesentlichen aus dem Mainzer Reichslandfrieden von 1235, der Goldenen Bulle von 1356 (Kaiser-Wahlgesetz und Statusordnung der sieben Kurfürsten), der Reichskammergerichts-Ordnung von 1495, dem Augsburger Religions- und Profanfrieden von 1555, dem »Reichs-Fundamentalgesetz« des Teutschen Friedens von 1648 sowie aus den einzelnen Kaiser-Kapitulationen (Herrschaftsverträge), die von 1745 an als »immerwährend« erklärt wurden. Zu diesem »Teutschen System«, wie es im Laufe des 18. Jahrhunderts von der »Reichs-Publicistik« als Verfassungshüterin und aufklärerische Juristenbewegung mitunter genannt wurde, kamen noch wichtige Teile aus der Kirchenverfassung hinzu, namentlich das sogenannte »Fürsten-Konkordat« von 1448 mit dem Heiligen Stuhl, das in seiner Vertragssubstanz trotz unterschiedlicher Rechtsnachfolger des Heiligen Reiches noch heute Gültigkeit besitzt.

Diese eigenartige Kumulativ-Ordnung der gegenseitigen Ergänzung entspricht dem Föderativwesen (→ Staat) der »Herrlichen Reichs-Struktur« und hat nichts mit angeblichen Besonderheiten eines »Germanischen« oder gar »Deutschen Rechts« zu tun. Denn sie beruht auf den Traditionen des Case-Law oder Fall-Rechtes im republikanischen Rom, die sich auch in der Verfassung Frankreichs vor 1789 feststellen lassen.

Unter den hier seit Jahrhunderten geltenden »lois fondamentales« regelte vor allem die Forderung nach der »Katholizität« jedes Franzosen das religiöse, rechtliche, politische, korporative und sogar das ökonomische Leben (Fernhalten der Juden von fast allen Berufen). Kein König, der auf dieses Gesetz geschworen hatte, durfte in den Ländern der *Krone Frankreich* die Ketzerei als Abfall von der Römischen Universalkirche zulassen, sofern er als »gerechter König« (*roi juste*) aufgefaßt und geachtet werden wollte. Das »Edikt von Nantes« (1598), das König Heinrich IV. in einem »Lit de justice« erzwungen hatte, um den Hugenotten (Calvinisten) in Frankreich eine dauerhafte Bleibe zu sichern, war demnach ein schwerer Verfassungs- und Eidbruch – einer der Gründe für seine Ermordung im Jahre 1610 (→ Tyrannentod). Darüber hinaus war die Aufhebung des Ediktes im Jahre 1685 durch Ludwig XIV. kein »despotischer Akt«, wie die hugenottische Opposition verständlicherweise meinte, sondern der Vollzug des königlichen Verfassungseides (*serment*) und damit eine »gerechte Tat«.

Das zweite Fundamentalgesetz der Krone Frankreich bildete das »Salische Erbfolgegesetz« (*loi salique*). Es war in Ablösung der Königswahl nach den drittwirkenden Bindungen eines Erblehens (Emphyteuse) strukturiert (→ Erbwesen) und ließ bei der Thronfolge nur in der Ehe gezeugte männliche Anwärter zu, die sich den Bedingungen der Erstgeburt (Primogenitur) zu unterwerfen hatten. Aus diesen unabdingbaren Rechts- und Verfassungsgründen hob denn auch das Parlement de Paris als höchstes und zuständiges Gericht in Frankreich das Testament Ludwigs XIV. nach dessen Tod 1715 auf: Der »Sonnenkönig« hatte nämlich seine unehelichen Söhne in die Reihe der Thronfolger gestellt, und das war Verfassungsbruch.

Neben der Forderung nach einem vertragsfähigen Alter von 13 Jahren als Volljährigkeit für einen regierenden König, seinem Eid auf die konklusive Konstitution sowie seiner kirchlichen Salbung (*sacre*) besaß auch die »Unveräußerlichkeit der Krondomänen« die Qualität eines Fundamentalgesetzes, das allen einfachen Gesetzen, Verordnungen oder Erlassen unabdingbar vorgeordnet wurde und bestimmend blieb.

Auf diese Eigenschaft des Krongutes besannen sich noch 1790 die Revolutionäre aus klerikalen Kreisen um Talleyrand (Bischof von Autun) und beschlossen eine »Zivilverfassung«: Sie regelte fortan die umfassende Enteignung von Kirchengütern und erklärte diese zu Gemeinbesitz oder »Nationalgütern«, die von jedem Bürger gekauft werden konnten. Die Proteste des Heiligen Stuhls gegen diese verfassungskonforme Rückführung von Steuergütern aus der »Toten Hand« (die Kirche zahlte darauf keine Grundsteuer) in die Nutzung der Öffentlichen Hand blieben vergeblich.

In *Schweden* besaß das »Reichsrecht« (Landslag) von 1442 als den einzelnen Landschafts-Rechten übergeordnete Verfassung eine fundamentalgesetzliche Qualität, die selbst die

Änderungen während der → Reformation überstand. Wie sehr man darauf bedacht war, dieses säkulare Verfassungswerk des Königs Christopher aus dem teutschen Hause Wittelsbach in seiner Vertragssubstanz zu erhalten, vermittelt die Umwandlung des Wahlkönigtums im Jahre 1544 in eine Thronfolge für das Haus Vasa. Dabei ersetzte die »Erb-Vereinigung« (*unio haereditaria*) von Västerås lediglich den bisherigen Wahlakt durch eine agnatische Erbfolge, aber der jeweils neue Erbkönig war wie in Frankreich oder bei den Kurfürsten im Heiligen Reich gehalten, vor Regierungsantritt einen Herrschaftsvertrag abzuschließen und zu beschwören. Auch hier stand das »Erblehen« Modell für eine Nachfolgeregelung im königlichen Amt, die Wahl und Erbe verbinden konnte: Trotz einiger Änderungen im Norrköping-Beschluß von 1604 (eine weibliche Erbfolge war unter Umständen möglich), während der »Envälde« von 1680 bis 1718 und in der Revolution von 1809 ist dieses Fundamentalgesetz in Gestalt einer »Successions-Ordnung« noch heute geltendes Recht.

Die »Religions-Vereinigung« (*unio religionis*) von Uppsala im Jahre 1593 schrieb im Rahmen eines »nationalen Konzils« das Staatskirchentum fest, nach dessen Maßgabe in Schweden-Finnland nur die »Augsburgische Konfession« gelten durfte. Lockerungen in Einzelfällen haben auch hier die ursprüngliche Vertragssubstanz nicht verändert. Eine wirkliche Trennung von Kirche und Staat (*skilsmässa*) hat noch immer nicht stattgefunden, so daß in fundamentalen Kirchenfragen der Reichstag stets das »letzte Wort« behält.

Eine wesentliche Ergänzung haben diese Fundamentalgesetze durch die einzelnen »Königs-Versicherungen« erhalten. Sie entsprachen als Herrschaftsverträge den »Handfesten« der Wahlkönige Dänemarks vor 1661 (Einführung der »Enevaelde« als Patrimonialerbe) ebenso wie den Wahlkapitulationen der Kaiser im Heiligen Reich oder den »Articuli Henriciani« in Polen. Mit diesen Versicherungen, die oft juristische Meisterwerke waren, sollte das »Recht des Königs« (*jus regis*) in seinem Vertragsamt ebenso fest garantiert bleiben wie das »Recht des Reiches« (*jus regni*), was nur gelingen konnte, wenn das »Drittrecht« (*jus tertii*) und damit das Wohl jedes Untertanen wie das Gemeinwohl beachtet wurde (Axel Oxenstierna).

Die berühmte »Regierungs-Form« (*Forma Regiminis*) von 1634 aber und das 1660 durch den Reichstag angenommene »Additament« zu dieser Verfassung wurden nicht als »Fundamentalgesetz« der Krone Schweden bekräftigt, wenngleich beide von den Vormundschaftsregierungen (für Christina bis 1644 und für Karl XI. bis 1672) behandelt wurden, als hätten sie diese rechtliche Qualität. Auch in diesem Bereich wirkte nicht irgendein ominöses »Germanisches Recht«, wie Schwedens Anhänger des Teutonismus in ihrer Abwehr des Römischen Rechts glauben, sondern das Distinktionsvermögen der Vertragslehre. Deshalb berief sich auch Johan Skytte, einer der besten Lateiner in ganz Europa und ein Lehrer Gustav Adolfs, auf die Fundamentalformel: »Der Staat in seiner Verfassung ist eine Sache, seine Verwaltung eine andere« (*«Aliud est status, aliud est administratio status«*, 1636 im Reichsrat).

Diese Grundposition erklärt auch, warum die »Regierungs-Form« von 1720 (unter dem Hause Hessen) als Neuordnung auf die »Drei Vorrechte« von 1634 zurückgriff und 1772 beim Staatsstreich Gustavs III. wieder beseitigt wurde. 1809 dann bestätigte die angenommene »Regierungs-Form« den Vertragskern aller ihrer Vorgänger und blieb bis 1975 in Kraft. Der 1866 eingeführte Zwei-Kammer-Reichstag und der 1968 reformierte Ein-Kammer-Reichstag besitzen mit ihren spezifischen Ordnungen (*stadgar*) zum Wahlrecht und zur Ämterbesetzung die Qualität von Fundamentalgesetzen – nicht anders als das »Presse-Statut« von 1949.

Tatsächlich verfügt das Königreich Schweden über keine Verfassung, die in einem einzigen Dokument alle Bereiche des öffentlichen Lebens umfaßt und regelt: Vielmehr gilt auch hier das konklusive und in seiner strukturellen Wirkung kumulative Prinzip, nach dem die Rechts- und Gesetzessammlung »Des Reiches Schweden Gesetz« (*«Sveriges Rikes Lag«*) angelegt ist.

Eine ganz ähnliche Struktur des Öffentlichen Rechtes ist im »United Kingdom« von *Großbritannien* auszumachen. Von der Magna Charta aus dem Jahre 1215, die als Fundamentalvertrag immer noch Rechtsgeltung besitzt, über die Habeas-Corpus-Akte von 1679, der Bill of Rights von 1689, dem Act of Settlement von 1700 bis zur Reform-Bill im Jahre 1832 finden sich Abkommen zwischen König und Parlament (*Rex in parlamento*), die als »fundamental law« gelten und in den Substanzbereich des Rechtes gehören, also einen höheren Rang einnehmen als einfache Gesetze.

All die substantiellen Regelungen ergeben einen historisch bedingten Verfassungsbestand, der außerhalb des angelsächsischen Rechtslebens zu der Annahme führte, das »Vereinigte Königreich« von England, Wales, Schottland und Nord-Irland hätte »mit der Gesetzgebung vor und nach der Glorious Revolution (1688) die Versuche aufgegeben, ein geschriebenes Staatsgrundgesetz zu schaffen« (*GuS*, 1992).

Diese Ansicht beruht auf einem Mißverständnis, das wohl der Jurist und Universitätslehrer Sir Mathew Hale seit den 1620er Jahren mit seiner Rechtssystematik verursacht hat. Er bezeichnete nämlich alle Gesetze mit einer »unvordenklichen« («*time out of mind*«) Herkunft als »ungeschriebene Gesetze« (*leges non scriptae*), obgleich sie schriftlich abgefaßt und von den Gerichten verwendet wurden: Der Terminus »ungeschrieben« bezog sich demnach nur auf die Unkenntnis, zu welchem Zeitpunkt diese Gesetze ursprünglich formuliert worden waren.

Alle Fundamentalgesetze und Parlamentsakte betrachtete Hale als »geschriebene Gesetze« (*leges scriptae*), die allerdings nie in einem einzigen Dokument zusammengefaßt worden sind – so wenig wie im Heiligen Reich, Frankreich, Schweden, Polen oder auch in Ungarn und Spanien. Deshalb gibt es in den Reihen der Konservativen Partei seit Jahren gewisse Bestrebungen, Großbritannien eine »Charta« im Sinne einer Gesamtverfassung zu geben. Deren Befürworter folgen der französischen Tradition seit 1791 (September-Verfassung) und sehen im Bonner Grundgesetz der Deutschen eine höhere »Modernität«.

Das Ausschluß-Prinzip

Alle Verfassungen – auch diejenigen zu »libertären« Zeiten – sind nicht nur auf »die Beschränkung und Eingrenzung von Macht« (Martin Gralher) gerichtet, sondern gleichzeitig so angelegt, daß eine volle Anwendung zugestandener Herrschaftsrechte und Ordnungskompetenzen möglich wird. Dieser aus Gründen der Einzelverantwortung notwendige Rechtsrahmen verlangt für Obrigkeit und Untertanen oder Regierende wie Regierte genau festgelegte Ausgrenzungen nach Maßgabe notwendiger *Arbeitsteilung*. Damit aber wird eine Verfassung in ihrem Kernbereich auf besondere Weise exklusiv, indem sie ausschließende Ansprüche und Zuständigkeiten reguliert.

Exklusion findet auch dort statt, wo eine Gesamtverfassung alle voraufgegangenen Teilverfassungen oder Fundamentalgesetze aufhebt oder eliminiert und vollkommen durch eine Neuordnung aller Bereiche des öffentlichen und oft auch des privaten Lebens ersetzt.

Dieser Prozeß des radikalen Ausschließens »alter Rechte« oder des »löblichen Herkommens« ist meist politisch oder ökonomisch bedingt und hängt davon ab, welche Ziele eine *verfassunggebende Versammlung* (Constituante) anstrebt und mit welcher Staats- und Regierungsform sie die erwünschte Ordnung ausstatten möchte: Die Frage, ob »Republik« (Robert Blum) oder »Monarchie« (Heinrich von Gagern), hat die Paulskirchen-Versammlung von 1848 tief gespalten (→ Staat).

Aber selbst dort, wo sich Verfassungsgeber im Prinzip über die Staatsform einig sind, kann es im Zeichen des Exklusiven zu harten Auseinandersetzungen kommen, steht doch dabei die Frage an, wer neben den öffentlichen Ämtern in den drei Gewalten als Verfassungsträger gelten soll.

Die Revolutions-, Unabhängigkeits- und Verfassungsbewegung in den USA von 1776 an hatte mit dieser Problematik auf verschiedenen Ebenen zu kämpfen. Sollten sich die Interessen und Rechtsansprüche der Farmer mit Festhabe und der Kaufleute mit Fahrhabe voll und ganz durchsetzen, dann mußten vor allem im Bereich der Besteuerung die bisherigen Ansprüche der »ungerechten Könige« Großbritanniens restlos ausgeschlossen werden. Das gelang auch mit der Unabhängigkeitserklärung von 1776, die zusammen mit der neuen Verfassung von 1787 deutlich werden ließ, wie eingegrenzt selbt naturrechtlich angelegte Verfassungen sein können. Denn neben dem künftigen Ausschluß der englischen Könige von inneren Angelegenheiten der Vereinigten Staaten wurden auch all jene gesellschaftlichen Gruppen ausgegrenzt, die weder lesen noch schreiben konnten: Besitz- und Bildungsbürger trugen demnach in der Hauptsache die Verfassungsbewegung – darunter zahlreiche Juristen.

Diese Einschränkung auf die »weißen« und »feinen Leute« der Ostküsten-Region mit ihren dreizehn Kolonien ließ weder die farbigen Ureinwohner als gewaltsam enteignete »Indianer«

an der Verfassungsdiskussion teilnehmen noch die aus Afrika ebenso gewalttätig verschleppten »Neger-Sklaven«. Beide Bevölkerungsteile waren wie die Frauen als dritte ausgeschaltete Gruppe so gut wie rechtlos.

Das konstitutional gesinnte Amerika schuf in diesem Ausschlußrahmen zum Schutz des Individuums und dessen Eigentumslagen wie Besitzständen eine durchgehend »weiße« Verfassung, die alle naturrechtlichen Errungenschaften Alteuropas und der Antike in sich aufnahm: Das Gerechtigkeitsgebot, die Gewaltenteilung, das Legalitätsprinzip, die Vertragsstruktur in Staat und Gesellschaft, die Trennung von Kirche und Staat, das Föderativprinzip mit starken Einzelstaaten, das Gegenseitigkeitsgebot, das drittwirkende Wahlprinzip, die Hoffnung auf persönliches »Glück« und das Streben nach einem »guten Leben« im Sinne des eigentumsfixierten »American way of life«.

So gesehen ist die US-Verfassung, die durch zahlreiche »Zusätze« (*amendments*) immer wieder ergänzt wurde, ein Ergebnis europäischer Traditionen auf amerikanischem Boden. Selbst in besonderen Einzelheiten gibt sie ihre Abhängigkeit zu erkennen: Die mögliche Anklage eines gewählten Präsidenten vor dem höchsten Gericht (*impeachment*) hatte in Alteuropa im »Pfälzischen Gericht« (*judicium palatinum*) der Goldenen Bulle von 1356 bis 1806 ein Vorbild, nach dem ein vertragsbrüchiger oder nicht mehr geeigneter Kaiser abgesetzt werden konnte.

Der »Mayflower-Compact« von 1620, die Satzung der Harvard-Universität im Jahre 1634 oder die »Charta« von Pennsylvanien von 1683 hatten der Verfassungsbewegung nicht unwesentlich vorgearbeitet. Gleichzeitig sollte nicht unterschätzt werden, daß die amerikanischen »Verfassungsväter« aber auch mit den inneren Verhältnissen gewisser Indianernationen vertraut waren. Benjamin Franklin (1706-90), der Diplomat, Lebensphilosoph und Erfinder hatte sich mit dem »Great Law of Peace« der Irokesen-Föderation aus »sechs Nationen unwissender Wilder« befaßt und die lange Wirkung dieser Verfassung belobigt, die gleichfalls eine Reihe von Ausgrenzungen und Abschottungen kannte – Weiße, Frauen und Neger waren als Verfassungsträger ausgesperrt.

Entscheidend für das stark exklusive Element in der amerikanischen Verfassungsbewegung war das Eigentumsdenken im Zeichen von »liberty and property«, das ja 1688 auch die »Glorreiche Revolution« in England selbst geprägt hatte. Bedenkt man diesen engen Zusammenhang von Eigentum und Freiheit, dann wird das sogenannte »Frontier«-Denken in den USA (materielles Wachstum, possessive Expansion, Streben nach Anerkennung und Verfolgen »großer« Lebensziele wie materieller Reichtum und Ruhm) ebenso verständlich wie der Versuch der »Monroe-Doktrin« von 1823, den Einfluß aller europäischen Mächte auf dem amerikanischen Doppelkontinent auszuschalten. Zu dieser → Ideologie des permanenten Strebens nach → »Unabhängigkeit« gehört auch die Vorstellung von einer gewissen »Auserwähltheit« durch die Vorsehung Gottes: Schließlich lebt man im »gelobten Land« der angeblich »unbegrenzten Möglichkeiten«, dessen Gesellschaft heute immer stärker an ihre eigenen Grenzen stößt.

Erst allmählich werden sich die USA bewußt, daß es im eigenen Bereich »Grenzen des Wachstums« gibt und der »Independentismus« einer Einsicht in steigende → Abhängigkeiten weichen muß, soll der »Kommunitarismus« als Verfassungsprinzip neue Geltung erhalten – als gelebte »Gerechtigkeit der Fairneß« (John Rawls). Einen wichtigen Denkanstoß dazu hat die Indianerbewegung »Red Power« gegeben, als die Verfassung von 1787 einer radikalen Kritik unterworfen wurde: »Wir haben eine menschlichere Lebensphilosophie, und wir werden diesem Land zeigen, wie man als Mensch handelt. Eines Tages wird dieses Land seine Verfassung und seine Gesetze auf den Menschen ausrichten, statt auf den Besitz ...« (Vine Deloria jr.).

Eine ähnliche Haltung nehmen heute auch die Vertreter der »Aborigines« in *Australien* ein. Diese Ureinwohner wurden seit 1788 von der »weißen« Verfassung der ehemaligen englischen Kolonie ausgeschlossen und hatten über Generationen hin darum zu kämpfen, überhaupt als »Menschen« anerkannt zu werden. Daß sie vom europäisierten Australien bewußt ausgegrenzt wurden, hatte seine Ursache vor allem im andersartigen Eigentumsdenken. Die Aborigines kannten der »Mutter Erde« gegenüber nur eine Treuhandschaft mit begrenzten Nutzungen. Die europäischen Kolonisten hingegen betrachteten die »Landnahme« in der Regel als Erfüllung patrimonialer Vorstellungen vom Eigenbesitz («My Own«) und drängten die Ureinwohner wie in den USA oder in Südafrika an den Rand der »weißen Gesellschaft« – in kümmerliche Reservate.

Fast gleichzeitig mit diesem Triumph des Patrimonialismus am »Ende der Welt« erlebten 1789 die *Frauen*, wie sie selbst von der »Menschenrechtserklärung« im Revolutionsjahr bewertet wurden – sie kamen in diesem wichtigen Dokument gar nicht vor! Denn als richtiger und vertragsfähiger »Mensch« galt den Revolutionären in Versailles und Paris nur der erwachsene Mann (*homme*). Er schloß die Frauen von allen öffentlichen Ämtern aus, verweigerte ihnen das aktive wie passive Wahlrecht und sprach ihnen mit dieser Art von »Enteignung« die Politikfähigkeit ab (→ Frauenstatus).

Eine besondere Form des Exklusiven in Verfassungen liegt dort vor, wo Geburtsbestimmungen über das Wahlrecht und Ämterbesetzungen entscheiden, demnach nur im jeweiligen Land »geborene« oder »wohlgeborene« Untertanen (→ Adel) den Schutz der Verfassung genießen. Das moderne Staatsbürgerrecht als Fortführung des Indigenats (von lat. *indigenus* = eingeboren) schließt in solchen Fällen ganze Bevölkerungsgruppen von politischen Fundamentalrechten aus.

So dürfen im Geltungsbereich des Bonner Grundgesetzes auswärtige Zuwanderer und Gastarbeiter nicht einmal das kommunale Wahlrecht ausüben, obwohl sie Steuerzahler sind und sich weitgehend assimiliert haben. Was in den Niederlanden und Schweden schon möglich ist, scheitert hier an den Nachwirkungen des Indigenats von 1871 für das Deutsche Reich. Denn die Vorrechte der einheimischen Bürger wurden durch das Staatsbürgergesetz von 1913 verstärkt, das vom »Geblütsrecht« (*jus sanguinis*) ausgeht und noch immer trotz gewisser Modifizierungen geltendes Recht ist (→ Blut).

Wie schnell verfassungsrechtliche Änderungen wirken können, hat sich gleich nach der Revolution von 1918 gezeigt. Denn die *Weimarer Verfassung* schrieb die Abschaffung der Monarchie fest und garantierte den Bestand der Republik (→ Staat). Außerdem wurde die seit 1871 praktizierte Halb-Diktatur durch eine parlamentarische Demokratie ersetzt, das Rechtstaatsgebot für alle öffentlichen Ämter vorgeschrieben und den erwachsenen Frauen (21 Jahre) das aktive wie passive Wahlrecht zuerkannt (→ Gleichheit): Auch Juden galten im Schutz dieser Verfassung als Deutsche mit allen Rechten und Pflichten.

Damit war es den Revolutionären und Parlamentariern gelungen, das Exklusivprinzip in wesentlichen Bereichen durch das Integrationsprinzip zu ersetzen. Erhalten blieb es, wo nach Artikel 48 der Verfassung in öffentlichen Notfällen der Reichstag von einem Reichskanzler ausgeschaltet werden konnte, um dann mit »Notverordnungen« zu regieren.

Damit war die Möglichkeit eröffnet, das → Parlament ganz und auf Dauer zu blockieren und gleichzeitig die Kompetenzen der Regierung auszuweiten, ohne daß diese hinreichend kontrolliert werden konnte. Hitler und die NSDAP nutzten 1933 diese strukturelle Schwäche der Weimarer Verfassung und erzwangen auf scheinlegale Weise die »Anerkennung« ihrer brutal ausgrenzenden Diktatur.

Verfassung als Vertrag

Die meisten Vertreter der Deutschen Staats- und Verfassungslehre reduzieren den → Staat auf die drei konstitutiven Elemente Gebiet, Volk und Gewalt. Dabei berufen sie sich in der Regel auf Strukturen des dynastischen Machtstaates und beziehen die Gestaltung öffentlicher Ordnung auf die »normative Kraft des Faktischen« (Georg Jellinek).

Statt das überzeitliche, transpersonale und kommutative Prinzip der Verkehrs- oder Marktgerechtigkeit als Grundlage einer echten Verfassung zu fordern, verengt sich ihr Denken auf die Legitimation von Machtlagen. Die starke Affinität zu der Strukturformel »Macht geht vor Recht« (im Jahre 1863 Bismarck zugeschrieben) läßt deutsche Juristen, Politologen und Historiker immer wieder zögern, selbst nach Jahrzehnten Erfahrung mit dem Bonner Grundgesetz diese und andere Verfassungen als Ausdruck eines fundamentalen Vertrages mit institutioneller Drittwirkung aufzufassen.

Das systematische Ausblenden dieser elementaren Bindung der politischen Kultur Europas hat auch dazu geführt, daß die Vertreter des »Etatismus« wie des Rechtspositivismus einen Zentralsatz des modernen Konstitutionalismus entweder nicht wahrnehmen oder unerörtert lassen: »Eine Gesellschaft (*société*), in welcher die Garantie der Menschenrechte nicht gesichert und auch die Trennung der Gewalten nicht gewährleistet ist, hat keine Verfassung (*constitution*).«

Dieser Substanzartikel 16 der »Menschen- und Bürgerrechtserklärung« vom 26. August 1789 war nur denkbar, weil er von einer grundlegenden Vertragslage ausging. Die Juristen unter den Revolutionären der Nationalversammlung kannten ja nicht nur den »Contrat social« (Gesellschaftsvertrag) bei ihrem Vorbild Rousseau, sondern auch das Gegenseitigkeitsdenken seit der Antike, das auf Wechselwirkungen zielt und in einer »gegenseitigen Verpflichtung« (*obligatio mutua*) das → Drittwesen respektiert.

In diesem Sinne wurde die rechtliche Concurrenz der »drei Gewalten« (*trois pouvoris*) festgeschrieben, die als Exekutive (Regierung), Judikative (Gerichtswesen) und Legislative (Gesetzgebung) zwar getrennt sein müssen, um Kontrollen, Verantwortlichkeit und die Möglichkeit der Klage im Einzelfall zu sichern, aber zusammenwirken sollen, um das Gemeinwohl (*salut publique*) zu befördern.

Das anhaltende Bemühen der Revolutionäre, die Verfassungen von 1791, 1793 und von 1795 in ihrem Kern auf die → Goldene Regel aus der Bergpredigt zu beziehen, bestätigt zusätzlich die Dimension des kommutativ Gerechten und begründet die *Gewaltenteilung* – als Notwendigkeit einer Arbeitsteilung und als Emanation des Vertragsdenkens. Die Gewährsleute Montesquieu (Richter am Parlement de Bordeaux) und John Locke bedeuteten in dieser Verfassungsdiskussion um die »gerechte Ordnung« nur illustre Namen, denn die Arbeitsweise und Wirkung der festgeschriebenen Dreiteilung war schon dort nachprüfbar, wo in Alteuropa das Vertragssystem der »Drei Vorrechte« (*trois prérogatives*) in einer libertären Verfassung über Generationen hin erfolgreich erprobt worden war.

Verträge als Grundlage von Verfassungen sollen ja nicht nur nach Maßgabe der Kommutation das Verhältnis von Obrigkeit und Untertanen oder von Regierungen und Wählern regulieren, sondern immer auch bewußtmachen, daß alle Beteiligten in einem hohen Maße voneinander abhängig sind: Auch die Dritte Gewalt bleibt Gerechtigkeit, Recht und Gesetz unterworfen und darf sich nur insoweit »unabhängig« betätigen, daß sie keinerlei Weisungen von Regierung oder Parlament gehorchen muß.

Gewaltenteilung bedeutet demnach nicht eine polare Gegnerschaft der drei Verfassungsorgane, sondern eine arbeitsteilige Wechselwirkung, deren Ziel es zu sein hat, den Nutzen des Volkes zu mehren, Schaden von ihm zu wenden und »Gerechtigkeit zu üben gegen jedermann« (Schlußformel im bundesdeutschen Amtseid).

Fazit

Die Analyse aller echten Verfassungen – ob nun konklusiv oder exklusiv angelegt – würde ergeben, daß es sich dabei um Eigentumsordnungen handelt. Maitlands Beobachtung, daß »wir in der Parlamentsgeschichte nicht vorwärtskommen, ohne vom Besitzrecht zu reden« (1908), trifft sich mit den Positionen von Charles Austin Beard, dessen »ökonomische Interpretation« der US-Verfassung von 1787 im Jahre 1913 geradezu eine Revolutionierung der Verfassungsforschung und Staatstheorie ausgelöst hat – nur nicht unter deutschen Verfassungslehrern und Historikern, die lieber Hegel und Otto Hintze folgten, um beim »Geistigen« als Grundlage von Verfassungen zu bleiben.

Der materiellen wie der ideellen Verfassungsinterpretation fehlt jedoch der prägende Einfluß der Vertrags- und der Verdienstgerechtigkeit. Ohne deren Kenntnis aber ist ein konstruktiver »Verfassungspatriotismus« (Dolf Sternberger) undenkbar, der gerade jetzt beim Aufbau der neuen Demokratien in Osteuropa geboten ist und auch vielen Deutschen helfen könnte, ihr angefangenes »Einigungswerk« selbst in ökonomisch schwierigen Zeiten gedeihlich fortzuführen.

Literatur

Akwesasne Notes, The Great Law of Peace of the Longhouse People, 1972/75 ✦ *W. Apelt*, Geschichte der Weimarer Verfassung, 2. Aufl. 1964 ✦ *ders.*, Jurist im Wandel der Staatsformen. Lebenserinnerungen, 1965 ✦ *Barthélémy*, Le rôle du pouvoir exécutif dans les républiques modernes, 1906 ✦ *Barthélémy/Duez*, Traité de Droit constitutionel, 1933 ✦ *Barudio*, Das Wohlproportionierte Regiment, (masch.) 1973 ✦ *Beard*, Eine ökonomische Interpretation der amerikanischen Verfassung, 1913, dt. 1974 ✦ *ders.*, Die wirtschaftliche Grundlage der Politik, dt. 1949 ✦ *ders.*, The Supreme Court and the Constitution, 1912 ✦ *Berlia*, Refaites une constitution, 1946 ✦ *Berton*, L'Évolution constitutionelle du Second Empire (doctrine, textes, histoire), 1900 ✦ *Biegert*, Seit 200 Jahren ohne Verfassung. 1976: Indianer im Widerstand, 1976 ✦ *Bien*, ›Revolution, Bürgerbegriff und Freiheit. Über die neuzeitliche Transformation der alteuropäischen Verfassungstheorie in politische Geschichtsphilosophie‹, in: PhJb, 1972 ✦ *Bigne de Villeneuve*,

La fin du principe de séparation des pouvoirs, 1934 ✦ *Blanke*, Demokratische Verfassung und Verfassungsfeinde, 1979 ✦ *H. Boldt*, Einführung in die Verfassungsgeschichte, 1984 ✦ *Bourgeaud*, Etablissement et révision des Constitutions en Amérique et en Europe, 1893 ✦ *Bouchary*, La Déclaration des droits de l'homme et du citoyen et la Constitution de 1791, 1947 ✦ *R. Brown*, Charles Beard and the Constitution, 1956 ✦ *O. Brunner*, ›Der Historiker und die Geschichte von Verfassung und Recht‹, in: HZ 209, 1969 ✦ *Burdeau*, Le régime parlementaire dans les constitutions européennes d'après-guerre, 1932 ✦ *ders.*, Manuel de droit constitutionel, 1947 ✦ *Buschmann*, Kaiser und Reich. Klassische Texte und Dokumente zur Verfassungsgeschichte des Heiligen Römischen Reiches Deutscher Nation, 1984 ✦ *Buskart*, Verfassungsänderungen in Bund und Ländern, 1989 ✦ *Bussi*, ›Das Recht des Heiligen Römischen Reiches Deutscher Nation als Forschungsvorhaben der modernen Geschichtswissenschaft‹, in: Der Staat 1977 ✦ *J. Cohen*, La Préparation de la Constitution de 1848, 1935 ✦ *Coing*, ›Römisches Recht in Deutschland‹, in: Jus Romanum Medii Aevi, Pars V, 6, 1964 ✦ *Conring*, Opera, 7 Bde., 1730 ✦ *H. Conrad*, Die geistigen Grundlagen des Allgemeinen Landrechts für die preußischen Staaten von 1794, 1958 ✦ *ders.* (Hrsg.), Recht und Verfassung des Reiches in der Zeit Maria Theresias, 1964 ✦ *J. David* (Hrsg.), The American Indian – The First Victim, 1972 ✦ *Deslandres*, Histoire constitutionelle de la France de 1789 à 1870, 1932 ✦ *Deloria jr.*, Behind The Trial of Broken Treaties, 1974 ✦ *Dickmann*, ›Der Westfälische Friede und die Reichsverfassung‹, in: Forschungen und Studien zur Geschichte des Westfälischen Friedens, 1965 ✦ *Doehring*, Geschichte der deutschen Rechtspflege seit 1500, 1953 ✦ *Duguit*, Traité de droit constitutionnel, 2 Bde., 1927/28 ✦ *Duve* (Hrsg.), Weimar ist kein Argument oder Brachten Radikale im öffentlichen Dienst Hitler an die Macht?, 1976 ✦ *Eisenmann*, L'ésprit des lois et la séparation des pouvoirs, 1933 ✦ *Ellwein*, Das Erbe der Monarchie in der deutschen Staatskrise. Zur Geschichte des Verfassungsstaates in Deutschland, 1954 ✦ *R. Eschenburg*, Der ökonomische Ansatz zu einer Theorie der Verfassung, 1977 ✦ *Floßmann*, Landrechte als Verfassung, 1976 ✦ *Forsthoff*, Deutsche Verfassungsgeschichte der Neuzeit, 3. Aufl. 1967 ✦ *C.J. Friedrich*, Der Verfassungsstaat der Neuzeit, 1953 ✦ *Gagnér*, Studien zur Ideengeschichte der Gesetzgebung, 1960 ✦ *Galparsoro*, Die vernunftbegabte Natur. Norm des Sittlichen und Grund der Sollensanforderung. Systematische Untersuchung der Naturrechtslehre Gabriel Vazquez's, 1972 ✦ *Godechot* (Hrsg.), Les Constitutions de la France depuis 1789, 1979 ✦ *E. Gordon*, Les nouvelles constitutions européennes et le rôle du chef de l'État, 1932 ✦ *Gralher*, Demokratie und Repräsentation in der englischen Revolution, 1973 ✦ *Häberle*, Verfassung als öffentlicher Prozeß, 1978 ✦ *Hatschek*, Englische Verfassungsgeschichte bis zum Regierungsantritt der Königin Viktoria, 1913 ✦ *Hauriou*, Traité de droit constitutionnel, 1929 ✦ *Herlitz*, Nordisk offentlig rätt, 3 Bde., 1963 (vergleichende Darstellung) ✦ *K. Hesse*, Grundzüge des Verfassungsrechtes der Bundesrepublik Deutschland, 5. Aufl. 1972 ✦ *E. Hildebrand* (Hrsg.), Sveriges Regeringsformer 1634-1809 samt Konungsförsäkringar 1611-1800, 1891 ✦ *H. Hildebrand* (Hrsg.), Die deutschen Verfassungen des 19. und 20. Jahrhunderts, 1985 ✦ *Hintze*, Staat und Verfassung. Gesammelte Abhandlungen zur allgemeinen Verfassungsgeschichte, 3. erw. Aufl. 1970 ✦ *ders.*, ›Die schwedische Verfassung und das Problem der konstitutionellen Regierung‹, in: ZfP 1913 ✦ *Holtzmann*, Französische Verfassungsgeschichte, 1910 ✦ *E. Huber*, Deutsche Verfassungsgeschichte seit 1789, 3 Bde., 1957- 63 ✦ *G. Jellinek*, Allgemeine Staatslehre, 1911, ND 1960 ✦ *Jesse*, Streitbare Demokratie. Theorie, Praxis und Herausforderungen in der Bundesrepublik Deutschland, 1981 ✦ *Kaegi*, Die Verfassung als rechtliche Grundlage des Staates, 1971 ✦ *v. Keller*, ›Freiheitsgarantien für Personen und Eigentum im Mittelalter. Eine Studie zur Vorgeschichte moderner Verfassungsrechte‹, in: Deutschrechtliche Beiträge XIV, 1933 ✦ *Kimminich*, Deutsche Verfassungsgeschichte, 1970 ✦ *ders.*, ›Erweiterung des verfassungsrechtlichen Eigentumsbegriffs‹, in: Der Staat 1975 ✦ *J. Kunisch*, ›Hausgesetzgebung und Mächtesystem. Zur Einbeziehung hausvertraglicher Erbfolgeregelungen in die Staatenpolitik des ancien régime‹, in: Der dynastische Fürstenstaat (Historische Forschungen, 21), 1982 ✦ *Lagerroth*, Frihetstidens Författning, 1915 ✦ *Lemaire*, Les lois fondamentales de la Monarchie française d'après les theoriciens de l'ancien régime, 1907 ✦ *Loewenstein*, Verfassungslehre, 1975 ✦ *W. Ludwig*, Regierung und Parlament im Frankreich der IV. Republik, 1956 ✦ *Lüthge*, Deutsche Sozial- und Wirtschaftsgeschichte, 2. Aufl. 1960 ✦ *H. Maier*, Die ältere deutsche Staats- und Verwaltungslehre (Polizeiwissenschaft), 1966 ✦ *Maitland*, The constitutional history of England, 1961 ✦ *Mathiez*, ›La Constitution de la France de 1793‹, in: AHRF, 1928 ✦ *Maunz*, Deutsches Staatsrecht, 18. Aufl. 1971 ✦ *Mayer-Tasch*, Die Verfassungen Europas, 1966 ✦ *E. Meyer*, Römischer Staat und Staatsgedanke, 4. Aufl. 1975 ✦ *Mirkine-Guetzevitch*, Les nouvelles tendance du droit constitutionnelle, 1936 ✦ *ders.*, Les constitutions européennes, 2 Bde., 1951 ✦ *Mitteis*, Lehnrecht und Staatsgewalt. Untersuchungen zur mittelalterlichen Verfassungsgeschichte, 1938 ✦ ders., Deutsche Rechtsgeschichte,12. Aufl. 1971 ✦ *Mousnier*, Les institutions de la France sous la Monarchie absolue, 1974 ✦ *ders.*, ›Comment les françaises du XVIIe siècle voyaient la constitution‹, in: XVIIe siècle, 1955 ✦ *Näf*, ›Die Metamorphose von Königtum und König in der Französischen Verfassung von1791‹, in: HJb 1955 ✦ *Novack*, Genocide against the Indians – It's role in the Rise of U.S. Capitalism, 1970 ✦

Oestreich, Antiker Geist und moderner Staat bei Justus Lipsius (1547-1606), (masch.) 1954 ✦ *ders.*, ›Fritz Hartung als Verfassungshistoriker 1883-1967‹, in: Der Staat 1968 ✦ *Petersen*, Geschichte der aristotelischen Philosophie im protestantischen Deutschland, 1921 ✦ *Prélot*, Institutions politiques et droit constitutionnel, 2. Aufl. 1961 ✦ *Rossnagel*, Die Änderungen des Grundgesetzes, 1981 ✦ *Schaub*, Der verfassungsändernde Gesetzgeber 1949-1980, 1984 ✦ *Schindler*, Verfassungsrecht und soziale Struktur, 1972 ✦ *Schlochauer*, Zur Krise der Verfassungsgerichtsbarkeit, 1979 ✦ *C. Schmitt*, Verfassungslehre, 5. Aufl. 1970 ✦ *ders.*, Hüter der Verfassung, 1931 ✦ *ders.*, Positionen und Begriffe im Kampf mit Weimar, Genf, Versailles 1923-1939, 1940, ND 1988 ✦ *Schwagerl*, Verfassungsschutz in der Bundesrepublik Deutschland, 1985 ✦ *Sée*, L'évolution de la pensée politique en France au XVIIIe siècle, 1925 ✦ *v. See*, Deutsche Germanenideologie vom Humanismus bis zur Gegenwart, 1970 ✦ *Seifert*, Das Grundgesetz und seine Veränderungen, 1983 ✦ *Seifert/Hömig* (Hrsg.), Grundgesetz für die Bundesrepublik Deutschland (Kommentar), 1982 ✦ *Seignobos*, La séparation des pouvoirs dans études politiques et d'histoire, 1934 ✦ *Smend*, Das Reichskammergericht. Geschichte und Verfassung, 1911, ND 1965 ✦ *Stolleis* (Hrsg.), Staatsdenker im 17. und 18. Jahrhundert. Reichspublizistik, Politik, Naturrecht, 1977 ✦ *Trotobas*, Constitution et gouvernement de la France, 1930 ✦ *Tunberg*, ›En relation om Polen år 1703‹, in: KFÅ, 1915 ✦ *Vedel*, Réflexions sur la Constitution de 1946, 1947 ✦ *Veblen*, Theorie der feinen Leute. Eine ökonomische Untersuchung der Institutionen, dt. 1986 ✦ *Vierhaus* (Hrsg.), Herrschaftsverträge, Wahlkapitulationen, Fundamentalgesetze, 1977 ✦ *ders.*, Deutschland im 18. Jahrhundert. Politische Verfassung, soziales Gefüge, geistige Bewegungen. Ausgewählte Aufsätze, 1987 ✦ *Vile*, Constitutionalism and the Separation of Powers, 1969 ✦ *Washburn*, Red Man's Land – White Man's Law, 1971 ✦ *W. Weber*, Weimarer Verfassung und Bonner Grundgesetz, 1949 ✦ *E. Weis*, ›Liberalismus und Totalitarismus in den Erziehungsplänen des Französischen Nationalkonvents (1792-1793)‹, in: HJb 1955 ✦ *Wember*, Verfassungsmischung und Verfassungsmitte, 1977 ✦ *Willoweit*, Rechtsgrundlagen der Territorialgewalt, 1975 ✦ *ders.*, ›Hermann Conring. Geschichte, Politik und Recht‹, in: Staatsdenker (Stolleis), 1977 ✦ *E. Wolf*, ›Idee und Wirklichkeit des Reiches im deutschen Rechtsdenken des 16. und 17. Jahrhunderts‹, in: Reich und Recht in der deutschen Philosophie, 1943 ✦ *Zeumer* (Hrsg.), Quellensammlung zur Geschichte der Deutschen Reichsverfassung in Mittelalter und Neuzeit, 2. Aufl. 1913 ✦ *Zuck*, Das Recht der Verfassungsbeschwerde, 1989 ✦ *E. Zweig*, Die Lehre vom pouvoir constituant, 1909.

Volk

Unsere an ideologischen Umwertungen so reiche Zeit hat vor allem seit der Sanften Revolution von 1989 den Begriff des »Volkes« auf eine Weise wiederbelebt und mit Gefühlswerten aufgeladen, die es nötig macht, den »trüben Nebel« (Herder) seines Inhalts aufzuhellen und ihm Klarheit zu geben.

Die sprachliche Herleitung vom lateinischen »vulgus« deutet auf eine unbestimmte »Menge« oder »Masse« hin. Es wird sogar von der »Volksmasse« gesprochen, wenn vom Allgemeinen die Rede ist, das sich genauen Bestimmungen entzieht. Erst in Verbindung mit Tätigkeiten oder Eigenschaften gewinnt der Begriff Konturen und trifft besondere Zuordnungen. In Gestalt des Kirchen-Volkes, des Schiffs-Volkes oder auch des Deutschen Volkes verweist die Bezeichnung auf Großgruppen nichtverwandter Menschen, die aus ideellen Überzeugungen oder für materielle Erwerbszwecke zusammenwirken – in Abgrenzung zur Sippe (*tribus*), zum Stand (*status*), Stamm (*gens*) oder Geburtskreis (*natio*).

In der herkömmlichen Militärsprache seit dem Mittelalter bestätigen das »Fuß-Volk« als Infanterie und das »Reiter-Volk« als Kavallerie diese spezifische Zusammenfassung von Gruppen, die sich aus Leuten aller Herren Länder zusammensetzen können. Als der Jurist und Dichter Andreas Gryphius in seinem antiken Vorbildern folgenden Gedicht »Tränen des Vaterlandes« (1636) über »der frechen Völker Schar« klagte, da meinte er das Kriegs- und Gewaltverhalten eigener wie fremder Söldnerheere auf teutschem Reichsboden und nicht die Zugehörigkeit zum »spanischen«, »französischen« oder »schwedischen Volk« als Entelechie ihrer → Nation.

»Volk Gottes«

Entgegen der Ableitung des »Volkes« von »vulgus«, zu der auch das Attribut »vulgär« im Sinne von »ungebildet«, »grobschlächtig« und »roh« gehört, gewann der Begriff an innerem Wert, sobald er mit einem »Gefolge« in Verbindung gebracht werden konnte.

In dieser Hinsicht hat vor allem König Alfons der Weise von Kastilien im 13. Jahrhundert prägend gewirkt. Er ließ nämlich unter einen Pelikan als Symbol des Gemeinwohles die Losung setzen »Pro lege et grege« (»Für das Gesetz und das Gefolge«). In dieser Konfiguration verstand er unter dem lateinischen »grex« eine »Herde«, die im Rahmen des Rechts ihrem König als »Hirten« folgte. Diese Anleihe bei Jesus Christus als dem »guten Hirten« wurde in ganz Europa als Inbegriff einer gerechten Herrschaft aufgefaßt, deren Symbolik das Nürnberger Rathaus seit 1618 ebenso ziert (mit dem Pelikan und der Abkürzung PLEG für die alfonsische Losung) wie die Staatsflagge von Louisiana/ USA.

Die Wortwahl des kastilischen Königs stand in der langen Tradition einer anderen Formel, die Alkuin (um 730-804) als Humanist und Erziehungsreformer in den Diensten Karls des Großen und des Aachener Kaiserhofes erfunden haben soll: »Vox populi, vox Dei« (»Volkes Stimme ist Gottes Stimme«).

In Anlehnung an die Vorstellung, daß die Israeliten das »auserwählte Volk« seien, durch das Gott Jahwe seine Gebote und Gesetze den Menschen auf Erden vermittelt, wurden auch die Christen in ähnlicher Weise als »Volk Christi« aufgefaßt. Dieses Volk nimmt am Erlösungswerk Christi teil, sofern es dem Geist des Neuen Testamentes folgt und die Lehre von »Gott und dem Recht« ernstnimmt. Die enge und wechselseitige Verbindung von Gott und Volk, die zusammen einen »Bund« als Vertrag eingehen, der von Päpsten, Bischöfen und Pfarrern als »Hirten« ebenso respektiert werden soll wie von Kaisern, Königen und anderen Obrigkeiten, hat über Jahrhunderte hinweg dem »Volk« als Gnadenerweis Gottes eine besondere Verehrung zuteil werden lassen – allerdings nicht als »Vulgus« oder »Masse«, sondern als »populus« oder »Kindschaft Gottes«.

Roms Mündel

Entgegen den positiv besetzten Wortformen »populo« (Italien), »pueblo« (Spanien), »peuple« (Frankreich) oder »people« (England, USA) wirkt der Begriff »Pöbel« im Deutschen äußerst abwertend. Er gilt in Verbindung mit »vulgär« als Ausdruck des Ungebildeten, des wilden Haufens, ja des Mobs der Straße, der sich eben nicht an Recht und Gesetz hält und die Obrigkeit als »Stellvertreter Gottes« auf Erden ungebührlich herausfordert.

Seit Luther und seinen Invektiven gegen die aufrührerischen Bauern der Bundschuh- und Armer-Konrad-Bewegung von 1524/25 gilt der »Pöbel« nicht als mahnender Treuhänder der »Gerechtigkeit Gottes«, sondern als »ungerechte Leute«, welche erst die öffentliche Ordnung stören und dann sogar zerstören, wenn ihrem Treiben kein Einhalt »von oben« geboten wird.

»Pöbel« leitete sich ursprünglich wie die entsprechenden Termini anderer Sprachen vom lateinischen »populus« ab, das gemeinhin als »Volk« übersetzt wird, ohne einen fundamentalen Zusammenhang zu beachten. Denn »populus« bezeichnete im Gegensatz zu »vulgus« eine ganz bestimmte Personengruppe, deren Angehöriger auch »pupillus« genannt wurde, was soviel heißt wie »unmündiges Kind«: »Populus« war demnach eine Gruppe von Menschen, die bei Rechtsgeschäften von geeigneten Erwachsenen vertreten werden mußten – im Sinne des Repräsentationsprinzips.

Die Fundamentalformel *Senatus Populusque Romanus* (S.P.Q.R.) in der Römischen Republik bedeutete nicht nur »Der Senat und das Römische Volk«, sondern gleichzeitig auch »Die Erwachsenen und das Mündel Roms«. Damit aber wurde nichts anderes ausgedrückt als eine elementare Treuhandschaft auf Gegenseitigkeit, wie es der Kernsatz des Römischen Rechts »Do, ut des« fordert (→ Goldene Regel).

Dieser strukturelle Zusammenhang war der Antike wie Alteuropa besonders aufgrund des kirchlichen »Hirtenamtes« so geläufig, daß noch Althusius in seiner weitverbreiteten Schrift »Politica« (1608) darauf wie selbstverständlich Bezug nahm (→ Treuhandwesen).

Gemäß der libertären Tradition von »Pro lege, rege et grege« (»Für das Gesetz, den König und das Gefolge«, Erik Sparre, 1580) konnte Kanzler Oxenstierna 1636 im Reichsrat Schwedens mahnen: »Das Gemeinwesen ist ein Mündel«. Den Senatoren sollte bewußt sein, daß sie in der königslosen Zeit in erhöhtem Maße verpflichtet sind, das Gemeinwohl der Krone zu sichern und sich als »Tutores regni« zu betätigen – als Vormünder, die berechtigt sind, nicht nur für die unmündige Königin Christine zu handeln, sondern auch für alle Stände des Volkes.

Wie stark die überkommene Tutor-Pupill-Beziehung selbst die Verfassungsbewegung der → Revolution von 1789 geprägt hat, geht nicht nur aus dem Text der Marseillaise hervor, wo es beziehungsreich und treffend heißt: »Allons enfants de la patrie ...« – »Vorwärts, Kinder des Vaterlandes ...« Auch in der von dem Mathematiker de Condorcet im wesentlichen entworfenen Verfassung von 1793 wird »auf die Treuhänder (dépositaires) der öffentlichen Autorität«

(Art. 32) Bezug genommen. Allein damit bestimmte sich der innere rechtliche Status des »souveränen Volkes« als *Mündel*. Denn die drei öffentlichen Gewalten müssen beim Regieren (Exekutive), Gesetzgeben (Legislative) und beim Richten (Judikative) eine amtsspezifische Treuhandschaft für all jene Bürger wahrnehmen, die nicht in eigener Person diese Amtsobliegenheiten ausüben dürfen oder können – das »Volk« und sein »Staat« gelten als »anvertrautes Gut«, für dessen Verwaltung nach Ablauf von Amtszeiten und Mandatsperioden Rechenschaft gefordert wird.

Aus dieser Mündel-Vormund-Relation ergibt sich das richtige Verständnis dessen, was seit Rousseau oft mißverständlich *Volkssouveränität* genannt wird. Tatsächlich kann danach ein Volk nicht tun und lassen, was es will, sondern sein Gemeinwille (*volonté générale*) ist abhängig vom Aufrechterhalten des Treuhandwesens (→ Souveränität).

Volks- und Weltgeist

Ungeachtet all dieser seit der Antike und dem Mittelalter in ganz Europa bekannten und gepflegten Traditionen verlagerte Johann Gottfried Herder (1744-1803) den Inhalt des Begriffes »Volk« auf eine ganz andere Ebene.

In seinem einflußreichen Kompendium »Ideen zur Philosophie der Geschichte der Menschheit« (1784-91) will er die Verbindung von »vulgus« und »Volk« nicht mehr gelten lassen. Er lehnte sogar den »großen Haufen« ab, der für ihn nur aus einfachen, ungebildeten Leuten bestand und als der »gemeine Mann« nicht seinem Ideal der *Göttersöhne* entsprach. Herder besaß wie zahlreiche andere Aufklärer im Grunde eine aristokratische Vorstellung von Gott und der Welt. Im Zeichen eines qualitativen Bildungsstrebens und der fortschreitenden Perfektionierung des Menschen wollte er seinen Beitrag dazu leisten, ein »sittliches Volk« heranzubilden, gleichsam als Inbegriff eines geläuterten *Geistesadels* auf breiter Grundlage. Dabei war es sein besonderer Wunsch, »alle Völker zu einem Volke zu bilden« – für die gegenwärtige und »eine zukünftige Welt« vor allem »in Europa«.

Nicht die demokratische Leitformel »We, the people ...« der Volks-Souveränität aus der amerikanischen Unabhängigkeitserklärung von 1776 wird ihm zum Maßstab einer »Erziehung des Menschengeschlechts« (Lessing, 1781), sondern die Rückbesinnung auf das »Glück« einzelner Völker in Gestalt ihrer Geschichte und Sprache.

Qualitative, aristokratische, individuelle und somit »geometrische« Ansprüche leiten ihn selbst bei der Bewertung der »römischen Verfassung« mit ihren »vier Zauberworten« in der Formel »Senatus Populusque Romanus«. Dabei kommt er immer wieder auf die Kampf- und Kriegsmoral der Römer zu sprechen und lobt die Wechselwirkung ihres »Staatsgeistes im Felde, ihres Kriegsgeistes im Staat« – eingedenk der zwei Nationen als Geburts- und Erbkreise in ihrem Gemeinwesen. Es sind die »edlen Geschlechter« mit ihrer »römischen Erziehung«, die Herder imponieren: »Das Volk der oberen Zenturien war keine rohe Masse des Pöbels; es bestand aus kriegs-, länder-, geschäftserfahrnen, begüterten Männern ...«

Bei Herder wurde der Begriff des »Volkes« als besondere Leistungsgruppe gleichsam geadelt und der damit verbundene *Volksgeist* als Nachweis dafür ausgegeben, daß Gott sich eher in »edlen Männern« offenbart als im »großen Haufen«: »Eben diese wenigen aber waren die Blüte des Menschengeschlechts, unsterbliche freie Göttersöhne auf Erden. Ihre einzelnen Namen gelten statt Millionen« (Viertes Buch, Abschnitt IV).

Es ist demnach nicht die gesamte Bevölkerung eines Gemeinwesens, die Herder als »Volk« ausgezeichnet sehen möchte, sondern einzelne Männer (Frauen spielen hier keine Rolle), die anderen als Vorbild dienen können. Ähnlich argumentierte auch Hegel eine Generation später, der in Napoleon den verkörperten *Weltgeist* sah und im geschichtlich großen Individuum das Maß allen Menschentums. Seine Vorstellung vom »freien Volk, worin die Sitte die Substanz aller ausmacht« (»Phänomenologie des Geistes«, 1807), bedeutete also nicht die Sicherung der persönlichen Freiheit des Einzelnen, sondern in einem besonderen Individuum konnte das »objektiv Sittliche« für alle zum Ausdruck kommen, ohne die Volksmasse als »Pöbel« zu berücksichtigen.

Herders »Volksgeist« und Hegels »Weltgeist« eigneten sich vorzüglich, um all das abzuwehren, was die Revolutionen in Amerika und in Frankreich für ein wirklich »freies Volk« an Menschenrechten forderten. Tatsächlich entsprachen die Positionen der beiden deutschen Gelehrten im Grunde jener Maxime, die ihr absolutistischer Zeitgenosse Joseph II. einmal bei seiner »Reformarbeit« verwendete: »Alles für das Volk, aber nichts durch das Volk«.

Wie stark dessen politische Entmündigung und rechtliche Bevormundung in dieser Zeit gediehen war, geht auch aus dem Manifest »An mein Volk und alle Deutschen« von 1811 hervor. Von einem Dänen verfaßt, diente es als Aufruf zum Widerstand gegen Napoleon und seine Fremdherrschaft, die erst in Preußen und dann in allen deutschen Landen beseitigt werden sollte. Für Friedrich Wilhelm III. lag die entscheidende Betonung dieses Dokumentes auf der Possessivformel »mein« und nicht darauf, allen Untertanen seines Hausstaates jene Freiheit zu gewähren, um die in Frankreich zwischen 1789 und 1799 so leidenschaftlich gekämpft worden war.

Mochte das Niederringen Napoleons auch mit Hilfe neuer *Volksheere* gelingen, so hieß das noch lange nicht, daß die heimgekehrten Offiziere und Soldaten als Lohn für ihren »rohen Patriotismus« (Herder) zumindest die alte ständische Freiheit erhielten. Das Gegenteil war der Fall. Die Fürsten verständigten sich mit dem Wiener Kongreß auf die Sicherung des patrimonialen Polizeistaates, der erst während der Revolution von 1848 ins Wanken geriet.

»Dem Deutschen Volke«

Es besteht kein Zweifel, daß Herders Idee vom »Volksgeist« überaus stark auf die Romantik im deutschen, slawischen und skandinavischen Sprachraum eingewirkt hat. Die Suche nach einer Identität und Selbstvergewisserung belebte die Sprachforschung und Dichtung, die jedoch trotz Volksnähe und Verklärung des Bauerntums im Kern einen aristokratischen Anspruch kultivierten, nämlich unter allen Völkern als gebildete Leuten besonders »edel« zu sein.

Novalis fand für dieses Streben den mathematischen Begriff der »qualitativen Potenzenreihe« als Inbegriff des »Romantisierens«. Er meinte damit die »geometrisch« ausgerichtete Abstufung in den einzelnen Qualitäten künstlerischer und kultureller Art. Nicht das Volk als Gesamtheit seiner Einzelmenschen oder Bürger galt ihm und anderen Romantikern als erstrebenswertes Ziel, schon gar nicht dessen politische Mündigkeit, sondern die Verehrung eines Geistesadels. In diesem Denken wurzelt auch die Vorstellung von den Deutschen als einem »Volk der Dichter und Denker«.

Die Fixierung des Volk-Begriffes auf eine winzige Elite von Geistesaristokraten änderte sich erst mit seiner Politisierung während des Vormärz, als die Forderung nach einer »teutschen Revolution« aufkam (Görres). Den »Freunden der Fürsten« als »Söldnern des Despotismus« (Fichte) traten nun »Freunde des Volkes« entgegen. Unter »Volk« verstanden aber selbst liberale Revolutionskreise weniger den Tagelöhner, den Bauernknecht und die Magd oder gar die Gesamtheit aller Deutschen, sondern zuerst das Besitz- und Bildungsbürgertum, dessen politischen Forderungen sich Handwerksgesellen und Intellektuelle anschließen konnten.

Philipp Jacob Siebenpfeiffer (1789-1845), früh ein Napoleon-Hasser, dann selbst »Fürstenknecht« und Bauernschinder, der sich als Journalist betätigte und zum Freiheitskämpfer wandelte, drückte diesen Zustand einmal in pathetischen Worten aus, als er zu Ehren des *Hambacher Festes* an Pfingsten 1832 feststellte: »Die edelste Blüte des Sieges ward zernagt vom Wurm fürstlich-aristokratischer Selbstsucht, die heilige Saat, von edlem Bürgerblute gedüngt, ward zertreten vom eisernen Fuß der Despoten. Wir bauen mit dem Schweiße zinspflichtiger Armen dem Übermute Paläste, der Üppigkeit Schauspielhäuser und Tanzsäle, der Unterdrückung Kasernen und Zwingburgen. Hoch lebe jedes Volk, das seine Ketten bricht.«

Noch 1882 erregten diese Worte zur Zeit des »Sozialistengesetzes« im Bismarck-Staat höchste polizeiliche Aufmerksamkeit – im selben Jahr, als mit dem Bau des Reichstages zu Berlin begonnen wurde, der dem »Deutschen Volke« gewidmet sein sollte.

Bismarck und die anderen Fürsten im Bundesrat dachten bei dieser Wortwahl freilich nicht an die Hochrufe auf das »Deutsche Volk«, wie sie 1832 in Hambach gemeint waren: nämlich als Beginn einer »Republikanisierung Deutschlands«, Erstellung einer »demokratischen Staatsverfassung«, Förderung der Polen- und Franzosenfreundschaft, Schaffung des »republikanischen Europa« sowie eines »Völkerbundes« – und dies alles im Zeichen der »großen altdeutschen (schwarz-roth-goldenen) Fahne«.

Den herrschenden Kreisen von 1815 bis 1918 war Fürsten-Souveränität das dynastische Lebensprinzip (→ Gottesgnadentum) und nicht die von Liberalen, Sozialdemokraten und Zentrums-Leuten geforderte »Volkshoheit« als Ausdruck der → Freiheit für jeden Deutschen. Sie wurde bereits beim Wartburgfest 1817 vor allem von Studenten gefordert, aber nicht einmal in Ansätzen gewährt. Erst recht nicht, nachdem Karl Ludwig Sand am 23. März 1819 den Stückeschreiber August von Kotzebue in Mannheim getötet hatte, der auf der Seite des fürstlichen Hausstaates stand und sich über die Forderung nach einem »freien Vaterland« lustig machte.

Ohne diese »patriotische« Tat hätte es die Repression der Karlsbader Beschlüsse nicht gegeben, deren harte Durchführung zu Polarisierungen führte, die ein ganzes Jahrhundert prägten: auf der einen Seite ein → Patriotismus, der das → Vaterland auf die Geltung der Menschenrechte bezog, und auf der anderen Seite ein Fürsten-Kartell, in dem das »Vaterland« beschworen wurde, um die eigenen Machtapparate zu rechtfertigen – den »Vater Staat«.

Zwischen diesen Lagern gab es wiederum unzählige Schwarmgeister, die das »Volk« zu einem Mythos machten, um sich selbst zu erhöhen. Unter ihnen wollte der Napoleon-Hasser und »Turnvater« Friedrich Ludwig Jahn (1778-1852) ab 1811 ein »veredeltes Volk aufziehen« und es körperlich ertüchtigen, damit es seine Freiheit selbst verteidigen konnte. Ein politischer Erfolg war ihm damit nicht beschieden, stattdessen nach 1819 Inhaftierung und ein langes Warten auf die Revolution von 1848, die ihn ins Frankfurter Paulskirchen-Parlament brachte.

Darin liegt das Tragische der deutschen und liberalen Nationalbewegung des 19. Jahrhunderts, daß sie den Widerstand der »34 Regenten und Aristokratenfamilien« unterschätzte, die nicht nur »das schöne Deutschland ausgesogen« haben (Gerichtsprozeß 1833 gegen führende Hambach-Demokraten), sondern ihre Dynastenmacht mit Polizei, Heer und Verwaltung zu sichern verstanden.

Es bedurfte eines Weltkrieges und der Revolution von 1918, ehe diese Fürsten als »Hochverräter« abdanken mußten und das deutsche Volk zumindest als Wahlvolk zu einer demokratischen Selbstbestimmung gelangte. Aber selbst jetzt erschien das Volk nicht als Gesamtheit der Einzelmenschen, sondern als eine übergeordnete und gleichsam geistige Größe, der eine bestimmte Geschichtsmächtigkeit zugeschrieben wurde. So hieß es in der kurzen Präambel zur »Verfassung des Deutschen Reiches vom 11.8.1919«: »Das Deutsche Volk, einig in seinen Stämmen und von dem Willen beseelt, sein Reich in Freiheit und Gerechtigkeit zu erneuen und zu festigen, dem inneren und dem äußeren Frieden zu dienen und den gesellschaftlichen Fortschritt zu fördern, hat sich diese Verfassung gegeben«.

Das Organisieren der Staatlichkeit hatte hier anscheinend Vorrang und nicht das Bemühen, erst einmal Volk und Recht unmittelbar nach Maßgabe der Menschenrechte in vertragliche Übereinstimmung zu bringen. Entgegen der Tradition von 1787 (USA), 1791 (Frankreich) und auch 1848 wird von den Grundrechten aller Deutschen erst ab Artikel 109 gesprochen – im Gegensatz zum Bonner Grundgesetz von 1949, das mit deren Garantie beginnt.

»Wir sind ein Volk«

Es gehört zu den wiederkehrenden Phänomenen des historisch-politischen Daseins, daß in kleinen und größeren Völkern der Wunsch und die Sehnsucht aufkommt, eine sprachliche, religiöse oder staatliche Einheit zu bilden, obgleich dieses Ziel nicht jedem Bürger von Vorteil sein muß.

Bereits der Apostel Paulus fühlte sich im Brief an die Christengemeinde zu Ephesos veranlaßt, eine ernste »Mahnung zur Einheit« auszusprechen. Darin schwor er seine Glaubensbrüder auf eine folgenreiche → Ideologie ein: »Ein Leib und ein Geist, wie ihr auch bei eurer Berufung zu einer Hoffnung berufen worden seid. Ein Herr, ein Glaube, eine Taufe, ein Gott und Vater aller, der da ist über allen und durch alle und in allem.«

Die Entscheidung über den wahren Charakter der geforderten »Einheit« als weitgehende Einheitlichkeit konnte somit auch Abweichungen definieren und Ketzer oder notorische Gesetzesbrecher von der Gemeinschaft ausschließen (→ Verfassung).

In diesem Sinn muß auch die einheitsgebietende Formel im tausendjährigen Ancien Régime Frankreichs vor 1789 verstanden werden, wenn es zur Abwehr von Katharern, Albingensern oder Kalvinisten (Hugenotten) hieß: »Une foi, une loi, un roi« – »Ein Glaube, ein Gesetz, ein König«.

Die September-Verfassung von 1791 verkündete im Geist dieses Einheitsgebotes der Kirche auch für das neue weltliche Gemeinwesen, daß »das Königreich einheitlich und unteilbar ist« (Titre II, Art. 1). Obgleich es in der Folgezeit zu Versuchen kam, durch Bindung der französisch sprechenden Wallonen und Schweizer ans *Mutterland* die innere Einheit zu erweitern, ist daraus in Frankreich kein nationalistischer Fetisch gemacht worden – im Gegensatz zu den nach 1806 aufgekommenen »Pan-Ideen« in anderen Ländern: so die Vorstellung der Panslawisten eines Zusammenschlusses aller slawisch sprechenden Völker unter der politischen Führung Rußlands; oder auch der Skandinavismus als Einheitsbewegung des Nordens und des Pangermanismus, der schon während des Vormärz bei überzeugten Demokraten anklingt.

Die Frage nach der großdeutschen Lösung mit Österreich oder der kleindeutschen Lösung ohne diesen deutschsprachigen Raum hat immer wieder die Gemüter erregt und auf ein »gemeinsames Vaterland« hoffen lassen. 1848 war es noch nicht realisierbar, blieb aber stets ein Traum auch aufrechter Demokraten, Patrioten und weltoffener Bürger in der Folgezeit. Erst Bismarck sollte die – wie er sie nannte – »sonderbare Einheit« nach dem preußisch-französischen Krieg 1871 gelingen: mit »Blut und Eisen« erzwungen und gegen die Freiheit durchgesetzt.

So sehr wurde Bismarck für dieses sogenannte *Einheitswerk* selbst von Liberalen gelobt, ja bewundert, daß bis heute oft übersehen wird, was diese »Einheit« wirklich war – die machtbezogene Organisation einer doppelten Teilung. Denn mit der Errichtung Groß-Preußens teilte Bismarck den Deutschen Bund (1815-1866) und das »Dritte Deutschland« (süddeutsche und Rhein-Staaten) sowie Polen, dessen Staatlichkeit seit 1795 ganz aufgehoben worden war und in wesentlichen Teilen zu Preußen, d. h. ab 1871 auch zum Deutschen Reich gehörte.

Bismarck war sich dieser Zwangskonstruktion bewußt, die erst nach dem Ende des Ersten Weltkrieges bestimmte territoriale Korrekturen erfuhr, als Polen wiedererstehen durfte – eine Forderung der 1848er Revolution gerade auf deutscher Seite. Der Wunsch vieler Österreicher, »Heim ins Reich« zu kommen, wurde aber 1918 von den Westmächten verweigert, wobei sie gegen ihre eigenen hohen Prinzipien verstießen, nämlich das *Selbstbestimmungsrecht* der Völker zu achten.

Unter ganz anderen Voraussetzungen mußten dann die gleichen Mächte 1938 den »Anschluß« Österreichs und die Existenz eines Großdeutschen Reiches akzeptieren – mit Terror und Trug ertrotzt und wiederum gegen die Freiheit gerichtet. Fünf Jahre zuvor war es dem Österreicher Adolf Hitler und der NSDAP gelungen, die Weimarer Demokratie auszuschalten und sich unter dem massenwirksamen Schlachtruf huldigen zu lassen: »Ein Volk, ein Reich, ein Führer«.

Diese Einheit – ohne die Deutschsprachigen in Südtirol, der Schweiz, Elsaß-Lothringen und im Baltikum – bedeutete in erster Linie staatsbezogene Einheitlichkeit und innere Gleichschaltung aller Institutionen und Organisationen nach Maßgabe des diktatorischen Führerprinzips (→ Diktatur). Schillers Wort »Wir sind ein Volk/Und einig woll'n wir handeln« war unter totalitäre Vorgaben geraten, die den Volksbegriff in einer Weise deuteten, als sei damit eine Totallegitimation möglich, die keinerlei universelle Rechte zu beachten hat, schon gar nicht Bindungen einer völkerneutralen → Ethik oder gar Rücksichten auf Minderheiten und »Fremdrassige« (→ Rassismus). Das »Volk« als manipulierte und jubelnde »Masse« wurde zu einer imperativen Kategorie als Grundweise eines politisierten Daseins, das in der Aufforderung gipfelte: »Führer befiehl, wir folgen dir!«

Das »Volk« als »Gefolge« durfte aber in diesem System nicht mehr als Vertragspartner der Staatsführung fungieren und mittels des Reichstages seine Rechte vertreten lassen, sondern hatte sich dem Parteiadel der Nationalsozialisten unterzuordnen, der alle gerichtlichen Terrorurteile des *Volksgerichtshofes* von 1934 an »im Namen des Volkes« ergehen ließ.

Der Begriff selbst wurde nach 1933 fast inflationär gebraucht und sollte eine umfassende Berechtigung ausdrücken, ja eine ungehinderte Ermächtigung, alles und jeden seiner Identitätskraft preiszugeben: Diese individuelle Unterwerfung betraf jeden Deutschen als »Volksgenossen« und Glied einer »Volksgemeinschaft«, die alles »Artfremde« (Carl Schmitt) als »volksfeindlich« abwertete und letztlich gar der physischen Vernichtung durch Krieg oder Konzentrationslager überstellte.

Selbst vor der Technik machte diese propagandistische Besetzung des Begriffs nicht Halt. Es wurde mit dem aufkommenden Medium

Radio zunehmend vom »Volksempfänger« gesprochen, und man begann, die Motorisierung mit einem preisgünstigen »Volkswagen« voranzutreiben, gefördert von der → Propaganda des »Völkischen Beobachters«, des Zentralorgans der NSDAP.

Diese Fetischisierung des »Volkes« bis in Durchhalteparolen hinein (»Ein Volk steht auf, ein Sturm bricht los«) wich mit der Befreiung von 1945 einer solchen Ernüchterung, daß fortan nur noch zaghaft und übervorsichtig vom Deutschen Volk die Rede war. In den drei Westzonen und der Bundesrepublik Deutschland wichen Politiker und Publizisten auf den demographischen Begriff »Bevölkerung« aus oder sprachen vom Wahlvolk, während in der DDR Bezeichnungen wie »Volksfront«, »Volkskammer«, »Palast des Volkes« oder »Völkerfreundschaft« Scheinlegitimationen zu liefern hatten.

Zwar wurde in Sonntagsreden oder Urteilen des Bundesverfassungsgerichtes gelegentlich auf das »deutsche Volk« Bezug genommen, aber nicht mehr in dem überhöhenden Sinn, wie der Begriff zwischen 1806 und 1945 von Demokraten wie Diktatoren verwendet worden war.

Dieser bundesdeutsche nüchterne Umgang mit den komprommitierten Begriffen »Volk« und »Nation« wandelte sich erst wieder, als mit der Sanften Revolution von 1989 auf den Straßen der DDR – vornehmlich in Leipzig – während der Montagsdemonstrationen die Losung aufkam: »Wir sind das Volk«.

Obgleich auf dem Höhepunkt dieser friedlichen Herausforderung des SED-Regimes höchstens 1 % der Gesamtbevölkerung politisch aktiv wurde, zeitigte doch diese disziplinierte »Masse« elementare Veränderungen im herrschenden Machtsystem, das mit Repressionen ähnlich reagierte und regierte wie einst die Polizeistaaten der Fürsten. Als dann nach dem Sturz der SED-Diktatur der Ruf in »Wir sind *ein* Volk« umschlug, da war auch emotional der Weg bereitet für eine staatliche Vereinigung zwischen der Bundesrepublik und den demokratisch gewordenen Einzelländern der DDR.

Am 3. Oktober 1990 endete dieser einzigartige Vorgang formal , und nicht wenige Deutsche waren der Überzeugung, daß der *Einigungsvertrag* durchaus »im Namen des Volkes« abgeschlossen wurde, das sich demnach wieder als Gesamtsouverän auffassen konnte.

»Des Volkes Stimme«

Ähnlich der → Nation war und ist das Volk als Gemeinschaft von Individuen ohne Bezug zum → Recht nicht denkbar. Darauf verweist nicht zuletzt die umfassende Geltung des *Völkerrechts*.

Zeitungen wie der »Volksfreund« Marats von 1789, die Pekinger »Volkszeitung« der Mao-Kommunisten und die von Jean-Paul Sartre unterstützte »La cause du Peuple« haben jedoch immer wieder versucht, mit der Anrufung des »Volkes« weniger dessen Rechte zu sichern als vielmehr die eigene Ideologie politisch zu »adeln« und sich eine besondere Autorität zu verschaffen.

Von dieser Seite aus gesehen ist das Vereinnahmen des »Volkes« auch ein Phänomen der modernen Massengesellschaft, die im Jahre 1776 oder 1789 zum ersten Mal in der Geschichte in einem ständeübergreifenden Maße rechtswirksam geworden ist – auf die Grundrechte und Grundpflichten des Einzelmenschen bezogen.

Wird diese Wechselwirkung von Volk und Individuum (→ Gesellschaft) wie das Zusammenwirken von Bürger und Nation im politischen Diskurs hinreichend berücksichtigt, dann kann all jenen das Machtgeschäft erschwert werden, die mit einem sogenannten *Populismus* (»Volksnähe«) bei Wahlen auf »Stimmenfang« gehen, indem sie soziale Reizthemen (Asylrecht, Einwanderung, Arbeitslosigkeit) propagandistisch mißbrauchen.

Man braucht hier nicht so hoch zu greifen, um in »Volkes Stimme« gleich die Sprache des Himmels herauszuhören. Aber es wird zur Erhaltung der künftigen politischen Kultur wichtig sein, Luthers Rat zu beherzigen und dem »Volk aufs Maul zu schauen«: Was in jedem Fall einschließt, sich über dessen Worte eigene Gedanken zu machen.

Literatur

H. Adler (Hrsg.), Literarische Geheimberichte. Protokolle der Metternich-Agenten, Bd. 1, 1840-1843, 1977 ✦ *Bahrmann/Links*, Wir sind das Volk. Die DDR zwischen 7. Oktober und 17. Dezember 1989. Eine Chronik, 1990 ✦ *C. L. Becker*, The Declaration of Independence, 8. Aufl. 1953 ✦ *Bendix*, Könige oder Volk. Machtausübung und Herrschaftsmandat, 2 Bde., dt. 1980 ✦ *Blaschke*, Volk, Nation, interner Kolonialismus, Ethnizität. Konzepte zur politischen Soziologie regionalistischer Bewegungen in Westeuropa, 1984 ✦ *Blecking*, Die Geschichte der nationalpolnischen

Turnorganisation »Sokól« im Deutschen Reich 1884-1939, 1990 ✦ *A. Bleckmann*, Grundprobleme und Methoden des Völkerrechts, 1981 ✦ *Blumenwitz*, Was ist Deutschland? Staats- und völkerrechtliche Grundsätze zur deutschen Frage und ihre Konsequenzen für die deutsche Ostpolitik, 3. Aufl. 1989 ✦ *Blumenwitz/Meissner* (Hrsg.), Das Selbstbestimmungsrecht der Völker und die deutsche Frage, 1984 ✦ *M. H. Boehm*, Das eigenständige Volk in der Krise der Gegenwart, 1971 ✦ *Boesak*, Gerechtigkeit erhöht ein Volk. Texte aus dem Widerstand, dt. 1985 ✦ *L. Boff*, Und die Kirche ist Volk geworden. Ekklesiogensis, dt. 1987 ✦ *Booms/Wojciechowski* (Hrsg.), Deutsche und Polen in der Revolution 1848-1849. Dokumente aus deutschen und polnischen Archiven, dt.-poln. 1982 ✦ *H. Braun*, Philipp Jacob Siebenpfeiffer. Ein liberaler Publizist des Vormärz 1789-1845, 1956 (masch.) ✦ *Dowley*, Mose unterwegs mit Gottes Volk, 1991 ✦ *Ebenau*, Freiheit für das Volk. Dokumente zur Arbeiterbewegung in Neunkirchen 1848-1961, 1990 ✦ *Edlinger*, Ihr werdet mein Volk sein und Ich werde euer Gott sein. Für eine Kirche im Sinne des Evangeliums, 1989 ✦ *A. Eggebrecht*, Volk ans Gewehr. Chronik eines Berliner Hauses 1930-34, 1985 ✦ *Evertz*, Kirche und Volk. Ein Ja zum Vaterland, 1985 ✦ *K.-G. Faber*, ›Die rheinischen Institutionen‹, in: Hambacher Gespräche 1962, 1964 ✦ *Freilinger*, ›Die Hambacher. Beteiligte und Sympathisanten der Beinahe-Revolution von 1832‹, in: Zeitschrift für bayerische Landesgeschichte, 41, 1978 ✦ *Geistlinger*, Revolution und Völkerrecht. Völkerrechtsdogmatische Grundlegung der Voraussetzungen und des Inhalts eines Wahlrechts in Bezug auf vorrevolutionäre völkerrechtliche Rechte und Pflichten, 1991 ✦ *Grabert*, Sieger und Besiegte. Die deutsche Nation von den Freiheitskriegen bis zum Abwehrkampf gegen den Kommunismus, 2. Aufl. 1973 ✦ *ders.*, Volk und Führung. Deutschlands Ringen um Einheit und Bestand, 1977 ✦ *A. Grosser*, Das Deutschland im Westen. Eine Bilanz nach 40 Jahren, 1988 ✦ *Grünberg*, Wir sind das Volk! Der Weg der DDR zur deutschen Einheit, 1991 ✦ *Haasis*, Volksfest, Sozialer Protest und Verschwörung. 150 Jahre Hambacher Fest, 1981 ✦ *Häberle*, ›Zur gegenwärtigen Diskussion um das Problem der Souveränität‹, in: Archiv des öffentlichen Rechts, Bd. 92, 1967 ✦ *Haenisch*, Fürst und Volk, Soldat und Beamter in Staatsnot. Betrachtungen aus der Geschichte Chinas, 1952 ✦ *Hamm-Brücher*, Gerechtigkeit erhöht ein Volk. Theodor Heuss und die deutsche Demokratie, 1984 ✦ *P. D. Hanson*, Das berufene Volk. Entstehen und Wachsen der Gemeinde in der Bibel, 1991 ✦ *Heidelmeyer*, Das Selbstbestimmungsrecht der Völker. Zur Geschichte und Bedeutung eines internationalen Prinzips in Praxis und Lehre von den Anfängen bis zu den Menschrechtspakten der Vereinten Nationen, 1973 ✦ *ders.*, Die Menschenrechte. Darstellung und Dokumente, 1981 ✦ *Heindl*, »Wir Österreicher sind ein anständiges Volk« – Kurt Waldheim, 1991 ✦ *R. Henkys*, Gottes Volk im Sozialismus. Wie Christen in der DDR leben, 1983 ✦ *F. Hofmann*, Der römische Senat zur Zeit der Republik nach seiner Zusammensetzung und inneren Verfassung betrachtet, 1847, ND 1972 ✦ *Huch*, Die Romantik. Blütezeit, Ausbreitung und Verfall, 1985 ✦ *Jacob*, Ein vereintes Volk wird nie besiegt werden. Was in Nicaragua geschah, ist kein Märchen, 1981 ✦ *Kätterer*, Gott und sein Volk. Geschichten von Abraham, Isaak und Jakob, 1973 ✦ *E. Klein*, Von der Reform zur Restauration. Finanzpolitik und Reformgesetzgebung des preußischen Staatskanzlers Karl August von Hardenberg, 1965 ✦ *Kügler/Schicker/Denkler*, Wir sind das Volk. Fastenpredigten 1990 in Herz Jesu Erlangen, 1990 ✦ *H. Kurz* (Hrsg.), Volkssouveränität und Staatssouveränität, 1970 ✦ *v. Laun*, Staat und Volk. Eine völkerrechtliche und staatsrechtliche Untersuchung auf philosophischer Grundlage, 2. Aufl. 1971 ✦ *Loewenstein*, Volk und Parlament nach der Staatstheorie der französichen Nationalversammlung von 1789, 1922, ND 1990 ✦ *Low/Low*, Die Anschlußbewegung in Österreich und Deutschland 1918-1919 und die Pariser Friedenskonferenz, dt. 1975 ✦ *M. Ludwig*, Polen und die deutsche Frage. Mit einer Dokumentation, 1991 ✦ *Maaz*, Das gestürzte Volk. Deutschlands unglückliche Vereinigung, 1991 ✦ *Maier-Fürstenfeld*, Gott befreit sein Volk, 1988 ✦ *Margadant*, Für das Volk gegen das Kapital. Plakate der Schweizerischen Arbeiterbewegung 1919-1973, 1973 ✦ *Montag*, Völkerrechtliche Verträge mit vorläufigen Wirkungen, 1986 ✦ *Mulzer/Kiefer*, Gegen Volk und Vaterland. Kriege in der Geschichte – vom Dreißigjährigen bis zum Vietnamkrieg, 1984 ✦ *Neck/Wandruszka* (Hrsg.), Anschluß 1938, 1981 ✦ *Pickerodt/Wolf*, Senat und Volk? Alltagsleben, Politik und Kultur in der späten Republik, 1983 ✦ *Pohl*, Historistische Erkenntnistheorie des jungen Herder, 1990 ✦ *Rabl*, Das Selbstbestimmungsrecht der Völker. Geschichtliche Grundlagen. Umriß der gegenwärtigen Bedeutung. Ein Versuch, 2. Aufl. 1973 ✦ *Reckermann*, Sprache und Metaphysik. Zur Kritik der sprachlichen Vernunft bei Herder und Humboldt, 1979 ✦ *Rendtorff*, Hat denn Gott sein Volk verstoßen? Die evangelische Kirche und das Judentum seit 1945. Ein Kommentar, 1989 ✦ *Rohan*, Volk und Staat. Betrachtungen zur österreichisch-böhmischen Geschichte, 1964 ✦ *Schadt*, Predigten über den Epheserbrief, 2 Bde., 1977-78 ✦ *Stahl*, Adel und Volk im Florentiner Dugenta, 1965 ✦ *Strömberg-Back*, Lagen, rätten, läran, 1962 (Erik Sparre) ✦ *Süß*, Die Pfälzer im »Schwarzen Buch«. Ein personengeschichtlicher Beitrag zur Geschichte des Hambacher Festes, des frühen pfälzischen und deutschen Liberalismus, 1956 ✦ *Thaysen*, Der Runde Tisch. Oder: Wo blieb das Volk? Der Weg der DDR in die Demokratie, 1990 ✦ *D. Vollmer*, Volk-Staat-Nation. Eine Klärung der Begriffe, 1976 ✦ *Wagner*, Zwischen Völkern, Staaten und Kirchen. Zur Geschichte des Protestantismus in Ostmitteleuropa, 1986 ✦ *Willems*, Le Sénat de la République romaine. Sa composition et ses attributions, 2 Bde., 1878-85, ND 1968 ✦ *Wurmbrand/Roth*, Das Volk der Juden. 4000 Jahre Kampf ums Überleben, 1989.

Xenophobie

Für den »Fremden« und den »Gast« im Gegensatz zum Einheimischen in Stadt und Land kannte das antike Griechenland den gemeinsamen Begriff »Xenos«. Ähnlich verhielt es sich im Geltungsbereich des Römischen Rechts: Die lateinische Bezeichnung »hostis« meinte einmal den Orts- und Landfremden, dann in bestimmten Fällen auch den äußeren »Feind« und schließlich den »Gast«. Er galt wie bei den Germanen als »heilig« im Sinne von »unantastbar«, solange er das Gastrecht nicht grob verletzte. Der zugestandene Rechtsschutz während eines Aufenthaltes betraf dabei nicht nur den fremden Gast aus dem eigenen Volk und Sprachraum, sondern auch den Nicht-Griechen oder »Barbaren«, der nicht über die Gepflogenheiten der einheimischen Kultur oder Sprache verfügte (→ Freundschaft).

Der hohe Status des Fremden als schutzwürdiger Gast hinderte allerdings in der Antike nicht daran, dem Andersartigen und zuweilen auch Befremdenden mit Mißtrauen, Abwehr und »Furcht« (gr. *phobia*) zu begegnen. Die Xenophobie als eine besondere »Fremdenfurcht« ist also nicht nur eine Erscheinung der Moderne. Das besonders streng geführte Sparta kannte sogar eine regelrechte Ausweisung von Orts- und Landfremden, sobald die innere Sicherheit als bedroht empfunden wurde.

Der Entzug des Aufenthalts- oder Bleiberechtes konnte neben den Fremden aber auch die eigenen Bürger treffen, denen das »Bürgerrecht« gehörte. Meist aus politischen Gründen wurde ihnen der bisherige Rechtsstatus verweigert, so daß sie fortan als »Fremde« im eigenen Ort oder Land galten, häufig auch ins »Exil« oder in die »Fremde« geschickt wurden oder aber um ein »Asyl« (gr. *asylon*) nachzusuchen hatten, das als »Freistätte« auf fremdem Gebiet betrachtet wurde und in der Regel eine politische Tätigkeit untersagte. Einer der bekanntesten Exilanten des Altertums war der römische Dichter Ovid (43 v. Chr. – 17 n. Chr.), der unter dem Caesaren Augustus in Tomi am Schwarzen Meer sein Exil und Los zu tragen hatte – fern von Rom.

Eine Variante der Xenophobie kannte die Antike im Bereich des Vertragswesens. Aus Furcht davor, daß vor allem ein Friedensvertrag zwischen Griechen und Römern oder auch zwischen diesen Völkern und »Barbaren« gebrochen wurde, verlangte man die Gestellung von Geiseln. Sie waren oft von adliger oder fürstlicher Herkunft, genossen beim jeweiligen Vertragspartner für die Dauer des Friedens ein »geheiligtes« Gastrecht und sollten im Gastland dafür wirken und einstehen, daß ihre eigenen Landsleute die geschlossenen Verträge auch einhielten. In ihrer friedenserhaltenden Funktion personifizierten sie das → Drittwesen und konnten bei Vertragsbruch sogar getötet werden.

Geisel-Status und volle Wahrnehmung des Gastrechtes mußten sich in der Antike nicht ausschließen. Dafür ist der griechische Geschichtsschreiber Polybios (um 200 – um 120 v. Chr.) ein nachdrücklicher Beweis. Er kam als Geisel des Achäischen Bundes nach Rom, erlebte dort im politischen und geistigen Umfeld des Scipionischen Republikanismus den Aufstieg und die Festigung Roms als vorherrschende mediterrane Macht, deren Geschichte er in seinen »Historien« analysierte und beschrieb. Auch ein anderer Fall zeigt die prägende Nachwirkung dieser alten Tradition der gegenseitigen Friedenssicherung: Die beiden Fürstenkinder Walther und Hildegund weilten als »christliche« Geiseln am Hofe des Hunnenführers Attila im Ungarischen und sollen, wie das Walthari-Lied berichtet, heimlich geflohen sein, obgleich Walther als der beste und hochgeehrte Heerführer Attilas an zahlreichen Kämpfen und Kriegen teilgenommen hatte.

Seit der Genfer Konvention von 1949 darf diese Art der Geiselnahme nicht mehr als Mittel der Vertrags- und Friedenssicherung bemüht werden.

Ein besonders düsteres Kapitel in der Geschichte der Xenophobie stellen die Übergriffe gegen die Juden dar, die vor allem seit dem IV. Lateran-Konzil von 1215 unter meist lokal organisierten Pogromen und Vertreibungen zu leiden hatten. Dabei schlug die »Fremdenfurcht« in der Regel in einen »Fremdenhaß« um, der für aufgetretene Seuchen und Epidemien einen »Sündenbock« suchte und ihn meist in den Juden fand.

Solchen Vernichtungsaktionen, die oft im Zusammenhang mit Aufrufen zu Kreuzzügen von kirchlicher Seite betrieben wurden, stand allerdings eine andere Tradition gegenüber. So genossen die »Schutzjuden« der Päpste in Rom und Avignon sowie der Kaiser im Heiligen Römischen Reich Teutscher Nation oder anderer Fürsten in der Christenheit ein oft schriftlich verbrieftes Aufenthalts-, Bleibe- und Tätigkeitsrecht (Handel, Geldwesen, Hoflieferanten). Der damit verbundene Rechtsschutz konnte jedoch von einzelnen Kirchenleuten durchbrochen werden. Immer wieder wurde Juden im Sinne der Sippenhaft eine Kollektivschuld angelastet, sie wurden als »Christus-Mörder« verteufelt oder gar für »vogelfrei« erklärt: Jeder Christ durfte dann Mitglieder der lokalen Judenschaft töten und blieb straffrei.

Das mitunter brutale Umschlagen von Gast- und Schutzrechten für Minderheiten in Fremdenfurcht, Fremdenhaß und Fremdenfeindlichkeit geschieht in der Regel dort, wo Einheimische in der Begegnung mit Fremden auf eigene Schwächen stoßen oder sich von außen her bedroht fühlen. Kommt noch Unwissenheit hinzu und mangelnde Bereitschaft, sich genaue Kenntnis über die Fremden zu verschaffen, dann genügt oft das Gerücht, die bloße Behauptung oder eine böswillige Projektion eigener Ohnmachtsempfindungen, um alle vorhandenen Rechtsschranken und Schutzmaßnahmen aufzuheben. Die Vertreibung der Juden aus England 1291, ihre Verfolgung während der großen Pest 1348 oder die Ausweisung von 1492 aus Spanien belegen diesen Mechanismus der Abwehr ebenso wie das Verhalten der Nationalsozialisten zwischen 1933 und 1945: Das »Fremde« gilt nicht als Bereicherung des Eigenen, sondern als Bedrohung der angenommenen Identität.

Diese historische Erfahrung betrifft aber nicht nur die Juden oder die Zigeuner (Sinti, Roma) als das »Fahrende Volk«, sondern ist auch dort festzustellen, wo größere Völker mit nationalen Minderheiten (Nationalitäten) umgehen müssen, die nicht der vorherrschenden Norm entsprechen und sich in Sprache und Gebräuchen unterscheiden.

Fast jedes Land und Staatsvolk in Europa sieht sich im eigenen Gemeinwesen zahlreichen »Fremden« gegenüber, die unbesehen von Herkunft, Aussehen oder Sprache (→ Nation) unter dem Schutz der universell geltenden Menschenrechte stehen. Nur deren Anerkennung und die Pflege der damit verbundenen politischen Kultur der → Toleranz vermögen es, die Xenophobie mit ihren menschenfeindlichen Auswüchsen in eine Xenophilie oder Fremdenfreundschaft zu wandeln. Erst die Einführung der Demokratie ermöglichte es in Spanien 1975, den »fremden« Basken und Katalanen die weitgehende Autonomie im Gesamtstaat zu sichern und ihre Sprache wieder zuzulassen. Die Sicherungen für die Dänen im Bundesland Schleswig-Holstein oder der Sorben in der Lausitz (Bundesland Sachsen) belegen in Deutschland, daß demokratisches Selbstverständnis und nationales Selbstbewußtsein gestärkt werden, wenn das »Fremde« in seinem Eigenwesen anerkannt wird.

Fremdenfeindlichkeit und »Ausländerhaß« erscheinen vor allem in ökonomischen Krisenzeiten nicht nur als Ausdruck von Schwäche, sondern auch als Zeichen antidemokratischer Gesinnung und einer Rechtsverwilderung, die aus Unkenntnis bewußt und gezielt Unrecht gegen Fremde in Kauf nimmt oder gar »Selbstjustiz« übt.

Das Bemühen um gegenseitiges Verständnis von Einheimischen und Fremden (als »Gastarbeiter« oder im »Fremdenverkehr«) bedeutet vor allem in den Städten eine ständige Erprobung der »Bürgerlichkeit« (→ Bürgertum). Wird diese nicht im Geist der Menschenrechte wahrgenommen, dann zerfällt das Toleranzgebot und damit auch die Bereitschaft, sich gegen jene Kräfte zu stellen, die von einer unzumutbaren »Überfremdung« reden – das »Unwort« des Jahres 1993.

Literatur

Ben-Sasson (Hrsg.), Geschichte des jüdischen Volkes, 3 Bde., 1980 ✦ *J. Blaschke u.a.* (Hrsg.), Annotierte Literatur zum Thema »Zuwanderer, ethnische Minderheiten und AIDS«, 1990 ✦ *Brankatschk/Mjetschk*, Geschichte der Sorben. Von ersten slawischen Stämmen im Siedlungsgebiet bis zur Französischen Revolution 1789, 1977 ✦ *G. Brunner u.a.*, Minderheitenschutz in Europa, 1985 ✦ *Eifler/Saame* (Hrsg.), Das Fremde. Aneignung und Ausgrenzung. Eine interdisziplinäre Erörterung, 1991 ✦ *Gehrke*, ›Die Griechen und die Rache‹, in: Saeculum 38, 1987 ✦ *Gessenharter/Fröchling*, Minderheiten. Störpotential oder Chance für eine friedliche Gesellschaft, 1991 ✦ *Gidal*, Die Juden in Deutschland. Von der Römerzeit bis zur Weimarer Republik, 1988 ✦ *Grönbech*, Kultur und Religion der Germanen, 5. Aufl. 1954 ✦ *Harpprecht*, Amerikaner. Freunde, Fremde, ferne Nachbarn, 1986 ✦ *Hirth*, Zur Bedeutung von Minderheiten für ökonomische Entwicklungsprozesse von Ländern der Dritten Welt. Dargestellt am Beispiel der asiatischen Minderheit in Kenia, Tansania und Uganda, 1990 ✦ *Hollmann/Voll* (Hrsg.), Die Fremden unter den Eingeborenen. Interkulturelles Lernen in der Fortbildung, 1986 ✦ *v. Katte*, Die Mitgliedschaft von Fremden in politischen Parteien der Bundesrepublik Deutschland, 1980 ✦ *Khoury*, Islamische Minderheiten in der Diaspora, 1985 ✦ *W. Kucera*, Fremdarbeiter und KZ-Häftlinge in der Augsburger Rüstungsindustrie, 1991 ✦ *A. Kühn*, Privilegierung nationaler Minderheiten im Wahlrecht der Bundesrepublik Deutschland und Schleswig-Holsteins, 1991 ✦ *Kupisch*, Judenfeindschaft im 19. Jhd. Ursachen, Formen, Folgen, 2. Aufl. 1982 ✦ *Luckmann*, ›Identität, Rolle, Rollendistanz‹, in: Identität, hrsg. von Marquard/Stierle, 1979 ✦ *K. Meister*, Historische Kritik bei Polybios, 1975 ✦ *Ovid*, Briefe aus der Verbannung, dt. 1990 (W. Williger) ✦ *ders.*, Metamorphosen – Fasti – Elegien aus der Verbannung, dt. 10. Aufl. 1990 (W. Fiedler) ✦ *Polybios*, Geschichte, 2 Bde., dt. 2. Aufl. 1978 ✦ *Rotter* (Hrsg.), Minderheiten im Mittelmeerraum, 1989 ✦ *Sayler*, Wider die Xenophobie. Ausländer zwischen Ablehnung und Integration, 1987 ✦ *Schäffter* (Hrsg.), Das Fremde. Erfahrungsmöglichkeiten zwischen Faszination und Bedrohung, 1991 ✦ *Schot*, Nation oder Staat? Deutschland und der Minderheitenschutz. Zur Völkerbundspolitik der Stresemann-Ära, 1988 ✦ *F. Schuh*, Fremdenverkehr. Kritische Texte über den Tourismus, 1984 ✦ *Spaich*, Fremde in Deutschland. Auf der Suche nach Heimat, 1991 ✦ *Waldenfels*, Stachel des Fremden, 1990 ✦ *P. Waldmann*, Militanter Nationalismus im Baskenland, 1990 ✦ *Wenniger*, Man bedarf keiner Juden mehr. Ursachen und Hintergründe ihrer Vertreibung aus den deutschen Reichsstädten im 15. Jhd., 1981 ✦ *Yletyinen*, Sprachliche und kulturelle Minderheiten in den USA, Schweden und der Bundesrepublik Deutschland. Ein minderheiten- und bildungspolitischer Vergleich, 1982.

Zukunft

Das gemeinsame Erbe der drei Abraham-Religionen (Judentum, Christentum, Islam) besteht nicht nur im Glauben an einen »einzigen« Schöpfergott (Monotheismus). Es lebt auch von der religiösen Hoffnung auf die Erfüllung eines göttlichen »Heilsplanes« am Ende der irdischen Zeit: Das »Jüngste Gericht« Gottes über die bösen und guten Werke der Menschen soll zu ihrer gründlichen Erneuerung führen, um künftig in einem gottseligen »Reich der Gerechtigkeit« leben zu können. Geschichte und Gegenwart des Menschen werden nach diesem Gottes- und Weltverständnis trotz aller Fehler und Sünden, die jedes Einzelwesen begeht, in einer Weise interpretiert, daß die »Zukunft allein unser Zweck ist« (Pascal).

Diese Vorstellung richtet das Leben der Gläubigen auf den Tod aus und erwartet, daß sie bei ihrem täglichen Tun und Lassen sich so verhalten, wie es sich für den Erwerb eines »ewigen Lebens« geziemt – im Himmel oder Paradies als Wohnstatt Gottes und der menschlichen Seele.

Das hohe Maß an Subjektivität dieser zielgerichteten (Teleologie) und endzeitlichen (Eschatologie) Deutung des irdischen Daseins zeigt sich auf allen Denkgebieten und in beinahe jedem Tätigkeitsbereich des Menschen. So besteht heute von seiten der Philologie und Theologie erheblicher Zweifel daran, ob das seit Jahrhunderten bemühte Bibelwort »Macht euch die Erde untertan« (Genesis, 1:28) wirklich nur patrimonial aufzufassen ist. Es spricht nämlich viel dafür, daß es »mit jeder Art despotischer Herrschaft über die Erde unvereinbar sei« (Alfons Auer, 1984). Denn die hebräische Formel »We'Chiwschuha« bedeutet »Die Hand auf etwas legen« und meint letztlich ein Treuhandgebot, das dem Raubbau an der Natur notwendige Grenzen der → Ethik setzt, um im Geist eines Generationenvertrages die Zukunft der Nachkommen zu sichern.

Wohin einseitig patrimonial verstandene Bibelworte auch schon in der Vergangenheit führen konnten, zeigte sich etwa im Mittelalter, wo das hemmungslose Roden des Schwarzwaldes als »gottgefälliges Werk« ausgegeben wurde. Erst die verheerenden Folgen dieses menschlichen Eingriffes in die Natur veranlaßten im Jahre 1309 öffentliche und rechtliche Gegenmaßnahmen zur Schonung des Waldes und zum Nutzen künftiger Generationen.

Die Zukunft im materiellen Dasein des Lebens kann demnach von bestimmten Entscheidungen abhängig sein, die über Jahrzehnte und gar Jahrhunderte hinaus ihre Wirkungen zeitigen. So hat das Abholzen der Eichenwälder in Spanien oder auf dem Balkan zwar die zeitweilige Weltgeltung der »Katholischen Könige« und der Republik Venedig dadurch begründet und gesichert, daß große Flotten gebaut werden konnten. Doch die vernachlässigte Aufforstung hat neben anderen Gründen dazu geführt, daß die Erosion den Boden fast zwangsläufig zerstörte – beiden Welt- und Seemächten zum Nachteil und Niedergang (→ Umweltschutz).

Futurologie

Betrachtet man die Geschichte von Politik, Gesellschaft und Kultur, dann ist festzustellen, daß radikale Brüche sehr selten sind und die jeweilige Zukunft im wesentlichen als strukturell verlängerte Vergangenheit in Erscheinung tritt – gedanklich wie praktisch. Ein naheliegendes Beispiel dafür ist die Tatsache, daß die meisten Rechtskodifikationen in Europa und Amerika aus vorindustrieller Zeit stammen und trotz zahlreicher Novellierungen oder Veränderungen im Prinzip ihren Geltungsanspruch weiterhin durchsetzen können (→ Recht).

Die weitgehend patrimoniale Auffassung vom → Eigentum, wie sie das Allgemeine Preußische Landrecht von 1794 im Sinne des → Absolutismus geprägt hat, ging im Jahre 1900 auch ins Bürgerliche Gesetzbuch (BGB) des zweiten Kaiserreiches ein. Diese strukturelle Kontinuität hat sich bis heute im deutschen Bereich nicht substantiell verändert und ist z.B. dafür verantwortlich, daß im Umweltrecht noch immer das »Verschuldungsprinzip« gilt und nicht das »Verursacherprinzip«. Das bedeutet letztlich: »Nicht die Produzenten müssen beweisen, daß ein Stoff ungefährlich ist, sondern die Geschädigten, daß er gefährlich ist« (Jörg Weber).

Werden derartige strukturelle Bindungen in der Arbeits- und Lebenswelt berücksichtigt, dann lassen sich Zukunftsvorhersagen mit hoher Sicherheit treffen. Denn die Durchsetzung des Verursacherprinzips, wie sie seit 1988 in der Bundesrepublik Deutschland versucht wird, würde vor allem die Unternehmen der Industrie und Energiewirtschaft vor enorme Mehrbelastungen stellen. Nach betriebswirtschaftlichen Kosten-Nutzen-Rechnungen und im Hinblick auf die Mentalität der Profitmaximierung wäre die Zukunft nicht nur etlicher Unternehmen gefährdet, sondern auch jene des »Standortes Deutschland« und damit die künftige Sicherung von Arbeitsplätzen.

Auf der Grundlage solcher Strukturen oder materiellen Gegebenheiten bemüht sich die »Futurologie«, mit Hilfe von Annäherungsmodellen Handreichungen dafür zu geben, wie sich Politiker oder Manager bei langfristig angelegten Projekten verhalten sollen. Diese seit den 1950er Jahren in den USA aufgekommene Planungswissenschaft arbeitet in der Hauptsache mit dem Hochrechnen und Kombinieren verschiedener Faktoren (Bevölkerungszahl, Rohstofflage, Infrastruktur, Geldwert, Innovationsbereitschaft, Technologie); sie versucht demnach, das Zukunftsdenken (»*long-term-thinking*«) rationaler Berechenbarkeit zu unterwerfen.

Die Stärken dieses Verfahrens, das immer noch eine Reihe von Unsicherheitsmomenten berücksichtigen muß, zeigte sich in der Analyse von Andrej Amalrik Ende der 1960er Jahre, als er das Zusammenbrechen der Sowjetunion für das Jahr »1984« vorhersagte und dabei strukturelle wie mentalitätsgebundene Faktoren kombinierte. Der 1985 eingeleitete Prozeß der »Perestroika« oder des »Umbaus« der bestehenden Sowjet-Strukturen in Richtung »westlicher« Demokratie und Wirtschaftsordnung durch Michail Gorbatschow hat den inneren Niedergang der kommunistischen Parteidiktatur nicht aufhalten können, sondern ihn eher beschleunigt und eine »Zeit der Wirren« eingeleitet.

Die Schwächen der herkömmlichen Futurologie ergeben sich aus der weit verbreiteten Wachstumsideologie und ihrer Bindung an das linear ausgerichtete Fortschrittsdenken. So haben Bedarfshochrechnungen Anfang der 1970er Jahre dazu geführt, den Ausbau der friedlich zu nutzenden Kern- oder Atomenergie zu betreiben, um eine künftige »Energielükke« zu schließen. Dieses Denken setzte sich vollends durch, als 1973/74 der »Ölpreisschock« vielen Politikern in Europa, USA und Japan bewußtmachte, mit welchen → Abhängigkeiten sie in der Energieversorgung zu rechnen hatten (→ Souveränität). Vor allem das Forcieren der sogenannten Brüter-Technologie hat schließlich in der Bundesrepublik Deutschland zu gigantischen Fehlinvestitionen geführt – so in Kalkar am Niederrhein, wo die Errichtung eines »Schnellen Brüters« Milliarden DM gekostet hat, ohne daß eine einzige Kilowattstunde Strom genutzt werden konnte.

Neben der vorurteilslosen Analyse der materiellen Seite unserer Arbeits- und Lebenswelt, die an bestimmte »Grenzen des Wachstums« (Club of Rome, 1972) gestoßen ist und verstärkt mit negativen Industrie- und Technikfolgen zu kämpfen hat (Smog, Ozonloch, Waldsterben, Wasserverschmutzung), kam seit den 1980er Jahren eine steigende Rückbesinnung auch auf ideelle »Werte« auf (→ Ideologie). Sie richtet sich vornehmlich gegen den vorherrschenden »Materialismus«, der in Verbindung mit Wachstumsdenken und ungehindertem Raubbau an den Ressourcen der Natur bei vielen Menschen besonders in den Industrieländern eine »Sinnkrise« ausgelöst hat, d.h. ein verstärktes und sensibilisiertes Nachdenken über das gegenwärtige und künftige *Zerstörungspotential*, das im Zeichen von Industrie und Rüstung die Zukunft des »blauen Planeten« gefährdet.

Angesichts der Zunahme von Industrie- und Naturkatastrophen, fortgesetzten Raubbaus an Regenwäldern und Ozeanen sowie der Gefahr einer »globalen Erwärmung« der Atmosphäre wäre es heute kaum denkbar, ein solch optimistisches Zukunftsprogramm aufzustellen, wie es im Jahre 1880 formuliert worden ist: »Die Geschichte der Menschheit ist eine Geschichte des Fortschritts – eines Fortschritts in der Erkenntnis und in der Weisheit eines unentwegten Vorwärtsschreitens von einer niedrigeren Stufe der Intelligenz und des Wohlbefindens zu einer höheren. Jede Generation gibt das Ererbte verbessert, durch eigene Erfahrung bereichert und durch die Früchte der eigenen Erfolge vermehrt an ihre Nachfolgerin weiter ...« (Robert Mackenzie).

Auch wenn nicht bestritten werden kann, daß Errungenschaften im Bereich der Medizin und Technik das Leben vieler Menschen im Gegensatz zu früheren Zeiten materiell verbessert und verlängert haben, so breitet sich doch ein *Zukunftspessimismus* aus. Der Hauptgrund für diese Haltung liegt wohl in der Einsicht, daß die technisch-industrielle Dynamik mit ihren destruktiven Spätfolgen nicht mehr umkehrbar scheint.

Ein Beispiel nur aus dem Alltag des rheinischen Braunkohlereviers bei Erkelenz im Jahre 1994 macht deutlich, daß die einstige »Zukunftsmusik« des → Industrialismus mittlerweile zu einem Trauermarsch geworden ist. Zur künstlichen Erhaltung von 9000 Arbeitsplätzen sollen mehrere Dörfer und Weiler dem Abbau von Braunkohle geopfert werden. Ein betroffener Bürger faßte die Situation und Stimmung in seiner Heimat zusammen: »Jeden Tag zerfällt die Dorfgemeinschaft mehr. Ein Drittel der Gewerbebetriebe ist verschwunden, die jungen Leute ziehen weg, und die Alten wollen sterben, bevor der Tagebau kommt ... «

»Has Man a Future?«

In seiner Analyse des Rüstungswettlaufs zwischen Ost und West als zwei feindlichen Militärblöcken stellte der englische Mathematiker und Philosoph Bertrand Russell bewundernd und doch kritisch zur Lage des »modernen« Menschen fest: »Der Fortschritt in den vergangenen fünf Jahrhunderten war größer als in der gesamten vorhergehenden Geschichte. Eines der beunruhigenden Probleme unseres Zeitalters besteht aber darin, daß Denkgewohnheiten (habits of thought) nicht so schnell geändert werden können wie die Techniken: mit dem Ergebnis, daß zwar die Fertigkeit (skill) wächst, die Weisheit jedoch verkommt ...« (1962).

Es käme also darauf an, den »industriell-militärischen Komplex« (Eisenhower) in seiner Eigendynamik wieder auf ein politisch und ökonomisch beherrschbares Maß zurückzunehmen. Tatsächlich hat die Hochrüstung mit atomaren und konventionellen Waffen seit dem Ende des Zweiten Weltkrieges horrende Summen gekostet und zu Beginn der 1990er Jahre dazu geführt, die gegenseitige »Totrüstung« wieder stufenweise abzubauen und sich um eine »friedliche Koexistenz« zu bemühen. Das Aufgeben von Rüstungsprogrammen wie der »Strategischen Verteidigungsinitiative« (SDI) in den USA oder die Einstellung der Produktion atomarer Mittelstreckenraketen (SS 20) in der ehemaligen Sowjetunion hat zwar für die nächste Zukunft die Möglichkeit eines Atomkrieges gebannt und auch die damit verbundene Gefahr eines »nuklearen Winters« beseitigt. Aber ob diese »neue Vernunft« auf Dauer trägt, erscheint fraglich – angesichts von »Schwellenländern« wie Brasilien, Indien, Irak, Israel, Nord-Korea oder Pakistan, denen der Bau von Atombomben im Prinzip bereits möglich ist. Außerdem hat die Eindämmung dieses Bereiches im Rüstungswettlauf nicht dazu beigetragen, konventionelle Waffensysteme zu reduzieren.

Es ist verständlich, daß angesichts auch dieser Belastung aus pazifistischen wie humanistischen Kreisen der Ruf laut wird, den Menschen in seiner »Antiquiertheit« zu verändern, d.h. seine Fähigkeit zu Aggression, Gewalt und Zerstörung in konstruktive Fertigkeiten zu wandeln. Die Chancen auf Erfüllung dieses Wunsches und Zukunftstraums hat Günther Anders immer wieder mit dem wachsenden Eigengewicht der Technik verglichen, die mittlerweile »zum Subjekt der Geschichte geworden ist, mit der wir nur noch ›mitgeschichtlich‹ sind« (1980).

Lokal, regional, national und global gesehen, bedeutet diese Situation vor allem in den Industrieländern, daß der Einzelmensch immer weniger Herr seiner selbst ist und in ein System von → Abhängigkeiten gerät, die er als Einzelwesen kaum noch überblicken, geschweige denn steuern oder gar beherrschen kann.

Es steht außer Frage, daß einerseits das »Entgöttlichen« der Natur durch die christlichen Kirchen in ihrer Abwehr heidnisch-animistischer Vorstellungen viel dazu beigetragen hat, »Mutter Erde« nicht mehr treuhänderisch zu nutzen, sondern patrimonial auszubeuten und am Ende zu zerstören. Ebenso gewiß ist aber auch, daß die »Negation der Natur«, wie sie von Aufklärern wie Bacon, Locke oder Voltaire mit Nachdruck und im Zeichen eines technisch verstandenen Fortschritts betrieben wurde, jene Mentalität im Industrie-Zeitalter gefördert und bestärkt hat, der das ungehinderte Verfügen über Wasser, Erde und Luft eine Selbstverständlichkeit ist – als »American Way of Life«.

Ob eine radikale Rückbesinnung auf vorindustrielle Arbeits- und Lebensformen hier in absehbarer Zeit eine menschenzuträgliche Abhilfe schaffen kann, ist zweifelhaft. Aber das Nachdenken des Menschen über vergangene Fehler und über seine schöpferischen Fähigkeiten könnten ein Zeichen der Hoffnung sein, doch noch die gebotene Umkehr zu schaffen – in Gerechtigkeit, Interdependenz und im Geist des Treuhandgebots.

Literatur

Altner, Schöpfung am Abgrund. Die Theologie vor der Umweltfrage, 1974 ✦ *ders.*, Die Überlebenskrise in der Gegenwart, 1988 ✦ *ders. u.a.*, Manifest zur Versöhnung mit der Natur. Die Pflicht der Kirchen in der Umweltkrise, 1984 ✦ *Amery*, Natur als Politik. Die ökologische Chance des Menschen, 1976 ✦ *ders.*, Das Ende der Vorsehung. Die gnadenlosen Folgen des Christentums, 1987 ✦ *Anders*, Die Antiquiertheit des Menschen, 2 Bde., 4. Aufl. 1992 ✦ *Arras/Bierter*, Welche Zukunft wollen wir? 3 Scenarien im Gespräch, 1989 ✦ *Auer*, Umweltethik. Ein theologischer Beitrag zur ökologischen Diskussion, 1984 ✦ *Barón*, Investition in die Zukunft. Europa '92, dt. 1991 ✦ *E. Basler*, Strategie des Fortschritts, 1973 ✦ *W. Bauer*, Die Tyrannei des Wohlstands oder Ist die Zukunft schon verloren?, 1988 ✦ *Binswanger/Geissberger/Ginsburg*, Der NAWU-Report. Wege aus der Wohlstandsfamilie, 1979 ✦ *Birch*, Confronting the Future. Australia and the World: the next hundred years, 1975 ✦ *Birnbacher* (Hrsg.), Ökologie und Ethik, 1986 ✦ *Blin*, Die veruntreute Erde. Der Mensch zwischen Technik und Mystik, 1977 ✦ *Bosselmann*, ›Der Mensch als Maß und die Rechte der Natur‹, in: ökozid 4, 1988 ✦ *Brauchlin/Leuenberger/Niederer*, Die Zukunft der westlichen Gesellschaft, 1980 ✦ *Braunbek*, Die unheimliche Wachstumsformel, 1973 ✦ *Capra*, Wendezeit. Bausteine für ein neues Weltbild, dt. 1983 ✦ *Cavanna* (Hrsg.), Schrecken des Jahres 2000, 1977 ✦ *Chargaff*, Unbegreifliches Geheimnis. Wissenschaft als Kampf für und gegen die Natur, 1980 ✦ *Club of Rome*, ›Die globale Revolution‹, in: SPIEGEL Extra, 1991 ✦ *J. Cohen*, ›On Classical Judaism and Environmental Crisis‹, in: Tikkum 5:2, 1990 ✦ *Cooley*, ›Regionale Technologienetzwerke. Initiativen für menschlichere Produktionsformen‹, in: Angepaßte Technologie, 1988 ✦ *Commoner*, Wachstumswahn und Umweltkrise, dt. 1971 ✦ *Czakainski*, Energie für die Zukunft. Kernenergie. Bilanz und Perspektive, 1989 ✦ *Daimler-Benz Report 1*, Perspektiven des zukünftigen Verkehrs, 1983 ✦ *Daimler-Benz Report 2*, Automobil und Umwelt, 1984 ✦ *Daimler-Benz Report 5*, Langfristprognosen, 1985 ✦ *Daimler-Benz Report 7*, Philosophische Betrachtungen zur Zukunft der Technik, 1986 ✦ *Daimler-Benz Report 10*, Technikfolgenabschätzung und Technikbewertung, 1989 ✦ *G. Degen*, Die Herrschaft des Menschen – war sie so gemeint? Zur Eskalation der Gewalt. Ein religions- und naturgeschichtlicher Exkurs zur Frage nach dem Bilde des Menschen von sich selbst, 1987 ✦ *dies.*, Kalkar-Chronik des internationalen Widerstandes gegen den Schnellen Brüter, 1983 ✦ *dies.*, Schneller Brüter – verfassungsgemäß?, 1982 ✦ *A. Dick*, Schöpfung und Natur, 1985 ✦ *v. Ditfurth*, So laßt uns denn ein Apfelbäumchen pflanzen – es ist soweit, 1985 ✦ *Dubos*, Der entfesselte Fortschritt. Programm für eine menschliche Welt, 1970 ✦ *G. Dörr*, Das betrügerische Heilsversprechen. Lehre und Ideologie des Darwinismus, 1987 ✦ *W. Doerr*, Hat das Menschengeschlecht eine biologische Zukunft?, 1986 ✦ *Drewermann*, Der tödliche Fortschritt, 4. Aufl. 1986 ✦ *Dumoulin/Moisi* (Hrsg.), The Historian between the Ethnologist and the Futurologist, 1973 ✦ *Ehrlich*, Die Bevölkerungsbombe, 1971 ✦ *A. Eser*, ›Ökologisches Recht‹, in: Natur und Geschichte, 1983 ✦ *U. Ewers*, Untersuchungen zur Cadmiumbelastung der Bevölkerung in der Bundesrepublik Deutschland, 1990 ✦ *Forrester*, Der teuflische Regelkreis. Das Globalmodell der Menschheitskrise, 1972 ✦ *H. Friedrich*, Kulturverfall und Umweltkrise. Plädoyers für eine Denkwende, 1982 ✦ E. Gärtner, Waldsterben und Umweltpolitik in der Bundesrepublik, 1984 ✦ *H. Gärtner*, Handbuch zur Rüstungskontrolle, 1986 ✦ *Giger/Lindner* (Hrsg.), Sozialismus – Ende einer Illusion. Zerfallserscheinungen im Lichte der Wissenschaften, 1988 ✦ *Global 2000*. Report to the President, 1980 ✦ *Graßl/Klingholz*, Wir Klimamacher. Auswege aus dem globalen Treibhaus, 1990 ✦ *Gruhl*, Himmelfahrt ins Nichts. Der geplünderte Planet vor dem Ende, 1992 ✦ *Guhde*, ›Natur und Gesellschaft. Einführung in ökologisches Denken und Handeln‹, in: Die blaue Eule, 1984 ✦ *Gunnarson*, Japans ökologisches Harakiri, dt. 1974 ✦ *H. Haber*, Eiskeller oder Treibhaus. So zerstören wir unser Klima, 1992 ✦ *ders.*, Unser blauer Planet, 1989 ✦ *Hartkopf/Bohne*, Umweltpolitik. Grundlagen, Analysen und Perspektiven, Bd. 1, 1983 ✦ *G. Heine*, ›Ökologie und Recht‹, in: Goldtammer's Archiv für Strafrecht, Nr. 136, 1989 ✦ *Internationale Vereinigung für natürliche Wirtschaftsordnung*, The Future of Economy, 1989 ✦ *Jungk*, Die Zukunft hat schon begonnen, 1990 ✦ *ders.*, Der Atomstaat, 1991 ✦ *ders.*, Zukunft zwischen Angst und Hoffnung. Ein Plädoyer für die politische Phantasie, 1990 ✦ *Kaltenbrunner* (Hrsg.), Die Zukunft der Vergangenheit. Lebendige Geschichte – klagende Historiker, 1975 ✦ *P. Kennedy*, Aufstieg und Fall der großen Mächte. Ökonomischer Wandel und militärischer Konflikt von 1500 bis 2000, dt. 1991 ✦ *Landauer*, Auch die Vergangenheit ist Zukunft. Essays zum Anarchismus, 1989 ✦ *Mayer-Tasch*, Die verseuchte Landkarte, 1987 ✦ *Meyer-Abich*, Wege zum Frieden mit der Natur, 1984 ✦ *Moltmann*, Politische Theologie – Politische Ethik, 1984 ✦ *ders.*, Gerechtigkeit schafft Zukunft. Friedenspolitik und Schöpfungsethik in der bedrohten Welt, 1989 ✦ *ders.*, Theologie der Hoffnung. Untersuchungen zur Begründung und zu den Konsequenzen einer christlichen Eschatologie, 12. Aufl. 1985 ✦ *Nitz/Martin*, Wirtschaftspolitik für eine lebenswerte Zukunft 1979 ✦ *Osho*, The Greatest Challenge: The Golden Future, 1988 ✦ *Patzig*, ›Ökologische Ethik‹, in: Natur und Geschichte, 1983 ✦ *Reiche/Fülgraff*, ›Eigenrechte der Natur und praktische Umweltpolitik‹, in: Zeitschrift für Umweltpolitik und Umweltrecht 3, 1987 ✦ *Ringeling*, Leben im Anspruch der Schöpfung. Beiträge zur Fundamental- und Lebensethik, 1990 ✦ *Rosenstock-Huessy*, Die Umwandlung des Wortes Gottes in die Sprache des Menschengeschlechts, 1968 ✦ *Russell*, Has Man a Future?, 1962 ✦ *Saladin*, Rechte künftiger Generationen, 1988 ✦ *W. Sander*, Welche Zukunft hat Europa? Der EG-Binnenmarkt und seine Konsequenzen, 1990 ✦ *Schönefeldt*, Umwelt und Zukunft. Eine Prophezeiung, 1987 ✦ *Sievert* (Hrsg.), Zukünftiger Strombedarf. Bedeutung von Einsparmöglichkeiten, 1987 ✦ *Späth*, Wende in die Zukunft. Die Bundesrepublik auf dem Wege in die Informationsgesellschaft, 1989 ✦ *Spinoza*, Die Ethik nach geometrischer Methode dargestellt, 1677, dt. 1955 ✦ *J. Stamm*, Fabrik der Zukunft. Flexible Fertigung, neue Produktionskonzepte und gewerkschaftliche Gestaltung, 1988 ✦ *Ch. D. Stone*, Umwelt vor Gericht. Die Eigenrechte der Natur, 1987 ✦ *C. F. v. Weizsäcker*, Bewußtseinswandel, 1991 ✦ *ders.*, Die Zeit drängt. Eine Weltversammlung der Christen für Gerechtigkeit, Frieden und Bewahrung der Schöpfung, 7. Aufl. 1987 ✦ *E. U. v. Weizsäcker*, Erdpolitik. Ökologische Realpolitik an der Schwelle zum Jahrhundert der Umwelt, 2. Aufl. 1990.